"大美节日"系列

总　主　编：邱运华
副总主编：周燕屏
执行总主编：王锦强　孔宏图

「大美节日」系列

中华节日名典

李耀宗 编纂

陕西师范大学出版总社

图书代号　SK18N0842

图书在版编目(CIP)数据

中华节日名典 / 李耀宗编纂. —西安：陕西师范大学出版总社有限公司, 2018.8
ISBN 978-7-5695-0020-2

Ⅰ.①中… Ⅱ.①李… Ⅲ.①节日—风俗习惯—中国 Ⅳ.①K892.1

中国版本图书馆 CIP 数据核字(2018)第 121587 号

中华节日名典
ZHONGHUA JIERI MINGDIAN

李耀宗　编纂

责任编辑	王文翠　刘存龙
责任校对	王晓飞　雷亚妮
装帧设计	锦　册
出版发行	陕西师范大学出版总社
	(西安市长安南路 199 号　邮编　710062)
网　　址	http://www.snupg.com
印　　刷	陕西龙山海天艺术印务有限公司
开　　本	787mm×1092mm　1/16
印　　张	51
插　　页	16
字　　数	1100 千
版　　次	2018 年 8 月第 1 版
印　　次	2018 年 8 月第 1 次印刷
书　　号	ISBN 978-7-5695-0020-2
定　　价	280.00 元

读者购书、书店添货或发现印刷装订问题，影响阅读，请与营销部联系、调换。
电话：(029)85307864　85303635　传真：(029)85303879

云南红河山谷哈尼族长街宴（张晓梅 摄）

郑州春节城隍庙会（乔台山 摄）

江西宜春板凳龙（宜春市文联供图）

山西元宵节：稷山高台花鼓（王楠楠 摄）

广州龙潭村端午节划龙舟（陈穗林　摄）

厦门海峡两岸端午文化节（林志杰　摄）

云南弥勒彝族阿细祭火节(张晓梅 摄)

广州七夕穿针得巧(杨静 摄)

西安长安区斗门七夕庙会(张志勇 摄)

甘肃西和乞巧节（孔宏图 摄）

土族特色秋千（莫保平 摄）

江西宜春中秋节：月亮之都，火龙追月（宜春市文联供图）

江西宜春中秋祭月(宜春市文联供图)

河南上蔡重阳节：人文上蔡，醉美重阳（上蔡县委宣传部供图）

傣族泼水节(陈燕 摄)

四川都江堰清明放水节（邱伟 摄）

内蒙古那达慕:《赞歌献给圣主》(罗杨 摄)

四川羌历年（孔宏图 摄）

汕头龙湖乡村社日(广东省民协供图)

总 目

序言 …………………………………………………… （Ⅰ—Ⅳ）

编纂说明 ……………………………………………… （1）

目录 …………………………………………………… （1—79）

正文 …………………………………………………… （1—664）

名目索引 ……………………………………………… （665—729）

耀宗先生的《中华节日名典》书稿置于我的案头，纵观要目，近5000条"名"目，上百万字，兼收并蓄经久流传于中国各地区、各民族"咸尊一统"之节日；又定"科学性、全面性、文献性、实用性"为编纂原则，并"力穷编纂者经年田野调查、案头搜索之节日资料"完卷成书。再看条目的设定和释文，文献、文本与田野兼顾，穷搜细研，充分体现出编纂者的时空观念与治学精神，令我钦佩。细读洋洋大观之《中华节日名典》，一种历史的穿越感与时空延续感油然而生，使我们中华民族节日文化的视野大为扩展。从各地区、各民族的视角，博览中国节日文化，产生另一番感受。在目前众多的节日文化研究著作中，从节日志的角度讲，《中华节日名典》堪称一部中华节日文化的集大成之作。

中国是统一的多民族国家，中华节日文化兼及各地区、各民族应是题中之意。但将各个民族的节日文化汇总起来，兼及汉族、少数民族历法及节日的源流变化，谈何容易。耀宗先生经过多年的努力，不但做到了，而且用心梳理，巧妙编排，将各地区、各民族的节日文化一一呈现在我们面前，不仅使我们感受到中华节日文化的多样性、丰富性，同时体验到各民族的智慧和创造。中华节日文化延续数千年，已是各民族生活的有机组成部分。民众创造节日文化的目的，除了满足期望之外，更多的是为了享受节日文化带来的愉悦。有了节日文化，生活充满了历史感、真实感和情趣感。多样的文化选择也使生活变得丰富多彩，兴趣盎然。节日文化是各民族的精神家园。在国家非物质文化遗产保护工作中，节日文化占有很重要的地位。从这种意义上讲，《中华节日名典》的编纂除其实用性外，也是留住历史、留住记忆的一大壮举。

节日文化的形成是历史发展的产物。在中华节日文化的研究中，关于中国节日文化的历史流变，学者们将其分为先秦的萌芽期、秦汉的定型期、魏晋南北朝的融合期、唐宋的高峰期和明清的稳定期，这种节日文化的断代研究不是没有道理。这是节日文化的大传统，说明中华节日文化源流生生不息，始之远古，惠及现代。而具体到每个节日文化的发展与演变，又是在自己的小传统里进行的，这就使各种节日文化的内涵不断得到丰富和发展。节日文化的形成是一个历史过程，它是人们在生产、生活实践中逐渐认识时令变化与自然、生产、生活的关系，并给这种关系赋予丰富的人文色彩时，节日文化才得到不断的演进。而这种人文色彩又是以信仰作为载体的，信仰是节日文化的灵魂。

中国的节日文化十分强调人与自然的关系,具有浓重的感情色彩。本来所谓的历法只是时令的划分,当其被赋予人文观念时,它已不是时令这一简单的时空存在,而具有了实质内容,具有了生命力。这种生命力正是由信仰观念支撑的。节日文化中所谓的人文色彩,主要是指节日文化所包含的信仰因素。没有信仰的节日文化是不可思议的,也不可能得到发展。这为每个传统节日的形成、发展所证明。有了信仰才会有无限的遐想和创造,才有了节日文化的诸多仪式,诸多的节物(也可称为道具)制作、使用以及文化空间的形成(如祭祀场所、庙会等)。就如我们看到了巍峨的庙宇、菩萨的金身,如果没有信仰的力量,是创造不出如此辉煌的文化景观的。节日文化的丰富多彩,也是信仰的力量叠加上去的。要知道节日文化既是一种仪式文化,又是年中行事中不可或缺的内容。正因为如此,我们从《中华节日名典》中可以很容易发现,无论是汉族节日还是少数民族的节日,都包含了丰富多彩的内容和异彩纷呈的仪式。人们将愿望祈求、伦理道德等观念通过节日仪式和丰富多彩的节物使用表现出来。从这种意义上说,节日文化是名副其实的民间生活的百科全书。从一年四季形式多样的节日文化仪式中,从这一仪式表达的文化内涵中,满足人们的希望和诉求,得到精神上的享受并获得极其宝贵的人生哲理和社会知识。《中华节日名典》录入的每一个节日,都有其形成的历史渊源,包括美丽的神话、传说、故事。由历史地缘构架组成的中国各民族的节日文化,是无比巨大的精神财富。

中华节日文化是大文化,是中华民族智慧创造之结晶。一部节日文化史是社会生活史的生动体现。关于节日文化在民众生活中的重要性,早已取得各民族的认同,成为人们生活的有机组成部分。关于汉族历法,民间素有"四时八节"之说。"四时"指春、夏、秋、冬,"八节"指立春、春分、立夏、夏至、立秋、秋分、立冬、冬至,泛指一年中的各个节气。具体到节日,代表性的八节指春节、元宵节、清明节、端午节、中秋节、重阳节、冬至节、腊八节等。而就中国少数民族的节日文化而言,又有自己的传统。这和少数民族所处的地域环境、气候环境及其历史发展有着必然的联系。民族节日是民族历史发展的产物。《中华节日名典》在处理汉族与少数民族节日关系时,既以汉族农历历法为基础,按照年月日、二十四节气进行排列;又关照了少数民族历法以及不同地区和民族曾经使用和正在使用的物候历,同样用时序排比的方法,希图将各地区、各民族的节日、节期、节日生活习俗囊括殆尽。这在以往的节日志编纂中是少见的,具有独创性。如上编"农历节期"的正月,从初一日到三十日,每天都有相应的节期和习俗。以春节初一日为例,既有汉族各地区的春节习俗,又有少数民族的春节习俗,总共有 70 多个与春节相关的节期。加上互见条,有 100 多个节期。这就是说,春节大年初一这一天,在中国大地上,许多地区和民族都在过春节。其中少数民族的春节别具一格,他们的节期有自己的独特名称、历史解说和源流分布。这对了解汉民族春节与少数民族春节的相互交流和影响有着特殊的意义。《中华节日名典》还告诉我们,农历正月的每一天,几乎都有相应的民间节期,都有丰富多彩的节日仪式。有人说中国人每天都在过节,一点不假。按照农历年月日排序,一年 365 天,除少数日子外,几乎每天都有节期。这在世界各国节日文化中是少有的,只有历史悠久的统一的多民族国家才有如此壮丽的文化景观。

《中华节日名典》以恢宏的篇幅,录入中华大地 2700 多个节日之"名"目近 5000 条,条目释文展现多彩的节日文化内涵,通过这一时空隧道,让我们领略多民族节日文化的风采。全书分上、中、下三编,上编"农历节期"从正月到腊月,逐日录入中国各地区、各民族的节日,其中包括了与二十四节气相关的节期。中编"非农历节期"包括诸多的历法条呈,如公历、太阳历、彝族历、伊斯兰历(回族历)、哈萨克族历、藏族历、傣族历、白族历(集圣历)、水族历、苗族历、佤族历、傈僳族历、独龙族历、普米族历、基诺族历、鄂伦春族历、侗族历、苦聪族历等。其中许多民族的历法大家会感到陌生,而有些民族的历法则比较完备,也为大家所熟知。如伊斯兰历(回族历)、藏族历、傣族历等,这些历法使用范围较广。信仰伊斯兰教的众多民族,均按照伊斯兰历法安排节日和节期。元代在年节之前的冬至日,有回族太史向宫廷进献伊斯兰教历书的仪式。元代熊梦祥撰《析津志辑佚·岁纪》载:"是月冬至日,太史院进历,回族太史进历,又进画历。后市中即有卖新历者。"这是因为元代所谓的色目人具有较高的社会地位。信奉小乘佛教的许多民族遵循傣族历过节。藏历在藏民族生活中的影响所及,不同的藏族聚居区按照藏历过节。特别有意思的是,《中华节日名典》收入许多民族使用十月历、过十月年的词条,即以农历十月或十一月作为岁首安排节期。这和中国农历的建寅之月(农历正月)为岁首截然不同。中国西南地区的苗族、哈尼族、彝族、水族、傈僳族、普米族等民族都过十月年。年节日期的确定通过占卜和干支推算。这种文化现象是十分古老的,因为中国历史上的周代就是以阴历的十一月作为岁首的。冬至被作为新的一年的开始。《史记·封禅书》载:"黄帝得宝鼎神策,是岁己酉,朔旦冬至,得天之纪,终而复始。"即是说在传说中的黄帝时代,便以冬至为元旦了,周代只是延续了旧俗。确定每年的十一月为岁首,视冬至为一年的开始,是古老的传统。后来的"冬至大如年"便由此而来。考察西南民族的十月太阳历和十月年习俗,不难发现也是和二十四节气中的冬至有关。由此可见少数民族十月历的文化史意义。

《中华节日名典》下编为"四季物候生产节期",分春夏秋冬四季节期,同时依据物候变化、生产实践确定节期。物候历曾经是许多民族使用过的简单的天文知识。犹如北方游牧民族的草青一次为一年或月圆十二次为一年一样,以物候的变化判断时序的变化。同样春夏秋冬的确定,也以物候的变化为依据。如中国东北的鄂伦春族,雪融化的季节叫春天(额鲁开依),青草长出的季节叫夏天(昭内),草木干枯的季节叫秋天(保缘),雪落季节叫冬天(托)。一年中十二个月的确定也按照物候变化。云南的独龙族根据物候变化,将一年分为十二个月,以此安排农事和其他生产活动。《中华节日名典》中收录了大量的各民族以物候确定的节日,表现出浓厚的节日民俗的地域和民族特色。根据节令、物候的变化安排节日、节期是世界各国在通行历法建立之前普遍的做法。在中国,无论是汉族的节日、节期,还是少数民族的节日、节期,都安排在农闲季节,本身就是以物候变化为依据的。汉族的二十四节气中的七十二候之说,就是根据物候的变化,细化二十四节气,帮助人们掌握农时,安排农事。可见汉族和少数民族都有根据物候变化安排节日、节期的习俗,这也是农业民族的普遍认知。

《中华节日名典》所录近5000个条目,充分体现出中华民族节日文化的多民族性、多元性和丰富性特征。编纂者以"科学性、全面性、文献性、实用性"为编纂宗旨,在多年田野调查、案头搜索基础上成就了这部集大成之作,值得庆贺。耀宗先生治学向来有一种韧劲,按照现在流行的说法叫"死磕"精神。他虽已年逾古稀,还有如此精神,以个人之力,穷搜细研,条分缕析,编就是书。没有对民俗文化的执着奉献精神,没有坚韧的治学定力,是很难做到的。我和耀宗先生在中央民族大学共事多年,深知他的这一精神。20世纪80年代由他担任主编的《中国少数民族艺术词典》是开荒之作。在"文革"结束不久,百废待兴、学术荒疏的环境下,着手编纂中国第一部少数民族艺术百科全书——《中国少数民族艺术词典》,难度可想而知。在他的参与主持下,动员了全国的编写力量。参加这一词典编辑的有40多个民族的400多位艺术家、作家、学者,在短短的时间里,完成编纂并于1991年付梓出版。之后,又参与《中国谚语集成》的编纂,任副主编(主编马学良)历时20多年,圆满完成任务。期间我与耀宗一起担当编务,深知其中的甘苦。可见韧劲、死磕精神对于学问是多么重要。

《中华节日名典》将要出版,基于同事兼朋友的信任,耀宗先生要我作序,于是写了如上的话,算是感言,也算是多年来合作共事的珍贵纪念。

陶立璠
丙申岁冬月于五柳居

编纂说明

《中华节日名典》的编纂系"中华节日文化系统工程"之奠基步骤,当与全国性田野普查相辅而行。"筚路蓝缕,以启山林。"本名典仅就编纂者经年田野调查、案头搜集之2700多个节日、近5000个"名"目,爬梳构架,难免遗珠,尚待日臻完璧。

本名典广收中华各民族传统节日,凡在一定华人社区、文化空间,经久流传且咸尊一统之节之名,囊括见在、已泯,不分大小、厚薄,无论精华、"糟粕"(研海无糟),皆并蓄兼收。应经济全球化,已涉国人生活之新节、国际性节、舶来洋节,酌录个例。

本名典面向中等文化程度以上之读者,以"科学性、全面性、文献性、实用性"为编纂立卷四原则,既力囊"中华传统节日"之全,亦广开阅读、查考、研究、交流之便,还急应"活态静态全面保护非物质文化遗产"之时需。

本名典所收"传统节日",系中华民族传统文化宝库中,因"信仰支撑、内容主向、周期时序、群体参与、方式俗成、区域流布",而兼具心态、物态、行为、制度诸人文元素之复合型文化瑰宝。它浩如烟海,涉面无涯,内蕴殊为赅博豪富,分类、编排之繁之复,曷可胜言?鉴其本体特征乃"周期时序",故本名典斗胆"新创":跳脱以往节集之"笔序、音序"编排窠臼,而立足发生学,循节期先后时序;兼顾类型因素、流布影响,而构建框架、排列语头。如是"尝试"之难,大出始料,只能勉求其周。

作为复合型文化,"传统节日"盘根错节,繁复驳杂。诸如一节多期、母节包孕、多节交错、称谓纷纭、流布变异、时过节迁,实在司空见惯!名典只能"因循、从习",相机处理"正名、主条、参见、互见"等疑难杂症,力求一体自圆。为便查阅、检索,一节多名者,取其最习用、常见者立"主条",余列"参见"。少数民族节名异译者,力穷其习、其全。

我国节日文化研究,渊源已久,继代有成。因其繁难有加而研究略逊等诸多缘由,学术纷争、仁智互见,至今困扰多端。穷究堂奥,尚需时日。名典之定因循取舍,多从习说、众说,不时歧、新诸说兼采。鄙意,某些"文遗"研究,宜粗不宜细,忌武更忌尊。拙墨疏定一尊,情非得已!奈何?

繁难工具书,仰仗继代学识积累,自古而然。本书既承古籍,亦广纳现、当代相关著、论之成。在此,谨向其著、作、译者,衷心鸣谢!牵涉殊丰,恕难逐一!

目录

上编 农历节期

正月

初一

春节 …………………………… (002)
过年 …………………………… (002)
过大年 ………………………… (002)
大年初一 ……………………… (002)
元旦 …………………………… (002)
元日 …………………………… (002)
元辰 …………………………… (002)
元朔 …………………………… (002)
三元 …………………………… (002)
端日 …………………………… (002)
履端 …………………………… (002)
正旦 …………………………… (002)
鸡日 …………………………… (002)
岁首 …………………………… (002)
岁朝 …………………………… (002)
新年 …………………………… (002)
新正 …………………………… (002)
台湾春节 ……………………… (002)
胶东春节 ……………………… (003)
蒙古族春节 …………………… (003)
查干萨日 ……………………… (003)
白节 …………………………… (004)
回族春节 ……………………… (004)
喇嘛年 ………………………… (004)
阿哒来斯 ……………………… (004)
海南苗年 ……………………… (004)
苗族客家年 …………………… (004)
苗族春节 ……………………… (005)
过国年 ………………………… (005)
过地区年 ……………………… (005)
过家庭年 ……………………… (005)
彝族春节 ……………………… (005)
壮族春节 ……………………… (005)
新年节 ………………………… (006)
正月大节 ……………………… (006)
壮族蛙婆节 …………………… (006)
蚂蜗节 ………………………… (006)
蚂蜗歌会 ……………………… (006)
壮族蛙节 ……………………… (006)
壮族青蛙节 …………………… (006)
布依族春节 …………………… (006)
布依族大年节 ………………… (007)
朝鲜族元日 …………………… (007)
满族春节 ……………………… (007)
阿涅业能业 …………………… (008)
侗族春节 ……………………… (008)
通道侗族行年 ………………… (008)
行年 …………………………… (009)
瑶族春节 ……………………… (009)
陀螺节 ………………………… (009)
白族春节 ……………………… (009)

长阳土家过年 (010)	达斡尔族春节 (015)
哈尼族春节 (010)	达斡尔族大年 (015)
正月年 (010)	仫佬族春节 (015)
正月节 (010)	挑新水节 (015)
奇拉胡西 (010)	仫佬族年节 (015)
傣族春节 (010)	羌族春节 (015)
嫩西节 (010)	布朗族春节 (015)
黎族春节 (010)	京比迈 (016)
江 (011)	毛南族春节 (016)
葛呣 (011)	仡佬族春节 (016)
过旧年 (011)	仡佬族过年 (016)
佤族春节 (011)	仡佬族大年 (016)
三木我 (011)	阿昌族春节 (016)
畲族春节 (011)	普米族春节 (017)
畲族做年 (011)	普米族大过年 (017)
畲族五日年 (011)	吾时高 (017)
畲族上八日 (011)	吾昔节 (017)
拉祜族春节 (011)	怒族年 (017)
拉祜族大年 (012)	炉瑟 (018)
拉祜族小年 (012)	柔若人春节 (018)
括扎 (012)	鄂温克族春节 (018)
扩扎 (012)	鄂温克族阿涅 (018)
扩节 (012)	保安族春节 (018)
扩塔 (012)	保安族大年初一 (018)
扩鲜节 (012)	裕固族春节 (018)
扩尼哈尼 (012)	京族春节 (018)
水族春节 (012)	鄂伦春族春节 (019)
东乡族春节 (013)	赫哲族春节 (019)
纳西族春节 (013)	赫哲族年 (020)
由奔吉程 (014)	查干 (020)
库式 (014)	乌梁海春节 (020)
柯尔克孜族春节 (014)	麻坡歌节 (020)
土族春节 (014)	山鸭闹春 (020)
土族新月 (014)	万石山敬水节 (021)
土族新年 (014)	昌邑玉皇祭 (021)
阿涅节 (014)	茅山会 (021)
阿涅 (015)	龙门阵·华岩大庙会 (021)
阿聂 (015)	纳卡母 (021)

纳木依祭天 …………………… (021)
伯木依祭天 …………………… (021)
壮族请牛节 …………………… (021)
花王圣母祭 …………………… (022)
花婆祭 ………………………… (022)
环江土主节 …………………… (022)
红苗洞歌会 …………………… (022)
屏边花山节 …………………… (022)
屏边踩花山 …………………… (022)
坐花场 ………………………… (022)
布依族跳花会 ………………… (023)
布依族跳花 …………………… (023)
牵羊日 ………………………… (023)
俗雅蝈 ………………………… (023)
迎青蛙奶奶节 ………………… (023)
正月祭萨 ……………………… (023)
祭大祖母 ……………………… (024)
德亚 …………………………… (024)
僜人祭鬼节 …………………… (024)
僜人送鬼节 …………………… (024)
瑶乡陀螺节 …………………… (024)
酬山会 ………………………… (024)
酬山节 ………………………… (024)
鸡足山朝山会 ………………… (024)
朝鸡节 ………………………… (024)
白族祭海神 …………………… (024)
纳西族送寒衣 ………………… (024)
达斡尔族祭天神 ……………… (024)
祭腾格里巴尔肯 ……………… (025)
仡佬族灯杆节 ………………… (025)
仡佬族立灯杆 ………………… (025)
祭喜族利妈妈 ………………… (025)
锡伯族祭祖节 ………………… (025)
德昂族祭寨神 ………………… (025)
鄂伦春族祭北斗星 …………… (026)
祭奥伦 ………………………… (026)
鄂伦春族祭太阳 ……………… (026)
祭得勒饮 ……………………… (026)

革人踩青节 …………………… (026)
弥勒菩萨圣诞 ………………… (026)
天腊 …………………………… (026)

初二

祭财神 ………………………… (027)
万荣祭祖节 …………………… (027)
莆田做大岁 …………………… (027)
莆田探亡日 …………………… (027)
踩花山节 ……………………… (027)
正月踩花山 …………………… (028)
花山节 ………………………… (028)
跳花场 ………………………… (028)
正月跳米花场 ………………… (028)
正月踩场 ……………………… (028)
正月踩山 ……………………… (028)
玉溪米线节 …………………… (028)
二月节 ………………………… (028)
苗族跳月 ……………………… (028)
跳芦笙舞 ……………………… (028)
彝族祭山节 …………………… (028)
拜姑爷节 ……………………… (028)
祭石猫猫 ……………………… (029)
巍山认祖节 …………………… (029)
怒江澡塘会 …………………… (029)
福安白年白 …………………… (029)
福安探亡日 …………………… (029)
做白年的日子 ………………… (029)
景颇族吉达 …………………… (029)
景颇族宁打 …………………… (030)
布朗族唱灯 …………………… (030)
普米族驾牛节 ………………… (030)
普米族车幸节 ………………… (030)

初三

西宁送神节 …………………… (030)
广东送穷日 …………………… (030)
广东穷鬼日 …………………… (030)

拉卜楞寺正月祈祷大会 …………（030）
拉卜楞寺展佛节 ……………（031）
跳墨都 ………………………（031）
黄南神舞节 …………………（031）
拉什则 ………………………（031）
串年坡 ………………………（031）
打背节 ………………………（032）
刀梯会 ………………………（032）
上刀梯 ………………………（032）
上刀会 ………………………（033）
花苗祭祖节 …………………（033）
整英坡会 ……………………（033）
凤山歌节 ……………………（033）
侗族朝龙 ……………………（033）
黎平抬官人 …………………（033）
店宁蒙 ………………………（034）
侗族月贺 ……………………（034）
侗族贺年 ……………………（034）
侗族贺八月 …………………（034）
侗族贺轮 ……………………（034）
田林铜鼓节 …………………（034）
瑶族送懒节 …………………（034）
土家族摆手节 ………………（034）
舍巴日 ………………………（034）
舍巴巴 ………………………（034）
玩摆手 ………………………（034）
玩摆 …………………………（035）
社巴节 ………………………（035）
舍巴节 ………………………（035）
调年节 ………………………（035）
调年会 ………………………（035）
土家族祈禳节 ………………（035）
老莫得纳顿沙 ………………（035）
跳驱魔瘟神舞 ………………（035）
畲族请祖节 …………………（035）
苦聪卡腊节 …………………（036）
安贺别贺 ……………………（036）
安贺别别节 …………………（036）

敬白石 ………………………（036）
仡佬族祭山神 ………………（036）
仡佬族祭山节 ………………（036）
仡佬族祭树节 ………………（036）

初四

灶神节 ………………………（036）
绑火神 ………………………（037）
跳硐节 ………………………（037）
正月跳硐 ……………………（037）
西家芦笙会 …………………（037）
湘苗拜年 ……………………（037）
嘎直坡会 ……………………（037）
翁吟河跳花场 ………………（037）
傈僳族澡塘会 ………………（038）
澡堂赛歌会 …………………（038）
温泉赛歌会 …………………（038）
汤泉赛歌会 …………………（038）
温泉诗会 ……………………（038）
独雄庙会 ……………………（038）
窝罗节 ………………………（038）
柔若祭山林 …………………（039）
柔若祭天节 …………………（039）
接路头 ………………………（039）
抢路头 ………………………（039）
接财神 ………………………（039）
迎五路财神 …………………（039）
路神生日 ……………………（039）

初五

破五 …………………………（039）
破五节 ………………………（040）
五忙日 ………………………（040）
忌针日 ………………………（040）
山东五马日 …………………（040）
山东赶五穷 …………………（040）
送穷媳妇 ……………………（040）
倒五穷 ………………………（040）

送穷日 …………………………（040）
牛日破五 ………………………（040）
破五儿崩穷 ……………………（040）
临潼送穷节 ……………………（040）
临潼赶五穷 ……………………（040）
临潼填五穷 ……………………（040）
宁波财神日 ……………………（040）
宁波五路日 ……………………（040）
香客迎财神 ……………………（041）
菩萨出嫁 ………………………（041）
黔苗踩年坡 ……………………（041）
黔苗踩坡 ………………………（041）
黔苗跳坡 ………………………（041）
平卯坡会 ………………………（041）
神仙田歌会 ……………………（041）
瑶族小元宵 ……………………（042）
白族葛根会 ……………………（042）
咿咿悟 …………………………（042）
正月拉歌节 ……………………（042）
畲族开年驾 ……………………（042）
羊神祭 …………………………（042）
布朗族祭山神 …………………（042）

初六

厂甸庙会 ………………………（043）
开厂甸 …………………………（043）
祭厕神日 ………………………（043）
祭紫姑 …………………………（043）
定光佛圣诞 ……………………（043）
清水岩祖师诞 …………………（043）
白族开社 ………………………（043）
开年动土祭 ……………………（044）
沛松坡会 ………………………（044）
纳西族灯会 ……………………（044）
新春灯会 ………………………（044）
羌族川主会 ……………………（044）
祭木比塔 ………………………（044）

初七

人日 ……………………………（044）
人日节 …………………………（044）
人过年 …………………………（044）
蒙阳人日 ………………………（044）
郓城人日 ………………………（045）
人口生日 ………………………（045）
羹汤日 …………………………（045）
单县火神会 ……………………（045）
天穿节 …………………………（045）
天穿日 …………………………（046）
补天穿 …………………………（046）
补天漏 …………………………（046）
补天节 …………………………（046）
补天地 …………………………（046）
补天补地节 ……………………（046）
天饥日 …………………………（046）
女皇节 …………………………（046）
女王节 …………………………（046）
娲婆节 …………………………（046）
东蒙祭星 ………………………（046）
隆林跳坡节 ……………………（046）
拱洞坡会 ………………………（046）
水田彝送年节 …………………（046）
傣仂花街节 ……………………（047）
热水塘花街节 …………………（047）
花街节 …………………………（047）
傣雅花街节 ……………………（047）

初八

京华请顺星 ……………………（047）
京华顺星节 ……………………（047）
山东转八日 ……………………（047）
山东转八 ………………………（047）
八仙日 …………………………（047）
敬八仙节 ………………………（047）
七里湾阎王庙会 ………………（047）

杭州谷日 ……………………（047）
烧八寺香 ……………………（048）
烧八字香 ……………………（048）
丽水祭田土地 ………………（048）
南京灯节 ……………………（048）
净港文化祭 …………………（048）
藏族放生节 …………………（048）
塔尔寺正月大庙会 …………（048）
塔儿寺正月大庙会 …………（048）
藏族普度会 …………………（048）
藏族观经会 …………………（048）
曼拉节 ………………………（049）
彝族虎节 ……………………（049）
罗麻乃轰节 …………………（049）
彝族哑神节 …………………（049）
措莫得拉 ……………………（049）
能邦坡会 ……………………（049）
三江月也 ……………………（049）
畲族上十节 …………………（050）

初九

玉皇圣诞 ……………………（050）
玉皇诞 ………………………（050）
玉帝诞 ………………………（050）
天公生 ………………………（050）
玉皇演驾 ……………………（050）
玉皇会 ………………………（050）
供天日 ………………………（050）
台湾拜天公 …………………（051）
玉皇大帝会 …………………（051）
慈母山香会 …………………（051）
辞母山香会 …………………（051）
巢凤山香会 …………………（051）
藏族上九节 …………………（051）
跳正月场 ……………………（051）
乌勇芒哥坡会 ………………（051）
大理松花会 …………………（052）
立勒克西 ……………………（052）

初十

十指日 ………………………（052）
石头生 ………………………（052）
石头生日 ……………………（053）
石不动 ………………………（053）
岑溪花灯节 …………………（053）
化隆坚乔节 …………………（053）
整依直坡会 …………………（053）
正月大会 ……………………（053）

十一

真谛三藏圆寂日 ……………（054）
十三马街会 …………………（054）
马街书会 ……………………（054）
宾阳炮龙节 …………………（054）
舞炮龙 ………………………（054）
宾阳灯酒节 …………………（055）
上林灯酒节 …………………（055）
上林吃灯酒 …………………（055）
上林闹灯酒 …………………（055）
融水热伴节 …………………（055）
整堆坡会 ……………………（055）
千三欢聚节 …………………（055）

十二

正月十二 ……………………（055）
胡集书会 ……………………（056）
灯节书会 ……………………（056）
延庆花会 ……………………（056）
杆洞百鸟衣坡会 ……………（056）

十三

关帝圣君飞升日 ……………（056）
刘猛将军虫王爷诞 …………（056）
郎木寺晒佛节 ………………（057）
苏州点灶灯 …………………（057）
苏州灯头日 …………………（057）

吊天灯	（057）	上元节	（062）
义点路灯	（057）	元宵	（062）
点天灯	（057）	元夜	（062）
宁波扫虫	（057）	元夕	（062）
狄港六龙会	（057）	元夕节	（062）
元宝山芦笙节	（058）	灯节	（062）
安太"十三"坡会	（058）	闹元宵	（062）
安太芦笙节	（058）	回族元宵节	（062）
巡田坝节	（058）	粤东元宵节	（062）
拉祜族祭祖节	（058）	把把儿年	（062）
		土家族灯节	（062）
		土族元宵节	（062）

十四

平定灯节	（058）	土族上元节	（063）
汝阳灯节	（059）	土族元夜节	（063）
绍兴白虎祭	（059）	土族元旦节	（063）
武义消灾日	（059）	土族灯节	（063）
南通放烧火	（059）	民和土族灯节	（063）
贡山祈祷法会	（059）	民和土族灯会	（063）
支木切措	（059）	鄂伦春族元宵节	（063）
恰木钦	（059）	鄂伦春族正月十五	（063）
满族灯官节	（060）	满族灯节	（063）
满族灯官会	（060）	满族灯会	（064）
满族拜灯官	（060）	满族元宵节	（064）
更喔坡会	（060）	满族上元节	（064）
畲族奶娘节	（060）	白族元宵节	（064）
陈十四娘节	（061）	仡佬族元宵节	（064）
卡钦	（061）	仡佬族上元节	（064）
达斡尔族正月十五	（061）	元宵闹夜	（064）
达斡尔族元宵节	（061）	白马藏年	（065）
		白马山寨火把节	（065）

十五

		布依族小年	（065）
三元	（061）	黎族小年	（065）
三元节	（061）	海丰元夕	（065）
上元节	（061）	谷城赛烛	（065）
中元节	（061）	谷城烛会	（065）
下元节	（061）	闽侯拍喜	（065）
张天师诞辰	（061）	山东蒸面灯	（065）
元宵节	（061）	山东灯节	（066）

乡宁山灯会 …………………（066）	炸麻虫 ………………………（070）
黑井灯会 ……………………（066）	炸麻花 ………………………（070）
自贡灯会 ……………………（066）	德江炸龙节 …………………（070）
狮灯场市 ……………………（066）	东乡族玩火把 ………………（071）
自贡灯杆节 …………………（066）	玩火把节 ……………………（071）
自贡灯竿节 …………………（066）	朝鲜族五谷祭 ………………（071）
铜梁龙灯会 …………………（066）	朝鲜族望月节 ………………（071）
碛石灯会 ……………………（067）	朝鲜族望月架 ………………（071）
黑彝祭秋架 …………………（067）	蜂炮节 ………………………（071）
黑彝祭星星 …………………（067）	布依族地戏节 ………………（071）
黑彝祭星节 …………………（067）	赶地母会 ……………………（072）
楚雄开街节 …………………（067）	满族上元节 …………………（072）
峨山开新街 …………………（067）	朝鲜族上元节 ………………（072）
彝族开新节 …………………（068）	赫哲族正月十五 ……………（073）
彝族开街节 …………………（068）	晋中社火节 …………………（073）
永仁赛装节 …………………（068）	傣族烧白柴节 ………………（073）
永仁服装节 …………………（068）	德昂族烧白柴节 ……………（073）
巡山土主祭 …………………（068）	德昂族孔通 …………………（073）
费县玉皇庙会 ………………（068）	纳西族棒棒节 ………………（073）
吴川桥梁节 …………………（068）	纳西族棒棒会 ………………（074）
吴川逛花桥 …………………（068）	弥老会 ………………………（074）
梅崧泥人会 …………………（068）	米拉会 ………………………（074）
拉七姐 ………………………（069）	巴乌节 ………………………（074）
拉七姑 ………………………（069）	猎归节 ………………………（074）
浙江迎紫姑 …………………（069）	杨府庙会 ……………………（074）
浙江迎厕神 …………………（069）	打老鼠眼 ……………………（074）
顺懿夫人诞 …………………（069）	陈十四娘娘祭 ………………（074）
临水夫人诞 …………………（069）	请簸箕姑娘 …………………（075）
顺天圣母诞 …………………（069）	瑶族开年节 …………………（075）
大奶夫人诞 …………………（069）	瑶族家神节 …………………（075）
青姑娘节 ……………………（069）	瑶族年宵节 …………………（075）
白族姑娘节 …………………（069）	侗族扫阳春 …………………（075）
弥渡密祉闹花灯 ……………（069）	黄平偷菜节 …………………（075）
仡佬族跳姑娘 ………………（070）	祭吉雅奇 ……………………（076）
山东火神祭 …………………（070）	祭牲畜神 ……………………（076）
青海放冒火 …………………（070）	土族晒佛节 …………………（076）
苏北放野火 …………………（070）	土族瞻佛节 …………………（076）
照麻虫 ………………………（070）	红坎村哈节 …………………（076）

走百病 …………………………（076）
目脑节 …………………………（077）
目脑纵歌 ………………………（078）
大家跳舞 ………………………（078）
普米族转海会 …………………（077）
羌族厷戌节 ……………………（078）
厷 ………………………………（078）
德昂族祭寨神树 ………………（078）

十六

延安跳火 ………………………（078）
郑成功祭 ………………………（078）
彝族元宵会 ……………………（079）
满族放偷日 ……………………（079）
满族偷盗古节 …………………（079）
达斡尔族黑灰节 ………………（079）
达斡尔族黑灰日 ………………（079）
达斡尔族抹灰节 ………………（079）
霍吾都节 ………………………（079）
霍乌都如日 ……………………（079）
锡伯族抹黑节 …………………（079）
锡伯族摸黑节 …………………（080）
鄂伦春族抹黑脸节 ……………（080）
鄂伦春族抹黑日 ………………（080）
鄂温克族抹黑灰日 ……………（080）
四川保保节 ……………………（080）
达斡尔族滚冰节 ………………（080）
古龙坡会 ………………………（080）
融水斗马节 ……………………（081）
舟溪芦笙节 ……………………（081）
甘囊香芦笙节 …………………（081）
白族送龙船 ……………………（082）
青岛糖球会 ……………………（082）
老妈妈饭 ………………………（082）
转黄河 …………………………（082）
九曲黄河阵灯会 ………………（082）

十七

百丈怀海禅师圆寂纪念日 ……（082）

安隆芒哥坡会 …………………（083）
十七芒哥坡会 …………………（083）

十八

金华植树节 ……………………（083）
台州收邪 ………………………（083）

十九

燕九节 …………………………（083）
丘长春祖师诞辰 ………………（083）
筵九节 …………………………（083）
烟九 ……………………………（083）
筵九 ……………………………（084）
宴九 ……………………………（084）
宴丘 ……………………………（084）
宴邱 ……………………………（084）
崇福堂庙会 ……………………（084）
瑶族放炮节 ……………………（084）

二十

正二十 …………………………（084）
正月二十节 ……………………（084）
客家山歌节 ……………………（084）
白沙农具会 ……………………（084）
白沙当美空普 …………………（084）
白沙棒棒会 ……………………（084）
白沙弥勒会 ……………………（085）
白沙米拉会 ……………………（085）
白沙农具交流会 ………………（085）
临桂禁风节 ……………………（085）
瑶族情人节 ……………………（085）

二十一

二十二

二十三

安济圣王出游 …………………（085）
燎疳节 …………………………（085）

炼疳 …………………………………… (085)
散疳 …………………………………… (085)
燎臊疳 ………………………………… (086)
跳疳儿 ………………………………… (086)
跳火 …………………………………… (086)
燎百病 ………………………………… (086)

二十四

二十五

长海龙凤日 …………………………… (086)
填仓节 ………………………………… (086)
添仓节 ………………………………… (086)
天仓节 ………………………………… (086)
小填仓 ………………………………… (086)
大填仓 ………………………………… (086)
满族添仓节 …………………………… (086)
满族供仓节 …………………………… (086)
仓廪神诞 ……………………………… (086)
锡伯族填仓节 ………………………… (086)
锡伯族天仓节 ………………………… (087)
唱哈节 ………………………………… (087)
唱哈 …………………………………… (087)
哈节 …………………………………… (087)
红坎哈节 ……………………………… (087)

二十六

广州生菜会 …………………………… (087)

二十七

二十八

棉花生日 ……………………………… (087)
高唐花姑节 …………………………… (087)
许真君诞辰 …………………………… (088)
布依族了月节 ………………………… (088)
布依族了年节 ………………………… (088)
布依族告了年 ………………………… (088)

布依族了了年 ………………………… (088)
抢花炮 ………………………………… (088)
安铺雷神诞 …………………………… (088)

二十九

土族火神节 …………………………… (089)
福州除贫 ……………………………… (089)
分龙节 ………………………………… (089)
分龙日 ………………………………… (089)
池州分龙节 …………………………… (089)
畲族孝九节 …………………………… (089)
畲族孝顺节 …………………………… (089)

三十

壮族吃立节 …………………………… (089)
补过晚年 ……………………………… (090)
补过吃立节 …………………………… (090)
补过春节 ……………………………… (090)
布依族校小年 ………………………… (090)

本月约当日

花腰傣鸟头节 ………………………… (090)
招孤魂 ………………………………… (090)
招游魂 ………………………………… (090)
阿坝草地藏族年 ……………………… (090)
阿坝藏历年 …………………………… (091)
草地藏族节 …………………………… (091)
壮乡陀螺节 …………………………… (091)
壮族跑马节 …………………………… (091)
土家族跳马节 ………………………… (091)
茅山会 ………………………………… (092)
打侗年 ………………………………… (092)
侗族芦笙会 …………………………… (092)
苗族打同年 …………………………… (092)
融水芒蒿节 …………………………… (093)
古丈赶年场 …………………………… (093)
春节大祭天 …………………………… (093)
纳西族重祭天 ………………………… (093)

草地牧民节 …………………… （093）
仫佬族祭土主 ………………… （094）
仫佬族祭土至 ………………… （094）
仫佬族祭地主 ………………… （094）
扫火星节 ……………………… （094）
彝族姑娘街 …………………… （094）
金平姑娘节 …………………… （094）
彝族姑娘节 …………………… （094）
傣家赶花街 …………………… （094）
傣家赶花节 …………………… （094）
傣家赶新街 …………………… （094）
傣家花街节 …………………… （094）
马厄 …………………………… （094）
日初比 ………………………… （094）
走九曲 ………………………… （095）
转九曲 ………………………… （095）
闹九教 ………………………… （095）
景颇族采花节 ………………… （095）
恩鲜鲜 ………………………… （095）
花腰人祭罗节 ………………… （095）
花腰人祭倮节 ………………… （096）
彝族祭龙节 …………………… （096）
达斡尔族洁身祭 ……………… （096）
瑶族祭虎日 …………………… （096）
铓鼓节 ………………………… （097）
昂玛突 ………………………… （097）
戛度度 ………………………… （097）
嘎斗斗 ………………………… （097）
苗家小年 ……………………… （097）
侗族活路节 …………………… （097）
普米族大公节 ………………… （097）
普米族跑马节 ………………… （098）
哈尔滨冰灯节 ………………… （098）
哈尔滨冰雪节 ………………… （098）
苗族跳场 ……………………… （098）
苗族跳花 ……………………… （098）
苗族跳花场 …………………… （098）
跳坡节 ………………………… （098）
跳坡 …………………………… （099）

跳场 …………………………… （099）
踩坡 …………………………… （099）
踩花山 ………………………… （099）
坐花场 ………………………… （099）
花山会 ………………………… （099）
安顺跳花节 …………………… （099）
安顺欧道 ……………………… （100）
安顺赶坡 ……………………… （100）
苗族拜年 ……………………… （100）
川南苗族踩山节 ……………… （100）
川南苗族花山会 ……………… （100）
川南苗族花杆会 ……………… （100）
川南苗族踩山会 ……………… （100）
川南苗族耍花山 ……………… （100）
川南苗族跳场 ………………… （100）
大坡坡会 ……………………… （100）
嘉兴甩火把 …………………… （100）
吊狗祭山 ……………………… （100）
阿美人播种祭 ………………… （101）
卑南人播种祭 ………………… （101）
比由玛播种祭 ………………… （101）
卑南人粟播种祭 ……………… （101）
布农人播种祭 ………………… （101）
布农人播种月祭 ……………… （101）
泰雅人播种祭 ………………… （101）
斯密乌斯得莫莫赫 …………… （102）
曹人播种祭 …………………… （102）
密雅波 ………………………… （102）
曹人粟播种祭 ………………… （102）
布朗族土神祭 ………………… （102）
东家人等郎会 ………………… （102）
普米族诺提 …………………… （102）
天地诸神祭典 ………………… （103）

二月

初一

中和节 ………………………… （103）

祭太阳公公 …………………… (103)
龙头节 ………………………… (103)
马道祖一禅师圆寂纪念日 …… (104)
彝族猎神节 …………………… (104)
昵世嘎捏底 …………………… (104)
瑶族忌鸟节 …………………… (104)
瑶族赶鸟节 …………………… (104)
仡佬族敬雀节 ………………… (104)
敬鹰节 ………………………… (104)
禁脚节 ………………………… (104)
魏宝山朝山会 ………………… (104)
巍山朝山会 …………………… (105)
土地爷福 ……………………… (105)
送二月二 ……………………… (105)

初二

二月二 ………………………… (105)
青龙节 ………………………… (105)
春龙节 ………………………… (105)
二月二龙头节 ………………… (105)
龙抬头节 ……………………… (105)
龙抬头日 ……………………… (105)
剃龙头日 ……………………… (105)
雨节 …………………………… (105)
炒苞谷节 ……………………… (105)
二月二中和节 ………………… (105)
二月二龙牌会 ………………… (105)
范庄龙牌会 …………………… (106)
惠民春龙节 …………………… (106)
惠民龙抬头 …………………… (106)
哈尼族祭龙日 ………………… (106)
龙王庙会 ……………………… (106)
壮族祭龙节 …………………… (107)
弄遮 …………………………… (107)
弄处 …………………………… (107)
羌族祭龙节 …………………… (107)
布朗族祭龙潭 ………………… (107)
咬豆儿会 ……………………… (107)

咬豆儿节 ……………………… (107)
擂台会 ………………………… (107)
雷台会 ………………………… (108)
擂台戏 ………………………… (108)
威远镇擂台会 ………………… (108)
二月二祭虫 …………………… (108)
二月社 ………………………… (108)
壮家孩儿节 …………………… (108)
孩儿圩 ………………………… (108)
布依族二月二 ………………… (108)
祭老人房 ……………………… (108)
侗族二月二 …………………… (108)
艾粑节 ………………………… (109)
侗族粽粑节 …………………… (109)
二月二修善节 ………………… (109)
侗族大歌节 …………………… (109)
鄂温克族二月二 ……………… (109)
鄂温克族龙抬头 ……………… (109)
赫哲族二月二 ………………… (109)
赫哲族青龙节 ………………… (109)
达斡尔族二月二 ……………… (109)
二月二粽子节 ………………… (110)
二月二祭土地神 ……………… (110)
延安火把节 …………………… (110)
壮族花朝节 …………………… (110)
花王节 ………………………… (111)
花婆节 ………………………… (111)
百花仙子节 …………………… (111)
二月二跳月 …………………… (111)
畲族会亲节 …………………… (111)
土地会 ………………………… (111)
闹土地会 ……………………… (111)
土家族社祭 …………………… (112)
土地节 ………………………… (112)
土地日 ………………………… (112)
敬土地 ………………………… (112)
土地爷福 ……………………… (112)
做春福 ………………………… (112)

春福 …………………………… (112)	馎纳顿 ………………………… (116)
壮族晒布节 …………………… (112)	土族鸡蛋会 …………………… (116)
苗族敬桥节 …………………… (112)	土族赛马会 …………………… (116)
侗族架桥节 …………………… (113)	锡伯族二月节 ………………… (117)
苗族晾桥节 …………………… (113)	侗族斗鸟会 …………………… (117)

初三

藏族调牛节 …………………… (113)	
藏族调牛会 …………………… (113)	二月三 ………………………… (117)
景东文昌诞 …………………… (113)	祭龙节 ………………………… (117)
文昌帝君诞 …………………… (113)	苗族祭龙节 …………………… (117)
踏青节 ………………………… (113)	文昌帝君圣诞 ………………… (117)
春游 …………………………… (114)	阿细祭火节 …………………… (118)

初四

探春 …………………………… (114)	
寻春 …………………………… (114)	
游江节 ………………………… (114)	拉卜楞寺二月祭会 …………… (118)
锦城踏青节 …………………… (114)	丛确节 ………………………… (118)
满族领龙 ……………………… (114)	哈尼族姑娘节 ………………… (118)
布依族猴节 …………………… (114)	
布依族动土日 ………………… (114)	

初五

东沟大庄跳神会 ……………… (114)	
磁州乞巧节 …………………… (114)	玄奘大师圆寂纪念日 ………… (119)
东莞卖身节 …………………… (114)	土家族农夫节 ………………… (119)
东莞遇仙节 …………………… (115)	土家族农民节 ………………… (119)
东莞翻身节 …………………… (115)	鞭春节 ………………………… (119)
带活猴节 ……………………… (115)	三坛节 ………………………… (119)
带囝女节 ……………………… (115)	报功者节 ……………………… (119)
丽水炒虫米 …………………… (115)	打春节 ………………………… (119)
南通喂百虫 …………………… (115)	彝族叫饭魂 …………………… (119)
南通斋田头 …………………… (115)	叫饭魂节 ……………………… (119)
吃蝎子节 ……………………… (115)	苗族赠带节 …………………… (119)
吃蝎子毒 ……………………… (115)	

初六

浪桥接龙日 …………………… (115)	
裕固族祭鄂博 ………………… (115)	东华帝君诞 …………………… (120)

初七

裕固族祭敖包 ………………… (116)	
裕固族祭敖堡 ………………… (116)	
壮族开耕节 …………………… (116)	二月七 ………………………… (120)
布雅衣人开定浪 ……………… (116)	二月七节 ……………………… (120)
土族梆梆会 …………………… (116)	斗巧饭 ………………………… (120)

布朗族跳会 ……………………（120）

初八

释迦牟尼佛出家纪念日 …………（120）
祠山大帝生日 ……………………（121）
二老爷庙会 ………………………（121）
猎人祭日 …………………………（121）
弥渡西山二月八 …………………（121）
纳西族二月八 ……………………（121）
三朵节 ……………………………（122）
三多节 ……………………………（122）
三朵颂 ……………………………（122）
祭三朵 ……………………………（122）
纳西族北岳庙会 …………………（122）
彝族跳歌节 ………………………（122）
彝族二月八 ………………………（122）
亲友相会节 ………………………（122）
彝族龙华会 ………………………（122）
彝族花节 …………………………（122）
彝族花脸节 ………………………（123）
花车盛会 …………………………（123）
马缨花节 …………………………（123）
彝族插花节 ………………………（123）
巍山彝年 …………………………（123）
巍山二月八 ………………………（123）
二月八年节 ………………………（123）
拉祜族二月八 ……………………（124）
祭神树节 …………………………（124）
祭迷土 ……………………………（124）
接迷土 ……………………………（124）
彝族山神会 ………………………（124）
二月八跳摆 ………………………（124）
纳西族牧童会 ……………………（124）
纳西族放羊节 ……………………（124）
纳西族青年会 ……………………（125）
日往笾 ……………………………（125）
普米族娃娃节 ……………………（125）

傈僳族刀竿节 ……………………（125）
傈僳族刀杆节 ……………………（125）
彝族打歌节 ………………………（125）
昙华山插花节 ……………………（125）
白族把志节 ………………………（126）
白族草药会 ………………………（126）
白族花子会 ………………………（126）
白水台盛会 ………………………（126）
白水台会 …………………………（126）
彝族拜主会 ………………………（126）
彝族朝山会 ………………………（126）
彝族赶庙会 ………………………（126）
怒族桃花节 ………………………（126）

初九

东山庙会 …………………………（126）
祭猪会 ……………………………（127）
慧能大师圣诞 ……………………（127）
廉江阿婆诞 ………………………（127）
杞人军坡节 ………………………（127）

初十

白彝补年节 ………………………（127）
麻龙火 ……………………………（127）
傣家彩蛋节 ………………………（127）
景颇族能仙节 ……………………（128）
归西毕 ……………………………（128）
普米族祭房头 ……………………（128）

十一

嘉绒祭山节 ………………………（128）
彝族朝山会 ………………………（128）
闹冲节 ……………………………（128）
闹冲 ………………………………（129）
闹春节 ……………………………（129）

十二

二月礼拜 …………………………（129）

做茧圆 …………………… (129)
送茶花 …………………… (129)
蚕花生日 ………………… (129)

十三

葛真君圣诞 ……………… (129)
日角尔都节 ……………… (129)
敬奉菩萨节 ……………… (130)
布依族逛场节 …………… (130)
布依族跳月 ……………… (130)
那马人拜二月 …………… (130)
梗日望 …………………… (130)
拜日望会 ………………… (130)
那马人祭二月 …………… (130)
接三公主 ………………… (130)

十四

潮州青龙节 ……………… (131)
潮州迎青龙 ……………… (131)
白族朝花节 ……………… (131)
白族花潮节 ……………… (131)
白族春会 ………………… (131)
白族太平会 ……………… (131)

十五

花朝节 …………………… (131)
花朝 ……………………… (132)
花神节 …………………… (132)
花神生日 ………………… (132)
百花节 …………………… (132)
百花生日 ………………… (132)
汉民花朝节 ……………… (132)
花卉生日 ………………… (132)
赶花会 …………………… (132)
赶插花节 ………………… (132)
百草生日 ………………… (132)
挑菜节 …………………… (132)
湖北扑蝶会 ……………… (132)

道教节 …………………… (132)
玄元节 …………………… (132)
降圣节 …………………… (132)
道主诞 …………………… (132)
道德天尊圣诞 …………… (132)
道教圣诞节 ……………… (132)
涅槃节 …………………… (132)
释迦牟尼佛涅槃日 ……… (132)
蒙古族涅槃节 …………… (132)
泥洹 ……………………… (132)
般涅槃 …………………… (133)
扎巴节 …………………… (133)
姊妹节 …………………… (133)
浓嘎良 …………………… (133)
吃姊妹饭 ………………… (133)
姊妹饭节 ………………… (133)
畲族祭祖节 ……………… (133)
祭岳飞 …………………… (134)
圣王祭 …………………… (134)
洱源庄稼会 ……………… (134)
洱源三营庄稼会 ………… (134)

十六

木杷节 …………………… (134)
木把节 …………………… (135)

十七

石家庄二月庙会 ………… (135)

十八

十九

天竺香市 ………………… (135)
观音庙会 ………………… (135)
蒙古族观音会 …………… (135)
壮乡观音诞日 …………… (135)
彝族观音会 ……………… (135)
崇福堂庙会 ……………… (136)

招子日 …………………………… (136)
布洛陀歌圩 ……………………… (136)

二十

二十一

普贤菩萨圣诞 …………………… (136)
三曼多跋陀罗圣诞 ……………… (136)
遍吉菩萨圣诞 …………………… (136)

二十二

狗诞辰节 ………………………… (136)

二十三

二十四

二十五

普米族祭水神 …………………… (136)

二十六

二十七

二十八

红瑶春社节 ……………………… (137)

二十九

壮族农具节 ……………………… (137)
布朗族泼水节 …………………… (137)

本月约当日

古龙头节 ………………………… (137)
古中和节 ………………………… (137)
祭石神 …………………………… (137)
腊鲁赛歌会 ……………………… (138)
磨盘山吃花酒 …………………… (138)
卡多人祭母 ……………………… (138)
阿玛施 …………………………… (138)
祭寨神树 ………………………… (139)

苗族撵虫节 ……………………… (139)
戛洒花街节 ……………………… (139)
戛洒赶花街 ……………………… (139)
戛洒情人节 ……………………… (139)
睢水踩桥会 ……………………… (139)
维吾尔族跳火节 ………………… (139)
白洗芦笙会 ……………………… (139)
二月芦笙节 ……………………… (140)
二月芦笙会 ……………………… (140)
即墨海祭 ………………………… (140)
解天饷 …………………………… (140)
仫佬族春社 ……………………… (140)
基诺族社祭节 …………………… (140)
格巴祭 …………………………… (140)
苦聪土主节 ……………………… (140)
哈尼族姑娘街 …………………… (141)
哈尼族祭寨神 …………………… (141)
蒲哈枯 …………………………… (141)
红石天 …………………………… (141)
祭龙巴头 ………………………… (141)
傣族祭龙 ………………………… (141)
傣族祭龙树 ……………………… (141)
傣族祭垄 ………………………… (141)
傣族祭宅 ………………………… (141)
傣族祭陇 ………………………… (141)
哈尼族祭竜 ……………………… (141)
哈尼族祭龙 ……………………… (142)
宝瑞瑞 …………………………… (142)
埃玛傲扎 ………………………… (142)
祭老人房 ………………………… (142)
勐海祭水神 ……………………… (142)
祭吴纠阿玛 ……………………… (142)
金平祭水神 ……………………… (142)
嘎度度 …………………………… (142)
戛度度 …………………………… (143)
拉祜族接谷神魂 ………………… (143)
赛夏人播种祭 …………………… (143)
布农人祓除节 …………………… (143)

拉巴卡西 …………………… (143)
红宝放赦 …………………… (143)
渔组招鱼祭 ………………… (143)
元墓赏梅 …………………… (144)
邓尉赏梅 …………………… (144)

三月

初一

碧藓庵双蝶节 ……………… (144)
镇远祭祖魂 ………………… (144)
侗族三月三 ………………… (144)
侗族播种节 ………………… (145)
侗族讨葱节 ………………… (145)
报京三月三 ………………… (145)

初二

雅美人丰渔祭 ……………… (145)
土族龙王庙会 ……………… (145)

初三

上巳 ………………………… (145)
上巳节 ……………………… (145)
三巳 ………………………… (146)
三月三节 …………………… (146)
修禊 ………………………… (146)
春禊 ………………………… (146)
三巳日 ……………………… (146)
朝鲜族三巳节 ……………… (146)
朝鲜族上巳日 ……………… (146)
祭黄帝 ……………………… (146)
黄帝故里拜祖大典 ………… (146)
中华第一大典 ……………… (146)
上司神农诞辰节 …………… (146)
真武大帝圣诞 ……………… (146)
忠县三月会 ………………… (146)
济南三月三 ………………… (147)

齐河三月三 ………………… (147)
保定三月三 ………………… (147)
三月三大节 ………………… (147)
壮家三月三 ………………… (147)
壮家歌墟节 ………………… (148)
壮家花街节 ………………… (148)
壮家歌节 …………………… (148)
黎歧三月三 ………………… (148)
黎歧情爱节 ………………… (148)
黎苗三月三 ………………… (148)
黎苗爱情节 ………………… (149)
孚念孚 ……………………… (149)
昌江三月三 ………………… (149)
畲家三月三 ………………… (149)
畲族乌饭节 ………………… (149)
畲族对歌节 ………………… (149)
湘苗三月三 ………………… (149)
仫佬族三月三 ……………… (150)
布依族三月三 ……………… (150)
布依族仙歌节 ……………… (150)
安龙扫寨 …………………… (150)
安龙祭神 …………………… (150)
布依族地蚕会 ……………… (150)
布依族扫寨节 ……………… (150)
罗平仙歌节 ………………… (150)
罗平地蚕会 ………………… (151)
罗甸枫叶节 ………………… (151)
更冒烧 ……………………… (151)
吃枫香叶 …………………… (151)
更三碗 ……………………… (151)
罗平三月三 ………………… (151)
水族三月三 ………………… (151)
三月三对歌节 ……………… (151)
土族三月三 ………………… (151)
土族三月三庙会 …………… (152)
撒拉族清明节 ……………… (152)
白族三月三歌会 …………… (152)
风光岩歌会 ………………… (152)

侗族三月三歌会 ……………（152）	咱哈咕节 ………………（159）
册亨社神节 ………………（152）	阿哲叫五谷魂 …………（159）
瑶族清明歌会 ……………（153）	彝族娃娃节 ……………（159）
龙胜勉瑶歌节 ……………（153）	土家族娘娘会 …………（159）
瑶族开耕节 ………………（153）	三仙娘娘会 ……………（159）
连南起愿节 ………………（153）	媒神生日 ………………（159）
侗家播种节 ………………（153）	武定白龙会 ……………（159）
茶山瑶黄牛节 ……………（153）	彝家风流节 ……………（159）
拉珈黄牛节 ………………（154）	温亚帕 …………………（159）
城步动春节 ………………（154）	道信诞辰 ………………（159）
小花苗校步节 ……………（154）	荠菜花生日 ……………（160）
涉娘苏嘎 …………………（154）	辟蚁日 …………………（160）
舍娘苏戛 …………………（154）	避亲挑亲 ………………（160）
敬娘娘菩萨 ………………（154）	简阳抢童子 ……………（160）
初夜渔祭 …………………（154）	乡宁山灯会 ……………（160）
大船初夜渔祭 ……………（154）	游南山 …………………（160）
吴凤祭 ……………………（155）	姚马庄跳神会 …………（160）
阿里山忠王祭 ……………（155）	干巴节 …………………（160）
乌拉街龙王祭 ……………（155）	蓝靛瑶三月节 …………（161）
土族鸡蛋会 ………………（155）	俅人祭祖节 ……………（161）
姚马跳神会 ………………（155）	接三姑娘 ………………（161）
龙子庙会 …………………（155）	乌冬节 …………………（161）
丰都庙会 …………………（156）	丢花包节 ………………（161）
太保庙会 …………………（156）	桑略卓散节 ……………（161）
蟠桃宫庙会 ………………（156）	瑶族祭祖节 ……………（161）
侗家赶歌场 ………………（157）	跳路神节 ………………（161）
仫佬族花婆节 ……………（157）	跳太平神 ………………（162）
仫佬族婆王节 ……………（157）	乌斯珠耶节 ……………（162）
仫佬族圣母节 ……………（157）	
布依族扫墓节 ……………（157）	**初四**
仡佬族年 …………………（157）	**初五**
仡佬族过年 ………………（158）	
取新火节 …………………（158）	满族清明节 ……………（162）
壮族拜山节 ………………（158）	满族墓祭 ………………（162）
祭雷神节 …………………（158）	东巴会 …………………（162）
彝族护山节 ………………（158）	
三月三祭山节 ……………（158）	**初六**
忌戊 ………………………（159）	绍兴张神会 ……………（162）

拉卜楞寺三月舞会 …………… （162）
庙顶祭山节 ………………… （163）
藏族谢水节 ………………… （163）
竹木惹 ……………………… （163）

初七

傣族窝巴节 ………………… （163）
鱼的集会 …………………… （163）

初八

初九

苗家杀鱼节 ………………… （163）

初十

白石大会市 ………………… （164）
阿昌族撒种节 ……………… （164）
景颇族撒种节 ……………… （164）
青山界歌场节 ……………… （164）

十一

阿术拉节 …………………… （165）
东乡族粮食节 ……………… （165）

十二

羌族青苗会 ………………… （165）
鄂伦春族清明节 …………… （165）
布乔布义都乔孙达拉格楞 … （165）

十三

苗族采菜节 ………………… （165）
窝若吉 ……………………… （166）
禄丰三月花会 ……………… （166）
彝族太阴会 ………………… （166）

十四

雨洼蒙乖节 ………………… （166）
却藏寺官经会 ……………… （166）

十五

三山国王诞 ………………… （167）
西安祭孤墓 ………………… （167）
讨念拜节 …………………… （167）
白族三月街 ………………… （167）
大理三月会 ………………… （167）
白族观音节 ………………… （167）
白族观音街 ………………… （168）
祭观音街 …………………… （168）
三月街 ……………………… （168）
三月街民族节 ……………… （168）
怒族仙女节 ………………… （168）
山母节 ……………………… （168）
怒族鲜花节 ………………… （168）
怒族朝山节 ………………… （168）
阿佤播种节 ………………… （168）
惹岛节 ……………………… （168）
丽江黑龙潭会 ……………… （168）
龙王庙会 …………………… （168）
纳西族三月会 ……………… （168）
丽江玉泉会 ………………… （169）

十六

准提菩萨圣诞 ……………… （169）
准胝观音诞 ………………… （169）
准提佛母诞 ………………… （169）
七俱胝佛母诞 ……………… （169）
天人丈夫观音诞 …………… （169）
老把头生日 ………………… （169）
祭老把头 …………………… （169）
苗族祭龙神 ………………… （169）
苗族祭龙树 ………………… （170）
辽宁赛团 …………………… （170）
林公节 ……………………… （170）

十七

成吉思汗纪念节 …………… （170）

十八

广胜寺庙会 …………………… (170)
内黄祭祖节 …………………… (170)
颛顼古庙会 …………………… (171)
五庄大会 ……………………… (171)

十九

苗族爬山节 …………………… (171)

二十

注生娘娘诞 …………………… (171)
孙娘娘会 ……………………… (171)

二十一

博罗朝拜会 …………………… (171)
常熟甩担会 …………………… (171)
蒙古族春祭 …………………… (172)
成吉思汗陵查干苏鲁克祭 …… (172)
苏鲁克大典 …………………… (172)
鲜奶祭 ………………………… (172)
鹤庆猪姑娘节 ………………… (172)

二十二

二十三

妈祖诞 ………………………… (172)
祭妈祖 ………………………… (172)
天后诞 ………………………… (172)
天后宝诞 ……………………… (172)
渔民开洋节 …………………… (172)
渔民谢洋节 …………………… (173)

二十四

牟定三月会 …………………… (173)
牟定三月街 …………………… (173)

二十五

多宝佛生日 …………………… (173)

大宝佛生日 …………………… (173)
宝胜佛生日 …………………… (173)
多宝如来生日 ………………… (173)
娘娘会 ………………………… (173)
白族娘娘会 …………………… (174)
鹤妹娘娘会 …………………… (174)

二十六

二十七

黄岩东岳神会 ………………… (174)
黄岩东岳庙会 ………………… (174)

二十八

仓颉诞 ………………………… (174)
制字先师诞 …………………… (174)
东岳庙会 ……………………… (174)
东岳大帝生日 ………………… (174)
东岳大帝圣诞 ………………… (174)
朝东岳 ………………………… (174)
北京东岳神会 ………………… (174)
天齐会 ………………………… (174)
武昌甘蔗节 …………………… (175)
奔牛庙会 ……………………… (175)
纳西族祭龙王 ………………… (175)
纳西族龙王会 ………………… (175)
大姚服装节 …………………… (175)
大姚赛装节 …………………… (175)

二十九

东皇庙会 ……………………… (175)
漾濞串会节 …………………… (176)

三十

本月约当日

洪西洪米祭 …………………… (176)
仡佬族祭山节 ………………… (176)

仡佬族祭山神 …………………（176）
哈尼族祭山 ……………………（176）
布朗族祭火神 …………………（176）
哈尼族播种祭 …………………（177）
哈尼族播种节 …………………（177）
栽谷年 …………………………（177）
鸦卡皮罗 ………………………（177）
哈尼族祭谷神 …………………（177）
彝族搭清节 ……………………（177）
哈尼族黄饭节 …………………（177）
哈尼族二月年 …………………（177）
好收色 …………………………（177）
水族祭龙潭 ……………………（177）
毛杉树歌节 ……………………（178）
羌族山神祭 ……………………（178）
祭阿渥尔 ………………………（178）
仡佬族拜树节 …………………（178）
仡佬族祭树节 …………………（179）
黎平虾子节 ……………………（179）
温塘桃花浴 ……………………（179）
平山姑嫂节 ……………………（179）
临潼桃花节 ……………………（179）
勒墨桃花节 ……………………（180）
白族梨花会 ……………………（180）
俄罗斯族报喜节 ………………（180）
苗族高跃坡节 …………………（180）
兹完尔节 ………………………（180）
修渠引水节 ……………………（180）
祖吾尔节 ………………………（181）
土族祭祖节 ……………………（181）
活舍节 …………………………（181）
哈尼族新年 ……………………（181）
普米族祭龙节 …………………（181）
普米族龙潭祭 …………………（181）
纳西族祭山神 …………………（181）
纳西族祭风 ……………………（181）
纳西族龙王庙会 ………………（181）
纳西族龙王会 …………………（182）

纳西族祭龙节 …………………（182）
纳西族黑龙潭会 ………………（182）
纳西族三月会 …………………（182）
三月真经会 ……………………（182）
佤族播种节 ……………………（182）
大理三月街民族节 ……………（182）
大理三月街 ……………………（182）
祭庄稼神 ………………………（182）
白族三月节 ……………………（182）
彝族歌圩节 ……………………（182）
彝族风流节 ……………………（182）
彝族风流街 ……………………（182）
彝族情人节 ……………………（182）
彝族姑娘节 ……………………（182）
彝族姑娘街 ……………………（182）
哈尼族郭修节 …………………（182）
切脱恰特尔节 …………………（183）
清除烟尘节 ……………………（183）
大甲妈祖文化节 ………………（183）
三月疯妈祖 ……………………（183）
高山族播种祭 …………………（183）
目娜努比斯巴娜依 ……………（183）
仁登阿卜 ………………………（183）
德昂族祭龙 ……………………（183）
南京善司会 ……………………（183）
都天神会 ………………………（183）
平顺大赛会 ……………………（184）
甘南跑马节 ……………………（185）

四月

初一

乡宁四月节 ……………………（185）
祭沧浪神 ………………………（185）
祭雹神 …………………………（185）
桑厩节 …………………………（185）
洪格嘛呢节 ……………………（185）

互助祭佛节 …………………… (185)
土族浴佛节 …………………… (185)
妙峰山庙会 …………………… (185)
妙峰山香会 …………………… (186)
娘娘庙香会 …………………… (186)
妙峰山花会 …………………… (186)
中药材大会 …………………… (186)

初二

蒙古族鲁班节 ………………… (186)
蒙古族鲁班会 ………………… (186)
仙家妹妹庙会 ………………… (186)

初三

四月三庙会 …………………… (186)
七老爷庙会 …………………… (186)
台州支将军节 ………………… (187)
彝族跳宫节 …………………… (187)
孔告 …………………………… (187)
孔够 …………………………… (187)
跳公节 ………………………… (187)
嘈契 …………………………… (187)
鄂温克族四月会 ……………… (187)
奥米那楞 ……………………… (188)
奥米那仁 ……………………… (188)

初四

夹江张爷会 …………………… (188)
文殊菩萨圣诞 ………………… (188)
壮族开耕节 …………………… (188)
壮族开耙节 …………………… (188)
壮族开秧节 …………………… (188)
壮族插秧节 …………………… (188)
都柳江种棉节 ………………… (188)
布农人平安祭 ………………… (189)

初五

鄂温克族汉西 ………………… (189)

鄂温克族清明节 ……………… (189)
朝鲜族寒食节 ………………… (189)

初六

绍兴黄神会 …………………… (189)
黄老相公会 …………………… (189)
苗族樱桃会 …………………… (190)
苗族三月街 …………………… (190)

初七

初八

四月八古会 …………………… (190)
乡宁油糕节 …………………… (190)
乡宁油糕会 …………………… (190)
藏传浴佛节 …………………… (190)
藏传佛浴节 …………………… (190)
藏传灌佛 ……………………… (190)
藏传佛诞节 …………………… (190)
藏传佛诞辰日 ………………… (190)
丹徒赶狗节 …………………… (190)
丹徒浴佛节 …………………… (191)
万花山花会 …………………… (191)
踩青花儿会 …………………… (191)
凤凰山花儿会 ………………… (191)
踩青邦邦会 …………………… (191)
赶糯米坡 ……………………… (191)
苗族四月八 …………………… (191)
苗族乌饭节 …………………… (192)
苗族坡会节 …………………… (192)
苗族敬牛节 …………………… (192)
苗族牛王节 …………………… (192)
四月八姑娘节 ………………… (192)
苗家黑饭节 …………………… (192)
跳花跳月节 …………………… (192)
四月八农具节 ………………… (192)
"那"文化旅游节 ……………… (192)
牛王诞 ………………………… (192)

壮家牛王诞节 …………………（193）
壮家牛王节 ……………………（193）
壮家牛魂节 ……………………（193）
壮家敬牛节 ……………………（193）
壮乡脱轭节 ……………………（193）
蓝衣壮开圩日 …………………（193）
蓝衣壮圩逢 ……………………（194）
布依族牛王节 …………………（194）
布依族牛神节 …………………（194）
布依族四月八 …………………（194）
布依族牧童节 …………………（194）
布依族开秧节 …………………（194）
布依族开秧门 …………………（194）
侗族牛王节 ……………………（194）
祭牛生日 ………………………（194）
侗族祭牛神 ……………………（194）
侗族洗牛身 ……………………（194）
侗族四月八 ……………………（195）
嫁毛虫节 ………………………（195）
敬婆婆神 ………………………（195）
土家族牛王节 …………………（195）
牛头王生日 ……………………（195）
畲乡牛歇节 ……………………（195）
畲乡歇牛节 ……………………（195）
畲乡爱牛节 ……………………（195）
仫佬族牛王节 …………………（195）
仫佬族牛神节 …………………（195）
仫佬族牛生日节 ………………（195）
仫佬族牛魂节 …………………（195）
仫佬族祭牛栏神 ………………（195）
抢牛馒头 ………………………（195）
四月父母节 ……………………（196）
瑶家父母节 ……………………（196）
孤山奶奶庙会 …………………（196）
康定转山会 ……………………（196）
四月八转山会 …………………（196）
康定敬山神 ……………………（196）
康定沐佛节 ……………………（196）

邓县黄瓜会 ……………………（196）
侗族姑娘节 ……………………（197）
侗乡采桑节 ……………………（197）
壮族泼泥节 ……………………（197）
瑶族阿妹节 ……………………（197）
瑶家女儿节 ……………………（198）
瑶家姊妹节 ……………………（198）
瑶家斗牛节 ……………………（198）
逃军山节 ………………………（198）
壮族拜秧节 ……………………（198）
壮族插秧节 ……………………（198）
朝鲜族燃灯会 …………………（198）
朝鲜族灯夕 ……………………（199）
朝鲜族燃灯节 …………………（199）
朝鲜族浴佛日 …………………（199）
三都投石节 ……………………（199）
兜锦印 …………………………（199）
纳家跳神会 ……………………（199）
互助四月八庙会 ………………（199）
采参节 …………………………（199）
采参日 …………………………（200）
娘娘神生日 ……………………（200）
清凉山庙会 ……………………（200）
满族庙会 ………………………（200）

初九

大瑶山禾魂节 …………………（200）

初十

维吾尔族播种节 ………………（201）
四月大庙会 ……………………（201）
欢庆松总 ………………………（201）

十一

宁波都神会 ……………………（201）
四月半会 ………………………（201）

十二

蛇王生日 ………………………（201）

羌族祭山会 …………………… (201)
羌族祭天会 …………………… (202)
羌族祭山节 …………………… (202)
羌族敬山节 …………………… (202)

十三

十四

吕先祖诞生祭 ………………… (202)
吕纯阳祖师诞辰 ……………… (202)
苏州轧神仙 …………………… (202)
四月大会 ……………………… (202)
裕固族过会 …………………… (202)
布朗族宋坎节 ………………… (202)
熏烟烟封山节 ………………… (203)
藏族敬山神节 ………………… (203)

十五

白族蝴蝶会 …………………… (203)
卫塞节 ………………………… (203)
佛吉祥日 ……………………… (204)
佛圆满节 ……………………… (204)
布朗族山抗节 ………………… (204)

十六

十七

十八

元君庙会 ……………………… (204)
安国药王庙会 ………………… (204)
锡伯族西迁节 ………………… (204)
四·一八节 …………………… (205)
锡伯族怀亲节 ………………… (205)
锡伯族娘娘会 ………………… (205)
锡伯族迁徙节 ………………… (205)
杜音拜专扎坤 ………………… (205)
四月十八节 …………………… (205)
眼光圣母诞 …………………… (205)

眼光娘娘诞 …………………… (205)
土家族牛王节 ………………… (205)
平湖挂灯 ……………………… (205)
达斡尔族娘娘祭 ……………… (206)

十九

二十

二十一

二十二

二十三

绕山灵 ………………………… (206)
绕三灵 ………………………… (206)
绕三林 ………………………… (206)
绕桑林 ………………………… (206)
观上览 ………………………… (206)

二十四

朱天庙会 ……………………… (206)
彝族小火把节 ………………… (206)

二十五

周城本主会 …………………… (207)

二十六

随州祭炎帝 …………………… (207)
苗族羊马节 …………………… (207)

二十七

二十八

药王菩萨圣诞 ………………… (207)
什邡药王会 …………………… (207)
药王庙会 ……………………… (208)
驿马关大会 …………………… (208)
托克托奶奶庙会 ……………… (208)
松鸣岩花儿会 ………………… (208)

二十九

三十

本月约当日

渔组解散祭 …………………（208）
都瓦节 ………………………（209）
维吾尔族祈福节 ……………（209）
满族墓祭 ……………………（209）
四月搭桥节 …………………（209）
乌米饭节 ……………………（209）
阿弥饭节 ……………………（209）
乌米糕节 ……………………（209）
德昂族祭鬼树 ………………（209）
沙户比节 ……………………（210）
小春尝新节 …………………（210）
塔吉克族春种节 ……………（210）
台合木兹瓦司脱节 …………（210）
塔吉克族播种节 ……………（210）
剪马鬃节 ……………………（210）
阿佤贡象节 …………………（210）
祭娅拜 ………………………（210）
娅拜节 ………………………（211）
苗族种棉节 …………………（211）
里玛主节 ……………………（211）
春天的盛会 …………………（212）
四月黄饭节 …………………（212）
哈尼族开秧门节 ……………（212）
仰阿纳 ………………………（212）
苗族爬山节 …………………（212）
茶山瑶插秧节 ………………（212）
茶山瑶插田节 ………………（212）
德钦射箭节 …………………（212）
安康解缴会 …………………（212）
嘛呢经会 ……………………（213）
玛呢经会 ……………………（213）
鄂伦春族春祭 ………………（213）
蒙古族祭雷 …………………（213）

浙江蚕禁 ……………………（214）

五月

初一

灵应庙会 ……………………（214）
推龙船节 ……………………（214）
推端午船 ……………………（214）

初二

初三

土家族妇女会 ………………（214）
土家族女儿会 ………………（214）
土家族女儿节 ………………（214）

初四

畲族小端午 …………………（215）
畲族五月节 …………………（215）
藏族采花节 …………………（215）
藏族女儿节 …………………（215）
畲族保苗福 …………………（215）

初五

端午节 ………………………（215）
端阳节 ………………………（216）
端阳 …………………………（216）
端五 …………………………（216）
重五 …………………………（216）
重午 …………………………（216）
女儿节 ………………………（216）
天中节 ………………………（216）
蒲节 …………………………（216）
地腊 …………………………（216）
头端午 ………………………（216）
大端午 ………………………（216）
末端午 ………………………（216）
中国端午节 …………………（216）

屈原故里端午	(216)	土家族端阳节	(222)
西塞神舟会	(216)	土家族天中节	(222)
苏州端午	(216)	土家族头端阳	(222)
汨罗江畔端午	(216)	土家族大端阳	(222)
乐山端午节	(216)	土家族末端阳	(222)
乐山龙舟会	(216)	哈尼族端午节	(222)
津门端午节	(216)	傣族端午节	(222)
建德端午节	(217)	傣家粽包节	(222)
藏族端午节	(217)	黎族端午节	(222)
藏族端阳节	(217)	傈僳族端午节	(222)
藏族重午节	(217)	畲家五月节	(222)
藏族蒲节	(217)	山哈端午节	(223)
藏族药佛节	(217)	拉祜族端午节	(223)
苗族端午节	(217)	拉祜族植树节	(223)
苗族过端节	(218)	纳西族端午节	(223)
苗家龙舟节	(218)	纳西族端阳节	(223)
苗家龙船节	(218)	土族端午节	(223)
都阳节	(218)	土族重午	(223)
彝族端阳节	(218)	土族端五	(223)
彝族采药日	(218)	土族端阳	(223)
彝族采药节	(218)	土族蒲节	(223)
壮族端午节	(218)	达斡尔族端午节	(223)
布依族端午节	(218)	仫佬族端午节	(224)
壮族药王节	(219)	仫佬族祭真武	(224)
壮族药师节	(219)	羌族端午节	(224)
壮族爱猴节	(219)	布朗族端午节	(224)
壮族鸡得节	(219)	毛南族端午节	(224)
壮家小孩节	(219)	阿昌族端午节	(225)
朝鲜族重五节	(219)	普米族端阳节	(225)
朝鲜族端午节	(220)	鄂温克族五月初五	(225)
满族端午节	(220)	京族端午节	(225)
托波叶能叶	(220)	鄂伦春族端午节	(225)
满族五月节	(220)	五月端阳浪山节	(225)
满族重五日	(220)	香港端午	(225)
通道侗家端午	(221)	香港划龙舟	(225)
祖婆节	(221)	香港扒龙舟	(225)
白族端午节	(221)	尖扎嘛呢节	(225)
土家族端午节	(222)	嘛呢节	(226)

节日名称	页码	节日名称	页码
尖扎嘛尼节	(226)	蒿草卜	(230)
谢蚕神	(226)	浙江送药节	(230)
端午谢蚕花	(226)	桂北药王节	(230)
瑶族洗澡节	(226)	桂北药师节	(230)
锡伯族端午节	(226)	满族药香节	(230)
锡伯族五月初五	(226)	满族五月节	(231)
锡伯族泼水节	(226)	满族鸡蛋节	(231)
泼落勒依能厄	(226)	新宾五月节	(231)
孙扎别义伊车孙扎	(226)	彝族采药日	(231)
孙扎拜义车孙扎	(226)	毛南族找药节	(231)
锡伯族敬树神	(226)	毛南族药节	(231)
布朗族洗牛脚	(227)	铸铜镜节	(231)
牛纳纳	(227)	仫佬族祭雷王	(231)
莫埃纳	(227)	藏族采花节	(231)
牛歇气	(227)	蒙古族猎日	(232)
牛歇息	(227)	望丛赛歌会	(232)
苗族祭干龙	(227)	农民竞田歌	(232)
兹离	(227)	鹃城赛歌会	(233)
王龙赶祭	(227)	傣族对歌节	(233)
普米族转山节	(227)	羌族领歌节	(233)
普米族转山会	(228)	瓦尔窝脚	(233)
普米族转念堂	(228)	瓦尔俄足	(233)
普米族绕岩洞	(228)	俄日俄定	(233)
彝族赛马节	(228)	羌族五月五	(233)
百阜坪赛马节	(228)	羌族歌仙节	(233)
大方跳花节	(228)	羌族传歌节	(233)
彝族杨梅会	(228)	古羌妇女节	(233)
杨梅街节	(229)	羌族女儿节	(233)
杨梅街跳歌节	(229)	峡门花儿会	(233)
杨梅街	(229)	雪门槛游山节	(234)
苗族杨梅节	(229)	东港石战节	(234)
福州大帝诞	(229)	壮族狗肉节	(234)
福州瘟鬼诞	(229)	畲族敬祖节	(234)
达斡尔族关帝祭	(229)		
达斡尔族武神祭	(229)	**初六**	
神仙坡节	(229)	傣雅花街节	(235)
拉也合节	(230)	热水塘花街节	(235)

阿哲人送鬼神 …………………（235）

初七

初八

龙母诞辰 ………………………（235）

初九

初十

十一

大同城隍庙会 …………………（235）

十二

十三

大端阳节 ………………………（235）
肇源雨节 ………………………（235）
伽蓝菩萨圣诞 …………………（236）
冀南送羊节 ……………………（236）
南京刀禁 ………………………（236）
康定跑马山会 …………………（236）
康定赛马会 ……………………（236）
竹醉日 …………………………（236）
竹迷日 …………………………（236）
壮族结拜节 ……………………（236）
更宿万 …………………………（237）
给牛吃粽子 ……………………（237）
鄂温克族祭敖包 ………………（237）

十四

红瑶粽粑节 ……………………（237）

十五

杨府庙会 ………………………（237）
阆中瘟祖会 ……………………（237）
成吉思汗陵淖尔祭 ……………（238）
淖尔大典 ………………………（238）
打泥坨节 ………………………（238）
讨念拜节 ………………………（238）
侗家赶坳 ………………………（238）
侗家玩山 ………………………（239）
土家族谷神节 …………………（239）
杀牛祭山 ………………………（239）
羌族祭山会 ……………………（239）
畲族五月节 ……………………（239）
畲族小端午 ……………………（239）

十六

忌孔节 …………………………（239）
麻蕊 ……………………………（240）

十七

二郎山花儿会 …………………（240）
城隍会 …………………………（240）
鄂伦春族篝火节 ………………（240）

十八

十九

二十

分龙日 …………………………（240）
分龙节 …………………………（240）
湖州龙王庙会 …………………（241）

二十一

二十二

米阔鲁节 ………………………（241）
米阔勒节 ………………………（241）
鄂温克族庆丰收 ………………（241）

二十三

二十四

黔苗龙舟节 ……………………（241）

黔苗龙船节 …………………（242）

二十五

会龙日 ………………………（242）
会龙节 ………………………（242）
苗族独木龙舟节 ……………（242）

二十六

壮族达努节 …………………（243）

二十七

五月台会 ……………………（243）
洪雅城隍会 …………………（243）
洪雅城隍庙会 ………………（243）
洪雅台会 ……………………（243）

二十八

塔塔尔族撒班节 ……………（243）
塔塔尔族犁头节 ……………（243）
塔塔尔族乌买克 ……………（243）
塔塔尔族团会 ………………（243）
塔塔尔族萨邦节 ……………（244）

二十九

瑶族夕九节 …………………（244）
瑶族补过年 …………………（244）

三十

本月约当日

大新插秧节 …………………（244）
仰阿纳节 ……………………（244）
栽完秧休息天 ………………（244）
苗爱拿 ………………………（244）
莫埃纳 ………………………（244）
那尼节 ………………………（244）
其本哈尔 ……………………（244）
五月庙节 ……………………（245）

毛南族分龙节 ………………（245）
毛南族龙节 …………………（245）
白族谢水节 …………………（245）
白族田家乐 …………………（245）
个人渔家祭 …………………（245）
阿美人渔家祭 ………………（246）
阿美人捕鱼祭 ………………（246）
哈尼族磨秋节 ………………（246）
哈尼族五月年 ………………（246）
苦扎扎 ………………………（246）
雷音寺踩青 …………………（246）
雷音寺取活水 ………………（246）
祭敖包 ………………………（246）
祭鄂博 ………………………（247）
塔克勒恩节 …………………（247）
苗寨望月亮 …………………（247）
瑟宾节 ………………………（247）
布农人射耳祭 ………………（247）
布农人打耳祭 ………………（248）
马那克塔而样 ………………（248）
布农人射鹿耳 ………………（248）

六月

初一

过半年 ………………………（248）
半年节 ………………………（248）
布依六月节 …………………（248）
布依过小年 …………………（249）
六郎节 ………………………（249）
七郎节 ………………………（249）
布依七月节 …………………（249）
山东祭冰雹 …………………（249）
长年佛诞 ……………………（249）
痘疹娘娘祭 …………………（249）
杭州烧田头 …………………（249）
请五谷神 ……………………（249）

下丹药日 …………………………（250）
存伏前水日 ………………………（250）
彝族斗牛节 ………………………（250）
白云山歌会 ………………………（250）
畲族六一歌会 ……………………（250）
六月大会 …………………………（250）
裕固族过会 ………………………（250）
莲花山花儿会 ……………………（250）
傈僳族祭山神 ……………………（251）
福泉看会 …………………………（251）

初二

六月二 ……………………………（251）
祭伯公 ……………………………（252）
祭三界公 …………………………（252）
莫一大王节 ………………………（252）
五谷庙节 …………………………（252）
六月法会 …………………………（252）
佑宁寺法会 ………………………（253）
隆林吃虫节 ………………………（253）
柳条节 ……………………………（253）
汉族泼水节 ………………………（253）
俄罗斯族泼水节 …………………（253）

初三

韦陀菩萨圣诞 ……………………（253）
韦驮菩萨圣诞 ……………………（253）
韦陀天圣诞 ………………………（253）
辛屯礼至节 ………………………（253）
辛屯李子节 ………………………（253）
塔尔寺六月大庙会 ………………（253）

初四

荷花生日 …………………………（254）
响浪节 ……………………………（254）
香浪节 ……………………………（254）
浪山节 ……………………………（254）
三都吃鸭节 ………………………（254）

初五

六枝过小年 ………………………（255）
六枝六月六 ………………………（255）
七里寺花儿会 ……………………（255）
藤将军会 …………………………（255）
傈僳族浴牛节 ……………………（256）

初六

六月六 ……………………………（256）
天贶节 ……………………………（256）
晒虫节 ……………………………（256）
洗晒节 ……………………………（256）
亮宝节 ……………………………（256）
晒红绿节 …………………………（256）
六月六庙会 ………………………（256）
土家族六月六 ……………………（256）
向王节 ……………………………（257）
向王歌会 …………………………（257）
土家族王爷会 ……………………（257）
土家族祭祖节 ……………………（257）
土家族尝新节 ……………………（257）
侗家六月六 ………………………（257）
侗家天贶节 ………………………（257）
侗家粽粑节 ………………………（257）
布依族六月六 ……………………（257）
布依族过小年 ……………………（258）
布依族青年节 ……………………（258）
保安族六月六 ……………………（258）
老鹰坡歌会 ………………………（258）
瑶族穷节 …………………………（258）
瑶族六月六 ………………………（258）
姑姑节 ……………………………（258）
回娘家节 …………………………（258）
六月六节 …………………………（258）
山东祭山神 ………………………（258）
虫王节 ……………………………（259）
满族虫王节 ………………………（259）

满族虫王会 …………………（259）	布依族天王节 ………………（265）
满族青苗节 …………………（259）	布依族六月六 ………………（265）
虮蜡庙会 ……………………（259）	布依族六月桥 ………………（265）
圣帝庙会 ……………………（259）	布依族赶花桥 ………………（265）
三江王爷会 …………………（259）	侗族洗牛节 …………………（265）
莹华山香会 …………………（259）	侗族洗牛身 …………………（266）
太阳祝生节 …………………（260）	仡佬族扫寨子 ………………（266）
黔西火把节 …………………（260）	仡佬族火把节 ………………（266）
底拉 …………………………（260）	打保符 ………………………（266）
底拉祭祖节 …………………（260）	布依族打豹虎 ………………（266）
密且祭荞地 …………………（260）	董朗桥歌节 …………………（266）
果迷峨索波底 ………………（260）	无良神会 ……………………（267）
祭荞王天地爷 ………………（260）	土族朝山会 …………………（267）
苗族祭田公地母 ……………（260）	土家族晒龙袍节 ……………（267）
苗族祭田节 …………………（260）	畲族晒伏节 …………………（267）
苗家过六月 …………………（260）	龙王晒鳞日 …………………（267）
翻经节 ………………………（261）	吃炒面节 ……………………（267）
灯那节 ………………………（261）	瑶族晒衣节 …………………（267）
稻神节 ………………………（261）	水族洗澡节 …………………（268）
芒那节 ………………………（261）	鄂西侗族尝新节 ……………（268）
壮族祭田节 …………………（261）	鄂西侗族吃新节 ……………（268）
壮族礼田节 …………………（261）	鄂西侗族新米节 ……………（268）
苗歌节 ………………………（261）	鄂西侗族六月六 ……………（268）
都匀赛马节 …………………（261）	鄂西侗族尝新 ………………（268）
白族青苗会 …………………（262）	壮族尝新节 …………………（269）
白族青苗节 …………………（262）	壮族艮糇谋 …………………（269）
良家潭歌会 …………………（262）	壮族吃青节 …………………（269）
六月六歌会 …………………（262）	壮族吃新节 …………………（269）
城步禾苑节 …………………（262）	壮族双喜节 …………………（269）
苗族挂青 ……………………（263）	壮族丰收节 …………………（269）
扫田坝节 ……………………（263）	壮族十情节 …………………（269）
红瑶供田节 …………………（263）	瑶族尝新节 …………………（269）
红瑶半年节 …………………（263）	瑶族新米节 …………………（269）
山子瑶禾魂节 ………………（263）	瑶族吃新米 …………………（269）
老爷山花儿会 ………………（263）	苗家吃新节 …………………（269）
瞿昙寺花儿会 ………………（264）	依莫 …………………………（270）
五峰山花儿会 ………………（264）	依卯 …………………………（270）
馒头寺花儿会 ………………（264）	依拉雄 ………………………（270）

侬嘎先 …………………………… (270)
脑戛先 …………………………… (270)
脑戛列 …………………………… (270)
苗家吃卯 ………………………… (270)
苗家吃卯节 ……………………… (270)
吃苞的卯节 ……………………… (270)
吃七月 …………………………… (270)
吃秧包 …………………………… (270)
苗家吃新米饭 …………………… (270)
玉溪插枝节 ……………………… (270)
僳人祭田节 ……………………… (270)

初七

苗族稻斋节 ……………………… (270)

初八

初九

初十

长宁观音会 ……………………… (271)
长宁竹文化艺术节 ……………… (271)
刘海蟾诞 ………………………… (271)
松潘六月庙会 …………………… (271)
肃南六月大会 …………………… (271)
裕固族过会 ……………………… (271)

十一

十二

彭祖生日 ………………………… (271)
藏族扎崇节 ……………………… (272)
陶器市场节 ……………………… (272)

十三

清源洞会 ………………………… (272)
辛屯耍青旗 ……………………… (272)
土观村花儿会 …………………… (272)

十四

亡人节 …………………………… (272)
三相圩逢 ………………………… (272)
壮族夜歌圩 ……………………… (273)
土族瞿昙寺花儿会 ……………… (273)
个人渔猎中止祭 ………………… (273)

十五

王天君诞 ………………………… (273)
王灵官诞 ………………………… (274)
黄龙寺庙会 ……………………… (274)
羌族祭山神 ……………………… (274)
安多插箭节 ……………………… (274)
安昭纳顿 ………………………… (274)
安召纳顿 ………………………… (274)
纳顿节 …………………………… (274)
德清烧沉船 ……………………… (275)
朝鲜族流头节 …………………… (275)
朝鲜族流头日 …………………… (275)
朝鲜族梳头节 …………………… (275)
爬香炉峰 ………………………… (275)
爬香炉山 ………………………… (275)
白族绕海会 ……………………… (275)
丹麻花儿会 ……………………… (275)
丹麻滩花儿会 …………………… (276)
丹麻山歌会 ……………………… (276)
丹麻戏会 ………………………… (276)

十六

做青苗会 ………………………… (276)
汉族青苗会 ……………………… (276)
鲁班节 …………………………… (276)
彝族牛魂节 ……………………… (276)

十七

同仁军舞节 ……………………… (276)

十八

融水闹鱼节 …………………… (277)

十九

观世音菩萨成道日 …………… (277)
天津接太阳节 ………………… (277)
吃冷面节 ……………………… (277)
香炉山坡节 …………………… (277)
香炉山爬坡节 ………………… (278)
鲁热节 ………………………… (278)
六月鲁热节 …………………… (278)

二十

杞人军坡节 …………………… (278)
同仁六月会 …………………… (278)
郎加龙舞节 …………………… (279)
巍山火把节 …………………… (279)
塔塔尔族萨邦节 ……………… (279)
塔塔尔族犁头节 ……………… (279)

二十一

查白歌节 ……………………… (279)

二十二

查白祭日 ……………………… (280)
布依族祭山神 ………………… (280)
贵德拉夜会 …………………… (281)
雅美人飞鱼祭 ………………… (281)
雅美人招鱼祭 ………………… (281)
初夜出海祭 …………………… (281)
雅美人初食祭 ………………… (281)
雅美人贮藏祭 ………………… (281)
终食飞鱼祭 …………………… (281)
飞鱼干收藏祭 ………………… (281)

二十三

朝云华山 ……………………… (281)

关圣帝君圣诞 ………………… (281)
阳高迎供 ……………………… (282)
祭关公庙会 …………………… (282)
祭马王节 ……………………… (282)
马王诞日 ……………………… (282)
大理祭羊魂 …………………… (282)
布朗族火把节 ………………… (282)
布朗族姑娘节 ………………… (282)

二十四

祭关帝节 ……………………… (282)
神保观神生日 ………………… (282)
江南观莲节 …………………… (283)
贵德神牛会 …………………… (283)
朝阳吃青苗会 ………………… (283)
哈尼族六月年 ………………… (283)
哈尼族六月节 ………………… (283)
苦扎扎 ………………………… (283)
火把节 ………………………… (283)
弥勒火把节 …………………… (283)
傈僳族点火把 ………………… (283)
傈僳族火把节 ………………… (284)
彝族火把节 …………………… (284)
七月火把节 …………………… (284)
彝族星回节 …………………… (284)
迪庆彝族火把节 ……………… (284)
彝族大火把节 ………………… (285)
彝族火草节 …………………… (285)
阿细火把节 …………………… (285)
中国·凉山彝族国际火把节 …… (285)
白族火把节 …………………… (285)
双江火把节 …………………… (286)
双江别节 ……………………… (286)
柔若火把节 …………………… (286)
拉祜族火把节 ………………… (286)
普米族火把节 ………………… (287)
布依族烧虫节 ………………… (287)
羌族川主会 …………………… (287)

祭木比塔 …………………… (287)
古羌祭天会 ………………… (287)
古羌祭山会 ………………… (287)
古羌山王会 ………………… (287)
古羌山神会 ………………… (287)
古羌转山会 ………………… (287)
古羌塔子会 ………………… (287)
古羌还愿会 ………………… (287)
古羌玉皇会 ………………… (287)
通海祭地母 ………………… (287)
密且祭稻田 ………………… (288)
祭水田天地爷 ……………… (288)
且迷峨索波底 ……………… (288)
祭族树节 …………………… (288)
苦聪年 ……………………… (288)
扣扎 ………………………… (289)

二十五

绍兴元帅会 ………………… (289)
白族赛花船 ………………… (289)
海西海歌会 ………………… (289)
火把山街 …………………… (289)
白族火把节 ………………… (289)
纳西族火把节 ……………… (290)
阿昌族火把节 ……………… (290)
龙潭火把节 ………………… (290)

二十六

密库节 ……………………… (290)

二十七

二十八

吃生节 ……………………… (291)

二十九

三十

白裤瑶中年节 ……………… (291)

四邑围香节 ………………… (291)
松番寺歌会 ………………… (291)
松蕃寺山歌会 ……………… (291)

本月约当日

苗族吃丑节 ………………… (291)
瑶族卯节 …………………… (292)
糯苗 ………………………… (292)
阿坝赏花节 ………………… (292)
藏族看花节 ………………… (292)
冕宁藏族火把节 …………… (292)
冕宁藏年 …………………… (293)
台江干虫节 ………………… (293)
驱虫旱灾节 ………………… (293)
捉蚂蚱节 …………………… (293)
阿包念 ……………………… (293)
打皇粑 ……………………… (293)
打粑粑敬皇帝 ……………… (293)
布依族六月场 ……………… (293)
六月搭桥节 ………………… (293)
拉祜族苦荞节 ……………… (294)
锦屏林王节 ………………… (294)
苗族吃信节 ………………… (294)
峡门花儿会 ………………… (294)
景洪陪马节 ………………… (294)
景洪陪玛节 ………………… (294)
景洪哈基节 ………………… (294)
傣族干莫 …………………… (295)
傣族祭龙 …………………… (295)
耶苦扎 ……………………… (295)
布农人收获节 ……………… (295)
布农人丰收节 ……………… (295)
布农人丰收祭 ……………… (295)
阿美人收获祭 ……………… (295)
排湾收获祭 ………………… (295)
苗家扫寨 …………………… (296)
色玛阿多 …………………… (296)
泰雅人丰年祭 ……………… (296)
入雨安居节 ………………… (296)

德昂族关门节 …………………（296）
基诺族火把节 …………………（296）
浮媄切 …………………………（297）
基诺族祭寨神 …………………（297）
纳西族谷畜节 …………………（297）
祭谷畜神 ………………………（297）
彝族斗牛节 ……………………（297）
剪羊毛节 ………………………（297）
赶羊会 …………………………（297）
壮族莫那节 ……………………（298）
壮族护田节 ……………………（298）

七月

初一

七月节 …………………………（298）
壮族七月节 ……………………（298）
劳布牙 …………………………（298）
开鬼门 …………………………（298）
尼苏孟兰节 ……………………（299）
中元报本节 ……………………（299）
白族烧包节 ……………………（299）
白族孟兰节 ……………………（299）
阿昌族烧包会 …………………（299）
阿昌族烧包节 …………………（299）
土家族年 ………………………（299）
重过正月节 ……………………（300）
祭祖新米节 ……………………（300）
侗族尝新节 ……………………（300）
侗族吃新节 ……………………（300）
红原赛马会 ……………………（300）
祭盘古郎节 ……………………（300）
月半祭祖节 ……………………（300）
普米族七月半 …………………（300）
拉卜楞寺七月说法大会 ………（300）

初二

纳西族祭谷神 …………………（301）

初三

初四

侗族杀龙节 ……………………（301）
闹江杀龙 ………………………（301）

初五

坦勒贵节 ………………………（301）

初六

初七

七夕 ……………………………（302）
七夕节 …………………………（302）
七夕祭 …………………………（302）
乞巧节 …………………………（302）
乞巧会 …………………………（302）
女儿节 …………………………（302）
女节 ……………………………（302）
少女节 …………………………（302）
小儿节 …………………………（302）
重七 ……………………………（302）
香日 ……………………………（302）
星期 ……………………………（302）
巧夕 ……………………………（302）
兰夜 ……………………………（302）
穿针节 …………………………（302）
双七 ……………………………（302）
福建七夕 ………………………（302）
福建结缘 ………………………（303）
宜昌七夕 ………………………（303）
嘉县香桥会 ……………………（303）
灌阳香日 ………………………（303）
拜床母 …………………………（303）
七娘妈生日 ……………………（303）
宁波洗头节 ……………………（303）
连山戏水节 ……………………（304）
连山七月香 ……………………（304）

连山女儿节 …………………… (304)
连山长久节 …………………… (304)
瑶族开唱节 …………………… (304)
瑶族七月七节 ………………… (304)
七仙温泉戏水节 ……………… (304)
保亭祭水 ……………………… (304)
保亭嬉水 ……………………… (304)
贺牛生日 ……………………… (304)
土族七月七 …………………… (305)
羌族七月七 …………………… (305)
羌族巧牙会 …………………… (305)
黑话人贺牛神 ………………… (305)
黑话人拉麻节 ………………… (305)
祭三皇节 ……………………… (305)
尝新节 ………………………… (305)
吃新节 ………………………… (306)
彝族新米节 …………………… (306)
哈尼族新谷节 ………………… (306)
瑶族敬祖节 …………………… (306)
拉珈送公老 …………………… (306)
仫佬族祭祖节 ………………… (306)
仫佬族祖先节 ………………… (307)
蒙古族祭天 …………………… (307)
壮族女儿节 …………………… (307)
壮族乞巧节 …………………… (307)
壮族蓄水节 …………………… (307)
满族乞巧节 …………………… (307)
满族七夕 ……………………… (308)
满族女红节 …………………… (308)
满族女儿节 …………………… (308)
满族双七节 …………………… (308)
西江长桌宴 …………………… (308)
千人长桌宴 …………………… (308)
苗族月半节 …………………… (308)
高二山头庙会 ………………… (308)
白族祭虫节 …………………… (308)
古丈穿洞节 …………………… (308)
古丈走穿洞 …………………… (309)

道德腊 ………………………… (309)
南平蛇王节 …………………… (309)

初八

阿坝跳神 ……………………… (309)

初九

布依族祭祖节 ………………… (309)

初十

十一

跳桃源洞 ……………………… (310)
七月半跳桃源洞 ……………… (310)
客家山歌醮 …………………… (310)

十二

纳顿节 ………………………… (310)
民和纳顿 ……………………… (311)
民和纳顿会 …………………… (311)
土族七月会 …………………… (311)
庄稼人会 ……………………… (311)
土族庆丰收会 ………………… (311)
土族玩儿节 …………………… (311)
土族游玩节 …………………… (311)
土家族女儿会 ………………… (311)
土家族月半节 ………………… (311)
土家族鬼节 …………………… (311)

十三

布依族七月半 ………………… (311)
瑶族老君节 …………………… (312)
瑶族老君会 …………………… (312)
拉祜族祭祖节 ………………… (312)
纳西族烧包节 ………………… (312)
三美波敬 ……………………… (312)
壮族躲鬼节 …………………… (312)
铁岭麻谷日 …………………… (312)

大势至菩萨圣诞 …………… (312)

十四

惠州中元节 ………………… (313)
黎族鬼节 …………………… (313)
壮家祭祖节 ………………… (313)
壮家中元节 ………………… (314)
壮家鬼节 …………………… (314)
秋禊 ………………………… (314)
东莞田了节 ………………… (314)
毛南族中元节 ……………… (314)
毛南族七月十四 …………… (314)
彝族摸奶节 ………………… (314)
彝族摸乳节 ………………… (314)
彝族鬼节 …………………… (314)
布依族七月半 ……………… (314)
布依族鲜果节 ……………… (315)
布依族赶秋坡 ……………… (315)
吹籥古笛节 ………………… (315)
祭峒主 ……………………… (315)
祭谭仙公 …………………… (315)
侏人尝新节 ………………… (315)

十五

中元节 ……………………… (315)
佛教盂兰盆节 ……………… (316)
佛教盂兰盆会 ……………… (316)
鬼节 ………………………… (316)
七月半节 …………………… (316)
目连节 ……………………… (316)
孝亲节 ……………………… (316)
盂兰盆节 …………………… (316)
盂兰盆会 …………………… (316)
孝亲目连节 ………………… (316)
地官节 ……………………… (316)
道教中元节 ………………… (316)
荣成中元节 ………………… (316)
满族中元节 ………………… (317)
满族鬼节 …………………… (317)
满族麻谷 …………………… (317)
畲族中元节 ………………… (317)
畲族七月半 ………………… (317)
畲族鬼节 …………………… (317)
阿昌族中元节 ……………… (317)
京族中元节 ………………… (317)
京族七月半 ………………… (317)
冀东麻姑节 ………………… (317)
杭州祀孤魂 ………………… (318)
长寿敬孤节 ………………… (318)
宁波鬼节 …………………… (318)
河池躲鬼节 ………………… (318)
壮族鬼节 …………………… (318)
壮族鬼日 …………………… (318)
普度会 ……………………… (318)
瑶族七月半 ………………… (318)
瑶族目连节 ………………… (319)
瑶族月半节 ………………… (319)
瑶族中元节 ………………… (319)
赫哲族七月十五 …………… (319)
赫哲族中元节 ……………… (319)
布朗族祭祖先 ……………… (319)
百众日 ……………………… (319)
百中日 ……………………… (319)
中之晶 ……………………… (319)
贡山转经节 ………………… (319)
藏族崩巴 …………………… (319)
拜瓦哈山 …………………… (319)
挂五色纸 …………………… (320)
三晋鬼节 …………………… (320)
三晋面塑节 ………………… (320)
打火箭节 …………………… (320)
鹤庆斗灯 …………………… (320)
赫哲族河灯节 ……………… (320)
白族海灯会 ………………… (320)
白族河灯会 ………………… (321)
放花灯节 …………………… (321)

赶肖冲桥 …………………… （321）

十六

壮族斗牛节 …………………… （321）
旁海芦笙会 …………………… （321）

十七

十八

王母圣诞 …………………… （322）
金母圣诞 …………………… （322）
瑶池金母圣诞 ………………… （322）
西王母圣诞 …………………… （322）
娅汪节 ……………………… （322）
娅拜节 ……………………… （322）
祖母王节 …………………… （322）

十九

二十

大王节 ……………………… （322）
壮乡复活节 …………………… （322）
娅王节 ……………………… （322）
达旺节 ……………………… （322）
高坝歌会 …………………… （323）
侗族歌场 …………………… （323）
高坝赶歌场 …………………… （323）
赶歌会 ……………………… （323）
同龄饭节 …………………… （323）

二十一

二十二

土族祭财神 …………………… （324）
大新下雨节 …………………… （324）

二十三

茈碧湖龙王会 ………………… （324）
茈碧湖海灯会 ………………… （325）

茈碧湖耍海会 ………………… （325）
茈碧湖灯会 …………………… （325）

二十四

白云诞 ……………………… （325）
郑仙诞 ……………………… （325）
龙树菩萨圣诞 ………………… （325）
龙猛圣诞 …………………… （325）

二十五

蒙古族祭海 …………………… （325）
纳西族女神节 ………………… （326）
祭干母女神 …………………… （326）
狮子山女神会 ………………… （326）
干木女神会 …………………… （326）
纳西族转山节 ………………… （326）
纳西族转山会 ………………… （326）
摩梭人朝山节 ………………… （326）
纳西族朝山节 ………………… （326）
纳西族朝山会 ………………… （326）
摩梭朝山转海节 ……………… （326）

二十六

二十七

石宝山歌会 …………………… （326）
石宝山歌节 …………………… （327）

二十八

二十九

三十

放河灯 ……………………… （327）
九华山庙会 …………………… （327）
渠县郊天 …………………… （327）
大圣寺庙会 …………………… （327）
南京拜香会 …………………… （327）
地藏菩萨生日 ………………… （328）

地藏节 …………………………… (328)
烧狗屎香节 ……………………… (328)

本月约当日

武进青苗节 ……………………… (328)
壮族祭青苗 ……………………… (328)
祭塞们 …………………………… (329)
那曲牧羊节 ……………………… (329)
哈尼族祭天 ……………………… (329)
德昂族祭天 ……………………… (329)
粑糕节 …………………………… (329)
侬粑高 …………………………… (330)
吃糟节 …………………………… (330)
过七月半 ………………………… (330)
苗家吃新米饭 …………………… (330)
旁海芦笙会 ……………………… (330)
七月芦笙会 ……………………… (330)
卡奴抽孔 ………………………… (330)
哈尼族吃新谷节 ………………… (330)
畲族秋社 ………………………… (330)
畲族秋猎 ………………………… (330)
布朗族新米节 …………………… (330)
布朗族宋初节 …………………… (331)
布朗族尝新节 …………………… (331)
彝族新米节 ……………………… (331)
四川彝族火把节 ………………… (331)
苗家吃戍节 ……………………… (331)
埃阿的 …………………………… (332)
做奇姑娘 ………………………… (332)
做七姑娘 ………………………… (332)
丹寨爬坡节 ……………………… (332)
苗族纪波 ………………………… (332)
高山族祖灵祭 …………………… (332)
南丹七月会 ……………………… (333)
鹤庆骡马会 ……………………… (333)
松桂骡马会 ……………………… (333)
宁蒗海波会 ……………………… (333)
跳米花场 ………………………… (333)
跳米花 …………………………… (334)
跳米花节 ………………………… (334)
兰包日果 ………………………… (334)
七月望果节 ……………………… (334)
跳巴塘弦子 ……………………… (334)
跳中甸锅庄 ……………………… (334)

八月

初一

白龙庙会 ………………………… (334)
大清明节 ………………………… (334)
双城压脾日 ……………………… (334)
天祝赛马会 ……………………… (334)
天祝草原盛会 …………………… (335)
邵人丰年节 ……………………… (335)
莫娜努玛达给丹 ………………… (335)
临朐天医节 ……………………… (335)
占里盟誓节 ……………………… (335)

初二

灶君诞 …………………………… (336)
司命灶君诞 ……………………… (336)
司命真君诞 ……………………… (336)
灶君公诞 ………………………… (336)
护宅天尊诞 ……………………… (336)
灶王爷诞 ………………………… (336)
土家族厨师节 …………………… (336)
咀长节 …………………………… (336)
众神诞日 ………………………… (336)
众神诞节 ………………………… (336)

初三

初四

初五

千秋节 …………………………… (336)

天长节 ……………………………（336）

初六

初七

初八

松潘跳神节 ………………………（337）
彝族护新节 ………………………（337）
麻垒窝 ……………………………（337）
沙浪祭白龙 ………………………（337）
长阳牛王节 ………………………（337）
长阳牛王会 ………………………（337）
牛王菩萨过生节 …………………（337）
下关耍海节 ………………………（338）
下关耍海会 ………………………（338）
下关捞尸会 ………………………（338）

初九

八月九节 …………………………（338）
瑶族八九节 ………………………（338）
八月初九节 ………………………（338）
拜海公节 …………………………（338）

初十

十一

十二

盘古皇诞 …………………………（338）
阿昌族会街节 ……………………（338）
吴江夫人会 ………………………（339）

十三

胡公生日 …………………………（339）
孟连佤族新米节 …………………（339）
孟连朋奥 …………………………（339）
孟连波奥 …………………………（339）
孟连朋挺 …………………………（339）
孟连奥瓦 …………………………（339）

十四

湖北八月节 ………………………（340）

十五

中秋节 ……………………………（340）
仲秋 ………………………………（340）
仲秋节 ……………………………（340）
秋节 ………………………………（340）
秋夕 ………………………………（340）
月夕 ………………………………（340）
做月夕 ……………………………（340）
八月节 ……………………………（340）
八月会 ……………………………（340）
八月半 ……………………………（340）
八月十五节 ………………………（340）
月亮节 ……………………………（340）
吃月饼 ……………………………（340）
月饼节 ……………………………（340）
祭月 ………………………………（340）
赏月 ………………………………（340）
走月 ………………………………（340）
走月亮 ……………………………（341）
仲秋唱月 …………………………（341）
中秋歌节 …………………………（341）
追月节 ……………………………（341）
玩月节 ……………………………（341）
拜月节 ……………………………（341）
拜月神娘娘 ………………………（341）
拜太阴星君 ………………………（341）
挂彩灯 ……………………………（341）
饮桂花酒 …………………………（341）
吃团圆饭 …………………………（341）
团圆节 ……………………………（341）
供兔儿爷 …………………………（341）
兔儿爷节 …………………………（341）
女儿节 ……………………………（341）
赶坪节 ……………………………（341）

山东中秋节 …………………（341）	仫佬族中秋节 ………………（346）
西华中秋节 …………………（341）	仫佬族后生节 ………………（346）
六合中秋节 …………………（341）	毛南族中秋节 ………………（346）
台湾中秋节 …………………（341）	毛南族射月亮 ………………（346）
彝族中秋节 …………………（342）	阿昌族中秋节 ………………（346）
壮族中秋节 …………………（342）	鄂温克族八月十五 …………（347）
德禄中秋节 …………………（342）	鄂温克族中秋 ………………（347）
闹囊孩 ………………………（342）	鄂温克族仲秋节 ……………（347）
闹哥孩 ………………………（342）	京族中秋节 …………………（347）
布依族中秋节 ………………（342）	鄂伦春族中秋节 ……………（347）
嘉俳节 ………………………（343）	鄂伦春族打月亮 ……………（347）
朝鲜族秋夕节 ………………（343）	仡佬族八月节 ………………（347）
朝鲜族仲秋节 ………………（343）	仡佬族迎新谷 ………………（348）
满族八月节 …………………（343）	仡佬族迎新谷节 ……………（348）
扎宫比亚叶能叶 ……………（343）	仡佬族吃新节 ………………（348）
满族中秋节 …………………（343）	仡佬族尝新节 ………………（348）
满族供月 ……………………（344）	仡佬族献新节 ………………（348）
侗族中秋节 …………………（344）	仡佬族吃新祭祖 ……………（348）
白族中秋节 …………………（344）	畲族中秋歌节 ………………（348）
傣族中秋节 …………………（344）	梅州客家山歌节 ……………（348）
土家族中秋节 ………………（344）	宜山水年 ……………………（348）
宾川土家族尝新节 …………（344）	邓川渔潭会 …………………（349）
海南八月会 …………………（344）	白族嫁妆会 …………………（349）
调声节 ………………………（344）	八月十五会 …………………（349）
黎族中秋节 …………………（345）	阿昌族佳舍节 ………………（349）
黎族八月会 …………………（345）	阿昌族佳舍甲 ………………（349）
黎族调声节 …………………（345）	阿昌族尝新节 ………………（349）
傈僳族团圆节 ………………（345）	丰年祭 ………………………（349）
傈僳族祭月亮 ………………（345）	丰收节 ………………………（349）
傈僳族供月亮 ………………（345）	丰收祭 ………………………（349）
畲族中秋节 …………………（345）	收获节 ………………………（349）
哈巴节 ………………………（345）	曹人年祭 ……………………（349）
拉祜族月亮节 ………………（345）	原始人头祭 …………………（350）
拉祜族月圆节 ………………（345）	背篓会 ………………………（350）
纳西族中秋节 ………………（345）	拉祜族新谷节 ………………（350）
土族八月十五节 ……………（346）	拉祜族接新谷节 ……………（350）
八月十五打月亮 ……………（346）	拉祜族尝新米节 ……………（350）
达斡尔族中秋节 ……………（346）	拉祜族尝新节 ………………（350）

八月尝新节 …………………… (350)
切戏作璞 ……………………… (351)
鹿鸣尝新节 …………………… (351)
将军洞庙会 …………………… (351)
荻港摸秋 ……………………… (351)
锡伯族祭月 …………………… (351)
祭月神 ………………………… (351)
祭太阴娘娘 …………………… (351)
祭太阴星君 …………………… (351)
侗族南瓜节 …………………… (351)
偷月亮菜 ……………………… (352)
侗族赶坪节 …………………… (352)
侗族赶歌坪 …………………… (352)
黎平赛芦笙 …………………… (352)
黎平芦笙会 …………………… (353)
博峪祭山节 …………………… (353)
嬉香龙 ………………………… (353)
舞香龙 ………………………… (353)
舞草龙 ………………………… (353)
芋艿节 ………………………… (353)
吃艿节 ………………………… (353)
亮子会 ………………………… (353)
求禾花节 ……………………… (353)
舞火狗节 ……………………… (353)
延年祀 ………………………… (354)
仫佬族走坡节 ………………… (354)
仫佬族后生节 ………………… (354)
情哥送饼日 …………………… (354)
月光菩萨圣诞 ………………… (354)
月净菩萨圣诞 ………………… (355)
月光遍照菩萨圣诞 …………… (355)
月神圣诞 ……………………… (355)
月光娘娘圣诞 ………………… (355)
太阴星主圣诞 ………………… (355)
太阴星君圣诞 ………………… (355)
月姑圣诞 ……………………… (355)

十六

宁波中秋节 …………………… (355)
鹤庆果子节 …………………… (355)
侗家赶歌坪 …………………… (355)

十七

游石湖 ………………………… (355)
石湖串月 ……………………… (356)

十八

雷堰斋水龙 …………………… (356)
观潮节 ………………………… (356)
杭州湾观潮 …………………… (356)
泥人节 ………………………… (356)
多玛 …………………………… (356)
仫佬族秋社 …………………… (356)

十九

二十

二十一

二十二

燃灯佛圣诞 …………………… (357)
宋飞仙庙会 …………………… (357)
宋昭神侯会 …………………… (357)

二十三

太平军生日 …………………… (357)
田都元帅祭 …………………… (357)
三田都元帅节 ………………… (357)
三田都元帅祭 ………………… (357)

二十四

二十五

二十六

二十七

先师诞 ………………………… (357)

祭孔 …………………… (358)
尊师节 …………………… (358)
世界教师节 …………………… (358)

二十八

蒙古族秋祭 …………………… (358)
奶酪月秋祭 …………………… (358)
白月秋祭 …………………… (358)

二十九

三十

本月约当日

欧拉拉 …………………… (358)
乃尧节 …………………… (358)
纳西族尝新会 …………………… (359)
纳西族吃新米节 …………………… (359)
石头饭节 …………………… (359)
天赦健康节 …………………… (359)
哈尼族新米节 …………………… (359)
车实扎 …………………… (359)
如东土地会 …………………… (359)
仡佬族虎日节 …………………… (359)
阿哲祭中柱 …………………… (360)
祭中柱节 …………………… (360)
数谷穗节 …………………… (360)
茵谷顶 …………………… (360)
茵果顶 …………………… (360)
白族尝新节 …………………… (360)
宁波八月节 …………………… (360)
盘坡草原盛会 …………………… (360)
爱尼祭祖节 …………………… (360)
柳城泼饭节 …………………… (361)
出雨安居节 …………………… (361)
德昂族开门节 …………………… (361)
雕船竣工礼 …………………… (361)
马奶节 …………………… (361)

九月

初一

初二

屠城羹饭 …………………… (362)

初三

初四

初五

初六

初七

官亭庙会 …………………… (362)

初八

初九

重阳节 …………………… (362)
重阳 …………………… (363)
重九 …………………… (363)
九日 …………………… (363)
登高节 …………………… (363)
茱萸节 …………………… (363)
老人节 …………………… (363)
中国老人节 …………………… (363)
藤县重阳节 …………………… (363)
彭山寿星节 …………………… (363)
壮族九月九 …………………… (363)
壮族百灵节 …………………… (363)
壮家祝寿节 …………………… (364)
朝鲜族重九节 …………………… (364)
朝鲜族老人节 …………………… (364)
老人安慰日 …………………… (364)
满族重九节 …………………… (364)

满族重阳节 …………………（365）
满族九月九 …………………（365）
满族登高节 …………………（365）
送重阳粑 ……………………（365）
白族重阳节 …………………（365）
土家族重九 …………………（365）
畲族重阳节 …………………（365）
畲族九月九 …………………（366）
土族重阳节 …………………（366）
土族重九 ……………………（366）
毛南族重阳节 ………………（366）
环江南瓜节 …………………（366）
民和谢神会 …………………（366）
请神法会 ……………………（366）
土族九月九庙会 ……………（366）
磐安九月九庙会 ……………（367）
布依族九月九 ………………（367）
柳城真武帝节 ………………（367）
送火神节 ……………………（367）
扫火灾星 ……………………（367）
那荡雷公节 …………………（368）
天等祭百灵 …………………（368）
赫哲族鹿神节 ………………（368）
戚武毅公祠祭典 ……………（368）
彝族拜祖节 …………………（368）
桐乡宗阳会 …………………（369）
目莲山歌会 …………………（369）
九月九歌会 …………………（369）
柿子会 ………………………（369）
柿生日 ………………………（369）
柿子大集 ……………………（369）
白族菊花会 …………………（369）

初十

阿昌族会街 …………………（369）
敖露节 ………………………（370）
阿露西陀 ……………………（370）

彝族米粑节 …………………（370）
麻摊窝 ………………………（370）

十一

十二

成吉思汗陵禁奶祭 …………（370）
斯日格大典 …………………（370）
禁奶大典 ……………………（370）

十三

九月节 ………………………（370）
闽台酬神节 …………………（370）

十四

包公祭 ………………………（370）
丰原文兴 ……………………（370）

十五

关太祖祭典 …………………（370）
阿立祖祭 ……………………（371）
小林夜祭 ……………………（371）
小林平铺祭 …………………（371）

十六

十七

苗族砍火星节 ………………（371）

十八

白保芦笙节 …………………（371）
白保芦笙会 …………………（371）

十九

南陵观音会 …………………（371）

二十

蚱蜢将军生日 ………………（371）

塔尔寺九月大庙会 …………… （372）
多索节 ………………………… （372）
苗族断雷节 …………………… （372）

二十一

二十二

二十三

二十四

二十五

翼城搬神节 …………………… （372）

二十六

二十七

谷陇芦笙会 …………………… （373）
谷陇芦笙节 …………………… （373）
九月芦笙节 …………………… （373）
瑶家平安节 …………………… （373）

二十八

百刚菩萨祭 …………………… （373）
瑶家过香节 …………………… （373）
瑶家跳香节 …………………… （374）
瑶家送鬼节 …………………… （374）

二十九

三十

羌族日区节 …………………… （374）
除农害节 ……………………… （374）
请天神吴野物节 ……………… （374）

本月约当日

青海藏族赛马会 ……………… （374）
巴塘央勒节 …………………… （374）
巴塘央乃节 …………………… （375）

巴塘艺术节 …………………… （375）
红瑶粑节 ……………………… （375）
三都斗牛节 …………………… （375）
吃九月粑节 …………………… （375）
侬局啥玖 ……………………… （376）
侬局戛笼 ……………………… （376）
过九月粑节 …………………… （376）
过稻草粑节 …………………… （376）
吃稻草粑 ……………………… （376）
九月半会 ……………………… （376）
拉卜楞寺九月禳灾节 ………… （376）
阿美人观月祭 ………………… （376）
苗族罢谷节 …………………… （376）
苗族庆丰收节 ………………… （377）
龙街土皇节 …………………… （377）
九皇会 ………………………… （377）
卡耶阿培楼 …………………… （377）
哈尼族驱鬼节 ………………… （377）
南京大王会 …………………… （377）
乌梁海拜火神 ………………… （377）
黎族敬祖节 …………………… （377）

十月

初一

哈尼族十月年 ………………… （378）
哈尼族大年 …………………… （378）
扎勒特 ………………………… （378）
美首扎勒特 …………………… （378）
年收扎勒特 …………………… （378）
米索扎 ………………………… （379）
文山壮年 ……………………… （379）
威宁彝年 ……………………… （379）
羌年 …………………………… （379）
日美吉 ………………………… （380）
羌族小年 ……………………… （380）
羌族过小年 …………………… （380）

羌历年 …………………………… (380)
十月初一 ………………………… (380)
十月寒衣节 ……………………… (380)
送寒衣 …………………………… (380)
十月朝 …………………………… (380)
十月祭祖节 ……………………… (380)
冥阴节 …………………………… (380)
秋祭 ……………………………… (380)
鬼头日 …………………………… (380)
土族送寒衣 ……………………… (380)
纳西族送寒衣 …………………… (380)
锡伯族十月节 …………………… (380)
专拜依车 ………………………… (380)
锡伯族下元节 …………………… (381)
磐安十月招 ……………………… (381)
磐安十月朝 ……………………… (381)
迎百子灯 ………………………… (381)
武进十月朝 ……………………… (381)
十月旦 …………………………… (381)
大盘十月节 ……………………… (381)
中原暖炉会 ……………………… (381)
江南炉节 ………………………… (381)
苗家跳香会 ……………………… (381)
苗族春粑节 ……………………… (382)
糊牛角节 ………………………… (382)
接姑娘节 ………………………… (382)
牛王神生日 ……………………… (382)
仡佬族敬牛节 …………………… (382)
仡佬族牛王节 …………………… (383)
仡佬族牛神节 …………………… (383)
仡佬族祭牛王 …………………… (383)
仡佬族祭牛节 …………………… (383)
仡佬族敬牛王菩萨 ……………… (383)
韶关牛年 ………………………… (383)
中原祭祖节 ……………………… (383)
还阳吉日 ………………………… (383)
民岁腊 …………………………… (383)
祀靴节 …………………………… (383)

初二
乌松博乌松咬会 ………………… (383)
瑶族啪嘎节 ……………………… (384)
瑶族丰收节 ……………………… (384)
洗小铁节 ………………………… (384)
吃由粑节 ………………………… (384)

初三
成吉思汗陵皮条祭 ……………… (384)
蒙古族自豪节 …………………… (384)
蒙古族自豪日 …………………… (384)
朝鲜族开天节 …………………… (384)
朝鲜族御天节 …………………… (385)

初四
弥勒祭山神 ……………………… (385)
彝族祭山神 ……………………… (385)

初五
达摩祖师圣诞 …………………… (385)

初六

初七

初八
别雅贵节 ………………………… (385)
别雅蝈节 ………………………… (385)
祭青蛙扳腰赛 …………………… (385)

初九

初十
金华迎佛节 ……………………… (386)
麻糍节 …………………………… (386)
自贡提灯会 ……………………… (386)
自贡灯会 ………………………… (386)
狮灯场市 ………………………… (386)

自贡灯杆节 …………………（386）
洗禾剪节 ……………………（386）
金平糊牛角 …………………（386）
四达罗节 ……………………（386）
彝族庆丰节 …………………（386）
京族食新米节 ………………（386）
水仙尊王祭 …………………（386）
水神祭 ………………………（387）

十一

白族祭牛王 …………………（387）
沙浪五谷会 …………………（387）

十二

侗族石家节 …………………（387）
从江冻鱼节 …………………（387）

十三

颁金节 ………………………（387）
满洲诞辰 ……………………（387）
满族诞辰 ……………………（387）
嘉绒藏年 ……………………（387）
嘉绒哇藏年 …………………（388）
德布利藏年 …………………（388）
垄巴藏年 ……………………（388）
垄巴布藏年 …………………（388）
喜卡布藏年 …………………（388）
过糌粑年 ……………………（388）

十四

壮族十月节 …………………（388）
更那了 ………………………（388）

十五

下元节 ………………………（388）
水官解厄 ……………………（388）
镇江下元节 …………………（388）
荣场庙会 ……………………（388）
荣场迎大旗 …………………（389）

赎魂节 ………………………（389）
畲族五谷节 …………………（389）
澜沧葫芦节 …………………（389）
阿朋阿龙尼 …………………（389）
阿朋阿隆尼 …………………（389）

十六

瑶族盘王节 …………………（389）
跳盘王 ………………………（390）
做盘王 ………………………（390）
祭盘古 ………………………（390）
还盘王愿 ……………………（390）
倒稻节 ………………………（390）
瑶族收割节 …………………（390）
寒婆婆打柴日 ………………（390）
祭陈姑娘 ……………………（390）

十七

十八

十九

二十

戚宝寺庙会 …………………（391）

二十一

二十二

二十三

锡伯族抢千烛 ………………（391）

二十四

九月大会 ……………………（391）
十月大会 ……………………（391）

二十五

祭宗喀巴 ……………………（391）
蒙古族灯节 …………………（391）
蒙古族祭宗喀巴 ……………（392）

达斡尔族千灯节 …………………（392）
图瓦人点灯节 ……………………（392）
邹录节 ……………………………（392）
图瓦人入冬节 ……………………（392）
乌梁海人烛蜡节 …………………（392）
蒙古族祖鲁节 ……………………（392）
太阳回来日 ………………………（393）
蒙古族满岁节 ……………………（393）
感天上帝诞 ………………………（393）

二十六

侗族花炮节 ………………………（393）
侗族抢花炮 ………………………（394）
鄂温克族米特尔节 ………………（394）
侗族红薯节 ………………………（394）

二十七

二十八

二十九

三十

本月约当日

侗族新婚节 ………………………（394）
绕家人过冬年 ……………………（394）
苗年 ………………………………（395）
苗年节 ……………………………（395）
侬仰闹 ……………………………（395）
侬仰卯 ……………………………（395）
湘苗接龙 …………………………（395）
庆鼓堂 ……………………………（396）
木佬年 ……………………………（396）
仫佬族年 …………………………（396）
纳西族祭祖节 ……………………（396）
祭锅庄 ……………………………（397）
纳西族驱鬼节 ……………………（397）
北海滑冰会 ………………………（397）
还愿酬神 …………………………（397）

五谷神祭 …………………………（397）
液索茂枯埂来切佰汉耜 …………（398）
嘎透透 ……………………………（398）
哈尼族过冬 ………………………（398）
戛透透 ……………………………（398）
会衣布 ……………………………（398）
开垦祭 ……………………………（398）
卑南人猴祭 ………………………（398）
玛昂亚昂邀 ………………………（399）
哈尼族十月年 ……………………（399）
美首扎勒特 ………………………（399）
米索扎 ……………………………（399）
昂玛吐 ……………………………（399）
昂玛吐扎 …………………………（399）
阿奇吐 ……………………………（400）
佑寨山神祭祀日 …………………（400）
布朗族赕耶 ………………………（400）
布朗族送袈裟 ……………………（400）

冬月

初一

羌族牛王会 ………………………（400）
羌族牛王节 ………………………（400）
洗神节 ……………………………（400）
土家族洗神 ………………………（400）
朝鲜族亚岁 ………………………（400）
朝鲜族传统冬至 …………………（400）
布依族更健节 ……………………（400）
布依族过帝 ………………………（401）
布依族小年 ………………………（401）

初二

初三

海宁常王汛 ………………………（401）

初四

初五

  土家族冬月节 ……………… （401）

初六

初七

初八

初九

初十

十一

  敬阿美日各神 ……………… （401）

十二

  纳西族小年 ………………… （402）
  纳西族牛马年 ……………… （402）

十三

  唤山节 ……………………… （402）
  鄂伦春族米特尔节 ………… （402）

十四

十五

  哈尼族老人节 ……………… （403）
  哈尼族祭母节 ……………… （403）
  东坝祭母 …………………… （403）

十六

  石柱报功者 ………………… （403）

十七

  仡佬族小年 ………………… （403）
  仡佬族小年节 ……………… （403）
  阿弥陀佛圣诞 ……………… （403）

十八

  嘎汤帕节 …………………… （404）

哈尼族年节 ………………… （404）

十九

  侗族年 ……………………… （404）
  彝族太阳会 ………………… （404）
  太阳菩萨祭 ………………… （404）
  沙浪太阳祭 ………………… （404）
  日光菩萨圣诞 ……………… （404）
  日曜菩萨圣诞 ……………… （405）
  日光普照菩萨圣诞 ………… （405）

二十

二十一

二十二

  八思巴圆寂纪念日 ………… （405）
  发思八圆寂纪念日 ………… （405）
  帕思巴圆寂纪念日 ………… （405）
  发合思巴圆寂纪念日 ……… （405）
  八合思巴圆寂纪念日 ……… （405）
  拔思发圆寂纪念日 ………… （405）
  怕克斯巴圆寂纪念日 ……… （405）

二十三

二十四

  冼夫人诞 …………………… （405）
  冼太夫人诞 ………………… （405）
  尼遮西 ……………………… （405）
  彝族丰收节 ………………… （406）

二十五

二十六

  融水斗马节 ………………… （406）

二十七

二十八

二十九

迪庆阶冬节 …………………（406）

三十

青瑶小年 ……………………（406）

本月约当日

密枝节 ………………………（406）
祭密枝 ………………………（407）
凉山彝族年 …………………（407）
库施 …………………………（407）
思鱼扎勒特 …………………（407）
昂玛拖 ………………………（407）
祭寨神节 ……………………（407）
土族冬至 ……………………（407）
土族冬节 ……………………（407）
景洪嘎汤节 …………………（408）
戛汤节 ………………………（408）
戛唐帕节 ……………………（408）
爱尼新年 ……………………（408）
景颇族鬼年 …………………（408）
祭踏乌都图 …………………（408）
雅美人播种祭 ………………（408）
粟播种祭 ……………………（408）
卑南人大猎祭 ………………（408）
还娘娘愿 ……………………（409）
娘娘招兵 ……………………（409）
密巴路斯 ……………………（409）
雅美人祈年祭 ………………（409）

腊月

初一

贵州壮年 ……………………（409）
融水苗年 ……………………（409）
融水大年 ……………………（409）

吃老鼠粑粑 …………………（409）
苗族灭鼠节 …………………（410）

初二

初三

初四

初五

吃五豆节 ……………………（410）

初六

普米族过小年 ………………（410）
普米族大年节 ………………（410）
阔时节 ………………………（410）

初七

木里俄喜节 …………………（410）
普米族过大年 ………………（411）
吾时高 ………………………（411）

初八

腊八 …………………………（411）
腊八节 ………………………（411）
成道节 ………………………（411）
腊日 …………………………（411）
布依族腊月八 ………………（411）
满族腊八节 …………………（412）
八腊节 ………………………（412）
土族腊八节 …………………（412）
达斡尔族腊八节 ……………（412）
达斡尔族过小年 ……………（412）
年喜花节 ……………………（412）

初九

初十

十一

十二

蚕花生日 …………………… (413)

十三

十四

大十五节 …………………… (413)

十五

烧太平香 …………………… (413)

十六

白族星回节 ………………… (413)

十七

门头沟祭窑神 ……………… (414)

十八

十九

二十

鲁班公诞 …………………… (414)
完满福 ……………………… (414)
德昂族祭蛇神 ……………… (414)
宪摄母 ……………………… (414)
东兴年晚福 ………………… (414)

二十一

贡山赶鬼节 ………………… (415)
巴恰木 ……………………… (415)

二十二

塔尔寺年终祈祷法会 ……… (415)

二十三

祭灶 ………………………… (415)
小年 ………………………… (416)
小年夜 ……………………… (416)
小节夜 ……………………… (416)
谢灶 ………………………… (416)
祀灶 ………………………… (416)
祭灶节 ……………………… (416)
灶王节 ……………………… (416)
送神日 ……………………… (416)
辽宁祭灶 …………………… (416)
辽阳小年 …………………… (416)
广西祭灶 …………………… (416)
南宁小年 …………………… (416)
泌阳小年 …………………… (416)
蒙古族小年 ………………… (416)
蒙古族祭灶 ………………… (416)
蒙古族祭火 ………………… (416)
送灶节 ……………………… (417)
满族小年 …………………… (417)
满族祭灶神 ………………… (417)
羌族灶神节 ………………… (417)
鄂温克族祭火节 …………… (417)
鄂温克族祭火主 …………… (418)
鄂温克族祭火神 …………… (418)
鄂温克族祭火日 …………… (418)
鄂伦春族送火神 …………… (418)
透欧博如坎 ………………… (418)
鄂伦春族祭火 ……………… (418)
达斡尔族小年 ……………… (418)
赫哲族小年 ………………… (418)

二十四

中原小年 …………………… (418)
中原小年夜 ………………… (418)
中原小节夜 ………………… (419)
江苏祭灶 …………………… (419)
江苏小年 …………………… (419)
土家族小年 ………………… (419)
土家族过小年 ……………… (419)

海神祭 (419)
京族海神祭 (419)
京族做年晚福 (419)
畲族祭灶 (419)
畲族送灶 (419)
畲族接灶 (419)
土族送灶神 (419)
打扬尘 (420)
传统扫房日 (420)
普米族莫瓜节 (420)

二十五

南京辞年 (420)
鄱阳祭灶节 (420)
蒙古族千灯节 (420)
明安珠勤节 (420)
卫拉特祖鲁节 (420)
千佛灯节 (420)
吃豆腐渣节 (420)
富裕祭星节 (420)
柯尔克孜族祭星 (421)
永康年头祭 (421)
永康年头禁 (421)

二十六

二十七

彝族祭密士 (421)
密士咕 (421)
锡伯族祭星 (421)
祭七星神 (421)

二十八

过赶年 (421)
起老嘎卡 (422)
土家族年 (422)
土家族过赶年 (422)

二十九、三十

除夕 (422)
除夜 (423)
岁除 (423)
大节夜 (423)
大年夜 (423)
年三十 (423)
大年三十 (423)
年关 (423)
杭州除夕 (423)
台湾除夕 (423)
舟山谢年 (423)
舟山送年 (423)
牟定羊年 (423)
苗族除夕 (423)
苗族客家年 (424)
满族除夕 (424)
满族年三十 (424)
侗族大年 (424)
侗族守岁 (425)
坐三十夜 (425)
白族辞年 (425)
白族抢头水节 (425)
畲族做大年 (425)
畲族做热年 (425)
达斡尔族除夕 (425)
布通 (425)
布图 (425)
达斡尔族封岁 (426)
达斡尔族年三十 (426)
鄂伦春族除夕 (426)
佛额什克斯 (426)
赫哲族旧历年 (426)
赫哲族大年除夕 (426)
姑婆节 (426)
姑婆年 (426)
侗族小年 (426)

腊月廿九节	（426）
花瑶犬王节	（427）
仡佬族过年	（427）
仡佬族过小年	（427）
仡佬族过大年	（427）
仡佬族毛龙节	（427）
巍山密枝节	（427）
祭谷神节	（427）
汝为	（428）
怒族祭谷神	（428）
普米族祭山神	（428）
祭雨神节	（428）
桂东社公节	（428）
羌族大年	（428）
羌族春节	（429）
哈尼族觉扎扎	（429）
台州谢年	（429）
台州滩祭	（429）
土家族打糍粑节	（429）
长阳打糍粑节	（429）
洱海过年节	（429）
除夕祭祖	（430）
白节	（430）
密且人栽松树节	（430）
纳西族祭东鲁	（430）
纳西族祭门神	（431）
彝族老年节	（431）
密且人封工具节	（431）
傷僜人火把节	（431）
佤族新水节	（431）
娥绒克绕	（432）
瑶族欢降堂	（432）
瑶族喜花贵	（432）
景颇族春节	（432）
怒族春节	（432）
吉佳姆节	（432）
盍司节	（432）
怒族过新年	（432）

本月约当日

还年福	（433）
祝福	（433）
作冬福	（433）
吾昔	（433）
普米族新年节	（433）
射草狗	（433）
金秀祭甘王	（433）
广州逛花市	（433）
广州行花街	（434）
满族立杆大祭	（434）
阿布卡恩都哩	（434）
满族祭天	（434）
祭索罗杆子	（434）
杆子祭	（434）
过腊月	（434）
烧平安纸	（434）
撒拉族孜克日节	（434）
满族祭马	（435）
祭他合马	（435）
台州浸水糕	（435）
阿昌族烧白柴节	（435）
孔通	（435）

跨月、不定期

正月后跨

壮族过小年	（435）
彝族米孙叭	（436）
鲁止	（436）
彝族祭龙	（436）
三令节	（436）
正月初九	（436）
正月三十	（436）
中和古节	（436）
祭吉雅奇	（436）

祭牲畜神 …………………………（436）
祭罕点格尔 ………………………（436）
普米族祭龙潭 ……………………（437）
普米族祭灵泉 ……………………（437）
羌族塔子会 ………………………（437）
羌族碉碉会 ………………………（437）
羌族祭山会 ………………………（437）
苗族踩秧堂 ………………………（437）

二月后跨

陇端节 ……………………………（438）
陇端会 ……………………………（438）
陇端街 ……………………………（438）
窝端节 ……………………………（438）
陇端风流街 ………………………（438）
阿乌人请雨水 ……………………（438）
俄罗斯族春耕节 …………………（438）
宝瑞瑞 ……………………………（439）
哈尼族祭龙节 ……………………（439）
苗族讨树苗节 ……………………（439）
太昊陵庙会 ………………………（439）
人祖庙会 …………………………（439）
西湖香市 …………………………（440）
天竺香市 …………………………（440）
三山香市 …………………………（440）

三月后跨

杞人过牛日 ………………………（440）
哈尼族立寨门祭 …………………（440）
勒坑度 ……………………………（440）
乌梁海人祭水神 …………………（440）
俄罗斯族谢肉节 …………………（440）
俄罗斯族狂欢节 …………………（440）
俄罗斯族送冬节 …………………（440）
傈僳族修坟 ………………………（441）
傈僳族上坟 ………………………（441）
土族祭祖节 ………………………（441）
土族青苗会 ………………………（441）

四月后跨

白族栽秧会 ………………………（441）
白族秧会 …………………………（442）
白族开秧门 ………………………（442）
德昂族谷魂节 ……………………（442）
德昂族祭谷魂 ……………………（442）
德昂族祭谷娘 ……………………（442）
鄂温克族敖包会 …………………（442）
满族耍青 …………………………（442）
撒拉族青苗节 ……………………（443）
彝族祭白龙 ………………………（443）
咪诺底 ……………………………（443）
彝族祭田龙 ………………………（443）
广南花街节 ………………………（443）

五月后跨

敖瓦 ………………………………（443）
泰凯乐干 …………………………（443）
图瓦人祈雨节 ……………………（443）
达斡尔族药泉会 …………………（443）
布朗族堆沙节 ……………………（444）
乌梁海人祭鄂博 …………………（444）
达斡尔族求雨祭 …………………（444）
多布抬克 …………………………（444）
保安族浪山节 ……………………（444）
粟贮藏祭 …………………………（445）
乌梁海人献牲节 …………………（445）

六月后跨

蚕神祭 ……………………………（445）
俄罗斯族成年节 …………………（445）
新娘庙会 …………………………（445）
毛洛提节 …………………………（445）
撒拉族吃五谷 ……………………（445）
肇庆跳禾楼 ………………………（445）
侗族吃新节 ………………………（446）
侗族尝新节 ………………………（446）

侗族新米节 …………………… （446）
黎平吃新节 …………………… （446）
黎平尝新节 …………………… （446）
黎平新米节 …………………… （446）
楚雄山街节 …………………… （446）
彝族赶秋街 …………………… （447）
侗族芦笙节 …………………… （447）
侗族芦笙会 …………………… （447）
侗族赛芦笙 …………………… （447）

七月后跨

壮族稻魂节 …………………… （447）
壮族祭稻魂 …………………… （447）
那达慕大会 …………………… （447）
那雅尔 ………………………… （448）
敖包那雅尔 …………………… （448）

八月后跨

藏族峨堡会 …………………… （448）
盘坡赛马会 …………………… （448）
盘坡草原盛会 ………………… （448）
关岭火星节 …………………… （448）
若琐 …………………………… （449）
阿昌族赶摆 …………………… （449）
阿昌族做摆 …………………… （449）
德昂族赶摆 …………………… （449）
德昂族做摆 …………………… （449）
泉港太爷庙会 ………………… （449）
壮族尝新节 …………………… （449）

九月后跨

兰坪登天牛 …………………… （450）
傈僳族新米节 ………………… （450）
傈僳族尝新节 ………………… （450）
傈僳族收获节 ………………… （450）
傈僳族收获月 ………………… （450）
阿昌族换黄单 ………………… （450）

德昂族换黄单 ………………… （450）
景颇族采草节 ………………… （451）
都安祭雷庙 …………………… （451）
好希早节 ……………………… （451）
喝希卓节 ……………………… （451）
基诺族吃新米 ………………… （451）
基诺族新米节 ………………… （451）

十月后跨

苗族椎牛 ……………………… （451）
苗族吃牛 ……………………… （452）

冬月后跨
腊月后跨

冬防节 ………………………… （452）
防火节 ………………………… （452）
布依族嫩信节 ………………… （452）
正月的节日 …………………… （452）
布依族年节 …………………… （452）
布依族丰收节 ………………… （452）
情人相会节 …………………… （452）
苗族过年 ……………………… （452）
苗族玩年 ……………………… （453）
海南苗族新年 ………………… （453）
耍社火 ………………………… （453）
中原社火 ……………………… （454）
骂社火 ………………………… （454）
锡伯族春节 …………………… （454）
锡伯族小年 …………………… （454）
布依族春节 …………………… （454）
布依族大年 …………………… （454）
了月节 ………………………… （454）
了年节 ………………………… （454）
麒麟舞会 ……………………… （454）
洱源秋千会 …………………… （455）
毛南族放鸟飞 ………………… （455）
放鸟飞节 ……………………… （455）

灵活变通

古代父亲节 …………………… (455)
壮族祭龙节 …………………… (455)
侗族萨玛节 …………………… (456)
侗族祭萨 ……………………… (456)
侗族姓氏节 …………………… (456)
东家人祭祖节 ………………… (457)
彝族开井节 …………………… (457)
祭丢瓦拉哈滚 ………………… (457)
傣族祭家族神 ………………… (457)
波宰曼 ………………………… (457)
傣族竖寨心 …………………… (457)
布朗族祭苦拉 ………………… (457)
布朗族祭寨神 ………………… (458)
仡佬族小年 …………………… (458)
独龙族祭山神 ………………… (458)
个人招渔祭 …………………… (458)
小船初渔祭 …………………… (458)
成人仪礼 ……………………… (459)
少年节 ………………………… (459)
青年节 ………………………… (459)
刻道节 ………………………… (459)
刻木节 ………………………… (459)

二十四节气

立春

立春节 ………………………… (460)
苗族迎春节 …………………… (460)
鹤庆插柳节 …………………… (460)
满族庆丰收 …………………… (460)
荆州迎傩神 …………………… (460)
仫佬族春耕节 ………………… (461)
土家族打春节 ………………… (461)
土家族鞭春节 ………………… (461)
三坛节 ………………………… (461)

石柱农夫节 …………………… (461)
石柱报功者 …………………… (461)
打春牛 ………………………… (461)
打春 …………………………… (462)
鞭春 …………………………… (462)
鞭春牛 ………………………… (462)
衡尾 …………………………… (462)
偒傣人迎牛 …………………… (462)
仡佬族立春节 ………………… (462)
舟山敬牛倌 …………………… (462)
侗族闹春牛 …………………… (462)
侗族舞春牛 …………………… (463)
沂蒙缝春鸡 …………………… (463)
沂蒙缝布鸡 …………………… (463)
瑶族浪希结 …………………… (463)
浪希结节 ……………………… (463)
合拢种爱地 …………………… (463)
同种爱情地 …………………… (463)
傣族烧白柴 …………………… (463)
傣族燃白柴节 ………………… (463)
春社节 ………………………… (463)
春社 …………………………… (464)
苗族春社节 …………………… (464)
苗族过社 ……………………… (464)
苗族社节 ……………………… (464)
睢水春社踩桥 ………………… (464)

雨水

惊蛰

惊蛰节 ………………………… (464)
苗家吃仓饭 …………………… (464)
土家族射虫日 ………………… (464)

春分

春分节 ………………………… (465)
祭日大典 ……………………… (465)
荆州迎傩神 …………………… (465)

春分打醮 …………………………（465）
白族赛会 …………………………（465）
畲族猎神节 ………………………（465）
社日节 ……………………………（466）
土族天社 …………………………（466）
俄罗斯族上坟节 …………………（466）
荣成清明节 ………………………（466）

清明

寒食节 ……………………………（466）
寒食 ………………………………（467）
禁烟节 ……………………………（467）
冷节 ………………………………（467）
一百五 ……………………………（467）
温州寒食节 ………………………（467）
光饼节 ……………………………（467）
戚公饼节 …………………………（467）
鲁北寒食节 ………………………（467）
清明节 ……………………………（467）
思亲节 ……………………………（467）
踏青节 ……………………………（467）
真清明 ……………………………（467）
壮族清明节 ………………………（467）
侗族清明节 ………………………（468）
侗家挂亲 …………………………（468）
黎族清明节 ………………………（468）
白族清明节 ………………………（468）
纳西族清明节 ……………………（468）
土家族清明节 ……………………（469）
土族清明节 ………………………（469）
瑶族清明节 ………………………（469）
瑶族挂号节 ………………………（469）
做清明 ……………………………（469）
拉祜族清明节 ……………………（469）
阿昌族清明节 ……………………（469）
普米族清明节 ……………………（470）
达斡尔族清明节 …………………（470）
俄罗斯族清明节 …………………（470）

朝鲜族清明祭 ……………………（470）
仫佬族清明祭 ……………………（470）
九天天主祭 ………………………（470）
仡佬族朝天祭祖 …………………（471）
都江堰放水节 ……………………（471）
清明放水节 ………………………（471）
开水大典 …………………………（471）
清明坟会 …………………………（471）
哈尼族上坟 ………………………（471）
白马人山寨歌会 …………………（471）
保靖挑葱会 ………………………（472）
苗族赶清明 ………………………（472）
苗族看清明 ………………………（472）
苗族清明歌会 ……………………（472）
湘苗歌节 …………………………（472）
惠水射花节 ………………………（472）
惠水三月节 ………………………（472）
毛南族赶阴圩 ……………………（473）
赶祖先圩 …………………………（473）
蒙古族打马印 ……………………（473）
浙江祛蚕祟 ………………………（473）
浙江赶白虎 ………………………（473）
桐乡龙蚕会 ………………………（473）
嘉兴踏白船 ………………………（473）
嘉兴水嬉 …………………………（474）
轧蚕花节 …………………………（474）
浙江拜香会 ………………………（474）
南通送百虫 ………………………（474）
丽江傈僳族清明节 ………………（474）
民勒橐羊会 ………………………（474）
蒙古族兴畜节 ……………………（474）
玛勒新努伦讷 ……………………（475）
潍坊风筝节 ………………………（475）
潍坊风筝会 ………………………（475）
祭天朝祖大典 ……………………（475）
布依族赶干洞 ……………………（475）
布朗族厚南节 ……………………（476）
布朗族迎太阳节 …………………（476）

布朗族插花节 …………………（476）
插花泼水节 ……………………（476）
布朗族过赛 ……………………（476）
桑刊节 …………………………（476）
山康节 …………………………（476）
宋坎节 …………………………（476）
堆沙节 …………………………（476）
布朗族过新年 …………………（476）
临沧泼水节 ……………………（476）
阿昌族泼水节 …………………（476）
桑建节 …………………………（477）
浇花水节 ………………………（477）
德昂族泼水节 …………………（477）
尚根 ……………………………（478）
德昂族浇花节 …………………（478）
德昂族采花节 …………………（478）
德昂族洗手脚节 ………………（478）
德昂族洗手脚日 ………………（478）

谷雨

黎平谷雨节 ……………………（478）
渐苟嫩堕拉 ……………………（478）
吃乌米节 ………………………（478）
播稻种节 ………………………（478）
侗族土皇节 ……………………（478）
侗族土王节 ……………………（479）
山东祭海 ………………………（479）
谷雨青节 ………………………（479）
谷雨茶节 ………………………（479）
牡丹花会 ………………………（479）
联合国中文日 …………………（480）

立夏

大雾梁歌会 ……………………（480）
大戊梁歌会 ……………………（480）
丽江臭水节 ……………………（480）
丽江臭水会 ……………………（481）

立夏节 …………………………（481）
吃新节 …………………………（481）
尝鲜节 …………………………（481）
苏州立夏节 ……………………（481）
苏州注夏节 ……………………（481）
立夏祭冰神 ……………………（481）
白族立夏节 ……………………（481）
朝天坡歌节 ……………………（481）
朝山坡歌节 ……………………（482）
纳西族泼灰节 …………………（482）
纳西族立夏节 …………………（482）
云龙春水节 ……………………（482）
云龙福水节 ……………………（482）
侗族洗澡节 ……………………（482）
侗族洗药水澡 …………………（482）
侗族秧节 ………………………（482）
侗族播种节 ……………………（482）
瑶族分龙节 ……………………（482）
瑶族祭龙节 ……………………（483）
祭太阳神节 ……………………（483）
侗族赶圳 ………………………（483）
侗族玩山 ………………………（483）

小满

林家亭子庙会 …………………（483）
柯尔克孜族马奶节 ……………（484）

芒种

芒种节 …………………………（484）
白族栽秧会 ……………………（484）

夏至

夏至节 …………………………（484）
夏节 ……………………………（485）
夏至荔枝狗肉节 ………………（485）
永康祭田婆 ……………………（485）
畲族分龙节 ……………………（485）

畲族分龙日 …………………（485）
畲族封龙节 …………………（485）
畲族分雨水日 ………………（485）
畲族水龙会 …………………（485）
毛南族分龙节 ………………（485）
毛南族庙节 …………………（486）
伏日 …………………………（486）
灵宝天尊圣诞 ………………（486）
上清灵宝天尊圣诞 …………（486）

小暑

苗族封斋节 …………………（486）
苗族开斋节 …………………（486）
侗族六月节 …………………（486）
侗族祭祖节 …………………（486）
侗族古老吃新节 ……………（486）

大暑

大王庙会 ……………………（487）

立秋

立秋节 ………………………（487）
镇雄立秋节 …………………（487）
苗族赶秋节 …………………（487）
苗族父秋节 …………………（487）
苗族秋社节 …………………（487）
秀山赶秋节 …………………（488）
苗族赶秋坡 …………………（488）
苗族踩秋 ……………………（488）
立秋杨梅节 …………………（488）
彝族赶秋节 …………………（488）
秋坡节 ………………………（488）
布依族赶秋坡 ………………（489）
侗族祖公节 …………………（489）
侗族甲戌节 …………………（489）
侗族平安节 …………………（489）
秋社节 ………………………（489）

秋社 …………………………（489）

处暑

白露

丽水求梦 ……………………（489）

秋分

哈尼族托资 …………………（489）
畲族食新节 …………………（489）

寒露

霜降

壮族霜降节 …………………（490）
壮族降前日 …………………（490）
壮族正降日 …………………（490）
白族上冬坟 …………………（490）

立冬

乌程立冬节 …………………（490）
湛江腊祭 ……………………（491）
黑话人颂牛节 ………………（491）
畲族圆冬节 …………………（491）
畲族加冬节 …………………（491）

小雪

大雪

冬至

冬至节 ………………………（491）
冬至 …………………………（492）
冬节 …………………………（492）
交冬 …………………………（492）
交九 …………………………（492）
数九 …………………………（492）
亚岁 …………………………（492）
小至 …………………………（492）
冬除 …………………………（492）

二除夜 …………………………（492）
桐城冬至节 ………………………（492）
福建冬至节 ………………………（492）
拉卜楞寺冬至节 …………………（492）
元始天尊圣诞 ……………………（492）
冬街节 ……………………………（492）
壮族冬至节 ………………………（493）
壮族吃冬节 ………………………（493）
冬大过年 …………………………（493）
朝鲜族冬至 ………………………（493）
满族冬节 …………………………（493）
满族冬至节 ………………………（493）
东北冬至节 ………………………（493）
满族蒸冬 …………………………（493）
侗族过冬节 ………………………（493）
过侗年 ……………………………（493）
黎族冬至节 ………………………（493）
黎族冬节 …………………………（494）
黎族冬至日 ………………………（494）
畲族冬节 …………………………（494）
畲族天赦日 ………………………（494）
土族冬至节 ………………………（494）
冬至祭神节 ………………………（494）
祭牛大王 …………………………（494）
鹤庆祭鸟节 ………………………（494）
鹤庆送鸟 …………………………（494）
古腊祭 ……………………………（494）
古腊日 ……………………………（495）

小寒

大寒

一年两次以上

两次

刚目纳顿 …………………………（495）
佑宁寺观经会 ……………………（495）
围子镇大庙会 ……………………（495）

傣族赶花节 ………………………（495）
傣族花街节 ………………………（496）
傣族东方情人节 …………………（496）
延安赛畜会 ………………………（496）
延安骡马大会 ……………………（496）
赛畜古会 …………………………（496）
台湾做牙 …………………………（496）
吃犒劳 ……………………………（496）
台湾头牙 …………………………（496）
台湾尾牙 …………………………（496）
布朗族祭灶神 ……………………（496）
麦德尔节 …………………………（496）
麦德尔经会 ………………………（496）
苗族闹冲节 ………………………（497）
苗族闹冲 …………………………（497）
育穹碧咋 …………………………（497）
苗族闹春节 ………………………（497）
苗族玩坪地 ………………………（497）
苗族翻鼓节 ………………………（497）
侬略 ………………………………（497）
赶苗场 ……………………………（497）
五印朝山会 ………………………（498）
五印恋爱会 ………………………（498）
布依族蚂螂节 ……………………（498）
布依族蚂螂会 ……………………（498）
布依族打蚂螂 ……………………（498）
黎族年仔节 ………………………（498）
黎族过年仔 ………………………（498）
仡佬族坡会 ………………………（498）
仡佬族走坡 ………………………（499）
侗族打牛架 ………………………（499）
侗族斗牛节 ………………………（499）
社日 ………………………………（499）
祭土神节 …………………………（499）
春社 ………………………………（499）
秋社 ………………………………（499）
侗族赶社 …………………………（499）
侗族过社 …………………………（500）

侗族社日 …………………………（500）	灵披曼 ……………………………（504）
侗族社节 …………………………（500）	宁批曼 ……………………………（504）
侗族吃社饭 ………………………（500）	祭丢拉曼 …………………………（504）
侗族赶春社 ………………………（500）	傣族祭村寨神 ……………………（504）
侗族赶秋社 ………………………（500）	壮族社节 …………………………（504）
侗族春社 …………………………（500）	壮族社王节 ………………………（505）
侗族秋社 …………………………（500）	壮族社祭节 ………………………（505）
瑶族吃社节 ………………………（500）	壮族社公节 ………………………（505）
瑶族二月社 ………………………（500）	壮族社公神节 ……………………（505）
瑶族八月社 ………………………（500）	保阳春节 …………………………（505）
拉珈吃社节 ………………………（500）	梓潼庙会 …………………………（505）
纳西族祭天 ………………………（500）	梓潼大庙庙会 ……………………（505）
猛本 ………………………………（501）	七曲山大庙庙会 …………………（505）
每毕 ………………………………（501）	文昌节会 …………………………（505）
丽江三朵节 ………………………（501）	闯王庙会 …………………………（505）
丽江北岳庙会 ……………………（501）	侗族摔跤节 ………………………（505）
丽江骡马会 ………………………（501）	苗族摔跤节 ………………………（506）
丽江七月会 ………………………（501）	德清总管庙会 ……………………（506）
七月骡马会 ………………………（501）	金大老爷庙会 ……………………（506）
丽江三月会 ………………………（501）	仫佬族祭社王 ……………………（506）
丽江黑龙潭会 ……………………（501）	分肉串节 …………………………（506）
土族打施食 ………………………（501）	仫佬族社节 ………………………（506）
土族官经会 ………………………（502）	仫佬族祭社 ………………………（506）
佑宁寺官经会 ……………………（502）	仫佬族春祈 ………………………（507）
佑宁寺观经会 ……………………（502）	仫佬族秋报 ………………………（507）
却藏寺官经会 ……………………（502）	阿昌族祭招先 ……………………（507）
却藏寺观经会 ……………………（502）	阿昌族祭寨神 ……………………（507）
布朗族祭寨神 ……………………（502）	妈祖祭典 …………………………（507）
敖包沃贝 …………………………（502）	湄洲妈祖祖庙祭典 ………………（507）
达斡尔族敖包祭 …………………（503）	妈祖诞 ……………………………（507）
鄂伦春族祭月亮 …………………（503）	妈祖羽化升天日 …………………（507）
仡佬族拜树节 ……………………（503）	妈祖文化节 ………………………（507）
敬奉点格尔汗 ……………………（503）	浔江鱼花节 ………………………（507）
祭罕点格尔 ………………………（504）	祭炎帝陵 …………………………（508）
裕固族祭天神 ……………………（504）	炎帝陵祭典 ………………………（508）
傣族拜山神 ………………………（504）	壮族扫墓祭祖节 …………………（508）
紧刁巴拉 …………………………（504）	傣族塔摆 …………………………（508）
拜山神节 …………………………（504）	傣族摆广姆 ………………………（508）

傣族摆少三 …………………（508）	土族花儿会 …………………（513）
双忠庙会 ……………………（508）	纳西族洗牛脚会 ……………（513）
千佛山庙会 …………………（508）	纳西族敬牛节 ………………（513）
千佛山柿子会 ………………（509）	普米族尝新节 ………………（513）
苗族祭山神 …………………（509）	彝族芝固 ……………………（513）
苗族兹省 ……………………（509）	彝族祈丰年 …………………（513）
曲阜林门会 …………………（509）	勒苏花街 ……………………（513）
西岳庙会 ……………………（509）	彝族赶花街 …………………（514）
中岳庙会 ……………………（509）	武进斋青苗 …………………（514）
祭日月神 ……………………（509）	武进斋猛将 …………………（514）
彝族太阴会 …………………（509）	塔勒贵节 ……………………（514）
湖州祭神庙会 ………………（509）	讨寮皈节 ……………………（514）
满族背灯祭 …………………（510）	侗族茶歌节 …………………（514）
祭万历妈妈 …………………（510）	基诺族祭龙 …………………（514）
祭歪里妈妈 …………………（510）	基诺族祭大龙 ………………（514）
祭完里妈妈 …………………（510）	基诺族祭小龙 ………………（514）
祭完立妈妈 …………………（510）	三穗送迎灶神 ………………（515）
祭佛头妈妈 …………………（510）	密且祭山神 …………………（515）
祭佛陀妈妈 …………………（510）	白兴诺 ………………………（515）
祭佛托妈妈 …………………（510）	景颇族祭能尚 ………………（515）
祭赫托妈妈 …………………（510）	景颇族祭官庙 ………………（515）
祭赫托里妈妈 ………………（510）	平埔收获祭 …………………（515）
定亲庙会 ……………………（510）	
天津出鬼会 …………………（511）	三次
撒拉族花儿会 ………………（511）	壮族铜鼓节 …………………（516）
保安族花儿会 ………………（511）	傣族赕塔节 …………………（516）
阿坝哑巴会 …………………（511）	赕塔 …………………………（516）
拖舍歹 ………………………（512）	傣族敬塔节 …………………（516）
苗族祭石堆 …………………（512）	瑶族盘王墟 …………………（516）
阿昌族祭色曼 ………………（512）	瑶族盘王圩 …………………（516）
阿昌族色猛 …………………（512）	雷公山苗年 …………………（516）
祭色猛 ………………………（512）	苗族初年 ……………………（517）
苏北都天会 …………………（512）	苗族大年 ……………………（517）
黎平芦笙会 …………………（512）	苗族尾巴年 …………………（517）
黎平赛芦笙 …………………（512）	苗族跳场 ……………………（517）
玛尼经会 ……………………（512）	跳花 …………………………（517）
德昂族供家堂 ………………（512）	跳花场 ………………………（517）
土族少年会 …………………（513）	跳花坡 ………………………（517）

踩花山 …………………………（517）
花山节 …………………………（517）
踩山 ……………………………（517）
跳年场 …………………………（517）
跳桃花场 ………………………（517）
跳米花场 ………………………（517）
野鸡坪歌节 ……………………（517）
五里坪歌节 ……………………（518）
台州走八寺 ……………………（518）
宁波拜仙姑 ……………………（518）
阿昌族地母祭 …………………（518）
阿昌族地鬼祭 …………………（518）
阿昌族祭土主 …………………（518）
观音会 …………………………（518）
拜观音 …………………………（518）
观世音菩萨圣诞 ………………（518）
普陀香期 ………………………（518）
遂宁香会节 ……………………（518）
观音香市 ………………………（519）
江浙拜观音 ……………………（519）
羌族观音会 ……………………（519）
仡佬族香会 ……………………（519）
鄞江三会头 ……………………（519）
三巡会 …………………………（519）
南京老郎会 ……………………（519）
南京老脸会 ……………………（520）
湘西看龙场 ……………………（520）
湘西看头龙 ……………………（520）
湘西看二龙 ……………………（520）
湘西看三龙 ……………………（520）
湘西敬龙神日 …………………（520）
三月爬坡节 ……………………（520）
三月坡节 ………………………（520）
宜昌起汕 ………………………（520）
彝族吉觉 ………………………（521）
西俄布 …………………………（521）
也枯 ……………………………（521）

航西 ……………………………（521）
锡伯族祭祖坟 …………………（521）
三月航西 ………………………（521）
鱼清明 …………………………（521）
七月航西 ………………………（521）
瓜清明 …………………………（521）
十月航西 ………………………（521）
锡伯族送寒衣 …………………（521）
锡伯族下元节 …………………（521）
台江千虫节 ……………………（521）
养荣坡节 ………………………（521）
水族田神祭 ……………………（522）
水族米魂祭 ……………………（522）
九月粑节 ………………………（522）
稻草粑节 ………………………（522）
定日赛马节 ……………………（522）
定日加央 ………………………（522）
定日乌央 ………………………（522）
定日实央 ………………………（522）
萨依勒节 ………………………（522）
玫瑰花萨依勒节 ………………（523）
果园萨依勒节 …………………（523）
甜瓜萨依勒节 …………………（523）
曹人收获祭 ……………………（523）
曹人尝新祭 ……………………（523）
曹人收藏祭 ……………………（523）
曹人丰年祭 ……………………（523）

多次

下九节 …………………………（523）
下九 ……………………………（523）
永登雷祖祭 ……………………（523）
壮族歌圩 ………………………（523）
壮族歌圩节 ……………………（524）
祭成吉思汗陵宫 ………………（524）
祭成陵 …………………………（524）
九曲黄河灯 ……………………（524）

九曲黄河阵 …………………… (524)
平安灯会 ……………………… (524)
灯场子 ………………………… (524)
蒙古族祭火节 ………………… (524)
蒙古族祭社 …………………… (524)
蒙古族拜火节 ………………… (524)
毛兰木钦布节 ………………… (524)
观经会 ………………………… (525)
苗家吃丑节 …………………… (525)
拉卜楞寺大法会 ……………… (525)
毛兰姆法会 …………………… (525)
正月十四跳神节 ……………… (525)
酥油花供灯会 ………………… (525)
四月八浴佛节 ………………… (525)
敦白日扎法会 ………………… (525)
宗喀巴圆寂日 ………………… (525)
历世嘉木样活佛圆寂日 ……… (525)
拉卜楞寺斋会 ………………… (525)
若尔盖本教纪念节 …………… (525)
四川土地会 …………………… (526)
做牙 …………………………… (526)
头牙 …………………………… (526)
尾牙 …………………………… (526)
昌邑祭杂灾 …………………… (526)
土族崩康 ……………………… (526)
十万佛爷祭 …………………… (526)
欧玛楼 ………………………… (526)
哈尼族祭谷王 ………………… (526)
卑南人收获祭 ………………… (526)
卑南人粟收割祭 ……………… (527)
卑南人稻收割祭 ……………… (527)
泰雅人收获祭 ………………… (527)
色玛阿多 ……………………… (528)
泰雅人丰年祭 ………………… (528)
百事禁忌日 …………………… (528)
杨公忌日 ……………………… (528)
杨公十三忌 …………………… (528)

隔年或多年一次

十年以下

参太子灯 ……………………… (528)
水族回量 ……………………… (528)
祭土地和谷神 ………………… (529)
中国秧歌节 …………………… (529)
三峡民间艺术节 ……………… (529)
乐山四季节 …………………… (529)
吴桥国际杂技艺术节 ………… (529)
矮灵祭 ………………………… (529)
二年祭 ………………………… (529)
达爱祭 ………………………… (530)
灵披勐 ………………………… (530)
傣族祭勐神 …………………… (530)
祭丢瓦拉勐 …………………… (530)
排瑶耍歌堂节 ………………… (530)
排瑶耍歌堂 …………………… (530)
排瑶耍歌节 …………………… (530)
排瑶耍望节 …………………… (530)
排瑶歌堂节 …………………… (530)
排瑶秋割节 …………………… (530)
克木人秋收节 ………………… (530)
玛格勒尔 ……………………… (531)
玛所玛乖 ……………………… (531)
黔东南牯脏节 ………………… (531)
黔东南牯藏节 ………………… (531)
新民牯脏节 …………………… (531)
德昂族做大贡 ………………… (532)
德昂族赶摆 …………………… (532)
德昂族做摆 …………………… (532)
阿昌族做摆 …………………… (532)
阿昌族赶摆 …………………… (533)
排湾人竹竿节 ………………… (533)
玛勒乌克 ……………………… (533)
排湾竹竿祭 …………………… (533)

排湾迎神祭 …………………（533）	摆手舞节 ……………………（538）
排湾五年祭 …………………（533）	土家族小摆手 ………………（538）
畲族招兵节 …………………（533）	祭三容神 ……………………（538）
斡米南 ………………………（533）	曹人少年节 …………………（538）
萨满的盛典 …………………（534）	阿美人成年礼 ………………（538）
依尔登 ………………………（534）	土家族祭风神 ………………（539）
萨满的祭祀 …………………（534）	祭土神和苗神 ………………（539）
密卡道敖斯 …………………（534）	
圣贝祭 ………………………（534）	**十数年**
祝著节 ………………………（534）	藏族祭山大典 ………………（539）
达努节 ………………………（535）	义乌斗牛节 …………………（540）
瑶年 …………………………（535）	满族修谱书 …………………（540）
瑶族盘古节 …………………（535）	满族修家谱 …………………（540）
瑶族二九节 …………………（535）	海舟竞渡 ……………………（540）
瑶族完九节 …………………（535）	迎大纸马 ……………………（540）
瑶族祖娘节 …………………（535）	还清兵愿 ……………………（540）
不要忘记 ……………………（535）	彝族作斋 ……………………（540）
金秀游神 ……………………（535）	彝族小斋 ……………………（541）
刘大娘出游 …………………（535）	彝族大斋 ……………………（541）
祭丢木拉嘎 …………………（535）	哈尼族祭楼都 ………………（541）
祭丢木拉戛 …………………（535）	斗牛关场节 …………………（541）
祭街神 ………………………（535）	吃把朗节 ……………………（541）
土族祭家神 …………………（535）	苗族祭鼓节 …………………（541）
畲族迎祖节 …………………（536）	鼓藏节 ………………………（542）
乌日贡 ………………………（536）	鼓脏节 ………………………（542）
赫哲族文艺体育大会 ………（536）	吃牯脏 ………………………（542）
仫佬族依饭节 ………………（536）	吃鼓脏 ………………………（542）
送大菩萨庙会 ………………（536）	鼓社节 ………………………（542）
礼拜会 ………………………（537）	苗族刺牛 ……………………（542）
眉山东坡文化节 ……………（537）	侬略 …………………………（542）
纪苏节 ………………………（537）	侬略豪闹 ……………………（542）
临安大猪会 …………………（537）	苗族踩鼓节 …………………（542）
送阿夷丹嘛大会 ……………（537）	苗族拉鼓节 …………………（543）
送瘟疫大会 …………………（537）	苗族招龙节 …………………（543）
桂林舟会 ……………………（537）	西江鼓社节 …………………（543）
土家族调年会 ………………（538）	阿美人船祭 …………………（544）
社巴 …………………………（538）	阿美人海祭 …………………（544）
舍巴巴 ………………………（538）	茶山瑶功德节 ………………（544）
舍巴月 ………………………（538）	茶山瑶做功德 ………………（544）

茶山瑶吃功德 …………………（544）	冕宁牛王会 …………………（545）
瑶族打道樑 …………………（544）	三都敬霞节 …………………（545）
瑶族打道箓 …………………（545）	三都敬霞神节 ………………（546）
	三都拜霞节 …………………（546）
廿年以上	三都敬水节 …………………（546）
古丈跳马节 …………………（545）	茶山瑶做洪门 ………………（546）
麻地沟刀山会 ………………（545）	茶山瑶打香火醮 ……………（546）

中编　非农历节期

公历

公历 …………………………（548）

1月

怒族年节 ……………………（548）
夏尔巴人年节 ………………（548）
爱尼人嘎汤帕节 ……………（548）
换万千节 ……………………（548）
俄罗斯族十三大节日 ………（548）
俄罗斯族圣诞节 ……………（549）
俄罗斯族洗礼节 ……………（549）
鹰猎文化节 …………………（549）
卡秋哇节 ……………………（550）
卡雀哇节 ……………………（550）
独龙族过年 …………………（550）
十世班禅圆寂纪念日 ………（550）

2月

特懋克节 ……………………（550）
旧打铁节 ……………………（551）
主进堂 ………………………（551）
苗族芒篙节 …………………（551）

3月

中国青年志愿者服务日 ……（551）
学习雷锋日 …………………（551）

植树节 ………………………（551）
中国植树节 …………………（551）
维吾尔族跳火节 ……………（551）
中国国医节 …………………（551）
中医节 ………………………（552）
全国科技人才活动日 ………（552）
阿露窝罗节 …………………（552）
梁河窝罗节 …………………（552）
户撒会街节 …………………（552）
户撒敖露节 …………………（552）
户撒阿露节 …………………（552）
新疆诺鲁孜节 ………………（552）
那吾鲁孜节 …………………（552）
诺茹孜节 ……………………（552）
国际诺鲁孜节 ………………（552）
世界和平文化节 ……………（553）
百万农奴解放纪念日 ………（553）

4月

俄罗斯族愚人节 ……………（553）
俄罗斯族万愚节 ……………（553）
俄罗斯族幽默节 ……………（553）
鄂温克族汉西节 ……………（553）
鄂温克族清明 ………………（553）
俄罗斯族圣母领报日 ………（553）
鄂温克族帕斯克节 …………（553）
鄂温克族复活节 ……………（553）

俄罗斯族柳条节 …………… (553)
俄罗斯族复活节 …………… (553)
帕斯克节 …………………… (554)
帕斯喀节 …………………… (554)
巴斯克节 …………………… (554)
俄罗斯族耶稣复活日 ……… (554)
俄罗斯族鸡蛋节 …………… (554)
德昂族浇花节 ……………… (554)
德昂族泼水节 ……………… (554)
主进圣城节 ………………… (554)
主进圣城日 ………………… (554)
棕枝主日 …………………… (554)
全国企业家活动日 ………… (554)
中国航天日 ………………… (555)
全国预防接种宣传日 ……… (555)
全国儿童预防接种日 ……… (555)
潍坊国际风筝节 …………… (555)

5月

阿佤摸你黑 ………………… (555)
墨江双胞胎节 ……………… (555)
哈尼族太阳节 ……………… (555)
喀尔戛托依节 ……………… (556)
乌鸦宴节 …………………… (556)
中国青年节 ………………… (556)
青年团成立日 ……………… (556)
全国减灾防灾日 …………… (556)
库木勒玛日拜 ……………… (556)
采柳蒿芽 …………………… (556)
库木勒 ……………………… (556)
中国旅游日 ………………… (556)
全国助残日 ………………… (557)
五卅运动纪念日 …………… (557)

6月

主升天日 …………………… (557)
全国爱眼日 ………………… (557)
中国文化遗产日 …………… (557)

阿坝扎崇节 ………………… (558)
中国农民艺术节 …………… (558)
鄂温克族瑟宾节 …………… (558)
鄂伦春族篝火节 …………… (559)
哈尼族取火日 ……………… (559)
俄罗斯族夏节 ……………… (559)
俄罗斯族桦树节 …………… (559)
东正教圣三主日 …………… (559)
圣灵降临节 ………………… (559)
全国土地日 ………………… (559)
全国科普日 ………………… (560)

7月

建党节 ……………………… (560)
香港回归日 ………………… (560)
俄罗斯族彼得节 …………… (560)
廪君文化节 ………………… (560)

8月

八一建军节 ………………… (560)
建军节 ……………………… (560)
以利亚节 …………………… (560)
俄罗斯族雷神节 …………… (561)
古伦木沓节 ………………… (561)
鄂伦春族祭火神节 ………… (561)
现代父亲节 ………………… (561)
爸爸节 ……………………… (561)
延边老人节 ………………… (561)

9月

广元女儿节 ………………… (561)
广元游河湾 ………………… (562)
朝鲜族语言文字日 ………… (562)
延边"九·三"纪念日 ……… (562)
中国人民抗日战争胜利纪念日 … (562)
中国抗日战争胜利纪念日 ……… (562)
九三纪念日 ………………… (562)
杜康节 ……………………… (562)

教师节 …………………………… (562)
尊师节 …………………………… (563)
康巴艺术节 ……………………… (563)
迪庆州民族团结进步日 ………… (563)
长白山"九一五"纪念日 ………… (563)
内江大千节 ……………………… (563)
大千文化经贸节 ………………… (563)
泸州老窖 99 名酒节 …………… (563)
泸州名酒节 ……………………… (564)
中国泸州国际名酒节 …………… (564)
全国爱牙日 ……………………… (564)
三自爱国运动纪念日 …………… (564)
国际少林武术节 ………………… (564)
中国郑州国际少林武术节 ……… (564)
泰山国际登山节 ………………… (564)
国际孔子文化节 ………………… (565)
烈士纪念日 ……………………… (565)
侗族多耶节 ……………………… (565)

10 月

国庆节 …………………………… (565)
竹乡之秋 ………………………… (565)
竹乡之秋经贸文化艺术节 ……… (566)
侗族扁米节 ……………………… (566)
十洞款会 ………………………… (566)
侗家情人节 ……………………… (566)
耍白象 …………………………… (566)
全国高血压日 …………………… (566)
追走月祭仪 ……………………… (566)
作田月祭仪 ……………………… (566)
俄罗斯族丰收节 ………………… (566)
全国扶贫日 ……………………… (566)
中国男性健康日 ………………… (567)

11 月

全国消防日 ……………………… (567)
联合国糖尿病日 ………………… (567)

宁蒗彝年 ………………………… (567)

12 月

全国法制宣传日 ………………… (567)
国家宪法日 ……………………… (567)
南京大屠杀死难者国家公祭日 … (568)
昆明城市那达慕 ………………… (568)
盍什节 …………………………… (568)
傈僳族新年 ……………………… (569)
阔时节 …………………………… (569)
傈僳族过年月 …………………… (569)
傈僳族过年节 …………………… (569)
傈僳族拉歌节 …………………… (569)
傈僳族春节 ……………………… (569)
俄罗斯族圣诞节 ………………… (569)
新年祭 …………………………… (569)

太阳历

太阳历 …………………………… (570)
诺劳孜节 ………………………… (570)
柯尔克孜族新年节 ……………… (570)
努鲁斯节 ………………………… (570)
那吾热孜 ………………………… (570)
新日节 …………………………… (570)
撒班节 …………………………… (571)
犁铧节 …………………………… (571)
阿坝藏族聚居区赛马会 ………… (571)
甘孜藏族聚居区赛马会 ………… (571)
八一赛马会 ……………………… (572)

彝历

彝历 ……………………………… (572)
彝年 ……………………………… (572)
彝历年 …………………………… (572)
彝族十月年 ……………………… (572)

彝族过小年 ················ （572）

伊斯兰教历

伊斯兰教历 ················ （572）
迄脱迄迪尔爱脱节 ········· （573）
乞脱乞迪尔爱脱节 ········· （573）
塔吉克族新年 ·············· （573）
塔吉克族春节 ·············· （573）
阿术拉节 ··················· （573）
阿舒拉节 ··················· （574）
阿守拉日 ··················· （574）
肖公巴哈尔节 ·············· （574）
肖贡巴哈尔节 ·············· （574）
塔吉克族诺鲁孜节 ········· （574）
祖吾尔节 ··················· （574）
铁合木祖瓦提斯节 ········· （574）
塔吉克族引水节 ············ （574）
孜瓦尔节 ··················· （574）
孜完尔节 ··················· （574）
修渠引水节 ················ （574）
塔吉克族播种节 ············ （574）
哈莫孜瓦斯特 ·············· （575）
乌孜别克族诺鲁孜节 ······· （575）
塔塔尔族诺鲁孜节 ········· （575）
巴罗提节 ··················· （575）
巴罗提灯节 ················ （575）
塔吉克族三月节 ············ （575）
圣纪节 ····················· （575）
伊斯兰教圣诞节 ············ （575）
圣忌节 ····················· （575）
圣祭节 ····················· （575）
路德节 ····················· （575）
冒路德节 ··················· （575）
圣会 ······················· （575）
回族圣祭节 ················ （575）
回族圣忌节 ················ （575）
回族圣会 ··················· （576）

维吾尔族圣纪节 ············ （576）
维吾尔族圣忌节 ············ （576）
维吾尔族冒路德节 ········· （576）
哈萨克族圣纪节 ············ （576）
柯尔克孜族圣纪节 ········· （576）
柯尔克孜族圣忌节 ········· （576）
柯尔克孜族冒路德节 ······· （576）
塔吉克族圣纪节 ············ （576）
塔吉克族圣忌节 ············ （576）
塔吉克族冒路德节 ········· （576）
乌孜别克族圣纪节 ········· （576）
乌孜别克族圣忌节 ········· （576）
乌孜别克族冒路德节 ······· （576）
乌孜别克族圣会 ············ （576）
撒拉族圣祭节 ·············· （576）
撒拉族圣纪节 ·············· （576）
撒拉族圣忌节 ·············· （576）
保安族圣纪节 ·············· （576）
保安族冒路德节 ············ （576）
东乡族圣纪节 ·············· （576）
东乡族路德节 ·············· （576）
塔塔尔族圣忌日 ············ （576）
塔塔尔族圣纪节 ············ （576）
法蒂玛节 ··················· （576）
法蒂玛忌日 ················ （576）
姑太节 ····················· （576）
女忌节 ····················· （576）
法图麦 ····················· （576）
法帖梅 ····················· （576）
维吾尔族法蒂玛忌日 ······· （576）
如太节 ····················· （576）
维吾尔族女忌节 ············ （576）
撒拉族发图买节 ············ （577）
撒拉族法蒂玛节 ············ （577）
登霄节 ····················· （577）
升霄节 ····················· （577）
柯尔克孜族孜升霄节 ······· （577）
柯尔克孜族孜登霄节 ······· （577）

塔吉克族升霄节 …………… (577)	塔吉克族圣节 ……………… (581)
塔吉克族登霄节 …………… (577)	塔吉克族开斋节 …………… (581)
乌孜别克族升霄节 ………… (577)	乌孜别克族肉孜节 ………… (581)
乌孜别克族登霄节 ………… (577)	乌孜别克族开斋节 ………… (581)
塔塔尔族升霄节 …………… (577)	塔塔尔族肉孜节 …………… (581)
塔塔尔族登霄节 …………… (577)	塔塔尔族开斋节 …………… (581)
塔塔尔族登霄夜 …………… (577)	肉孜艾依提 ………………… (581)
保安族登霄节 ……………… (577)	哈其麦节 …………………… (581)
保安族升霄节 ……………… (577)	盖德尔夜 …………………… (581)
皮里克节 …………………… (577)	大赦之夜 …………………… (582)
塔吉克族灯节 ……………… (577)	维吾尔族盖德尔夜 ………… (582)
塔吉克族八月节 …………… (577)	扫咸阳王墓 ………………… (582)
乌孜别克族努鲁斯节 ……… (577)	古尔邦节 …………………… (582)
拜拉特节 …………………… (577)	库尔班节 …………………… (582)
油葫芦节 …………………… (578)	忠孝节 ……………………… (582)
白拉提夜 …………………… (578)	献生节 ……………………… (582)
拜拉特夜 …………………… (578)	宰牲节 ……………………… (582)
百拉提节 …………………… (578)	牺牲节 ……………………… (582)
开斋节 ……………………… (578)	穆斯林祭祖节 ……………… (582)
尔德节 ……………………… (578)	回族古尔邦节 ……………… (583)
肉孜节 ……………………… (578)	回族库尔班节 ……………… (583)
入斋月 ……………………… (578)	回族宰牲节 ………………… (583)
东乡族开斋节 ……………… (578)	回族献牲节 ………………… (583)
东乡族尔德节 ……………… (579)	回族献生节 ………………… (583)
撒拉族开斋节 ……………… (579)	回族忠孝节 ………………… (583)
撒拉族尔得节 ……………… (579)	维吾尔族古尔邦节 ………… (583)
保安族开斋节 ……………… (579)	哈萨克族古尔邦节 ………… (583)
保安族尔德节 ……………… (579)	哈萨克族库尔班节 ………… (584)
小开斋节 …………………… (579)	柯尔克孜古尔邦节 ………… (584)
格德勒节 …………………… (579)	塔吉克族古尔邦节 ………… (584)
牙土乐节 …………………… (579)	塔塔尔族古尔邦节 ………… (584)
撒拉族敬献节 ……………… (580)	东乡族古尔邦节 …………… (584)
维吾尔族肉孜节 …………… (580)	东乡族尔德 ………………… (584)
哈萨克族肉孜节 …………… (580)	撒拉族古尔邦节 …………… (584)
哈萨克族尔德节 …………… (580)	撒拉族忠孝节 ……………… (585)
柯尔克孜肉孜节 …………… (580)	撒拉族尔德 ………………… (585)
柯尔克孜开斋节 …………… (581)	古尔巴尼节 ………………… (585)
塔吉克族肉孜节 …………… (581)	撒拉族宰牲节 ……………… (585)

保安族古尔邦节 …………… (585)
保安族忠孝节 ……………… (585)
保安族尔德 ………………… (585)
保安族古尔巴尼节 ………… (585)
保安族宰牲节 ……………… (585)
乌孜别克族古尔邦节 ……… (585)

哈萨克历

哈萨克历 …………………… (585)
哈萨克族纳吾鲁孜节 ……… (585)
哈萨克族那吾鲁孜节 ……… (586)

藏历

藏历 ………………………… (586)
藏历年 ……………………… (586)
洛萨 ………………………… (587)
甲布洛萨 …………………… (587)
拉萨藏年 …………………… (587)
圆根灯节 …………………… (587)
后藏新年 …………………… (588)
安多藏年 …………………… (588)
藏族神变节 ………………… (588)
门巴族大年 ………………… (588)
门巴族元月新年 …………… (589)
门巴族洛沙 ………………… (589)
第一世噶玛巴圆寂纪念日 … (589)
噶玛巴·杜松虔巴圆寂纪念日 … (589)
噶玛巴·都松钦巴圆寂纪念日 … (589)
传大召 ……………………… (589)
传召大会 …………………… (590)
传召大法会 ………………… (590)
大祈愿法会 ………………… (590)
祈祷大法会 ………………… (590)
默朗钦波 …………………… (590)
莲师荟供日 ………………… (590)
米拉日巴圆寂纪念日 ……… (590)
米勒日巴圆寂纪念日 ……… (590)

玛尔巴圆寂纪念日 ………… (590)
佛陀神变日 ………………… (590)
极喜金刚诞辰 ……………… (591)
藏族摆花节 ………………… (591)
藏族花灯节 ………………… (591)
塔尔寺灯节 ………………… (591)
塔尔寺酥油花 ……………… (592)
塔尔寺酥油花灯节 ………… (592)
塔儿寺灯节 ………………… (592)
塔儿寺正月灯节 …………… (592)
塔儿寺酥油花 ……………… (592)
塔儿寺酥油花灯节 ………… (592)
酥油灯节 …………………… (592)
拉萨酥油花灯节 …………… (592)
拉萨酥油花灯会 …………… (592)
坚阿曲巴 …………………… (592)
迎强巴 ……………………… (592)
迎弥勒 ……………………… (593)
蒋扬钦哲旺波圆寂纪念日 … (593)
贝玛和些多鸦宁巴圆寂纪念日 … (593)
鲁鼓呷哲节 ………………… (593)
多加节 ……………………… (593)
施食送鬼节 ………………… (593)
默朗道嘉 …………………… (593)
驱鬼节 ……………………… (593)
射天节 ……………………… (593)
朗达节 ……………………… (593)
甘丹绣唐节 ………………… (593)
神变月 ……………………… (593)
隆洛德节 …………………… (594)
珞巴族迎春节 ……………… (594)
藏族春播节 ………………… (594)
藏族播种节 ………………… (594)
藏族试种节 ………………… (594)
送魔节 ……………………… (594)
亮宝节 ……………………… (594)
亮宝会 ……………………… (595)
赛宝会 ……………………… (595)

供宝会	(595)	林卡节	(600)
措却色陈	(595)	耍林卡	(600)
错曲色蚌	(595)	逛林卡	(600)
四世班禅圆寂纪念日	(595)	欢乐日	(600)
传小召	(595)	孜木林吉桑	(600)
传小招	(595)	赞林吉桑	(600)
传召小会	(595)	郊宴	(600)
会供法会	(595)	郊耍	(600)
小法会	(595)	金马节	(600)
磋却	(595)	藏族祭神节	(600)
措曲节	(595)	朗扎热甲节	(600)
驱旅贡	(595)	墨杂来果	(600)
措却色邦节	(595)	桑吉曼拉节	(600)
措却节	(596)	游山盛会	(601)
会供节	(596)	药师佛节	(601)
旭独龙节	(596)	藏族采花节	(601)
洞更谷乳木	(596)	煨桑节	(601)
晒佛节	(596)	世界焚香日	(601)
姆洛科	(597)	祭礼烟火	(601)
时轮金刚新年	(597)	获胜赏神祭	(601)
时轮金刚节	(597)	大佛瞻仰节	(601)
时轮金刚日	(597)	卓林吉桑节	(602)
迎鸟节	(597)	南瞻部洲烟祭节	(602)
布谷鸟节	(597)	曲顿节	(602)
江孜达玛节	(597)	沐佛节	(602)
江孜跑马射箭节	(598)	瞻佛节	(602)
幼儿理发节	(598)	西藏朝山节	(602)
悟顿	(598)	珠巴泽西节	(603)
门巴族沙岗达娃节	(598)	珠巴策希节	(603)
门巴族沙噶达瓦节	(598)	丹伊得钦节	(603)
萨噶达瓦节	(598)	转法轮节	(603)
佛诞节	(599)	莲师诞辰日	(603)
佛月	(599)	智达得钦节	(603)
佛陀成道暨涅槃纪念日	(599)	正达兑钦节	(603)
祭龙节	(599)	康定日库寺跳神节	(603)
娘乃节	(599)	佛陀入胎日	(603)
隆德节	(599)	仲确节	(604)

条目	页码	条目	页码
雅客伦布	(604)	绕地头转圈	(608)
受夏之节	(604)	门巴族旺果节	(608)
亚索节	(604)	门巴族丰收果	(608)
迎夏节	(604)	当姆吉仁	(608)
达穷	(604)	羌塘赛马节	(608)
藏北草原盛会	(604)	圣救度母圣诞	(608)
藏北亚季	(604)	圣救度佛母圣诞	(609)
藏北草原赛马会	(604)	绿度母圣诞	(609)
雪顿节	(605)	雀可节	(609)
藏戏节	(606)	亚勒节	(609)
拉萨雪顿节	(606)	央勒节	(609)
哲蚌雪顿节	(606)	巴塘送夏节	(609)
吃酸奶子节	(606)	神舞节	(609)
吃酸奶的日子	(606)	斯目钦莫	(609)
奶酪宴会	(606)	望果节	(609)
酸奶宴会	(606)	旺果节	(610)
七月金刚节	(606)	转庄稼地节	(610)
普珠	(606)	雅吉	(610)
观修供养节	(606)	邦桑	(610)
沐浴节	(606)	工噶蹊卡望果节	(610)
嘎玛日吉	(607)	丰收节	(610)
嘎玛堆巴	(607)	摩利支天菩萨圣诞	(610)
藏族洗澡节	(607)	摩利支提婆圣诞	(610)
劝法会	(607)	摩里支天圣诞	(610)
米拉日巴劝法会	(607)	末利支天圣诞	(610)
柔扎	(607)	大摩里支菩萨圣诞	(610)
七月说法会	(607)	天降节	(610)
初十节	(607)	天降日	(610)
叶巴策久节	(607)	神降节	(610)
玛尔巴圆寂纪念日	(607)	降神节	(610)
佛欢喜日	(607)	神仙下凡节	(610)
米拉日巴诞辰纪念日	(607)	古巴拉波	(610)
当雄赛马会	(607)	拉巴堆钦	(610)
中仁从读	(608)	拉保节	(610)
琼久节	(608)	工布藏年	(610)
消暑节	(608)	工布年	(611)
门巴族望果节	(608)	宗喀巴诞辰纪念日	(611)

白来旦珍节 …………………… (611)
藏族仙女节 …………………… (611)
白来日珍节 …………………… (612)
白来日追节 …………………… (612)
阿底峡尊者圆寂纪念日 ……… (612)
协曲节 ………………………… (612)
藏族燃灯节 …………………… (612)
五供节 ………………………… (613)
噶登阿曲 ……………………… (613)
甘丹安曲 ……………………… (613)
甘丹昂曲 ……………………… (613)
罗让扎巴 ……………………… (613)
宗喀巴圆寂纪念日 …………… (613)
罗让扎花节 …………………… (613)
门巴小年 ……………………… (613)
纠节巴洛桑节 ………………… (613)
捏巴古藏节 …………………… (613)
聚九恶节 ……………………… (613)
萨迦班智达圆寂纪念日 ……… (614)
文殊怙主萨迦班智达圆寂纪念日 ……
 ………………………………… (614)
能海上师圆寂纪念日 ………… (614)
扎巴坚赞诞辰 ………………… (614)
吉喇思巴监藏巴藏布诞辰 …… (614)
狮面空行除障日 ……………… (614)
狮面空行母除障日 …………… (614)
狮头金刚除障日 ……………… (614)
八思巴圆寂纪念日 …………… (614)
发思巴圆寂纪念日 …………… (614)
帕思巴圆寂纪念日 …………… (614)
发合思巴圆寂纪念日 ………… (615)
八合思巴圆寂纪念日 ………… (615)
拔思巴圆寂纪念日 …………… (615)
怕克斯巴圆寂纪念日 ………… (615)
冬季大法会 …………………… (615)
冬季大法会跳神节 …………… (615)
历代法王坐床典礼 …………… (615)
胜乐金刚佛母节 ……………… (615)

上乐金刚佛母节 ……………… (615)
门巴族达旺大法会 …………… (615)
纠尼巴洛桑节 ………………… (615)
泽当娱驴节 …………………… (616)
墨脱主巴节 …………………… (616)
遍照大日如来法会 …………… (616)
摩诃毗卢遮那法会 …………… (616)
毗卢遮那法会 ………………… (616)
遍一切处法会 ………………… (616)
光明遍照法会 ………………… (616)
五殿阎罗天子诞 ……………… (616)
帝释天尊圣诞 ………………… (616)
天帝释圣诞 …………………… (617)
帝释天圣诞 …………………… (617)
一世达赖圆寂纪念日 ………… (617)
洞更谷乳木节 ………………… (617)
旭独龙节 ……………………… (617)
龙钦巴圆寂纪念日 …………… (617)
龙钦冉江圆寂纪念日 ………… (617)
吉美哦瑟圆寂纪念日 ………… (617)
普结节 ………………………… (617)
朝觐橄子节 …………………… (618)
藏族送鬼节 …………………… (618)
孜多 …………………………… (618)
古多 …………………………… (618)
郭多 …………………………… (618)
左突 …………………………… (618)
藏族驱鬼节 …………………… (618)
那曲酬神节 …………………… (618)
布达拉宫跳神节 ……………… (618)
跳神 …………………………… (618)
莫朗节 ………………………… (618)
每月四吉日 …………………… (619)
药师佛节 ……………………… (619)
空行聚合节 …………………… (619)
释迦牟尼节 …………………… (619)
无量光佛节 …………………… (619)

迎神节 …………………………… (619)
娘布拉苏 ………………………… (619)
娘布人求宝 ……………………… (619)
帕邦唐廊节 ……………………… (619)

傣历

傣历 ……………………………… (619)
布朗族赕佛节 …………………… (620)
布朗族赶听 ……………………… (620)
好轮瓦节 ………………………… (620)
赕好轮瓦 ………………………… (620)
傣家赕帕节 ……………………… (620)
傣家赕帕 ………………………… (620)
布朗族赕帕节 …………………… (620)
布朗族赕帕 ……………………… (620)
傣族烧白柴 ……………………… (620)
几光咯 …………………………… (621)
赕考伦坝 ………………………… (621)
德昂族祭幡杆 …………………… (621)
库扎节 …………………………… (621)
扣扎节 …………………………… (622)
拉祜族年节 ……………………… (622)
升和尚 …………………………… (622)
播帕 ……………………………… (622)
冈永节 …………………………… (622)
松山卡 …………………………… (622)
景比迈节 ………………………… (622)
布朗族过新年 …………………… (623)
克木人祭祂 ……………………… (623)
傣族泼水节 ……………………… (623)
楞贺尚罕 ………………………… (623)
楞贺比迈 ………………………… (623)
桑罕比迈 ………………………… (623)
傣族浴佛节 ……………………… (623)
赕新年 …………………………… (623)
六月新年 ………………………… (623)
傣历新年 ………………………… (623)

贡象节 …………………………… (623)
拉祜族献地谷 …………………… (623)
罢完尼节 ………………………… (624)
布朗族诵经书 …………………… (624)
赕打疗 …………………………… (624)
赕萨拉 …………………………… (624)
傣族祭死魂 ……………………… (624)
傣族关门节 ……………………… (624)
傣族毫瓦萨 ……………………… (624)
傣族进洼节 ……………………… (624)
德昂族关门节 …………………… (625)
德昂族进洼节 …………………… (625)
阿昌族关门节 …………………… (625)
阿昌族进洼节 …………………… (625)
布朗族关门节 …………………… (625)
布朗族奥瓦沙 …………………… (625)
布朗族豪瓦萨 …………………… (625)
晃露节 …………………………… (625)
晃露盛会 ………………………… (626)
傣族开门节 ……………………… (626)
奥瓦萨 …………………………… (626)
翁瓦萨 …………………………… (626)
出清 ……………………………… (626)
赕箩箩节 ………………………… (626)
赕什拉 …………………………… (626)
什拉 ……………………………… (626)
布朗族祭竜 ……………………… (626)
布朗族祭龙树 …………………… (626)
傣历敬塔节 ……………………… (626)
傣历赕塔 ………………………… (626)
布朗族开门节 …………………… (627)
布朗族奥瓦萨 …………………… (627)
布朗族考瓦洲 …………………… (627)
德昂族开门节 …………………… (627)
德昂族出洼节 …………………… (627)
阿昌族出洼节 …………………… (627)
阿昌族开门节 …………………… (627)
德宏傣族赶摆 …………………… (627)

德宏傣族做摆 …………………… (628)
邦荒会 …………………………… (628)

水历

水历 ……………………………… (628)
过额节 …………………………… (628)
吃额 ……………………………… (628)
借额 ……………………………… (628)
额节 ……………………………… (628)
端节 ……………………………… (628)
瓜节 ……………………………… (629)
水年 ……………………………… (629)
借瓜 ……………………………… (629)
借端 ……………………………… (629)
吃端 ……………………………… (629)
过端 ……………………………… (629)
宜山水年 ………………………… (629)
宜山端节 ………………………… (629)
水族叫儿魂 ……………………… (629)
水族借夜 ………………………… (629)
苏稔喜节 ………………………… (629)
苏宁喜 …………………………… (629)
水族娘娘节 ……………………… (629)
祭岩神 …………………………… (629)
卯节 ……………………………… (630)
借卯 ……………………………… (630)
吃卯 ……………………………… (630)
水族拜霞 ………………………… (630)
拜石头神 ………………………… (630)

苗历

苗历 ……………………………… (631)
西家人芦笙会 …………………… (631)
苗族樱桃会 ……………………… (631)
苗族三月街 ……………………… (631)

佤历

佤历 ……………………………… (631)
拉木鼓节 ………………………… (632)
阿佤拉木鼓 ……………………… (632)
阿佤木鼓节 ……………………… (632)
祭木鼓节 ………………………… (632)
砍牛尾巴 ………………………… (632)
崩南尼 …………………………… (632)
比南尼 …………………………… (632)
佤族春节 ………………………… (632)

傈僳历

傈僳历 …………………………… (633)
傈僳族桃花节 …………………… (633)
黑弄节 …………………………… (633)

独龙历

独龙历 …………………………… (633)
卡雀哇 …………………………… (633)
独龙年节 ………………………… (634)

白族集圣历

集圣历 …………………………… (634)
白族年 …………………………… (634)
白族冬至节 ……………………… (634)
白族祭祖节 ……………………… (635)
本主节 …………………………… (635)

普米历

普米历 …………………………… (635)

基诺历

基诺历 …………………………… (636)
特毛且 …………………………… (636)

特毛且节 …………………… (636)	基诺族打铁节 ………………… (636)
特毛克节 …………………… (636)	
特懋克节 …………………… (636)	## 鄂伦春历
基诺族过年 ………………… (636)	
基诺族新年 ………………… (636)	鄂伦春历 …………………… (637)

下编　四季物候生产节期

四季

春季

玛法里渥输尼 ……………… (640)	纳黑西 ……………………… (644)
满族祭祖 …………………… (640)	塔子会 ……………………… (644)
纳西族春祭 ………………… (640)	山王会 ……………………… (644)
正月祭天 …………………… (641)	山神会 ……………………… (644)
赫哲族跳鹿神 ……………… (641)	
跳太平神 …………………… (641)	### 夏季
乌恩珠耶 …………………… (641)	
阿佤插种节 ………………… (641)	藏族插箭节 ………………… (644)
惹岛节 ……………………… (641)	拉卜则 ……………………… (644)
阿佤撒谷节 ………………… (641)	藏族祭山神 ………………… (644)
康王祭 ……………………… (641)	祭拉卜孜 …………………… (644)
维吾尔族水节 ……………… (641)	祭嘛呢堆 …………………… (644)
谒水节 ……………………… (642)	香妃墓会 …………………… (645)
回族鸽子会 ………………… (642)	阿帕尔和卓墓会 …………… (645)
东乡族花儿会 ……………… (642)	阿帕克霍加麻扎尔 ………… (645)
维吾尔族萨拉节 …………… (642)	阿肯弹唱会 ………………… (645)
维吾尔族撒拉 ……………… (642)	巴人先祖廪君祭 …………… (645)
塔克勒根节 ………………… (642)	翻九台 ……………………… (645)
洪皮牙冲 …………………… (643)	放水灯节 …………………… (645)
哈尼族祭地神 ……………… (643)	
驱彩他阿牟 ………………… (643)	### 秋季
满族跳神礼 ………………… (643)	
羌族祭山节 ………………… (643)	洱源百鸟会 ………………… (646)
二莫都土 …………………… (644)	打鸟节 ……………………… (646)
祭天会 ……………………… (644)	玛纳斯演唱会 ……………… (646)
	祭海 ………………………… (646)
	纳西族秋祭 ………………… (647)
	七月祭天 …………………… (647)
	满族祭星 …………………… (647)
	莫司哈玛洼 ………………… (647)
	独龙族剽牛祭天 …………… (647)

龙花会 …………………………………（647）
水陆会 …………………………………（647）
打龙花会 ………………………………（647）
駞祖宗 …………………………………（648）
挞祖宗 …………………………………（648）
塔吉克族游旗 …………………………（648）
特克其克勒斯 …………………………（648）
迎秋秋 …………………………………（648）
西西 ……………………………………（648）
耍坝子 …………………………………（648）
卑南人猴祭 ……………………………（648）
玛昂亚昂邀 ……………………………（648）
刺猴祭 …………………………………（648）

冬季

德朵节 …………………………………（648）

物候

苗族迎雷节 ……………………………（649）
苗族祭雷节 ……………………………（649）
水族迎春雷 ……………………………（649）
从江吃仓饭 ……………………………（649）
闹秦山 …………………………………（649）
龙泉桃花节 ……………………………（650）
龙泉桃花会 ……………………………（650）
中国成都桃花会 ………………………（650）
怒族祭山林 ……………………………（650）
怒族祭天节 ……………………………（650）
除草祭 …………………………………（650）
拔草祭 …………………………………（651）
宁波稻花会 ……………………………（651）
更好慕 …………………………………（651）
布依族吃新节 …………………………（651）
布依族尝新节 …………………………（651）
布依族新米节 …………………………（651）
普米族宁蒗尝新节 ……………………（651）
澜沧佤族新米节 ………………………（651）

景颇族火把节 …………………………（651）
吐鲁番葡萄节 …………………………（652）
维吾尔族白雪节 ………………………（652）

生产

如东满载会 ……………………………（652）
土族祭神农 ……………………………（652）
灵丢拉纳 ………………………………（653）
供养田神 ………………………………（653）
祈年祭 …………………………………（653）
换年 ……………………………………（653）
渔组结成祭 ……………………………（653）
锡伯族祭地节 …………………………（653）
锡伯族祭地 ……………………………（653）
金华开犁 ………………………………（653）
金华开犁日 ……………………………（653）
塔吉克族撒班 …………………………（654）
塔吉克族萨邦节 ………………………（654）
塔吉克族犁头节 ………………………（654）
塔吉克族乌买克 ………………………（654）
塔吉克族团会 …………………………（654）
傣族祭水神 ……………………………（654）
哈尼族祭水神 …………………………（654）
祭厄扎米格扎 …………………………（654）
祭厄厚扎米厚玛阿耶 …………………（654）
基诺族祭大龙 …………………………（654）
楼牟祭 …………………………………（654）
基诺族祭小龙 …………………………（654）
德昂族祭谷娘 …………………………（654）
德昂族祭谷魂 …………………………（655）
德昂族谷魂节 …………………………（655）
苦聪人接谷神魂 ………………………（655）
德昂族祭地 ……………………………（655）
德昂族祭地鬼 …………………………（655）
供登满 …………………………………（655）
彝族栽秧祭 ……………………………（655）
米刀尼普 ………………………………（655）

获港开秧门 …………………（655）
苗族开秧门 …………………（656）
布依族祭田神 ………………（656）
打泥巴仗 ……………………（656）
白族田家乐 …………………（656）
白族关秧门 …………………（657）
白族谢水节 …………………（657）
哈尼族求丰收 ………………（657）
辖唱唱扎 ……………………（657）
别我涅 ………………………（657）
别窝捏 ………………………（657）
沙沙康 ………………………（657）
景颇族新米节 ………………（657）
景颇族尝新节 ………………（657）
景颇族吃新谷 ………………（657）
畲族新米节 …………………（657）
尝新苞谷节 …………………（658）
傣族吃新米 …………………（658）
傣族新米节 …………………（658）
收获祭 ………………………（658）
阿美人收获祭 ………………（658）
阿美人丰收节 ………………（659）
粟收割祭 ……………………（659）
赛夏人收获祭 ………………（659）
邵人收获祭 …………………（659）
莫娜努玛达络丹 ……………（659）
邵人丰年节 …………………（659）
万荣走麦罗 …………………（659）
卑南人海祭 …………………（659）
摩娜累雅湾 …………………（660）
稻公稻母祭 …………………（660）

维吾尔族庆丰收 ……………（660）
卑南人大狩猎 ………………（660）
尝苏理玛节 …………………（660）
普米族尝水酒 ………………（660）
布朗族滥地节 ………………（660）
纳西族喊谷神 ………………（660）
请哦美 ………………………（661）
冬希曼节 ……………………（661）
昂德林节 ……………………（661）
珞巴族丰收节 ………………（661）
畲族抢猪节 …………………（661）
景颇族祭鬼节 ………………（662）
满族荐新 ……………………（662）
节令荐新 ……………………（662）
景颇族叫谷魂 ………………（662）
景颇族祭谷魂 ………………（662）
景颇族祭谷神 ………………（662）
祭五谷鬼 ……………………（662）
献谷堆 ………………………（662）
基诺族叫谷魂 ………………（662）
从江开禾仓 …………………（663）
独龙族祭天神 ………………（663）
祭格谋不朗 …………………（663）
庆丰收舞会 …………………（663）
握碌赤 ………………………（663）
东乡族庆丰收 ………………（664）
八姑节 ………………………（664）
苗族斗牛节 …………………（664）
壮族斗鸟节 …………………（664）
甘南供食节 …………………（664）
咄 ……………………………（664）

上编　农历节期

　　农历，亦称夏历、中历、旧历、阴历，我国长期采用之传统历法。以朔望周期定月，置闰使年均时长近回归年，兼阴历月和阳历年之特点，实为阴阳合历。安排十二节气导农事，更适农村，故名。日月合朔（日月黄经相等）之日作月首，称"初一"。一年十二月，大月三十天，小月二十九天。年长三百五十四或三百五十五天，与回归年约差十一天，故隔十九年置七个闰月。月名据"中气"确定，如含"雨水"之月称"正月"，含"春分"之月称"二月"，等等。

正 月

初 一

春节——通称过年、过大年、大年初一，别称繁多，古今计有元旦、元日、元辰、元朔、三元、端日、履端、正旦、鸡日、岁首、岁朝、新年、新正。我国最隆重传统年节，全国性、多民族节日，以汉族为盛，覆盖三十余少数民族，饮誉"中华第一节"。通常认为，春节当贯农历旧年腊月初八至新年正月十五，而于正月初一至初三达高潮。昔时，俗称正月初一为"春节"，谓"过年"。1911年辛亥革命后，通行公历纪年，遂将农历元旦改称"春节"，而将公历1月1日称"元旦"。据考，春节已历三四千年。节俗极为纷繁，因时因地多异。接神、敬天、祭祖等祭祀性活动，赓续甚久，迄今多少尚存。而像张春联、挂年画、贴剪纸，吃饺子、年糕（寓年年高）、长寿面，贺岁拜年、拜神祈福、访友联谊，以及放鞭炮、耍龙、舞狮、踩高跷、玩游艺、出门游，等等，仍颇浓烈、普遍。《梦粱录》载，宋代朝廷此日举元旦大朝会，皇帝受百官及外使朝贺。民间则"士夫皆交相贺，细民男女亦皆鲜衣往来拜节，街坊以食物、动使、冠梳、领抹、缎匹、花朵、玩具等物沿门歌叫关扑。不论贫富，游玩琳宫梵宇，竟日不绝。家家宴饮，笑语喧哗"。可见，古今节庆，从心理到行为，均不乏若干承袭。随社会变迁，经济发展，春节与时俱变，却万变不离其宗：送旧迎新，趋吉辟邪。中国春节对外辐射影响甚大，今正走向世界：计有越南、菲律宾、新加坡、马来西亚、印度尼西亚、毛里求斯等，已将其列为法定假日；美国纽约州学校，亦议法定放假；巴西、澳大利亚等，届时皆有舞龙等隆重节庆活动。

过年——参见"春节"条。

过大年——参见"春节"条。

大年初一——参见"春节"条。

元旦——参见"春节"条。

元日——参见"春节"条。

元辰——参见"春节"条。

元朔——参见"春节"条。

三元——参见"春节"条。

端日——参见"春节"条。

履端——参见"春节"条。

正旦——参见"春节"条。

鸡日——参见"春节"条。

岁首——参见"春节"条。

岁朝——参见"春节"条。

新年——参见"春节"条。

新正——参见"春节"条。

台湾春节——台湾汉族民间传统年节。农历正月初一举行。宝岛居民祖先多为闽南籍和客家人，年代久远且屡经沧桑，春节俗项与内地大同小异。如：腊月十六，商家"食尾牙"，断员工去留，实际已带"年味儿"。极富地方风味年食"乌龟豆沙年糕"，寓益寿延年；咸味萝卜年糕，寓来年"好彩头"（乡称萝卜为菜头，音谐"彩头"）；年饭吃鸡，寓"食鸡起家"（乡音"鸡"谐"家"）。正月初一早早起床，梳妆打扮，即出门互相拜年、请安、祝福，走亲访友、游览公园等；初二，新女婿带妻子去丈人家拜日子；初三，被视为不吉之日，多不出门，入夜早吃早睡；初四，迎接"灶神"下凡；初五开业、上班；初九，传为"天公"生日，家家烧香祭拜，演戏诵经，为之祝寿；元宵节，家家吃汤圆、赏花灯、舞狮、耍龙，还迎"鼓仔"；等等。

胶东春节——山东胶东一带汉族民间特色年节。流行于山东胶东一带，故名。特色如：过了腊八备年货，称"腊月忙年"。腊月廿三日称"小年""送灶""辞灶"，外出者及新媳妇，均须赶路回家，忌"辞"在外面。中午，用小米加红枣，蒸煮一锅米饭，称"隔年饭"；用大白菜、粉条、豆腐加猪肉做一锅菜，称"隔年菜"；水饺意寓"交子"，内包铜钱和枣，吃到铜钱兆新年发财，吃到红枣兆生活甜美、事业红火；有的老人，留少许饭菜于小碟，称"老鼠饭"，放于老鼠出没之地，让其吃了美餐免啮衣物。除夜守岁，午夜鸣钟，放焰火。初一早起"照虚耗"，吃饺子；饭后，开始家里、家外拜年。"忙腊月，耍正月"。初二傍晚"送年"，绝无仅有。依序走亲戚：初二、初四，拜姥家，拜舅妈；初三、六、九，拜丈人；初七，拜姑妈；初八，拜姨妈。之后，亲朋好友之间互相请吃"年酒"。唯初五称"五末日"，忌出行。

蒙古族春节——蒙古族传统年节。族谓"查干萨日"，尊"上节"，甚隆重。以头年除夕为先导，初一至初十举行。古代，蒙古族视春节为"白节"，农历正月因称"白月"，即"正月"。据传，此涉吃奶，奶呈洁白，人们视"白"为吉利色。传统食品分白食、红食。白食称"查干伊德"，牛、羊、马、骆驼奶制品；红食称"乌兰伊德"，牛、羊等牲畜肉食。白节，寄托蒙古族人民吉祥如意愿望。节前，家家打扫家宅，贴门联、年画，缝制新衣，买糖打酒，制作各种奶食，以至杀猪宰羊。年三十，草原牧民举家围坐，吃"手把肉"；夜守岁，全家围坐短桌旁，桌上摆满肉、奶食品及糖果、美酒。饭后进行娱乐活动：下蒙古棋；听艺人拉马头琴、说书；妇女和儿童玩"嘎拉卡"（羊骨拐子）；青年男女和着琴声纵情歌舞。近黎明，晚辈向长者敬"辞岁酒"，全家围火炉吃饺子。初一，人人着艳丽民族服装，烧香，放鞭炮。饭后，纷纷策马几十、上百里，去亲友家拜年、做客，互赠哈达、礼品，共进全羊宴。青海蒙古族节俗，小有差异：节前，男子出外办年货，妇女在家备节食。年三十，人回家，畜归厩。换新衣，隆重敬天、敬神；后合家团聚，吃手抓羊肉、饺子，喝酒。初一晨，男女盛装，给亲友、长辈拜年；小辈拜年要叩头，献哈达；长者接哈达，将哈达转个过回赠，接受者须将哈达触额，然后起立；平辈手执哈达，相互祝贺。初二居家不出。初三起，相互走访拜年，开始娱乐，请吃"年茶"时，以油炸馍、糕点、烩菜、饺子等敬客，不吃手抓肉。年轻人或平辈习惯殷勤劝让：客人饭饱，或有意推辞，不递还饭碗时，主人则用勺子盛饭敬上；客人怕弄脏衣服或烫伤，被迫将碗送出。主客以此相戏，别饶兴味。甘肃肃北蒙古族，父子、兄弟、姐妹、夫妻之间，亦互赠哈达，致节日祝词："献上哈达献上心，祝愿新年全顺心。"农区蒙古族，习惯组织多种文娱体育活动：表演民族歌舞，玩灯，打秋千，踩高跷，摔跤，等等。

查干萨日——参见"蒙古族春节"条。

白节——参见"蒙古族春节"条。

回族春节——回族传统年节。农历正月初一至十五日举行。节前，家家忙于缝制新衣，打扫庭院，收拾房屋，购鱼买虾，宰鸡宰鸭；有的回区还要宰羊宰牛。最普遍者，是全家欢聚，辞旧迎新，揉面架锅炸油香。油香俗称"油饼"，有的地方叫"香气""香香锅"，回族传统圣洁食品，分普通油香、糖油香、肉油香三种。炸油香，通常须请年老且富经验妇女掌锅，先沐浴净身，确保"清真"；和面时，掺入少许薄荷叶粉，使之清香可口。炸油香同时，还常炸馓子、"铪"子、羊盘缠。馓子以香酥脆著称，尤受欢迎。回族油香传说云：很早以前，伊斯兰教圣人穆罕默德，从麦加到麦地那。麦地那城的穆斯林欣喜若狂，家家准备丰盛饭菜喜迎穆圣。穆圣一时难定到谁家做客，最后想出一条妙法：让自己骑的骆驼走在前面，自己随后。骆驼停在哪家门口，他就到此吃饭。走着走着，骆驼停在一贫苦人家门口，穆圣即进门。这家仅老两口，男的银须飘洒，叫阿尤布。他异常高兴地迎进风尘仆仆的穆圣，端出热腾腾"油香"款待。穆圣吃罢非常满意，盛赞二老厨艺。此事，很快在阿拉伯各地传为佳话。后，阿拉伯人东渐传教、经商，遂将"炸油香"之俗传中国回族穆斯林。节间，回族群众收拾得干净利索，男戴白色、黑色或棕色无檐男帽；女戴丝、绸或乔其纱细料盖头，纷纷扶老携幼，带着节礼，走村串寨，访亲问友。主人用炖牛羊肉、油香等节食热情款待。老年人邀请三朋四友，品茶赏花。穆斯林照例到清真寺礼拜，聆听阿訇念经。男女青年欢聚，唱歌跳舞。不少人家特意将油香作为礼品，馈赠亲友和阿訇，平添节日欢乐。

喇嘛年——云南迪庆藏族自治州寺庙藏族喇嘛年节。流行于藏语称"阿哒来斯"。鉴于藏汉长期交往，相互学习，迪庆藏族聚居区已习惯过农历春节。当然，寺庙喇嘛仍于藏历正月初一欢度藏历年，习称"喇嘛年"。春节前夕，各寺庙喇嘛照例打扫殿堂，筹办牛羊肉、酥油、香烛、纸钱、供品等节日物品，寺庙里外干干净净，佛龛前布置一新。届时，龛前摆上各种供品，各殿堂陈设各种纸花，点燃耀眼酥油灯，整天火光熊熊，奶茶飘香。喇嘛们在钟、鼓、钹声中诵经，念"唵嘛呢叭咪吽"六字箴言，烧天香祝福，祈祷佛祖保佑，预祝新年五谷丰登、六畜兴旺。节间，有的寺庙还举行酥油花展览，演出传统藏戏，举办喇嘛跳神等活动。附近藏族及汉、傈僳等族群众，竞相入寺观赏、助兴。

阿哒来斯——参见"喇嘛年"条。

海南苗年——苗族年节。节期略同汉族春节。俗项有异，如：腊月下旬宰年猪，打糍粑。除夕前数日，已嫁女伴夫回娘家度新岁，正月初七方归夫家。除夕，各家杀鸡，并用糯米粉掺糖，和猪肉包粽子，深夜举家饮酒吃肉，至拂晓，以糖粽祭家神后，才停止进食。正月初一，举家在家素食，或竟日禁食，至太阳下山，再以粽子祭家神，后复原吃食。初二、初三互相拜年，青年上山打猎。春节延续时间不一：五天、九天、十三天不等，均取单数。初三"辞祖"，拜祖坟，称"拜坟"。同时，各家族还须派代表，去香火旺寺庙敬供，有的得走数十公里路程。

苗族客家年——苗族地域性重大年节。流行于黔东南及湘西。节期本在汉族春节前后，族谓"过汉族的年""和汉族一起过年"。有的地方，苗族已索性丢掉

"客家年"之说，径直将苗年移到"春节"过，持续正月上半月，故亦称"苗族春节"。湘西称初一"过国年"，初二"过地区年"，初三"过家庭年"，初四开始相互拜年。女儿、女婿初四后回娘家，如谚云"六月望行雨，正月望郎女"。年节前奏，实始旧年除夕，举家团聚，半掩门，放鞭炮，示意谢绝来人打扰；黔苗除夕午夜在神龛前供水果、瓜子，焚香秉烛开"财门"，迎"年公"。正月初一，晨，继续放鞭炮，敬祖先，趋吉辟邪；竟日只吃肉和豆腐，以免田里生杂草。人们纷纷摊开两手，做拦牛、拦羊状，口呼"赶牛、赶羊"等，以祈六畜兴旺。旋吃年饭。初二或初三黎明前，由一男人去河边，焚香烧纸，舀五瓢"年水"背回，煨茶，与粑粑一起祭祖。其间，人们纷纷盛装走乡串户，互相贺节。主家无不盛情，照例敬来客三杯酒。初八"出灯"：狮子灯、龙灯、采茶灯；十五"送灯"。青年男女聚集村前、寨旁草坪，吹芦笙，弹月琴，纵情歌舞。有的地方，还进行"踩花山""斗牛"等活动。

苗族春节——参见"苗族客家年"条。
过国年——参见"苗族客家年"条。
过地区年——参见"苗族客家年"条。
过家庭年——参见"苗族客家年"条。

彝族春节——若干彝区年节。彝族广布川、滇、黔、桂等省区，长期与汉族杂居，大多同过春节，而俗项多异。云南富民、武定等县彝族支系密且人过春节，习惯除夕清晨在自家庭院植松，并在树干贴一红符，上书"松柏常青不老"等字，以祈吉祥。牟定县彝族过春节特别善待羊，除夜即给羊厩贴春联，给羊喂年饭；守夜，老人常给年轻人传授羊的来历的古歌。初一晨，燃放鞭炮，到羊圈聚餐。巍山县马鞍山区彝族，初一至十五，各村寨轮流做东，请邻村人来举行"打歌"。新平县彝家和汉民一样杀猪备宴，举行各种祭祀活动，而且，自初一始，姑娘们即盛装举行跳舞、打秋千等娱乐活动，小伙们则上山打猎，或参加传统"打陀螺"比赛。

壮族春节——壮族最隆重节日。有些地方称"新年节"。节期略同汉族，而民族特色甚浓。年前数日，即准备过节：扫院子，洗用具，杀年猪，办年货，包大粽，做糖饼，爆米花，贴春联，换门神；注重还清债务，索回别人新借之物。出远门者，须赶回家过节。除夜，吃完年饭，全家围坐火堆守岁，商谈家族大事；及子时，燃鞭炮，点香烛，摆饼干、水果等供品，老人领孩童赶往庙社烧香化纸，以最早供上祭品，为最吉祥，最受神灵护佑、赐福、送财。妇女们争先恐后赶到井或河边汲新水，用以煮姜汤，全家皆喝，全年消灾。无论上庙社、汲新水，首次出门归来，手里均须折些青枝绿叶，插在门口，以趋吉辟邪。有些地方大开其门，纳财接福。初一禁忌殊多，如不说不吉利的话，不大声喝叫家禽家畜，不洗晒衣物或扫地，不借物给人；有的地方不杀生，不吃荤，吃青，只吃汤圆；等等。逢人，则互贺"恭喜发财、添丁发财"。凌乐一带壮人，此日相见时，不得称呼名字或辈分，皆互称"鱼"。初二后，亲友开始串门拜年。出嫁女，带几只大米粽、几斤猪肉或鸡鸭等礼，偕丈夫、孩子回娘家拜年。新婚女婿则带厚礼拜岳父母，岳父母隆重接待新婿。族中各家亦争相宴请，新婚不得拒绝，免被视为小看。等族人请遍后，新婚用带来礼品回请族人，方可回家，全程须花三四天。有些孩童多灾多难，需要找干娘、契父，亦在初二举行。认契对象，可以是人，亦可是大树、大石头、桥梁等物。亲朋亦盛行初二来往拜年。节间文娱活动丰富多彩,如舞狮子、打春堂、听壮戏、演木偶、赶歌圩……今还时兴各种运动比赛。一般情况,过了初五便下地,准备春耕;至正月十五,杀鸡上供,大祭一番,宣告春节过完。

新年节——壮族民间年节。参见"壮族春节"条。

正月大节——壮族民间传统年节。流行于广西天峨县白定一带。农历正月初一举行,持续至正月三十日,过小年,历竟月。除夕,以提前备好之粑糕、猪肉,供奉祖先;另还于牛栏祭供,酬牛耕地辛劳。祭祀须男女分别进行。初一黎明,各家换贴新门神、新春联;举家着新衣,放爆竹。初一、初二,老人在家卧床;青年互访,游玩。初三祭地公,祈土地公保佑新年丰收:各户出一人,携一份肉,随神庙管事上祭祀山,举祭仪;祭毕,分食祭品。是日,已嫁姑娘回娘家,倘父已故,则以猪肉二斤、酒和甘蔗各一斤、粽粑五斤祭奠。十五,举家重新买酒肉欢宴。三十过小年,吃鸡肉、猪肉、粽粑,不再祭祖,可开怀畅饮。

壮族蛙婆节——俗称蚂蚜节、蚂蚜歌会、蛙节、青蛙节。广西壮族民间传统娱神歌舞盛会。农历正月初一至三十(或十五)日,另有至二月初二者。以大村寨为单位或几个村寨联合举行,流行于河池、百色及红水河畔凤山、东兰等地。壮族先民青蛙崇拜遗风,旨在感激、颂扬青蛙带来雨水,佑粮丰收。相传,古有孝子名东林,母故时,青蛙在宅外叫个不停。东林为保母亡灵安息,用开水浇死青蛙。蛙声匿迹,人间大旱无收。东林知误杀"天女",赔罪厚葬之,并每年接其回村过节,积久成俗。届时,举找蛙、游寨、祭蛙、葬蛙、验卜等祭仪。人们把大年初一找到的首只青蛙奉为神圣,获此蛙者备受敬重和拥戴,并成为当年主祭蛙仪首领。今,节已演变成群众娱乐节庆活动和歌会,故亦称蚂蚜歌会。

蚂蚜节——参见"壮族蛙婆节"条。

蚂蚜歌会——参见"壮族蛙婆节"条。

壮族蛙节——参见"壮族蛙婆节"条。

壮族青蛙节——参见"壮族蛙婆节"条。

布依族春节——习称大年节。贵州布依族年节。受汉族影响,由传统岁首十一月,改为农历正月上半月举行。前奏乃旧年除夕:入夜,家家在神龛上摆供,放鞭炮,迎请老祖公,旋阖家吃年饭,内必有"长命菜"(整棵白菜拌猪肉)。饭后,两青年端一碗肥肉、拿一把斧子"喂果树",一人轻轻砍树一小口,问:"你开不开花?结果繁不繁?果甜不甜?"另一人将肉灌入小口,逐一答:"开!繁!甜!"举家守岁,不眠。子夜后,将家中箱柜、屯箩、水车、犁耙、碓磨、织机等,贴上封条,十五方启:一为封住财气,二为强制轻松过节。举家守岁,称"守鸡夜",旨在听鸡叫:公鸡先叫,兆丰年;乌鸦先叫,兆丧事。有些地方午夜"开财门":一人出侧门,拾瓦片一二扔回宅,呼"财门大打开,财宝滚进来",旋打开大门,鸣放鞭炮,燃香祭神,给孩子压岁钱。鸡叫头遍,姑娘们各拿三炷香、三张纸钱,去井边烧化,挑一担水回家;抢先第一担,最吉祥。初一午祭祖:祭桌摆烧酒、甜酒各一坛,坛架一扁担,祖先用不完,可挑回天享受。初三至十五,夜夜耍龙灯、舞狮子闹夜,祛妖魔鬼怪,闹到谁家,家家以红纸封钱酬谢。不孕妇多给,请龙送子;久病童由母抱着,穿龙身以祛病。逾十五,家家揭开农具封条,开始劳动。

布依族大年节——参见"布依族春节"条。

朝鲜族元日——朝鲜族传统年节。一年中最隆重节日。习称元日,即农历正月初一,节期略同汉族。节前准备食品,室内外扫除干净,拆洗衣服被褥,室内布置年味:贴"十长生"年画,内容为山、水、石、云、太阳、松、不老草、龟、鹤、鹿等十种,象征长寿、吉祥、富贵。食品以米糕、米酒、鸡鸭鱼肉为主;喜食、善烹狗肉,谚云"狗肉滚三滚,神仙站不稳"。然,节天及婚丧宴席,禁食狗肉。除夜,全家通宵团聚,辞旧迎新;节晨,鸡叫头遍,全家穿戴整齐,摆香案,祭祖先,旋向长辈叩头拜年。早餐吃打糕或大黄米饭,菜肴丰盛,多是牛肉、鸡肉、海鱼、山菜、野味等。昔时,男人惯饮用桔梗、防风、山椒、肉桂等酿制的屠苏酒,以驱邪禳灾,延年益寿;今多喝白酒、果酒或米酒,酒质超过平日。早饭后,给邻居、村中老人拜年。午、晚餐喜吃"满德固"或"德固"。其做法是,将大米面蒸熟后捣成黏团,再分别搓成圆条,切为薄片,煮鸡、野鸡或牛肉肉汤,加放香油、紫菜。"满德固"是在"德固"里煮两三个肉馅大饺子。吃时,先用筷子夹破饺子,和在汤里。正月初四,中午吃冷面。面条用荞麦粉、面粉和淀粉等掺和擀成。人们认为,此日吃长长冷面条,会长命百岁,故称"长寿面"。怕冷,可吃温面。节间,男女老少尽情歌舞游戏。白天,妇女们荡秋千,跳跳板;青少年射箭,打"石战";儿童放风筝;还组织足球赛、拔河赛、妇女顶水竞走等活动。入夜,孩童玩捉迷藏、"燃灯赛";青壮年男女参加歌舞晚会;老人打"数千"。"数千"亦称"画斗",是一种纸牌,类似扑克,共四十八张,每张上画不同动植物,代表不同的分数,以得分多者为胜。有些人还到田间点火,俗称"鼠火戏"或"野火戏"。另有不少人玩"栖戏",猜谜,看电影,看戏,看电视。参加"栖戏"者人数不限,围坐成圈,轮流抛掷四粒大芸豆。豆上凿有大小不等的眼儿,以得眼多少定胜负。无论在谁家玩"栖戏",主人均须备酒菜助兴。元日活动,有的地区延续至上元节。

满族春节——满语称"阿涅业能业"。全国各地满族聚居区传统盛大年节。农历正月初一举行,多历三至五天,昔时有的地区延至正月十五。据考,满族春节源汉俗。努尔哈赤建后金,于天命三年(1618)兵进辽、沈地区,甚受汉文化影响;顺治元年(1644),清入主中原,大批满民迁关内,与汉杂居,影响更盛,久而袭用春节,节俗略异。节前,人们积极办年货,扫庭院,贴对联,挂笺(亦称"挂旗")、窗花和"福"字,蒸年糕,烙黏火勺。初一凌晨子时,家家鸣放鞭炮,辞旧迎新。同时,在自家西墙祖宗板下摆设供品,燃鞑子香,叩拜祖宗,祈神灵保佑全家新年平安,万事如意。全家团聚,吃团圆饺子,称"揣元宝"。煮饺子时,家主吃喝:"小日子起来了吗?"家人共答:"起来了!"旋将饺子从锅底浮起,意寓"日子起来了"。后,让小孩爬上柜子,蹦三下,喻新日子"蹦个高"。是日,晚辈向长辈叩头拜年(女性行跪拜抚鬓礼);家长则给小孩守岁钱。宗族近亲亦互相拜年;亲朋好友筵宴相邀,纷纷叙旧话新。男孩成群结队鸣放烟花、鞭炮,玩耍木爬犁,溜冰;姑娘和少妇则盛装玩耍嘎拉哈(用猪或牛膝关节骨所制玩具)。节日歌舞丰富,《渤海国记》载:"官民岁时聚会作乐,先命善歌舞者,数辈前行,士女相随,更相唱和,回旋婉转,号曰'踏锤'。"踏锤即踩高跷。初一至初五,人们皆相聚歌舞,尽情娱乐。年轻人组织演出队,走村串屯表演。另,用精粉、鸡蛋、糖、芝麻、青红丝、瓜仁等,制作萨其玛,色美、味香、可口,人们甚为喜爱,尤具民族风味。

阿涅业能业——参见"满族春节"条。

侗族春节——侗族盛大年节。流行于滇、桂、湘、黔广大侗区。节期略同汉族。农历腊月底,即忙备年货,蒸糯米饭,舂糍粑,酿米酒,杀牛猪,宰鸡鸭,张贴春联,缝制新衣,互送年礼,准备过年。除夕,各村各户祭祖敬神,后合家吃团圆饭。入夜,家家掌灯守岁。节间,各村男女老少盛装会集,唱歌跳舞,耍龙灯,舞狮子,唱侗戏,举"哆耶"请歌手们前来唱歌。男女青年纷纷行歌坐月,玩山走寨,走亲访友。其间,各村寨的芦笙舞尤富民族特色。其形式,大都模拟人们劳动和鸟兽的各种动作,诸如割禾、打谷、伐木、采茶、围虎、斗鸡、燕飞、跃鱼等。曲调大多模仿蝉鸣、鸟叫、鸡啼、风吹树梢、小河淌水、瀑布击石等声响,惟妙惟肖,极为自然。节间,村寨芦笙队(堂)应邀外出参赛,须先由领队(堂)登上鼓楼或在鼓楼旁石板坪吹"集堂曲",曲声召唤队员们速着民族服装,带着芦笙前来集中。领堂吹"上路曲",即排队出寨。途经他寨,吹"借路曲",他寨因知乃过路芦笙队,不予接待。达邀请主寨旁,吹"通板曲",示意"我们到来了"。主寨于路口、石板坪高挂大红灯,应声吹"迎客曲"出迎。客队进坪稍歇。主寨着盛装的姑娘们便端来油茶招待客人。双方连吹"邀请曲""谢情曲"。之后,比赛开始:主、客分别围成圆圈,或列队数行,边歌边舞。主队吹"失迎曲",表示招待不周,拜客队为师;客队则吹"赞誉曲",赞主寨男耕女织,勤劳贤惠,丰衣足食,技艺超群。欢腾对吹对舞,召人们从四面八方来观赏、喝彩。有些老人,习惯站在寨旁高处,静听,品评优劣。反复对赛三轮,两队领队和芦笙师傅、老年人,共同进行舞步整齐、姿态优美、曲调流畅豪放、待人讲文明礼貌等综合评比。优胜者,获对方敬送书写着"声震九霄"或"余音绕梁"字句的红字新芦笙、新头巾。评比结束,客队连吹"告辞曲"出寨,主队连吹"送客曲",欢送客人。整个节日期间,村村寨寨充满欢声笑语。

通道侗族行年——侗族年节。族谓春节期间为"行年",农历正月初一开始。流行于湖南通道一带。节期同汉族。俗项多异。行年前夕,各村各户杀肥猪,宰鸡鸭,酿米酒,舂粑粑,推豆腐,缝新衣,贴门联,准备酸鱼、酸肉,十分繁忙。节间,人们除走村串寨、访亲问友,还盛行唱歌跳舞、唱侗戏、吹芦笙等娱乐,尤以"鸡尾客"活动别富特色:此乃侗寨之间相互贺年集体娱乐。届时,此村"鸡尾客"到邻村贺行年,芦笙队先在鼓楼前吹"集合曲"。人们应声而至:男穿对襟短衣,头包长帕;女着无领绲边绣花上衣,穿裙或裤,佩戴首饰。芦笙队身穿特制舞衣,衣边悬挂小蚌壳、小海螺,头扎一白布条,一边插雉尾,一边插银制叶花,巧扮"鸡尾客"。前往聚集人群组成长长队伍,领头是一位头包长围巾,身披红毛毡,胸挂罗盘,手撑大红伞的"客头";其后是一男扮女装,头包围巾,插鸡羽,身披花格毛毡,象征侗家最高女神的先祖母;第三位是个武士,身佩宝剑,腰挂长刀;再后是芦笙队和"鸡尾客"。"客头"率领,吹吹打打,前往附近村寨。主人热情相迎,并以油茶款待。吃完油茶,芦笙队边吹边舞,两寨男女老少兴高采烈地踩歌堂,一曲接一曲,一歌又一歌，尽情欢乐。踩歌堂结束，主寨男女青年竞相抢夺客人头上鸡羽，后将他们拉到家中做客，热情款待。翌日，客、主两寨群众一起聚餐，主寨各家纷纷端来美酒佳肴，集体宴客。席间，姑娘们唱悠扬的祝酒歌，客队即兴编歌对答，气氛热烈，情深谊浓。宴毕，主寨欢送客人出寨，双方依依道别。

行年——参见"通道侗族行年"条。

瑶族春节——瑶族盛大岁时节日。节期略同汉族，多于旧年腊月中开始准备。族内各支系过节内容、方式、特色略异：广东连南自称"藻敏"（排瑶）的瑶族，农历腊月廿八过小年，杀年猪，炸油糍粑。除夕白天杀鸡杀鸭，燃放鞭炮，焚香祭祖；入夜，老人聚集"讲古"，青年对歌，通宵达旦。大年初一，由寨中最年长者，带领全寨孩童游寨，谓"开寨"；成年男子上山打猎，不论见否猎物，每人必放一枪"开山"；初二至初六，已婚夫妇去外家探亲访友，未婚青年男女上山唱歌连情。另外，节间还举行跳长鼓、敲铜锣、舞火龙等活动，尽情狂欢。桂、黔接壤的荔波、南丹所居的自称"瑙格劳"（白裤瑶）的瑶族，从腊月三十晚至正月初五，欢度春节。活动内容有祭祖先、访亲友及娱乐。其间，每天以酒肉上供，烧香祭祖，祈求祖先保佑。初一，已婚男子上山打猎，谓"搔山"。敲铜鼓、吹牛角和打陀螺是主要娱乐，尤以打陀螺比赛最为引人，民间因称春节为"陀螺节"。节间，老年男子习惯串门拜年，喝酒聊天，相互祝福；妇女们则趁节闲，挑花刺绣，美化生活。自称"拉珈"（茶山瑶）的瑶族，过节从除夕前一天杀年猪开始。是日，主人须请最亲的亲友到家聚餐。除夕晚餐则吃合家团圆饭，不请外人。饭前，在门窗、柜门、粮仓门等，贴利市红纸，祈求吉利。丧事未满三年之家，贴绿色纸条或不贴。主人供祖时，在大门外燃放除旧鞭炮，宣告团圆饭开始。再后，即守岁。守岁者若是道师公，则诵念经书；非道师公，则忙于制作初一食品。午夜交更时，各户争相敲开大门，燃放迎春鞭炮。初一拂晓，村上男童便接踵登门拜年，瑶语称"做恭禧"。主人赏每位拜年儿童一份利市钱。正月初一、初二例行拜年，瑶语称"找根"。一般是新婚夫妇（三年内）到外家，外甥到外公家，寄仔到寄父家"找根"拜年。年礼为二斤重长条猪肉，肉条上必贴一利市红纸。"找根"拜年者，须再请对方来家里进餐。各个支系瑶族，春节皆盛行各种娱乐活动，如对唱山歌、舞狮、射击比赛及击长鼓、唱"香哩"歌作乐等等。未婚青年照例借机谈情说爱。

陀螺节——参见"瑶族春节"条。

白族春节——云南白族民间传统年节。农历正月初一至初五举行。节俗略同周边汉族：旧年腊月开始备年货，杀猪，宰鸡，舂饵，缝新衣，打扫室内外卫生。过年五天不扫地，免扫走财神。年三十，街上热闹非常：除买卖米肉、菜蔬外，两种摊位尤其突出，一是纸火摊，卖春联；一是布施摊，贫苦无依者照例摆摊设点，等人施舍。除夜须守岁，合家团聚，讲故事，说笑话，打牌，尽兴各种娱乐。初一晨，天未亮，姑娘媳妇即去村头挑"头水"，以最先淘到清水为吉祥。挑水回去，燃鞭炮，迎喜神，祭祖先，向老人拜年。初二，要吃咸味饵馔丝，有的还用瘦肉丝炒腌菜，用煎鸡蛋丝、香肠片等拼出牡丹花菜，敬献家族长辈，祝健康长寿。此日还要到同一高祖的本家长辈家拜年，受拜长辈要赏压岁钱。节间，除访亲友、游山玩水外，还开展耍狮灯、龙灯、马灯，唱白剧、滇戏，演新剧等活动。

长阳土家过年——鄂西长阳土家族春节。节期、节俗略同周边汉区。自旧年腊月中旬起,即置办年货,制新衣,做糕点,打扬尘,包包面,贴春联,准备柴火,等等。

哈尼族春节——哈尼族民间年节。亦称正月年、正月节。族谓"奇拉胡西"。据传,源正月初一宗教祭祀。正月初一至初五举行,历时三至五天。初一盛装宴客;其支系"堕塔人"于初三至初五下午举行"资乌都",为村民"同饮团结幸福酒"活动。除夕前几天,寨内妇女即春糯米粑粑,杀猪宰鸡,准备欢宴任何造访来客。小伙忙着上山砍竹子、树枝,搭立秋千。节间,男女老少无不喜爱荡秋千,荡得越高,花样越多,难度越大,越博赞扬,预示新年越能获得幸福。除夜,青年们欢歌纵舞,或去听老人们讲各种传说故事。大年,家家以糯米粉汤圆、米酒和姜汤,祭祀天地日月、风雨雷电等神灵。祭祀用鸡须整只煮熟,并把鸡头扳起,昂首向天,张嘴。哈尼人认为,合家这样在火塘头设桌摆供祭祀,天神方能看见人间,并赐福百姓。据传,鸡嘴张开,能把太阳叫得早起,让月亮更亮,还能叫来风调雨顺、五谷丰登,使村寨安宁。

正月年——参见"哈尼族春节"条。

正月节——参见"哈尼族春节"条。

奇拉胡西——参见"哈尼族春节"条。

傣族春节——傣族民间传统年节。族谓"嫩西节"。流行于云南德宏等地。节期略同汉族,实从旧年除夕开始。俗项略异,普遍带有较浓宗教色彩。正月初一早饭后,人们着新衣,参加节日活动。佛寺是节日活动中心,老人皆往拜佛,祈祷丰年。有的人既在本家拜佛,还结伴往外寨拜佛,捐献各种礼品。小伙、姑娘们则相约到村外广场"丢包"。红色长形花布包,在年轻人手中抛来抛去,传递欢乐与爱情。勐养傣族支系花腰傣不信佛教,而崇拜鬼神,节间村寨里祭祀活动较多,或以家庭为单位祭祖,或集体祭寨鬼、祭庙。娱乐活动多在下午举行,从初一持续到十五。正月初十后,男子上山打猎,按传统习俗,所得猎物见者有份。

嫩西节——参见"傣族春节"条。

黎族春节——黎族传统年节。黎语称"江"或"葛哖"(译意"年"),俗称"过旧年"。流行于海南白沙等地。农历正月初一至初四(另说历半月)。节前,家家打扫庭院,修整房屋,讨年柴,酿年酒,备年货,做新衣,春年米及清洗衣服、家具等。除夕晨,男人宰猪,杀鸡,妇女春年糕,煮年饭,有的地区还包粽子。下午封存压年米。傍晚设祭品拜祖,旋吃年饭,喝年酒,吃年糕。黎族不习惯在异地过年,年三十须赶回家吃年饭。初一闭门守家,不外游;晨给牛栏、猪圈、鸡窝送年糕,给果树、谷仓挂粽叶;去河或井边挑水时,要拿一个铜钱或一块年糕放彼处,以示祭河神、地神,买"福水"。竟日忌讲污言秽语,提倡多说吉语。初二至初四,青年男女野游,其他人探亲访友,上山打猎,下河捉鱼摸虾。有的人还荡秋千、跳年舞等。白沙黎族惯于初二围猎。寨老用鸡占卜后,全村男子携弓箭入山;老少驱狗包围猎物,所有男子射击。猎物抬回村寨,头归猎狗主人;击中猎物者得一只兽腿,其余的肉切成小块,按人口均分。年节初五结束,有的地区延续至十五。届时,各户把节间的猪毛、三鸟羽毛和包年糕的叶子等杂物，装入竹箩，用竹条扎架，放上稻草人，点燃香火，举"送神出寨"仪式。有的地区，将神庙偶像抬出游寨，称"抬公游行"。送神出寨，由两人抬神架和堆放过年杂物的箩。男女老少走出家门送"旧魂"随神出村寨，以求人畜平安。神架和杂物放置村口边，至正月十五半个月焚烧。

江——参见"黎族春节"条。
葛咛——参见"黎族春节"条。
过旧年——参见"黎族春节"条。

佤族春节——佤族民间岁时节日。族称"三木我"，意为一年中的第三个节日。流行于云南沧源岩帅地区。节期略同汉族。节俗有异。节前，村众便忙于准备水酒、糯米、新衣裳、火药、陀螺、芦笙等节物。家家修补房屋，打扫卫生。有的还要杀猪过年，村寨充满节日繁忙、欢乐景象。初一，人们开展各种娱乐活动，诸如打歌跳舞、唱调子、对歌、荡秋千、打陀螺、射弩、摔跤等。男女青年们则借机相约上山，谈情说爱。

三木我——参见"佤族春节"条。

畲族春节——俗称做年。畲族民间年节。流行于闽、浙、粤等省畲族民间。农历正月初一凌晨开始，至初五为"正年"，俗称"五日年"；有的村寨至初八聚集祠堂祭祖为"正年"，俗称"上八日"。过节照例贴春联，穿新衣，做年糕，拜年；除夜，家家守岁，团圆吃年饭，老少围着灶火，整夜不眠。火炉烧着一段粗大硬柴头，叫"煻年猪"，又称"隔年火种"，象征日子红火。据传，"岁"乃一种凶煞，一年一度于除夜出来害人，令散居深山的畲民，饱受其害。有一青年遂点火驱之。"岁"惧火而逃。此后，大家点火守岁，免"岁"逞凶，相沿成习。"煻年猪"则传为：往昔畲家养猪难成活，百般求神无效，一后生怒而砍倒神树，取树根煻在火中阴燃，来年竟养得大猪。众皆仿效，久而成俗，以其祈求来年猪畜肥壮。守岁时，家家要做又嫩又圆的糍粑，取其谐音，祝愿在新年里得好时（糍）运，日子年年（黏黏）甜。当下，只吃一部分糍粑，将剩余部分藏入粮仓锁好，等元宵节后取出，谓"有吃有余"。初一，家家燃香烛，放爆竹"接年"，意为年到。爆竹尽量放到别人不响为止。史志载："其俗亦尚鞭炮，正月初旬，诣戚友家，未至百步许，则声爆竹为号，为之主者必倍其数以应，多者恒至累千百，外人每闻其声震峪，喧嚷不绝，知畲民之肃客也。"昔时，畲族人口稀少，深居高山，故以爆竹声"呼呼嘭嘭"意寓发丁、发财。天亮前，男人们赤身绕房屋，手敲竹板，以除病消灾。天明，孩童穿新衣争先跑往竹园摇毛竹，以求健康成长。从初一至初五，人们串门、嬉戏、待客、唱歌，姑娘们则编织、绣制送给情人的彩带。

畲族做年——参见"畲族春节"条。
畲族五日年——参见"畲族春节"条。
畲族上八日——参见"畲族春节"条。

拉祜族春节——云南拉祜族民间年节。亦称拉祜大年，族谓"括（扩）扎""扩塔""扩鲜"节或"扩尼哈尼"，俗谓"扩节"。农历正月初一开始，持续四五天。以大、小年论，则长达十四天。每年一入秋，人们便开始忙于欢度春节：男人外出狩猎，女人在家缝制新衣，年轻人则备制芦笙、口弦，绣荷包，孩童搓麻线，做陀螺，人人憧憬过年。近年节，气氛更浓，自腊月廿六起，洒扫庭堂，杀猪宰鸡，酿酒，舂米，做粑粑。除夕前日，拉祜人盛邀周围傣、哈尼、汉、布朗等各族亲友，饮酒欢聚，互赠糯米粑粑及"剁生肉"（拉祜最佳待客菜肴,把肉拌上盐巴、辣椒,剁细生吃)等礼物。除夕傍晚,集体举行宗教仪式,面对日落方向迎接祖先灵魂归来过年。有的地方,要在此日上山砍一棵约两米高松树,插在堂屋外天井内,称"松棚"或"天地棚",供物祭奉。有共居大房子习惯之地,各家成员须在此日从"班考"(拉祜族人为便于采集、狩猎和农事,而在山间、田间搭的临时住所)返老屋团聚。除夜,家家吃糯米粑粑,老少围坐,共享节日美味。饭毕,人们给牲畜喂些年夜饭。妇女们把米粑粑黏在锄头、砍刀等农具上,犒劳它们旧年的辛苦,鼓励新年继续努力。夜半,各村寨齐鸣火枪、火炮,迎接新年。大年初一,雄鸡报晓,青年男女争相跑出家门,去山泉边抢接"新水",认为一年之始的新水最纯,喝了能消灾得福。故,最先抢到新水者,最幸福。新水取回,先赕佛敬祖,后给老年人洗脸。老人们则唱歌祝颂,勉励晚辈勤劳度日,祈祷天神保佑其无灾无病,丰衣足食。早饭后,人们纷纷涌向"安占"(众人推举之寨主)家,成排跪着向其叩头祝福。后,各家在家长带领下,互相拜年:大家围坐火炉,边喝茶饮酒,边唱传统年歌。寨场上,男童玩陀螺,妇女打秋千,青年男女则互丢荷包邀情。入夜,人们聚集寨中心,欢乐歌舞,通宵达旦。从初二开始,人们带着粑粑、桂肉、酒等礼物,走亲串友。晚辈给长辈拜年时,长辈要为其唱祝歌,拴红线,赐祝吉祥和幸福。初三,全村吃团结饭,族称"估扎"。寨人各自携带饭菜酒肉等食物,到安占家祭祀会餐。进餐按性别分两桌,男左女右,由安占举杯向篾桌四角滴水,祀祷来年人寿年丰。后,安占宣布村规寨章及选举新寨首事宜,提请众人讨论。傍晚,太阳落山,全村各户再次集中,各自抬来盛满食物的箩筐,祭祀祖先,并将年间吃剩秽物,烧掉丢出寨外。过大年后十天许,还要例行小年三天。昔时,男人常常因狩猎或垦荒不能如期回来过"大年",女人则准备小年,以安慰男人。故,族称大年是"女人的年",小年是"男人的年"。小年活动略同大年。拉祜族称正月十二为"满年";至十五日夜,满月当顶,全寨由安占主持欢跳"卡尼玛"(一种芦笙伴奏的舞蹈),称"合心舞",意为月圆人也圆。至此,拉祜族春节即告结束。节间,场面最大、气氛最烈活动,推为期数日的芦笙舞会。其时,人们皆着节日盛装,从四寨八乡纷至沓来,聚于寨中空坪。舞场中央放一竹篾桌,上置盛有稻谷、玉米、糯米粑粑等物的竹箩,插李、樱、桃等花枝,燃香敬奉。先由安占致辞祈祷,人们旋在公选出的吹笙能手带领下,手拉手围成一个个圆圈,跳播种、收割、打谷等农事舞,高潮迭起。一对对青年男女悄悄钻出人群,跑向密林深处;人们围着火塘,对歌至天明。舞会后,各家都来领取经跳笙"孕育"出的稻谷"神种",将其拌进自家粮种,以播"五谷丰登"。

拉祜族大年——参见"拉祜族春节"条。

拉祜族小年——参见"拉祜族春节"条。

括扎——参见"拉祜族春节"条。

扩扎——参见"拉祜族春节"条。

扩节——参见"拉祜族春节"条。

扩塔——参见"拉祜族春节"条。

扩鲜节——参见"拉祜族春节"条。

扩尼哈尼——参见"拉祜族春节"条。

水族春节——水族民间佳节。以传统论,水族本以"端节"为年节。水族有谚云:"汉节春节大,水节端节大。"受汉族影响,水族每年农历正月初一至十五,也过春节。节前,家家打扫庭院,收拾房屋,缝制新衣,贴年画、春联,准备丰盛节食。节间,要祭祀祖先。鱼是必备供品。作为节食,鱼主要用以制作鱼包韭菜和炕鱼。鱼包韭菜是水族传统佳肴,制作特别:将鱼沿背破开,去内脏,洒好酒,配葱、蒜、姜及糟辣等佐料,再将韭菜、广菜塞鱼腹,用草绳绑扎后清炖或清蒸,鱼块酥松,鱼味鲜香。祭祖时,或在供案摆鱼包韭菜、炕鱼、豆腐、糯米饭、米酒、葵花、花生、南瓜、茄子等馔肴;或用一挑箩筐,一头盛各色衣服、首饰及糯米粑,表示丰衣足食,另一头则盛犁、锄、镰等生产工具,启迪人们继往开来,勤劳再创财富与幸福。有的地方,习将供品放簸箕,再将簸箕放地下,设地席供祭。还有些地方,在家门口临时放桌,摆酒席,放一根烟杆与拐杖,以迎祖先灵魂归来享用,并上香烧纸,全家跪拜,缅祖先功绩,祈其保佑全家平安,事事如意。另外,人们还着节日盛装,相互走访、赠礼,祝贺节日。男女青年会集村头寨尾,唱歌、吹笙、跳舞,开展多种文体活动。人们最喜跳铜鼓舞,表演插秧、收割及聚会欢庆等动作。最后,在密如暴雨鼓点中,戛然停止,让围观者兴奋异常。水族人酷爱铜鼓舞,常以大草鼓伴奏,击鼓者俯身,头朝鼓面,将吊绳别于左腋后,右执木槌,按谱点敲击太阳纹,左持富弹性竹鞭击鼓腰配音。铜鼓昼夜响,村寨喜洋洋。鼓声,即水寨节日笑声。

东乡族春节——东乡族年节。节期同汉族。流行于甘肃临夏等地。节俗有异。东乡族信仰伊斯兰教,尤重清洁卫生。节前,家家收拾房屋,打扫庭院,张贴门联、年画。旋架油锅,炸油香、馓子、馍馍,准备黄酒、羊肉等节食。除阖家欢聚,走亲访友拜年外,特喜开展传统"当尕达至拿社",即"打土块仗"活动:附近俩村寨事先商定,老少咸宜,多为青壮。地点事先约定,参加者一齐上阵,相互投掷土块,我追你赶,你进我退,一直激战到一方击进对方村寨,才偃旗息鼓。若双方势均力敌,则于次日、第三日续延,不乏相峙数天者。游戏禁用石头投掷,以免伤人。另外,青壮年还喜赛摔跤,有"花花抱,拦腰抱"等摔法,连倒三次者输,胜者誉称"摔跤手"。少儿喜打"咭古嘟"(类棒球),十数人分两队,各人执根木棍,敲击硬木椭圆形小球,双方皆用东乡语唱节奏明快儿歌,别饶风趣。

纳西族春节——纳西族民间年节。流行于云南宁蒗永宁一带。族称"由奔吉程(正月过年)""库式(新年)",农历正月初一至十五举行,实始旧年除夕。年前,人们即忙备年货。除夕,各家以菜肴、果品祭灶君、迎祖先。晚,全家共吃团圆饭,并用大米饭、猪肉喂狗。传,狗乃纳西游牧之忠实助手,狗尾还带给了纳西人粮种。除夜喂狗,为犒狗功。初一,家家吃素,烧香,放鞭炮,在院中上供祭天地,旋进屋拜祖先。泸沽湖纳西人,则为年满十三岁男女儿童举行穿裙子、裤子仪式,以提示新生命开始。届时,在主屋火塘燃起熊熊火焰,女童站女柱旁,男童站男柱旁,手持银圆,双脚分踩粮袋和猪膘,母为女孩穿裙,舅给男孩穿裤;旋拜锅庄,求祖先保佑健康成长;达巴(巫师)诵祝词,祝女孩"像红花般越开越美丽,如嫩芽越长越新鲜,找的阿柱(男人)聪明能干,种的庄稼穗大丰满",祝男孩"青稞、燕麦压断架,金银财宝堆满仓"。仪毕,宣告男女孩童已成熟,可进入生产劳动和社交活动。初二,人们走亲访友拜年,互赠礼物,盛情款待登门者。青年男女则喜在此日交际连情。初三开始,各寨祭天,每年各家轮流主祭,用东巴经祷告,祈庄稼丰收,人畜平安。另,小伙赛射箭,姑娘荡秋千,纷纷各展才艺。十五,称春节再高潮。入夜,五颜六色彩灯争奇斗艳,人们通宵歌舞。

由奔吉程——参见"纳西族春节"条。

库式——参见"纳西族春节"条。

柯尔克孜族春节——柯尔克孜族民间年节。流行于黑龙江富裕一带。农历正月初一至十五举行。据考,部分柯尔克孜人于公元18世纪,迁至黑龙江富裕县,受当地习俗影响,始过春节。这些柯尔克孜人信奉萨满教,以萨满蛇神为其固有宗教信仰。家家用布剪出蛇形,供奉神龛。初一晨,男女老幼皆着新衣、新帽,到同房亲族家拜年,进屋即给堂屋供奉神像及佛像磕头,旋磕头拜老年人,并斟酒,一同欢饮。有趣的是,过年时总要点燃两堆牛粪,代替狼烟,有的一直点到正月十五。

土族春节——青海土族民间年节。族谓"新月""新年"。正月初一至十五举行。节前,各村土族皆开始打扫庭院、房屋,缝制新衣,酿制"酩馏"(青稞酒),宰猪杀羊,蒸炸包适左、盘馓、馓子等,所做食物足吃半月。家人外出,无论远近,定要兼程赶回过团圆年。除夕,各家要在门框贴春联,门扉贴年画。午餐,大都食细长面条和大块肥肉,以祈健康长寿;饭后,妇女和孩童始着五彩民族盛装。入夜,合家团聚,听老人讲故事,给待嫁姑娘戴"天头",竟夜不能高声叫嚷,更不允许打骂孩童,免给来年带来不吉。还要在灶旁、门后燃灯供馍,敬灶神、门神。有的地方,要举"通神"仪式,家家在院中煨桑,上放些酥油、炒面,全家朝天跪拜,祈祷财神爷降福。初一,雄鸡啼鸣,全家老少即向神佛跪拜,有些男人还登高煨桑,祈新年万事如意。后,晚辈向所有长辈拜年磕头;接着老人带上小孩和礼品,向邻里或远处亲友拜年。节间娱乐甚丰。无论巷道、打麦场,到处可见青少年踢毽子、打毛蛋,跳"安昭舞"。新婚媳妇及未得子人家,习在打麦场立几架秋千,供青年玩耍,意在"盼子"。

土族新月——参见"土族春节"条。

土族新年——参见"土族春节"条。

阿涅节——达斡尔族春节。亦称达斡尔大年。族谓"阿涅"或"阿聂",意为大年、春节。春节举行,历半月余。实际始于旧年除夕,族称"布通"。是晨,各家老少照例梳妆打扮,洒扫庭院,张贴年画及对联,准备拜年礼品。各家大门外正前方,堆起一大堆干牛粪饼。傍晚,将其点燃,使整个屯子都笼罩暮霭与温暖,充满和睦吉祥。老年人纷纷把肉食、白馍、饺子等食品抛入火堆,祝福人畜安康,五谷丰登。达斡尔人认为,火堆越旺,日子越火,便竭力把自家牛粪垛堆高堆大。有些地方,讲究在除夕下午吃牛羊肉和牛羊头蹄。入夜,门前悬挂各式灯笼,个别人家还做精致冰灯。除夜,要对所有神位点蜡烧香;祭祖不设牌位,仅在房屋西侧掬土插香,朝西叩拜。祭献祖先的酒、奶皮、点心等,由家中老人摆放。除夜,全家向长辈叩头辞岁,旋去同一血缘氏族("莫昆")家拜年,从最长者开始,逐一叩拜。午夜一过,新年开始,须再拜一次,再给长辈请安、敬烟、磕头。欢笑通宵达旦。初一凌晨,吃迎春饺子,或包一条红线,或包一枚铜钱,以至八个小面团等,吃到者可长寿、发财、儿女满堂。早饭毕,男人便纷纷离家,成群结伙到村里、外村拜年;去外村拜年,不能等到日出。拜年客人一进门,首先去揭主人家锅盖,抢吃家家都备有的蒸糕,品评其甜酸,谁家糕最甜,就夸谁家心最善。节间,妇女们纷纷把最好的烟叶、奶皮、糕点、冻肉等,分包包好,送给老人、亲友。从初一至初五,有些地方在整个正月,妇女都不得动针线,免一年受累;过年期间不许哭闹和大声呵斥,免遭不吉。初五一过,青少年开始打"贝阔"(曲棍球),夜间则模仿各种动物,做化妆游戏。小孩玩狍子踝骨,玩"哈涅卡"。老人、妇女相聚吟史诗,讲故事,唱民歌。过节正月十五("卡钦")或十六结束。

阿涅——参见"阿涅节"条。

阿聂——参见"阿涅节"条。

达斡尔族春节——参见"阿涅节"条。

达斡尔族大年——参见"阿涅节"条。

仫佬族春节——仫佬族年节。族谓"挑新水节",简称"年节"。流行于广西罗城一带。节期略同汉族。正月初一至十五,历半月。节俗独特,旧时初一、初七、十五日,有的村寨要举祭祖活动,近几十年已泯。整个节间,不习惯拜年和请客,仅在家中过年。初一,"买新水",全家人舂糯米粉,吃水圆子。受佛教影响,有的初一不吃荤腥,认为一年元日斋戒,全年即可免戒。初二,正式过年,烧香,放鞭炮,祈神,吃除夕余留酒肉。十五日"过大年",杀鸡,煮肉,蒸糯米饭。初一至十五,不从事劳动,热烈开展玩龙灯、舞狮子、唱彩调、"走坡"等活动。青年男女聚集歌堂,盘歌对歌:昼唱情歌,称"欢冬久",意为"风歌";夜唱古歌,称"欢古条",意为"故事歌"。十五日夜,去别人家菜园,摘几片青菜叶,叫"偷青",意寓一年清洁平安。节间,有的村寨还要请"彩调"戏班来演出。

挑新水节——参见"仫佬族春节"条。

仫佬族年节——参见"仫佬族春节"条。

羌族春节——四川阿坝羌族隆重节日。节期,从旧年农历腊月廿三日扫尘、敬灶、备年货起,至新年农历正月三十日止。除夜烧猪头肉祭祖、敬神,举家吃团年饭,后围坐火塘四周守岁。初一不出门,在家"坐初一";初二开始,亲朋走亲访友拜年,请客;正月十五闹元宵;三十日"送年"。其间群体活动,以本寨或偕邻寨为单位举行。

布朗族春节——布朗族民间节日。布朗用傣语称其为"京比迈"。流行于云南保山施甸及西双版纳勐海县的西定、巴达山布朗村寨等地。农历正月初一举行,节期起始同汉、彝族;一些地区,于傣历六月过春节,历三天。届时,家家吃红糖糯米粑粑,并用芭蕉叶包成两份,各插一对蜡条、两朵鲜花,关入家庭长家中:一份装入家族长卧榻上方所挂"胎嘎滚"(家族神位)内,备祭祀家神;另一份献给"高嘎滚"(家族长)。各户男家长须脱下包头巾,向作为整个"嘎滚"(家族)代表之家族长,磕头拜年,并用水象征性地从头到脚为之做洗礼,祝其长命百岁,吉祥平安。祝毕,家族长祈祷祭祀"胎嘎滚"代袜么、代袜那神。后,以家庭为单位,往日落方向,举滴水仪式。节间,举托球比赛:参加者围圈,先由一人将一只用竹片做成的小球托上空中,旋按顺序接球,用手心将球托向空中。失接者,被罚唱一首歌。一些地方,初一妇女、孩童禁出门,男子集体上山打猎;初二去山林祭山神土地,去龙潭祭龙王;初三和初五,每日祭祖先,互相拜年,举行唱歌活动。居内地的布朗族人,初一凌晨去山泉"抢新水"祈福。傣历六月过节地区,历三日:首日,备糯米粉等节物;

次日，杀猪宰牛，互赠糯米粑粑，到缅寺赕佛，年轻人敲象脚鼓，击锣，唱歌跳舞，打布朗球；第三日，到缅寺听佛爷诵经、滴水。

京比迈——参见"布朗族春节"条。

毛南族春节——毛南族年节。流行于广西环江等地。节期略同汉族，农历正月上半月举行。特色节俗："放鸟飞"活动。节前，人们即上山采集菖蒲叶子，晚上在灯下编织山鸡、鹧鸪、燕子、鹭鸶等各种飞禽，称"百鸟"。除夕清晨，各家主妇给"百鸟"空腹灌入香糯米，有的还拌上豆和芝麻等物，煮熟先分给家里每个小孩一只；出嫁女儿，已育孩子者，这天亦专程回娘家领鸟，期望孩子像鸟般伶俐可爱。主妇们用麻绳把百鸟等距离系于一根甘蔗，入夜将甘蔗横挂堂屋正中香火堂前，以祈百鸟不叮种子，不毁庄稼，只啄食害虫，称"槽鸟"。同时，在香火堂前供红米饭、广柑等物，祈瓜果、五谷丰登。"槽鸟"从除夕一直挂到正月十五，才砍断甘蔗，全家共食之。除夜，家家守岁，男女老少围着火塘，把柴火一根接一根点燃，定要保留火种。初一不能重新生火，以示日子一直兴旺。除夜要将家中簸箕打三下，后盖放灶上，旁放挑水扁担，以免盗贼入室，一年平安。已嫁女，除夕回娘家吃年饭，但当晚须返夫家。初一晨，天不亮即喊醒孩子，男孩读书，女孩绣花，以祈长大后聪明能干。此日，孩童只能在家玩，不可去串人家门，为免"将来乱跑"；全家人都不能讲粗话、打骂孩子，否则会不吉利。从初一开始，把挑柴扁担插在大门口，上挂一杆秤，下插一把刀，再点上香，防避鬼怪，保佑六畜安全。初一上午，首先祭祖，在正屋供桌摆上猪肉、鸡、酒。祭毕，燃放十二响火炮，全响即表一年十二个月无病无灾，第几炮不响，即表此月须谨防灾异。此日，还要在织布机上挂粽子，让布机和人一样过年。妇女不能洗衣、扫地，免家中福气跑掉。过年不能吃生菜，免田地长杂草；不能白天睡觉，怕禾谷倒伏；不能吃饭时泡汤，怕水冲庄稼。初二开始出门赶街，相互拜年；青年男女到山坡上对歌。过年十五日结束。

仡佬族春节——亦称过年。黔、桂仡佬族岁时节日。族称"大年"，因另择农历冬月十七或虎日，或腊月廿七，过"小年"，故名。节期略同汉族春节，活动略异当地汉族的是，每家每户或用糯米，或用毛稗，或用玉米蒸熟后舂成一个大粑粑（有的地区还要做若干个小粑粑作为陪衬），装进一个圆簸箕或一方木盘内，连同酒、肉等祭品，供奉祖先。祭祖三天内，不许任何人搬动。贵州黔西一带仡佬族，还用豆豉叶（即扁竹叶）插在粑粑上，意蕴祖先当初开山辟地、插草为标。广西隆林仡佬族，在除夕供品中，须有一个大粽粑和一个大红薯。节间，各地仡佬着节日盛装，老人们带着礼品，走村串寨，访亲问友。小伙子、姑娘们聚集，开展唱歌跳舞、踢毽子、打篾蛋、荡秋千、打花龙等文体活动。打花龙流行于贵州遵义、仁怀一带。"花龙"是用细篾编织的小球，比乒乓稍大，内装一些碎碗片和一、二枚铜钱或小矿石，使其相撞发声。打的时候，男女老少数十人，聚集固定花龙坡，两人一组对打，颇有民族特色。

仡佬族过年——参见"仡佬族春节"条。

仡佬族大年——参见"仡佬族春节"条。

阿昌族春节——云南阿昌族民间年

节。节期略同汉族。节临，家家清洗家具、被褥，打扫户内门外，准备春联、年画、鞭炮、新衣，杀鸡宰猪，购买各样年货食品。除夜，全家团聚吃年饭，围坐火塘守岁。火塘专烧麻栎树柴块。据传，从前有个穷人叫腊福，到年关还无分文买年货。别家喜吃团圆饭，他只好烧一大堆麻栎树枝，孤独地望着熊熊火苗发呆。午夜，堂屋中央忽然掉下一根碧绿树枝，腊福大惊，捡起树枝左瞧右看，没发现什么异样，顺手将其扔进空空荡荡的米囤。俄顷，空米囤突然变出满满的大米。腊福从此吃穿不愁。消息传开，人们纷纷仿烧麻栎树守岁，久而成俗。节间，阿昌族和周边他族一样，走亲访友，举行各种娱乐活动。

普米族春节——亦称大过年，族称"吾时高类""吾昔节"。云南普米族聚居区传统年节。节期因地有异：兰坪、维西等地，以农历正月初一为岁首；宁蒗则从农历正月初七开始过年。各地节期，三天至半月不等。除夜，由男性家长祭门神，敬锅庄（铁三脚架），全家人旋围坐火塘，吃团圆饭，并用饭团喂狗。初一晨，各家摆祭品，祭锅庄、龙潭和祖先，接回祖先，驱散鬼邪，祈庄稼丰收。宁蒗地区，各家在除夜先放炮三响，吹海螺，屋内锅庄供着猪头，随后给全家每个人撒一块猪膘。初一破晓，家长带着松枝、蒿叶、清酒和牛奶，爬上屋顶祭房头，迎接新年，祷告一年平安顺遂。此日，还要为年满十三岁男女儿童举成丁礼（"穿裤子"和"穿裙子"仪式）。据传，元代，布阿里约丹和布乌·多玛桑珠这两位普米先辈，年仅十三，即为元世祖屡建战功，深得忽必烈赏识。这种纪念少年英雄、激励后代成长的活动，积久成俗。程序是：男童站左边男柱旁，女童站右边女柱旁，双脚皆分别踩猪膘和粮袋，象征财富和丰收。一齐面对火塘，男握尖刀、银圆，象征勇敢和财富；女拿耳环、手镯、串珠和麻布，象征享受物质权利和承担家庭事务。舅舅、母亲分别为二者脱下原来麻布长衫，男换新裤和短褂，女换裙子。后，男女叩拜灶神，向父母和长辈亲戚磕头。亲戚们回赠首饰、银币、牲畜、粮食和衣服等礼品，祝其日后万事如意。礼成，少年男女即可参加生产劳动和社交，正式列入家族成人。初二、初三，人们走家串户，拜亲访友，轮流祭锅庄。节间，同一氏族人们带着酒肉和食品，集体上山聚餐。各村寨照例组织赛马、摔跤、打秋千等娱乐。节末，众人上山"吃虫头"（族称"布柯雷"），将携带炒熟的玉米、青稞、大麦、麻籽、小米，放入竹编簸箕内，与自己手镯相混，规定谷花为"小虫"，手镯为"大虫"。众人在草地上围成一圈，以吃谷花喻捉"小虫"，看谁的手镯先露出来，大家就用手指弹其手背，等到手镯全都露出，则告"大虫"已被消灭。据说，这是为新年庄稼免遭虫灾举行的活动。

普米族大过年——参见"普米族春节"条。

吾时高——参见"普米族春节"条。

吾昔节——参见"普米族春节"条。

怒族年——云南怒族传统年节。"炉瑟"，意为新年、岁首。节期略同汉族。旧年腊月廿九日，家家清扫庭院，扫除火塘灰烬，把陈垢倒往远离家门地方，以示"送旧"。后，采来青松枝，插大梁和中柱上；地铺松毛，象征四季常青、月月吉祥。初一凌晨，鸡叫头遍，各家孩童即背水桶、打火把，去抢舀全寨各个水井里的水，从每口井里舀一瓢，背回家中。传，此晨天上，会飘下一种状似酥油的吉物，漂浮各水井水面。人们喝到它，会全年吉祥。初一开始拜年，既拜长辈，还拜自家的牛和狗，行斗跪礼，喂它们油煎面饼和肉汤。他们认为，牛耕田，狗撵山，辛苦一年，理当回报。节间游乐活动，有射箭、打石头靶、歌卜（猜唱）、荡秋千、舞蹈等。

炉瑟——参见"怒族年"条。

柔若人春节——云南怒族支系柔若人民间年节。参见"怒族年"条。

鄂温克族春节——亦称阿涅。鄂温克族年节。自农历旧年除夜始，至翌年正月初三举行。节前，人们即置办年货，自酿野果酒，宰羊杀鹿，或进城购糖果、烟酒、糕点及各种美味菜肴。家家打扫庭院，清除垃圾，到处整洁一新。除夕，各家门前贴大红对联，院子摆放各种玲珑剔透冰灯。家家煮羊肉，蒸包子，烤面饼，制奶食，一顶顶毡房冒出缕缕炊烟。入夜，各种冰灯在辽阔草原闪烁，灿似夜空繁星。初一至初三早、晚，皆用羊肉、奶制品和糕点奉供祖先，给祖神明灯。初一晨，各户家人先向祖先叩拜，后晚辈向长辈叩头拜年。毕，全家围坐，共吃团圆饺子。自此日始，牧民们跨着银质雕鞍骏马，奔驰各屯，互相拜年，族称"阿奈勒"。每到一家，先向主家祖先叩拜，再拜长辈和兄长，受拜者则回赠一些礼物，特别要请吃一点东西。夜，人们着节日盛装，聚集篝火旁，男女手拉手，由左向右，绕篝火载歌载舞。姑娘们裙上的金属饰物叮当作响，伴奏颇具浓厚生活舞步气息，如野猪舞：俩猎手身穿毛狍皮服，脸涂白粉，身前倾，手背后，彼此顶撞双肩，嘴里"吼、吼、吼"模拟野猪叫声，活现鄂温克人之狩猎生活。歌舞常至深夜。初一吃饺子，大多包整只羊肉馅的饺子，盛情招待来客。鄂温克人认为，新年伊始处处见好事，一年才顺利。故，初一严禁打骂孩子和说不吉利语。对来拜年者，即便晚辈，亦须致以美好祝词。

鄂温克族阿涅——参见"鄂温克族春节"条。

保安族春节——俗称"大年初一"。农历正月初一举行。主要受汉族春节影响，节俗与汉族大同小异。

保安族大年初一——参见"保安族春节"条。

裕固族春节——裕固族民间盛大岁时节日。流行于甘肃肃南等地。农历正月初一至初五举行，实始旧年除夜。节前，各户照例打扫庭院，拆洗被褥，缝制新衣，准备丰富节食，将一些布条、油炸馃子、炒面、牛羊肉等，洒上酒烧掉，以祭祖，怀念先人。有的家庭还请寺庙喇嘛念经，祈佛祖保佑。除夕下午，各家在附近选一宽敞空地，点燃火堆，驱赶牛羊迅速跨过火堆，并燃放鞭炮，以祈新年吉祥，人畜兴旺。另，家家还要将酥油、炒面、红枣等做成塔形食品，供奉到"点格尔汗"（即天神）前；把刀剪、扫帚收起来，过初五方可动用。除夜，全家欢聚，敬酒，共吃年饭。饭后守岁，老人们围坐，谈家常，话丰年。青年男女邀约唱歌跳舞，通宵达旦。初一破晓，家家始敬"天神"：主人一手拿碗酥油奶茶，一手拿一捆芨芨草，绕帐篷转圈，边转边用芨芨草蘸碗中奶茶，洒向天空、帐篷、棚圈，以示敬神祈吉。后，烧香，点佛灯，放鞭炮，晚辈向长辈叩头拜年，长辈赠给红枣、茶叶或压岁钱。早饭后，人们走村串寨，互送哈达、礼品拜年。节间，有的地方还要做酥油花，举赛马比赛，演民族歌舞，辞旧迎新，十分热闹。

京族春节——京族岁时节日。流行

于广西防城等地。节期略同汉族,历十五天。节间必祭祖祀神。除夕,家家做好过年菜肴,节间不再动锅灶。除夕下午,全村聚集哈亭,奉菜拜祖,先拜亭内所立各姓祖先的牌位,再回家拜自家祖先。初一晨,大家纷纷跑到水井旁边,点香烛祭祀,"买新水"。初二始,可外出探亲访友,拜年做客。初一、十五两日,忌讳别人进门借火、借盐,以免家里钱财外流。十五日"过小年",各家备鸡、肉、鱼三牲,再祭祖先,后举家宴,宣告过年结束。

鄂伦春族春节——鄂伦春族年节。流行于内蒙古、黑龙江等地鄂伦春人聚居区。节源汉俗。农历除夜始,至翌年正月初五举行。节前,办年货,扫庭院,外出者须赶回家过年。除夕,家家户户祭祀祖先和北斗星,吃团圆饭,守夜。初一晨,人们吃现包"谢纳温"(饺子),放鞭炮,向天空鸣枪,以迎新年。全家出屋外,面向东或南,燃九炷香,叩拜天神和山神,祈神灵恩赐猎物,佑全家免灾。之后,按辈分次序入座就餐。席间,晚辈向长辈斟酒,叩头拜年,依次拜爷爷、奶奶、父亲、母亲。弟、妹则行屈膝请安礼,向哥、姐拜年。向长辈拜年时,长辈用手指蘸酒,向上、下、左、右弹数下,敬天、地、祖,旋向拜年者嘱诵几句吉话。日出,人们着新衣,领儿女,带酒肉,互相拜年,照例先到族亲中最年长者家行拜,后互拜。进门先烧香祭火神,向篝火扔一块肉,洒一杯酒。主人陪祭。祭毕,客向主敬酒、敬烟拜年,祝老人健康长寿。受拜长辈向拜者祝福赠言,或给压岁钱、几块糖。此日,老人照例在家里等候拜年者。初二开始,老年人互相拜年,或聚饮娱乐;青年人则唱歌跳舞,赛马术、射击、摔跤,或下棋玩牌。人们普遍喜歌舞。舞蹈或反映飞禽走兽生活情貌,或表现猎人捕兽情景,或描绘妇女采集劳动。舞姿古朴纯真,尤具浓厚狩猎生活气息。娱乐延续至初四。初五,被认作"鬼日",忌出门、娱乐、吵闹,均各自在家休息。初六始,上山打猎,恢复正常生产。春节最要者,是"祭火"。该族世代集体狩猎,辅以采集、捕鱼,自20世纪50年代,才逐步走出密林,接触农耕。千百年间,他们取暖、照明、煮食,样样离不开火,深信"火神"乃主宰自然、人间大神,春节集中祭拜:先向火塘跪拜,用餐亦先向火塘扔些肉、饭,以示供奉。节间,夜夜纵情欢跳篝火舞,唱狩猎歌。春节,实即最大篝火节。

赫哲族春节——黑龙江赫哲族民间最欢乐节日。习称赫哲年。节期略同汉族,持续三五天至十余天不等;节俗有异。一进腊月,即启动过年准备:男子磨面,或去江面凿冰钓鱼。妇女做鱼毛(鱼肉松)、兽肉干、黏豆包、臭李子(一种野果)饼等,将易坏食品冻入晾棚,吃时再蒸煮。孩童跟大人学剪纸,糊灯笼。年前三四天,陆续杀猪,蒸馒头等。除夕,族称"佛额",即"大除日",吃小米干饭和肉。除夜("佛额什克斯")给先人"烧包袱":把金箔叠成元宝和黄表纸冥钱,装进糊制的"褡裢"状袋里,在垃圾堆或灰堆旁,点着焚烧,并往上洒些饭汤。另外,则烧纸、点香、上供品(食物类),祭"别布玛发"(祖宗三代)、"五码子"(诸神画像)、灶神等,称"接神",至正月初五,撤供品。初一凌晨吃五更饺子,先供神,再给老人,最后是晚辈。吃前,先给老人叩头,平辈相互问安。饭后开始拜年。妇女孩子着节日新衣,给亲邻好友拜年。家长一般留家中待客。待客主食是生鱼(吃法很多,主要是丝状鱼肉加辅料拌凉菜)、大马哈鱼籽、鱼毛、酒等。节间,老年人多去民间艺人家听演唱

"伊玛坎"，这是一种民间说唱，内容、唱腔皆丰富动人。小姑娘爱玩套花绳、老鹰捉小鸡。年轻妇女聚集玩"摸瞎糊"、"嘎拉哈"（狍子后腿胫骨）。男童和小伙滑冰、滑雪、捉迷藏、叉草球、射草靶等。叉草球极富特色，玩法有二：一是扔出多个草球，赛者站一条线上，轮流用八尺长三齿木杈去叉，以叉中多为胜。草球用湿草扎成，直径尺许。另一玩法，分两队赛，仅抛起一个草球，甲方抛球，乙方全体举杈，球落地前叉中即前进十五至二十步，否则后退同样步距，换由对方发球。以先进到约定终点方为胜。另，亦以叉中次数多少计胜负。实际上，此乃叉鱼劳作之陆上训练。

赫哲族年——参见"赫哲族春节"条。

查干——新疆阿尔泰待识别民族乌梁海人年节。译称春节。农历正月上半月举行。信仰的原始宗教，多涉节俗。除夕、初一食物须及早准备。入冬即杀黄头白身山羊一只，留其胸、腿肉，待春节食用。临节再备其他食品。除夕，举家团聚；夜，家长领家人对灯叩拜，后吃年饭。家家通宵在宅央点黄油灯或蜡烛，烧柏枝香，竟夜歌舞。初一祭敖包，祭毕举摔跤、赛马等体育活动。内以"卡伊斯阿吐乌"（以箭射牛皮绳挽成之球）尤富特色。节间，人们竞着节日盛装，腰间披一块白毛巾或白布，互相拜年时赠亲友，寓友情纯洁。

乌梁海春节——参见"查干"条。

麻坡歌节——布依、苗、水、侗、汉等族民间歌节。流行于贵州独山、翁奇、平塘以及与都匀毗邻地区。农历正月初一至十五日，在麻坡举行，故名。节间，附近方圆数十里各族民众，纷至沓来对歌：由一两名歌手起歌，寻找对手，善唱者按捺不住，即亮嗓对唱。男女青年最活跃，自由寻找相识或不相识异性对唱。对歌通常二三人相对，高手在旁谋划，提醒对唱者如何应对。对唱者一时难以接应，便替代领唱，以闯难关。对唱之歌不能重复。唱者善于应变，出口成章，歌声优美，内容生动贴切，方能博得听众啧啧赞赏，否则被哄笑。双方有意，可离开歌场，另择地方对唱、叙谈。不分男女，皆有同伴跟随。双方情投意合，可互换信物，继续来往，直至结为终身伴侣。歌节除唱歌，还吹芦笙，跳芦笙舞。相传，三百多年前，布依姑娘孟红，容貌出众。财主表哥看中，欲娶为妾，百般诱逼。孟红死活不从。表哥勾结官府，暴力相逼。孟红出逃，途遇青年杨阳。杨刚直、尚武，好打抱不平，便领苗众打跑官兵，孟、杨相爱，准备成婚，财主表哥又带官兵来袭。二人被打死于麻坡。当地民众非常同情，青年们便在其牺牲处集会、唱歌，寄托尊敬、缅怀；中老年人利用此节游春、怀古；少年儿童则跟着大人尽情玩乐。久而久之，变成歌节。初一晨，姑娘背着内装定情礼物的绣花荷包，妇女们提着盛满各种食品的竹篮，男人们挎着酒葫芦，扛着芦笙和芒筒，三五成群地汇聚麻坡，照常例组织赛歌。日程、仪式，一应赓续。

山鸭闹春——汉、苗民间传统迎春节日。流行于广西融水四荣乡一带。农历正月初一举行。"山鸭"俗谓"鸭变"，是乡民心目中消灾灭祸、祛邪降福的神灵，由九名小伙扮演，披裹蓑衣、稻草，戴神形面具。半上午，由一老者高喊："山鸭下山送福啦！大家快来看呀！"说话间，众"山鸭"从山上下到场院活蹦乱跳，旋进村游荡：见老人鞠躬、请安，见孩童摸头、祝福，见小伙拥抱、簇拥，见姑娘佯装紧追……顿时，整个村寨一片欢腾。热闹数小时后，

"山鸭"卸妆回家;各家各户聚餐、宴请亲朋,"闹春"结束。

万石山敬水节——汉族民间传统节日。流行于湘赣边界万石山区。农历正月初一举行。相传,某年此地来了一大嘴妖怪;次年、第三年,复先后来一大肚子和大鼻子妖。从此井枯水干,人们生计无路。一名戈汉小伙,得一红衣姑娘相助,历尽艰险,剪除诸妖,使当地重现生机。枯井重冒新水,恰逢大年初一。人们用新水沏香茶,敬献行义成婚二恩人,"敬水"日久成俗。届时,各户纷纷举火把,去打井水,先烧三炷香,再焚纸钱,放鞭炮,敬告向水神"买水"。

昌邑玉皇祭——汉族民间宗教节日。流行于山东昌邑一带。农历正月初一至十四日举行。当地传:玉皇大帝姥娘家在昌邑县白家营。乡民因笃信玉皇,年年举"玉皇演驾"仪礼,祈福、还愿。祭仪由筹备组向当地及高密、安邱、潍县等近邻,以至外埠商号,筹集经费,制作高一米五、宽一米二之玉皇座像,面涂金粉,身披帝装,扎制四元帅、两个女官偶像,将上绣"皇矣上帝"杏黄旗高挂八丈旗杆,黄龙伞、彩旗、斧钺、锣鼓等一应俱全。演驾队伍达一二百人,由当地及三十里内因灾许愿、还愿者组成。他们簇拥仪仗、鼓乐,循东西南北方位,虔诚演驾巡游各个资助村庄。村村设供,燃香,叩拜接驾,并送往下村,如是持续半月许。初九值玉皇诞辰,演驾暂停,接受各村秧歌队共贺。十四日,将皇驾抬至峡山玉皇殿前焚化,称"发驾",宣告"演驾"结束。此节已泯。

茅山会——汉族民间宗教节日。流行于江苏句容一带。农历正月初一至十五举行。据传,从前茅氏三兄弟在茅山修行,并得道成仙。后人在山上建造"三茅宫",举会纪念茅氏,久而成节。届时,为祈一方平安吉祥,进香者甚众。各乡数村结为一会,做神龛,高一尺半许,宽尺余,状如屋宇,精雕细刻,缕金挂彩,内置一神像,高五至七寸。龛前钉两小木棍,巡游时由一人扛肩,锣、鼓、铙、钵及彩旗、大伞伴之。信众们皆身披黄色布囊,上书"朝山进香",跟随巡游。路旁观者如云。

龙门阵·华岩大庙会——重庆民间文化新节。首届庙会,于庚寅(2010)正月初一,历六天,在华岩寺举行。旨在融巴渝文化、佛教文化、现代主题公园于一体,主要内容有威风锣鼓百人敲、南方打年箫、接龙吹灯、舞龙、舞狮、车幺妹等等。市内外民间艺人纷至沓来献艺,如棕编、叶画、木质、蜡画、剪纸、木雕、桃符、丝带绣、农民版画、重庆蜀绣、山神漆器、烙画、葫芦画、手工叶子烟等,一展数百年、上千年文化遗产,让人饱览我国博大精深的民间艺宝。

纳卡母——部分自称"纳木依"或"伯木依"的藏族支系民间祭天节。流行于四川西南部。农历正月初一黎明时分举行。他们信仰原始崇拜,认为"天神"位居诸自然神之尊,主管天下万物,故届时必举"祭天"仪式:以家庭为单位,在自家屋檐下,摆酒、肉、饭等供品,叩拜祈祷人寿年丰,后将供品撒向空中,恭请"天神"享用。

纳木依祭天——参见"纳卡母"条。
伯木依祭天——参见"纳卡母"条。

壮族请牛节——壮族民间传统农祀节日。农历正月初一晨举行。届时,家家嘱孩童执牛绳,去河边,象征性地找"石牛",并"牵"回家,"养"入牛栏。其间,孩童们边找边牵边唱《请牛歌》。当地人认为,如此请"石牛"回家,可保新年牛只兴旺,免遭瘟疫之灾。

花王圣母祭——亦名花婆祭。壮族民间宗教性节日。农历正月初一举行。据传,花王圣母乃执掌生儿育女神祇,亦是孩童守护神。无论男孩女童,皆圣母庭院所种神花的花朵。故,壮家妇女一旦生育,即于床头墙壁,扎野花一束,作圣母神位。每年正月初一晨,孩童起床,首先即跪地叩拜圣母,祈求保佑新年安康、吉祥。

花婆祭——参见"花王圣母祭"条。

环江土主节——广西环江壮族民间农祀节日。农历正月初一至初十举行。据说,土主神专管老虎鬼怪之类,以守住村口,不让老虎鬼怪进村,保人畜平安为己任。人们对其非常崇敬,年年行祭。土主庙一般建于村旁,形制很小,高约三尺,宽约九尺,深两尺许,内立两块长条石,代表"土主神"。节间,村民各自择日往祭。供品多是香烛、酒肉,另要做些小木刀、木枪、斧头、竹链(象征铁链)之类,祭毕留庙中,以作土主神抵御虎豹豺狼、魑魅魍魉之新武器。如此设祭,以保村寨安宁。

红苗洞歌会——布依族民间传统歌节。流行于贵州红苗一带。农历正月初一至初三举行。节间,须采撷黄花、枫树叶、三月花,以煮染五色糯米饭奠。据传,吃这种饭可使姑娘美丽如花,小伙挺拔像树。主要活动是赛歌:从初一起,赛歌场即热闹非凡,男女老少放声高歌,老人唱古老叙事歌,年轻人唱缠绵情歌,孩童学着大人唱各种歌曲。对歌场上,男女青年还要互相抛接花包,谁接不住,则须受罚表演节目。对歌中,有些姑娘趁人不备,悄悄将精心绣制花包送给心上人。小伙有意,则回赠手帕、毛巾等物,照例通过对歌增进情感,以至订下婚约。另,人们还常进行踢鸡毛毽、打格螺等娱乐。相传,唐代有名乔仙的布依女歌手,常以山歌抒发爱憎情感,讽刺头人贪婪无道,引起头人忌恨。一天,她上山砍柴,头人便派人跟踪。乔仙攀缘山藤上崖时,跟踪者即斩断山藤,使之坠崖身亡,其时正值正月初二。后,人们即在乔仙遇难之日聚会赛歌,以缅怀这位民族女歌手,日久成节。

屏边花山节——亦称踩花山。苗族民间传统节日。流行于云南屏边,故名。农历正月初一至初六举行,数千之众参加。节前,好心肠老人便为青年们选好宽阔坡地,并立一根十米高花杆,修整道路,砍伐荆棘,为青年"踩花山"做准备。初一,青年们盛装结队,从四面八方拥向花杆坡地。午,老人们跳起芦笙舞,祝青年们找到称心情人,活动宣告开始。小伙们翩翩起舞,有意舞到姑娘圈,窥她们容貌。姑娘亦暗中窥视心中所爱。若小伙选中目标,即解下横背腰间的雨伞,向着姑娘撑开。姑娘若不中意,则迅速绕圈躲避。姑娘中意,则双方同撑一伞,各倾爱慕。另外,男女还须对歌,增进了解。若双方真心相爱,便在初六前,拜见双方父母。倘头次交谈不合,则予一般朋友应酬。初六达节日高潮,以斗牛结束。人们各自牵来肥壮黄牯(或水牯),让其角斗,奋力相抵。围观者频发阵阵喝彩。最终获胜者,披红挂绿,主人亦得意而归。花山节结束。

屏边踩花山——参见"屏边花山节"条。

坐花场——苗族民间传统节日。流行于贵州贵定、龙里一带。农历正月初一至十五举行。当地苗族妇女习用海贝做装饰,因称"海苗"。其村落均有一花场,在附近向阳坡,用竹、藤栅栏围就,正东或正南置门,场内挖五六个火塘,各备干柴、木炭。初一早餐后,姑娘们纷纷带上针线、布料、小板凳、粑粑、糯米团等,拥进花场,生火,围坐火塘。外村小伙唱歌"征询"可否入场。把门中年妇女,逐一审视、安排,与姑娘配对落座,轻歌细语交流。未相中者,自动告退。入夜,扩大至场内外对歌。节俗:节间家务,全由男人承担;本村小伙,禁入本村花场;已婚妇女,专有简易花场,做刺绣,拉家常;小姑娘们,则在"打闹花场"玩耍。

布依族跳花会——亦称布依族跳花。贵州布依族民间娱乐社交节日。农历正月初一至廿一日举行。花场选在平坦大草地,旁有清澈小河与满含花苞的桐树林。节间,数以千计男女青年着民族盛装,欢聚跳花场,吹"嘞友"和木叶,弹月琴,伴美妙乐声,歌舞欢娱,寻觅意中人。双方有意,则悄然走出人群,去河边、树下互诉爱慕,不少情侣因此定下终身。另外,有的村寨还上演布依民间戏,吸引更多人到场观赏。廿一日跳花会结束;廿二日称"牵羊日":凡在跳花会相爱订婚小伙,依俗须把姑娘带回家认亲,戏称"牵羊"。

布依族跳花——参见"布依族跳花会"条。

牵羊日——参见"布依族跳花会"条。

俗雅蝈——亦称迎青蛙奶奶节。贵州罗悃一带布依族民间传统节日。农历正月初一举行。布依语"俗"乃迎接之意,"雅蝈"为青蛙奶奶。节前,由村民推举一妇女扮乞丐,做"雅蝈"化身,象征饥饿不堪而豪吃一切害虫的青蛙。初一晨,各家在堂屋摆好稻谷穗、粽粑、刀头肉等,迎候"雅蝈"。"雅蝈"提篮背袋,手舞足蹈,走进每户家门,随心拿取祭品,并吼叫骂人。据说,闹得越凶狠,预示来年越吉祥;如不够癫狂,主人须想方设法激怒其大骂。"雅蝈"须在初一走完寨内各户。相传,很久前,布依人稻田甚多。一年,谷禾长得比任何一年都好。谷刚抽穗,却飞来许多害虫,群聚田里,蚕食谷禾。见此情景,人们束手无策。六月初六,大伙正一筹莫展,只见青蛙精率大小青蛙赶来,纷纷跳到田边地角,捉杀害虫,很快就给灭光,使谷子丰收。为感谢青蛙大恩大德,人们就在每年正月过大年时,扮成青蛙,走家串户,欢乐纪念。最初,"雅蝈"由多人扮演,日久,才由一人承当。此节或为"别雅蝈节"之地域性变体,可资参详。

迎青蛙奶奶节——参见"俗雅蝈"条。

正月祭萨——族称"祭大祖母"。侗族民间盛大祭祀节日。流行于贵州从江、黎平等地。"萨",侗语意为"祖母",此祭亦称"祭祖母"。祭期因地有异:或农历正月初一至初七,或正月初七至十五日。相传,旨在纪念古代侗族女英雄杏妮。这个坚强勇敢、才智超人的姑娘,不甘忍受欺压,组织侗家百姓反对土豪劣绅和官军镇压,被地方官兵困于从江县九层岩。她坚贞不屈,跳崖就义,化为一座岩石,守护着侗家山寨。后人缅怀她,尊其为"萨",并在各村寨建"祖母堂",供一块九层岩的岩石,以示杏妮驻足本寨。是日,雄鸡啼鸣。主管祖母堂的老者打开大门,摆上鸡、酒、茶、肉等供品。人们鸣枪、吹笙,即行祭萨。寨中最年长、辈分最高老人,着青色长袍,套紫色坎肩,戴小青帽或包青色头帕,按严格礼仪入堂,启动祭礼。男女青年肃立堂外。待长者给"祖母"敬献供品后,来到鼓楼坪上,男手搭肩,女手牵手,各自围成圆圈,载歌载舞,起"踩堂歌",赞颂"祖母"功绩,表示由衷怀念。祭祀活动十分隆重,有的村寨历三天。全寨聚集鼓楼坪,青壮男子扮当年杏妮"款兵",身戴弓弩利箭,腰束青色布带,脚穿禾草鞋,手持刀枪长矛。炮一响,"款兵"即由鼓楼坪齐集"祖母堂"边,每人向"祖母"敬茶一杯。主持者念祭萨词,后领唱一首怀念"祖母"的歌曲。再后,发号令,放铁炮三声。"款兵"们即向寨外冲去,朝天放排枪炮,表示在野外战斗。返回,每人用枪杆或梭镖杆戳一稻草扎成的人头,表示割了对方将士首级,得胜而归。演习结束,参加祭萨的男女青年,还要歌舞、吹笙,尽情欢乐。

祭大祖母——参见"正月祭萨"条。

德亚——僜语,意为趋吉避邪,因此亦称祭鬼节、送鬼节。西藏僜人民间宗教节日。每年春节间或秋收季节择日举行。届时,各寨由"刮亚明"(巫师)主持,宰牛祭鬼,保人畜平安。仪毕,众聚餐,吃肉喝酒,纵舞欢歌,常通宵达旦。青年男女借机连情择偶。

僜人祭鬼节——参见"德亚"条。
僜人送鬼节——参见"德亚"条。

瑶乡陀螺节——贵州荔波瑶族民间竞技娱乐节日。农历正月初一至十五间,陆续举行。当地多为白裤瑶,节俗"赛陀螺"独特。届时,小伙们上山砍小碗口粗坚硬木头,锯作半尺长木段,削成锥状体,大头刻一道槽,内缠一根绳,并留一线头。赛时,由长者任裁判,发"定根"令,赛手们即将陀螺大头朝上立地,一手摁陀螺,一手拽绳,使陀螺原地转动裁判下令"开打",赛手们便甩开鞭子抽打,使陀螺不停飞转;转速减慢时,不断加鞭,以转时最长取胜。

酬山会——亦称酬山节、鸡足山朝山会、朝鸡节。白族传统节日。流行于云南鹤庆鸡足山等地。农历正月初一至初十(另说十五)间,由各寨各户自行择日举行。旨在祭祀山神,感谢山神赐给一切。届时,全家老少穿戴整齐,带上鸡、鸭、鱼、肉、烟、酒及糖、茶等一应祭品,到附近山林僻静处,用大片树叶折叠成碗和茶杯形状,盛入所带祭品,即焚香、化纸、叩头膜拜。祭毕,全家就地而坐,吃完带来食物,最后放鞭炮敬送山神。

酬山节——参见"酬山会"条。
鸡足山朝山会——参见"酬山会"条。
朝鸡节——参见"酬山会"条。

白族祭海神——云南白族渔民祭祀节日。春节期间,或鱼汛到来前,择日举行。届时,渔民面湖(海)聚会,设供全鸡、全鱼、汤饭、甘蓝饭等,祭海神,祈打鱼平安、丰获。

纳西族送寒衣——云南丽江纳西族民间传统祭祖节。农历正月初一至十五间,择吉日举行。届时,人们各备一些衣物、饭菜,到自家祖坟祭拜祖先。开始,在墓前供一碗饭和四至六碗不同菜肴,让祖先在寒冬先尝一口热饭。全家再面对祖墓烧香磕头。最后,刻意将所带衣物悉数焚烧,谓"送寒衣"。据传,只有烧送衣物,祖先魂灵才能收到,穿上平安过冬。

达斡尔族祭天神——族谓"祭腾格里巴尔肯"。达斡尔族民间宗教节日。农历正月初一举行。信奉萨满教的达斡尔族,认为天神可祛灾降福,年年宰牛杀猪举祭。届时，宅门紧闭，外挂一双靴子，或渔网、网绳之类，示意谢绝来人。将一木杆，横放正房西南角，盖上棉被，旋念诵祭词："为遵守许过的愿，有像簸箕样的耳朵，有像黑果样的眼睛，有翻地的嘴，有绶子般的尾，有凳子般的腿，有叉子般的蹄，有黑呢绒般的毛，有腻人的肥脂，把可爱肥壮的牲物，供奉您面前！"念毕，将所供扒皮，取内脏在院中设灶煮熟，摆香案前，焚香明烛，叩拜天神。祭毕，举家共食牲礼之肉。食毕，将一节脊骨及四蹄挂木杆上，悬于右侧篱笆。有些地方，只闭大门，不挂靴子，但须派一男人持弓箭站屋顶守卫。民间传：古时，初次设祭者，苦于自己无牲礼，则去偷他家小牛，怕留下蹄印，就把靴子套在牛腿上，返家后才将靴子脱下，挂于门上；又怕被发现家中有牛，便关上大门。棉被盖横杆，则为挡住"吉雅其"神眼睛，不让其看到杀牲祭天。持弓箭守屋顶，为防外人发觉。

祭腾格里巴尔肯——参见"达斡尔族祭天神"条。

仡佬族灯杆节——亦称立灯杆。仡佬族民间盛大节日。流行于贵州仁怀一带。农历正月初一举行，历半月许。节前，各姓族长召集各家长会商，衡量参加人数、活动规模，按各家经济情况，酌纳菜籽油和坛坛酒。节间，各村寨男女老少，纷纷盛装赶到灯杆堡，用绳子把一盏大灯笼升至杆顶，照耀族人团聚，义寓"前途光明"。半月间，灯光日夜通明不熄。男女老少在灯杆下祈神，通常由老年人领焚香烛，率众对着灯杆磕头作揖，祝家人平安，五谷丰登，六畜兴旺。后，举"打篾鸡蛋"活动：人数不限，分两组，将篾鸡蛋弹来弹去，失手落地者为输。比赛时，观众甚多，气氛热烈。另外，青少年竞相打秋千，悠然摆荡，似彩蝶飞舞，笑闹不绝。有的，则对唱山歌，跳芦笙舞，在歌舞相伴中，悄然连情。娱乐结束，各自拿出坛坛酒，在坛中插上一根打通节眼的小竹管，痛快吸吮。男女老少你传我递，相邀做客。无酒量者，量力品尝；有酒量者，开怀畅饮，一醉方休。正月十五节日结束，山寨仍散发浓浓酒香。

仡佬族立灯杆——参见"仡佬族灯杆节"条。

祭喜利妈妈——亦称祭祖节。锡伯族民间祭祀节日。农历春节至二月初二举行。"喜利妈妈"乃锡伯族供奉之女祖宗。据传：古时，为使后人不忘祖先，商定每家屋宅自西北往东南拉一条线，称"喜利"，意寓"传世接代"。先在线上挂一摇篮模型，此后所生男孩便挂一用红线扎的小弓箭，祝其今后成为善射勇士；若生女孩，则挂一红头绳，祝其今后成为美丽善良姑娘。兄弟分离出家者，须重新拉线；若新一代降生，便挂一羊腿大关节骨，做分代记号。今有变化：出现以挂锄、犁、镰等，示男丁；挂布条、毛巾等，示女孩。平日，将上述象征物装袋内，挂墙上，待年终除夕取出，自西北墙角拉到东南墙角；待二月初二祭祀完毕，再装入袋，挂回原处。制作喜利妈妈用物，须于本村人丁兴旺、辈数齐全人家征集，邀请家族中辈分高、年纪长、子孙满堂者制作。故此，喜利妈妈可以记录一家之辈数、人口和男女数等，既称福荫子孙之神祇，又是各家之神化"家谱"。所有宰猪人家，皆将猪头特意留在春节食用，以祈吉祥。

锡伯族祭祖节——参见"祭喜利妈妈"条。

德昂族祭寨神——云南德昂族民间宗教节日。农历正月初一举行。寨神，由村寨族众在寨中或寨旁,选定某棵大树,为其象征。祭前,全寨停止生产,不出远门;有的地方还要求人们皆沐浴洁身。届时,各户先将糯米饼摆在神树前,作为祭品,再由寨中长老祈神,保佑人畜平安。年轻人敲击铓锣、象脚鼓,平添祭祀气氛。祭毕,长老将糯米饼分给所有参祭者。其时,还要派一人守住寨门,不让外人当天入寨。澜沧一带德昂祭寨神,各户须制一根碗口粗、头部削尖称"买法空"的木矛,祭祀时用新矛替年前旧矛,以象征村寨团结如新,不遭邪恶侵犯。

鄂伦春族祭北斗星——族称"祭奥伦"。鄂伦春族民间传统祭祀节日。流行于内蒙古、黑龙江接壤之大小兴安岭。农历正月初一(或旧年除夕始)举行。据考,此祭源鄂伦春先民天体崇拜。其先民以渔猎为生,往往昼夜出没深山老林。夜幕中,难辨方向,渴望有神灵指路。天象千变万化,而北斗星恒定不移。他们便将其神化,倍加崇敬,代代祈佑,积久成俗。节夜,家家男女老幼祭祀各种神灵,更要烧上七炷香,面北叩头敬拜北斗星,祈神保佑全家平安,狩猎顺利。另认为,北斗星年年夜夜长在,象征长寿,乃长寿星。年末祭祀,天增岁月人增寿。此刻拜祭,意祈像北斗星那样长寿不衰。

祭奥伦——参见"鄂伦春族祭北斗星"条。

鄂伦春族祭太阳——族称"祭得勒饮"。鄂伦春族民间传统祭祀节日。流行于内蒙古、黑龙江接壤之大小兴安岭。农历正月初一举行。据考,源于其先民之天体崇拜。古俗,赓续至今不衰。节晨日出,各家男女老幼走出屋外,面东烧香叩头祭拜,祈求太阳神,赐福消灾。祭毕,人们回屋,按辈分序列入座就餐。平时,人们遇到苦难,也要向太阳神诉冤祷告,祈神帮助解除。遇日食,人们认作黄狗在吃太阳,竞相敲盆击鼓,叩首祭拜,全力"抢救"。

祭得勒饮——参见"鄂伦春族祭太阳"条。

革人踩青节——贵州黄平待识族别革人民间歌舞娱乐节日。农历正月初一举行,历两日。据传:八百年前,革家祖先迁徙到此,发现这是宜猎宜耕之地,便用樟木做成祖鼓,一连廿四昼夜,欢歌纵舞庆贺,遍学林中百兽动作,最后学成"猴子打滚舞"。故,跳"猴子打滚舞"便成了节日主要活动。届时,由两男子头戴红帽,扎两只红布猴耳朵,穿红马甲,边吹芦笙,边模仿猴子打滚等行为动作,十分逼真滑稽,不断让围观者们捧腹大笑。如是一场又一场,周而复始,不断换人表演。乡人们十分尽兴。

弥勒菩萨圣诞——佛教节日。农历正月初一举行。流行于汉区诸多佛寺。素传,布袋和尚乃弥勒化身。《宋高僧传》载:布袋名"契此",亦号"长汀子"。他圆寂之日,至浙江奉化岳林寺东廊,打坐一磐石偈曰:"弥勒真弥勒,分身千百亿;时时示世人,世人自不识。"偈毕,安然逝之。人们念此甚奇,认定其乃"弥勒化身",遂遵其形,塑"弥勒菩萨像",安放天王殿中,并以布袋生日作"弥勒诞辰",年年祭拜。弥勒信仰,始南北朝。其祭继代绵延,直至当代。

天腊——道教重要节日。农历正月初一举行。传为"五帝校定生人神气时限长短"之日,道教因设坛举法事以庆。《云笈七签》卷三七载:"正月一日名天腊,五月五日名地腊。"天腊之辰,即正月初一日之庆典。

初 二

祭财神——汉族民间传统古节。农历正月初二举行。届时,家家举祭,供以鸡、活鲤鱼等,燃香烧纸,叩拜财神。其间,孩童们尤其活跃,纷纷向附近住户串售各种材料制作的"财神",愿购者付给一两枚铜钱;不愿购者,只答"已有",绝不可答"不要",以避不吉。入夜,家家吃形似元宝的馄饨,意寓"招财进宝"。此节已泯。

万荣祭祖节——汉族民间传统怀祖节日。流行于山西万荣一带。农历正月初二举行。据传,旧时县城西部杨家村令狐氏,十子百孙密谋造反,事露,皇帝派兵抄斩。个别族人幸免,逃往高家庄一带,改姓张。后人为祭祀被害祖先,遂于被害之正月初二,举祭祖仪式,相沿成节。届时,家家摆香案,点香烛,长跪拜,祭亡灵。

莆田做大岁——汉族民间重要传统节日。流行于福建莆田一带。农历正月初二至初四举行。据传,明嘉靖四十年(1561)十一月间,倭寇侵兴化(今莆田),涂炭生灵;至次年正月方撤兵。初二,难民返乡,泪流满面庆光复,约定初四补过"大年夜",称"做大岁";定初二为"探亡日",竟日闭门不出,以哀悼罹难乡人。然,若初一已往亲友家拜年,初二便不再忌讳。

莆田探亡日——参见"莆田做大岁"条。

踩花山节——亦称踩花山、花山节、跳花场、跳米花场、踩场、踩山。苗族民间盛大传统青年联谊节日。广泛流行于滇东北、滇南、黔西北、川南诸苗族村寨。节期因地有异:分别于农历正月初一、初二、初三,二月十四至十六,六月初六,七月十六至十八等时段举行,持续六天以上。尤以正月初二为盛。节前,寨中老人选择附近山上某开阔空地,竖立花杆,悬长约三尺红布一块,米酒一壶,满场张灯结彩。节俗极为复杂。如:届时,各村寨苗家蜂拥而至寨间开阔坡地,围着节日标志"花杆"高歌纵舞。花杆选挺直、高大青松或柏树,上扎鲜花、彩旗。公认好心肠人(或无子壮男),担任"花杆头""花山主人",赶在黎明前把花杆竖好,主持节庆,三年一换。节仪开始,他先向来人敬酒、祝福,旋宣布开场。霎时间,花山场内外锣鼓齐鸣,鞭炮声、铜炮枪声,此起彼伏,鲜花、彩旗迎风招展,各种欢庆活动先后开始进行。人们对唱山歌,跳三步舞、蹬脚舞,打"芦笙架"(用芦笙对调),跳狮子舞,围着花杆遛马、斗牛,花山场一片欢腾。青年男女借机连情择偶。一旦相爱,小伙以花裹脚、花围腰带赠姑娘,姑娘则以千针万线亲手绣制花帕、包头回赠。跳狮子舞乃节日重要项目之一,哪一架狮子跳得好、爬得高,则奖以酒水、猪头;还斗牛,选手们从各地牵来高大雄壮大黄牛相斗,优胜牛由主人牵至花杆前,绕杆一周,享受披红挂彩。黔、桂一些苗区,正月过节日期不一。民国时期编撰的《马关县志》载:"自初一始,苗男女皆新其装饰,多自远方来……来者日众,累百盈千,肩摩接踵,诚盛会也。早食即毕,山场已开。……场中吹笙者,既吹且舞。屈其腰而昂其首,足或飏矣,手或翔矣。盘旋经复,姿态万端,而观众则认为艺术已美不可及。"节日起源传说纷纭。最初,祭祀苗族祖先蚩尤,后演变为娱乐活动。另传,此节源自民间美丽的姑娘桃花和憨哥反抗强暴的故事。

正月踩花山——参见"踩花山节"条。

花山节——参见"踩花山节"条。

跳花场——参见"踩花山节"条。

正月跳米花场——参见"踩花山节"条。

正月踩场——参见"踩花山节"条。

正月踩山——参见"踩花山节"条。

玉溪米线节——汉族民间祭土地神节日。流行于云南玉溪地区。正月初一开始,至二月初八结束,因此亦称"二月节"。届时,人们将土地爷请出庙来,巡游各村祭祀,祈求五谷丰登,六畜兴旺。土地爷抵某村之日,即该村"米线节",全村以米线招待亲朋好友。节期毕,送土地爷归庙,节日欢娱活动达高潮。

二月节——参见"玉溪米线节"条。

苗族跳月——苗族民间男女社交娱乐节日。流行于贵州贵定、福泉、龙里、开阳等地。农历正月初二至三十日,由各苗族村寨轮流举行。亦称"跳芦笙舞"。届时,男女青年都精心打扮,竟着最心爱衣装;尤其姑娘们,在女朋友或母亲帮助下,打扮格外艳丽。届时,人们从四面八方汇集跳月场,小伙们转圈吹芦笙,边吹边跳;姑娘们踏着笙曲起舞,观众兴高采烈地围观。史籍《黔南识略》载:"孟春合男女于野,谓之跳月,择平壤为月场,以冬青树束植于地,缀以野花,名曰花树。男女皆艳服,吹笙踏歌跳舞,绕树三匝曰跳花。跳毕,女视所欢,或巾或带与相易,谓之换带。然后通媒妁,议聘资,以妍媸为盈缩。"从记载可知,"跳月"乃男女连情择偶社交。每日中午至下午结束。散场时,主方小伙、姑娘们,分别邀请新旧朋友到家做客,飨以酒饭佳肴。昔时,新开月场跳月时,客人来了,寨老(寨首)要杀猪款待,一般人家煮甜粑相迎。今,主办村寨,家家户户提前备甜酒、糯米粑、腊肉、香肠和血豆腐等,待客甚厚。随着生活变化,节日已增篮球赛等体育项目,还进行商品交易。

跳芦笙舞——参见"苗族跳月"条。

彝族祭山节——亦称阿乌祭山节。彝族支系阿乌人民间农祀节日。流行于云南弥勒、泸西、路南等地山区。农历正月初二,以村寨为单位举行。节前,由贤达长者主持,商议凑钱买一头活猪,备祭。届时,各户派一精壮男子参加祭祀。人们着干净衣装,带上祭品,汇聚祭场。主祭长老让人们将青杠栗树枝插神树四周,让杀牲者按人数等量分鲜肉,挂树上;旋观察太阳晒卷栗树叶情况,卜年成:叶直卷,成玉米棒子形,卜丰年;横卷如饭勺,卜歉收。后长老从附近石缝取出圆形山祖石,用清水洗净,绿叶裹好,敬放神树下。人们依次向山祖石前狩猎神鲁特,供奉祭品。长老默念祷词,率众叩拜。祭毕,撤祭品,宴饮。席间,举行学布谷鸟叫,攀捕鸟雀等项目,向漫山遍野鸟雀发起"总攻",并将捕获鸟雀穿成串,挂火塘烘干,待种荞时节,再食用,以"警告"众害鸟别来糟蹋庄稼。祭毕,各人带回分得鲜肉,饷未临祭场者。

拜姑爷节——彝族传统婚俗节日。流行于云南峨山一带。农历正月初二,多以村寨为单位举行。届时,将本寨近几年内出嫁姑娘及姑爷,一起接回本村,先给各家姑爷送大红拜帖,旋由村里龙灯队、狮子队、花鼓队及大头和尚,逐一到各家拜年贺喜。姑爷所在人家,则须让姑爷放鞭炮欢迎,送给大家糖果糕点。有的村寨,还要把全寨所有姑爷请到一起,举行团拜,让各家姑爷在这种集体场合里显示自己的智慧和才干。此时,姑爷们既拿出糖果、瓜子请大家分享快乐,还将自己种的各种作物种子,分送大家,以显示自己的才能。传,此俗已历上百年。

祭石猫猫——彝族民间传统节日。流行于滇东曲靖东山镇境。农历正月初二举行。"石猫猫"乃石老虎俗称。当地彝族素有石虎崇拜。人们将青石雕成石老虎,置于村口,视之为镇寨神物。每年是日举行公祭。届时,"毕摩"率村众肃立石老虎面前,上供香烛、水饭,祈祷新年吉祥平安。

巍山认祖节——彝族传统祭祖节日。流行于云南巍山县山塔地方吴姓彝家。农历正月初二举行。当地吴姓彝族分三支。节前,各支民众分别集资,养一头猪、一只山羊,以备过节祭祀。节天,人们把猪、羊集中到吴姓宗祠,集体宰杀,供奉祖先。祭仪十分隆重:人们将宰杀后的全猪、全羊之口插上松毛,趴着摆上木板,同时还供香烛、纸钱、茶、酒、果、糖、糕点等祭品。后,全族男女老幼按年龄、辈分站成多排,跟随主祭人叩首跪拜。祭祀旨在将吴姓宗支先后去世亡灵请来团聚,互相认亲。祭毕,人们大办筵席,聚餐宴饮。其后,还要举行热闹的踏歌活动。

怒江澡塘会——傈僳、怒、白诸族民间传统节日。流行于云南怒江畔。农历正月初二至初七,在怒江边有温泉之处举行。届时,族人不分男女老少,纷纷前往,背着毯子、被子,带着炊具、吃食,在岩壁下、石洞间,铺上干草,构建六天的"家"。人们吃饱喝足,跳入发烫的简易石砌温泉澡池,男女共浴,一则洗浴健身,舒展劳累筋骨;一则洗掉身上晦气。旋三五成群相聚,谈天说地,对歌跳舞。商贸摊点兜售各种一应商品。其间,交错举行上刀山、下火海表演,射弩、荡秋千等比赛,更有通宵达旦的赛歌。据传,这一实为狂欢节的澡塘会,已延续上百年。

福安白年白——畲族民间传统节日。流行于福建福安一带。农历正月初二举行。据传,节肇明嘉靖年间,东南沿海屡遭倭寇侵袭,百姓蒙难岁月。嘉靖四十一年(1562)年关,倭寇来犯,畲民逃避山中。除夕,戚继光率军击退倭寇。百姓于正月初一返家团聚,打扫清洁,重起炉灶。初二,至亲友家探望,了解有无遇难未归者。此后,人们即把此日称"探亡日",悼念为国捐躯志士与蒙难亲友,畲族称"做白年的日子"。届时,凡过去一年有人病亡之家,都要备猪首、糍粑、酒菜等礼品,在厅堂贴白纸,摆香案,祭奠死去亲人。此日,男女老少禁忌串门。

福安探亡日——参见"福安白年白"条。

做白年的日子——参见"福安白年白"条。

景颇族吉达——云南景颇族传统社交游乐节日。族称"宁打"。农历大年初二举行。届时,同寨、邻寨男女青年相互约伴,带着水酒、米饭、鸡蛋、粑粑丝等食物,去野外山上景色秀美宜玩之地,唱山歌,跳集体舞,说笑嬉闹;举行打靶比赛,景颇语称"汤跌"(打靶比赛):靶子乃姑娘所做小线包,挂指定范围树枝,小伙用火药枪射击,只能打线,不可打包。打中者,靶子主人贺以酒肉。姑娘们常示意相好选择自己做的靶子,对方若打中,即谓吉兆,倾慕倍增。赛间,情侣们谈情说爱,互赠礼物。姑娘们多向意中人送亲手绣的手帕或装饰筒帕(景颇族独有挎包)的小花带、小绒花等；小伙们则往往以"必叔"(景颇人织布用的一种梭子)、扇子和一种耳饰回赠。随后，大家重新聚集，拿出各自的酒肉食物，共同煮食野餐。饭后，一同玩乐。年长一些者，领头唱山歌，祝福吉利。入夜，情侣们步入山林深处，吟唱脉脉情歌，倾诉缕缕衷肠，深夜方归。

景颇族宁打——参见"景颇族吉达"条。

布朗族唱灯——布朗族民间传统艺术节。流行于云南省施甸县。农历正月初二至十五日举行。主要内容：季节性业余唱灯队，登门为邀请唱灯人家表演。节前，唱灯队成员聚集，祭"郎神"牌位，祈保佑唱灯顺利，财源茂盛。旋开始扎灯：方形、瓜形灯各两盏，姑娘灯(花灯)一盏；另扎一顶花轿(类旱船，舞者可架身上表演舞蹈)。准备毕，即派人往有条件邀请唱灯人家送灯帖。主人收下，即表欢迎来唱灯，安排时间接待。唱灯队事先认真排练。唱灯期间，"郎神"牌位前的油灯长明不熄。往唱时，两盏四方灯在前，紧随姑娘、瓜形灯、花轿车和武术队。灯队后簇拥热心观众。灯队进主家大门，将五盏灯笼高举厅堂，灯队主管先唱贺年词，祝福主家。紧接表演：先以花轿为中心，众舞者载歌载舞祝福，旋接武术、杂耍。内，刀舞、棍舞打得呼呼生风，观众喝彩，搞得主家喜气腾腾。唱灯毕，主家赠以米、酒和钱酬劳。灯队如是遍"各家"，甚至附近各寨，直至正月十五夜。

普米族驾牛节——族称"车幸节"。普米族民间农祀节日。流行于滇西北普米族山寨。农历正月初二举行。节晨，忌讳跨进别人家门槛，免致不吉。习惯用红纸将自家耕牛额与角裹上，拉到田地里耕一回地，以祈新年五谷丰登，六畜兴旺。后，人们带着佳肴和酒，赶着牛，参与祭祀仪式。祭场设村外。届时，由村寨德高望重老人主持，从各家所献饭菜各舀一点，放于牛群前青石板上，再倒些黄酒，以犒劳牛只耕田辛苦。小伙们旋为牛喂肉、饭，给牛灌酒。主祭者象征性驾牛犁一回田，然后众人放牛。

普米族车幸节——参见"普米族驾牛节"条。

初　三

西宁送神节——汉族民间祭祖拜年节日。流行于青海西宁一带。农历正月初三举行。届时，人们早起，备佳肴、果品、香蜡、纸钱，去给祖先上坟拜年；午后，于坟边点燃以松木垒成井字形"松蓬"，叩头拜年，后撤供品。其全过程，俗称"送神"。

广东送穷日——俗称穷鬼日。汉族民间传统信仰节日。流行于广东地区。农历正月初三举行。届时，人们把屋内打扫干净，污物送往田野焚烧，并点香火，叩首，口占吉利话语："穷鬼去，福星来。"此日，忌串门，免将"穷"晦带给人家。其他许多地方，多于破五"送穷"，广东缘何初三举节，待考。

广东穷鬼日——参见"广东送穷日"条。

拉卜楞寺正月祈祷大会——藏传佛教拉卜楞寺宗教节日。流行于甘肃夏河。农历正月初三举行。历五天。其间，每日七次聚会大经堂或讲经场。喇嘛念经，祈佛教兴旺、天下太平、天堂安乐之类。节期以下，分阶段赓续：十三日"亮佛"，即"展佛节"，将释迦牟尼、阿弥陀佛、宗喀巴等长宽数丈绣像，列陈夏河对岸山坡，大法台作法，各活佛公馆各派一代表由扎喜扎卜丹神殿往佛像前念经。土地神饰着老虎跳舞、冲撞，既打场子，亦悦众；铁棒喇嘛执鞭维持秩序，僧官宽肩大臂，格外肃穆庄严。漫山遍野善男信女，跃跃欲试，都想触触佛像边沿。十四日"大跳"（藏谓"掐姆勤"），此前已念经十天，蒙畏恐金刚及法王首肯。舞者伴奏凡二十人许。舞时，同念"阎王铁城"大威德经。经堂门左，挂法王像，意以法王饰阎王，镇压阎王凶暴，并驱一切恶鬼。据传，班禅一世以神力到理想国亲眼所见，故凡参加此会者，到理想国后皆有官职。十五日晚，举"酥油花供"（略同塔尔寺庙会）。十六日，抬着未来佛"转古巴"，即制服僧众拥佛像，出经堂向右，绕寺一周，意为释尊前有过诸佛，后有未来诸佛。另传，正月初一至初八，释尊与外道竞赛，佯败对手；而初九至十五，却大显神通，摧毁各路外道。

拉卜楞寺展佛节——参见"拉卜楞寺正月祈祷大会"条。

跳墨都——藏族苯教节日。流行于甘肃甘南州等地。农历正月初三举行。届时，全村男人上山，杀鸡宰羊，先祭神灵，由苯教祭师煨桑、诵经，后在固定地点举行活动。限某一氏族成员参加，所用祭品轮流摊派。祭毕下山，等候村口的妇女敬酒慰劳祭山男子；祭师则将祭山灰烬撒于她们头上，为之驱魔、祈福。接着，祭师诵经，引领长幼男人跳"墨都"，其他氏族成员相随伴跳，且向村里移动，至平坦场地，祭师领头正式进入"跳墨都"：摆螺旋形阵势，跳本氏族部落迁徙历史、战斗功绩等。男跳"墨都"，女则跳"卓尔"。达高潮，男队冲散女队，"卓尔"结束，而"墨都"舞队则前往遭灾乱人家，围绕火塘转几圈，镇邪、驱魔，主人以酒相谢。舞队随即移往村子另端，表示已将邪怪驱逐出村。

黄南神舞节——藏语称拉什则。藏族民间宗教节日。流行于青海黄南州同仁扎毛乡牙什当、麻什当等地。农历正月初三至初九举行。已历数百年。据传，很久以前，无边无际天空刮起一股飓风。风后，出现许多海洋，内一最大海洋中心露出一座巨大金宝。金宝上出现一座大山，周围有七座小山环抱；七小山周围各有山水；山上有一巨大菩提树，树根扎在天间阿修罗的城池，树梢直插玉皇大帝三十三层天上；树上结长寿果，食之者万寿无疆。每逢此树开花结果，天间阿修罗与三十三层天的神兵神将，为争夺长寿果，经常发生恶战。某次战斗，三十三层天的神兵神将败北。危机中，玉皇大帝请来人间十三位战神，击败天间阿修罗将士。为感谢十三位战神，玉帝在天堂举祝捷盛会，以西王母为首的十二位地母仙女，纷纷赴会，并表演各种优美神舞。后来，十三位战神中之伏敌神，转世人间，成为一员勇猛战将，被派驻同仁扎毛上头山上。他到此，人地两生，觉得寂寞，便将十二位地母神给十三位战神所跳神舞，传给扎毛一带百姓。从此，每逢新春佳节，当地四乡八寨藏族群众，尤其小伙，竞着节日盛装，手执羊皮鼓，兴高采烈会集，跳欢乐神舞，祝愿新年地方平安，牛羊肥壮，青稞丰收，万事吉祥如意。世代相传，至今不衰。

拉什则——参见"黄南神舞节"条。

串年坡——苗族民间传统节日。流行于贵州中部织金一带。农历正月初三举行,历五天。此与相关地区的踩花坡、跳坡等,同属一类型,皆男女社交活动。届时,在村旁山坡,竖一根花树,亦称"花杆",上挂一条红布,长一丈二尺六寸。树周摆许多石头,供男女青年就座,另堆放许多柴草。届时,男女青年盛装聚集花树下,围坐石头,点燃篝火。客寨小伙子们边吹芦笙或者口琴,边同主寨姑娘们摆谈、唱歌。时近中午,开始对歌,先由主寨最佳女歌手登场。她每唱完一歌,便在红布上打一个结,一直将其要唱的歌,依次唱完。她打的结,多达十几、几十个。后,由小伙中善唱歌者对唱,每唱完一首,解开一个结,把所有的结解完为胜。若小伙所唱不沾边对谱,男女青年便哄堂大笑;若小伙一一对答姑娘的歌,且有条有理,那姑娘即将最漂亮的衣服脱下,搭上花树。若获胜小伙中意姑娘,便将其衣服、红布取走,托媒凭衣服和红布,去姑娘家求婚。此节热闹非凡,常有大方县、安顺和贵阳,及与织金毗邻的他乡男女纷至沓来,人山人海。

打背节——苗族男女青年择偶节日。流行于云南富宁里达、睦伦、木央、田蓬等地。农历正月初三至十五,在风景优美的山坡,或人们便于集中的较大村寨近旁举行。届时,小伙、姑娘们皆认真梳妆打扮。小伙有的执"土电话"(用鸡肫皮蒙于竹筒一端,内系一根麻线代表电线),有的提着画眉笼,成群结队、喜笑颜开拥出村寨。姑娘们则拿着口弦,蹦蹦跳跳,满面春风,走向活动地点。至午,现场人山人海,一片笑语欢歌。小伙、姑娘们四下观望,寻机冲出人群,去敲打中意者的背。开始,小伙冲到姑娘跟前,一手挽其脖子,一手蒙住眼睛,让其他小伙轻轻打姑娘的背;而被打者嘻嘻哈哈,假意挣扎;一旦挣脱,便捉住小伙,同样偿还。整个场地,男女互相追逐,嬉戏欢跳,热闹非常。"打背"乃挑逗性亲密活动。待彼此看中,即选择僻静处打"土电话",对唱情歌,互诉衷情。此节缘起乏考,但至今盛行。

刀梯会——亦称上刀梯、上刀会。苗族民间传统节日。流行于湖南湘西州、贵州松桃县等地。节期因地有异,多于农历正月初三或初四举行;一些地方,于元宵节前之寅日或戌日,乃至每逢赶年场或重大节日举行。节日起源传说纷纭:一说纪念民族英雄吴八月打响反清第一炮,即利用"刀梯会"聚众;二是纪念勇士石巴贵为民除害。上梯前,举行穿街仪式:数十人身穿红衣,包红头帕,戴冠叉,插马鞭,披柳旗,由持牛角师刀巫师领头,列队向刀梯场进发。他们持锣鼓和小旗,到场后环绕一周,再排列两行。穿过头街、二街之后,旋举老君传法仪式:台下扎阴桥一座,拜法者跪桥头,身背包袱、雨伞、草鞋等。桥上摆一水碗,内放银镯一只。桥边站立众接法人,有传度师、接法师、引度师、东王公、西王母等。传法毕,始上刀梯。掌坛师用一只大公鸡,举放煞、封刀、开刀仪式,口念咒语,咬鸡冠出血,涂在刀上,众巫师便脱鞋赤足上刀梯。引度师先上,次为新坛弟子上,其后不论次序。上梯者,由一边上,另一边下。达梯顶要吹牛角,后口念咒语,鞠躬磕头,并表演倒挂金钩、大鹏展翅、观音坐莲、古树盘根等高难动作,令观者胆战心惊。上梯活动毕,新坛上梯弟子肃立台上,旁边二人扶着上刀梯者,让其连翻三个跟斗,再将烧红的十多张犁口(铧口)排成一列。待巫师念法三遍,他们便赤足踩于烧红犁口,慢行数步。此绝技,今已罕传。

上刀梯——参见"刀梯会"条。

上刀会——参见"刀梯会"条。

花苗祭祖节——苗族支系花苗民间传统节日。流行于贵州安顺一带。农历正月初三举行。节前,先扎好一男一女纸人,象征祖先,供堂屋左侧,将一块猪肉、盐巴、一筛糯米粑,摆在其前,作为祭品。届时,主祭者左手端碗净水,右手拿一竹枝,逐一忆提祖先名讳,按提名先后,请祖先依次洗脸、洗手,以便享用祭品。之后,提来一只老母鸡,自左至右,绕纸人一圈,以示将其呈祖先拿去传种接代:给祖先一只,续后代千万只。再后,摆一供桌,陈食品,再次如上提及祖先名字,请他们吃节日饭,喝节日酒,吃饱喝足,高高兴兴回归,继续赐福后代。通常以家族设祭,祭毕,纸人拿到寨门焚烧。此节已渐泯。

整英坡会——苗、侗两族民间传统迎春娱乐节。流行于广西融水北部山区。农历正月初三举行。据传,此会已历两百余年。会址原在扣寨,因活动人数剧增,改在整英,故名。届时,远近村寨男女老少,竞着民族盛装,蜂拥而来。中午时分,铁炮轰鸣,芦笙队由壮汉撑着硕大"万民伞"开道,一寨老撑内藏驱魔辟邪"务呆"(寨神婆)油纸伞相随,装扮成唐僧、孙悟空、猪八戒、沙僧师徒手执禅杖断后,再后则是各寨芦笙队、歌舞队簇拥,浩荡巡游,旋举芦笙大赛。中老年则举行趣味横生的斗鸟赛。文化体育部门组织民族歌舞演出、篮球赛、象棋赛、电影放映、烟火晚会等。其间,坡坪边、村道旁的饮食、百货、农副特产等摊点比比皆是。

凤山歌节——布依族民间传统娱乐节日。流行于贵州凤山镇。农历正月初三举行,历七天。届时,镇周百里布依和侗、苗、汉等族,不约而聚凤山,进行对歌、斗鸡、斗牛、赛马等活动。男女青年借机寻找意中人,所唱多是热情、缠绵情歌。老人们到歌会,旨在对后代进行民族历史教育,所唱多是古歌、叙事史诗。中年妇女尤其热衷"讲古"。突出娱乐是斗鸡,当地称鸡打架、比雄,先在地上画一长方形斗鸡场,居中画一横线为界,两侧各画一圆圈。斗鸡双方抱鸡蹲于圈内,只待裁判号令"放鸡",便同时放鸡相斗,自身退出场外。斗鸡每局二十分钟,或分胜负,或打平。余兴未了,次日继续。斗鸡规定:不准呐喊助威,驱吼激鸡,等等。斗牛更是歌节高潮。两牛抵斗,万众呐喊围观,热烈扣人心弦。获胜牯牛,依例披挂红绸,主人亦得奖励。现今,歌会已渐集娱乐、商贸于一体。

侗族朝龙——侗族民间传统龙灯节。流行于黔东南剑河县南明一带。农历正月初三举行,历两天。届时,挑头寨子敲锣打鼓,舞新扎制龙灯,前往本寨指定"龙脉"所在地,举行开节仪礼:燃香、奠纸,唱诵吉令。初四晚,正式"出龙":龙灯队前往本村、外村,向无男孩人家送"龙子"。主家准备在先,龙灯临门,举家烧香、点纸、放鞭炮相迎。送方"灯头"念唱新年添子吉令,接"龙"寨欲"求子"人家,纷纷请龙灯队到家做客,办数桌酒席;"求"而得子人家,则带母鸡、红蛋、糖、酒等礼,往灯头家谢报"龙外婆";来年此时,灯头事先告知得子人家"龙外婆"来贺日期,届时主家自然盛情款待。

黎平抬官人——族称"店宁蒙"。侗族民间传统娱乐节日。流行于贵州黎平肇兴一带。农历正月初三举行。届时,由一青壮年扮官人,戴礼帽,着官服,乘坐滑竿,由四人扮轿夫,抬至鼓楼坪。官人每经一处，百姓便吹芦笙、鸣铁炮相迎。侗妹递茶送水。官人喝完，即赠红包回谢。行程中，会遇到衣衫褴褛者拦路，索取钱财，官人照例把钱献出。另，会遇到士卒，乞讨压岁钱。行至鼓楼坪，姑娘们便拉住滑竿，以唱歌盘问，智取官人囊中之财。官人滑竿之后，有一队随从，身穿各种衣装，扮富人、乞丐、农夫、猎人，模拟挖地、耕田、射击等，手舞足蹈，表演各种滑稽动作，博取观众大笑。其后，是身着节日盛装的姑娘，每人一手打雨伞，一手提竹篮，篮内盛米花、糯米粑粑等食品。她们来到鼓楼歌坪，即将篮中食品依次而有礼地赠送寨老和踩歌堂诸后生，表示节日慰问。

店宁蒙——参见"黎平抬官人"条。

侗族月贺——侗族民间传统友好社交聚会。流行于贵州黎平、从江等地。"月贺"，译意集体交往、做客；"贺年"，即新年旅行，多于农历正月初三至十五日；"贺八月"，从八月十五至十七日；"贺轮"，即芦笙交往，多在秋收后择吉日举行。"月贺"形式、日期，因地而异。每次"月贺"，各村寨皆敲锣打鼓，燃放鞭炮，杀猪宰羊，筹备丰盛酒席，热情款待客人。成群结队客人入寨，须唱赞美主寨风物人情的歌；到鼓楼后，客人要唱赞美鼓楼的歌；通过姑娘设置路障时，客主双方对唱拦路歌；到主家后，要唱赞美主人勤劳、贤惠、房屋建造优美的颂歌；宴席间，要唱酒歌；饭后，客人要唱感谢歌、收碗歌。整个过程，歌声悠扬清脆，十分悦耳。客人告别时，全寨男女老少盛装欢聚鼓楼坪。宾主共同"踩歌堂"作别，以毛巾、糯米饭、猪肉、米酒等相赠，希望两寨常来常往。

侗族贺年——参见"侗族月贺"条。
侗族贺八月——参见"侗族月贺"条。
侗族贺轮——参见"侗族月贺"条。

田林铜鼓节——瑶族民间重要节日。流行于广西田林一带。农历正月初三至三十日举行，以始、终两日揭鼓、埋鼓为高潮。届时，由寨中最孚众望老者主持，领举寨盛装男女老幼，带上猪肉、糯米饭、米酒，会聚鼓坪，挖出埋地下的两铜鼓，置坪央，唢呐、长号齐鸣，鼓声大作。众围铜鼓翩翩起舞。鼓手站立两鼓间，用一根粗藤制作鼓槌，铿锵击鼓伴奏。此后廿余日，歌舞不断。收鼓之日，欢舞再掀高潮，将铜鼓重新埋入地下，宣告一年一度佳节结束。

瑶族送懒节——湖南永州瑶族民间传统节日。农历正月初三举行。流行于宁远北部、新田等山区瑶寨。届时，各家纷纷打扫室内卫生，把春节抛丢宅内的瓜壳、果皮、鞭炮纸屑、垃圾杂物等，统统挑往村外焚烧。一路燃放鞭炮，称"送懒"。焚前，须点烛化纸，焚香祭拜，旨在讨吉兆，意寓新年干干净净，平平安安。

土家族摆手节——土家族民间盛大歌舞节日。流行于黔、湘、鄂广大土家村寨。农历正月初三举行，历十三天。主要内容是跳"摆手舞"，为欢庆春节、祭祀土王或先祖八部大王（神）时所跳民族舞蹈，土家语称"舍巴日""舍巴巴"，汉译"甩手"或"玩摆手"，故亦称"玩摆"。"玩摆"分"大摆手"与"小摆手"：前者乃表演军功之战舞，盛行于湘西龙山马蹄寨、鄂西来凤卯洞寨，三年一次，于当地摆手堂举行；后者，乃祈祷丰收之农祀舞，年年举行，舞场昔择摆手堂内，今多在寨子、寨口坪坝。内容含娱乐、生产及日常生活。

舍巴日——参见"土家族摆手节"条。
舍巴巴——参见"土家族摆手节"条。
玩摆手——参见"土家族摆手节"条。

玩摆——参见"土家族摆手节"条。

社巴节——亦称舍巴节、调年节、调年会。土家族民间盛大综合性祭祀节日。农历正月初三举行。个别地方,在三月或五月,如湘西古文田家祠一带,即于三月过节。节俗极丰,誉称"土家族文化荟萃"。除祭祀酬神外,更多男女风情、婚姻习俗。活动有严格祭祀仪式、丰富表达内涵。内茅古斯(用族语演唱的一种简单戏剧)、摆手舞、梯玛歌、打溜子、咚咚喹等数十种表演形式,尤其独具风采。届时,姑娘竞着盛装,小伙各背鸟枪大刀,老人们携带孩子,带着水酒、猎物,会聚摆手堂,奏起深沉鼓乐,吹起咚咚喹,燃起熊熊篝火,高歌纵舞。盛况惊世,清代土家诗人彭家铎有赞:"福石城中锦作窝,土王宫畔水生波。红灯万盏千人叠,一片缠绵摆手歌。"

舍巴节——参见"社巴节"条。
调年节——参见"社巴节"条。
调年会——参见"社巴节"条。

土家族祈禳节——湖南土家族民间宗教节日,旨在娱列祖神祇,祈人寿年丰。农历正月初三至初七间,择日在鬼堂举行,历三天。届时,男女老少聚集鬼堂前,杀猪置供,焚香摆酒,由巫师梯玛掌坛主祭:先由其请神,后把打来山禽、野兽及当场杀死家畜供上。人们旋跳摆手舞,围成圆圈,男女相携,摆动双手,踊跶进退,气氛极为热烈,后由扮装表演茅古斯表演。扮演者全身披稻草,头扎几根草辫子。锣鼓伴奏,载歌载舞,戏分五段:一为扫堂舞,表现扫地,唱十二月生产歌;二为打猎舞,表现磨鹰展翅,赶野肉;三为钓鱼舞,表现猫儿跳,钓鱼;四为接新娘,表现打粑粑,砍火畬;五为茅古斯学读书。

老莫得纳顿沙——汉译"跳驱魔瘟神舞"。青海土族民间宗教节日。农历正月初三举行。届时,人们聚集寺庙,煨桑,点灯,上香,叩头致祭。跪候神谕后,由若干青年戴凶神恶煞面具、古装神衣或翻穿皮袄,腰系梢铃带,手持五尺棍,在神器导引下,挨门挨户跳神舞,驱魔鬼,赶瘟疫。

跳驱魔瘟神舞——参见"老莫得纳顿沙"条。

畲族请祖节——畲族传统祭祀节日。农历正月初三举行,历十二天。此节乃畲寨之间轮流保管祖图和祖牌之一次供奉活动。畲族先祖盘瓠,因助皇帝平息外患,娶公主为妻,婚后携公主迁居深山,生三男一女,长子姓盘,次子姓兰,三子姓雷,女婿姓钟,由此繁衍而成畲族。族人把盘瓠传说绣成画像,称"祖图"。届时,由德高望重族长主祭。开始,锣鼓钹铃齐奏,爆竹齐鸣,畲民把米酒、蔗糖、糍粑同三牲(鱼、肉、鸡)奉献给开垦这块土地的先民,既感恩戴泽,亦祈祷丰收。然后,畲族巫师代表各家户主上疏、祷告,下面开始游村祠,队伍顺序是日、月牌,龙头杖(祖丈,畲族图腾主要标志),"清道"黑边白旗(两面),"代天征番,招有功者为驸马"旗幡,"原序""敕书"布旗,彩绘龙虎方旗(两面),红白布相间的三层凉伞,八角香亭(内放祖图、祖牌)。回祠途中,由族长举龙头杖,另两男两女举四个特制龙头杖(男左女右相对,双手上下合举),齐唱《盘古歌》和《龙杖歌》,左右穿梭式前进。游毕,开始表演。内容是畲族始祖龙麒渡海作战,得诸神帮助,战胜番王回朝,高辛皇帝赐予游天下,耕山放猎等情景。由巫师领头,跳矫健有力"猎捕舞",将请祖推向高潮。20世纪50年代起,此节渐泯。

苦聪卡腊节——亦称安贺别贺、安贺别别节。拉祜族支系苦聪人民间传统节日。流行于云南新平，农历正月初三举行。相传，很久前，苦聪人不会种庄稼，更不会饲养家畜、家禽，吃食靠采集野果、挖掘地下块状根茎及狩猎获得，生活甚无保障。某日，一个叫卡腊的苦聪人，在密林采挖野薯时，忽见一群画眉和梨哈（鸟名）在草丛啄食几种呈黑亮、紫红和金黄色的籽粒。他很好奇，便采集一些带回家，撒在地里。翌年，春雨落地，种子发芽，长出绿色幼苗；秋后，竟然抽穗。他将这些穗粒采摘下来，即得到今天的荞子、高粱和苞谷。之后，卡腊学会自种庄稼，请大家来品尝其收获的谷物，并传授生产技能。日后，他又学会编网捕鱼、支扣子、捕鸟、套野兽等等。他既传授这些方法，还让大家把捕得鸟雀、野兽等，用木栏、竹围圈起来喂养，渐而形成苦聪人原始饲养业。卡腊死后，人们感念他，在每个苦聪寨子各选一棵高大栗树，作为卡腊化身，每逢正月初三（卡腊忌日）献物祭奠，代代相依，久而成节。节间，全寨人会聚大栗树下，跟随祭司诵唱，频频跪拜。毕，由一儿孙满堂长者为孩子们拴红线、绿线，男女各系左、右臂，后举寨共吃祭饭，喜悦而归。

安贺别贺——参见"苦聪卡腊节"条。

安贺别别节——参见"苦聪卡腊节"条。

敬白石——四川阿坝州羌族民间节日。农历正月初三举行。届时，各家一大早即在自家屋顶举祭白石。"白石"乃羌族奉为神灵之一种白色石英石。祭品多是柏枝，人们焚烧早已备好的柏树枝条，柏枝杂陈湿叶，焚烧烟雾缭绕，益增浓烈气氛。此时，便拿酒、青稞馍等献祭。相传，古时芦花羌族俩老祖宗打架，一人用白石打死另一人。后人即奉那白石为神灵，常常敬祭。民谚云"白石头放在路上，黑石头放在路边"，足见白石头地位之高。据说，端公（羌族民间职业巫师）帽上的三个角，其中第一角即表"黑白分明"，认为白色代表公正合理，而黑色代表邪秽。羌族屋顶镶放白石，意在以正压邪，保佑住户平安。在羌族聚居区，白石成了多种神的化身，或将其奉为太阳神（羌语"阿布确克"）放屋顶，或奉其为寨神、年神、山神，安放寨边山野，定时祭祀。节日，羌人常安放新白石于屋顶小竹笼，抑或三年安两次，有的不再重新安放，长祭最初白石。

仡佬族祭山神——贵州安顺普定窝子仡佬族民间宗教节日。农历正月初三举行。主要节俗乃祭山、祭树，因此亦称祭山节、祭树节。据考，此节源自远古崇拜，仡佬先民居穴、栖树，后世对山、林感恩，神而化之以祭。节日午后，除难以行走者外，全部村民带鸡、酒、饭、菜及碗筷、桌凳用品，聚集山上或山脚草坪，由寨首将每年十户人家轮流提供之十只鸡（公、母各五）宰杀，制鸡血酒，序循长幼，面对山林，跪祭山神、秧苗、土地。另，族长带领族属，带上香蜡、纸钱、鞭炮、糍粑、酒菜等，到村寨高大古树下，供奉祭品，燃放鞭炮，酒洒树周，培土除草，依序跪拜，祈人寿年丰。

仡佬族祭山节——参见"仡佬族祭山神"条。

仡佬族祭树节——参见"仡佬族祭山神"条。

初 四

灶神节——汉族民间传统节日。农历正月初四举行。广行大江南北及若干边区。正月初四为"羊日",老皇历占羊,常言"三羊(阳)开泰",故为恭迎灶神返民间之吉日。灶神乃中国古代神话传说中的饮食之神,俗称灶王爷。是日,他奉命自天界下凡。人间各户须守家中,备三牲、水果、酒菜等,焚香点烛,燃放鞭炮相迎。北方一些农村,流行"绑火神",用玉米梗或麦梗绑在棍子上,点燃后自家中送到河里,祈求家里一年无火灾。还有些地方,举家吃折罗,以迎灶神送火神。

绑火神——参见"灶神节"条。

跳硐节——苗族民间传统节日。流行于贵阳花溪区高坡。亦称正月跳硐,黔中苗族支系西家人称"西家芦笙会"。农历正月初四、初六、初七、初八,各举一天。毗邻龙里县、惠水县苗族,亦赶往参加。届时,小伙着蓝色长衫,包黑头巾,手执五尺长芦笙,向传统跳硐地点,边走边吹;姑娘扮得五彩缤纷,头缠数丈长头巾,前额头巾缠得像小木船般高高翘起,衣袖由一长一短两节彩布连结,背着精绣背牌,前腰系绲红边长围腰,后腰挂黑色背腰。除戴满精美头银饰外,耳环、项圈和手饰一应俱全。到场中老年人,皆穿戴一新。跳场是个大山硐,乃家族或氏族公共丧葬场所,硐葬、岩棺葬(放置灵柩)之地。小伙在内吹芦笙,带头起舞,姑娘按其节拍变化,翩翩尾随。活动常因人多地狭,移到寨边敞坪进行。活动以村寨为单位,参加者多达数百,皆着盛装。老少观者围圈,里外三层,欣赏芦笙吹奏、服饰和舞姿比赛。相传,古时有一对青年男女,男名甸王,女名甸利。两人相爱,却被族规拆散殉情。人们将其置于硐中,并在内吹笙、跳舞悼念,久而形成硐葬、跳硐之俗。

正月跳硐——参见"跳硐节"条。

西家芦笙会——参见"跳硐节"条。

湘苗拜年——湖南湘西州苗族民间传统节日。农历正月初四至十二(至迟不过十五)举行。其间,至亲者纷纷携厚礼,互相拜年。主方常请求客方住三五天,尽情叙谈、饮酒作乐,客返,送给糯米粑等年礼。新婚女婿拜年,送礼更厚,有糯米粑、酒、肉、糖果、糕点、面条等,少者一挑,多则两挑。女婿必往,否则,岳父家派人迎接,谚云:"六月盼行雨,正月盼郎女。"婿至岳父家,必获盛宴款待。所送礼品,岳父分送房族兄弟,兄弟们排好门次,以美酒佳肴迎接。女婿返回,既送糯米粑等礼,亦送给衣料。他地苗族,亦兴拜年,形式大同小异。

嘎直坡会——苗族民间传统芦笙娱乐节日。流行于广西融水四荣乡荣塘村一带。农历正月初四举行。据传,节始明末清初,旨在祈祷人寿年丰。届时,元宝山下方圆数十里,男女老少盛装纷至沓来。正午,人们围聚大芦笙,在鞭炮声中,且吹且舞。十数堂芦笙震得山鸣谷应。男女青年通过"讨花带"等形式,连情择偶。之余,照例举行斗马、赛马、赛芦笙等活动,直至夕阳西下。入夜,各户以糯米饭、糯米酒及酸鸭、酸鱼,款待来客。夜深,情侣们悄悄"走妹",吊脚木楼飘出情意绵绵歌声。

翁吟河跳花场——布依族民间娱乐节日。流行于贵州惠水翁吟河一带。农历正月初四举行,历三天。届时,翁吟河布依人任场主,广邀周边、邻县苗、汉等族参加。是晨,寨老们将上书"风调雨顺"大红幅系于长竹竿,将竿绑于一根圆木,随即宣布"立花树"号令。人们在铁炮、鞭炮、芦笙乐曲声中，将其竖立于事先挖好的土坑中。之后，大家绕树吹笙、跳舞。傍晚，寨老们邀请苗族芦笙队进寨做客，去院坝跳芦笙舞。主客互相致贺，后，大伙围炉火对歌，常通宵达旦。初五，各芦笙队继续争相献技，高潮迭起。初六早饭后，全寨乡亲和苗家芦笙队，聚集花场。场主宣布"放花树"，鞭炮鼓乐齐鸣，芦笙队吹奏乐曲，自右向左绕树三圈，后由专人将树放倒，取下红幅，交寨老珍藏。节日至此结束。苗家芦笙队告别回寨，布依乡亲热情相送，邀明年再来。据传，惠水布依原本不跳花场，只因翁吟河一带逢春常遭冰雹袭击，火灾频仍。诸寨人心惶惶，疑阴魔作怪。寨老们认定，只有经过寨民踩踏跳跃，才能上升阳气，压住阴气，从而祛祸得福，便仿照苗家跳花场，自设跳花场，每年定时不辍，久而成节。

傈僳族澡塘会——亦称澡堂赛歌会、温泉赛歌会、汤泉赛歌会、温泉诗会。傈僳族民间传统歌节。流行于云南怒江一带。怒江峡谷两岸傈僳人素有"春浴"之俗，沿江温泉皆其欢浴之所。正月初四举行，历三至十余天。节已历百余年。据传，很久以前，登埂一带有俩美丽姑娘歌声极优美，引来众多青年男女唱歌、对歌。一恶魔向天神告恶状，说歌声搅乱了天地安宁。天神遂将她俩化成金山、银山。俩姑娘毫不屈服，化作无数苍松翠柏，势欲刺破天穹。天神震怒，便在两山上钉七颗大铁钉，罩七口大铁锅。不久，两山脚淌出两股热血，旋变作两股热气腾腾的温泉。人们怀念俩坚强姑娘，年年到此为她们歌唱，久而演变成赛歌会。节间，男女分两拨，围成圆圈，女手拉手，男手搭肩，双脚按节拍移动，不断交换位置。各圈皆由对赛男女歌手领唱，众应合之。歌词大多即兴创作，随感而发。在六库一带，以抒情长诗《汤泉恋歌》为主题，唱一对情侣在此三度相会的恋爱故事，场面尤烈。夜幕降临，人们围着熊熊篝火，边赛歌，边品尝各自带来的美酒佳肴，常常通宵达旦。

澡堂赛歌会——参见"傈僳族澡塘会"条。

温泉赛歌会——参见"傈僳族澡塘会"条。

汤泉赛歌会——参见"傈僳族澡塘会"条。

温泉诗会——参见"傈僳族澡塘会"条。

独雄庙会——羌族宗教节日。流行于四川阿坝茂汶土门一带。正月初四举行，历三天。相传，独雄大王任土门地盘业至。当八大王攻四川，打到土门东时，独雄兄弟九人（另说七、十二人）变作无数黄蜂，飞进八大王兵营，将其士兵一个个蜇得鼻青脸肿，惊慌失措。八大王大惊，疑为天神相助，急令撤兵。土门百姓遂免遭一场兵灾。独雄大王死后，人们特建雄庙，每年定期跳神缅怀。节间，各村组成十余人的跳神队，头戴鸡毛花冠，手执三叉棒，聚集庙前跳神。初六夜，庙前燃起篝火。跳神队巡游各村，至庙前散会。众人旋分神火，各家高擎所得火把，带回自家灶中，以示带回吉祥幸福。

窝罗节——阿昌族民间纪念先祖盛大节日。流行于云南德宏梁河地区。农历正月初四举行。窝罗，阿昌语意为在屋旁欢乐。相传，先祖遮帕麻和遮米玛，一编好"天"，一织好"地"，开天辟地，创造人类，并教其打猎、捕鱼、生火、驯养、记事，使人类在美丽富饶大地，得以幸福生活。许多年后，忽然天网破裂，风狂雨暴，大地一片汪洋，人类陷入苦海。俩先祖齐心协力，用三根线缝好东、北、西三边的天，南边天无线可缝，只好建造南天门，以挡风雨。另，率人类奋力抗灾，恢复正常生活。不料，狂风与闪电孕育出了火神（旱神）腊訇。恶魔嫉恨人间幸福，造一假太阳钉在天幕，让酷热天气烤得人类和万物生灵痛苦难忍。俩祖先不顾补天劳累，又与腊訇激战多日，最终巧用剧毒草药"鬼见愁"，毒死恶魔，并用弓箭射落假太阳。人们再获新生，幸福如往。阿昌人为感激两位先祖，每年农历此日，皆举庆典，赓续至今。节前，人们在预定庆典寨坪，用竹木搭起四米见方、高约一米的窝罗台坊，并在中央矗两块牌坊，其一上绘光芒四射太阳，另一上绘静谧星空和皎洁月亮。俩牌坊下方，分别绘阿昌男子、妇女彩像，象征俩始祖。除此之外，牌坊还绘阿昌妇女筒裙花纹节花。据传，此乃当年孔明南征七擒孟获时，为阿昌族特制，状若一士兵手执戈器，寓意鼓励阿昌把守边关，保卫疆土。牌坊顶端，高耸一把巨大木刻满弦弓箭，象征先祖射落恶假太阳神箭。箭头刻意取阿昌妇女包头标志。包头高达一尺半，为举国各族罕见。节晨，远近村寨阿昌男女老少竟着节日盛装，会集窝罗台四周。仪式开始，先由俩长者面台虔诚鞠躬，众人肃立，聆听长者吟诵先祖业绩。之后，主持人唱开场歌，鞭炮齐鸣，锣鼓喧天。人们把一碟碟精制供品、一束束鲜艳山茶花，敬献台上，频频鞠躬称颂。礼毕，人们痴醉围台，唱"则勒扎"和"则勒玛"，跳窝罗舞，热闹非凡。此日，还举行春灯、武术表演等娱乐以及物质交流活动。夜，青年男女围火塘对歌，不时去歌场外小溪旁、林荫下谈情说爱。

柔若祭山林——亦称祭天节。云南怒族支系柔若人男性祭节，禁女性参加。农历正月初四、初五举行，另说节期不定，或在每年桃花将开时，择日过节。届时，人们聚于寨子近旁核桃树下，举祭。祭仪由"禹谷苏"（巫师）主持，供品猪、鸡、羊各一，示杀生祭天，祈人寿年丰。祭毕，当场分食祭品，禁带回家。祭场附近树木称"神林"，禁砍伐、狩猎。近代基督教传入后，此节渐泯。

柔若祭天节——参见"柔若祭山林"条。

接路头——亦称抢路头、迎五路财神、路神生日。汉族民间传统节日。流行于江、浙等地区。农历正月初四夜至初五举行。清蔡云《竹枝词》云："五日财源五日求，一年心愿一时酬；提防别处迎神早，隔夜匆匆抢路头。"方言曰"初四迎财神，初五接财神"，即初四子夜，备供羊头、鲤鱼（寓吉、余）等祭牲及糕果、香烛等物，鸣锣击鼓，焚香礼拜，虔诚恭迎财神。初五俗传路头财神诞辰，遂于初五零时零分，敞开大门、窗户，燃香蜡，放爆竹、烟花，吃路头酒，直至通宵，贯通初五财神诞辰，称抢路头、接财神。

抢路头——参见"接路头"条。
接财神——参见"接路头"条。
迎五路财神——参见"接路头"条。
路神生日——参见"接路头"条。

初　五

破五——亦称破五节、五忙日、忌针日。汉族民间传统节日。流行于北京、河南及江淮等地。汉族春节之延续，农历正月初五举行。节俗因地有异。北京等地，是日忌外出串门，免致人家不祥。河南等地，女不做针线、炊事，男不耕耘、商贾，免倒霉。江淮等地忌俗更多，女不用生米做饭、不出门，商不开市，农不动土，谁也别动刀剪，免招灾。涡阳县一带，一日三餐均放鞭炮驱邪，儿童亦于入夜提灯笼去房前屋后、路口、井边驱邪，各家均烧纸祭祖，趋吉辟邪。此节今已式微。

破五节——参见"破五"条。

五忙日——参见"破五"条。

忌针日——参见"破五"条。

山东五马日——亦称赶五穷、送穷媳妇。山东部分汉区民间传统节日。于当地传为马日之农历正月初五举行。东方朔《占书》载：正月初五为"牛日"，初六为"马日"。而山东一些地区，则称正月初五为"五马日"，并以当日阴晴占骡马吉凶，竟日晴空万里，则骡马兴旺。初五前，禁妇女出门串亲，使用剪刀做针线活，亦禁将生米、生面、生菜下锅。此日，禁止拜年，家家须鸣放鞭炮，以"赶五穷"。

山东赶五穷——参见"山东五马日"条。

送穷媳妇——参见"山东五马日"条。

倒五穷——亦名送穷日、破五，俗谓破五儿崩穷。汉族民间节日。流行于河北北部、山西雁北等地。于当地传为牛日之农历正月初五举行。主要节俗为放鞭炮，以噼啪作响，赶走"穷鬼"。据考，"五穷"即"五鬼"，本义乃星命家所谓恶煞（凶神）之一，取象于鬼宿第五星。唐韩愈赋予新义，指智、学、文、命、交（结交、来往）五"穷鬼"。后世，汉族民间演绎为钱穷（缺少钱财、经济拮据）、粮穷（五谷歉收、食不果腹）、寿穷（体弱多病、寿路短）、吉穷（缺少平安、家庭亲戚邻里不和）、命穷（命运悲戚、郁郁寡欢、人生坎坷）等。

送穷日——参见"倒五穷"条。

牛日破五——参见"倒五穷"条。

破五儿崩穷——参见"倒五穷"条。

临潼送穷节——亦称赶五穷，俗称填五穷。汉族民间传统节日。流行于陕西临潼一带。农历正月初五举行。届时，人们早起即用竹竿挂上鞭炮，从房中一直放到大门口，以赶走贫穷。各户三餐佳肴，饱食终日"填五穷"，寓一日吃饱，终生不穷。宋陈元靓《岁时广记》引《文宗备问》载："颛顼高辛氏时，宫中生一子，不着完衣，宫中号为穷子。其后，正月晦死，宫中葬之，相谓曰'今日送却穷子'。"据传，自此而成"送穷"之俗。另，唐《四时宝鉴》，亦有类似记载。

临潼赶五穷——参见"临潼送穷节"条。

临潼填五穷——参见"临潼送穷节"条。

宁波财神日——亦称五路日。汉族民间商贾传统节日。流行于浙江宁波一带。传为财神爷诞辰日，农历正月初五举行。届时，人们，尤其商贾，晨即清扫店铺，以糖水洗祭盘、杯碟，或剪开红纸，贴于两条大鲜活鱼眼上，待祭毕往江边放生。祭前，房中高悬关公像，文、武财神伴左右，商贾人等须沐浴更衣，燃香明烛，摆果品、糕点及十二杯清茶（蕴十二个月），用七牲盘盛猪、羊、鸡、鱼、鹅等供奉。祭品摆陈颇讲究，猪、羊须头朝屋门，覆红纸，称"全猪全羊"；鸡、鹅须雄性，寓"鸡啼鹅叫"；鱼用鲜黄鱼，寓"金条"。祭仪接财神，须将纸马、金银纸元宝，纷纷投炉盆，火焰越高，寓生意越红火，店铺越发财。另，老板须请邻里、来客"吃财神酒"，头道菜吃状若元宝的大蛤子。

宁波五路日——参见"宁波财神

日"条。

香客迎财神——汉族香客宗教节日。流行于湖北各地及陕、豫邻鄂地区。于传为财神爷诞辰日农历正月初五,在归元寺、长春观(武汉)、武当山(十堰)、四祖寺、五祖寺(黄梅)、章华寺(荆州)、关帝庙(当阳)等地,分别举行。

菩萨出嫁——藏族民间宗教节日。流行于四川阿坝大金县绰斯甲。农历正月初五举行。当地俗传:土司官寨及各大寺的菩萨,此日"出嫁"。届时大喇嘛照例高抬木头菩萨,围转村外四周一圈,以保新年吉祥、平安。人们则一连数日,玩狮灯,跳猴戏,隆重庆贺菩萨"出嫁"。

黔苗踩年坡——简称踩坡,亦称跳坡。黔西北苗族民间传统节日。农历正月初五举行。节俗略同他地苗族跳花、跳场,而突出以花杆作为标志的求子信仰。故,主办者多为求子心切人家。届时,主家在村中设花场,将一匹红布挂花树,接待、招待邻村来客,尤其吹、拉、弹、唱、舞之人。头年得子者,送酒一坛至花场,表谢意;未得子者,则于活动结束,请几位青年抢走花树。某些村寨,主家提前请父、母、儿、女俱全男子作为代表,再请几位青年扛着花树,一路放鞭炮吹唢呐,送来门下,闻声主动出迎,口念:"滚进不滚出,滚进主人大堂屋;堂屋装不下,拿去买田又买坝;买块大坝好养马,买块大田养鱼虾;喂得好马跑千里,喂得鱼虾千斤大。"来客们齐接:"祝你发财又发家,明年生个胖娃娃!"主家旋请众入席欢宴。节间照例举行跳芦笙、对歌、赛马、赛球等。姑娘们一天换几套衣装,特意要穿平日珍藏的上系铃铛的花扇背,借机亮赛女红。此节或与隆林跳坡节互为地域性变体。

黔苗踩坡——参见"黔苗踩年坡"条。
黔苗跳坡——参见"黔苗踩年坡"条。

平卯坡会——苗、侗两族民间传统迎春祈丰收节日。流行于广西融水拱洞乡一带。农历正月初五举行。届时,人们竟着盛装,带上甜水酒、糯米饭、酸鱼、酸鸭,扛着芦笙,云集平卯寨底河边。午时,各寨寨老敲锣鼓,执芭芒草,为各寨芦笙队、歌舞队开道,绕场三周,谓"痴打"(赶走场上鬼魔邪气),旋即纵跳抒情浪漫的"踩堂舞",唱"多耶",如诗赞"巧裁天上紫云袍,几度坡前浮亮丽"。"踩堂"之后,各寨照例大赛芦笙,直至夕阳西下。其间,亲友们纷纷相聚对饮,畅叙家常。男女青年则借机连情择偶。

神仙田歌会——布依族民间传统纪念性节日。流行于贵州安龙南盘江畔。农历正月初五至初七,在云塘乡洞洒寨旁"神仙田"举行。节间,当地布依及附近各族青年男女,竞着节日盛装,以木叶、姊妹箫、月琴声引路,结伙赶歌会。他们尽情玩乐歌唱,在"浪哨"中物色情侣,常通宵达旦。传说,此节源自纪念王仙姑的故事。仙姑下凡,有仙气伴护,自幼怀非凡神功。为让穷人有田耕种,便在家乡洞洒寨后大石板上用手指画了一坝坝田土,人称"神仙田"。但,凶狠官家和土司却横行霸占。仙姑主持正义,怒火中烧,天天习武,用走阴(类巫术)发动群众。清嘉庆二年(1797)正月初五,仙姑卖柴时遭官家毒打。她怒抡扁担,将官家痛打一顿,奋然率众起义。战斗中,仙姑大显神威,屡败官军。起义最终失败,仙姑英勇就义。为歌颂、缅怀仙姑,让子孙后代记住这位民族英雄,布依寨老们决定每年正月初五至初七,即仙姑领导起义时间,举行"神仙田歌会"。

瑶族小元宵——瑶族民间岁时节日。农历正月初五举行。流行于宁远、蓝山、道县、新田等地。届时,各家摆出好酒、荤菜,开怀畅饮。夜,对歌舞龙。此节后,即投入生产劳动。十五日,再举"大元宵"。

白族葛根会——云南白族民间传统节日。农历正月初五举行。流行于大理古城北门外文笔村等地。主要内容为吃葛根,游三塔。据传,节始唐代。届时,人们聚集苍山脚下的崇圣寺三塔旁蜿蜒里许长街道,买葛根,吃葛根。葛根,藤本植物,从萝卜至碗口粗,形状各异,富含大豆黄酮、淀粉、异黄、葛素,苦味蕴甜,消食,醒酒,去油腻。夕阳西下,散场返家。

咿咿悟——白族民间驱妖祈福节日。流行于云南大理洱源一带。农历正月初五夜举行。传说,从除夜开始,天仙纷纷下凡,一些妖魔混杂其间作祟。它们只怕初五夜儿童的"咿咿悟"辞言,余都不怕。故,每年此夜,五至十岁男女儿童,便成群结队去村民家发"咿咿悟"。每到一家,主人都很热情。儿童们齐声朗诵"咿咿悟"歌谣,祝主家新年平安顺利,五谷丰登,家畜满圈。儿童们常按着主人要求吟诵。主人感谢他们,照例送给食物、柴火和乳扇。最后,孩子们围成一圈,烧食各家所送食物。

正月拉歌节——傈僳族民间传统歌舞节。流行于云南陇川、盈江一带。农历正月初五举行,历两天。另说初一至十五间,择吉日举行。主要内容为唱歌,跳嘎舞。节前,修整跳嘎场,以松枝、彩纸,打扮得五彩缤纷。届时,人们盛装自四乡八寨聚此。汉、景颇、拉祜等相邻各族,纷纷前来助兴。白天,射弩、射箭、爬杆、打秋千、高跷竞走;夜纵情欢歌,跳嘎舞,经常通宵达旦。

畲族开年驾——畲族民间传统节日。农历正月初五举行。开年驾,意为一年开始,过完此节,即驾牛春耕。旧年除夕,进行大扫除。大年禁忌扫地。至初五,才由家长领子孙们,各自操起锄头、扫帚、备畚箕,从大门一直扫到卧室,连厨房、鸡舍、鸭圈、猪栏、牛栏、羊栏亦不例外。家人边扫边喊:"各物祖公,年驾已开,今日送你归天位。有桥莫涉水,有路莫搭船,伙伴相随。快去!快去!"扫除毕,全家团聚喝糖茶。小孩喝糖茶说:"甜格来!田割来!"(畲语谐音)以甜言蜜语,预兆新年稻谷丰收。接着,青年男女便高高兴兴下地劳动。

羊神祭——四川阿坝羌族民间宗教节日。农历正月初五举行。羊神,羌语"萨达得格卜自且",传为六畜之神。举祭旨在祈求羊神保佑羊群兴旺,免遭豺狼、豹熊之害;同时,也表对自古与羌相依为命的羊的敬仰。羌人以泥石胶砌成一圆锥形尖塔,中间镶块白石为神形,象征羊神。通常几个村寨合塑一尊,多在野外。届时,远近羌族牧民赶着羊,携带香烛、酒或一只鸡,前往敬祭。有的地方,祭毕就在羊神边聚餐。

布朗族祭山神——云南布朗族民间宗教节日。农历正月初五举行,历两天。节前,在村寨周围选一大树作为祭场。祭仪以家庭为单位,由巫师和家长(或一男孩)主持。祭品有一只红毛公鸡、一碗米、半斤酒、一筒香、一碗茶和纸钱若干。届时,巫师口念祷词,求山神保佑家人新年出山,平安无事。接着,巫师边烧香、纸钱,边杀鸡。其时,全家虔诚肃立,后由家长和巫师共同将洗净的鸡和米,放一起煮熟,众分而食之。最后,用纸钱沾上鸡血,贴大树树干辟邪,祭仪方告结束。俗渐泯。

初 六

厂甸庙会——北京汉族民间传统文化、物资交流盛会。农历正月初六至十六日,在和平门外琉璃厂一带举行。李家瑞《北平风俗类证》载,此地原称"海王村",清乾隆间就市肆,每年举庙会,名"开厂甸"。届时,地摊满街,各陈珍宝、书画、古董、碑帖、文房四宝等,风味小吃、儿童玩具、妇女首饰、应时花卉、曲艺杂耍,纷纷登场,车水马龙,热闹非凡。1912—1926年间,鲁迅在此度过十五个春节,三十八次"逛厂甸",于《日记》云:"午后往厂甸,人众不可止,便归。"

开厂甸——参见"厂甸庙会"条。

祭厕神日——亦称祭紫姑。北京民间传统节日。农历正月初六举行。日前"破五送穷",将屋内垃圾、破烂送出并付之一炬,是日则清理、打扫厕所,将粪肥送农田、菜园。"庄稼一枝花,全靠粪当家。"人们崇拜主管厕所之神,新年首次挹肥,便焚香祭拜。民间认为,厕神即紫姑神,其祭寓意有三:祈祷丰年、感谢神恩、卜问吉凶。据考,紫姑信仰始南北朝,盛唐宋,明清不衰。然,其信、其节,今皆渐泯。内容略同江浙"迎紫姑"、山东"拉七姐",或互为地域性变体。

祭紫姑——参见"祭厕神日"条。

定光佛圣诞——佛教节日。农历正月初六于佛寺举行。出现于过去世的定光佛,曾为释迦世尊授记之佛,亦作锭光如来、然灯如来、普光如来、灯光如来。另云:定光佛即"然(燃)灯佛",因其点化释迦菩萨而成佛果,当九十一劫时,将转世普度众生。定光如来乃过去佛中最有名者,故诸经论多以"定光"为中心,而说其前后诸佛之出现。如:《无量寿经》谓过去久远劫,锭光如来出世,教化众生,其后历经十劫,依次出现五十三佛。最后之世自在如来时,有法藏比丘修因行而成道者即为阿弥陀如来(阿弥陀佛)。

清水岩祖师诞——台湾汉族民间信仰节日。传为清水岩祖师诞辰日农历正月初六举行。凡祖师庙,时必举祭。祖师传说不一,较盛者是:祖师乃宋代人,幼年家贫,受雇于某寺,不堪住持欺凌,遂往福建泉州安溪清水岩,自建道场修行,终得道成仙。当地奉之为神。之后,一些泉州人迁台湾,将其奉若保护神,年年举祭,相沿成节。

白族开社——族谓"开年动土祭"。白族民间传统节日。流行于云南昆明西山区沙浪一带。农历正月初六举行。节源古老自然崇拜,旨在祈神灵保佑,除祸降福。春节后,劳动生活重新开始,各家各户、各行各业皆举"开灶"祭仪,以祈新年平安。是日,先由耆老择吉地,主"开社",即开始动土之祭。各户家长手端饭、肉、酒和香烛,一起前来对天祭祀。祭毕,举挖种仪式,由一人面对吉利方向,挖土三下,称"动土"。是日,还要在田边祭田公地母,祭品常为鸡和少量斋菜。各行手工业者,亦举祭祀祖师爷活动。木匠到鲁班庙或林中祭鲁班,用斧砍树三下;石匠举锤在村外石头上锤三下,以示从今开始，便可刨木、打石。

开年动土祭——参见"白族开社"条。

沛松坡会——苗族民间迎春祈福娱乐节日。流行于广西融水安太乡一带。农历正月初六举行。据苗族老阿公讲，此会二百年前，于二月卯日赶会，是闻名遐迩的"芦笙坡会"。至今流传动人传说：某年坡会后，一对情侣因反抗包办婚姻，双双在坡会山坳树上引颈自尽。人们以为不吉，此地坡会遂被叫停。1952年秋，培地寨奶名佩民、头目的俩姑娘，来中寨找蓝靛染布，在水井边遇见一老婆婆。婆婆问明来意，说："找蓝靛染布，做新衣裳，过年好吹芦笙踩堂啊！你们沛松是块风水宝地，办芦笙坡会，定会人寿年丰！"人们以为俩姑娘遇见了仙人，旋于翌年正月初六，恢复坡会，并在会坪竖立四根芦笙柱，扩展踩堂赛芦笙、斗马、斗牛、斗鸟等活动规模，沿袭至今。

纳西族灯会——亦称新春灯会。纳西族民间传统节日。流行于云南丽江一带。农历正月初六开灯，十五日谢灯。灯会陈展灯具，由纸、绢、布和篾扎成，内容反映纳西族民间传说、故事，如《老寿星放鹿》《龙戏夜明珠》《凰舞》《狮子滚绣球》《阿纽梅说笑》等。人物、动物造型惟妙惟肖，逼真动人。届时，幼童们舞动五光十色的云灯，在场上穿梭，平添灯场活泼气氛。会间，各村寨选出青壮年赛灯，各施所长。不同风格彩灯，竞相登场。最典型的《龙戏夜明珠》，龙随珠球翻转，锣鼓喧天，鞭炮齐鸣，观众围得水泄不通，常把灯会推向高潮。灯会间，人们既赏灯，还借机探亲访友。

新春灯会——参见"纳西族灯会"条。

羌族川主会——四川阿坝羌族民间传统祭祀节日。羌族地区最大庙会。川主，羌语称"木比塔"，意为被尊崇的天神。会期因地有异：茂汶高龙一带，于农历正月初六至十五日；理县通化一带，则于六月廿四日。节天，各地以寨为单位，往川主庙，祭奉川主，全寨休息，青年、孩童着盛装，姑娘还在发髻插一两枝花。祭毕，数村寨联合聚餐，开展各种娱乐活动。

祭木比塔——参见"羌族川主会"条。

初 七

人日——亦称人日节，俗称人过年。中原汉族民间古老节庆，另谓道教节日。农历正月初七举行。肇汉，盛唐宋，式微当代。《北齐书·魏收传》载："魏帝宴百僚，问何故名人日，皆莫能知。收对曰，'晋议郎董勋《答问礼俗》云，正月一日为鸡，二日为狗，三日为猪，四日为羊，五日为牛，六日为马，七日为人'。"每逢此日，古人皆要剪彩成人形，男女均戴于头上，称"人胜"（亦名"春胜"）。南朝梁宗懔《荆楚岁时记》载："正月七日，为人日。以七种菜为羹，剪彩为人，或镂金箔为人，以贴屏风，亦戴之头鬓。"后代"人胜"制作愈益工巧，常饰珠翠金银互赠，朝廷亦用金银"人胜"颁赐大臣。此日，既是团聚节，人们思念亲友，互访祈福；又是文人登高赋诗节，唐高适有"今年人日空相忆，明年人日知何处"句；还是古代侍女出游节，嬉笑迎春，格外惬意。各地人日其他节俗纷呈，颇多差异。

人日节——参见"人日"条。
人过年——参见"人日"条。

蒙阳人日——汉族妇女传统节日。流行于山东蒙阳一带。农历正月初七举行。妇女只做当天茶饭，概免他事，尽情玩乐。即便童养媳，亦不例外，未嫁女尤然。她们聚集制作、祭拜"姑姑"——以木棍、干草、葫芦、麻绳、红绿布等扎制身架，有的画头脸，有的缝衣服，有的用公鸡冠血画唇点腮，最终将"姑姑"请上大桌台，再轮番上香跪拜，各自许愿祈福。内一人举"姑姑"给每个跪拜者点头，谁得点头次数最多，谁最有福。老年妇女得姑娘们首肯，亦可参与跪拜进香，祈求福寿康宁。

郓城人日——汉族民间传统节日。流行于山东郓城一带。于当地所传玉皇大帝爱女七姑娘生日之农历正月初七举行。届时，妇女们用秫秸、布条扎制"七姑娘"，旋肩抬其偶像，巡游水井、磨坊、碾台等处，边走边唱"七姑娘，转井台，教俺绣花做绣鞋"，"磨道去，碾道来，针线筐，不离怀"等，以感谢"七姑娘"传授人间女红、手工技艺。

人口生日——汉族民间传统节日。流行于浙江湖州一带。农历正月初七或二月初二举行。届时，人们做碗口大小圆子，内包甜馅，外滚豆沙，尤其要做年糕，须特意留下一部分，任其生霉长毛，待来年此日，去其霉毛，或蒸或煮成汤喝，俗称"吃撑腰糕"，以壮腰强身。

羹汤日——汉族民间传统节日。流行于江西宁都一带。农历正月初七举行。届时，人们竞喝以米、豆、花生、番薯、芋头、大蒜、生姜等煮成之羹汤。谚云"吃了七种羹，各各做零星"，示年已过完，各自干活，勤俭度日。

单县火神会——汉族民间传统宗教节日。流行于山东单县一带。农历正月初七举行。主要内容为赛火神。会前，各商铺筹款购物，扎制彩纸火神。届时开赛，各种仪仗为前导，鼓乐相伴，沿街巡游，观者如云。在乡村，则村村搭火神棚，摆供品，张火神画像，火神形象为赤发红脸，身着甲胄，右手执剑，左手托火鹁鸽。村民焚香叩拜，祈人寿年丰。夜，男性在神棚旁"伴夜"。深夜，人们点燃火把，焚化神像，送往村南方向，"会"告结束。

天穿节——中原民间古老节日。别称天穿日、补天穿、补天漏、补天节、补天地、补天补地节、天饥日等，陕西称女皇节、女王节、娲婆节。"天穿"古谓"雨水"，时多雨水，故名。节期因地有异：除农历正月初七外，集中于十九、二十、廿三日。此节源自"女娲补天"的神话（见《淮南子·览冥训》）。据传，往古之时，四极废，九州裂，天不兼覆，地不周载；火爁焱而不灭，水浩洋而不息；猛兽食颛民，鸷鸟攫老弱。正月二十日，女娲从昆仑山炼出五色石，以补苍天，断鳌足以立四极，杀黑龙以济冀州，积芦灰以止水。苍天补，四极正；水涸，冀州平；狡虫死，颛民生；背方州，抱圆天。民间为纪念此日，相沿成节。另，此节又涉"雨水"节气。古谓"天一生水"，应节则雨，曰"天穿"。神话、节令相融，而成节日传统。主要习俗：一是，煎饼"补天穿"。"二十日天穿，廿一日地穿。"民间为祈祷天佑"雨水之日，屋无穿漏"，每逢此时便用红丝线系上煎饼，掷于屋顶，寓意"补天漏"或"补天穿"，以祈风调雨顺，亦仿女娲补天。有些地方，还将煎饼撕成小块，抛向天空，意"补天"，再撒些于地，意"补地"。二是，天穿射。古时到郊外举射箭活动，意为以武功继承女娲杀黑龙、断鳌足、拯生民于水火之伟绩。明杨慎《词品》即因"词不甚工而事奇"而载一词，曰《蓦山溪》。此词乃宋人葛胜仲所作，描述天穿节郊外射箭活动情景。三是，甜饭扎针。岭南一些地方，妇女将甜饭做成大圆块，以油煎后，上面扎针，即寓"补天穿"。女娲被尊为人类生命创造之神。妇女们尤仰之，如西方人牢记上帝造生命然。关涉女娲的文化遗迹，遍布全国。据传，女娲墓有座娲皇宫，即为女娲抟土造人、炼石补天之地。天穿节蕴含先民朴素灾害意识和防灾减灾观念。

天穿日——参见"天穿节"条。

补天穿——参见"天穿节"条。

补天漏——参见"天穿节"条。

补天节——参见"天穿节"条。

补天地——参见"天穿节"条。

补天补地节——参见"天穿节"条。

天饥日——参见"天穿节"条。

女皇节——参见"天穿节"条。

女王节——参见"天穿节"条。

娲婆节——参见"天穿节"条。

东蒙祭星——蒙古族民间祭祀节日。流行于内蒙古东部呼伦贝尔市等地。农历正月初七夜举行。昔时此日，人们要把住房西北角打扫干净，摆供桌，供香烛、纸钱等祭品。长辈率全家老小，按辈分、年龄顺序跪地，焚香烧纸，向北斗星叩拜，祈天神保佑牧草丰茂，人畜两旺。有的家族还请萨满念经诵词，击鼓起舞，边跳边念，舞毕叩首，后宰羊并洗净，投入锅中。煮熟，即捞出羊肉，陈供桌前，萨满再次念经，并着法衣起舞迎神，祈天神，驱逐妖魔，消除灾难，保佑村寨平安。之后，率众人磕头跪拜，以示对北斗星神的崇敬。

隆林跳坡节——苗族民间传统节日。流行于广西隆林德峨一带。农历正月初七（另云节期不一，在正月间择日）举行。届时，远近村寨男女老少竟着节日盛装，从四面八方赶来坡场，吹芦笙，跳芦笙舞，吹唢呐，合奏口琴，对山歌，比赛爬杆、磨秋、打毽子。姑娘们竞着盛装，每人口袋皆揣一把精致口弦琴或新式口琴。相邻其他民族，亦蜂拥而至，看热闹。内，芦笙舞突出杂技表演，追求高难度。如：在三根木桩上，跳花样繁多、动作惊险的三角桩舞；在埋入地的铁锅边，跳轻盈、精彩的锅边舞。锅边舞亦称锅边转，锅内牛油汤沸腾，锅上架一根扁担。舞者在锅边及扁担上，边吹芦笙，边表演各种惊险动作。另一种芦笙舞，乃一般舞者项目：围花杆双双起舞，不时脚踢花杆。入夜，小伙、姑娘们借机吹芦笙、口琴，连情择偶。此节或与"黔苗跳坡"互为地域性变体。

拱洞坡会——苗、侗族民间迎春趋吉辟邪祈福传统节日。流行于广西融水北部山区拱洞乡一带。农历正月初七，在地势开阔田峒中举行。峒央竖立两根三米余高鬼邪不敢接触的禾木树桩。届时，寨老手执芭芒草、禾木树枝，边走边扬，意谓将鬼邪撵出场地。小伙芦笙队、姑娘歌舞队，以及村众老少，乐舞随后。由寨老向树桩上祭品、香纸，拜神，念念有词祈福，旋率众绕场三圈，开始各芦笙队"踩堂"表演；小伙、姑娘们借机暗觅意中人。之后，照例进行唱苗歌、唱侗歌、斗鸡、斗鸟等活动。最后，再次依顺序绕场三圈"洗坪"（苗称"押打"），意为将魂魄带回家吃肉吃饭，以保平安吉祥。坡会在鞭炮、铁炮声中结束。入夜，各户聚餐，宴请亲朋。此会已历三百余年，赓续不衰。

水田彝送年节——彝族支系耶罗人（水田彝）民间传统节日。流行于四川盐边县。农历正月初七举行。当地特别重视此节。届时，要把"年"送走。村寨家家户户皆备上好酒、肉、饭、菜,到村外小山祭树神。各寨都有树神寄身的神树。祭祀仅男性进行。至神树前,在祭司主持下,祈求树神保佑新年风调雨顺。此日,村寨妇女禁止靠近神树,只能远远地会餐。夜,全寨男女老少聚会,纵情跳锅庄,通宵达旦。

傣仂花街节——亦称热水塘花街节,简称花街节。傣族支系傣仂人民间传统节日。流行于云南元江一带。农历正月初七举行。届时,红日东升,人们竞着盛装,会聚元江东岸热水塘草坪,老人谈古论今,青年唱歌跳舞,孩童追逐游玩。主要项目有洗温泉,洗去旧年污垢,干净迎新年。节间,男女青年借机连情择偶。另,傣雅人节期则在五月初六,节俗略同。

热水塘花街节——参见"傣仂花街节"条。

花街节——参见"傣仂花街节"条。

傣雅花街节——参见"傣仂花街节"条。

初 八

京华请顺星——亦称顺星节。汉族民间宗教性节日。流行于北京等地。农历正月初八举行。俗信:人人每年皆对应一星宿,如太阳、太阴、罗候太岁等,主宰是年命运。故,年初须祭之祈福。祭分庙祭、家祭。前者,届时往白云观之后土殿,焚香叩拜自己本年星宿;后者,用灯化纸做成纸捻,称"灯花",浸油点燃。其数目,比行祭者实际年龄多一,以对应领福。此节已式微。

京华顺星节——参见"京华请顺星"条。

山东转八日——简称转八。山东汉族民间俗信古节,旨在祈农业丰收。于当地认为"谷日"的农历正月初八举行。节俗因地略异。沂水等地,家家特意食面条,谚云:"擀面轴子转一转,一亩地里打一石。"倘天气晴朗,则卜当年丰收。在沂南等地,转八日则忌转,禁用纺车、石碾、石磨等带转动的东西。

山东转八——参见"山东转八日"条。

八仙日——亦称敬八仙节。汉族民间宗教节日。流行于山西、内蒙古一带。农历正月初八举行。据传,八仙乃铁拐李、汉钟离、张果老、何仙姑、蓝采和、吕洞宾、韩湘子、曹国舅。各地祭俗有异。山西定襄一带,供佳肴、鲜果,焚香燃烛拜祭,祈人丁兴旺,万事亨通。内蒙古托克县一带,则于入夜,先在自家院落点灯"祭星",旋往附近寺庙补施钱财"送祭星钱",以请八仙显灵,吉星高照。

敬八仙节——参见"八仙日"条。

七里湾阎王庙会——汉族民间宗教节日。流行于河北石家庄七里湾一带。于传为阎王爷生日农历正月初八举行。当地俗传:阎王主管阴府十殿冥王之第五殿,执掌阴府地狱。人们为之立庙,年年举庙会。届时,四周数十村庄村民,纷纷前往庙中,焚香明烛拜祭祈福。内,休门、栗村等村,照例组成进香队,敲响直径两米余之特大鼓,燃放爆竹,浩浩荡荡前往进香。会间,香客、游人如织,商贩借机摆摊,热闹非凡。

杭州谷日——亦称烧八寺香、烧八字香。汉族民间宗教节日。流行于浙江杭州一带。传为谷神生日农历正月初八,在圣因、灵隐、净慈、昭庆、凤林、虎跑、胜果和海潮等八寺举行，故名。节源佛教"八字佛"之说。届时，人们观天象阴晴占年成，晴主丰，阴主歉。湖北、湖南、河北、四川等地汉族，亦有此节，节俗略异。

烧八寺香——参见"杭州谷日"条。

烧八字香——参见"杭州谷日"条。

丽水祭田土地——汉族民间传统节日。流行于浙江丽水地区。农历正月初八举行。届时，各家分别举祭，到自家田边地角，烧香叩拜，祈五谷丰登。祭毕，将纸钱用土块压在地里，至腊月，再次到田头还愿，酬谢田土地，预祝来年丰收。

南京灯节——汉族民间传统节日。流行于江苏南京一带。农历正月初八举行。届时，夫子庙、评事街等地，灯贩遍售各式玲珑纸灯。购者络绎不绝，灯市热闹非凡。凡有闺女嫁出人家，皆给女婿家送上花灯，意祈早生贵子，多子多福。

净港文化祭——汉族民间独特宗教、民俗节。流行于台湾台北县野柳一带。农历正月初八举行，历八天，含净海巡洋、渔获满仓、净港、过火等系列祈吉求福仪式。

藏族放生节——藏传佛教传统节日。流行于许多藏族聚居区。节期有异。格鲁派八大寺院之一甘肃拉卜楞寺，于农历正月初八举行。届时，先由"议仓"（约当寺院办公室）官员宣布大小僧官及各部落头人职权范围，后由寺院多位住持，各持钥匙，共同开启"拉章"终年密封之珍藏古玩、金银宝库，供众参观；再由僧人念诵《招财经》，伴以简单舞蹈，渐入"放生"，即向预先备好的马、牛、羊洒净水，耳朵系彩绸带或布条。这些动物，任何人不得猎取。其数，仅此寺，即达二三百头（只），全藏族聚居区则不计其数。在繁华拉萨八廓街，亦可见它们披红布、挂红绳的身影。

塔尔寺正月大庙会——青海藏传佛教第一大寺院四大庙会之首。农历正月初八举行，历十天。塔尔寺原名塔儿寺。一年中，该寺有四个大庙会、四个小庙会。正月大庙会，乃明永乐七年（1409）宗喀巴于拉萨创立之神变祈祷大会，旨为格鲁派一切寺院所供行之法会，祈祷一年吉祥。届时，大经堂、各学经部门、各佛殿、各转生喇嘛私寓、各公共办事处，每天均拿"施食香灯"供奉"三宝"，主要经堂则常有"千供"和"百供"等。重要场所用法器（帐、幡、坐毯等）布置得堂皇富丽，供朝拜、参观。十四、十五属正日子，十四上午于辩经院跳法王舞，十五上午举行浴佛，入夜各处均有花灯供养，尤以大经堂前及左右殿花灯为盛。

塔儿寺正月大庙会——参见"塔尔寺正月大庙会"条。

藏族普度会——亦称观经会。甘肃天祝等地藏族民间宗教节日。农历正月初八、初九举行。传为六世达赖仓央嘉措据西藏拉萨大昭寺祈愿大法会创立，并亲自教习神舞。节间，当地集东大寺、西寺和古城寺等三寺僧人，皆身着法衣，手拿法器，头戴面具，汇集妙音寺诵经；在锣鼓、大钹、唢呐、长号等乐器伴奏下，按鼓点节奏，跳神舞、护法舞等，以求禳灾得福。另，还举行大规模观经活动。当地藏族及附近土、蒙古、回、满、汉等族百姓纷纷前往，或上香拜佛、祈求神灵保佑，或观喇嘛跳神舞。

藏族观经会——参见"藏族普度会"条。

曼拉节——藏族民间传统节日。流行于甘肃卓尼县部分藏族聚居区。农历正月初八举行，历八天。节前，出嫁女竞着盛装，带礼品返娘家，与父母兄弟姐妹团聚。节前夕，各村挑选能歌善舞男女青年组成"沙目"（歌舞队），准备去邻村赶"节"，表演传统民族歌舞和精彩文体节目，同时他们还负责接送来访的邻村"沙目"。届时，各村寨大厅中央竟日燃起熊熊篝火，桌上摆着各种食品，青稞酒、酥油茶、热腾腾手扒肉，由德高望重的老人陪同，人们竞相用醇香青稞酒、热腾腾手扒肉和酥油茶，敬请客人，频频举杯，相互祝贺。各村寨"沙目"（歌舞队），相互去邻村赶"节"。入夜，人们围熊熊篝火，请长者就座，用青稞酒、酥油茶招待远方客人。演员着戏装，跳巴郎鼓舞，表演风格各异节目。表演通宵达旦。翌日清晨，东道主在本村最宽敞大厅，款待邻村"沙目"等客人，尽情吃喝、对歌、猜谜，祝新年丰收。午后，宾主返表演场，尽情狂欢。一连数日。最后一天，下午至日暮，全村男女老少，着节日盛装，欢乐会聚广场，继续观看"沙目"表演。演员们或着戏装，戴面具，演出传统藏戏；或手摇巴郎鼓，跳巴郎舞，边歌边舞，民族和地方特色极浓。表演毕，东道主再次请"沙目"全体成员返大厅就座，各家各户端来美酒佳肴，盛待客人。宾主一面共同畅饮，一面猜谜对歌，互祝新年好运。之后，宾主重返广场，举告别仪式，欢送"沙目"队出村。

彝族虎节——族称"罗麻乃轰"。彝族支系自称"罗罗濮"（意为虎族、虎人）民间古老节日。流行于云南楚雄州双柏县小麦地冲一带。农历正月初八举行，历八天。节中"跳老虎"仪式，再现其古老虎图腾遗风。届时，成年男子往村后拜祭土主，旋经巫师占卜遴选八人扮虎。八人各披上画虎纹的披衫，脸、脚、手皆画虎纹，由黑虎头带领，跳各种模拟生产、生活、生殖舞蹈，往家家户户驱鬼除魔。

罗麻乃轰节——参见"彝族虎节"条。

彝族哑神节——族称"措莫得拉"。彝族民间传统节日。流行于云南祥云大营村等地。正月初八举行。哑神，彝语"措莫得拉"。大营村最大节日，相邻数万人纷至沓来，赶集过节。届时，人们竞着节日盛装，簇拥身着神衣的哑神，挨家挨户拜年。其间，穿插纵跳象征吉祥的"祖鼓舞"，祈新年风调雨顺，人寿年丰。

措莫得拉——参见"彝族哑神节"条。

能邦坡会——苗族民间传统迎春娱乐节日。流行于广西融水良寨乡一带。农历正月初八，于老寨寨底名"能邦"的河滩举行，故名。相传，三百多年前，培洞寨美丽姑娘引蓉、老寨中后生桑才相爱，二人前往"租鲁租犁"（地名）观赏热闹坡会。一年迈老爹从地上抓起一把土，送给他俩，恳切地说："把这点儿土带回去吧！你们自己吹笙踩堂，撒卜这些土，会同这里一样热闹！"俩人照办，经寨老们磋商，几经选址，最终确定在能邦办会。最初，由培洞、老寨主办，后尧信、甲洞两寨加盟，四寨共举，规模剧增，大多拥有十数堂芦笙，参与者逾万。主要节项有吹芦笙、踩堂、赛芦笙、斗马、斗鸟、对歌、走妹等。此会年年举办，赓续不衰。

三江月也——侗族民间传统节日。"月也"译意到别寨做客。流行于广西三江等地。农历正月初八举行，历一二天或三五天，视各村具体情况酌定。农历新年，凡有条件侗寨皆组织月也队，并派人将红喜帖,贴在要去村寨鼓楼大柱上。该寨主持人,马上动员组织全寨男女老少,准备迎客。客寨月也队一到,主寨人成群结队出迎,由德高望重长者致欢迎词。之后,宾主芦笙队各奏一曲,一同前往鼓楼坪。客人落座,接过油茶,主寨各家各户即纷纷上前,拉客寨月也队员到自己家做客,用香喷喷的油茶、酸鱼、酸肉等节食款待。即便客人住上三五天,每天活动结束,皆被"拉"去各家做客。各家以拉到多人为荣,俗称"拉也"。节间,除宾主歌舞、吹芦笙外,还表演侗戏和桂戏。表演者常受赠红封。姑娘和年轻媳妇多将亲手编织土布,赠送客人;客人收到赠礼,须点名致谢,并挂在戏台上,让人们知道。月也结束,宾主队员要在鼓楼坪聚餐。主寨宰杀一两头大肥猪,各家也争送美酒佳肴。宾主边吃边喝,边说边唱,热闹异常。客人告辞,主方倾寨相送,再赠以猪头、糯米粑粑等礼。有的姑娘借机给意中人送信物。按惯例,第二年,主寨须如是到客寨还月也,否则两寨从此绝交。月也因此连年不断。客寨月也队回寨,须汇报演出,并公布主寨相赠之礼,旋在鼓楼坪会餐,将礼物分各家各户,宣告本次月也结束。

畲族上十节——福建畲族民间传统祭祖节日。农历正月初八举行。届时,同宗男女老少,聚集本姓祠堂,举行瞻仰祖图仪式。由本姓辈分高的年长者主持,领唱"祭祀歌",讲述三族起源和祖先盘瓠传说,焚香明烛,行祭祀礼。最后,众人前往祭房家聚餐,俗称吃太会饭。

初 九

玉皇圣诞——亦称玉皇诞、玉帝诞、天公生(闽南)、玉皇演驾(山东),俗称玉皇会。道教节日。流行于闽南、台湾,以及江苏苏州等地。农历正月初九举行。据道教传,玉皇大帝生于农历丙午年正月初九午时。届时,在当地玉皇阁、玉皇庙、元妙观等处,举隆重"齐天"祭仪,祈玉皇大帝降吉赐福。明蔡云《吴歈百绝》曰:"七日为人八日谷,谁祈人寿谷丰登,惯闻九日朝天去,香市穹窿第一层。"另据《玉皇本行集经》《搜神记》载,玉皇本为光严妙乐国王子,后抛弃王位,于普明香严山中学道修真,辅国救民,度化众生,经历三千二百劫后始证金仙,号曰"清净自然觉王如来";又经亿劫,始证玉帝,居执掌天道最高神祇,掌管三界内外十方人、神、鬼,统领四大天王、九曜星官、五方揭帝、四值功曹、二十八宿、四海龙王及文武百官。帝诞之日,道观设醮祭祀。福建民间传,其先人为避追杀,曾躲进甘蔗园避难脱境。故后人是日特别用甘蔗祭拜天公。

玉皇诞——参见"玉皇圣诞"条。
玉帝诞——参见"玉皇圣诞"条。
天公生——参见"玉皇圣诞"条。
玉皇演驾——参见"玉皇圣诞"条。
玉皇会——参见"玉皇圣诞"条。

供天日——汉族民间宗教性节日。农历正月初九举行。天日亦称玉皇诞、天公生,正月初九,民间传为玉帝诞辰。时值立春刚过,"一阳初始,万象回春",明王逵《蠡海集》载:"神明降诞,以义起者也。玉帝生于正月初九日者,阳数始于一,而极于九,原始要终也。"明黄道周《月令明义》云:"正月初一日,天神地祇朝三清玉帝;初九日,玉皇大帝圣诞。"清黄奭《月令注解》亦有类似记载。届时,道观举行隆重的祝寿祭仪,民间各户则纷纷仰空叩拜。节俗主要有祭玉皇、道观斋天等;有些地方,妇女备清香、花烛、斋碗,摆天井、巷口露天处,跪拜苍天,祈天公佑吉赐福。此节或为道教"玉皇圣诞"的教外变体。

台湾拜天公——台湾汉族民间信仰节日。传为最高神天公诞辰日,农历正月初九举行,旨在祈人寿年丰。节前,各家皆制作龟粿、发粿等供品。红龟粿呈龟红色,打龟甲印,象征长寿。前夕,全家老少"守寿"至午夜。节晨,各家燃鞭炮,叩拜天公,祈佑人寿年丰,四季平安。

玉皇大帝会——羌族民间宗教节日。流行于四川阿坝州茂县高龙一带。农历正月初九举行。届时,人们竟着盛装,在自家门前设香案拜祭。寨中会首办席,遍饷客众。之后,众安龙灯,跳锅庄舞欢庆。会后,各户交给会首一升玉米,备来年办会之用。

慈母山香会——汉族民间宗教性节日。流行于四川什邡市一带。农历正月初九举行。慈母山原名"辞母山",复称"巢凤山"。上有一寺,名兴贤院,供奉地藏王菩萨、十殿阎罗。山林木葱茏,且近集镇。届时,全寺张灯结彩,前来进香叩拜的信众及远近游客络绎不绝。商贩借机摆摊设点,热闹非常。

辞母山香会——参见"慈母山香会"条。
巢凤山香会——参见"慈母山香会"条。

藏族上九节——藏族民间传统文艺佳节。流行于四川甘孜州天全、小金、泸定及宝兴县硗碛藏族乡的夹金山一带。农历正月初九举行。内容主要有各种灯会、舞狮、舞龙、歌舞、赛马、射箭、踩高跷、唱藏戏、唱川戏等,穿插"锅庄"等民族歌舞。届时,人们,尤其姑娘、小伙,带着青稞酒、酥油茶和手扒肉等食品,成群结伴,或赶车,或骑马,从四乡八寨,盛装拥往夹金山下。他们一路不停表演龙灯、牛灯、狮灯及杂技式"狮过独木""空中取宝""二郎担山赶太阳""天鹅孵蛋"等绝活。节日广场,锣鼓喧天,彩旗飘扬,人山人海,歌声嘹亮。在众多娱项中,尤以男女对垒摔跤比赛,最引人注目。当地妇女乃劳动主力,体魄格外健壮有力。在男女对垒摔跤中,许多男子被摔倒在地,引观众捧腹大笑。入夜,人们在场上点起一堆堆篝火,摆上食品,斟满青稞酒、酥油茶,团团围坐,边饮边聊,边歌边舞,兴尽方休。

跳正月场——苗族民间男女社交娱乐节日。流行于贵州龙里县民主乡一带。农历正月初九举行,历四天,分日场、夜场。谚云:"上排有天来跳月,下排就有好丰年;下排有天来跳月,上排田里谷地满;中排有天来跳月,三排五谷吃不完。"日场,小伙吹芦笙,姑娘则按其曲声起舞,兴致勃勃。日暮散场时,主方场主着红绸长衫上场,边跳舞,边暗示在场各户准备接待客人。姑娘们旋即上前拽住客人长袍,请去她家吃晚饭。节间,小伙穿戴堪谓世罕:内穿白布长衫,外罩青布长衫,腰系六尺长绣花腰带,外拴毛巾和花围腰,左侧吊六块花纹不同的绣花帕,右侧挂六条白布作底,上绣着各种图案花飘带;项戴五只沉甸甸项圈,圈前挂三把百家锁;后背披花背牌,吊五只花线扎成的线旒。有些男子项圈,还吊三五只响铃,锵然有声。小伙穿戴与打扮,通常需在母亲、姐姐或嫂子帮助下,花两三小时完成。姑娘反而衣裙简便,打扮一般。晚场,仍在村边大坝进行,主、客会聚月场,青年吹芦笙、跳舞、对歌,中老年人看热闹,聊天。

乌勇芒哥坡会——苗族民间俗信祈

福娱乐节日。流行于广西融水苗族自治县安陲乡乌勇村，故名。农历正月初九举行。相传，远古时元宝山四周，人烟稀少，苗族先民饱尝野兽、盗贼、病魔作孽，日子非常凄苦。人们便涂黑脸，披芒藤、稻草，装扮成能消灾祛邪的神明"芒哥"，吓走各种魔怪。大约三百年前，人们更给"芒哥"戴上棕树皮面具，使之更具法力。天长日久，人们选择正月初九作为吉日，由诸多壮汉，凌晨即悄悄、细细装扮公母各式"芒哥"，代表各路神明。午时，德高望重寨老在鼓乐声中将三牲祭品及八碗酒（代表村寨八姓氏家族）摆上供桌，口念祈祷词，虔诚举祭。祭毕，"芒哥"们在鼓乐、欢腾声中，蹦蹦跳跳登场，不断模仿吹芦笙、跳踩堂动作，间或为人摸手、摸头：摸老者，添寿添福；摸孩童，快快长大；摸后生，体壮英俊；摸姑娘，越长越漂亮。村民们纷纷争相上前，膜拜"芒哥"。其间，主办者不时向人群抛撒糖果小吃。男女老少一齐哄抢，坡会一片欢腾。一些小伙将抢得糖果，悄悄塞进相中姑娘腰包，姑娘无意，即佯装不知；有意则随之往僻静处，共诉衷肠。

大理松花会——白族民间传统节日。农历正月初九举行。流行于云南大理。据传，节因松树开花得名，已历数百年。届时，各家或亲友结群，带上食品，乘兴攀登苍山中和峰，谈笑嬉闹，勇往峰顶。青年人常沿途捏雪人、打雪仗，以登上海拔三千余米峰顶为荣。中老年人登至山腰，亦引为自豪。人们置身山峦雪景，鸟瞰苍山洱海春色，莫不心旷神怡。近年，当地政府有关部门，分别举行老年、中青年、学生和妇女登山比赛，并在人员最集中的中和寺，开展各种文娱活动。

立勒克西——羌族民间宗教性节日。流行于四川阿坝茂县一带。农历正月（或九月）初九举行。勒克西，方形小石塔，建于山坡或寨边，高六七尺，顶层用较小白石砌一圈，供奉白石、牛角和羊角。另，每户房顶皆置一小勒克西，底面长宽各约一尺五，高二尺余，塔内存放一陶罐，内装五谷。一般房屋坐北朝南，小塔置房顶北端，与南边大门对称。节间，每家先立好自家小勒克西，再汇聚山坡寨边大勒克西旁，等待端公（称"许"，民间职业巫师）念经立塔。端公一到，即亲自点燃柏枝、香头，口中诵念经词。念毕，令众人动手和泥、搬石，建砌勒克西。有的地方，修补往年所立勒克西。建毕，端公即命杀羊宰牛，把羊、牛血蘸一点于一块大白石上，将其置于新修勒克西塔顶，仪式即告结束，抬肉返回，均分各户。当地人认为，勒克西永镇一方。自家屋顶勒克西，每逢端午等节，或办喜事，皆在勒克西塔顶圆洞，插一柏木或杉木杆，杆长四尺余，有五至九个小枝丫，再用羊毛线在其上扎根彩色线条。迎风飘扬的纸条，意味着喜庆临门。主家烧柏、杉枝丫，磕头祈福。

初 十

十指日——汉族民间预卜节日。流行于内蒙古托克托一带。农历正月初十举行。届时，妇女禁用针线，家家吃莜面；入夜，有的人家于水缸旁燃香明烛，祈好年景。他们用莜面做成十二个小臼，表十二个月，依次排列于蒸锅。蒸熟后开锅，倘见臼里有水，即表该月雨水多；无水，则表偏旱。节已式微。

石头生——亦称石头生日、石不动。汉族民间祭祀祈福节日。流行于河南、山东等地。于传为石神诞辰日，农历正月初十举行。俗项因地有异。在河南，各户备香蒸馍，叩拜石头；有的人家让孩子认石头做干娘，佑一生平安。午餐，家家吃馍饼，可保一年事顺、发财。节已式微。

石头生日——参见"石头生"条。

石不动——参见"石头生"条。

岑溪花灯节——汉族民间传统节日。流行于广西岑溪一带。农历正月初十举行，历六天。届时，举凡旧年弄璋之家，首日均由母携去年出生之子往社庙挂花灯，向社王报人丁，祈平安成长。花灯用篾制，外糊花纹纸，上书谜语，内点油灯。是日，饮花灯酒，外祖父母送外孙衣服、背带、玩具等，邻友亦赠衣物、封包致贺。每日给灯添油，十六日方止。此后，任凭孩童将灯取走。

化隆坚乔节——藏族民间传统节日。流行于青海化隆一带。农历正月举行，具体节期因地有异，或初十，或十五日。届时，人们竞着节日盛装，姑娘尤然。各家精心制作酥油花，用杂面捏成"拉却"（一种祭品），摆放在本村"嘛呢磨"前或某户宽敞堂屋内，墙挂图腾之类画像，供桌敬献白螺、哈达、净水及酒肉、糌粑、果品等祭品，准备大量酥油灯。夜间，男女老少欢聚一堂，敬香燃灯。神供前，数十盏酥油灯耀眼闪烁。人们跪拜祈祷，举行隆重宗教祭典。祭毕，歌手们尽情歌唱，先从"隆果"（歌门）开始，旋行"智隆"（对歌）、"斟参"（颂词）、"则内"（青春舞曲），歌声清脆悦耳，响彻月空，深夜不绝。

整依直坡会——苗族民间纪念性睦寨娱乐节日。流行于广西融水红水乡洞寨。农历正月初十举行，历三天。相传，清康熙三十四年（1695），当地杨姓组长杨勇，为谋求苗家和睦、共御外侮，在寨旁龙潭边立一岩石，苗称"依直"（聚众立法象征），并制作三管、六管芦笙，发木刻"标签"，广邀远近各寨苗家兄弟，于正月初十，来此"依直"前吹笙盟誓，并亲传制笙技艺。此后，当地苗家每年此日，皆不约而同到此吹奏芦笙，环绕杨勇所立"依直"，吹三曲，绕三圈，久而成节。届时，数十、上百里乡民竞着盛装，纷至沓来，恭贺新春，吹笙踩堂起舞。另外，独具特色的斗马，尤其扣人心弦。入夜，主寨寨老率盛装男女，于寨口迎客寨老少，敬酒献茶，引唱"开门歌"，先聚芦笙坪吹笙踩堂，后分入各户宴饮。次日，早饭后，举"打同年"仪式，跳踩堂舞，吹奏"同年曲"，赶打肥猪、黑牛牯，鸣放鞭炮、铁炮，直至掌灯"喊酒"，唱"劝酒歌"聚餐。第三天，客人吹笙踩堂答谢，主人赠牛头、猪腿、羊牯相送，主客各唱"分别歌"，歌声久久回荡群山。

正月大会——裕固族最隆重寺院集会。流行于甘肃肃南一带。农历正月初十至十五日举行。届时，男女老少皆盛装入寺。老人们进香、点灯，磕头祈祷。寺院僧众戴面具，扮马、牛形象，跳古老祭神舞（裕固语称"禅"），向人们抛红枣，以示吉利。寺院以手抓羊肉、油炸馃子、奶茶等款待来者。裕固族人长期信奉藏传佛教（喇嘛教），寺庙遍布各地。逢会，善男信女着民族服装，带香烛、纸钱、酥油等供品，扶老携幼云集寺庙，燃灯焚香，跪祈神灵。各寺庙则炸油馃、做馍馍，以至宰羊宰牛，供献祖佛神灵。喇嘛们手提枣篮，把鲜红大枣撒向过会人群，以赐吉祥如意。稍后，甘余喇嘛开始跳神，头戴牛头、马面、鬼脸等各种面具，身穿盔甲、绣花袍,在唢呐、牛皮鼓、锣、钹等伴奏下,时而高歌,时而起舞,跳来跳去,表演各种动作,以示送鬼辟邪。众跪坐两旁静观。节间,另举酥油雕塑展览。艺慧喇嘛用灵巧双手在酥油上雕塑奇花异草,珍禽异兽,山川图案,玲珑亭、台、楼、阁,千姿百态,色彩柔和,栩栩如生,有很高的艺术价值。酥油雕塑在千百盏灯光辉映下,更显迷人。前往观赏的,有裕固、藏、回、土、撒拉、汉等族人,每日络绎不绝。

十 一

真谛三藏圆寂日——佛教节日。农历正月十一日,在佛寺祭拜。南朝来华高僧、中国四大译经家之一真谛三藏(499—569,梵名波罗木陀),西印度优禅尼婆罗门族,原名拘那罗陀(译为亲依),少时博访众师,学通内外,尤精大乘之说。他以弘道为怀,泛海南游,止于扶南国。在华期间,虽因世乱不遑宁处,他随方译出经典部卷之多,仍居同时诸译师之最。他平时生活严肃,在广州时常别居水洲,衣食之奉,节俭知足。弟子等受其熏陶,皆勤奋禀学,晨夕不懈,形成刻苦笃实学风。他圆寂后,弟子们分归各地,弘传其学,形成摄论学派。继代弟子、信众,年年是日举祭。

十三马街会——亦称马街书会。汉族民间传统曲艺节日。流行于河南宝丰马街。农历正月十一举行,历数日,十三日达高潮,故名。届时,全省乃至省外曲艺同行纷至沓来,择地献艺,表演河南坠子、三弦、琴书、大鼓、道情、越调等,金鼓齐鸣,异常热闹。尤为突出项目乃"对书":一处同演两台,比高低优劣,胜得书份;书份最高者,誉称"书状元"。该会与山东惠民"胡集书会"齐名,近年大有繁盛之势。

马街书会——参见"十三马街会"条。

宾阳炮龙节——亦称舞炮龙、宾阳灯酒节。汉、壮文化共生综合性民族民间节日。流行于广西南宁市宾阳县一带。农历正月十一日举行。节俗包括舞炮龙、游彩架、灯会。舞炮龙:由总指挥(会首)施令,制定龙路及规章。舞龙者均赤膊上阵,头戴黑色竹帽。炮龙以龙珠、龙牌、锣鼓、文武场开路,照明及护龙队随龙而进,火铳队负责燃放火药造势,龙随云腾。龙路经过之各家各户,均焚香迎龙备炮,爆竹增光。炮龙于当晚七时许,在庙宇或社稷开光,由会首(或师人)咬破公鸡之冠,以鸡冠血点亮开光龙眼,旋万炮齐鸣,龙腾跃而起,待各家各户之炮燃尽,方可离去。游彩架即彩架游行:队列长半里至一里余,由彩色台架、舞龙、舞狮、彩灯、音乐柜等组成,狮队开路,舞龙保尾,中间彩架四台,各配一套文武场(乐队)。皆由四人肩抬,台上数童扮饰某特定形象造型,各自坐立于特制手指或佩戴伞、扇、剑、弓、刀之类小道具上,装配巧,神气妙。灯会,俗称灯酒会,内容有乡饮和取灯。乡饮以村屯、街巷为单位,由前一年生男丁(俗称"白花")的家长担任"头人",筹集"丁款",负责所有事务。各自聚集祠堂或者村社,商讨当年农业生产,宣布村规民约,后会餐。取灯意含求嗣取丁。会前,取灯者择生有三男二女的男人为"抱花岳父"和一擅长山歌的"抱花岳母",向灯会头人报告取灯意图,头人遂找人制作一盏贴有麒麟玲珑的"莲花灯",于灯会当日,先在社庙或祠堂举取灯仪式,旋由"抱花岳父"提着"莲花灯",众人在"头人"引导下,敲锣打鼓送往取灯人家。

舞炮龙——参见"宾阳炮龙节"条。

宾阳灯酒节——参见"宾阳炮龙节"条。

上林灯酒节——俗称吃灯酒、闹灯酒。壮族民间传统节日。流行于广西大明山一带，以上林县巷贤镇、白圩镇、西燕镇节日仪式最盛。农历正月十一日举行。此节已历上千年。据考，"灯"音谐"丁"，节日源自"添（男）丁"俗愿，而"酒"乃壮乡祭祀、欢庆必备。届时，当年头胎生男孩人家，须给村社献一只羊，生女孩人家，则献鸡一只。其余各户亦筹集物品，共举盛事。届时，全村张灯结彩，男女老少聚集社坛，拜祭社神，旋于树下吃"长桌宴"或"百家溢"。有些地方另有"散羊头"之俗：社主将羊头及后腿退还主家，次日主家将羊头祭祖，并举盛宴，邀亲朋好友共欢，尽兴而散。在村里，人们通常把灯酒节俗说"吃灯酒"。老人说："每到吃灯酒之日，必定张灯结彩，热热闹闹，每个村民都痛痛快快地闹'灯酒'。"

上林吃灯酒——参见"上林灯酒节"条。

上林闹灯酒——参见"上林灯酒节"条。

融水热伴节——苗族、侗族青年连情节日。流行于广西融水滚贝侗族乡等地。农历正月十一日举行。热伴，侗语意为作伴。届时，侗苗族同胞，竟着节日盛装，欢聚吹笙踩堂，跳芦笙舞，唱侗族大歌。姑娘、小伙借机寻觅心上人。

整堆坡会——苗族民间传统娱乐节日。流行于广西融水安太乡元宝河流域。农历正月十一日举行。相传二百年前，元宝寨董姓族长董大王，专一想搞"坡会"，选中寨后名"引刀"的石山坡，征得族人认同，便年年于农历正月十一领头举会。届时，在旱田中央竖一特别高大的芦笙柱，由元宝寨芦笙队引领，客寨各芦笙队跟随，绕柱三周，吹奏三曲，旋将糯米饭、猪、鸡、鸭、鱼、酒等祭品，整齐供奉柱前。之后，寨老向东蹲地，念词拜祭，祈求神灵保佑人寿年丰。祭毕，由芦笙头领吹"过门曲"，众笙紧随，踩堂乐舞一队接一队，纵情表演，一片欢腾。再后，举行长里许山道的"窄路赛马"，俩人（马）一组，激烈惊险，轮番淘汰，最终决出名次。其间，穿插芦笙比赛及斗马、斗鸟等。活动直至夜幕降临。

千三欢聚节——侗族民间传统节日。农历正月十一日举行，历五天。流行于贵州黎平县茅贡乡地扪村等地。此节源自侗家地扪分支回乡祭祖。当年，此地先民伐木建房，开荒种地，很快发展到一千三百户人家大寨，为便于生产、生活，经商议，分寨而居，七百户去茅贡，两百户去腊洞，一百户去罗大，地扪留住三百户。分出各支思念故土，经商议，决定每年于此时段聚会，久而成节。主要节俗：祭萨，在塘公庙前，设坛祭祖；在祭坛旁踩歌堂，跳芦笙舞；唱侗戏，纪念侗戏鼻祖吴文彩；聚会叙情，参与者分散至各户，或聚集鼓楼，吃"合拢饭"款谈；斗牛赛，将娱乐推向高潮。此节被誉称维系、增强民族和睦的彩桥。

十二

正月十二——汉族民间传统节日。流行于浙江金华一带。农历正月十二日举行，故名。相传，东汉光武帝未登基时，曾逃难至婺州乡野，为摆脱追兵，藏匿于蜡烛灯内，由百姓抬出脱险。后世民间遂于每年此日，举"迎蜡烛"仪式，以志纪念，久而成节。届时，用竹篾扎制"蜡烛"，外表糊红纸，画精美图案，内点巨型烛灯。八人一组，分别抬三尺、四尺高俩蜡烛，巡游村寨。各村百姓纷纷先迎后随，皆着白布衫，扎包头，打白裹腿，浩浩荡荡；路旁人山人海，热闹非常。

胡集书会——亦称灯节书会。汉族民间传统曲艺节日。流行于山东惠民胡集镇。该地乃先秦武圣孙武、西汉名伶东方朔之乡。农历正月十二日举行，历十天。十二日前为"前节"，十二至十六日为"正节"，十七日至廿一日为"偏节"。每日早、中、晚三场，除说"评书"（历史故事、武侠故事、神怪故事）外，尚有山东快书、山东琴书、木板书、毛竹板书、相声、渔鼓、缰大鼓、梅花大鼓、西湖大鼓、河间大鼓、东路大鼓、过窑调、沧州木板、数来宝等，以及艺人与受众难分的跑龙灯、扭秧歌、杂耍、武术、抬芯子、踩高跷等表演。其间，书会祭奠、授徒谨守仪式、献艺、交流例行程序，表演内容遵循传本，交易、交流不无定规，按部就班，环环相扣。据传，此节始于清朝初年，另说已历七百余年，素与河南宝丰县"马街书会"齐名，众多曲艺荟萃，招来远近数百里观众，多时达四五万人。

灯节书会——参见"胡集书会"条。

延庆花会——汉族民间传统娱乐节日。流行于北京延庆一带。农历正月十二日举行。据考，此会已历数百年。主要活动有玩花灯、舞狮子、踩高跷、打腰鼓、骑竹马，气氛热烈异常。

杆洞百鸟衣坡会——苗族民间娱乐节。流行于广西融水县杆洞乡一带。农历正月十二日举行。1989 年，苗族舞蹈家龙老太，会同县文化、民族部门，到该乡举办"芦笙舞创新培训班"，组建首支"百鸟衣芦笙表演队"。表演者着"百鸟衣"，以百鸟羽毛装饰，故名。1992 年正月初十，乡政府于整巴首举坡会，凡五十余堂芦笙、三万余人参加。近年改在杆洞乡大田洞举会，并改为今节期。届时，五十余堂、两三千把芦笙以及三万余众与会，如火如荼的笙、舞海洋，共庆民族团结，国泰民安。百鸟衣芦笙队的小伙、姑娘表演，将坡会推向高潮；异彩纷呈的"斗牛"，则别添异彩。入夜，寨中主人热情款待来客，家家欢笑满堂。寨外河畔，不时传来男女青年悠扬悦耳的对歌声。

十 三

关帝圣君飞升日——道教节日。关圣帝君得道飞升祭典。农历正月十三日，于各地关帝殿举行。关帝，本为三国时代蜀汉大将，字云长，美须髯，武勇绝伦，与刘备、张飞结义桃园。平定西蜀，督师荆州，曾大破曹军，以忠义大节，永垂青史。民间祭祀关公一千七百余年，关帝早已逾越正史英雄形象而成为多元化神明——商界守护神、医药神、战神等。祭日，人们纷纷焚香叩拜，流布之广，用心之诚，为俗信纪缅所鲜见。

刘猛将军虫王爷诞——道教节日。古"虫王祭祀"遗风，于传为刘猛诞辰日农历正月十三日举行。流行于华东大江南北。昔时，地方官府主持祭祀，民间则举盛大迎神赛会。无锡南邗沟旧有刘猛将军庙，庙联云："卧虎保岩疆，狂寇不教匹马返；驱蝗成稔岁，将军合号百虫来。"然而，此神实为勇猛将军刘承忠。清光绪版

《吴川县志》载：刘承忠，邑人，元末官指挥使。江淮蝗旱，督兵逐捕，挥剑驱蝗，蝗飞境外。元亡，自沉于河。江淮间咸祀之，称"刘猛将军"。清雍正二年（1724），皇帝诏令全国各省、府、州、县，建刘猛将军庙，春秋致祭。新版《吴川县志·人物篇》，亦有此载。然，正史颇多失考。县志外，吴川其他史料鲜见提及，更未做认真研究和宣传。江南农村迎神赛会，抬刘王菩萨，尊称"刘猛将军"。

郎木寺晒佛节——藏族盛大宗教节日。农历正月十三日，于甘南郎木寺举行。届时，成千上万僧侣会聚一堂，由寺院大法师率领，抬着巨幅彩绣大佛像（俗称"唐卡"），到寺旁山麓固定晒佛台上，细心展开，旋交口颂赞佛陀功德，念沐浴经，祈祷新年里安康。佛事活动，持续至中午。当地信众传，不管刮风下雨，一旦佛像晒出，即风停雨住；当佛像展开至佛额时，第一缕阳光会投射到佛的额头上。

苏州点灶灯——亦称灯头日。汉族民间娱灶神节日。流行于江苏苏州一带。农历正月十三日举行，历六天，十三称"试灯日"，十八称"收灯日"。届时，各户在厨房悬挂彩灯，以取悦灶神，祈求保佑全家吉祥平安。史载，南宋理宗淳祐三年（1243），即已"请预放元宵，自十三日起，巷陌桥道，皆编竹张灯"。南通旧时从正月十三上灯、十八落灯，谓"十三、十四神看灯，十五、十六人看灯，十七、十八鬼看灯"，且有"上灯圆子落灯面"之举。城隍庙中，看者络绎不绝。明末清初，城中包壮行家所做彩灯闻名遐迩，称"包灯"。是日，乡下尚有出嫁女"请娘"之俗；其傍晚，农家有煨百虫、放烧火、爆白花之举。另，人们要请坑三姑和灰堆婆婆解答疑难问题。今，城市元宵活动以灯会为主，文化宫、文化馆、公园等地设灯景，供众观赏。

苏州灯头日——参见"苏州点灶灯"条。

吊天灯——亦称义点路灯。汉族民间宗教性节日。流行于浙江舟山以及他省一些汉区。农历正月十三日开始，历一月。届时，于三岔路口竖一竹竿，悬挂一纸灯笼。临夜，即去进香、点灯，以照路人。临满月，向邻里讨些大米，于末夜做成米饭、年糕之类，在灯下祭瞎眼菩萨"青神"。祭毕，将其分饷邻里孩童，以求明目、聪慧。已式微。另，四川川北西充等地，昔时曾有此节，称"点天灯"，与路口山坡点灯、进香，俗项略异。均已式微。

义点路灯——参见"吊天灯"条。
点天灯——参见"吊天灯"条。

宁波扫虫——汉族民间传统农祀节日。流行于浙江宁波一带。农历正月十三夜举行。届时，棉农须避人耳目，带笤帚下棉田扫虫，先逆扫三次，再顺扫三次，口念"正月十三夜，百虫在地外"，祈棉田免遭虫害。

荻港六龙会——汉族民间传统节日。流行于安徽繁昌荻港镇一带。农历正月十三日举行，历四天。初七筹备，十三试灯，十四起灯，十五正灯，十六圆灯（亦称"拉灯"）。该镇有都天庙、城隍庙、祖师庙、撒帝庙、关帝庙、大王庙等六座庙宇，居民相应制作六盏龙灯度节，故名。届时，每灯巡街均以仪仗为先导。随后，有人持"城隍神灯、天都神灯、五显神灯"等方牌，有人提燃香的香炉、烧着红炭的火盆、声音洪亮的金筛。头三日，龙灯缓慢行进，摇头摆尾舞动，形态逼真，观者如潮;末夜圆灯时,六条龙灯延伸里余长街,上下左右飞舞,直至拉破为止。观众在自家门口呐喊助威。龙灯在哪家门前被拉破,则视为不祥,须用事先备好的泔水相泼,以解晦气。此节已式微。

元宝山芦笙节——苗族民间娱乐节日。流行于广西融水元宝山一带。农历正月十三日举行。芦笙是苗族典型吹奏乐器。该地使用大型芦笙。节晨,各寨男女老少穿着一新,成群结队拥向活动地点。芦笙队员们扛着芦笙,沿途不时吹奏。中午人众齐集,活动开始,古老火神炮响,百条鸟枪齐鸣,一位德高望重长者,手执一把小芦笙,站指挥台上,吹响《引笙曲》,所有芦笙旋即齐奏,声音十分雄壮。之后,芦笙队吹起《踩堂曲》,一队队盛装姑娘,围着芦笙队,踏曲翩翩跳起"踩堂舞",观众围了一圈又一圈。舞者母亲或嫂子不时为姑娘整装。不同舞曲,唤起不同舞步,姑娘们尽情欢舞,小伙们尽情吹奏。最后,各芦笙队进行比赛,赛乐声响亮,悦耳动听。日暮,节日宣告结束。

安太"十三"坡会——苗族民间娱乐节日。流行于广西融水安太乡一带。农历正月十三日举行。20世纪末,安太地界已拥有十来个规模不大的芦笙坡会,总称"安太芦笙节"。后来,当地政府应群众要求,将其整合为一体,在"整欧"田垌,于正月十三举行,称今名。届时,三四万人竞着盛装,纷至沓来。坡会集全乡数千支芦笙于一处,先齐奏、合奏,旋进行演奏比赛,以芦笙音量、音质及曲调等综合测评水平高低,计优劣。获胜者无上荣光,心花怒放。另举行斗马、赛马、斗鸟、民族工艺展、科技图片展、商品交流等。入夜,人们结交芦笙同年,举行全村酒宴,穿插村际歌手对唱赛、文艺联欢会、坐夜行歌走妹等。

安太芦笙节——参见"安太'十三'坡会"条。

巡田坝节——傣族民间传统迎春节日。流行于云南绿春骑马坝一带。农历正月十三日举行。节晨,寨子起而欢腾,人们着节日盛装,兴高采烈会集寨中大青树下,敲锣打鼓,欢庆节日到来。歌手们手捧美酒,唱起欢乐迎春歌、四季歌;众人则踩着鼓点,跳传统对扭舞。太阳高升,一长者高喊"巡田坝开始"。人们自动组成一支队伍,由八个高举彩旗的年轻人引导,浩浩荡荡走向寨外田坝,一路吹唢呐,敲锣鼓、鸣放鞭炮、火枪,自东而西绕田坝巡游一圈,最后返回大青树下。另,各寨群众在此日制定、检查一些关涉生产的乡规民约,审视农业生产。

拉祜族祭祖节——拉祜族传统宗教节日。农历正月十三日举行,历三天。拉祜人奉祖先为家神,称"页尼"。家人将长一尺、宽约半尺一张高脚篾桌,作为"神"屋,桌面置竹制数对蜡条,周围贴白纸经幡图案,前方挂小竹筒。节间,各户均在桌上摆香蕉、菠萝、桃子等供品,由家长杀鸡献祭,后焚香烧纸,领家人行祭礼,祈祖先保佑全家平安,无病无灾。据传,祭仪须在节间反复多次,方能奏效。家祭毕,还要将所有祭品移寨外僻静处倒掉,节日方告结束。

十 四

平定灯节——汉族民间传统节日。流行于山西平定县一带。农历正月十四日举行,历三至六天。据传,女娲曾在平定县城东南二十五公里处的东浮山炼五色石补天。今,山上入水不沉之浮石,乃其当年补天所剩。宋代即在此建娲皇庙,并于正月十五燃塔火,与元宵灯节共时。节期,人们在自家门前,用半截砖和黄土,垒成一米许、径半米之桶状炉,表抹泥,执铁棒槌于其四周凿上百个圆孔,内装煤块,日添一次,煤块燃烧,火苗从四周孔中冒出,以纪念女娲补天之功。另外,还举行张灯、赏灯活动。

汝阳灯节——汉族民间传统节日。流行于河南汝阳一带。农历正月十四日举行,历三天。成人举散花、鬼棒、灯山等活动。散花指各户用干草扎草把,上插彩色纸花,置粪堆旁;鬼棒指取几根秫秸,劈其一端为细篾,每一篾尖插一短节秫秸,置屋檐下;灯山指做面灯,装些植物油,入夜点燃置各处。孩童们则悄悄偷走面灯,回家吃,称"偷灯盏"。人们着新衣,结伴观灯,称"消百病"。乡下各村,还于村央搭一神棚,内放各种烟花爆竹及裱糊的花伞、花马、火旗杆等。众齐聚,则放花炮,火树银花,响声震天。另外,节间举行旱船、高跷、狮子舞成队表演。这些,均旨在乐中祈福。

绍兴白虎祭——汉族民间宗教节日。流行于浙江绍兴一带。农历正月十四日举行。《协纪辨方书》引《人元秘枢经》云:"白虎者,岁中凶神也,常居岁后四辰。所居之地,犯之,主有丧服之灾。"每逢此日,家家必趋吉辟邪,请巫师设祭坛,杀猪宰羊,祭白虎神;祭毕,用红绿线悬一张白虎图于门上,俗称"遗白虎"。节已式微。

武义消灾日——汉族民间宗教节日。流行于浙江武义一带。农历正月十四日举行。《武义县志》卷三载:昔时,每逢此日,县内东岳城隍庙、二郎庙、花园庙等,例行集会,各庙轮流司值,负责筹款,办宴,搭楼台亭阁,展示各种戏剧人物;于庙前街上插彩旗,敲锣鼓;庙中僧道设醮诵经。县城内外,妇女们结伙游览祈福,俗称"抖晦气"。节已泯。

南通放烧火——汉族民间传统节日。流行于江苏南通一带。农历正月十四日举行。届时,各户捆稻草多束,置田中;用面粉捏成棉花般面果数百个,缀于秸上,酷似真棉花,遍插田边。待明月升空,人们手握草把柏枝,点燃一端,挥舞不已,高声吆喝:"正月半,放烧火。别人家才把菜栽,我家黄豆盘篮大。别人家棉花瘦且低,我家棉花壮了要撑天。"火把烧完,到田中取下棉花秸上的面果,拿回家炒熟,分给孩童吃。据传,吃了这种面果,可免灾祸,不生蛔虫。

贡山祈祷法会——族谓"支木切措"。藏族民间宗教节日。流行于云南贡山一带。农历正月十四日举行,历三天。届时,喇嘛聚集寺院焚香,燃灯,念经,叩拜,祈祷菩萨保佑人寿年丰。各村信众,为表信仰虔诚,纷纷往寺进香膜拜,向活佛、喇嘛呈献各种贡品。

支木切措——参见"贡山祈祷法会"条。

恰木钦——西藏等藏族聚居区趋吉辟邪盛大法舞会。"恰木钦"意为形式隆重、规模较大的法舞。农历正月十四日举行。舞者三十人许,乐队二十余人。舞者戴面具,主角为死神的法王及妃子,另有形若骨头架子的查事鬼、戴角的鹿和牦牛等使者。乐队起奏,先焚烧场地中央的人形"郎卡",投入油锅,以示镇住妖魔;后由大法台率舞者及僧众将"朵尔玛"(糌粑捏制供神施鬼食品)送寺外焚烧完毕,宣告法舞会结束。

满族灯官节——亦称灯官会、拜灯官。满族民间传统节日。流行于东北满族聚居区。农历正月十四日举行,历三天。据考,此节源自乡俚古俗。满族先民多居森林茂密地区,冬季干燥,火灾频仍。人们非常重视严防火灾,并深知防火众人有责,非一人一家之事。故,每逢火灾多发季节,人们便以"灯官"活动互相警示,年深日久,遂成民族节日。节间,由一人扮灯官,亦称"灯正司",反穿皮袄,头戴皮帽,帽插松树枝;另一人扮灯官娘娘(多男扮),身着红袄,两耳夹大红椒。他们各乘一台轿子,走村串户,谓"灯官出巡"。轿子甚简陋,仅用一把椅子捆于两根木杆,两人抬着。每到一家,灯官老爷便唱一段防火唱词,如:"灯花哒哒,蜡花洽洽,严防火灾,告谕各家。"唱完,户主回敬简短答词,表已谨记在心。临别,户主要送给灯官红包,内装五谷或钱币,以谢赐给吉祥。

满族灯官会——参见"满族灯官节"条。

满族拜灯官——参见"满族灯官节"条。

更喔坡会——苗族民间娱乐节日。流行于广西融水白云乡六百河上游上邦寨。农历正月十四日举行。据传,此会肇始二百年前,开初每三年举行一次,会期曾定于农历十二月过苗年后第九天,后改今节期,且年年举办。会址初在"整久",后改为"更喔"。届时,人们从五村八寨,扶老携幼,纷至沓来。东道主上邦寨芦笙队,赶往寨口相迎。青壮年抬着大筐糯米饭,挑着糯米甜酒、酸鸭、酸鱼等吃食领先,芦笙手及姑娘们居中,头如狮、身似龙的吉祥物"精令"殿后。此物用十数块红毯连接而成,廿余青年弯腰弓背托起舞动。其前、后,由俩壮年执巴芒草左右摇摆,俩青年装扮孙悟空护卫。各笙、舞队入场后,即各自围圈表演"嘎秧舞"(合调)、"支队舞"(同年)、"希乓舞"(赛调)等。日暮,欢腾结束,主寨村民纷纷邀请客寨亲友,以鲜活田鲤及酸鸭、酸肉、糯米饭招待。席间,主、客以碗代杯,开怀畅饮自酿糯米香酒,畅叙家常。

畲族奶娘节——闽东畲族民间祭祀节日。农历正月十四日,在奶娘宫举行,历三天。相传,奶娘姓陈,名清姑,号十四娘,生于正月十四,福州下渡人。她幼学法术,能调动天下神明,穿山破洞斩妖去邪。当时,古田县临水地方盘踞一对妖仙。人们须每年供献一对童男童女,否则庄稼绝收,人畜俱亡。一年,轮到一户畲家儿女奉祀。祭临,一家四口哭得天昏地暗,恰逢一过客经过庙前,问明缘由,吩咐"你们莫哭,午后看我的功夫"。正午,只见一只小鸟衔着草叶片在庙檐歇息。忽然,庙后蹿出一条南蛇婆,张开血盆大口,扑向童女。不料,庙檐小鸟嘴中草叶,化成一把利剑飞来,不偏不倚,正中蛇婆七寸,迫其毕露真相。童男童女得救。娘亲感激不已,后在梦中见到那位过客。她说:"我叫陈清姑,被暗算殉命,我的灵魂还要回到临水洞,去镇压南蛇公。"梦后,村民便把原蛇神庙改为"临水殿",纪念陈清姑,遂成"奶娘节",沿袭至今。节日,家家必备两斤以上重量喜烛一条,燃献"奶娘宫",剩下半截,翌日晨在奶娘塑像前,再点燃香一把,连同半截喜烛,提回家中,祀奉奶娘香火,祈男女平安。无"奶娘宫"

村庄，每两三年要去古田县临水殿请正身一次，一路游行，张灯结彩，并行各种表演，吸引无数观众。

陈十四娘节——参见"畲族奶娘节"条。

卡钦——达斡尔语意为"正月十五"，并以"正月十五"称节。俗称达斡尔元宵节。节期为正月十四日开始，历三天。达斡尔族民间传统祭祀节日。于传为天神"腾格里"归界日农历正月十五举行。节日气氛甚浓。前夜，即陈祭品，上供，焚香叩拜，送其登程。节天，人们竟着盛装，吃猪尻背肉。有些地方还吃肉汤水饺。节期实为正月十四至十六，末日习惯独称"黑灰日"。

达斡尔族正月十五——参见"卡钦"条。

达斡尔族元宵节——参见"卡钦"条。

十 五

三元——上元、中元、下元三节的总称，习称三元节。源出道教。道教崇奉天官、地官、水官，即"三官大帝"：上元赐福天官紫微大帝，中元赦罪地官清虚大帝，下元解厄水官洞阴大帝，说天官赐福、地官赦罪、水官解厄；并以三元配三官，说上元天官正月十五生，中元地官七月十五生，下元水官十月十五生。各地因建三官庙、三官殿。据考，三官信仰始自东汉道教初创，后发展为"三元说"，遂以三官诞辰为节。清赵翼《陔馀丛考·天地水三官》载："其以（农历）正月、七月、十月之望为三元日，则自元魏始。"三元节始自南北朝时期的北魏。逢节，道观、僧寺均举宗教活动；内，上元、中元流自民间，以为节日。中元佛道相争相成，影响巨大；下元节则无佛教参与。信众有三个月素斋，祈三官神佑之俗。

三元节——参见"三元"条。

上元节——参见"三元"条。

中元节——参见"三元"条。

下元节——参见"三元"条。

张天师诞辰——道教节日。农历正月十五日举行。张天师，道教尊称张道陵，本名张陵(34—157)，字辅汉，号天师，于东汉末年创五斗米道，后被道教奉为创教者。太上老君授予"正一真人"称号，教内誉称降魔护道天尊、高明大帝、祖天师等。张天师世家亦讲究居住庙观，但可娶妻置室，传宗接代，虽有斋戒，可在非斋日喝酒，尝荤。据闻，天师世家素传"四不吃"：不吃牛肉，因其善；不吃乌鱼，因其孝；不吃鸿雁，因其贞；不吃狗肉，因其忠。内，道教笃信乌鱼至产卵期，两眼昏瞎，只待饿死升天。而其鱼崽最富孝心，主动游入母嘴，给娘充饥，免娘饿死，尤令信众崇敬有加。每逢天师诞辰，纷纷前往道观祭拜。

元宵节——亦称上元节、元宵、元夜、元夕、元夕节、灯节等，另称闹元宵。全国性汉族民间传统盛节。作为灯节，源秦始皇出宫观灯；作为道教上元节，则因此日乃一年中第一个月圆日，传为天官祭日。据考，道教此节系西汉文帝钦定。农历正月十五日举行。宋吴自牧《梦粱录》卷一"元宵"载："正月十五日元夕节，乃上元天官赐福之辰。"中古以降，节兴张灯之俗，宋时达盛，沿袭至今。许多地方自初九（称"上九"）起，耍龙灯、狮灯、牛灯、花灯，至十五夜结束。另据传，元宵举灯会，亦与点灯供佛得果报有关。东汉明帝闻西方有神名"佛"，即于公元64年，派蔡愔等西寻佛法。三年后,蔡返洛阳,时近元宵,即禀明帝,摩揭陀国(中印度古国,位于今南比哈尔地方)每逢正月十五,僧众即聚会瞻仰佛祖舍利,参拜佛祖,点灯敬佛。于是,明帝即令在宫中、寺庙点灯敬佛。士族庶民争相仿效,久而成节。节间,人们张灯结彩,以花灯为盛,亦猜灯谜。花灯因地有异。福州挂橘灯;冀南、胶东农村盛行蒸制面灯,于门挂猴灯,鸡窝挂鸡灯,水缸吊鱼灯;山东临沂则在面灯放几颗豆子,蒸熟,据豆粒膨胀程度,预测当年雨水。全国普遍习惯吃汤圆,北方称吃元宵,音圆形圆,谐阖家团圆和睦。

上元节——参见"元宵节"条。

元宵——参见"元宵节"条。

元夜——参见"元宵节"条。

元夕——参见"元宵节"条。

元夕节——参见"元宵节"条。

灯节——参见"元宵节"条。

闹元宵——参见"元宵节"条。

回族元宵节——回族民间传统节日。流行于河南项城南顿一带。农历正月十五日举行。届时,家家打扫卫生,用江米(糯米)面做元宵,麦粉包饺子,阖家欢聚吃元宵、饺子。饭后,青年男女皆收拾得干净利索。小伙们戴上小白帽,会集村寨广场,载歌载舞。之后,人们敲锣打鼓,走村串巷,唱歌跳舞贺节。主方用茶、水果和糕点等,热情款待。此节源说:早在宋元时期,一回族将军带两三千回族士兵,休整于项城一带,时值年节。为防士兵思乡厌战,将军于正月十五,亲临营地,带领全军唱歌跳舞,活跃军营生活。当地回族群众纷纷仿效,亦于此日热闹一番。年复一年,积久成节。除项城回族群众外,聚居、散居他地的回族群众,也有不少过此节。

粤东元宵节——粤东汉族民间传统节日。农历正月十五夜举行。两大独绝节俗:一是"烧龙"。是夜,人们聚集舞龙场。墩子铳连声巨响,火缆队数十小伙赤膊短裤,各举一截燃烧竹缆,跑步前行;镲锣队边跑边伴奏;喜炮队人人举一顶挂鞭炮之长竹竿,三队绕场两周,巨龙"出洞"。每节龙身皆装土箭炮、土烟花,入场央表演昂首、跳跃、躬身、翻尾等动作,龙头旋张嘴吐火,龙身亦开始燃烧。舞龙人尽情奔跑。鼓乐、鞭炮、欢呼声,响彻夜空。二是"升灯"。生男孩人家升花灯于祖宗祠堂,或升一盏大花灯,或升一对小花灯,以示庆贺。倘生女孩,则免。

把把儿年——亦称土家灯节。土家族民间元宵节。流行于湖北长阳等地。农历正月十五日举行。节以张灯、观灯为盛。据考,与灯火渊源颇深,汉代业已流行。届时,人们取杉树,于宅外焚烧,谓"烧"。儿童大声呼逐,谓"赶毛九"。到处张灯结彩,玩花灯,舞龙灯、狮子灯、蚌壳灯,通宵达旦,谓"闹元宵"。

土家族灯节——参见"把把儿年"条。

土族元宵节——亦称上元节、元夜节、元旦节、灯节。土族民间节日。流行于青海西宁附近及乐都县等地。农历正月十五日举行。是夜,人们热烈开展跳火牙、妆瘟和观灯等活动。夜幕将临,各户门前即燃起几堆篝火。人们扶老携幼,口念"大吉大利、吉祥如意、万事平安"等吉语,从火堆跨过,以祈吉祥。青年、孩童更兴致勃勃,反复跨越,直至火微方休。入夜,各村寨烟火缭绕,人声沸腾,谓跳火牙。另,还举妆瘟:选几个年轻精悍、能歌善跳小伙,装扮护法、金刚等神模样,由众人敲锣打鼓护送,挨家逐户串行。之后,各户点燃一个巨型火把,去村外事先指定空地,堆放燃烧,以烧除所有瘟疫。观灯内容、形式丰富多彩,各寨各异,颇富地方、民族特点。乐都一带,事先给各家派灯,每家制作十盏、八盏不等。每灯都有丰富含义,或星辰天宿,或历史故事,或珍禽异兽。大街、小巷、村头寨尾,竟夜灯火辉煌,五色炫目。土族及回、藏、汉各族芳邻,扶老携幼前往观灯,一片节日景象。缺儿少女人家,是夜还兴"偷灯"。据传,灯偷得手,并一路不灭,带回家,即可生男育女。

土族上元节——参见"土族元宵节"条。

土族元夜节——参见"土族元宵节"条。

土族元旦节——参见"土族元宵节"条。

土族灯节——参见"土族元宵节"条。

民和土族灯节——土族民间传统节日。亦称灯会。流行于青海民和一带。农历正月十五夜,于城镇举行。届时,土族老少皆着民族盛装,与周边数十里的藏、回、撒拉、汉等族群众,一同观赏花灯。民间艺人,特别寺庙艺僧,用晶莹洁白酥油,调和各色颜料,塑成各种珍奇艺术花朵,千姿百态珍禽异兽,景色壮观山水图画。内,尤负盛名的是排灯,灯呈长方形,两侧各有三个画框,上绘《封神演义》《三国演义》《水浒传》等历史人物故事,情节连环成套,画工精致,人物形象丰富生动。灯内点蜡烛(今置电灯泡),排排相连,构成一条璀璨艺术长廊。人们在花灯下,欢歌起舞,彻夜不眠,有时延续几天。会间,九联灯高悬,最引人注目。灯悬一八角形木架,每角联结一串灯笼。中心一个吊灯,下垂挂一个彩球。各族男女青年成群结队,簇拥一人,在锣鼓声中抢夺彩球。据说,抢得彩球者,可得子得福。怎奈高处设有机关,控制升降,只给人们提兴,很难抢到。一旦有人抢得,人群立即沸腾,爆发出雷鸣般掌声、欢呼声。

民和土族灯会——参见"民和土族灯节"条。

鄂伦春族元宵节——亦称正月十五。鄂伦春族传统岁时节日。流行于内蒙古呼伦贝尔市及黑龙江鄂伦春人聚居区。农历正月十五举行。节前,人们置办节日用品,打扫室内外卫生,打猎、办事者纷纷赶回家团聚。届时,家家祭天、祭地、祭祖,吃团圆饭;入夜,专门去村口、路口,摆供品,拜月亮神。姑娘、小伙自发组织歌舞、摔跤、射击、下棋、打牌等各种文娱活动。狩猎生活使然,内以射击比赛最盛;歌舞则以熊舞、野牛搏斗舞、树鸡舞之类见长。

鄂伦春族正月十五——参见"鄂伦春族元宵节"条。

满族灯节——亦名灯会、元宵节,古称上元节。满族民间传统岁时节日。流行于东北满族聚居区。农历正月十五夜举行。据考,俗源汉族。唐徐坚《初学记》云:"《史记·乐市》曰汉家祀太一,以昏时祠到明,今人正月望日,夜游观灯,是其遗事。"满族沿袭此俗。初始,仅"十五元夕,户以上年积残油腊,聚铁镬中,悬门首燃之,至天明而罢,烟焰张天,气尤恶劣,不知取何义云何"(《龙江述略》)。后来,传说满族一女子,见元宵点糖灯、燃松树明子不美观。她闻长安城有宫灯,便女扮男装,驱马赶往。抵长安,不料被卫兵抓进宫当了宫女。三年后,她学会做宫灯,便请还乡。临行,皇帝送一宫灯,她带回长白山。从此,满族过元宵便有了各式灯笼。节夜,明月升空,满族城镇大街小巷,彩灯交相辉映,火树银花,既有灯展、灯市,有的还举冰灯会,杂以鞭炮声,热闹异常。观灯者纷至沓来,车水马龙。青年男女组秧歌队,以童子扮三四个妇女和三四个士兵,各用两根尺许圆木棍互相敲击,交相对舞。由一人扮卖膏药者,手持伞灯,在前引导,众以锣鼓相和,歌而舞,舞而歌,通宵达旦。昔时,还请"笊篱姑娘"。《凤城县志》载:"茅姑,疑即紫姑,俗又谓笊篱姑姑。于正月十五日晚间,小儿女截双榴枝为足,缚横木为臂,续以笊篱为头面,头簪彩花,身披红袄,扶令骑帚。一女童持香三炷,曳帚向茅司,往来且祝旦曳,曳帚重于前,为茅姑来,即抱立床间,把持两足,前设香几,令向磕头。如问年有几分,即以磕数为算。或是日,为绣小鞋,置墙隙,如后失去,为茅姑领受,可佑针黹精巧云。"有的地方,则由一姑娘举一笊篱,蒙一张上画女人脸的彩纸,且歌且舞。四周群众拍手应和,曲调悠然婉转,极富民族特色。乡村农家,节间在室内外、仓房、马棚、井台等处燃起灯火,以豆面或荞麦面制灯碗,黄昏时辰送祖坟墓地,给祖先神灵照明,俗称"送灯"。一些村子,还用荞麦面制成十二盏灯碗,上标月份,每灯碗置一粒豆,放锅蒸煮,碗内豆涨者卜涝,不涨或小涨者卜旱。

满族灯会——参见"满族灯节"条。
满族元宵节——参见"满族灯节"条。
满族上元节——参见"满族灯节"条。

白族元宵节——云南白族民间节日。农历正月十五日举行。届时,多和彝、汉各族兄弟一起欢度。他们例行耍龙、舞狮,尤其要组织"金花歌舞队",大闹元宵。弥渡县"花灯唱元宵",更是别具特色,热闹非凡。

仡佬族元宵节——亦称上元节。仡佬族民间传统佳节。流行于贵州务川等地。农历正月十五日举行。节间,除舞龙灯、耍狮子、跳花灯等外,还挑金银水、栽秧、送年等。最富民族特色的是,人们穿戴一新,举行追老鼠、照五过、爆虼蚤、烧蝗虫等活动。追老鼠是孩童游戏,用一根绳,拴一只草鞋,一人拉着跑,一群小孩追,边追边喊"打老鼠"。每到一家,便敲打柱子问:"柱子哥!"有人应:"哎!"又问:"老鼠仔漏窝不漏窝?"众答:"漏窝!""一年漏好多?""三百六十五窝!"主人旋拿出糖果、粑粑等食品犒赏,感谢孩子们撵走全部老鼠。照五过,各家把平时积累的干竹丝点燃放在门外,由一人出来一遍遍喊:"照五过,照五过;前照五过,后照五过;往年稻谷结几颗,今年稻谷起索索;往年麦子细朵朵,今年麦子大坨坨;往年玉米像鸡壳,今年玉米像牛角……"以祝五谷丰收。傍晚烧蝗虫,各家在房前屋后,燃起一堆篝火,高喊"烧死蝗虫,挖死地虫"。再挖土往火堆抛,喊"烧死蝗虫,五谷丰登;挖死地虫,禾苗葱葱"。爆虼蚤在深夜进行。届时,各家在门外火堆里,放入女贞树叶等,让其燃烧时发出噼噼啪啪声音。人们同声高喊:"爆虼蚤,爆虼蚤,一爆老鼠,二爆铺草,虼蚤绝种,生活美好!"

仡佬族上元节——参见"仡佬族元宵节"条。

元宵闹夜——畲族民间传统节日。流行于福建宁德一带。农历正月十五夜举行。届时,旧年办过婚嫁、生子、建房、营坟等好事的同族畲家,男的出两瓶各重三斤半酒,女的出一瓶"送喜酒",由办事人到各家分摊一些钱、物,当晚全村人集中宽敞场所,聚餐饮酒。毕,开始闹夜,任凭唱歌、跳舞、打拳、讲故事,直到天明。据说,闹得越欢,年景越好。

白马藏年——四川藏族支系白马年节。亦称白马山寨火把节。农历正月十五夜举行。节俗受当地杂居彝、羌等族影响。届时,举寨老少排着火把长龙,穿山寨,走田野,以驱邪气,高声喊叫祈吉。按农历年属相,选最年长阿尼(爷爷),点第一支火把,领头小跑。众举火把紧随,边跑边喊"喔一把"。倘两寨相迎,则杂糅而聚,后围成圈儿,于内欢歌狂舞。

白马山寨火把节——参见"白马藏年"条。

布依族小年——贵州部分布依族传统大年内包孕的年节。农历正月十五日举行。节晨,家家打糍粑祭祖。晚饭前,于堂屋八仙桌摆一只炖猪脚、各种菜肴,燃香烧纸,放鞭炮,敲铜锣,长者领头跪拜,恭请祖先回家过小年,旋阖家就餐。晚饭后,小伙、姑娘去"偷青",就是去人家菜地偷几片青菜叶,到路边互相抽打身子,趋吉辟邪,越打越亲。被偷人家,视来"偷"为和睦、吉祥,煞是高兴。

黎族小年——黎族民间传统年节。农历正月十五日举行。届时,人们不事生产,尽皆杀鸡、买肉、放爆竹,并裹粽祭祖。尤其与众不同的是家家把门上的春联及劳动工具上的各色彩纸,统统撕掉烧毁,将春节所剩菜肴吃光或倒掉,以遣神上坡守卫田土,不再留恋过年,人们自己也收回玩心,勤于生产。

海丰元夕——汉族民间传统节日。流行于广东海丰一带。农历正月十五日举行。是夜,人们在江河上放红、白两种水灯,两岸观者如云,争相于下游拾取。据传,拾得白灯者,其妇有喜为男兆;拾得红灯者,其妇有喜为女兆。故,争拾水灯以卜胎儿性别,成为元夕突出特色俗项,欢声笑语响彻夜空。

谷城赛烛——亦称烛会。汉族民间传统节日。流行于湖北谷城一带。农历正月十五或其前三日举行。届时,各村百姓点燃重数十斤、小桶般粗蜡烛,散发耀眼烛光,竞相观赏,同时剪制各种彩灯,聚会张灯,演戏、娱乐。人们常据烛光亮度、火苗形状,预测全年丰歉、吉凶。

谷城烛会——参见"谷城赛烛"条。

闽侯拍喜——汉族民间婚俗节日。流行于福建闽侯一带。农历正月十五日举行。节日俗项:乡民旧年娶妻,邻里必于新年此日黎明,前往"拍喜",即持竹杖拍打新妇,边拍边问:"有喜未?"新娘若答"有",则改往他家续"拍"。倘新娘害臊不答,"拍喜"客则挥杖再打,并不在意对方痛苦呼号,直至其应答为止。未能受胎新娘,每年此日难逃"拍"苦。故,一到节临,新娘们纷纷仓皇出逃、藏匿。烈性新娘不甘拍打,不时反抗,与"拍喜"客厮打,乃至反目。节已式微。

山东蒸面灯——汉族民间传统灯节。流行于山东等地。农历正月十五夜举行。届时,各户以面粉制成各种灯形,盛油点燃,依例悬挂各处。门前悬猴灯,鸡窝悬鸡灯,粮囤悬刺猬灯,水缸悬鱼灯……有的按月份制灯,象征几月的灯,即捏上几个撮;有的按家人属相,制成马、牛、猪、虎等十二生肖灯。另外,人们还用一灯卜吉凶祸福。如,以属相灯占卜:哪盏灯燃得最亮、最久,则卜对应之人年运最佳;倘意外熄灭,则卜凶多吉少。临沂民众蒸面灯时,常放入几颗豆子。蒸熟后,以其膨胀程度,预测当年雨水足否,年成好否。

山东灯节——山东汉族民间传统节日。农历正月十五举行,历一至三天。节期,后改三月三。昔时,胶东、鲁中、鲁西南等地,人们以豆面、玉米制作十二生肖灯,祈人寿年丰。人们还制作十二月灯,祈祷各月庄稼长势好、收成好。面灯多置床头、窗台、门砧、桌子。十五傍晚,放入灯芯、灯油,庄重点燃,以灯芯烧后形态,卜当年丰歉。比如,倘六月灯芯烧成小粒状,则可望小麦丰收。另,人们还持面灯照面庞,照宅内各角落,以祈福禳灾。诸城等地节俗略异:是夜,各家女主人待家人熟睡,持面灯将其肛门,逐个照一遍,并吟"豆面灯,豆面灯,照照腚眼不招虫"。据传,此法可防治肠道寄生虫、传染病。节已式微。

乡宁山灯会——汉族民间传统娱乐节日。流行于山西乡宁一带。初为农历正月十五日举行,后改三月初三。节始清康熙六年(1667)。届时,百姓糊制数以千计各色纸彩灯,按各种图案或字形,摆挂县城南的玉环山上,远望缤纷夺目。入夜,千盏彩灯齐明,辉煌壮观。人们盛装结伴,争往观赏。

黑井灯会——彝族民间传统节日。流行于云南牟定县黑井镇一带。农历正月十五举行。受汉族元宵灯会影响,主要举行"龙灯会"。当地盛产井盐,龙灯相应独特。首先,耍龙特制成九节,代表当地九眼盐井,反映人们祈求盐水更咸的心愿;其次,灯会特制一组"合井太平"灯锦,由两盏彩云灯及盐灯、白鹤灯、鲤鱼灯等组成。鹤灯上架一"井"字,表示盐业兴旺。其造型极精彩,表现彝众精巧的手艺和兴旺盐业的心愿。另外,还有其他娱乐活动。

自贡灯会——四川自贡汉族民间传统灯节。农历正月十五夜举行。据考,自贡新年放灯、燃灯的习俗,远肇唐代,特色鲜明,誉"天下第一灯"。南宋淳熙二年(1175),陆游在其当时游宦所至的荣州(今自贡荣县)写下《沁园春》一词。《沁园春》云"一别秦楼,转眼新春,又近放灯",可见自贡地区新春张灯、放灯时已俗成。清中叶,已见狮灯场市、灯杆(竿)节等灯会活动;20世纪初,盛行"提灯会",放天灯、舞龙灯、戏狮灯、闹花灯及民间杂技、杂耍等表演,蜚声海内外。自贡灯会突出特点为:灯、景有机结合,将一个个精致工艺灯交错大型灯,巧布园林山水。山上、水中,树"鸟"湖"蛙",人物、动物、瓜果灯,戏剧脸谱走马灯、木制龙头雕刻灯……灯、景、湖、山融为一体,场面气势恢宏。

狮灯场市——参见"自贡灯会"条。
自贡灯杆节——参见"自贡灯会"条。
自贡灯竿节——参见"自贡灯会"条。

铜梁龙灯会——重庆铜梁汉族民间传统节日。农历正月十五夜举行。肇源乏考。清道光《铜梁县志·风俗志》载:"上元张灯火,自初八九至十五日,辉煌达旦,扮演龙灯、狮灯及其他杂剧,喧阗街市,有月逐人、尘随马之观。"清末民初,上川东、小川北"赶会"民谚云:"合川的春(迎春会),铜梁的灯(龙灯会)。"每到年终岁首,人们"有钱没钱,玩龙过年",旨在敬天祭祖,辞旧迎新,祈福禳灾,通过舞龙、观灯、放烟花爆竹、撒烟糖红包,尽力宣泄人生快意。作为前奏,正月十二起,龙灯便结队"出龙",依次到各个庙堂和重要处所拜年;十五,龙灯会达高峰。届时,紧随大富大贵开道牌灯,数十个龙灯品种依序舞过。傲然的正龙、飘逸的小彩龙、活蹦乱跳的"十八学士"、拼抢不已的"三条骖"、优哉游哉的"鱼跃龙门"、天真的"板凳龙"、笨拙的"猪啃南瓜"、滑稽的"鱼鳅吃汤圆"、天风浩荡的"大蠕龙"、狂放无羁的"火龙"等品类,尤其抢眼夺目,或行进争奇斗艳,或就地"扯圈"展开,显尽各自风流。观灯人可随时跨入队列,充当血性的舞龙者。元宵闹尽,一把火烧龙上天,舞龙人大碗喝酒,抖擞精气神,开始新一年的劳作。

硖石灯会——汉族民间传统节日。流行于浙江硖石一带,故名。农历正月十五夜举行。据考,此会始肇于唐,而鼎盛于宋。其突出特色乃花灯品类繁多,计有挂灯、吊灯、迎灯、游灯……内以"针刺花纹灯"尤名于世。另,有放烟火、猜灯谜等娱乐。

黑彝祭秋架——亦称祭星星、祭星节。彝族支系黑彝人民间祭祀节日。流行于云南昆明西山区谷律村一带。农历正月十五日举行。据考,节源彝族古老星体崇拜。传说,远古人烟稀少,彝族始祖孤单难忍,夜晚常失声痛哭。某夜,天上星星被惊动,变成美女下凡,和始祖玩荡秋架(彝族民间流行秋千)。天亮,星姑娘返回天上。始祖请求留住凡间,星姑娘谢绝,且从此不再下凡。此后,彝族后人每年正月十五,便以荡秋架形式来纪念她。届时,全村集体杀一头猪,各家分得一份,做祭祀之用。明月东升,人们将熟猪肉和米酒祭品,捧到秋架下,虔诚烧香叩头。另外,还竟日举行荡秋架活动。

黑彝祭星星——参见"黑彝祭秋架"条。

黑彝祭星节——参见"黑彝祭秋架"条。

楚雄开街节——云南楚雄州彝族民间传统节日。新年首个街场农历正月十五日举行。盛行全州,尤隆重者有永仁的直苴乡,姚安的前场,牟定的猫街,楚雄的大过口、三街镇等地。届时,各地彝众着节日盛装,带着各自土特产品,纷纷会集街场赶街,既做生意,还举行传统歌舞活动。据传,此节源于民间祭秋千活动。昔时,每年正月初一架秋千,直到正月十五才拆。每逢拆秋千之日,人们都来举行集体祭祀活动,跳歌娱乐。

峨山开新街——亦称开新节、开街节。彝族传统物资、文化交流节日。流行于云南峨山一带。春节后首个赶集日(另说腊月末日)举行。届时,人们身着节日盛装,弹着月琴,舞着长龙,在笑声、爆竹声、铜锣鼓点声中云集固定节场,拉开节日序幕。青壮年欢跳龙灯舞、狮子舞、大头猫舞、花鼓舞、蚌壳舞及彩船杂耍等,少年们舞小龙,妇女们跳花鼓舞,老年人围成圈跳烟盒舞,无数群众围观、喝彩。老友们相见叙旧;年轻人借机谈情;经商者们摆摊设点,出售土特产品、日用百货。表演者们一路上吹吹打打,表演歌舞,给街上住户、商户拜年;同街上各族同胞逗笑打趣,插科打诨,不时地爆发出阵阵开怀大笑。入夜,人们围着熊熊篝火,弹三弦,跳大彝乐,唱彝家小调,沉浸在节日的欢乐之中。这个上百年节日,旨在喜迎春天来临,购农具,备春耕,祈祷秋后丰收。富良、塔甸一带,有在松毛席上吃"开新街饭"之俗。

彝族开新节——参见"峨山开新街"条。

彝族开街节——参见"峨山开新街"条。

永仁赛装节——俗称服装节。彝族少女传统时装表演节。流行于云南楚雄州永仁县直苴村等地。农历正月十五日举行。该节旨在为居住分散、难得一聚的青年男女,提供连情择偶机会。节源民间传说:古时,朝里若、朝拉若兄弟俩开发直苴有功。老年人一心要给他们选择称心配偶。哥俩说,谁家姑娘能把美丽山水花草绣上衣装,就娶谁,并提出来年正月十五,在村旁山顶、林间、青棚下比赛衣装。彝族女装全靠手工挑花、刺绣,做一套需一年多到两年。节间,老人们在场搭帐篷,专为自家姑娘看守衣装。手巧姑娘既是服装设计者、制作者,又是服装模特。她们各展才艺,一天换五六套衣装,不断来回展演。除赛装外,还举行赶山街、唱山歌、毕摩表演、火把狂欢、体育竞技等。其盛况,蜚声遐迩。1987年,美国文教专家马克·本德尔千里迢迢赶赴直苴参加赛装节,回国后热情写下《猪射·带铜炮枪的虎人》,在海外介绍直苴赛装节盛况。大姚等县彝族民间有类似节日,正月十五举行。(参阅"大姚赛装节"条)

永仁服装节——参见"永仁赛装节"条。

巡山土主祭——彝族民间祭祀节日。流行于云南巍山彝族回族自治县巍宝区一带。农历正月十五日举行。节源供奉地方神土主之俗。当地供奉的土主乃南诏国第一个国王细奴罗,俗称"巡山土主"。届时,各寨彝众聚会土主庙"巡山殿",集体进行隆重祭典,祈求平安。当夜,举行传统"打歌"活动,男女老少围着熊熊篝火,拉成舞圈,在芦笙、短笛和歌声伴奏下尽情欢舞,通宵达旦。

费县玉皇庙会——汉族民间宗教性节日。流行于山东费县一带。农历正月十五日举行。内容为"送驾",即众多乡亲组成送驾队伍,八面彩旗开道,锣鼓唢呐、高跷、狮子、旱船各队随后。抵玉皇庙,摆设香案,燃香明烛。跪拜后,纵情歌舞,讨玉帝欢心,保佑人寿年丰。最后,撤去年立春所做"春公鸡",宣告仪式结束。

吴川桥梁节——亦称逛花桥。汉族民间传统纪念性节日。流行于广东吴川。农历正月十五日,于梅菉街道梅江拱桥举行,已历六百余年。昔时,吴川与梅菉街道隔江相望,须摆渡来往,常被风雨阻隔。据传,某年是日,江水暴涨,危及村民生命。一仙女飘然而至,用彩带化作一座桥梁,横跨江上,使村民化险为夷。为感此恩,人们每年此日,皆把梅江此桥打扮成花桥,张灯结彩,挂绿披红。桥上还挂满各种纸花,供游人采摘求子。白花象征男孩,红花象征女孩。夜,人流如潮,笑语喧天。花桥下,人们刻意争相洗手,洗掉一年辛苦和不幸。

吴川逛花桥——参见"吴川桥梁节"条。

梅菉泥人会——汉族民间传统节日。流行于广东吴川梅菉街道一带。农历正月十五日举行。梅菉自古生产陶器。届时,制陶艺人聚集镇上,当街献艺,各逞本领。泥塑品种繁多,内容多为神话故事、历史传说、戏曲人物、喜庆吉祥等,丰富多彩,栩栩如生。绝艺招来远近选购者,兴盛非常,积久成"会"。据传,"会"始唐代,盛传不辍。

拉七姐——汉族民间传统节日。农历正月十五日举行。流行于山东等地。南朝宋刘敬叔《异苑》载,一姓何名媚字丽卿女子,习称"紫姑",亦称"七姑""七姐",善猜谜,能占卜桑蚕及百事。她本李景之妻,遭李原配嫉妒,正月十五夜被害厕中。后人尊奉其为"厕神"。每逢此日,当地妇女即用秫秸或谷杆,扎成人身,用葫芦或瓢制头形,再穿以衣服,扮"七姐"。她们簇拥神像,前拉后推,你争我抢,亲近"七姐",驱除百病。内容略同北京"祭厕神日"、江浙"迎紫姑",或互为地域性变体。

拉七姑——参见"拉七姐"条。

浙江迎紫姑——亦称迎厕神。养蚕妇女娱乐节日。流行于江浙一带。农历正月十五举行。内容略同北京"祭厕神日"、山东"拉七姐",或互为地域性变体。

浙江迎厕神——参见"浙江迎紫姑"条。

顺懿夫人诞——顺懿夫人亦称临水夫人诞、顺天圣母诞、大奶夫人。民间祈妇女平安生产之传统节日。流行于闽、浙部分汉区。农历正月十五(一些地方十四)日举行。顺懿夫人传闻及节俗,因地有异。闽传,夫人原名陈靖姑,生于唐代宗大历二年(767)正月十五。父名昌,母葛氏,家住福州下渡。靖姑自幼聪明伶俐,嫁刘杞,孕数月。逢乡蒙大旱,为救乡民疾苦,主动堕胎,感天求雨,遂解旱情。她却积劳成疾而亡,年方二十四岁。她临终遗言,死后能成仙,则专门营救难产妇女。人们尊之为助产神祇,建庙祭祀。浙传,古田临水乡,一山洞内有条巨蛇,以呼出毒气害人。某日,来一红衣女子,身佩宝剑,力斩毒蛇。百姓感激,问其姓名,她只答"福州下渡陈昌之女",说完便消隐。人们在洞建庙供奉,敬称"临水夫人"。南宋理宗赐"崇福昭惠慈济夫人"尊号。浙江丽水届时举行顺懿夫人出巡仪式。十三日,先由福寿双全老妇,为夫人神像沐浴更衣;膜拜妇女喝一口神像沐浴汤,可怀孕生子。十四日,各家设香案、备斋饭,自愿组成的出巡队伍,簇拥夫人神像,手提各种彩灯,遍街巡游。沿途,队伍唢呐齐鸣,各家鞭炮迎送,最终返回神庙。他地仪式,略同。

临水夫人诞——参见"顺懿夫人诞"条。

顺天圣母诞——参见"顺懿夫人诞"条。

大奶夫人诞——参见"顺懿夫人诞"条。

青姑娘节——亦称白族姑娘节。白族民间传统节日。流行于云南大理州剑川、甸南、羊岑等地。农历正月十五日举行。据传,古时剑川青姑娘,美丽、勤劳、善良,沦为童养媳,横遭婆婆、丈夫虐待,跳河自尽,以死反抗封建婚姻制度。此后,当地白族姑娘们即于正月十五,盛装聚会,扎青姑娘草偶,头缠白包头,由一人扛着;或推举一勤劳善良姑娘,象征青姑娘。大家跳着精彩舞蹈,唱着高亢白族调,拥往打谷场。齐集后,姑娘们簇拥青姑娘,到村里巡游一圈,再回打谷场上,把青姑娘放秋千上荡一回,大家旋跟着荡秋千,直玩到深夜。

白族姑娘节——参见"青姑娘节"条。

弥渡密祉闹花灯——白族民间传统节日。流行于云南弥渡县密祉乡一带。农历正月十五日举行。当地乃闻名遐迩的被称为"东方小夜曲"《小河淌水》的发源地。乡谣云:"十个密祉人,九个会唱灯,才进密祉坝,处处闻歌声。"乡民皆谙花灯唱腔,甩扇子、走十步有模有样。县志载"灯从唐朝来,戏从唐朝起",民谣云"过年不玩灯,人口不清吉(平安);玩灯不耍狮,猪鸡牛马不顺时(健康);玩灯不耍龙,老母猪会爬墙装疯"。此地曾是古驿站,马帮客商打尖,最喜听戏看花灯,亦促成、丰富了此节。节俗从初期团场灯、簸箕灯、过街灯,发展到门户灯、折子戏、花鼓戏,到舞台花灯戏,从田坝、院场、庙堂,搬到戏剧舞台,从最初祈神求福自娱自乐,渐至赋予驱邪避恶娱己乐他含义,形成完整的祈福许愿的典型节庆。

仡佬族跳姑娘——仡佬族民间传统节日。流行于贵州遵义、毕节等地。农历正月十五日举行,历两三天。节间,主要跳芦笙舞。芦笙类型很多,分三音、六音、八音等类型,曲牌数十种,曲调不同,舞姿也不同。芦笙曲调清脆悦耳,芦笙舞舞姿矫健优美。男女老少皆喜欢,尤喜"跳姑娘":姑娘们跟随吹芦笙小伙,按其吹奏曲调起舞。小伙们边吹边走,走几步后姑娘们即用右手轻轻捶前面小伙的背,小伙则以左脚轻轻踩姑娘脚背,表示亲切。不少男女以此结成终身伴侣。此外,节间还对唱山歌、赛马、打"篾鸡蛋"、"打花龙"等。

山东火神祭——山东汉族民间宗教节日。农历正月十五日举行。俗谓火神乃祝融或回禄,称之为"火德真君"。届时,凡打铁、烧窑、卖茶水等涉火行业人家,皆于节前,给火神像燃香、烧纸,祭祀叩拜,祈其保佑火头旺盛。中午,则给火神供上水饺,祈其保佑财源广进。

青海放冒火——青海汉族民间传统节日,旨在焚灾祈福。农历正月十五日举行。是夜,各户门前巷道口,堆放许多麦草,相连人家草堆绵延数百米。老人在其内放一两撮柏树干叶,孩童则撒入一两把青盐。明月东升,即点燃草堆,冒起火焰,称"冒火"。长长草堆宛若火龙。草堆青盐像放鞭炮,噼噼啪啪响个不停,柏树叶则喷发一股股清香。人们按辈分、年龄列队,鱼贯"跳"过草堆火焰,最后将火堆踢散。

苏北放野火——亦称照麻虫、炸麻虫、炸麻花。汉族民间传统节日。流行于苏北一带。农历正月十五夜举行。"放野火"指引火烧田,烧死越冬害虫及虫卵,祈求丰收的活动。童谣云:"灯笼亮,火把红,正月十五炸麻虫,场头地边都炸到,炸得害虫影无踪。"

照麻虫——参见"苏北放野火"条。
炸麻虫——参见"苏北放野火"条。
炸麻花——参见"苏北放野火"条。

德江炸龙节——土家族民间传统节日。流行于贵州德江。农历正月十五日举行。当地土家认为,除夕过小年,正月十五过元宵才算大年。据传,明永乐年间,此地已有舞龙求雨之俗。至民国年间,舞龙已从村村寨寨集中到县城。舞龙绝活锐减后,"炸龙"表演日益兴旺,已发展到用鞭炮密集轰炸游行舞龙队。据传,龙起水,降妖除魔后,已有邪气附身,须炸掉邪气,新年才有好运。是日下午,大小街道即封闭,人们云集便道,等候舞龙。1时许,锣鼓骤响,八十条长达百米舞龙队伍,相继沿大街小巷游行表演。每条龙各具色彩,或金光闪闪,或紫气森森,或赤身金甲,由灯牌引领,虾兵蟹将开道,口喷黄烟,应对龙头前手持彩珠的逗宝人"挑逗",左右、上下蜿蜒翻腾而行。队伍中,有专人点放烟花造势。此活动通常持续三四小时,而重头戏更在夜幕降临。各路龙灯纷纷上路。舞龙小伙已脱龙衣,裸臂赤背,饮足两斤白酒。街面住户备足成箱烟花爆竹,一旦龙灯出现,即劈头盖脸,对其密集燃放轰炸。不多久,龙体便熏得黑不溜秋,舞龙者满身乌黑,有的皮开肉绽。街道火光冲天,龙灯踉跄前行,直至被"炸"得乱不成形,仍坚韧不拔。他们自信,有龙神护佑,小伤会带来大运。次日一早,人们将炸残龙骨烧掉,送入河水,告此节完结。

东乡族玩火把——亦称玩火把节。部分东乡族民间传统节日。流行于甘肃临夏州洮河西、大夏河东和黄河南的山麓地带。农历正月十五夜举行。当地山多林密。相传,很久以前,林中凶禽猛兽经常窜入村寨,伤害人畜,闹得人人不安。某年正月十五夜,几个东乡青壮年自告奋勇高举火把,在村头寨尾东跑西奔,追赶凶禽猛兽,一连数夜,吓得山林禽兽再也不敢来犯。此后,为记住前人逐害功绩,每逢是夜,便于村外高举火把奔跑、游玩,久而成节。节夜,青壮年点燃、高举麦秆扎成的一支支火把,或三三两两,或成群结队,拥出村寨,奔跑于山间田野。老人、妇女和孩童则兴高采烈地会聚村头寨尾观看。远远望去,无数支火炬,穿梭游动于山间田野,好似火龙翻滚、繁星坠落,时隐时现,甚是壮观。

玩火把节——参见"东乡族玩火把"条。

朝鲜族五谷祭——朝鲜族民间传统农祀节日。农历正月十五日举行。旨在祈风调雨顺、五谷丰登。届时,各户用糯米、大麦、黄米、高粱、小豆等,合煮"五谷饭"。随后喂耕牛一碗"五谷料",卜当年收成,牛先吃哪种粮食,哪种粮即将丰收。

朝鲜族望月节——亦称望月架。朝鲜族民间传统节日。农历正月十五夜举行。届时,须用木杆和松枝搭几米高架,以作为望月之用,故名。是夜,明月初升,公众推举的几位老者,争相爬上高架望月,谁先看到,则开年大吉,儿孙平安。之后,点燃望月架,长鼓、铜锣一齐奏响,人们纵情欢跳农乐舞,常常夜半方散。

朝鲜族望月架——参见"朝鲜族望月节"条。

蜂炮节——汉族民间传统节日。流行于台湾盐水一带。农历正月十五日举行。据传,急水溪畔最大河港市镇盐水,从前瘟疫肆虐廿余年,丧生无数。人们认为乃鬼怪作祟。某年正月十五,人们请求镇上武庙关帝爷绕境出巡,并大放烟火,以助声威,终于剪除鬼怪、瘟疫。从此,每逢是日,人们即停止花灯游行,虔诚举行蜂炮祭礼,即用上万支冲天炮连接而成形状各样的"蜂炮",于初夜从武庙抬二三十神轿,开始巡游。神轿一出庙门,人们便燃放蜂炮。沿途,顷刻炮声响彻,人如潮涌,火花五彩缤纷,照彻市街如同白昼。神轿绕行市区,约十小时,蜂炮始终相伴。

布依族地戏节——布依族民间传统节日。流行于贵州贵阳、安顺、惠水、平坝等地。农历正月十五日举行。地戏在平地表演,不设戏台,观众在四周山坡围观,故名。据传,明洪武年间,由军队传入,融合布依民间艺术而成地戏。每台戏都有一个班子，通常由三四十人组成，扮演不同角色，演员皆男性。每个戏班专演一部整本大戏，既有《薛仁贵征东》《杨家将》《精忠传》等历史、军事题材剧目，亦有融布依民歌、民谣乡土剧目，如《架桥梁》《开财门》《酒令》《划拳歌》等。地戏自有行头和道具。演员所戴面具称"脸子"，一台戏七八十面，多达一二百面。布依对地戏面具视若神灵。戏班将其收藏大木箱内，非演出时不得擅自开箱。取用时，有一定仪式：摆香案、鸣钟、磬、鼓，祈祷后再开箱取用；每取用一次，均须逐一用清水洗净，供于香案，直至面具还箱。节日，各乡寨群众纷纷拥向地戏场。戏场中央放一张桌子、两把椅子。演员着戏装，戴面具，手持刀枪，在戏场简单表演一番，便举着彩旗绕村寨一周，遇山神、菩萨及土地祠，便驻足参拜，谓"参神"。之后，敲锣打鼓到各家朝贺，曰"入寨开财门"。此时，家家须紧闭大门，让戏班在门前一字排开，齐唱吉祥歌，待唱到"四季财门大大开，金银财宝滚进来"时，主人方大开房门，让众人一拥而进，绕堂屋一周，出门。随后，再正式坐台表演，待表演结束，演员、观众一起去村头寨尾扫场，意为扫除村寨天灾人祸、口舌是非，祈新年五谷丰登、人丁兴旺。最后，还要到戏场表演，待日暮结束。戏班将戏装、刀具入库，"脸子"还箱，地戏节告结束。

赶地母会——彝族民间传统节日。流行于云南漾濞龙潭区。农历正月十五夜举行。节源待考。届时，人们会集富丁乡山背后的地母庙，举各种娱乐活动。最热闹的，是晚上的"打歌"。这是当地盛行的歌、舞、乐三结合艺术形式。庙旁打歌场，烧起一堆熊熊篝火。小伙们吹起竹笛、芦笙，弹起月琴。赶会男女老少闻声而至，以火堆为中心，围成大圆圈，按音乐节拍尽情舞蹈。人群中，不时传出热情合唱和欢快对歌，内容或叙述民族历史，或抒青年爱情。人们唱一阵，舞一阵，偶尔歇脚，开怀畅饮。

满族上元节——满族民间传统节日。流行于东北、华北等地满族聚居区。农历正月十五前后，择日举行，通常历五天。届时，青年男女欢歌纵舞，内以跳秧歌、展冰灯为盛。秧歌队以童子扮成三四个妇女，再有三四人扮作男军士，各持两圆木敲击，交相对舞，由一持伞灯扮卖膏药者引领，众人以锣鼓相和，通宵达旦。另，所展冰灯，制作精巧，形态各异，如以冰镟成寿星灯，灯内点蜡烛，像水晶般耀眼，格外迷人。

朝鲜族上元节——朝鲜族民间传统节日。农历正月十五日举行。晨，全家喝"聪耳酒"，能喝一杯就喝一杯，少则一小匙或尝几滴，可使耳聪目明。另，为祈当年人寿年丰，还得吃"药饭"或"五谷饭"。药饭以江米、蜂蜜为主，掺大枣、栗子、松子等煮成。五谷饭混合大米、小米、大黄米、糯米和饭豆五种粮食做成。另，给耕牛喂碗五谷料，以表对牛的犒劳和希望。吃五谷饭、喂五谷料，被称作"五谷祭"。节间要突出灯俗，先到祖坟送灯，后在堂屋点"属灯"，在院内挂天灯，院门两侧挂壁灯，到河里放灯船。节间游戏，昔时曾有火炬战、车战、拔河等。火炬战即赛火，赛谁的火炬燃亮时间最长；车战是两辆牛车相撞，看哪辆牛车结实；拔河是分两组角力，各抓麻绳一端，将对方拉入自己圈内为赢。决出胜负后，一同载歌载舞，欢快非常。现在仅广为流传拔河赛。节夜，人们高举火炬,登东山高处迎圆月升起。有些地方还专门搭设"望月架"。登山迎月,谁先望见明月,谁当年得福。迎月之后,举"踏桥",也叫"跺桥"。朝鲜语"桥""腿"两词同音。跺桥含练腿之意。传说,在上元月光下踏桥,可使当年"康字无祸"。来回踏桥次数与踏桥者年龄相等,才能祈福禳灾。望月架用木杆、松枝搭成,高数米。皓月将升,被群众推举出的老人们争先恐后爬上望月架,翘首夜空,望月求余生吉利,儿孙幸福。望月结束,点燃望月架,人们便击长鼓,敲铜锣,奏洞箫,吹唢呐,围着噼啪作响、迸射火星的火堆,集体歌舞,尽情欢乐。

赫哲族正月十五——赫哲族民间传统祭祀节日。农历正月十五日举行。节前日,人们即安排好供祖先和诸神的牌位。赫哲人认为,方向以"西方为贵",供桌置西屋山墙下,摆"五码子"神像,神像多从集市上买,或用红纸叠,上书土地、山神、娘娘等字,以此表示把诸神及祖先又请出来了。节日设祭,次日将诸神及祖先送走,便投入生产劳动。节日吃饺子,不吃元宵。

晋中社火节——山西汉族民间宗教节日。农历正月十五日举行。据考,晋中社火源于秦汉百戏,肇始于唐,盛行于宋,丰于明清,以其形式多样、精彩纷呈成为华夏社火文化的典型代表。晋中社火誉享"中国社火之乡"称号。除重大活动外,每年元宵节必闹社火。届时,城镇乡村皆在主要街道、广场,挂彩灯,搭彩楼彩台,装彩车,进行各种演出和街头文艺表演。舞龙、舞狮、抛绣球、抬花轿、民间八音会吹奏、锣鼓大赛、晋剧、秧歌、小戏演唱等,竞相登场,人山人海,灯火辉煌。

傣族烧白柴节——云南傣族民间宗教节日,系南传上座部佛教节日。农历正月十五日举行。节前,由信众们到山中砍回盐霜树,经水泡、剥皮、晒干,制作成"白柴",堆至寺中备用。节夜,将其堆架如亭,各寺比丘、沙弥集中念经,最后由长老点燃柴亭,烈焰冲天,同时鞭炮大作。围观者人山人海,彻夜辉煌。集中念经的比丘、沙弥,由长老率至村外林中修行七日。昼在树下念经,夜露宿树下。七日期满,会集广场念经,通宵达旦。日出后节日结束,比丘、沙弥各回佛寺。节源载傣文《赕佛经》:很久以前,一对善良夫妇,见寒冬中三位僧人冻僵树下。僧人们对夫妇说:"你快去找些干柴来吧!"夫妇到树林找来一大担干柴,燃起熊熊烈火。温暖的火驱走寒冷和死神,三僧得救。夫妇俩又煮来一锅稀饭,施斋。三僧为夫妇念经,祝愿此功德将伴随他们九世九生。从此,"烧白柴"被当作一种布施传承,祈望以此得到佛祖保佑。

德昂族烧白柴节——族称"孔通"。云南德昂族民间宗教节日。农历正月十五(另说腊月十四)夜举行。通常由安长(还俗佛爷)主持。信佛的德昂人,顾及天气严寒,特烧白柴,给佛烤火,免其受冻。节前,人们即纷纷砍来白柴,堆至寺中备用。节夜,信众纷纷进寺,将白柴堆架亭,敲击象脚鼓、铓锣。各寺比丘、沙弥集中念经,最后由安长点燃柴亭。霎时烈焰冲天,鞭炮齐鸣。围观者人山人海,彻夜辉煌。次日,管寺长者拾炭灰,装入土罐,供佛前,意为给佛烤火。

德昂族孔通——参见"德昂族烧白柴节"条。

纳西族棒棒节——亦称棒棒会、弥老会,族称"米拉会"。纳西族民间传统集会。流行于云南丽江一带。农历正月十五日举行。届时,人们扛着马笼头、鸡笼、犁、耙、桶、锄等各种木制农具,拥向大研镇进行交易。近年增加果树苗木、花卉盆景等交易,还组织唱歌跳舞等活动,场面极为盛大。源说有三:其一,始明代,源佛教。木土司于此日在玉皇阁请喇嘛念经,超度祖先亡灵。清雍正元年(1723)改土归流后,农民、工匠场于此日往土司衙门前街道摆摊营业,逐渐形成竹木、农具交易集市。其二,纳西以正月十五为小年,春耕在即,借此备足一应农具,故此会实为竹木农具集市。祖传积习,纳西农民每年皆更换农具柄(称"把"),集会所见最多即五花八门适做斧把、锄把、镰把、锤把等之"棒棒",故名。其三,当年,纳西民众对企图反对改土归流之木氏家族的一种示威、抗议。土司但行报复,人们随时可操起棒棒应对。

纳西族棒棒会——参见"纳西族棒棒节"条。

弥老会——参见"纳西族棒棒节"条。

米拉会——参见"纳西族棒棒节"条。

巴乌节——译称猎归节。彝族支系黑活人民间传统节日。流行于云南鹤庆东、西山区。农历正月十五日举行。巴乌,彝语意为打猎归来,原为古老欢庆狩猎凯旋的祭仪。彝族人爱打猎,捕猎归来必跳巴乌舞,猎手们执兽头,披兽皮,围绕火堆表演各种打猎动作。待兽肉烤熟,才停止歌舞,分享野味。古老巴乌仪式久而变成固定节日,衍生出更加精彩的巴乌歌舞,即由十二面木鼓、十二面铊锣、十二支唢呐组成乐队伴奏,三十六位美丽的姑娘披上虎、豹、熊、鹿、麂子、狐等野兽毛皮,头插锦鸡和各种鸟雀羽毛,扮成飞禽走兽,围绕熊熊篝火踏歌起舞,栩栩如生地表现各种动物的声音、神态。年轻猎手们则手持弓弩,将"猎物"团团围住,表演各种狩猎动作,舞场充满浓烈山野情调。另外,有耍龙灯、狮子灯和白鹤灯等娱乐节目。

猎归节——参见"巴乌节"条。

杨府庙会——汉族民间传统节日。流行于浙江黄岩一带。农历正月十五日举行,历七天。当地农民、渔民笃敬北宋名将杨继业,奉若神明。据传,渔民海上遇险,口念"杨府大神"求救,即可化险为夷。于是,人们于清道光二十三年(1843),建杨府庙,供奉杨继业及其七子神像。从此,每年庙会不辍。届时,远近香客纷至沓来,焚香叩拜;各路艺人纷纷前来献艺;大小商贩则摆摊设点,叫卖各种乡土特产。20世纪中叶,该庙宇被拆除。近年重修,再现香火,祈福、许愿者络绎不绝。

打老鼠眼——汉族民间传统灭鼠节。流行于浙江台州一带。农历正月十五夜举行。当地俗传,是夜在屋内用黑豆打老鼠眼,可消鼠灾。届时,一人站房梁下,手拿七粒黑豆,一粒粒向梁上抛,倘豆抛自西梁上去,至东梁掉下,则打鼠有效。抛豆人边抛边念唱:"西梁上,东梁落,打得老鼠光铎铎!"意为根除鼠害。

陈十四娘娘祭——汉族民间传统求子节。流行于浙江温州一带。正月十五或十月初十举行。据传,十四娘娘名陈靖姑,幼时学剑庐山,武艺出众。她杀富济贫,深孚众望,被尊为女神。昔时,温州各县皆有广应宫或水端宫,供奉娘娘神像。据传,娘娘执掌生儿育女,故每逢此节,无生育或无男孩妇女,结伴向其求子。神案摆许多用米烧制男孩塑像,求子者争相抢夺米孩,带回家吃掉,以求得子。

请簸箕姑娘——汉族传统青年婚姻卜占节。流行于山东招远、黄县等地。农历正月初一或十五日举行。当地习俗以正月间的百草灵、旧笤帚、簸箕、针、苇等皆可作占卜之用。届时,未婚少女相约数人,取一簸箕,上置水一碗、镜子一面、秤一杆,众人用手指顶起簸箕,依次念叨:"正月初一(十五)百草灵,我请簸箕姑娘来算命。清是水,明是镜,戥子不灵问到秤,问一问婚姻动不动?"其间,谁念叨时,水在碗中跳动,则兆其将找得如意郎君。

瑶族开年节——亦名家神节、年宵节等。瑶族民间传统节日。农历正月十五日举行。人们以此日为年节最后高潮,或入新年首个重要节日,故名。届时,家家杀鸡、炖肉、饮酒贺节,并设供祭祀祖宗及各路神鬼。节后开阳春,行春耕、春种。瑶谚云:"吃了元宵饭,各人找事干;喝了元宵酒,各人找路走。"

瑶族家神节——参见"瑶族开年节"条。

瑶族年宵节——参见"瑶族开年节"条。

侗族扫阳春——侗族民间传统节日。流行于湖南新晃一带。农历正月十五日举行。相传,很早以前,寨中有个姚姓先人,一贫如洗,给头人帮工。某年正月初一,财主家欢天喜地过新年,他家却揭不开锅。万般无奈,便到头人家讨要旧年工钱,直到正月十五,分文未得,反被头人大骂一顿。回家路上,他自己为头人种的阳春长得一片繁茂,丰收在望,而自家却无粒米充饥。一气之下,他砍来一根竹子当作扫帚,把全部阳春扫烂。后来,人们为纪念这位敢于抗争的英雄,每逢此日皆举行扫阳春活动,日久天长,即演变为当地除邪恶、祈丰收的节日。节间,男女老少皆着民族盛装,姑娘们佩戴各种银制首饰,打扮得尤其漂亮。人们从四乡八寨,沿着丛山小路,赶到河坝,参与扫阳春。节日前夜,当地村寨主持人即动员组织大家,备好香烛、纸钱、酒肉等祭品,敲锣打鼓前往供奉"春草大王"。节日当天,主持人将上书风调雨顺、五谷丰登、四季平安、六畜兴旺等字的彩色小旗,分发众人,开展扫阳春活动。由几个健壮后生,扛起一根连枝带叶竹子当扫帚,在锣鼓、芦笙等乐器伴奏和鞭炮声中,从寨脚"起扫",直扫至寨头河边。主持人一边指挥队伍,一边口念"扫除一切是非口舌、乌烟瘴气、盗贼瘟疫"等祈语,众人纵情跳跃欢呼。扫至河边,人们纷纷焚香烧纸,祈祷一切邪恶化为灰烬,不再危害人畜,全寨平安。

黄平偷菜节——苗族民间传统节日。流行于贵州黄平一带。农历正月十五日举行。届时,姑娘们三五成群,大摇大摆下地偷白菜。本家族、同姓朋友的菜,不能偷。偷,限其他家,限白菜(别的菜禁偷),限数量(够偷者们吃一餐即可),且于白天"明"偷。主人发现,也不加责怪。姑娘们集中偷来的菜,做白菜宴。据说,谁吃得最多,谁就能最早找到意中人,所养的蚕会最壮,收获蚕茧会最多最好。在凯里市舟溪一带,兴偷南瓜。偷者多为男性,时间则在八月中秋之夜。被偷者亦欣然认可。而偷瓜者尽量避人发现。偷谁的,亦有选择。无子嗣者,约几朋友,带着背孩子的背带,夜里悄然找到人家地里的大南瓜,用背带包着,让无子男子背回,一路不言不语,免惊"孩魂";到家把瓜先存卧室,烧香烧纸,念几句吉语,旋宴请协同偷瓜者。

祭吉雅奇——族谓"祭牲畜神"。鄂温克族民间传统祭祀节日。流行于内蒙古、黑龙江鄂温克人聚居区。农历正月十五日,或六月牲畜膘肥时举行。相传,从前一达斡尔老人,从内蒙古赶马返乡,路遇暴风骤雨,不幸遭雷击而亡,灵魂徘徊许久,才顺马蹄印儿,找到族人住地。族人奉之为"吉雅奇",成为达斡尔、鄂温克两族的大神。鄂温克人认为,牲畜乃它所赐,便家家供奉吉雅奇神像。神像位于一块方形毡子,上用不同氏族种马马鬃尾,绣成形似一男一女的图像,中间缝制一口袋,以装供物。鄂温克人出售的牲畜,要剪下几根鬃尾,挂神像两旁;婴儿满周岁剪下的头发,要团成圆球,系神像两边;秋季宰羊供神,羊肩骨和髓骨要挂神像下面;平日宰杀牛羊,要将其胃煮熟,装进神像口袋。祭祀,以阿木苏(稷米)或大米奶粥做供品。祭毕,供品先由本族未出嫁姑娘品尝,众再分享。

祭牲畜神——参见"祭吉雅奇"条。

土族晒佛节——亦称瞻佛节。土族民间宗教节日,旨在消灾祸,佑人丁。流行于青海互助一带。农历正月十五日,于佑宁寺举行。该寺始建于明万历三十二年(1604)。当时,土族十三位代表进藏求建寺院,四世达赖喇嘛云丹嘉错派佛子端约曲吉嘉错(即嘉赛佛),来青海郭隆地方创建寺院。地名"郭隆",遂称"郭隆官巴"(即鹰谷之寺)。后被焚毁,清雍正十年(1732)重建,赐今名。届时,方圆数十里土族及藏、蒙古、汉等族纷纷前往,喇嘛们将香巴大佛像抬至大经堂前,端正放于大经堂台阶地毯上,然后焚香燃灯,敲锣打鼓,吹长号、海螺,举行隆重晒佛。仪式毕,虔诚善男信女向佛像献供品,磕头膜拜,祈平安、丰收。节间,喇嘛们竟日诵经不停,殿堂香烟缭绕,油灯闪烁。瞻佛者竞相赶来,终日络绎不绝。

土族瞻佛节——参见"土族晒佛节"条。

红坎村哈节——京族民间传统岁时节日。流行于广西京族三岛等地。亦称唱哈节,简称"哈节"。"哈"在京语中为歌之意。节期因地有异:红坎村在农历正月十五(亦说廿五)日,沥尾、巫头两岛在六月初十,山心岛在八月初十。地点为各村哈亭。亭乃木结构,屋脊正中塑双龙戏珠吉庆装饰,亭内分左、右偏殿和正殿。正殿设京族信奉诸神神座,殿柱皆雕民族习俗楹联或诗词。要俗有:一,迎神。节前一日,众人举旗擎伞,抬神座至海边,遥遥迎神,把神迎进哈亭。把所养的"象",其实乃猪,赶到哈亭绕行三周,留到半夜杀掉,由主持人依次率众"乡饮"哈宴。二,祭神。节天下午三时许,读祭文,唱"进香歌",跳进香舞、进酒舞、天灯舞等。三,入席,听哈:祭神毕,众人入席饮宴,听哈,称"坐蒙"(亦称"哈宴"),每席六至八人。酒肴少数由"哈头"供应,大部分由入席人轮流出菜,边吃边听"哈妹"唱歌。妇女仅捧菜上桌,禁入座,与儿童在亭听歌。"唱哈"的主要角色有三,一男子"哈哥",亦称"琴公",奏三弦琴;俩女子"哈妹",亦称"桃姑",一主唱,一敲小竹片和之。"唱哈"通常持续三天。四,送神。"唱哈"毕,送走神灵,念《送神调》,舞"花棍"。

走百病——汉族妇女昔时避灾求福节日。流行于苏、川、鲁、京等地。农历正月十五或十六日,因地而异举行。昔时,南京、成都妇女习惯游城墙"爬城头"。清六对山人《锦城竹枝词》云:"为游百病走周遭,约束簪裙总取牢。偏有凤鞋端瘦极,不扶也上女墙高。"在苏南,必"走"过三座桥梁,方可结束,称"走三桥"。吉林农村,妇女纷纷结伴出外,步平沙或和衣就地打滚,称"脱晦气"。山东威海,妇女拜神庙,祈神赐福消灾。北京妇女于十六日夜,着葱白米色月光衣,结伴游玩街市,遇桥便争先抢过,称"度厄"。女孩则去正阳门洞摸门钉。清潘荣陛《帝京岁时纪胜》载:"元夕妇女群游,祈免灾咎。前一人持香辟人,曰走百病。"另,周用《走百病》诗曰:"都城灯市由来盛,大家小家同节令。诸姨新妇及小姑,相约梳妆走百病。俗言此夜鬼六空,百病尽归尘土中。不然今年且多病,臂枯眼暗兼头风。"在云南,十六日举家出外,抱病成人将旧衣扔十字路口,孩童抱块大石头扔深潭,消灾驱祸。

目脑节——亦称目脑纵歌,景颇语大家跳舞之意。景颇族民间盛大传统歌舞节。流行于云南德宏一带。传统节期为农历正月中旬后几天之双日,忌单日起讫。1983年,经德宏州人大常委会讨论通过,确定此节为德宏州法定的民族节日,时间为每年正月十五日,历四天。规模极盛,誉称天堂之舞、万人狂欢舞、中国西部的民族狂欢节。昔时,但凡丰年、出征、凯旋、婚姻嫁娶、敬祭鬼神等重要活动,均跳目脑。此节起源说法有三:其一,人类向鸟儿学会目脑舞,而鸟儿的目脑舞又学自太阳神。其二,景颇古居遥远灵地,生活安乐。孰料来个饮血吃人魔王,施展魔法,呼风唤雨,淹没田园。人们陷入苦难深渊。一名雷盼景颇男子率众反抗,鏖战杀死魔王。人们年年狂歌纵舞庆胜利,称目脑。其三,景颇创世人宁贯瓦父母,嘱宁贯瓦:"我俩死后,你要举丧礼目脑,我们才能变成大地,你也能变成人,繁衍人类。"宁贯瓦谨遵亲旨,去太阳国学目脑。在那里,人们公推美丽孔雀为领舞。孔雀教会众习舞者。宁贯瓦学成还乡,组织目脑舞会,划定喜马拉雅山脚(传为景颇发祥地)为舞场,把起舞线路刻画于目脑柱,规定领舞人戴孔雀羽帽,以缅孔雀授舞之恩。目脑世世相传,舞种多达十几种,如苏目脑(招财庆丰收)、巴当目脑(庆胜利)、定栓目脑(贺新居落成)、德如目脑(出征誓师)、亭热土目脑(选址奠基)、脑赛目脑(娱乐活动)、肯然目脑(嫁娶)、亭然目脑(结拜交友)、克龙目脑(迎宾)、宫然目脑(分别离异)、朱目脑(丧葬祭祀)等,今已减至一两种。节间,各寨景颇竞着节日盛装,涌入目脑广场。场央高竖四根长约二十米的目脑柱(亦称"雌雄柱"),内两根为阴,外两根为阳,上绘精美象征意义图案。右边柱上多绘蕨菜花纹,象征团结奋进;左边常画回纹,构成若干四方形,涂以不同颜色,表景颇迁徙路线;中间两柱间,交叉两把长刀,寓景颇骁勇强悍性格。柱左侧立一方形架子,上置吹唢呐座位;前面挂两米长大皮鼓、直径米余大铓锣,用作伴奏。广场四周围以竹篱笆,防野鬼入侵和牲畜干扰。鼓乐齐鸣。俩德高望重且谙目脑舞路线老人,着大龙袍,戴饰有孔雀、野鸡羽毛和野猪牙齿的目脑帽,持长刀领舞。背铜炮、持长刀队伍随后。妇女们持扇子或彩帕,跟最后。参舞者数百至数千,照例通宵达旦。昔日,活动皆由景颇官家主办,带浓郁宗教色彩。新中国成立后,此节得到继承和发展,形式、内容皆有拓新,既有传统目脑舞会,还举各类文艺演出及书展、土特产交流等活动,更加成为蜚声遐迩的民族文艺奇葩。

目脑纵歌——参见"目脑节"条。

大家跳舞——参见"目脑节"条。

普米族转海会——普米族民间传统节日。流行于云南宁蒗泸沽湖畔。农历正月十五日举行。届时,以村寨为单位,分两支队伍祈福,一支上岛祭祀,一支沿湖转一圈。前者,男女老少各带食品聚集湖边,待老人上船头烧香祝词后,便纷纷登船。小伙、姑娘争先掌舵,一路对歌、欢闹。登岛后,各自将带来的彩旗、经幡插神坛周围,共饮美酒、野餐,傍晚方返村寨。后者,队伍庞大,多为青少年。他们从村口出发,循逆时针行走,一般当天返回。领头三名小伙,每到烧香叩拜地,便鸣枪三响,各家各户依例插旗。中午,在平静湖湾共进午餐,欢歌打跳。之后,按出发阵势,向远方村寨迈进,日暮方归。

羌族厷戊节——族称"厷"(gōng),羌语意为十五日。羌族民间地域性传统年节。流行于四川阿坝茂县雅都乡九龙村一带。农历正月十五日举行。届时,村民不约而聚,纵情欢跳"哈日""狮子拉"等民族舞蹈。

厷——参见"羌族厷戊节"条。

德昂族祭寨神树——云南德昂族民间信仰节日。农历正月十五日(或傣历三月十五日),午后举行。寨神树族称"帕空"。德昂各村寨,均栽有一颗高大帕空树,四周几棵小帕空,以竹栏围之。树叶似鸡爪,俗称"鸡爪树"。每家献上木制长矛,靠于树干,以示保卫寨神,祈求平安。节日,全寨停止所有生产、外出,男女老幼聚集树前,隆重举祭。各户家长手执新做长矛,经主祭长老念经祈祷之后,跨入围栏,取出旧年旧矛,以新换之。旋由长老用白线缠绕神树上。之后,各户献糯米粑粑,由长老集中后均分每人进食。仪毕,敲铓锣、象脚鼓,共舞狂欢。其间,派人把手所有寨门,忌外村外族人入寨,以免不吉。

十六

延安跳火——汉族民间熏虫禳灾传统节日。流行于陕西延安一带。农历正月十六日举行。傍晚,各户在自家院子燃起篝火,待天黑火旺,即开始跳火活动。小孩们从远处起跑,至火堆猛地跳过,旋即再逐一去跳邻里火堆,直至跳完。成人只象征性地跳火。婴儿则由父母抱着跳过。妇女跳过后,还须将自家被褥、衣物逐一从火上燎过,称"熏虫"。据称,此举可免一年百病,称"燎百病"。篝火燃尽,各户主人须用铁锹铲起灰烬,屋内转一圈,再往室外边走边撒,最终将剩下的倒入硷畔,嘴上喊:"给蛐蜒地方送下了!"此举俗称"蛐蜒"。相传,蛐蜒乃剧毒虫子,钻进人体耳朵,便把人脑吃空。

郑成功祭——汉族民间宗教性节日。流行于台南等地。农历正月十六日,在当地郑成功祠庙举行。据考,祠庙修建最早、祭祀最隆重者,乃清初建于台南市东的延平郡王祠,亦称开台圣王庙、开山圣王庙。祠庙布局谨严:大殿供郑成功塑像;后殿为太妃祠,左右塑像为宁靖王和妃、监国王及其夫人;两庑供明遗老及殉难将领塑像。二门供郑两部将甘辉、张万塑像;庭东悬日本人所绘《延平郡王战胜荷兰于赤嵌图》。屋内悬一堂轴,上书"礼乐衣冠地,文章孔孟家。南山开寿城,东海酿流霞"。相传为郑手迹。后庭有棵古梅,传为郑成功亲手所植。每逢祭日,百姓缅怀郑氏收复台湾之功,纷纷前往祠庙,置供香烛,景仰跪拜,久而成节。

彝族元宵会——彝族民间传统节日。流行于云南峨山一带。农历正月十六日举行。节源祭祀山神,后才渐变作歌舞娱乐为主的送旧迎新元宵盛会。节前,人们便推举本年度会主。是日下午,会主备好丰盛宴席,燃放鞭炮,请村寨各户户主吃饭。开席前,先由德高望重长者吟辞,祝愿丰年。入夜,人们燃起篝火,唱歌跳舞,耍龙灯,还有武术、高跷等表演,直至午夜。

满族放偷日——古代满族民间"偷盗节"。农历正月十六日举行。此节意在趋吉辟邪,象征性开放行窃,并非真偷。"失主"佯装不知,亦不责怪。"偷盗"内容为财物、车马甚至妻女等。男士"偷"情侣,须私约在先,再前往"盗领",再现古代"夺婚"遗风。此节已泯。

满族偷盗古节——参见"满族放偷日"条。

达斡尔族黑灰节——亦称黑灰日、抹灰节。族谓霍"吾都节""霍乌都如日"。达斡尔族民间传统祈吉节日。农历正月十六(亦作十七)日举行。届时,人们将锅底黑灰互相涂抹脸上,以表祝福。若遇长辈,先单腿下跪请安,只象征性在其脸上点一点,表尊敬。据传,五谷之神此日下凡巡视,此举是为求其别把黑穗病传到人间,以保作物丰收,百姓平安。另传,正月十五,年已过完,为防止一些年轻人偷懒不起床,天明将其堵在被窝里,并往脸上抹一把锅底灰,以示羞辱,由此演化为节日,让抹灰成为勉励勤奋的游戏,并祈丰收和幸福。还传此举一乃祈祷当年丰收,二说此日为"鬼节",故意让对方难辨真面目,以象征吉祥。节日活动年轻人尤其活跃。

达斡尔族黑灰日——参见"达斡尔族黑灰节"条。

达斡尔族抹灰节——参见"达斡尔族黑灰节"条。

霍吾都节——参见"达斡尔族黑灰节"条。

霍乌都如日——参见"达斡尔族黑灰节"条。

锡伯族抹黑节——亦称摸黑节。新疆锡伯族民间传统祈吉节日。农历正月十六、十七日举行,历一两天。节俗略同达斡尔族黑灰节,意蕴代替庄稼受巡天神惩罚,使庄稼免遭天灾而获丰收。相传,很久以前,一条溪边住着以渔猎为生的锡伯族老两口。某日,窗口飞进两只小燕,落在他家屋梁,为筑巢,叽叽喳喳争叫不停。内有一只不慎掉老两口炕沿,摔伤一条腿。二老一见,忙从炕席取下苇片,夹住其伤腿,用布片包扎好,精心喂养。几天后,小燕子伤愈,在屋里盘旋几圈,向二老示谢,飞走。数日后,小燕口衔一粒饱满、金黄种子,放在老太婆手中,叽叽喳喳地叫,才又飞走。老人将种子种在院里,很快生根发芽,拔节杆,长出许多大麦穗,秋后收了一斗,吃来又甜又香。两老人把种子分给大家播种,锡伯人便开始了种麦。一年,某家媳妇烙糊了面饼,怕老人责怪,就喂了狗。不想,惹恼了巡天神,说麦神随便下凡到人间散种子,必须惩罚,并用神术使小麦快熟时得黑穗病。百姓慌了,不知所措。那只小燕又飞来,把老两口引出,盘旋叫着。老两口把全村人集合起来，求巡天神恕罪，商量宁往自己脸上抹黑，替麦穗受惩，也不让麦子变黑。此举感动巡天神，他收回神术，抓住麦秆往上一捋，捋走众多麦穗，且留一条在麦秆顶尖，俾至今小麦只有一穗。据传，每年正月十六，天神要巡视人间，锡伯人便相互抹黑，证明自己仍为麦穗代罚。节晨，人们吃"托火勒布达"，接着拿着抹黑布互相涂抹。如遇长辈，先单腿下跪请安，后象征性在其脸上一抹，表示尊敬。姑娘们则常被小伙子抹得满脸乌黑。这种象征五谷丰收的节俗，妙趣横生。

锡伯族摸黑节——参见"锡伯族抹黑节"条。

鄂伦春族抹黑脸节——亦称抹黑日。鄂伦春族民间传统祈吉节日。流行于内蒙古、黑龙江鄂伦春人聚居区。农历正月十六日举行。抹黑脸之俗，在锡伯、彝、达斡尔等族亦流行，但发源、俗项略异：锡伯族意在为麦穗代罚；彝族表示深情和祝贺；鄂伦春族表示祛病禳灾；达斡尔族则是勉励勤耕，祈丰收。节晨，人们很早起身，双手抹上锅底灰，走家串户，互相抹脸。偶有睡懒觉者，也难幸免。节间，村村寨寨充满欢声笑语，到处可见人们互相追逐、抹黑的热闹情景。抹黑脸有规矩：子女（儿童例外）、儿媳不能与父亲互抹；哥哥和弟媳不能互抹；青年人给长辈抹黑脸，须先叩头。

鄂伦春族抹黑日——参见"鄂伦春族抹黑脸节"条。

鄂温克族抹黑灰日——鄂温克族民间传统祈吉节日。流行于大兴安岭下查巴奇古老的阿伦河畔，已历数百年。农历正月十六日举行。过了元宵，上山狩猎。往脸上抹点黑，意寓不怕鬼，不怕狼，不怕风雪，不怕一切。节天，人们早起迎接旭日。年轻人戴狍皮帽子，穿长毛皮袍，取来锅底灰或者墨汁，跑出传统柳条墙，你追我赶，尽情互相往脸上涂抹，抹得越多越黑，越无畏勇敢。老人和孩子，则在不注意时，悄悄地只抹一道黑。孩子须向老人施请安礼，老人搂孩子进怀抱。抹毕，人们去古榆树下祭敖包神、熊神和山神，虔诚表达对大自然的崇尚。更多人相互串门贺节，喝白酒，吃兽肉，表现民族的团结和兴旺。

四川保保节——汉族民间传统地方节日，旨在辟邪除灾、迎祥纳福。农历正月十六日举行。流行于四川广汉市雒城等地。节源汉族民间"游百病"与"拉（拜）保保"习俗。据考，正月十六游百病，清代业已成俗，有"正月十六游百病，游了百病不生病"之说。是日，城乡男女老少纷纷出门一"游"，进城者多上城墙游览，并在文庙万仞宫墙附近古柏林中折一小枝柏丫，插头上或帽檐，取"柏"字谐音，喻百事顺遂、百病不生、白头偕老、富贵白头等。节间，尤盛携幼婴于大柏树下拉保保（四川方言指干爹），"游百病"已实融其中。

达斡尔族滚冰节——达斡尔族民间传统节日。流行于黑龙江齐齐哈尔一带。农历正月十六落日之际举行。届时，人们提前吃晚饭，纷至沓来冰封江面，既高歌纵舞，又尽情在冰上翻滚，以祛病消灾。入夜方归。

古龙坡会——苗族民间传统社交、体育节日。流行于广西融水香粉乡一带。农历正月十六日，于古龙坡举行，故名。内容主要有赛马、斗马、赛芦笙、舞狮子、跳踩堂舞、拔扁担等。开始，盛装姑娘们围着芦笙堂，按芦笙伴奏节拍踏步，跳起踩堂芦笙舞。拔扁担近似拔河，两姑娘各执一头，竭力将扁担向己拉，各不相让。观众报以阵阵喝彩，鼓劲并向胜者祝贺。另，斗马更紧张激烈，即用两匹公马相斗，两马喷着响鼻，或猛踢或狠咬，相持竖立，时而迅猛追逐，直到一方败阵下场。此节因之亦称"斗马节"。赛马则在比速度，看谁的马跑得快。赛芦笙是看哪队芦笙吹得最响，声音清脆悦耳。此会既是娱乐、社交盛会，也是民族体育集锦。除苗族群众外，周边他族亦纷纷参加。

融水斗马节——参见"古龙坡会"条。

舟溪芦笙节——亦称甘囊香芦笙节。苗族民间娱乐情恋节日。流行于贵州凯里市舟溪镇一带。甘囊香，苗语意为河流下游，神往之地，或神仙聚会之地。农历正月十六至二十日，在苗寨连片、交通便利的井坎边河坝上举行。规模浩大，鼎盛可达五六万人。由虎场坡管理芦笙堂和起堂。起堂乃序幕，于节日前夕，由德高望重长者主持祭祖，烧香烧纸，供酒肉，祈祖魂赐福子孙。同时，各户在家设祭。十六日清晨，主节老人扛芦笙至坎井看碑文，口念"吹笙跳月，此乃我苗族数千年来盛传的娱乐活动。每逢新年正月，各地纷纷仿效，以娱乐而贺新年，更为我苗族自由婚配佳期……"念毕，倒出芦笙米酒，于碑文及笙堂喷酒数口，再自饮一大口，吹响第一声芦笙曲。苗乡芦笙通常分两种，一是两支芦笙为一对，称"给朋"，声音清脆悦耳；一是由五支芦笙组成一排，称"给雄"，最大的一支母芦笙高达三四丈，装有粗且长的共鸣筒，其他依次递减其长度和大小。给雄是高中低音的组合，称"排芦笙"。过去几十排的芦笙同时吹奏时，鸣鸣之声传十几里外。按传统习俗，舟溪芦笙堂只许吹"给朋"，因而舞姿亦显单调。此处禁吹各种欢快芦笙曲子，免致复杂多变、激烈奔放的舞蹈动作出现。倘违犯，虎场坡人有权毁其芦笙。常见芦笙舞是《祝嘎勒》，由三、五、七、九支大中小芦笙合奏一曲，笙头引领，众姑娘、中年妇女、老妪围圈起舞。十七日开始，人们扶老携幼，循芦笙召唤拥向舟溪。各村寨姑娘着盛装，戴银饰，小伙与芦笙手们吹笙跳舞，斗牛、斗鸡、赛歌、赛马灯等。欢乐中，小伙向意中人索取花带，姑娘则将花带系上意中人芦笙管。十八日入高潮。主笙老人复背着米酒，再次喷酒，并于堂央插上草标。从此，芦笙高挂，直至五谷归仓、农历苗年，才能取下。十九日"闹春"，情侣们自由谈唱，互送信物。节间，斗牛、赛马最扣人心弦。斗牛，或两牛相距三四十米，同时放开，分别从两端飞奔而来，用头猛烈相撞，发出炸雷般响声；或一头先放，一头原地站立，作抵挡之势，待来者距二十米左右，主人才放开。聪明的牛，见来势汹汹，急速转弯，假装逃跑，使来者突然减速，然后再从侧面进攻。当然，这要交换站位，放两次。对于获胜牡牛，人们发出啧啧赞美，主人光荣，牡牛身价百倍。赛马，先让马儿来回碎步奔跑，跑得快，步子稳，头翘尾翘，威风凛凛；后是"放马"，卸鞍、脱缰、骑光背滑马，人挥鞭抽打，马竭尽全力，以跑得最快为胜。据考，此节已历五百年。苗族人认为，其族最先栖息于黄河中游和长江中下游。那里寄居着苗族先祖灵魂，存留族源之根。灵魂会被巫师引领，顺"甘囊香"逆流而上，最终进入天堂。"甘囊香"现址，即位于舟溪苗寨河滩坝子，由吴氏在"养郜灵"下建立鼓和芦笙坪，为"吹笙跳月"和男女"游方"之所。

甘囊香芦笙节——参见"舟溪芦笙

节"条。

白族送龙船——白族民间宗教节日。流行于云南大理一带。农历正月十六午夜开始，历一至三天。白族地区信仰佛教、道教，此节即源道教影响。节前，先做三天道场，后举宴会。夜，家家烧松毛，直烧得满街浓雾弥漫、难辨方向。子夜，开始送龙船，以古装仪仗队为前导，后随龙灯队，其后是各界人士代表，再后是身穿道袍、手执法器的道士，最后是纸扎巨大灵官像和龙首兽身"船体"。此节旨在祈求神灵，保佑当年五谷丰登。

青岛糖球会——汉族民间传统糖球选购节。流行于山东青岛一带。农历正月十六日举行。糖球，类似北京糖葫芦。节间，各地商贩聚集青岛海云庵前，叫卖火红山楂糖球、微黄山药糖球、香甜芝麻糖球、硕大苹果糖球等各种糖球。远近游人纷纷选购，还可亲自制作。选购者，或为孝敬老人，或为馈赠亲友，多时达二十余万人。

老妈妈饭——汉族民间传统节日。流行于山东昌邑一带。农历正月十六日举行。是夜，未婚姑娘自发组织，挨家挨户收柴火、大米，连夜熬粥，内加鸡蛋、咸菜等。粥熟，当即分着喝一部分，余下部分，次日晨再分发各家。据称，喝了此粥，可消灾祛病。

转黄河——亦称九曲黄河阵灯会。汉族民间传统游乐节日。流行于河北井陉县南王庄、芦庄、胡家滩等地。准备前奏事宜，早自旧年腊月小年开始，正月十六为正日，达高潮。据传，此节肇于军事，而用于祭祀，旨在禳灾驱疫、祈求吉祥。南王庄把古老的"黄河阵"按阵图利用平坦地形，用三百六十五根木桩、三百六十五盏彩灯扎成气势磅礴的"九曲黄河阵"，正方形，三百余平方米。通常于早、午、晚，连"转"三次。秧歌队、扇子舞、狮子舞、杂耍班、扇鼓队、晋剧、丝弦等化装披挂；"龙灯会"高举长龙全部出动，聚拥"黄河阵"外，炮响三声后，由德高望重长者手提会锣、会旗，鸣锣入阵，众人鱼贯而入。阵内男女老少"转"动如潮，欢声笑语；阵外炮声如雷，锣鼓喧天。当地谚谜"四四方方一座城，住着三百六十兵，天天晚上来操点，个个头上甩红缨"，道出了节中"黄河阵"（谜底）气势。十九日晚，人戛然停"转"，阵内按五行排布，仅点燃阵四角和老杆中央明灯。正月二十，破阵收器具入库，会众大会聚餐，当年会首会将本年账目等移交给次年会首，待来年再办。

九曲黄河阵灯会——参见"转黄河"条。

十 七

百丈怀海禅师圆寂纪念日——佛教节日。农历正月十七日举行。马祖道一法嗣、南岳怀让下第二世百丈怀海禅师圆寂纪念日。百丈怀海（720—814），唐高僧。俗姓王，福州人。自幼喜游访寺院，廿岁从西山慧照禅师出家，后从法朝律师受具足戒。马祖道一禅师在江西弘法时，怀海禅师往参，得马祖之印可，遂与西堂智藏、南泉普愿同为入室弟子。之后，怀海在江西百丈山自立禅院，制定清规，率众修持，行农禅生活，曰："一日不作，一日不食。"元和九年（814）正月十七入寂，敕谥大智禅师，塔号大宝胜轮。怀海禅师所定清规，世称《百丈清规》，天下丛林无不奉行，堪称禅宗史划时代之功，对中国禅宗乃至佛教史影响极为深远。

安陲芒哥坡会——苗族民间传统娱乐、祈福节日。流行于广西融水苗族自治县安陲乡一带。农历正月十七日举行，故亦称十七芒哥坡会。当地乡民，信奉辟邪赐福的芒哥神。届时，由一些壮汉披稻草、芒藤编织外衣，戴木刻面具，装扮公母芒哥，在芦笙队、锣鼓队簇拥下，上演一幕幕芒哥舞，穿插抚摸观众头、肩、手，意为施吉利于人。其他活动，有芦笙踩堂、芦笙比赛、斗马、斗牛以及物资交流等。县内外数以万计各族来客，蜂拥而至，参观助兴。

十七芒哥坡会——参见"安陲芒哥坡会"条。

十 八

金华植树节——汉族民间传统节日。流行于浙江金华一带。节期因地有异：东阳、义乌在农历正月十八日前后，谚云"正月十八，棒槌栽得活"；浦江一带于正月二十，谚云"正月二十植树苗，棒槌入土也发芽"。永康等地"标春"则是人们在塘岸、路边、溪畔及房前屋后，插一两根柳枝。衢阳等地习植杉木，时由孩童呼喊"千种千活，百种百活"。种枇杷时，无论晴雨，均戴斗笠，披蓑衣，遮住脸和身子。棕树，则须跪着种，因棕树长大后，每月剥一次棕皮，都要挨一刀，跪种乃示还情。

台州收邪——汉族民间宗教节日。流行于浙江台州一带。因其于传为龙神收降瘟神疫鬼，全部将之带上天之日农历正月十八夜举行，故名。将夜，人们早早闭门锁户。深夜，凡曾舞龙、制作灯笼者，便举着龙、灯走街串巷。举龙灯者领头，并高喊："收邪收邪！"屋中居民听见喊声，即熄灭灯烛，屏息静卧，禁发任何声响。巡毕，送各种灯具进庙观，由道士设祭后焚烧，人们则分食祭品，称"吃龙肉"，借以驱邪避灾。此节已泯。

十 九

燕九节——亦称筵九节。道教节日。丘长春祖师诞辰。流行于北京等地。于传为丘（处机）真人逝世日农历正月十九举行。相传，山东栖霞有一丘真人，十九岁出家，师从王重阳，与其他师兄弟合称"全真七子"。他曾于宁海昆仑山，向元太祖成吉思汗陈述治国安民之道，甚得赏识，被赐神仙尊号、膺大宗师。1203年，出任全真道第五任掌教，达二十四年。1224年，应燕京官员之邀，主持天长观。1227年，成吉思汗下诏，将此观易名"长春宫"（今白云观），并赐"金虎牌"，以"道家事一切仰'神仙'处置"，诏丘掌管天下道教。是年农历正月十九日（亦说七月初九），丘真人以八十高寿，仙逝观中。丘真人乃道教全真龙门派创始人，据《帝京景物略》载，是夜，丘或化身世族、官吏，或装扮游人、妇女、乞丐，重返白云观，谁有幸相遇，即可益寿延年。或因此载，京华百姓昔日应时纷出西便门，结伴步行，或雇驴乘车，争往白云观祭拜。观外，货摊、杂耍、游乐不绝于途，甚是热闹。信众则静心等待，甚至彻夜躲于观内，指望遇仙呈祥。清《燕九节枝词》诗云："正月十五燕九节，神仙肯授长生诀，只今留得白云观，峭寒遍地霜花结。"正月十九，活动达到高潮。世代相沿，久而谓此日为节。此节本意"宴丘"，即以酒席祀丘，讹为宴邱、筵（燕）九、烟九、宴九。

丘长春祖师诞辰——参见"燕九节"条。

筵九节——参见"燕九节"条。

烟九——参见"燕九节"条。

筵九——参见"燕九节"条。

宴九——参见"燕九节"条。

宴丘——参见"燕九节"条。

宴邱——参见"燕九节"条。

崇福堂庙会——汉族民间宗教节日。流行于浙江黄岩一带。于传为观音寿辰日农历正月十九举行,历五天。届时,人们纷纷前往进香朝拜。有的年份,沿街挂白幔布,张灯结彩。会间,各村戏班唱大戏,到处燃放鞭炮。此庙被拆后,复在福龙山南坡重建崇福祥寺,香客络绎不绝。

瑶族放炮节——瑶族民间传统节日。农历正月十九日举行。流行于湖南江华瑶族自治县大圩镇文明村等地。节晨,各村寨瑶家纷至沓来,人山人海聚集一堂,唱瑶歌,打长鼓,放鞭炮。主寨每家均设宴,款待来客。谁家客多,谁家越乐。此地此时,古老、独特的瑶族风情与神秘文化得以充分展示。

二 十

正二十——亦称正月二十节。土族民间传统节日。流行于青海民和一带。农历正月二十日举行,故名。届时,土族村寨凡有女孩之家,均给其穿耳朵眼。方式是请一品德高、年龄大、富有经验的女性到家,先在女孩两耳垂垫上几粒花椒,反复揉搓,待微觉麻木,速用绣花针,将双耳垂各刺一小孔,再用丝线涂上清油,穿入孔中,线上吊面团。人们认为,此日穿耳孔不易感染,因此成节。另外,当地还有给男孩子穿耳孔之俗,但男孩只穿左耳。穿耳后,人们立即忙碌,或包饺子,或做挂面,或买酒割肉,宰鸡杀鸭,准备丰盛佳肴,热情款待来贺亲友。

正月二十节——参见"正二十"条。

客家山歌节——汉族客家人民间传统歌节。流行于台湾竹东地区。农历正月廿日举行。届时,新竹、苗栗等地客家,纷纷前往新竹县竹东赴盛大客家歌会。远在异乡的商贾,亦不远千里赴会。歌会分老山歌组、长寿组、山歌仔组、平调组、男女对歌组、少年组等,分别开赛。自清晨至深夜,乐此不疲。

白沙农具会——族称"白沙当美空普",意即白沙大宝积宫开门。纳西族农具及土特产传统交流会。流行于云南丽江一带。农历正月二十日举行。源说纷纭:一说源涉佛教。是日,木土司在玉皇阁请喇嘛念经,超度祖先亡灵。人们去丽江城白沙街大宝积宫(又叫"护法堂")、琉璃殿和大定阁烧香拜佛的庙会,后逐渐演变成如今以购买春耕农具为主,称白沙农具交流会,仍习称弥勒会、米拉会。二说源于反抗木土司。其时,木土司欲改土归流,激民怨,操棒棒向木氏家族抗议示威,久而形成"棒棒会"。节天,白沙街熙熙攘攘,远近纳西族及他族群众,云集寺庙前广场和道路两旁,广场和道路摆满从各地运来的铁、木、竹制农具。时值春耕生产在即,人们选购称心如意的农具,以备生产之需。小孩则被玩具摊上各种奇妙、诱人的玩具吸引,成堆地聚在摊前摆弄,不忍离开。街上还摆有各种风味的小吃摊和手工艺品摊。当天,还在广场上举行各式各样民间歌舞表演,演出场地被人们围得水泄不通。

白沙当美空普——参见"白沙农具会"条。

白沙棒棒会——参见"白沙农具会"条。

白沙弥勒会——参见"白沙农具会"条。

白沙米拉会——参见"白沙农具会"条。

白沙农具交流会——参见"白沙农具会"条。

临桂禁风节——瑶族支系勉人祈福性宗教节日。流行于广西临桂县宛田自称"勉"的瑶族村寨。农历正月廿日举行。届时,人们举行祈祷仪式,祈神灵保佑当年不刮飓风,保护庄稼正常生长。祭品主要是鸡、猪肉和粑粑等。祭毕,举行舞狮、对唱山歌等娱乐。相传,刀耕火种时代,瑶民先祖为避玉帝怒降风灾,便于冬种春播季节,由头人告诫族人静默在家,禁任何声响,最好离寨外避。每年是日,师公吹响牛角号,警示族人。人们纷纷离寨,往他地敲锣打鼓,免风神降罪,日久成节。另考,明代,当地瑶胞自广东西迁临桂,途遇台风,海浪滔天,危急中,祈上苍保佑。玉帝遂令海龙王、风婆婆罢风止浪,瑶胞方顺利渡海。几百年来,此节皆在庙坪街举行。该地世居汉、壮、苗族,而无瑶胞,可理解为避风他地。节间,瑶胞盛邀他族一起过节,广交朋友,青年则乘机寻偶,因亦谓"瑶族情人节"。昔时,节俗丰富多彩,既有歌舞、腰鼓等一般活动,更有上刀梯、下油锅、走火砖等惊险表演。今经贸繁兴,惊险表演等传统项目渐泯。

瑶族情人节——参见"临桂禁风节"条。

二十一

二十二

二十三

安济圣王出游——汉族民间娱神节日,旨在顶礼膜拜潮州保护神安济圣王。流行于广东潮州一带。农历正月廿三或廿四日举行,历三夜。源说:蜀汉太守王伉保卫城池牺牲,后人建庙供奉。明初潮州人谢少苍任永昌府官,私开仓赈济灾民,被罚曝日七天。将罚,头顶骤然乌云遮日。疑惑中,梦一神明前来庇护,而神明竟与附近王伉庙中王伉像一模一样,旋将庙中王伉及大、二夫人偶像,带回潮州。适逢韩江发水,便将偶像供置在江沿青龙古庙,解除洪水,俾古城无恙。王伉遂被推崇为"安济圣王"。届时,安济圣王出游,城中万人空巷,争迎神驾。出远洋和经商者,尤其视之为事业腾达的保护神。善信跪庙前青龙池巨龙前端之小青龙前,小青龙即会从龙须喷出圣水,相赐解渴、佑福。

燎疳节——汉族民间传统祈福节日。流行于陕、甘、宁等汉区。正月廿三日举行。称谓因地多异:陕西部分地区称"炼疳",甘肃庆阳称"散疳",甘肃平凉、宁夏固原称"燎臊疳",甘肃白银称"跳疳儿""跳火",陕北称"燎百病"。清光绪年间《甘肃新通志·平凉县志》载:正月廿三夕,剪纸人刺孔遍身,当门焚草,子女皆绕人跳跃,已而焚纸人,曰"燎疳",旨在祈福消灾。节俗多是聚起一堆柴,点燃一团火。跳过一身轻,撒出一片情。宁夏节夜,家家高挂红灯笼,门前点燃一堆柴火,长幼均从火堆上跳过,认为"一燎百了",会干干净净,百病不生。随着此日结束,才算真正过完年。

炼疳——参见"燎疳节"条。

散疳——参见"燎疳节"条。

燎燥疳——参见"燎疳节"条。
跳疳儿——参见"燎疳节"条。
跳火——参见"燎疳节"条。
燎百病——参见"燎疳节"条。

二十四

二十五

长海龙凤日——汉族民间传统节日。流行于辽宁长海一带。农历正月廿五日举行。届时,各户纷纷用各色纸片、小布头剪成龙凤式样,缝成游龙戏凤,贴于窗户、门户、卧室床头、灶王龛上。孩童背、领亦挂上龙凤:前者祈龙王凤母保佑全家平安,人丁兴旺;后者则望子成龙。此节已式微。

填仓节——亦称添仓节、天仓节。汉族民间传统农祀节日。流行于京、津、鲁、冀、晋、豫等汉区。节期有异,源说纷纭:一说源于纪念西汉遭诬陷的清廉粮仓官淳于衍;二说源于史上北方大旱,某粮仓官开仓放粮,后于正月二十五放火烧皇仓,以死抗争朝廷苛政,后人纪念成节;三说为祭星,或祭土地、祭磨神;四说装点粮仓,搁置"丰粮",象征并祈祷丰收。此节初分大、小填仓,分别于二十、二十五两日相继举行,后合二为一。宋孟元老《东京梦华录》载:"正月二十五日,人家市牛羊豕肉,恣享竟日。客至苦留,必尽而去,名曰填仓"。清潘荣陛《帝京岁时纪胜》"填仓"条载:每年"正月二十五,全家加菜盛餐;有客来,必苦留,使之醉饱而去。俗称填仓"。京津一带,放鞭炮,祭仓神。老北京"填仓"意二:一是填肚子,吃喝一顿;二是添加生活用品,因年货已将用完。通常于农历正月廿五举行。京谚云:"天仓,天仓,小米干饭杂面汤。"冀南用五谷杂粮蒸成布袋状食品,称"成扛布袋",寓家家袋满仓盈。山西用柴灰在地上撒圆圈,圈内放各种作物种子,以土压之,祈求人寿年丰。

添仓节——参见"填仓节"条。
天仓节——参见"填仓节"条。
小填仓——参见"填仓节"条。
大填仓——参见"填仓节"条。

满族添仓节——亦称满族供仓节、仓廪神诞。满族民间传统岁时节日。流行于东北、京师满族地区。于传为仓廪神诞辰农历正月廿五举行。清潘荣陛《帝京岁时纪胜》载:"京师居民不事耕作,素少盖藏,日用之需,恒出市易。当此新正节过,仓廪为虚,应复置而实之,故其日曰填仓。"满俗沿袭汉族,俗项略异。届时,满族(尤其农家)家家煮黏高粱米饭,置仓内,用秫秸棍编织一匹小马,插饭盆上,意寓往家驮粮。旋将马取出,若马身驮的粮食多,则示当年将有好收成;次日再添一点饭,再看马身驮粮多少。如此连添三天。有的地区,则拿一盆高粱米干饭放仓内,再用高粱秆制作两把锄头,将其插饭上,祈求农事丰盈。此俗渐泯,仅东北偏僻满乡偶见。

满族供仓节——参见"满族添仓节"条。
仓廪神诞——参见"满族添仓节"条。

锡伯族填仓节——亦称天仓节。锡伯族民间传统节日。农历正月廿五日举行。相传,很早以前,北方曾三年大旱,民不聊生,饿殍遍野。而皇家不管百姓死活,照旧收租逼债。幸亏看守皇粮的仓官同情百姓,擅自开仓放赈。后上司问罪,遂于正月廿五放火烧仓,与之同归于尽。

后人每逢此日,便举行填仓节,既象征五谷丰登,又表达百姓对放赈仓官的怀念。届时,锡伯每家每户皆向粮仓焚香礼拜,把香插粮囤上,把草木灰撒粮囤周围,口念:"大囤满,小囤流,今年丰收好年头。"另外,还在大门前撒上灰圈,以避邪。

锡伯族天仓节——参见"锡伯族填仓节"条。

唱哈节——亦称唱哈、哈节。广西东兴京族三岛民间盛大祭神、自娱歌节。各地节期不一:红坎村在正月廿五(亦说十五),海边一些村落多在正月廿五,万尾、巫头两岛在六月初十,山心岛在八月初十。均历三天三夜。京族语"哈",意即歌,哈节即歌节。内容主要是祭神唱歌。相传,七八百年前,京族生活很苦。有位女歌仙来岛,以传歌为名,动员群众起而反抗封建统治。她歌声悠扬动听,深为群众喜爱。后来,人们兴建哈亭,定期举行歌节,唱歌、传歌纪念和赞美歌仙,定期在哈亭举行歌节,沿袭至今。内容除唱哈外,还有祈神祭祀和斗牛等。节前,哈亭装饰一新,正堂内供奉镇海大王像和本地各姓祖先灵位,两侧三级台阶供人们坐听唱歌。节日前夕,举迎神仪式,主祭人先念祭词,祈神灵祖先保佑后人平安。同时举行攃象活动,可用猪代象,绕哈亭三圈后,将猪杀掉,用其八斤肉敬祭神灵。斗牛,先斗后杀而吃之。毕,一面宴饮,一面唱哈。唱哈角色有三:一男歌手称哈哥,专司持琴伴奏,两女歌手称哈妹轮流演唱。主唱哈妹在亭央,手拿两块竹片,边唱边敲;伴唱哈妹席地坐旁,配合节奏击竹梆。主唱累了,伴唱替换。歌词内容为民间传说、哲理歌、爱情歌,歌声抑扬婉转,优美流畅。所唱歌曲均据唱本。唱余,表演民间舞蹈《跳天灯》,祈海神保佑渔民,舞姿典雅肃穆,端庄优美。还有民间舞蹈《花棍舞》及反映劳动生活的《采茶摸螺舞》等。当地很重哈节。届时,京族赶紧做完活路,扫净屋院,穿上盛装,兴致勃勃赶到哈亭听哈。附近汉、壮各族,也纷至沓来,常达千人以上。另外,不时还有比武、角力等活动,平添节日气氛。

唱哈——参见"唱哈节"条。

哈节——参见"唱哈节"条。

红坎哈节——参见"唱哈节"条。

二十六

广州生菜会——汉族民间传统祈财节日。流行于广东广州一带。农历正月廿六日举行。此节谐音,意取生财,最佳菜肴是青菜。届时,人们纷纷至郊外,席地而坐。青年盛装唱八音,听戏曲,嬉戏玩乐。进餐,人们争吃青菜,讨吉利。节日场地专设几水池,内放螺、蚬等,供妇女们任意摸捞,以卜子嗣:摸到螺可生子;摸到蚬则生女。

二十七

二十八

棉花生日——汉族民间农祀节日。流行于辽宁铁岭一带。于传为棉花生日农历正月廿八举行。当地谚云:"收花不收花,单看正月二十八。"《铁岭县志》载:"棉花生日,农家置筐于房,以筐之覆仰验(棉花)收歉;筐仰丰收,筐覆歉收。"届时,人们将荆筐扔往房上,落地,视筐仰覆验之。此节已式微。

高唐花姑节——汉族民间传统农祀

节日。流行于鲁西北高唐县。农历正月廿八日举行。相传，古女子名花姑，从南方来此定居，教人们植棉、纺线、织布，使高唐人丰衣足食，被人们奉若神明，在高唐城西门外建花姑庙，表其功德，并在其诞辰正月廿八，举行花姑庙会，纪念，祭祀。届时，村民家家煮面疙瘩、面片和面条食用。面疙瘩示为棉桃，面片示为棉叶，面条示为棉枝，祈求棉花丰收。农谚"收花不收花，须看正月二十八"，至今仍在此广为流行。据传，此日放晴，便是花姑喜欢，兆当年棉花丰收；阴天，则是花姑不悦，则难收棉花。

许真君诞辰——道教节日。农历正月廿八日举行。许真君，古代汉族神话传说人物，据《十二真君传》："许真君名逊，字敬之，本汝南人也。祖琰、父肃，世幕至道。"这位晋代道士，曾镇蚊斩蛇，为民除害，道法高妙，声闻遐迩，时求为弟子者甚多，被尊净明教教祖。江西南昌西山万寿山寺庙，有锁龙井，传为其御孽龙之地。届时，道观及信众，纷纷设祭叩拜。

布依族了月节——亦称了年节、告了年、了了年。黔、滇布依族民间传统节日。相应布依族大年，宣告年节终了，农事开始。农历正月廿八日举行，历三天。届时，家家户户拿出最好的陈年老酒，祭祀祖先；备丰盛美味佳肴，炸"油才粑"，意谓春节已圆满结束，象征新年里全家和睦、幸福。年节禁忌，诸如初一不吃辣椒，初一至初五不许动土干活，初七不出门，初八不归家等，一律解除。

布依族了年节——参见"布依族了月节"条。

布依族告了年——参见"布依族了月节"条。

布依族了了年——参见"布依族了月节"条。

抢花炮——侗族等族民间传统节日。流行于黔、桂、湘边界多族杂居区。农历正月廿八日举行。内以从江最为典型、盛大。届时，各族儿女像过年一样，身着民族盛装，纷纷拥到花炮赛场，举行抢花炮、侗族大歌、民歌对唱、斗牛大赛、芦笙大赛、斗鸡、斗鸟等民族特色活动。抢花炮乃节日主项，意兆抢吉祥。从江共"抢"三炮，"金龙一炮"象征官运，"玉龙二炮"象征财运，"银龙三炮"象征红运。项目以"抢环"为主，上百选手极尽冲、扭、撕等手段，争抢十分激烈，誉称"东方橄榄球"，已跻身全国民族体育运动项目。

安铺雷神诞——汉族民间宗教节日。流行于广东廉江市安铺镇一带。于传为雷神诞辰日农历正月廿八，在供奉雷神之王枢宫举行。届时，人们昼游神，夜游灯，为雷神祝寿。游神队绵延数里，浩浩荡荡，大三角彩旗开道，后跟香案，点香明烛，供宝帛；再后是拜神品台，上供牺牲烧猪。香案、品台多达数十个。最后是雷神轿子及各街各地境神轿子，十余顶，童生道公随伴两旁。之外，则是花架、舞狮、舞龙等助威，其上装灯，活灵活现。数里长灯组成游灯队。灯形五花八门，有长灯、短灯、圆灯、扁灯、菱形灯、走马灯、盘转灯、大宫灯、小动物形灯、大花灯等等。大花灯上可载数百盏小灯。另，孩童三十至五十人组成一队，着长袍马褂，戴帽子，登白鞋，手提各种小动物造型灯，逐队缓行。游灯队伍还有彩灯引导的八音座，奏"迎春花曲"。两侧鞭炮齐鸣，呼声盖地。此外，大戏三班，同时献艺。活动常通宵达旦。

二十九

土族火神节——土族民间传统节日。流行于青海民和一带。农历正月廿九日举行。届时,人们竞着节日盛装,扶老携幼,相互邀约,从四乡八寨成群结队涌向县城官亭大街,观看传统社火、灯笼和戏剧表演。夜晚,燃灯,大放焰火,火焰拔地而起,直冲云霄。内以九盏莲灯、天女散花灯最为精彩。人们竞相围观五彩缤纷、辉煌夺目的焰火花海,场面十分壮观。附近藏、回、汉各族也纷纷前往围观、助兴。

福州除贫——汉族民间传统节日。流行于福建福州一带。农历正月廿九日举行。相传,高阳氏(颛顼)之子,专吃杂粮,穿破衣,此日乃其殁日。届时,各户用各种饴果混合,加水煮成糜粥,馈赠亲友、邻里,并在各巷道口摆糜粥、破衣,举"除贫"仪式,祈祷神灵赐福。

分龙节——亦称分龙日。多民族传统农祀节日。流行于汉、毛南、畲等族广大地区。于传为龙分开去各地行雨之日举行,故名。其时常降大雨。节期、节俗因地有异。宋叶廷珪《海录碎事·风俗》载:"池州俗以正月二十九、三十日为'分龙节'。雨则多大水。"华北地区多在每年的五月二十三。而古籍云,千余年前在每年的五月二十。《谈荟》载:"二月二十日,谓之小分龙日。晴,分懒龙,主旱;雨,分健龙,主水。"《农政全书》亦云:"五月二十日大分龙,无雨而有雷,谓之'锁龙门'。"节间,人们祈雨、跳傩舞、唱戏拜龙王、赛龙舟、演习防火,形式各异,但皆涉雨水。

分龙日——参见"分龙节"条。

池州分龙节——汉族民间传统气象占验节。流行于安徽西南部池州一带。正月廿九日举行,历两天。宋叶廷珪《海录碎事·风俗》载:"池州俗以正月二十九、三十日为'分龙节',雨则多大水。"其时常降大雨。

畲族孝九节——亦称孝顺节。畲族民间传统祭祀节日。农历正月廿九日举行。相传,古有一畲家人,反抗官府压迫而入狱。凶狠狱卒尅扣、偷食他家送来的饭食,使之日渐消瘦。其子知悉,悲愤不已,在正月廿九日,忽生妙计,即用黑色颜料染黑白米饭,让狱卒嫌脏乎乎,再也不偷吃。后来,为纪念这一孝行,畲族村寨家家户户每逢此日,即用红糖和大米焖煮,专吃黑色的孝顺饭,并举简单祭祖仪式,久而成节。

畲族孝顺节——参见"畲族孝九节"条。

三十

壮族吃立节——族称"补过晚年""补过吃立节""补过春节"。壮族岁时节日。流行于广西崇左、凭祥、靖西、那坡、龙州一带。农历正月三十日(另说腊月末日)举行。"吃立"壮语意为欢庆。此节本乃传统节日,但在靖西、那坡、龙球等中越边关一带,却特含别义。19 世纪 80 年代,法帝国侵略越南领土,长驱直入,压向我国边关。刘永福率壮汉民众组成黑旗军,顽强打击侵略者,终因清廷投降卖国,1885 年农历腊月廿九日(除夕),正当边民准备过节时,镇南关陷落。边关人民流离失所,逃难他乡。后经黑旗军和爱国将领冯子材率清军奋力抵抗,取得了镇南关大捷。英雄军队凯旋,边关人民喜气洋洋,夹道欢迎,杀猪宰鸡慰劳军人,庆祝胜利。从此,传统节日饱蕴新意。届时,人们检修房子,打扫卫生,清洗衣物,贴春联,换门神,杀年猪,买年货,包大粽,蒸年糕,无论老少,皆理发洗澡,干干净净过年。傍晚,各家提着猪头、全鸡、鱼、饼干、甘蔗、水果等祭品,到村头祭社公,一乃感谢一年来社公的保佑,二乃显示自家实力。祭毕,将祭品搬回自家天井,祭抗法牺牲将士。此外,还祭天地、祭祖先。晚饭前祭祖,把佳肴美味摆神位前,烧香化纸行祭。之后,一家人吃年饭,菜肴格外丰盛,且特意多做,一顿吃不完,新年初一回锅再吃,意寓年年有余。饭后,全家人围火堆旁守岁,迎新一年来临。

补过晚年——参见"吃立节"条。

补过吃立节——参见"吃立节"条。

补过春节——参见"吃立节"条。

布依族校小年——布依族民间传统岁时节日。流行于贵州镇宁等地。农历正月三十日举行。人们正月十五过完年,又于正月三十校"小年"。届时,举行各种文体活动,如赛马、玩龙、掷石、铜鼓、唢呐、歌舞、篮球等等,参加者多达数万人。镇宁扁担山一带的玩龙别具特色,旨在祈求龙神保佑农事丰收,百事吉利。

本月约当日

花腰傣鸟头节——花腰傣民间传统节日,旨在祈求神鸟护佑村寨平安,五谷丰登。流行云南景洪勐养镇。农历正月初三起,陆续举行,十六日达高潮。相传,两百年前,此地村民被指定专为西双版纳傣族的最高首领宣慰使(俗称"傣王")吹号。两米六长巨型铜号,摆放祭祀古树神树前,供节日村民练习吹奏之用。届时,村众竞着节日盛装,设祭台,拜祭神鸟,祭神树,练吹号。之后,与邻村客人,在村口共进欢宴。席间,"鸟头"用木棍支着,插入酒瓶,饮者轮流弹动,鸟嘴指向谁,谁走运,即饮一杯吉祥酒。如是劝酒,独树一帜。纵情歌舞,自不在话下。

招孤魂——亦称招游魂。汉族民间传统古节。流行于山东即墨及福建沿海一带。农历春节期间,择日举行。俗传,过年期间,死魂皆回家来,家谱上名者,门神准入;否则,如未及家谱幼亡者,只能流浪家门外。鉴此,人们于节前搭"孤魂棚",即在大街墙根,用三土块支一小屋,楣书"孤魂之位",两侧贴对联。初一凌晨,家人端饺子,携纸钱香蜡,到此招魂;初二日暮,以同样仪式送孤魂。福建沿海则于除夜围炉时,倒些剩菜在院角、墙根,招呼游魂归家团聚。此节已泯。

招游魂——参见"招孤魂"条。

阿坝草地藏族年——俗称阿坝藏历年,亦称草地藏族节。藏族牧民传统新年。流行于四川阿坝草地。农历正月初择日举行,历七天许。节前,太阳落山时,将污水、脏物一起往西方倒掉,表示一切不吉随日落而消失。旋酿青稞酒,做油饼、奶饼、手扒肉、血肠、肉肠及鲜奶子等节食。年初一,天明时女主人争先去河、井背回一桶水。背水之地,要插上小旗或香烛,以祈神灵保佑。谁先背到水,谁家全年最吉利。水内放少许酸奶子,供全家洗脸洗手。洗毕,全家老少兴致勃勃地放"地龙"(龙灯),烧柏香,祝愿当年水草丰茂,五畜肥壮。接着聚餐,先吃糌粑面,以示不忘祖宗。新年头三天,通常不外出,聚集观跳神(宗教舞蹈)。青年男女在锣鼓、钹、筒子、二胡等乐器的伴奏下歌舞,队形或圆或双行,手拉手或手搭肩,由能歌善舞者领队,边舞边歌。三天后,扶老携幼,走村串寨,互相拜年。节间,通行赛"奔牛",实为两人"拔河";有的村寨还联合举行赛马、摔跤、射箭等赛事。夜间,男女聚村外歌舞,纵情欢乐,往往彻夜不眠。有趣的是,节间,姑娘、大嫂常结伴"抢"男子东西吃,男子不得表示任何不满和反抗。

阿坝藏历年——参见"阿坝草地藏族年"条。

草地藏族节——参见"阿坝草地藏族年"条。

壮乡陀螺节——壮族民间传统体育盛会。与农历春节同步举行。打陀螺乃壮乡青少年皆娴熟、最开心的体育活动,春节常玩竟月。陀螺用硬木做成,状若倒放玻璃瓶,球形,或圆柱形。大者碗口粗,小者鸡蛋大。一头削出比拇指稍大、长约一两寸小腿。玩时,用一根头大尾小、一米余长绳子,从腿上绕起,依次绕于陀螺中部,手夹绳头,用力甩出,陀螺即在地快速旋转而不倒。两人玩,则同时甩,谁陀螺转的时间长,即获先打权。先倒者须把陀螺放转让他打,打倒为赢,打不中为输;打中而不倒,即以谁转的时间长,而获击打权。节间,青少年们自动拿出保存一年的陀螺,到村头宽阔空地比赛。可以人与人、组与组赛,亦可多人循环赛,取淘汰制。最后累计总分,多者为胜。在红水河沿岸,常举"村际陀螺锦标赛"。选定日子,各村组成组委会,集资购置奖品,赛场选择交通方便而有空旷地的村寨。届时,各村青少年簇拥本村选手,逶迤而来。赛场四周,人头攒动,熙熙攘攘,既有选手同伴、妙龄少女,还有年高老者。最后,优胜队和陀螺王,荣获奖品,披红挂绿,十分荣耀。

壮族跑马节——壮族民间传统节日。农历正月首个街子天(即农村乡镇上赶集的日子)举行。流行于云南广南县八宝镇的八宝、坝龙、坡现、隆安、里安、天歪、田房、木丘、平丰、木烟、腊方、安乐、英伦、保丰等十四个壮族村寨。节前半年,除主办村外,其他各村皆挑选出赛马,由参赛人用精料喂养,并经常练习跑马。节前几天,即备足酒肉等用品。跑马节设在八宝村,赛马路线从社台到观音庙,全程六公里。各村只能一人一马参赛。主持村不参赛,须选一名精壮骑手,扛一面旗子,领赛手跑马。赛手须备马鞍,否则免赛。节日,各村老少盛装端着一盆清水,肩并肩地站在沿线,预备给驰骋的骑手和坐骑泼水。参赛马,头戴红缨,腰系铜铃,装饰一新。骑手们稳坐鞍桥。比赛开始,鞭炮齐鸣,领赛手驰骋在前,边跑马边挥舞旗子。赛手们迅即纵马飞驰,你追我赶,尘土飞扬。马蹄声、铜铃声、呐喊声交织,震传十里开外。人们争着给赛骑泼水、祝福。赛马到终点之后,姑娘们欢笑着蜂拥而上,给获胜者献花。主持者也将红布授给获胜者。获胜村的人们欢呼雀跃,感到特别光荣。下午,参赛者、组织者共进美餐,每个赛手皆被犒劳一大块猪肉。入夜,青年男女们在田间、河畔、树下、竹旁,成对、成群纵情歌唱,或对歌连情,歌声萦绕夜空,直到天明,才依依惜别。

土家族跳马节——土家族民间传统节日。流行于湖南湘西州。农历正月首个马日举行。活动通过表演跳马舞驱逐瘟神,保佑人寿年丰。所用道具,以松枝扎成马身,枇杷叶作为马耳,竹子作为马头。舞时,一人骑"马",一人牵"马",一人在"马"前持大刀，一人拿手旗，马后边是一顶轿子，内坐判官扮演者。表演模拟马跑、马嘶、马踢、马打滚及骑马打仗、冲锋、刺杀等。舞一阵后，有人问判官："瘟疫湿气收走没有？虫旱灾害收走没有？五谷能不能丰收？"判官故意答错，引观众上前"杀"之，结束"跳马"。

茅山会——汉族民间信仰节日。流行于江苏句容市一带。农历正月初一至十五间，择日举行。相传，茅山古有茅氏三兄弟修行，得道成仙，百姓遂建三茅宫祭祀，相沿成节。届时，香客如潮，多以乡村为单位结成一会，人人身背黄色布囊，布囊上书"朝山进香"四字，一齐簇拥神龛，高举彩旗，敲锣打鼓行进。神龛形若屋宇，高尺半，宽尺许，精细雕刻，挂彩刷金，异常华丽别致，内供神像。其所经之处，观者如潮，纷纷求沾福气。

打侗年——亦称芦笙会。侗族民间传统节日。流行于湘、桂、黔交界的侗家山乡。农历春节期间，择日举行，历两三天。按传统，毗邻两友好村寨，春节期间大多打侗年。双方提前协商好时间、地点及主寨、客寨等事宜。届时，客寨聚集歌手、芦笙队和男女青年，由村头带领，吹吹打打前往主寨。主人早已等候村头寨边，一见客队到来，便敲锣打鼓，吹芦笙，热烈欢迎。进寨后，双方歌手和姑娘们，以歌盘问，一问一答，兴趣盎然。接着，双方男女列队分成圆圈，主寨芦笙队吹奏欢迎曲，客寨芦笙队吹奏感谢曲、见礼调。后，共同进餐。主人以丰盛席宴，款待客人。翌日，宾主会集广场踩歌堂，比赛芦笙舞，模拟人们劳动和各类禽兽的动作，观众随之起舞，尽情欢乐。另外，男女青年还开展"哆毽"，即拍毽子。毽分青草毽、稻草毽、芦苇毽和毛毽四种。内以毛毽最为讲究，用染成红、黄、绿各色雄鸡毛扎成，鸡毛柔软约向里弯曲，形同含苞待放的龙菊；毽底用两层白瓜壳做成，鸡毛管上穿有铜钱和珠子，既美观，又能在拍打时发出声响。侗家哆毽近似汉族打羽毛毽，但不用拍子，而用手打。以打得最高、最远，接得最稳、落地最少者为优。打法甚多，如男子单打、女子单打、男女对打及一二十人团体打。艺高哆毽能手，可一气连打六七百次。哆毽乃侗族无人不会的独特社交活动，不可拒绝对方邀请，否则被视为无礼，会被取笑。

侗族芦笙会——参见"打侗年"条。

苗族打同年——苗族村际交往活动。流行于广西融水一带。于春节期间，择日举行。由青年发起，昔经寨老决定时日，今由村联委代替寨老。活动分邀请、转牛、会餐、送礼四阶段。据传，节源古时"映央"和"作耶"，促成男女青年婚配之举。节前，由甲村青年去乙村邀赛芦笙，乙村青年拿过甲村最大母芦笙，贴上求"打同年"红帖。甲村青年旋在乙村芦笙队母芦笙上贴"敬请贵村男女老少到鄙村做客"字样。如乙村应邀，甲村便回村报信。乙村赴约时，甲村举行寨门对歌仪式，逗趣作乐。届时，东道主在芦笙坪搭起彩门，内放甜酒缸。踩堂和赛芦笙后，甲村牵出身披锦被、角染红色、额佩红花的水牯牛进场。其芦笙队绕乙村芦笙队，环牛边吹边舞，并放鞭炮、铁炮和排枪助兴。绕场转牛结束，双方到彩门对歌，以问答形式，先唱开台歌、开酒缸歌、敬茶歌，再唱盘古开天地歌、谜歌。如双方皆歌手，须唱几天几夜，方分胜负。对歌毕，客队唱牛歌。唱毕，主队宰牛烹煮，随即双方会餐。末日，主客会集芦笙坪，跳踩堂芦笙舞和赛芦笙，尽情欢乐。主方将宰杀牛角砍下，绑客方母芦笙上，牛头则交其带走，或加送一头猪等活畜生。另外，主方各户还要包糯米饭、煮鸡蛋或鸭蛋，送给客方以作回家午餐。最后，主方男女青年吹着芦笙，唱着送客歌，送客人返程。客方回村，将所带牛头、活畜做菜肴，会餐一次，忆叙所受深情厚谊，商议次年或几年后，以同样礼遇偿还；倘因故难以偿还所欠同年"债"，则由后辈人偿还。此举一般选择友好、人力户数相当村寨为对象，以宰水牯牛为最高形式，宰黄牛次之，宰猪再次，宰羊乃最低档次。打同年活动，据具体情况，亦可间隔几年，甚至十几年，才举行一次。

融水芒蒿节——苗族民间传统迎春祈福节日。流行于广西融水安陲乡九同村曹口屯一带。农历正月中旬，择日举行。芒蒿，当地传说中善良、健康、长寿的动物，被奉为正直、友善、勤劳、勇敢、吉祥、幸福的象征。据传，被其触摸，即可得到福气。节间，青年们成群结队，头戴芒蒿面具，身披芒草，手脚涂黑，在锣鼓声中表演舞蹈，走村串户，向乡邻恭贺新年吉祥，健康长寿。

古丈赶年场——苗族民间传统节日。流行于湖南湘西州古丈一带。农历正月间举行，节期由圩场头人商定，通常为新年后首个赶集天，故名。此节并非赶集购物，而是年节后续娱乐活动，历一两天，日期一旦确定，不得更改，即使天寒地冻，亦须照常举行。届时，男女老少盛装会集年场，参与或观看各种游艺。活动计有舞狮子、上刀梯、耍龙灯、唱戏、对歌、跳猴儿鼓舞等，另亦摆摊卖货，交易山货。未婚男女，各自物色情侣对歌，或幽会谈情说爱。

人群熙熙攘攘，笑语喧天，一派欢腾景象。

春节大祭天——亦称纳西重祭天。云南纳西族传统春祭。农历正月初一至十五间择日，于各地祭天场举行。纳西族最古老最隆重的春节活动。祭天分春祭、秋祭。春祭在春节期间举行，盛于秋祭，因称"大祭天"。相传，纳西始祖崇忍利恩和天女衬红褒白命成婚后，久不育，天神父母指点祭天后，方生三子。但三子长大后不会说话，便再次祭天，三子说出三种语言，变成纳西等三个民族。故纳西视祭天可佑人丁兴旺。元、明、清汉文史籍见载纳西完整祭天规程仪式。届时，在村旁以石围砌见方平地，设祭台，围栽高大常青树；无场地城郊，则轮流在各家院中围栅搭棚。一同祭天者，称"祭天群"，由同村、同家族人组成。祭天器物，求专用、洁净。祭台上左右各栽一棵栗树（表天皇、地皇），中间一棵柏树（表人皇），前排两棵小栗树（表崇忍利恩夫妇），均派专人登高岩砍伐，置固定地方；祭用"神米"、装米器皿的竹篓，均放高处，保洁；祭用的"神猪"两头，由两家轮流喂养，大猪百二三十斤，小猪八九十斤；大香粗如茶杯、长丈余，须于秋天备料，用前专制，并分节贴上彩色纸花穗，确保燃烧昼夜不熄；其他用具，如大甑子、锅、秤、刀、钩、叉、盆、案板等等，属祭天群专有，专户管，禁擅用。一言以蔽：无比庄严神圣，否则失灵。

纳西族重祭天——参见"春节大祭天"条。

草地牧民节——藏族牧民传统节日。流行于四川阿坝。农历正月初举行，多历一周。节前，各户清扫家园，黄昏倒垃圾于西边，让夕阳烧化其不洁。同时准备青稞酒、油香、酸奶、肉肠等节食。节首晨，背吉祥水，加奶以洗脸，再用洁净手放龙灯、烧柏香，祈水清草丰，家畜兴旺。旋举家欢宴，先吃少许糌粑，怀念"糌粑人"祖宗。前三日，举行歌舞、摔跤等娱乐活动，后走亲访友。节间，小伙、姑娘照例结伴连情。女"抢"男的东西吃，抢"得"则双方竟乐。夜晚，人们围篝火高歌纵舞。

仫佬族祭土主——亦称祭土至、祭地主。广西仫佬族民间宗教节日。农历正月择日举行。节期因地有异，多在上旬。土主，传为仫佬村寨保护神，亦称土至，专管村民平安，牲畜不受猛兽伤害，人们因建庙祭祀。届时，全村聚集土至庙前。这是个半人多高小棚，内有一小石台，用来供奉香火和酒肉。通常集体祭祀，还要用纸或木头做成刀、斧、剑、链条等器械，供在土至像前，意为敬献新武器，以增其御兽神力。

仫佬族祭土至——参见"仫佬族祭土主"条。

仫佬族祭地主——参见"仫佬族祭土主"条。

扫火星节——彝族民间传统节日。流行于贵州盘县普古区一带。农历正月间择日举行。据传，节源当地驱邪消灾、预防火患仪式，已历数百年。届时，每家每户皆找些易燃物，如破布、竹箓、枯叶、杂草等，堆放门前院坝。随后有村寨祭司，逐户主持扫火星仪式。祭司手提一只公鸡，口诵祈祷经文，挨家挨户驱邪逐鬼，祈求主人平安无事。仪式毕，各家便逐一点燃院坝里堆放杂物，意寓将火灾等各种灾祸焚烧干净。

彝族姑娘街——亦称姑娘节、彝姑娘节。流行于云南金平一带。彝族姑娘传统歌舞节日，春节后首个街日举行。瑶、苗、哈尼等族姑娘亦参加。是日，各村寨姑娘皆身着节日盛装，高高兴兴去街场赶街，卖掉自己带来的土特产，再购买喜爱的花边、首饰等物。此时，一些倾慕小伙抢着为她们付钱。之余，姑娘们喜欢手拉手围成大大圆圈，纵情歌舞，展示青春美貌。小伙子则借机寻找意中人。故，姑娘节亦为当地男女青年连情节。

金平姑娘节——参见"彝族姑娘街"条。

彝族姑娘节——参见"彝族姑娘街"条。

傣家赶花街——亦称赶花节、赶新街、花街节，族称"马厄"。傣族民间传统节日。花街，因赶街姑娘个个打扮得花枝招展，故名。流行于云南新平县等地。节期因地有异：或农历正月十三日，或春节后首个属虎日，或五月初六，或陆续举数度。新平水塘一带，春节后连举三"街"，各历十日。首"街"，十余岁少年；二"街"，年二十许未婚青年；三"街"，已婚成年人。内，赶二"街"姑娘，须带特制篾饭盒，盛糯米饭、腊肉，外套特制布袋，给朋友或意中人，需送多少即带多少，多多益荣。未婚小伙走运，可在街头巷尾得到一盒，家人则前往共享。当然，小伙享用完，须在篾盒放些糖果、丝线之类小礼物，还谢姑娘。

傣家赶花节——参见"傣家赶花街"条。

傣家赶新街——参见"傣家赶花街"条。

傣家花街节——参见"傣家赶花街"条。

马厄——参见"傣家赶花街"条。

日初比——纳西族民间宗教节日。

流行于云南丽江一带。农历正月初四以后，由巫师东巴择吉日举行，历两三天。届时，以家族或村寨为单位，在巫师家中，举行请众神仪式。先将巫师家房顶打开，房顶下架从山上砍来香树做成的梯子。巫师用面团捏出三十七个神像，代表各路神仙，置于祭台奉供。次日，头遍鸡叫，巫师把头天砍的香树枝插上屋顶，口念长寿经，请诸神从香树梯子下来。中午，由举祭之家献上饭菜，烧香叩拜祖先。入夜，巫师把十三根梨树枝和十三根竹枝，分别摆在三十七个神像中的十三个神像前，要求每个神像前皆有梨树枝和竹枝。至此，即可祭神。纳西人笃信，数字"十三"佑人长寿。此节渐泯。

走九曲——亦称转九曲、闹九教。汉族民间传统消病祛灾节日，旨在祛病消灾。流行于陕西延安一带。于农历正月十五、十七及三月初三之中，经打卦问神，厘定其内一日举行。人们按村分若干社，轮流主办。届时，主办者领秧歌队，往前次仪式地点，迎神像及各种法器，旋在一宽敞平地，将三百六十一根高粱秆，等距离栽成四方形阵图，称柱头；柱间用高粱秆连接，安放各户捐做之三百六十一盏油灯，央柱置七盏，称七星灯，即完成类似道教阴阳太极图，称九曲阵图。入夜，主持宣布掌灯，三百六十七盏油灯同时点亮，始"走曲"，人们敲锣打鼓，扭秧歌。伞头唱着秧歌，依次请诸神、亡灵和观众观灯。之后，在彩门口祭风。礼毕，行绕九曲，观众入场，由吹鼓手、锣鼓队引领，顺围墙行进。队伍转至中央祖师牌位前，人人参拜。最后，人们转出九曲，绕外场一周，把灯取走，佯揣腋下，称偷灯。灯带回家，挂门楣，同未能参与者共享。

转九曲——参见"走九曲"条。

闹九教——参见"走九曲"条。

景颇族采花节——族谓"恩鲜鲜"。云南景颇族青年男女传统聚会交际节日。通常于春节后数天，择吉日举行。届时，小伙们白布包头，背枪挎刀；姑娘们身着披肩装（数十个银或锡制成半圆金属饰品穿连编织而成），饰以银穗或小铃，既闪闪发亮，亦叮当悦耳。男女相约为伴，带着粑粑丝、米饭、米酒等食物，兴高采烈，敲锣打鼓，到山上找块平坦地方。姑娘们采集各种鲜花装扮场地，小伙子们则鸣枪打靶，燃放鞭炮。随后，随着铓锣和三弦的乐声，尽情歌舞，并各自选择意中人。姑娘们把事先准备好的熟肉制品吊在树上，请意中小伙来射击。如吊绳被打断，姑娘便向小伙子敬献米酒和槟榔。夜幕降临，男女各自向意中人赠送礼品，表达爱慕之情。姑娘一般赠亲手所织筒帕、绣花腰带，或一些装饰在小花袋、桶巴上的绒花、彩帕等物；小伙多赠雕有各种图案的口弦盒、扇子、耳环、戒指等物。之后，男女成双成对隐没夜色，山坡上、丛林中、竹篷内不时传来他们互表情谊的缠绵歌声。

恩鲜鲜——参见"景颇族采花节"条。

花腰人祭罗节——亦称祭倮节。彝族支系花腰人古老祭祀节日。流行于云南红河州石屏一带。农历春节后首个马日举行。另，云南新平一带彝族于农历二月首个牛日祭罗。节日旨在缅怀彝族传说中的身体壮实、武艺出众的英雄阿倮。相传，一天，他发现山寨近旁，住着一群祸害花腰人的女妖怪，决意除之，带上武器奔其住地。一老妖变成老太婆接待他。阿倮佯称腹饿，老妖把烧热铁砂子拿来给他当饭，把熔化铁水舀来给他当茶，不料都被阿倮吃完喝光。老妖见他本领高强，便让其七个女儿变成七条大黑蛇，来斗阿倮。阿倮从容抽出宝剑，力斩七妖。老妖逃往天上告状。天神派来天兵天将，抓住阿倮，将头、手、脚全砍掉。阿倮临死时说："为了花腰人的幸福，我的头要变成森林，脚要变成庄稼，手要变成猪鸡鹅鸭。我的全身都要变成对人们有用的东西。"从此，花腰人居住之地，才有了森林、庄稼和家禽家畜。为纪念英雄阿倮，当地彝家安村建寨时，先要种树立石，作为阿倮的化身，以祈其灵魂守护寨子，保佑人畜兴旺，五谷丰登。据说，阿倮死难之日属马，人们遂于春节后首个马日，举行节日活动。祭倮很隆重，或各寨分别举行，或几寨合办。届时，每寨选出八人，分别到东南西北四个方向，挑水回来，给阿倮洗身；还选派两人，专门去拿树叶、大黄连杆、撒马西树、朵胡子树、松枝松毛、芦苇，这些都是阿倮用过的武器，把它们连同一个饭团，一小块鸡肉、猪肉，插在削成斜口的芦苇里，每户人家都送上一份。寨旁，选棵参天大树，作为阿倮寄身之所，把一个菜碗大小鹅卵石放在树上，作为阿倮化身。每户派一个男人参祭，妇女一般从免。祭时，先选两人给阿倮洗身。两人须夫妻双方健在，且三年内未经丧事。之后，凡生男孩人家，要往倮树放鞭炮。祭仪由祭主或寨上老人主持。祭毕，就地摆一桌酒食，参祭者聚餐，后便回寨，举行各种文娱活动。全村寨老少唱歌跳舞，欢度节日。

花腰人祭倮节——参见"花腰人祭罗节"条。

彝族祭龙节——彝族民间传统俗信节日。流行于云南楚雄彝族自治州双柏县法脿镇雨龙地区上者窝、法甸、罗洁等地。农历正月首个属龙日举行，历三天。主要节俗为祭龙、请龙、转龙、跳龙四部分。节前的一系列筹备为：一是当年龙头（主事者）筹备吉祥物，吉礼含黄连树（寓黄金）、柏树（寓白银）、芦苇（寓万事通），晒干捆扎成把，备节时分发各户；二是骋老艺人雕刻一个龙头、一只布谷鸟，备作道具；三是组织数十名男女青年排练龙笙舞，分别扮演天公、龙女、耕牛、一只布谷鸟、三个哑巴、一个大引带婆、一个伍酒（天官）等角色。节首日，全村人带着祭品，上村后山上的出水处大龙树脚杀鸡，烧香祭龙、请龙，做各种表演。祭毕，在松毛地上聚"龙宴"，不论长幼，大碗饮酒，猜拳行令，人"龙"共饮。之后，进行爬龙树比赛，布谷鸟催春和农事等舞蹈表演。末举请龙仪式：将龙头从龙树上请下，用龙杆抬回村，贡奉水井旁，人们纷纷将祭龙树下取回的龙水倒入井内，示"龙"已被请回。龙头户分发各户一捆吉祥礼物带回家，意寓新春龙日带回好运。

达斡尔族洁身祭——达斡尔族民间宗教节日。流行于内蒙古及东北达斡尔人聚居区。农历正月间择日举行，历一天。届时，主祭萨满通知请他跳过神的人参加。参加者带羊、酒、食品等礼物。祭前，先在大锅内放护心宝镜和五色鹅卵石，后给锅里添满干净水，烧开而成"神水"。旋宰羊摆酒供献。整个仪式，主祭萨满要不停地跳神，结束前，用炊帚或锅刷浸蘸"神水"，洒拂本人全身，继而洒拂参加者，象征洁身祛灾。

瑶族祭虎日——云南瑶族民间宗教节日。农历正月属虎日，以村为单位举行。节日禁扫地，禁携青菜、青叶等绿色之物回家，全寨停止劳动。金平县等地的瑶族村寨还要进"米龙标"（庙），供奉观音菩萨祈福，供奉土地神以祈六畜兴旺，供奉关圣菩萨祈出猎有获。祭仪由三个寨老轮流主持，祭品主要是一只鸡。

铓鼓节——哈尼族民间传统节日。流行于云南建水县咪的村一带。农历正月辰龙日举行，历两天。节日主要活动是跳铓鼓舞。届时，人们盛装来到村寨广场，先推举三位德高望重的长者，主持祭仪。仪毕，村民跳铓鼓舞。舞时，先按年龄大小分组，围成几个圆圈。各圈有俩男子站中央，敲鼓表演，其他人左肩挎鼓，右手执槌打鼓，沿圈起舞。据传，谁跳了铓鼓舞，谁家就会五谷丰登，六畜兴旺。哈尼族因重此节，赓续不衰。

昴玛突——云南哈尼族盛大祭祀节日，隆重约当汉族春节，旨在祈祷人寿年丰。农历正月首个辰龙日举行，历三至五天。届时，男女老少围成圆圈，高歌纵舞。其核心节俗是最隆重之日举行三场祭祀：午前，各户在自家祭祖；另两场在寨神林里举行，一祭地神咪松，一祭寨神昴玛。寨神林位于村寨顶上方，其上方不可再有住宅，平时严禁人畜入内，仅祭祀才开启准入。另一突出节俗是举行多达三百余桌，一贯数百米的"长龙宴"。席间，年长男性坐龙首，女性坐龙尾，余居中。全村人一起喝自酿米酒，品尝各家主妇拿手美食。这既是烹饪技术大赛，又是一场村寨和谐大检阅。

戛度度——另译嘎斗斗。哈尼族民间传统宗教节日，旨在驱鬼辟邪。流行于云南金平县一带。农历正月或二月祭龙前两日举行。届时，各村寨在各自路口竖两根木杆，用草绳把两梢相连起来。然后，宰杀鸡、狗各一，将鸡翅、鸡皮及狗的四肢、尾巴，系于草绳或木杆上。此外，还要悬挂木刀、木枪或木槌。据传，旨在祭祀鬼，威胁鬼，驱逐鬼。其间，禁止寨人外出，外人入寨。此举，实为"祭龙"（龙树）前的净寨仪式。元阳哈尼称"哈度"或"克度"。前者仅杀鸡，寨门挂鸡膀；后者则要杀狗，挂狗的四肢、尾巴等，更隆重些。哈尼族认为，这样可求得村寨平和安宁。

嘎斗斗——参见"戛度度"条。

苗家小年——苗族民间传统节日。流行于鄂西宣恩县、湖南湘西州。节日多在农历正月初一之后的午日举行，宣恩石姓苗族择子日举行。据传，节源苗族祖先逃兵役。传说以前，几个苗族汉子被官兵追捕，匿一茅棚，竟夜缄默。为让子孙铭此遭遇，节间定下诸多禁忌，如节夜不说话，不见血，睡了不起，起了不睡，直至鸡叫；节间不吃外来东西，含亲友拜年礼物；狩猎归来，禁入别人房屋。节后次日，关门闭户，在家静坐，禁互相呼唤，孩童不懂，呼唤大人，亦禁答，至晚方解禁。

侗族活路节——侗族民间传统节日。流行于贵州镇远县报京一带。农历正月十旬逢戌日的第二天（另说择日）举行。当地共九大侗寨，依俗共推举四名有威望男子负责节务。内，俩人为"活路头"，主管农事活动。早在旧年除夕，即开始停止一切生产劳动。活路头宣布封存一切劳动工具，让各户在犁耙、锄头、纺车、碓窝等贴上封条。节天，人们兴高采烈聚会，活路头将一捆发青芽嫩草放指定田坝上。人们竟着节日盛装，吹着芦笙来到田坝。三声铁炮响后，活路头吆牛把犁，做耕田动作，旋栽几丛嫩草，象征禾苗苗壮，丰收在望。仪毕，人们围田坝跳芦笙舞。午后，各户撕掉农具封条，并在自家菜园栽几丛嫩茅草，以示农忙季节来临，快备春耕。

普米族大公节——亦称跑马节。普米族民间传统节日。流行于四川九龙县一带。昔时，于农历冬月间择日举行，后改正月，日期不定，历一天。节前，村寨选一户当会首，每年轮流。会首负责安排节间事务。节天，老少竟着节日盛装，聚集村寨场子，举行杀牦牛仪式，围观者甚多。牦牛由全寨人出资购买。牛肉分给各家各户一份。各家用牦牛肉款待客人。节间，照例举行赛马、唱歌跳舞等文体活动。青年男女则借机结识交友。

普米族跑马节——参见"普米族大公节"条。

哈尔滨冰灯节——亦称冰雪节。汉族民间传统节日。流行于黑龙江哈尔滨一带。农历正月择日举行。清西清《黑龙江外记》载："上元，城中张灯五夜，村落妇女来观剧者，车声彻夜不绝。有镂五六尺冰为寿星灯者，中燃双炬，望之如水晶人，此为难得。"冰灯制作有二：一是冷冻。用于小型冰灯，做模具，往里注水送室外冷冻，待冻一定程度，稍融，取出冰壳，内装光源即成。二是冰雕。用天然冰块砌成不同冰堆，以斧、锯、铲等工具，精雕细刻成各种动物、花卉、建筑，置以光源。届时，举办游园会，开展冰雕比赛。入夜，各式冰灯交相辉映，争奇斗艳，游人如潮，气象万千。

哈尔滨冰雪节——参见"哈尔滨冰灯节"条。

苗族跳场——亦称跳花、跳花场。苗族民间传统节日。流行于贵州贵阳、安顺、纳雍等地。农历正月初一以后，择日举行，历两三天。活动场地设于村外固定坪子，央立一花杆，杆端挂一块红布，杆齐胸高处挂一把大马刀。场主由村民推选，负责竖花杆，并管理花场。跳场内容为吹芦笙、跳芦笙舞和对歌。先由新、旧场主齐奏开场芦笙；再由新场主带一队人吹芦笙，绕花杆三圈，人们即开始跳舞。男女青年除纵舞外，还在花场周围对唱情歌。清代《贵州通志·土民志》载："苗人，每年正月十一、十二、十三日，男女装束一新，觅高埠敞地，植冬青其上，曰'花树'。女子持布一端，互相牵引。两少年吹笙其前，作凤鸾和鸣之声，左右舞蹈为节。女则随其缓步作半圆绕之，曰'跳花'。十三日跳完，鸣爆竹，倒花树。女子各择所爱者，亦名老表，尾其后牵而绅者。"如今的跳场，姑娘牵着小伙身上的带子或毛巾，跟随其后，当地称之为"牵羊"。小伙了解姑娘心意，甘让其牵着，直至活动结束。相传过去有个年轻猎人，为救一姑娘，奋力搏虎，并将其杀死。可姑娘不知猎人名字。为寻猎人，她央求父母广招周围青年前来娱乐，终从中找到猎人，问清姓名，搜其腰带，去拜见父母，喜结良缘。跳场活动，积久成俗。纳雍县跳花的滚山珠展演，出类拔萃，已入国家级"非遗"名录。

苗族跳花——参见"苗族跳场"条。
苗族跳花场——参见"苗族跳场"条。

跳坡节——别称跳坡、跳场、踩坡、踩花山、坐花场、花山会等。操苗语西部（川、黔、滇）方言等苗区的苗族青年男女社交节日。一般于农历正月间举行，各地内容略异。黔西北苗族，多于正月初五举行。届时，主办者在村里设花场，人们成群结队，鱼贯而至。主人将一匹红布挂花杆，意寓来年生贵子，还要招待专门吹拉弹唱和跳舞的人。头年主办人家，若果然生子，则须献一坛酒，送到花场道谢；如未生子,则在活动结束后,专请人把花杆抢回家。有些地方主持人,刻意找一父母双全、有儿有女的男子为代表,与抢杆人一起扛着花杆,一路放鞭炮,吹唢呐,把花杆送到无儿无女之家,祝主家致富、添丁。主人感激不已,设宴招待。节间,还举行跳芦笙舞、对歌、赛马等活动。姑娘们着自己最佳服饰,比刺绣技艺;或特意披一块系铃铛的花背扇,以显华贵。隆林在正月初七举行。其德俄一带则举于正月初一,直至十五,活动甚丰,如吹芦笙、跳芦笙舞、爬坡杆、对山歌、吹唢呐、打毽等等。其芦笙舞,夹杂难度很大的杂技表演,如踩在三根木桩上吹芦笙,跳各种动作惊险的三角桩舞。又如,地下埋铁锅,内煮滚烫牛油汤,上架一根扁担。舞者踩着扁担,做各种惊险动作。再如,最精彩的爬坡杆,坡杆限杉木或楠竹,高四五丈,涂上滑溜桐油或鸡油,能攀爬上去者极少,而能两腿夹杆、头朝下向下滑的人,则更鲜见。凡爬坡杆成功者,尤受人们敬重,誉享英雄好汉的威望。如成功者尚无配偶,极易在当年坡会选得美丽姑娘为妻。跳坡姑娘的口袋,都装有一把精制口弦琴。夜幕降临时,她们以阵阵悠扬琴声,向所爱慕的小伙传情达意。关于跳坡的来源,各地传说纷纭。在广西隆林地区,相传古代英雄孟佑曾带领"仈格"(奴隶)同凶恶的"挪祖"(土司)作战。他牺牲后,仈格们将其葬于一座高山上,墓前竖一根高高木杆。每年人们都将祭品挂上杆顶,表达思念和敬仰。年深日久,变成跳坡。贵定、龙里一带,在春节间择日举行。男女社交相悦,姑娘便在初六之前,带小伙拜见父母,到自家吃晚饭,否则做一般朋友应酬,小伙知趣自退。节夜,他们再入花场唱歌、交谈,继续择机连情。有情,便到田坎、河边、林中深谈,互赠信物,并约定下次见面。有趣的是,青年花场旁,既设小花场,专供小姑娘们娱乐;还专为中年妇女设花场,让其挑花刺绣,拉家常。两者皆禁男人入场。初六,节日达高潮,以斗牛结束。届时,人们牵来肥壮黄牡(或水牡),让其角斗,奋力相抵。围观人群不断阵阵喝彩。最后获胜者披红挂绿,主人也得意而归。

跳坡——参见"跳坡节"条。
跳场——参见"跳坡节"条。
踩坡——参见"跳坡节"条。
踩花山——参见"跳坡节"条。
坐花场——参见"跳坡节"条。
花山会——参见"跳坡节"条。

安顺跳花节——苗族最隆重、最悠久的传统节日。流行于贵州安顺市一带。农历正月择日举行。传为苗族英雄人物杨鲁兴起,至今安顺北门外跳花山仍以其命名。跳花节,因节场坡上栽有花树,故名,现仍有二十四处固定跳花坡。苗语称跳花为"欧道",意为赶坡。届时,人们,尤其男女青年竞着节日盛装。未婚男子须背上十几至几十床精美背扇扇面。如是未找到对象,女子可请兄弟代替。女子则用包裹包上银铃、银珠、银链等饰品。男吹笙舞蹈,女摇铃执帕起舞附和,围绕花树翩翩起舞。此外,有爬花杆比赛,射弩比赛,针线手艺比赛,还有武术表演、倒牛、斗牛等文体活动。每节历三天:首日栽花树,苗家人遥见花树而做准备;次日清晨,空寨前往;第三日,跳花结束,客人就近处苗寨食宿,饮酒吹笙弄弦欢乐,通宵达旦。花树由寨老送至长期不生育者家中,无生育者见之大喜,宴请宾客。男女青年借此择偶,老人吹笙奏笛,以庆丰年。如今,此节已成各族兄弟参与的盛大节日,安顺城内及邻近各寨乡民蜂拥而至。

安顺欧道——参见"安顺跳花节"条。
安顺赶坡——参见"安顺跳花节"条。

苗族拜年——苗族民间传统岁时节日。流行于湖南湘西州。农历正月初四至十二，再迟不逾十五日举行。节间，至亲者携带厚礼，互相拜年。主方通常挽留来客住上三五天，尽情叙谈，饮酒作乐。客返时，要送给糯米粑等礼品。新婚女婿拜年，送礼更厚，有糯米粑、酒、肉、糖果、糕点、面条等，少者一挑，多则两挑。女婿一般不爽拜，否则，岳家则派人迎接。民谚云："六月盼行雨，正月盼郎女。"新婚到来，岳家设宴款待，将其所送礼品，分送房族兄弟。兄弟们排好门次，以美酒佳肴迎接。女婿返回，除回赠糯米粑等礼品外，还要送给衣料。

川南苗族踩山节——亦称花山会、花杆会、踩山会、耍花山、跳场等。农历正月初一至中下旬，陆续举行，已历数百上千年。流行于泸州叙永县（古称永宁）等地。主要节仪有竖花杆、祭花杆、歌舞祈福、物质交流、篝火宴会、倒花杆、芦笙歌舞竞技、青年拉婚（自由择友），以及生产、生活物资交易等。《叙永永宁厅县合志》载，苗族"于正月初旬椎牛酾酒，约会高阜，又曰踩山节"。明杨升庵谪戍云南途经叙永，目睹踩山节，留诗"婉转踏歌声，咿呀各有情，马郎与苗女，跳月酾芦笙"，生动地展现了当地何以昔称"拉婚故里"，今誉"苗家情人节"。

川南苗族花山会——参见"川南苗族踩山节"条。
川南苗族花杆会——参见"川南苗族踩山节"条。
川南苗族踩山会——参见"川南苗族踩山节"条。
川南苗族耍花山——参见"川南苗族踩山节"条。
川南苗族跳场——参见"川南苗族踩山节"条。

大坡坡会——苗族民间传统迎春娱乐节日。流行于广西融水苗族自治县香粉乡大坡寨。农历正月十五前后举行。历史上，会址在寨边坡坪。清光绪二十八年（1902），香粉团团总韦兰庭，应乡民要求，于古龙另设坡会。大坡坡会旋终止，消失至今。

嘉兴甩火把——汉族民间传统农祀节日。流行于浙江嘉兴一带。农历正月择日，于午夜举行。据传，隋炀帝篡位后，骄奢淫逸，欲霸其父宠妃，妃子力拒，提出除非元宵夜天色不黑，与地上一般。帝遂命倾城市民挂灯笼，乡村众民烧火把，使是夜如白昼。终得妃从。民间因世代相沿，届时用稻草捆扎成火把，点着后扔向四面八方；或直接在田里堆茅草、茭白草点燃，或扎成很高草把，上装饰彩条，黄昏时在锣鼓声中焚烧。同时，口中念诵："火把掼得高，三石六斗稳牢牢。火把掼到东，家里堆个大米囤。火把掼到南，国泰民安人心安。火把掼到西，风调雨顺笑嘻嘻。火把掼到北，五谷丰登全家乐。"农民意外发现，甩过火把的田地，收成较好，遂更促甩火把之俗盛传。

吊狗祭山——羌族传统祭祀节日。流行于四川阿坝州茂汶县东乡土门一带。农历正月中择日举行，多历一天，亦有七天者。节前，各户凑一升玉米，预先买一条狗（白狗最佳，由乡民喂肥）。祭时，点香烛，将狗吊在老村内"吊狗树"上，狗头颈挂一串圆圈形馍馍。七天后,狗被吊死了,村民再次焚香点烛,拜山神,祈寨安年丰。此俗由来已久。相传,唐代汉人称此地羌人为白狗羌、吊狗羌。以狗祭山或乃羌族最早的祭山仪式。白狗本为部落图腾。当地渭门乡、土门东北至平武一线,寺庙或寨门多雕刻白狗,形状有异汉地石狮。土门人称其为二郎神神犬。

阿美人播种祭——台湾阿美人祭祀节日。农历正月月圆前三四日举行,历五天。首日晨,阿美人在公共会所望楼上高喊"今日清理",告诫社众收拾渔具,祭期中禁接触鱼类。次日,同家族妇女们轮流到每一成员家中,从其仓库取出粟种,放于屋内地上,一起用足揉脱种子。此仪式中忌饮水、打喷嚏,力禁孩童干扰。白天,男子上山采大萱,备播种仪式之用。夜晚,壮年及长老在社中巡逻,敲锣打鼓,以驱兽虫。从此夜绵延十日间,男子于其公共会所表演角力,以象征粟株、枝叶繁茂。第三日,行"初播礼"。其前夜,男子皆聚宿会所,于黎明前,竟赴族长及长老家会餐,餐后返家。接着,男女皆盛装,佩大牙铃,拥往播种仪式的田里,沿途有人敲锣打鼓。仪式开始,社众播种而不灌水。长老持大萱仰天祷告:"我粟为大萱,不要像不结实的粟!不要像不出穗的粟。"祝完,将大萱种在田中,再赴另一成员之田,行同样初播仪式。祭仪毕,人们各自回家,在户外脱衣,赤身入屋伏卧,缩身佯装熟睡状。须臾,起身说:"已天亮!"意寓初播种日已过。后穿衣,与家人共进晚餐。第四日夜,大家族祭团成员,无论男女,一齐持火把到海滨采拾贝类,直至天明。第五日,天欲亮,全体成员返村社集合,去村长与长老家共进早餐,进食所采之贝,向老人敬酒。此后整日游玩。

卑南人播种祭——亦称比由玛播种祭、粟播种祭。台湾卑南人祭祀节日。节俗与阿美人的播种祭相近。农历正月择日举行。届时,社众到祭屋周围除草清场。司祭在屋外将含料珠一粒的槟榔子置最前面,再置一条串七粒小珠之麻丝于后,最后面放置槟榔子三粒,内各含珠一粒,这是在祈梦披禳。仪毕,返祭屋,在屋内供含陶珠之槟榔子五粒于祭台上祈梦。翌日,如获吉梦,早晨派妇女由祭屋取出粟种及祭用仪具,赴祭田播粟种,并将穗梗埋于田央,使一端露出地面,而以含五粒料珠之槟榔一粒祭之。第二日起,开始播种。

比由玛播种祭——参见"卑南人播种祭"条。

卑南人粟播种祭——参见"卑南人播种祭"条。

布农人播种祭——族称"播种月祭"。台湾布农人祭祀节日。农历正月择日举行,历五天。节前一月酿酒。祭仪首日,做甜酒;次日祭田播种,由司祭从粟种架取些粟种,用脚脱谷后,置瓢中,用小锹在祭田方六尺之地上播种,后采茅笋二根并立田中,口中祈祝"作物成长!作物结实";第三天,为"忌用小锹之休日",禁用小锹,以免影响粟生长;第四天,为"忌炉灰的休日",禁倒炉灰于屋外,以免粟草枯死;第五天,为"忌脐带的休日",或称"忌死亡的休日",诸事小心翼翼。

布农人播种月祭——参见"布农人播种祭"条。

泰雅人播种祭——族谓"斯密乌斯得莫莫赫"。台湾泰雅人祭祀节日。农历正月(另说三月)择日举行。此祭含祭猎、祭田,历十天。祭前,社中各户家长会商定祭期，以及轮流掌司祭事宜。节间，家家户户酿酒。酒成后，聚社长家商议祭猎事宜。祭猎之晨，出猎者结队进山，先建猎屋以便夜宿。打猎三天，第四天归村。猎物运至祭司之家腌藏。归途中采藤，以备捆扎播种祭时使用的小锹。当夜，集中社长家商议播种之事，会后设宴，庆山猎完成。第二天祭田。俩司祭于鸡鸣前起床，制作献供糍粑两个。一个司祭携一糍粑及酒少许、稻种数穗、小锹一把，另一司祭持火炬照明。他们同赴田中，先到一田中用锹铲一方尺地当祭田，播上稻种，撕一半糍粑置于祭田中央，倾酒泼之。所剩糍、酒两人分食，再赴另一田，行同样仪式，后返家。一路忌与他人交谈。回家进早餐，后出屋外，向社人大呼："来取祭酒祭糍呀！"各户派人取回共食，剩下的糍粑贴于家中米柜，然后自进早餐。接着，各家将自制的酒和糍粑交祭司家，旋开社宴，酒酣起舞，最后分配祭肉、腌肉及各家交来的糍粑，播种祭即告结束。翌日，社众可四处互相访问，终日饮酒唱歌。至此，才开始全面播种。

斯密乌斯得莫莫赫——参见"泰雅人播种祭"条。

曹人播种祭——族称"密雅波"，意为粟播种祭。台湾曹人民间农祀节日。农历正月择日举行，历六天。首日，各家清扫庭院，禁食艇稻米、鱼、盐、甘薯、葱、韭菜、番椒等，不准远行。翌日，赴社郊汲水、采茅，准备粟种。第三日祭田，象征性播种。由司祭率家人携粟种、酒、糍粑、鱼、小锹、浸茅两根的水筒、杖及带叶桑枝数根，到祭田。除草后，在田央建田舍，周围播十余粒，一助祭持水筒浇水，另一人将茅、桑枝、竹杖与锹并握，象征性整土。祭毕，在祭场食鱼及糍粑，并饮酒。之后，将鱼骨插茅杆上，由一妇女持至溪畔，插水边。此后，才开始真正播种。播完，组织男子入山打猎。

密雅波——参见"曹人播种祭"条。

曹人粟播种祭——参见"曹人播种祭"条。

布朗族土神祭——云南布朗族民间宗教节日。农历正月下地生产前择日举行。届时，由各家户请巫师白摩（巫师）主祭，行祭时家中仅留白摩、家长二人，余皆回避。开祭时，以一只红公鸡、一升谷物、一碗米、一杯茶、半斤酒作为祭品，关大门，并在门前插上戴雨帽的木桩，以示屋内行祭，禁入。白摩杀鸡，将鸡毛、内脏埋大门右角，口念祈语："求土神保佑今年人畜平安，风调雨顺，五谷丰登……"祭毕，煮鸡，二人共享。其余祭品，由白摩带走。最后，家人返屋。

东家人等郎会——黔东南自称东家人民间传统节日。流行于黔东南麻江县。每年农历正月至二月间，择日举行。届时，女青年以村寨为单位，到附近山坡燃起篝火，边烤糍粑，边唱情歌。小伙们见火、闻声，蜂拥而至，寻觅并主动向意中人示爱；姑娘有意，则以手中糍粑相送。双方默契，或互赠信物，或对唱情歌，或逗乐打趣……最后，双双前往僻静处，盟誓定终身。姑娘参与此活动，其母、嫂均积极支持，父、兄不得横加干涉。节间，姑娘们以最先觅得情侣为荣。

普米族诺提——云南普米族原始宗教最大祭祀节，即天地诸神祭典。农历春节期间，择一吉日开祭，持续一至三月。祭典由全氏族和全村落共同举行，每次祭祀活动由族长负责召集组织，韩规主祭。

祭物由各户进献,每两户献一头牛,一户献一只羊、一坛黄酒、一袋青稞面或玉米面。祭前三日,用松木和杨花木在村中草坪搭一座三层楼架,首层供奉用赤、橙、黑、白、紫五色描绘在木板上的日、月、星、雷、电、风、雨、冰雹和霜等诸路天神像;二层供奉用同样颜料描绘的山岩、泉水、坡地和各种树木、花草、禾苗、虎、豹、熊、鹿、鸡、獐、鹦鹉、猫头鹰、蛇、蟾蜍等动植物及诸路神像;三层供奉用鲜油掺青稞面在巫棒滚压制作各种伤残病人面偶像,下供青稞、麦粒、苞谷、黄豆等粮食。节晨,先把牛羊牺牲头蹄心肝肠供众神。祭师们头戴插鹦鹉羽毛尖的顶帽,身披红衫,腰系绿带,手执铁、刀、弓箭、羊皮鼓、铙、海螺等法器,环坐楼阁四周。日出,村民竞往围观。祭始,主祭口诵开场白,众巫旋唱颂祭天地经词。主祭唱诵《诺提经》时,众巫开始舞蹈,巫中有执铁刀者,有握弓箭者,有举牛头者,有披羊皮者,有戴虎豹面具者。巫队一侧,另设俩小巫手持芦笙、竹笛。当主祭师击鼓发号时,笙笛齐鸣,众小巫跟着节拍起舞。根据传统,诺提祭典一般历一月许,最长持续三月。在节间,人们夜宿草坪,围篝火分享牺牲肉食,饮酒歌舞。祭典毕,主祭占卜,将木偶送村旁岩穴或山泉旁白石所垒"嘛呢堆",并在一块或数块石上刻画"唵嘛呢叭咪吽"六字真经。此日,祭师例杀一白公鸡,祭求诸路天地神保佑本族人畜兴旺,五谷丰登。普米祭天仪式分大小,大型祭天仪式烦琐,所耗牺牲供物甚多,不经常举行;小型的以家庭为单位祭天仪式,每日早晚各一次,仅用少许酥油糌粑面置青枝绿叶上,在门前天香塔烧香,祭者口念祭词即可。

天地诸神祭典——参见"普米族诺提"条。

二 月

初 一

中和节——亦称祭太阳公公、龙头节。汉族民间古节。于传为太阳公公诞辰日农历二月初一举行。有些地方于初一后择日过节,另传太阳公公诞辰为三月十九日,节期因变。据史载,此节乃唐德宗李适于贞元五年(789),亲自倡兴,用以祭祀。明田汝成《西湖游览志余》云:"二月朔日,唐宋时谓之'中和节',今虽不举,而民间犹以青囊盛五谷瓜果之种相遗,谓之'献生子'。自是城中士女,已有出郭探春、扫墓设祭者。"北京民间则以米面团"太阳糕"祭日。清潘荣陛《帝京岁时纪胜》曰:北京于此日以米面团成小饼,五枚一层,上置寸把高面粉捏成的小鸡,称"太阳糕",用以祭太阳。许多地方吃太阳鸡糕,糕上再用米做寸许象征鸡的动物,或印以同样图形。以鸡象征太阳,鸡糕祭日,表明太阳在人们心中的崇高地位。

祭太阳公公——参见"中和节"条。
龙头节——参见"中和节"条。

马道祖一禅师圆寂纪念日——佛教节日。农历二月初一,在相关寺庙举行。

彝族猎神节——族称"昵世嘎捏底"。彝族传统祭俗。节期为农历二月初一至初三,另说农历正月首个属狗日(戌日)。祭猎神方式有二:一是祭家猎神。猎户在自家正房楼上供猎神像,上画身披虎皮的猎神爷爷,旁有七十二位猎兵将、三十六条花猎狗,还伴以窜山小哥、阿翠小姐等画像,并在神坛前供一把弓弩。祭时,杀一公鸡,取红冠子血为猎神点光,俾猎神大显神威。节日大祭,平时则每逢初一、十五,以及出猎前,小祭。二是祭山猎神。人们相约上山,选一松树为"猎神树",下设祭坛,撒上青松毛,插上三叉头松枝,削去一面树皮,作为猎神牌位,旋采一株嫩松尖,破成两半,作为占卜卦牌。祭祀占卦时,毕摩(巫师)先杀鸡敬献,手占卦求吉,口念咒语:"猎神爷爷在上,今天是黄道日子,阿郎小哥今天上山打猎,去路不明,请猎神爷爷给予指点,奉请七十二位猎兵将,三十六条花猎狗,窜山小哥,阿翠小姐速速出山,助我打猎阿哥围猎丰收。"祭毕,循卦相所示吉方出猎。

昵世嘎捏底——参见"彝族猎神节"条。

瑶族忌鸟节——亦称赶鸟节。瑶族民间传统节日。流行于湖南江华等地。农历二月初一举行。相传,古时江华山区林木茂密,栖息各种雀鸟。春播时节,鹤成群结队到地里糟蹋在播种子,往往弄得颗粒无收。后来,由耕山人请来英姑教大家唱歌,约定二月初一早玉米下种前,用歌声把雀鸟引去荒凉无作物的白头山。此法很灵,当年即获粮食丰收。此举年年相袭,久而成俗,把二月初一定名赶鸟节。如今过节,青年们忙着赶会对歌、连情;老年人在家制作节日食品,内"鸟仔粑"必不可少。人们用糯米粉调成料块,捏成铜钱大小粑粑,分别插于竹枝上,或神坛边、堂屋门边,任邻居孩童自由取食。插于屋外竹枝上的粑粑,更是专喂雀鸟,让粑粑黏其嘴壳,再也不能糟蹋庄稼。当夜,耕山人过寨串门,品尝各户的"鸟仔粑",祈祷当年庄稼好收成,不生天灾人祸。

瑶族赶鸟节——参见"瑶族忌鸟节"条。

仡佬族敬雀节——亦称敬鹰节,古称禁脚节。仡佬族民间传统节日。流行于贵州省坪山乡佛顶山下尧上等仡佬族村寨。农历二月初一举行,已历三百余年。相传,很久前,当地仡佬人生活非常平定、自在,一场严重瘟疫突如其来,扰乱村寨平静。先民们四处寻医问药无果,纷纷染病身亡。在整个村寨面临灭顶之灾的二月初一这天,一只神鹰叼来一棵仙草,放在一仡佬人家中堂屋桌上。这家人觉得奇怪,试着吃了一点,立觉病体轻松,旋将仙草分给寨内众病人吃,病人们都痊愈了。村民万分感激救命神鹰,将其作为图腾,世代供奉,每年这天便成了敬雀节。届时,村民在宗祠和露天场所,请来佛家班子、道家班子或戏班,祭祀娱神,邻县、邻乡、邻寨亦纷纷自编表演节目加盟。节间民间文化活动包括毛龙、傩堂戏、木偶戏、薅草锣鼓等,异常丰富多彩。此节今已跻身贵州省首批非物质文化遗产。

敬鹰节——参见"仡佬族敬雀节"条。
禁脚节——参见"仡佬族敬雀节"条。

魏宝山朝山会——白族民间传统宗

教节日。农历二月初一举行，历半月。"魏宝山"亦作"巍山"。届时，此地及邻境大理、洱源、弥渡、南涧、漾濞、凤庆、云县等地各族民众，纷至沓来，聚集巍山培鹤楼打歌场。人们演奏萨篓等乐器，围成圆圈，举行打歌活动，歌唱爱情、幸福生活。巍山民间洞经会则在各殿宇演奏古朴洞经音乐，更添名山古刹迷人色彩。各地商家摆摊设点，经营食品、山货、书画、儿童玩具、地方名特产品等，热闹非凡。

巍山朝山会——参见"魏宝山朝山会"条。

土地爷福——畲族聚居区宗教节日，畲族三大福日之一。流行于闽、浙等省。农历二月，在固定福址土主宫举行。畲族宗祠各房按年轮值。畲谚有"二月一，杀鸡祭土地"之说，畲家在每年正月结束、二月开始做春，要祭土地神，祈土地山神保佑开春如意，四季平安，人畜兴旺。是日，畲家族众做一种黄金色的糍粑，叫"糊"，到土主宫敬献土地爷、山神，称"做福"。畲谚亦云："二月一，一块糊没吃，难开春。"过了此节，即忙春耕。

送二月二——汉族民间传统婚俗节日。流行于鲁西郓城一带。与"带闺女节"相左，农历二月初一至初二晨举行。谚云："二月二踩了娘家的仓，不死公爹就死婆婆娘。"

初 二

二月二——亦称龙抬头节、龙抬头日、龙头节、青龙节、春龙节、剃龙头日、雨节、炒苞谷节、中和节。汉族及满、鄂温克等族民间传统农祀节。流行于中原广大汉族地区。每年惊蛰之后，万物萌生，民俗以龙为万物之长，故二月二又被称作"龙抬头日"等。民间以为龙王司雨，恰二月二以后雨水自此增多，农事最沐其益。清潘荣陛《帝京岁时纪胜》云："二日为龙抬头日，乡民用灰自门外蜿蜒布入宅厨，旋绕水缸，呼为引龙回。都人用黍面、枣糕、麦米等物油煎为食，曰熏虫。"相传，伏羲氏重农桑、务耕田，每年农历二月初二，皆亲自扶犁御耕。后世黄帝、尧舜等纷纷仿效，至周武王，更成一大国策。各地节俗大同小异，均围绕祭祀龙神，祈风调雨顺、五谷丰登而展开。谚云"二月二，龙抬头，大仓满，小仓流"；"二月二，龙抬头，细雨下得满地流，一年吃穿不发愁"。是日"龙威大发"，故人们百般附庸龙体，吃春饼称"吃龙鳞"，吃面条称"抚龙须"，吃米饭称"吃龙子"，吃馄饨称"吃龙眼"，吃饺子称"吃龙耳"，吃油糕称"吃龙胆"……谚云："二月二，吃龙蛋，吃了龙蛋不犯贱。"此谓"龙蛋"，实指包子。另，连剃头亦称"剃龙头"。谚云："二月二，龙抬头，人抬脚。"则因此日乃"龙兴黄道"，最宜出门远行。除出行、剃头、吃面条、吃猪头、炸油糕、爆玉米花等外，更有诸如祭祀、敬文昌神等其他习俗，难以计数。北京等地称"剃龙头日"，人们忌讳正月剃头，尤忌动剪子。谚云："正月剃头死舅舅。"及至此日，则此忌可解。"二月二，龙抬头，大人孩子都剃头。"人们甚至认为，此日乃一年中剃头理发之正日子，既可冲正月里剃头不吉利，又能给一年带来红运。京郊以至华北广大地区，还称春龙节、炒苞谷节。届时，人们为祈人寿年丰，纷纷吃爆玉米花。谚云："金豆开花，龙王升天，兴云布雨，五谷丰登。"

青龙节——参见"二月二"条。
春龙节——参见"二月二"条。
二月二龙头节——参见"二月二"条。

龙抬头节——参见"二月二"条。
龙抬头日——参见"二月二"条。
剃龙头日——参见"二月二"条。
雨节——参见"二月二"条。
炒苞谷节——参见"二月二"条。
二月二中和节——参见"二月二"条。

二月二龙牌会——亦称范庄龙牌会。汉族民间图腾崇拜节。流行于河北赵县范庄一带。节期为农历二月初一至初四，初二为正日。当地村民，自认是远古共工之子勾龙的传人。节俗独具特色，弥久传承。节前，神棚内张挂一百三十余神祇，中间大空间安放主神龙牌。龙牌正中下方，刻"天地三界十方真宰龙之神位"十二字。节晨，村民到当值会头家，上香焚纸念请龙经等程序，请出龙牌，装入黄幔大轿，由青壮年抬着前往神棚。妇女们捧着装有收集来的白蛾的玻璃匣同行，大街上早已按顺序排好数十支花会杂耍队伍，徐行表演，为龙牌导引。十里八村前来赶会者，汇成一片沸腾海洋。中午，迎龙牌入神棚，安放好盛白蛾的玻璃匣，龙神即位。全体参会人，齐向龙牌施跪拜礼。此后，范庄村家家户户都陆续到神棚祭拜龙牌。初二为主祭日，各路花会仍来进行广场表演助兴，持续到初四下午，举送龙牌仪式。初六，将龙牌送入下届当值会头家中。

范庄龙牌会——参见"二月二龙牌会"条。

惠民春龙节——俗谓龙抬头。山东惠民民间传统节日。农历二月初二举行。届时，人们取出灶中柴灰，在地上画一条青龙，称"引钱龙"，以祈吉祥。时近二月二龙抬头，此节或因此派生。

惠民龙抬头——参见"惠民春龙节"条。

哈尼族祭龙日——哈尼族民间宗教节日。农历二月初二举行。流行于云南红河南岸哀牢山一带哈尼村寨。届时，以村寨为单位，举行祭龙游寨仪式。由彩纸糊的龙头引领，男女青年簇拥由小伙子装扮的"姑娘"，哈尼村众随后，敲铓锣、牛皮鼓，吹巴乌，弹四弦琴，周游村寨。节源传说：很久以前，哈尼人从远方迁徙到此定居。这里住着名为奢得阿窝的山魔，纠集虎、豹、豺狗等修炼成的妖怪，祸害村民，要求每年二月初一，送一个姑娘给它做媳妇。哈尼人被迫答应，年复一年，失去了许多天真活泼姑娘。有个寡妇叫碑娘，膝下三个孩子，老大日则、老二努戈都是男孩，老三梅霜是个才满十六岁的姑娘。这年轮到她家送姑娘。俩哥哥扮成俩漂亮姑娘，由乡亲们送往山魔山洞。两个"姑娘"佯装逗魔喜欢，摆宴劝酒，将其灌醉，探得山魔致命秘密。夜晚，俩人趁山魔醉眠，迅即拔下其心窝白毛，拔出随身尖卫，将其杀死。躲在洞外的村众，里应外合，一举消灭其他小妖。二月二（龙日）晨，人们高歌纵舞，喜迎俩英雄凯旋。年年举庆，久而成节。

龙王庙会——土族民间传统节日。流行于青海互助土族自治县东瀛一带。农历二月初二，于龙王庙前举行，故名。届时，人们带着香烛纸钱和农副土特产品等，前往龙王庙前集会，朝会场中央龙王神像，举行祭祀仪礼。先由七八个身披袈裟的法师焚香燃烛，烧纸钱，手击山羊皮鼓念经，一面手舞足蹈跳神，祈龙王驱除邪恶，早降甘露，保佑全年人畜平安，五谷丰收。仪毕，举行盛大物资交流，主要有茶、布匹、日用百货，以及榔头把、磨子、铧、犁头、铁锨等农具，同时演出民族歌舞等文娱节目。

壮族祭龙节——族称"弄遮""弄处"。壮族民间传统节日。流行于广西马关一带。农历二月初一举行，历三天，分大祭、小祭。大祭宰牛，小祭杀猪宰鸡。祭祀多以自然村为单位，每村两户轮流组织，负担所需要财物。节晨，每户出一男性长者，齐往村外龙山举祭，祈龙神保佑五谷丰登。其法为在龙山内选定一棵高直、茂盛的大树为祭祀对象，挑选未被践踏新鲜茅草搓成绳索，围大树打结，在树脚搭一新台，宰猪切块，摊开芭蕉叶，盛上五碗红糯米饭、五堆生猪肉、五双筷、五杯酒、一只银镯，主祭者念诵经文、化钱，众三拜九叩。祭毕，各户分回一份猪肉，在门外搭好新台，由老者再祭一番，其余家人关门静候，长者祭毕方进餐。初二、初三两天主要祭本村的农神和社穆神。在老人厅或土地庙内，敬奉本村古代首个开发者、为本村带来首粒粮食的五谷王和保佑本村的土地神。有的村寨，节间还舞龙，各家备清水一盆，当龙经门前，倾盆泼龙身，龙身泼湿，兆风调雨顺。

弄遮——参见"壮族祭龙节"条。

弄处——参见"壮族祭龙节"条。

羌族祭龙节——羌族民间传统节日。流行于四川阿坝。农历二月初二举行。传说，这天乃龙抬头之日，所有的蛇皆出洞，结束冬眠。是日，当地民间盛行剃头之俗。

布朗族祭龙潭——布朗族民间宗教节日。流行于云南施甸一带。农历二月初二举行。节前，由村中长老或巫师在寨旁山中，选一水潭作为龙潭，以其近邻一棵高大的树作为龙神。祭时，全寨老幼聚于潭边，向龙王和龙树献饭菜等祭品。歌手们吹响唢呐、芦笙，以唤醒龙王，众人围绕龙潭走三圈，旋由巫师主祭。主祭口念祷词，祈龙王吐水，盼其赐风调雨顺、粮食丰收，祈龙树保佑全寨人畜平安。祭毕，众人方回寨中。此节渐泯。

咬豆儿会——亦称咬豆儿节。土族民间传统女童娱乐节。流行于青海民和一带。农历二月初二举行。当地谚云："二月二，咬豆儿。"届时，各户纷纷炒食蚕豆。尤其女孩们，还要聚集一堂，做弹蚕豆游戏，即两人或两人以上，按先后秩序，将两粒蚕豆撒桌子或地板上，待蚕豆滚动间隔一定距离，即用拇指与食指或中指接触，弹动一粒蚕豆，去撞击另一粒，以两粒蚕豆相撞为胜，弹空为败。谁弹撞次数最多，获冠军，余以撞击次数顺序录取名次。前三名获一定数量蚕豆奖励。

咬豆儿节——参见"咬豆儿会"条。

擂台会——亦称雷台会、擂台戏。土族民间传统花儿演唱节。流行于青海互助一带。相传，此节源于祭雷公节。农历二月初二，于威远镇举行，因此亦称威远镇擂台会。据考，宋代威远镇为牧马营；明朝在此筑城垣，改称威远堡，设游击营，以为军事据点，派重兵把守。城内有一土筑高台，称擂台，常举打擂比武，后演变为娱乐场所，定期唱戏、唱花儿，称擂台戏或花儿会，流传至今。节间，除物资交流、赛马、摔跤等活动外，主要是唱花儿。许多著名歌手远道而来，与当地歌手一比高低。人们则盛装打扮，姑娘们更着各色花布镶成彩袖的外衣，胸佩银饰，挂耳环，戴手镯，显得格外华丽、漂亮。小伙们头戴毡帽，各携酒瓶，进入会场自由结伴，分若干赛场，各十人许，摆阵对歌。竞赛形式多样，有组对组、男女问答、独唱等。所唱花儿，以当地五声高调式为主。午时，比赛渐入高潮。各组被淘汰的歌手,自动组成新的小组,欢天喜地,向出色的歌手拥去,口哨声、赞誉声、锣鼓声汇成一片。优胜者当场披红挂彩,被誉为花儿王。

雷台会——参见"擂台会"条。

擂台戏——参见"擂台会"条。

威远镇擂台会——参见"擂台会"条。

二月二祭虫——江苏汉族民间传统节日。农历二月初二举行。是时,百虫复苏。农家把陈年糯米、玉米、高粱、芝麻等,磨成粉,做寿糕、卷团等果子形状,或鸡鸭猪狗等形,蒸熟后插上青竹梢,于黄昏送至田头或祖坟边,让百虫吃此斋果,以免伤害庄稼。

二月社——壮族民间宗教节日。流行于广西宜州市洛东镇一带。农历二月初二举行。时入当地农忙,举行祭祀旨在祈人寿年丰。各寨祭仪略异:一是以家庭为单位,各在社王前供整块熟猪肉、香纸等祭品,旋举祭礼;另以村寨为单位,集资购肥猪,将猪抬社庙或社坛前宰杀,再摆其他祭品,共举祭仪。祭毕,集资户均分猪肉,返家享用。

壮家孩儿节——亦称孩儿圩。广西壮族民间独有传统儿童节日。农历二月初二,或三月廿八日举行。流行于德保、靖西等县。届时,各寨儿童披红戴绿、云集就近圩场。孩子们蒙家长特允,随意选购玩具、文具物品,或品尝米粉、糕点等美食。东兰等县则在山坡上过节。凌晨鸡啼头遍,孩童们便在自家门前燃放鞭炮,举火把到泉边喝"仙水"。天明,与家长一起,带着红鸡蛋等食品,往村外山坡尽情游玩。据说,此节可让孩儿们更加聪明伶俐。

孩儿圩——参见"壮家孩儿节"条。

布依族二月二——布依族民间传统娱乐、祭祀节日。流行于云南罗平等地。农历二月初二举行,多历三天,高潮在二月二,最长历时近月。长短因地而异。罗平以对歌为主的二月二歌节,从月初开始,初二尤盛。届时,人们纷纷拥向河边坪地,踩高跷、荡秋千、耍狮子、摔跤、对歌,尽情玩耍,热闹异常。高潮以青年男女娱乐活动为主。歌场上,姑娘、小伙倾诉爱情,咏唱生活,十分活跃。之后,转入祭祀活动,家家吃两种颜色的糯米饭,及鸡敬祖,并祈土地神保佑全寨安宁。罗平布依寨子都建有专供祭祖的"老人房",形似土地庙,内放神牌、香位,或挂有皮鼓、铜鼓,平时禁止任何人入内。举祭时日,多在二月初三,若在二月第二个属兔日,则习称"祭老人房",历一天至两三天不等。祭祀活动由寨中最早老户承头,各户捐款,买鸡、猪、酒等祭品献祭,祭仪或各家出一人共祭,或承头户负责主祭,过程繁杂,禁忌甚多。祭毕老人房,宣告此节结束。

祭老人房——参见"布依族二月二"条。

侗族二月二——亦称艾粑节、粽粑节。侗族民间传统节日。流行于桂、湘、黔三省区交界一带。节前夕,家家浸泡糯米。节日,宰鸡杀鸭,人们上山将白头翁花、桔梗叶一并摘回洗净,掺入浸胀的糯米中。然后,将蒸熟糯米饭放石碓舂成粑粑,放入食糖,捏成汤圆,或烙成饼。全家共食艾汤圆或艾粑,喝油茶,以为节餐。入夜,姑娘们三三两两围在歌堂或某家火塘边,说东道西;小伙子三五成群,来此行歌坐月。夜深,姑娘还打艾粑油茶,或用小伙子带来的糖煮艾粑汤圆,招待小伙子,以示爱意。行歌坐月乃侗俗,是指男子集体到歌堂或姑娘家火塘边,与姑娘们集体对歌。对唱中,情投合意者待集体对歌后,男女再单独对歌,姑娘父母不反对,还以此为悦。

艾粑节——参见"侗族二月二"条。

侗族粽粑节——参见"侗族二月二"条。

二月二修善节——侗族民间传统节日。农历二月初二举行。贵州黎平誉称"百节之乡",誉称"大节三六九,小节月月有"。不知何年开始,此地侗家选择农历二月初二驯教已能下田耕作的初生牛犊。相传,当年此日,玉帝遣牛下凡,助人耕地犁田,教牛犊犁田,一教即会。节间,人们进食丰盛酒菜,祝贺牛犊成年、会耕;给孩童们胸前挂红蛋,祈长得像牛犊壮实。在黎平县永从乡永从村的下寨、北门寨、新寨,二月二前、头年二月二后这一年间出生的婴幼儿,其父母须一大早挑着米酒、猪肉来到鼓楼,交付早已烧好鼓楼火、摆好四方桌的德高望重的寨老会。然后,由寨老会组织全寨老少聚集鼓楼,一起为这些孩子祈福。仪毕,留部分善烹饪的男人和孩子们的父母备餐。其余人等分头往寨子四周大小道路上去为这些孩子修桥铺路,为这些孩子修阴功、积善德,以保他们长命百岁,无病无灾。修完善事,人们重聚鼓楼,由孩子们的父母亲共同做东,酬谢寨上的人们吃鼓楼饭,以表谢意。生男孩人家,须拿出一个猪头和米酒;生女孩人家,砍五六斤猪肉和一壶米酒即可。倘酒菜不足,各户自觉凑齐。孩子们的集体周岁,操办得热火朝天。

侗族大歌节——侗族民间传统歌节。流行于广西三江县梅林乡等地。农历二月初二举行。据考,节始清乾隆丙辰元年(1736),赓续至今。此节主要内容有侗族大歌表演及对赛、百家宴、抬官人、抢花炮、放木排等。2014年大歌节,举行千人侗族大歌等活动,场面蔚为壮观,吸引桂、湘、黔数万游人,企足观赏体验。

鄂温克族二月二——内蒙古鄂温克族传统岁时节日。节源汉族,袭称龙抬头,俗项因地而异。届时,人们煎制乳制品,烤面饼祭神,祈神灵保佑平安。家家户户饮野果酒,食野兽肉或羊肉。

鄂温克族龙抬头——参见"鄂温克族二月二"条。

赫哲族二月二——黑龙江赫哲族民间祭神祈福节。农历二月初二举行。受汉族影响,袭称青龙节,将这天看成龙抬头之日。届时,用春节杀猪留下的猪头敬神。赫哲人认为,风有风神,称"卧杜玛",雨有龙神,雷有雷公,闪电有闪娘娘,风雨雷电互相联系。二月二主祭龙神,祈全年风调雨顺,渔猎丰收。

赫哲族青龙节——参见"赫哲族二月二"条。

达斡尔族二月二——达斡尔族民间传统节日。流行于东北达斡尔族村寨。农历二月初二举行。节源汉族传说。相传,玉皇大帝为惩罚武则天篡位,三年内不许玉龙向人间降雨。玉龙同情百姓疾苦,违玉帝圣旨,给人间普降甘霖。玉帝将玉龙压在一座山下,声言只有金豆开花,才能让其重返天庭。二月二日这天,百姓顿悟炒玉米花即金豆开花,便纷纷炒玉米豆献玉龙,助其升天。此日炒玉米豆,久而成俗。此外,还沿袭江南一些地方有在此日招女儿和女婿一道回娘家特别款待之俗；信仰汉谚"二月二，龙抬头，大仓满，小仓流"，自此日开始农牧业劳作，隆重过节，以表达对风调雨顺、农牧双丰的企盼。届时，农民要吃猪头肉，有些地方吃馅饼，或者禁忌做针线活，免得骨节病。

二月二粽子节——亦称二月二祭土地神。汉族民间传统节日。流行于安徽徽州绩溪、歙县等地。于当地所传土地公诞辰的农历二月初二举行。据考，此地包粽子、吃汤果，已袭近千年。为祈人寿年丰，节前数日，各家即忙于泡糯米、煮粽叶、切猪肉、剥栗子、磨面粉，精心备料，等待节日祭祀土地神。届时，先行祈福会，祭土地神，接着举行包粽子比赛，观看文艺表演。

二月二祭土地神——参见"二月二粽子节"条。

延安火把节——汉族民间地域性节日。流行于陕西延安一带。农历二月初二举行。节前，孩童纷纷上山打柴，堆在村外最高山顶，再覆一层易燃柠条，绑成五六尺长火把。晚饭后，全村男子聚集高坡，摇鼓敲锣。主持长者发令，人们即点燃火把，簇拥长者一齐跑往山顶。长者提一篮筐，内放五个鸡蛋及许多香蜡纸马，一升五谷杂粮，掺和着铁砂，篮边插红、青、白、黄、黑五面旗子，后随一青年提一罐米汤。山顶汇聚无数火龙，长者按五行方位，挖五小坑，放入五个鸡蛋，各插一面小旗，众即焚香叩拜，齐鸣鞭炮。最后，长者投一火把于柴堆，众人围火堆奔跑、呼喊；长者再将篮内余物及一罐米汤，倾入火堆。人们再循顺、逆时针，各跑三圈，将自己手中火把，纷纷投入火堆，旋拼命奔下山去，不许回头。翌日晨，人们争先上山，抢拾鸡蛋，认为它是龙蛋，吃之可升天。

壮族花朝节——壮族民间传统节日。流行于广西宁明、龙州一带。红水河中下游壮区称花王节、花婆节、百花仙子节。于传为百花仙子降生的农历二月二或十九、二十九日举行。相传，壮族始祖六甲乃花朵中生出，之后主管赐花送子其事。世上之人皆从六甲花园中的花转来世上，故奉其为花婆神。因木棉树长得挺拔粗壮，春来满树红花，鲜艳如火，仙神常栖其上，佑护大地百花灿烂，人间安宁。故此，节庆特选有高大木棉树之处举行。届时，男女青年从四方八面纷至沓来。他们身穿民族盛装，怀揣五色糯饭、糍粑或粽子等食品。姑娘们更须带上为情人而备的头巾、千针底新鞋等礼品，尤不能少精心绣制的绣球。他们在绿丛中成群对山歌，赞情侣，夸对方，求连情，同时歌颂百花仙子的佳洁、美丽。唱到情深意醉，便纷纷将满含无限柔情绣球，抛向自己的心上人。一时间，绿丛中彩球飞舞，给歌场平添无限情趣。日暮，人们则从四周，把绣球抛向木棉高枝，令人眼花缭乱。霎时间，木棉树上彩球累累，宛如仙子霓裙。人们以此祈百花仙子降福。红水河中下游壮乡的花朝节，习称花王节，除二月二外，许多地方于二月十九举行。旨在祭祀执掌生育之神花婆，现母系社会遗风。相传，生育之神花王，即创世神话中的姆六甲。当初，大地一片荒凉，唯有一朵花蕊，长出人类女始祖姆六甲。她用自己的尿和泥，捏出人类。大地生灵活跃时，她又成了壮家生育神。她所居的花山，鲜花满山，四时怒放。每朵花，即一童之魂。谁家要生育，她便送花一朵。她专在二月十九巡察各地，为百姓，特别是妇、幼，消灾解难，人们则以节相迎。届时，在育龄夫妇卧室门边设祭，于门上方墙头置花带，代表童灵及花王神位。花带用竹篾编成一条宽五六寸，长二三寸花带，上敷红绸，缀若干红色纸花。门边供案摆香烛祭品，献生育神花婆，祈求她多送花灵，佑人丁兴旺。妇女（主要是姑娘）互访，互诉衷肠。本来情深者，结拜姐妹，相互造访对方干栏，认彼此父母。从此后依龄序称姐妹，情同手足。佛教传入壮区后，有些地方的妇女也去观音庙拜祭。

花王节——参见"壮族花朝节"条。

花婆节——参见"壮族花朝节"条。

百花仙子节——参见"壮族花朝节"条。

二月二跳月——苗族祭祖节。流行于贵州榕江县仁里水族乡公街村苗勒苗寨。农历二月初二举行，有的苗寨于初春或暮春择日举行。主要有吹芦笙、踩歌坪、唱山歌等活动，旨在缅怀先祖，祈祷年丰。

畲族会亲节——畲族民间传统探亲聚会节。流行于闽东、浙南畲族山区。农历二月初二举行。届时，散居闽东、浙南的畲族，纷纷集中于祖居地，即福建福鼎市双华村、福安市后门坪、宁德市猴盾村，访亲会友，对唱盘歌，隆重非常。据考，此节已历近两百年。因两省畲家相距路远，相见甚难，当年民间协商，将每年农忙前的二月二，定为固定会亲日。节源俗传有两种说法。一说，明宣德年间，雷姓畲族人因天灾人祸，流落后门坪村。此地魏姓汉族兄弟，助其开荒造田，打制火铳和铃刀，驱走毁损庄稼的鸟兽，确保畲家春种秋收。为纪念魏姓兄弟，他们在后门坪村山上盖魏公侯庙，于魏姓人二月二生日之时，来此瞻祖会亲。另说，清顺治年间，畲族祖先迁福鼎县双华山，某夜，发现两条大蟒盘于屋基，连续三次放生，皆照旧蠕回。祖先燃烛祷告："请蛇仙留在本境，形相莫现，起宫给蛇住，年年做福岁岁平安。"当晚，祖公梦见有红面和青面两将军向他道谢，便择二月二在青山脚下，泥塑两尊将军肖像，进行奉祀。节日，家家用糯米、红糖做成馂斋，供奉庙堂，还用松香在庙前扎起两棵火树，夜如白昼，照亮瞻祖会亲的畲家兄弟姐妹。据估算，到此认亲者，多达该村人口数倍。村里家家备烟酒茶饭，招待客亲。入夜，家家灯火通明，男女老幼盘歌赛舞，全村彻夜不眠。现在，人们还搭彩楼赛歌，举行游村活动，信炮、鞭炮、锣鼓喧天。人们手提各种动物造型如鱼灯、鸡灯、兔灯等等，穿行各个畲寨。会亲节成为畲家的盛大歌节。

土地会——汉族民间祭神节日。流行于江苏常州武进区邹区镇及皖南一带。于传为土地菩萨生日农历二月初二，在各处土地庙举行。此节旨在祈求土地爷保佑人寿年丰，免除耕种纠纷。节前日"暖寿"，节日称"正寿辰"，各户赶往土地庙，焚香叩拜。祭祀多由宗族长者主持，本族集资购佳肴、果品，庙前大摆酒筵，热烈异常。随着诸多土地庙被拆，此节已式微。

闹土地会——古称社祭，俗称土地节。土家族民间宗教节日。流行于湖北长阳一带。于当地称一年农事之始的农历二月二举行。常云"皇天后土"，其中"后土"即"地母"，被奉若生命之神。当地有"社林"，古称"社灵坛"，乃传统社祭之地。昔时多在此闹土地会。另，家家住屋当头，皆有一座土地庙，称"当坊土地"，有

"不怕客人来得远,也服当坊土地管"之说。人们以酒和粑粑供祭,祭土地公公、土地婆婆。无子之家,则求育。祭毕,各家享用"牲醴"。乡邻亲友,习惯三五成群吃春酒。此节多系农时,人们由此关注、占卜气候。农谚云:"土地公公晒出汗,一碗荞子打一石;土地公公打了伞,一斗荞子打一碗。"此节已式微。

土家族社祭——参见"闹土地会"条。

土地节——参见"闹土地会"条。

土地日——广西壮族民间祭神节日。农历二月初二,在各地土地庙举行。各地节期、节俗略异。上思县那荡一带,家家打糯米糍粑、包汤圆、杀鸡,往土地庙祭拜。其时,他们观察天象,判断气候,认为"晴则年丰,阴、雨则兆歉"。武鸣双桥一带,各家以粑粑代替米饭,须在天明前吃完,以示封住鸟雀嘴、眼,免其祸害庄稼。天明,举土地祭仪。

敬土地——汉族民间祭神节日。流行于江苏阜宁一带。于传为土地神诞辰日农历二月初二举行。当地普遍信奉土地神,大村庄集资建土地祠宇,小村庄则用粗瓦缸一口,将近口处敲成长方洞口,倒置地上,内供土地牌位。谚云:"土地老爷本姓张,有钱住瓦屋,无钱顶破缸。"节日,各家从灶中取点灰烬,在院中或房前屋后撒成大大圆圈,象征土地神位,面"圈"烧纸焚香,拜祭土地,祈当年五谷丰登,免遭风雹螟蝗之害。

土地爷福——族谓"做春福"。浙江畲族民间祭神节日。农历二月初二,在各地土地庙,供祭土地神。谚云:"二月二,杀鸡请土地。"

做春福——参见"土地爷福"条。

春福——汉族民间祭社神节。流行于浙江安吉等地。于传为土地菩萨生日农历二月初二举行,旨在祈土地神保佑人寿年丰。《孝经纬》载:"社者,土地之神。土地阔,不可尽祭,故封地为社。以报功也。"届时,各村民众以十人、二十人结为一社,集资购供品,往附近土地庙,宰牲供酒,焚香奏乐,虔诚祭祀社神(土地神)。

壮族晒布节——广西壮族民间传统节日。农历二月初二举行。届时,妇女们将自织自染布匹从箱柜取出,在晒台或田垌展晒。晒好布后,姑娘们精心打扮,与着节日新装的小伙们,结队走村串寨,物色布匹多、质量好、手艺巧的姑娘。相传,壮族创世神布洛陀在此日让太阳放出强烈光焰,撒下杀虫药。故,这天晒了布,虫不蛀,不发霉,不褪色。

苗族敬桥节——苗族民间传统节日。流行于黔东南一带。多在农历二月初二举行,个别于二月另择吉日举行。敬桥,即祭祀桥梁,本旨在求子,客观为便交通。节晨,各家男人提一只公鸡、三尾鱼及一些糯米饭、酒、纸钱、香,还有纸条剪成碎齿缠于竹条上的祭物,往自家选择桥上拜祭。一般是先杀鸡,鸡血洒桥上,再插香、烧纸,念简单祝词,旋倒些酒饭于桥面,则告祭毕,将剩余东西提回家,煮糯米饭,举家共餐。有条件人家,于节日架桥,多架木桥,石桥次之。桥木多选杉木,三至五根,禁用双数,桥木根端须朝家门方向。桥架毕,举祭仪。若头年架桥,次年再举行"谢桥"祭仪。再后,逢节正常祭桥。修补坏桥,亦多择节日。另,有的人家在节天悄然"立阴桥",即用两根杉木夹一根椿树,埋大门内地下,以祈家里能出显贵能人。果然如愿,会伤害地方,故只能暗立,暗自"敬阴桥"。

侗族架桥节——侗族民间传统节日。农历二月初二举行。相传,侗族祖公祖奶曾架桥行善,发子发孙。其架桥之日,恰逢二月二。侗家铭记这个日子,定其为节,届时盛行修桥补路,广行善事。

苗族晾桥节——苗族民间传统祭祀节日。流行于贵州三穗寨头一带。农历二月初二,于当地接龙桥举行,历三天。节晨,人们抬着猪和糯米饭,带着香、纸和酒,来到当地接龙桥,将祭物逐一摆放桥上,称"晾桥"。巫师念过晾桥词,祭仪即毕。村民随即生火野炊共餐。吃完祭品,回寨进行娱乐活动。翌日,远近亲友前来祝贺,主人吹芦笙、跳芦笙舞欢迎,开怀畅谈。入夜,男女青年对歌,借歌传情吐爱。"接龙桥"位于当地石屏河上,十二桥墩,杉木飞架。相传,寨头一带苗家原来住在也雾山,后迁寨头。苗族迁来,也雾山的龙亦紧跟而来,但被石屏河挡了去路。人们协力架桥,把龙接过来。当时住寨头的苗家是十二兄弟,便依数立桥墩。如今二月二去晾桥者,皆其后代。他们抬去晾桥的肥猪,宰杀后,一半分食,一半送操办节日人家用来待客。

藏族调牛节——亦称调牛会。藏族民间传统节日。农历二月初二举行。流行于甘肃南部博峪藏族村寨。节前日,先由"嘎巴"(巫师)喊山,即由阳山呼唤而上,旋由阴山呼唤而下,一路叫呼本部落山神爷大号,祈祷全寨人畜平安。节晨,全寨的牛都被赶到地中,架犁耙,选能人调教初长成牛耕地,撒一点青稞面入土祈福。然后,由嘎巴念经,以牛群角所朝方向卜全寨吉凶。祭毕,众人唱颂赞颂山神、土地神的歌词,跳舞乐神,预祝当年丰收。节间,还穿插点燕麦的习俗,燕麦点燃后,全寨的儿童上山点起火把,每人两支,自山上唱跳而下,称为摇灯,以祭火神与山神。

藏族调牛会——参见"藏族调牛节"条。

景东文昌诞——亦称文昌帝君诞。汉族民间宗教节日。流行于云南景东一带。农历二月初二(另说初三)举行。文昌,本是星名,乃斗魁以上六星总称。民间视为吉星,主大贵,道教尊奉为掌文昌府事,主宰功名、禄位神祇。元延祐三年(1316),仁宗封梓潼神为"辅元开化文昌司禄宏仁帝君",遂将文昌、梓潼合称"文昌帝君"。《明史·礼志》载,梓潼帝君始姓张,名亚子,居蜀七曲山,仕晋战殁,后人立碑祀之。唐宋两代黄帝屡封为英显王,元代时加封为帝君。此节据此形成。届时,人们请观中道士设醮坛,献祭品,行古傩礼,并扎龙船,装方相,祈帝君佑己功成名就,诸事平安。此节已式微。

文昌帝君诞——参见"景东文昌诞"条。

踏青节——亦称春游、探春、寻春等。汉族民间传统节日。节期因地有异:福建一带在农历二月初二,陕西一带在三月初三,北京、东北等地在四月初。踏青即出门游览春景,方式各地略同。节源悠久。《旧唐书》载:"大历二年二月壬午,幸昆明池踏青。"宋周密《武林旧事》云:"清明前后十日,城中士女艳妆饰,金翠深缛,接踵联肩,翩翩游赏,画船箫鼓,终日不绝。"至宋,踏青更盛。宋张择端《清明上河图》活现汴京外汴河清明游春盛况。诗人吴惟信《苏堤清明即事》曰:"梨花风起正清明,游子寻春半出城。"诗人张先有"芳草拾翠暮忘归,秀野踏青来不定"之句,记郊外踏青游人如潮。四川成都一带江面,届时游船如织,相互撞击嬉戏,俗称游江。

春游——参见"踏青节"条。
探春——参见"踏青节"条。
寻春——参见"踏青节"条。

游江节——亦称锦城踏青节。四川成都汉族民间传统节日。农历二月初二,于该城新南门万里桥等地举行。方式主要是游江荡舟,赏揽春色。唐韩鄂《岁华纪丽》载,这日,江中彩舫数十只,舟上乐人吹歌弄琴,河沿岸八九里,观众云集。新南门万里桥一带谓之小游江;大游江气势更大,游船更多。

锦城踏青节——参见"游江节"条。

满族领龙——满族民间传统农祀节日。农历二月初二举行。流行于满族聚居区。届时,家家从水缸旁至井旁,用木炭画一条弯弯曲曲的道,宛若龙舞,故称"领龙";之后在院中摆供,祭拜龙王,祈全年风调雨顺。如今,"画道"已淡出,仅存吃猪头肉、烙春饼、剃龙头等俗。

布依族猴节——族谓"动土日",即一年农事开始,故名。布依族民间传统备耕节。流行于贵州荔波、独山一带。农历二月初二举行。正月底,各家即上山割来香藤,到田间采集梅花菜,到滥田里挖几丛石菇。之后,将香藤捶烂,放清水浸泡一二天,过滤,用香藤水泡浸糯米,再将糯米、石菇、梅花菜蒸熟,合在一起打成圆块香藤粑,或烙成大块饼。节日上午,妇女既弄吃的,又认真翻晒、筛选种子;男人检修各种农具。吃罢午饭,以家庭为单位,带着粑、饼,东一堆、西一堆,开展各种文娱活动,山野到处遍布欢笑和歌声。孩童们比赛爬山、爬树、打野艾草,玩得像野猴一样。次日,人们开始下田干活。

布依族动土日——参见"布依族猴节"条。

东沟大庄跳神会——土族传统宗教性娱乐节日,旨在消灾祸,佑人丁。流行于青海互助一带。农历二月初二举行。跳神前,先赛马,循环赛,获冠军者,马头挂红、白、绿、蓝、黄五彩绸布。赛马之后举行跳神活动,一般由四五个法师,手持山羊皮鼓,边击鼓念经,边跳神舞。

磁州乞巧节——汉族民间传统节日。农历二月初二举行。流行于河北磁州一带。届时,姑娘们自由结伴,着盛装,带小米、白面、油、盐,以及锅、碗、盆、勺等,一起上山野餐,称"二月二吃乞巧饭"。她们找一合适地点,垒灶、安锅、煮饭,焖小米饭,包水饺,熬米粥。饭熟后,还须到山坡灌木丛摘回一种野生植物的红色圪针尖儿,五六人或十余人围坐野餐锅边,举行乞巧仪式。仪式中来者人人参与,用布遮好某一个姑娘眼睛,让其将七个圪针尖儿丢饭锅里,再用筷子在锅中搅三搅,后用筷子夹起饭来吃,只能吃七口,每人轮番进行。夹饭吃前,每人都补足七个圪针尖儿,以示公平。凡是能够吃到圪针尖儿的姑娘,就成为巧姐或巧妹,会备受村里人的赞赏,上门求亲的人就多。乞巧仪式结束后,姑娘们才开始正式的野餐和一天的娱乐。

东莞卖身节——亦称遇仙节、翻身节。汉族民间古老宗教节日。农历二月初二举行。流行于广东省东莞市东坑镇一带。节源明末清初。相传,当年东坑塘唇村,一卢姓大户,赶着清明前开耕种田,于二月二贴出雇请农耕长工启事。自此之后，久而成习，无田地青壮均在这天，坐在村围篱上，戴竹笠，披粗布巾，以示"卖身"。神仙正巧是日降临，考察民情，得以救苦救难。人们不约而聚广场，刻意展现自己，让神仙"问诊下药"。后来，人们竞相在街上泼水射水作乐，又和泼水节合流，长盛不衰。届时，小河畔、木桥旁，人山人海，商贾云集，学校也放假，争相前来碰运气"遇仙"。离开时，总要买件物品带回，以示已遇仙人，带回了好运。

东莞遇仙节——参见"东莞卖身节"条。
东莞翻身节——参见"东莞卖身节"条。

带活猴节——亦称带闺女节。汉族民间传统婚俗节日。流行于苏北、鲁南一带。农历二月初二举行。谚云："打巴掌，打到正月正，家家人家玩龙灯；打巴掌，打到二月二，家家人家接女儿。"此日接已嫁女回娘家吃咸货，借机让姑爷休息，以应新年大忙。这天女儿回娘家"理所当然"，不需带任何礼物；娘家接女儿，亦天经地义。

带闺女节——参见"带活猴节"条。

丽水炒虫米——汉族民间传统节日，旨在防虫害，保丰收。流行于浙江丽水一带。农历二月初二举行。届时，家家炒米，炒豆子，炒花生，意寓炒死各种虫子，免害庄稼。

南通喂百虫——亦称斋田头。汉族民间传统农祀节日。流行于江苏南通一带。农历二月初二举行。届时，家家将陈年糯米、玉米、高粱、荞麦、芝麻，磨成粉末，捣成寿桃，卷团形状各异的果子，捏成鸡、鸭、猪、狗、牛、羊等动物，蒸煮后，分插青竹梢，至黄昏送往田头，或插自家祖坟旁，谓"斋果"。相传，让百虫之神吃此，免害田禾。

南通斋田头——参见"南通喂百虫"条。

吃蝎子节——亦称吃蝎子毒。汉族民间传统节日。流行于山东高唐一带。农历二月初二举行。春雷鸣，惊百蛰，毒蝎蠢蠢欲动。此节旨在吃蝎毒免灾。节前，人们把黄豆放盐水，浸泡昼夜，再滤水、晾干。节天，再将晾干的豆粒，下锅炒熟吃掉，意即吃掉了蝎子毒。

吃蝎子毒——参见"吃蝎子节"条。

浪桥接龙日——侗族民间传统节日。流行于贵州报京地方。农历二月初二举行。浪桥，就是寨民以家为单位，邀亲朋好友，带肉、蛋、鱼、米粑、酒等，至桥边野餐。据传，桥头有土地神，主管农事，在此可与之共饮，祈其保佑人寿年丰。而"接龙"，实为"接牛"。侗家认为，牛像犀牛，可象征龙。届时，人们从往年丰收某寨，赶一小牯，由芦笙队簇拥，来本寨，将其杀掉，肉均分各家享用，称"吃龙肉"。随后，各家互相宴请，划"五龙归位"拳，唱"五龙归位"酒歌。牛角埋寨央犀牛塘地下，示犀牛回家，接龙归位，祈人寿年丰。

裕固族祭鄂博——裕固族宗教节日。流行于甘肃肃南一带。节期因地有异，通常于农历二月初二举行，亦有择四月二十一、六月初一者。鄂博、敖堡，即敖包，流行于众多游牧民族，裕固族亦然。敖包，乃于高处垒众多砂土块，用五六尺长木椽子围插，并插上树枝、柳条做成，被视为民族保护神。平时，路经此地须下马，或酒祭酒食，叩头祈祷，或添土垒石，剪下马鬃、马尾及各色布条系于其上，以求吉利。节间，家家户户携带香烛、纸钱，献马供羊,燃灯上香,举祭,即请巫师跳神或喇嘛念经,众人跪拜,以祈消灾消难,人畜兴旺。裕固族此祭由来已久。裕固族民间史诗《黄黛琛》写道:"传说在我们敬仰的敖堡上,白石头堆起了尊严的圣灵。像筋骨一样竖起的幡杆上,凝结着尧熬尔人的无限崇敬。"

裕固族祭敖包——参见"裕固族祭鄂博"条。

裕固族祭敖堡——参见"裕固族祭鄂博"条。

壮族开耕节——壮族民间传统节日,旨在祈求天地融和,顺利开耕。流行于粤北连山。农历二月初二举行。届时,家家户户做大汤米,用以祭祖敬神,预兆丰年。已嫁女儿们,带着节日礼品,赶回娘家,与娘家人团聚,并取回一件生产工具和一些种子。俗传,这能使开耕后生产兴旺,获得丰收。俗显母权时代遗风,即娘家随嫁物,预兆人丁兴旺,五谷丰登。女儿不能留宿娘家,须当天即把娘家好兆头带回夫家。此日,合家聚节日餐,不请女儿以外任何客人,免生人带来不吉。

布雅衣人开定浪——壮族支系布雅衣人民间节日。流行于广西富宁一带。农历二月初二举行。布雅衣人各寨,皆有议事亭,内供农神,既祭神,又议农事,乃至调解村民纠纷,称"定浪"。其成员,系德高望重寨老。届时,杀一头猪、两只鸡作为祭品,祭农神祈福。

土族梆梆会——亦称㳍纳顿(娱乐节)、鸡蛋会。土族民间传统娱乐节日。流行于青海互助东沟乡、东山乡、五十镇、丹麻镇、威远镇等土族聚居村寨。节期因地有异,农历二月二、三月三或四月八,于龙王庙和娘娘殿的祭祀仪式上结合庙会,分别举行。此节旨在祭祀祁连山神(赤列桑,即龙王爷),驱魔除病,娱神乐民,广富群众基础和影响力。它以土族人信仰萨满教为源,吸收道教分支神教(截教)为主,源于宋末元初,形成发展于明清。届时,给地方神上香点灯,场中竖三丈三高神幡。多名法师手持单面扇形羊皮鼓,着法衣,戴法冠,在龙王神轿前敲鼓唱颂,旋转跳舞,引领诵经跳神集体活动。既诵唱"九天(圣母)""金山(圣母)""霜降(圣母)"等神号,还诵唱历史故事。会间,还由法师扮演武士,跳战士舞、鸭子舞,以及打车轮、倒立行走等高难动作。所有男孩皆身佩红布袋,以防魂被勾走。法师敲响羊皮鼓时发出"梆梆梆"声音,故名。一些地方,每家皆拿着煮熟的鸡蛋,到会上进行碰撞比赛,因称"鸡蛋会"。此节今已与群众娱乐、商贸交易合流。节源另传,丹麻索卜沟棒棒会,始明万历间,已历五百年。相传宋太祖赵匡胤封京娘为"金山圣母娘娘",主管西北风雪雨雹。西北各地纷建金山圣母庙,俗称"娘娘庙"。人们为愉悦娘娘,春季下种之后,举办娘娘庙会祈福。

㳍纳顿——参见"土族梆梆会"条。

土族鸡蛋会——参见"土族梆梆会"条。

土族赛马会——土族民间传统节日。流行于青海互助县东瀛一带。农历二月初二举行。届时,方圆数十里土族及藏、回、汉等族兄弟,身着盛装,带着农副土特产品,或骑马赶车,或三三两两沿山路步行,会集事先指定地方。赛场上,锣鼓喧天,彩旗飘扬,到处充满欢声笑语。开赛仪式简单,很快开始赛马,骑手们一个个抖擞精神,英姿飒爽伫立马旁,只听"叭"的一声枪响,便策马扬鞭,如离弦之箭,竞相前奔。霎时间,赛场掌声、欢呼声此起彼伏。按赛规,比赛分跑马和走马两种:跑马比速度;走马比速度和马的走势。赛毕,为获奖之马和骑手披红挂彩,为获奖者敬酒,热烈庆贺。此后,进行各族物资交流和盛大跳神会,人们载歌载舞,纵情欢乐。

锡伯族二月节——锡伯族春节尾声。农历二月初二举行。锡伯族春节持续时间较长,至此日方正式结束。届时,人们照例吃猪头肉,宣告春节过完,开始备耕生产。

侗族斗鸟会——侗族民间传统娱乐节日。流行于桂、湘、黔三省区交界侗家山乡。农历二月初二举行。主要斗画眉。会前,由养鸟者推举一位德高望重的养鸟老人,主持筹备,张贴通知。届时,男人们提着鸟笼,喜聚斗鸟场,以自选、抽签等方式,确定斗鸟对象和赛序。斗鸟开始,将俩鸟笼对放,笼门对笼门,旋打开笼门,让两只画眉厮打,激烈时,双方啄得难解难分。胜者再轮流相斗,连续不败者为冠军,誉称"火笼",第二名称"二笼",余类推。获名次者,可获彩旗和奖励。主人十分高兴,纷纷宴请亲朋好友前来聚餐,以示庆贺。斗鸟源说甚多。如,古时,有个侗族姑娘叫娘花,长得如花似玉。某年农历二月初三,将与太阳之子在天上成亲。百鸟提前一日飞来,在天空架桥引渡。唯画眉鸟不愿参加架桥,还在百鸟会上顶撞其他鸟类。百鸟们给予处罚,将其关在笼中,让它们逐斗,供人们取乐。日久,演变成节。

初 三

二月三——苗族青年社交择偶节。流行于贵州台江县施洞镇一带。农历二月初三举行。届时,青年男女着节日盛装,从各村寨拥往插花坡游方(联谊交友),男女对唱情歌以谈情说爱,悠扬的歌声不绝入耳。素不相识者,先唱《询问歌》,询问对方是哪个村的、叫什么名字。若双方均未婚,双方则互唱《爱慕歌》《赞美歌》《求婚歌》等等。此节有别一般游方的是,姑娘、小伙们有备而来,纷纷带上糯米饭、鸡肉或鸭肉、酒等,招待相中对象。主动找其摆谈、对歌,谈得情投意合,即可将其带到自己村里,晚上继续对歌,谈情说爱,以至双方交换信物,进入谈婚论嫁。

祭龙节——西南、中南部分民族民间传统祭典。节期因地有异,多半在二月三、三月三、六月六举行。祭仪分大、小,小祭杀猪宰鸡,大祭宰牛。祭典由寨中德高望重而饮誉"龙头"的老人主持。祭坛设龙树下。各户自办猪、鸡、鸭等供品,由家中男性前往献祭。届时停产三日,祭后首个午日,各户派一男性自带酒肉,去"龙头"家聚餐,以示谢酬。

苗族祭龙节——苗族民间宗教节日。流行于云南屏边、砚山、麻栗坡等地。农历二月初三举行。苗家崇拜龙,认为龙是雨水象征,其喜怒密切关涉旱涝、丰歉,直接影响日常生活,因而每年定期祭龙。祭龙多用猪、鸡或狗作为祭品。节俗大同小异。麻栗坡祭龙历三天,从初一到初三。以村为单位,至水源地举祭。节间全村停止劳动,以免动土伤了龙头或龙脉,引龙发怒,带来灾祸。黔东南苗族亦祭龙,但多未形成固定节期。

文昌帝君圣诞——道教节日。农历二月初三,在各道观举行。文昌帝君,有天神与人神两说。文昌既星名,亦神名,即民间习称的文昌星、文星神。另传,文昌帝君为主管考试、命运及助佑读书撰文之神,读书文人、求科名者所最尊奉的神祇,受民间奉祀,从周以降,历代沿袭,列入祀典。至明景泰年间,景帝在北京新建一庙,每年二月初三,遣人举盛大祭典。清朝更崇奉,嘉庆六年(1801),仁宗帝亦勒礼部将其编入祀典。参见"景东文昌诞"条。

阿细祭火节——云南彝族支系阿细人民间传统节日。流行于弥勒县西一镇红万村等地。农历二月初三举行。相传,千百年前,一次水灾后,名叫木邓的先民,坐在一根朽木上,用木棒在上不倦地钻、磨,终于农历二月初三钻出了火花,取得火种。阿细便把"木邓赛鲁"当作火神祭祀,代代沿袭不辍。阿细人尚火,从生下来在火塘边进行的命名仪式起,即永不离火的各种活动。视火为万物之灵的神秘庆典,如癫似狂。节日前夕,举行盛大长街宴,宾主寒暄问候入座,数十名姑娘端出一碗碗风味菜肴,对长辈祝福。随后众人推选一名英俊小伙,沿长街宴席向众人劝酒,领大伙举杯唱起祝酒歌。节日破晓,少女竞着平时精心缝制的盛装,忙着为客人煮糖水鸡蛋和制作红糖粑粑。午饭后,各户各自熄灭家中旧火,备好盛新火的灶具,静候火神到来。老毕摩带领祭火人员,抬着供品祭器,来到村头祭龙树。祭毕,身着粗麻布衣裤、头戴铁制面具装扮成火神者开始取火。先取一根松木,交给站立于两旁的人,让其双手各执一端蹲在地下,自己开始取火。约莫一刻钟,一股清烟从火神手下升起,一团火慢慢燃烧起来。取完火种,送到村中最大的场院上,点燃篝火。入夜,村里大道小径拥满人群,一堆堆熊熊篝火,使祭火狂欢一浪高过一浪。跳火堆、过火栏、转火磨、射火弓、闯火阵等精彩场面令人惊心动魄,叹为观止。更有甚者,有的男扮女装,怀抱假娃娃,嘴里哼唱着即兴编唱的催眠曲,更是憨态可掬,令人捧腹不止。特别是舞蹈《阿细跳月》,在铿锵有力的大三弦的伴奏下,一群群男女,围着篝火,纵情歌唱弹跳,将祭火活动推向高潮。

初 四

拉卜楞寺二月祭会——藏谓"丛确节",意为聚而供养。甘肃夏河藏传佛教拉卜楞寺宗教节日。农历二月初四举行,历五天。前三日在大经堂念经,祭祀寺主嘉木祥一世初五圆寂。初七续祭,表演喇嘛寺主(不限本寺)曾蒙灾,用钱替身以赎的故事。初八"亮宝"。寺内数百衣着华丽喇嘛,各持幢幡宝盖,展示寺内八吉祥、康熙钦赐锡杖、百两重金元宝、龙蛋等。

丛确节——参见"拉卜楞寺二月祭会"条。

哈尼族姑娘节——哈尼族民间传统节日。流行于云南元阳县碧播山一带。农历二月初四举行。节源一个悲怆的传说,很久以前,碧播寨有个美丽姑娘,与一英俊青年猎手相爱。父母却将其许给土司之子。姑娘悲痛欲绝,于二月初四上山砍柴时,偶逢三个同样遭遇的姑娘,便互诉苦衷,最后一起跳崖自尽。老人们甚为哀痛,议决不再干涉青年婚姻,让其自选意中人,并把二月初四定为姑娘节,以纪念几位不幸姑娘。节日演进,趣味殊多。这天清晨,未婚小伙子向意中人借来漂亮衣裤,扮成姑娘模样,陪伴情人起舞,翩翩不疲,直至太阳偏西。此日,各家已婚男子须特别殷勤,清早起来即先挑一担水,背回一捆柴,烧好洗脸水,给妇女端去。他们还要做饭,喂鸡喂鸭。干完这些活,便赶往寨中娱乐场,最先到达者,被赞为勤快男人。

初 五

玄奘大师圆寂纪念日——佛教节日。农历二月初五,在佛寺举行。玄奘大师(602—664),唐三藏法师,俗称唐三藏,汉传佛教史上最伟大的译经师之一,中国佛教法相唯识宗创始人,中国历史上最优秀的翻译家之一,史誉"为求真理舍己忘我的一代高僧",为促进中印及世界文化文明交流发展做出伟大贡献的杰出代表。大师西天取经、译经等无我大悲的言传身教,为佛弟子树下光辉榜样,无我奉献的大愿心在佛门永久传递。届时,佛门弟子及广大信众,纷纷虔诚焚香叩拜。

土家族农夫节——亦称农民节、鞭春节、三坛节。四川石柱土家族民间古节。农历二月初五举行。清乾隆年间石柱县府据古俗厘定,后与"报功者节"合并,改称"打春节"。

土家族农民节——参见"土家族农夫节"条。

鞭春节——参见"土家族农夫节"条。

三坛节——参见"土家族农夫节"条。

报功者节——参见"土家族农夫节"条。

打春节——参见"土家族农夫节"条。

彝族叫饭魂——亦称叫饭魂节。彝族民间传统节日。流行于云南巍山县天空山一带。多于农历二月初五举行。节期因俗灵活不定:"二月初,阻大路",始"叫"叫不应,须连"叫"三天;再不应,则须重新组织人再"叫",直到"叫应"方止。届时,村民组成一支队伍,上山呼唤饭魂,举行"叫饭魂"仪式:这支队伍,由经化装的老丑、新郎、新娘、放羊人及巫师阿闭、吹鼓手组成。来到预先选定山林,隐蔽其中。"放羊人""唔喂、唔喂"大声呼叫,如有人应答,即已叫到饭魂。"放羊人"马上跺脚,以示踩住饭魂。巫师旋将五个分别装有大米、红糖、茶叶、盐巴和硬币的小包,埋于"牧羊人"脚下,以示回报饭魂。隐藏林中的人们,便敲锣打鼓,鸣枪放炮,以示庆贺。最后,由"新郎""新娘"迎接饭魂回村。叫到饭魂,乃全村大喜。人们杀猪、宰羊,欢聚一起,庆贺饭魂给全村带来吉祥、幸福。入夜,举行传统打歌活动,围着篝火,纵情歌舞。

叫饭魂节——参见"彝族叫饭魂"条。

苗族赠带节——苗族民间传统自由婚恋节。流行于四川叙永县正东镇一带。农历二月初五,于东坝场举行。届时,方圆数十里苗族村寨男女青年,纷纷盛装,女持雨伞,男背芦笙,喜气洋洋会集东坝场。少年们跟随看热闹,嬉戏玩耍。男女通过对唱情歌,跳芦笙舞,物色意中人。双方相中,便可互赠腰带,以示真诚相爱,乃至作为订婚信物。如一方赠予腰带,对方不予回赠,则表示拒绝求爱。双方互赠腰带,长五尺,宽五寸,上绣鸳鸯、山水等传统花纹图案。姑娘腰带乃自己精心绣成,小伙腰带则是自家姊妹或亲友代绣。两人互赠腰带,便离开伙伴们,单独到一边交谈,各自介绍家庭情况,深入连情,山盟海誓。情意绵绵,则谈到太阳偏西,约下次再见事宜;倘发现对方仅逢场作戏,便索回自己腰带。

初 六

东华帝君诞——道教节日。于道教全真教派五祖七真之一东华帝君诞辰的二月初六举行。元樗栎道人著《金莲正宗记》载：帝君本姓王，曾授老子之道，隐居昆仑山，号东华帝君。后徙五台山紫府洞，因此亦称东华紫府少阳君。明浮云道士赵道一编《历世真仙体道通鉴》载：帝君每年农历六月十五降临人间，十月十六升天。另，亦有书载，他即八仙之一铁拐李。届时，人们纷纷入观，进香祈福。

初 七

二月七——亦称二月七节。彝族民间传统节日。流行于云南峨山县军屯镇一带。农历二月初七至十五日举行。相传，节始明末，旨在祈神保佑婴幼儿无病无灾。节前，人们精心制作三顶轿子。二月初六夜，由当地一位长老到镇上圣母殿，将圣母、土主神和财神的塑像请下座位，供于案桌，俗称暖寿。初七晨，所有新出生婴儿都要由父母抱着，到神座下领生。领生时小孩身上戴一象征性的"枷"，上插两面小旗儿。父母同时带公鸡、母鸡一对，前去把枷烧掉，回家杀鸡煮熟，再用盘子装到圣母殿还愿。此外更隆重节俗，便是接神。军屯镇分上、中、下截和街截四段。每年接神，人们轮流当头，杀猪宰羊，备办酒席。接神队伍，由抬香老人引领。他们各拿两炷点燃的条香，其后依次是神轿和边走边唱的各类花灯。接神毕，所有参加者入席聚餐，饮酒吃肉。几天热闹，青年男女借机连情、定亲。

二月七节——参见"二月七"条。

斗巧饭——汉族村姑实习煮饭传统节日。流行于江苏、湖北一带农村。农历二月初七举行。斗，土话，意为筹集。届时，十三四岁姑娘们，衣着整齐，系围裙，挨门挨户筹集红豆、绿豆、豇豆、大米、山芋干、红薯等，竟放一口大锅，熬成粥，称巧饭，旋挨门挨户送粥，以各显巧手。

布朗族跳会——布朗族民间传统节日。流行于云南施甸县木老元乡等地。农历二月初七（另说十六日）举行。届时，该乡哈寨、新地基、旱谷山、下哈寨、水沟脚临近五村，男女老少聚集哈寨村供奉祖先、祈福的德寨寺，在五个身着长袍，头戴头冠头人引导群众歌舞，举行原始的祈福祭祀活动。祭场设置两个神坛，一祭祀祖先，一供奉天地。头人的头冠用五匹野鸡毛装饰，代表首领地位。据说，头人选择野鸡毛，表示布朗人对大自然的崇拜，迎难而上，追求新生活。带领参加祭祀活动的，还有七男七女，皆各村推举的致富女能手，都身着长袍，代表二月的两个七。节晨，全村吃斋纪念祖先。中午，着节日盛装打歌。祭坛上有五朵不同颜色的大花，中间一朵为红花，四周四朵不同颜色，代表五个村寨团结一心。神坛两边有两面旗子，旗杆由一棵完整金竹做成，上面绿叶表示布朗人生活蒸蒸日上。祭祀结束时，众人跪拜祖先和天地，以祈一年四季平安、五谷丰登、六畜兴旺。

初 八

释迦牟尼佛出家纪念日——即药师佛节日。佛教重要节日。农历二月初八，在佛寺举行。释迦牟尼，佛教创始人，本姓乔达摩，名悉达多。释迦乃其种族名，意为能；牟尼意仁、儒、忍、寂。"释迦牟尼"合意是能仁、能儒、能忍、能寂，被誉为释迦族的圣人。《周书异记》载：释迦牟尼佛诞生于周昭王二十四年，甲寅年。乃古印度北部迦毗罗卫国（今尼泊尔境内）王子，属刹帝利种姓。灭度于周穆王五十二年。因目睹生、老、病、死之苦，为求离苦之道而出家，讲经说法四十九年，讲经三百余会。是日，僧俗共同点烛、上香，恭敬顶礼，恭诵药师佛名号及药师佛心咒。据传，此举可获药师如来圣众加持，保佑全家安康，远离一切疾病困扰！

祠山大帝生日——汉族民间宗教节日。流行于浙江湖州一带。农历二月初八举行。据传，祠山大帝膝下风、雨、雷、火四女，此日争为父王献寿。火姑与三位姐姐争执，便在吴兴、德清二县交界处形成祠山暴。此后，风、雨、雷三个姑娘为父祝寿天数，即祠山暴持续天数。当地百姓认为，此可预卜当年作物丰歉，三四天为好，逾十二天则年景欠佳。他们兴建祠山庙，每年是日，供奉好鱼好肉，以祈丰年。

二老爷庙会——汉族民间传统节日。流行于浙江嘉善一带。农历二月初八举行。相传，明太祖朱元璋称帝前，率军抵此，突有一只猛虎向他扑来。千钧一发，一年轻猎人挺身奋搏恶虎，舍命相救。朱元璋登基后，为之封侯建庙。当地称二老爷庙，并将此日定为猎人祭日，以庙会祭之。此节已泯。

猎人祭日——参见"二老爷庙会"条。

弥渡西山二月八——彝族民间传统祭祖节。流行于云南弥渡县西山一带。农历二月初八举行。届时，人们杀鸡宰羊，专程去弥渡街、新街、红岩街、寅街买菜，像备办年货一样，购节货。周围汉族因此讲，二月八是彝族过大年。节夜吃饱喝足，男人们趁着酒兴，女人和小孩们穿上节日盛装，赶到打歌场。打歌场上，承头（备办打歌会者）早把大火烧着，备办好糖酒和茶水。男女老少围着大火欢歌劲舞，通宵达旦。此俗，"文革"中被革除，二十余村未恢复。唯清水沟东村和西村，一直坚持至今。内，祭祖活动赓续几百年。清水沟东村仍存二月初七夜偷土主之俗。据传，该村人祖先系巍山左木郎村人。现今，该村于此夜派俩精明小伙，去左木郎村偷土主，即到左木郎村神树下偷香根（点香剩下之小木棍）。返回时天明，已是二月初八。全村的男人迎接土主归来，并把土主象征香根，插在本村打歌场旁神树下。男人们围着神树踏歌，欢庆祖先回村，保佑六畜兴旺、五谷丰登，保护村民安居乐业。二月初八晚饭前，村民们先都到本村神树下祭远祖，再回自己家里神龛前祭近祖。祭毕，全家才能进餐。

纳西族二月八——亦称三朵节、三多节。纳西族传统祭祀性节日。农历二月初八，于附近白水潭边举行。流行于云南中甸三坝。据传，"三朵"乃纳西族最大守护神（战神）"阿浦三朵"。节源白沙玉龙村北岳庙会，纳西语称"三朵颂"，即"祭三朵"。相传很久前，深山中三妖怪，化装成三位少女，趁守护神睡觉时，溜出山洞，窜入一群正欢歌跳舞的纳西姑娘中。守护神醒来，发现妖怪出逃，就到一纳西人家中讨了两个鸡蛋。当他拿上鸡蛋走入那群跳舞姑娘当中时，三妖闻到蛋味，立刻原形毕露。为感谢纳西人帮助，守护神在捉住妖怪的山坡上，变出一潭清澈泉水。从此，每年春天，纳西群众都要聚集潭边，举行各种娱乐活动。届时，附近村寨男女老幼皆着节日盛装，纷纷赶到潭边，参与或观赏赛马活动。青年男子们骑着马，你追我赶,竞显娴熟马技;姑娘和小孩们不停鼓掌欢呼。胜者可获奖品。赛马后,众人唱调子、跳舞,气氛十分热烈。此节昔于农历二月、八月的羊日举行,1986年厘定今节期。

三朵节——参见"纳西族二月八"条。

三多节——参见"纳西族二月八"条。

三朵颂——参见"纳西族二月八"条。

祭三朵——参见"纳西族二月八"条。

纳西族北岳庙会——参见"纳西族二月八"条。

彝族跳歌节——亦称二月八。云南哀牢山彝族民间传统节日。农历二月初八举行。历三天。此节来源传说纷纭,其一:古时,民族首领密枯智斗强敌,让族人转危为安。在其破敌之日举节,旨在纪念英雄。届时,全村男子来到寨旁古老、高大的密枯树下,每户供祭一碗米、一块盐及茶、酒等,由毕摩主祭,杀猪设大供。祭毕,参与者共食烧猪肉、猪血稀饭。所剩食品,均分各户,带回祭祖先及祭阿儒比女神。节间,男女老少竞着最新、最好的衣装。家家团聚喝酒吃肉,或各家互邀宴饮。全村男子则到寨旁密枯树神前,举行庄重的祭仪,以缅英雄的恩德。另外,节间各个村寨,要砍来大树枝,堵住村前村后路口,俗称"扎大路",既堵村民,不让其出村,也不让外村人进入。入夜,竹笛划破夜空,三弦响遍村寨,人们会聚歌场,摆满酒坛,围着篝火,打歌,包括跳菜、对歌及摔跤、打秋千等,开怀欢愉、痛饮,直至天明。如打歌调所唱:"跳歌打到太阳出,跳起黄灰作得药。"第三天,姑娘小伙邀约上山,祭祀"本字神",并进行野餐及篝火晚会,连情择偶。

彝族二月八——参见"彝族跳歌节"条。

亲友相会节——彝族民间传统节日,旨在亲友相会。流行于云南姚安、武定等地。农历二月初八举行。届时,各村寨彝家纷纷上街场,白天赶会做生意,晚上相聚火塘边,娱乐谈心,共度节日。姚安县有著名的龙华寺,此节因称龙华会。相传,元世祖时,元军灭大理国,斩杀领兵抵抗的大理国相国高泰祥。高的后人被迫四处奔逃。他们相约,每年二月初八这天,乔装各种身份,有耍刀耍枪的,有做买卖的,到街上相会。前来围观的人逐年增多,遂成今天兄弟姐妹、亲戚朋友相会之节。

彝族龙华会——参见"亲友相会节"条。

彝族花节——亦称花脸节。彝族民间传统节日。流行于云南丘北等地。农历二月初八举行,历三天。一些地方于农历六月廿四举行,历数日,乃至竟月。当地古老神话相传,远古水淹天下,众人淹死,只剩兄妹两人。兄妹决定繁衍人类,为免怕羞,便互相抹脸后才成亲。人们为纪念两兄妹繁衍人类的功德,便在一年一度抹黑脸过花节。早在节前半年,姑娘们即捐出平时积攒的钱,到街场上买猪,轮流精心饲养。猪喂肥壮,节日也快到了。临近过节,村民们纷纷准备墨汁、锅墨,备抹脸用。初八,全村姑娘欢聚,一起杀猪宰鸡,打酒炒菜,先抬神位前敬供;祭祀后,便聚餐。老人到来,以最好的酒肉相敬;小伙来了,也请入席。大家团团围坐,敬酒让菜,热闹非常。吃完饭,最热闹的活动便开始。年轻人分散来到村头村尾,有的拿着墨,有的藏着锅灰,一碰面,便互相往脸上抹墨,你追我赶,开心大笑,直至彼此都满脸、全身被抹黑,才罢休。除男女青年互抹黑脸外,其余的人则按年龄、辈分,男女相对,互相抹黑。如有客人登门,主人就说"对不起,先给你打个记号",一边说,一边给客人抹黑脸,然后才以酒肉款待。有人路过村边,也要被抹黑脸。被抹黑脸者,只准笑,不准恼。当地人认为,脸抹得越黑,被抹的人越多,当年才风调雨顺,人畜平安。

彝族花脸节——参见"彝族花节"条。

花车盛会——彝族民间宗教性节日。流行于云南峨山一带。农历二月初八举行。主要活动是推花车,故名。当地有个叫九龙营的地方,相传,从前有个神仙把九条兴风作浪的龙,镇在井里,压到碓窝。为使恶龙不再祸害百姓,神仙特派独角兽在井边镇守,民间则通过推花车的形式进行祈禳。节日,人们用各种彩画和花环装饰花车,平常年份花车做十二台,闰年则做十三台。每台花车扎制一个独角兽,象征神仙派来镇压恶龙。人们把城隍老爷像抬上花车,吹号鸣炮,前呼后拥,绳拉手推,让花车沿小河缓缓而行,一直到九龙营。会间,还有接爷爷、挂香钓、唱台戏等娱乐活动。

马缨花节——亦称插花节。彝族民间盛大节日。流行于云南楚雄市哨区等地。隆重程度仅次于火把节。农历二月初八举行。节日起源众说纷纭。彝族民间有个古老的神话故事:远古洪水漫天,世间只剩下两兄妹。金龟老人让其结为夫妻,生下一个不成人形的肉团。金龟将肉团劈成五十个童男、五十个童女,后用剑把带血肉皮挑到一棵小树上,小树开出红彤彤的马缨花。后来,童男童女们被各种飞禽走兽带去喂养,长大互相婚配,繁衍出各个民族。当他们一起去寻父母时,只看到满山遍野的马缨花。其中,一部分人在此定居,成为彝族祖先。传说,金龟将肉团劈成童男童女那天,正好是二月初八。故此,彝家便在这天过节,采回马缨花,插遍家中各个角落。节俗主要有摘花、祭花神、插花等,小伙跳耍花龙,姑娘跳插花舞。特色甚浓者,当推打跳舞。体育竞技有爬油竿、荡秋千、磨担秋、射弩等。特色食品有糯米粑粑、荞麦饼、糯米水酒、苞谷烧酒、全羊汤等。青年男女常以插花做订婚礼,对歌连情,山鸣谷应。各地彝寨节俗略同。哨区彝家过节,要将马缨花插屋里,插房门,以至牛栏、羊圈、猪圈、鸡舍等处。他们还把节日这天当作春耕开始,除上述娱乐外,还要举行为谷种、牲口叫魂的仪式。

彝族插花节——参见"马缨花节"条。

巍山彝年——亦称二月八。彝族古老年节。流行于云南巍山一带,故名。农历二月初八举行。相传,古时有一名麻奶奶的彝家妇女,傍晚在村东舂米,忽见远处有敌人向寨子冲杀过来。她迅即挑出老弱村民,让他们高举火把,于四周山上绕来绕去,自己亲率强壮青年迎战。敌人见状,急忙撤退。村子化险为夷。此后,每当此日,村民便手持火把,到晒场绕圈,纪念那次胜利,久而成节。逢节,人们提早用白杨树条,将村四周拦起来,并绕上树藤,称栅大路,意禁外人入寨。节天,聚集村口神树下,烧香念经,祭拜神树,然后打平伙(会餐)。入夜,于神树旁烧一堆大火,吹笛子、芦笙,欢乐打歌,通宵达旦。

巍山二月八——参见"巍山彝年"条。

二月八年节——部分彝族岁时节日。流行于云南哀牢山等地彝族村寨。农历二月初八举行,约当汉族春节。节前,家家杀猪宰牛祭祖,酿米酒,舂粑粑,烹鸡炖鸭,欢庆家人团聚。饭后,人们走村串寨,探亲访友。入夜,小伙伴着姑娘,来到村寨广场,参加盛大的踏歌(亦称"打歌")活动,弹月琴,吹芦笙,边歌边舞,彩色布百褶裙有节奏地摆动,银制领花与黄火交相辉映,头顶花布帕迎风飘扬,别具浓郁民族特色。相传,古时彝族和他族因土地交战,二月八被困,十分紧急。头领急中生智,率军在山顶、路口烧起熊熊大火,围着火堆高歌纵舞,通宵不眠。敌兵误以为彝族援兵从天而降,迅即退兵。为纪念胜利,人们把此日定为自己的年节。摔跤场上鞭炮、火铳齐鸣,格外引人注目。另,许多村寨有拦塞道路祭密枯之俗,村寨多置密枯树。祭时,将一黄牛绳系树旁,祭毕,一人持利斧劈牛首,旋按人数分牛肉带回家。

拉祜族二月八——云南拉祜族古老年节。农历二月初八举行。节间,时近清明,拉祜兄弟纷纷请亲友一道,扫墓祭祖,杀鸡祭献,还进佛房拜佛、喝佛水,求佛保佑人畜平安。奉基督教的拉祜族,今已止扫墓。

祭神树节——彝族民间宗教节日。流行于云南巍山县山塔一带。农历二月初八举行。据传,此节是为了纪念彝族老者、好心人咪苦。节晨,人们用荆棘拦扎村中通道路口,栽丈余高松树,树尖插一羊头,同时赶一头猪至村后神树下等候宰杀。宰前,砍来三权青松一段,以红布条拴铜钱挂树权,平年挂十二条,闰年挂十三条,再用松木刀砍来六棵柳树,以红布相连,由六男子抬着,形成一顺的三道门。众拖着猪在三道门下走三次,后宰杀。猪血须接盆里,倒稀饭锅中,用松木刀搅拌,称红稀饭。另外,杀一羊、一公鸡,将血洒神树根部,粘上些鸡毛;再将挂红布条和铜钱的松枝、松木刀及俩猪蹄一起绑神树,点燃香烛,供上煮熟的全鸡、猪头、羊头,一齐叩拜神树,口念吉语祈福。神树族称迷土树,此节因之亦称"祭迷土"或"接迷土"。祭毕,开始打歌,至入夜。进晚餐,每人除饮酒吃肉外,须喝一碗红稀饭。

祭迷土——参见"祭神树节"条。

接迷土——参见"祭神树节"条。

彝族山神会——彝族民间传统节日。流行于云南巍山、景东等地。农历二月初八举行。节期因地有异。当地彝家认为,山乃山神化身,因而到处建有山神庙。山神庙形式各异,或为一小茅屋,或土墙瓦顶,或以石头、树枝做山神象征。届时,人们进庙烧香叩拜,祈吉祥安乐。祭品或鸡,或猪,或募集其他食品。

二月八跳摆——云南傣族民间宗教节日。农历二月初八举行。村中男子尽皆参与。节前,举村男子备好丰盛食物。届时,携食进佛寺,叩拜佛祖。之后,众人围坐寺中空地,交换食物品尝。其间,四名中年各执大锣、小钵、象脚鼓等,边敲边跳。众人痛饮而散。

纳西族牧童会——亦称放羊节、青年会。纳西族传统青少年节。流行于滇西北、川西南一带。农历二月初八举行。节前,村寨各家父母均给家中的童孩一点钱。童孩将所有钱凑齐,买上肉、菜、水果等,于节天,带着它们上山野炊。童孩们捡石块,搭炉灶,拾柴火,煮熟分享;旋玩各种游戏,直至天色发暗,才回家。寨中青年男女,亦可与他们聚会娱乐。昔时,富裕人家常在此日请牧牛羊的娃娃们吃饭,以示犒劳。

纳西族放羊节——参见"纳西族牧童会"条。

纳西族青年会——参见"纳西族牧童会"条。

日往笸——普米语,意即娃娃节。云南普米族民间传统节日。农历二月初八举行。届时,寨中成人都让孩童背上小背篓,内装猪蹄、鸡蛋、糯米饭,三三两两上山野餐、游戏,日暮方归。相传,普米族住高原,雨水多,气候寒,人多患风湿病。某年二月初八,一叫阿根的孩童带其弟、妹们到老君山砍柴,遇见一只老虎,阿根冲上前,弟妹们一齐上,将虎打死,并将虎肉砍若干块,带回寨,分给寨中人。众人吃了虎肉,喝了虎骨汤,风湿病很快痊愈。为纪念阿根几兄妹,普米人把此日定为娃娃节,相沿成俗。

普米族娃娃节——参见"日往笸"条。

傈僳族刀竿节——亦称刀杆节。傈僳族民间体育娱乐节。流行于云南腾冲、盈江等怒江一带。农历二月初八举行,历三天。主要活动是上刀杆、跳火海。相传,明朝廷派兵部尚书王骥,安边设卡,助傈僳人建设边境,保卫家乡,深受边民敬爱。可是他遭权奸诬告,被召回京,于二月初八,被赐毒酒害死。噩耗传回边寨,傈僳人捶胸顿足,义愤填膺。为了让后代记住王骥保边爱国的壮举,于是在每年二月初八举行庆祝活动,操练武艺,代代相沿成节。届时,人们着节日盛装,从四面八方会集刀杆场。场上烧起四个火堆。人们围着火堆,手拉手跳三弦舞。至一定气氛,开始表演:八(或五)个剽悍小伙子,赤着双脚跳上火堆,在火中跳跃翻腾,时而做各种舞姿,时而举火炭往身上脸上搓抹。他们全被烟火所笼罩,直至火堆将被践踏熄灭,方告结束。翌日,场上早已扎好刀杆,用两根树干和三十六把钢刀,绑扎成以刀口向上钢刀为梯蹬的刀梯,竖立场地中心。鼓乐、鞭炮、枪声、欢呼声齐鸣,十来个身穿红衣、头包红布、训练有素的壮健男子豪迈入场。他们喝过观众所敬祝贺酒后,便开始空手赤脚攀登刀梯。他们鱼贯而上,艰难地逐节爬上梯顶。在寒光闪闪的钢刀上,或倒立,或旋转,做些让人瞠目结舌的高难动作。表演毕,开始群众性对诗、唱调子,持续三天。

傈僳族刀杆节——参见"傈僳族刀竿节"条。

彝族打歌节——亦称插花节。彝族民间传统怀念节日。流行于云南昙华山一带。农历二月初八举行,历三天。相传,从前昙华山美丽姑娘咪依鲁,为解救被土官抢去关进"天仙园"的各寨美女,便着最漂亮的绣花衣裳独往,佯嫁土官。饮交杯酒,她暗将剧毒马缨花放杯中,与土官同归于尽。此节即为缅怀这位舍己除恶的姑娘。届时,人们竟着盛装,从四面八方赶到昙华山,采摘马缨花、杜鹃花、山茶花等吉祥鲜花。他们手拿花,背篓装花,头上插花,房前屋后饰满鲜花,村前路口搭挂花等。以家庭为单位,进入花会场所搭临时棚屋,参与欢聚。节间,人们在林子里吹唢呐、芦笙,弹月琴,围成圆圈跳"左脚舞"。山坡上,例行对歌活动。热烈的歌舞场面形成节日高潮。青年男女借机交友连情。亲朋好友趁节互访,喝酒谈心。从山脚到山头,遍布数十个羊汤锅等风味食品摊点,昼夜服务。老年人坐火塘边,边喝酒,边对唱"梅葛"(古歌)。亲戚朋友趁节互相串访,喝酒谈心。与楚雄"马缨花节"互为变体。

昙华山插花节——参见"彝族打歌节"条。

白族把志节——白族牧羊人传统节日。流行于云南大理剑川县沙弥等地。农历二月初八举行。据传,古时每年此日,沙弥富人都去魁阁楼里看戏。一些牧羊人亦闻讯而来。富人不仅不让看,还将香油搅拌锅灰,抹上鞭子,抽打他们。老牧羊人因此不再去。而一些牧童不懂事,还争吵着前往。父母只能备足家中最好的东西,让孩子届时去放牧时享用,免去看戏受辱。年深日久,这天便成为牧羊人把志节,沿袭至今。节日,牧羊人便身背竹篓,带上早已备好的丰盛佳肴,赶上羊群来到山沟或溪边,成群结伙,共享佳肴,一起玩乐。

白族草药会——亦称花子会。白族传统节日。流行于云南洱源县邓川镇沙坝等地。农历二月初八举行。古老的习俗为买卖草药。传说,古时一伙乞丐在沙坝行乞,乞讨之声惊扰了一位正巧过路的药神。药神见他们生活无着,顿生恻隐之心,便送他们很多药材,教其如何识别各种中草药,让他们每年农历二月初八来沙坝摆摊,售卖草药。叫花子们听从药神指点,成了受人欢迎的药贩。每年二月初八会集沙坝摆摊卖草药,积久成俗,相沿至今。届时,四面八方的草药贩子,带来三七、人参、虫草、天麻、朱苓、贝母等名贵药材,展出叫卖。一些民间医师,既经营草药,还为人看病。远近丐帮人等,趁机云集行乞,形成一道风景。

白族花子会——参见"白族草药会"条。

白水台盛会——亦称白水台会。纳西族宗教节日。流行于云南香格里拉市三坝乡一带。农历二月初八举行。相传,东巴教祖师丁巴什罗,年幼师从藏族苯教一支,家贫而遭师父冷眼。他不能为徒,只做佣工。一夜,他盗师经书,逃到中甸县(今香格里拉市)北,藏一大岩洞里读经。他还将经书译成纳西文,传授弟子,并创立东巴教。后人把此洞称"藏经洞",洞旁有个白水台,水底石质为白色,被东巴教徒视为圣洁之台,每年到此朝拜。会间,远近纳西群众纷纷赶来,聚集洞、台周围,献上祭品,烧香叩拜,祈教祖保佑吉祥平安。祭毕,众人在附近山上、村中唱歌跳舞,直至夕阳西下方散。

白水台会——参见"白水台盛会"条。

彝族拜主会——亦称朝山会、赶庙会。彝族民间传统节日。流行于云南大理巍山、景东等地。节期因地有异,农历二月初八、十四,或六月廿五日举行。据传,此节是为了纪念一位舍身救村民的英雄。届时,村民云集村中土主庙,叩拜英雄,祈英灵保佑村寨安宁。祭余,姑娘、小伙趁机在庙周围,连情择偶。

彝族朝山会——参见"彝族拜主会"条。
彝族赶庙会——参见"彝族拜主会"条。

怒族桃花节——云南怒族民间传统祭祖节,旨在祭祀祖先白玛。农历二月初八(另说初十)举行。届时,人们用炒面做白玛塑像,用鲜艳桃花装饰。祭毕,扛到当年白玛跳江之地,投入江中。相传,怒族原本只信原始宗教。藏传佛教传入,他们极力抵制。祖先白玛多次率众与普化寺喇嘛抗争,均告失败。某年二月初八(初十),白玛再次组织抗争,被喇嘛用芋头打伤。她气愤不已,在村北跳入怒江。后人每年是日,皆举行仪式祭祀她,久而成节。

初 九

东山庙会——亦称祭猪会。纳西族

民间传统节日。流行于云南丽江一带。农历二月初九,于当地东山庙举行,故名。届时,东山庙内外人山人海。家庭主妇人人捧一碗青蚕豆,供奉庙中一刻猪雕像前,烧香叩拜,祈猪神保佑家中猪羊满圈。姑娘、小伙着节日盛装,三五成群在庙前小吃摊和路边搭话交谈,借机择偶。庙前还有手工艺品摊子,赶会者常选购民族工艺品留念。

祭猪会——参见"东山庙会"条。

慧能大师圣诞——佛教节日。农历二月初九,在佛寺举行。此节旨在纪念六祖慧能对佛教及东方文化的卓越贡献。是日,广大僧俗弟子,纷纷入寺或就地,虔诚顶礼膜拜。

廉江阿婆诞——汉族民间宗教节日。流行于广东廉江安铺镇一带。于传为阿婆神诞辰日农历二月初九举行。届时,人们携带子女,前往阿婆庙(亦称"天后宫"),焚香叩拜,祈神保佑儿女平安,六畜兴旺。有条件者,在庙前搭戏台,请外地戏班,唱戏三五天,为阿婆贺寿。

杞人军坡节——海南黎族支系杞人民间传统节日。流行于海南琼中等地黎族村寨。农历二月初九至十二日(另说六月二十日),于传为当地堑对、乘坡等四村峒主公诞辰日举行。相传,从前有位渔夫,没捕到鱼,几次却捞到一根大树干,扫兴扔到岸上。这时,他意外发现,鱼篓里顿时装满了鱼。当晚,他梦见遭灭的乘坡峒主公,请他帮忙将树干雕成自己的像,若有人朝像供香,就抬像巡游各村做军坡,不必捕鱼就能发大财。渔夫照办,果然灵验。日久天长,形成了此节。届时,四面八方的村众,不约而聚,敲锣打鼓,高抬峒主偶像,巡游各村,各村男女老幼必盛装出迎。丰年,村民还请戏班,表演琼剧助兴。他们认为,好日子乃峒主公所赐。

初 十

白彝补年节——族称"麻龙火"。彝族支系白彝之传统年节。流行于广西那坡达那、念毕、者祥等地。农历二月初十举行,历两天。据传,昔时彝家刚来那坡定居,丁壮即应召出征,至翌年二月初十才返乡,全家团聚过年。此后,当地便定此日为补年。届时,午前各家皆备一桌丰盛团年饭,家庭主妇给自家男人敬一杯酒,全家旋共进午餐。紧接,大小男人均聚集两位"麻公巴"(领舞人,传为祖先打仗时之首领化身)家饮酒。俩麻公巴须备丰盛酒宴,让众人吃饱喝足。长辈念诵经文开宴,并送麻公兄弟以钱财、礼品。席罢,主客同往环围金竹之"竹枝宫"(昔称"族祭宫"),行祭拜仪式。在"腊摩"(祭司)带领下,麻公兄弟唱颂歌,祈来年人寿年丰。之后,众人舞花扇、吹芦笙、敲铜鼓,围金竹丛载歌载舞,意寓为凯旋勇士接风。最后,众人往"腊摩"家举行拜年仪式。翌日,主要活动是跳铜鼓舞,路线由主持节日长者规定。全村男女老少在俩麻公巴带领下,跳铜鼓舞。随后,人们还要在舞坪吹奏一阵五笙。再后,大部分女子各自回家,留下男人们继续在舞坪娱乐、畅饮。

麻龙火——参见"白彝补年节"条。

傣家彩蛋节——傣族民间传统儿童节日。流行于云南部分傣族地区。农历二月初十举行。届时,傣寨男女孩童人人胸前挂一小兜,内装几个染成黄、红、绿、紫等各色的熟鸡蛋,成群结伴到村旁树荫下或小河边,先玩各种快乐游戏,玩累了聚餐,将各自的彩蛋剥来吃。按惯例,他们总要把鸡蛋的蛋黄留下,带回家去,敬献父母或兄长们,以示对长辈的尊敬。

景颇族能仙节——云南景颇族民间传统节日。农历二月初十举行。届时,青年男女纷纷盛装,佩戴各种装饰品,邀约聚集依山傍水草坪,进行对歌、射击、打弹弓、刀舞等比赛,借机连情择偶。

归西毕——族称"祭房头"。普米族民间宗教节日。流行于云南兰坪、宁蒗一带。农历二月(或八月)初十及家长属相之日举行。届时,由巫师主持仪式。每家房头竖起一根长约五尺的青松标杆,上扎五色纸旗三面,用黄烟、烧酒、清茶、香烛、香灯、冥钱等作为供品。供品同时供房头和室内。两男子吹起牛角号,巫师即念经祈祷,先祭各路神灵,请求他们保佑祖先魂灵顺利归来。随后端出室内供品,外加一只鸡、一盘荤菜和一双筷子祭祖。之后,将茶、酒滴洒房头;又将鸡用凉水闷死,扭去左翅,用小棍支起鸡嘴,巫师在鸡肋下吹气,声音洪亮即示吉利,否则兆凶。再后,用火熏烤鸡,祭各路神灵,请它们护送祖先魂灵。祭毕,大家分鸡,得到鸡肉表明能受祖先保佑,全年大吉。已渐泯。

普米族祭房头——参见"归西毕"条。

十 一

嘉绒祭山节——四川阿坝嘉绒藏族民间传统信仰节日。农历二月十一日举行。此节规模较宏大。届时,先将柏枝、花椒枝扎成一束,下端分三叉,置于地上,叉内置印制纸经文即龙达(风马符纸)一张,经纸四角堆方形柴四十九块,枝前陈列青稞面捏成的日月星辰及作为牺牲的两只羊。枝旁置石板,中间置五束五色线束的柏枝(二寸许)排一行,两旁各置青稞面团、糖果二十五个,另以青稞面制小碟盛蜜糖排成五行一列,寓"五行"之数。然后由喇嘛念经,摇响器,点燃柏枝束,自左而右依次(青稞面团、小柏枝、糖果小碟)投火中烧化。再另取花椒枝,挂以花纸,并取少许灰烬,一并带回。花椒枝插于田中。翌日晨,不饮食,不吸烟,悄悄撒灰烬于田中,以免虫害。

彝族朝山会——彝族民间传统节日。流行于云南新平、南涧等地。农历二月十一日举行,历五天。届时,家家杀鸡备酒,亲朋好友互贺,预祝五谷丰登,六畜兴旺。会间最热闹者,接连五夜对歌跳乐,分别在五地举行。夜幕降临,人们便会聚跳乐场。小伙们弹起三弦琴,人们自然地围成一个个舞圈,翩翩起舞,尽情欢唱生产调、四季调等。青年男女借机连情。民歌唱道:"年年有个朝山会,从古至今千百辈,弹起弦子跳起乐,远方阿哥会阿妹。"夜深,老幼逐渐离场。小伙、姑娘们披着皓月,唱起动人情歌,各觅意中人,直至黎明方散。相传,节源祭祀山神。当初,二月十一集体杀羊一只祭山神,各户出一人参加吃肉喝酒,晚上到山神庙前对歌跳乐,祈风调雨顺。在南涧,二月十五朝排山,方圆数十里各族群众纷至沓来,朝山会现已成为增进民族团结、发展民族经济的佳节。

闹冲节——简称闹冲,亦称闹春节。苗族青年男女欢娱节日。流行于贵州凯里市舟溪、铜鼓、马田等地。农历二月十一日(另说此月子午日)举行,历四天。闹冲,苗语意为到平地游玩。届时,小伙们三五成群,排成若干行,专等三五成群的姑娘从面前走过,乘机拦住一些姑娘,邀请留下来攀谈、对歌。按俗,被邀者不得拒绝。唱谈一阵,继续前行,又遇另一伙小伙邀请,再次留下攀谈对歌。如此反复,直至全部轮完。散场后,男女各自去找刚刚相上的意中人。此间所唱,均为春歌(情歌之一种)。有些地方,节间还举行斗牛、赛马、斗雀等活动。

闹冲——参见"闹冲节"条。

闹春节——参见"闹冲节"条。

十 二

二月礼拜——汉族民间传统节日。流行于浙江余姚一带。农历二月十二日举行,历九天。届时,人们组成一支浩大游行队伍,走街串巷,锣鼓齐鸣,鞭炮连天,高跷队等仪仗尾随其后。按规程,十八日至慈溪浒小山墩,十九日至历山乡芦城庙、乌山庙。每至一处,皆举庙会,打拳竞技,比武切磋。此节已式微。

做茧圆——亦称送茶花、蚕花生日。汉族茧农传统蚕祀节日。流行于浙江杭州、嘉兴、湖州及江苏等地。于传为蚕花娘娘生日农历二月(或腊月)十二日举行。届时,蚕民用面粉做成小粉圆,形似元宵,称茧圆,祭祀蚕神。清陈梓《蚕圆歌》对此做过描述。寺庙和乞丐头目则用彩纸剪成蚕花,逐户相送,并念唱祝词,接受的人家则以钱相谢。各地送蚕花有差异:金华多在正月初四至十五之间,非养蚕人家将蚕花插于灶君位前,养蚕家插缫车上。蚕户将蚕花插于蚕帘旁,预祝蚕事兴旺;不养蚕者,则将其插门楣,盼生活如花似锦。在另一些地方,蚕妇们则备酒宴,用米粉团做成龙蚕、马头娘、公鸡等,烧香祭拜蚕花娘娘,以祈蚕花丰收。

送茶花——参见"做茧圆"条。

蚕花生日——参见"做茧圆"条。

十 三

葛真君圣诞——道教节日。农历二月十三日,在诸道观举行。三国方士葛玄(164—244),字孝先,丹阳句容(今属江苏)人。《抱朴子·金丹》载,曾从左慈学道,受《太清丹经》三卷、《九鼎丹经》一卷、《金液丹经》一卷,后传授弟子郑隐。于江西阁皂山修道,常服饵术,能用符,行诸奇术。道教尊谓葛仙公,亦称太极左仙公。宋崇宁三年(1104),封"冲应真人"。淳祐三年(1243),封"冲应孚佑真君"。其诞辰之日,道观多有祭仪,信众纷往祭拜。

日角尔都节——部分藏族群众信奉之宗教节日。流行于四川阿坝州垠塘县一带。农历二月十三日举行,历五六天。日角尔都,藏语意为敬奉菩萨。届时,各家早早起床,用青稞、小麦、荞麦等面做各种馍馍,状如家养各种牲畜。再做一个日角尔都,象征寺庙里的菩萨。然后,在房前屋后折一条树枝,上粘鸟羽或鸡毛,再备些柏树枝。村中鸣锣击鼓时,大家即带着上述物品,聚集广场,由喇嘛率领,井然有序地前往附近的嘛呢堆。先将所带供馍,供嘛呢堆前,再将粘有鸟羽或鸡毛的树枝插在其旁,点燃柏树枝。人们列队下跪,喇嘛念经,祈全寨人畜平安,五谷丰收。有的村寨,还把粘有鸟羽或鸡毛的树枝,插在田间地头,祈人寿年丰。祭毕返寨,各家团聚会餐。日暮,全村寨男女老少欢聚一堂,开怀畅饮,男性一坛,女性一坛,喇嘛一坛,分别围着酒坛畅饮。同时,唱歌跳舞,尽情欢乐数日。

敬奉菩萨节——参见"日角尔都节"条。

布依族逛场节——亦称跳月。贵州贵阳布依族青年男女传统择偶节日。农历二月十三日举行,历三天。届时,傍晚开始逛场,翌日天明方散。未婚青年由老母伴随,兄弟姐妹也多陪同。老母携一盛各种金银首饰的包袱,谓家底,随时可亮给众人观看。良辰一到,先由德高望重的长者擎一杆花旗,沿场地步绕三圈,后将旗插在圈地中心。接着,三名壮士各骑骏马,手执铳枪,绕更大范围疾驰三圈。所圈地界,是歌舞活动场所,观光者可随意进出。长者划定的小圈地,则仅属未婚青年谈情说爱的地方。范围划定,未婚女儿的母亲打开包袱,展示各自家底,并给女儿穿戴起来。浑身珠光宝气的姑娘更引人注目。小伙们见状,纷纷吹着芦笙迎上来,让姑娘选择。姑娘不论中意与否,都须按礼节随男子绕正中花旗三圈,依芦笙节奏报以歌声。同时,他们双双对对在月下相互打量。经几番歌舞追逐,双方情投意合,才各自回到母亲身边报告,进餐休息。之后,意中人进一步深谈。只听执事人一声号令,闲杂人等便纷纷退出小圈,而未婚男女即双双进入小圈。男方撑开布伞,与姑娘并坐伞下,摩肩私语。周围有专人守护,不许外人擅入或偷听。通宵达旦,月落日出,他们才各自散去。随后,由双方亲属会见,议婚约,结良缘。

布依族跳月——参见"布依族逛场节"条。

那马人拜二月——族称"櫷日望""拜日望会""祭二月"。白族支系那马人节日,旨在纪念在战争中死去的先人。流行于云南兰坪、泸水、碧江、维西等县。河西地方高山井的节日尤隆重。农历二月十三日举行,历七天。相传,沙面地区高山,是那马人当年抗敌的古战场。届时,远近白族聚集于沙西地区的高山井,隆重举行纪念仪式。第一天,他们在集合场地竖起一根"栽棍"(吉祥棍),旁立一木刻人像,象征战死的英雄。第二天,推选三名能歌善舞的青壮年着古戎装,戴假面具,先围绕吉祥棍和木刻人像,跳锅庄舞;旋挥舞棍棒,轮流表演,再现祖先威武作战。有趣的是,当第二位舞者上场时,他在表演与敌作战之后,还要以棍指令一名观众,向自己下跪磕头,以象征对那马祖先英雄的敬畏和崇拜。十九日下午,村民放倒场地上的"栽棍",宣告祭节结束。

櫷日望——参见"那马人拜二月"条。

拜日望会——参见"那马人拜二月"条。

那马人祭二月——参见"那马人拜二月"条。

接三公主——云南白族民间传统节日。农历二月十三日举行。史载,南诏时期,白子国酋长张乐进求把王位禅让给乌蛮细奴逻时,为保持和乌蛮蒙氏部族的友好关系,同时把白蛮女三姑娘嫁给细奴逻为妻,并于每年往蒙舍川(今巍山)接三公主回大理过节。三公主殁,大理白族群众在呢好山建三公主殿,于每年农历二月十三到此举祭,并按其生前先例接其回大理过节。节前十一日,人们即着盛装,到龙于山念经和朝拜三公主,并和当地彝族联欢,打霸王鞭、打歌和对唱调子。十三日凌晨,用白马驮着从三公主身上换下的白族服装,接三公主回大理,参加绕三灵等节日活动。他们扛红旗,吹唢呐,敲锣打鼓,边走边唱白族调子,兴高采烈离开巍山返回大理。倘是日下雨,他们更欢天喜地地认为兆此年大理坝子风调雨顺,五谷丰登。绕三灵毕,他们复送三公主回巍山。此节赓续不衰。1978年后,条件所限,接三公主改用人背三公主的衣服代替白马驮载,其他节仪盛况如常。

十 四

潮州青龙节——汉族民间娱神节日。流行于广东潮州等地。农历二月十四日举行。当地称蛇为青龙,奉之若神,定期迎青龙,即用彩绸、鲜花装饰一顶花轿,抬青龙神像游街市,并以管弦吹打相伴。一些妇女盛装扮演民间故事人物,尾随轿后。围观者云集路旁。纨绔子弟则以金缯馈赠意中佳丽。得赠最丰者,名声最大。有诗曰:"一枝花开一枝新,公子王孙逐后尘。夺得锦标戴月返,不知春思属何人。"此节已泯。

潮州迎青龙——参见"潮州青龙节"条。

白族朝花节——始称花潮节。白族民间传统节日。流行于云南大理一带。农历二月十四(另说二十四)日举行。相传,很早以前,百花仙子路过美丽富饶的大理,见此百鸟啁啾,蜜蜂忙碌,蝴蝶飞舞,一年四季鲜花不败,为便管理,即下旨令于农历二月十四将大理所有鲜花集中洱海边,举行百花会竞艳,最艳者膺奖,还给诸花各取一个动听的名字。人们每年是日,到此朝花,遂成节。节晨,家家喜气洋洋,忙着蒸糕、蒸馒头、摆果酒,先敬百花仙子,旋将自家养的花摆在大门前扎花台,搭花山,立花牌坊。各家互相比赛,最终夺冠者,给予挂红和奖励。忙完自家花事后,便着盛装出门,逛花街,赏花景,品尝各种小吃。大理街头人头攒动,流水沿街而过,竹笙悠扬,花香满街芬芳。姑娘、小伙子成群结伙,去赶花潮。姑娘看中哪个小伙,即悄悄塞给一个自己绣的花荷包;小伙有意,则选一朵芳香美丽鲜花,插姑娘头上。据考,此节肇始明代。民国《大理县志》载:"十四五等日为春会,又名太平会,即古者乡人傩之意,各街争胜陈列古玩,并以花木之嘉美者,磊集花山为点景之助。"

白族花潮节——参见"白族朝花节"条。

白族春会——参见"白族朝花节"条。

白族太平会——参见"白族朝花节"条。

十 五

花朝节——简称花朝,俗称花神节、花神生日、百花节、百花生日、花卉生日、赶花会、赶插花节、百草生日、挑菜节。东北、华北、华东、中南等地汉族民间出游赏花古节,旨在纪念百花生日。古谓"花王掌管人间生育",故亦乃生殖崇拜之节。或因地域、气候,节期有异,多在农历二月十五举行,亦有择二月十二、二月初二者。花朝节由来已久,最早在春秋的《陶朱公书》中已见载。花朝节与中秋相对应。晋人周处《风土记》云:"浙间风俗言春序正中,百花竞放,乃游赏之时,花朝月夕,世所常言。"宋吴自牧《梦粱录》卷一"二月望"载,宋都临安"仲春十五日为花朝节,浙间风俗,以为春序正中,百花争放之时,最堪游赏。都人皆往钱塘门外玉壶、古柳林、杨府云洞,钱湖门外庆乐、小湖等园,嘉会门外包家山王保生、张太尉等园,玩赏奇花异木"。明田汝成《西湖游贤志余》载:"是日,宋时有扑蝶之戏,今虽不举,而寺院启涅槃会,谈孔雀经,拈香者麇至,犹其遗俗也。"胡朴安《中华全国风俗志》曰："二月望为花朝节。盖花朝月夕，世俗恒言二、八两月为春秋之半，故以二月半为花朝，八月半为月夕也。"宋前，一些高雅节俗，仅限士大夫、知识阶层。自北宋始，节俗新增种花、栽树、挑菜（采摘野菜）祭神，以及装狮花、放花神灯等，并渐扩民间。宋以降，浙江湖州一带，于每个花盆插一杆三角小彩旗，为百花贺寿。民间还祈此日无雨，否则会连绵十二夜，有损百花。节间，姑娘小伙喜食露天饭，即饭菜混合，露天蒸食。农家喜欢从野地挖些绵绒头草（学名"佛耳草"），拌米粉，做圆子，供祭灶神。

花朝——参见"花朝节"条。
花神节——参见"花朝节"条。
花神生日——参见"花朝节"条。
百花节——参见"花朝节"条。
百花生日——参见"花朝节"条。
汉民花朝节——参见"花朝节"条。
花卉生日——参见"花朝节"条。
赶花会——参见"花朝节"条。
赶插花节——参见"花朝节"条。
百草生日——参见"花朝节"条。
挑菜节——参见"花朝节"条。

湖北扑蝶会——汉族民间传统节日。流行于湖北崇阳、应县一带。于传为百花生日的农历二月十五日举行。届时，女孩要穿耳眼，孩童开始蓄发，民间多行嫁娶，园丁大忙移花接木，老农观阴晴预测丰歉，妇女结伴踏青扑蝶。

道教节——亦称玄元节、降圣节、道主诞、道德天尊圣诞、道教圣诞节。中国道教节日。于传为老子诞辰日农历二月十五日举行。李唐王朝，尊老子李耳为李姓始祖。玄宗开元三年（715），诏此日为玄元节。之后，武宗敕名降圣节，并全国休假。千余年间，大陆及港、澳、台各地，还有东南亚一些国家，道观举祭不辍。1996年，新加坡道教界发布《道教节宣言》，呼吁相应国家政府法定此节，获热烈反响。2014年中国国家宗教事务局致信，贺其为"道教重要的节日"。

玄元节——参见"道教节"条。
降圣节——参见"道教节"条。
道主诞——参见"道教节"条。
道德天尊圣诞——参见"道教节"条。
道教圣诞节——参见"道教节"条。

涅槃节——亦称"释迦牟尼佛涅槃日"。佛教节日。于传为释迦牟尼逝世之日举行。节期因佛教对释迦牟尼逝世日说法不一有异，大乘佛教一般定于农历二月十五日。届时，佛寺举行法会，挂佛祖像，诵《遗教经》等，并供奉以珍馐佳果、香花灯烛等。

释迦牟尼佛涅槃日——参见"涅槃节"条。

蒙古族涅槃节——蒙古族宗教节日。传为释迦如来大和尚入涅槃日农历二月十五举行。涅槃节亦称泥洹、般涅槃（圆寂），梵语音译，意为灭度。佛教以涅槃为最高理想境界。后称佛或高僧的逝世为涅槃。届时，蒙古族地区大小喇嘛庙皆举行涅槃法会。喇嘛们清扫殿堂，摆供品，挂佛祖释迦牟尼画像，焚香燃灯，诵读经文，纪念释迦牟尼的功德。附近善男信女亦往寺院燃灯烧纸，祈求吉祥。据《百丈清规》卷二记载，蒙古族于"二月十五日，恭遇本师释迦如来大和尚入涅槃之辰，率此丘众，严备香花灯烛茶果珍馐，以申供养"。涅槃法会庄严肃穆，宗教色彩浓厚，现场严禁打闹嬉笑。

泥洹——参见"蒙古族涅槃节"条。

般涅槃——参见"蒙古族涅槃节"条。

扎巴节——瑶族民间青年男女情恋节。流行于云南河口县大树塘一带自称"金门"的瑶族村寨。农历二月十五日举行。跳扎巴舞是其中心内容，故名。届时，男女青年着节日盛装，聚集村边晒谷坪，以三声竹笙为号，笙响过，小伙们即打开手中黑伞，姑娘们打开手中花伞，同跳扎巴舞，暗择意中人。小伙若看中某姑娘，就凑近轻声唱道："世上姑娘数不清，唯有阿妹合我心。"姑娘无意，微笑鞠躬离去；有意，则随声应和，表白心意。尔后，两人在黑、花双伞遮掩下，一唱一和，并交换布伞做信物，旋携手出场，去幽静处交谈。青年们大都通过此节找到终身伴侣。

姊妹节——苗语称浓嘎良，亦称姊妹饭节。苗族民间传统社交节日。流行于贵州台江县老屯、施洞一带清水江两岸。内，以施洞为盛。节期因地而异，或于农历二月十五举行，或于农历三月十五举行，或于三四月底举行，或于秋天举行，历三至四天。据考，多谓前身乃坡会，细分作三：一说源五百余行的《姊妹节歌》，金丹、阿姣表兄妹，抗争父母、族人，偷偷相爱，暗用竹篮藏饭（袭称"姊妹饭"）交往，终成眷属。若干年后，当地有八百对男女，难嫁难娶而打单身，人们才沿袭《姊妹节歌》，过节择偶。二说古时台江县革一地区，有个苗族大寨，男人远出狩猎，很久不归。寨中女子因此难觅佳偶。姊妹们便把心移至开荒造田，打下糯谷一仓仓，酿出一缸缸糯米酒，可唯缺歌声笑语。老人们看出她们的心思，便让其待来年春暖花开，用精米制成糯饭，捉来田里鱼虾壳螺蛳，设宴招呼远方小伙，前来吃姊妹饭，借机择偶，果然奏效，久而成节。三说苗族古时居住遥远的东方，后因人口增多、灾荒战乱，被迫西迁，而每到一地居住一段时间，就有一部分姊妹出嫁，再次迁徙，已嫁姊妹即难回家相见。他们便决定在春暖花开时节，到田里捉来鱼虾，让已嫁、未嫁姊妹们相聚吃一餐姊妹饭，了却一年思念情。当地人认为，吃姊妹饭是节日最重要的标志，既是姑娘们连情的信物，也可防止蛀虫叮咬。与之相连的则是一寨姑娘与另寨子小伙相约，下田捉鱼捞虾，谈情说爱。踩鼓是整个社区参与的重要活动。姑娘们在父母精心打扮下，盛装聚向鼓场踩鼓，赛服饰，比风采。白天，她们去观看斗牛、斗雀，与同吃姊妹饭的小伙们跳芦笙、跳木鼓舞。夜里，相聚在村中广场或巷间唱歌谈情。其间，她们按年龄分成多批，用竹篮盛各人的彩色糯米饭团和鱼、肉、鸭蛋等礼物，赠送两天来陪伴她们的小伙。到来年姊妹节时，小伙们集体筹钱，买绣花丝线、绸缎等，盛在姑娘们年前送礼的竹篮里回赠，称"还竹篮"。如此你来我往，加深了解、爱慕。节日结束，小伙们回家前，姊妹们用竹篮盛装五色糯米饭，饭里藏匿松针、椿芽、辣椒等爱情标识，将心思和爱情一起相赠，一切尽在不言中、神秘中，一如《诗经》所云："子仲之子，婆娑其下"，"视尔如荍，贻我握椒"。此节被誉为最古老的东方情人节。

浓嘎良——参见"姊妹节"条。

吃姊妹饭——参见"姊妹节"条。

姊妹饭节——参见"姊妹节"条。

畲族祭祖节——福建畲族民间重要传统祭祀节日。节期、祭俗因地有异，多择农历二（或七、八）月十五日。于停放祖牌、祖谱、祖图的祠堂内特色举行。畲俗以祭祖为荣。《建德县志》载："祭祖一次者，准穿红色衣，其子祭祖一次，准穿青色衣，级分之大小,以祭祖多寡为断。"人们认为,参祭次数越多,地位越高。祭日,畲寨打开祠堂门,门前插一支名香,俗称"烧香路",接引祖公归来。至夜子时,放"三口灵"(神铳)一声,全寨人起床梳洗更衣;丑时放"三口灵"二声,主祭者族长和陪祭者(每户一青年男丁)进祠堂;天明时,放"三口灵"三声,族长等人展开祖谱和祖图,进行公祭。祭前,宰猪、羊各一,去内脏,连头带尾摆在祠堂中厅案桌上,猪、羊两边摆刀四把,刀口撒盐一撮,以供祖公割肉沾蘸盐食用。同时,宰杀白鸡一只,把鸡血淋于祠堂中柱垫脚石和大门门槛,以报平安。另外,备各种菜肴、茶、酒。祭始,族长领头点香烛,率众人面朝大门,背对祖牌,按辈分年纪依次三跪九叩;转过身来,背对大门三跪九叩,俗称先拜天地,后拜祖宗。叩罢,由族长宣讲祠堂公众之事及乡规民约等等,让众人讨论,意见统一后,众人翻看祖谱、祖图,由长辈传颂祖公事迹。最后,十人一席,于祠堂吃太公饭。饭罢,放炮欢送众人回家。祭毕,祠堂钥匙交下次值祭人,轮流保管祭器、宴具,失落照赔,贪污祠内收入及祭祖经费者,除退赃外,罚终身禁入祠堂饮祭。近几十年来,祭祖已从祠堂公祭转为各户分祭,由各家备几碗酒菜鱼肉,在各自厅堂摆香案祭祖。

祭岳飞——台湾汉族民间传统纪念性节日。农历二月十五日举行。南宋民族英雄岳飞率军抗金,收复中原失地,后被奸相秦桧以莫须有的罪名害死。每年是日,各地民众纷纷到附近岳庙,供奉佳肴果品,祭祀缅怀良将忠臣。

圣王祭——闽、台等地汉族民间祭祀节日,旨在缅怀唐末南闽开漳圣王陈元光。于传为"圣王诞日"农历二月十五举行。威惠圣王传闻颇多:一说,他名陈元光,生于河南光州,唐末南闽政权将领。当时,福建尚未开发,他便以漳州一带为基地,广施仁政,开发周围七县。另说,他被皇帝任命为平蛮开漳左卫将军,率军扫平七县乱匪,移汉人入闽开发,深受当地拥戴,死后被皇帝追封"威灵王"。漳民迁台,亦将其神像同迁,建庙祭祀。台湾今存圣王庙五十六座,届时仍隆重举行祭祀仪式。

洱源庄稼会——亦称洱源三营庄稼会。白族庄稼人农具集市。流行于云南大理洱源县三营坝子地方。农历二月十五举行,历三至五天。相传,1253年,元世祖忽必烈远征云南,灭大理国,留三百士卒在此镇守。为向当地人耀武扬威,忽必烈在三营坝子展示各种兵器。当地铁匠不甘屈服,相约同时在街上摆卖各种铁制农具,数量、品种远超官家兵器。方圆九十里的农夫们获此消息,纷纷前来观赏、购买。此后,相袭成俗,年年举办集市展览买卖犁、锄、铲、刀各种农具和农副产品,还交易大牲畜,场面壮观。泥、木、石、瓦、篾、铁等匠艺人所需的工具和与农具配套的锄头把、斧头把、镰刀把等应有尽有。打铁营等村的铁匠,还在庄稼会上烧起栗炭火,根据顾客要求,现打现卖各种铁制农具。

洱源三营庄稼会——参见"洱源庄稼会"条。

十六

木杷节——亦作木把节。伐木工人传统节日。流行于东北长白山林区。农历二(另说三)月十六日,于老爷府前举行。当地称伐木工人为木杷。长白山林密山高,野兽成群,木杷生活毫无保障,便祈神仙保佑幸福平安。每年此日，伐木把头带领全场工人，到老爷府求神，先杀一头猪上供，插三株草（或草绳）为香，再烧些纸码，叩头祈祷神灵保佑平安。节后，有家的木把可领钱回家种地，无家者可暂时住下，待来年冬再上场子伐木。

木把节——参见"木把节"条。

十七

石家庄二月庙会——汉族民间宗教节日。流行于河北石家庄一带。农历二月十七至二十日举行，据传送子娘娘诞辰日农历二月十九为正会。届时，无论善男信女，还是三教九流，纷纷会聚老母庙，设供进香。求子而后真得子者，须于十二年后前来酬谢，称圆锁。会间，还有大戏、杂耍、武术、花灯，以及饮食、百货摊点、电影棚等，甚是热闹。

十八

十九

天竺香市——汉族民间传统节日。流行于浙江杭州一带。于传为观音菩萨诞辰日农历二月十九，在天竺寺举行，故名。相传，北宋咸平元年（988），杭州知府张去华进天竺寺向观音菩萨祈雨，结果应验，之后，人们即纷至沓来拜祭祈福，久而成节。迁沿清代，臻于极盛；民国因战乱稍衰；1949年后一度式微；改革开放后复显兴盛。节间，香客们着灰蓝布衫，肩挎写有"朝山进香"四字的土黄布袋，脚踏青帮布鞋，腰扎拧黄布带，头包帕巾，发髻上斜扣一朵艳丽绒花，在领队旗帜引领下，先进岳王庙，复进灵隐寺，再依次参拜下天竺之法镜寺、中天竺之法净寺、上天竺之法喜寺，转回净慈寺；条件好者，从草桥门外海潮寺登船，遥去东海普陀寺。他们所到之处，各个焚香燃烛，双手合十叩头拜佛，喃喃诉说内心祈愿。

观音庙会——亦称观音会。蒙古族民间传统节日。流行于云南南部通海等地。农历二月十九日举行，历一两天。届时，男女老少着民族服装，或各自携酒、肉、粑粑，或大家凑钱打酒买肉、杀鸡宰猪，准备丰盛的酒宴，欢聚会餐。席间，既协商村寨中事情，又举杯互祝观音菩萨保佑，驱魔逐恶，人寿年丰。之后，人们成群结队，在村中长者带领下敲锣打鼓，喜笑颜开，前往附近观音庙焚香烧纸，举行祭祀仪式，请观音外出巡视。人们抬着观音菩萨塑像，慢步各寨巡游，沿途吹唢呐，放鞭炮。所过村寨，善男信女竞相敬香燃灯，敬献供品。有的村寨，还搭台请戏班唱戏，祈祷、庆贺，热闹非常。

蒙古族观音会——参见"观音庙会"条。

壮乡观音诞日——壮族妇女宗教性节日。于传为观音诞辰日农历二月十九，在各观音庙举行。届时。妇女们纷纷带上供品，到庙拜祭。在广西凌乐县，她们互相邀约，徒步往离寨数里远的水源洞，拜祭祈福。

彝族观音会——彝族民间宗教节日。流行于云南巍山县多雨、麻秸一带。农历二月十九日，于当地独特的观音庙举行。当地有一座观音庙，供奉着男观音大幅画像。会间，先由阿闭将庙里旧画像换成新画像。每家每户男丁皆抢早进庙拜祭。民间认为，去得越早，心越虔诚，会得到更多吉祥、幸福。黎明，庙里已鞭炮轰鸣，香烟缭绕,祭祀男丁除带香烛、鞭炮外,还供奉素食祭品,献给观音享用。此会禁妇女入庙,忌肉食供品。

崇福堂庙会——汉族民间宗教性节日。流行于浙江黄岩一带。于传为观音大士寿诞日农历二月十九举行,历五天。昔时,人们纷纷进庙上香、跪拜祈福。有的年份,还沿街张挂白幔布,张灯结彩,燃放火药包和焰火。各路戏班则到此连演五夜大戏。后来,庙被拆除,庙会一度中断。如今,又在福龙山南坡山腰,新建了一座崇福祥寺,香客届时复纷至沓来。

招子日——汉族民间传统观音会求子活动日。流行于浙江西部。农历二月十九日举行。届时,赴会者备好香烛、纸钱、经卷,聚集约定之处,各挑祭品,进佛寺向神像上供,膜拜求子。后应验得子者,来年须供献一只大肥鹅;生女儿,则献一只大公鸡。

布洛陀歌圩——广西壮族民间传统祭祖节。于传为创世始祖布洛陀诞辰日农历二月十九,在百色田阳县敢壮山举行,历二十天。布洛陀族称黼洛陀,壮族的智慧祖神。壮语"黼",是对德高望重老者的尊称;"洛",乃知晓、懂得;"陀"意为普遍、全面;合译为无所不知的智慧老人。壮族创世史诗《布洛陀经诗》,唱词为民歌体,适于祭祀时喃唱,歌圩中最为盛行。节间,四乡八寨的壮家兄弟姐妹,人人竞着盛装,蜂拥而来,竞展歌喉,纵情欢舞。歌圩高潮迭起,持续日久,而激情不衰。在众多民族歌节中,鲜见列其右者。

二十

二十一

普贤菩萨圣诞——佛教节日。于传为其圣诞日农历二月廿一举行。普贤菩萨音译"三曼多跋陀罗",曾译"遍吉菩萨",乃大乘佛教四大菩萨之一,象征理德、行德,与象征智德、正德的文殊菩萨相对应,同为释迦牟尼佛左、右胁侍,还与毗卢遮那如来、文殊菩萨并尊"华严三圣"。他的坐骑为六牙白象,其中六牙代表六种清静,四足代表四种功德。普贤菩萨依深菩提心所起广大弘深誓愿,身、口、意悉皆清净,遍尽一切处,纯一妙善,具备大德,因此尊名"普贤"。是日,佛门及俗家信众,纷纷入寺焚香膜拜,祈佑人寿年丰。

三曼多跋陀罗圣诞——参见"普贤菩萨圣诞"条。

遍吉菩萨圣诞——参见"普贤菩萨圣诞"条。

二十二

狗诞辰节——广西壮族民间传统节日。农历二月廿二日举行。流行于广西靖西、隆林、德保等县。当地民间传说,狗本天上的龙犬,二月廿二乃其诞辰,亦为狗神显灵之时。此日吃狗肉,可龙灵附身,令人益寿延年。因此,届时家家户户烹食狗肉,形成传统,流传至今。

二十三

二十四

二十五

普米族祭水神——云南普米族民间

宗教节日。农历二月廿五日举行，历两天。届时，各村在山坡搭起一根十余米高木杆，上供"加布老达巴神"神像。传说，此神主管雨水和冰雹。每当雨季，普米地区常遭水涝，给庄稼带来极大危害。祭仪由巫师主持。寨中每家出一人。众人带着铺盖和食物，一起上山，坐两天两夜，祈加布老达巴神保佑村寨风调雨顺，不遭雹灾，粮食丰收。众人祭神时，献上饭菜等祭品，留在山上，供神享用。

二十六

二十七

二十八

红瑶春社节——瑶族支系红瑶民间传统节日。流行于广西融水红瑶村寨。农历二月廿八日举行，历两天。届时，照例封存芦笙，直至秋收，禁止吹奏。他们按性别、年龄划分，年老、已婚妇女，留家中过节，其余人等往村旁山上，觅一块平坦开阔草地，安锅设灶煮粥吃。有些寨子，姑娘、小伙互相走访，连情择偶。

二十九

壮族农具节——壮族传统节日。流行于桂西南地区。农历二月廿九日举行。届时，各家将自己加工制作的各种农业生产工具，如犁架、牛轭、簸箕、畚箕、扁担、锄头、犁头、耙、锄柄、箩筐、竹垫、谷箩、谷桶及家具等，挑到圩上，依次排列成行，供人们选购，以备春耕。

布朗族泼水节——云南布朗族民间传统节日。农历二月廿九日举行，历三天。届时，全村少男少女拿着竹盒、小竹篮，前往河中捞沙，在佛寺中用沙堆起三五座宝塔形沙堆。众人着盛装，手拿锥栗花和椿木树枝，聚集村头。男青年敲击象脚鼓。大家入佛寺，将花朵、树枝插沙堆上，每日插花三至五次。夜幕降临，青年男女尽情唱歌跳舞，热闹非凡。节间，各家族还要举行祭祖仪式。同一家族各户家长和主妇，皆备蜡条一对、手帕一块、鲜花两朵放托盘上，端到氏族长家，放在悬挂象征祖先神灵的"胎嘎滚"（由竹片编成的箩，内放祖先们的遗物，如剪刀、矛头、手帕、蜡条之类）的卧榻上方，脱下包头巾，蘸些清水，替氏族长从头到脚象征性地做一次洗礼，口中不断祝福"长命百岁，吉祥平安"。洗毕，氏族长也要向本家族成员祝福"庄稼茂盛，人畜兴旺"，并代表全家族成员到村外日落方向迎接太阳，举行滴水仪式。据传，祈祷之后，出门不遭野兽伤害，走路不摔跤，耕种不被刀砍伤，全家族都洁净平安。

本月约当日

古龙头节——亦称中和节。史载，此节乃唐德宗李适于贞元五年（789）亲自倡兴，用以祭祀。通常于二月初一后，择日举行。多与"二月二中和节"交叉重叠。届时，吃太阳鸡糕，即在江米糕上，再用米做寸许象征鸡的动物，或印以同样图形。此"鸡"象征太阳。用"鸡糕"祭日，表明太阳在人们心中之崇高地位。

古中和节——参见"古龙头节"条。

祭石神——彝族民间宗教节日。流行于云南峨山一带。农历二月首个牛日举行，历三天。当地彝家视石头为石神化身，虔诚祭拜。祭祀目的各异。太和彝家认为，石神主宰生育，便在每年此日祭龙时，举祭石神仪式。他们在村寨两棵"龙树"前，各放一个椭圆形石头，传为一公一母。众人以猪、鸡等为牺牲，在祭龙时，同祭石神三天。祭祀第二天较为讲究，要由俩已婚未育男青年，各抱一个石头，围绕"龙树"转圈。众人则向他们身上泼水，以祈石神保佑自己生儿育女。祭毕，人们还要在石神前聚餐。另，家家户户还要在供奉的石神前插三根松枝，祈人丁兴旺。

腊鲁赛歌会——彝族支系腊鲁人民间盛大歌会。流行于云南元江鲁木库一带。农历二月的牛日举行，有时持续数日，又是融歌舞、游艺、集会形式为一体的社交娱乐活动。歌会场地选择村外较平坦处。届时，场中燃起几堆篝火，大家围着火堆，翩翩起舞，引吭对歌，以男女青年对唱最为精彩。通常先由小伙上场邀歌，后姑娘们推选代表出场应对。男女委婉歌声相互试探，或互倾爱慕之情。围观群众频频报以热烈掌声和欢笑。对歌毕，人们围着歌会中结识的一对对情侣，伴着芦笙，纵情欢舞。

磨盘山吃花酒——彝族民间传统节日。流行于云南新平县磨盘山磨皮乡一带。农历二月首个虎日举行。当地认为，女孩十五六岁即成大姑娘，已可谈情说爱，是值得庆贺喜事，遂于此日，以吃花酒仪式，庆祝她们进入青年期。一早，寨中男女青年便进山砍六棵芭蕉树，采摘马缨、杜鹃、山茶、十里香等鲜花及金丝龙爪草和青藤；回村后，先在当年满十五岁的姑娘家的土平房屋顶上搭建一座花棚，旋在青藤盘绕、鲜花锦簇的花棚里摆一桌丰盛酒席，以做吃花酒之地。仪式在唢呐吹奏"迎客调"中开始。吃花酒姑娘被母亲打扮得花枝招展，在本寨一群身着节日盛装的未婚姐妹簇拥下，进入花棚，坐宴席正上方。众围桌坐定，乐师们吹奏"敬酒调"。姑娘的父母循声入棚，为客人们敬酒敬菜。敬毕，父母退出，姐妹们便频频举杯，祝福吃花酒的姑娘，还拿出各自带来的佳肴美味，让大家品尝。姑娘们边喝酒吃菜，边唱动人民歌，从父母养育之恩唱到出嫁分别；从童年欢乐唱到未来憧憬，久久沉浸幸福之中。夕阳西下，乐师们吹奏"送客调"，姑娘们才依依惜别花棚。

卡多人祭母——哈尼族支系卡多人传统节日。流行于云南新平一带。农历二月首个牛日举行。届时，山寨停止农事。青年们一早上山捕雀打鸟，妇女们下河捕鱼，成年人留村杀猪宰羊。中午，各家按一个儿子出一斤大米、一斤酒的数量，交献经办人。连同午前所捕鸟兽鱼虾一起，由专人备办全寨大宴。太阳偏西，大家聚集在一棵象征"母"体的大树前，摆好酒、菜等丰盛祭品。主持宣布开"祭"，大鼓和铓锣齐鸣，男女老少齐唱《思母歌》。唱毕，全寨聚饮，畅谈本寨各家子女对父母、媳妇对公婆的表现，进行传统道德教育。相传，从前有个年轻守寡母亲，含辛茹苦养子成人。子大反打骂母亲，迫母投河自尽。之后，逆子顿悟，痛改前非，将母亡这天定为祭母日。全寨感念浪子回头，鼓励孝行，纷纷参祭。年深日久，沿袭成节。

阿玛施——族称"祭寨神树"。云南哈尼族民间传统祭祀节日。农历二月龙日举行。相传，远古时人鬼乃兄弟，后因不和分家。鬼住草丛。人居草木不生处，常被鬼袭扰，便上告天神。天神遂命其女变作树木，下凡做人类的护寨神，并让人们每年此时去鬼地敲锣打鼓，生火烧灰盖住草木，镇住恶鬼，久而成节。届时，以家族为单位，各祭自家神树。祭祀时，巫师先挥舞长刀，巡游寨中，驱赶火神、瘟神出寨，旋将上涂狗血木刀、木棍悬寨口以"断路"，阻止鬼魂进寨。外人见状亦自退。之后，巫师领寨人修理水井，各家取水洗净祭品。各户出一男丁，共在神树前杀头纯黑毛大猪，以头、脚献祭，余平分各户享用。不育妇女，可往神树抱抱供祭猪脚，虔诚求子。

祭寨神树——参见"阿玛施"条。

苗族撵虫节——苗族民间传统节日。流行于贵州平塘县关西区和惠水县甲坝一带。农历二月首个戌日举行，历九天，前三天在惠水高摆榜举行，中三天在平塘中摆榜，后三天在下摆榜举行。此节旨在撵走未满三年新坟上的虫蚁，免其侵害死去的亲人。节天，有新坟人家，总有亲戚来看望，也总要杀鸡斟酒祭拜祖先，招待来客，并为新坟铲土、垒坟、放鞭炮、铁炮。另外，人们还在惠水甲坝乡田坝中的"姨妈坡"开展"跑马"。相传，此"坡"乃阴间人赶场之地。人们怀念祖先，便到此看望。"跑马"旨在让祖先检阅后辈的斗志和本领。与此同时，许多姑娘盛装打扮，手拧竹篮，内装糯米饭，专一找情侣共进午餐。

戛洒花街节——亦称赶花街、情人节。自称古滇国王室后裔的花腰傣傣洒支系民间传统节日。流行于云南哀牢山中段、红河上游戛洒江畔。农历二月首个牛日于戛洒镇举行，历两天。届时，上午祭龙，下午商品交易，晚上赶花街邀情。花街上，迷人的花腰傣姑娘、浪漫的"秧箩情"及令人垂涎的干黄鳝、咸鸭蛋等，尤具万种风情。

戛洒赶花街——参见"戛洒花街节"条。

戛洒情人节——参见"戛洒花街节"条。

睢水踩桥会——汉族民间传统俗信节日。流行于四川绵阳安县一带。农历二月间择日举行，历两三天。据考，此会系川西北"踩桥"消灾祛病与"拜干爹"两俗交融演变而来，已历二百余年，除"文革"前后曾被短暂淡化、中断外，绵绵赓续不衰。民间笃信，春暖花开时节踩桥，老人可强身健体，青年男女可喜得佳偶，做事可一年顺利。相传，安县睢水镇太平桥踩桥尤为灵验。2014年3月17日至19日，此镇踩桥，引来二十万信众，从当地扩展至四周百里开外，规模空前壮观。

维吾尔族跳火节——新疆维吾尔族民间传统节日。农历二月中旬，选择某夜举行。届时，人们在村内道路用柴火、树枝、玉米秆堆成一道道障碍，其间相隔一定距离。人们点燃路障后，青年们从一定距离向火堆跑去，跨越一个个火堆，轮番如是，直至翌日凌晨结束。据传，这是早期萨满教遗风，旨在驱邪。此节已泯。

白洗芦笙会——亦称二月芦笙节、二月芦笙会。苗族民间传统节日。流行于贵州施秉县白洗一带。农历二月中旬午日举行，历三天。届时，方圆百十里，如地坝、新桥、双井、翁西、黄平县谷陇、新州、重安，凯里市旁海等地，苗族群众纷至沓来。活动从白洗长山寨开始。周围村寨芦笙队，在有威望的老人带领下，会聚长山寨古爬坡顶吹奏，祈当年风调雨顺，粮食丰收。翌日,活动挪至屯山寨芦笙坪吹奏。姑娘们盛装围圈,跳芦笙舞。另,同时举行中老年斗画眉、骑手们赛马等活动。相传,古时某年大旱,土地龟裂,五谷枯干。人们求龙降雨,却不应验。偶然间,人们用竹筒吹着求雨,竟娱悦龙王,立即降雨。苗族遂规定,生活在江边的人家,划龙船求龙降雨;生活高坡人家,吹笙求龙降雨。那年,是在古爬坡上吹竹筒求雨,慢慢地吹竹筒改为吹笙,且形成芦笙会。最初,周围苗寨各自举会,后发展为富裕的白洗寨主持,统一接待四方来客,会则以"白洗"名之。

二月芦笙节——参见"白洗芦笙会"条。

二月芦笙会——参见"白洗芦笙会"条。

即墨海祭——汉族渔民传统节日。流行于山东即墨市周戈庄一带。农历二月下旬择日举行。届时,以此庄渔民为主体,周围渔民纷纷参加,形成盛大庆典。人们在海滩上面对大海置供桌,摆满糖果、烟酒、大面馍(上绘各种图案)。尤特别者,供两头肥猪,披红挂彩,上罩猪板油脂皮,状若渔网,象征下网即获肥猪样大鱼。两猪之侧,各供活公鸡一只,寓大吉(鸡)大利。祭始,在供物前焚纸钱,祈海王保佑渔民出海平安,满载而归。同时,岸边露天舞台,上演大戏,丝竹歌弦不绝于耳。昔时,祭毕供品须投入大海。今则佚留,由举行祭祀的诸亲友共享。

解天饷——汉族民间传统节日。流行于江苏吴中一带。农历二月下旬择日在当地土地庙举行。节前,各乡土地庙摆钱柜,广收银两,称"作钱粮"。本地民户不拘多寡献钱,称"解费献纳"。如果不交,便有专管香火者派人沿街催讨。收毕,择吉日举办集会,鼓手仪仗开道,庞大的巡游队伍簇拥土地神位,车马队伍后随。至穹隆山真观庙后,便焚化金纸裱糊之玉皇殿,主持者向朝拜者们祈福。

仫佬族春社——仫佬族民间传统祭社王、祭祖先节日。流行于广西罗城县东门、四把镇以及柳城县等地。农历二月择日举行。学界疑与"祭社"相重,待考。届时,家家户户包粽子。仫佬粽子种类繁多,大小不一,大者重达五六斤。昔时,新婚夫妇家,男方要做一两担大粽粑给女家,女方亦送相等数量粽粑给男家,以睦姻亲。一些村寨,众人凑钱买百家米,用大锅煮百家粥聚餐,共享百家福。

基诺族社祭节——族谓"格巴祭"。基诺族民间宗教节日。流行于云南景洪市巴雅、巴夺等地。农历二月择日在寨父"周巴"家,与祭龙"楼牟祭"相继举行,历三天。此节乃年节后首个较大的集体祭祀,对象是各寨寨神"周迷遂山"。届时,全寨群众聚集周巴家供寨神之地,杀猪献祭,通常宰杀一头母猪、七头小猪。供神开始,主祭口念祝词,祈新年野兽易猎,松鼠好打,庄稼丰收,全寨平安。祭毕,全寨丰盛聚餐。

格巴祭——参见"基诺族社祭节"条。

苦聪土主节——拉祜族支系苦聪人民间"土主神"祭祀节日。流行于云南镇源县章盆一带。农历二月择吉日举行。正月初三过后,各家即纷纷杀猪宰鸡,酿造米酒,准备丰裕食物,筹办祭品。相传,古时苦聪人最敬畏土祖和竜(龙),两神一公一母,分管人间喜忧福祸和五谷六畜。土祖神比竜神诚恳踏实,管事认真负责,"土祖老爷不开口,豹子也不敢吃狗",还说他能降魔服凶。因此,每年给土祖神的祭品,质量、数量皆优于竜神祭品。参祭男人,须沐浴更衣,装扮整齐,在专人指挥的"三鸣炮"仪式中,各献祭品。祭毕,人们把所有祭品平均分寨内各户,哪怕一撮米,亦人人平分福分,得安乐,享丰年。

哈尼族姑娘街——哈尼族民间传统节日。流行于云南金平一带。春节后首个街期(约当农历二月某日)举行。届时,姑娘们赶街游玩,寻觅意中人,诉情言爱。

哈尼族祭寨神——族谓"蒲哈枯"。云南哈尼族民间祭祀节日。农历二月择日举行。祭仪由巫师主持。节晨,人们披着浓雾,带上荷包鸡蛋、炒黄豆、米酒、姜和蒜,到村边三岔路口,摆上各种祭品。巫师念经,驱赶扰寨安宁的"哈神"。祭毕,巫师向东、南、西三个方向,叫"寨魂"。其时,有人以三弦、巴乌、铓锣等奏乐相伴。另外,还有俩小伙男扮女装,做各种表演。"叫魂"旨在呼唤寨魂别在外游荡,别在浓雾中迷失方向,述说在寨外流浪太清苦、孤单,而回寨内有吃有喝,有衣有屋。俗信认为,经过如是呼唤、诱导,寨魂即会回来护佑村寨。俗传,叫魂不得面北,因哈尼祖先传为北方迁来,对北方祖灵之处,不必叫魂。

蒲哈枯——参见"哈尼族祭寨神"条。

红石天——哈尼族民间宗教祭祀节日,旨在祭祀已故祭司追玛。流行于云南西双版纳各地哈尼村寨。农历二月择日举行。"追玛"又译最玛、儒玛,汉称龙巴头,领导和主持全寨公共祭祀。各寨有一至三个追玛,一般从最早老户中产生,父子相传,有的地方由村民公推产生。他们除须懂宗教礼节和民族历史外,还须是儿女双全的成年男子,要求其家族中无人被虎豹咬伤、咬死,无人生过双胎、怪胎、畸形儿等。哈尼族群众认为,追玛德高望重,生前能为人驱鬼避邪,死后魂灵也能保护人畜庄稼。因此,每年定期祭奉死去的追玛,形成固定宗教节日。届时,由现任追玛杀一头猪,主持祭祀,后请全村老人聚餐。老人们盛装赴宴,欢聚谈古论今,饮酒唱歌。青年人则上山捕猎,妇女下河捕鱼,以示人丁兴旺,生活安宁。

祭龙巴头——参见"红石天"条。

傣族祭龙——亦称祭龙树、祭垄、祭竜、祭陇。傣族民间古老农祀节日。流行于云南元江县甘庄坝一带。农历二月首个牛日,在寨外田间举行。据考,节日来源或受汉族影响。届时,杀猪做牺牲,由寨头召曼做祭司,燃香祭拜,祈风调雨顺,五谷丰登。昔时,祭龙要八九岁男娃,人人手捧一个瓢,内盛猪肉烂饭,环绕着龙树跑,以娱神祈福。

傣族祭龙树——参见"傣族祭龙"条。
傣族祭垄——参见"傣族祭龙"条。
傣族祭竜——参见"傣族祭龙"条。
傣族祭陇——参见"傣族祭龙"条。

哈尼族祭竜——亦称祭龙("竜"同"龙")。族称"宝瑞瑞""埃玛傲扎"等。哈尼族最隆重的祭龙节日。流行于云南红河州及思茅地区。节期因地有异,多在农历二三月,或正月,亦有十月或冬月,均择龙日或牛、马、猪日进行,历三至五天。竜树神乃哈尼族认为的最大保护神,每寨皆共有竜树(龙树)或竜林,有的家族独有。据传,很古以前,哈尼祖先来到哀牢山时,山魔天天骚扰村寨,还令每年二月送献一个姑娘。后有个寡妇,将俩儿子扮成姑娘送去。他们杀死山魔,自己也力竭身亡。人们奉之为保护神,此后每年此日杀牲祭祀。建寨时皆于寨头选定一棵大树,作为竜树。金平县马鹿塘等地,于寨头寨尾选两棵巨树,分公、母龙树。届时,全村推举德高望重的老人为主持人,叫咪谷(或竜头)主持祭祀。祭仪因地有异,一般是先"戛度度"(驱鬼净寨,断路封门),清洗水井,然后正式祭"阿玛拖"(祭寨神亦即祭竜)。由俩小伙扮成姑娘(有的地方扮一男一女)象征寨神。众人迎接寨神,杀猪杀鸡。火枪、鞭炮齐鸣,铓锣大鼓敲响,进入祭祀高潮。竜头(或咪谷)高唱"哈巴卡",祈竜神保佑村寨安宁兴旺。然后,人们均分祭品,喜气洋洋地捧着肉食回家,祭献祖宗。节间,青年男女还带着糯米饭(或粑粑)串山游玩,对歌跳舞,荡骑磨秋,寻觅伴侣。节末下午,在村中心举办全寨大筵席,围坐喝酒,谢竜神,谈农事。

哈尼族祭龙——参见"哈尼族祭竜"条。

宝瑞瑞——参见"哈尼族祭竜"条。

埃玛傲扎——参见"哈尼族祭竜"条。

祭老人房——布依族民间传统宗教节日。流行于云南罗平等地。农历二月第二个兔日举行。罗平布依村寨皆有专供祭祀的老人房,内供神牌,摆香案,悬置铜鼓。届时,各村选出几个德高望重的老汉抬着祭品,进房献祭,旋共同分享祭品。此过程禁忌甚多,不许说话、发笑、乱走动等。若犯禁,祖先所看管的各种野兽即失控,寨中所有人畜都会遭殃,庄稼亦会受野兽袭击。参祭老人回家后,须静卧三昼夜,且不能同家人说话,吃饭由家人送至床前。这三天,寨人不得动用生产工具和从事生产,外寨人不得进入本寨,只能祭前进入,三天后离开。否则,则冲乱了祭礼,须重祭,所需费用由肇事者承担。有的村寨,祭祀当晚,人们在家门外木墩上放一个鸡蛋,面向老人房打躬作揖。夜深人静,祭祀老人纷纷到各家门前,悄悄拿走鸡蛋,但禁发任何声响,更不能让主人知道。此祭今已渐泯,仅少数老人参加。

勐海祭水神——哈尼族民间传统节日。流行于云南勐海一带。农历二三月间(播种前),由追玛(祭司)择定吉日举行。哈尼族崇拜水神有二:一是厄厚扎米厚玛阿耶,一是厄扎米格扎,皆执掌村寨水井。届时,追玛主持各位家族长,一起来到村中水井边,杀鸡;再把其他祭品摆井边,一齐献祭,祈神灵保佑水源充足、水质洁净。祭毕,众人当场把祭品吃完。之后,每家去一两人,打一桶井水回家饮用。当地认为,祭水神,能保一年风调雨顺,五谷丰登。当天打井水,意味着打回了财运和福气,可消灾除病。

祭吴纠阿玛——亦称祭水神。哈尼族民间宗教节日。流行于云南金平县四区一带。农历二月由祭司择日举行。每年举行"阿玛吐"(祭竜)时,要在水井边、河边或田沟旁,同祭吴纠阿玛。祭仪由祭司咪谷主持,先在井边搭一祭台,上摆米酒、茶各两碗,杀公、母鸡各一只,旋举行祭祀祈祷吴纠阿玛保护井水清洁,村民健康。在田沟举祭,仪式略同上述,只是或用一对公母鸡,或用一对羊,做祭品。

金平祭水神——参见"祭吴纠阿玛"条。

嘎度度——亦作戛度度。哈尼族民间宗教节日,旨在趋吉辟邪,保村寨平安。流行于云南金平县四区一带。农历二月择日举行。主要节俗是各寨皆在道路口竖立两根木杆,用一根草绳将杆梢连接,旋以村寨名义，宰杀一狗、一鸡，将狗四肢、尾巴及鸡翅膀，拴于草绳，另挂上一些木刀、木枪，以威吓鬼怪。

戛度度——参见"嘎度度"条。

拉祜族接谷神魂——云南拉祜族民间传统农祀节日。农历二月择日举行。届时，人们邀请寨中十二位德高望重的老人，到家中跳饭魂舞，即一人领舞，一人吹芦笙，一人吹直箫，其余人分别手持甑、升、斗、瓢、碗、酒、谷子、玉米、肉块等，围一张上置饭菜、酒瓮的桌子，翩翩起舞。他们自院中跳至堂屋，从堂屋抬起桌子跳至楼上，以期接回谷魂，祈谷神保佑五谷丰登。

赛夏人播种祭——台湾赛夏人祭祀节日。农历二月择日举行，历十天许。祭前数日，社内男性出猎，贮肉以备祭用，同时捣粟酿酒。祭前一夜做糍粑。祭日天亮前，司祭携粟种及酒、糍粑来到祭田，先植大萱一根于祭田中央，继而到田旁，用左手抓少许谷种，闭目播之，再换右手播。播毕，取肉食置田中，倾酒泼之，仪毕归家。之后，社中各家家长携一枚糍粑来到司祭家，边酌酒边向祭司说："分您若干福气！"相对各饮一杯酒，又将糍粑馈赠司祭。最后，司祭请各家家长宴饮。宴毕，各人再与亲朋饮酒唱歌，欢乐终日。次日行家祭，祭仪略同上述高山族各支系的社祭。祭后若干天，待祭田粟出苗一二棵时，即正式行播，举行祖灵祭：是日晨，祭员齐集，各家携带糯米一桶，由司祭持盛水小瓢，用小指浸水给众人（含婴孩）尝之。接着，各家把糯米交给司祭，由其脱谷、捣碎，然后汲水、洗米、蒸米，做成糍粑。司祭拿一小片投祭祖灵，众人效之，并拿走剩余糍粑。供祭时，司祭祝词："子孙已播种完毕，来此相会，供祭祖先，请保佑子孙打猎时多获兽类！请勿使子孙生病！"仪毕，男子全体携带弓矢，出屋外做象征性狩猎。如去年丰收，则各户均需酿酒并携酒到祭家饮宴。翌日行猎。

布农人祓除节——族谓"拉巴卡西"。台湾布农人传统祭节，旨在耕作之前，除魔去灾，保人寿年丰。农历二月择日举行，历五天。首日酿酒。第四日晨，全家到附近山泉处，让清泉沿竹子劈成的引水道流下，由一老人用葫芦瓢接水，另一男子采数量为家人数两倍之一把草。祭始，家人齐集前庭，各取两根草，沾瓢中清水，祭洒家屋，旋将草放额前至胸部抚摸，边念咒语："诸病退去，砂眼退去！"随后，再派一女子采草，抚摩狗身，念说："多生育！不要死！"以除魔驱鬼。这天，老人还要进山祈祷，取回山泉边新水。入夜，人们喝酒歌舞，尽情玩乐。第五日，忌用已被禳过的枪。节日结束。

拉巴卡西——参见"布农人祓除节"条。

红宝放赦——苗族民间传统节日。流行于四川盐边县红宝一带。农历二月择日（约春分后五日）举行。届时，人们停止劳作，相携郊游。姑娘、小伙竟着盛装，成群结伴往固定山坳，对歌嬉戏，喝酒赌钱，借以连情择偶。欢歌笑语，响彻山野。

渔组招鱼祭——台湾雅美人民间传统渔祀节日。于结成渔组后的农历二月择日在大船上举行，历一天。祭前，举行公宴，后以六人至十人为一组，着盛装上船。船后舱鱼槽中，有男童先期带来一只鸡。鱼汛开始，船长两手提鸡，朝海上做招鱼之势，众人齐声念咒语，以诱鱼前来。接着，船长用刀割鸡颈，将鸡血滴入陶缸。

众成员用右手第二指浸鸡血,涂礁石上,诵唱:"我们的渔港啊,以鸡血涂你,希望我长在!"再后,由俩船员将鸡血涂于船的翘尾,诵唱:"我们的大船,将鸡血涂你,要使我们渔猎获得丰收!我们的鱼啊,就将血灌注!"此祭更隆重些,则用猪代替鸡作为祭品。

元墓赏梅——汉族民间传统玩梅赏春节日。流行于江苏苏州一带。农历二月择日举行。元墓本名邓尉,位距苏州城七十里许的光福附近,因后晋青州刺史郁泰元死后葬此,故名。当地盛行园艺,在此广种梅花,饮誉"赏梅胜地"。清康熙朝进士、侍读学士沈朝初《忆江南词》云:"苏州好,鼓棹去探梅。公子清歌山顶度,佳人油壁树,间来元墓正花开。"此景绵延不衰。届时,人们邀约乘舟,于虎山桥畔登岸,前往元墓,观赏梅花,纷纷挥毫赋诗,高歌纵酒,乐不思归。

邓尉赏梅——参见"元墓赏梅"条。

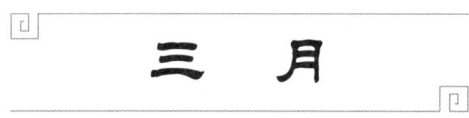

三 月

初 一

碧藓庵双蝶节——汉族民间传统节日。流行于江苏宜兴等地。纪念梁山伯、祝英台殉情化蝶,故名。农历三月初一,于当地传为英台读书处的碧藓庵举行。相传,东晋永和年间,上虞富家女子祝英台扮男游学,路遇梁山伯,后两人做伴在宜兴善卷洞碧藓岩筑庵读书,同窗三年。祝英台示爱而梁憨然不解。待后来梁山伯得知实情,祝已被逼出嫁。梁思念成疾辞世,葬清道山下。翌年,祝出嫁,绕道哭祭,忽狂风大作,坟墓开裂,祝跳入,与梁同化一双蝴蝶,自坟中飞出。人们纪念梁祝,久而成俗。千百年来,人们届时总要到宜兴善卷洞的祝陵,以及英台读书处,凭吊并赏蝶、赏桃花。清宜兴《竹枝词》云:"读书人去剩荒台,岁岁春风长野苔。山上桃花红似火,双双蝴蝶又飞来。"

镇远祭祖魂——侗族民间传统节日。流行于贵州镇远县报京一带。农历三月初一举行。节晨,各户往祖坟坡扫墓挂青,带上白肉片、白水蛋、米酒、糍粑等,供献祖坟前,旋燃香烧纸,虔诚叩拜,祈祖宗英灵保佑家族平安吉祥。

侗族三月三——亦称播种节,俗称讨葱节。侗族民间盛大节日。流行于黔东南州镇远县报京侗族村寨,遍及湘、桂、黔交界侗乡。农历三月初一提前举行,至初五。节日来源说法有二:其一,此节源于古代的耕种。侗家本以桐子树开花为播种时节,一年桐花未开,误了农时,而致饥年。寨老决定废除旧制,改以三月三为播种农时。其二,一对男女为争自由婚姻,遭寨老惩治。俩人悲愤至极,投深潭殉情。为纪念这对情侣,未婚后生们便在三月三去洗葱塘边,向心爱情妹讨笆篓、讨葱蒜,互吐衷情,此日因称讨葱节。节日习俗丰富多彩,人们忙于迎宾客,表演民族歌舞,到莫嘎树下对情歌,捞鱼虾送笆篓,向意中情人讨葱篮,等等。尤其惊人的是迎宾客千人长桌宴(俗称"龙席"),特色的白水鸡、榨辣菜、糯米饭、自酿米酒,简单朴实,备受宾朋点赞。采鼓堂里的民族狂欢舞会,将活动推向高潮,主客双方手拉手,心贴心,里三层,外三层,围着跳着,踩着悠扬芦笙、欢快鼓点,喝着醇香的米酒,久久不舍散场。"报京三月三"已于2014年荣跻国家级非物质文化遗产名录。

侗族播种节——参见"侗族三月三"条。

侗族讨葱节——参见"侗族三月三"条。

报京三月三——参见"侗族三月三"条。

初　二

雅美人丰渔祭——台湾雅美人民间传统渔祀节日,旨在祈海神保佑渔业丰收。农历三月二日上午,于海边举行。届时,由主祭人携一张渔网,另一人持一支木桨,走向大海,渔组成员依次相随,各抓起一把沙子,投进自己渔船,口中念咒:"今后捉的鱼,如沙子一样多。"旋将海水洒进渔船,并对渔船说:"出海时,请带我们到飞鱼最多的地方去。"然后,各自返家,手摸专晒飞鱼之竹竿祈祷:"今年要捕许多的飞鱼,晒在这竹竿上。"随后,大家再返海滩,拾起一些小石块,丢入自家渔船,由主祭人捡回五块较大者带回家,放在晒飞鱼的竹竿旁。

土族龙王庙会——土族民间传统节日。流行于青海互助县东瀛一带。农历三月初二举行。届时,人们着绚丽民族盛装,约聚既定会场。场央,置放早已抬来的"龙王"神像。仪式开始,七八个法师手持山羊皮鼓,敲击念经,手舞足蹈。广大赴会者无不念念有词,口祈龙王保佑人畜平安,五谷丰登。节日商贸非常活跃,茶、布匹等生活用品及榔头把、铁锹、磨子、犁铧等农具,一应俱全。

初　三

上巳——亦称上巳节、三巳、三月三节。中原汉族避灾祛病古节。古以农历三月上旬巳日为上巳,亦称"三巳",故名。魏晋以降,将节日厘定三月初三。相传,此日乃西王母诞辰,古代娘娘庙常供其神像和牌位。届时,人们入庙祈祷求福。另,古有此日于山清水秀处沐浴之俗。临水以祓除不祥,称"修禊"。《后汉书·礼仪志(上)》载:"是月上巳,官民皆絜于东流水上,曰洗濯祓除,去宿垢疢,为大絜。"后渐成人们春日到水边饮宴游玩之节。宋吴自牧《梦粱录》卷二载:"三月三日上巳之辰,曲水流觞故事,起于晋时。唐朝赐宴曲江,倾都禊饮踏青,亦是此意。右军王羲之《兰亭集序》云暮春之初修禊事,杜甫《丽人行》云,'三月三日天气新,长安水边多丽人',形容此景,至今令人爱慕。"吴氏另言,宋代此日,道教亦举行庆祝"北极佑圣真君圣诞"的活动,诸道观俱设醮事,"贵家士庶,亦设醮祈恩;贫者酌水献花"。人们还煮些鸡蛋、鸭蛋,涂上彩色,投入流水,以祈吉祥。上述活动,称"春禊"。另,有七月十四举行"秋禊"对应,亦临水祓除不祥。"上巳"现已并于"清明节"。(参见"秋禊"条)

上巳节——参见"上巳"条。

三巳——参见"上巳"条。

三月三节——参见"上巳"条。

修禊——参见"上巳"条。

春禊——参见"上巳"条。

三巳日——亦称三巳节、上巳日。朝鲜族民间传统祭祀节日。流行于东北延边等朝鲜族聚居区。农历三月初三举行。届时,妇女们把从山上采来的金达莱花,做成花煎、花面食品,或用绿豆粉掺和蜂蜜及松子蒸成馒头。家家备酒菜,举行各种春游活动。据传,此日洗头可使发柔如丝,黑如墨,密如瀑,妇女们因此争相洗头。在朝鲜三国时代(1 至 7 世纪),高句丽各部士兵,这天要聚集打猎,从中选拔勇武敏捷、善于骑射高手,给予奖励、重用。李朝(1392—1910)中期后,许多儒学者在此日举行祭祀活动,祭祀先祖,使祭俗渐在民间流传。

朝鲜族三巳节——参见"三巳日"条。

朝鲜族上巳日——参见"三巳日"条。

祭黄帝——全称"黄帝故里拜祖大典"。中外华人誉称"中华第一大典"。河南新郑黄帝故里祭祖节。2008 年国务院确定新郑黄帝拜祖祭典为第一批国家非物质文化遗产扩展项目。农历三月初三,在黄帝出生地、建都处古有熊、今新郑举行。据赵国鼎《黄帝甲子纪年录》考,轩辕黄帝于公元前 2997 年,推行命大挠所制历律,作甲子以纪日,立四甲纪元年,即"甲子纪年历"(俗称"皇历")元年。其三月初三,黄帝在此建都立国,是为中华开国圣日。另,是日亦传为黄帝诞辰。自 2007 年始,每年农历此时,还同时举办"黄帝文化国际论坛",誉称"华语第一论坛"。

黄帝故里拜祖大典——参见"祭黄帝"条。

中华第一大典——参见"祭黄帝"条。

上司神农诞辰节——壮族民间传统节日。流行于广西龙胜县龙脊一带。农历三月初三举行。汉族传说,神农发明播种五谷,且遍尝百草,发现药材,为民治病。汉、壮文化交流中,龙脊壮人将其奉为祖先,感激其教会本地壮人种地、采中药,因于三月初三设祭,进而演化出此节。届时,各家采办香烛纸钱,杀猪宰鸡,在自家祖先神案下的方桌上摆祭品,点香烛,既祭祖先,也祭神农,谢其教民植五谷,祈其保佑五谷丰登。当地壮人无神农庙,因设家祭。

真武大帝圣诞——道教节日。农历三月初三,在诸道观举行。真武即玄武。古神话中北方之神,即二十八宿中"北方七宿"的总称。《楚辞远游补注》:"玄武谓龟、蛇,位在北方,故曰玄,身有鳞甲,故曰武。"孔颖达注《曲礼》,释作龟;李贤注《后汉书》释龟蛇合体,因以龟蛇象之。与青龙、白虎、朱雀(朱鸟)合称四方四神。道教以此四神作为护卫神。后加附会,曰玉帝册封为玄武。太和山因此易名武当山,取意非玄武不足以当。宋真宗因避所尊圣祖赵玄朗讳,改"玄武"为"真武",大中祥符(1008—1016)间,尊为"镇天真武灵应祐圣帝君",简称"真武帝君"。其祀像,披发,黑衣,仗剑,踏龟蛇,从者执黑旗。节日当天,道观举行罕见隆重的祭典。俗家信众亦往叩拜。

忠县三月会——汉族民间传统纪念性节日。流行于四川忠县一带。农历三月初三举行。相传,战国巴蔓子为川东巴国将领。巴常受邻国侵略,遂请援楚国。楚出兵获胜,要挟巴报偿忠州等三个城池。巴蔓子为保三城，引颈自刎，以退楚使。忠州百姓遂于其殉难日，大举纪念，相沿成节。届时，满城张灯结彩，燃放鞭炮。人们抬着巴蔓子像，绕城巡游，前有仪仗，后续社火，锣鼓喧天，龙狮狂舞，纵情缅怀忠魂。

济南三月三——山东济南民间传统节日。济南乃保留"三月三"古俗较淳之地。农历三月初三例行隆重节庆。百花洲南，有座曲水亭，所在称曲水亭街。它位于一股清泉发源地。阳春三月，柳绿翠堤，泉水清澈，景色十分诱人。届时，人们纷纷到此赏景，取水洗濯，以驱不祥，称"修禊"。内以吟咏"曲水流觞"为盛，欢宴间将盛满酒的杯子置于托盘，放浮水面，任其顺流而下。杯子流于谁面前，谁即须将杯中酒一饮而尽，并赋诗一首；否则，将被罚酒三杯。此节今渐式微。

齐河三月三——汉族民间传统节日。流行于山东齐河一带。农历三月初三举行。当地称春节、端午、中秋为"人节"，三月三、六月六、九月九为"神节"，清明、中元节、十月一为"鬼节"。相传，天山私自下界的童子三月三要被召回，或曰地上狐精、散仙、黄鼠狼三月三要找替身。当地百姓为免孩子被召回或做替身，是日便严禁其出门。富家买彩纸剪成彩纸人焚化，为孩子"换身"；穷人则把孩子鼻梁抹上黑灰，称"打灾"。尤奇特者，推"拴娃娃"：婚后不育媳妇去娘娘庙烧香叩拜，给巫师些银两；巫师则给一根红线，让其从一堆泥娃娃中任拴一个回家，称"娘娘赐子"。倘真得子，即将其放入墙洞，每逢三月三上供，精心保存，万不损坏。

保定三月三——河北保定民间传统庙会古节。农历三月初三（或曰初一）举行，历三天。节间，天天几万乃至几十万人，拥向清苑县国公营观音寺，赶"三月三"，朝拜"无生老母"（俗称"老母奶奶"）。明清时，民间宗教即已奉其为至高女神、创世主、人类祖先。她既创造了宇宙和人类，又拯救沉沦于苦海世人的救世主，有着无上的权威。突出活动为法会：每天上午消灾祈福法会，下午超度亡灵法会，由法师和居士祈诵《千手千眼大悲心咒忏法》《弥陀忏法》。特色活动乃"甩香山"，即烧香不论炷，而以堆为单位，称"山"，将成捆草香解捆，堆插如山，烧得越旺越预示福报、加持越大。故，纷纷追求"烧高香"，草香长，香堆高，均可达一两米！烧香时，不时往香山搭红布、黄布，意为给老母奶奶"披袍"；还供奉三寸金莲古鞋；常见供品有鲜花、干花、水果、糕点、糖果等；面点供品，做成仙鹤、梅花鹿、梅花、荷花等，格外精美，独具匠心。而今，古俗多已淡出，取而代之的是休闲、娱乐及集市贸易等。

三月三大节——壮族民间传统纪念、祛病节。流行于广西武鸣县清江一带。农历三月初三举行。相传，从前此地有位英雄，经常除恶济贫，许多乡民受过其接济。后来，英雄与强大的敌人殊死搏斗，于三月三战死一棵枫树下。人们缅怀他，每年此日到野外采枫叶，与糯米搅拌，煮成黑色饭菜，围坐一起食用。据传，吃这种饭菜，既可辟邪，又可祛病强身。年年如此，久而成节。

壮家三月三——亦称歌墟节、花街节、歌节。广西、云南壮族民间传统盛大节日。农历三月初三举行。源说甚多：一说壮家有一对青年男女常以山歌叙情，因家庭阻挠,于三月初三以身殉情。为缅其坚贞,青年们年年此日聚集对歌,久而成节。一说这天乃壮族对歌创始人、歌仙刘三姐遇害之日。此节因纪念对歌创始人而来。壮家人认为,唱歌能消灾除难,增长智慧,生活离不开唱歌。节俗主要是赶歌墟,即在传统歌场搭歌棚、办歌会,以歌叙情。对歌程序为见面歌、邀请歌、盘歌、爱慕歌、盟誓歌、送别歌等等。另,举行碰蛋、抛绣球、抢花炮等活动。云南广南壮乡花街节,别饶情趣。节晨,妇女早起蒸糯米,用红饭草等植物煮水,染红、黄、蓝、黑颜色,倒大簸箕里拌匀,做成五彩糯米饭。旋杀鸡宰鹅,煮红鸡蛋,将五彩糯米饭、鸡肉、红鸡蛋装进竹篮,才叫醒子女吃早饭。子女饭后肩挎内装新衣裙和赠送情人礼物的网兜,走出家门,互相邀约,奔向花街。壮族男女青年赶花街,先选择对象唱歌;父母则挎内装有食品、礼品的网兜、竹篮随后,为之参谋。青年们互约,男一群,女一群,摆开阵势,分别推一人开唱,拉开对歌序幕。继而争相以歌问答,调子多样,动人心脾。唱歌达高潮时,小伙们吹响牛角号。男女成双,踩鼓点翩翩起舞。歌舞一阵后,男女成双成对,分散在街头巷尾、田边地角、竹旁树下,深入对唱,既唱开天辟地,也歌祖先业绩;既互考聪明才智,更唱歌探情。歌声此起彼伏,飞扬数里之外。唱到情意绵绵处,即互赠礼物,私订终身。

壮家歌墟节——参见"壮家三月三"条。

壮家花街节——参见"壮家三月三"条。

壮家歌节——参见"壮家三月三"条。

黎歧三月三——亦称情爱节。黎族民间传统婚恋节日。流行于海南东方一带。农历三月初三举行。清人张庆长《黎歧纪闻》载:"男女未婚者,每于春夏之交齐集旷野间,男弹嘴琴,女弄鼻箫,交唱黎歌,有情投意合者,男女各渐凑一处,即订耦配,其不合者,不敢强也。"节前,小伙们上山打猎,所获山鹿抬回祭祖;上山无获,则杀鸡代之。祭祖均由族中长老主祭。妇女在家做粽粑、糕点,准备节日新装。节天,各寨男女老幼携山兰酒、粽粑、糕点,云集牙南良、亲天峡、牡丹坡、报翠坡等既定场地。小伙们下河捕鱼,姑娘们烧火煮饭,旋与众往山洞口拜祭祖先肋杠法、百观音兄妹。入夜,于山坡、河岸点燃一堆堆篝火唱古老民歌。小伙、姑娘们欢跳竹竿舞,至夜深则对歌择偶。相传,远古某年,昌化江洪灾,仅幸存肋杠法、百观音兄妹,于燕窝岭岩洞结为夫妇,繁衍后代。他们死后化为岩洞观音石。黎族后人,遂年年举行节日祭祀。

黎歧情爱节——参见"黎歧三月三"条。

黎苗三月三——亦称爱情节。黎语称孚念孚。黎族、苗族民间祭祖、祝农猎丰收、青年择偶综合佳节。流行于海南三亚、保亭、乐东、陵水等地。农历三月初三举行。既表演歌舞,还展示黎族制陶、纺织染绣,苗族刺绣、蜡染等传统民族工艺。传说,远古时聚居昌化江畔的黎族遭灭顶洪灾,仅剩一对恋人坐一个大葫芦瓢里漂至燕窝岭边。三月初三这天,大水消退,俩人海誓山盟,结为夫妻。婚后,在燕窝岭纺纱织布,生儿育女,开荒种田,挖塘养鱼,繁衍了黎族后代。黎家为纪念先祖,每年此日,都聚集昌化江畔对歌,播种爱情,沿袭成节。届时,男女老少带着粽子、糕点,从四面八方拥到燕窝岭一带。小伙捕鱼,姑娘煮饭、烤鱼,后将祭品放到有天妃和观音化石的岩洞口,祭拜祖先。同时,一些小伙背枪荷箭入深山密林打猎,把猎物献给心爱的姑娘。当夜,河岸燃起熊熊篝火,姑娘们身着艳丽七彩衣裙,手戴各式镯头,小伙子腰扎红巾、手执花伞,开始对歌、摔跤、拔河、射击、荡秋千。青年们踩着明快乐曲,跳打柴舞、打猎舞。歌声此起彼伏,通宵达旦,男女青年各坐一边,互倾爱慕之情。双方情投意合,即互赠信物,姑娘将亲手编织七彩腰带系在小伙腰间,小伙子则把耳铃穿于姑娘耳瓣,或把鹿骨做的发钗插上阿妹发髻。他们相约来年三月三再会。

黎苗爱情节——参见"黎苗三月三"条。

孚念孚——参见"黎苗三月三"条。

昌江三月三——苗族、黎族民间传统节日。农历三月初三举行。流行于昌江等地苗族、黎族村寨。据考,此节肇源昌化江畔的燕窝岭,乃远古特大洪灾幸存者与其后人的特殊纪念日。昌江典型节庆地有三个:一是猕猴岭下的高滩坡,有宽敞石洞,洞下有一条大河汇入昌化江;二是南尧河汇入昌化江之长沙滩,在皇帝洞下面;三是昌化江畔燕窝岭下。各地节庆主要内容有饮酒聚餐、唱歌跳舞,倾吐对祖先逃离灾难的庆贺、对爱情的赞美、对甜美新生活的追求、对劳动的热爱。此节与"黎苗三月三",不乏交叉重叠。

畲家三月三——亦称乌饭节、对歌节。畲族民间传统节日。流行于闽、浙、粤畲族村寨。农历三月初三举行。主要活动有野游踏青,吃乌米饭。节日来源传说不一:其一,唐总章二年(669),畲族英雄雷万兴率众抗击官军围剿,于景云元年(710)冬,粮尽援绝,以名为"黏米乌"(乌捻果)充饥,保持体力,终于翌年农历三月初三成功突围。畲民遂于每年此日,举行吃乌米饭、对歌等仪式,进行起洪楼、上刀山、下火海等武术表演,以为纪念,年久成节。福建宁德福安市于2012年(壬辰)三月三,首举节庆,男女青年表演大型"打枪担",盛况空前;畲族茶艺、武术、山歌等表演,亦重现式微多年的当年繁盛。另,浙江畲区则传说,畲族始祖盘瓠不幸于三月初三狩猎殉难,为纪念始祖,颂其功绩,因有此节。节前,人们采集野生植物乌捻叶熬汤,将糯米泡汤汁数小时,捞出蒸熟,拌以白糖或果脯,色泽蓝绿乌黑,带有油光,香软可口,称乌米饭。节间,方圆数十里同宗祠畲族云集歌场,竟日对歌、盘歌、歌颂盘瓠,缅怀英雄。入夜,各家吃乌米饭。深夜,宗祠内高挂祖图,由法师戴神额,执铃刀、龙角旋舞,进行祭祖活动,忌外人观看。

畲族乌饭节——参见"畲家三月三"条。

畲族对歌节——参见"畲家三月三"条。

湘苗三月三——苗族民间传统节日。流行于湘西泸溪县梁家潭乡等地。农历三月初三举行。届时,方圆数百里的苗族同胞,欢聚一堂,共度佳节。相传刀耕火种时期,这里有一片茂密森林,土地肥沃,边界乡民为争夺这块宝地,刀箭相向,流血伤亡。天长日久,苗家最终觉醒,兄弟不能自相残杀。经各地头人协议,决定三月三在梁家潭苗寨台地举行歌会,庆祝苗族兄弟大团结,并祈人寿年丰。节以祭祀开场:苗老司穿红袍,执法器,面对土地神像祈福、作法,率众敬天地、五谷,祈上苍降临更多吉祥、幸福。开场法事后,众人旋狂欢。来自泸溪、吉首、古丈、沅陵四县

（市）的各族群众，盛装欢聚，舞龙狮、踩高跷、跳团圆舞、排绸龙灯、打陀螺、划木排对歌、跳香舞等。古老祭祀、跳香、咬犁口、舞龙狮都在老艺人带领下完成。最震撼场面是全场齐跳"跳香舞"。这一祭祀舞，步履徐缓，动作简洁，参与性强。

仫佬族三月三——广西仫佬族民间宗教节日。于传为婆王诞辰日农历三月初三，在婆王庙举行。婆王亦称圣母、花婆，专管人间生育。庙内设三尊木雕神像，一是执一支笔的判官，一是怀抱婴儿的母亲，一是正奶婴儿的母亲。届时，集体举祭，杀一头猪，以其头、尾、脚、内脏作为祭品。众人分香烧纸，虔诚叩拜，亦婆王恩赐贵。有孩儿病痛之家，则求婆王保佑及早痊愈。

布依族三月三——亦称仙歌节、扫寨、祭神、地蚕会。布依族民间传统祭山神、扫寨驱鬼、祝丰收的节日。流行于贵州望谟等地。农历三月初三举行，历两天。节俗因地有异。届时，布依民众除举行传统歌舞、体育等表演外，每家都要祭祀灶神、农田、祖宗，家宅四周插上枫树枝，成人头插枫树叶，孩子穿上枫叶衣，家家做五彩花糯米饭，祭灶神和祖先。年轻人则纷纷穿上传统土布服装，田野踏青、对唱山歌、互抛糠包，欢乐连情。贵州安龙一带，主要进行扫寨、祭山神活动。当地传说，这天乃山王神生日，要放出各种蝗虫来害庄稼，还让人畜得病，须扫寨、祭神。当然，每户仅留一人在家举行祭祀，其余人全部"躲山"。扫寨时，不许外村人入寨，否则罚以"破寨"罪。清李吉昌《南龙志·地理志》载："其俗每岁三月初三宰牛祭山，各聚分肉，男妇筛酒，食花糯米饭……三四两日，各寨不通往来，误者罚之。"贵阳地区过节，男女青年要上山对歌。据传，谁歌声最动听，天上歌仙就赠给一副金嗓子，从此她在哪里劳动，哪里害虫就会被金嗓子吓跑，不敢来害庄稼。当地三月三因称仙歌节。有的地方，布依百姓还利用节日上坟培土挂青，以代清明扫墓。望谟、乐圆、平卜一带布依族，此日还兴杀狗请客，因三月初三多临清明，逢"寒日"，而狗肉热性大，食利祛寒。

布依族仙歌节——参见"布依族三月三"条。

安龙扫寨——参见"布依族三月三"条。

安龙祭神——参见"布依族三月三"条。

布依族地蚕会——参见"布依族三月三"条。

布依族扫寨节——贵州布依族民间宗教节日。节期在春季，具体日期各年不一，多在农历三月三日前后。扫寨开始，巫师着法衣，戴法冠，左手执一木棒，右手执手铃，口念巫词，走在纸扎龙船前面开道，众人抬龙船紧跟，狗随其后，再后是提着鸡、鸭的人群。巫师走进哪家，皆念一段咒语，东扫西挥，将主家早已备好的水饭向门外泼出，后再亲手把门关闭，以示除妖驱邪。待巫师逐户扫尽，众人将龙船抬往河滩烧毁。当天下午，每家都要磨一锅豆腐，有的还要拿出腊肉，一起去寨边田坎聚餐。上述过程，禁外村人入寨，否则重罚。此节已式微。

罗平仙歌节——亦称地蚕会。布依族民间传统盛大歌节。流行于云南罗平八大河布依山乡。农历三月初三举行。届时，依例举行盛大对歌活动。青年男女来到美丽多衣河畔，对歌赛歌、游船赛筏、纺水车、打水枪,其乐陶陶。纯情少女,身穿亲手纺制服装,在花前树下以一曲曲婉转悦耳歌声引来一个个多情的布依小伙。他们你唱我对,通过歌声传达心声和情意,进而成双成对消失在花簇树丛中。据说,天上的歌仙听到歌声,便会赐给出色的歌手一副金嗓子。而田里的害虫听到人们唱歌,就不敢出来祸害庄稼。小孩则多在河边尽兴游玩。另,节日各家染五色花饭,女孩们则用红线织成一个个小灯笼状的提兜,内放鸡蛋,提在手中游玩。

罗平地蚕会——参见"罗平仙歌节"条。

罗甸枫叶节——族称"更冒烧",俗称吃枫香叶。布依族民间传统盛大歌节。流行于云南罗甸县。节期因地有异:南部红水河一带,于农历三月初三;北部坝王河一带,于三月十三。临节,各户将枫香叶、染饭花、紫叶、红木片等分别捣碎、滤汁,泡染各色糯米,节日做成花糯饭享用。据传,如此做饭有医疗价值。孩童们用枫叶做成"抛球"玩耍。姑娘、媳妇们采枫叶插饰发髻,上山与小伙们吹玩木叶、对山歌;倘逢对手,则邀至寨中对唱。临别,主家照例用芭蕉叶包好的花糯饭,赠飨歌手。

更冒烧——参见"罗甸枫叶节"条。

吃枫香叶——参见"罗甸枫叶节"条。

更三碗——亦称三月三。布依族民间隆重祭祀节日。流行于云南罗平一带。农历三月初三举行,历三天。节前一两天,由一人承头,村众凑钱,备办鸡、猪、羊等祭品。初三,全村老少上山,固定(或临选)一棵大树,奉为神树、山神,在树下烧香化纸叩拜。初四,村众上山坡祭祀,祈上天不下冰雹,让人间五谷丰登,人畜兴旺。初五,全村聚集水井边祭龙潭,把一只白公鸡和一头活猪,带井边宰杀,祭龙王,祈佑井不缺水。祭毕,青壮男性纷纷清修水井,铺砌井边道路。然后,村众在井边会餐。饭后,由承头人宣布开支情况,要求大家爱护水井及桥梁等寨内外景物。节间,孩童们带着熟红鸡蛋到河边玩耍,青年人下河游泳、划竹排、打水仗,或到寨边与邻寨青年对歌。各家父母则备上好饭菜,送至田边地角,与孩童们共享。

罗平三月三——参见"更三碗"条。

水族三月三——水族民间传统节日。农历三月初三举行。流行于云贵水族之乡。云南富源县古敢,称三月三对歌节。节俗基本为高歌纵舞,突出项目为各种形式对歌,尤其男女对歌。

三月三对歌节——参见"水族三月三"条。

土族三月三——亦称土族三月三庙会。土族民间传统节日。流行于青海海东一带。农历三月初三举行。俗项因地略异。海东地势较高,气候寒冷,节期天气回暖,农民开始春耕春播。谚云:"三月三,脱掉袄儿换布衫。"节日,人们禁止生产劳动。各寨土族男子身穿绣花小领、袖口镶黑边的斜襟白汗褂,外套黑色或紫色坎肩,腰系绣花长布带;妇女穿绣花小领、镶花边的斜襟长衫,外套或黑或蓝或紫镶花坎肩,两袖由五色布连接成,腰系称"达包普色"的刺绣腰带和丝绸带,挂以花巾、花钱袋、荷包和小铃铛;佩戴耳坠、手镯等银质首饰。他们在一起欢快聚集。老人们焚香烧纸,并请巫师跳神、念经,祈祷神佛保佑,全寨五谷丰收,人畜兴旺。其后,男女老少成群结队到密林、山涧、草地游玩,并开展摔跤、打毛蛋(用羊毛线缠成的圆球)、踢毽子、转轮子秋等文体活动。

土族三月三庙会——参见"土族三月三"条。

撒拉族清明节——青海循化撒拉族民间传统祭祖节日。节日来源受各族人民长期友好往来的影响。农历三月初三举行。届时，穆斯林同胞着民族服装，纷纷前往附近清真寺，念"清明乃提经"。各村寨宰牛宰羊，筹集面粉等食物，到寺院舍散。教徒们还据自己经济条件，捐献"七贴"、油香等，以示教民义务和虔诚。同时，各家炸油香、馓子、做油搅团，煮手抓羊肉，阖家欢聚。老人们讲述祖先功德，勉励全家勤奋经营，搞好生产。

白族三月三歌会——云南白族民间传统盛大歌节。农历三月初三，在大理湾桥乡南侧保和寺举行。节日俗项：一是按照民族传统，男女公开对唱，唱白调，从三月三起，至九月九止。三月三是白族男女一年中可以尽情歌唱的第一天。二是保和寺内送子娘娘和太子塑像香火旺盛，前往赶会的妇女中不少人怀着求子的愿望，老年妇女多为还愿而来，中青年则为对歌、听歌或者寻找知音相聚。当天，大理坝子各村白族人云集该寺，白天一群群、一伙伙地对歌，黄昏后，对歌进入高潮。一对对情侣在寺内或村间，低吟浅唱，曲调悠扬。

风光岩歌会——亦称三月三歌会。贵州天柱侗族地区传统歌节。农历三月三于蓝田、白布、远口交界处的风光岩举行，故名。风光岩位于天柱县三交界的风岩坡。相传，古有一对恋人田郎与妹腊。妹腊父母嫌穷爱富，硬把妹腊许给当地有钱有势的孙家。婚期将到，孙家登门要人，田郎与妹腊逃到风岩坡，以歌诉情，唱三昼夜，歌声真挚、悲壮，感动山神。三月初三，他俩对天发誓，愿结终年之好。孙家却派家丁前来抓人。这时，天空突然乌云翻滚，风雨雷电交加。孙家一伙被雷电击死。天晴，田郎与妹腊的好友，成双成对地前来找俩恋人，只见风光岩冒出他俩身影，身影霎时变成两座石岩，即风光岩。这些男女青年围绕岩石唱歌。远近乡人闻讯亦纷纷前往对歌。世代相袭，变成歌会。届时，方圆数十里侗家和其他民族的歌手，纷至沓来。歌场上，身穿各色民族服装的男女老少，成群结伴，不分男女，自由对唱山歌。歌场照例先唱叙事歌，讲述人类起源、民族历史、乡俗风情和三月三歌会来源，然后触景即兴编唱、倾吐爱慕等，一直唱到日暮，才陆续离去。

侗族三月三歌会——参见"风光岩歌会"条。

册亨社神节——布依族民间宗教节日。流行于贵州册亨一带。农历三月初三（有的地方六月初六），于寨边、寨后古树下举行。祭场搭社神棚，内一座石砌小台，上供一个石头代表社神。祭品多为猪、牛、狗，由全寨按户分摊价款。节日早上（有的临近中午），每户派一男人齐聚社神棚前，各带三根香、一叠纸。祭祀多由老人主持，并负责准备锅、桶等用具。一切准备妥当，即杀牲，将其头、骨、脚、内脏等放棚里临时锅灶煮熟，用以献祭。祭始，主祭人讲："众人拿猪来祭你老祖，希望你保佑庄稼好，寨子平安。"祭毕，大家共享熟肉，余下些带回家，让每人吃上一份得"好"。祭社，人们要休息三至五天，才从事劳动。其间，人们走亲访友，互相道贺。青年人约异性朋友游玩。有的地方借机打"老庚"，通过同性朋友介绍异性朋友。孩童们则高兴地放风筝。

瑶族清明歌会——自称"勉"的瑶族民间传统节日。流行于广西龙胜一带。农历三月初三举行。相传,瑶人世居高山,刀耕火种,无论春种秋收,总是肩扛背驮,翻山越岭,十分辛苦。天神见此,非常同情,遂于农历三月初三,下凡扮成过路商贩,在山坳口等候瑶人。一群肩负重担、背驮重篓的瑶人到来,"商贩"让他们歇息,教其学唱山歌。瑶人聪明,一学就会,你唱我答,忘了疲劳。"商贩"还在瑶人扁担、背篓上系了麻绳,重负顿时变轻。瑶人遂将遇仙此日定为歌节。届时,各家各户"打油茶",大唱山歌,对唱,合唱,教唱,边唱歌,边品尝油茶,整个瑶村沉浸在欢乐的歌声之中。当地谚云:"山上绿叶衬红花,瑶家山歌伴油茶。"

龙胜勉瑶歌节——参见"瑶族清明歌会"条。

瑶族开耕节——亦称起愿节。广东连南瑶族民间传统节日。农历三月初三举行。届时,家家拜祭祖先,口中念念有词,祈祷祖先保佑一年风调雨顺,五谷丰登,人畜两旺。妇女磨豆腐,做糯米糍粑。入夜,举家吃肉、饮酒,共迎新春开耕。

连南起愿节——参见"瑶族开耕节"条。

侗家播种节——侗族民间传统佳节。流行于湘、黔、桂交界地区。农历三月初三举行,多历三天。相传,当地侗家古时以一棵千年油桐树作为节气树,每当它开花,人们即撒谷育秧。后来,寨里游手好闲后生,迷恋与姑娘们坐歌堂、踩芦笙,偷偷砍掉古树,失去了开花报春。但人们记得,油桐树是每年三月初开花,便商议把三月初三定为播种节。届时,各个侗寨都举盛会,具体节日习俗因寨有异:有的放花炮;有的踩芦笙,坐歌堂;有的走村串寨,访亲问友。内以"舞春牛"最为有趣。春牛由俩强壮后生扮演,腿扎黑绑带,身穿紧身衣,往竹、纸扎的牛头及青土布做的牛身下一钻,便成一头活灵活现的春牛。舞时,由鼓乐队、农耕队一前一后配合,春牛居中,依次到各寨巡演。每到一处,只见倾寨列队相迎。他们在芦笙、二胡、锣鼓等乐器伴奏下,唱"春牛春牛,黑耳黑头,耕田犁地,越岭过沟,四季勤劳,五谷丰收"的春牛歌,被迎入寨内鼓楼坪前表演。春牛在场上撒欢、滚水,做各种逗人喜笑的动作,引起一阵阵欢笑、喝彩。迎春牛的人们都想摸一下春牛,谁能摸到春牛眉心,就象征能得好运。人人争相去摸,而舞牛小伙子百般阻拦,尤其重点护卫春牛眉心。当然,小伙中意的姑娘出手,则当例外。接着,农耕队表演各种农事,挖田坎、耕田、插秧、收割等,动作逼真优美。此节,既催侗家快播,又促情侣成亲。节前,姑娘们即相互邀约,背笆篓,持渔网,下田捡田螺,下河捞鱼虾,准备送情郎的定情礼物。情郎则将这些办成酒席,邀亲朋好友欢聚畅饮,既祝情爱日久天长,亦祝侗家五谷丰登、六畜兴旺。节夜,姑娘们三五成群,在鼓楼上歌唱,情郎们成群结伴以鼓楼板壁做界在楼前对歌。中老年人邀约走村串寨,畅饮欢歌,谈古论今,交流生产经验。节庆毕,人们全力以赴,积极投入春耕春播。

茶山瑶黄牛节——自称"拉珈"(茶山瑶)瑶族传统农事节日。流行于广西金秀忠良乡一带。农历三月初三举行。当地山高坡陡,梯田狭窄,加之气候寒冷,水牛无法耕作,只有黄牛能显身手。因此,瑶人特别珍惜黄牛,因定此节。节晨,各户主人将糯米饭掺入饲料喂黄牛,稍后上草坡放牧。竟日禁用黄牛，更禁鞭打、吼骂。放牧中，主人为牛驱蚊捉虱，擦身梳毛，百倍呵护。傍晚牵牛回栏，将三条烧熟的泥鳅夹在青草中喂食，据说，如是既能长膘，且可免疫。

拉珈黄牛节——参见"茶山瑶黄牛节"条。

城步动春节——苗族民间传统节日，旨在祈求祖先保佑人寿年丰。农历三月初三举行。流行湖南城步一带。届时，各家纷纷杀猪、杀鸡、做糯米粑，敬祭祖先。其间，接女儿、女婿回家团聚。节日活动，因寨有异。长安乡六马村，禁止女儿、女婿与娘家人同吃敬献祖先的肉。江头司乡茶园村，则由女儿、女婿陪来客吃节饭，饭后客人须不辞而别，否则被视为对主人不尊重。

小花苗校步节——族谓"涉(舍)娘苏嘎(夏)"，译意为校正脚步。苗族支系小花苗传统选亲节，是一种奇特的选亲活动。流行于贵州安顺一带。多于农历三月初三举行。届时，男女两家往既定坪子，小伙腰拴一把供求爱用的纸伞，手撑开一把纸伞，前由芦笙手吹笙引路，后有一人打伞作陪，旁由姐夫、妹夫或老表相伴，绕场三圈，来到坪央。姑娘则由嫂子、姐妹相陪，在场子另端，仔细端详小伙身材、长相、装束打扮，尤其走姿之类。倘相中，即由嫂子、姐妹陪着进场，每人均打纸伞，踏着芦笙曲调，亦绕场三周，让小伙端详。场外长辈及相关人等，同时目测，判断是否般配。倘各方皆满意，女方即邀小伙及其父母，进村商议订婚事宜。

涉娘苏嘎——参见"小花苗校步节"条。

舍娘苏夏——参见"小花苗校步节"条。

敬娘娘菩萨——四川阿坝羌族民间求子佑子祭祀节日。农历三月初三举行。届时，已婚妇女设供祭祀娘娘菩萨，祈菩萨赐子、佑孩子平安。祭祀仪式简单，有的是将祖母留下的磁塑或泥塑菩萨像，平时小心收藏在箱子或柜中，节日这天取出，供于家中一角，焚香膜拜，口念祷词。敬祭时间各地、各家不一，或日出前，或白天，或入夜。祭毕，用布或羊皮包好塑像，放回柜中或箱内，来年再祭。

初夜渔祭——亦称大船初夜渔祭。台湾雅美人民间传统节日。农历三月初三夜，新月出现时举行。据传，此时乃捕飞鱼季节开始的首轮出海日子，须在海上举行祭祀，祈祷年丰，故名。大船连夜出海，船员各取鸡毛一支，在胸前挥拂，并唱咒作禳祓。在首条入海渔船上，船长主持祭祀，于船上杀猪一头，让猪血流入海中，将一个内盛清水的瓮和一把桨置于船头，再把一小瓢清水撒入海中，祭飞鱼之灵。祭毕，始捕鱼。捕得第一网鱼，船长用小竹管做象征性涂血，并唱祝："夏鱼啊（包括飞鱼和其他鱼），为您涂血，要像小白鱼，成群而来！"以求满载而归。唱毕，将鱼放入船尾鱼槽，不得带回家食用。初渔归来，运鱼至公共会所，移至洗鱼槽中。船长从中提出一尾用小竹管象征性涂血，再唱相同祝词。洗鱼、剖鱼毕，即在公共会所后屋中炉上，用陶釜烹煮。在鱼烹釜前，也用小竹管在其中一尾行象征性涂血。食鱼时，每个成员各用陶缸木盘分取汤和鱼，每人一份，食时唱祝："希望能永久对夏鱼行如今的祝福！"雅美人视该船此夜捕鱼量多寡，占卜此汛期渔业丰歉。

大船初夜渔祭——参见"初夜渔

祭"条。

吴凤祭——台湾汉族民间纪念性节日，旨在缅怀阿里山忠王吴凤。农历三月（或八月）初三举行。吴凤，字其玉，清康熙三十八年（1770年），生于福建漳州平和县，后随父迁台。因谙当地方言风俗，任阿里山通事。为助当地土著（少数民族）革除"人首祭神"陋俗，不幸以身殉职，备受各族民众尊崇。民间建吴凤庙，尊其为"阿里山忠王"，年年举行祭祀缅怀。

阿里山忠王祭——参见"吴凤祭"条。

乌拉街龙王祭——汉族渔民宗教节日。流行于吉林永吉县乌拉街一带。农历三月初三举行。松花江畔公拉玛村哨口江岸高埠上建有一座龙王祠，誉称"松江第一祠"。每逢此日，船工、渔民纷纷前来拜祭龙王。祭祀很隆重，他们摆上果品、香烛，宰杀黑猪、红鸡供奉。人们面对龙王牌位，跪行大礼，诚祈龙王保佑自己或家人江上作业平安。此节已泯。

土族鸡蛋会——青海土族民间传统性节日。流行于大通、互助等县。节期因地有异，农历三月初三或初八、十八举行，有些地方于四月初八举行。相传，此节源自明嘉靖年间，因一次春天雹灾，而留下庙会打鸡蛋禳灾之俗，已历四百余年。届时，在神庙里给龙王、九天娘娘等献牲酬祭，法师诵经、跳酬神舞，以避祸禳灾。神殿前竖高三丈三的幡杆，下埋尺余深，寓意为三十三天界、十八层地狱。用表纸、彩纸剪贴成云纹、水浪、连环套等花样的长幡和长忏，挂杆头，垂于地，幡端横置两齿叉，叉尖各戳一大馒头，如日月经天。固幡绳端拴内包五色粮食、红枣、花生、水果糖及硬币等物的"梁蛋子"。是晚，仪毕放幡，众围观抢食，得馒头者生"状元郎"，得"梁蛋子"者可禳灾避祸。时值万物复苏，人们赶庙会，一则上香祈福，二则借机娱乐一番。远近土、藏各族蜂拥而至，摩肩接踵。土族阿姑们盛装艳服，头戴"拉金没""圣贤魁"等各式毡帽，帽插花嵌小镜，耳挂银坠珠珞，胸吊鞑婆辫套，身上环佩，彩绣荷包，在阳光下闪光生辉，尤为引人注目。巧的是此会正值母鸡下蛋旺季。土族群众皆带熟鸡蛋，一作食品，二为敲击做戏。男女老幼手持鸡蛋，三五成堆敲击比赛。蛋破为输，胜数次最荣耀。会期届满地，场地铺上一层白花花的蛋壳，宛如下了场冰雹。群众认为，如此可禳解一年雹灾之害。

姚马跳神会——土族民间宗教盛会。流行于青海互助县东瀛姚马庄一带。农历三月初三举行。届时，土族及周边各族群众，身着盛装，带上农副土特产品，三三两两前往事先指定的"跳神"场地。会场锣鼓喧天，经幡飘扬，人山人海。跳神仪式多由寺院主持，先是数个至十余喇嘛登场，身穿袈裟，头戴面具，向场中央龙王频频点头示意，口中不断念经诵词。接着，人们敲锣打鼓，吹长号、海螺，喇嘛们随其节拍手舞足蹈，欢跳神舞，气氛庄严肃穆。在场僧众，就地跪拜，祈祷龙王保佑当年风调雨顺、五谷丰收、六畜兴旺。是日，会场周围大摆各种货摊，进行各族物资交流。

龙子庙会——汉族民间宗教节日。流行于浙江丽水地区。农历三月初三举行。相传，"龙子菩萨"，本是唐大理寺少卿戴胄，为官清廉，深孚众望。死后，百姓建庙纪念他。清代，瓯江泛滥，人们在洪水中拾得戴胄牌，在水边设坛供奉，用以控制洪水，称"龙子牌"。后有人集资建庙，将"龙子牌"改成"龙子菩萨"，并办庙会祭祀。会日之晨，人们焚香进供，轿抬龙子神像出巡，锣鼓开道，还愿人群身披红囚衣，扮成罗汉和皂役，与踩高跷者们，一同簇拥神轿。另，还有病牛亦披彩衣还愿。神轿后是执事、旗幡。出巡毕，神轿停放主持家中祠堂，待小满前后，择吉日送回龙子庙。

丰都庙会——重庆丰都汉族民间宗教节日。流行于重庆丰都。庙会交叉当地诸多"鬼节"。农历三月初三举行。据考，此节承自古老的踏青、连情之俗，融入本土鬼神信仰，形成独特的涉"鬼"风习。会间，表演祈福驱邪的神鼓舞、鬼面舞、响篙舞、竹鼓舞，祈求风调雨顺的水龙舞、戏牛舞、狮子舞，以及鬼脸谱瓢画绘制等技艺。尤为注目者，推独创的"阴天子娶亲""城隍出巡""钟馗嫁妹"等民间街头游乐。丰都乃道家七十二福地之一，其最高神灵为"酆都北阴大帝"，专司惩恶扬善，引来众多香客烧香拜祭。山上的庙联有："生前作好事；善后保平安。""积德修行奈河桥易过；贪心造孽尖刀山难逃。""望乡台、奈何桥，善良积福容易过；尖刀山、磨子推，贪心造孽报怨谁"等等。这种以"唯善呈和"为特质，劝善戒恶的鬼城文化充分体现了人们对美好生活的向往。

太保庙会——汉族民间纪念性节日。流行于浙江丽水一带。农历三月初三举行。相传，唐代当地曾有一水井，供远近数里乡亲饮用。某日，瘟神施毒于井，被叫温琼的人发现。他死守井边，告诫前来取水乡亲井水有毒，而乡亲们竟然不信。他苦苦哀求却无效，便投身井中，以明其理。人们将其打捞出井，他已全身变黑。

人们后悔无及。皇帝感其壮举，追封"思靖王"。清代，村民建庙，于三月三举庙会，称今名。届时，"太保出巡"所经街道，全以白布遮盖，判官导巡，鸣锣开道。队伍前头，数十还愿者，腰扎白布手持小凳，凳绑白毛巾，上插香，前行三步，便回头一拜。仪仗队及扮成各种神煞的人们，簇拥神像随后。出巡毕，回庙之际，人们大弄响器，直冲殿堂，赶走各种闲神。另，还照例搭台演戏，祈一方平安。

蟠桃宫庙会——汉族民间传统求子祈福节日。流行于北京城南一带。于传为王母娘娘诞辰日农历三月初三，在蟠桃宫举行。蟠桃宫，又名"太平宫"，乃道观，位于北京东便门内桥南，全称"护国太平蟠桃宫"，始建明代。清康熙元年（1662），工部尚书吴达礼主持重建。当年谚云："三月三，拴娃娃。"庙会因盛行"求子"，热闹非凡。届时，崇文门外沿护城河往东的三里长街车水马龙，熙熙攘攘，红男绿女，鱼贯而行。大鼓书、单弦、相声、变戏法的艺人，争相献艺。民间花会高跷、什不闲、舞狮、旱船等，纷纷进香朝拜。清震钧《天咫偶闻》载："太平宫在东便门外，庙极小，岁上巳三日，庙市最盛。"清诗亦述："三月初三春正长，蟠桃宫里看烧香，沿河一带风微起，十丈红尘匝地飏。"又有诗曰："蟠桃宫里看烧香，顽耍延河日正长，童冠归来天尚日，大通河上望漕粮。"1985年，为拓宽马路，蟠桃宫山门、鼓楼及部分东配殿被拆除；1987年修东便门立交桥，整个蟠桃宫被拆，仅存石碑一通。2007年，当地街道恢复庙会，自三月初一至初三，北京绢人、工艺木刻、绒鸟、葡萄常等传统工艺摆摊设展，便宜坊、豆花庄、锦芳、锦馨、九门小吃、牛街洪记等地方特色小吃现场售卖，中幡、飞镖舞狮、龙腾舞跃、摔跤、顶坛子、踢碗、万寿无疆高跷老会、聚义同善小车盛会等轮番表演，献艺玩游，热闹非凡。如今，怎奈有会无庙，有异传统。

侗家赶歌场——侗族民间传统歌节。流行于贵州天柱、锦屏、剑河、三穗、镇远一带。节期因地有异，农历三月三，或四月初八，或七月二十日。主要节日习俗为对歌。届时，人们聚集在富丁乡背面的地母庙"打歌"，一两人到场央，边吹芦笙、竹笛，弹月琴，边跳舞，充当"歌头"，或对歌中产生佼佼者，誉饮"歌王"，指挥整个活动；众人围成圆圈，踏着乐曲载歌载舞。其内容多为叙述历史故事或抒发爱慕之情。小伙、姑娘们借机连情择偶。另，还有斗牛、演传统戏等活动，以及乡土物资交流等。

仫佬族花婆节——仫佬族民间宗教节日。流行于广西罗城一带。于传为"婆王"诞辰日农历三月初三举行。相传，婆王亦称花婆、圣母，被仫佬人奉为专营人间生育之神，建婆王庙祭祀。相传，人乃花婆花园中的花，她送花给谁家，谁家即生育。人若去世，则返其花园，还原成花。妇女不育，求子，即于三月初三去婆王庙祭拜。新婚夫妇，婚礼时即须向花婆许愿，祈早赐子。灵验后，再谢花婆恩情。婆王庙内设三尊木雕神像：一是手拿一支笔的判官，一是手抱婴儿的母亲，另一是正给婴儿喂奶的母亲。节日，集体举行祭祀，各村把猪、牛牵到庙前宰杀，用猪头、猪尾、猪脚和猪内脏作祭品，由"冬头"（族长）向花婆报告各户人口情况，答谢送花赐丁之恩。众人焚香烧纸，行祭祀礼，祈花婆保佑小孩平安成长。祭毕，众人聚餐。凡妇女生育还愿，要携酒、肉、红蛋供祭花婆，祭后给各家赠红蛋。谁家小孩得病，也可去祈婆王保佑早日痊愈。此节已式微。

仫佬族婆王节——参见"仫佬族花婆节"条。

仫佬族圣母节——参见"仫佬族花婆节"条。

布依族扫墓节——布依族民间传统祭祖节。流行于贵州罗甸一带。农历三月初三举行。届时，人们杀猪宰鸡，带着酒肉和五色花饭，合族共往祖坟祭奠。他们用带有青叶的竹竿系挂白纸，插于坟上，并挖新土培补坟墓。已嫁姑娘亦提着酒肉、花饭，拿着白纸，前往祭坟，但姑娘所挂白纸需点缀一条红纸，以示区别。扫墓毕，在坟地野餐，娱乐游戏。此日，照例邀请附近兄弟民族共度节日。

仫佬族年——俗称过年，仫佬族新年。流行于贵州仁怀一带。农历三月初三举行，常与清明节合一祭祖。届时，男女老少穿戴一新，带着芦笙及酒、饭、菜、碗、筷等，从各地汇聚祖墓附近坪坝或草坡，燃鞭炮，放火铳，表示过年开始。小伙成群跳芦笙舞，表演芦笙技巧；姑娘荡秋千；儿童打蔑蛋球。对歌活动很热烈。老年人对歌，互祝健康长寿，子孙孝顺；小伙与姑娘对唱，互倾爱慕，选择终身伴侣；妇女们对唱，互祝家庭和睦，丈夫称心；儿童们对唱儿歌和童谣。午后，人们聚集祖坟前，按辈分列序，将带的鸡杀掉，把鸡血滴入酒中，洒在地上，祭奠祖宗。祭奠时，用仫佬语歌颂祖先开荒耕种功绩。倘无共同祖坟，则面对郁郁葱葱森林，敬奉山神、土地神，祈神佑五谷丰收、六畜兴旺、四季平安。祭毕，进入另一番忙碌，先由几人就地挖几个土灶，安上铁锅，把祭祖的鸡，砍成块放锅内煮，再放进各家带来的菜，饭菜混煮，称"百家饭""百家菜"。旋按辈分,十人一桌,称"晚年饭"。尔后,人们走亲访友,相互贺年。节后,开始春耕春播。相传,仡佬祖先开荒辟草种地,即在三月三这天过年。因仡佬多居高寒石山,农历三月草木才始萌芽。人们抓紧春耕前过年,共祈祖宗、神灵保佑。世代相袭成俗。

仡佬族过年——参见"仡佬族年"条。

取新火节——佤族民间宗教节日。流行于云南沧源一带。农历三月初三举行,历四天。届时,家家打扫寨子卫生,头人出面或派人前往各家各户用水浇灭旧火。各户从中取出一些灰烬,加上少许食盐、一碗大米,以及其他食品,由灭旧火者送往祭司家中。祭司杀鸡供酒,将灰烬和鸡拿到村外埋掉,以示送走灾难;然后摩擦生火,点燃一堆新火,旁人则点土炮庆贺。之后,各户用火把接新火回家,同时带上两块新春米饼,往祭司家祭拜火种。最后,全寨高歌纵舞,深夜不眠。

壮族拜山节——亦称祭雷神节。广西壮族民间传统节日。农历三月初三举行。传说春秋晋公子重耳逃亡,随臣介之推割股奉君。重耳还朝登基,召其入朝为官。介之推带着老母,躲入绵山,拒不出仕。晋文公烧山相逼。介之推抱一棵大树,烧死殉志。文公感其忠孝,钦定每年三月初三,寒食以缅祭之。汉区史传"寒食节"流传入壮区,沿袭而成"拜山节"。节前几天,人们上山采回嫩枫叶,晒干揉碎泡汁。节日,用枫叶汁蒸出清香扑鼻的黑色糯米饭,带上饭、猪肉、整鸡、纸幡、纸钱、香烛、鞭炮等,上坟山祭奠祖先,先给祖坟除草培土,换上新坟顶,在坟地撒许多纸钱,插一根纸幡;然后在墓前摆祭品,点香烛、烧纸钱、洒美酒、鸣鞭炮。祭毕,围墓前把祭品吃掉。附近孩童听到鞭炮声,纷纷跑来参加扫墓,向主人说吉利话,恭喜发财。主人邀请小客人分享祭品。若怠慢这些来客,则被认为失礼,难得祖宗保佑。饭后客散,主人们围墓边讲述祖先创业伟绩,让子孙永远牢记。夜晚,在家祭奠列祖列宗,同宗共祖家族联合祭祖,所有家族成员会餐。

祭雷神节——参见"壮族拜山节"条。

彝族护山节——彝族民间传统节日。流行于广西隆林一带。农历三月初三举行,历两天。节日期间有两项禁约:一是任何人不许上山砍树木、打柴草;二是任何人不许赶畜群上山放牧。各村常组织象征性"打猎"活动。参加者为年轻人,一部分人扮动物,其他人手持竹炮扮猎手。傍晚,"动物"出现在猎人面前,让猎人捕捉住,活动结束。夜晚,村寨举行热闹的娱乐活动,众人围篝火热情歌舞,通宵达旦。

三月三祭山节——亦称忌戊。彝族民间传统纪念性节日。流行于贵州纳雍一带。农历三月初三举行。相传,此节起源于清康熙年间。当年吴三桂叛明降清后,率数万精兵从云南、四川等地夹击水西地方的彝、苗等少数民族,在猴儿关被水西宣慰使安坤带领的彝族水西48部人马和当地苗族同胞杀得大败。吴三桂恼羞成怒,炮轰水西,彝众死伤甚多。后人为纪念水西军胜利,缅怀死难亲人,便在三月初三这天祭山,久而成节。主要节俗是跳花坡,以显示彝族人丁兴旺、英勇无畏。男女青年盛装艳服,背月琴,带洞箫,拿花伞,齐聚百兴、阳长猴儿关,欢歌起舞,饮酒踏青。传统搓子舞、碰铃舞、跳脚舞等,特别引人注目。附近苗族青年纷纷赶来参加,表演苗族芦笙舞。歌舞之余,青年们还进行交谊活动,互赠礼物,播撒爱情种子。节日祭祀，多由老人们携带供品，上山祭祖先，敬奉山王、土地神。是日多禁忌，忌下地劳动，忌说不吉利的话等，因称"忌戊"。

忌戊——参见"三月三祭山节"条。

咱哈咕节——彝族阿哲村寨民间传统节日。流行于云南弥勒一带。农历三月初三日举行。"咱哈咕"，是彝语音译，意为五谷魂。当地民间认为五谷有灵，可以招来五谷魂，进行祭祀，可保丰收。届时，寨中农户皆去自家田地"叫魂"献祭。人们用青冈栗、黄栗树枝做成扁担，将鸡、肉、酒等供品挑到田边地头，先请毕摩（巫师）念经，呼来"五谷魂"，再将各种供品摆上供桌，虔诚叩拜，祈风调雨顺、五谷丰登。有的彝区，则在收割之日举行这种祭仪。

阿哲叫五谷魂——参见"咱哈咕节"条。

彝族娃娃节——儿童游戏节日。流行于云南漾濞县雀山一带。农历三月初三举行。节日里，家长们尽力满足孩子们的要求，更不能打骂他们。寨里宽裕的人家总是捐宰一只羊，分给孩童们吃。白天，孩童们尽情地做"躲猫猫""追麂子"等各种游戏。晚上，他们"打花脸"，在脸上点着红、黄、黑、白等各种颜色，由娃娃头带至各家各户讨要肉、粮、酒等东西，后聚集娃娃头家里，吃"百家饭"。村寨老人们也要到娃娃头家里，看望孩子们，祝他们节日快乐、吉祥如意。娃娃们则将讨来的酒，回敬老人们。

土家族娘娘会——亦称三仙娘娘会、媒神生日。湖北长阳土家族民间传统节日。农历三月初三举行。"三仙娘娘"指送子、催生、痘母三仙女，"媒神"指为男女婚姻牵线的媒人。届时，人们在庙堂内设立三仙娘娘和媒神牌位，请来道士打火醮。男女老少跪拜祈祷，各述心事祈福。未婚青年祈觅得如意对象，初婚妇女求子，孕妇祝愿顺利分娩，有儿女者祈子女平安。青年男女借机聚集，吹木叶，唱情歌，寻觅意中人，谈情说爱，海誓山盟。此节已泯。

三仙娘娘会——参见"土家族娘娘会"条。

媒神生日——参见"土家族娘娘会"条。

武定白龙会——彝族民间传统祭祀节日。流行于云南武定县蛮得梁子一带。农历三月初三举行。当地人认为，"白龙"乃水神，而水井则是其化身，祭祀因此在水井旁举行。届时，人们杀猪奉神，祈白龙神保佑全村当年风调雨顺、五谷丰收。

彝家风流节——族称"温亚帕"。彝族民间传统节日。流行于广西那坡达腊等地彝族村寨。每年农历三月初三举行。主要内容是对唱山歌、结交爱情。届时，青年们一早即着节日新装，聚集村寨附近山坡，男女相对，以山歌对答，倾吐爱恋之情。若觅得理想情人，便互赠礼物，通常男赠女戒指、手绢和项链等，女赠男亲手制作的腰带、花头巾、脚绑带和衣服等。内以项链、衣服最珍贵，意味着双方爱情臻于成熟，成婚在即。

温亚帕——参见"彝家风流节"条。

道信诞辰——汉族民间传统节日。流行于湖北黄梅等地。于传为道信（太医禅师）诞辰日农历三月初三举行。届时，四祖寺举办庙会，蕲春、黄梅、广济等地百姓纷至沓来，进香膜拜。会间，农副产品、手工艺品交易，十分活跃。会外，各家各户将米粉和芥菜末混合,做成芥粑粑佐餐。

荠菜花生日——亦称辟蚁日。汉族民间传统节日。流行于江苏及浙江湖州等地。于传为荠菜花生日农历三月初三举行。届时,妇女们纷纷鬓插荠菜花,以示纪念。人们将荠菜花置桌几、香案,以厌虫蚁,称"辟蚁"。湖州遍野采集荠菜花,同米饭煮熟,吃荠菜饭。

辟蚁日——参见"荠菜花生日"条。

避亲挑亲——汉族妇女传统节日。流行于浙江桐乡一带。农历三月初三举行。节晨,妇女们梳妆、穿戴整齐,相约出游村野。男人们对此不得干预,当地称"避亲"。避亲妇女至晚而归,将自己捉的螺蛳用水煮熟而食,当地称"挑亲"。据传,此举旨在趋吉辟邪。

简阳抢童子——汉族民间宗教性节日。流行于四川简阳一带。于传为送子娘娘生日农历三月初三举行。是日,石桥镇会首和道士,于铜观音庙内办会。待善男信女到齐,道士便站立庙前方桌上,投出一个用桐木雕刻的童子,青壮男子迅即争抢、传递,离开庙前。之后,四人抬出一个平台,一打扮漂亮的少年男子,手捧童子雕像,端坐其上。一群青年敲锣打鼓,将其送往婚后不育人家。得到童子像之家,设宴酬劳,并丰厚馈赠少年男子。此节今已式微。

乡宁山灯会——汉族民间传统节日。流行于山西乡宁一带。本于农历正月十五日举行,后改三月初三。相传,此节肇自清康熙六年(1686)。节间,人们在县城南玉环山上,用各色彩纸,糊成数以千计小彩灯,再在山坡上摆成各种字形或图案。入夜,彩灯齐明,辉映夜空。人们扶老携幼,争往观赏,莫不心旷神怡,交口称颂。此节已泯。

游南山——汉族民间传统节日。流行于江苏武进区南宅一带。农历三月初三,于该县雷堰桥镇南山举行。谚云:"三月三,穿件单布衫;大蒜炒马兰,吃了游南山。"节间,人们居家,或约亲友,纷纷前往春游、踏青、叙旧、连情、野餐,兴尽而返。

姚马庄跳神会——土族民间传统节日。流行于青海互助县东瀛姚马庄一带。农历三月初三举行。届时,人们竟着盛装,聚集既定会址。附近其他民族兄弟,亦纷纷加盟。跳神会仪式开始,五六个法师向会场中央的"龙王"连连点头,念念有词,旋击鼓跳神舞。会众一齐跪拜,祈祷龙王保佑本年风调雨顺、五谷丰登。场外周边,照例货摊云集,购销两盛。

干巴节——亦称三月节。自称"金门"(蓝靛瑶)瑶族民间传统节日。流行于云南河口一带。农历三月初三举行。节前的准备工作由原定的"打猎寨子"和"捕鱼寨子"于二月下旬开始分别负责。打猎寨子修理枪支,准备火药,烧好木炭;捕鱼寨子则准备各种渔具。另外,每家每户以最好的糯米酿制米酒,专供节日饮用。节晨,瑶寨一片忙碌:打猎寨小伙扛枪上山狩猎;捕鱼寨男女老少均可提着渔具下河;妇女们则在家杀鸡宰鸭,染制彩色糯米饭。打猎男子一显身手,多获猎物,会受到姑娘们赞扬;否则会被取笑。猎物由全寨平均分配,猎者多得一份,以资奖励。当天所捕之鱼,按户及参加人数多少进行分配。晚餐,相当丰富。人们喝着醇香米酒,吃着当天猎获野味,喜笑颜开。另外,人们还互相串门贺节。姑娘和小伙子们则围火炉，唱瑶歌，既以歌唱欢度节日，也暗觅心上人。

蓝靛瑶三月节——参见"干巴节"条。

佤人祭祖节——待识别的佤人民间宗教节日。流行于滇、黔、桂交界地区。农历三月初三举行。届时，在村中深孚众望的老人主持下，各户杀鸡宰猪，旋由四名长者率众往山神庙，在菩萨头上包以红布，再献上鸡、猪等供品。众村民于庙外跪拜行祭，烧纸钱，燃香蜡，放爆竹，并由耆老讲述佤人祖先艰辛创业史。古时，佤人先民经常聚集高山，抵御外侮，入夜即在山洞栖身。日久，山洞被神化，洞口建神庙，庙周非常洁净，严禁任何人骑马而过。外族人亦须遵守。讲毕，全体聚餐；餐后娱乐一番。

接三姑娘——汉族民间姑娘祈福节。流行于安徽繁昌县荻港镇一带。农历三月初三举行。相传，古有一美女，排行第三，人称"三姑娘"，三月三郊游，路遇歹徒调戏，拼命挣扎，无奈跳入粪坑自尽，以保贞洁。死后被人尊为"姑娘保护神"。人们每逢其遇难日，便结伴迎接"三姑娘"。清晨，姑娘们把一块烧红的瓦片投入粪坑，俗称"送请帖"。入夜，在一簸箕上披黑纱包头，插上簪花、骨针，由俩姑娘托着进入茅厕，迎"三姑娘"回房。她们用青灰铺于盘中或地上，让骨针在簸箕上任意滑动，在青灰上画出各种图案，祈求幸福、灵巧和贤惠。最后，燃放鞭炮送"三姑娘"。参与者，限未婚女性，男性顶多只能偷看。此节已泯，而故事犹传。

乌冬节——亦称丢花包节、祭祖节，族称"桑略卓散节"。自称"金门"瑶族民间青年男女情爱节。流行于云南富宁一带。农历三月初三（另正月间择日）举行。富宁瑶乡盛产八角，此节旨在纪念培植八角树的瑶家姑娘观娅和小伙子达利。相传，观娅到山间劳动，发现一片鲜嫩而可爱的小树，便为之锄草松土，清除杂树。两年后，树长高，开出朵朵小红花，花皆呈八瓣，故名"八角树"。奇怪的是，它只开花不结果。一年三月初三，观娅护理的八角树又开花了，红得像彩云一般。她摘下一朵抛向空中，红花飞了一阵，落在一片开着白花的树林，挂在一个英俊小伙胸前。小伙名叫达利，仔细观察，原来是对面山上观娅抛来的红花。于是，他摘下一朵小白花，回敬观娅。他们不断地互抛鲜花，每抛一次对唱一歌。他们所抛花朵，少数落到他们身上，大多落在八角树上。从此，八角树便开花结果。次年三月初三，当八角开花时，俩情人完婚。瑶家有了八角树，收获八角，生活不断改善。又过许多年，观娅和达利同于三月初三去世。为不忘他俩培植八角功德，赞美其纯真爱情，人们每年此日都要祭坟。小伙、姑娘们则三五成群，到八角林中丢八角形花包作乐（花包用红、黄、白、蓝四色布料缝制成八角形，象征八角），唱情歌，谈情说爱；晚上回家，杀鸡杀鸭祭献。代代相传，久而成节。届时，小伙杀鸡杀鸭，姑娘蒸染色糯米饭。一大早，人们带着供品到八角树林，祭奠观娅和达利。祭毕，将祭品一半留山上，另一半带回与家人共享。中午，小伙、姑娘相约八角林，丢花包，唱山歌，直到夕阳西下。

丢花包节——参见"乌冬节"条。
桑略卓散节——参见"乌冬节"条。
瑶族祭祖节——参见"乌冬节"条。

跳路神节——亦称跳太平神。"跳路神"族称"乌斯珠耶",意为求神保佑人财两旺。黑龙江赫哲族民间传统节日。农历三月初三举行。届时,全部落聚集,请萨满跳神,祈求众神灵保佑全族一年中平安无恙。日上三竿,萨满在家中祭神、请神,众人往其身上喷洒一些水。数青年举神杖、神像,随之从家中击鼓而出,且唱且跳,不时进入人家,跳神祈福。主家须给萨满敬酒,或将迎春树切成丝泡水犒劳,以示敬奉神灵;或借机还愿。萨满及"神队"返回萨满家后,还愿者即送来牺牲、酒等。萨满卸装后,能歌善舞者便系上腰铃,击鼓载歌载舞。待猪肉煮熟,萨满复穿神衣,带上神具,继续作舞。最后,众人饮酒食肉,尽兴而散。

跳太平神——参见"跳路神节"条。

乌斯珠耶节——参见"跳路神节"条。

初 四

初 五

满族清明节——亦称墓祭。满族民间传统祭祀节日。流行于东北满族聚居区。农历三月初五(有的地区则在四月上旬)举行。届时,各户人家乘坐大车到墓地,由长者于新坟插"佛陀"、旧坟插柳枝,意寓禀告祖宗,本家族人丁兴旺,后继有人。然后,将酒酹地,全家跪坟前叩拜,祈祖宗神灵保佑家族平安。满族清明"插佛陀"之俗,起源说法不一。"佛陀"是用一根荆条或柳条,插一个玉米骨子,上披挂数层剪成穗子或钱状的五色彩纸。因说它象征佛陀妈妈营救汗王(努尔哈赤),被李总兵杀害时披头散发之状。人们祭祖时,不忘她舍己救汗王的恩德。那五色彩纸穗子,即象征其头发。另说是人们为祈祖宗神灵保佑发财,岁岁顺利。那钱状五色彩纸,意寓财源,俗称"摇钱树"。

满族墓祭——参见"满族清明节"条。

东巴会——云南纳西族民间宗教节日。农历三月初五举行。届时,人们云集中部东巴圣地丽江玉水寨。东巴(神职人员)们早早来到东巴什罗庙,点燃香炉,烧大香,祭拜神灵和祖先,祭拜东巴始祖东巴什罗,并且诵经、做法事。纳西族东巴教,已历千余年,饱藏大量纳西古代文化,习称"东巴文化"。东巴会,亦乃各地东巴"比武",各展才华、技艺的机会。各地东巴一个接一个,按自己风格诵《东巴经》,跳东巴舞,尔后相互交流,切磋学习心得。他们执着传承、光大古老的纳西文化,乐此不疲。

初 六

绍兴张神会——汉族民间宗教节日。流行于浙江绍兴一带。于明抗倭功臣"张神"诞辰日农历三月初六,在当地张神庙举行。清道光《会稽县志稿》载,张神本明代漕运官吏,曾英勇抗倭,保卫海疆。人们遂建庙祭祀。届时,表演戏,焚香叩拜,祈出门平安。在河间水乡,则举行龙舟赛祭之。

拉卜楞寺三月舞会——藏传佛教拉卜楞寺供法仪典。流行于甘肃夏河。农历三月初六,于拉卜楞寺举行。届时,时轮院经堂作为"彩土坛",谓"金廓",梵名"曼荼罗",意为时轮金刚的宝诚。于平面,慢慢倒出尖嘴筒中的彩土,堆成图案,象征宝城平面形。另,经堂顶端,七天做成宝城立体模型。十五日,十六名头戴五朵莲花瓣的少女于院中舞蹈,俗众赶往围观、膜拜。据传,舞者死后皆住时轮金刚城内,舞蹈乃取悦时轮金刚的供法形式。

庙顶祭山节——四川庙顶藏族最重大的祭祀节日。农历三月初六举行。由村户凑钱买鸡、牛,于村外神山,或作为神庙的碉房前宰杀。祭仪多以家族为单位,乌拉堡则由全村共祭,均由宗教巫师主持,堆一整齐石堆代表神山,称"山菩萨",高两米许,顶层堆放白石。集体祭仪后,婚后多年无后的夫妇,另外专门设祭求子。此日又被认为"坐家"(婚后女子由娘家转居夫家)的黄道吉日。庙顶藏族群众认为,取悦山神既可人丁兴旺,又可五谷丰登。祭山后,从三月至十月庄稼收割前,严禁上山采樵打猎,免触怒山神,遭冰雹、旱灾惩罚。神山属公产,禁止伐树、割草、放牧。

藏族谢水节——族谓"竹木惹"。藏族民间祭祀求雨节日。流行于四川凉山冕宁县泸宁。农历三月初六举行。届时,喇嘛带上用糌粑做成的青蛙、蛇、癞蛤蟆,各户均出一人参加。人们来到水沟边,喇嘛一边念经一边将几种"动物"放到水中,后即返回。人们一路嘻哈打笑,笃信喇嘛业已求到雨了。返家时,便照例到宅后敬"塔子"。塔子,族称"吴瓦",半人高,圆形,内有一把刀子、一个小罗锅,意表生育。已婚无子妇女,每逢此日必去许愿;得子后亦必于此日还愿,一般敬塔子,旨在祈吉。节间,各户还要纷纷吃肉,以示吉庆。此节渐泯。

竹木惹——参见"藏族谢水节"条。

初 七

傣族窝巴节——"窝巴",傣语意为"鱼的集会"。傣族民间传统俗信节日。流行于云南大姚湾碧等地。农历三月初七举行。届时,人们皆着节日盛装,从四面八方喜聚金沙江边过节,核心内容是"牵鱼"。节前,人们请德高望重的长者用木片刻成两条木鱼,分别漆成青、红两色,上拴金线和银线。两条木鱼代表傣族传说的青哥王子和红妹公主。古代禄拜国王这俩子女,舍身杀死兴风作浪的妖怪石恶,让傣民过上吉祥平安日子。傣家为感谢青哥、红妹救命之恩,年年聚会金沙江边,相沿成节。人们选两个牵鱼的童男童女,将其打扮得非常漂亮,由他俩牵着青鱼、红鱼,沿江边缓缓而行,后再从江边拐进一条小河,溯河道而上。这时,人们将洁净的水泼向青鱼、红鱼,载歌载舞,一路相伴。他们唱道:"来来来,我们一起来,跟着鱼儿走,跟着青哥和红妹,年年都吉祥,年年都幸福。"待青鱼、红鱼被牵到大山深水潭时,人们才各自散去。

鱼的集会——参见"傣族窝巴节"条。

初 八
初 九

苗家杀鱼节——苗族民间传统节日。流行于贵州贵定、福泉、开阳、龙里部分地区。农历三月初九(另说初三)举行。相传,古时,天王爷有一个才貌超人的公主。有一天,公主突然生病,神丹妙药也难治。天王爷急得茶饭不思,听说人间江河里的百鱼治百病,就派天神下凡,捉去一百种鱼熬汤,公主一喝即愈。为感谢鱼的救命之恩,天王爷让雨神只把雨下进江河,不给人类一滴。苗家因天旱无法种地,便杀猪、宰羊祭天求雨,怎奈无济于事。三月初九,人们从河里捉来一些鱼,代替猪、羊作祭品。天王爷看到人们杀死他的恩鱼,大哭三天三夜,泪水化作倾盆大雨,亦下三天三夜。有了雨水,人们开始播种耕耘,年年照办,遂成今日杀鱼节。此节在每年插秧后或前进行,一般在三月初九。各寨由威信高的中年人担任"鱼头",组织各寨杀鱼活动,商定出钱买药,或组织上山采集毒鱼的花桑叶。有钱出钱,有力出力,共同办节。节日,男人们集中河边,把毒鱼药或捣烂的花桑叶装进竹筐,放到河中搅拌,河水顿时变成淡黄色,鱼纷纷中毒,乱游乱撞。杀鱼者手持鱼叉,跑上跑下,追逐叉杀。沿河上下,叉鱼、捞鱼的人们一片欢声笑语,热闹非凡。妇女们在家里准备丰盛的午餐。中午,她们带着小孩,穿着一新,拿着芦笙,挑着午餐饭菜来到河边,和自家亲人围坐河坎,生火煮鱼,合家进餐。如遇亲友,则一同举杯。午餐毕,男人们吹起芦笙,妇女们翩翩起舞,芦笙悠扬,山歌婉转,回荡河两岸。晚霞辉映,人们才抬着捕到的鲜鱼回家。

初 十

白石大会市——汉族民间观光、贸易节。流行于浙江乐清县白石一带。农历三月初十举行。雁荡山风景优美,盛产竹木,素为商旅云集之地。节间,乡民携来山货土特产,手工艺匠绝活多端,各路艺人各显绝艺,游客观光、购物十分尽兴。

阿昌族撒种节——阿昌族民间纪念性农祀节日。农历三月初十举行。流行于云南盈江、梁河、陇川等地。届时,家家打扫庭院、住宅,准备鱼肉、米线、酸性食物和米酒,从地里拔回一蔸籽儿结得最大最多的芋头,砍来一头结双穗的玉米,旋将玉米、芋头捆扎到一根三五尺长的竹竿上,放于堂屋左或右角。然后,用新谷舂米蒸饭,杀一只肥鸡,摆上祭桌,缅怀祖先。其间,接回出嫁姑娘,全家团聚。饭后,男子穿着蓝、黑或素色对襟短上衣,黑色长裤;妇女着合襟上衣,裙系围腰,颈挂银质项圈,圈系银链、银须、银圆等饰;少女则将辫子盘于头顶。大家聚集于村寨前,唱歌跳舞,热闹异常。其间,自然少不了交流农作物良种,交流增产丰收的经验。相传,很久以前,阿昌寨有个老姑太,每年八月中旬时庄稼成熟,总要将各种谷物的良种选留下来,到来年耕播时送给别人,因而深受人们爱戴,尊称"奶祺"。她去世后,人们非常惋惜、伤心,便于次年三月初十,将其留下的种子,精心播撒地里,年年如此,久而成节。

景颇族撒种节——景颇族民间纪念性农祀节日。农历三月初十举行。流行于云南盈江、梁河、陇川等地景颇村寨。相传,远古有个年逾古稀的老婆婆,每逢八月中旬收获时节,她总不厌其烦地把各种谷物良种选留下来,转送各寨村民,帮大家提高耕种计数,连年取得丰收。某年农历三月初十,她在播撒良种时,不幸溘然辞世。为缅怀老人生前的恩德,人们特意将其留下的良种撒到地里,年年定期大势推广,世代沿袭,久而成节。

青山界歌场节——苗族地域性歌节。流行于贵州剑河县美蒙寨背后的青山界。农历三月初十(或立夏前十八日)举行。青山界,是一座宽五十余米、长三百余米的斜坡。届时,方圆数十里的苗、侗族男女青年,身着盛装,手拿雨伞,成群结队来到歌场,中午开始对歌。身着花衣、百褶裙的苗家姑娘,邀约后生们,或几人、十几人同唱一首歌,也有男、女各自单唱。他们都在歌词中旁敲侧击,互表情怀,暗觅意中人。此外,来歌场看热闹的,还有少年和中年男女。他们既欣赏青年人的歌声,也为自家兄弟或姊妹物色对象。一些商贩也来歌场设摊摆点,增添歌场的热闹气氛。传说当地原本古木参天,野兽成群,各族居民靠开山种地,捕猎野兽生活。后来生活日富,人口增多,可是四十八寨互不开亲,接亲嫁女需到很远的村寨。山高路远,往返不便,还有猛兽袭击、盗贼为害。每次来往,须有大刀长矛护送。故此,四十八寨老人会商允许四十八寨之间开亲,定于三月十日让男女青年上青山界对歌,自行择偶。从此,便有青山界歌场。民谣唱道:"年年赶歌场,秋后粮满仓。"

十 一

阿术拉节——亦称粮食节。东乡族民间传统俗信节日。流行于甘肃临夏等地。多于农历三月十一日举行,少数东乡地区例外。届时,由各家主妇轮流主持。男子只举行一简单祈祷仪式,后即离开。妇女和孩子们一起歌舞、游玩。最后,大家共同进餐,吃一种族称"罗波弱"的肉粥,祈望人畜兴旺、粮食丰收、五谷丰登。

东乡族粮食节——参见"阿术拉节"条。

十 二

羌族青苗会——羌族民间传统农祀节日。流行于四川阿坝州。农历三月十二日举行。届时,各寨由承办祭祀会主出面集资,买一只羊宰杀,供奉土地菩萨,以求庄稼不遭虫害和风雨灾害,保佑青苗苗壮成长、丰收。节日"忌路"一天,严禁过往行人进寨,寨人亦禁外出,以免祭礼失灵,给村民带来不吉。

鄂伦春族清明节——族称"布乔布义都乔孙达拉格楞",意为给死人烧纸。鄂伦春族传统祭祀节日。流行于内蒙古、黑龙江接壤的大小兴安岭地区。农历三月十二日举行,主要祭祀近三年内死者亡灵,逾三年不再祭。祭前,死者家属要通知亲朋好友,被通知者皆应邀参加。届时,亲属、近亲皆在腰间、帽上系白布条"戴孝"。参祭宾客自动向死者家属表示慰问和关怀,捐助钱物,钱物由主祭人登记、收纳,并列出一式两份清单,族称"乔孙毕特格"。祭仪多在下午举行,先于居住的"仙人柱"(鄂伦春人居住的一种圆锥形架棚子)前临时搭一"仙人柱",在"玛路"席上安放被褥和枕头,表示死者在安息。"玛路"前摆一供桌,上放死者灵牌和各种供品。参祭亲友按辈分次序,分成男女两行,家属另站一行,排列供桌之前。祭祀开始,点燃一对蜡烛,主祭人面向灵位说几句悼词,旋往篝火倒一点酒,表示先敬火神。之后,亲属陪同客人向亡灵叩拜,表示哀思。主祭人随即宣读亲友捐赠礼物的种类和数字,如有不明,可当场提问。一连宣读几次,至众人一致满意为止。仪式结束,主人宴请宾客。席间,主祭人领死者亲属,向来客一一敬酒,被敬者要谦让一番后再喝。对远客要连敬几杯,更表敬意。其间,歌声时起时伏,欢声笑语不断。周年祭,往往宴饮通宵。最后,主祭人带领大家去死者坟地烧纸钱告别,并烧掉一份清单,以让死者知情。

布乔布义都乔孙达拉格楞——参见"鄂伦春族清明节"条。

十 三

苗族采菜节——族称"窝若吉"。苗族民间传统采摘娱乐节日。流行于贵州惠水县摆金、雅水一带。农历三月十三日举行,历两天。主要内容为苗族男女青年的社交活动和娱乐活动。窝若吉，"窝"意为采摘，"若吉"为一种美味野菜名。相传，昔时妇女们三五成群上山采摘，拿到市集卖，换取零用钱。采摘时，她们有说有笑，唱歌抒情，久而成节。首日，男女青年精心打扮，尤其姑娘服装格外绚丽夺目。他们从不同地点聚集传统跳花场，自由交谈和唱歌。小伙们吹奏芦笙，翩翩起舞；姑娘们在芦笙指引下，尽情欢舞。他们通过唱歌跳舞，交友择偶。次日，举行盛大赶集活动。男女青年依然盛装，成群结队，互相呼唤而去。姑娘们头天不带饭食，此日却每人手提精致饭箩，内装喷香糯米饭、猪肉片、豆腐、煎鸡蛋等。妇女和姑娘们赶集，既买需要物品，又找头天见面的亲友交谈。她们所带的美食，只有散场时和亲友们在半路共同分享，或送给自己的情人。采菜节之隆重，仅次当地春节。已嫁姑娘都要回娘家，带些礼物，看望父母和兄妹；回去时，父母做些美食，送姑娘带回婆家。

窝若吉——参见"苗族采菜节"条。

禄丰三月花会——彝族民间传统节日。流行于云南禄丰县高峰一带。农历三月十三日举行。相传，古时当地彝族被离间，内部械斗，自相残杀。后来，人们于三月十三这天，识破敌人离间诡计，达成和解，双方欢聚载歌载舞庆祝。为纪念团结吉日，年复一年，形成花会。届时，彝山马缨花盛开，花会即在当地花山梁子举行。一早，方圆数十里彝家，尤其青年男女，身着节日盛装，赶来聚会。人们唱歌跳舞，尽情欢乐。青年们寻觅心上人，成双成对隐入树林花丛，互诉衷肠。太阳落山，娱乐竟日的人们才惜别而归。

彝族太阴会——彝族民间祭祀节日，旨在祭祀民间崇奉的月神"太阴菩萨"。参加者多为老年妇女。届时，她们相约去村中山神庙，用黄纸写上"太阴菩萨"四字，以作神位。祭时，摆上油炸荞丝、豆腐片、洋芋片、米饭、糕点及各种水果等供品，烧香磕头祭拜，诵念七遍《太阴经》和三遍《太阳经》经文，祈月神保佑家人吉祥平安。

十 四

雨洼蒙乖节——藏族宗教性迎春节。"蒙"，藏称一种经文；"乖"，转；"蒙乖"，背着经书转山。此节乃四川甘孜州乡城县水洼乡雨洼村藏族独有。农历三月十四日举行。节日前夕，村民纷纷杀猪宰羊，做糌粑、藏式沙琪玛、麻花，备足锅碗瓢勺等，备经书，系哈达，插各种鲜花，一齐放背篓，置神山下松林两塔近旁。届时，迎着初升太阳，点起煨桑，喇嘛吹海螺、敲皮鼓、念经文。半小时后，村民背经书环塔绕三周，后由喇嘛带领，两小伙扛敬山旗帜，念着经绕村子一圈。其他人则在松林准备食品。转村后，全体围坐林间，敬神祈福，后欢乐享用食物。据传，此俗与村同在，已历三百余年。山神全身着红，骑红马，给人们带雨来，后并肩坐着，一同过节。但唯"通灵的人"（小娃娃、老人或心灵纯净者）方能看见。

却藏寺官经会——土族民间传统庙会。流行于青海互助。农历三月十四日，在却藏寺举行。届时，寺内举行盛大法会，除讲经说法外，并挑选一二十个喇嘛，身穿法衣，头戴面具，在海螺、羊皮大鼓、长号等乐器伴奏下跳来跳去，表演各种宗教舞蹈。附近土、藏等各族群众纷纷赶来,观看精彩表演。法会结束,观众有的向寺庙布施,有的进寺庙焚香点灯膜拜,有的围绕寺庙磕长头。其目的,都是祈求神佛驱除邪恶,保佑全家平安、人畜兴旺。此外,还举行大规模物资交流,主要是农副土特产品及日用百货、犁头、铁锹、铧、砍刀等农具。

十 五

三山国王诞——汉族民间传统节日。流行于广东、台湾。于传为"三山国王"诞辰日农历三月十五举行。"三山国王"乃广东饶平县独山、明山、巾山小神的总称。节起源传说不一:其一,唐时,潮州发生叛乱,皇帝御驾亲征,得三山神之助,获全胜。班师回朝时,皇帝册封其为"三山国王"。其二,南宋末,名陈有连者策动叛乱,皇帝赵昺亲征,败至潮州时,前有大河,后有追兵,忽见对岸三座大山旌旗飘舞,便对其祈祷。一匹白马便自对岸游来,帝上马脱身。民间即以"三山国王"供奉"三山"。其三,南宋末,蒙古军南下,张世杰护送端宗皇帝,逃至潮州,"三山"显灵救驾。届时,粤、台共时举行祭祀,仪式有别。台湾本岛亦异,或将"三山"一起供奉,或分别供奉。

西安祭孤墓——汉族民间传统节日。流行于陕西西安地区。农历三月十五日举行。当地曾有传说,唐朝黄巢率军夺取长安时,伤亡众多,其鬼魂常来作祟,致使庄稼歉收,人心惶惶。所以百姓便于此日纷纷携纸锭、供品,前往郊外祭祀孤坟,告慰亡灵,以保平安。此节已式微。

讨念拜节——瑶族支系花瑶民间传统节日。流行于湖南隆回县瑶寨山区。农历三月十五日举行,历三天。届时,人们聚集香炉山水洞坪,纪念当年反抗明朝官军而惨遭杀戮的同胞。相传,明万历元年(1573),朝廷遣兵十万八千,到湘南溆郡(今属隆回县)镇压瑶胞。瑶胞拼死反抗。官军久攻不克,于五月十五夜,打着二百余个灯笼,佯攻险要要塞香炉山。各寨瑶胞移兵此山,中计。官军乘机偷袭各寨,屠杀老少七百余人。花瑶世代牢记血海深仇,于每年此时,在此山对面水洞坪集会,亦示"讨念"不忘,同时举行各种娱乐活动。周边各族同胞,纷纷加盟。

白族三月街——亦称大理三月会、观音节,曾名"观音街",简称"三月街"。云南大理白族民间传统盛大节日和街期。农历三月十五日,在大理城郊点苍山麓举行,历七天。此节历史悠远,可追溯到南诏时期,最早称"祭观音街",后由宗教庙会扩展为物资交流盛会。相传,很久以前,大理一带住着一个鸟头双翅人身的罗刹,性情残暴,给当地百姓带来无穷灾难。观音为解救百姓,下凡与罗刹斗法,将其镇压在苍山莲花峰下,永远不能再出害人。为纪念观音功绩,人们在其打败罗刹之地,买卖香烛纸钱,焚香祭祀,逐渐发展成街子,形成交流物资集市。届时,大理白族和附近各族云集此地进行贸易,举行赛马表演、射箭和民族歌舞、耍龙灯、耍狮灯等娱乐活动。此外,还有花山、花街、灯展、对歌、洞经音乐演奏、龙舟比赛等各类展演活动。国内外游客纷纷慕名前来,经商、考察、旅游观光。1991年,大理白族自治州厘定"三月街"为"三月街民族节"。

大理三月会——参见"白族三月街"条。

白族观音节——参见"白族三月街"条。

白族观音街——参见"白族三月街"条。

祭观音街——参见"白族三月街"条。

三月街——参见"白族三月街"条。

三月街民族节——参见"白族三月街"条。

怒族仙女节——亦称山母节、鲜花节、朝山节。怒族支系阿龙人民间传统节日。流行于云南贡山一带。当地法定民族节日。农历三月十五日,以村寨为单位举行,历三天。相传,古时怒江常因洪水暴涨而断绝交通。怒族姑娘阿茸在山中看到蜘蛛爬丝,受启发,发明了溜索,让两岸怒族人来往便利。她还发明织麻布、独木舟等,芳名远扬。寨中头人欲强抢为妻。阿茸抗婚,躲进闪当溶洞,被头人放火烧死。她的遗体化成钟乳石,灵魂变成一尊石像崖神,溶洞周边开满了杜鹃花。阿龙人奉之为仙女,每年三月十五过节缅怀。节前,先选几个钟乳岩洞作为仙女洞。节日,各寨群众采上一束束杜鹃花,带上玉米粑粑、炒面、咕嘟酒等祭品,去各自选定的几个仙女洞朝拜。他们先将鲜花献上,后把谷物、米酒等祭品摆开,将松枝堆点燃,由村中长者主祭,诵经祝词,众人随后祈祷仙女保佑粮食丰收、人畜平安。尤其重要的祭祀仪式是"接仙乳",即用竹筒接钟乳石水滴。人们认为,它能祛病除灾,益寿延年,使妇女怀胎、庄稼丰产,于是纷纷礼赠亲友。祭毕,各家饮酒聚餐。男女老少身着盛装,手舞鲜花,在宽阔场地欢聚,举行唱歌、跳舞、讲故事、赛球、射箭等各种文娱活动。其间,他们广采满山遍野的杜鹃花回家,把村庄和宅院装扮成鲜花的海洋。

山母节——参见"怒族仙女节"条。

怒族鲜花节——参见"怒族仙女节"条。

怒族朝山节——参见"怒族仙女节"条。

阿佤播种节——亦称惹岛节。佤族民间农祀节日。流行于滇南澜沧江畔沧源等地。农历三月十五日前后,以村寨为单位举行。寨中最早播种人家承担节前准备,选好种子,备好白肚老鼠、鱼、肉、酒、茶等祭品,于节前一天请好巫师,通知亲朋友邻。节晨,人们把种子、祭品和农具全部带到事先确定的地里,由巫师在地边设一小祭坛,摆上祭品,诵经祭神。祭毕,人们有的开始在地上播种,有的则在旁边搭灶架锅,杀猪宰鸡,准备聚餐。按例,这块地须当时播完,大家就地宴饮,预祝丰年。入夜,年轻人还要欢聚,唱调子、对歌、跳播种舞。

惹岛节——参见"阿佤播种节"条。

丽江黑龙潭会——亦称龙王庙会、三月会。纳西族民间传统节日。流行于云南丽江一带。农历三月十五日举行,历五至七天。黑龙潭亦称玉泉,位于丽江城北象山脚下,潭边建龙神祠,即纳西祭龙王之处。据传,纳西祖先从忍利恩与天女衬红褒白婚后,迁到人间,将天上"易马会"传给后代。黑龙潭庙会之初,除烧香求神外,以骡马交易为主。今已扩大为物资交流会。届时,近至邻县,远至大理、保山、昆明及外省市客商,纷至沓来,摆摊设点,内容扩大至铁、木、竹农具,药材,毛皮和各种手工艺品交易。会间,还举行对歌、赛马等文体活动。青年人则借机进行社交活动。

龙王庙会——参见"丽江黑龙潭会"条。

纳西族三月会——参见"丽江黑龙潭会"条。

丽江玉泉会——参见"丽江黑龙潭会"条。

十六

准提菩萨圣诞——佛教节日。农历三月十六日举行。"准提菩萨"汉译准胝观音、准提佛母、七俱胝佛母等名,为显密佛教徒所知大菩萨,禅宗则称之为"天人丈夫观音"。在中国佛教徒心目中,他是一位感应甚强、对崇敬者至为关怀的大菩萨,更是三世诸佛之母,福德智慧无量,功德广大,感应至深,满足众生世间、出世间的愿望,无微不至地守护众生。修学准提咒,无任何限制,不分身份,皆可以修学诵持。佛门及俗家信众,莫不感其慈悲广大,届时虔诚顶礼膜拜。

准胝观音诞——参见"准提菩萨圣诞"条。

准提佛母诞——参见"准提菩萨圣诞"条。

七俱胝佛母诞——参见"准提菩萨圣诞"条。

天人丈夫观音诞——参见"准提菩萨圣诞"条。

老把头生日——林业、采参人传统节日。流行于吉林浑江等地山林。农历三月十六日举行。相传,老把头乃山东莱阳人,只身闯关东采参,后因迷路粮尽而亡。临死,于身边岩壁血指题词,人们发现后,将其葬于古河岸,称"老把头坟"。后来,其子将遗体运回山东安葬。林业、采参者奉其为保护神祭祀,久而成节。届时,林业、采参人家纷纷垒石为庙,草木代香,虔诚祭祀,祈进山免迷路,活计成果多。谁进山迷路了,急忙祷告老把头,望其指点迷津。

祭老把头——满族民间祭祀节日。流行于东北长白山区一带。农历三月十六日举行。略同汉族"老把头生日"。据《抚松县志》载:"三月十六日,此日系老把头之生日,老把头不详何许人,相传系放山者之鼻祖,土人或云是前清老汗王。现在放山者,均祀之。是日,家家沽酒市肉,献于老把头之庙前,抚松人民对于此节极为注重。"《通化县志》载:"父老流传,清初封禁时代,台兵稽查严,人迹罕至,独老把头冒险深入采掘人参。人服其胆,老把头没,为留此墓。"民间传说,努尔哈赤幼时,常上山挖人参、采松子,拿到扶顺马市交易。满族人放山挖人参活动,即始于努尔哈赤。后来,他当汗王,族人崇敬他,缅怀其小时放山挖人参经历,便将其当成放山的老把头。他死后,人们便立老把头庙,于其生日祭礼。长白山一带盛产人参,山民视为珍奇药材采集,换取衣食。古籍《异苑》载:"人参一名土精,生上党者佳,人形皆俱,能作儿啼,昔有人掘之,始下锹,便闻土中呻吟声,寻音而取,果得人参。"山民采集"山货",赖以生存,祈望神灵保佑,传说中的老把头便成了保护神。每年是日,山民家家设尊焚香行祭,设宴摆酒奉供,祈放山掘参顺利。

苗族祭龙神——亦称祭龙树。苗族民间传统节日。流行于云南丘北一带。农历三月十六日举行。苗族认为龙管雨水,能兴云播雨。每逢干旱,便以村寨最大的古树作为"龙树",视其为龙神化身,虔诚拜祭求雨。有的村寨,无旱亦祭,但祈丰年。祭前,先选出"龙头",负责筹集资金,购买鸡、鸭、猪等祭品,并负责宰杀和主祭。仪式隆重,既祈龙神赐雨获丰收,又维护社会公道,由"龙头"当众重申乡规民约,如禁止毁坏水源、砍伐山林、偷盗农作物等等。有违,则于是日罚处,所缴来的罚款,来年"祭龙神"公用。

苗族祭龙树——参见"苗族祭龙神"条。

辽宁赛团——汉族民间传统祭祀祈福节日。流行于辽宁部分汉族地区。农历三月十六日举行。《兴京县志》载,"赛团"意即古赛田。届时,人们纷纷至附近山神庙、虫王庙供果品,摆香烛,虔诚跪拜,祈山神、虫王保佑平安、丰收。拜毕,饱餐一顿,兴尽方散。

林公节——畲族民间传统纪念性节日。流行于福建宁德地区。农历三月十六日举行。据传,林公年轻时,给人做长工,力大无穷。每日上山砍柴,饭食用草包装系于扁担。一日,山遇猛虎,林公对虎说:"你要吃我的饭吗?"虎点头。林公择机用尽全身力气,用扁担直刺虎口,虎被刺死。众人感佩其勇武,并望得其神力护佑,遂定其逝世日三月十六为"林公节"。届时,用神铳在村口鸣放,并敲锣打鼓,以驱除山兽。

十七

成吉思汗纪念节——蒙古族民间传统节日。农历三月十七日,于成吉思汗陵举行。孛儿只斤·铁木真,蒙古帝国可汗,尊号"成吉思汗",意为拥有海洋四方的大酋长,世界史上杰出政治家、军事家。按蒙古族习俗,这天乃纪念成吉思汗显示卓越军事才华、建立赫赫战功之日,在此例行成吉思汗遗物"苏鲁锭"(长矛)的祭奠仪式。届时,蒙古等各族拜谒者,身着民族盛装,怀着虔诚的心情,长途跋涉到此,肃立伟人高大的雕像前,献上蜡烛、香炷、酥油、马奶酒、哈达,追忆他的雄才伟略,寄托无尽的思念。文艺、体育等各类团体,到此表演精彩的节目。据考,1939年民国政府强行将成吉思汗的灵柩由内蒙古移到甘肃榆中县兴隆山,1949年又移到青海涅中县塔儿寺。新中国成立后,人民政府据蒙古族人民要求,于1954年将成吉思汗的灵柩由塔儿寺迎回伊克昭盟伊金霍洛旗,并由国家拨款在该旗胡痕鄂色山顶兴建新的陵园。1956年新陵园竣工,殿宇宏伟,金碧辉煌,每年在此举祭。

十八

广胜寺庙会——汉族民间祭祀节日。流行于山西洪洞县霍泉渠一带。于传为水神诞辰日农历三月十八举行,历五天。洪洞广胜寺始建于东汉,扩建于唐朝。相传,当年该县与赵城县共用霍泉渠。是日,洪洞县令被赵城县令打死。一和尚得见,复将赵城县令打死,后拔剑自刎。后人将三人各埋分水亭旁。每年是日,霍泉渠渠民到广胜寺举行集会祭祀,祈水神保佑一方和谐、平安。届时,周围各县香客、友人、商人纷至沓来,除进香外,还进行物资、文化交流,颇多盛况。

内黄祭祖节——公祭颛顼、帝喾二帝节日。农历三月十八日,在冀、鲁、豫三省交界处的黄县举行,故名。颛顼、帝喾继承炎黄遗业,定婚姻,制嫁娶,革巫教,改甲历,研男女有别、长幼有序,改革官制,创制九州,始炼金属,对中华民族的形成、统一与发展做出了承前启后的巨大贡献,功德昭昭,彪炳千古,誉饮"华夏人文始祖"。历代王朝祭祀不绝,自宋列为定制,明初列皇家祭祀。千百年来,以内黄高王庙古庙会为代表的民间传统祭祀,经久不衰。每年传为颛顼诞辰日农历三月十八，人们千里迢迢聚于此焚香拜祖，祈福纳祥。因历史的缘由，此节屡次中辍。2002年，以三月十八的颛顼古庙会为基础形成定制，每年一届，业已成为海内外华人寻根祭祖盛典。

颛顼古庙会——参见"内黄祭祖节"条。

五庄大会——汉族民间传统庙会节日。流行于江苏省泰州市姜堰区。农历三月十八日举行，历八至十天。大会由该县港口的五个大庄轮流操办，在各"庄头"举行。届时，庙殿香火盛繁，锣鼓喧天；殿外唱大戏、撑会船、踩高跷，商贩叫卖，气氛热烈异常。

十 九

苗族爬山节——苗族民间传统节日，旨在通过爬山活动连情择偶。主要流行于贵州雷山县一带。农历三月十九（另说子、午）日举行。届时，莺飞草长，男女青年着盛装，撑阳伞，持折扇，纷至沓来，会聚"游方"。此节堪谓争取婚姻自主的大会师。毗邻丹寨、凯里、麻江、台江等县的男女青年，亦纷纷赶来加盟。场面最大者，每次上万人。主要活动是男女青年谈情对歌。近年来新增斗雀、赛马、拔河等民族体育活动。

二 十

注生娘娘诞——汉族民间宗教节日。流行于辽宁营口大石桥及台湾部分地方。于传为娘娘寿诞日农历三月二十，在当地娘娘庙举行。当地尊云霄、琼霄、碧霄三姑娘为福寿、治眼、授子神祇，合称"注生娘娘"。相传，她们本为西王母的三弟子，姜子牙奉玉皇旨，派其掌管包容天子、诸侯和百姓及使人类转生现世的宝贝混元金斗。届时，信众纷纷拜祭，祈家人平安、万事如意。大陆此节已式微，台湾仍盛。

孙娘娘会——汉族民间宗教节日。流行于贵州安顺一带。于传为孙娘娘寿诞日农历三月二十举行。届时，城中百姓纷纷赶往附近的长寿庵、静乐庵、清泰庵、金钟山、华严洞、狮子林等地，做会祭拜。信众有谁于近期喜得子女，则携红蛋、寿桃分众人，会上则回赠一块长寿牌，讨赐吉利。

二十一

博罗朝拜会——汉族民间宗教节日。流行于广东博罗一带。农历三月廿一日举行，历十天。最初曾于三月廿六日举行，仅历两三天。按旧俗，人们于这日先迎东岳神出长寿观。翌日，前来许愿者从长寿观至东岳宫一路祭拜，并辅杂剧表演以娱神。节期加长后，则于首日在长寿观设醮，至廿四日；旋唱古戏娱神，续两日；廿八日备香烛祭礼，分别祭奠已故知县路三锡、主簿袁应霞、城守尹托凡；至清咸丰年间，加祭典吏萧道沅。此节已式微。

常熟甩担会——汉族民间传统节日。流行于江苏常熟一带。农历三月廿一日举行。相传，当年清军南进时，一挑碗者曾以扁担抗击，英勇牺牲。人们遂于其殉难此日，举"会"纪念，故名。届时，男女老幼扮演各行各业角色，听从梆子号令，故意挑担东倒西歪走路，将担上东西左右甩动。重点表演者，更是前纵后跳，原地打滚，脱帽抛鞋，极火辣之能事，做完一番，继续甩担子前行。节日气氛严肃而诙谐。

蒙古族春祭——全称"成吉思汗陵查干苏鲁克祭",习称"苏鲁克大典",简称"春祭",亦称"鲜奶祭"。成吉思汗陵一年一度最隆重的祭典。农历三月十七至廿四举行,廿一为主祭日。据考,它乃萨满教习俗,继古老祭天、祭祖仪式延续而来,旨在祈求苍天和祖宗保佑人畜兴旺、大地平安。节日起源传说有二:其一,成吉思汗天命之年染恙,两月后方愈,遂谓从此了结八十一天凶兆,便在三月廿一这天,拉起万群牲畜的练绳,用九十九匹白母马之乳,向九十九天祭洒,并将"溜圆白骏"涂抹成圣,谓之玉皇大帝神马。其二,成吉思汗天命之春,遇罕见的荒年旱月。他认为春三月主凶,须使其逢凶化吉,遂用九十九匹白母马之乳,向苍天祭洒。将一匹白马用白缎披挂,使之成圣,作为洁白的畜群的象征加以供奉。史载,成吉思汗的祖先,即曾用母马之乳洒祭苍天。他曾于1211年,在客鲁伦河畔举行查干苏鲁克大典。查干苏鲁克大典,乃因挤洒九十九匹白母马鲜奶,故名。

成吉思汗陵查干苏鲁克祭——参见"蒙古族春祭"条。

苏鲁克大典——参见"蒙古族春祭"条。

鲜奶祭——参见"蒙古族春祭"条。

鹤庆猪姑娘节——白族民间祭祀猪神节日。流行于云南鹤庆县金墩区一带。农历三月廿一日举行。白族群众几乎家家养猪,猪神乃其祭祀诸神之一。届时,须找一个竹篮,内放一碗米饭,将竹篮摆放猪圈门前,点上香。人们在圈外跳舞,祈求猪神保佑猪只快快长,多繁殖。

二十二

二十三

妈祖诞——福建、台湾沿海地区汉族民间祭祀节日。于传为妈祖诞辰日农历三月廿三举行,闽、台渔民出海之际亦必举祭。据传,"妈祖"本名林默娘,福建莆田人,生于460年农历三月廿三,自幼禀赋特异,曾出海救助许多渔民、商船,被百姓尊为"海神",历代朝廷敕封"天妃""天后""天上圣母"等。各地建庙奉祀,称"天妃宫""天后宫"。莆田湄洲、天津、台湾北港所建,称"三大庙"。在国外,凡是华侨聚居地无不建有妈祖庙。始建于明成化年间的澳门妈祖阁,香火今犹鼎盛。官祭始于清乾隆朝。民祭更隆重。届时,在神像前焚香供果,演戏娱神。尤其是巡行仪仗十分壮观,每八人组成一乐队,簇拥一面引领大旗前进,大旗多达一百八十余面,队伍浩荡,乐声震天。沿途百姓均于门前摆以佳肴果品进行路祭。人们虔诚认定,祭妈祖可免海难。

祭妈祖——参见"妈祖诞"条。

天后诞——亦称天后宝诞。香港民间传统祭祀节日。于传为天后娘娘诞辰日农历三月廿三,在天后庙举行。相传,天后娘娘法力无边,常救海难,被渔民尊奉为"守护神"。沿海人们普遍视其为赐福降运的大仙。港九一带,到处可见天后庙及其祭典。届时,各地除进庙上香拜祭外,还将数百件象征吉祥的工艺品组成花炮,集中举行盛大的巡游,并辅以舞龙、耍狮等表演。观者成千上万。据说,此节实为"妈祖诞"之分支。

天后宝诞——参见"天后诞"条。

渔民开洋节——亦称渔民谢洋节。汉族渔民出渔祭典,旨在祭祈妈祖等神灵,保佑渔民出海平安、鱼虾满仓。流行于浙江象山县石浦渔乡。农历三月廿三日举行。届时，天妃宫香火缭绕，鞭炮三声，击鼓三通，鸣钟十六响。人们即敬五果，上供品，献黄酒、点心及三茶二米，恭诵祭文。之后，龙队、马灯队、鱼灯队等，有时还高抬妈祖神像，依序踩街巡游。其间，渔民们抓紧修葺渔船、修补渔网，节后即出海远航。

渔民谢洋节——参见"渔民开洋节"条。

二十四

牟定三月会——亦称三月街。云南楚雄彝族民间传统节日。农历三月廿四（另说廿七）日，在牟定县城举行，历三至五天。据《定远县志》载："三月二十四日，就城外南郊东岳宫赶市，四方远近，汉彝商贾，买卖农器货物，至四月初二方散。"由此可推测，牟定三月会乃庙会发展而来。另据民间传说，从前牟定县城外有一龙潭，每年三四月蛟龙兴风作浪，使潭水泛滥，殃及人畜庄稼。后来，有一知县命百姓于农历三月廿九这天，每户出几斤栗炭，拿到龙潭边燃烧，将燃烧着的栗炭倒进龙潭，再用石头、泥土将潭填平，从此免除了灾难。知县规定，每年此时，人们可在街上，乃至进县衙二堂歌舞，官民同乐。此后，人们便于每年农历三月廿四开始，集会纪念。而今，此会已成州内远近闻名的盛大节日。届时，周围楚雄、南华、姚安、大姚、元谋、禄丰等地彝族，以及白、回、藏、苗、汉各族群众，纷纷跋山涉水赴会。歌谣云："河边杨柳排对排，年年有个三月街；三月街子两头赶，阿哥阿妹跳脚来。"县城内张灯结彩，锣鼓喧天，鞭炮齐鸣。一连数日，白天进行各种物资交流，晚上举行丰富多彩的民间娱乐活动。彝族传统的"左脚舞"尤出丰采，人们手拉手围成圆圈，尽情歌舞，直至深夜。

牟定三月街——参见"牟定三月会"条。

二十五

多宝佛生日——佛教节日。农历三月廿五日，在诸佛寺举行。多宝佛，又译"大宝佛""宝胜佛""多宝如来"，《法华经》中的佛名，为证明《法华经》真实义而自地涌出的塔中佛。依《法华经》卷四载，此佛为东方宝净世界的教主。往昔行菩萨道时，立誓在成佛灭度之后，凡十方世界有宣说《法华经》之处，必自地涌现于前，以证明此经之真义。届时，佛家弟子及俗家信众，皆虔诚跪拜。

大宝佛生日——参见"多宝佛生日"条。

宝胜佛生日——参见"多宝佛生日"条。

多宝如来生日——参见"多宝佛生日"条。

娘娘会——全称"白族娘娘会"。白族民间传统节日。流行于云南鹤庆县松桂地方。于传为鹤妹娘娘生日农历三月廿五举行。相传，娘娘本是一只白仙鹤所生，名"鹤妹"。有了娘娘，白族才逐渐发展起来。每年这天，松桂白族姑娘聚集前往娘娘庙祭拜。庙会开始，先由二十对身套鹤形羽衣的童男童女，各持两枝青松枝，在唢呐声中跳入舞场，表演各种仙鹤动作。随后，一位扮演娘娘的姑娘舞着进场，由小白鹤伴舞。小白鹤们以各种动作，表演白族舞蹈。舞后，娘娘带着小白鹤们绕娘娘庙转一圈，所有观众纷纷自愿跟随。此后，村民开始对歌，内容为鹤妹和白族起源的故事。

白族娘娘会——参见"娘娘会"条。
鹤妹娘娘会——参见"娘娘会"条。

二十六
二十七

黄岩东岳神会——亦称东岳庙会。汉族民间古老宗教节日。流行于浙江黄岩一带。于东岳大帝诞辰日三月廿八前,提早举行。节期因地有异:黄岩县城于廿七"迎会",历两天;院桥一带廿六,历五天。据传,诞辰之际,城内温庙的温师大神,照例将一年来关押的各种"罪犯",一并解往东岳庙,听候一殿阎王和东岳大帝发落。《云笈七签·五岳真形图序》载:"东岳泰山君领群神五千九百人,主治生死,百鬼之主帅也。"故"迎会"气氛恐怖。其成员部分是往庙许愿、还愿者,部分是自认已触犯神灵之有罪者。届时,他们由温庙出发,由着衙役服、持白藤棍的巡会者引领,举"肃静""回避"木牌仪仗开道,全套鼓乐相随,成百上千孩童、成人所扮大小无常及鬼魅簇拥;着囚服、戴枷锁的"囚犯"尾随温师大神八抬大轿。沿途居民,纷纷举行路祭。队伍入庙,举行"囚犯"交接仪式,部分人送温师大神返庙,结束"迎会"。夜晚,护寿者们入东岳庙,或跪或坐,至天明。院桥廿七夜,于当地东岳庙张灯结彩,各路戏班纷至沓来献艺,焚香明烛、跪香舍身者,拜祭通宵达旦。另,远近商贾、艺人争相前来出售土特产、风味吃食、手工艺品。居民则丰备酒食,接待前来赶会亲友。

黄岩东岳庙会——参见黄岩东岳神"条。

二十八

仓颉诞——亦称制字先师诞。汉族民间古老宗教节日。于传为仓颉诞辰日农历三月廿八举行。相传,仓颉乃黄帝时的大臣,奉命据鸟兽足迹图形,创制汉字,被尊称"仓颉至圣""制字圣人",因而就有了"敬惜字纸"之俗。人们将带字的废纸,搜集起来,定期焚化。是日尤盛。相应产生的字炉、字纸亭、敬字亭、圣迹亭,遍布各地。节日时,人们纷纷聚集于"亭"前,焚香祭拜。此节台湾颇盛。

制字先师诞——参见"仓颉诞"条。

东岳庙会——亦称东岳大帝生日、东岳大帝圣诞、朝东岳、东岳神会。汉族民间古老宗教节日。农历三月廿八举行。明沈榜《宛署杂记》云,是日乃东岳大帝诞辰。东岳神为五岳之首,司负人间生死转化。各地节期有异,如:北京于此日在东岳古庙举行;浙江余姚等一些地方,于二十七日夜即开始,往东郊岳王庙观看东岳神灯,往三江口举行龙舟赛,划船者须当日吃素;黄岩一带于农历三月廿七日,历两天;院桥等个别地方,于廿六至四月初一,主要内容有"迎会"(许愿者还愿活动);20世纪50年代终止,近年重修东岳庙于九峰山,香火复见繁盛。

东岳大帝生日——参见"东岳庙会"条。
东岳大帝圣诞——参见"东岳庙会"条。
朝东岳——参见"东岳庙会"条。
北京东岳神会——参见"东岳庙会"条。

天齐会——亦称甘蔗节。湖北武昌一带汉族民间宗教节日。农历三月廿八日,于洪山东岳庙举行。据考,源于北宋。宋真宗封守护泰山神为"东岳天齐仁皇帝",民间遂以寺庙为中心办会,内以洪山东岳庙香火为盛。民间传,元末徐寿辉在湖北蕲水起义称帝,委邹普盛取武昌。邹约内应,商定邹军入城,内应持甘蔗,可免遭殃。节日当天,各行工匠停业,男女老少纷至沓来赶会。他们带上美酒佳肴,游洪山野餐,兴尽而散。此节已泯。

武昌甘蔗节——参见"天齐会"条。

奔牛庙会——汉族民间传统节日。流行于江苏武进奔牛一带。农历三月廿八日举行。届时,镇上三神庙钟鼓齐鸣,香烟缭绕,人们争相在内诵经宣卷,占卜时运。庙外则唱大戏。百姓习惯备美味佳肴,招待远来香客。至今,庙会香火已淡,农贸起而代之,无锡、常州、汝阳等乡邻纷至沓来赶会,景象热烈。

纳西族祭龙王——亦称龙王会。纳西族民间祭祀节日。流行于云南丽江一带。农历三月廿八日举行,历五天。届时,人们会集城郊象山脚下黑龙潭边龙神祠,或就近井旁河畔,点灯烧香,供素斋祭龙王,祈求风调雨顺,人寿年丰。辛亥革命后,经丽江商业劝工会倡导,庙会改以物质交流为主,评、奖手工产品,促进商品交流,大理、保山、永胜、宁蒗、华坪等,乃至省外,大量客商纷至沓来,与会人数多达五六万。丽江素产良马,古誉"花马国"。会间,自然以"骡马市"尤盛。另,照例辅以歌舞、戏剧等文娱俗项。按乡俗,会间新婚女子须请亲朋往黑龙潭观戏,以糖果、瓜子款待。

纳西族龙王会——参见"纳西族祭龙王"条。

大姚服装节——亦称赛装节。彝族少女传统时装表演节。流行于云南大姚三台乡一带。农历三月廿八日举行。三台此节历史悠久,起源说法甚多,如为纪念彝族姑娘阿米尼。阿米尼爱上勇敢的猎人阿塔喜,久等不见其来提亲,亦不来相会,便疑其嫌她穿得不美。于是,她照着阿塔喜所赠锦鸡彩色羽毛,绣出比锦鸡羽毛还要漂亮的衣裳,穿在身上光彩照人。之后,俩人结成美满婚姻。彝族妇女便选择阿米尼结婚之日,比赛服装,久而成节。届时,人们从四面八方赶来三台街赴会。姑娘们各自穿上最艳丽的衣服,围成圆圈,在月琴伴奏下,手拉手载歌载舞。人们则兴致勃勃围观。赛装时,姑娘们不时悄悄退出舞圈,去换上新的衣服,恨不得把自己精心制作服装全都穿出来,一展高超织绣手艺。有的一连换上四五次。老人们则买上一壶酒,在一边为女儿保管衣服。姑娘们还三五成群逛街,向更多的人展亮服饰。小伙们碰上了意中人,就趁机送上带来精美礼品,作为爱情信物。节夜,人们通宵达旦纵情歌舞。永仁等县彝族民间有类似节日,正月十五举行(参见"永仁赛装节"条)。

大姚赛装节——参见"大姚服装节"条。

二十九

东皇庙会——汉族民间祭祀东岳泰山天齐仁圣大帝黄飞虎的宗教节日。流行于浙江湖州一带。农历三月廿九日举行。东岳庙正殿,供奉黄飞虎塑像,其旁为夫人像。偏殿太子殿中,供奉黄天化塑像。庙内还有十阎五殿,展刀山火海等所谓阴间一些恐怖图像。会前三日,信众即纷至沓来进香。会日,举仪仗,由钢叉开道,各色装扮人物及扎制的戏台亭阁,紧随其后。为表虔诚,异举甚多:或故意落后一段,再飞奔至神龛前"抢轿"(亦名"飞轿");或将锡香炉以小钩穿吊胳膊皮肉间,且最忌别人问疼否;等等。因特色浓郁,气氛非常热烈,一时万人空巷。

漾濞串会节——彝族民间传统歌舞娱乐节日。流行于云南漾濞一带。农历三月廿九日举行。届时,彝寨男女老少纷纷聚集,尽情欢乐。"打歌"是串会中心,场院上燃起三堆篝火,人们手拉手围成一个大圆圈,在四支芦笙吹奏乐曲伴奏下,欢跳民族舞,高唱民歌,充满热烈气氛。

三 十

本月约当日

洪西洪米祭——哈尼族民间宗教节日。流行于云南勐海县西定山一带。农历三月首个牛日举行,历四天,前两天"洪西祭",之后两天"洪米祭"。节首日晨,祭司先往供祭祀用井里汲水,各家旋汲水,供奉祖先。之后,主妇们用祭器装好生食,男主人持活鸡生祭。祭毕,主妇将生食及鸡煮熟,再祭一次。全家旋进餐。餐毕,鸣锣告知邻里。四邻互相登门道贺。主家照例送些祭品给来贺者。此夜,祭司向全寨宣布禁忌,违者罚酒一壶。"洪米祭"主要用汤圆,其面须于节首晨舂出。祭仍分生、熟。届时,男子鸣枪示意。自第三日起,凡来客,不得离主人家;未进寨者,禁入,直至节日结束。以上节俗,均旨在向神祈求人畜兴旺、吉祥。

仡佬族祭山节——亦称祭山神。仡佬族民间祭祀盘古节日。流行于贵州六枝地区。农历三月首个"虎场天"举行。相传,古时天地连在一起,没有昼夜,人们无处生活。长得虎面人身的盘古王,历尽艰辛,站在山巅,将天地分开,从此一年四季昼夜分明。仡佬祭山日期,选在虎场天,以纪念盘古王开天辟地功德。届时,凡姓李、程、石、何、杨、朱、王、刘的仡佬人家,男女老少竞着民服盛装,三三两两,带着酒、猪肉、鸡和糯米粑粑等祭品,聚集附近山上盘古像前,摆好供品,杀只白公鸡,将鸡血淋遍盘古王像,旋焚香烧纸,祭祀盘古王和山神,祈其保佑家族平安,秋后丰收。接着,架锅野炊,将鸡肉、猪肉和其他菜肴合煮一锅,欢乐聚餐。杨、李、高、程四姓中的一部分家族,祭期则选在农历三月首个"蛇场天"。届时,各家凑些糯米,舂成糯米粉,捏成盘古王模拟像,剩下的糯米粉捏成圆粑粑,同时杀鸡,作为供品,祭祀山神。祭毕,众人分食供品,一起游玩。

仡佬族祭山神——参见"仡佬族祭山节"条。

哈尼族祭山——云南红河哈尼族民间宗教节日,旨在免除山火及寨子的火灾。农历三月"蛇日"举行。届时,各家备好羊、酒、米饭等祭品,聚集于固定场地,由德高望重村老主持祭典,先点香供上,边跪拜边口念祈祷"保佑山火不来烧",众人随之叩拜。此日,全寨停止劳作。

布朗族祭火神——布朗族民间宗教节日。流行于云南墨江一带。农历三月择日举行,节期一天。火给布朗人带来光明、温暖和幸福,但在风高物燥的三四月份,也常带来灾难,稍有不慎即可使村寨顷刻化为灰烬。祭火神,旨在防止火灾。届时,寨人将茅草、树皮及草灰等放入一竹箩,请来巫师念咒语,众人举祭,祈火神不要为害人间,旋将竹箩送至村外河边点燃,扔入水中让其顺水漂去,以示送走火神,可保一年平安。

哈尼族播种祭——亦称播种节、栽谷年。哈尼语叫"鸦卡皮罗",意为祭谷神。云南西双版纳哈尼族农事祭祀节日。多在播种前的农历三月择日举行,有的地方在五六月间,历两日。首日,先由"追玛"到"阿培楼厚"(水井)打水,各家各户随后打水,冲洗祭器,煮米舂粑粑。男性家长负责祭祀祖先,祈求祖先保佑庄稼丰收、人畜不病。次日,"追玛"带领寨上各家之长,拿一对鸡、两瓶酒及一些谷种,来到水井边。先用泉水冲洗谷种,后由"追玛"主持,杀鸡祭祀水神"厄厚扎米厚玛阿耶"和"厄戛扎米格扎",祭谷种神,以祈祷神灵保佑,使籽种得到雨水灌溉,顺利发芽生长。祭毕,由"追玛"在井边种一塘谷种。然后,参祭者们在井边把祭品吃完。接着,每家出一两人,在井旁争相打一竹筒水回家,有的地方则打水互相泼洒祝福。"追玛"祭毕,就到他的地里,在"洪皮牙冲"(水草房)前先种三塘稻谷,然后全寨才正式开始播种。全村每家至少要派一人,帮"追玛"家及时播种。祭祀活动两天中,夫妻禁同房,小伙禁串姑娘。据传,犯忌者的庄稼将遭虫灾。

哈尼族播种节——参见"哈尼族播种祭"条。

栽谷年——参见"哈尼族播种祭"条。

鸦卡皮罗——参见"哈尼族播种祭"条。

哈尼族祭谷神——参见"哈尼族播种祭"条。

彝族搭清节——彝族妇女传统节日。流行于云南曲靖白水区大德一带。农历三月首个马(午)日举行。类似汉族的"踏青节",但是仅妇女参加。届时,彝家女子竞着节日盛装,带上各种节日食物,聚集当地的密集山上,进行野炊。她们挖灶埋锅,拾柴生火,一起煮饭做菜,互相敬酒夹菜。席间,人们借酒兴,唱调子,尽情欢娱。夜幕降临,明月升空,人们才扶老携幼,尽兴而归。

哈尼族黄饭节——亦称二月年。族称"好收色",意为染黄饭。哈尼族民间传统俗信节日。流行于云南元江一带。节期因地略异,农历三月首个申或酉日举行,一些地方听到布谷鸟首次呼叫后择一亥日举行。届时,各户皆蒸好喷香的黄色糯米饭(用黄饭树花汁水浸泡),煮好红鸭蛋,虔诚敬献仓摩米天神的使者、报春的布谷鸟和"笔苦"鸟。祭毕,人们高唱动听的"春耕歌",做农耕准备。村内德高望重的老者观测天象,推测吉日,拔几丛秧苗栽进自家田里,意为开秧门,宣告山寨一年一度的春耕活动开始。据传,此举可使五谷丰登、六畜兴旺、众生吉祥。

哈尼族二月年——参见"哈尼族黄饭节"条。

好收色——参见"哈尼族黄饭节"条。

水族祭龙潭——贵州水族民间传统节日。农历三月初三后首个蛇场天举行。相传,从前有一年大旱,族人面临死亡威胁。有一名叫桃仙的青年,冒死下龙宫,向龙王求助。其诚恳的精神感动了龙王。龙王终于答应普救人们,于是从山洞放出清清泉水,还普降甘霖。人们得救,为答谢桃仙和龙王的恩情,遂年年定时"祭龙潭"。届时,男女老少竞着盛装,设祭台,杀猪、牛、羊,虔诚上供、叩拜,祈求风调雨顺,人寿年丰。他们对歌、打金钱棒,上山打猎,尽情欢度节日。

毛杉树歌节——布依族民间传统重大节日。流行于贵州黔西南州。农历三月初三后首个蛇场日,在南盘江北岸安龙县德卧镇附近举行,历三天。节源纪念英雄将领之祭祀性节日。相传,明初,岑彭、马武俩将领征战中箭身亡,其坟头长出几棵形状奇特、枝叶繁茂的杉树。百姓视为英魂显灵,便于树下祭祀,以求佑安。行祭只允许村中部分成年男子参加,并由懂祭礼、孚众望寨老主持。参祭者,烧纸钱,供鸡、猪、酒等祭品,悬挂纸马,以表全村皆参与敬祭。之后,寨老作陪神灵,其他人宰鸡杀猪,并将鸡、猪杂碎煮熟献祭,猪、鸡肉则放置各户篮中。祭毕,大家就地进餐,吃剩骨头就地掩埋。回村时,脚步要轻,避开外人。外地前来过节者,须于祭前一天赶到,以免惊动神灵。近年来,唱歌、对歌活动勃然大兴。节间,附近安龙、册亨、兴义、贞丰、望谟,乃至广西隆林、云南罗平等地布依族,以及其他各族群众,纷纷会聚德卧镇,唱歌游玩,通宵达旦。如今,祭祀活动已渐淡出。

羌族山神祭——族称"祭阿渥尔"。四川阿坝羌族祭祀节日。农历三月(或五月)择日举行,节期一天。当地羌族普遍崇拜一种乳白色的石英石(俗称"玛牙石""白石",羌语称"阿渥尔"),以其为各种神灵的偶像。山神,即山上某个特定地方所设的一个神龛,内放一块白石为神,亦即例祭对象。节前,寨内各户集资,交该年会首购买祭祀牺牲、供品,并请端公主祭。祭日,每家出一人,着新衣,带着月牙形、三叉形馍及一些煮熟的猪膘肉。清晨,他们随端公、会首上山临近山神,端公以小竹箭对空四射,并跳跃至山神前礼拜,诵祝词,撒青稞。会首同时以香烛、纸花、馍等献祭。然后,众人将酒灌入羊耳,并大吼三声,待羊发抖时,象征山神业已领受牺牲。端公旁观羊抖动状况,以预测当年收成丰歉。随后,端公开始跳神,并将杉树枝分给众人带回家,插自家屋顶"阿渥尔"旁,以求吉利。跳神毕,端公即围火休息。会首率众人在林中宰羊,以羊血涂山神石尖端,将羊角置山神旁。待羊肉煮熟,众人分食,饮酒、跳锅庄舞。茂汶县赤不苏一带羌族,则以杀牛祭山。祭牛只能是未破过相、没劳动过的三岁公犏牛,事先由各寨凑钱给当年会首置办。祭祀过程略同上述,相异的是祭毕,众人须将牛皮挂树上,主祭者须从牛皮下走过。山神甫祭,封山禁砍柴。

祭阿渥尔——参见"羌族山神祭"条。

仡佬族拜树节——仡佬族民间传统节日。流行于广西隆林及贵州遵义、仁怀、六枝等地。节期、节俗因地有异。遵义、仁怀在农历三月首个虎场天,六枝在农历三月首个龙场天,隆林则多于农历正月十四日。节天午时,广西仡佬村寨,每家以两人为一组,带上米酒、猪肉、糯米饭、红纸、鞭炮,扛锄头、执砍刀,出门拜树,以先近后远顺序,举行拜树仪式。山林树多,则选择几棵高大的树为代表。先在树前点燃鞭炮,一人操刀,向树身轻轻砍三刀,砍成嘴巴状,每砍一刀,问答一句。不同树,问答内容不同。如,对果树问:"果子大否? 甜否?"对用林树则问:"长否? 高大否?"然后,将祭品每样塞一点进树"嘴"里,再用红纸封住,表示树饱劲足,万木茂盛。再后,锄尽树根周围的杂草。贵州仡佬族祭树时,用红米做成九个饭团子,捉一只公鸡,叫上几个男人,一同上山坡砍一棵专门用作祭祀的香樟树,再砍一些泡木杈、桦香枝叶、青杠藤叶等，搭成一间小小的假房子。然后，把公鸡杀掉，用鸡血淋九个饭团子，并挖坑煮熟鸡肉，连同饭团子一起祭树。领头人口含咒语，请树神受献。献毕，众人共享供物。有的村寨，由每家凑一些糯米，煮熟打成粑粑，全村人一起上山祭树。然后走村串寨游玩，或给祖坟挂纸。相传，仡佬族祖先本住天上，吃的全是仙桃、供果，住的是楼台琼阁。后来，天上的人日益增多，食物欠缺，玉皇大帝就命一些仙人下凡，其中即有仡佬族祖先。他们被"金角"（老龙）、"沙达"（老蛇）护送人间，当时地上无房子，祖先们白天打猎、挖山药、摘野果充饥，晚上住树丫上。后来，他们修筑房子，开荒种地，才从树上搬到地下。为不忘树木对祖先的恩情，每逢农历三月首个虎场天，照例祭树，世代沿袭，逐渐成节。

仡佬族祭树节——贵州仡佬族民间宗教节日。农历三月首个龙场天（另说初三）举行。据考，节日源自仡佬族远古先民自洞穴而树巢生息所形成的树木图腾崇拜。届时，男女老幼（除难行动的老者外）皆参加（含婴儿），带上鸡、酒、肉、饭、菜、香烛、纸钱及碗筷、桌凳等，会聚山坡或山脚草坪。午时三刻后开祭，先由族长首领将十只鸡（公母各半，每年十户人家轮流提供）杀死，鸡血滴酒中，先长后幼，面对葱郁山林，伏地跪拜山神及种秧苗的土地，祈人寿年丰。拜毕，烧纸焚香，燃放鞭炮，酒洒树木四周，为树除草培土。之后，就地聚餐，兴尽而散。

黎平虾子节——部分苗族祭祖节日。流行于黔东南黎平县尚重区一带。农历三月首个卯日举行。届时，每家每户包粽子、煮甜酒。人们成群结队去河边捞虾，将虾煮熟祭祖。相传，从前灾荒岁月，住在线锦平江口的苗族，逃荒到现今定居的尚重一带。两兄弟逃荒分手时，一人走一边河岸。哥哥在对岸对弟弟说："今天是卯日，以后我们每年三月这一天，要过节，就能互相来往，见面了。"河水流动，响声太大，弟弟听不清楚，听成"吃虾"。哥弟俩在不同地方落户，弟弟按自己听到的办，便于三月卯日捞虾煮吃，作为过节。日久，传而成节。

温塘桃花浴——俗称姑嫂节。河北平山县民间传统节日。农历三月择日开场，历月余。流行于该县温塘村一带，故名。据考，此节源头远溯西汉初年，汉武帝乘鹿巡游，封温塘温泉为"宝泉圣水"，并于房山新立王母祠。谓"节"亦历千余年。届时，远近人们纷至沓来，享受"桃花浴"，有病治病，无病防病，洗涤一冬的秽物，迎接崭新的春天，饮誉"一日桃花浴，三生无炎凉"。人们到汉武帝庙上香祈福。镇村主办文艺演出、各种展览，民间举行民间歌舞、抬皇杠、拉花、渔家乐、武高跷、霸王鞭等自娱活动。节间，婚事特多，洞房婚床正上方都贴"桃花女在此"几个字，以祈吉祥。人们喜欢"七仙女洗桃花水""汉武帝骑鹿寻泉""南蛮子盗宝""刘秀饮泉"等故事，节间传讲成风。他们以水为载体，把休闲洗浴、民间文学、历史故事、道教文化、医用知识及民俗演艺融为一体，形成鲜明的水文化、水习俗特征。

平山姑嫂节——参见"温塘桃花浴"条。

临潼桃花节——民间传统节日。流行于陕西临潼一带。农历三月桃花盛开时，择日举行。届时，四乡八镇百姓纷纷前往骊山洗温泉澡。相传周幽王宠妃褒妃、唐玄宗宠妃杨玉环，均曾来此洗浴。又说，秦始皇曾调戏"神女"而被唾面，脸上生疮，靠此温泉方得洗愈。人们因此争相洗此泉，祈求变得英俊貌美，因而相沿成俗。

勒墨桃花节——云南白族支系勒墨人民间农祀节日。农历三月择猪日举行。唐樊绰《云南志》载，每到节日，勒墨人即以各自氏族为单位，带上已备酒、肉、饭菜等祭品和几枝桃花，到山鬼、地鬼和谷神出没之地，祭祀一番，祈新的一年中别为难勒墨人，让庄稼苗壮成长，羊群跑满山坡，秋后得丰收，平平安安度过一年。祭毕，全氏族饮酒欢歌。节日过后，勒墨人便投入到紧张的农事活动中。

白族梨花会——亦称剑川梨花会。白族民间传统节日。流行于云南大理剑川一带。农历三月择期举行，历数日。据传，白族自古尚白，连衣服亦以白色为主调。某年，一黑色魔鬼施展妖术，顷刻使果树枯萎，白羊发黑，天地昏暗无光。村中有位勇敢的梨花姑娘，决心降魔，克服千难万苦，找到白龙，并取得其白乳汁。她回到村里，和魔鬼殊死搏斗，把白乳汁喷在黑魔鬼身上，魔鬼立即变成石头，果树复苏，羊皮变白，天空晴朗，世界重见光明。梨花姑娘却因长途跋涉，奋力降魔，而劳累过度，最后倒在梨花树下，再没醒过来。为感其恩，白族民众每到三月梨花盛开之时，都要举行梨花会，纪念梨花姑娘。届时，剑川县境满山遍野一片缤纷，大家结伴来到梨园赏花、游玩。老人们弹起三弦，年轻人唱歌跳舞，连续活动数日。

俄罗斯族报喜节——新疆俄罗斯族民间迎春节日。农历三月上旬择日举行，个别地方择三月廿五日举行。届时，人们举行各种庆祝活动。三月四日，孩童们进行迎春活动，把烤好的百灵鸟形状饼干带到村外田地里，抛向天空，再接住，表示迎接春天的到来。三月九日，妇女们到村外地上，铺上一块亚麻布，上摆一个大圆面包，请春天母亲尽情享用。姑娘们在树枝上拴着纸或布做成的各种小鸟，站在房顶、柴垛或山坡等较高的地方，摇动树枝，唱迎春歌。

苗族高跃坡节——苗族民间娱乐连情节日。流行于贵州镇远县金堡区爱和一带。农历三月中旬择日举行。届时，人们邀约附近亲友，一同攀爬高跃坡，在坡上举行传统歌舞活动。姑娘小伙借机连情择偶。歌舞中，姑娘看中哪位小伙，即抛去一张亲手绣制的手帕；小伙接帕，则从衣袋掏出糖果、零钱或丝线，包入帕中抛回。相传，从前有位姑娘从凯里逃到高跃，结识当地一小伙。一年后，姑娘返乡，小伙刻意相送到家。姑娘见其钟情，便赠给一张帕子，许下姻亲。小伙返回时，用帕子包一包泥土，撒于高跃坪上。从此，"丢帕"成为习俗。

兹完尔节——亦称修渠引水节，另译祖吾尔节。新疆塔吉克族民间农事节日。节期不定，多于农历三月下旬择日举行。节前，村众即统一行动，在水渠冰面撒土，以加速冰面融化；同时烤制三个节日大馕，一个留家食用，两个于节日带上引水工地。节日当天，在米拉甫（水官）带领下，骑马赶往工地，破冰、整修水渠。完工后，众人聚餐共食节日烤馕。餐毕，孩童们撩水嬉戏，成人们则赛马、赛叼羊，欢庆引水完工。

修渠引水节——参见"兹完尔节"条。

祖吾尔节——参见"兹完尔节"条。

土族祭祖节——土族民间传统节日。流行于青海乐都、民和一带。农历三月底至四月初择日举行。届时,各家携带馒头、奶茶、酒、猪肉、果品、菜肴,前往坟地祭祖。照例先摆供品,化纸焚香,顶礼跪拜。祭毕,捡来牛粪、柴草,燃篝火,热饭菜聚餐。大家族人多,长者集中各家馒头,放于首辈老祖母坟上,让其一次滚下来,众人跪地相接,谁接得馒头,则预示将得儿女。另,人们还在坟前,竞放各种风筝,归家前焚毁,切忌带回家中。

活舍节——族谓"新年"。哈尼族传统年节。流行于云南西双版纳一带。农历三月择日举行,历五天。首日,家庭主妇备好糯米饭、黄豆和芭蕉叶,老人烤酒、晒草烟,小伙上山打猎。是夜,成年人通宵不眠,待雄鸡报晓,便争相敲响竹桶,舂粑粑,簸豆子,祈求天神降雨,保佑五谷丰登、人畜两旺。次日,全寨集体杀牛分肉。妇女在家把煮熟的鸡蛋染成红、黄、白、绿、黑、紫、青七色。进餐时,先吃彩蛋。第三天,中老年人用芭蕉叶,包好茶叶、草烟、干笋、蛋等礼品,走亲访友。节间,小伙、姑娘往各村娱乐场"颠哈",举行吹竹笛等活动。

哈尼族新年——参见"活舍节"条。

普米族祭龙节——亦称龙潭祭。云南普米族重要农祀节日。节期因地有异,宁蒗在农历三月或七月举行,兰坪则于农历正月或二月择日于龙潭或龙洞举行。普米人认为龙乃兴云布雨、掌管福祸之神,各家均有自己的龙潭,多位于深山密林或山涧峡谷。举祭时,全家同往自家龙潭歇宿三日,用木棍、木板搭成高台"龙塔",塔前竖百尺标杆,上挂七个用鸡毛麻线拴成的七角斗架,为龙神住处。之后以酒、牛奶、酥油、乳饼、茶叶、鸡蛋等食物,供祭塔上。届时,请巫师登坛祭祀,求龙神保佑人畜兴旺、五谷丰登。祭毕,将涂有酥油的五十个面偶,投入龙潭。

普米族龙潭祭——参见"普米族祭龙节"条。

纳西族祭山神——纳西族祭祀节日。流行于云南丽江一带。农历三月择日举行,节期一天。届时,全寨男女老少均着盛装,抬着祭品,一齐上山祭山神。祭品有画各种图案的长条白布,用炒面捏成的奇形怪状的蛇、虫等动物,插着木牌的一土块,牌上写满密密麻麻东巴文符咒,皆放入一簸箕,抬到山上。众人献上祭品,巫师主祭,众人叩拜,求山神保佑风调雨顺,山中动物、树木生长良好,不受灾害,寨中人畜平安。祭毕,将祭品供于山头。

纳西族祭风——纳西族民间农事祭日。流行于云南丽江一带。农历三月择日举行,历一天。据传,此节源于自然崇拜时代。纳西族多居高原,气流变化较强,常刮大风。民间却传说,大风是因一些死人幽灵作祟而形成。他们有的被虎豹等猛兽咬死,有的落水溺死,有的被石头砸死,有的掉入深渊摔死。这些枉死的幽灵常常化作一股风,刮走田间谷物,使粮食减产。纳西族众人为减轻风灾对农作物的损害,因袭祭风仪式,向风献上饭菜等祭品,烧香祷告念经,祈减风害、人畜平安、粮食丰收。此节已式微。

纳西族龙王庙会——亦称纳西龙王会、纳西祭龙节、黑龙潭会,早年称三月会、三月真经会。云南纳西族民间传统节日,兼文化娱乐、物资交流、男女社交于一体。节期有多种说法,农历三月十五日前后开始,历三五天或一星期,乃至一两月不等。地点多在丽江县城黑龙潭畔(今玉泉公园)。纳西人有着悠久的祭龙史。相传,丽江象山之麓黑龙潭住着龙王,人们便于清朝乾隆二年(1737)在此建龙神祠,年年举行集会拜祭龙王,还展开唱纳西族民歌、演奏纳西古乐以及赛马等各种文体活动。青年男女纷纷借机连情择偶。参加者除本地及邻县各族兄弟外,大理、保山、昆明乃至外省的一些客商,亦纷至沓来。会间,商棚林立,骡马、土特产、外来日用品琳琅满目,购销两旺。

纳西族龙王会——参见"纳西族龙王庙会"条。

纳西族祭龙节——参见"纳西族龙王庙会"条。

纳西族黑龙潭会——参见"纳西族龙王庙会"条。

纳西族月会——参见"纳西族龙王庙会"条。

三月真经会——参见"纳西族龙王庙会"条。

佤族播种节——佤族民间农事节日。流行于滇南澜沧江畔。农历三月十五日前后举行。事实上哪家哪天开播,即被厘定为"节"。开播户须及早准备,选好种子,备好白肚老鼠、肉、鱼、酒、茶、两碗米、两个鸡蛋、一只活鸡、一头小猪及相应的农具等,提前请好巫师,并通告乡邻。是日晨,将所备东西,背至选定地头。

大理三月街民族节——原名三月街。云南大理白族传统盛节。此节始自唐永徽年间,最早是佛教的讲经庙会,后来逐渐发展为物资交流会。1991年改今名,被誉为"苍山脚下的广交会"。农历三月择日举行,本历时三天,今改为七至十天。

大理三月街——参见"大理三月街民族节"条。

祭庄稼神——亦称三月节。云南大理白族民间传统农祀节日。节期由寨老择农历三月某吉日举行。三月正值耕种的季节,人们祭祀庄稼神,以祈一年风调雨顺、五谷丰登。祭祀时,烧香焚纸,把供品摆在庄稼神像面前,让其享用。

白族三月节——参见"祭庄稼神"条。

彝族歌圩节——亦称风流节、风流街、情人节。彝族支系白彝人民间男女情爱节日。流行于广西那坡一带。农历三月择日举行。届时,情侣们纷纷互赠礼品,小伙多送白沙糕给姑娘,姑娘则多送净白糯米饭给小伙。白彝人尚白色,以此表达心地洁净。

彝族风流节——参见"彝族歌圩节"条。

彝族风流街——参见"彝族歌圩节"条。

彝族情人节——参见"彝族歌圩节"条。

彝族姑娘节——亦称姑娘街。彝族支系阿鲁人民间传统节日。流行于云南红河州。农历三月择吉日举行。相传,阿鲁人先辈生活在原始森林边,常受野兽侵害。男人们天天守候在前方,所有农活全部落在姑娘们身上。为牢记、报答姑娘们一年四季的辛劳,阿鲁人都要在每年此节杀猪宰鸡,缝制新衣,犒劳姑娘们。

彝族姑娘街——参见"彝族姑娘节"条。

哈尼族郭修节——哈尼族民间宗教性节日。流行于云南景洪一带。农历三月择日举行,历三天。首日,家家舂糍粑送鬼,并敲锣打鼓,平添喜气。次日晨,家家抢先到池塘汲水,声音尽量放小,免惊扰祖先。最先汲水者,全年多福。第三日,家家杀猪或杀牛,不作祭品,全部自家享用。节间停止劳作,尽情娱乐。

切脱恰特尔节——意译为清除烟尘节。新疆塔吉克族民间传统节日。农历三月举行,日期由当地著名宗教人士确定。节前一两天,家家将所有用具搬到室外彻底清扫,然后用面粉和成白浆液于宅内墙整齐画几行"Y"型图案。各家所画图案的大小、数量各异,但图案形状一致。有的人家在墙上只画一行图案,有的画两三行,也有画满整面墙壁的。其意乃喜迎新春幸福。节晨,各户先派一男孩,牵一头牛进堂屋绕行一周,成人在牛背撒些面粉,喂点儿馕,并将挪出室外的用具搬回宅。之后,全村公推德高望重的长者逐户喜贺新春,男女老幼接着相互拜贺。每到一家,家中主妇须向来客肩头撒些许面粉,示吉祥,并盛情款待。节日当天,各户纷纷用面粉做成面牛、面羊、面犁等喂耕畜。另外,人们照例联村合办叼羊等特色活动。

清除烟尘节——参见"切脱恰特尔节"条。

大甲妈祖文化节——台湾民间宗教节日。流行于台中市。农历三月间择日举行。届时,台中庙宇大甲镇南宫举行大甲妈祖出巡绕境进香活动,历九天八夜,终点在嘉义新港奉天宫。1988年前是前往云林北港朝天宫进香割火,活动规模极盛,与众甚多。2008年7月4日,被当地定为"重要无形文化活动资产",素称"三月疯妈祖",被誉为世界三大宗教活动之一。

三月疯妈祖——参见"大甲妈祖文化节"条。

高山族播种祭——族称"目娜努比斯巴娜依"。台湾泰雅人、邵人传统农祀节日。农历三月下旬春播结束之日举行。是日,各户家长带家中一童,上山作象征性播种仪式。之后,人们聚集祭场,场内并排坐五位巫师,面对祭饭,一手托腮,一手平放膝盖,齐声念咒语。祭毕,在社外潭边架秋千,尽情游荡。秋千由四根粗竹搭成,高约十米,象征庄稼苗壮如秋千。荡秋千乃祈福加娱乐。

目娜努比斯巴娜依——参见"高山族播种祭"条。

仁登阿卜——意为祭龙。云南德昂族宗教祭祀节日。农历三月,由佛寺僧人择吉日举行,历一天。届时,全寨男女老少聚集事先选定清水池旁。僧人主祭,燃香烛,边念经,边将一张画有龙王模样的纸漂放池里。众人随之叩拜龙王,旋杀猪、杀鸡祭祀龙王。最后,众人边饮酒边交谈。德昂俗信,风调雨顺是龙王做了好事,干旱、洪水暴发则是龙王作祟。祭龙王可保风调雨顺,免各种灾害。此节已渐泯。

德昂族祭龙——参见"仁登阿卜"条。

南京善司会——亦称都天神会。汉族民间宗教节日。流行于江苏南京等地。农历三月择日举行。"善司"传为专司瘟疫的"都天神",红发蓝面,狰狞可怖。为祈其保佑,免瘟疫之灾,人们在骁骑营建庙,供奉神像。届时,抬神像巡境游街,后献供品,顶礼膜拜。此节渐泯。

都天神会——参见"南京善司会"条。

平顺大赛会——汉族民间传统赛车宗教节日。流行于山西平顺一带。农历三月春暮择吉日举行,历三天。据传,九天圣母初生时,曾在该县南社村"东溟"的"圆神地"落脚,此地因此建庙供奉。庙始建隋唐年间,至宋形成大型庙会。每年大赛会由当地五大赛会社轮流主办,其中一个承办会务,其余的组织赛车等活动。届时,冀、豫、晋等地信众、还愿者及商贾,纷至沓来。赛会首日为祭祀日,人们在圣母庙内焚香,叩拜祈福。次日是赛车日,在"圆神地"举行,四辆由四头牦牛牵行的高十二米的"四景车",上立二十四匹神马、二十四顶彩楼、二十四顶银伞,还有举银伞骑彩驴的报席等,异常壮观。万千人簇拥观赛,欢声雷动,把赛会推向高潮。第三天赛歌,另放异彩。民间有"赶了大赛会,死了不后悔"的歌谣,足见赛会之盛。

甘南跑马节——藏族民间传统节日。流行于甘肃甘南州卓尼北山一带。农历三月择日举行。届时,男女老少穿戴一新,三三两两骑马赶车,到斜藏沟度节。当地蒙古、回、土、东乡和汉等族民众,纷纷前往助兴。节日赛马场上,人山人海,人声鼎沸,锣鼓喧天,彩旗飘扬,歌声嘹亮。赛马开始,只听"叭"的一声枪响,骑手们翻身上马,策马扬鞭,一匹匹骏马,撒开四蹄,飞驰奔腾。烟尘滚滚跑道上,响起"嘚!嘚!嘚!"的马蹄声,与场上四周各族群众的欢呼声、掌声交织一起,像春雷般在赛场上空滚动。骑手们一个个英姿飒爽,你追我赶,毫不示弱。骑手健儿到达终点,人们高举一杯杯青稞酒贺献。赛毕,老年人欢聚一起,一边频频举杯,开怀畅饮,一边说古论今,交谈赛马、生产经验。姑娘、小伙有的就地围成圆圈,或手拉手,或手搭肩,在胡琴、笛子等乐器伴奏下,纵情歌舞;有的成双成对,离开赛场,到山头、沟边、树下、路旁谈情说爱。节日过后,牧民们陆续迁出冬窝子,开始春牧。

初 一

乡宁四月节——汉族民间传统节日。流行于山西乡宁一带。农历四月初一举行。相传,当年黄帝与蚩尤于此日开战。黄帝之兵头上插皂角叶,蚩尤之兵头上插槐树叶。节日期间,人们为纪念黄帝战胜蚩尤,人人头上插叉皂角叶,顶礼膜拜黄帝。

祭沧浪神——亦称祭雹神。汉族民间农祀节日。流行于山东滕县一带。农历四月初一举行。相传,"沧浪神"亦名"雹神",专司人间降雹,民间因此设祭。届时,村民们各备香、果、茶、酒、肉等供品,云集祭棚,在德高望重的村老主持下,向棚内供奉的"沧浪神"位顶礼膜拜,祈人寿年丰。祭文一般写道:"今有某某村某某善士经会合村民人等,谋以香茶供果、金银宝马,敢昭于沧浪之神台前,曰:盖闻民为国本,食为民天,芸芸众庶,温饱所愿。雹冰斯降,实生眼前,哀鸿遍野,妻离子散。伏乞尊神,幸加重怜,五风十雨,赐我丰年。我辈愿民,谨具蔬荐,神其有灵,享我蒸献。尚飨!"祭毕,众散,这时所参加祭礼的人及主持人把祭品饱食一顿,俗称"肯神腿"。此节已式微。

祭雹神——参见"祭沧浪神"条。

桑厥节——青海黄南藏族地区本教(亦称"钵教",俗称"黑教")教徒的重要集会节日。此节为纪念性例行宗教活动,农历四月初一举行,历三天。本教是8世纪前在藏族聚居区占统治地位的宗教,尚巫术,信多神。7世纪佛教传入西藏后,本教和佛教之间曾不断撞击,相互吸收对方的一些内容。后来佛教逐渐形成喇嘛教(即藏传佛教),本教亦呈现不少佛教色彩,成为类似喇嘛教的一个教派。相传,本教僧人静坐真正入静后,眼前出现幻觉,各种妖魔鬼怪来撕食肉体。静坐僧人愿将自己的血肉供食,不畏惧,亦不伤害他们,否则会有生命危险。静坐结束,僧侣们回到寺庙,继续进行念经修炼活动,祈愿成佛。

洪格嘛呢节——藏传佛教宁玛派僧人节日。流行于青海黄南藏族自治州尖扎、贵德一带。农历四月一日举行,历七天。宁玛派以11、12世纪藏僧索尔波且(1002—1062)、索尔怒(1014—1074)和濯浦巴(1074—1134)等人为代表,尊奉8世纪印度僧人莲花生入藏所传密咒和修习传承。因僧人头戴红帽,俗称"红教"。节日期间,当地宁玛派僧侣集中寺庙,焚香燃灯,神前跪拜,大念《知卜且》经,祈祷神灵保佑地方平安、风调雨顺、人畜兴旺、庄稼丰收。同时,寺庙还组织僧人戴上面具,在锣、大钹、长号和唢呐等法器的伴奏下,跳宗教舞蹈或高声歌唱,饶有兴趣,围观者掌声不绝。有的寺庙,还演出传统藏戏节目。

互助祭佛节——亦称浴佛节。土族传统宗教节日。流行于青海互助。农历四月初一至十五日举行。届时,方圆数百里的土族兄弟,纷纷来到瞿昙寺、佑宁寺、塔尔寺,磕长头、转哥拉、点灯、布施供饭。寺院照例选出一些喇嘛,口念经文,手持羯鼓舞蹈。节日里,俗众彼此诉说真情,排忧解难。人们认为,在此时日,为人排忧解难,尤为积德,胜过平日做数百件好事。尤其初八,相传乃佛祖释迦牟尼成佛之日。寺院特别举行诵经法会、晒佛活动,用名香浸泡的水洗佛像,贡献各种花卉。

土族浴佛节——参见"互助祭佛节"条。

妙峰山庙会——亦称妙峰山香会、娘娘庙香会(今称"花会")。汉族民间宗教节日。流行于北京门头沟。农历四月初一举行,历半月。据考,此会已历四百余年。北京有五座著名的娘娘庙,而此庙居首,被乾隆帝封作"金顶"。庙会分文会、武会。文会负责沿途设点,为香客免费提供茶棚、粥棚、馒头棚;武会负责沿途表演高跷、秧歌、中幡等。庙会曾盛极一时,香客日以万计,不少人一步一揖、三步一叩。1925年,北京大学国学门研究所专门考察妙峰山,出版《妙峰山进香专号》,开创了我国民俗田野调查先河,此山因此被称为"中国民俗学的发源地"。日寇侵华时,庙会衰落,至1993年恢复,旋进入国家级非物质文化遗产名录。2012年第二十届庙会,有中幡、舞狮、五步少林、兵部扛箱等五十余档民间花会登场。游客还参与施粥布茶、舍馒头、舍绿豆等民俗活动,体验乐善好施等美德。

妙峰山香会——参见"妙峰山庙会"条。

娘娘庙香会——参见"妙峰山庙会"条。

妙峰山花会——参见"妙峰山庙会"条。

中药材大会——汉族民间宗教节日。流行于河南辉县百泉一带。农历四月初一,于太行山东麓之卫水发源地百泉举行,历十天。起初,人们在浴佛节时,到此祭祀卫水之神。卖香料者纷至沓来,渐成药材集市。据考,时至清康熙年间,药商在百泉书院东建成药王庙,供奉神农氏、长桑君、孙思邈三圣。届时,举行唱大戏等活动,内以"放鸭子"尤盛,即用油纸做成鸭、鱼、龟及船等模型,昼放水面漂浮,夜点燃引信。各种焰火生热,使其东碰西撞,或突然迸炸,"生"出许多小鸭、小鱼、小龟及礼花,非常绚丽、壮观。会上有如许游乐,中药材交易因而日渐兴旺。

初 二

蒙古族鲁班节——亦称鲁班会。云南蒙古族民间传统节日。传为鲁班授《木经》之日农历四月初二举行,历三天。此地蒙古族所建房屋,造型别致、美观,经久耐用,颇受远近各族称赞,誉称云南"建筑之乡"。为此,当地把鲁班向徒弟赠送《木经》之日农历四月初二,定为"鲁班节"。届时,外出做工的泥、木、石、瓦等工匠,无论路途远近,都要赶回度节。各村寨杀猪宰羊,搭台唱戏,抬着檀香木雕刻的鲁班像,敲锣打鼓,鸣放鞭炮,耍龙灯、划彩船、跳蚌壳舞,漫游各村寨。然后,会集广场,唱歌跳舞。最欢乐的舞蹈,称"跳乐",统由一男青年作为先导,怀抱龙头四弦琴,边弹边跳,人群随后分成两行,时而围成圆圈,时而相互穿插,队形多变,且歌且舞,场面十分活跃。节日后,各村开始收割小麦、油菜籽,送肥翻地,犁田插秧。干完这些农活,工匠们又成群结伴,外出承包建筑工程。

蒙古族鲁班会——参见"蒙古族鲁班节"条。

仙家妹妹庙会——汉族民间宗教节日。流行于浙江嘉善县汾玉一带。农历四月初二举行。相传,一个美丽、聪慧的姑娘,爱上本村一小伙。父母不允,难结良缘。姑娘刚烈悬梁自尽,小伙感恸,随之殉情。姑娘阴魂不散,常返回作祟,搞得阴森恐怖。村民遂建仙家妹妹庙,供奉姑娘,旁供小伙塑像。庙后特盖一座新房,以慰恋魂。祭祀久而成节,村民祈祷人寿年丰,青年男女则祈求婚姻圆满。

初 三

四月三庙会——亦称七老爷庙会。汉族民间纪念性节日。流行于浙江嘉善西塘一带。农历四月初三,于金七爷庙举行。相传,明末有一运粮官,名金七,因瞒着朝廷,开仓放赈济,被查办。金七独自担责,于农历四月初三跳河自尽。百姓遂盖庙缅怀,逢忌日举行祭祀。届时,店员、工人分别扮龙虎将、打护公旗、抬七老爷轿,簇拥象征云彩的五色旗,敲锣打鼓巡游。通常于夜亥时出会,次日中午经过四十二个社棚,之后回庙。庙前演戏三天。

七老爷庙会——参见"四月三庙

会"条。

台州支将军节——汉族民间祭祀节日。流行于浙江台州一带。于传为唐末义军首领黄巢部将支将军战死沙场之日农历四月初三举行。届时,人们隆重举行祭祀活动,祈将军英灵保佑人寿年丰。将军名"龙",故节间特意举行"滚龙"等纪念活动,歌颂将军乃人中龙凤。

彝族跳宫节——族谓"孔告""孔够",意为欢庆的日子,亦称"跳公节""嘈契"。彝族民间传统节日。流行于云南富宁、广西那坡等地。各地节期有异,四月初三、初八、十一、十二开始举行,均历三天。富宁一带彝族支系白倮倮,于农历四月初七举行,历两天。首日,举行"请鼓"仪式,由那公(寨主)、宫头(总管)等人,身着古装,率村民去请那摩(最年长头人)起铜鼓过节。那摩应允,即领众到埋鼓地方,焚香颂经,虔诚祭祀。之后,才把铜鼓从地下挖出,连同祭品一起,系在鼓架上。众人载歌载舞,簇拥着把铜鼓抬至节日场地"宫坪"(村边坝子)。场中央用篱笆围着一兜金竹。相传,彝族祖先在一次战争中被围追,一英雄藏身金竹丛,用计击退敌人。后人为纪念这次胜利,敬献金竹,久而形成围金竹跳舞唱歌的"跳宫节"。一切准备就绪,那摩击鼓三下,宣布开始。人们吹起葫芦笙,击起铜鼓,伴着音乐,和着鼓点,围绕金竹纵情跳舞。有人跳饿了,累了,便停下来吃点糯米饭,尝块肉,喝口酒,再继续。欢快歌舞活动持续两天。首日晚,人们结队去那摩、那公家贺节;次日晚,则去各家各户跳金竹舞,祝福家家户户人畜兴旺、五谷丰登。青年们扮演各种鸟兽,引诱大家追打,更添节夜欢乐气氛。最后一天称"过三朝"。中午,由那公组织全村各家户主,到附近的一座山上,宰鸡杀狗,祭祖感恩,祈祖宗保佑。祭毕,举行"送鼓"仪式,由那公、宫头和七个帕比(节日主持者),领众载歌载舞,护送铜鼓返回那摩家里,宣告节日结束。而今此节已发展成娱乐兼物资交流盛大集会,附近壮、苗、瑶、汉等民族,也纷纷参与。

孔告——参见"彝族跳宫节"条。
孔够——参见"彝族跳宫节"条。
跳公节——参见"彝族跳宫节"条。
嘈契——参见"彝族跳宫节"条。

鄂温克族四月会——族称"奥米那楞""奥米那仁",译为四月会。鄂温克族宗教节日。流行于内蒙古呼伦贝尔盟阿荣、陈巴尔虎两旗。多在农历四月初三举行,历四至七天。陈巴尔虎旗则在八月间举会,主要内容有:一、老萨满收教新萨满。新萨满到老萨满家,新、老萨满一起跳神四至五日,多者达八至九日。全宗族献羊一只,让俩新萨满争夺,夺到者杀羊,老萨满拿着鲜红羊心,绕着人群走动,新萨满佯装鸟飞模样随后。老萨满转回身,将羊心血挤进新萨满口中,新萨满再将血喷洒为举行仪式竖立的两棵树上。然后,羊肉分众人,羊皮归老萨满。新萨满须经老萨满收教三年学成,酬谢老萨满一匹马或一头牛,方可独立给人跳神驱魔治病。二、主祭萨满为全宗族人祈求平安、兴旺、发达。节前,主祭萨满由人陪同到本宗族各家各户转行,逐一边敲鼓边唱神歌,并顺太阳运行方向,绕毡房走三圈。行走间,家主将一碗牛奶洒在陪同人身上,随之,家里其他成员用酸奶往他们身上洒泼,直至其走进毡房,绕火堂走三圈后,停站在西南角时为止。此时,主妇用一碗奶泼上毡房房顶,再向客人敬烟,主祭萨满及其陪同方离开该家,转向另一户。节日当天,全宗族男女老幼还要携带肉食和布、茶、糖、油、哈达等物,聚集主祭萨满家。其家院子里竖一桦树,屋里立一柳树,两树间系一条麻绳,绳子和树枝上挂满五颜六色布条。众人在两树中间,以狗颈皮紧紧圈住。仪式开始,主祭、陪祭萨满共同跳神,祈祷神灵保佑全宗族人兴旺、平安。人们随着歌舞唱和。此时,狗皮绳子若变长,便兆宗族人口将兴旺;绳子变短,则兆瘟疫将降,人丁将减。萨满须宰杀牲畜祭祀神灵,以禳除凶兆。祭祀完毕,开始赛马、射箭、摔跤等体育活动。而今,此节活动已大为简化。

奥米那楞——参见"鄂温克族四月会"条。

奥米那仁——参见"鄂温克族四月会"条。

初 四

夹江张爷会——汉族民间行业性宗教节日。流行于四川夹江华头一带。于传为蜀国名将、屠户行业神张飞诞辰日农历四月初四,在张飞庙中举行。张飞历来被屠户奉为行业神,因以成节。届时,屠夫行业从业者们,各备丰盛祭品,进庙焚香拜祭,并祈张飞神灵保佑家人平安、生意兴隆。

文殊菩萨圣诞——佛教节日。于传为文殊菩萨圣诞日农历四月初四,在诸佛寺举行。文殊菩萨乃久远劫来修行的菩萨,为诸佛之母。其成道纪念日是农历腊月廿二日。《文殊般涅盘经》云,佛灭后四百五十年,文殊到雪山,为五百仙人宣扬法化。最后诸有缘者悉皆得度,与五百仙人同到自己家乡舍卫国多罗聚落于尼枸树下,结跏趺坐,入首楞严三昧,从周身毛孔出大火光,铄金色身,成琉璃像。琉璃像内有真金像,正长六尺,坐莲华台,了了分明,五百仙人,皆入涅盘。时有八大王,将琉璃像置金刚山顶,起塔供养。若有众生但闻文殊师利名,除却十二亿劫生死之罪。节日当天,佛寺照例举行祭祀,俗众亦多入寺焚香叩拜。

壮族开耕节——亦称开耙节、开秧节、插秧节。广西南部壮族民间农祀节日。节期因地有异,农历四月初四或初八举行。传统节俗为人们于节间请道公赶鬼,后才开始耙田、插秧。今移风易俗,重点放在村民聚会、娱乐、聚餐。

壮族开耙节——参见"壮族开耕节"条。

壮族开秧节——参见"壮族开耕节"条。

壮族插秧节——参见"壮族开耕节"条。

都柳江种棉节——苗族农事节日。流行于贵州都柳江中上游。清明后,农历四月初卯日或辰日(约当初四、初五)举行。苗族聚居村寨,皆挖好一片土质肥沃、向阳、能轮番耕作的土地,来种棉花。主家与应邀参加过节的家族亲友,一同挑着鸡、鸭、鱼、腊肉和染成五颜六色的糯米饭、米酒和炊具,扶老携幼来到种棉地。老人杀鸡宰鸭,准备食物,青年人挖土点播棉花。动手前,长者抱着大红公鸡,领着一对披红挂彩、头戴美丽的锦鸡毛和各种好看的花卉、昵称"花神"的童男童女,登上用鸡蛋壳、花布、彩纸和各种花草装饰的"花台"中央。人们旋以酒、五颜六色糯米饭等祭献"花神"。祭毕,"花神"先种三窝棉籽,众男女青年旋即开始播种。种完,每人捧一捧水洒在棉花地上,以示浇灌,然后就地用餐,吃着喝着。老人们兴致勃勃地唱起《种棉歌》《四季歌》,祈求"花神"保佑丰收。酒饭后,青年人出没于林荫与草丛,对唱情歌。姑娘们将编织花带塞到情人手里,小伙以戒指或别的纪念品,放在姑娘手中。傍晚,老人们念上一段祝辞,在棉花地里插上草标,以戒他人进入棉地。此时,大家有说有笑,原路返回。

布农人平安祭——台湾布农人民间宗教节日。初于农历四月下旬粟田除草后择日举行,后厘定四月初四。祭祀旨在祈神福佑人寿年丰,祭仪含射耳祭、洗眼祭等。祭前十日,男子进山围猎约七天,返村翌日凌晨三时许,聚于村外空地,堆薪燃火,轮流射击插于木棒上之兽耳。未成年者限用箭射,成年人不拘。周岁婴儿,则由老人抱之趋前,点射鹿耳,须每射必中,祈神佑其长大成为好猎手。拂晓时,各自归家,持恶臭难闻茅草,蘸清水,面向太阳若干次,表示祛邪除秽,并祈神赐以好眼力。祭毕,头目与男子将火堆搬入会所,禁女性与狗入内。之后,头目切割兽肉,每人一块,置火上烤熟,旋痛饮饱餐,即兴歌舞,开怀畅谈,兴尽方散。

初 五

鄂温克族汉西——鄂温克语意为清明节。内蒙古鄂温克族民间祭祀节日。农历四月初五举行。主要节俗:氏族敖包仅本氏族内行祭,祭物及费用均在本氏族内摊派;盟敖包则由全盟祭祀,祭物及费用在全盟范围摊派,亦有自愿捐赠者,富裕人家一次可赠数只羊。当年用不完的祭物,主要是牲畜,则指定专人放养,留作来年用。节日当天,人们从四面八方聚集附近敖包,参加祭祀,先举行赛马,后摆供物,由喇嘛念经主祭,参祭人们纷纷往敖包上添加石块。祭毕,进行摔跤、唱歌、跳舞等文体活动。

鄂温克族清明节——参见"鄂温克族汉西"条。

朝鲜族寒食节——东北朝鲜族民间节日,类似汉族清明节。农历四月初五举行。届时,各家带上酒菜香火,前往自家祖坟扫墓祭奠,并为坟塚添土,在坟周围植树。祭分三种:周年祭、生日祭、节日祭。寒食祭属后者。三祭方法略同,大致如下:设立神位(祖先牌位),烧香点烛摆供品,奠酒开食盒,诵悼文,跪拜磕头;嚎哭再敬酒,给饭碗上插勺、菜碟上摆筷子,请神灵就餐;最后焚烧写在纸上的神位。如今,一般不读悼文,静默表达对先辈的怀念与哀思。

初 六

绍兴黄神会——汉族民间宗教性节日。流行于浙江绍兴一带。当地遍布数十座黄神庙,会期不一,其中西部门外蒋家楼庙会最盛,于农历四月初六举行,历数日。相传,"黄神"亦称"黄老相公",专管病疫,被封"瘟部副元帅"。昔时,医疗条件差,天气回暖,易行瘟疫,人们束手无策,遂于是日举办"水会",祈求黄神祛瘟降福。节日当天,村乡船只齐集青甸湖,各船均插彩旗,锣鼓喧天。每船多达数十人,皆扮戏曲人物。另,各地还办"陆会",迎会队伍长达数里,隆重异常。其间,穿插上演社戏。此会已式微。

黄老相公会——参见"黄神会"条。

苗族樱桃会——昔称三月街。苗族男女青年社交节日。流行于湘西腊尔山地区。农历四月初六前后,在花垣排料乡芷耳坡举行。时值古苗历三月,樱桃成熟季节,故名。樱桃会内容以男女社交活动为主。届时,青年男女盛装打扮,三五成群从各地会集芷耳坡。小伙们主动找姑娘对歌,谈情说爱。芷耳坡歌声阵阵,人潮涌动,男女青年尽情欢唱,寻找意中人。传说,过去有一青年叫红樱,家住吉首芮布山,非常富有,长得英俊,很多姑娘一见倾心。他上山摘樱桃,遇见长得秀丽无比、家住芷耳坡的樱花姑娘。俩人一见钟情,热烈相爱。樱花家境贫寒,门不当户不对。红樱父母极力反对他俩结合。俩情人抗争,发誓不嫁、不娶,相约每年摘樱桃时节,到芷耳坡相见,倾吐钟情。他俩真挚的爱情,感动、鼓舞了追求自由婚姻的年轻人。他们遂在樱桃成熟季节,聚集芷耳山举行歌会,自由择偶,久而成节。

苗族三月街——参见"苗族樱桃会"条。

初 七

初 八

四月八古会——俗称油糕节、油糕会。汉族民间宗教节日。流行于山西乡宁一带。农历四月初八,在该县城东十五里柏山举行。柏山上有晋国大夫荀息墓。据考,从北宋至明中叶五百年间,百姓在此祭荀氏。明嘉靖年间,城西建成宏大的"结义庙",古会址方从柏山移至此庙,祭祀对象亦改成刘备、关羽、张飞。届时,人们至此焚香叩拜三结义。庙会主要食品是香、脆、甜的乡宁油糕。会间,油锅相连,香气扑鼻,别生一番情趣。

乡宁油糕节——参见"四月八古会"条。

乡宁油糕会——参见"四月八古会"条。

藏传浴佛节——亦称佛浴节、灌佛、佛诞节。藏传佛教亦作佛诞辰日。佛教节日。传为释迦牟尼诞辰日农历四月初八,藏传佛教亦作藏历四月初七,在佛寺举行。届时,佛寺据龙王以香水洗灌释迦太子之说,用名香浸水,洗灌释迦牟尼诞生像,谓"浴佛""灌佛",纪念佛诞。据《后汉书·陶谦传》载,东汉已有此节。南朝梁宗懔《荆楚岁时记》亦云,荆楚诸寺是日皆香汤浴佛,共作龙华会。宋周密《武林旧事》卷三,详载南宋杭州节况:"四月八日为佛诞日,诸寺院各有浴佛会。僧尼辈竞以小盆贮铜像,浸以糖水,覆以花棚,铙钹交迎,遍往邸宅富室,以小杓浇灌,以求施利。是日西湖作放生会,舟楫甚盛。略如春时,小舟竞买龟鱼螺蚌放生。"此节已式微。

藏传佛浴节——参见"藏传浴佛节"条。

藏传灌佛——参见"藏传浴佛节"条。

藏传佛诞节——参见"藏传浴佛节"条。

藏传佛诞辰日——参见"藏传浴佛节"条。

丹徒赶狗节——俗称浴佛节。汉族民间传统节日。流行于江苏丹徒县(今丹徒区)宝埝一带。农历四月初八举行。谚云:"四月八,赶天狗。"届时,家家捏两种狗:一是拌泥捏泥狗,一是揉面捏面狗。日暮月出,农妇们将泥狗倒下河塘,放一阵鞭炮,然后回家蒸吃面狗。相传,古时此地出现成群成队的天狗,偷吃农家食物,还糟塌田里庄稼。一年,小麦刚刚发黄。四月初八晌午,突然窜来几千条天狗,在麦地打滚,啃麦穗,霎时间,几千亩麦子只剩下麦秸。农夫们急得呼天哭地,乱成一团。这时,走来一位白发老人,叮嘱农夫们次日午时捏泥狗,倒下河塘,引诱天狗亦往下跳。农夫们照做,一大群天狗果然争着跳下河,全被淹死。后来,人们为保护地里庄稼,每逢四月初八,便捏一些泥狗扔下河,祈福免灾,久而成节。

丹徒浴佛节——参见"丹徒赶狗节"

万花山花会——汉族民间赏景娱乐节日。流行于陕西延安西南杜甫川一带。农历四月初八于当地花木繁盛、风景宜人的万花山举行,会期近月。届时,万株牡丹竞相怒放,香浓色艳。与会者纷纷进入山上府君庙,观赏壁画,听住持讲花神张四姐下凡故事。墨客文人还可进诗社吟诗颂赋。剧团则为游人唱大戏。青年男女欢唱欢跳,纵情娱乐。

踩青花儿会——亦称凤凰山花儿会。藏、土、汉等族民间盛大集会。流行于青海西宁市。于传为佛祖释迦牟尼诞辰日农历四月初八,在市郊凤凰山举行。主要活动是唱花儿。届时,举行诵经活动,并用各种名香料浸水,灌洗释迦太子诞生像。当地各族群众纷纷前往北门外香水圆以西,到城西北角一带,参加"邦邦会"。若干法师手持圆形皮鼓,边唱、边跳、边敲,以乐酬神。围观者成千上万,异常热闹。四月初,值西宁地区迎春花、桃李花开放,人们就将邦邦会、踩青(踏青)和花儿会结合起来,举行"踩青花儿会"。届时,层层杨柳绿叶浓密、鲜嫩,垄垄枸杞、幼松竞绿争青,片片苹果树裹素吐雪。各族民众着艳丽民族服装,拉伙结伴上凤凰山。老人们在树丛、林荫下席地而坐,谈天说地;小伙子三五成群,手提录音机,播放花儿录音;姑娘们手挽手蹦蹦跳跳,说着笑着、哼着唱着。花儿会开始,歌手们云集,台上台下,林中坡边,对唱、独唱、一齐唱。整个凤凰山上歌声悠扬,欢呼声响彻四周。围观和经商者更多,欢乐气氛竟日有增无减。

凤凰山花儿会——参见"踩青花儿会"条。

踩青邦邦会——参见"踩青花儿会"条。

赶糯米坡——布依族、苗族民间传统节日。流行于贵州惠水党古一带。农历四月初八举行。两族节俗略同。届时,当地布依族、苗族群众,尤其是青年男女,纷纷从四面八方会聚糯米坡。姑娘们盛装歌舞,老年人一块拉家常。青年后生们则骑着马在坡上来回奔驰。节日最主要的活动是对歌,多是相识歌、赞美歌。姑娘和后生相互中意者则对唱情歌。双方情投意合,便悄离歌场,到僻静溪边、林荫处私定终身。入夜,糯米坡附近寨民,家家接待远道来客饮宴、唱歌、对歌,笑声迭起。据乡老讲,此节已历逾二百年。布依族传,当初妇女们上坡挖野菜,边挖边唱。砍柴后生循声而来对歌,经久形成此节。苗族则传,先民不堪官家剥削压榨,远道迁此,带来"四月八"的节俗。

苗族四月八——贵州苗族民间传统纪念性娱乐节。农历四月初八举行。节日起源因地有异:贵阳等地,纪念在今贵阳喷水池战死的民族英雄祝狄弄;湘西腊尔山地区,苗族"樱桃会",或同节源,节俗近贵阳;黄平,则于城东飞云洞游乐;城步,节名"乌饭节",相传源自祭祖;广西三江同乐苗寨,称"坡会节"。节日起源传说纷纭,内与"樱桃会"交叉者,所异仅后半部分:情人结合若干年后,小伙带领人马与占领者激战,夺回"格罗格桑"。人们聚集,吹芦笙跳舞,庆祝胜利。不料敌军突然回击,苗家仓促应战,最终失利,时间仍在四月初八。小伙牺牲后,化成一条巨龙,卷走无数敌军,飞往贵阳附近龙洞堡之见龙洞,誉称"祖得龙"。届时,贵阳及其毗邻苗家,会集贵阳市中心喷水池一带,着盛装,吹芦笙,唱歌跳舞,悼念英雄,渐成各族共同娱乐节日。另外,湘西及黔东南苗区还传说,远古时期人间无牛,由狗帮助耕田,后人口渐多,粮食欠缺,一凡人升天,向天神禀报人间疾苦,天神便派牛下界,告诉人们:"三天只吃一餐饭。"笨嘴拙舌的牛误传为"一天吃三餐饭",致饥荒更烈,饿殍遍野。天神怒罚牛代狗耕田,命其见到什么吃什么,只不能喝人尿,否则难返天庭。牛记性差,耕田时口渴无奈,仍喝了人尿,再难归天。此后人间便有了牛。牛耕田,粮食渐多,免了饥馑。为报答牛恩,人们在四月八牛生日这天,让其吃好,歇一天。此节因此亦称"敬牛节""牛王节"。人们亦休息一天,盛装会集花沟花坪,唱歌跳舞,吹唢呐,吹芦笙,打花鼓,尽情欢乐,久而成为"四月八"节。节间文娱活动甚丰,有对歌、花鼓舞、唢呐演奏、舞狮子、上刀梯、打秋千、接龙舞、武术表演、芦笙舞,以及演出团体相声、舞蹈、歌手独唱、芦笙独奏等等。

苗族乌饭节——参见"苗族四月八"条。

苗族坡会节——参见"苗族四月八"条。

苗族敬牛节——参见"苗族四月八"条。

苗族牛王节——参见"苗族四月八"条。

四月八姑娘节——亦称黑饭节、跳花跳月节。苗族民间传统节日。主要流行于以黄桑坪苗王古国为中心之绥宁县及周边广大苗族地区。节俗交叉重叠"苗族四月八"。农历四月初八举行。节俗集祭祀、饮食、歌舞、婚恋、服饰展示等于一体,历史久远,民俗浓郁。据《绥宁县志》《峒溪纤志》等载,节日起源于宋代,苗民为纪念用"黑饭"救兄而献身的杨家将女英雄杨金花而设定。主要内容有接出嫁女回娘家、兄弟背姐妹进堂屋、祭先祖神灵、祭狗祭牛、吃黑饭、赶菜、舂糍粑、耍龙舞狮、对山歌、吹木叶、爬藤、逗春牛、抬故事、跳傩舞、跳花跳月等等,内以吃黑饭、祭女祖为盛,突显崇尚女性之俗。此节原生态地保存大量苗族古代祭祀仪礼、民俗风情、口头文化、民族古乐,2008年跻身国家非物质文化遗产保护名录。

苗家黑饭节——参见"四月八姑娘节"条。

跳花跳月节——参见"四月八姑娘节"条。

四月八农具节——壮族民间传统农事节日。流行于广西隆安一带。农历四月初八举行。此节源流乏考,要旨之一乃传承稻作文化。近年,当地发现我国原始栽培稻和普通野生稻,更增此节内涵。2012年此日前后,持续八天,举行"那"(壮语为水稻田之意)文化旅游节暨"四月八农具节",盛况空前。

"那"文化旅游节——参见"四月八农具节"条。

牛王诞——汉族地区农村传统节日。于传为牛王生日农历四月初八举行。节日起源存两说：一、古人狩猎捕获一野牛，驯服后，于此日生一公犊，后耕田拉车，且繁衍成群，大减人们劳作之苦。人们称公牛犊为耕牛的始祖，每年为之贺寿。二、盘古开天地之初，凡间丝瓜秧长到天宫。人们遂攀秧上天游玩。玉帝震怒，令斩断瓜秧，且升天宫至九霄云外，命牛王星撒下百草籽，致人间杂草丛生，百姓啼饥号寒。牛星内疚，遂在四月初八，背着天犁下凡，边吃野草，边拉犁耕地。从此，大地庄稼更旺。玉帝责罚牛星，永留下界，过吃草耕的清苦日子。而人们则感激牛星，将其下凡那天，定为牛的生日，年年庆贺。贺牛之俗，南北农村有异。北方让牛休息一天，喂以精细草料，并祭拜牛神。有些地方则举办庙会，买卖农具，交流物资，唱大戏、演杂耍等。南方则和耕牛一起吃乌米饭，以示同甘共苦。福建沿海一带，给牛吃米粥，到牛棚拜祭牛王。

壮家牛王诞节——亦称牛王节、牛魂节、敬牛节、脱轭节。壮族民间传统农祀节日。节期不定，多于传为牛王诞辰日农历四月初八举行，或择他日：五月初七、六月初六、六月十六、七月初七，均历一天。节间，不能给牛套轭耕作，因而亦称"脱轭节"。传说，四月八日诞生于天上的神牛，为给裸露的大地披上绿装，带着草种下凡。因健忘，将在天上定的"三步撒一把"误为"一步撒三把"，弄得野草丛生，侵没庄稼。故，它被罚留在人间吃草。但天上并未忘记它，每年四月初八，牛魔王必定从天而降，保佑牛不发瘟病。壮人则在这天给它过生日，实为"牛图腾"纪念。届时，所有牛都停止劳动。主人格外温和相待，不能鞭扑，还要赶到河里为之刷洗、梳毛；做香软带色的糯米饭，捏团喂它；在牛栏外安个矮桌，摆供品，点香烛，祭祀牛魔王，祈求佑护六畜兴旺。在东兰、凤山一带，还要把牛栏修整一新，栏外贴一小张四方红纸，为牛祝福。人们迎着朝阳赶牛去洗澡，河边有人擂鼓助兴。中午，各家举行隆重的敬牛仪式。堂屋摆一桌丰盛酒菜，全家坐桌旁。家长牵一头老牛围桌子绕圈，一面唱道："牛哟，我的宝咯；牛哟，我的财咯！稔子花开了，阳雀鸟叫了，春水弹琴了，禾苗封垌了，四月八到了，脱轭节到了。我把你来敬，我把牛轭脱，让你喘口气，让你歇歇脚，吃口好料子，听我唱牛歌。"至此，喂一团糯饭和一块腊肉。旋唱牛的来历，复喂肉饭。最后，全家起立轻抚牛背，轮番祝祷，牵回牛栏，好料侍候。全家这才进餐。牛死，取下角骨贴上红纸，悬于堂屋梁上，以示纪念。在广东连山，壮家还要在牛栏插柳条或枫树青枝，以避邪。有的村寨吃糯饭，只能手捏，禁用筷子。身体较弱的孩子，还要命其披蓑衣，戴竹笠，抓一团糯饭在牛栏中吃，祝其像牛一样，长得粗壮。南部地区壮人，禁吃牛肉，牛死后予礼葬。

壮家牛王节——参见"壮家牛王诞节"条。

壮家牛魂节——参见"壮家牛王诞节"条。

壮家敬牛节——参见"壮家牛王诞节"条。

壮乡脱轭节——参见"壮家牛王诞节"条。

蓝衣壮开圩日——亦称圩逢。壮族支系"蓝衣壮"民间传统节日。流行于广西宾阳县露圩镇一带。农历四月初八举行。壮族这个支系多居山上，保存尚蓝色等诸多传统信仰习俗。这天，他们为牛过生日，并定为"开圩日"。节间，族人纷纷聚集广场，表演传统民间歌舞；同时"开圩",进行物资交流。周边横县、马山县、南宁青秀区等地"蓝衣壮"群众,照例纷至沓来,一起过节。

蓝衣壮圩逢——参见"蓝衣壮开圩日"条。

布依族牛王节——亦称布依牛神节、布依四月八。贵州布依族民间传统敬牛节日。农历四月初八举行。各地称谓有异:镇宁扁担山一带,叫"牧童节";安龙、兴义地区,叫"开秧节、开秧门"。《独山州志》载:"仲家(布依族旧称)以饭肉喂牛……有放牛打角之俗。"节日当天,家家户户让牛休耕,用苦丁茶、紫泉酒、牛王粑、五色花糯米饭喂牛,祭祀牛王,并于当天挑选壮牛角力。相传,远古有个布依族后生阿牛,一天在仙翁指导下,找到一头力大无比的牛,管它叫"神牛"。郁(役)力王企图霸占神牛,阿牛打死了他,自己也负了伤。神牛则变成了石牛。后来,叫来纳达王的小公主五妹子,送给阿牛一葫芦紫泉水,治愈其伤,且使神牛复活。纳达王用一百头牯头同阿牛的神牛角斗,结果神牛获胜。这时,纳达王的五个女儿都想嫁给他。阿牛让五姐妹各备一席酒饭,神牛先吃谁做的食物,他就和谁结婚。结果,神牛只吃五妹子做的苦丁茶、紫泉酒和黑糯米饭。阿牛便与五妹子完婚。两人过世后,神牛再度变成石牛。为纪念他们,人们便在每年四月初八做饭祭牛。独山一带民谣说:"九名九姑独山州,南郊紫泉化石牛,年年四八牛王节,家家花饭摆门楼。"而今,每年四月初八,各寨都要选出最健壮、最善斗的牯牛,到斗牛场角力,胜者被封"牛王",牛头披挂红绸。牛主人亦获奖金,当晚依例备酒设宴,款待村民和外来客人。席间,宾主对唱《牛王歌》,深夜方散。一些地方,斗牛场周围,顿时变成人们群聚娱乐和集贸场地。

布依族牛神节——参见"布依族牛王节"条。

布依族四月八——参见"布依族牛王节"条。

布依族牧童节——参见"布依族牛王节"条。

布依族开秧节——参见"布依族牛王节"条。

布依族开秧门——参见"布依族牛王节"条。

侗族牛王节——亦称祭牛生日、祭牛神、洗牛身。湘、桂、黔交界侗族民间传统敬牛节日,广西三江县孟江一带称"四月八"。于传为牛生日农历四月初八举行。有的侗寨,于六月初六。侗族地区气候温暖,土地肥沃,雨量充沛,适宜农耕,因此十分珍惜耕牛。节前日,各寨姑娘们相约上山,采名"巴烟筒"的树叶,捣碎与糯米泡水,做黑糯米饭。节日当天,凡养耕牛之家,皆杀鸡宰鸭,打酒买纸,在牛栏旁设案,摆鸡、鸭、鱼、肉等祭品,燃香烧纸,敬奉牛神,祈牛神保佑耕牛无病,膘肥体壮好干活;平厩垫地,打扫卫生,将耕牛牵到溪边塘旁,为之涮洗污泥;再牵回牛栏,喂黑糯米饭等精饲料和盐,让其充分休息。此日,严禁使用耕牛。相传,古时侗家无牛,耕地靠人力。有农夫抓来一头野牛,而野牛力大齿利,伤人无数。农夫求助萨堂(圣祖母),将其利齿打掉,久而驯服成家牛。牛常年辛劳,向主人抗议。主人答应每年四月八其生日这天,完全休息,犒赏佳食,遂相沿成节。

祭牛生日——参见"侗族牛王节"条。

侗族祭牛神——参见"侗族牛王节"条。

侗族洗牛身——参见"侗族牛王

节"条。

侗族四月八——参见"侗族牛王节"条。

嫁毛虫节——亦称敬婆婆神、牛王节。湘西土家族民间敬牛节日。农历四月初八举行。届时，家家用红纸两条，分别写着"佛生四月八，毛虫今日嫁，嫁出深山外，永世不归家"等字句，交叉成一"　"字，贴于堂屋左侧中柱上面。据说，此举可驱除虫害，四季平安。

敬婆婆神——参见"嫁毛虫节"条。

土家族牛王节——参见"嫁毛虫节"条。

牛头王生日——瑶族民间传统节日。流行于桂北部分瑶寨。于传为牛头王诞辰日农历四月初八举行。此节旨在犒劳耕牛，祈牛平安、健壮。届时，人们吃糯米饭，停止劳作。红瑶不许用牛，还须给牛喂一团糯米饭。花篮瑶每家用乌拉叶、枫树叶，煮一至五斤黑糯饭，并以鱼、猪肉祭祖。全州、灌州一带瑶家备酒，宰鸡，吃黑糯米饭。平地瑶、山公瑶均煮红饭（甜饭），贺牛生日。

畲乡牛歇节——亦称歇牛节、爱牛节。畲族民间农祀节日。流行于福建福鼎硖门一带。农历四月初八举行。届时，畲民不鞭牛，一早赶牛上山吃草，梳洗牛身，牛角披红布，另还进行歌舞、新娘出嫁、茶艺、工艺制作等表演，以示庆贺。该节已列入国家级非物质文化遗产名录。相传，远古时天离地很近，人们饱食无事，就去天上玩。玉皇闻知，命一位大神下凡播种草籽，让人们专注耕耘，免得跑上天玩。大神听旨有误，遍撒草籽，弄得到处长草，田园尽荒。人们找玉皇诉说苦情。玉皇大怒，贬罚大神变成牛，到人间吃草，规定每年四月初八，天上才扔下馒头，让它吃个饱。从此，畲家也在这天酬答牛辛勤耕作之功，让牛休息，并把牛栏清理干净，由家长牵牛到水边，用竹制牛梳给它洗刷除虱，并轻轻对牛鞭打，以定牛魂。同时用精饲料喂牛，有的以泥鳅或鸡蛋泡酒，用竹筒灌喂。喂牛时，牧童唱牛歌："牛角生来扁扁势，身上负荷千斤犁；水牛做饭给人食，四月初八歇一时。"

畲乡歇牛节——参见"畲乡牛歇节"条。

畲乡爱牛节——参见"畲乡牛歇节"条。

仫佬族牛王节——亦称牛神节、牛生日节、牛魂节。广西仫佬族民间传统祭"牛栏神"节日。节期因地有异，多地于传为牛生日农历四月初八，另亦择六月初八、八月初八、十月初一。仫佬族广以水田种稻，牛乃主要畜力。为酬谢牛的辛劳，届时既要让牛休息一天，还准备糯米饭、酒、肉，祭"牛栏神"，祈佑耕牛平安、农耕顺利、稻谷满仓。

仫佬族牛神节——参见"仫佬族牛王节"条。

仫佬族牛生日节——参见"仫佬族牛王节"条。

仫佬族牛魂节——参见"仫佬族牛王节"条。

仫佬族祭牛栏神——参见"仫佬族牛王节"条。

抢牛馒头——汉族民间农祀节日。流行于浙江丽水、遂昌等地。农历四月初八举行。相传，上苍感念耕牛常年辛劳，特定四月初八为其生日。人们相信，此日清晨会有许多馒头自天而降，犒劳耕牛。

人们上顺天意,特举行此节。除让耕牛竟日休息外,刻意早早起床,赶家中耕牛下田野,等待上天给辛勤耕牛降赏馒头。人们认为,能得到天赐,既是耕牛之福,也意味自家会走运。为使美愿成真,家家户户都在这天抢吃馒头过节。

四月父母节——房姓瑶族传统祭祖节日。流行于粤北连南南岗。农历四月初八举行。相传,四月八乃房姓祖先忌辰,因习称"四月父母节",简称"父母节"。房姓始祖膝下三子,长子名海公、次子名腰公、三子名打公。海公溺死,腰公被竹子刺死,打公因脚裂流血不止而死。届时,各家各户照例备酒、肉祭祀,并请亲友来家中吃喝,共同缅怀祖先。

瑶家父母节——参见"四月父母节"条。

孤山奶奶庙会——汉族民间传统节日。流行于山西阳高县。农历四月初八举行。相传,当地曾有一梁姓望族,家教甚严。其膝下一女,孝顺贤惠。某日,家人外出,仅姑娘在家,遇奄奄一息贫叟登门乞讨。姑娘怜以施助。老叟在门上写几千金字,飘然离去。姑娘恐违家规,老父怪罪,忙用布擦抹,但字迹丝毫无损。慌乱中,她只得用舌头去舔,方奏效。不久,姑娘腹部日隆,见有身孕。父恐家丑外扬,遂将女儿领往孤山脚下,悄然弃之。翌日,父后悔莫及,返孤山寻女,只见女被五条小龙缠绕。五龙见弃女之父,一拥而上要咬。姑娘急呼:"龙儿们,这是你们外公。"说完便消失。五龙亦随之消隐。此事传开,人们便在此修建"孤山奶奶庙",为梁女塑像,尊其为圣母。从此,每年四月初八,人们纷纷前来焚香叩拜,捐施钱财,求子求孙,祈神灵保佑儿孙长命百岁。

其间,商贩叫卖、艺人献艺,甚是热闹。此节已式微。

康定转山会——亦称四月八转山会、敬山神、沐佛节。藏族民间盛大宗教节日。流行于四川甘孜州康定一带。于传为佛祖释迦牟尼诞辰日农历四月初八举行。周边他族多有参加。山间有"九龙吐水",为佛祖沐浴。节值春播结束之暇,人们带着帐篷、山货、药材及其他农副土特产品,会聚跑马山上、折多河畔。清晨,人们持香烛、纸钱、祭品,于南天寺焚香祈祷后,打经幡、持念珠、烧纸钱,沿河、转山念经,祭神祈福。转山完毕,人们在跑马山上、折多河畔,支起帐篷,摆上青稞酒、酥油茶、牛羊肉和其他节日食物,尽享野餐,喝着醇香青稞酒,跳起欢乐锅庄舞、弦子舞,唱着康定情歌,尽情欢乐。另,还有赛马、射箭、武术、歌舞、对歌连情、球类比赛,演出藏戏、川戏、民族歌舞,以及举办商贸等活动。入夜,古城康定灯火齐明,更为民族集会盛典大增其辉。

四月八转山会——参见"康定转山会"条。

康定敬山神——参见"康定转山会"条。

康定沐佛节——参见"康定转山会"条。

邓县黄瓜会——汉族民间传统节日。农历四月初八举行。流行于河南邓州市(即昔之邓县)一带。相传,古代邓县小东山外,有座东汉马武坟。坟旁有兄弟二人,父母去世,老大竟夺家产,仅将坟边三分地留给老二。老二将其开垦,种上黄瓜。四月初八,他在梦中得马武指点,醒来从墓中宝库觅得并蒂黄瓜钥匙,取出金豆,从此生活更换新天。老大骗得黄瓜钥匙,却得而复失,且被马踢死。从此,想发财者纷纷紧靠墓旁,大种黄瓜。每逢此日,还要前往虔诚祭拜马坟,指望再得"钥匙"。年复一年,久而成节。各种黄瓜,长短扁圆,青白嫩脆,应有尽有,节日因而成黄瓜大展览。瓜农们争相祭拜马武,祈求保佑瓜果蔬菜四季丰收。各地艺人,纷至沓来献艺,为节日平添丰采。

侗族姑娘节——侗族姑娘传统节日。流行于湘、黔、桂交界地区。农历四月初八举行。相传,古时候侗族出了个女英雄杨八娭,其兄不甘忍受封建压迫剥削,率众乡亲反抗,败北关押柳州城牢房,被判秋后处斩。八娭前去探监,待知哥哥余勇犹存,只因终日乏食,全身无力。八娭便精心谋划,煮一锅乌米饭,于四月八日送到监狱。其兄饱食乌米饭,顿生巨力,掐断锁链,与八娭一道杀出监狱,得城外伏兵接应,大破柳州。为缅杨八娭功绩,杨姓出嫁姑娘每逢此日赶回娘家,众姐妹团聚,唱歌跳舞、畅叙家常,共同制作乌米饭等节食,并分赠外姓亲朋好友。

侗乡采桑节——侗族民间传统节日。流行于广西小广一带。节期有异,该地于农历四月初八举行,其他侗乡于农历四月初四过节。相传,很早以前,小广地方有个小伙,每天去山坡放牛唱歌。附近,一勤劳美丽姑娘,天天上山采桑叶。小伙歌声打动了姑娘,两人便对唱起来,日久生情。姑娘养了很多蚕。小伙邀约不少伙伴,来帮姑娘采桑。姑娘下河捕鱼,犒劳小伙。这最开心的一天,时值四月初八。此后,年年这天,他们都聚集唱歌,久而成节。届时,青年男女三五成群,盛装上山采桑叶,借机对歌,寻觅意中人。歌毕,一对对来到林间僻静处,互吐衷肠,日落方依依惜别,各自返家。

壮族泼泥节——壮族民间传统节日。流行于桂、滇边界山区驮娘江畔。农历四月初八举行。传说,从前有对恩爱夫妻,甚能干,丈夫晨犁一垌田,妻子日插一垌秧,令人十分敬慕。后因天灾加重赋,生活艰难,丈夫十分气闷,一连三年在栽秧时节外出对歌,以解愁肠。妻子理解贤夫心情,且以不能为之缝制一套新衣而内疚,想劝阻外出,又不忍伤他的心。同伴们便这样为之宽解:待丈夫外出路过田埂时,妇女们聚集栽秧,假意泼泥混战,趁乱泼他一身泥。丈夫一时无衣服换,只得留下和妻子耙田耕种。孰料,泼泥过后,当年禾苗长得分外粗壮,秋来穗穗沉得如镰,粒粒饱满如珠,喜获大丰收。从此,人们便在插秧期间举行"泼泥"仪式,以祈丰年,久而成节。届时,春水融融,田峒里一派繁忙,男人耙田,妇女拔秧、挑秧和插秧。她们趁机故意把泥浆泼洒同伴身上。人们你追我泼,一面劳动,一面追逐,嬉笑声此起彼伏。但从田坎经过,都得严加提防。不管生人熟人,姑娘们都会突然"袭击"。有经验者会用盾牌(笠帽)抵挡,继而跳下田中,抓起泥巴反击。一阵对攻,或许还会"攻"出一对新恋人。人们认为,泼泥越多,越会丰收。

瑶族阿妹节——亦称女儿节、姊妹节、斗牛节。瑶族待嫁姑娘节日。流行于湖南江永一带。农历四月初八举行。届时,姑娘们三五成群,盛装赶往约定幽美山岭或泉边,"斗牛"野餐,并非两牛相斗,而是以会餐形式来比试厨艺。过节会餐地点,一般选择风景幽美山谷或溪旁。她们带上自制"三花"食品:一是在蛋壳上绘自己设计织花边图案的"熟花蛋";二是在糯米糍粑的一边用小刀刻绣荷包花样的"花糍粑";三是"花糖"。另外,还带些花生、板栗、熟肉等食品。来到会餐地点,各自摆开"三花"食品展览,遍地花花绿绿,煞是好看。她们争相评比,竞邀称赞。她们竟日在野外玩耍、谈笑,品尝各种食品,非常开心,日暮才各自回家。节俗规定:姑娘过节"斗牛",不准小伙子偷看,否则惩罚之。被罚者要为姑娘们拾柴烧火,煨烤食品,采摘山花野果。其实,不少小伙自甘挨罚,指望与姑娘们一道过节,暗觅心上人。欢乐场景,如瑶歌所唱:"插秧忙到四月八,阿妹洗手做糍粑,麻线织出十样锦,鸟蛋上面绣茶花。四月初八竹青青,阿妹过节进山林,藤欢树喜说不出,摇着画眉唱几声。"

瑶家女儿节——参见"瑶族阿妹节"条。

瑶家姊妹节——参见"瑶族阿妹节"条。

瑶家斗牛节——参见"瑶族阿妹节"条。

逃军山节——壮族民间纪念性节日。流行于广西邕江流域宾阳、武鸣、横县、邕宁一带。农历四月初八,于逃军山顶举行。届时,人们盛装登上逃军山顶,先烧香祭祀英雄李亚王,旋跳道公舞、师公舞等,男女青年对唱山歌。相传,英雄原名李化龙,文武双全。有一年闹洪灾,颗粒无收,官府竟还增租加税。李华龙起而组织义军,攻占周围五座县城,民称"李亚王"。官府遣水、陆两军围剿。李寡不敌众,率部逃进大山(后名"逃军山"),坚持战斗,直至四月初八这天蒙难。后来,被义军打死的官兵,竟变成老虎,伤害人畜。又逢四月八,出现一猎神,射杀所有恶虎,然后消失。人们顿悟,这是李亚王显灵,为民除害,便在山上为之建庙,每逢四月初八,到此拜祭,久而成节。

壮族拜秧节——亦称插秧节。壮族民间农祀节日。流行于广西南部壮语方言区。农历四月初八举行。时值插晚稻季节。晚稻是当地壮家最寄希望的一茬作物,全年主要收成。因在此日过节,祈丰收。届时,各家杀一只鸡或鸭,或买些猪肉,做熟带往地头,点上香,摆供品,并请一道公诵经,赶跑地里的鬼。迷信认为,赶了鬼,禾苗才长得好。供祭之后斗牛,才能下田插秧。插秧毕,要扎稻草人,上插香,立于田头,以保禾苗茁壮。有些地方赶鬼后,数村男女青年聚集一块田里,由领头人插一行秧,人们旋呼啸着下田,一面对歌,一面插秧,形成劳动歌圩。歌声、笑声此起彼伏。人们插完一块,再插另一块。无论谁家的田,从一头连片地往前插过去。老人们站在田头,乐呵呵地观看青年们劳动,不时为之运送秧苗。人们插完一峒田,便移另一峒,依例从头开始。

壮族插秧节——参见"壮族拜秧节"条。

朝鲜族燃灯会——亦称灯夕、燃灯节、浴佛日。朝鲜族民间宗教节日。流行于东北朝鲜族聚居区。农历四月初八举行,翌日夜结束。据《高丽史》载,国俗以四月初八为佛祖释迦圣诞,民间举行观灯会或演出皮影剧,以示庆祝。节间,各家制作许多形状各异的彩灯,悬挂堂中及庭院,吸引人们观赏,以显示主人才艺智慧和家境殷实富足。各家门前树立灯竿,富有者在竿上插野鸡翎,挂五彩小旗,小户人家在竿上绑松枝。每家不论贫富,均在灯竿悬挂与家庭人数相等的灯笼。大户人家还在门前搭灯棚,悬挂日月圈和旋转彩灯、花灯等。据说,灯越明亮,越吉利。

朝鲜族灯夕——参见"朝鲜族燃灯会"条。

朝鲜族燃灯节——参见"朝鲜族燃灯会"条。

朝鲜族浴佛日——参见"朝鲜族燃灯会"条。

三都投石节——族称"兜锦印"。布依族民间投石打仗、祛祸迎福的节日。流行于贵州三都周覃区一带。农历四月初八举行。届时,当地布依之覃、周两大姓家族,照例聚众对垒,投石打仗,以祈打掉晦气,驱邪纳福。按规矩,仅十五六岁至五十余岁男性,方可参加。两大姓力量略等,具体到人,则自愿参加,任何人不得干预。对垒投石规定有三:一是对垒中任何人被击伤,都不得发怒闹事;二是不准使用火药枪、马刀、铁块等利器;三是不准虐待"俘虏"。据老人回忆,参加者总是兴高采烈,素无伤亡或争端。节前,妇女们纷纷上山采集各种木叶,泡染各色糯米饭,煮好腊肉,备足米酒。节晨,老人们将这些食品装进竹篮,让孩子们送到"战场"当"军粮"。战场设在周覃坎子格博河两岸,双方各占河的一边。双方领队相互挥手致意,九名号手吹响"呜呜"牛角号,双方立即投掷瓦片、石块、泥团。顿时,格博河上空,瓦片、石块交织飞舞。谁被击中负伤,竟会高兴大喊:"见红啦!见红啦!"若在河边抓到"俘虏",可强行将其在河里浸淹片刻,以为被俘标记。直至一方主要阵地被占领,一年一度的对垒方告结束。双方无论胜负,皆热烈拉手、拥抱、欢呼,并向围观者致意。格博河两岸挤满观战人群,小商小贩则趁机摆摊设点,做些买卖。

兜锦印——参见"三都投石节"条。

纳家跳神会——土族山乡宗教性节日。流行于青海互助纳家一带。农历四月初八举行。按族俗,会前各村皆须选出优秀骑手,参加赛马。他们身着骑服,手牵披红挂彩骏马,来到赛马场。一个个精神抖擞,威风凛凛地站立在起跑线旁。方圆数十里的土、藏、回、汉各族群众相互邀约,前往观看、助兴。主持人宣布赛马开始,只听"叭"的一声枪响,骑手们迅即翻身上马,催马扬鞭,沿着赛道,争先恐后冲向终点。四周观众的叫喊声、加油声和掌声,响入云霄。名列一、二、三名骑手,分别得奖,其马头上披挂五色布条。赛马毕,紧接跳神法会。先是喇嘛们在神佛前敬香燃灯,烧纸钱,祈神佛保佑消灾灭难、人畜平安、五谷丰收。然后由几个或十几个身穿法衣、头戴面具的喇嘛跳神鼓舞,边手舞足蹈,边念诵经文,四周围观群众一片肃然。

互助四月八庙会——土族山乡宗教性节日。农历四月初八举行。流行于青海互助土族山乡。届时,照例举行传统赛马、摔跤、唱"花儿"等文体活动。而今,更伴以盛大物资交流。

采参节——亦称采参日。部分参农传统节日。流行于东北地区山林。农历四月初八(另亦择九月三十日)举行。届时,采参人家皆举行祭参仪式,即在神龛前摆祭品,烧香化纸,祈祷进山采参满载而归。据说,如此方能采得大参。相传,清光绪年间,一年轻猎手宿武领伙伴在吉林辉南县蛟河口狩猎,狂风突袭,还夹杂怪异声响。宿武引弓劲射,一人形怪物自空而降。消息传开,采参老人认为,被射中的乃"参精"。因射中时当四月初八,人们便定其为"采参日",深信这天进山,能挖到大参。

采参日——参见"采参节"条。

娘娘神生日——昔时汉族民间宗教节日。流行于旧京宛平县一带。于传为娘娘神生日农历四月初八举行。据载,旧京宛平城西五里,有座高梁桥,旁有娘娘庙。娘娘神像正哺婴儿。届时,不育妇女纷纷前往求子。一般妇女则不分长幼,各携食品前往游玩,或解下裙子系柳作围,或夹岸而坐谈天说地,直至入夜方归。此节已泯。

清凉山庙会——汉族民间宗教节日。流行于陕西延安一带。农历四月初八举行。会前,庙会各地会长化缘筹款,做些粗制食品,置于芦席上,供香客们抓食。会间,信众进清凉山龙王庙求雨露、求儿女、求祛病,以匾、香、老公鸡等供品许愿。山上备有签筒、签谱,求签跪拜后,付款后即可请签官查询吉凶祸福。另,昔时还有过"铡关"之俗。十二岁以下孩童须抱大公鸡、腰系草绳,至"关"前请阴阳先生念咒,于铡刀前将鸡扔过去,再小心翼翼从铡刀下爬过"关"。执事者铡断一束干草,喊一声"过关",并给孩童一个鸡蛋,为之"免灾祛病"。十二岁以上孩童,则须"回关"(与前者相反),表示此生再也不用"过关",即可进入成年。此外,会间唱戏、说书各种游艺活动,很是活跃。当然,少不了集市贸易,尤其今朝庙会。

满族庙会——满族民间庙会总称。流行于东北满族聚居区。各地庙会会期有异,黑龙江观音庙会于农历四月初八,吉林娘娘庙会于四月十八日,辽宁药王庙会于四月廿八日。昔时,人们于庙会日,从四面八方云集庙宇附近、内外,或求医问药、求雨祈福、驱魔修德,或商贾交易、饮食嬉游、赛会演剧,兼祭祀与贸易,有的和耍青活动融为一体。清光绪十六年(1890),《龙江述略》记述满、蒙古、汉各族赶庙会情景:"齐齐哈尔西土城外,有观音庙一,略似江乡风景。岁以四月八日起,二十日止,寒会演剧,居人市贾,各就草地桌张布席,集知交于此,饮食嬉游,谓之耍青。外城亦间有驱车来者,百货骈集,时于此中交易,是为一年盛会。"新中国成立后,带封建迷信色彩的活动内容被摒弃,而赶庙会风俗仍沿袭,且规模空前。如丹东孤山有一次海娘娘庙会即有二十余万人参加,凤凰山庙会与会多达四十余万人。庙会渊源悠久,相传神农时代已有集市交易;先秦出现祭庙堂的郊祭、殿祭;南北朝尚佛风,各地大兴庙宇,各种祭祀应运而生。商贾、游人纷至沓来,遂成祭祀、贸易杂陈的盛会,清沿袭其制,成满、汉共俗。而今,庙会业已演变为城乡物资交流和民间开展文艺活动盛大节日。

初 九

大瑶山禾魂节——瑶族民间农事节日,旨在祈丰收。流行于广西大瑶山等地。大瑶农历四月初九举行。节晨,各户打扫庭院,制作糍粑,等待"禾魂"回家。早饭后,各户主派家人四出迎请禾魂,到田峒,到山地,到山冲梯田边。参加者均着整洁的衣裳,身背小谷篓,到目的地着重搜查田埂地边的鼠洞和石缝,找到稻穗或散粒稻谷,便装入小谷篓,须说:"禾魂禾魂,请你跟我回家吧!"旋带回家中。回到村边,受到各户户主欢迎,当即将所有稻谷合拢一起,用红纸包成一包,放入一个新的小谷篓里,置于厅堂神龛上。篓旁插一枝金竹,竹枝上挂五串稻穗,意寓当年稻谷长如金竹,秋后金谷满仓。之后,将糍粑和肉摆供桌,斟上醇香米酒,全家向禾魂三鞠躬。再后,全家共进节日晚餐。席间,长者传授生产知识和捕捉糟蹋庄稼禽兽的经验,告诫爱惜粮食。入夜,人们互相串门,互祝丰收。

初 十

维吾尔族播种节——维吾尔族民间传统农事节日。流行于新疆哈密、吐鲁番和南疆一带。农历四月初十左右,各家老少聚各自地头举行。届时,家家扶老携幼,带着食品,围坐自家地头聚餐,先吃饱喝足,之后下地播种,祝愿种子快快生根发芽、禾苗茁壮、颗粒饱满。

四月大庙会——亦称欢庆松总,意为三节日俱备。藏传佛教青海塔尔寺宗教节日。农历四月初九举行,历十天。其法事、供奉、布置,略同该寺"正月大庙会"。十一日举行发心、供养,喇嘛们均须在供养佛像前发愿为利益众生成佛。十四日下午,跳法王舞。十五乃正日子,上午十时在寺前山上展布大佛像。该寺共有狮子吼佛像、释迦像、宗喀巴像、金刚萨像四种,每次仅展其一。下午跳"坚桑"舞,晚上燃灯,大经堂各学经部门、各神殿、喇嘛寓所,各燃酥油灯数十、数百盏,称"欢庆松总林美"(意为三节俱备的灯火),并定四月为净月。月内尤重戒律、禁忌和行为,念经礼佛频繁。

欢庆松总——参见"四月大庙会"条。

十 一

宁波都神会——亦称四月半会。汉族民间宗教节日。流行于浙江宁波一带。农历四月十一日举行,历三天。所迎五都之神,实即"都市神"。届时,各种社团分别或联合主持"迎神",由头牌、抬阁、鼓亭、鼓船、玉象、珠龙、九莲灯,组成巡游队伍,浩浩荡荡在本区游行"迎神"。此会规模较大,气氛甚浓。昔时办会社团,有老文华社、协新社、风云社、文英社、翰香社等。各社主办巡游,仅限本区范围。各社活动,皆人如潮涌。

四月半会——参见"宁波都神会"条。

十 二

蛇王生日——汉族民间传统俗信节日。流行于江苏等地区。于传为蛇王生日农历四月十二日举行,苏州城东娄门,旧有"蛇王庙"。本于城门外紧靠城墙而设,其地名"毒蛇墩",后于明末改建于娄门城墙之内侧,三面环水,有"兼娄关土地庙"之说。据载,庙高檐巍阁逶迤,花窗曲桥临水,大殿有蛇将军像。节间,姑苏城善男信女聚此,在几案上供奉瓜果、糕点,进香求符,烧纸钱,以趋吉避凶。僧人则就屈曲蛇形刻符版画分赠。香客归家,贴于户牖以避蛇害;渔民和捕蛙业者,供奉蛇王最为虔诚。

羌族祭山会——亦称祭天会、祭山节、敬山节。四川阿坝羌族民间祭祀节。农历三至六月间择日举行,节期因地有异,多于四月十二日。通常在寨旁神山神树林举行。旨在趋吉辟邪。男子和未婚女性参加。他们身着盛装,携各类节日盛宴酒食,牵牛、羊、鸡等活畜上山。祭祀由释比或年长威重者主祭。祝词颂毕,杀牛、羊、鸡献天神、山神、树林神,燃柏香枝,旋颂吉词,集体还愿、许愿,再给各自许愿、还愿。此仪式长达数小时乃至竟日,除释比或主持者可活动外,众皆叩拜不起。最后,盟誓村规民约、祖宗传统,集体呼号,鸣枪助威,欢宴、唱歌、跳舞,尽欢而归。所余食物,平均分配全体人员。

羌族祭天会——参见"羌族祭山会"条。
羌族祭山节——参见"羌族祭山会"条。
羌族敬山节——参见"羌族祭山会"条。

十 三

十 四

吕先祖诞生祭——亦称吕纯阳祖师诞辰。台湾汉族民间宗教节日。农历四月十四日,在宜兰街吕仙祖庙隆重举行。相传,明太祖朱洪武,头生一疮,理发师为其理发,稍不小心便会碰破流血,招杀身之祸。吕仙祖怜悯发师,遂下凡变成理发师,为太祖理发,既未碰破流血,还让疮很快痊愈。理发师们尊之为行业守护神,尤重此节,届时皆虔诚跪拜,行谢恩大礼。

吕纯阳祖师诞辰——参见"吕先祖诞生祭"条。

苏州轧神仙——汉族民间宗教节日。流行于江苏苏州一带。于传为八仙之一吕祖吕纯阳诞辰日农历四月十四举行,历三天。苏州阊门内中市下塘之福济观奉祀吕祖,俗称"神仙庙"。吕在医学上颇建功业,被百姓奉为中医祖师,此庙因而亦名"天医院"。昔时,人们纷纷剪"千年运"老叶子铺路,专让香客踩过,沾上仙气,得吉得福。会间,到处售万年青、吉祥草、神仙花、龙爪葱等带吉祥意味花草。庙内"轧神仙"最隆重。民间传,此日吕祖化身凡人,混入人群,普度众生,因被认为此日庙中人都可能内其化身,入庙便不时抱作一团,指望随时近距离"轧"得仙气。

四月大会——俗称过会。裕固族民间宗教节日。流行于甘肃肃南一带。农历四月十四日举行,历三四天。届时,当地各寺院喇嘛、法台等要"闭斋",敬香燃灯,念经祈祷,祈求神灵保佑祛禳灾难、风调雨顺、五谷丰收。会间,喇嘛们禁止闲谈,忌食荤菜、辣椒、葱蒜等,只喝些酥油茶、奶茶。喝茶前,须漱口,以示对神佛虔诚。"开斋"之日,寺庙附近裕固民众,尤其善男信女,着民族服装,纷纷前往寺庙,或参加法事活动,或围观。"开斋"的喇嘛,首先漱口,后吃用大米饭拌酥油、蕨菜、葡萄干等揉成的开斋团子,并向群众散发。凡临寺者,均能吃到一些开斋团子。

裕固族过会——参见"四月大会"条。

布朗族宋坎节——布朗族民间宗教节日。流行于云南西双版纳。农历四月十四日举行,历三天。"宋坎",傣族小乘佛教词语音译,意含敬太阳神、迎接新的收获、赕佛等。相传,很久以前,神圣巨人顾米亚与其十二个孩子共创了天地万物。后来,太阳九姐妹和月亮十兄弟祸害人间,晒焦了土地和庄稼。顾米亚为拯救生物,用木弓、藤弦和竹箭制作神箭,将八个太阳和九个月亮射落。剩下的太阳和月亮害怕得藏起来,人们失去光明,遭遇黑暗和寒冷。顾米亚召集百鸟兽商量,去请太阳和月亮出来。天上飞鸟由公鸡带领,地上众兽由野猪为头。鸟兽们来到太阳、月亮藏躲之地,公鸡用动人语言打动它们,还砍了一块木疙瘩,一半给太阳,一半戴在自己头上,以作不再伤害太阳和月亮的凭证。后来,公鸡头上那半块木疙瘩变成了鸡冠。太阳约定白天出来,月亮晚上升起,人间又充满温暖与光明。从此,布朗人年年过宋坎节,早起迎接太阳。节前,在村寨东边搭一彩棚。节晨,太阳升起前,寨中布朗人举着旗幡,携带糯米饭、紫米粑粑、鱼、肉、鸡、瓜果等食品,随着铓锣节奏,跳着模仿各种动物姿态的舞蹈,来到彩棚中,举行迎太阳仪式。所有食品放在棚里一块红布上,众人围棚而坐,佛爷念赞美太阳的颂辞,祈它保佑新的一年五谷丰登、人畜兴旺。待太阳升起,寨民们放高升,唱歌跳舞。

熏烟烟封山节——亦称敬山神节。藏族民间信仰节日。流行于四川大小金川。农历四月十五日,或三月中旬择日举行。节前,各寨各户分半升粮,以核桃壳当升,一升充一石,量五色粮撒山上(上山忌带白色东西),以示给山神纳粮;同时,把几只羊、猪、鸡,放到山上,或养家不杀。山上已砍倒剥皮之树,须用枝叶密实盖好。后用柏枝熏烟烟,宰羊杀鸡,点酥油灯,喇嘛念经,禳解病虫害。而后封山,不许砍柴、伐木、烧炭、射猪,据说,犯忌则起风雪。喇嘛在山界插旗旛,木刻咒文,拿菜籽放手掌,念咒语,并放于松香上,对着风雪来的方向,以防狂风暴雨。若菜籽放手上会跳,则能退风雹。封山时间,各地有异:三、四月间初一、十二、十五,均有。封山至秋后"开山",各户仍出一撮粮,并用小杯量五色粮食,一并祭敬山神。

藏族敬山神节——参见"熏烟烟封山节"条。

十 五

白族蝴蝶会——白族民间青年男女连情娱乐节日。流行于云南大理一带。农历四月十五日,在周城镇北苍山云弄峰下蝴蝶泉边举行。相传,很久以前,泉边村里,有个心灵手巧的美丽姑娘阿花,和一位名叫阿龙的英俊刚强猎手。他俩从小一起长大,心心相印。一年三月三,俩人相约赶朝山会,阿花取出一幅上绣一百只各种颜色蝴蝶的百蝶巾,送给阿龙。赶会的人见了,无不惊叹阿花绣艺精巧。阿花和百蝶巾的名声,很快传遍苍山洱海。一年,大理王给王子择偶,各地官员纷纷准备贡品。大理总管带人到阿花家,见阿花生得美貌,又听说百蝶巾已送情人作订婚信物,就让其再绣一块,待绣好进而逼她为妾。阿花被骗进王府。阿龙打猎归来,立刻识破王府阴谋。他探明关押阿花之地,待夜深将其救出。总管发觉带兵追来。阿龙、阿花且战且退,至蝴蝶泉边,走投无路,便双双跳入泉中。霎时风雨大作,天昏地暗,吓得追兵抱头逃回王府。待雨住风息,从潭中飞出一对大蝴蝶,继而飞出成千上万只小蝴蝶。相传,这些都是阿龙身上佩戴的百蝶巾变的。它们聚集蝴蝶泉边,上下飞舞,首尾相衔,如串串珍珠,从树枝直垂入水面,成为大理一大奇观。此后,每逢四月十五日,白族民众都要来此观赏妙景。青年男女更是到此赏蝶、野炊、谈情说爱,还举办对歌、歌舞表演,遂成远近闻名的"蝴蝶会"。

卫塞节——南传佛教节日。农历四月十五日,在汉传佛教诸佛寺举行。在此释迦牟尼佛祖诞生、成道、涅槃之日,斯里兰卡、泰国、缅甸、新加坡、马来西亚、印度尼西亚、尼泊尔等东南亚和南亚多国佛教徒均于此日举行盛大庆典。相传,佛陀于公元前624年5月的月圆日(相当农历四月十五),生于今尼泊尔蓝毗尼。经中国佛教协会前会长赵朴初居士提议,汉传佛教界以农历四月十五为佛吉祥日,即佛圆满节,以与国际佛教界同庆。

佛吉祥日——参见"卫塞节"条。

佛圆满节——参见"卫塞节"条。

布朗族山抗节——云南布朗族民间传统节日。农历四月十五日举行。节前两天,各村即开始大扫除,除虫灭害,洗晒衣物。泉水、溪边、自来水旁,挤满洗澡的人群,还纷纷烧热水替老人、孩童洗澡,一扫昔日瘴疠之乡旧貌。节日清晨,男女青年向老人敬赠用芭蕉叶包好的糯米粑粑、鲜芭蕉,以及精心采制的春茶等食品,谢养育之恩,祝健康长寿。家家做些拿手好菜,如凉粉、豆腐、咸菜及麂子、野兔、山鸡各种山珍、野味,多达三十余种,举村共进"团圆饭"。其间,老少围成一大圈,品尝各碗菜饭,唱"祝酒歌",表演传统武术、民族音乐舞蹈。

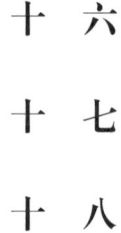

十 六

十 七

十 八

元君庙会——汉族民间祭祀天仙玉女碧霞元君之节。流行于山东招远一带。于传为碧霞君诞辰日农历四月十八,在城东温泉旁的泰山行宫举行。相传,北宋真宗封禅泰山,归途洗手池内,见一仙女浮出水面,遂命修建祠庙,封天仙玉女为"碧霞元君",号"圣帝女儿"。后来,招远城东温泉旁建"泰山行宫",内奉碧霞元君像,庙会由此而来。届时,香客们举行盛大的进香仪式,威严的仪仗队开路,香客们捧金字小牌,簇拥多人共抬的木制彩绘镂金小宫殿,内奉穿银戴玉元君塑像。队伍入泰山行宫,往祠内焚香叩拜,祈人寿年丰。仪毕,艺人们即抬戏唱戏、比武杂耍,商贩则高声叫卖。庙会持续竟日,热闹非凡。

安国药王庙会——汉族民间传统信仰节日。流行于河北安国一带。农历四月十八日举行。相传,"药王"邳彤,乃汉光武帝刘秀的二十八宿之一,文武兼备,精通药理,能药到病除,被尊为"神医",死后安葬安国城南关,北宋即已建庙。清乾隆年间,且在西厢增塑秦越人、张仲景、张子和、华佗、朱丹溪、孙思邈、刘河间、李东恒、李时珍、王肯堂等十大名医像陪祀。长期以来,庙会皆抬药王像巡游,久病不愈者更前往祈祷赐"药"。如今,安国已成全国中药材集散地,倚庙会传统,购销两旺。

锡伯族西迁节——亦称四·一八节、怀亲节、娘娘会、迁徙节,族谓"杜音拜专扎坤(西迁节)"。锡伯族民间传统纪念节。农历四月十八日举行。公元 16 世纪前,锡伯族世居松嫩平原和呼伦贝尔大草原。据载,18 世纪中叶,锡伯族被满洲统治者编入八旗。清乾隆二十九年(1764),平定准噶尔叛乱后,为加强新疆边防,政府从盛京(沈阳)开原、义州、凤城等十七个城邑,征调锡伯族官兵一千零一十八人,连同其家属,凡三千两百七十五人,于 1764 年农历四月十八,聚集盛京锡伯族家庙太平寺,祭祖话别。次日,由满族官员率领,他们含泪告别家乡的亲人,出发西迁,跋山涉水,风餐露宿,横跨沙漠草原,历尽千辛万苦,经一年另五个月,达新疆伊犁河南岸屯垦戍边。今察布查尔锡伯自治县,即其当年驻地。二百余年来,每逢此日,无论新疆、东北、内蒙古的锡伯族及其子孙，均不约而同穿上节日盛装，以各种方式过节。他们杀猪宰羊，烧香拜佛，祭祀祖先；吃红高粱米饭、炖鱼汤，煮祭祀肉，喝烧酒，做蒸肉，吃鲜鱼，用面酱、豆酱做"米顺"盛瓦缸备后用；开展赛马、叼羊、射箭、摔跤等文体活动，弹响"东布尔"，吹"墨克调"，跳"贝勒恩"舞。青年男女骑马外出野游，老人妇女坐车或步行到野外踏青、野餐，尽情表达对故乡的怀念和未来幸福的憧憬。2006年，"锡伯族西迁节"保护工程启动，同年列入首批国家非物质文化遗产名录。2011年5月20日（辛卯年四月十八），在京三百余名锡伯族同胞载歌载舞欢度此节。

四·一八节——参见"锡伯族西迁节"条。

锡伯族怀亲节——参见"锡伯族西迁节"条。

锡伯族娘娘会——参见"锡伯族西迁节"条。

锡伯族迁徙节——参见"锡伯族西迁节"条。

杜音拜专扎坤——参见"锡伯族西迁节"条。

四月十八节——信奉萨满教的柯尔克孜族民间祭祀"树神"节日。流行于黑龙江富裕县等地。农历四月十八日举行。据考，此节始于公元13世纪。当地柯尔克孜族受居住环境影响，信奉萨满教，崇拜万物有灵，认为树木乃神灵化身，每年此日杀牛宰羊，祭祀树神。据《乌古斯传》载，届时，人们在牙帐右边立一高杆，杆顶挂一只"金鸡"，鸡腿绑一只白羊；牙帐左边另立一高杆，顶端挂一只"银鸡"，鸡腿绑一只黑羊；然后众人对树木祷告，求树神保佑。此节现已淡化祭树之意，而举行赛马、射箭等体育活动，增添全新喜庆气氛。

眼光圣母诞——亦称眼光娘娘诞。汉族民间传统信仰节日。流行于辽宁海城等地。于传为眼光圣母诞辰日农历四月十八举行。届时，无论城乡，人们（尤其妇女）纷纷焚香拜祭，祈求眼光娘娘保佑明目清神。《海城县志》载："眼光娘娘，不知何神，亦不知始于何代。妇女患目疾者，多绘像祀之。像为宫装女子，手捧一目，俗谓能保人眼目，使云翳退而复明也。信奉者朝夕焚香，于祀菩萨等，年节则一体设供云。"

眼光娘娘诞——参见"眼光圣母诞"条。

土家族牛王节——土家族民间农祀节日。流行于湘西、鄂西土家山寨。农历四月十八日，于当地牛王庙举行。节日起源传说有二：其一，古代某次战争，土家人败北，后有追兵紧逼，前有大河挡路。万分危急之时，一头大水牛忽现眼前。大家赶快抓住水牛尾巴，游到对岸。土家人感激水牛，称之"牛王神"，每年此日设祭。其二，牛王是被玉皇大帝贬谪下凡来的。其在世上为民耕种，十分劳苦。人们感激牛王耕种之恩，为其修庙，并定四月十八为牛王节。届时，土家对耕牛特别优待，不让其耕田，给它洗汗，在其角上披红挂彩，还用蔬菜、米、肉、黄豆合煮成牛食，犒劳它。人们盛装去牛王庙，杀猪宰羊，焚香祭祀。祭毕，各家各户沽酒买肉，打糍粑，接已嫁姑娘回娘家，共举家宴。村寨里放鞭炮，吹唢呐，跳摆手舞，十分隆重。

平湖挂灯——汉族民间宗教节日。

流行于浙江平湖一带。农历四月十八日举行。相传,明代倭寇袭扰浙江沿海,窜往平湖抢掠。一员大将全身披挂,端坐城头。倭寇定睛一看,竟是西汉大将军霍光,便大惊而逃。平湖遂免遭劫。从此,当地百姓尊霍光为护城"大王菩萨",建庙塑像供奉。昔时,每年自其生日农历四月十八日起,皆悬灯三天,隆重纪念。城中心大王庙所在之庙街,大办灯会,各家商铺争相张灯结彩,全城一片辉煌,人潮如海。此节今已泯。

达斡尔族娘娘祭——达斡尔族民间宗教节日。流行于黑龙江瑷珲一带。农历四月十八日举行。届时,远近善男信女汇聚娘娘庙,焚香叩拜,祈求神灵赐子传宗,保佑儿女平安。

十九

二十

二十一

二十二

二十三

绕山灵——亦称绕三灵、绕三林、绕桑林。白族民间传统节日。白语称"观上览",意为逛三个园子。此节旨在水稻栽种前祈祷风调雨顺、五谷丰登。流行于云南大理州洱海之滨。农历四月廿三日举行,历三天。届时,洱海近百个村庄的男女老少,佩花戴朵,盛装打扮。首日以村庄为单位,组成长蛇阵,在手持杨柳枝的一男一女带领下,从苍山五台峰下喜洲圣源寺出发,边舞边唱边走。次日,到洱海边村庄沙诶城。第三日,沿洱海边到达大理三塔附近的马久邑。三天内,各村的绕行队伍,晓行夜宿,吹吹打打,舞唱不断。一路上,每天都有数万之众通过。除祈祷丰收外,也当游春娱乐及情人相会的时机。队伍中,有的打霸王鞭、敲八角鼓、弹三弦;有的抬着本村的小本主塑像,来朝贺大本主庙,供奉三牲,焚香化纸,膜拜祈祷,诵经祈佑。

绕三灵——参见"绕山灵"条。
绕三林——参见"绕山灵"条。
绕桑林——参见"绕山灵"条。
观上览——参见"绕山灵"条。

二十四

朱天庙会——汉族民间祭祀朱天大君(明崇祯帝)节日。流行于浙江湖州一带。农历四月廿四日,于朱天庙举行。该庙供奉朱天大君,实即明末崇祯皇帝,因清代建庙,讳称"朱天庙"。庙供一武士神像,赤脚踩踏一象征皇帝自缢之北京景山小岗,一手执象征缢绳之乾坤圈,另手执象征缢亡槐树之木棍。每年是日,信众前往进香祭拜,举会巡游。巡游时,前是钢叉开道,继抬神龛,再后是仪仗。队伍中,有人扮作戏剧人物,或犯人,敲锣打鼓,"负荆请罪",既怀旧明志,亦许愿祈福。巡游所历,街旁人众纷纷焚香叩首。此节已泯。

彝族小火把节——彝族民间传统节日。流行于黔西南布依族苗族自治州。农历四月廿四日举行。相对六月廿四之"大火把节"言,规模小些,俗项内容、仪式略同。

二十五

周城本主会——白族民间宗教节日。流行于云南大理周城。农历四月廿五日举行。相传,周城村后山涧潜藏一条能变人形的巨蟒,每年年初都要吃掉一个童男和一个童女,否则就让周城百姓遭殃。猎人杜朝选为解救百姓,冒死将蟒杀死。杜死后,周城百姓奉之为本主,塑像建庙,缅其功德。每年农历四月廿五,聚庙祭奠,小伙子们还抬其塑像在村里巡行,让村民顶礼膜拜,向他祈福。

二十六

随州祭炎帝——随州民间祭祖节。流行于湖北随州炎帝诞生地。于传为炎帝诞辰日农历四月廿六日举行。炎帝神农氏,我国上古时代杰出的部落首领,农耕文化创始人。素传,湖南株洲乃神农故里。而据《礼记祭法二十三》载,厉山氏之有天下也,其子曰农,能殖百谷。东汉经学大师郑玄注:"厉山氏,炎帝也,起于厉山。"自东周以来,有一百四十多种典籍记载炎帝神农诞生于随州厉山。炎帝主要功绩:始作耒耜,教民耕种;遍尝百草,发明医药;治麻为布,制作衣裳;日中为市,首倡交易;削桐为琴,练丝为弦;弦木为弧,剡木为矢;作陶为器,冶制斤斧;台榭而居,安居乐业。他为缔造中华古国早期文明,发展社会生产力和中华民族繁荣昌盛,贡献殊为辉煌,与黄帝轩辕氏并尊中华民族始祖,受到普天下炎黄子孙世代钦敬。千百年来,当地年年举祭。20世纪80年代以来,拥会众逾千万的世界烈山宗亲会,每年派团至随州厉山寻根拜祖。

苗族羊马节——苗族民间团圆纪念节日。流行于四川秀山龙池、石堤一带。农历四月廿六日举行,历三天。时值农忙,每家依旧备酒肉,停农活,尽情娱乐,热情请客、送礼,畅饮叙家常。节日起源有两说:一说,明代,敌寇侵扰,官府征丁赴前线抗敌,时值过大年。苗家子弟出征。至次年四月廿六,苗丁归来。人们欢喜异常,为他们补过大年,杀猪宰羊,热闹一番。率队出征者姓杨、马,人们便让两个吉利属相对应,改"杨"作"羊",节名定"羊马节"。另说,过大年时,敌寇突然侵扰。人们猝不及防,纷纷逃避。敌走,人们返家,已是四月廿六。家园遭洗劫,一无所有,人们相依为命,集中度过两天,议今后怎么办。那两天,正是午日与未日,即马日与羊日,顺口说成是"羊马",便定其为纪念团圆之日为羊马节。

二十七

二十八

药王菩萨圣诞——佛教节日。农历四月廿八(有云九月三十)日举行。药王菩萨与药上菩萨有时取代文殊、普贤菩萨,被作为佛陀左右胁持。他俩本为兄弟,兄名星宿光,弟名电光明。因供养比丘僧众,并施药救人,深孚众赞,被尊称药王、药上。后兄弟施医行善,双双修成菩萨。药王菩萨乃救济众生脱离病苦的代表。《药王菩萨本事品》载,菩萨以身供佛,使十方诸佛赞叹为真法供养如来。示现全心全意奉献众生的决心,以其独特方式使其施药精神发挥无尽。届时,信众以各种方式,顶礼膜拜。

什邡药王会——汉族民间宗教节日。

农历四月廿八日举行。相传,神农尝百草,首创医药,遂于什邡莹西镇大神庙,供奉神农氏及其夫人神像。届时,抬神像沿街巡游,进香纪念。周边诸县及成都等地,信众及商旅纷纷前往赶会。莹西镇盛产烟叶,生意格外红火。

药王庙会——辽宁满族民间节日。农历四月廿八日举行。当地大型集市贸易盛会。届时,人们从远近蜂拥赶会,选购中草药及各种土特产品,购销两旺。

驿马关大会——汉族民间宗教节日。流行于甘肃庆阳一带。农历四月廿八日举行,历十天。届时,人们会集驿马关,求神拜佛,祈祷人寿年丰。另,民间艺人前往献艺,商贩则乘机叫卖农具、日用百货,互相转卖牲口,更是火热。

托克托奶奶庙会——汉族民间求子节日。流行于内蒙古托克托一带。农历四月廿八日举行。届时,信众纷至沓来,商旅设摊售货,各路戏班争相献艺。赶会间,到处人头攒动。已婚未孕妇女则送灯油、香烛,"偷走"庙中专门准备的小泥人,以祈人丁兴旺。

松鸣岩花儿会——回族民间传统歌节。流行于甘肃临夏。农历四月廿八日,于当地松鸣岩举行。松鸣岩位于临夏回族自治州和政县南二十五公里吊滩乡小峡之中,青峰接云,古松参天,四季云雾缭绕,终年流水潺潺,景色迷人,每当山风劲吹,松涛震荡,犹如波涛咆哮,故名。岩有三座险峰,即南天台、西方顶、独尚岭,三峰并峙,气势雄伟,宛如相伴而立三姐妹。相传,古时天宫仙女金箫和玉箫,能歌善舞,向往人间,于某年农历四月廿八私自下凡,寻觅讴歌寄情之地,孰料人间美景甚多,不知何地落足为好。忽然,脚下传来一阵欢笑、鼓乐,循声望去,被此处山景陶醉,也情不自禁地唱起歌来。歌声回荡峡谷,感动山下牧羊人,不禁四处张望,不见人影,便一面学歌,一边四处找寻,最后才见两位穿红戴绿的飘飘然姑娘,站在山巅唱歌,方知是仙女下凡。从此,牧羊人每年这天都到此传播仙女所唱之歌,日久天长,遂成歌节。届时,方圆数十里的回、东乡、撒拉、保安、汉等族人民,从四面八方云集小峡河两岸草地上,帐篷林立,吹烟缕缕,数万人欢聚,到处飘荡着清脆的歌声。这天所唱,堪称典型的临夏花儿。其最流行调令有大令、二令、三令、大眼睛令和牡丹令等。男女老少,特别是青年男女,赛歌接调令,你一首,我一首,相互对唱,看谁情深音脆,悠扬悦耳,轮番比赛,最终获胜者,称"花儿王",倍受遐迩尊重。除唱花儿外,有的还三三两两,漫游转山,欣赏松鸣岩天然美景。

二十九

三　十

本月约当日

渔组解散祭——台湾雅美人传统节日。农历四月初举行。在渔期开始时,雅美人先要集体捕鱼一个月,然后才个人渔猎。一月满,举行渔组解散祭祀仪式。届时,成员们最后共餐。餐后,在公共会所前庭分配前月中所获飞鱼干。回家,向分到的飞鱼干唱祝道:"我将您携来老家,希望我家族长期享用!"这一个月,继续渔猎,但渔组成员的起居、饮食,均在各自家里。如捕到鲔鱼等大鱼时,仍去公共会所共享。祭毕,渔组即行解散。

都瓦节——维吾尔族民间信仰节日,旨在祈福。流行于新疆喀什、和田等地。"都瓦",维吾尔语意为祈祷、祷告。农历四月五日前后举行。节间,男女老少着节日服装,尽情地跳"赛乃姆"舞(流行新疆民间的舞蹈形式),有即兴表演、独舞、双人舞,也可三五人同舞,有乐队伴奏,观众围坐四周拍手唱和。舞至快速时,欢呼之声四起,情绪非常炽烈。每家都吃抓饭,并举行祈祷、祭祀活动。

维吾尔族祈福节——参见"都瓦节"条。

满族墓祭——满族民间祭祀节日。流行于东北满族聚居区。多于农历四月上旬,择日举行。举家坐大车到墓地,由长者在新坟上插"佛朵"、旧坟上插柳枝,意寓后继有人。之后,行叩拜礼,以酒洒地祭祀。

四月搭桥节——拉祜族民间传统节日。流行于云南临沧南美乡。"搭桥"意为添加、添上,表祈吉求福、添福添禄的意愿。农历四月首个辰(龙)日举行。主要仪程:一、砍树。节前三天,几寨商量砍树地点,由磨巴或头人宰鸡祭献占卜,来选树。搭桥树以高大质硬的红毛树最佳,次为水冬瓜树。一座桥四五根木头建成,每节仅新搭一根。选定一棵树,先祭献山神,获允方砍,于兔日将其砍削成形。二、搭桥。节日当天,将搭桥木抬至搭桥地。村户们带上荞粑粑,头人主持,先在两头桥墩处杀鸡,当场煮熟祭献,同献众人所带荞粑粑,磨巴念招魂辞,给毛稗、荞、稻子等作物叫魂。旋开始搭桥,以新木换下朽木,由竜头念经祈福。三、压桥。从河里捞起沙子,堆放桥两头。竜头在此诵经祈福。四、洗桥。竜头拿葫芦在桥左右两侧河中,分别舀三下,浇桥木上,并诵经。众随之仿照"洗桥"。五、磕头。先由各寨分别朝本寨方向桥头磕头,旋一齐磕头,以求户户谷魂回家。六、欢庆。节夜,男女老少聚集打歌场,男弹三弦、吹直箫,女弹响篾、吹毕卢,禁吹芦笙,免让谷物"心慌"而长势不好,影响收成。

乌米饭节——汉族民间传统节日。广布浙、苏、鄂、湘、皖、赣等省。农历四月初八前后择日举行。届时,家家吃乌米饭。此饭用乌饭树叶汁浸泡糯米,蒸制而成,乌黑发亮,清香扑鼻。节日起源存多说:其一,节涉先秦孙膑与庞涓斗智的故事。孙落难装疯,靠吃形似猪粪的"乌米饭团"活命。因时当立夏,杭州等地即在此时吃乌米饭,缅怀孙膑,久而成节。其二,源浙江遂昌、松阳一带纪念反苛捐杂税斗争。其三,江西黎川县樟村一带传,与北宋名将杨文广有关。其四,江南宜兴、溧阳传,为纪念劈山救母之目连。其五,明代佛家以此为食,广传民间成俗。至今,江浙一带每逢此节,商贩竞相以其做成各式糕点,让人选购,用以供佛,称"阿弥饭""乌米糕",颇为时尚。

阿弥饭节——参见"乌米饭节"条。
乌米糕节——参见"乌米饭节"条。

德昂族祭鬼树——德昂族民间宗教节日。流行于云南保山一带。农历四月(约当傣历六月中旬)"泼水节"后第三日凌晨五更时分举行。当地德昂村寨四面各设有一道寨门,称"鬼门"。门近旁一棵大树,称"鬼树"。祭时,由二三十名成年人抬着一块木板,上画龙、虎等凶恶猛兽图案。木板送达鬼树旁，众人敲锣，高声念经，还供上饭菜，祭鬼树。祭毕，众人悄然离去，返家。寨人认为：送木板时高声喧哗、吵闹，旨在让鬼闻声后退出鬼门；悄悄回家，则为不让鬼察觉而尾随到家，免遭鬼祟。此节已式微。

沙户比节——族称"小春尝新节"。彝族民间传统节日。流行于云南巍山龙街一带。农历四月中旬择日举行。时值小麦成熟季节，为庆丰收，谢祖先，彝家户户舂糯米，做糍粑。人们习惯用麦面、糖及蘸上蜂蜜的糍粑，敬献祖先。届时，已嫁女子要带上糍粑等礼物回娘家，请父母兄弟、亲戚朋友，尝尝自己的新米，和大家共祝小春丰收。

小春尝新节——参见"沙户比节"条。

塔吉克族春种节——族谓"台合木兹瓦司脱节"，亦称"塔吉克播种节"。新疆塔吉克族传统农事节日。农历四月中旬择日举行。届时，各家去田间，象征性举行播种、犁地仪式，引水入田。人们互相往身上泼水，预祝五谷丰收。老人们照例在田边聚餐，商议春种农事。节后，即开始春耕播种。

台合木兹瓦司脱节——参见"塔吉克族春种节"条。

塔吉克族播种节——参见"塔吉克族春种节"条。

剪马鬃节——裕固族民间传统节日。流行于甘肃肃南一带。多在农历四月十一日后几天内，择日举行，历一两天。裕固聚居甘肃河西走廊中部，祁连山北麓。此地牧草丰茂，甚宜畜牧业生产。人们历来倍珍牲畜，特别是小马驹、小羊羔等幼畜，饲养倍加细心，视若"掌上明珠"。按传统习惯，小马驹长到一周岁，即首次剪鬃毛，例请亲朋好友参加。届时，主人要准备酥油、奶茶、青稞酒、手扒肉等食品，以及剪鬃毛用的小盘，用炒面疙瘩在盘中垒个五至七层的小塔，上浇酥油，以示既有中心，又有四面八角，再备一把上系白色哈达的锋利剪刀。剪仪开始，家人牵来马驹，主人热情请来客中能熟练操剪者，给马驹剪鬃。被请者相互谦让，最后由一位既会运剪又善唱歌跳舞者开剪。他（她）手持利剪，一面唱剪鬃歌，一面给马驹剪鬃毛，先剪一绺，拿进帐篷，敬献"毛神"，祈其保佑，旋返回再剪，有意不剪完，留下一部分鬃毛，让其他客人剪。剪鬃毕，主人请客人进帐篷，用美酒佳肴款待。席间，宾主边饮边唱，借酒歌助兴。客人赞美主人热情好客，勤劳持家，管理有方，定会骡马成群，牛羊满厩。饭后，主人兴高采烈骑上自己的小马驹，在一望无垠草地上奔驰，以示马驹长大，每到一家，都受到主人祝福。

阿佤贡象节——佤族民间传统节日。流行于云南班老地区。农历四月泼水节之后第三天举行。相传，从前佤族祖先向班老迁徙时，山洪暴发，南滚河水猛涨。人们生命垂危时刻，一头大白象游来，驮着他们渡过洪水，到达班老，发展而成佤族部落。为感激大象，年年举节。届时，人们往南滚河上游巴本巴贺，举行贡象仪式。各寨须备两棵带绿叶甘蔗、一串带绿叶芭蕉、两个大糯米团、一包茶叶、一只红公鸡，供上篾桌。众跪桌前，一人领唱祝词，祝愿大象繁衍后代，保佑庄稼丰收。为让大象愉快过节，人们竟日停止劳作。

祭娅拜——亦称娅拜节。壮族民间传统节日。流行于广西者宁、索乌一带。

农历四月兔日（亦说初四），在娅拜山举行。届时，当地村众要杀一头牛、一头猪、两只鸡和四十八尾鱼，去娅拜山祭奠娅拜，礼仪非常隆重。娅拜本是一名壮族妇女，原名杨梅。她英勇战死后，壮家追称娅拜、娅翁。据考，她乃宋朝人，住毛根寨，心地善良，勤劳勇敢，武艺极高。其丈夫黄达，亦尚武。当时，官家常派兵到毛根寨一带抢夺财物，肆意骚扰。娅拜即和丈夫带领壮民，对抗官兵，保住乡民生命财产。一次，官兵施计掠财，包围黄达和部分乡民。杨梅带人马赶去营救，丈夫已英勇战死。杨梅率众拼杀，打败官兵，夺回牲口、粮食和财物。官家不甘失败，旋调大批兵马来犯。杨梅毫不慌乱，仍领着全寨男女老少御敌。她手执双刀，身先士卒。官兵们见杨梅勇猛，节节败退。杨梅率众追杀，从者宁一直追到索乌河边。官兵被杀得七零八落，狼狈逃窜。战斗持续很久，人困马乏。杨梅叫大伙回家休息，自己留下监视敌人。天气闷热，她浑身沾满血和汗水，就跳进索乌河里洗浴。不料，草丛躲着几个败兵，悄然钻出草丛，挥刀剑一拥而上，将其杀死河中。奇怪，杨梅遗体既不沉河底，也不顺流下漂，竟悠悠逆流而漂，从索乌一直漂到者宁，停留河面。众人含泪将她捞起来，装进棺材，抬上附近高山，安葬终年常青大树下。从此，那山就叫"娅拜山"。每年一到娅拜遇难之日，壮家就杀牛宰猪前往祭奠，久而成节。

娅拜节——参见"祭娅拜"条。

苗族种棉节——苗族民间农祀节日。流行于黔东南州都柳江中上游一带。农历四月卯日，或辰日、巳日，于棉花地举行。节前，各自然村寨，几户人家一起带上腊肉、香肠和五彩糯米饭，挖松一片土质肥沃、向阳通风的轮耕土地，以备种棉花。届时，各家邀请家族亲友，挑着用肥料拌好的棉种，带着丰盛酒肉饭菜及炊具，聚集种棉地点。青年人挖土，准备点种。先请一长者手抱大红公鸡，领着一对披红挂彩的童男童女"花神"，登上用蛋壳、布条、彩纸装饰的"神坛"中央，摆上美酒、五彩糯米饭祭献"花神"。祭毕，由"花神"点种三窝，众人旋开始播种。种毕，每人用手捧水，洒棉地上，以示灌溉。之后，众人就地用餐。席间，老人们高唱《种棉歌》《四季歌》等，祈求"花神"保佑丰收。青年们吃好饭后，则借机上山"游方"。

里玛主节——族谓"春天的盛会"，亦称"黄饭节""开秧门节"。哈尼族民间传统农事节日。流行于云南红河一带。农历四月羊日举行。哈尼族崇奉报春的布谷鸟，称"合波阿玛"（布谷鸟妈妈）。山茶花盛开时节，不论男女老少，只要首次听见布谷鸟鸣啼，皆报一声"我听到了"。据说，只有这样才可使农家人寿年丰。相传，天神阿波么米派来布谷鸟，向人间传达春天消息。它自遥远天边一个石洞里飞来，飞过茫茫大海时，飞不动了，水里突然翘起一条龙尾，随之变成枝繁叶茂大树，让它得以歇息。布谷鸟历尽千辛万苦，终于把春天消息传给人间。于是，人们世代沿袭，等多数人听到布谷鸟叫声后，相约在四月的一个羊日，备办美味佳肴，用乔木花汁水浸泡糯米，蒸出喷香、金黄的糯米饭，称"黄饭"，煮好红鸡蛋，敬献布谷鸟。各寨小伙、姑娘们身穿节日盛装，聚歌纵舞，欢度春天的盛会。节后，各家自选一吉日，在雀鸟未出巢、四山一片寂静的五更时分，由家长悄悄把三丛秧苗插在自家田里，称"开秧门"。据说，开秧门时听不到雀鸟声音，庄稼即能免灾，获丰收。因此,人们亦称之"开秧门节"。

春天的盛会——参见"里玛主节"条。

四月黄饭节——参见"里玛主节"条。

哈尼族开秧门节——参见"里玛主节"条。

仰阿纳——意为大家休息娱乐。云南哈尼族支系叶车人民间传统节日。农历四月插完秧后之牛日举行。届时,人们聚会交友,增进情谊,男女社交更盛。节晨,青年男女纷纷盛装,女撑别致遮阳伞,男携月琴、三弦,沿山茶花掩映崎岖小路,会聚宽阔草坪,弹弦唱歌,连情择偶。有意者,则双双隐入山林,互赠绣花手巾、遮阳伞、银手镯等信物,日暮方归。

苗族爬山节——苗族民间传统娱乐节。流行于贵州雷山县黄里一带。农历四月第二个午日,于大龙坳村后牛角坡举行。届时,小伙姑娘竞着盛装,撑遮阳伞,从各村寨会集一起聚会,唱歌嬉耍娱乐。相传,从前,村中一小伙与富家姑娘相爱。姑娘父母嫌贫爱富,百般阻挠。春耕大忙,小伙去姑娘家帮工犁田,姑娘趁家中刚死头牛,身裹牛皮,头戴牛角,扮作耕牛。小伙赶"牛"下田,方惊姑娘如此来幽会。俩人上山,竟日唱歌不息。山下年轻人纷纷上山加盟。姑娘父母闻讯,上山将俩恋人活活打死。丢下的一对牛角,后来变成像牛角一样的小山包,习称"牛角山"。男女青年缅怀那对情侣,每逢山花怒放的四月,便到此会聚,歌舞娱乐,久而成节。

茶山瑶插秧节——亦称插田。广西金秀瑶族支系自称"拉珈"(茶山瑶)的传统农事节日。农历四月间择日举行(另说从立夏至芒种结束),历时近月。据气候和节令,从金秀河下游美村开始,依次孟村、社村、金村、刘村、田村、昔地、六拉、白沙、金秀插秧。金秀河沿岸共十个瑶村,每村两天,共需二十天;后复由金秀向北面的长二、长滩、寨保、杨柳、将军、三片、六段等高寒村寨发展,亦需十天。节日源自古老农忙时节村际的互助活动,逐渐成节。届时,各村男女青年身着节日盛装(男性着白布上衣),从各村会集指定村寨,参加集体插秧。每到一村,村户各家均尽情款待。节间,青年男女借机开展社交活动。白天在田里比插技,赛速度,你追我赶;晚上于村头寨尾对歌作乐、连情。不少青年男女,因此成为终身伴侣。

茶山瑶插田节——参见"茶山瑶插秧节"条。

德钦射箭节——藏族群众缅怀英雄格萨尔王传统节日。流行于云南德钦一带。农历四月农事完毕时择日举行。届时,但凡男子,无论老幼,均须交纳一支箭、两三斤青稞(随之酿或换成酒)。主持人以长鼓或牛角为号,召唤大家参加射箭比赛。开始前,选当年属相,且威望、箭术俱高者,将所有箭矢高举过头,继而左手抱箭,右手分箭给两组参赛者。在距离六七十步处,对立两靶,主持人唱箭歌。参赛者继唱酒歌,任意于一靶向另一靶射箭,以中靶多者为胜。第一轮后,重新分组再赛。赛毕,喝酒,跳锅庄,纵情欢乐。

安康解缴会——汉族民间传统节日。流行于陕西安康等地。农历四月间择日举行。其时,春暖花开,林木葱茏,人们纷纷相约踏青野游。游间一俗,称"解缴",即凡见藤蔓缠绕草木,上前解开,取解咎殃缠之意。当地认为，游玩途中，谁"解缴"多，当年即万事如意。人们借机尽情嬉戏玩耍，愉悦身心。

嘛呢经会——另译"玛呢经会"。四川阿坝藏族宗教节日。农历四月间，农、牧区分别择日举行，历五至二十天。时值阿坝草木吐青，春天到来。草原牧民要在野外搭一帐篷，请寺庙喇嘛念嘛呢经，祈求神灵保佑、风调雨顺、人畜兴旺。经会由会首筹备经费开支，负责四处募捐。会首一年一换，均由牧民担任。念经期间，每天要给念经喇嘛送奶茶和食品。中午，大都送酥油甜粥。念嘛呢经时焚香燃灯，每家牧民多派善男信女参加，向佛像磕头跪拜，十分虔诚。农区藏族群众亦念嘛呢经，时间短些，一般两三日。届时，善男信女带上糌粑、酥油、油炸果子等，纷纷入寺转经，燃灯焚香，敬献神灵，祈求保佑一年吉祥、五谷丰收。嘛呢经会后，农民开始挖地送肥，春耕春播；牧民开始离家游牧。

玛呢经会——参见"嘛呢经会"条。

鄂伦春族春祭——鄂伦春族传统宗教祭祀节日。流行于内蒙古呼伦贝尔及黑龙江鄂伦春族聚居区。多于农历四月间举行。日期、场所由威望最高的萨满择定。鄂伦春族信奉萨满教，巫师萨满在社会生活中占据重要的地位。多少年来，人们得病、遭灾，祈祷寿福，皆请萨满跳神，笃信萨满能沟通神灵，为人驱邪、祛病、招福。节间，由萨满的助手二神指挥打扫场地，并在场地两端埋两或三棵碗口粗细、高低均等、生长茂密的松树，树间相隔两丈许，再用柳条或灌木将松树围成半圆形，中间摆放供品。树上挂各色布条和彩线。人们驱车、骑马带着各种兽肉和兽皮，从四面八方云集祭场，将供物虔诚吊挂树上，祈望神灵保佑，然后围坐成一圆圈。祭祀开始，萨满头戴神帽，身穿神衣，左手拿鼓，右手执鼓槌，盘坐"塔了兰"（萨满座位）上，静坐片刻，始击鼓，诵唱神歌，助手二神点烧香草，并拿在手中不断摇晃，以示接神。此时，萨满紧击神鼓，边跳边唱："万能的神灵呀归拉雅，已经显灵了归拉雅；作孽的妖魔呀归拉雅，已经逃走了归拉雅。"助手二神一唱一和，众人亦不时随声附和。谁歌声动听，舞姿优美，谁就会受到人们敬重。接着，萨满以神的化身向人们唱祝福歌。祝福是祭仪的中心内容，人们祈神灵一年消灾赐福。随后，开始送神，萨满旋唱送神歌："马吃夜草长得壮雅戈耶，诚心供神寿命长雅戈耶；鸟落密林才欢畅雅戈耶，真心敬神好景长雅戈耶。"歌声由高变低，舞步由快变慢，渐渐终止。祭仪结束，人们围着篝火宴饮、歌舞，纵情欢乐。倘萨满因故不能参加，则另择日再次举行。此节已泯。

蒙古族祭雷——蒙古族民间传统祭祀节日。农历四月择日举行。旧时多在宫廷、官府举祭。古代限于科技发展，人们对大自然一些现象缺乏认识。凡雷击人、畜和蒙古包，皆被认为鬼神所致。为避雷击，年年皆举行祭雷仪式。宫廷、官府尤为重视。据《元史》载，风、雨、雷师之祀，始于至元七年（1270年）十二月，由大司农请命确立，成为定制。规定立春后丑日祭风师，立夏后申日祭雷、雨师。昔时，在蒙古族地区，谁家人、畜和蒙古包遭雷击，便杀羊或宰牛，请萨满跳神，祭祀雷神，以禳除灾难。节已式微。

浙江蚕禁——汉族民间农祀禁忌日。流行于浙江吴兴等地。节期竟历农历四月。时值养蚕关键,习称"蚕月",为免遭蚕瘟,需加倍细心护养。故,禁止人们随便走动。凡遇红白喜事,皆禁亲戚邻里往来介入。昔时,连官府差役,亦不得前往蚕家征收赋税、缉拿犯人。而今,蚕禁似有缓解。

五 月

初 一

灵应庙会——汉族民间传统纪念性节日。流行于浙江黄岩一带。于传为春秋吴国宰相伍子胥诞辰日农历五月初一,在灵应庙举行,历三天。届时,庙内彩灯齐明,香烟缭绕。各家各户带上瓜果、糕点、鱼肉、豆腐等祭品,供奉伍公侯王神像前,叩首拜祭,祈禳灾赐福。伴着三天大戏,人们纷邀亲朋好友,聚会痛饮。20世纪50年代,庙被拆,后复于原址重建。

推龙船节——亦称推端午船。汉族民间宗教节日。农历五月初一举行,历五天,初五达高潮。流行于浙江武义一带。相传,民间有名王崇者,被鬼缠身。一老道帮其捉住鬼怪,装封酒坛投江。坛漂至武义,被人打捞启盖,鬼趁机逃出,袭扰百姓。城隍明判官捉鬼,于五月朔,将其驱逐出武义县境。谚云:"推龙船,送瘟病";"端午船不推,瘟病要来催"。届时,人们用竹篾扎制龙船,糊纸绘彩纹,裱糊以纸,上绘图纹。旋以"推龙船"祈吉祥辟邪。程序是:于朔后进香三天,于初五敲锣打鼓,绕船三圈,挑选七人推船,众放鞭炮,纷纷往水中撒茶叶和米,最后将其推入河中。

推端午船——参见"推龙船节"条。

初 二

初 三

土家族妇女会——亦称女儿会、女儿节。土家族民间传统节日。流行于湖北恩施、鹤峰、宣恩等地。节期因地有异,或五月初三,或七月十三日,或八月十五日。据考,此节乃古代土家家族青年反抗封建婚姻、争取自由恋爱之遗风。参与者主要是未婚男女青年,其次是已婚女性。届时,妇女们竟着艳丽盛装,长衣穿里,短衣穿外,故意全然展露,比美争艳。未婚者们,借机连情择偶,已婚女性,亦可与旧情人叙旧。此节昔日流行较广,今渐式微。

土家族女儿会——参见"土家族妇女会"条。

土家族女儿节——参见"土家族妇女会"条。

初 四

畲族小端午——福建部分畲族村寨"五月节"。农历五月初四举行。节俗略同端午，仅称谓从习。

畲族五月节——参见"小端午"条。

藏族采花节——亦称女儿节。藏族民间传统佳节。流行于甘肃文县与四川九寨沟县交界处博峪一带。农历五月初四或初五举行，历一两天。博峪山峦起伏，森林茂密，五月满山遍开杜鹃、芍药、枸杞、草梅等上百种山花，黄白红蓝相间，缤纷袭人。节晨，姑娘们由亲兄弟陪同，穿上艳丽民族服装，带着美味佳肴，上山饮泉、接泉水洗身、采摘鲜花。出发前，全寨男女老少列队寨口，唱送行歌，祝她们一路平安；归来，姑娘们也用歌儿表达克服艰险采花，献给亲人的美意。采花队伍一路歌声不断，相互对歌盘问，风趣昂然。来到野花盛开的山坡、草地，姑娘们搭起帐篷，支起锅架准备午餐。小伙子则将新木刀、木斧和木箭，插在地上，祭祀花神，以祈花神保佑，风调雨顺，人畜兴旺。之后，姑娘们漫步林间、山坡、草地，采摘鲜花。小伙们喝着美酒，唱着山歌，尽情玩耍。入夜，人们围着熊熊篝火，纵情歌舞，常常通宵达旦。次日黎明，姑娘们将鲜花围成美丽花环，戴在头上，背着花筐和草药，兴高采烈返回村寨。村人们早已迎候在村头寨口，待她们一到，立即鸣枪放炮致意，并将其护送至一座大厅，端来美酒佳肴，为之接风洗尘。姑娘们则手拉手、肩并肩歌舞，接着向全寨人家，赠送节日礼物和鲜花。接受者，照例拿出自家最好吃食，招待姑娘。晚上，全寨再次聚会采花姑娘及陪同小伙子们，相互敬酒祝福，并围圈歌舞，直到深夜，尽兴方休。

藏族女儿节——参见"藏族采花节"条。

畲族保苗福——畲族民间传统农祀节日。畲族三大福日之一。流行于浙江畲族村寨。农历五月初四举行。五月初，时值稻谷苗刚出土。保苗福祭祀，旨在保五谷丰登。祭仪由各房按年轮流主持。届时，杀三牲，点香烛，丰盛举祭。

初 五

端午节——亦称端阳节、端阳、端五、重五、重午、女儿节、天中节、蒲节、地腊等等。中国民间最隆重四大传统节日之一。节日起源众说纷纭，主要盖有拜图腾、度夏至、避"恶日"、吊屈原、颂曹娥、迎涛神、缅秋瑾等七说。亦说归纳作四：源自远古夏至天文现象的发现；古干支纪年阴阳合历的理念；古吴越民族龙崇拜；历代缅怀先贤、偶像（屈原、伍子胥、勾践、曹娥、秋瑾、张天师、钟馗等）精神，内以纪念屈原为盛。古楚国爱国诗人屈原，直言进谏，被流放。得知京城被秦攻陷，遂投汨罗江自尽。百姓以其投江之日五月初五，为纪念日，是为节。南朝梁宗懔《荆楚岁时记》云，节日源自屈原投汨罗江之典。唐、宋以降，是日更成盛节，朝廷常节赏百官。屈原故里秭归，端午大于年，每年有三个端午：五月初五称"头端午"，五月十五称"大端午"，五月廿五称"末端午"。另，现代学擘闻一多考，初为吴越民族图腾祭祀节日，后发展为汉族等多民族节日。综言之，其节日精髓，或当称趋吉辟邪。节俗主要有赛龙舟，吃粽子，挂艾叶、菖蒲，喝雄黄酒等。此节盛传不衰。2008年，此节成为国家法定节假日；2009年9月30日，此节以"中国端午节"之称，入选世界人类非物质文化遗产代表作名录。

端阳节——参见"端午节"条。

端阳——参见"端午节"条。

端五——参见"端午节"条。

重五——参见"端午节"条。

重午——参见"端午节"条。

女儿节——参见"端午节"条。

天中节——参见"端午节"条。

蒲节——参见"端午节"条。

地腊——参见"端午节"条。

头端午——参见"端午节"条。

大端午——参见"端午节"条。

末端午——参见"端午节"条。

中国端午节——我国传统端午节之国际称谓。2009年9月30日,"中国端午节"入选世界人类物质文化遗产代表作名录,成为我国首入"世遗"的传统节日。申报中特意将湖北秭归"屈原故里端午习俗"、黄石"西塞神舟会"、湖南汨罗"汨罗江畔端午习俗"、江苏"苏州端午习俗"三省四地之"节流",捆绑"打包",以"独特"其势,俾一举成功。

屈原故里端午——湖北秭归屈原故里民间传统节日。一个"端午"三次过:五月初五小端午,挂菖蒲、艾蒿,饮雄黄酒;五月十五日大端午,龙舟竞渡;五月廿五日末端午,送瘟船,亲友团聚。尤独特者,当地农民自发组织骚坛诗社,届时吟诗唱和,四百余年传承不息。

西塞神舟会——汉族民间传统节日。流行于湖北黄石。旨在祈福、祭祀,人寿年丰。自农历四月初八佛祖诞生之日举行龙舟开光,到五月十五至十八日正式会期,凡四十天,历时之长,为国内端午节所鲜见。活动主要有制作神舟、唱大戏、祭祀、巡游、送神舟下水等。

苏州端午——苏州一带民间传统节日,旨在缅怀春秋时期吴国大夫伍子胥。主要节俗有吃粽子、赛龙舟,挂菖蒲、佩戴香包、贴端午节符剪纸,另还有挂钟馗像驱鬼、喝雄黄酒强身之俗。

汨罗江畔端午——湖南汨罗江一带民间传统节日。一般多从五月初一开始,十五结束,初五尤盛。沿江一带除办盛宴、吃粽子、插艾挂菖、喝雄黄酒、赛龙舟外,还有雕龙头、偷神木、唱赞词、龙舟下水、龙头上红、朝庙、祭龙和祭祀屈原等特殊风俗。其中,由以赛龙舟最受关注。当地民谣道:"宁荒一年田,不输五月船。"

乐山端午节——汉族民间区域性特色传统节日。流行于四川乐山地区。农历五月初五举行。节含赛龙舟、抢鸭子、吃粽子三大俗项。内龙舟赛传承之盛、规模之大、特色之浓,名扬遐迩。岷江、大渡河、青衣江交汇乐山,让其集龙、佛、山、人于一"赛",饱誉"龙舟之乡",绝无仅有。此赛,除纪念屈原外,还曾用以纪念"川主神"李冰和"神勇大将军"赵昱。李冰因修灌县都江堰、凿乐山乌尤离堆等水利,造福川人,被尊为"川主神"。隋眉山郡(治地乐山)太守赵昱,率众疏浚岷江河道,被民间神化为"赵昱斩蛟"的传说,唐太宗追封其为"神勇大将军",敕建龙圣(龙神)祠。北师大版小学五年级下册语文教材,专列《乐山龙舟会》之篇,足见其影响之广。

乐山龙舟会——参见"乐山端午节"条。

津门端午节——汉族民间区域性特色传统节日。流行于天津一带。农历五月初五举行,实从初一开始,初五尤盛,历五天。节前,习惯"躲午":主妇携带孩童往河岸或地边躲灾,回家时须将所带小物件投入水中,意取小人替灾、小口袋装走晦气,俗称"狗咬灾星"。初五,各家妇女将棉花、棉布所缝的小人、小狗、小口袋,藏于孩童身上,并嘱谨存。倘有失,则此孩年内必遭大难。此后四天过节,与他地习俗略同。

建德端午节——汉族民间祭祀白蛇节日。流行于浙江建德一带。农历五月初五举行。相传,白蛇盗得仙草搭救许仙,同时挽救了建德城中遭瘟毒的百姓。却于五月初五,与青蛇同时被法海镇压南北二塔。人们每年此日,纷纷到塔下祭祀,祈继续保佑一方平安。

藏族端午节——亦称端阳节、重午节、蒲节。云南迪庆州中甸等地藏族受汉俗影响而成节日。农历五月初五举行。节俗多异汉族。届时,中甸山青草绿,群芳吐艳,藏族群众趁农暇,身穿艳丽民族服装,或全家,或邀亲朋好友,带着帐篷、炊具、青稞酒、"干巴"等,骑马赶车,前往野外风景优美的林荫下、杜鹃丛或茵茵草地,搭帐篷,燃篝火,支锅架,炒菜做饭。大家席地围坐,相互敬酒、祝福,并以奶渣、牛羊肉干巴、"琵琶肉"等美食佐餐。饭后,老年人说东道西,观山望景;妇女们围成圆圈,手拉手,或手搭肩,在胡琴、笛子、二胡等伴奏下,兴高采烈地跳锅庄舞、弦子舞和热巴舞;青壮男子则开展摔跤、拔河、甩石子等活动。有的地区还举办骑马、射箭等比赛。日落山外,人们兴尽方归。

藏族端阳节——参见"藏族端午节"条。

藏族重午节——参见"藏族端午节"条。

藏族蒲节——参见"藏族端午节"条。

藏族药佛节——地域"端午节"别称。藏族传统节日。流行于青海黄南州等地。农历五月初五举行。节俗殊异汉族。相传,很早以前,当地瘟疫流行,农牧民极大痛苦。天上专司药草的佛爷桑杰曼拉知悉,便于五月初四夜,洒下很多药水,救治人们和各种动物。凡在五月初五晨日出之前,所采各种药草,定有疗效;用露水洗手、洗脸,亦能治病;牛羊吃了这天的露水草,则膘肥体壮。从此,当地藏族群众每逢这天,皆在日出前,用露水洗手洗脸,并在大门上插柳树枝或杨树枝;然后成群结伴,背筐提篮,上山采集各种草药。不少人家,还于初四夜将第二天做饭的水、包饺子的韭菜等,放在院子里,受"佛药"(露水)淋过,次日天亮前端回屋里。靠近河边的人家,便把牛羊赶入河中,扬水净身以防疾病。人们在河中洗澡、游泳,藏语称"七什则",意为戏水。此俗在当地藏族群众中世代相传,至今仍盛。

苗族端午节——亦称过端节。苗族民间传统节日。节期略同汉族端午。流行于湘西及贵州部分苗区。多于农历五月初四(卯日)举行。俗项略异汉族。其特色活动是举行踩鼓舞、唱歌、赶山、游方等。有的在门前挂艾叶、菖蒲、过龙岗草,有的不挂。有的调制雄黄酒,洒在堂屋或厨房阴暗处,以及房前屋后,以驱虫逐疫。普遍包粽子,摆设酒肉,祭祀祖先,还要祭祀五谷神。贵州松桃苗族重视划龙船;黔西北部苗族以跳芦笙为主,把节日当作插秧大忙时的休息日。邀亲友到家做客,杀鸡宰鸭,从田里捞鱼,从市场买肉,热情招待。客人既在主人家用餐，还被主人房族兄弟请去做客、叙谈。云南丘北一带苗族，要杀狗、做麦面饼过节。端午后，往往会下大雨，称"端午水"，盼"端午水"，以润稻田，亦成一俗项。

苗族过端节——参见"苗族端午节"条。

苗家龙舟节——亦称龙船节。苗族民间佳节。流行于贵州台江、施秉交界地清水江沿岸、松桃，及湘西等地。农历五月初五开始，廿七日结束。此节旨在贺插秧成功，祝五谷丰登，并含驱旱求雨、祈子求嗣等义。《龙舟飞歌》词云："划龙船，人兴旺"，"你们给龙一头猪，龙给大家添子孙"。《祭龙舟词》曰："赐给大家添子孙，多像蜜蜂万万千。"划龙船，苗语称"瓮"，或"娄瓮"，意为吃龙肉。宋朱辅《溪蛮丛笑》载，湘江、沅江流域苗族人，古来重视端午节，观龙舟赛历三天。据清乾隆年间徐家干《苗疆闻见录》载，当地苗人以五月廿为端午节，在清水江宽深之处赛龙舟。龙舟以完整树干独木刳成，长五六丈，龙头由七尺长水柳木雕就，上涂金、银、红、绿、白各色，龙尾称"凤尾"。下水前，杀只白公鸡祭神灵，祈佑龙舟安全。三十八名水手扎银扣腰带，戴马尾斗笠，以短桡划动，行速飞快。他们视参赛为光荣神圣事，亲友们纷纷准备礼物，前往江边送行；选手参赛得胜，更是神圣荣光。节间，辅以江畔赛马、斗牛、斗鸟、对歌，以及商贸等活动。夜晚，男女青年对歌、连情择偶。

苗家龙船节——参见"苗家龙舟节"条。

都阳节——亦称端阳节、采药日、采药节。彝语"端"音近"都"，故名。彝族民间娱乐节。流行于四川凉山雷波一带及金沙江沿岸。农历五月初五举行。彝家传说，古时一年天气酷热，彝区病疫流行，人们十分惊恐。江边汉族兄弟知道后，给彝族兄弟送来端午节所采的菖蒲、艾叶等草药及雄黄酒，以驱虫避疫。不几天，彝寨的病人全好了。彝家从此也过端午节。称"采药日"的村寨，人们一早即上山集露、采药。家家户户在门前挂菖蒲和艾叶。孩童用雄黄酒洗脸。男女青年包好粽子，带上酒和坨坨肉，到山间草坪，摔跤、跑马、斗羊、唱歌、跳舞，尽情欢乐。

彝族端阳节——参见"都阳节"条。
彝族采药日——参见"都阳节"条。
彝族采药节——参见"都阳节"条。

壮族端午节——壮族民间传统节日。流行于桂、滇、黔等壮区。农历五月初五举行。节俗丰富多彩。届时，人们用糯米包成卷状，内夹猪肉，煮熟作为节日食品，并将一些投入江中，祭奠诗人英灵。有些地方，这天不吃肉，只吃凉粽，以示对屈原"清孝"；当月不剃头，亦示孝敬。节午，把雄黄酒喷洒房屋四周，以避邪疫。全家老少皆喝一两口，或将其酒涂额头，以消灾。富裕者，还用雄黄酒洗身。有些地区，在门口插艾草、枫叶或茅草等，屋内熬醋液、烧柚子皮等，散发特殊气味，以驱邪。近河壮族，则赛龙舟：用长竹筏作龙舟，七八人一组，在河面"百舸争流"，各组皆奋争，最先达终点，得冠军。两岸观众情绪激昂，为自己的队员加油。壮区最精彩的龙舟竞渡，当推广西宁明县端午。当地神话传，古时蛟龙叫"图额"，雌性，是壮族水神，约当母系时期，因称"白母娘"。此地不吊屈原，而祭白母娘。其《端阳节歌》曰："划船恭敬白母娘，鞭炮地炮响连天。"通常，人们先在室内祭祖先，后换上蓝衣花衣，打扮漂亮，到内灶和祥春两地，举行龙舟竞渡，纪念白母娘——蛟龙图额。现场人拥如潮，姑娘们戴着崭新桐油漆笠帽，来来去去，闪闪发光。十几人共撑一只龙舟，在鞭炮和地炮声中挥动双臂，奋桨争先。两岸圩场生意兴隆，平添节日风采。

布依族端午节——贵州布依族民间传统节日。节期同汉族，农历五月初五举行，俗项殊异。节前，家家包好各色粽子，内有具清热解毒功效的羊耳艾菜粽，助消化、易存放的草灰粽等，皆作为节日主食。镇宁的端午粽，则为纪念布依姑娘妹竹。相传，明末，昏君崇祯横征暴敛，逼得百姓纷纷起而造反。为给造反后生们做能放几天不馊的饭，妹竹迭经试验，发现用楠竹叶包米煮成饭，清香可口，能长期保存，且形状特异。年久，遂成端午节做粽奇俗。节日当天，家家在房门两侧挂菖蒲、艾叶，将雄黄、菖蒲、艾叶、三角枫等药材，装香袋，系胸前，以避邪祛病。人们都喝雄黄、大蒜、姜、葱泡成的雄黄酒，或吃雄黄酒泡过的大蒜，以防痢疾等病。另，还用雄黄酒喷洒房屋四周，或在墙角灶边撒一些雄黄粉，以防蛇、鼠、蚊子和臭虫。荔波县城关一带，还要进行爬山、梭草马、赛龙舟、抢鸭子、夺彩球等多种传统竞技活动。

壮族药王节——亦称药师节。壮族民间传统节日。农历五月初五举行。壮家传说，药王乃壮医药神，发现药草，为人治病，向众人传授种药、采药、治病知识。昔时，壮区较大村寨皆有药王庙，每逢端午皆祭祀药王，并行采药防病活动。桂北一带，人们于此日上山采回乌桕、田基黄、葫芦茶、元宝草等草药，煮水洗澡，使皮肤光洁，不生疥疮。靖西县则在这天开设药市，专卖各种草药，购销两旺。传说此日之药有特效。另外，家家还包三角粽，在屋里熬醋液，烧柚子皮，在门边插艾草，以驱邪逐疫。

壮族药师节——参见"壮族药王节"条。

壮族爱猴节——壮族民间农祀节日。流行于广西靖西县岳圩乡怀汉村等地。农历五月初五举行。届时，家家派人带着南瓜、李果、芭蕉和煮熟玉米棒等果品食物，摆放深山野岭，或弄场上，旋匿藏石旮旯里，只等成群结队的猴子会聚，眼看它们一只只吃足嚼饱，活蹦乱跳地将大南瓜搬进山洞里之后，才悄然离开。相传，宋朝壮家首领侬智高率众起义。一次，义军被困山上，靠挖草根、剥树皮充饥。五月五清晨，忽有上万计猴子抱着一只只大南瓜，自悬崖峭壁而降，义军因此得救，人们立节报偿。

壮族鸡得节——壮族民间传统节日。农历五月初五举行。"鸡得"，壮语本意小公鸡，此谓"小孩节"。流行于广西德保、靖西、那坡县一带。节前几天，外婆家要送一只两斤来重小公鸡、一篮糯米给外孙。节日当天，父母一早便为孩子当"鸡得"，蒸好五色糯饭。晌午，孩子们邀集几个年纪相仿小伙伴回家，爬上小楼阁聚会，或去野外聚餐。野餐后，他们各自拿出自己带来的水果一起吃、玩，太阳落山才回家。

壮家小孩节——参见"壮族鸡得节"条。

朝鲜族重五节——亦称端午节。东北朝鲜族聚居区民间节日。节期同汉族，俗项有异。节日出前，人们便相约到野外采集艾蒿,编辫阴干,备日后做药或薰蚊驱虫用。节日的重要内容是用蒸熟糯米或黏黄米,捶打制作传统食品打糕。做打糕有专门的木槽或石槽,用打糕锤在里面捶打,打得软黏适度,然后切成小块,滚上豆沙,或油煎加糖,或直接蘸糖与蜜,吃来非常可口。民间体育活动主要是荡秋千、跳跳板和摔跤。前两项主要是青年女子参加,摔跤则是小伙子大显身手项目。跳跳板长五米许,架于三十厘米的高木架,两娱乐者各站木板一端,轮流起跳,互相弹起,跳得越高,表演的花样越多,越受赞扬。朝鲜族摔跤独具特色,摔法有两种:一是摔跤手双方的右腿各套一条布带,带的一端系于对方手腕。布带多为彩色。开始摔时,互搂腰部,以摔倒对方次数多少定胜负。另一种是摔跤手各备一条麻布或白布带,带长三米许,约九十厘米围系腰部,其余部分宽松缠于右大腿上。腰间再系一条五米长的带子。比赛时右膝着地,左膝弯曲,双方各用右手抓住对方腰带,用左手抓住对方腿绳(缠右大腿那圈带子)。裁判吹哨,引领双方开赛。一般是三战两胜定胜负。摔跤场上,无论摔跤手或观众,均可参赛,类似打擂台,很吸引人。节晨,母亲要为婴儿手腕系绿线,俗称"系长命缕"。儿童戴丝绸等料做的香囊,以避灾祛病。有的人家,还给猫的脖子拴绿线,以避免猫往家里叼蛇。普遍在门窗插桃枝、艾草,以消灾避邪。昔时,家家要在门楣和窗框上,挂黄布做的猴子,以避兵祸。以猴为避灾吉祥物,源远流长。当地笃信,《西游记》中孙悟空受封"弼马温",即"避马瘟"谐音。

朝鲜族端午节——参见"朝鲜族重五节"条。

满族端午节——亦称五月节,族称"托波叶能叶"。东北满族聚居区民间祈福禳灾日。农历五月初五举行。节期同汉族端午,节俗略异。传说,某年五月五日,天帝派一使臣下凡视察民情,扮成卖油郎,边走边吆喝:"一葫芦半斤,三葫芦一斤。"大家争前恐后抢着买。唯独一个老人不买,并告诉卖油郎:"掌柜的,你算错账了。一葫芦半斤,三葫芦怎么才一斤呀?"旁边买油人都斥老人多管闲事。老人提着空葫芦离开。卖油郎卖完油,便去找那个老人,告诉他:"你是个好心肠人,五月初五夜,瘟神要降瘟灾,你在门檐插上艾蒿,即可躲过此灾。"卖油郎一走,老人便挨家逐户告诉所有人。到时,众人都在门檐插上艾蒿,躲过了一场瘟灾。此举久而成俗。另传,清初宁古塔呱拉佳氏,有个青年叫唐阿里,上山打猎时,从虎口中救出一老人。老人感激不尽,便以小女年息相许。唐阿里和年息成婚后,相亲相爱,美满幸福。不料,火神看中年息美貌,企图霸占,年息宁死不从,于五月五日被火神活活烧死,骨灰飘撒山间野岭。翌年,满山开遍红花,人们取名为"年息花"。从此,每逢此日,人们都成群结队上山,用年息花上的露水洗眼,以驱各种眼疾。每逢端午节,满族家家户户都在门檐下插上艾蒿,小孩手膊、脚脖上缠五彩线,还扎把门猴。照例到野外踏露水,用露水洗眼睛、洗脸和洗头,以防生疮疖、闹眼病。有的人,还摘年息花带回家,治气管炎。另,节日吃黏饽饽或饺子,有的家庭还制作萨其玛。

托波叶能叶——参见"满族端午节"条。

满族五月节——参见"满族端午节"条。

满族重五日——满族民间祭祀性娱

乐节日。流行东北满族聚居区。农历五月初五举行。初举祭祀,后演变为文体娱乐。据考,此节源自古代渔猎生产活动。古时生产力低下,工具简陋,猎民们为了生存,须练就一手射猎本领。射猎因而成生活、生产必备技能,并入祭祀神灵仪式。先民进入农耕后,射猎已非谋生主要手段,而射猎入祭仪之俗却传承下来。重五日"射柳"活动即其遗风。金代,每逢重五,人们都聚集校场,祭祀天神。行拜天礼后,进行射柳活动,先在校场插两排高离地面数寸的柳枝,然后据射手地位尊卑组成队列,射手们将手帕或布条系上柳枝做标志。开赛,一骑手驰马引导,众射手英姿飒爽随后入场,陆续搭箭拉弓,瞄准柳枝射击。射断柳枝,并骑马接住者,为最佳;只射断柳枝,而未能骑马接住者次之;两者均不能者,居劣。观众为射手们鼓劲加油,击鼓助兴。场面极为热烈。至清乾隆时,此俗仍盛。当时春天,皇帝都亲自以射柳形式,检阅王公大臣的射技。民间因之广为流行。相传,在辽宁岫岩城南有一文昌阁(今已废),当时每到春天,人们都云集那里祭祀天神,之后便举行规模盛大的射箭折柳等娱乐活动。此俗已泯。

通道侗家端午——俗称"祖婆节"。湖南通道侗族民间特色端午。节期同汉族。与"大歌""红色文化"合称"侗族三宝"。此节旨在祭祀"萨岁"。萨岁传为创立村寨的始祖母,侗族至高神灵。萨岁崇拜,乃侗族母系氏族遗风。节前一天,家家上山采摘新鲜箬竹、田边菊、八角枫、车前草、马鞭草等草药,将新鲜箬竹用山泉洗净、煮开,用稻草灰泡水过滤,将糯米放入过滤后的草灰水中浸泡。糯米发胀,加煮过的黄栀子水上色,搅拌均匀。捆粽绳子用烤至卷曲的蒲葵叶或稻草,确保原料原汁原味。至此,方可包粽子。粽子须放入干萝卜、田边菊、八角枫、车前草、马鞭草煮的药水,煮够十二小时,待次日清晨取出祭祀。包祭祖粽,讲究殊多:采箬竹叫"采祖母的新衣",洗箬竹叫"给祖母洗新衣",包粽子叫"给老祖母穿衣",五月五前下雨叫"下洗衣水"。包粽子的稻草称"黄腰带",蒲葵叶称"绿腰带""蓝腰带",煮粽子称给"老祖母洗澡",烧大火时称"烧老火",取粽子称"请老祖母上楼"。粽子先由家中最年长的女性在楼上包,男人、孩童禁入。即使家庭最年老的祖婆亦须站着包。祖婆先包两个对背粽,旋包三个三角粽,包完方可落座。媳妇须一直站着包,以示尊重老祖母。初五,凌晨下田里捉"水中人参"泥鳅开斋,竟日全村老少盛装举祭,各将自家对背粽四个一扎、三角粽七个一扎,与泥鳅一起,供奉萨岁。另,用竹篮装相同粽子,放入香、烛、纸钱,赶往村中萨坛祭拜萨岁,由村中最年长的"公"或"萨"(爷爷、奶奶),不用酒而用茶领祭。此外,节俗还有采药、吃百宝菜,以及洗药浴,等等。端午古俗,千年赓续未辍,熠熠生辉。

祖婆节——参见"通道侗家端午"条。

白族端午节——云南大理白族民间传统节日。节期同汉族端午,而俗项略异。届时,人们亦吃粽子、饮雄黄酒,在门上悬挂艾虎,以五色线为续命缕,缠于小孩手腕上。洱海凤翔一带,人们以蒲草为剑,插门上。童帽上缝一彩布所做小虎,以驱邪;还给童腕缠五色线,称"续命缕"。人们还采集艾叶扎成"艾人",辟邪气。采药较普遍。当地传说,这天乃药王赐药之日,所采之药,药效甚灵,乃至猎获鸟兽,亦可入药。人们早起去田间,割回带着露水的艾草，挖马蹄香，还到处打鸟雀，捉野兽，拿回家贮藏，准备制药。另传，端午种树栽花、移花接木，成活率高。人们便都争着在这天种花果树木，美化环境。

土家族端午节——亦称端阳节、天中节。土家族民间传统节日。流行于湘西、鄂西等地。一节分三：于农历五月初五过"头端阳"，十五过"大端阳"，二十五过"末端阳"。三节中，仅在"头端阳"悬挂艾蒿、菖蒲。节日起源多称缅怀屈原，亦为驱邪避瘟。谚云"清明插柳，端午插艾"，家家采挂艾蒿、菖蒲，避五毒（蝎子、蜈蚣、蛇虺、蜂、蛾）。有些地方，节期系因姓氏不同而各有先后。相传，此与古时民族迁徙有关。土家古代民间诗歌《梯玛神歌》记述，土家先民系由常德一带沿沅水、酉水上溯而来。各姓氏使用船只木料不相同，有的质地坚硬，有的质地疏松，便于端午节前后，先后到达目的地，过端午节就有先有后，沿袭成俗。其他节俗，如全家团圆吃粽子，出嫁姑娘由娘家接回，探亲访友等等，大同小异。

土家族端阳节——参见"土家族端午节"条。

土家族天中节——参见"土家族端午节"条。

土家族头端阳——参见"土家族端午节"条。

土家族大端阳——参见"土家族端午节"条。

土家族末端阳——参见"土家族端午节"条。

哈尼族端午节——哈尼族民间传统节日。流行于云南红河一带。节期同汉族，俗项有异。届时，各家做糯米粑，献月而食。有些地方，借节过"磨秋节""牛纳节"等，娱乐气氛更浓。

傣族端午节——族称"粽包节"。傣族民间独特欢愉节日。农历五月初五举行。届时，未婚青年男女格外活跃，纷纷身着盛装，在村边树下围成一圈，对唱情歌。小伙把粽包掷给自己看中的姑娘，姑娘有意，便拾起粽包，双双去附近僻静处谈情说爱。傣族过节，普遍包粽子，部分傣区亦赛龙舟，但皆不涉汉族端午节的起源。

傣家粽包节——参见"傣族端午节"条。

黎族端午节——海南黎族民间传统节日。节期同汉族端午。节俗有异。节晨，各家各户杀猪宰鸡，包糯米酮酿肉粽，既待客，又送亲友。有的地区，节午全家下河洗澡，称洗"龙水澡"，以保一年平平安安、无病无灾。此日，人们不干活，诸如外出放牛或去河里挑水，都不吉利。

傈僳族端午节——傈僳族民间传统节日。流行于云南丽江及怒江州。受汉族节日文化影响，农历五月初五举行。节俗略异。届时，各家纷纷挖过山龙、革山消、荷色山桂花等草药泡酒喝。傈僳人认为，除已知毒草外，此日山上任何一种花草都有药性，皆可泡酒，对人有益，此日吃药酒，一年少病痛。另，各家还要吃蜂糖，意寓五谷丰收、生活甜蜜。

畲家五月节——福建畲族端午节。多于农历五月初五举行。顺昌等地畲族，自称"山哈"，意为山里的客人，依山而居，包芦苇粽过端午之俗，赓续千百年。节前夕，人们将糯米浸泡在用黄碱柴烧成灰后再用开水过滤碱灰而形成的特别碱水中。节晨，人们即上山采摘芦苇叶、砍黄碱柴，准备包粽子。畲族粽有芦苇粽、枕头粽、五节粽多种，不像汉族裹成三角锥形，而是包成枕头管状，再用龙草捆扎长条状，分成五节，寓意五月端午。此粽清香扑鼻、软糯香甜，独具风味。当地传，芦苇粽源自畲家人与明开国皇帝朱元璋的一段宿怨。被皇帝下旨追杀的畲家人，逃入深山老林避难。端午节，他们不敢下山采大竹叶包粽子。一族长便改用山上随处可采的芦苇叶，包成圆圆长长的芦苇粽，用于上供祭祖，并祭奠被诛族人宗亲。畲民们纷纷仿效，延续至今。

山哈端午节——参见"畲家五月节"条。

拉祜族端午节——亦称植树节。拉祜族民间传统植树、护树节。流行于云南南部。农历五月初五举行。届时，大多数拉祜村寨皆举行植树种竹活动。据传，端午是撒地里的苞谷种子脱壳破土之日，此日种树，即使将树枝倒插地里，也能成活。各家各户照例在村旁寨边或房前屋后，种植树木、芭蕉、竹子等，严禁在这天砍伐任何树木，就连烧火做饭用的柴草，也不准砍伐，以示尊敬"树神"。有些拉祜人，还在这天备办酒肉，宴请亲朋。

拉祜族植树节——参见"拉祜族端午节"条。

纳西族端午节——亦称端阳节。云南纳西族民间传统节日。农历五月初五举行。节晨，家家早起煮糖枣糯米饭。饭后，小孩出门之前都要喝雄黄酒，以祛病消灾。户户门前插蒿叶、菖蒲和麦穗，以祈神佑宅安。长辈要给十五岁以下男孩和女孩子手腕上绕五色棉线，称"续命线"。传说，十五岁是人生命的一道坎，短寿者常在此年或此前早夭。戴"续命线"可度此厄关。男孩绕左腕，女孩绕右腕，不可弄错，否则失效。"续命线"戴月余，直至六月廿七日火把节最后一天，方可解下烧掉。节间，人们习惯赶药品集市，大小药摊无数，所卖除一般中草药外，不乏名贵药材。

纳西族端阳节——参见"纳西族端午节"条。

土族端午节——亦称重午、端五、端阳、蒲节。土族民间节日。流行于青海黄南州同仁等地。多于农历五月初五举行，历三至五天。节俗有异。届时，男女老少着民族服装，相互邀约，带上白面馍、长面条、凉粉等食品，纷纷前往草滩或树林，观花赏景或游玩、歌舞；孩子们戴上香包、艾叶，做各种游戏，亲友相互馈赠面馍，然后一起野餐。男青年"抢"姑娘们做的香包。老人们为串亲访友小孩的脖子、手脚腕上缠五彩丝线环，在耳朵、鼻子上抹几滴点雄黄酒，以祈毒虫不伤、百病离身。各家各户摘些柳枝，插在大门、房门和庄稼地里，象征禾苗茁壮，五谷丰收。在民和县峡门集滩、东沟柳巷一带，还举行花儿会。高亢嘹亮、节奏奔放的花儿声此起彼落，连绵不断。同仁土族认为，端午节这几天，降雨主吉利。

土族重午——参见"土族端午节"条。
土族端五——参见"土族端午节"条。
土族端阳——参见"土族端午节"条。
土族蒲节——参见"土族端午节"条。

达斡尔族端午节——达斡尔族民间传统节日。流行于内蒙古、东北达斡尔族村寨。节期同汉族端午，俗项有异。节晨，人们纷纷早起，趁露水未干，到野外草地，双手沾露水洗擦面颊，并采艾蒿插帽子、夹耳朵或别衣服上，以驱虫祛病，还要带些艾蒿回家，晾干备用。不少人则去江河沐浴，洗去冬季污垢。中午，各家各户吃肉馅饼、饺子或饸饹。饸饹用荞麦面做成，达斡尔美食，族称达勒巴达。达勒是牛肩胛骨，巴达是面条。传统做饸饹，离不开牛肩胛骨，即在牛肩胛骨上凿一些黄豆大眼儿，将和好的荞麦面团贴放骨上，用手使劲压，荞面从眼儿里压成条状，漏下来。下锅煮熟，加上佐料，很受青睐。现在，已有压饸饹工具，安装锅台，却仍保留"达勒巴达"名称。吃饸饹最好的调味汤，用野禽熬制。午饭后，妇女们搭帮结伴，挎筐提篮，到江河之畔采集野菜"坤必乐"。青少年们则进行曲棍球比赛。

仫佬族端午节——仫佬族民间传统节日。流行于广西罗城一带。农历五月初五举行。节俗略同汉、壮族。届时，家家门口插上艾草或茅草。一早即开始包糯米粽子，内夹猪肉，以为主要节食，并以祭祀祖先。中餐时，每人喝几口雄黄酒，另用雄黄酒喷洒房屋，避邪消灾。仫佬村寨用纸扎成一条大纸船，集体请来师公，身穿道服，领二人抬着纸船，在田边插"令"字三角彩旗，巡游全村各家田间，边走边念诵经词，内容为驱赶害虫。游完田峒，将纸船放在河边烧，将烧完时扔进河中。据传，这样可赶跑虫子，保佑禾苗茁壮成长、获得丰收。此日，亦乃银姓仫佬人敬祭真武神之节，称"祭真武"。家家户户杀鸡宰鸭，进真武庙祭拜，从早到晚，香火不断。

仫佬族祭真武——参见"仫佬族端午节"条。

羌族端午节——四川阿坝羌族民间传统节日。节期同汉族，俗项有异。届时，男女老幼皆饮雄黄酒，并将其洒些在窗边屋角，以防蚊蝇、草虫、蛇蝎，以及邪秽之气进入，保佑家人安然无恙。羌族地区多为高寒山地，不产糯米，过端午不吃粽子。妇女们多用彩布和笋壳做成粽子香包，内装艾草、香节、菖蒲，外用五色丝线编饰。她们把粽子形香包佩挂孩子身上，既作装饰，又驱邪辟疫。有的人家把香包缝上婴孩衣帽，或在其臂腕束五色丝线，以辟灾消难，保佑孩子长命百岁。此日，男女老幼凡能走动者，都尽可能到山上踏青踏露。俗信认为，踏了端午露，强身又健骨。这天所采艾、菖蒲及其他草药，药性最好。通行由有经验妇女给小女孩穿耳戴坠，先用花椒麻耳，再用花椒刺穿耳垂，洒上雄黄酒，然后戴上耳坠。另，各寨还要杀鸡会祀寨边塔子，每户自带两根有五彩纸条的木杆，蘸上鸡血，其一插在地里，另一插自家房顶小塔子上。

布朗族端午节——布朗族民间传统节日。流行于云南保山施甸一带。节期同汉族端午，农历五月初五举行。届时，由村中德高望重老人戴斗笠、披蓑衣、执杨柳槐树枝或黄泡树枝"游村"，逐家扫一下门庭，祝福主家洁净、平安。主家向老人身上泼洒清水，称"洗牛脚"。游毕，村老和头人把羊牵往村外大树下宰杀，每户捐米一碗，共进羊肉稀饭，以示举寨吉祥平安。

毛南族端午节——广西毛南族民间传统节日。节期同汉族，农历五月初五举行。节俗略异。届时，各家都在大门旁插上枫树枝，以驱邪气。上午，男子全部上山采草药。传说，端午采回的草药，可防病除瘟，药效特高。妇女在家做糍粑，先把米磨成浆，加上山里采回叫"狗屁藤"的草，下锅煮熟吃。除吃糍粑，亦吃粽子，还要饮一杯雄黄酒，以防百病。另，还用草药煮水，给孩童洗澡,确保其不生疮长癞。有的村寨,用草药煮蛇肉吃,更称珍贵补品。

阿昌族端午节——阿昌族民间传统节日。主要流行于云南梁河、腾冲、潞西、云龙、龙陵、陇川等地阿昌村寨。节期同汉族端午。俗项受汉族影响,略异。除孩童戴香包、成人喝雄黄酒外,主要内容是吃粽子。粽子有三角粽、双粽、枕头粽、圆粽及大肉粽等。

普米族端阳节——普米族民间传统节日。流行于云南宁蒗县、维西县一带。农历五月初五举行。节期同汉族,节俗略异。节前,家家户户上山挖虫草、三七、贝母等名贵药材,用其浸泡药酒,大人小孩均喝,以祛寒、防蛇虫之毒,全面健身。节晨,成人们忙着杀鸡宰猪,准备各种菜肴。小孩们则穿着新衣裳,成群结队上山采来各种鲜花,点缀自家庭院,既插房前屋后、院里院外,连猪、牛、马圈也不例外。插花毕,一家人围坐锅庄,闻着花香,喝着药酒,品尝鲜美节食,其乐融融。

鄂温克族五月初五——东北鄂温克族山乡民间传统节日。农历五月初五举行。节俗受周边汉族影响,俗项略同。

京族端午节——京族民间传统节日。流行于广西东兴巫头、山心、沥尾三岛等地。节期同汉族端午。俗项受汉族影响,略异。祭祀活动,主要是祭祖。其余则是吃糯米饭、饮雄黄酒、门楣插艾叶辟邪等等。

鄂伦春族端午节——鄂伦春族民间节日。流行于我国东北大小兴安岭鄂伦春族村寨。受汉族影响,节期同汉族端午,俗项略异。节晨,人们成群结队,到林子里采撷带着露水的艾蒿、野花、桦树枝等,挂或放于自家门窗上。他们认为,花草上的露水,可以治病、驱邪。

五月端阳浪山节——保安族民间节日。农历五月初五举行。流行于甘肃积石山县等地保安村寨。保安自青海迁徙至此后,受周边各族影响,形成此节。届时,村寨男女老幼带上油、肉、帐篷,骑马、赶车到黄河畔、山溪边、草坡上,歌舞、叙谈、野餐,尽情欢乐一天,俗称"浪山"。

香港端午——香港地区民间传统节日。节俗略同内地。当地称"划龙舟"为"扒龙舟"。多个区域,特别是仍有艇家生活之香港仔、西贡、长洲、大澳、南丫岛、屯门、沙田城门河、大浦海滨公园等,年年例行龙舟竞渡。内大澳还独创"游涌"活动:乡民划一龙舟,后拖一艘上载神像的"神艇",巡游水道间,沿途焚烧宝烛,棚屋居民则朝其拜祭祈福。此举已历百余年,2011年跻身第三批国家非物质文化遗产名录。赤柱龙舟赛,更以规模浩大著称,常有一二百支队伍参赛,一二十万之众参与。港味粽子则以嘉湖粽、辣酱粽、药膳粽等较著名。

香港划龙舟——参见"香港端午"条。
香港扒龙舟——参见"香港端午"条。

尖扎嘛呢节——亦作"尖扎嘛尼节",简称"嘛呢节"。青海藏族史上著名三大庙会节日之一。流行于化隆、尖扎、同仁、循化、乐都等地藏族聚居区。农历五月初五,聚集化隆县昂思多举行。此节历史悠久,既是宗教节日,又是物资交流盛会。届时,周围十数县各族群众,特别是藏族群众,男女老少皆着节日盛装,带着香烛、纸钱、供品和农副土特产品,骑马赶车,涌聚昂思多。活动场所的帐篷、摊位鳞次栉比,锣鼓喧天,彩旗飘扬,人欢马嘶。人们一边燃灯焚香,念经祈祷,纪念宗喀巴大师的经师切吉当周仁宝且;一边放开歌喉,尽情欢唱山歌。间隙之际,各族群众进行物资交流,琳琅满目的高、中档商品和民族特需商品,任人选购。相传,六百年前,切吉当周仁宝且外出,路经尖扎,住数日,向当地藏族群众传播佛教,临别在昂思多边,置一水转嘛呢,并将一个手转嘛呢留给当地一个藏族群众。从此,藏族群众为纪念大师传播佛教,弘扬佛法,年年这天集会念嘛呢经,久而成节。

嘛呢节——参见"尖扎嘛呢节"条。

尖扎嘛尼节——参见"尖扎嘛呢节"条。

谢蚕神——亦称端午谢蚕花。汉族蚕农传统节日。流行于浙江湖州一带。农历五月初五举行。届时,蚕户们皆备猪头、肋条肉、香烛、纸绽等祭品,大谢、大祭蚕神,既谢恩,亦祈蚕茧丰收。姑娘们则习惯去溪边嬉戏,憧憬丰年。

端午谢蚕花——参见"谢蚕神"条。

瑶族洗澡节——自称"布努"的瑶族支系民间健身益寿节日。流行广西忻城、上林、大化、马山、都安等地。农历五月初五举行。主要节俗为用"百草药"洗澡。相传,有位瑶族老人从十五岁始,每年此日洗一次百草药水澡,活了一百三十九岁。欢度此节,一为纪念这位老寿星,二为求自己身体健康。节晨,各户派人上山采集各种植物的根、茎、叶、皮、花、果,并混合一起,称"百草药"。采回洗净晾干,约下午五时,由家中年长者将其剁成小节,放大锅煮熬。煮好将渣捞出,药水加入适当食盐,待水温下降到适度,全家从老到少,依次舀百草药水洗澡。洗药澡后两天内,禁用清水洗澡,否则无强体质、祛百病之效。

锡伯族端午节——亦称五月初五、锡伯泼水节。族谓"泼落勒依能厄",即泼水的日子之意,另译"孙扎别义伊车孙扎"或"孙扎拜义车孙扎",即五月初五之意。锡伯族民间传统节日。农历五月初五举行。节前半月,老人给孩童背上挂布猴,至节天投入河中。节日当天,各家门口挂艾草、喝雄黄酒辟邪。一清早,老人给孩童耳朵里塞艾叶,以防虫子侵入;孩童们则拿盆,互相追逐泼水;青年们给老人象征性泼些水,以消灾祛病。之后,众人并纷纷郊游。其间,穿插举行叼羊、赛马、射箭、摔跤等娱乐活动。节夜,每家在自家院里烧纸钱,祭祀祖先。

锡伯族五月初五——参见"锡伯族端午节"条。

锡伯族泼水节——参见"锡伯族端午节"条。

泼落勒依能厄——参见"锡伯族端午节"条。

孙扎别义伊车孙扎——参见"锡伯族端午节"条。

孙扎拜义车孙扎——参见"锡伯族端午节"条。

锡伯族敬树神——锡伯族民间信仰节。农历五月初五举行。锡伯人认为,大树能保护庄稼和人畜,虔诚敬奉其为"神树",孤树尤然。相传,古时人间横遭特大蝗灾,惊恐无助。此时,所有大树树叶突然破裂,变作无数"坎肩儿鸟",剪灭蝗虫,保住了庄稼,旋飞回树枝,还原树叶。从此,人们即于农历五月初五,焚香、供食品，把彩色布条系于树枝，祭树神。

布朗族洗牛脚——布朗族民间传统节日。流行于云南施甸。农历五月初五举行。节前，由村老和头人将红纸裹着香烛，逐一插在村寨各户厅堂前。节日当天，村老和头人牵着一头羊，在各户门前插上纸制红幡，后用杨柳枝、桃树枝、黄泡树枝扎成的一笞帚，为各户洒扫门庭，祝主人清洁平安。主人们则要事先准备一瓢冷水，泼在戴着雨帽和蓑衣的村老和头人身上，表示洗去牛脚迹。全村走遍后，村老和头人便将羊只牵至村外大树下宰杀，每户由一家长带米一碗，众人一起煮羊肉稀饭会餐。餐毕，祈祷诸神灵保佑人畜平安。

牛纳纳——亦称莫埃纳，意为牛歇气、牛歇息。云南哈尼族民间传统农祀节日。农历五月初五举行。时值春耕已毕，人们感谢劳苦功高的耕牛，因过此节。届时，家家户户用紫泽兰草熬水，煮糯米饭，并用此紫色饭祭祖敬神。节晨，人们先用紫水洗脸擦身，以洗一春疲惫，后换洗一套干净衣服，以洗掉插秧期间放纵唱情歌的习气。祭祖时，人们将一只公鸡和一碗紫色糯米饭作为祭品，置香案上。祭毕，便以鸡肉、肉汤和糯米饭喂牛，意寓春耕结束，耕牛将上山吃草。

莫埃纳——参见"牛纳纳"条。
牛歇气——参见"牛纳纳"条。
牛歇息——参见"牛纳纳"条。

苗族祭干龙——族谓"兹离"。苗族民间祭祀节日。流行于云南华宁一带。农历五月初五举行。节前，各村寨于村子附近，选定一棵枝叶茂密大树作为"干龙"，每户出资买一只山羊，作为祭品。届时，每户一人，聚集大树下。树脚围一根粗草绳，上插木制尖刀；接着宰羊取角，系绳上，以热乎乎的羊血、酒、饭各一碗，供树下。参祭者，皆面大树叩拜，祈龙爷保佑人间太平，不下冰雹伤害庄稼、牲畜和房屋。祈毕，就地将羊煮熟，每户分给一碗，其余由参祭人食用。人们饮酒作乐，唱歌跳舞，至黄昏才散场离去。

兹离——参见"苗族祭干龙"条。

王龙赶祭——布依族民间纪念、祭祀节日。流行于贵州独山县上司、下司、麻尾一带。农历五月初五，于当地龙王井举行。相传，上古时王龙村有口龙王井，常饮其水能除百病。因此，人们奉若神灵，常带香烛纸钱到井边祭供，另用水沐浴以健身，久而形成"赶祭"之俗。清末，布依族后生杨保元聚义反清，借"赶祭"之机向群众宣传鼓动。一次，人们借"赶祭"挑着粮肉，到王龙村扶宁坡慰问义军，被清兵围困，切断水源。危急时刻，杨保元的坐骑扬蹄刨出了一眼泉水，解了人们缺水之危。后来，杨保元兵败就义。人们为纪念他，将龙王井改名"马刨井"，把"赶龙神"改为祭祀民族英雄。节晨，人们带上能避邪驱虫的雄黄酒及粽粑、大蒜、艾草等，三五成群赶往扶宁坡。途中，人人都要唱一首纪念英烈的颂歌，先到者须取出所带之物，摆供于井坝。另，还要往水中丢放银毫锡币，无银毫锡币者，以三片艾叶代之，旋再唱一首颂歌示敬。然后，喝上几口刨井水，在小溪边洗脸洗脚，换上新袜子。最后来到坡上对歌，内容多是歌颂杨保元及缅怀英雄的。哪位歌手唱得好，听众就请他共吃粽粑，共饮雄黄酒。

普米族转山节——亦称转山会、转念堂、绕岩洞。普米族民间传统节日。流行于云南宁蒗、兰坪一带。节期因地有异，农历五月初五、七月十五（或廿五）日、十月某日，历一两天。届时，人们请巫师到家中念经，供上祭品祭祖，后到狮子山拜干木女神，祭品有水、牛奶和美酒。在寨中长者主持下，对着干木女神再三叩头。祭毕，举行射弩、摔跤等文体活动。其间，老幼都要喝几口用菖蒲、雄黄所泡药酒，出外可防蛇虫叮咬，还要吃蜂蜜粑粑。男女老少照例去山上瀑布洗澡沐浴。青年们随后则沿着狮子山游玩，进山洞中烧香、聚餐，点燃野杜鹃树枝，用烟熏去洞里的不祥。他们还趁机进行社交活动，结识伴侣。男人将携带糖果赠对方，女人们则赠以甜酒瓜果。来去沿途，不论遇到的是熟人与否，都要热情祝愿问好。下山时，众人唱着山歌，从另外一条路转回，不能走原路。入夜，老人们聚集村头，向自己从山中折来的一松树枝或栗树枝，烧香叩头，祈求寨中这一年粮食丰收。

普米族转山会——参见"普米族转山节"条。

普米族转念堂——参见"普米族转山节"条。

普米族绕岩洞——参见"普米族转山节"条。

彝族赛马节——彝族民间传统健身娱乐节日。流行于贵州威宁、赫章一带。农历五月初五，于百草坪举行。赛马节规模盛大，多达数万人。相传，清初吴三桂镇压彝族等少数民族，流散各地的彝族同胞经常聚会百草坪，后逐渐形成赛马节。届时，各地彝家身着节日盛装，聚集百草坪。青年人弹月琴、吹唢呐，围成圆圈载歌载舞。老年人席地而坐，举杯畅饮。情人们上山坡对答情歌，互诉衷肠。商贩们则摆摊设点，叫卖烟酒零食，南北杂货。满山遍野的马匹嘶鸣，给节日百草坪别添浓浓乡情。主要活动赛马，通常在响午时分举行。人们在草坪上用红旗圈成环形赛马场。参赛骑手从各地赶来，多是小伙，亦有姑娘中的佼佼者。骑手们扬鞭策马，你追我赶。场外数万观众呐喊助威，欢声雷动，场面十分热烈壮观。当晚，舍不得离去的小伙、姑娘们，在草坪燃起篝火，对唱"排歌"，常通宵达旦。

百草坪赛马节——参见"彝族赛马节"条。

大方跳花节——苗族民间传统节日。流行于贵州大方一带。农历五月初五举行。主要内容为男女青年社交。男女老少积极参加，为他们助兴，花场常拥数万人。男女自由相恋后，相约跳花节，当众定亲，相认亲戚。届时，小伙子们从含情脉脉的姑娘身上解下肩带，然后给姑娘腰间系上青围腰；姑娘则送给小伙一条精心绣刺的腰带，皆作定情之物。定亲仪式结束，姑娘便拉着小伙走向人群，寻找双方亲友"认亲戚"。这时，小伙会慷慨解囊，将酒和"发粑"（一种食品）赠送亲戚。亲戚们互赞小伙、姑娘出色才貌，亲事即告认定。花场还有观花、斗鸟、赛马等活动。树上挂着许多鸟笼，各种鸟雀唧喳鸣叫，观赏者层层围观。斗鸟、赛马都最受欢迎。胜者挂上条红绸彩带，并被引为寨子骄傲。傍晚，跳花活动结束，人们尽兴而归。

彝族杨梅会——亦称杨梅街节、杨梅街跳歌节，简称"杨梅街"。彝族民间青年男女娱乐社交节日。流行于云南部分彝区。节期因地有异，南涧及峨山高鲁山一带于农历五月初五，楚雄则在六月初一，楚雄小黑箐梁子一带于六月内择日。时值满山杨梅成熟,人们聚会山上,采摘熟透杨梅,故名。节间,山坡、树丛到处欢歌笑语。喜欢唱歌者,更在山坡摆起歌台,互相对歌。小伙子和姑娘是节日的中心。他们竞着节日盛装,小伙吹起芦笙、竹笛或弹起琴弦,众围圆圈,尽情跳舞,常通宵达旦。不少小伙、姑娘在对歌中喜结良缘。如今,节增物资交流新内容,人们趁着街节,交易各种土特产品,繁荣民族地区经济。

杨梅街节——参见"彝族杨梅会"条。

杨梅街跳歌节——参见"彝族杨梅会"条。

杨梅街——参见"彝族杨梅会"条。

苗族杨梅节——苗族民间青年男女娱乐社交节日。流行于贵州黎平及广西三江。农历五月初五举行,持续半月。当地盛产杨梅,时值杨梅成熟,故名。节日来临,男女青年选择杨梅树多的山坡,去采摘杨梅,边采边唱歌,抒发爱情,如"杨梅杨,杨梅落地满地黄。正月开花五月吃,采摘杨梅会姑娘","杨梅多,五月杨梅红满坡,妹捡杨梅哥摇树,边吃杨梅边唱歌"。真是满山杨梅满山歌。他们还下田捞鱼虾,集中会餐。

福州大帝诞——亦名瘟鬼诞。汉族民间宗教节日。流行于福建福州等地。当地习称"瘟鬼"作"大帝",故名。农历五月初五举行。届时,人们进大帝庙,朝五座面目狰狞神像焚香燃烛,顶礼祭拜。此节前后月余,连台大戏娱神,祈一方平安。因耗资甚巨,清康熙三十九年(1701),知府曾命去节、拆庙,惩办祭祀者。之后,复有人重建大帝庙,节曾复兴。今节已泯。

福州瘟鬼诞——参见"福州大帝诞"条。

达斡尔族关帝祭——亦名武神祭。达斡尔族民间节日。流行于黑龙江瑷珲一带。农历五月初五,于当地关帝庙举行。昔时,达斡尔族行服兵役之风,认定关羽乃"武神",可佑其打胜仗,因此每年此日,前往关帝庙举祭。庙正中高悬关帝画像,两侧系龙王、娘娘神等各种神位。人们虔诚杀猪供祭,焚香叩拜。

达斡尔族武神祭——参见"达斡尔族关帝祭"条。

神仙坡节——苗、彝、仡佬、汉等族民间传统婚恋娱情节日。流行于贵州纳雍和水城一带。农历五月初五,于纳雍、水城交界地以角梁子神仙坡举行。节日起源传说有二:其一,当地古有一名叫木达小贩,经商诚信,童叟无欺。满百岁前夕,他召集附近四十八村乡民,来坡前聚会,并自当月老,成就许多姻缘。之后,众人见其乘白仙鹤飘然升天。人们因称此地曰"神仙坡",每年此日到此缅怀这位老仙人,同时尽情歌舞,久而成节。其二,古时,苗族宗支阿勒逊来以角梁子定居。这里野兽成群。阿勒逊带着妻儿,以打猎、采集为生。所种农作物常被野兽糟蹋,他就挖陷阱、安弩箭、放毒饵除害。后来,人熊袭击了他。他奄奄一息,吩咐儿女,死后要葬在以角梁子最高峰,让阴魂保护子孙后代,守护这片土地。他嘱咐男儿习弓弩,练拳棒,练骑马;女儿纺纱织布,挑花绣朵,唱歌跳舞。后来阿勒逊升天成仙。其后人,每年定期到以角梁子集会,向阿勒逊阴魂祭献各种技艺。久而久之,形成此节。此"会"在不同地区,有不同特点。有的地方姑娘头缠彩色绒线,着百褶长裙,手持花伞;小伙们着白衣花披肩,花带系腰,肩挎芦笙。有的地方姑娘云鬟高梳,着蜡染衣裙。彝族、布依族、汉族青年也常来助兴。来以角梁子的人数最多,达三四万,届时,歌声四起,芦笙齐奏。表演芦笙杂技、斗画眉和黄豆雀、摔跤、角力、斗鸡放鸽、赛马斗牛的各种技艺能人大显身手。至午,人们野餐,各家老少席地而坐,把所带酒肉、苞谷粑、苦荞粑、高粱粑、糯米粑、小米粑、腊肉、鸡蛋和鸭蛋等各种食品,摆满草坪,向祖宗亮出他们的穿戴和食品,表示他们勤劳耕织,心灵手巧。如外族宾客愿意入座,被视瞧得起苗家,主人照例以三大碗酒相敬。来客酒醉饭饱,方准离去。日暮,歌停舞止,人们喜笑颜开,按原途返回。男女青年,一路倾吐爱慕,细语绵绵。中意者,互赠披肩、彩带,或手镯项链,以表愿结同心。

拉也合节——藏族民间传统信仰节日。"拉也合",本教藏族群众献山神等神灵的牦牛。农历五月初五举行。醮坛后,神灵即附牛身,信众便再不敢打骂,钻进麦田,亦任其吃卧,只有点灯磕头,祈求远走;否则,激怒神灵,便会大遭其祸。"拉也合"须遴选体大、雄性、未阉者,更换须自然淘汰。节日当天,人们着盛装,将许多牦牛聚集一起,举醮坛仪式,隆重盛如新年。

蒿草卜——赫哲族民间传统占卜节。农历五月初五举行。节日当天日出前,人们朝东行四十九步,每步摘取长如筷子蒿草一根,后将其一端用火烧焦占卜:将蒿草竟握手中,举近前额,旋将蒿杆任意分夹于左手指间,后用右手先取夹于拇指、食指间蒿杆,每次取两根。若食指与中指间所夹蒿杆为偶数,则将其间蒿杆逐一取尽;若系奇数,则将最后三根留指间不取。其余指间蒿杆,照此法取留。再将取出的蒿杆,照前述方法分配,连续进行三次。最后,核计三次留指间蒿杆树,得奇数兆吉、偶数兆凶。

浙江送药节——汉族民间传统节日。流行于浙江慈溪、奉化一带。农历五月初五举行。当地认为,农历五月初五前捉到的蛇、蝎、蜈蚣等药性最佳,便及时捕捉,送长辈,表孝心。已嫁女儿以此送娘家父母,则称最佳礼物。而五月初五,百草皆药,故人们纷纷去野外采集,内以千金花、六月雪、桐子叶、秋蒿等为名贵。年年如是采药、送药,积习成节。

桂北药王节——亦名药师节。壮乡及周边多族民间传统医疗健身节。流行于广西龙胜等地。农历五月初五举行。内容因地因族有异。龙胜一带壮族用粽子、肉类供奉庙神及祖宗,并上山采药。靖西等地并行药市。祭祖要有叶包凉粽。祭毕,各家围坐聚餐,吃凉粽,饮雄黄酒,以避免毒蛇咬伤。餐后,人们纷纷荷锄背筐,上山采各种中草药,细细洗净加工,晾干妥存。人们认为,此日采的药最能治病,单独珍藏,不与其他日子采的药混放。另,还特意用这天采的新鲜中草药熬水,洗澡擦身,认为可保一生不生疮。

桂北药师节——参见"桂北药王节"条。

满族药香节——俗称五月节。满族民间传统节日。流行于东北满族聚居区。农历五月初五举行。人们认为,五月初五这天,黎明前采来的草药最灵;这天的露水犹如灵丹妙药,节晨用其洗眼,一年眼睛明亮。他们习惯节间采艾蒿阴干,用以"灸艾子"(针灸学),刨"八股牛"(学名白藓皮)治病,乃至天明即往河里洗眼睛、洗脸、梳头。妇女们还用铜盆端回水,给公婆洗脸。童谣云:"粽子香香厨房,艾叶香香满堂,桃枝插在大门上,除病去邪快乐又安康。"人们纷纷把桃枝插在大门上,或用桃核雕刻成小花筐挂房门或孩子手腕、脖子,用以避邪。

满族五月节——参见"满族药香节"条。

满族鸡蛋节——满族民间传统节日。流行于东北满族聚居区。农历五月初五举行。辽宁新宾等地亦称"五月节"。满族非常喜鸡,盛待贵客,头道菜即小鸡炖蘑菇。过节尤然。早在旧年中秋后,人们即忙于修鸡窝、精细喂小鸡。至三九天而初春,特意用鸡罩将下蛋鸡扣在厨灶近旁,为之取暖。至清明,若觉蛋偏少,则将新蛋埋粮食里控温保鲜。总之,千方百计备足过节之用。届时,家家煮熟鸡蛋、茶叶蛋,人人吃个饱。孩童们游戏时,亦手不离蛋,想吃就吃。

新宾五月节——参见"满族鸡蛋节"条。

彝族采药日——彝族民间传统医疗健身节日。流行于云南小凉山一带。农历五月初五举行。主要节俗为采、卖药材。节晨,村寨男女老少荷锄背篓,上高山、深涧、峡谷,觅采各种草药,或自用,或往集市贩卖。人们笃信,此日所采药材,疗效最佳。

毛南族找药节——简称"药节"。广西毛南族民间传统医疗健身节日。农历五月初五举行。届时,男子上山找药。老人们说,这天男人上山采的药,疗效格外高,无论人畜,吃了皆可防病祛瘟。吃蛇肉、喝蛇汤,不患风湿,不得癣疮。这天,妇女在家做粽粑。这种粽粑是用当地的狗屁藤、艾叶、菖蒲、黄姜剁碎做馅,和米磨成浆后,在锅煮熟吃喝,以防病疫。人们还将雄黄研磨成粉,冲酒喝。这些节俗,皆旨在辟邪。

毛南族药节——参见"毛南族找药节"条。

铸铜镜节——昔时汉族制镜工匠传统节日。农历五月初五,于所居船上举行。届时,制镜工匠云集船上铸镜,专用向皇上进贡,称"天子镜"。唐诗人白居易《百炼镜》云:"江心波上舟中铸,五月五日日午时。琼粉玉膏磨莹已,化为一片秋潭水。镜成再献蓬莱宫,扬州长史手自封。人间臣妾不合照,背有九五飞天龙。"当年盛况,可窥一斑。此节已泯。

仫佬族祭雷王——广西仫佬族民间宗教节日。农历五月初五举行,某些村寨择农历六月初一、六月初六、七月十三日、腊月廿四日举行。民间传说,农历五月初五乃雷王诞辰。仫佬族主要从事农业生产活动,雨水关系农作物收成。雷王专管下雨。仫佬族非常信奉雷王,村村建有雷王庙。雷王神像鼓着双眼,长有一对大翅膀,手持一把巨斧。除每年定期祭祀外,只要久旱不雨,村里即举祈雨仪式。祭前,村寨里先准备好招雨用的五色彩旗。祭时,先将其插在庙前,牵来一头牛,点燃香火,当场宰牛,将牛头与内脏、酒肉等供于香案,由村寨老人主持,祈雷王保佑风调雨顺、五谷丰登。

藏族采花节——藏族民间传统节日。流行于甘肃文县、四川九寨沟交界处博裕一带。纪念传说之"珠玛柁底(猴子采花)"。农历五月初五举行。四月十五日开始"预热",所有十五岁以上男子、三十岁以下女子,均须先行过节歌舞集训。五月初四清晨,各家至少派一男一女,拜祭神山。适龄妇女倘缺席,须重罚。举寨云集神山时,女须至亲男子陪同,男子背刀枪、干粮。上山禁止调笑。每经神岩、神泉,男子叩首焚柏香,鸣枪敬神。少女则相聚跳舞,唱颂神吉词。至山顶,女子聚会歌舞娱神,男子聚焚香柏。所祭乃两大神祇:一是牧羊大神,一是兼祖先神、战神、猎神之山神。祭唱歌词殊多,祭礼主曲尤要,内容是本部落祖先珠玛(猴)如何变成人。博裕藏族五部落,其中插岗、铁坝两部,还选人扮猴,披树皮,走寨串户"跳祝福",户主恭敬迎送,并慷慨赠谢。祭山毕,各家血亲男女分手。全体夜宿山上,感念远古生活。翌日晨,人们下山,沿途采花,载歌载舞。青年男女借机择侣。归寨,人们纷纷以"花"赠无儿女之家,女舞男歌"对花",祈祷人丁兴旺。据研究,此节反映了远古藏族生殖信仰遗风。

蒙古族猎日——蒙古族民间传统节日。流行于内蒙古东部呼伦贝尔市一带。于成吉思汗忌辰日农历五月初五举行。届时,无论晴雨,各村寨猎人,均骑马背枪,腰挎猎刀,带着猎犬和"布鲁"上山狩猎。"布鲁"是蒙古语,意为投掷,蒙古族地区广泛流行打"布鲁",既可打地面走兽,亦可击天空飞禽。远在一千三百余年前,"布鲁"就成为蒙古族打猎的工具和武器。其形似镰刀,呈圆或扁形,用木头制作,重约一斤。一般有三种,称"海雅木拉布鲁""图固立嘎布鲁""吉如根布鲁"。前者呈扁形,头上不装金属锐器,一般只用作平时练习。中者,是在"布鲁"头上,刻以细致花纹,用熔化的铅倒入花纹中,凝固后即成。它重量较轻,速度快,准确性强,可用来打野鸡、野兔一类小动物。据说,优秀猎手,用其打野兔,从不打不动窝的兔,而是有意让野兔飞跑,再将其击倒。有时,猎犬追上去咬住野兔,猎手能用它把兔子从猎犬嘴里打出来。后者,是用铜或铁制成,用布条绑其头上。用来打狼、野猪等猛兽,多在较近距离使用,能打入猛兽体内。一切准备就绪,在一名深孚众望的猎人组织下,聚集一起,共商围猎。计划确定后,猎人三三两两从不同地点出发,进入围场。中午就地野炊,下午围场逐步缩小,猎物渐渐集中,围猎进入高潮。猎人各展猎技,射击飞禽走兽。傍晚,猎人抬着所猎野物,有说有笑返回村寨。村民们照例在村头寨尾,列队迎候。关于节日起源,各地传说纷纭,主要有二:一说,很早以前,蒙古部落遭异族袭击。由于人们外出围猎,一场报复性的仇杀因以幸免。这天正是五月初五。以后,人们每逢这天便上山打围。一说,军事家、政治家成吉思汗,在一次外出打围时,因坐骑受惊落马受伤,后死于农历五月初五。蒙古族人民便把这天定为猎日,以射杀群兽,纪念成吉思汗。

望丛赛歌会——亦称农民竞田歌。汉族民间传统节日。流行于四川郫县一带。农历五月初五,于望丛祠举行,故名。已历一千五百余年。此节旨在祭祀古蜀望、丛二帝王。节间,县城内举办各种文化、娱乐、体育活动和土特产展销。郫县古称"鹃城",节因而别称"鹃城赛歌会"。据《望丛赛歌史话》载,会源于一次瘟疫。当时此地瘟疫流行,人们惧怕蔓延,齐集望丛祠,燃香焚烛,祈古蜀先帝们阻止瘟疫,保一方平安。瘟疫果然结束。人们敬畏和感激先帝,每年五月初五,成群结队来到望丛祠,燃香焚烛祭奠先帝。时至清代中叶,新增歌舞形式,发展而成而今规模歌节。

农民竞田歌——参见"望丛赛歌会"条。

鹃城赛歌会——参见"望丛赛歌会"条。

傣族对歌节——云南傣族民间传统娱乐节日。流行于云南红河两岸傣族村寨,核心地为马街乡乌湾村的那丙大龙潭。农历五月初五举行。届时,男女青年盛装聚此,开展男女间、村寨间对歌比赛。男女老少带着干粮,赶来观看。小伙姑娘借机连情择偶。对歌节从日出至日落,一片欢腾。

羌族领歌节——族谓"瓦尔窝脚""瓦尔俄足""俄日俄定",汉译"五月五",俗称歌仙节、传歌节、妇女节、女儿节。四川阿坝茂县曲谷乡、雅都乡一带羌族妇女节日。农历五月初五举行,历三四天,另说五月初三至初五或初六举行。均以初五尤要。学界有称其为"汉族端午节地域变体","具母系氏族遗风"。曲谷河西村西湖寨古制:寨中有十三岁至五十岁妇女新故,则当年不举节。节日起源传为纪念歌舞女神莎朗姐。届时,男人做家务、带孩子。妇女们着盛装,带干粮、腊肉、咂酒,聚集女神梁子,祭祀女神。之后,回寨中逐户唱歌、跳舞,祝人寿年丰。近年,还进行羌族莎朗姐比赛,女性年满十六岁者,皆可参加,年龄无上限。此节已跻国家"非遗"名录。

瓦尔窝脚——参见"羌族领歌节"条。
瓦尔俄足——参见"羌族领歌节"条。
俄日俄定——参见"羌族领歌节"条。
羌族五月五——参见"羌族领歌节"条。
羌族歌仙节——参见"羌族领歌节"条。
羌族传歌节——参见"羌族领歌节"条。
古羌妇女节——参见"羌族领歌节"条。
羌族女儿节——参见"羌族领歌节"条。

峡门花儿会——土族民间传统盛会。流行于青海民和一带。五月初五在乱泉滩举行。最初于农历六月十五日在松山湾举行,后曾改六月初六于药泉举行。相传,很早以前,峡门有个小伙子叫八哥,当差松山喇嘛庙,是个好歌手。他与一个叫尕三妹的姑娘相好,于每年农历六月十五,去松山湾山林里唱花儿,引来四乡八寨听众。例唱多年,遂成"花儿会"。寺庙管事得知,将八哥囚禁。松山湾因此断歌声。八哥在牢被折磨得哑了嗓。尕三妹在家哭瞎了眼。后来,大家助他俩出逃。逃亡途中,尕三妹唱一首花儿安慰八哥,不料歌声一落,平地冒出一眼清泉,八哥喝了泉水,嗓子亮了;尕三妹用泉水洗了眼睛,眼睛立即复明。他俩高兴地唱起花儿,众人闻声赶来祝贺。这天,正值六月初六。峡门花儿会期,就改此日。不久,县官与其老婆霸占药泉洗浴,药泉迅即干涸,花儿会亦中断。又过若干年,一老歌手常年思念八哥,某夜梦见八哥和尕三妹,手捧药泉水搬泉,一路上又说又笑。次日,他按梦中地方去找,果然看见那里乱麻麻、一汪汪泉眼,便把此地方叫"乱泉滩"。消息传出,歌手们都会此唱花儿。这天,正是五月初五。从此,峡门方圆数十里的土、藏、回、汉等族民众,每年此时都盛装怀揣酒瓶,前往乱泉滩赶会。会场彩旗招展,迎风飘扬,花儿声此起彼伏,各种货物摊点鳞次栉比,十分热闹。情投意合者,各围一圈。圈内先赛花儿,独唱或男女对唱。每唱完一支,人们即向唱者敬酒。一对对、一个个地接着唱下去。一轮之后，选出高手，向邻圈中的高手挑战，一比高低。各圈为自己的歌手出谋划策，呐喊助威，如此反复较量，选拔择优。最后，少数佼佼者拉开夺魁战幕。他们一一登台表演，比嗓子、唱腔，更比即兴编词之准确生动、新颖巧妙，引经据典能力强。按例，花儿前二句须出自古典小说、民间神话传说或历史故事，后两句须应照密切，浑然一体。经最后较量，人们推出四五人，为该届花儿会优胜者。

雪门槛游山节——普米族民间传统娱乐节日。流行于云南兰坪。农历五月初五举行。雪门槛海拔三千六百米，为境内唯一"一步望四乡"之地，自古即称商旅、游客往来要塞。届时，普米族兄弟身挎四弦琴，带着黄酒、蛋肉等食品，攀此山顶草坪过节。他们除采挖草药，经营生意，比赛射箭、摔跤之外，主要举行盛大的"跳羊皮舞"。人们手拉手围圈，内一人以折叠羊皮作鼓，另一人边弹四弦琴边舞，每一轮需弹奏十二只舞曲。队形变化丰富，计有单圆、双圆、半圆、对跳、开门、翻身、满天星、二龙吐水等。它是普米族参与人数最多而宗教色彩较淡的传统娱乐佳节。

东港石战节——汉族民间健身节日。流行于台湾东港一带。农历五月初五，以村落为单位组团"对战"。相传，当地曾有人染疾难愈，恰逢此日发生激烈石战，被迫抱病投入，不料大汗淋漓，宿疾自愈。消息传开，人们即信此日石战可祛病，便仿效为之，久而成节。另传，此节源自古时家族间械斗。虽则是"节"，战斗却甚激烈。各村团队男人参战，女人捡石，久久激烈相搏，战地不时转移。难解难分时，按规定保持中立之队，便出助渐显弱势者，让石战更加精彩。旁观者敲锣打鼓，呐喊助威。战斗中，负伤者众，且常重伤致亡。胜方可进入败方村内，随意享用各家粽子、酒菜。此节清光绪年间最盛，今已式微。

壮族狗肉节——壮族民间传统节日。流行于广西靖西、隆林、德保、天等等地。农历五月初五举行。壮族人多喜狗肉，认为狗肉能扬正祛邪。俗传，五月初五乃狗仙显灵之日，吃狗肉能祛病灾、益寿延年。壮族地区道士、师公禁吃狗肉，不可冲撞祖师。届时不举行任何祭仪。各家把狗屠宰后，家人即一起进狗肉餐，但不能在堂屋。壮族习俗，禁在祖宗香案前吃狗肉和野味。家中贫穷无狗可屠之户，便去墟场，买些狗肉回家烹吃。

畲族敬祖节——畲族民间传统祭祀节日。农历五月初五举行。畲族谱图记载，畲族始祖盘瓠，乃五月初五从正宫娘娘耳朵里出生。畲歌"五月初五是端阳，原底祖公这日生，九族推尊唯祭祖，菅叶裸粽祖公尝"，即唱畲家敬祖之节。届时，家家都把菅粽摆上香案敬祖。畲族菅粽，用畲山特有植物黄金柴汤汁泡香糯米，然后取米置于菅草叶子内包扎而成，形似玉米棒子，全身五节，象征五月。菅粽上扁下圆，又像当年畲族始祖龙麒，征番得胜回朝，皇上赐给的龙头杖。粽子浅黄色，既悦目又别有风味，香美不腻。菅粽扎得牢，连得紧，象征亲友情谊牢靠。碧绿的菅粽，包着满盈盈的粽团沉甸甸的，又示丰收厚重感。每年端阳，畲家菅粽除作佳品敬祖外，还当作珠联玉缀的工艺品，放精致竹篮，用小扁担悠悠地挑到外面，去会亲访友。

初 六

傣雅花街节——亦名热水塘花街节。傣族支系傣雅人民间节日。流行于云南元江一带。农历五月初六举行。节俗略同"傣仂花街节"。

热水塘花街节——参见"傣雅花街节"条。

阿哲人送鬼神——彝族支系阿哲人民间宗教节日。流行于云南弥勒一带。农历五月初六举行。届时,用尖刀草扎制一草人,着红、绿纸衣,执红、绿旗各一面,骑于一只羯羊背上。另将所伐两棵黄栗树,用丈余长尖刀草绳连接,绳上插用五倍子木削制的尖木刀、三角形片,还用尖刀草扎制一瓢,内放一饭碗,挂于羊角。完备即送鬼神:两人抬黄栗树引导,后随毕摩念经,挨门挨户"送"。各户户主逐一从宅夹出一块火炭,浇上冷水,以示接鬼神。竟毕,将黄栗树立村口,宰杀羯羊献祭。祭毕,羊肉由各户分享。

初 七

初 八

龙母诞辰——汉族民间宗教节日。流行于广东德庆一带。传为龙母诞辰之农历五月初八举行,贺诞实历初一至初十,诞辰尤盛。其间,龙母庙神龛摆五条"青龙"于柚木丛中,象征龙母所养五小龙前来贺寿。相传,龙母喜吃金猪。香客们便供奉烧猪,娱神祈福。妇女们争相入庙,饮泉水,让"圣水"祛毒延年。求子妇女,则被特允坐龙母之龙床,摸些花生、莲子和枣之类,讨吉祥,早得贵子。

初 九

初 十

十 一

大同城隍庙会——汉族民间传统节日。流行于山西大同一带。于当地传为城隍诞辰日五月十一举行,历八天。首日,人们清早即聚集城隍庙,举行祝寿仪式。主祭领助祭人及诸会首,依次肃立正殿前,钟鼓齐鸣,焚香叩拜,祈城隍赐福保平安。许愿、还愿、求子、求寿的香客,早早五更天即往拜祭。据信,他们须先行供过本地城隍,再到此进香,这里城隍方显灵。为显虔诚,有香客身背马鞍、口衔铰环,跪爬前来;有的则布施钱财,供奉重礼。会间,对唱大戏、卖艺杂耍、练拳比武、兜售商品,应有尽有。现今,此节大有变迁,已成物资交流大会。

十 二

十 三

大端阳节——汉族民间传统节日。流行于湖北宜昌一带。农历五月十三日举行,历三天。届时,照例举行龙舟竞渡。两岸人山人海,披红戴绿,摇旗呐喊。古人雷思霈诗云:"樵歌社鼓插秧归,肯放江头乐事稀。天下无舟不竞渡,峡中有鸟只争飞。市儿各唱迎神曲,游女多穿送节衣。懒向灵均陈楚些,一杯聊为洒渔矶。"节间,家家饮菖蒲酒、吃角黍,趋吉避邪。

肇源雨节——汉族民间谢恩节。流行于黑龙江肇源一带。于传为关羽单刀赴会磨刀之日农历五月十三,在关帝庙举行。此节旨在感谢关羽降甘霖之恩。相传,每逢此日,多有雷雨,可解旱灾。人们以为此乃关公恩泽,遂届时举办庙会,祭关帝,祈赐甘霖。当地农谚"大旱不过五月十三",或源此。此节已泯。

伽蓝菩萨圣诞——佛教节日。农历五月十三日,在诸佛寺举行。"伽蓝"乃"僧伽蓝摩"的简称,意为众园,僧众所居园庭、寺院的通称。"伽蓝菩萨"指保护伽蓝的诸位菩萨,佛教诸护法神。佛云十八神:美音、梵音、天鼓、叹妙、叹美、摩妙、雷音、师子、妙叹、梵响、人音、佛奴、颂德、广目、妙眼、彻听、彻视、遍视,统称"伽蓝圣众菩萨"。早期寺院,通常以给孤独长者、祇陀太子和波斯匿王,代表伽蓝菩萨,今不少寺院伽蓝殿仍供奉这三位佛教早期的大护法。后世关公归佛故事,流传开来,俗又多以关公形象代表伽篮菩萨。届时,僧众、俗信照例焚香明烛,顶礼膜拜。

冀南送羊节——汉族民间传统节日。流行于河北南部地区。农历五月十三日举行。据传,此节源自神话传说目连劈山救母的故事。孝子沉香于五月十二日劈开华山,救出母亲,欲劈将母压山下之舅舅杨二郎的头。其母(三圣母)念手足之情,力阻之。沉香要让舅舅记取教训,每年送一对活羊(谐杨),剥其皮,吃其肉。杨即在次日,即五月十三日,赶来两只羊。从此,年年如是。百姓"送羊"之俗,早演变成与神话无关的民间亲情。是日,姥爷姥姥、舅舅妗妗爱怜外孙、外甥而"送羊",初为活羊,后为白面蒸熟之"面羊"。现今,"送羊"已变成晚辈孝敬长辈,以白面馒头代之。

南京刀禁——汉族民间传统节日。流行于江苏南京一带。农历五月十三日举行。俗传,此日乃蜀国大将关羽磨刀之日。届时,各家各户严禁使用刀砧,否则不吉。此节已式微。

康定跑马山会——亦称康定赛马会。四川康定藏族传统盛大竞技、交易节日。每年农历五月十三日举行。据传,原土司旧衙及旧城,为山洪所毁。为祈神避灾,明正土司决定每年农历五月、十月,齐集康定,僧俗于跑马山,与四十八家锅庄头人共祭神山。本以赛马形式娱神,诸锅庄按其大小分摊人马参赛,骑手多是十二三岁的放牛娃。五月"跑马溜溜山上"此节,蜚声海内外,令康定举城空巷。十三日晨,选手依点马官唱名,依次牵马排列,鸣枪而驰。线路是跑马山"山神经堆"之缓坡。坡道甚窄,群骏相拥,每赛皆落马者多。优胜者,当即受奖。另传,某年吉波娃锅庄本无力参赛,勉强皆得一跛脚老马,虽名列最末,却因精神可嘉,获等同冠军之奖品。自此"精神奖"成为此赛传统。后来,此会迁至飞机场举行,但跑马山仍欢歌狂舞,连帐如云。

康定赛马会——参见"康定跑马山会"条。

竹醉日——亦称竹迷日。中原地区古节。农历五月十三日举行。古时,此日被视为龙的诞辰,最宜种竹(形同龙摆尾)。此时,旧笋已成竹,新根未长成,移栽成活率高。据考,南北朝时已有此节。清至民国初年,山东等地仍以此日为"竹醉日",倡导此时栽竹。

竹迷日——参见"竹醉日"条。

壮族结拜节——壮族民间传统节日。

农历五月十三日举行。主要内容为壮族男子举行结拜兄弟仪式。结拜男子须在十二周岁以上。节前，青少年们如想结拜，便去寻找自己的好友，相聚相帮，建立感情。若彼此投近，便相约结拜节，履结拜礼。据考，结拜节源于壮族早期成丁礼。有的地方，甚至人人结拜，例外则被孤立、耻笑，禁入青年们集体活动圈。节日当天，相约结拜者须在年龄较长家里（或学校等公共场所），杀一只鸡，把鸡血滴在酒里，祭过祖先，便共饮鸡血酒，对祖先、对天发誓：两人情愿结为兄弟，有福同享，有难同当，情如手足。盟誓之后，互认父母。最后聚餐，推杯换盏庆贺。

更宿万——族谓"给牛吃粽子"。布依族民间传统节日。流行于贵州罗甸罗梱一带。农历五月十三日举行。届时，要给所有的牛"放假"一天，让牛娃领其在坡上游玩。每家都要包尖形糯米粽给牛吃。据传，很久很久以前，人们不会制作犁耙，不会种五谷，全靠摘野果、猎野物过活。后来，人越来越多，野果、野兽匮乏，成群成群地饿死。天帝女儿嚢娃窥见人间惨景，便偷下凡间，教人们制犁耙、种五谷。凡人久饿无力耕种，嚢娃便亲自变成驯牛，给人们拉犁耙，翻土耙地。天帝得知，恼怒女儿违反天规，命雷公将她劈为几截。嚢娃自知难逃厄运，便提早给人们托梦，让人们在她死后，将其手埋在土坡，将脚丢进绿水滩，将头挂大枫香树上。第二天，值农历五月十三，狂风暴雨，雷公逞凶，嚢娃被劈成几截。人们按梦中所托照办。不久，黄土里竟拱出来黄牛，绿水里冒出了水牛，石板路上蹦起了马匹。它们都温驯地跟随人，为人们拉犁耙地。孰料，那挂着嚢娃头的枫香树，突然引来成千只老鹰，要啄吃嚢娃的脑髓。人们迅即把它取下，挂到寨内尖塔形茅草棚的木柱上祭奠。从此，人们就在这一天让牛休息，做尖塔形的糯米粽喂牛。为纪念嚢娃，人们还用木料雕刻成牛头挂在门上，以消灾免难，保佑平安。

给牛吃粽子——参见"更宿万"条。

鄂温克族祭敖包——鄂温克族民间传统俗信节日。流行于东北地区鄂温克村寨。节期不甚固定，通常在农历五月十三日举行。节俗受蒙古族影响，与其颇多近似。"敖包"本蒙古语，意为堆子、鼓包，通常设在高山或丘陵，用石头堆成一座圆锥形实心塔，顶端插一根长杆，杆头系着牲畜毛角和经文布条，四面放着烧柏香的垫石。在牧民心目中，象征神在其位，世袭传颂。祭时，宰牛羊作为祭品，祈求人畜平安。

十 四

红瑶粽粑节——瑶族支系红瑶民间传统节日。流行于广西融水一带。农历五月十四日，多以家庭为单位举行。节前，家家浸泡糯米。节日当天，包粽子，杀鸡宰鸭，全家或邀亲友，聚餐痛饮。昔时，滚见乡红瑶还曾流行"扯藤"的古风。

十 五

杨府庙会——汉族民间传统纪念性节日。流行于浙江黄岩一带。农历五月十五日举行，历七天。此节旨在缅怀宋朝满门忠烈的杨家将。五月十八日传为杨继业诞辰，庙会最盛。

阆中瘟祖会——汉族民间祭祀节日，旨在祭祀瘟祖梓橦帝君。流行于四川阆中。农历五月十五日，于城头太清观举行,历十天。届时,在城头太清观中,祭拜瘟祖梓潼帝君。相传,从前曾有一人不洁而赴道场,自称当受土地神谴责,伏地领受杖责,臀部致青肿。众人敬畏之,故此后,凡遇争执难解事,倘一方说要在瘟神前诅咒,无理一方须内惧而认罪。会期,会属数十行,皆于会前在殿外搭一板房,设息瘟大醮,锣鼓、箫笙、钹铙一齐大作,响彻街巷。其间连演大戏十天,每夜太清观中香烟缭绕。进观或于观外之男女进香跪拜者,络绎不绝。另外,尚有各色灯会助兴。

成吉思汗陵淖尔祭——俗称"淖尔大典"。蒙古族民间宗教节日。农历五月十五日举行。"淖尔",蒙古语意为湖泊。"淖尔大典"意为盛奶大典,成吉思汗"四时大典"之夏季大型祭典。节晨八时许,举行抹画成吉思汗溜圆白骏祭祀相关仪式。八时半许,大典祭仪正式开始,祭祀人员在成吉思汗陵宫内念诵祭文、祭词、祭歌,并献上哈达、神灯、全羊和圣酒等。十时半许,相关祭祀人员前往巴音昌呼格草原举行"淖尔拉忽"(意为享受淖尔之福)仪式,祈求长生天保佑大地,使草原五畜兴旺。据文献载,大典形成于蒙古汗国初年,忽必烈时期将其钦定为成吉思汗"四时大典"之一,清朝之前为其中最隆重者。

淖尔大典——参见"成吉思汗陵淖尔祭"条。

打泥坨节——瑶族农民传统自娱节日。流行于广西龙胜一带。农历五月十五日举行。届时,孩童们不约而聚,在田头地边摆开阵势,举行"打泥坨"比赛,成人不时加入助兴。村人集体筹款,奖励优胜者。

讨念拜节——瑶族支系花瑶民间传统节日。流行于湖南隆回县山区。农历五月十五日举行,历三天。届时,人们聚集香炉山水洞坪,纪念抗明英烈,同时举行各种文娱活动。相传,明万历元年(1573),朝廷遣兵十万八千往湖南淑邵(今属隆回),镇压瑶胞起义。瑶胞依山修寨筑垒,誓死抵抗官军。官军久攻不克,于五月十五夜,打着二百余个灯笼,佯攻险要山寨香炉山,各寨瑶胞中计驰援。官军乘机偷袭各寨,杀戮男女老少七百余人。为牢记血债,花瑶祖先议定每年此日至十七日,在香炉山对面水洞坪,集会三天。相邻各族纷至沓来加盟。

侗家赶坳——亦称玩山。侗族民间传统节日。流行于湘、黔、桂三省区毗邻地带。节期因地有异,农历五月十五日,或四月初八,或七月中旬,或八月十五日,或九月初九。坳场大都选在丛林苍翠、风景优美、空气清新的山坳或宽敞的草坪。届时,方圆上百里,侗寨"纳曼"(小伙子)换上新衣,头戴棕丝细篾斗笠,吹着木叶、芦笙;"娜耶"(姑娘)身着艳丽民族服装,打着遮阳伞,摇着花扇,带上糯米粑粑;中年妇女搭上桃花头巾,腰系花围腰;老年人手持挂杖;孩子们跟随家长,沿山间小径,有说有笑,相互追逐,拥向坳场;商贾摊贩纷纷前往摆摊。霎时间,坡岭上、半山腰、溪塘边、大道上,坳场内外挤满人群。赶坳主要内容是对歌。人们各选坳头、坳尾、树林、溪边、草地、山坡,各找对象对歌。赶坳对歌一般三四人为一组,由歌喉圆润、声音清脆者主唱,另二三人伴唱。小伙口唱坳歌,边唱边物色唱歌对象,选就对象后,再以歌代言,邀姑娘对歌。姑娘如有意,则接着对唱,先唱"问姓氏歌",互相了解姓氏。若无姻亲血缘关系,方可唱"借带歌",即小伙向姑娘借"把凭"信物。此刻,姑娘可通过山歌提许多问题,让小伙回答,以了解其才学、智慧和真情。若姑娘有意,即将手帕、手镯、带子一类随身之物,交给小伙作为"把凭",算是结成朋友。双方便可以公开约定下次见面的日期和地点,一起游玩,进一步接触了解,建立感情,以至缔结终身。否则,姑娘以婉转山歌谢绝,并鼓励小伙积极生产、工作。赠"把凭"后,如男女不合,小伙即退还"把凭",或由姑娘讨回。节日期间,另还有赛马、斗画眉和物资交流等活动。每场赶坳,各族群众成千上万,热闹非凡。

侗家玩山——参见"侗家赶坳"条。

土家族谷神节——湘西土家族民间宗教节日。农历五月十五日举行。每年收获季节临近,为祈农作物丰收,依例祭山、祭田。届时,各家各户把犁、耙、锄、镰等农具,放自家堂屋门口,点上香火,供上肉食和酒,全家行跪拜之礼。有的村寨,带上祭品到田间祭田神,去山上祭山神。

杀牛祭山——亦称祭山会。旧时羌族祭祀节日。流行于四川阿坝州茂县赤不苏一带。农历五月十五日举行。节前,寨内各户凑钱,由会首出面买一头没有破相、未曾劳动过的三岁公犏牛,牵回寨中喂养。届时,释比(端公)带领各户所派的男丁,前往祭祀处。端公敲羊皮鼓跳神,由其旁以会首为主的羌族中青年男子宰牛,将全牛置于白石(山神石)前献祭;同时敬献神羊、神鸡,将其血涂白石(山神石)尖上。释比旋给初次参祭的男孩、新女婿说吉祥话,在其前额抹点陈猪油,在其颈部系一根穿有小铜钱的白羊毛线,以示增福添寿。祭毕,大伙抬牛回寨,全寨各户分食。相传,土门永镇沟内清末仍保留买牦牛祭山之俗,祭毕,众人要将牛皮挂在树上,主祭者须从牛皮下走过。据考,"杀牛祭山"可能是比"吊狗祭山"稍后的一种祭祀方式。此节今已泯。

羌族祭山会——参见"杀牛祭山"条。

畲族五月节——亦称小端午。畲族民间传统节日。流行于福建漳浦县赤岭乡等地畲族山寨。农历五月十五(或初四)举行。节晨,人们将稻草扎成一米长的圆柱体,到大树底下点燃,用烟驱赶蚊虫,以减少节后蚊虫烦扰。中午,他们用艾草、雄黄酒过节,先祭拜三官大帝,也拜屈原。他们传说,当地畲族第一代祖妈,即一位汉人。另,很多人还照例赶往附近佛昙镇,观看龙舟赛。

畲族小端午——参见"畲族五月节"条。

十 六

忌孔节——彝语称"麻蕊"。彝族民间传统节日。流行于广西那坡县达腊等彝族村屯。农历五月十六日举行。节期,各种农作物已下种。为祈风调雨顺、五谷丰登,人们蒸糯米饭,备酒肉,以家庭为单位举行祭祀。寨中则举行象征性的"打猎"活动,由一些小伙分别装扮成野兽、猎狗、猎人和寨佬,选一山村进行"狩猎"演习。活动要求猎手们在天黑前捕到"野兽",否则便被兆不吉利。节日当夜,还要"寨佬"拿酒肉分别给参与的小伙们进行奖励。另还规定,从忌孔节到当年农历十月初九,禁止人们敲打铜鼓、吹奏五笙和唱欢乐的山歌,以保护农作物顺利生长,免受灾害。故此,忌孔节当天,人们尽情欢乐之后,有铜鼓的人家要把铜鼓埋起来，吹五笙者也纷纷把五笙拆散保存。

麻蕊——参见"忌孔节"条。

十七

二郎山花儿会——回、汉、保安、东乡等族民间传统歌节。流行于甘肃岷县一带。农历五月十七日举行。届时，人们身背食物，骑驴乘车，纷至沓来，在岷县城和二郎山会成人山歌海。会间通常演唱洮岷花儿的南路花儿，称"扎刀令"，亦有唱"啊花儿"等调者。相传唐末，邻近一些吐蕃人在岷山城一带占山为王，让当地民不聊生。宋中叶，朝廷遣种宜进军岷山战吐蕃人。吐蕃退兵城北四十五公里的元山坪铁城死守。种宜久攻不克，旋经多番苦战，追至洮川击溃吐蕃人并捉其首领，押送洛阳。岷山回、汉群众于五月十七日，在二郎山下南寺，宰羊集会，载歌载舞祝捷。其中有人在庆祝会上用"花儿"唱道："五月十七二郎山，兄弟征蕃胜利还。手挽手来肩靠肩，全家团圆人人欢。"从此，年年定期在此欢乐集会。至明代，宗教盛行，此地建诸多庙宇，集会更添迎神祭祀，形成以宗教为主的民间花儿会。

城隍会——汉族民间宗教节日。流行于中原各地。会期因地有异，多于传为城隍寿诞日农历五月十七举行，历数日、十数日不等。我国城隍庙，自明朱元璋起，依次分都、府、州三级，遍布各地。明建广东都城隍（即广州城隍庙），荒废半世纪，近复开放；北京都城隍庙在今金融街。各庙供奉神像不一。广州供刘皇、海瑞、杨椒山三神，源于"颂圣"传统。四川西充等川北多县，会氛尤浓。现今，各地城隍庙已多拆，会因之而泯。

鄂伦春族篝火节——鄂伦春族民间传统节日。流行于内蒙古鄂伦春自治县。农历五月十七日举行。据传，此节源自古代狩猎归来，围绕篝火祭火神，祈人畜平安之俗。入夜，节庆自点火仪式开始。族中长老、萨满代言人燃起火把，用本族语言拜诵祝词，祈火神和各路万能神灵，保佑族人像青山般健壮、像流水般兴旺，恩赐更多猎物。随后，无论男女老少，立即携手围篝火，跳篝火舞，唱狩猎歌，欢乐至深夜，乃至通宵。

十八

十九

二十

分龙日——亦称分龙节。汉族民间传统节日。流行于广大中原，尤其江南地区。农历五月廿日举行。五月始多雨。相传，小龙要离开老龙，往自己辖地耕云播雨。因其不忍分离而落泪，便致阴雨天气，其雨称"分龙雨"。华北地区的分龙节多安排在每年的五月廿三。古籍载，千余年前此节在五月廿。如《谈荟》云："二月二十日，谓之小分龙日。晴，分懒龙，主旱；雨，分健龙，主水。"《农政全书》亦云："五月二十日大分龙，无雨而有雷，谓之'锁龙门'。"江浙以四月二十日为"小分龙"，五月二十日为"大分龙"。节次日之雨，特称"分龙雨"，有此雨，则占风调雨顺，秋后丰收。池州等地，则以正月二十九、三十为"分龙节"。气象验占略同。参见"池州分龙节"条。

分龙节——参见"分龙日"条。

湖州龙王庙会——汉族民间宗教节日。流行于浙江湖州一带。农历五月廿日,在"洋龙会"举行。洋龙会,当地昔时专司灭火的民间组织,凡数十个。会员由乡民充任,但见火情,迅即施救。人们认为,灭火机器是神龙象征,甚是景仰。会前夜,各会里烛光闪烁,各会间相互进香,各路戏班前来献艺。会日,举行龙头喷水赛。各会选出一洋龙头,由一壮汉手把,赛谁喷水既高且远,最者为胜。当地习惯,火灾时,只要火苗未窜出房顶,即被扑灭,则请和尚或道士前来念经,并杀猪宰羊,供奉龙天神像。

二十一
二十二

米阔鲁节——亦译"米阔勒节"。鄂温克族传统节日。流行于内蒙古陈巴尔虎旗莫尔格河流域。农历五月廿二日举行。鄂温克语"米阔鲁",意为庆丰收。节前数日,人们即开始置办节物,忙于宰羊,赶做奶制品,进城采购茶、酒、菜肴,有的还专程去邀请亲朋好友。节日当天,人们盛装赶到祭祀场过节。萨满烧香点灯,诵经念咒,祷告神灵,祈消灾免祸、人畜平安。旋进行套马比赛,比赛开始,数十名强壮骑手,欢呼着跃身上马,挥舞手中的套马杆,飞驰追套烈马。以先套住烈马者为胜。套住烈马之时,骑手们簇拥而上,有的跳上马背,有的拉着马尾,有的紧握马耳,刹那间把马摔倒在地,立即剪马鬃、剪马尾、剪耳记、打烙印。牧民们互相帮助,在给马打烙印、剪鬃尾的活动中,准备献给萨满的马。在剪耳记时,主人要端来一碗牛奶,从马的两耳中间洒到马尾,然后再把马放进马群里。马的活儿干完,便给羊割势、剪耳记。这时,老人要给外甥、侄儿和女儿各送一只母羊羔,并预祝他们牲畜兴旺,拥有更多的羊群。生产活动结束,人们主动做东,恭请大家进"希楞柱"(屋子)宴饮。按传统习惯,先请茶,后敬酒。敬酒时,主人手捧一木盘,上放两杯酒,从首席开始,依次敬客。敬完一轮,主人给割势人献哈达,表示感谢。同时当众宣布本户当年所产幼畜的数量。大家听后,随即向主人表示祝贺,祝牲畜兴旺,来年烙印和割势数字与岁俱增。酒宴结束时,另一家主人又邀请所有的人去他家宴饮。入夜后,人们燃起篝火,青年男女沿篝火围成圆圈,且舞且歌。姑娘们和着明快旋律翩翩起舞,裙上装饰物有节奏地叮当作响,别有一番情趣。唱歌时,有时合唱,有时一领众和,歌词即兴编成。编者编一句唱一句,众人齐声相和。歌声嘹亮、豪放,富于草原风韵。随着歌声的旋律,舞蹈时快时慢,舞步刚劲、优美。

米阔勒节——参见"米阔鲁节"条。

鄂温克族庆丰收——参见"米阔鲁节"条。

二十三
二十四

黔苗龙舟节——亦称黔苗龙船节。苗族民间传统节日。流行于黔东南及松桃等地。农历五月廿四日举行,历四天。节日起源传说纷纭:其一,故宝和儿子捕鱼,儿子被孽龙吞食。故宝发动乡亲用铁锅堵水断流,将孽龙砍成四节,分乡亲们煮吃。此后,人们学故宝的英雄气概,制作龙船在游江娱乐,演变成节。其二,孽龙是被烧死的。死后浮出水面,平寨人先发现,旋为龙圹、铜鼓圹、榕山、施洞、六合的人发现。他们按先后割得龙头、龙颈、龙身、龙尾巴。故而划龙船于五月廿四先从施秉平寨的十里长圹口开始，廿五划至龙圹，廿六划至铜鼓圹和榕山，廿七划至台江施洞和六合。其三，过去一龙王行错两步，被天公劈成数段投江，天即大旱。沿江居民敲锣打鼓，行船求雨，久而演变为龙船节。龙船，一般用直径二尺、长十丈的杉木三根刳空而成。母船一般长七丈，子船长五丈。划龙船时，母船居中，子船在两侧。划船人员有鼓头、锣手和水手。鼓头限德高望重者，锣手由男扮女装的一男孩担任，水手通常是三十八人。昔时龙船下水前，须由寨老以酒肉、香纸、白公鸡祭山神，祈保船只安全。今祈安全，由巫师以公鸡、香纸、酒饭、刀头肉敬祭龙头。正式下水，龙角贴"风调雨顺、国泰民安""民族团结、增加生产"之类横联。在鞭炮、锣鼓声中，船在本地江中绕划三周，后再划向聚会地。甲地龙船划到乙地，乙地放鞭炮迎接，给龙头挂彩绸，献上猪、羊或鸡、鸭、鹅，还向水手敬酒，同呼："天长地久，繁荣兴旺！"各地龙船集中竞渡时，方圆上百里苗家男女老少，盛装云集江岸，有四五万之多。三条或四五条龙船劈波斩浪、齐头并进，锣鼓声和炮声震天撼地，观众不时爆发阵阵喝彩声。有的船头，点放铳炮，更显场面壮观。龙船竞划期间，江岸飞歌不断，还有斗牛、赛马、踩鼓、跳芦笙、斗画眉，以及男女青年谈情说爱的游方等活动。商贸部门还开展商品收购，展销各种商品。

黔苗龙船节——参见"黔苗龙舟节"条。

二十五

会龙日——亦称会龙节。汉族民间传统气象占验节日。流行于长江下游地区，尤其皖、苏、浙等地。农历五月廿五日举行。相传，此前"分龙节"小龙离老龙，是日复又团聚，两代龙喜泪横流。民谣因有"小龙会娘，大哭一场"之说。故此日多致大雨。沿江易涝地区，纷纷及早防汛。届时，人们焚香烛、放鞭炮，祈求龙王施恩，勿损堤防。

会龙节——参见"会龙日"条。

苗族独木龙舟节——苗族民间古老传统节日。农历五月廿五日举行，历三天。流行于贵州施洞一带清水江两岸苗家山寨。此节肇始神秘，乏考。龙舟古朴硕大，舟身用三根高大杉木掏空而成，中间一根独木母舟，直径约七十厘米，长二十四米许；两边各一根直径约五十厘米，长约十七米的子舟。平时，舟身放置村口专门搭建的亭内，龙头放村民推选的鼓主家。五月廿至廿三日，巫师会按俗"起龙"，用竹篾将子母舟并列扎成一排，装上精雕细刻的五彩龙头，旋由男人们抬龙舟入水。节日当天午饭后赛舟，参赛的男子竟着家织深紫色的亮布衣和蓝色的布裤，腰扎织镶银泡的腰带，头戴上插三根银片的黄色马尾斗笠。每条龙舟载三四十人。母舟前方坐四人，首个坐龙舟、龙头连接处，背朝前方，负责呐喊助威和靠岸撑船；第二是中年老人，背朝前方，负责鸣放铳炮，制造声势；第三是寨中德高望众的寨老，任鼓主，背朝前方，着白色长袍，外套黑色马夹，戴大宽边帽，负责击鼓；第四人是男扮女装的十余岁孩童，坐着敲锣，其旁有一小龙头，捆绑一把黑伞遮阴。母舟尾部，站着三位老人，执掌龙舟方向。水手们分两排各站俩子舟上。在水手中间，放一桶糯米饭，饭上供一只煮熟的鹅。龙舟出发前，各寨于河滩放一张四方桌，上放一升米，米上点三炷香，放十二元钱；巫师手提一只公鸡，站在桌边念巫词，召集山神、树神、祖宗,保佑龙舟比赛平安。之后,巫师用茅草沾河水洒向龙舟,并一刀把鸡杀死祭神。赛毕,巫师用同样方法欢送山神、树神、祖宗。竞渡时,锣鼓喧天,舟上人随着划水节奏,齐呼:"嗨!嗨!"岸上邻里、亲友,跟着龙舟奔跑,高喊助兴,把龙舟节推向高潮。龙舟赛毕靠岸,亲友们燃放鞭炮,把馈赠的鸭鹅挂满龙颈。随后大家开始分享随龙舟带来的糯米饭、肉和酒,直至黄昏,才唱着歌各自划船回家。如此独木龙舟欢赛,洋溢着古老而神秘的苗族文化气息,为中华大地绝无仅有。

二十六

壮族达努节——壮族民间宗教节日。农历五月廿六日举行,历四天。首日,家家祭祖,做一缸小米酒,密封在香炉旁,祈词说明献给布洛陀。祭品中,必含三两黄麻。夜深人静,主妇悄悄包粽子,免人看见,煮熟方叫家人享用。次日,老人斗鸟。第三日,杀猪宰羊,远亲近友往来敲打铜鼓,高唱酒歌。末日全寨男女聚集,挑肉、担酒、背铜鼓,上山顶摆歌场、酒宴。男女对歌赛鼓,中老年喝酒诵《笑酒词》,孩童燃爆竹,学打鼓。另外,当然少不了赛马、射箭等。

二十七

五月台会——昔名城隍会、城隍庙会,新谓"洪雅台会"。四川洪雅县民间宗教性节日。于传为城隍神诞辰日农历五月廿七举行。据清嘉庆《洪雅县志》载,每逢会期,会首组织八人大轿,高抬城隍夫妇出巡,前由抑恶扬善的判官、无常、鸡脚神、小鬼开道,焚香打扇紧随,最后是顶礼膜拜的善男信女。会间,展演形态各异的古典戏曲台会,几台、十数台,乃至数十台,规模非常宏大。1986年,改今名。据考,此会源于唐末的灯会、地会、庙会,是对民间灯舞、戏剧、杂技等艺术形式之习用的总称。台会融戏剧、文学、音乐、舞蹈为一炉,乃罕见丰富的民俗活态载体。其间,还辅以物资交流。2008年,洪雅县饮誉"中国民间台会艺术之乡"的称号。

洪雅城隍会——参见"五月台会"条。

洪雅城隍庙会——参见"五月台会"条。

洪雅台会——参见"五月台会"条。

二十八

塔塔尔族撒班节——亦称犁头节。塔塔尔语称"乌买克",意即团会;另译"萨邦节"。新疆塔塔尔族民间传统农事节日。流行于新疆塔城、伊宁一带。农历五月廿八日(另说完成春播后的六月廿日),在田野举行,历六天。相传,塔塔尔族祖先纪念先进农具"萨邦"(犁铧)发明,沿袭庆典,久而成节。此节无固定节俗程序,节曾消失,1986年恢复。节间,大多举行传统摔跤、赛马、拔河、攀高竿等体育活动。最引人注目的是赛跳跑,参赛者,口衔匙把,匙中放一鸡蛋,赛跑时鸡蛋不能落地。另有一道特别的风景,妇女们总要大展厨艺,精心制作各种食品待客,内有用大米加奶酪、杏干、葡萄干、南瓜等烤熟的"古拜底埃"烤饭,用蜂蜜发酵而成的"克尔西玛"饮料,用野葡萄酿成的"克赛勒"酒,等等。

塔塔尔族犁头节——参见"塔塔尔族撒班节"条。

塔塔尔族乌买克——参见"塔塔尔族撒班节"条。

塔塔尔族团会——参见"塔塔尔族撒

班节"条。

塔塔尔族萨邦节——参见"塔塔尔族撒班节"条。

二十九

瑶族夕九节——瑶族民间"补过年"节日。流行于广西桂西一带。农历五月廿九日举行。届时，各寨杀猪宰羊，盛宴狂饮。人人竞着盛装，走亲访友，欢擂牛皮鼓。相传，瑶民祖先本住平原，横遭异族统治者欺压驱赶，被迫艰难迁徙，通过暗洞、亮洞，至今住地建寨安家。到此，忽然想起忘了过年，便照年俗，补过一次。首"补"之日，值五月廿九。人们便定此日为"夕九节"，赓续不辍。

瑶族补过年——参见"瑶族夕九节"条。

三十

本月约当日

大新插秧节——壮族民间传统农祀节日。流行于广西大新等地。农历五月择日举行。明清时代，各家用酒肉祭田神。祭毕，土官或布峒（峒主）先下田插一把秧做样子，其他人再下田。"放流"后，由道公择吉日下田，天未亮，老人先到田中插几蔸，作为开插仪式。规矩是老人出门前要梳头更衣，途中有人叫喊不得答应。迷信认为，答应了禾苗不旺。仪式毕，才正式插秧。是日还有其他禁忌，如孕妇不插秧，男女不行房事，不穿旧衣服，禁说不吉利的话，小孩不得在室外哭，等等。

仰阿纳节——"仰阿纳"，哈尼语意为众人休息。哈尼族部分支系民间节日。流行于云南红河州一带。称谓因地有异，绿春哈玠支系称"苗爱拿"，元阳哈尼称"莫埃纳"，思茅哈尼则称"那尼节"。农历五月上旬（另说暮春插完秧后）择吉日举行，有的地区刻意择牛日欢度，均历一天。节俗事项，各支系略异。哈玠村寨，全村共杀一头猪、一头牛，各家各杀一只鸡，蒸紫糯米饭。早饭前，人们将一碗茶水、一碗酒，泼在割来的牛草上，旋用青草包一碗肉、一碗饭去喂牛，以谢其春耕辛劳。此日，禁止孩童骑牛。节日宰牛，非长者不准动刀。思茅一些哈尼人，节日早餐时每家皆备三样菜：水沟边的木芹菜，田埂的鱼腥菜，山坡的紫花菜。用一张大芭蕉叶铺桌上，摆上这些菜肴，全家围桌共享，同唱"哈巴"。早餐毕，青年们着节日盛装，姑娘们打着漂亮的伞，成群结队，去鲜花烂漫的山上。他们吹着"巴乌"，弹着月琴、三弦，唱歌跳舞，谈情说爱。老人们出寨子，聚集树荫下，吸着旱烟，畅叙山寨历史、农事活动。节日的欢娱，既消除了春耕疲劳，又增进了人们的情谊。

栽完秧休息天——参见"仰阿纳节"条。

苗爱拿——参见"仰阿纳节"条。

莫埃纳——参见"仰阿纳节"条。

那尼节——参见"仰阿纳节"条。

其本哈尔——内蒙古科尔沁草原蒙古族牧民丰收节日。"其本哈尔"，蒙古语意为阉割、劁骟。农历五月上旬择日举行，历一两天。时值科尔沁草原牧草返青，百花初绽，乃骟公羊的大好季节。牧民选择鸡日或马日骟羊。鸡日象征鸡食虫子，羊骟后伤口不生虫；马日表示蒙古族爱马，视马日吉祥，寓羊群会像骏马奔驰,飞快发展。届时,人们早早起来,打扫环境卫生,准备骟羊工具。饭后,便开始忙碌。劁骟当年所生羔羊,附近亲朋好友,不分男女老少,纷纷前来帮忙。骟毕,主人牵来一只大肥羊宰杀,做成手扒肉,加上其他菜肴,招待亲友。席间,宾主频频举杯,唱起悠扬的牧歌,畅谈接羔、骟羊、生产经验,欢庆丰收。

五月庙节——亦称分龙节,简称"龙节"。广西环江毛南族民间最大特有传统节日。节期从族俗"下团辰日,上团亥日":毛南地区以铁坳为界,上团庙节比下团提前五天,上下团分别于农历五月辰、亥日,在三界公庙举行。此节旨在祭祀神灵与祖先,祈求毛南山乡风调雨顺、五谷丰登。祖先为三界公。据传,三界公是毛南山乡饲养菜牛和耕牛之创始人,又是能制服恶鬼的神灵。毛南家家供奉其为保护神。古时,三界公赶牛进山,遇见神仙,吃了神仙给的仙桃,牛亦吃了一种莎树叶和竹叶草。归来后,牛繁殖成群,便改放牧为圈养,形成毛南特有饲养菜牛(肉鲜味美的食用牛)传统。开初,毛南祖先代代刀耕火种,广种薄收。从此,牛取代人力,耕种蒸蒸日上。为缅怀三界公,每到庙节便宰牛祭奠。节日,家家蒸煮五色糯米饭,折回柳枝,插堂屋中间,把糯饭捏成一个个小饭团,粘满柳枝上,象征果实累累;另给耕牛喂一团糯米饭和粉蒸肉,犒劳耕牛一年辛勤。同时,男女老少穿节日盛装,用叫"发多"的宽灌木叶子包上五色糯米饭和粉蒸肉,走亲访友。已婚妇女手提装满食品的漂亮竹篮,头顶毛南特色花竹帽,身穿镶花边的开襟上衣和绲边裤子,佩戴银饰,携儿带女回娘家团聚。未婚男女则相约山野,对歌谈情。入夜,老人们携糯米饭和香烛,去村头三界公庙,烧香敬拜。

毛南族分龙节——参见"五月庙节"条。

毛南族龙节——参见"五月庙节"条。

白族谢水节——亦名田家乐。云南白族民间农祀节日。通常于农历五月栽秧结束的第二天,即"关秧门"时举行。此节顾名思义,含感谢水神之意。届时,全寨人到本主庙聚餐,杀猪宰羊,举杯痛饮,既欢庆栽秧结束,并举祭祈祷水稻苗壮、丰收。餐毕,人们抬上秧旗,簇拥骑马"秧官"巡游寨中。之后,一些人装扮成渔、耕、樵、读等角色,相伴霸王鞭队伍巡回寨中,在平地演出。表演者或用白族传统唱腔道白,多为即兴说唱。表演内容乃民间传说、笑话,妙趣横生,饱赢喝彩。头戴斗笠,笠插秧苗,身着长衫马褂的"秧官",亦在马背作一些滑稽表演。节日表达了人们紧张劳动后轻松愉快的心情和祈盼五谷丰登的愿望。

白族田家乐——参见"白族谢水节"条。

个人渔家祭——简称"渔家祭"。台湾阿美人民间祭祀节日。农历五月择日举行,历两天。渔期开始后第三个月,为祈自己家庭渔猎丰收,因而举此家祭。祭前,村社中每家成年男子用竹竿做成栅栏,围住屋四周,表示断绝外人来往,亦象征渔运不佳,半月后即撤除。节晨,渔人赴海岸将自家小船推下港口,旋赴社郊取回制作晒鱼用的干鱼架木料,到自家水芋田中竖立干鱼架。下午,其妻携上午采掘的水芋三根,悬于架上。次日,渔妇盛装去把水芋取下,回家煮好。渔人先到海边整理小船,在船边拾起十块小石头,置于船尾放鱼糟盖板上,再拾五块较大石头,堆积于船尾右舷。渔人旋归家，着盛装，头戴银质大礼帽，赴水田拔取干鱼架，携回家立于住屋前庭，祝愿捕鱼丰收。仪毕，全家进早餐，食前各自向自己身体祝福，家祭至此结束。

阿美人渔家祭——参见"个人渔家祭"条。

阿美人捕鱼祭——台湾阿美人传统祭祀节日。农历五月择日举行。阿美人以农耕为主，五月旱稻收割后，方入捕鱼季节。传说，古有一神仙，名阿布都尤勒，要阿美人每年旱稻收割后，举行一次祭鱼活动，以保渔猎丰收，因而成节。节日，各村落成年男子集聚溪沟旁，搭一茅屋。青少年、长老们来茅屋旁举行简单的祭仪，即下海捕鱼后将所捕之鱼就地煮食。煮鱼方法独特，先将鱼开膛洗净，后放入一个槟榔皮内，加水并放入烧红的石子，使水沸腾。如此放几次石头，鱼便煮熟。吃鱼要按长幼辈顺序，分开吃。吃毕，返回村落再次举行祭祀仪式，祈神佑渔业丰收。

哈尼族磨秋节——亦称五月年。哈尼族民间传统纪念性娱乐节日。流行于云南哀牢山一带。农历五月择日（多在猴日）举行。作为"苦扎扎"节的一种地区变体，此节一般从该月首个申猴日开始，历三五天。有的地方，则择端午节或火把节期间。"磨秋"，哈尼自创的娱乐工具秋千的一种。哈尼族村寨中心，都竖立一根碗口粗、一米多高的木桩，顶端呈圆锥形。节日当天，小伙们从山上砍来一棵高而直的青松树或栎树，砍成五六米长，正中间凿一凹窟，嵌放木桩圆锥形顶端，即成一个活动型"丁"字秋架。玩时，两端各匍匐一人，互相推着，使磨秋杆一高一低此起彼落地旋转，悠悠荡荡，状若推着一个巨大磨盘，故称"磨秋"。旋转时发出吱吱声越大，则认为越吉利。玩磨秋叫"撑磨秋"或"骑磨秋"，堪称哈尼族最喜爱、最普遍的一种娱乐活动，逢年过节总少不了。此节来源有个悲壮的传说。相传古时，太阳、月亮出没不定，庄稼收成很差。山里有俩兄妹，勇于献身，转着磨秋飞上天，去劝说太阳、月亮昼夜交替出没。可惜，兄被太阳烤死，妹被月亮冻死。为了缅怀兄妹，人们便每年农历五或六月过一次磨秋节。流传中，磨秋节又成青年男女结交连情的好日子。

哈尼族五月年——参见"磨秋节"条。
苦扎扎——参见"磨秋节"条。

雷音寺踩青——汉族民间传统节日。流行于山西大同一带。农历五月间择日于大同城西雷音寺举行，历五至六天。时值踏青季节，周围百里民众纷至沓来，盛装赶会，进行物资交流、歌舞娱乐。青年男女则借机连情择偶。倘逢大旱，则举行龙王取"活水"圣典，即人们将龙王神像抬至阳合坡取"水"。村民蜂拥随后，追逐吉祥，虔诚求雨，场面盛大异常。

雷音寺取活水——参见"雷音寺踩青"条。

祭敖包——亦称祭鄂博、塔克勒恩节。蒙古族民间传统隆重节日。流行于内蒙古、青海、新疆、甘肃等省区。节期因地有异，或农历五月中旬，或农历六月上旬，或秋天。另有与那达慕大会并行者。祭敖包形式有二：一是旗（县）祭，由旗出面组织，准备整只羊、奶食等祭品；一是苏木（乡）祭，由苏木准备祭品。敖包有两种：一种全是石头所砌；一种底部砌石头，上边插红柳条。敖包状似小白塔，下大上小,共两层,顶端插一铁三股杈(昔多为兵器),四周配五色布条绳子,与地面拴牢。人们视之为圣物,平时路过敖包,照例下马;凡立过敖包之地,则成为永久性的保护区。祭祀当日,人们着节日盛装,或骑马,或乘车,成群结队地拿着红白食品,从四面八方涌向固定的敖包。祭礼开始,在敖包前摆祭品,组织者致辞,喇嘛们焚香燃灯,诵经念咒,祈神灵保佑。尔后,参与者们从左向右绕敖包转三圈,每人从地上拣几块石头,扔在敖包上。敖包因此一年比一年高大雄伟。接着,人们一起吃、喝、跳、唱、摔跤,开展赛马、射箭等文体活动。祭敖包初始含义仅为纪念此山头上作战有功和战死此山的英雄,表达敬佩和怀念之情。随着时代发展,增进新内容,如以此祝愿来年风调雨顺、国泰民安,欢庆畜牧业生产丰收,青年男女借机相识连情,等等。新中国成立后,逐渐被那达慕大会取代。其由来说法纷纭:一说源于元代,一说源于引进藏俗。藏族习惯于在石头上刻佛教"唵嘛呢叭咪吽"六字真言,放在山里,人们路过此地,自动向此扔添一块石头,日积月累,石堆逐渐高大。人们又在上面插经幡之类,即形成"嘛呢堆"。16世纪以来,在蒙古土默特部首领俺答汗家族的倡导下,蒙古族人民先后信仰了喇嘛教(藏传佛教),仿藏族堆"嘛呢堆"的形式堆"鄂博",即敖包。

祭鄂博——参见"祭敖包"条。
塔克勒恩节——参见"祭敖包"条。

苗寨望月亮——苗族民间男女社交节日。流行于贵州平塘新塘一带。农历五月择日开始,至七月十五日结束。节间每夜,小伙们结伴,带上笛、箫、笙等,到邻寨吹奏娱乐。彼寨姑娘闻声,便成群出寨,先用歌询问,旋一起往下戏耍,调情对歌,直至月落,方各自归寨。经多次集体对歌,有意者便双双单独会谈。节日结束时,中意男方前往女方提亲;连情失败者,等来年"望月亮"再碰运气。

瑟宾节——意为欢乐祥和。鄂温克族最重要的传统节日,约当汉族春节。流行于大兴安岭与呼伦贝尔大草原结合部。农历五月中下旬择日举行。据史载,鄂温克族祖先每次猎获熊一类猛兽,皆歌舞庆贺三天,是为此节之雏形。后因熊数量急剧减少,鄂温克人开始捕猎貂、鹿等,此节慢慢过渡到祭祀山神,狂欢内容不断丰富,增加模仿动物、飞禽的歌舞表演,狩猎、采集生产劳动竞技游戏,以及源自取暖狂欢的篝火舞等。随着时代发展,如今此节的宗教色彩日渐淡化,渐变为一年一度的盛大狂欢。届时,男女老幼竞着节日盛装,相聚河谷草滩,共度佳节。除祭山神外,更多的是民族歌舞表演、传统竞技、游戏、野餐酒宴、篝火晚会等。在野餐酒宴上,晚辈须向长辈敬献马奶酒,老人则给孩子们分发吉祥的礼物,人们欢歌笑语、狂欢通宵达旦。节日原始古朴的风韵犹存,独具特色,已跻身第三批国家级"非遗"名录。

布农人射耳祭——亦称打耳祭,布衣语称"马那克塔而样",意为射鹿耳。台湾布农人传统祭祀节日。农历五月(另说四月)择日举行,历七天。射耳祭目的是祈求打猎丰收,同时体现布农人团结合作的精神,有射鹿耳、烤肉、祭猎枪、祭兽骨架等仪式。首日,男子带狗去打猎。勇士手握刀箭,由女巫祝福以求丰收而归。女子在家酿酒。第二日,男子野外打猎。第三日,泼酒祭兽骨架。第四日,举行射耳仪式。猎人满载猎物归来后,先从司祭家搬出本年度所猎鹿耳放在树杈上当射靶,众人在两米许距离外射之。随后，族人教导三岁以下的小男孩练习打耳，希望每个小孩长大后都当勇士。射毕，举行烤肉仪式。先将鹿耳移屋内，男子们入屋，闭门不让妇女与鸡犬入内。屋中，将石板石置地上，司祭钻木取火，燃于石上，口念咒词，在火上挥动鹿耳，然后挂于屋檐下。接着，参加成员集中两月来所获兽肉，围火炉而坐，传递内盛玉米甜酒之瓢，各浸指头尝之，祭仪至此结束。之后，将肉平分众人，熄火收拾石板石，即开始宴饮。宴时，可让鸡先入。宴毕，将全部兽骨头移于部落共同的兽骨架中，并泼酒祭之。此间，男子须离开祭场回家一趟，参加妇女们在家中举行的祓除祭仪。待男子们再回祭场，即分食酒肉，放开歌舞。其合唱，布农语称"巴西普多普多"。男女各围成圈，男在里圈，女外圈，齐发不同音调，表示手牵手，心连心，全族团结一致。他们间或狂呼呐喊。歌舞之间，由头领赐酒，族人轮流手执酒盅狂饮欢呼，展现豪迈刚毅的性格。饭饱酒酣，开唱布农组曲古调，颂先人胼手胝足、拓荒奋斗辛酸的史迹。组曲以四部合唱形式，舞蹈则集体齐步，热情奔放。第五天，称"忌火的休日"，不动火。第六天，举行苎麻收获。第七天，禁下田野，免今后打猎遭风雨。隆重盛大的射耳祭至此结束。

布农人打耳祭——参见"布农人射耳祭"条。

马那克塔而样——参见"布农人射耳祭"条。

布农人射鹿耳——参见"布农人射耳祭"条。

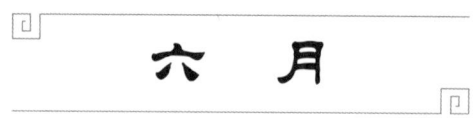

六 月

初 一

过半年——亦称半年节。天津、台湾等地汉族民间传统节日。农历六月初一，照春节之例举行。相传，清光绪年间，天津瘟疫流行，死者甚众，一时人心惶惶。有神仙点化曰："只有过年，方可禳灾。"然时值五月，众议于六月初一，加"过半年"。此举果然奏效。从此，每逢是日，家家吃馄饨，一如春节。日久，流传台湾部分汉区，俗制略同，已去迷信色彩。

半年节——参见"过半年"条。

布依六月节——族称"过小年"。壮族布依支系较隆重大节。流行于云南广南、麻栗坡、马关、文山、砚山、邱北等县。农历六月初一（另说初六）举行。届时，家家举行传统祭献活动，宰牛杀鸡，染彩色糯饭，备办好酒肉饭菜，由家主端捧竹榻上，让全家祭献祈祷，祭献首领侬智高。相传，宋皇佑年间，侬智高因不满朝廷欺压剥削壮家，率兵起事，杀贪官，取钱财，赈济各族穷人。一时间，壮、苗、瑶、彝各少数民族纷纷响应，参加造反。短短几月，侬智高连破桂、粤十二个州城。朝廷大为震惊，急令狄青率大军南下镇压。狄率精兵偷渡昆仑关险隘,大败侬于归仁铺。侬败走富宁、广南、麻栗坡、马关一带,最后被困一座大山中。此山一说是广南五子山,一说是麻栗坡县城东大山。侬被困数月,粮草断绝,人畜饮水亦断。一夜,杀掉战马,用马血煮饭,让将士饱吃一顿,于次日(农历六月初一)晨冲杀下山,拼死突破重围。故此,每年此日,壮家就杀牛杀鸡,举行祭奠。起初,用马、牛血染糯米,后用红饭草煮汁代之。染糯米的颜色不断增加为红、橙、黄、蓝、黑、青、紫等,无所不有,格外鲜艳。尤其不缺红、白、蓝、黑四种。据老人讲,侬智高队伍中,多数是壮族,也有汉、苗、瑶、彝等族士兵,红代表壮族,白代表汉族,蓝代表瑶族,黑代表彝族。另传,侬智高部队在六月经过之地,那里壮族就过"六月节";七月经过之地,那里壮族就过"七月节"(七月初一举节)。为避嫌,六月节借杨六郎之名,改称"六郎节";七月节借杨七郎之名,改称"七郎节"。年年相传,自宋朝至今。"六月节"规模盛大,寨寨都由寨主出面组织,共同买牛宰杀,在村头龙树下祭献,旋聚晚餐。吃不完的肉,分别带回家。回家后,各家还要杀鸡杀鸭,祭献祖宗。

布侬过小年——参见"布侬六月节"条。

六郎节——参见"布侬六月节"条。

七郎节——参见"布侬六月节"条。

布侬七月节——参见"布侬六月节"条。

山东祭冰雹——汉族民间传统农事信仰节日,旨在祈丰收、去雹害。流行于山东曲阜、邹县一带。农历六月初一举行,每年必祭,沿袭成节。届时,有人自荐当会主,挨家征集小麦。每户皆捐,多少自便。旋将麦子尽卖换钱,买香烛,办祭礼。祭时,人们把玉皇大帝牌位供于村头十字路口,摆酒肉、果品、花伞、扇子等,请道士诵经作法,众叩拜,祈玉皇保佑。会后,会主、道士将祭品饱餐一顿,作为酬劳。此节已泯。

长年佛诞——汉族民间宗教节日。流行于福建霞浦县罡溪岭一带。农历六月初一举行。相传,古有一长工终生吃斋念佛,能助众生消灾祛病,誉称"长年佛"。人们,尤其来此做工的异乡人,遂于是日,纷纷来罡溪岭下如是庵中,向身披袈裟、头戴毗卢帽、端坐殿堂的"长年佛"替身,顶礼膜拜。求神妇女,要上前抚摩佛身,许愿者附耳诉说心愿;有的则以新汗巾或肚兜擦拭佛身,拿回再抚拭病痛者患处,可使痊愈。

痘疹娘娘祭——汉族民间趋吉辟邪传统节日。流行于山东曲阜一带。农历六月初一举行。当地有种牛痘,祭拜痘疹娘娘以祈全家平安之俗。节晨,种痘之家,须于家门口挂红色布衫或红布条。中午,在家祭痘疹娘娘牌位,进奉果品、糕点,明烛焚香,烧纸,放鞭炮,并往院墙外抛水果、糖果和硬币。此节已式微。

杭州烧田头——亦称请五谷神。汉族民间传统农事节日。流行于浙江省杭州一带。农历六月初一举行。届时,要请五谷神,家家将面粉、红糖和发粉放在米筛里,做"米筛爬"(状似海参的食品)。再用锄头挑着两个篮子,各放香烛、酒饭,走到自家田头,摆好祭品。全家人把残缺的田埂垒高,便绕田祭拜。祭毕,分吃"米筛爬",以祈人富年丰。

请五谷神——参见"杭州烧田头"条。

下丹药日——亦名存伏前水日。汉族民间传统节日。流行于浙江宁波一带。农历六月初一举行。相传，吕祖大仙是日要在水中下丹药。届时，人们便争相前往水边，挑水贮存，多用于三伏天晒酱，因此称"伏前水"。另，农民还在此日预卜当年雨水，降雨则风调雨顺，否则将夏旱连秋。

存伏前水日——参见"下丹药日"条。

彝族斗牛节——彝族民间健身竞技节日。流行于云南部分彝族地区。农历六月初一举行。相传，某年六月初一，有两头牛激烈角斗，一白一黑，十分威武。这时，来了一位骑马仙人，高喊一声："白牛上天，黑牛入地。"两牛立即消逝。此年人们种的荞子喜获大丰收，便认为与神牛斗架有关。从此，每年此日，人们都要举行斗牛活动，以祈丰收。届时，先让群牛竞斗，后选出强者，争夺冠军。获冠军的牛非常荣耀，由败方的主人给它披红挂彩，以示祝贺。另传，一头冠军牛缠着红绸回家，路遇一老虎，牛将虎抵在田埂下，一天一夜后死去，牛亦力竭而亡。挂红绸，是为表彰牛为民除害。节间，男女青年往往趁机举行歌舞活动，由三弦伴奏，尽情欢歌起舞。

白云山歌会——亦名六一歌会。畲族民间传统节日。流行于福建福安县。农历六月初一，于留样一带白云山举行。届时，周边汉族等其他民族游人、香客纷至沓来。白天赶会，夜晚观看对歌。对歌通常自初一夜，持续至次日天黑，人们乐此不疲。畲族山歌，因地曲调多异。此处主要流行福安、宁德两县的"福宁调"。按俗，其他地方歌手，须用此调对歌。

畲族六一歌会——参见"白云山歌会"条。

六月大会——俗称过会。裕固族传统宗教节日。流行于甘肃肃南县裕固族聚居区寺院。各寺会期有异，多于农历六月初一至十五日举行。届时，山区牧民要请喇嘛念平安经，上山祭鄂博。途中，人们手拿鄂博杆和清茶，来到规定祭神地点，边向山上洒清茶，边祈求山神保佑。

裕固族过会——参见"六月大会"条。

莲花山花儿会——回族民间传统歌会。流行于甘肃临夏州一带。农历六月初一，在莲花山举行，历六天。花儿，青海、甘肃、宁夏一带回、土、东乡、撒拉、保安、藏、汉等族人民喜闻乐见的一种民歌，歌词用汉语编唱，歌手主要是回、汉民众和会汉语的土、藏、东乡、撒拉、保安等族男女青年。甘肃临夏乃著名花儿之乡。宁夏的花儿以六盘山一带最盛。花儿俗称"少年"。唱花儿，称"漫少年"或"漫花儿"。花儿发源地有三：一是河州地区，即今甘肃临夏县，叫"河州花儿"，现遍及临洮、康乐、和政、广河、永靖、夏河等县，且流传宁夏一些地方；二是洮岷地区，即现临潭、岷县、卓尼一带，叫"洮岷花儿"；三是西宁地区，即今西宁、湟源、贵德、乐都、互内、循化一带，叫"西宁花儿"。三地花儿各具特色。不同花儿，各有不同句、令、调。河州花儿的"句"，一般四句，少数也有六句的。西宁花儿的"句"与河州花儿相同。唯洮岷花儿一般是三句，也有六句的，叫"双套花儿"。"令"是花儿曲名，"调"是花儿歌谱。不同的令有不同的调、不同的唱法。莲花山指岷山支脉莲花山的主峰，海拔三千七百米，位于临夏州康乐县南部和甘南州临潭县交界处，距康乐县城五十五公里。此山峻峰壁立，万木滴翠，风景十分秀丽。远处眺望，一排排挺拔石峰，插入茫茫云海，宛如一朵出水初绽的莲花。古诗有赞："西倾积石几千峰，不及莲花绝黛容；休与峨眉争虚宠，愿投碧落作神工。"会间，临夏回族及方圆数十、上百里的藏、土、东乡、撒拉、保安和汉等族纷至沓来，多达四五万人。他们各着民族盛装，手摇彩扇，打着旱伞，三三两两，边走边唱，对歌唱生活、赞爱情。与会歌手，一般由男女十人左右，组成临时花儿班子，由一才思敏捷、出口成诗的"串把式"负责现场编词；两三个歌喉嘹亮者轮流领唱；待唱到"花呀莲叶儿"时，所有人同声应和。初六，花儿会达到高潮，拦路、对歌、游山、敬酒、告别等各项程序均伴随优美歌声。许多青年男女，则借此机会互表爱慕。节日起源于民间的动人故事。相传，很久以前，广成子云游到此，莲花仙女伴随而来。仙女爱慕民间劳动少年，被广成子打落凡间，化为一座莲花山。人们深怀敬慕，为她修庙纪念。庙宇甫成，忽闻天上传来歌声，莲花山对面姐妹峰上，闪现一对姑娘，手拿莲花，轻摇彩扇，在青山、云间载歌载舞。山风吹落莲花叶儿，她们每曲终了，都抱着"花呀，莲叶儿"的尾声。这天正值六月初一。人们便决定每年此时举会，世代相传至今。

傈僳族祭山神——傈僳族宗教祭祀节日。流行于云南丽江等地。节期因地有异。丽江在农历六月初一，以村寨为单位进行。届时，各村寨集体祭祀，宰绵羊做祭祀品。羊由各户轮流分担。羊头要留一半，送给下一年承担宰羊的人家。参祭各家自带粮食和酒。平常猎获野物后，也祭山神，地点多在野外临时住棚。祭时，要把野物的皮剥到脖子，割下身子及一小点肝，全供山神前。之后，从火塘抽出一根烧着的柴火，烧野物眼睛，并说："你瞎了眼，怎么跪到我的弩弓前呢！"另，祭时还要吹三声口哨，意为呼唤猎狗。

福泉看会——布依族民间传统节日。农历六月初一至廿六日举行。流行于贵州福泉一带。当地传为二郎神诞辰日农历六月廿四系正会期。据传，旨在向灌口二郎神求雨，以保庄稼丰收、人畜兴旺。祭祀活动由二郎会主持。初一，先举行"发兵"仪式，人们敲锣打鼓，上街晓喻群众"看会"开始。廿三日，迎"齐成菩萨"，众人抬齐成菩萨和一些小佛像，游街一周，送回二郎庙内。廿四日晨，为"天狗扫街"，拉着一只带轮的木雕天狗游行，沿街居民纷纷杀鸡，以鸡血淋之。中午，主祭人焚香上供迎二郎神，旋抬二郎神像游街祈雨，直至南门通远桥边。然后，十六人拉纤索，十六人扛正杆，爬坡进城，并追捉"开山""压班"。两者均由人装扮，分别戴黑、红色脸壳，身着铠甲，行于二郎神前面，由众人擒获再放开，而后再擒，如此反反复复。沿途人家在门前设祭，并让抬神轿者分食祭品。直至夕阳下沉方归，俗称"跑坡式"。陆坪一带，则举行"换神式"。众人抬着二郎神，到马黄井，换上土地菩萨游街，第三天再用土地换回二郎神。牛场一带则举行"穿花式"，即在街中心搭起高台祭棚，上坐六个童男童女。主祭人读毕祭文后，众人即抬二郎神穿街过巷巡行。当地相传，六月廿四为二郎神诞日，此日祈雨，灵验尤多。祈雨毕，人们还要开展对歌、跳芦笙舞、唱戏等文体活动。观会者数以万计。此节渐泯。

初 二

六月二——亦称祭伯公、祭三界公。广西罗城仫佬族民间宗教节日，旨在祈求"保苗神"保苗赐福。以种水稻为主的地区,农历六月初二举行;以旱地为主的地区,节期为初六。祭仪设托灵社坛附近大树下、神像前或村前田峒土台上。有些旱作区,则在田边地角以石头为神像。祭时,先将祭猪拉到神坛或庙内宰杀,让神灵享用"血食",旋砍下头、脚、尾,连同内脏一起煮熟。另还有一只煮熟的鸡共作祭品陈列神像前,焚香、敬酒,顶礼膜拜。祭毕,各家出一人参加神坛前会餐。最后,将猪肉分各户。主祭俩头人及其副手,由各户轮流担任,头年任副职,先熟悉礼仪,次年转正。正头人任期一年,不得连任。

祭伯公——参见"六月二"条。

祭三界公——参见"六月二"条。

莫一大王节——亦称五谷庙节。壮族民间祭祀性节日。流行于广西红水河中游、龙江、柳江、融江两岸。于传为莫一大王诞辰日农历六月初二举行。大祭在五谷庙进行,小祭以家为单位。相传,莫一是南丹壮族人,幼失怙,帮人牧牛为生,受尽欺凌。稍长,听说父亲因反抗压迫被丢下深潭,遂入潭寻父。他在水中见到一头神牛,竟是他父亲所变。神牛给他一串明珠,他吞下肚里,力气大增,能用伞尖把敢于拦阻河池五圩河的大山捅出一个大洞,把河水导向九圩;还能以伞赶山造海,又从中熬盐送给百姓。皇帝要拿壮人的皮盖宫殿,被莫一挫败。皇帝要杀莫一,他便决心率当地人民反抗。他每天舞动四百斤重的大刀,拉动三百二十斤重的弓弦,练好武艺,专等皇兵。皇帝派兵马杀来,被莫一战败。皇兵便以高官厚禄诱他,他毫不为之所动。官军无奈,去请天神相助。天神躲在云里,从云层中偷袭,砍下他脑袋。他没有倒下,提着脑袋飞上云端,大笑三声,把官军吓得魂飞魄散。

壮家认为莫一是刑天式的大英雄,非常崇敬,将他奉之为祖先,在神龛上立他的神位。每逢他诞生日,都要叩拜。据考,此节实乃黄牛图腾纪念日,每年一小祭,六年一大祭。小祭由各家在自家宰鸡杀鸭,焚香点蜡,在厅堂神案下的方桌放置各种祭品,纪念莫一。大祭甚隆重,在莫一大王庙举行。一猪一牛两牲作供品。仪式很特别,先请师公念经,然后杀牲,将其肉、骨头、肝、肠等分成十二个部分,各做一道菜分二十四份。先摆一份,隔一些时间再添一份,不能同时供祭。一面摆,一面诵经,摆齐后焚纸行礼。礼毕,将菜按户数分成相应等份,每户一人,参加会餐。

五谷庙节——参见"莫一大王节"条。

六月法会——亦称佑宁寺法会。土族民间传统宗教节日。流行于青海互助。农历六月初二至初九,在佑宁寺举行。佑宁寺始建于明代,后焚毁,清雍正十年(1732)重建。该寺位于互助城东北二十五公里的许寺滩,乃大经堂和六个小经堂为主体的殿宇、僧舍组成的完整的土、藏、汉族风格结合建筑群。最高山巅有天门寺。悬崖隙间有尼达殿、嘉赛殿。大经堂前有古松和菩提树,烟雾缭绕其间。云霞影里,经幡飘动。会间,方圆数十里土族民众,大都停止劳动,善男信女更携带香烛、纸钱、供品到寺院敬香还愿。喇嘛们每天必聚经堂念经三次。殿堂里,香烟缭绕,油灯闪烁,钟声不断,不少人供饭、供茶。六月初八、初九,举行盛大的"跳官景"仪式。届时,寺院挑选出三十余喇嘛,组成跳神队,戴面具,装妖魔、鬼怪、佛神,击鼓跳舞,以祈风调雨顺。另,会间还有赛马、摔跤、踢毽子、打毛蛋(用羊毛线缠成的圆球)等活动。祭奠、参观者时达万人。

佑宁寺法会——参见"六月法会"条。

隆林吃虫节——仡佬族民间农祀节日。流行于广西隆林一带。农历六月初二,于吃虫庙前举行。相传,古时仡佬山乡虫灾严重,农田连年歉收。众人愁眉不展。于是寨老们经过商议,悬赏三头大肥猪除虫害。公鸡、鸭子和道士去除虫,均失败。某年六月初二,一位叫甲娘的贫寒妇女带着孩子回娘家,买不起礼物送父母,快到娘家门口,便停步下来。孩子下田捉虫玩耍,一时捉了很多。甲娘将虫子包起来,当作礼物,带进娘家,用油炸来吃,竟十分可口。一下传开,人们争相仿效,纷纷下田捉虫,俾害虫大减,粮食丰收。人们感谢甲娘,将三头大肥猪赏她。甲娘则杀猪回赠乡亲。甲娘死后,众乡亲在田里建一座吃虫庙,以示纪念,后逐渐演变成节。届时,凡已嫁女均须按时赶回娘家过节,并在途中捕捉各类害虫,带回娘家吃。食毕,全村男女老少,聚集吃虫庙前,歌舞一番;旋敲锣打鼓,穿行田间地垄,边走边捕捉害虫,并插上染鸡血的小白旗,向害虫示威。

柳条节——俗称泼水节。部分汉族、俄罗斯族民间传统节日。流行于东北及新疆部分地区。农历六月初二举行。节天,人们为表尊敬、祝福,用树枝蘸水,互相点洒,祈消灾免难。如今,常常改用脸盆泼水。小伙们难免趁机"泼"姑娘示爱。泼水之后,人们聚集清爽之地野餐。待酒足饭饱,年轻人习惯下河游泳。

汉族泼水节——参见"柳条节"条。
俄罗斯族泼水节——参见"柳条节"条。

初　三

韦陀菩萨圣诞——佛教节日。农历六月初三,在诸佛寺举行。韦陀(韦驮)菩萨,亦称"韦陀天",梵名音译为"私建陀提婆",意为阴天,原是印度婆罗门教的天神,后归化为佛教护法天神。韦陀菩萨是四天王座下三十二将之首,唯一被允许面朝佛祖的菩萨,矗立于中国佛教寺院最靠近寺门的四天王殿内,以守护伽蓝(即道场)。其形象,多为身穿甲胄,手持金刚杵。信徒奉之为护法使者、正义化身,给人一种勇敢、威猛的感觉。因而很多修行之人都希望供奉韦陀菩萨来提高自己的正义之气,并提升自己的境界。每逢韦陀圣诞,僧俗纷纷焚香明烛,顶礼膜拜。

韦驮菩萨圣诞——参见"韦陀菩萨圣诞"条。
韦陀天圣诞——参见"韦陀菩萨圣诞"条。

辛屯礼至节——亦称李子节。白族纪念性娱乐节日。流行于云南鹤庆县辛屯地区。农历六月初三举行。届时,辛屯七个自然村的白族群众,皆着艳装,以主人身份去外村盛邀各自的亲朋好友,到柳树村大庙聚会做客。是日,几乎家家户户都杀鸡宰羊,乃至杀猪,以款待客人。这一天他们还请来戏班,在庙中为客人们演戏。青年男女举行对歌活动,寻觅理想伴侣。

辛屯李子节——参见"辛屯礼至节"条。

塔尔寺六月大庙会——藏传佛教塔尔寺宗教节日。农历六月初三举行,历十天。庙会旨在纪念释迦牟尼降凡和弥勒佛出世。布置、供养、法事等与"正月大庙会"略同。突出的仪礼是出示寺院全部公有宝物。初七上午展布大佛像,仪式略同"四月大庙会"。下午跳法王舞。初八是正日子,上午举行弥勒佛转世祭仪,由一喇嘛化装弥勒佛大像,执乐器、香炉、幢幡等,引导数百名喇嘛各执寺中宝物一件,转寺院一周后返原处。下午跳"坚桑"舞。

初 四

荷花生日——汉族民间传统节日。流行于江苏一些地方。农历六月初四举行。清末民初胡朴安《中华全国风俗志》载,"六月初四日俗谓荷花生日,凡有池塘植荷者,以纸作灯,燃之放于中流",以祝祭荷花神。

响浪节——另译香浪节、浪山节。藏族民间传统节日。流行于甘肃夏河一带。农历六月初四(另说农历六月中下旬择日)举行,通常历三五天不等。相传,已历数百年。"响浪",藏语意为游玩、转山,类似汉族的踏青、春游。相传,昔时寺院僧人须往较远地方打柴,当日难以返回,便择依山傍水、花草繁茂之地搭帐篷过夜,劳累之余哼唱歌曲,游山玩水。此举传到民间,久而成节。另说,最初人们背着经书,举着幡杆,抬上佛像,在喇嘛带领下,绕田间地头转圈,求神灵保佑丰收,继而逐渐演变如今。届时,以家庭或村寨为单位,相互邀约,带着丰盛的酒肉食品和行李,前往牧草如茵的草地、山坡,搭起帐篷,点燃篝火,煮上酥油茶,摆好牛羊肉、青稞酒、奶食和果品,各自稍微小憩,继而各家互访、祝贺。节间,周边农牧民纷纷骑着披红挂绿的骏马、牦牛,赶来参加赛马、赛牦牛、射箭、摔跤和"大象拔河"等活动。主持人向各地来客祝酒后,便逐项开展比赛。喜爱的传统体育项目是"大象拔河",即两人进行,双方绳套颈项,从裤裆下拉过,背对背,双手扶地,拉好架势,听裁判鸣哨即相互开拉,仿大象动作。规则近似拔河,三局两胜,优胜者获精神和物质奖励。诸赛结束,人们会集,围成圆圈,在锣、钹、唢呐等乐器伴奏下,唱热情奔放祝酒歌,跳欢乐的锅庄舞、弦子舞。还表演传统藏戏节目,演员们头戴各种面具,或扮神,或装鬼、扮兽,即席演出,不施帷幕,不搭戏台,颇有民族特色。节夜,青年男女谈情说爱,拿着扎有红绸带或一撮白羊毛的酒瓶,一边相互传递饮酒,一边唱优美动听的"拉也"(情歌)倾吐爱慕。他们通过对唱情歌和交往,选择心上人。

香浪节——参见"响浪节"条。

浪山节——参见"响浪节"条。

三都吃鸭节——苗族民间传统农事节日。流行于贵州三都县都柳江一带。每年六月初举行,具体日期由当地巫师择定,通常是卯日(六月初四)或戌日。此节实乃从春耕大忙到插秧结束,人们辛劳的小憩。节晨,全村各户主要男劳力,在村里活路头的带领下,扛着犁耙到河边或沟边洗净犁耙上的泥,插上草标,然后扛回家放好,表示插秧结束。其时,妇女在家包粽子。男人回到家,便杀一只鸭子,将几根鸭毛插在火塘边板壁上。鸭子去毛开膛煮熟后,切下鸭头、鸭尾部、鸭脚掌,加上一点鸭杂碎,放进一个大碗,表示一只整鸭,然后摆到火塘边,并摆一碗酒和一个粽粑,严肃祭祖,让祖上先过节。之后,鸭子再放进锅,加上糯米,煮成鸭稀饭(粥),醑酒于地,全家老少才吃鸭肉和喝鸭稀饭。当地认为,吃(喝)鸭稀饭可避邪、健身。夜晚,妇女们盛装打扮,聚集跳月场(芦笙舞场),男人们吹着芦笙舞曲,妇女们便跳起撒秧、栽秧、薅秧等舞蹈。人们兴致勃勃,直跳到破晓鸡啼,男人便把粽叶和被杀鸭的毛,拿去插在自家稻田水口处,预祝秋后丰收。

初 五

六枝过小年——亦称六月六。布依族民间传统节日。流行于贵州六枝地区。农历六月初五开始,历三天。届时,家家制作各种粽子,比赛谁家粽子款式多、形状好、味道香。初五上午,大人们带着自家孩子,去水田入口处祭水田。相传,这里是其先民居住之地,此祭是为世代不忘祖先开山造田功德。祭时,先用树枝搭个桌架,上面铺盖树叶,摆祭品,燃香火。人们歌颂先民功德,并祈求保佑水源充足、风调雨顺。祷告毕,旋杀鸡,将鸡血洒在树叶桌上,将鸡血、鸡毛粘上树叶,意为招徕田里害虫,以便先人将其赶走。下午,各寨集体祭"神山",在"神山"选择六或八棵古老的大树,内最大者为主祭树。树前搭木叶桌摆放供品。树下撑花伞代表男性,摆银项圈代表女性。寨老宣布开祭。人们将一头活猪拉到主祭树前,其他树前各放一只活鸡。寨老烧纸念祭词,旋杀猪宰鸡,就地掘灶煮肉。煮熟后,寨老再次主持上供,并致祭词。最后,将所有的菜合煮一锅,谓"一锅汤",全寨成员聚会野餐。最后,再将残剩部分,分各家带回喂牲畜,让牲畜吃后不发瘟病。初七晨,村民宰狗、烹狗,灌制狗肉香肠。中午,男女青年举办社交活动,欢歌纵舞。小伙们上山搭起茅草棚。姑娘们梳妆打扮,上山查看小伙们的手艺,与他们对歌跳舞,暗中物色伴侣。晚上点火把,一处开头,四下响应,满山遍野顿时遍布欢舞的火花和繁星般的火把。据说,哪个村寨火把舞得最久,烧得最旺,哪个村寨就兴旺发达,否则将被视为不吉。其中,最忌讳火把中途熄灭。舞完火把,青年人继续对歌,双双对对隐身树丛,互诉衷情。中华人民共和国成立后,其祭祀部分已渐淡化。

六枝六月六——参见"六枝过小年"条。

七里寺花儿会——土族民间传统盛会。流行于青海民和一带。农历六月初五,在七里寺举行,历两三天。届时,小伙子身穿绣花小领、袖口镶黑边的斜襟白汗褂,外套黑色或紫红色坎肩,腰系绣花长布带,下穿蓝、黑二色裤;少女、少妇上着绣花小领、镶花边斜襟的长衫,外套为或黑或蓝或紫镶花边的坎肩,两袖由五色布块接成,腰系刺绣宽腰带和丝绸彩带,挂以花手巾,足穿绣花鞋,头戴"扭达尔",耳挂银坠,手戴镯子、戒指。他们和当地及附近回、藏、撒拉、汉各族民众,纷纷赶会,欢乐赛"花儿"。先是自由独唱、齐唱。情绪上来,便开展比赛。形式是一对一,或男对男,或女对女,或男女互对。经反复较量、淘汰,直到强手相对,把花儿会推到了高潮。赛毕,各族歌手互赠礼物。有的男女青年借机进行社交,若中意,便双双离去,去树丛、山坡、溪旁谈情说爱。会间,还有赛马和传统戏演唱。远近大小客商摆摊设点,出售商品,收购农副土特产。

藤将军会——汉族民间传统纪念性节日。流行于山东荣成一带。农历六月初五举行。一村一会,或数村一会。相传,早年荣成东山,海贼出没无常,百姓深受其害。清道光年间,朝廷派登州藤将军率水师剿贼。鸡鸣岛一战,将军右手负伤,遂用左手连杀十八海贼,终于平定匪患。孰料,将军却坠海殉难。人们怀念藤将军,在县城东十五公里的成山上建庙塑像,定期祭拜。届时,附近成千上万的百姓纷至沓来,聚山集会。商贩兜售商品,艺人连唱大戏五天,热闹非常。同时,各村的将军会,照例在将军神位上摆"姥姆驾",鸣放鞭炮,巡街游行,参拜神灵祈福。午后,人们饱餐一顿,称"吃会"。赴会者均交些钱,并推举一人主持会事。

傈僳族浴牛节——傈僳族民间传统农祀节日。流行于云南兰坪县岩头乡等地。农历六月初五(六)举行。相传,牛本生活天庭,日子甚为舒坦。一天,牛俯视人间傈僳族人,都吃野果为生,便心生同情。到春播季节,牛背着天神,把收藏葫芦的五谷种子洒向人间,让人间有了五谷,傈僳族免于饥馑。天神悉知,一怒之下把牛推下人间。傈僳人感激牛的恩德,让它待在家里歇息。然而,善良的牛看人们用肩背拉犁太辛苦,便毅然承担重负,为人们拉犁。天神知道后,又令有司放出各种冰、霜、虫等灾害,百般作祟。为确保丰收,每年栽种完毕,牛都上天请求天神,不要降灾祸害百姓。为感激牛的恩德,傈僳人遂于每年六月初五春耕结束后特意给牛洗澡,专门熬一锅放了盐的稀饭喂牛,并由家中最年长的妇女为牛祝福,祈求它回天庭时向天神求情,以消灾免难。

初 六

六月六——亦称天贶节、晒虫节、洗晒节、亮宝节、晒红绿节。全国汉族地区普遍流行节日。农历六月初六举行。节日起源传说纷纭:其一,宋真宗赵恒于某年六月六,声称上天赐给他一部天书,定此日为天贶节,还于泰山脚岱庙建天贶殿。天贶,意为天赐吉祥。其二,此日乃龙王爷晒鳞的吉日。其三,唐高僧玄奘从西天取佛经回国,过海时经文被海水浸湿,于六月六将其取出晒干,此日演变成吉日。其四,源于道家称谓。古时是日,皇宫室内亮(晾)档案,寺庙晾晒经书,读书人亮(晾)典籍,一般人家晾晒衣物,纷纷竟亮"家底",借盛夏烈日驱除不洁污秽。而今,各地仍纷纷抓紧晾晒衣服、器具和书籍,如童谣"六月六,晒衣服(晒红绿)"云。妇女则洗头、洗身,以趋吉辟邪。黑龙江、吉林等地农家,则宰杀牲畜,祭祀虫王,祈免虫害,保丰收。中原汉族地区,人们聚集一处,设祭案,供瓜果、鸡鸭、面食等丰盛祭品,焚香烧纸,祈求虫王不降虫害,保佑五谷丰登。另,还将小狗、小猫赶下河洗澡。

天贶节——参见"六月六"条。
晒虫节——参见"六月六"条。
洗晒节——参见"六月六"条。
亮宝节——参见"六月六"条。
晒红绿节——参见"六月六"条。

六月六庙会——汉族民间祭祀节日。流行于甘肃榆中县兴隆一带。农历六月初六,于兴隆山举行,历三天。兴隆山有座鸿雁阁。相传,每年鸿雁过此,皆从此阁洞窗中长鸣而过,并扔下一根羽毛,向地神报数。另,山巅有太白泉,太白神仙可赐子人间。故,庙会期间,诵经声、锣鼓声终日不绝,善男信女络绎不绝。登阁的老人们细数阁上的鸿毛,预测来年谷物年成。求子妇女则围跪太白泉边,从泉中摸出石子,用红布小心包裹。八方商贾趁机云集经商。据考,此会始于明代,一向兴盛。今已演变成为商品交易大会。

土家族六月六——亦称向王节、向王歌会、王爷会、祭祖节、尝新节。土家族民间传统节日。流行于湖北长阳一带。节日起源传说纷纭,或曰避暑,或曰庆龙母娘娘诞辰,或曰明初土家首领覃后王殉难忌日，或曰唐僧取经水淹晒书，或曰洞庭王爷、水神杨泗将军、镇江王爷等诞辰，或曰纪念土家（古代巴人）祖先巴务相，即廪君。其中以最后一个传闻尤盛。余下所言"王爷"云云，亦实指廪君，即流传于湖北长阳等地的土家族民族英雄"向王天子"。相传，他出身当地武落钟离山，农历六月初六遇难于清江河中。古代巴人在两岸建向王庙四十余座。庙中石刻载："向王生而为英，死而为神，开辟清江，有大禹之德。"民谣则曰："向王天子一支角，吹出一条清江河。"节间，凡驾船、放排到向王庙时，必鸣放鞭炮，停航靠港，以缅怀廪君开拓清江之功。人们杀鸡摆供，烧香点烛，祈向王天子保佑平安。敬神祭品多用苞谷酒。鉴于气候，生活习俗鲜明。谚云："六月六，家家晒衣服。"届时，家家翻晒衣物，以杀虫、防霉，谓"晒龙袍"；亦晒热水盆，洗浴儿童，杀疮毒。今节增添新内容，开展丰富多彩的群众性文化活动，形成"向王歌会"。届时，男女老少着节日盛装，敲锣打鼓，成群结队赶向王庙。歌场内，青年男女赛歌赛舞，表演民间文艺节目，商贾组织物资交流活动，给节日平添欢闹。

向王节——参见"土家族六月六"条。

向王歌会——参见"土家族六月六"条。

土家族王爷会——参见"土家族六月六"条。

土家族祭祖节——参见"土家族六月六"条。

土家族尝新节——参见"土家族六月六"条。

侗家六月六——亦称天贶节。侗族民间传统节日。流行于贵州黎平县等侗族山寨。农历六月初六举行。"贶"意自汉族的赐赠，"天贶"源自宋真宗赵恒。时年六月六，宋真宗声称上天赐给天书，遂定是日为"天贶节"，且于泰山麓岱庙建宏大的天贶殿。侗家视此日为福吉之日。届时，人们家家包粽粑，因此亦称"粽粑节"。每家于大门两边门枋挂香艾和菖蒲，人人喝雄黄酒，类汉族端午避邪。另，青年男女纷纷择此日订婚，坐家新娘择此日返夫家团聚。部分侗寨，人们准备祭品，去飞山庙祭祀飞山大王杨再思。相传，此日乃其诞辰。祭毕，全寨聚餐，分享祭品。侗家推崇"客走旺家门"，以广迎宾客为盛事、荣举。主宾互相敬酒，猜拳纳令，热闹异常。白昼举行对歌比赛、侗戏演出；夜晚吹芦笙、踩歌堂、斗牛赛，吃长桌饭，常通宵达旦。

侗家天贶节——参见"侗家六月六"条。

侗家粽粑节——参见"侗家六月六"条。

布依族六月六——亦称过小年，部分地区称青年节。贵州布依族民间祭田神、山神、土地神的盛大节日。农历六月初六举行，倘历三天，则于初五至初七；部分地区，于六月十六或二十六日举行。相传，从前有个叫抵师的布依后生，聪明能干，开朗乐观，且有动人歌喉。他常在农活之隙引吭高歌，歌声和人品感动玉帝一个女儿，下凡与之结百年之好。夫妻百般恩爱，却好景不长。不久，玉帝知道了，不允许女儿下嫁凡人，就派天神下凡，将两人拆散。痛别时，仙女含泪送给抵师一只宝葫芦，告诉他，每年六月初六她将在南天门与他遥见一面。抵师遵嘱不再续娶，并于每年是日到河边遥望天上贤妻，直至享尽天年。布依民众感念他们，每年此日便举行隆重纪念活动。节间，家家采购节日用品,包煮各式各色的粽子。男女青年谈情说爱,选择意中人。据传,这天喜结情侣格外幸福,他们将得到抵师和仙女保佑。在安龙一带,节日则为纪念民众反抗斗争胜利。相传,清同治九年(1807)六月初,兴义县大土豪刘三,勾结龙广大地主刘四,屠杀安龙布依族群众。民众不畏强暴,起而反抗,于六月初六击败敌人。

布依族过小年——参见"布依族六月六"条。

布依族青年节——参见"布依族六月六"条。

保安族六月六——保安族民间传统节日。农历六月初六举行。届时,村里男女老幼带上提前筹集的面粉、蔬菜、肉及灶具等物品,到附近山上去,欢度野外生活。参考"保安族浪山节"。

老鹰坡歌会——布依族民间传统歌节。流行于贵州惠水、长顺、罗甸等地。农历六月初六于老鹰坡举行,为保农时,另亦择六月第二个子日过节。届时,姑娘、小伙们打扮得漂漂亮亮,兴高采烈会聚老鹰坡,尽情唱歌、对歌。寨老们支持和维护青年人恋爱自由,专为歌会制定了乡规民约,违者必究。相传从前,一个名叫白老乔的布依小伙,和布依族姑娘谢乔妹青梅竹马,后来真心相爱。但因封建礼教束缚,他们的美好愿望难以实现。一年六月初六,二人在老鹰坡对天发誓,定要冲破重重阻力,与封建礼教抗争到底。经过一系列曲折斗争,他们终于结成美满夫妻。众多男女青年无不称羡,争相效仿。从此,每年六月初六这天,青年男女都来老鹰坡对歌唱歌,觅终身伴侣,久而成节。

瑶族穷节——亦名六月六。广东连南瑶族民间农祀节日。农历六月初六举行。时值旧粮吃尽、新粮未收,青黄不接之际,故名。届时,人们简单磨些豆腐、做些糍粑过节,同族联户杀猪祭祖,祈求先灵保佑庄稼丰收,祭仪亦甚从简。

瑶族六月六——参见"瑶族穷节"条。

姑姑节——亦称回娘家节、六月六节。全国性汉族地区民间传统节日。主要流行于华北。农历六月初六举行。节期因地有异,陕北等地于六月初六,山西定襄一带则在六月初三。谚云:"六月六,请姑姑。"届时,各家皆召回已嫁女回娘家,周到款待。相传春秋战国时,晋国宰相狐偃骄傲自大,气死亲家赵衰。赵子恨岳太失信义,决定趁六月初六狐偃寿诞,闹寿筵杀之。狐偃之女恼父变坏,但不忍父被害,遂告父母提防。狐偃出京放粮,见百姓疾苦,悔己做事有错,回京后未怪罪女婿,还请其至相府,甚至推女儿、女婿坐上席。从此,翁婿尽释前嫌。为记教训,狐偃每年生日皆接回女儿、女婿团聚。年长日久,相沿成俗。

回娘家节——参见"姑姑节"条。

六月六节——参见"姑姑节"条。

山东祭山神——汉族民间宗教节日。流行于山东临朐、藤县一带。农历六月初六举行。当地多山,人们进山劳动,常被滑坡、跌崖、野兽威胁。是日,人们在村头路口,或往山神庙,祭拜山神者,祈人畜平安。祭场上,主祭人念祭文:"从南来了一彭僧,背着蒲团去修行。无云山前有庙堂,砖墙石瓦修得强,山神老爷当中坐,两位哥哥左右陪,金纸银钱烧给你,你休叫恶狗(狼)窜进庄。男人走路不害怕,女人走路不见它。"人们摆上猪、羊、鱼、菜、果品、米糕等祭品,焚香叩拜。此节已式微。

虫王节——汉族民间传统农祀旧节。农历六月初六举行。届时,农家不约而聚,杀牲上供,且以香、纸、馒头拜祭"虫王",祈保佑庄稼丰收。为免生虫子,人们将猫、狗等赶下河"洗澡"。妇女亦于此日洗发沐身,晾晒衣物及书籍。此节已式微。

满族虫王节——亦称虫王会、青苗节。满族传统祭祀节日。流行于东北岫岩、凤城一带满族聚居区。农历六月六日举行。满族在长期耕耘过程中,掌握保苗、除草、驱鸟兽、灭虫、防旱防涝等经营管理方法,但旧时生产力水平局限,面对一些自然灾害,显得无能为力,常把战胜自然灾害的渴望寄托于神灵。故此,每年庄稼成熟前易遭虫灾时,人们便去祭"虫王神",世代沿袭,遂成节日。祭祀一般以宗族或村寨为单位进行。届时,每户派一人去虫王庙宰牲畜、摆供品,祭拜,祈虫王神保佑地里青苗免遭灾害、秋收丰硕。新中国成立后,此节渐泯。

满族虫王会——参见"满族虫王节"条。

满族青苗节——参见"满族虫王节"条。

蚍蜡庙会——汉族民间传统节日。流行于辽宁省盖平一带。农历六月初六举行,历五天。据《盖平县志》载,当地距县城五里许,在清河铁塔边,有座蚍蜡庙,建于清康熙四年(1665)。当时,其地旱、蝗两害交加,天灾不断。人们为祈神灵保佑免害,便前来祭拜,果然奏效。从此,每年是日都前来进香膜拜,连唱大戏五天以娱神。会间,人们还借机游山观景。故庙会车水马龙,热闹非凡。

圣帝庙会——汉族民间传统宗教节日。流行于浙江磐安县盘山区一带。农历六月初六,于盘山圣帝庙举行。届时,村民高抬圣帝神像,遍游全村,仪仗两侧敲锣打鼓,燃放鞭炮,热闹非常。游毕,护送神像返庙,供以猪、羊、酒、菜,焚香燃纸,叩首施礼,以纪念圣帝。相传,圣帝本系五太子,曾下令免除浙、闽两地丁役,广得民心。太子曾隐居修行盘山,于农历六月初六得道成仙。人们遂举庙会缅之。今仍有庙会,但不再游神。

三江王爷会——汉族民间宗教性旧节。流行于四川射洪一带。于传为三江王爷寿诞日农历六月初六,在该县太和镇举行。"会"乃射洪旧时十大行帮酬神庙会演戏活动。当时镇上商家多来自外埠,太和镇因此称为"客城"。其商业吞吐全靠涪江水运。船家、艄公组成"王爷会",抱团经营,并筹资建禹王宫、紫云宫,塑镇江王爷像。他们把六月初六作为王爷诞辰日,届时酬神演戏,宴会宾客。会首既主庙会,还请川剧班子来紫云宫演出。照例每日演出早戏、午戏上下本,夜戏四场。年演戏二三十本。活动万人空巷,热闹非常。此节已泯。

莹华山香会——汉族民间传统庙会。流行于四川什邡一带。农历六月初六举行。会间,香烟缭绕,人头攒动,既进香,亦沉浸于秀丽风光之中。莹华山为岷山九顶山系的一支,分为新、老莹华山。老莹华山山势较低,山顶有明德岩禅师坐化所在的高山寺,匾题书"天公禅院"。新莹华山挺拔险峻,山麓至山巅共设二十八寺,专供上山朝拜的人歇脚。登山进香、游览者多慕神灯、佛光、云海、日出四大奇景而来。相传,大禹治水时受阻,山主莹华夫人施助,山因此得名。另曰,莹华山得名源于明代,高僧明本禅师坐化山上,人称"莹华禅师",故名。也有一说莹华山得名于山顶常年积雪,在阳光下晶莹澈丽。

太阳祝生节——湘西土家族民间传统节日。于当地所传太阳生日农历六月初六举行。俗传,六月初六乃太阳生日。古时一次洪水后,地面满是淤泥,掌管开天的张古老叫十二个太阳出来晒淤泥。淤泥被晒干,草木也被晒枯焦。张古老叫太阳回去,太阳不听。有一只青蛙沿着齐天高马桑树爬上天,吞食了十一个太阳,正要吞第十二个时,有人一棒打弯马桑树,最后一个太阳被打下海。从此天昏地暗,不分昼夜。红冠公鸡说:"我是太阳的弟弟,我去把太阳从海里喊出来!"于是,它站在山坡上,朝着东方,引颈长鸣三声:"太阳哥——哥!"将太阳从海里喊了出来,从此天上就有一个太阳普照人间。长久没出太阳,人们的衣物潮湿发霉了,太阳一出,大家纷纷拿出来晾晒。公鸡喊太阳出来那天,是六月初六,人们就把这天定为太阳祝生节。这天,每户人家都将室内衣服物品拿到外面晾晒,以防虫蛀和发霉,久而成俗,流传至今。

黔西火把节——彝、苗、侗、布依等族民间传统节日,堪称各族同胞一起唱歌跳舞的狂欢节。流行于贵州黔西县。农历六月初六开节,持续多日。该县隶属"奢香故里,古彝圣地",节间保留大量原生态火把节传统,基本俗项略同他地、他族"六月廿四火把节"。

底拉——全称底拉祭祖节。彝族民间宗教性节日。流行于云南元江一带。农历六月初六举行。节日,各村寨集体杀牛,各家杀鸡宰鸭。祭祖是节日的主要活动,通常以家庭、家族为单位。人们将桃、梨、石榴等水果挂大门上,摆上牛肉、鸡肉、酒等祭品,焚烧香烛,叩祭祖灵,祈求祖先保佑五谷丰收、人畜平安。祭毕,人们开怀畅饮,享用佳肴,旋载歌载舞,夜深兴尽方散。

底拉祭祖节——参见"底拉"条。

密且祭荞地——当地彝语称"果迷峨索波底",直译为祭荞王天地爷。彝族支系密且人民间宗教节日。流行于云南富民、武定等县。农历六月初六举行。密且人多居山地,主种荞麦。届时,人们皆在自家荞麦地头,铲出小块平地,铺上松毛作为祭坛,上方插一松树枝,另插三棵青苗,点三炷香,供三碗饭、一杯米酒、一只活鸡。主人祈祷、烧纸钱、奠酒、卜卦,之后杀鸡,将鸡血涂于松树枝。鸡煮熟后,再祭一次,并插双筷子在鸡身,宣告祭毕。最后享用所有祭品。

果迷峨索波底——参见"密且祭荞地"条。

祭荞王天地爷——参见"密且祭荞地"条。

苗族祭田公地母——族谓"祭田节",亦称"过六月"。苗族民间传统农祀节日。流行于云南金平、麻栗坡等地。节期因地有异,农历六月初六,或初二,或廿四举行。时值庄稼抽穗,旨在祈求田神保佑五谷丰登。届时,在田边地头,用四根木桩搭一祭台,上供猪肉、鸡肉等牺牲。祭拜时,还要用鸡毛沾些鸡血,点于打苞之玉米穗上。

苗族祭田节——参见"苗族祭田公地母"条。

苗家过六月——参见"苗族祭田公地

母"条。

翻经节——佛教节日。农历六月初六举行。相传，唐三藏往西天取经归来，不慎将所有经书丢落海中，捞起来晒干了，方得保存下来。故此，寺院藏经亦在"天贶节"这天翻检曝晒。

灯那节——广西壮族民间传统节日。农历六月初六举行。流行于桂西壮族地区。届时，家家户户除了杀鸡宰鸭、蒸糕蒸粉之外，还不定期于夜间到田边地头去明火点灯，通宵不熄，借光杀虫。

稻神节——族称"芒那节"。壮族民间古老农祀节日。流行于广西隆安一带。农历六月初六举行。学界认为，隆安乃我国稻作重要的发祥地。当地现存古老、独特的傩祭人面鸟身雕塑，深蕴一段传说。相传，古骆越人受雏鸟指引，发明将野生稻育成栽培稻技术。最早的栽培稻因此称"雒"，字形后演变作"糯"。这一发明糯稻种植的族人，则称"雒越"，再后司马迁将其写作"骆越"。骆越人祭稻神，因称"傩祭"。《山海经·海外东经》载"东方句芒，鸟身人面，乘两龙"，与当地所存器型奇特的巨型"石犁"文物皆可印证。节间，人们云集神像、石犁前，顶礼膜拜稻神，旋由法师戴傩面表演法事，竟往田中巡游，驱赶"田鬼"，召回"稻魂"，祈稻神保佑稻谷丰登，颇富原始宗教遗风。

芒那节——参见"稻神节"条。

壮族祭田节——壮族民间传统农祀节日，或为隆安"稻神节"之变体。流行于广西武鸣一带。农历六月初六举行。届时，人们到自家田边杀鸡、烧纸钱、插小白旗，虔诚拜祭，祈求神灵保佑稻禾免遭灾害、穗大粒满。有的人家，同时在田边扎一稻草人，驱赶虫鸟，守护稻苗。是日阳光充足，人们纷纷晾晒衣物，以防发霉生虫。参见"芒那节"条。

壮族礼田节——部分壮族民间俗信节日。流行于壮语北部方言区。农历六月初六举行。时值晚稻抽穗、扬花、灌浆，事关一年收成好坏，尤重视祈求禾神保佑，节日由此而来。节日当天，每家杀一只鸡，带着香烛去田头供祭。主人用白纸做成几面纸旗，糊在小树枝上，沿田埂四边插好以避邪。插过白幡，才烧纸钱。田峒里不时升腾起缕缕轻烟，随风飘散。礼毕，人们收拾祭品回家，张宴入席，共度节日。人们认为，祭过禾神，稻子才能长好，当年才有好收成。

苗歌节——苗族民间传统歌节。流行于湘、黔交界处凤凰等县苗乡。农历六月初六举行。届时，苗鼓咚咚响，苗歌震山冈。节日主要活动以欢唱苗歌为主，举行苗歌、吹木叶、花鼓等各项比赛。通常有几十个乡镇苗胞、上百支团队聚集，周边其他民族兄弟亦纷纷前往观赏。不时有最精彩的舞狮表演，在用三十六张木桌搭建起的擂台上进行，两只狮子各踞一边，不断地一步步往上爬，其间不断舞动各种惊险的动作，让台下观众看得如痴如醉，把节日活动推向高潮。

都匀赛马节——苗族民间体育娱乐节。流行于贵州都匀市新场一带。农历六月初六举行，历三天。节间，独山、丹寨、麻江和三都等县苗族、水族等各族群众，也牵来自家骏马。骏马笼头缠彩绸，胸部挂长串响铃，背跨精致马鞍。赛场设在柳树圹。比赛时，骏马飞奔，人欢马叫，观众成千上万。相传,此节由采摘木姜子时对歌玩乐之俗演变而来。高大的罩子山盛产木姜子。古时此日,人们成群结队上山,边劳动边唱歌以解乏、取乐,久而成俗。后有一身强精武的青年,一心要考武状元。他精喂一匹骏马,加鞭前往应考,果然如愿,荣耀还乡。人们争相学他喂养赛马经验,促成此地形成养马、赛马之风。先在罩子山辟地作为赛马场,后移至平地柳树圹。赛马活动便代替了上山采摘木姜子和对歌活动,从而成为六月六赛马节。民歌唱道:"高坡(指罩子山)跑马快如风,平地跑马起灰尘,千里听得马铃响,万千听得哥名声。"节日除赛马,还有对歌、芦笙舞等活动,非常热闹。

白族青苗会——亦称白族青苗节。白族民间传统节日。流行于云南昆明西山一带。农历六月初六举行,历三天。当地白族村子多建五谷庙,或一村一庙,或几村一庙。节日当天,以村为单位,集体杀一头猪,在庙中集体祭祀"青苗太子",以祈青苗茁壮成长。早饭后,各家派一代表,到指定地点种松子,种完后庙会分给各家用纸做的五色青苗幡一支,插自己家的田边,祈青苗茁壮、五谷丰登。

白族青苗节——参见"白族青苗会"条。

良家潭歌会——苗族民间传统歌会。流行于湘西泸溪良家潭一带。农历六月初六,于泸溪、吉首、古丈、沅陵四县交界地良家潭举行。届时,上述各地苗族男女青年相互邀约,接踵而来。活动有舞狮子、武术、三棒鼓等表演,主要是唱歌,年轻、中老年歌手纷纷一展歌才。非歌手,也来学歌。除男女青年对唱、歌手与歌手对唱外,还有父子、母女、年轻夫妇间对唱,节日变成歌的海洋。周边土家族、汉族群众也来参加。

六月六歌会——苗族民间传统歌节。流行于贵州松桃一带。相传,清代"改土归流"后,苗民苦不堪言。青年符媚娄询问母亲,得知是朝廷盘剥压榨所致。他决心除掉皇帝,赶走官兵,解除人民困苦。他练成"七七箭法",专于鸡鸣头遍时刻,去鸡公山顶,向正北方连射三箭,以图射中皇帝。六月六深夜,老母为他上山射箭做准备,谁知不慎碰响家里的簸箕,惊动公鸡,提前啼鸣。符媚娄便疾奔鸡公山顶去射箭。皇帝未上朝,未被射中。后来,符媚娄被官兵捉拿,于六月六被害。人们为纪念他,每年此日举行盛大歌会。歌场选在草木繁茂、山水秀丽之地。附近铜仁、松桃及花垣、吉首等地苗家纷纷前往,人数多达数万。届时,人们自由寻找对手对歌,日暮结束。最活跃者是男女青年,唱羡慕歌、试探歌、赞美歌、结伴歌、约会歌、求爱歌、送别歌、盟誓歌等以会友和求爱。对歌有现成的、即兴的,善用比喻,委婉曲折。常由男方主动起唱,如"小河白鱼多人拿,大河红鲤多人撵;我郎想鱼没撒网,越赶越走下深潭"。女方答:"妹妹是个浅滩鱼,郎放钓钩等鱼吃。心想来咬郎的钩,只怕鱼小郎嫌弃。"双方如中意,便继续对歌,盘根问底,以至商定终身。如遇同姓,就认作兄妹,礼貌辞别。中老年一般对唱盘根歌、节日歌等,重温民族艰苦生活经历。现今,此节既寓教于乐,也进行物资交流。

城步禾蔸节——苗族民间传统农祀节日,旨在祭五谷大神祈福。流行于湖南城步一带。农历六月初六举行。届时,家家户户杀鸭,备足酒肉,邀亲戚朋友来聚。

节日清晨，主人戴上斗笠，带香纸和酒饭，到田头给五谷大神举祭。返回途中，不论碰上谁，都不能对话，彼此遮面而过，以示对五谷大神之诚。相传，五谷大神为拯救饥饿的人类，曾将自己的乳汁一滴一滴地挤出，向人类施舍。每挤出一滴，便凝结成一粒白米。挤多了，奶子挤出了血，即变成红米。奶子挤干，大神也就死了。人们为报答大神恩德，当禾苗抽穗时，就到田头为之设祭，并插上线钱，称"挂青"，年复一年，积久成节。

苗族挂青——参见"城步禾苑节"条。

扫田坝节——布依族民间农祀节日。农历六月初六举行。节晨，家家都拿一块打好的糍粑、一只杀好的鸡和一块刀头肉到自家最大的一块田边，烧香化纸，祭祀五谷神，祈保佑五谷丰登、消灾免祸。祭毕，带回祭品煮食，留下鸡腿和鸡蛋，放在用细麻线或棕叶丝编织的小网兜中，让七岁以下孩童带着，留到晚上再吃，鸡腿则给年岁最小的孩子。据说，这样可消除百病，保佑孩子们健康成长。有的村寨要举行隆重的扫田坝仪式。每家用白纸做成若干小三角旗（自家耕种田土有多少丘块就做多少面），再用两尺长的细竹片穿上，往每块稻田边各插旗。每家出一定的柴、米、油、盐、菜，集体买一头猪，到寨中央的神庙宰杀，祭"寨神""五谷神""土地神"。祭时，魔公穿道袍，由四个中年男子分别打着大芒锣、敲着小铜鼓、打着铙，高举一张大黄幡，随其左右。他们先在庙里用杀好的猪、雄鸡和刀头肉、酒等祭诸神，后化纸烧香，鸣放爆竹，旋随魔公到村寨田坝巡行驱灾。魔公手摇铃铛，念念有词："举黄幡，打铓锣，神仙派我赶旱魔，涝鬼蝗妖快快逃，咒语一到你难活。"其他参祭者，皆留神庙做菜肴。魔公和另四个敲锣举幡的人走完田坝已日暮，回庙共餐。所剩肉食，平分带回家。此祭不及三月三"扫寨"庄严，无任何禁忌，今已式微。

红瑶供田节——亦称半年节。瑶族支系自称"优诺"（红瑶）民间传统农祀节日。流行于广西龙胜一带。农历六月初六举行。"优诺"瑶族盛行集体开荒，并在每一片新田中，选最大者作为"田娘"，意为众田之田，定期供祭。祭祀分主供和非主供。耕种"田娘"人家，为主供，其余为非主供。主供须杀鸭子一只，并备香、酒、纸钱等。节晨，主人带煮熟的鸭子、酒一壶、香三支、酒杯三个、纸钱若干，以及一根插有纸花的芦竹到"田娘"边，插上芦竹，摆上供品，斟酒烧香，祈"田娘"保佑谷物丰收。非主供者，则在自己所种田头，插彩色三角旗，祭地头神和天公地母，以求庄稼丰收。此日，田垌里彩旗缤纷，一派节日气氛。供田规矩繁多：其一，供田者手执草标，不能与人说话，其他人见到手执草标者，也不许和他讲话；其二，供田鸭子，仅主供家才能享用，吃时门口要插上草标，禁外人进屋，外人见草标，知这家正吃供鸭，亦自行止步。

红瑶半年节——参见"红瑶供田节"条。

山子瑶禾魂节——瑶族支系山子瑶民间传统祭祀节日，旨在祈祷人寿年丰。流行于广西十万大山一带。农历六月初六举行。届时，各户出一人，携带香、米、肉、纸等前往村中社坛，祭拜社王、盘王，祈求神灵招来禾魂，让五谷丰登。倘此时田禾长势明显不佳，则须往田头祭拜土地公与禾神。祭毕，返家吃糍粑过节。节俗略似大瑶山禾魂节。

老爷山花儿会——青海回、汉、土、藏等族民间传统祈雨歌会。农历六月初六，于老爷山举行。主唱"花儿"，故名。花儿亦称"少年"，指流传于青、甘、宁等地的一种民间歌曲，多即兴编词，对唱，亦领唱。民间传，某日西王母与众位神仙聚会灵霄金殿，玉皇大帝看到更觉自己是至高无上的天神。谁知西王母却说，天庭亦应同凡间，改朝换代。玉皇不悦，拟予报复。他让西王母用针一样的宝物，挑回须弥山界的两座山。如果西王母办到了，他即让位。西王母挑着两座山过青海大通县时，路遇一老人。老人惊讶问西王母为何不折？老人"折"字在唇，针形宝物已应声而断。此两山，便化成老爷、耗牛二山。王母白费心力，不禁悲怆，泪洗老爷山。此日正值六月初六。此后，当地人便于此日前来唱歌祈雨，渐成花儿会。会间，树林深处、坡边塘旁、火烧台上，各族群众边唱边向老爷山中心靠拢，从山北到山南，从山脚到山巅，无数人群触景生情，现编歌词，现唱花儿，或随声应和，游人则倾耳聆听，场面别饶风趣。

瞿昙寺花儿会——回、藏、土、汉等族民间传统节日。流行于青海乐都瞿昙寺一带。农历六月初六举行，历三天。相传，清朝初年，一伙土匪袭来，要掠走寺里的财物，占据寺院。当地藏族群众奋起而抗匪卫寺，因寡不敌众，退入寺内坚守。土匪包围寺庙，切断寺内水粮。人们急中生智，以高唱花儿召唤寺外百姓救援抗敌。连唱两昼夜，前来应和者越来越多，寺院四周花儿此起彼伏，震耳惊天。土匪以为援兵到来，吓得抱头鼠窜。人们旋高唱花儿庆贺胜利，每年此日照例，久而成俗。届时，各族民众纷纷前往赛歌，歌手们摆开擂台，应赛者络绎不绝。寺外空场上，人们盛装，成群结队，高歌欢笑，山鸣谷应。花儿分独唱、齐唱、对唱，即兴编词，多抒爱慕之情，亦表现歌手的机智风趣。三天彻夜比赛，末了相约再聚来年。

五峰山花儿会——土族民间传统歌节。流行于青海互助。农历六月初六，在当地五峰山举行，历两三天。方圆数百里的回、藏、东乡、汉等族亦往参加。五峰山坐落于互助县威远镇西十五公里许，山峰形似一只巨手冲天，故名。山上有三林、三洞等风景胜地。每逢春夏，满山翠叠，绿树成荫，六月风景最佳。会间，远至西宁、大通、乐都等地各族群众身着艳丽民族盛装，纷纷骑马、乘车赶来赴会。节间，山上山下，红旗招展，锣鼓喧天，帐篷帷幕鳞次栉比，到处都有高亢的花儿歌声和优美的舞蹈。人们打着大伞，摇着彩扇，扶老携幼，触景飞歌，有问有答，自由自在。节日来源传说有二：一说，五峰山有一泉水，名澄花泉。路人过泉边，总要折一大把山花，投入泉中，花澄水中，经久不败。此泉水能酿美酒、治百病，还能润嗓子。当地民谣云："哑嗓子喝亮，亮嗓子喝上，赛过抿冰糖。"当地各族喜唱花儿，都想有一副金嗓子。来饮泉水者，成年累月不断，边饮边试嗓子，唱花儿，天长日久，形成"花儿会"。二说，很久以前，一些土族青年聚集五峰山赛歌，突然狂风袭来。人们跑散，仅剩下一小伙和一姑娘，仍在风雨中痴情引吭对歌，直唱到风停。这对情人不翼而飞，对歌之处长出两棵相依的翠柳。这天正是六月初六。后来，土族民众便择此日来柳树周围举行花儿会，以怀念那对情人，久而形成"花儿会"。

馒头寺花儿会——土族民间传统歌节。流行于青海互助县泽林一带。农历六月初六，于馒头寺举行，故名。时值青藏高原青苗拔节，野花盛开。是日，土、藏、回、汉各族群众身穿民族盛装，带上帐篷、布帷、酒肉、糌粑，以及油炸油香、馓子、馍馍等食品，云集馒头寺与会。亲朋好友、左邻右舍围坐一起，唱花儿，不时对唱、独唱、联唱，歌声高亢、委婉、清脆，以笛子、二胡等乐器伴奏，悠扬起伏，借以抒怀，往往从黎明唱到深夜。花儿即山歌，土族语意为外面唱的歌。土族花儿的格式多为四句，前两句比兴，后两句表实意，有时视需加两个半句，成为六句式。当地称这种句式为"拦腰折"。地区、民族不同，花儿曲调可分多"会"，演唱、风格和结构形式各异，或婉转含蓄，或刚健清新，或情长意绵，或诙谐有趣，形式多样，内容丰盈。

布依族天王节——亦称六月六、六月桥、赶花桥。布依族民间宗教节日。农历六月初六举行，历一至三天。届时，无论阴晴，家家皆将所有衣物晾在外边，向天神表明这些衣物皆自己所做，实则显示、交流女红。节日期间，家家包粽子、焚香化纸，村寨则宰猪杀狗，敬奉天神、牛神和谷神。村民还要游田坝，在田边插用白纸制作的三角纸旗，以祈诸神保佑六畜兴旺、五谷丰登。最热闹处，首推歌场。四面八方的姑娘、小伙们着节日盛装，会集桥头河畔，唱歌、对歌、击鼓、吹笙起舞。他们还三五成群互相抛掷寻求友情和伴侣的花包。含情脉脉的少女们将亲手绣制的花包抛给心上人。若小伙有意，便双手捧接花包，高兴又腼腆地走到姑娘面前，与她对歌。待情深意切时，即将定情信物系于花包飘带，丢给女方，以定终身。若小伙无意，即将花包退还姑娘。关于节日的由来，各地说法不一。其中一则传说是这样的：月亮婆婆有六个美丽的公主，六公主爱上了人间聪明、勇敢的布依小伙陆六，便下凡与他结为夫妻。一年后，他们生下儿子，取名天王。谁知，国王早已垂涎美貌的六公主，想霸占为妾。月亮公主迫于无奈，只好飞回月宫。国王恼羞成怒，便想残害其子天王。天王愤怒已极，欲回天上。临走时他叮嘱人们每年六月初六在田里插个牌记，证明田是自己的，并拿出衣服晾晒，证明也是自己缝制的。这样，天神放出的蝗虫，就不吃这些好人的庄稼和衣服，而专害国王一类的坏人。人们依嘱而行，果然虫灾大减，庄稼丰收。为纪念陆六和月亮六公主，人们便在每年此日对歌、赛歌，以期能如他们一样缔结良缘。

布依族六月六——参见"布依族天王节"条。

布依族六月桥——参见"布依族天王节"条。

布依族赶花桥——参见"布依族天王节"条。

侗族洗牛节——亦称洗牛身。侗族民间酬谢耕牛节日。流行于贵州榕江一带。农历六月初六举行。届时，各家都要杀鸡杀鸭，买肉打酒，准备美味佳肴。饲养耕牛人家，一面将牛牵到塘边、溪旁，洗去其身上的泥垢；一面垫地、修理牛栏，打扫干净，并将鸡鸭羽毛插栏旁，上香燃纸，祈牛魔王保佑耕牛平安、健壮。同时，还要喂些精饲料，让牛好好休息。传说很早以前，玉皇大帝见人间一年四季辛勤耕耘，仍受饥挨饿，便差牛魔王下人间，告诫人一天吃一餐饭。牛魔王来到人间，却讹传为"一天要吃三餐饭"。从此，人们天天为吃饭发愁。不少人食不果腹，终日卧床，不能动弹。牛魔王见此，更感难受，便请求玉帝，让他下凡为百姓干活。获准后牛魔王于六月初六下凡,为百姓拉犁、拉耙、耕耘土地,庄稼年年丰收,俾百姓生活逐年好转。为感谢耕牛,侗家定于牛魔王下凡之日,给耕牛洗身,让耕牛休息,日久天长,沿袭成节。

侗族洗牛身——参见"侗族洗牛节"条。

仡佬族扫寨子——亦称火把节。仡佬族民间重要节日。流行于贵州水城等地。农历六月六日夜举行。届时,村村寨寨备美酒佳肴,扎各种各样火把。入夜,寨前寨后,田边地角,人们成群结队高举火把,形成灯火辉煌、光焰夺目的一条条火龙,环绕山寨摇头摆尾,时而首尾衔接,形成巨大火圈;时而纵横交叉,组成各种各样图案,象征烧死害虫,夺得五谷丰收。相传,很久以前,仡佬族祖先辛勤耕种,用勤劳双手和智慧创造幸福美满的生活。天王看到仡佬族安居乐业景象,却十分不满,派大力士神下凡作祟。仡佬族不屈不挠,与之殊死搏斗,最终制服大力士神。天王并不罢休,又将香火撒向人间,变成各种害虫,啃吃庄稼。仡佬族祖先拣了松枝、干竹燃起一堆堆篝火,烧死害虫。为纪念与天王斗争的胜利,仡佬民众每年六月六夜晚,照例举火把"扫寨子",久而成节。

仡佬族火把节——参见"仡佬族扫寨子"条。

打保符——音谐"打豹虎"。布依族民间宗教性节日。流行于贵州独山、荔波等地。农历六月初六举行。此节旨在祈求神灵保佑,防止蝗虫吃庄稼。届时,人们在田里插"秧标",举行祭祀仪式。先在祭场撑起一把大红桐油纸伞,伞下摆一张八仙桌,桌上放一大两小三个量米木升,桌前备两个接血木盒,桌后支起锅灶。备毕,村民纷纷上前捐献钱米。有两人登记各户捐献,另一人则从捐米中抓一把,分别放入三个木升。随后,有人用白纸糊制三个牌位,大的写"凤凰山青竹仙翁之灵位",两小分别写"阿天之灵位"和"阿地之灵位",并用线香支撑,分插三个木升中。正午,各家扛来"秧标",依序插于供桌两旁,并围站供桌周围。一位寨老端来三碗酒置于桌前,焚香燃烛,作揖祷告。祷毕,他大喊一声:"杀!"村众立刻跟着喊号子,将祭供的猪和牛拉到桌前宰杀,寓意杀死了虎豹精,再砍下其尾,蘸血涂抹各家的"秧标"。待各家将"秧标"插到田里之后,大家便回家拿来碗筷,带着家人来到祭场,共吃"保符酒"。相传,古时云堆坡上有个凶恶的虎豹精,每年六月六日生日那天,都命山下的人杀猪宰牛来供奉,否则便祸害村寨。山下有个寨子,住着阿天、阿地俩兄弟,聪明勇武。这年六月六,轮到他们寨子供奉虎豹精。人们贫穷,拿不出供品,虎豹精便令野兽下山吃人、毁庄稼。俩兄弟面对猛兽毫无惧色,奋力拼杀,用凤凰山青竹仙翁给的青钢竹叶剑杀死虎豹精。谁知,它死后又变成蝗虫来吃庄稼。青竹仙翁托梦给阿天、阿地,教他俩用白纸制作"秧标"插田中。蝗虫一见,以为是曾令虎豹精丧命的青钢竹叶剑,就跑开了。为纪念俩兄弟,也为防止虫兽祸害,人们沿袭"插秧标"的习俗,久而成节。此节已式微。

布依族打豹虎——参见"打保符"条。

董朗桥歌节——布依族民间传统歌节。流行于贵州惠水一带。每年六月初六,于董朗河畔举行。董朗,布依族聚居山乡。董朗桥,位于惠水县城西北四十五公里许的涟江河上。届时,成千上万布依村民来到桥边，高歌欢乐，以年轻人唱歌连情为盛。姑娘、小伙见面，一般先唱"相识歌"（即猜歌），互通姓名、住址；后再唱"盘歌"，盘天问地，说古道今，歌词有传统和即兴创作两种。对歌中，姑娘如觉中意，即赠给小伙所带粽粑和袜垫，双双避开人群，到坡上或场边低声对唱，谈情说爱。入夜，董朗村家家宾客盈门，歌会转到屋内继续。歌唱内容丰富多彩，有祝酒歌、礼节歌，还有古歌、叙事歌，最多的仍是情歌。相传，董朗村很久以前，有一个名叫阿水的布依后生，一表人才，歌喉又好，常到董朗河边唱歌。对岸一个名叫阿花的布依姑娘，传为天上月神的女儿，常听阿水唱歌。两人渐生爱慕。六月初六这天，两人不约而同又来河边。阿水望着阿花深情唱道："隔河望妹像天仙，山水相隔不见面，盼个神仙搭座桥，哥妹桥上来相会。"对岸阿花唱答："一对金鸡隔大山，一对鲤鱼隔深潭，妹将纱帕搭座桥，接哥过桥永相连。"唱罢，她将头帕往河上一抛，头帕立时变成一座美丽彩桥。阿水奔过桥来，与阿花结成了美满夫妻。这一故事传开，青年们都希望也能在此觅得良缘，纷纷相邀董朗河边唱歌，久而久之，形成歌节。

无良神会——亦称朝山会，青海互助土族民间宗教性节日。农历六月初六举行。每次举办朝山会，由众人推举六名"青苗头儿"主持，提前于头年十月，向各户征收一两升粮食。节日当天，附近各村男女老少竞着新衣，手持碗筷，进寺内美餐一顿。另，照例请三四个阴阳先生，在庙内念经，祈祷五谷丰登、人畜兴旺。

土族朝山会——参见"无良神会"条。

土家族晒龙袍节——土家族民间传统节日。流行于鄂西一带。农历六月初六举行。民间传说，六月初六乃土家族古代土司王覃垕遇难血染龙袍之日。届时，为纪念祖先，亦为防衣物霉蛀，家家翻箱倒柜，晾晒衣裳。此外，要聚集村里摆手堂，祭祀土王菩萨。祭仪是杀牛一头，取肉和内脏、舌、心、肚、肝、肠等十个部位各少许，作为"十全"祭品，后焚香明烛，众行祭礼。祭毕，全村男女老幼会餐聚饮，尽兴方散。

畲族晒伏节——亦称龙王晒鳞日。福建畲族民间传统节日。流行于福建宁德市等地畲族聚居区。农历六月初六举行。相传，是日为龙王晒鳞日。凡此日晒过的东西，不会发霉和虫蛀。我国南方畲族，流传《盘瓠王歌》，尊龙狗盘瓠为老祖宗，有以不同方式供奉盘瓠之俗。故，凡饲犬的畲家，此日照例牵犬于溪流洗浴，意寓敬畏祖先。

龙王晒鳞日——参见"畲族晒伏节"条。

吃炒面节——汉族民间纪念性节日。流行于江苏淮安、海州等地。农历六月初六举行。此谓炒面并非炒面条，而是市面罕见的一种传统食物。制作时，将面粉掺入白糖，用油炒熟，吃时倒一些在碗中，用开水和匀即可。炒面看似一团棕色面糊糊，吃起来却香甜可口。各地节俗有异：淮安、海州一带把新麦面炒熟，用水和红糖调食；邹平、淄川等地故意把炒面炒老一些，据传吃了一夏天不拉肚子；潍坊、高密等地，图的是吃炒面既凉快又省事，还妙治痢疾。

瑶族晒衣节——瑶族民间传统节日。流行于广西桂平木山一带，主要盛行于桂平市紫荆山区自称"勉"的瑶族村寨。农历六月初六举行。节前,各家准备节日食品,杀鸡杀鸭。节晨,全村一派繁忙景象,除张罗节食外,主要活动是太阳东升前,各户年轻人在老人指挥下,有序地将家中装衣物的箱柜,以及衣服、花带、鞋子和饰品等,搬到户外晒谷坪,或摊在竹席,或挂上竹竿。霎时间,山村变成服饰展览会。全村男女老幼在周围阴凉处,守候观看晒衣,欢声笑语不断。各种衣物、箱柜,经八小时曝晒后,约于下午三四点钟,各户又井井有条搬回屋内,待完全晾凉方叠好放入箱柜,再将箱柜放回原处。如是,衣物可免生虫。傍晚,全村寨男女老幼站在晒谷坪,面朝西沉夕阳频频招手,以示感激和崇敬。之后,全家共进丰盛晚餐。

水族洗澡节——水族民间保健娱乐节日。流行于贵州独山温泉乡一带。农历六月初六,于羊场温泉举行。此节旨在祈水神保佑,消除百病。同时男女青年还开展对歌、连情的社交活动。节日前夕,家家泡糯米,准备节日盛大的民族服装及舀"神水"的葫芦。节晨,蒸糯米饭,饭后梳洗打扮,妇女们着镶花边的衣服和绣花鞋,戴银制梳子(或木梳)及项圈、手镯、耳环,腰拴花围腰。已育妇女刻意将小孩打扮得更加漂亮,用自己所绣花带背着,拿着伞。男子一般着手工织的花格布对襟衣,包长帕,拎着内装糯米饭、红糖、香烛、纸钱和三个酒杯等物的提篮,背着舀"神水"和装酒的两个葫芦,怀揣谢神银毫或铜圆。他们从四乡八寨涌向温泉,先将糯米饭摆在泉边,斟三杯酒,燃九炷香,分插三处,旋向泉里丢进银毫或铜圆。之后,用碗舀水让家人各喝一口,再灌满葫芦。舀水结束即洗澡。洗时,温岩上挂花围腰,示女性所在;男性所在挂头帕,不能混乱。是时,其他人三五一群、四六一堆唱歌、对歌,寻找意中人。洗澡毕,路途遥远的长幼纷纷散去。背小孩的妇女,采把苞茅草,挽成"龙头脑壳",插在背上小孩的臀部,并打伞遮覆,以示降魔、避邪。新中国成立后,尤其羊场公路修通,温泉即成独山、王都、荔波等县各族民众的游览胜地,洗澡人数多达三四千,唱歌一连数日,热闹空前。

鄂西侗族尝新节——亦称吃新节、新米节、六月六,简称"尝新"。流行于湖北恩施等地侗家山寨。侗族民间传统农祀节日。农历六月初六举行,亦有择七月初一者。节日起源传说纷纭:其一,远古洪水滔天,绝了谷种。一条白色神犬漂洋过海,在西王母晒谷坪打了个滚,满身粘谷粒,返回时身上谷粒被水洗掉了,仅翘水面的尾巴尖带着几颗谷粒。人类靠这几粒谷种,才耕种至今。人们不忘狗的功劳,新谷登场总要请狗先尝。其二,很久前,世上刚有五谷杂粮,人们还不会管理,庄稼长得不好,产量低,人们饥饿度日。一天,人们正午睡,飞山神杨再思托梦说:"要想五谷长得好,得靠粪水淋青苗。"人们醒来认为这是祖德和天意,便把厕所粪水挑去浇庄稼,果然获得好收成。飞山神托梦这天,正是六月六。其三,谚云"六月六,早禾熟"。人们出于农事的原因,季节性尝新。届时,人们摘取刚成熟或近成熟的谷物,煮成新米饭,伴以鸡、鸭、鱼、肉供奉祖先,不忘恩德。

鄂西侗族吃新节——参见"鄂西侗族尝新节"条。

鄂西侗族新米节——参见"鄂西侗族尝新节"条。

鄂西侗族六月六——参见"鄂西侗族尝新节"条。

鄂西侗族尝新——参见"鄂西侗族尝

新节"条。

壮族尝新节——亦称艮糇谋、吃青节、吃新节、双喜节、丰收节、十情节等。壮族民间传统农事节日。节期因地多异，多于农历六月初六、九月初九举行，桂北融安、龙胜县在六七月间，云南文山在农历八月初五或十五日，龙州布岱人在农历八月十五日，广西马山、上林、忻城等县在十月初十，等等。据传，此节乃祖先根据吉日"十月初十"意寓丰收双喜之意所定。"十情"蕴丰收之意。届时，人们割下接近成熟的稻穗（主要为大糯），做成新米或"糇谋"，再加水果，供奉祖龛、神灵牌位，燃香明烛，点亮油灯，虔诚拜祭。其时，还要舀一碗新米，夹上好菜，喂给狗吃，以酬谢神狗当年取谷种之功。之后，举家招待亲友聚餐，庆贺丰收在望。通常为每家独户过节，少有亲朋往来。尤须一提的是最富特色的节日食品——"糇谋"。"糇"，即米；"谋"意为不用碗筷，用手抓起，一把灌嘴里吃。糇谋异常珍贵，既是献给神灵最好的供品，亦乃孩童最喜爱的食品。

壮族艮糇谋——参见"壮族尝新节"条。

壮族吃青节——参见"壮族尝新节"条。

壮族吃新节——参见"壮族尝新节"条。

壮族双喜节——参见"壮族尝新节"条。

壮族丰收节——参见"壮族尝新节"条。

壮族十情节——参见"壮族尝新节"条。

瑶族尝新节——亦称新米节、吃新米。瑶族民间传统农事节日。节期因地有异：湘南、桂北一带多于农历六月初六，十万大山一带在八月，金秀大瑶山在九月。时值庄稼成熟待收。节前，家家杀鸡杀鸭，酿酒备菜。节日当天，各家主人一早即到田地里取回刚灌满浆的谷穗或玉米苞，将其捣碎，加水洗出来浆水，后掺入旧米煮成新米饭。新旧米一起煮饭，意在旧米未完，新米又添，丰收不断。尝新米之餐，桌上菜肴有鸡、鸭、猪肉及各种山味等，十分丰盛。瑶民相传，在洪水滔天淹没人间，伏羲兄妹相婚，重新繁衍人类之后，是狗把谷种带来人间的。狗有奇功，新米饭煮熟后，要先喂狗，以敬重和不忘狗的功劳。广西金秀长二一带自称"拉珈"的瑶族，过节别有风趣。除杀鸡杀鸭外，每户派一身体健壮男子下田，用剪禾刀剪下八穗稻谷，每四穗捆成一把，再剪下一株稻秆作为扁担，将两把新谷穿在两头，放在肩上挑回家。到家门口，故意把稻秆扁担折断，并讲几句有关预祝丰收的吉利话，意寓今年又获丰收，金灿灿、沉甸甸的谷子把扁担压断了。

瑶族新米节——参见"瑶族尝新节"条。

瑶族吃新米——参见"瑶族尝新节"条。

苗家吃新节——苗族民间传统节日。流行于黔东南、黔南、黔西南及操苗语的黔东方言等广大区域，尤其雷公山区。节期因地多异，有的在农历六月初六或初四，尤其择卯日举行，有的在七月十三或十五举行，或古历六月廿五举行。苗语称"依莫"、"依卯"、"依拉雄"（吃七月）、"依嘎先"（吃新米饭）、"脑戛先"（吃新节）、"脑戛列"（吃秧包），另称"吃卯""吃苞的卯节"。此节之隆重，酷似苗年。相传古时无谷种，先人们将猎获的珍禽异兽，拿到谷种国换回谷种,放进谷仓。不幸,一天失火烧了谷仓,谷种跑往天上,被雷公关进其谷仓,不让谷种返回人间。七月十三日,创世先人部劳派狗上天取秆和穗,要求是五尺长的谷种。狗记错了,只要来穗长五尺的谷种。从此,人间才有稻谷。人们看到自己种的稻子,六月六秧尖抽出谷穗,万分高兴,眼看丰收在望,便决定在六月六过"吃新节"。七月十三日,当可从谷穗得到白米,做成新米饭,故有的地区,便在七月十三或十五日过此节。为感谢狗帮助人们取得谷种,有些地区过节时,往往要先舀一碗新米饭喂狗,以示酬劳。节前,亲友提着鸡鸭,带着糯米饭来做客。节日上午,有的只在堂屋对着神龛摆桌子,以酒肉祭祖,盼祖先保佑,来年生产获得好丰收,老少安康,生活幸福。有的把酒肉带到田头,先祭祀开垦田地的先人,祈来年风调雨顺,更加丰收;回家后,再向祖宗神龛酹酒掐肉祭祀。祭毕,主客举杯畅饮,美美进餐。主客酒兴渐浓,互相唱酒歌,致谢、祝福。中午,人们会集斗牛场、赛马场,将雄健牡牛牵来,一对对相斗。"呕啰"的助斗声、喝彩声、评头品足议论声交织在一起。胜方主人喜笑颜开,牡牛披红挂彩,身价倍增。赛马场,先赛走马,看谁的跑得快跑得匀;继而"放马",骑手卸下马鞍,全骑光背滑马,骑手放开缰绳,挥鞭抽打,马儿如离弦之箭。观众"呵嘿"连天,夸奖跑得最快者。男女青年观看斗牛、赛马,不少为结交情侣而来。接近日暮,赛马、斗牛结束,人们尽兴散去,而男女青年飞歌四起,互倾爱慕、惜别之情。

侬莫——参见"苗家吃新节"条。
侬卯——参见"苗家吃新节"条。
侬拉雄——参见"苗家吃新节"条。
侬嘎先——参见"苗家吃新节"条。
脑戛先——参见"苗家吃新节"条。
脑戛列——参见"苗家吃新节"条。
苗家吃卯——参见"苗家吃新节"条。
苗家吃卯节——参见"苗家吃新节"条。
吃苞的卯节——参见"苗家吃新节"条。
吃七月——参见"苗家吃新节"条。
吃秧包——参见"苗家吃新节"条。
苗家吃新米饭——参见"苗家吃新节"条。

玉溪插枝节——彝族民间传统农事节日。流行于云南玉溪市易门一带。农历六月初六举行。时值农田管理季节,旨在防害虫、保丰收。届时,人们到田头地尾插树枝。做法讲究,一般旱地由男子插,水田多由妇女插。所插树枝须成斜十字交叉,以祈此"插"具有御害虫、保丰收的法力。

俫人祭田节——待识别族俫人民间宗教节日。流行于滇、黔、桂交界地区。农历六月初六举行,历三天。届时,各村寨纷纷杀牛祭田,以祈求风调雨顺、五谷丰登。节日当天禁止下田劳作。

初 七

苗族稻斋节——海南苗族民间传统祭谷神节日。农历六月初七举行,由斋主主持。早在二月初二,即须提前选出主持祭祀的斋主一人、文武道公各一人,筹办祭祀活动,主要是向各家族筹集一些米、鸡或者鸡蛋、烛香等作为祭品。节日当天,人们到指定祭祀地点杀鸡,陈设祭品,烧香酹酒。接着,由文武道公分别跳道公舞。文道公舞步舒缓,飘飘然;武道公舞步急促,粗犷奔放。舞毕,人们要焚烧用干苞谷(玉米)壳代替的"元宝"谢神,每人烧五张。祭祀告一段落,各家族分享祭品。此日晨,由俩男子抬一谷箩,内放一把稻谷,道公敲锣打鼓,护送到斋主家。斋主闻声,即派俩姑娘出门迎接。男女四人各唱一首歌,表示谷魂已招来。所抬谷箩,既象征谷魂招来,亦象征来年丰收。

初 八

初 九

初 十

长宁观音会——昔简称"观音会",今改称长宁竹文化艺术节。汉族民间宗教性节日。流行于四川宜宾长宁县。农历六月初十,在该县第一大镇观音镇摩崖观音石刻处举行。

长宁竹文化艺术节——参见"长宁观音会"条。

刘海蟾诞——中原汉族民间传统节日。于刘海蟾诞辰日农历六月初十举行。相传,刘海蟾原名玄英或刘海,生于河北,自幼聪颖,十六岁科举中第,为燕王臣,官至上相。后有道士自称"正阳子",警其处境甚危。刘顿悟,罢官辞家,修行做道士。吕洞宾曾予点化。刘常游终南山、太华山间,表演神奇道术。见载元樗栎道人著《金莲正宗记》。昔时此日,祭祀祈福香烟缭绕。此节已式微。

松潘六月庙会——四川阿坝州松潘藏族宗教盛会。农历六月初十,在黄龙寺举行,历五六天。黄龙寺位于岷山南麓,因山势似一条昂首欲飞之巨龙而得名。相传,远古夏禹治水,乘舟逆岷江而上。困难中,一名叫黄龙的大力士,于农历六月十日,为其破浪导航,立下汗马功劳。为纪念黄龙的功绩,明代在此建寺,于此日祭拜,久而演变为庙会。届时,本地及邻县,以至青、甘、滇等地藏、羌、回、汉各族,纷纷骑着马、赶着牛,带着帐篷、炊具,以及农副土特产,既求神拜佛,又观看藏戏、川剧、民间歌舞及其他精彩的文艺节目,并且还开展摔跤、拔河、球类比赛。庙会上姑娘、小伙唱歌连情,商贾摆摊叫买,人声鼎沸,规模盛大,节日氛围浓,常通宵达旦。

肃南六月大会——俗称"过会"。裕固族山乡民间宗教盛会。流行于甘肃肃南。农历六月初十至十五日,在当地各寺院举行。届时,红湾、康隆、转轮、莲花等寺院各自举行盛大的念经法会,喇嘛们身披袈裟,头戴假面具,跳"护法"神舞。信众相围跪拜,祈神佛佑福禳灾。同时,山区牧民还请喇嘛焚香燃灯,念平安经,上山祭鄂博。人们在山上专设鄂博台子。上山时,成群结队,吹吹打打,手持鄂博杆(杆长五六米,尖端缠羊毛、各色布条)和清茶,至规定祭地。喇嘛们边向山上洒清茶,边诵经祈山神赐福。如往年曾向山神许诺,祭鄂博时则宰杀"圈神羊"以还愿。

裕固族过会——参见"肃南六月大会"条。

十 一

十 二

彭祖生日——汉族民间传统节日。流行于浙江宁波一带。于传说中长寿仙人彭祖诞辰日农历六月十二举行。相传，古有仙人名彭祖，以长寿闻名，在世八百年。每逢是日，除跪拜彭祖外，有老人之家刻意趋吉，制作寿材，祝福老人健康长寿；有适龄子女之家，则为其择偶订婚，祝其百年好合。

藏族扎崇节——藏族民间传统节日。流行于四川阿坝州阿坝县及毗邻青、甘部分藏族聚居区。农历六月十二日举行，历三天。"扎崇"是藏语音译，意为陶器市场。相传，此节起源于18世纪90年代初的阿坝女土官阿木让。当时她入藏朝佛未成，决定自己每年组织藏族群众进行念经、祈祷等佛事活动，最后三天赛马、射箭、野餐，其间开展商贸，以陶器买卖著称。活动内容逐年丰富，此后还演出藏戏，说唱格萨尔王传，举办马术、斗牛等。届时，川、青、甘交界处的藏族群众纷纷穿红戴绿，骑马赶车前往，纵情欢乐。青年男女借机广泛社交，谈情联姻。近年出售商品更远超陶器，除金银首饰、珊瑚、玛瑙、小獭皮等，更增加摩托车、彩电、冰箱、照相机，琳琅满目，气象一新。

陶器市场节——参见"藏族扎崇节"条。

十 三

清源洞会——白族青年社交传统节日。流行于云南大理市凤羽坝子地方。农历六月十三日举行。清源洞位于凤羽坝子十八村，异常深邃，内有各种钟乳石和石田，洞景闻名遐迩。洞中流出之水，乃凤羽河的源头。届时，附近青年男女纷纷着盛装，成群结队前往游览、戏耍，比赛对歌，连情择偶。相投者，双双离开人群，去僻静处谈情说爱。老年、已婚男女不赴会。

辛屯耍青旗——白族妇女传统纪念性节日。流行于云南鹤庆县辛屯一带。农历六月十三日，在当地摘印山举行。相传，远古时有条蜈蚣精，经常祸害辛屯。白族姑娘格模不顾自己安危，勇敢与之搏斗，最后与蜈蚣精同归于尽。为纪念英雄格模，也为了表现白族妇女对格模的崇拜，每年于她牺牲之日，举行活动纪念。届时，妇女们相约在摘印山集会，举着用竹子和彩纸扎裱的青龙在山上舞耍。当年结婚的女子，则要头顶一块、手拿一块青色围腰，尽情舞耍。节日活动故名。

土观村花儿会——土族民间地域性歌节。流行于青海互助县土观村，故名。农历六月十三日举行。届时，村里村外，山上山下，身着民族盛装的男女老少，摩肩接踵，川流不息，台上赛花儿，台下集体对歌，从早到晚乐此不疲。歌场四周，还举行城乡物资交流活动。

十 四

亡人节——回族民间传统纪念、祭祀节日。流行于云南昆明、下关、玉溪等地。农历六月十四日举行。相传，清咸丰八年（1856），政府官员指诬昆明等地回族群众"胡作非为，阴谋作化"，暗中唆使当地地主武装团练，四处搜捕回族群众，严加审讯、迫害。为纪念在此事件惨遭杀害者，当地回族定农历六月十四为"亡人节"。届时，以念经、上坟等各种形式纪念。此节已泯。

三相圩逢——亦称壮族夜歌圩。广西壮族古老歌舞娱乐节。"圩逢"汉译为歌圩。流行于南宁横县、宾阳、贵港、灵山、邕宁等地。农历六月十四日举行，历四天。据考，此节已历上千年，融古老的歌圩与庙会于一体，颇多古代壮乡重情、浪漫、野性遗风。届时，四邻八乡民众自发会集三相庙，祭祀祈福，对歌狂欢。彩凤舞、龙狮舞及八音等民俗表演引人入胜，壮族风味小吃、民族手工艺品展销甚为丰富。活动通宵达旦，持续数昼夜。

壮族夜歌圩——参见"三相圩逢"条。

土族瞿昙寺花儿会——土族传统花儿盛会。流行于青海乐都瞿昙寺附近。回、藏、汉等各族群众纷至沓来。农历六月十四日举行，历三天，十五日为正会期。相传，清初该寺香火旺盛，供奉殷实。有一年，一股土匪前来抢劫寺里的财宝，且欲霸寺为窝。当地百姓奋战三天，难敌贼兵，只好退入寺内，紧闭山门。贼兵围困日久，只待寺内粮绝水断。寺主放出四乡八堡援兵即到的诈传，贼仍不退兵。此时，一位老农叫大家一齐走上城头，高高兴兴地唱了两天两夜花儿。过路乡客闻声，皆以花儿应和。唱至第三天，周围数十里乡村民都来应和花儿。瞿昙寺霎时间变成了歌海。土匪心惊胆战，疑为八方援兵赶来，终于六月十五一大早仓皇逃走。众人兴高采烈，大唱花儿庆贺。这即是花儿会的由来。届时，当地土、回、藏、汉等族群众皆着民族盛装，拉伙结伴，从四乡八寨会聚于该寺空地、树林、河边争唱花儿。土族花儿曲调高亢嘹亮，节奏自由奔放，既不同汉族花儿，又与藏族"拉依"有别，一般四句式较多，前两句比兴，后两句表达实意。唱花儿时，分对唱、独唱和齐唱三种形式，对唱最为精彩，大多为抒发爱情，即兴编词，对答如流。

个人渔猎中止祭——台湾雅美人渔事节日。农历六月十四日左右举行，历五天。每年渔期结束前一个月，停止个人渔猎数日，举行此祭。首日，渔家餐桌要有芋泥、蟹肉，午饭前食之。食时，渔人祝福其妻，慰其辛劳，意为温故情。此日，全家襀被。各家前日傍晚已派儿童去粟田摘穗六根，将三根一并，用树叶、芭蕉纤维包扎，入夜烹煮。是日鸡鸣，全家起床，集住屋前庭石坛，向东而立。渔人取一植物枝，在其妻身左右挥拂，作拂污秽弃于南方之状，并咒念，意为身上秽物已随之飞去遥远的南方。接着，妻为渔人作同一巫术，继而为儿子作巫术。结束后，渔人转向住屋及小船，再行此术。其妻向家中所有器具、家畜、水田等逐一行之。主妇要准备硕大的水芋给全家食用。第三日晨，渔人盛装去海岸，向小船作"弃秽"。仪毕，取下船尾的小形网袋及小石头，以及装于渔船上的支纶安置，一并弃于弃鱼骨处。渔人再返小船，取前天预先放置的预备棹回家。接着，渔组成员，齐集大船旁边，携大船之棹，在海岸上装制。归家后，各家登楼挂出渔网，为举行团体渔组火鱼做准备。黄昏，全体渔组成员，一起劈大楦制作火炬，为夜间渔猎做准备。第四日，举行团体渔组火鱼仪式。第五日，重开个人渔猎，直至下个月渔期完结之时，方全部停止。

十 五

王天君诞——台湾汉族民间传统节日。于传为天神王灵官诞辰日农历六月十五举行。台湾有五座神庙供奉王天君像。届时，人们前往进香祭祀，祈王天君保佑人寿年丰、万事如意。相传，王天君即王灵官，姓王，本名奕或善，乃天庭雷部二十四神之一，专司兴云播雨，亦司刑罚，可诛凡间戴罪之人。人们尊关羽、吕洞宾、灶神张君、岳飞及王灵官为五恩主。据考，明代建天将庙，供天君，至明宣宗改称"火德观"。朝廷曾专遣官员前往祭拜。民间祭祀更盛。

王灵官诞——参见"王天君诞"条。

黄龙寺庙会——羌、藏、回、汉等族民间传统节日。流行于四川阿坝松潘县一带。农历六月十五日举行，历四五天。相传，大禹治水时，有青年名黄龙，力大无比，立舟首逆岷水而上，充当先导，为疏河道建功。据考，明代在松潘县岷山南麓丛林始建黄龙庙祭祀。届时，男女老幼纷纷登山烧香叩拜，歌舞不绝。远近商贾摆点营业。各地艺人赶来献艺。这里风景秀丽，如今更成游览胜地。届时，本州及青、甘等地羌、藏、回、汉各族群众，纷纷着民族节日盛装，乘骏马，带帐篷及各种土特产，陆续赶到黄龙寺。十五日，老人们进寺烧香膜拜，祈黄龙赐福，年轻人则在寺前广场唱歌跳舞。寺两边山脚林间，摆满卖吃、穿、用的货摊，形成一年一度盛大的物资交流会。为增加节日气氛和丰富各族人民的文化生活，民族文艺团体也赶来表演民族特色文艺节目。

羌族祭山神——羌族民间宗教节日。流行于四川阿坝松潘镇坪乡一带。农历六月十五日举行。当地男女竟着新衣，各户皆执木杆，代表山王一支箭，杆上挂红、黄、绿、蓝、白、青六种颜色的经幡，分别代表山岩、土地、流水、蓝天、白云、天空，再带上五谷杂粮，到山神庙举祭。

安多插箭节——藏族民间插箭祭山神传统节日。流行于安多藏族聚居区。农历六月十五日举行。各村有固定神山，抑或几村共用一座神山。节日前一天，各村寨男子骑骏马，着盛装，带上白布帐篷、新磨糌粑、新打酥油、新宰羊只，以及奶油炸糕、酸奶、青稞酒、菜肴、糖果等，每人手执六米长彩旗箭杆，云集圣山脚下，安营扎寨。节日期间日出时，众人纷纷策马奔赴山顶。先有精壮的小伙于插箭处挖一个宝坑，继由活佛、长者往里放粮食、茶叶、绸缎等许多物品，再由众人共同竖起十余米长的第一支箭，箭端挂满哈达、彩带，旋围绕此箭插上其余数十支箭，用各种彩带、羊毛绳将其捆绑在一起，以示团结友爱，并围煨桑台黄转经，此后再将自己那支插在长箭周围。插箭毕，众人向空中抛撒红、绿、黑三色的风马图、八瑞图纸张，宛如天女散花。史诗《格萨尔王传》有此俗详载。当时，战事频繁，藏族插箭旨在祈求吉星高照，出征凯旋，久而成节。插箭结束，则举行赛马、摔跤、拔河、唱歌等文体活动，到处充满欢声笑语，热烈异常。

安昭纳顿——亦称安召纳顿、纳顿节。土族民间传统喜庆丰收、社交游乐节。此节整合互助土族"安召"和民和土族"纳顿"两节，故名。流行于青海民和县官亭、中川等土族聚集的七个乡镇七十余村庄。农历六月十五日（另说七月择日）举行，节期持续两月余，誉称"世界上最长的狂欢节"。因形象再现土族由游牧转向农耕的历史过程，亦称研究土族历史、宗教、文化艺术、生产生活、民俗风情等的"活文献"。

安召纳顿——亦名参见"安昭纳顿"条。

纳顿节——亦名参见"安昭纳顿"条。

德清烧沉船——汉族民间传统宗教节日。流行于浙江德清。农历六月十五日,在当地东庙举行。届时,众位能工巧匠用纸裱糊一只真船大小的纸船,由数百人恭敬地抬至当地东庙大殿里。善男信女纷纷跪拜于殿下,数十位虔诚信佛的老妇列前念佛,直至半夜。之后,人们把纸船抬到空场烧掉,表示船已送达菩萨,祈菩萨保佑出海平安。此节已泯。

朝鲜族流头节——亦称流头日,另译梳头节。东北朝鲜族聚居区民间传统节日。此节由"洗发于东流水以堵厄"得名,意即要在活水中洗涤头发之节。农历六月十五日举行。届时,除洗发于江河流泉外,还要在水边举行祭祀活动和"流头饮宴",以祈福消灾。届时,各家将蒸熟的粳米粉打制成圆长条状,再做成水团,当作供品和食品。最精美者称"滴粉团";用糯米做的,不浇蜂蜜者,称"干团"。据《高丽史》载,高丽国熙宗刚即位时,此日有两个侍御史和宦官崔东秀一起在东流的河水中洗头,而后于岸上饮酒祭祀,祈神灵佑国王万寿无疆、社稷永固。此后人们效仿,久而成节。洗头风习今已式微,做水团之俗尚存。

朝鲜族流头日——参见"朝鲜族流头节"条。

朝鲜族梳头节——参见"朝鲜族流头节"条。

爬香炉峰——亦称爬香炉山。瑶族民间娱乐节日。流行于贵州凯里一带。农历六月十五日,于香炉峰举行。节日起源传说有二:其一,玉帝女儿阿别与苗家小伙阿补相爱。阿别无凡间草鞋,难进寨,只能在香炉山顶或半坡与阿补相会。之后,阿别生下女儿阿彩,飞回天庭时,慌乱中踩跨了山顶,从此难到人间。在此长大的阿彩,也难下山,只好在山顶唱歌。山下小伙们被其歌声吸引,便上山与她对歌戏耍。这天,值六月十五,久而成节。其二,香炉山上住着一户苗家,家有一哑巴儿子,买到一条腹藏宝刀而能开口说话的鱼。之后,他手执宝刀,与皇帝作对,不幸于六月中旬遇难。人们为纪念这位英雄,便于六月六举行爬香炉山活动,因以成节。届时,山上人头攒动,歌声震得山鸣谷应,充满了欢乐祥和。

爬香炉山——参见"爬香炉峰"条。

白族绕海会——白族民间传统节日。流行于云南大理剑川等地。农历六月十五日(另说十二、二十五)举行。相传,当地剑湖里有一条恶龙,每年都要人们给它送去十对童男童女,否则,便兴风作浪,祸害百姓。剑川百姓忍无可忍,做了十八条木龙,选出十八位年轻勇士,进入剑湖,殊死搏斗,终于杀死恶龙。小伙们亦英勇献身。剑湖平静下来,百姓过上了平安日子。为纪念十八勇士,每年此日,剑川各区白族群众成群结队奔往剑湖,绕海子烧香,不念经,不唱调,更不谈情说爱,以缅怀英烈,朝拜"十八坛神"。数百年传承,人们除到本主庙里祭祀神灵外,也一路欢唱白族调子、跳霸王鞭,最后绕剑湖一周。其后,另举行赛龙舟、对歌等活动。对歌内容有民间传说、故事,更多为思恋之情。

丹麻花儿会——亦称丹麻滩花儿会、丹麻山歌会、丹麻戏会。土族民间传统盛大歌会。流行于青海互助。农历六月十五(另说十一)日,在丹麻举行,历三天(另说五天)。参加者皆男女青壮年。相传,丹麻本是一片花草丰美、林木森森的好地方。每到六月山花烂漫时节,土族后生纷纷到此谈情唱花儿。有个土司禁止人们唱花儿，便把这里的树林全部砍光。不到几年，这里变成了一片石头滩。此后，这里连续几年不下雨，颗粒无收，群众惨遭大难。某年六月，一对男女青年唱起了悲痛的花儿。顿时，天上乌云翻滚，响起了隆隆雷声，下了一场倾盆大雨。人们欣喜若狂，纷纷赶来放声歌唱。待到雨过天晴，这对男女青年不知所踪，只见平地长出两棵浓荫蔽日的大杨树。人们认为，这是那对男女青年变的，给大家遮日歇凉，要大家每年按时来此唱花儿。人们相互传说，年年照办，时间一长，形成了此会。届时，姑娘们着五节袖的民族服装，小伙打扮得漂漂亮亮，成群结队赶来，对歌玩耍。他们自由挑选，组成若干歌队，摆开阵势，互相对歌。各队推出一名歌声清脆、能即兴编词的歌手颂唱，以歌提问对方，对方则须以歌回答。如此一群对一群，一组对一组，大街、路旁、树荫下、小河边到处歌声起伏，山鸣谷应。对歌告一段落，已婚男女即自动退出，未婚男女则以歌传情。有的年份，歌会既唱歌、对歌，还组织文艺节目演出，开展赛马、摔跤、比武等活动。

丹麻滩花儿会——参见"丹麻花儿会"条。

丹麻山歌会——参见"丹麻花儿会"条。

丹麻戏会——参见"丹麻花儿会"条。

十 六

做青苗会——简称"青苗会"。汉族民间传统农祀节日，旨在保护青苗，祈求丰收。流行于西北、华北、东北、华东等广大地区。节期因地有异：江苏东台、兴化、大丰一带，农历六月十六日举行；其他汉区，则于四、五月间择日。青苗会通常以村落为单位，由巫师或乡老择定吉日，族尊主持。届时，全体男性村民黎明即起，集聚村庙，煨桑叩拜，祈祷神灵。各户收集敬神物品，献给山神土地，并筑神坛、下镇物、插雨牌等，以避自然灾害。庄稼收获后，青苗会即自行解散，来年重建。

汉族青苗会——参见"做青苗会"条。

鲁班节——汉族民间传统行业节日。农历六月十六日举行。流行于香港等地。鲁班乃中国古代著名的工匠，自古被奉为建筑工匠和木匠行业的保护神"祖师"来祭祀。相传，最初一些木匠、泥水匠、搭棚工，于工休时结伙去拜鲁班庙，晚上聚集欢饮，因得施工平安。此后，当地即流传"饮祖寿酒"可保施工安全之说。

彝族牛魂节——彝族民间传统节日。流行于广西那坡达腊等村屯。农历六月十六日举行。当地人认为，耕牛辛勤耕作，犁田耙地时却常被人鞭打，日久魂不附体。因此，人们定个牛魂节，敬重一番，把牛魂招回其身。届时，人们一大早便把牛栏打扫干净，修整一新；把牛拉到河边、水塘，用清水冲洗；用糯米包一些粽粑，分别给耕牛和牧童吃；此外，还搅一些玉米粥加上油盐喂牛。

十 七

同仁军舞节——藏、土两族民间共同节日。流行于青海黄南州同仁县麻巴、年都乎和隆务河两岸。农历六月十七至二十五日举行。相传，藏王松赞干布时期，在今同仁与甘肃夏河交界甘家一带，唐、蕃军队不时发生冲突，给双方民众带来极大痛苦，藏汉人民都渴望停战，乐享太平。

经双方高僧调停,终于罢战言和。吐蕃军队在甘家庆贺停战,跳起军舞欢乐,忽从住地附近达加央措(达加兰海)里冒出两条龙来,与欢庆的人们一道歌舞。后来,这支军队长期在此驻扎。天长日久,人口繁衍,变成了当地农牧民。军舞也被带到民间。其后代,每年农历六月都举行数日军舞表演,进而成节。届时,当地藏、土两族群众身穿节日盛装,云集事先约定的舞场,由锣、鼓、唢呐等乐器伴奏,跳军舞和神舞,唱山歌,纵情欢乐,常通宵达旦。另,还穿插演出传统藏族节目,开展摔跤、拔河等比赛活动。

十八

融水闹鱼节——苗族民间传统节日。流行于广西柳州融水县拱洞乡一带。农历六月十八日举行。节日上午,姑娘们去河边梳妆打扮。下午,各寨参加闹鱼活动者,列长队,各持一根顶端带叶树枝,沿河岸涌向节日活动地点,不时发出阵阵呼叫声。人们集中,"闹鱼"开始:先由数十名身强力壮小伙走出队伍,围圈打转,脚不停蹬地,并念口诀。主持人旋把象征闹鱼药的叶子撒到河里。两位腰缠茅草的壮小伙,纵身跳入河中,来回翻滚,大喊大叫,表演鱼被毒晕后种种失控的姿态。河岸上观众不住为其表演喝彩。俩小伙子爬上岸后,"闹鱼"结束。此乃模仿古代渔猎先民生活的追忆、表演,逐渐形成的一种娱乐活动。

十九

观世音菩萨成道日——佛教节日。农历六月十九日,在诸佛寺举行。观音,亦称观世音、观自在、观世自在,俗称观音菩萨、观音娘娘,佛教四大菩萨之一,是大慈大悲的化身。观音菩萨是阿弥陀佛座下之上首菩萨,同大势至菩萨一起,是阿弥陀佛身边的胁侍,并称"西方三圣"。观音菩萨本身早已成佛,为普度众生,倒驾慈航,随缘应世,以三十二应身随处救度受苦的众生,所求皆应。观音菩萨具备十四种布施众生无所畏惧的无边神力,四种不可思议无作无为的胜妙德用,具足一切无碍神通,广修种种善巧方便,历来在民间广受礼敬供养,称"家家弥陀佛,户户观世音"。每年是日,民间纷纷顶礼膜拜。佛教认为,此日念佛、诵经、持咒、放生尤为殊胜,具大功德。

天津接太阳节——汉族民间传统节日。流行于天津一带。于传为太阳生日农历六月十九举行。届时,家家户户起早即摆供品,点香火,面东朝拜,祈太阳神赐福。是日晴朗,太阳高照,主吉兆;遇雨、阴,兆时运不佳。

吃冷面节——汉族民间传统节日。流行于苏北及南京等地。农历六月十九日举行。届时,人们别出心裁,将吃惯了的汤冷面变成"烤冷面"。而今,人们已从在家吃,大步走向食品店买。节间,生意格外红火。有个品牌叫"小蓝鲸",谐音"小南京",冷面做工殊为特别:将面切块,在铁板上烤,放上芝士、鸡蛋、培根、火腿,最后撒上芝麻,味道特别香浓。

香炉山坡节——亦称香炉山爬坡节。苗族民间传统游乐节日。流行于贵州凯里。农历六月十九日举行。香炉山,位于凯里城西十公里,海拔一千两百多米,誉称"黔南第一山",形似香炉而得名。节日起源传说纷纭,较盛者是:天上玉帝小女儿阿碧，向往人间男女青年自由恋爱，常顺着山坡飞下来，想参与香炉山脚下游方坡男女"游方"。但因无凡间草鞋穿，只能在山顶或山腰唱歌，靠优美动听的歌声引逗人们上山对歌。后来，她与聪明能干、忠厚勤劳的苗家后生阿博，在香炉山结识，约定每晚幽会香炉山。不久，阿碧怀孕，在山上生下一女孩阿彩。玉帝规定，鸡叫三遍，阿碧要回天上朝拜，否则将大祸临头。阿碧忙把小女交给阿博，飞回天庭。心急脚重，一下蹬垮了六层香炉山。山顶没有了，阿碧再也无法下凡。从此，玉帝也享受不到人间为他烧香、焚纸，索性罚阿博变为香炉，供烧香、烧纸用。阿彩长大成人，因系凡身，无法飞下山去"游方"，只好在香炉山上放声歌唱，呼唤山下人们上山对歌。为了争取婚姻自由，向往美好生活，人们为阿碧和阿博修了一条大道，直通香炉山顶。此后人们年年爬香炉山唱歌，世代相袭成节。届时，男女青年和中年人从四面八方涌向香炉山。他们有来自邻近的麻江、黄平等县苗家，也有其他民族。人们除在山顶上极目四顾，饱览风光外，还在山腰对歌。芦笙手们吹奏芦笙曲，令人陶醉。赛马道上，骏马来回奔跑，铃声叮当作响。饮食摊上，人们频频举杯，笑语连天。

香炉山爬坡节——参见"香炉山坡节"条。

鲁热节——习称六月鲁热节。青海同仁等地藏、土两族共同的宗教节日。农历六月十九至二十五日举行。届时，各地藏、土两族群众会集公祭处，敲锣打鼓，点香燃灯，煨桑敬拜佛神，求其保佑乡村平安、家家吉祥如意。之后，身着艳丽服装的小伙、姑娘们，欢聚一起，载歌载舞。其间，人们还扶老携幼，带着节日礼品，走村串寨，访亲拜友。主人定备美酒佳肴款待，宾主热情联欢，共祝佳节，预祝五谷丰收。相传，明末蒙古族人民为安居乐业，反对民族之间掠夺，毅然于六月十九至二十五日，将全部刀箭等武器销毁。此举深得当地藏、土民众赞扬，视之为"美好的日子"，因而特地举行盛大的祭神活动，感激神佛保佑，才销毁这些武器。此后，逐步演变为当地藏、土民族节日，延续至今。

六月鲁热节——参见"鲁热节"条。

二　十

杞人军坡节——黎族支系杞人民间传统节日。流行于海南琼中一带。于传为当地堑对、乘坡等四村峒主公诞辰日农历六月廿举行。相传，古时有一渔夫，一次去河边捕鱼，鱼没捕着，却几次捞到一根大树干。他把树干扔到岸上时，却意外发现自己鱼篓中已装满了鱼。当晚，渔人梦见峒主公告诉他，把树干雕成其像让人们来供香，抬着像到各村去巡视，渔人可以做军坡，不用辛苦捕鱼，即可发大财。后来，渔人照梦去做，果然致富。从此，每到峒主公生日，就过军坡节，沿袭至今。届时，各村人们聚集，抬峒主公的塑像巡游，前后皆有锣鼓队敲打，从一村到另村。每到一村，村中男女老少皆盛装出迎。若逢丰年，人们还请来有名戏班表演琼剧助兴，增添节日喧闹。此节已式微。

同仁六月会——土族民间传统节日。流行于青海黄南州同仁县一带。农历六月廿日举行，历三至五天。当地土族主要从事农业生产，信奉二郎神。届时，老人们着民族服装，带香烛纸钱和供品，涌往二郎神庙敬神。当地二神庙，多在高山冈上，坐西向东，殿前有一宽阔广场，场竖旗杆,设有煨桑(火桑)炉。届时,由神庙长老主持,举行"煨桑"(敬神仪式,用干枯柏叶,混以酥油、糌粑或青稞、麦粒,放于火上焚烧)、跳神活动。喇嘛们手举经幡,在锣、钹、鼓、长号等乐器伴奏下,手舞足蹈,跳来跳去,以示二郎神显灵,祈全年风调雨顺、五谷丰登、村寨平安。祭毕,人们各自开展娱乐活动,敲羊皮鼓,吹海螺,抬花轿,跳神,踩高跷,唱"拉伊",跳舞,等等。参与者,还有藏、撒拉、汉各族,成千上万,摩肩接踵,热闹异常。当地相传,昔时此会,既是地方政府阅兵仪式,也是安排农事活动的集会。那时,土族千户要讲述土族的历史,组织民间艺人,演唱传统民族歌舞。演唱者脚穿双梁红花鞋或高筒马靴,把裤脚装入靴内,扎上腰带,头戴羊毛毡所做喇叭彩红缨帽,并到各村巡演。年年如是,逐渐形成此节。

郎加龙舞节——藏族农民传统节日。流行于青海黄南州同仁县麻巴乡郎加一带。农历六月廿日举行,历六天。相传,三四百年前,有个名叫阿尼阿拉果的女人,在托托浴滩上头找到一眼泉水,想引来灌溉田地。怎奈沟中积沙很厚,水流不远即渗潜于地下,一遇天旱,水更到不了地边。当时,人们认为是龙在地下作祟。她就带领村里童男童女,在泉边给青龙跳舞、唱赞歌。泉水周围有几棵杨树,被称为"龙树"。孩子们爬上树去,折下树枝扬水玩耍,以讨龙王爷喜欢,保佑泉水旺盛。久而久之,此举便成为一俗。届时,全村男女老少聚集打麦场。青壮年男子身穿节日盛装,组成百余人长龙,敲锣打鼓,跳龙舞;孩子们则攀龙树;善男信女还焚香烧纸,朝天跪拜。人们祈祷龙神保佑,五谷丰收。周围各族群众亦纷至沓来,观看、助兴,十分热闹。

巍山火把节——彝族民间传统节日。流行于云南巍山一带。农历六月廿日举行。各村寨自行举办。全村人到观音庙前,杀羊聚餐,称"打平伙"。下午,开始竖火把。各家院内、门口竖小火把,村子广场竖一个大火把。大火把高达三四丈,由干柴捆扎而成,上面挂满各种水果和粑粑。顶端插一个纸做"升斗",上书"喜庆丰收"字样。黄昏,人们点燃火把,到处一片火树银花,眼花缭乱。夜晚,青年、孩童还举行"撒火把"活动,把松香粉撒到火把上,或向别人身上喷火苗,以驱邪避灾。最后,人们举着火把到村外"串田",用熊熊烈火,引来飞蛾扑火自焚,以祈消灭虫害、五谷丰登。

塔塔尔族萨邦节——亦称犁头节。塔塔尔族民间传统节日。流行于新疆塔城、伊宁一带。农历六月廿日,于风景优美地举行,历六天。相传,塔塔尔族祖先为纪念先进农具"萨邦"(犁铧)发明,沿袭成节,无固定程序。届时,主要举行传统摔跤、赛马、拔河等体育活动,内以赛跳跑最瞩目。参赛者口衔一汤匙,内放一鸡蛋,赛跑时鸡蛋落地即输。节间,妇女们一展厨艺,制作最好的手工艺食品,招待客人,内有大米加奶酪、杏干、葡萄干、南瓜等烤熟的"古拜底埃"烤饭,发酵蜂蜜制成的"克尔西玛"饮料,野葡萄酿成"克赛勤"酒,等等。

塔塔尔族犁头节——参见"塔塔尔族萨邦节"条。

二十一

查白歌节——布依族民间盛大传统节日。流行于黔西南州一带,以兴义县城北查白场为著名会场,故名。农历六月廿一日举行,历三天。据传,节日源自纪念查郎和白妹。明洪武年间,虎场坝(即查白)山区常有猛虎出没,伤害人畜。聪明勇敢的布依后生查郎,闻讯前往为民除害。一天,白妹在虎场坝砍柴时,一只猛虎扑来,幸得查郎及时搭箭射虎,才幸免于难。俩人因此相爱,互定终身。山官"野山猫"早就垂涎美丽的白妹,求亲不成,竟下毒手,把查郎害死于虎场坝。白妹闻讯,伤心、愤怒一齐涌上心头,于六月廿一日,放火烧了"野山猫"的家,自己亦跳火海殉情。查郎、白妹变成一对白鹤,比翼飞上九天。后人无不感动,遂将白妹殉情这天,定为青年人对歌赶表之日,把虎场坝改名"查白场",作为歌场。届时,布依及附近各族群众,身穿节日盛装,从云南、广西等地云集歌场。歌场周围,早摆满了各种摊点。中午,布依长老敲响铜鼓,宣布歌节开始,霎时台上长号、锣鼓、唢呐与台下鞭炮声、欢呼声,响成一片。狮子舞在大头娃引导下,绕台欢舞。苗族青年上台跳芦笙舞,布依姑娘、小伙登台表演木叶对唱、月琴歌舞、狮子舞等等。对歌开始,青年男女们纷纷走向田边地角、山坡、密林互唱山歌。中午时分,集市饮食生意十分兴隆,一个个狗肉、牛羊肉汤锅摊前更是挤满了顾客。据说,不少人专为吃查白歌场汤锅而来。原来,当年查郎打死猛虎,即支起大锅,用清泉水煮虎肉款待乡亲。因人太多,又宰了两斗牛,掺进虎骨汤中。最为神奇的是,许多人吃过后,多年老毛病不治而愈。此后,杀牛宰狗煮汤锅,以防灾祛病,因而成为查白歌节的传统。

二十二

查白祭日——布依族民间传统祭祀节日。流行于贵州兴义县查白寨,故名。于"查白歌节"次日,即农历六月廿二日,在县城北查白寨旁举行。相传,当年布依族地区有只猛虎,经常伤人。一天,神灵帮助布依族先人查郎,让那只在逃恶虎,在山上转了一圈,后又窜回神树下,中了机关,被神树吊挂起来。后来,人们赶"查白歌节"时,感谢先祖神灵庇佑,便敬祀吊挂恶虎的神树,保佑查白人丁兴旺、六畜满圈、稻谷满仓。祭前,寨中公推俩人出面主事(须男性,家中排行老大或老幺),先集资购备祭品:两只鸡(纯毛公鸡与母鸡各一只),两个鸡蛋,百支香,一刀纸钱,两匹白皮纸剪的纸马,两只酒杯,几副碗筷等。祭山,本是祭虎场坝中央的"三合树",即那棵神树。遗憾的是,这棵古树已因年久枯死。现今祭祀,改在查白寨西南名曰"浪烟"的山下举行。节晨,两位主事带上祭品来到神树下,采用"领生不阳"(领生,即杀鸡祭血;回熟,即将所带的供品煮熟再祭一次)祭祀法,用布依语敬请先祖等诸路神灵。祭毕,在俩主事陪同下,众人欢聚一餐,所剩供祭品,带回寨中,给其他人享用。祭山,仅俩主事进山,其他人等均须回避。自祭山日起,人们在家连续休息三天,严禁下地动土干活、砍柴、做针线,只能专心实意地过节,陪伴亲友喝酒对歌。违章者,则被罚负担祭山全部费用,重祭一次。此节已泯。

布依族祭山神——布依族民间祭祀节日。流行于云南富源一带。农历六月廿二日举行,历三天。届时,每寨由四户人家承办,负责从筹备至收尾全部事宜。次年,再轮流另四家。廿日,即须备足经费,买好祭祀用牛。节日当天,每户派一男进山林,杀牛祭祀,祈山神保佑不下冰雹、人寿年丰。祭祀有不准砍树、不准解手、不准大声讲闲话等禁忌,有违即得罪山神,反致灾祸。祭毕,全村参祭者会餐,同时检查乡规民约执行情况,尤其责罚破坏山林者。

贵德拉夜会——藏族民间祈神娱乐节日。流行于青海贵德县一带。农历六月廿二日举行。此节本为祈神日,至20世纪40年代淡化祈神之意,而代之以欢庆娱乐的内容,特别是男女对唱,节日风俗面貌一新。节前夕,节庆场所装饰一新,帐篷、凉棚、售货亭等一应俱全。节日当天,妇女们竞着绚丽新装,佩戴各种首饰;小伙们亦潇洒打扮,纷至沓来,聚集一堂。通常于傍晚拉开"对唱",主要唱爱男女悲欢离合。每对唱完毕,皆相互敬酒。一些老者,青年时代曾为"拉夜"歌手,此刻亦不示弱,挺身一展歌喉。

雅美人飞鱼祭——台湾雅美人传统系列祭祀节日。农历六月廿二日(另说六月底),雅美人渔期终止前一个月,渔民们收藏所捕获之鱼,相互祝愿,举行飞鱼干收藏祭。祭前,各户用一尾飞鱼干与芋同煮(昔曾禁忌同煮),共食之。另外,进行礼物交换,礼物有水、芋、粟、飞鱼干、鲷鱼干、猪、羊肉、水果、甘蔗等。此祭历数月。祭仪含系列,包括招鱼、丰鱼、初夜出海、初食、贮藏和终食飞鱼等整个捕捞过程及煮食飞鱼的全过程。通常,飞鱼在阳春时节由南方涌至兰屿近海,七八月之交才返回南方。因七八月有台风,雅美人将渔期提前,并将渔期后两月所捕的鱼,大部分晒干蓄积,以备渔期过后食用。相传,很久以前,一条黑色的飞鱼王,托梦给雅美人的祖先,告诉他飞鱼汛期,要求人们按神的旨意捕捞和祭祀飞鱼。得此梦兆,雅美人从此年年丰渔,遂定日祭祀。

雅美人招鱼祭——参见"雅美人飞鱼祭"条。

初夜出海祭——参见"雅美人飞鱼祭"条。

雅美人初食祭——参见"雅美人飞鱼祭"条。

雅美人贮藏祭——参见"雅美人飞鱼祭"条。

终食飞鱼祭——参见"雅美人飞鱼祭"条。

飞鱼干收藏祭——参见"雅美人飞鱼祭"条。

二十三

朝云华山——汉族民间宗教性节日。流行于四川灌县龙溪一带。农历六月廿三日举行。相传,风神童子每年驾临灌县云华山,鼓风吹倒庄稼,返时复将庄稼竖起。一倒一竖,严损农业生产。为避风灾,人们便在云华玉家山上建座风神庙,年年此日进庙祭拜玉华祖师,祈神灵赐福免灾。据传,进香须虔诚,但怀二心,必被庙前花鼻泥虎变成活虎咬伤。此节已泯。

关圣帝君圣诞——道教节日。农历六月廿三日,在关帝庙举行,具有地域性。关圣帝君,即关羽(160—219),字云长,河东解县(今山西临猗西南)人,简称"关帝",全称"三界伏魔大帝神威远震天尊关圣帝君"。关羽本三国蜀汉大将军,镇守荆州时兵败被杀,因生前武功显赫,死后追谥为"壮缪侯",史誉集中国传统美德忠、义、仁、勇为一身之楷模。届时,民间满怀敬畏之心举行庙会,祭祀程序有进香、礼拜、祷祝、演戏、谢神、进刀马等等。

阳高迎供——亦称祭关公庙会。汉族民间宗教节日。流行于山西阳高一带。农历六月廿三日举行,历三天。届时,信众高抬关公神轿巡游。巡游时以轿为核心,前仪仗,后锣鼓,簇拥十二桌"供楼",紧接两马童牵一匹披红挂彩枣红马,其后便是关公神轿。关公正襟危坐其中;轿后是八架抬阁,表演传统戏、民间故事等内容,如张生戏莺莺、断桥、麒麟送子;再后有使二架背阁,由七八岁儿童表演常见戏段子。巡游期间,灵活穿插寿星斗狮子、竹马等游艺。巡游浩浩荡荡,围观人山人海。其时,正值妇女儿童添置新衣时令,庙会布匹织物备受欢迎。而今,宗教色彩渐淡,更盛物资交流。

祭关公庙会——参见"阳高迎供"条。

祭马王节——亦称马王诞日。汉族民间传统节日。流行于北京一带及黑龙江、吉林等部分地区。于传为马王爷生日农历六月廿三举行,《燕京岁时记》有载。届时,凡养马较多人家,皆杀猪宰羊,虔诚供祭,祈马王爷保佑人畜两旺。此节已泯。

马王诞日——参见"祭马王节"条。

大理祭羊魂——白族民间传统宗教节日。流行于云南大理一带。农历六月廿三(另说廿二)日举行。山区白族每家都有羊群。举祭旨在让羊群迅速发展,不受野兽、瘟疫侵害。祭仪由老牧羊人主持,以猪头、公鸡和馒头作为祭品,放于临时建起的祭坛,旁边悬挂一块羊毛毡,以示请羊魂享用,祈其保佑羊群繁殖。

布朗族火把节——亦称姑娘节。云南布朗族民间传统节日,旨在祭五谷大神,祈五谷丰登。流行于云南施甸、昌宁、永德等地。农历六月廿三日举行,历两天。首日,全寨家长们聚集事先选定的一棵神树下,众人抬来一头猪,杀之作为祭品,祭祀五谷。众人面对神树,祈新的一年谷物丰收。祭神树时,十二岁以下儿童禁参加,孕妇不能摸猪头和猪内脏。在永德等地,凡已出嫁姑娘,皆须回娘家过节。全家杀鸡、吃肉、喝酒,表示庆祝。次日,各户带着鸡、肉、酒等祭品,到玉米地祭祀山神,祈佑各户庄稼丰收。节夜,各家点燃火把,先照屋内,再照老人,并撒以松香粉,口念"跳蚤、蚊子烧完了,天灾没有了"等语,再照房前屋后果木树,以示烧掉害虫。之后,全村男女老少举着火把,在田间坝上来回游动。据传,如此可烧死田里的害虫,保护庄稼。一时间,山上山下火光点点,在夜色中窜动。最后,寨中场子烧起熊熊篝火。大家聚集火堆旁,唱着跳着。有的老人则在一旁为儿童们讲故事。直至深夜,人们才各自举火把照明回家。

布朗族姑娘节——参见"布朗族火把节"条。

二十四

祭关帝节——汉族民间传统节日。大多于农历六月廿四日举行,或因地而异。清富察敦崇《燕京岁时记》载:"六月二十四日致祭关帝,岁以为常。"山西定襄一带在五月底,浙江湖州一带在九月十三。关帝指三国时蜀国大将关羽,俗称"关老爷""关帝菩萨",神勇威武,讲义气,急民难,遂奉为精神偶像,以至神化,尊为"天公"。关帝庙遍布中原各地。每年此日,民众皆上供焚香,虔诚拜祭。

神保观神生日——汉族民间宗教性节日。流行于湖北黄冈等地。于传为二郎神诞辰日农历六月廿四举行。"神保观神"即灌口二郎神。届时，人们高抬二郎神像巡游，所到之处，皆捐供钱财，作为寿礼。有些地方，数以万计信众，破晓即涌往二郎神庙祭祀，争烧第一炉香。群众娱乐竟日，活动极丰富，相扑、斗鸡、上竿等尤受欢迎。此节已泯。

江南观莲节——汉族民间传统节日。流行于江南各地，尤其水乡。于传为荷花生日农历六月廿四举行。据考，此节源起宋代赏荷之俗。届时，男女老少竞着新衣，聚集莲花池等水边，荡小舟，赏荷花，采莲子，一片欢声笑语。人们还做纸灯，燃放水面，祭荷花神，后用新采莲子、荷叶、鲜藕等做成应时菜肴，愉快进餐。

贵德神牛会——汉族地区民间传统旧节。昔时流行于青海贵德一带。农历六月廿四日举行。节间，人们欢聚各乡预定场地，观看男子戴牛头面具跳舞。舞者扮演神牛，和着激奋的鼓点、粗犷的乐声，边走边舞，不时故意闯入围观妇女群中。据传，被偎依的妇女，可因此受孕生男。

朝阳吃青苗会——汉族民间传统节日。流行于辽宁朝阳一带。农历六月廿四日举行，亦说农历六月十三至廿四，历十二天。届时，各村派一两人，先往土地祠，组织村民杀猪宰牲，预备饭食。待村民聚集，先由主持人点香进贡，燃放鞭炮，祭拜神仙。其后，众人饱餐一顿，商订护青公约，张贴告示，保护庄稼。所需费用由众人分摊。

哈尼族六月年——亦称六月节；哈尼语称"苦扎扎"，意为庄稼将熟，丰足的日子将临。云南哈尼族民间传统节日。农历六月廿四日前后举行，历二至五天。届时，家家舂粑粑，摆酒宴，吃新米饭。刻意用成熟新稻穗、青玉米、青黄豆等作为供品，敬祭祖先。各村照例宰杀一头牛，祭祀天、地、山、寨等诸神。祭毕，牛肉分各户享用。之后，举行打磨秋等娱乐活动。磨秋场人山人海，小伙们争相登场表演，以博姑娘们爱慕。节日末日傍晚，家家点燃并高举一火把，照亮住宅各个角落，祛除邪恶。后将火把送村边路旁，朝东南方向排列成一条火龙，以将邪魔驱赶远方。

哈尼族六月节——参见"哈尼族六月年"条。

苦扎扎——参见"哈尼族六月年"条。

火把节——西南彝、白、纳西、阿昌、拉祜、傈僳、佤、布朗、怒等族古老传统节日。节期因族、因地有异，大多于农历六月廿四日举行，历一两天、三四天不等。据考，此节源自汉唐，已袭千余年。初为村民用打火把来驱虫辟邪，祈祝丰收，后逐渐扩展为以举火把为主，广及祭祀、祝福、欢娱、社交等盛大的综合性节日。

弥勒火把节——汉族民间传统宗教节日。流行于云南弥勒一带。农历六月廿四举行。届时，家家户户食用一种叫"啖生"的食品。其做法是将煮熟的瓜豆、茄子剁碎，拌上肉末和豆腐即成。妇女剁制的过程称"叫魂"。进餐时还须吃一个"叫魂"的熟鸡蛋。其间，人们杀鸡备酒，祭祀田神。入夜，则举着火把照遍室内和田间，同时焚烧端午节时套上手腕的彩线。此节今已式微。

傈僳族点火把——通称"火把节"。傈僳族与彝、白、纳西、拉祜等族共同的盛大节日。农历六月廿四或廿五日举行，历三天左右。各地、各族拥有不同的仪式和游乐活动。傈僳族此节,家家户户制作火把。各寨在广场中央,用松枝、干柴搭成一个巨大宝塔式的柴堆,上插一大树枝,饰以五颜六色彩纸、纸花。白天,人们欢聚广场,举行赛马、打靶、射弩、打秋千等活动。入夜,各户拿着火把将自家房前屋后不洁之物全部烧掉,以示驱邪。之后,人们手持火把,会聚广场,一起点燃巨型塔式柴堆。顿时,广场火光齐明,锣鼓喧天。有的地区,人们要举着火把绕村寨、田边周游一圈,以驱逐猛兽害虫,除瘟避邪。然后,人们围着火堆,纵情歌舞。节日起源各地传说不一。禄劝县的火把节源于一个悲壮的故事:从前有对贫寒老两口,养了一个漂亮女儿,被当地土司抢去。姑娘坚决不从,自杀。乡亲们义愤填膺,当晚燃起熊熊火把,聚众起义。这天,正值六月二十四日。为纪念反抗义举,人们将这天定为节日,世代相沿。届时,人们杀猪宰羊,走亲访友,节日气氛弥漫村村寨寨、家家户户。

傈僳族火把节——参见"傈僳族点火把"条。

彝族火把节——另称七月火把节。彝族民间盛大节日。广为流传于滇、川、黔,以至广西等彝区。多于农历六月廿四或廿五日举行,历三天。2005年,此节跻身国家非物质文化遗产名录。火把节历史悠久,早在《太平广记》等文献中已有记载。此节彝族传统十月太阳历,因称"星回节"。此节乃隆重的农业祭典。明李中溪《云南通志》认为,火把节旨在"以火色占农",祈吉驱邪,反映了彝族先民的原始火崇拜。随社会变迁,节俗渐丰,性质亦变,已成交融文体娱乐、经济贸易之民族盛典。1982年,云南楚雄彝族自治州政府,定其为州法定节日。赴楚雄度节者,攀升十数万,昼赶会贸易,夜歌舞娱乐,盛况空前。节首日晨,家家打扫卫生后,男人旋上山打猎,妇女在家准备燕麦麻子泡等节食。傍晚,家人齐站羊圈门,迎牧归羊群。家长将炒熟的燕麦麻子泡,撒向羊群,祝其繁盛。次日,剪羊毛,一早各家即准备好烤荞饼、炒燕麦麻子泡花、剪刀、指套。剪羊毛以家族为单位,由牧羊人喝酒后剪第一刀。第三日,人们将牛、羊赶上山坡,举行斗羊、斗牛、摔跤比赛。一连三夜,人们均点着火把,聚集村寨广场,将火把垒成一堆熊熊篝火。男女老幼围火堆,歌舞通宵。末夜,人们将一把把鸡毛撒向火中,模仿羊、牛叫声,祈六畜兴旺。弥勒西山一带彝族支系阿细人,在二十四、二十五两日过节。相传,其先人早年居住金沙江边,被洱海奴隶主抢去做"娃子"(奴隶),为奴隶主在洱海边修了一座高塔。后来,奴隶们在阿真带领下,用计趁黑夜杀死奴隶主,获得解放。天亮后,大家便聚集洱海边吹笛弹弦,尽情歌舞。此日,正值农历六月二十四。因火把在举义中举足轻重,阿细人便兴起过此节。届时,人们纷纷聚集,小伙们进行摔跤比赛、姑娘们"跳月",最受欢迎。次夜,青年们手举火把,会聚"公房"门前广场,火把游行,宛如条条火龙,十分壮观。各家年长者点着火把在宅内巡行,为家人驱魔除灾。

七月火把节——参见"彝族火把节"条。
彝族星回节——参见"彝族火把节"条。

迪庆彝族火把节——彝族民间传统节日。流行于云南迪庆一带。农历六月廿四日举行,历三天。节晨,各户将宅内外打扫干净。女性烧火杀鸡,炒制燕麦麻子泡。男子上山打猎。夕阳西下,举家站立羊圈门口迎接、清点上山数月归来之羊群,家长将燕麦麻子泡撒向羊群,祈祝羊群兴旺。次日,剪羊毛。人们早起,烤荞饼,炒燕麦麻子泡,准备剪刀、指套。剪羊毛以家族为伙,先将煮熟的羊肩胛肉放荞饼上,犒赏牧羊人,向其敬酒,请剪第一刀。之后,按家支辈分大小,循序动剪,以剪领头羊开始。第三日,放牧小伙赶牛羊上山坡,每人挑选牛羊各一,比赛斗牛、斗羊。负方如不服输,则与胜方赛摔跤。节间夜晚,由一家率先点火把,开唱《火把歌》,各家纷纷随之点燃火把,按约定方向,组成一条火龙,聚集娱乐场,将火把烧成一堆大火。之后,全寨人围火堆高歌纵舞,做各种游戏。末日夜,人们将一堆鸡毛撒向火中,破竹两半做成槽,放入盐、粮,旋抬着竹槽,模仿牛羊叫声及赶牛羊动作,赶"牛""羊"回家。

彝族大火把节——彝族民间传统节日。流行于黔西南一带。贵州六枝一带称"火草节"。农历六月廿四日举行。四月廿四日已过"小火把节",此日即称"大火把节"。届时,各村寨皆宰牛,肉按人均分。各家包粽子,打粑粑,待客或送礼。入夜,男女老幼皆持火把,绕游村寨,最后于田头地边,举行象征性的捕杀害虫仪式。六枝一带,小伙、姑娘着盛装,聚集欢跳铃铛舞,唱出嫁歌,旋觅异性隐树荫、花丛僻静处,对歌连情,中意者互赠信物。老人习惯携孩童,备礼物,走亲访友。

彝族火草节——参见"彝族大火把节"条。

阿细火把节——彝族支系阿细人民间盛大节日。流行于云南弥勒县西山一带。多于农历六月廿四日举行,历两天。相传,很久以前,金沙江畔阿细,被洱海头人抓去当娃子(奴隶),强迫在洱海边为修建高塔。部分娃子们在阿真带领下,举起火把,杀死头人,救出其他娃子。天明,他们聚集海边,弹三弦,吹竹笛,尽情歌舞,直至天黑。这天正好是六月二十四。从此,每年是日,阿细便杀猪宰羊,举火把巡游,欢庆胜利,久而成节。节日头天,人们聚集制定摔跤场,参加或围观小伙子们的摔跤比赛,以及姑娘们表演的集体舞"跳月"。次日晚,小伙、姑娘们各举火把,组成两条"火龙",自村子不同方向,巡游到"公房"门口广场,进行各种娱乐活动。老人们点燃火把,在室内绕游,除魔祛邪。他们视火把为吉祥利器,视该节为祈福佳节。节日习俗非常隆重。

中国·凉山彝族国际火把节——彝族民间盛大节日。此节是在传统"火把节"基础上,衍生出的新节。其第六届节庆,于农历庚寅年六月廿四日(2010年8月4日)举行,历四天。届时,四乡八邻彝家竞着节日盛装,从上百里外涌向青山环抱的火把场。集体活动包括开幕式、五彩凉山——花车嘉年华巡游展演、彝族服饰传统展演、非物质文化遗产项目(手工艺)展演、"格莎啰"火把狂欢夜等。其余项目有耍火把、斗牛、赛马、斗羊、摔跤、斗鸡、爬竿、抢羊、射击、赛歌、选美、赛衣、老鹰捉小鸡、跳"朵乐荷"舞、打情火等。逐日继续未竟项目。家族活动是男人聚集河边杀猪、宰羊、打牛分肉,妇女在家煮荞馍、磨糌粑面。各家杀一只鸡,察看其舌、胆、股以占来年吉凶,并烧鸡祭祖,祈阖家平安、牲畜兴旺。

白族火把节——白族民间盛大节日。流行于云南大理。农历六月廿四、廿五日举行,历一两天。节日起源存两说:其一,汉代汉将攻下大理,杀死酋长,又逼酋长之妻阿南与其成亲,阿南不从,引刀自刎且扑火而死。大理国人哀之，于每年农历六月廿五，燃炬为吊，称"星回节"；其二，唐六诏时，邓赕诏慈善夫人，因其夫在松明楼被蒙舍诏王烧死，不愿意屈从。蒙舍诏王发兵威逼，她率众死守孤城，城破被杀。乡人遂于星回节日束松柴为火树燃之，以吊慈善夫人，名"火把节"。节晨，村人选一根从山上运回的又直又高的松树，用篾片将麦秸、松明、干柴捆扎于树身上，以为"大火把"，上面用竹签插上水果、乳扇和各色小旗子。树尖留一丛松枝，扎上纸花，把树装点好。下午，村民将松树竖村中空地。晚饭后，村民围聚松树四周，由老人点上香，供上猪头、公鸡、献酒饭，念经后奏乐，最后把火点燃。火焰上窜，逐渐照亮附近地方。其时，每节篾片烧断后，水果、乳扇、旗子即陆续掉落地面，围观人们立即上前争抢，只图抢得交好运。火树旁摆一桌酒席，请村中年过花甲的老人，坐着吃果酒、看火把、谈家常、讲故事。男青年则举行赛马，只待火把点燃，即纵马飞奔，循有火把之处，周而复始跃马扬鞭，直至尽兴才策马回家，最后步行参观火把。女青年和小孩要在节日头天晚上临睡前，用揉细的凤仙花的叶、花、根包裹手指甲。次日晨，解开指甲，欣赏指甲染红。她们以此来纪念当年英勇不屈的慈善夫人。

双江火把节——拉祜、佤、彝等族民间盛大传统节日。流行于云南双江一带。农历六月廿四、廿五日举行，历一两天。节庆浓烈，宛如过年。届时，各族同胞集聚双江天鹅湖广场，高歌纵舞。拉祜族男青年打陀螺，女青年荡秋千。入夜在广场烧起篝火，点燃火把，手拉手围圈，合着芦笙、笛子调子，踏起有节奏的舞步。美妙的民族打歌调，更渲染节日气氛，和者欢笑声响彻夜空。佤族称火把节为"别节"，届时全寨舂粑粑、杀鸡，在家祭火神，入夜点火送火神。彝族过节，习惯唱内容丰富、形式固定的火把歌调。各户做火把插在菜园里，备好松香面。入夜，点燃火把，撒上松香面，边念："伤风咳咳撒出去，摆子痢疾撒出去，碗大元宝撒进来，谷米粮食撒进来。"有些人则下田间杀鸡献田。

双江别节——参见"双江火把节"条。

柔若火把节——云南怒族支系柔若人民间盛大传统节日。农历六月廿四日举行，历一两天。节旨、节俗略同其他各族火把节。

拉祜族火把节——云南拉祜族民间盛大传统节日。农历六月二十四、二十五日举行，历一两天。传说，古时候，拉祜族所居勐糯山来了俩人，一是长相奇特，专吃人眼睛的恶人，把拉祜山寨搅扰得人心惶惶；一是性情温和，专做好事的善人。善人得悉恶人惧火光，遂在一天（农历六月二十四）晚上，点燃绑在山羊头上用蜂蜡做成的角。山羊受惊后上山乱跑，整个勐糯山似乎到处是火把，一团团红光把天空映照得如同白昼，吓得那个恶人连夜逃走，再也不敢露面。拉祜人重获安宁。此后，每逢这一天，拉祜族家家户户点燃火把，欢庆驱恶扬善的胜利。届时，农作物已栽插完毕，人们欢聚共舞，预祝秋后丰收。主要内容是杀猪宰鸡，酿制米酒。各家成年人都用松明捆扎大小两个火把，各高约四米、两米，竖于自家门前。人们还要在寨中央共置一对大火把，夜幕降临，寨中巫师在夜幕降临时，将其点燃，随之各家争相点燃自家门前火把。霎时间，漆黑山寨被冲天火光照得一片光明。各家各户围坐一处，共进节日晚餐。饭毕，家长手举一支绑在长竿上的火把，带领家人到屋内及宅边驱赶蚊蝇、毒蛇等害虫，以示驱邪。青年男女则相聚晒谷场上，跳起欢快的芦笙舞，通宵达旦。若某小伙看上某姑娘，其家长往往选择火把节这天，打发媒人去女方家求婚。据说，为讨吉利，一般都能得到满意答复。

普米族火把节——普米族民间传统节日。流行于云南兰坪、宁蒗等地。节期因地有异，梁河、户撒地区为农历六月廿四日，云龙漕涧为次日，多历两三天。届时，老人们忙着杀猪、杀羊、宰鸡，准备祭品，同时在寨门前栽一棵树干，上捆扎许多由松明、松木条绑成的小火把。节日祭祀仪式首先是祭天神，众人献祭品、焚香，祈天神赐福，保佑人畜平安、五谷丰登。黄昏，点燃寨门上火把，青年男女和少年们则各举火把，成群结队奔驰田间、山坡，驱除虫害，嬉闹玩耍。入夜，人们聚集寨子广场，唱歌跳舞，通宵达旦。节日后两天，人们走乡串寨，探亲访友。时值农闲，青年男女趁机忙活定亲、婚嫁。

布依族烧虫节——布依族民间传统农祀节日。流行于云南罗平一带。农历六月廿四日举行。届时，人们高举火把来到田里，高喊："烧虫！烧虫！"据说，如此可烧掉害虫，除虫灾。这天，家家依例做好吃的，如煮染各色各样的糯米饭，用芭蕉叶包成粑粑。村民们还邀请亲友来家中玩乐。一些讲究的村寨，还要凑钱买猪买牛，杀后分肉给各家，祭祀祖先及天神，以祈神灵保佑五谷丰登。

羌族川主会——羌族民间祭祀节日。羌族地区规模最大、范围最广的庙会。流行于四川阿坝。会期各地有异，理县通化一带于农历六月廿四日举行，茂汶高龙一带则于正月初六至十五日。川主，羌话称"木比塔"，意为被崇拜的天神。节日当天，以寨为单位进行祭奉川主的活动。全寨休息，青年、小孩均着节日盛装，姑娘还要在发髻上插上一两枝花。会间依例大办酒席，几村寨联合聚餐。祭仪结束后，开展各种娱乐活动。

祭木比塔——参见"羌族川主会"条。

古羌祭天会——亦称祭山会、山王会、山神会、转山会、塔子会、还愿会、玉皇会。四川阿坝羌族祭祀节日，古羌保留至今的传统祭会。农历六月廿四日（另说三至六月间多次择日）举行。此节旨在祈祷天、地、人间诸神，保佑人寿年丰、地方太平、百事顺遂。受多方影响，祭天会业已融入玉皇会、川主会、娘娘会、妇女敬神节等，规模更宏大，常伴跳神活动，人数不时上万。祭仪由男子和未婚妇女盛装参加；巫师主持，唱羌族史诗，教育后代团结友善，共维村民利益，强调封山育林，保护庄稼。祝词颂毕，杀牛、羊、鸡献天神、山神、树林神，燃柏香枝，再颂吉词，并集体还愿、许愿，再让各自许愿、还愿。最后，盟誓村规民约、祖宗传统，旋集体呼号，鸣枪欢呼，欢宴、歌舞，尽兴而归。所余食物，均分全体村民。

古羌祭山会——参见"古羌祭天会"条。
古羌山王会——参见"古羌祭天会"条。
古羌山神会——参见"古羌祭天会"条。
古羌转山会——参见"古羌祭天会"条。
古羌塔子会——参见"古羌祭天会"条。
古羌还愿会——参见"古羌祭天会"条。
古羌玉皇会——参见"古羌祭天会"条。

通海祭地母——蒙古族民间传统农祀节日。流行于滇南通海一带。农历六月廿四日举行,历一两天。蒙古族自北疆大草原迁居云南后,主要从事农业生产,因有此节。节日当天,家家备上纸钱、香烛、酒肉等祭品,扶老携幼,到田间地头,焚香烧纸,朝天跪拜,祭田公地母,求其驱逐妖孽、消灾消难、人畜平安、秋后丰收。之后,合家饮酒会餐,畅谈丰收喜悦。节间,家里有小孩的,父母或长辈要给孩子们手腕或其他部位拴五彩丝线,以祛除灾病。夜间,男女青壮年高举火把,奔驰田间巡游。有的村寨,还举行赛马、摔跤、射箭、拔河、唱歌、跳舞等文体活动。附近村寨各族群众纷纷前往参加,围观助兴,热闹异常。

密且祭稻田——族谓"且迷峨索波底",意为祭水田天地爷。彝族支系密且人民间传统节日。流行于云南富民、武定两县。农历六月廿四日举行。节日午,每家到自家稻田边,铺上一些松毛,插上一枝带有三个叉的松树枝及三枝青苗。祭时,在坛前供三碗米饭、一杯酒和一只活鸡,点三炷香。主人先祷告,旋烧纸奠酒,掷卦杀鸡,将鸡血涂松树枝上。待鸡肉煮熟,再祭一次。祭毕,人们再到每一块田头,插一枝青松。最后,在田头将祭祀用的各种食品吃完。

祭水田天地爷——参见"密且祭稻田"条。

且迷峨索波底——参见"密且祭稻田"条。

祭族树节——彝族支系密且人民间宗教节日,旨在祈祖先保佑家族平安兴旺。流行于云南富民、武定两县。农历六月廿四日或八月十五日举行。节前,由族内举荐一户人家任主持,准备羊肉、香烛、纸钱等一应祭品。有的村寨,这些祭品则由各户凑钱备办。当年新添人丁的人家,要多交一些酒。节日当天,由族长领全族成员聚集族树下,地上铺上松毛,插上一棵三叉松枝,点三炷香,供三碗米,还有酒、茶等物。祭时,用烧红的铁器蘸水,发出"嘶嘶"响声以避邪。人们把祭祀用的羊牵族树下,由主祭率众祷告,烧纸杀羊,且将羊角挂族树上。待羊肉煮熟后,再行一次祭礼。之后,全族的男女老幼围坐聚饮,俗称"吃族饭"。

苦聪年——族称"扣扎"。拉祜族支系苦聪人传统年节。流行于云南金平县者米乡一带。或谓农历十一二月择吉日举行,昔时节期称农历六月廿四日。清光绪年《普洱府志》载:"苦聪人以六月廿四日为年,十二月廿四日为岁首,至期烹羊豚祀先,醉饱歌舞。"苦聪年旨在欢庆丰收。苦聪过年须择吉日。他们把马、蛇、虎、兔、猪、鸡等动物属日,作为新年之始,而牛日、羊日及父母逝日,皆属忌日,不能过年。节前,家家忙碌,杀猪,酿酒,纷纷邀请寨内外亲友,来共度"扣扎"。年首日,鸡鸣前即起身,背第一筒"吉利水",饮以消避祸、保健康。家有火枪者,对天鸣枪两响,迎接已逝父母亡魂回来过年。主要年俗是办过年宴会。会上,人们按性别分别围坐俩火塘,男左女右。宴会开始,先由主家男性长者致颂辞,大意是庆祝新年,祝福众人在新的一年里健康吉祥、收获丰盈、家畜繁盛,以及彼此进一步团结互助。之后,主人摆上节日食品,客人拿出自带酒、饭等,边吃、边饮、边唱,热闹非常。欢乐中,人们取出"巴乌"、锣、鼓等乐器吹奏击打,即兴纵舞,尽情挥洒节日喜悦,通宵达旦。翌日,人们又转至另一家欢宴。节间,人们往往互赠糯米饼、猪肉等礼物,以增进团结和友谊。有的苦聪村寨,已安家的女儿、女婿在三年内,年年都要背四块饼(两大两小),向岳父母和妻兄拜年。

扣扎——参见"苦聪年"条。

二十五

绍兴元帅会——汉族民间宗教节日。流行于浙江绍兴一带。农历六月廿五日举行。相传,元帅菩萨本一介书生,某夜皓月当空,乘兴在院中赏月,见一条毒蛇爬进一眼水井。翌日晨,邻居来打水,书生劝阻。邻居不信。他阻挡不住,便投身井中。人们捞起他,他已全身发蓝。人们感念其恩德,出资立庙塑像,像面呈蓝色,取庙名为"旌德观",将其尊奉为"瘟元帅",专管病疫之事。每年农历此日,人们皆举行浩大的迎神活动,即用木料搭骨架,红白布扎身,下装四个大轮子,扎成的两匹木马迎"瘟元帅"。红布扎成"火龙驹",其上端坐元帅菩萨的偶像;白布扎成"雪里驹",其上坐凝视他的儿子。人们用彩带拉着红、白两马巡游,人山人海围观。

白族赛花船——云南白族民间传统节日。农历六月廿五日,在大理海东、下关西洱河举行。少数地方,则于八月择日举行。主要内容为竖火把,彩画木船,划船比赛。或为"火把节"一地域性乡俗分支。

海西海歌会——云南白族民间传统歌节。农历六月廿五日,在大理洱源县海西海举行。主要活动是群众聚会赛曲、对歌。海西海,位于洱源牛街乡龙门坝,为断陷溶蚀洼地形成之天然淡水湖泊。南海北坝,群山环抱,四面为城,湖中有海映山奇观,名跻明清鹤庆府八景。明嘉靖年间,杨升庵和李元阳曾泛舟海西海。游归登岸,杨在一棵大竹上刻写"澄潭竹材"四个大字,旋跻身鹤庆府八大胜景,入载《鹤庆府志》。节日当天,前来耍海的男女青年,或海西海泛舟,或登山环海步游,弹响三弦,对唱情歌,尽情游耍娱乐。有不少男女青年,在歌会缔结良缘,成为终身伴侣。

火把山街——云南彝族民间传统节日。流行于楚雄州永仁县宜就镇老怀哨村一带。此"赶山街",实为火把节之地域分支。农历六月廿五、廿六日,在营盘山举行。主要活动是物资交流,同时举行跳脚、对歌等群众性文艺表演。

白族火把节——白族民间传统节日。流行于云南众多白族村寨。农历六月廿五日举行。节晨,各村皆派人上山砍伐一棵高而直的青松,剔除枝丫,将树干竖立村央,周围用麦秆、干竹等捆成一个大火把上插彩纸所糊的预示五谷丰登的升斗,插些彩旗,并吊一内盛小物品、食物的竹篮。各家备若干小火把。入夜,人们聚集火把树下,供上猪头、公鸡,由一老者在树下燃香祭奠,旋引燃火把。其时,当年生育男丁之家,酒席以飨在场长辈;生女之家则以蚕豆飨众人。当火把烧断竹篮绳,小物品、食物撒落时,人们争先抢夺,抢得者兆健康、平安。仪毕,骑手们绕场策马飞奔,缅怀传说中曾救柏洁夫人的马将军。孩童们持火把,逢人便撒松香,引火发出"呼呼"声(白语"呼"意为好),祈庄稼丰收。最后,全体举火把周游田坝,以烧灭害虫。明李元阳《云南通志》载"六月二十五日,束松明为火炬,照田苗,以火色占农",可资印证。另,妇女们还习用凤仙花染红指甲,缅怀登赕诏王夫人柏洁。柏洁夫人曾在被南诏王焚烧的松明楼后,手扒灰烬寻夫。据此,人们惯于接已嫁女儿回娘家过节。节间,青年们策马山道,高呼"追,杀!"表示前往搭救登赕诏王。

纳西族火把节——纳西族民间传统节日。流行于云南丽江一带,以丽江大研古城最盛。农历六月廿五日举行,历三天。节日起源于一个古老的传说。古时,天上玉皇一日心血来潮,命天神打开南天门,眺望地上无尽山水美景和人间欢乐景象,突冒怒火,欲将人间烧毁。奉命天将心地善良,于心不忍,乃空手而归,被玉皇大帝斩首。天将的血从天庭落到地面,一位和尚发现,遂用红布将蘸到的血包起。三日后,众人打开红布,里面竟变出一个孩童。他告诉大家,玉皇当夜要派天兵烧毁人间万物,只要天黑时点起火把,连续三夜,就能迷惑玉皇。纳西人照办,逃过了浩劫。当时,正值农历六月末。从此,纳西族每年过火把节,以纪念那位舍身捐躯的天将,同时庆贺纳西人获救。届时,各寨杀猪宰牛祭神,杀鸡在田头祭田公地母,祈求庄稼获得好收成。白天,人们或探亲访友,或对唱民歌,或举行斗牛、摔跤、射箭、拔河、打秋千等体育活动。入夜,家家把松木和松明捆扎成的大火把高高插在门前,点起这些火把,使整个寨子一片火红。青少年们则手举小火把,穿行田埂和小路,据说如此可灭田里的害虫,使作物丰收。寨中广场燃起篝火,围圈火唱歌跳舞,通宵达旦。火把燃得越旺,就越吉利。节间,亲朋好友互相串门,青年男女借机择偶。第三夜,火把节达高潮,火把扎得最大,燃得最亮。

阿昌族火把节——云南阿昌族民间传统节日。节期因地有异,梁河、户撒、腊撒一带于农历六月廿四日举行,云龙漕涧一带则于廿五日。届时,家家选择好松明子,扎火把,旋做米线、烤火猪。有些村寨还要杀黄牛、包红指甲,或祭五谷神、洒木火粉等,皆旨在消灾免难,祈五谷丰登。一些地方举行赛马、射箭等游艺活动。夜幕降临,村寨响起游火把的鼓声,各家各户纷纷点燃火把,先在自己家里转一圈,烧去蜘蛛网等不洁之物,以驱邪保平安。之后,大家聚集,排成长长的队伍,举着火把在村寨四周田野阡陌上漫游呼喊,以灭虫害,预祝丰收。有的村寨,还挖取河沙,撒家畜圈厩,以保牲畜平安。游完火把,人们会集村寨广场,在广场中央燃起一堆大火,围圈唱歌跳舞,闲聊农事、天象、节气,直至深更半夜。梁河一带,新婚妇女要特意回娘家过节。

龙潭火把节——彝族民间传统节日。流行于云南巍山县龙潭一带,故名。农历六月廿五日举行。届时,人们纷纷前往观音庙"打平伙"(即集资聚餐),并于村中央竖高三四丈大火把,顶置火把斗,称"升斗",内装火炮、高升、亮条等烟火;火把腰部捆干柴,插花纸所做的彩旗、各种水果、小粑粑。各户则在门前或院中,竖一小火把。傍晚,大小火把一齐点燃,爆竹骤响,高升窜天,整个视野五彩缤纷。孩童们手执小火把,四处游玩,见人即抓一把松香面撒向火把,往对方喷火苗,受喷者以除邪避灾,欣然接受。

二十六

密库节——彝族民间传统俗信节日,旨在祈福禳灾。流行于云南巍山县龙街一带。农历六月廿六日举行。届时,人们带上米面,聚集预定地点,杀猪祭祀地脉龙王。祭祀时将三枝长三个杈的松树、三枝椎梨树枝同插大树根部,旋点燃香火。由阿闭主祭诵经,祈求神灵保佑村寨平安、人寿年丰。祭毕,将带来的米,煮猪血稀饭,伴猪肉吃。所剩的肉、饭,均分各户,带回给未参祭的人享用。

二十七

二十八

吃生节——汉族民间传统纪念性节日。流行于云南部分汉区。农历六月廿八日举行。相传,明洪武年间,大臣王祎奉朱元璋命,到云南招降元梁王巴扎尔斡尔密。不料,于农历此日被元遣滇征饷的脱脱窝股而亡。民间缅怀忠良,每逢此日,家家户户用芦苇扎成两根七八尺高杆,竖门两侧,天黑后一齐点燃,光耀如昼。人们刻意借光亮,吃生肉丝和生肉片,谓"吃生"。这些象征性缅怀先贤的活动,经久成节。此节已式微。

二十九

三　十

白裤瑶中年节——瑶族支系白裤瑶民间两大年节之一。流行于广西南丹县一带。农历六月三十日至七月初二举行。此称呼相对于正月初一之"大年"。节前,各户自酿米酒,杀鸡购肉。节间,停止劳作,在家尽情吃喝玩乐几天。有条件之家,还杀猪宰羊,盛邀已结为伙伴、老同的他族兄弟,到家做客痛饮,共庆"中年"。

四邑围香节——汉族民间驱魔祈福节日。流行于广东四邑侨乡。农历六月三十日举行。相传,地藏王管人间,每年此日要上天向玉皇大帝报告凡间的情况。地面上的妖魔鬼怪纷纷趁机出来捣乱。百姓为阻止其进屋,便把点燃神香,插满房宅周围,并在家中用牙盆捣芝麻糊,弄出很大声响,以禁鬼怪。如是相沿成节。此节已式微。

松番寺歌会——土族民间传统集会。流行于青海互助一带。农历六月三十日,于松番寺举行,历两天。主要内容是唱花儿。届时,成千上万土族群众及附近回、藏、汉等族群众,特别是男女青年,带着食品,摇着彩扇,吹着口弦,手提酒瓶,三三两两,唱着优美悦耳的山歌,纷纷云集松番寺前对歌、赛歌。歌词内容丰富,形式多样、灵活。有比聪明才智的对歌,有歌颂民族英雄人物和讲述历史的叙事歌,有倾吐男女青年相互爱慕的情歌,有劝客人开怀畅饮的酒歌。曲调多种多样,悠扬悦耳。比赛有一对一伙、男对女、一男对多女、一女对多男等多种形式。经过反复较量,那些才智聪捷、触景生情、即兴编词、歌喉圆润、善于表达歌曲情意的男女歌手,誉称"歌王",倍受人们尊敬。未婚男女借机社交,找寻意中人。节间,有时还举行赛马等各种形式文体活动。另作"松蕃寺山歌会"。

松蕃寺山歌会——参见"松番寺歌会"条。

本月约当日

苗族吃丑节——苗族民间传统节日。流行于黔东南台江一带。于过完卯节(吃新节)之后直至稻子成熟、开始秋收之每个丑日举行,故名。这些日子是农历六月十日、廿二日,七月四日、十六日、廿八日。这些日子,不祭祖,不大吃大喝,饮食可稍好于平常。六月初十首个丑日,要举行一些仪式。每户出钱买肉,捐纸钱和酒,拿到河边踩鼓堂去祭龙,祈风调雨顺、五谷丰登。祭毕,进餐畅饮,酒酣兴浓时,互相泼水或戽水相淋,同时用稀泥巴互相涂抹。据说,如此,天上雷公见了便会下雨。有水灌田了,稻子才能茁壮生长。第二个丑日(六月廿二日)举行踩鼓。姑娘们梳妆打扮,皆着新衣,踩着鼓点欢舞,男女老少围观助兴,大家尽情欢乐。最隆重的活动是赛马、斗牛。此后的诸丑日,男女青年举行游方活动。届时,每个村旁都聚集一群群男女青年,嬉笑或唱歌。

瑶族卯节——族称"糯奿"。瑶族民间传统节日,旨在纪念两位禾神。流行于贵州荔波,主要流行于该县瑶麓乡。农历六月间卯日举行。相传,古时瑶族不会育秧种植水稻,只是随意撒播,收成较差。某年,一家穷户姐妹俩,将仅有一点种子撒了一小块田,秧苗长得又密又绿。她俩看到其他田块还没有秧苗,心里难受,便把小块田里的秧苗一兜一兜地移植到无秧苗田块。她们辛勤耕作,加上当年雨水也好,获得了丰收。消息传开,人们都仿照两姐妹的方法种水稻,都获得了好收成。姐妹俩去世后,人们得知她们移秧苗那天是卯日,并传说她俩是天上下凡的禾神,便予纪念,始过卯节。过节,以家庭为单位。全家带上供品去田边祭祀两位禾神,并一起在田边进餐,祈五谷丰登。年轻人则走遍每块田,在每块田边地角插上芭茅草,以示祭过。如今过卯节,添加了看电影、赛球等文体活动,内容更加丰富。

糯奿——参见"瑶族卯节"条。

阿坝赏花节——亦称看花节。藏族农牧民传统佳节。流行于四川阿坝。农历六月初择日举行,历两三天或五六天不等。时值川西北雪山草原野花斗艳,牧草茵茵,田野禾苗生长旺盛季节,风景十分优美秀丽。届时,各地藏族群众身着鲜艳民族服装,带着帐篷、青稞酒、酥油茶、奶酪和其他食品,骑着装饰得花花绿绿的骏马,或赶着大车,成群结队在一望无垠的草地上游玩、歌舞,欣赏大自然的美景。然后选择一块风景如画的草地,或山花烂漫的山冈,搭起帐篷,熬上酥油茶,斟满青稞酒,一边饮酒喝茶,一边赏花悦目。有的互相走访聊天;有的促膝谈心;有的品酒高歌;有的祈祷祝福,希望神灵保佑风调雨顺、平安如意、农牧业丰收;有的男女青年则对唱山歌。夜幕降临,山涧、草地燃起一堆堆熊熊篝火,人们又围着篝火和酒坛,且饮且舞且歌。有歌唱道:"草原是一块锦缎,共产党绣上了牡丹;牡丹千年万载开不败,藏民永远跟着共产党,永远,永远。"而今,增添了赛马、摔跤、射箭、斗牛、文艺演出等项目,使赏花节更加丰富多彩。

藏族看花节——参见"阿坝赏花节"条。

冕宁藏族火把节——即冕宁藏年。四川冕宁藏族传统年节。他们正月不过年,而于农历六月中旬择日欢度。相传,从前有个人,六月中旬突然变成逆龙,要把四川环绕之地变成大海。为保住地,人们从早到晚举着火把,不停追赶它,最终将其赶至灌县,拴于二王庙下。为免其卷土重来,人们便每年举着火把赶一次,且借机烧灭庄稼害虫。必举仪式是杀牛羊、祭火神,之后耍火把,高歌狂舞。如此成为一年中最惬意的时光,久而变成年节。

冕宁藏年——参见"冕宁藏族火把节"条。

台江干虫节——意谓"驱虫旱灾节"。苗族民间传统节日。流行于贵州台江县稿午一带。于农历六七月间吃卯节后第十天开始,连过三个子日。关于这个节日,当地流传有民谣,大意如此:痛恨这个天哟,老不下雨,田里的水都被晒干了。青年人沿着田坎到处看,心里的愁苦说不完。父母想出了办法,劝导大家来过干虫节。青年人挨家挨户去领酒,抬到河边水冲去,把酒灌在龙脑壳。节间,各家纷纷杀鸡、购肉,举家美餐一顿。有的人家,以酒祭龙王,祈求风调雨顺、五谷丰登。节间,出嫁女回家看望父母。

驱虫旱灾节——参见"干虫节"条。

捉蚂蚱节——族称"阿包念"。云南哈尼族民间农事节日。农历六月十四后首个鸡日或猴日(即首个酉或申日)举行。是时,水稻抽穗,须剪灭虫害,举寨以家为单位,下田捉蚂蚱。各家捉满一竹桶,把蚂蚱撕成五块,按头、腿、干、肢、股分置五堆,旋用竹片夹几只蚂蚱置田埂、水沟旁,以恫吓百虫,半小时后收回竹桶,带回家做成菜肴,或拌粑粑享用。离田时,不停喊:"欻,蚂蚱,三天不捉放过你,三月不准你吃庄稼!"

阿包念——参见"捉蚂蚱节"条。

打皇粑——意为打粑粑敬皇帝。苗族民间宗教节日。流行于贵州从江县加勉一带。农历六月吃新苞谷节后首个寅日举行。届时,各户凑米打粑粑,并集资买一头猪,宰后肉分各户,留下猪头与一只公鸡,一些粑粑,茶、酒各一小碗作为供品陈列桌上,旋烧香化纸,以敬献皇帝。祭仪由公推的年长男性主持。开祭时,击鼓鸣炮,主祭者拱手三揖,旋用剪刀剪开猪头,按出米打粑粑的份数均分各户。粑粑各带回家,仪式即告结束。仪毕,未出米打粑粑的人家,单独敬祭皇帝。加勉苗族的其他祭仪,是将糯米饭泡在茶中作为祭品,而此节只能用清茶。此节只敬皇帝,无涉祖先等其他神灵。

打粑粑敬皇帝——参见"打皇粑"条。

布依族六月场——布依族民间传统祭祀节日,旨在祈五谷丰登、人畜兴旺。流行于贵州贞丰、紫云一带。农历六月择任何一个逢六之日举行。"六月场"乃节日人们"躲山"的场所。届时各户户主到田头杀鸡祭田神,其余家人在家准备鸡鸭鱼肉、花糯米饭等食品菜肴,以备"躲山"食用。午饭后,人们纷纷到六月场"躲山",并借以尽情玩乐。其时,几个德高望重的寨老,带着炊具、火种、香烛,牵着洗净的牯牛,到山神庙祭神。日暮,"躲山"者以户为单位,席地吃晚饭。饭毕,待从山神庙传来"分肉啰!"的喊声,他们才分成四股,去山神庙前抬四条牛腿回村。随后,各户派人到寨中领取祭山神的牛肉煮食。

六月搭桥节——亦称苦荞节。拉祜族民间传统节日。流行于云南临沧市。农历六月任何属龙日皆可举行。此节旨在叫苦荞的魂。与"四月搭桥节"不同之处在于,不搭大桥,只搭小沟小箐上之小桥,仅各家个体行为。节俗有:一、献土地神。各家择日带只鸡,去自家荞麦地杀、煮,祭献土地神,并给苦荞叫魂,祈求其茂密地生长。二、清除杂草。献完土地神,叫完苦荞魂,举家清除在自家苦荞地及沿路一带的杂草,并修好破损路面。三、修桥。砍来红毛树或水冬瓜树，维修小沟小箐时破损小桥。四、献苦荞粑粑。回到家，忙做苦荞粑粑，请苦荞魂回家。粑粑禁掺小麦面，以免影响叫魂。家人亦煮吃糯米饭。

拉祜族苦荞节——参见"六月搭桥节"条。

锦屏林王节——侗族民间传统纪念性节日。流行于贵州锦屏县寨母一带。农历六月首个辰日举行。相传，此节旨在纪念林宽。林宽出身寨母（当地建寨最早，故名）侗家，其父于明洪武十一年（1378）参加吴勉领导的农民起义，失败后逃至锦屏寨母。后来，因地方官绅欺压，侗家不得安身，四十八个侗寨联合起而反抗，并推林宽为王。林王作战英勇，兵败被砍头，但锐气犹存，竟自己提着头颅回家，让母亲重新安在颈项，返回前线继续战斗。如此反复数次，最终在六月辰日离开人间。为缅怀英雄，当地侗家每逢这天都要举行祭祀活动。各家蒸糯米饭，包一种粗如大碗、长约一米的大棕粑作为干粮，连同酒、肉等，带到寨母古枫树下，祭祀林王。据传，古枫树是当年揭竿兴兵之地。林王亲手栽种古枫树。人们遂继代传唱《林王古歌》，颂扬林王的为人和功绩。

苗族吃信节——苗族民间传统节日。流行于贵州合江县包寨一带。农历六月"信"（戊）日举行，历四天。届时，远嫁他乡的姑娘，极尽梳妆打扮，着如花似锦的衣裙，佩戴琳琅满目的银饰，满载丰盛的节日礼品，跋山涉水回家，探望父母乡亲。节间，全寨欢腾，鼓乐齐鸣，吹起芦笙，翩翩起舞。百嘎雅山脚、翁雅河畔，人声鼎沸。斗牛、斗雀、跳芦笙、拔河、打球等比赛场上，喝彩声此起彼落。钟情的青年男女，相邀去树林、溪边对山歌，互诉爱慕之情。

峡门花儿会——土族民间传统歌节。流行于青海民和一带。农历六月中旬择日在峡门举行。届时，人们盛装，怀揣酒瓶前往赶会。情投意合者，围坐一摊，赛"花儿"。形式为男女各一对唱。每唱完一支，众人向歌者敬酒。旋一对对接连往下唱。唱完一轮，选出本摊高手，向临摊高手挑战。各摊齐心应战。之后，各摊尖子荟萃，强强夺魁。除了赛唱腔、嗓子外，尤其重要的是即兴引经据典编词，花儿的前两句必须出自古典小说、神话传说、历史故事，末两句照应缜密，浑然一体。最后遴选四五人，获该届优胜。另，会间有时不比赛唱，而赛"说"，以问得巧、答得妙为优。

景洪陪马节——亦作陪玛节。哈尼族民间宗教节日，旨在祈求全村人畜平安。流行于云南景洪一带。农历六月择日举行，历五天。届时，全村集资购买一头水牛，拴于神树，由掌管祭天公地母的阿巴与掌管祭水神、地方神的老开，俩祭司负责宰杀，并给各户分肉。各户则备酒、茶、糯米粑送鬼。整个节间，停止劳作，小伙、姑娘们打秋千、串姑娘，或随意游山玩水。

景洪陪玛节——参见"景洪陪马节"条。

景洪哈基节——哈尼族民间宗教节日。流行于云南景洪一带。农历六月"陪玛节"后第十三天举行，历三天。首日，全寨凑钱买一头猪，由掌管祭天公地母的阿巴与掌管祭水神、地方神的老开，俩祭司负责宰杀,供奉鬼神和祖先。次日,由老者带领一些壮年,到村外挖土,返回带些野草,意为接专线回村。另,各户要杀一只鸡,祭龙树,供祖先享用。末日,人们仍不能劳作,在家休息,或参加各种文娱活动。

傣族干莫——干莫,傣语,意为祭龙,云南傣族民间传统节日。农历六月择日(另说首个丑日)举行,历三天。此节旨在逐害虫、迎插秧、祈丰收。届时,全村集资杀一头牛及小猪、鸡若干,作为供品摆祭坛前,举行祭仪。参祭者,须自带米饭,祭毕聚餐。节间,停止劳作,并封锁村中各路口,禁止人们出入,免触怒神祇,招致祸灾。

傣族祭龙——参见"傣族干莫"条。

耶苦扎——哈尼族民间传统节日,旨在预祝五谷丰登、六畜兴旺。流行于云南西双版纳一带。农历六月择日(另说一属牛之日)举行,历三至五天。相传,古时,哈尼人住地发生虫灾。人们杀鸡宰牛,祈求天、地、山、树诸神除害,害虫却天天增多,秧苗被吃光殆尽。有个叫阿陪明耶的老人,下地里捉了三条虫,用青叶包好,夹在木牛上,分别插地边、路口和寨门,供人唾骂,以示对虫惩罚。几天后,害虫果然消失,庄稼再发新苗,喜获丰收。以后,每逢虫害,人们皆效仿老人的办法去做,尽皆奏效。老人死后,其子每年栽完秧后就杀鸡祭祀先父。此事传开日久,便成哈尼人的传统节日。哈尼人实行父子连名,子名首字,取自父名末字。此节日是阿陪明耶之子为缅父亲而起,故名"耶苦扎"。节间,人们停止劳作,杀猪宰牛,舂糍粑,置办酒席,宴请亲朋,还举行荡秋千、赛马、赛球、拔河、打陀螺、歌咏赛、跳竹筒舞等娱乐活动。

布农人收获节——亦称丰收节、收获祭。台湾布农人民间传统节日。农历六(另说十)月,由构社或族老商定吉日举行。节日习俗规定,小米收割前十五日内,家人不得外出;有特殊情况要外出,出前不得吃青菜、香蕉、甘薯、玉米、盐、糖之类食物,只能用红、绿、树豆及无盐肉食充饥。节前一天,各户去自家小米地撕下两根粟穗,送至村社的司祭家,放入公共粮仓,待次年播种时领回播种。节日当天,司祭家杀猪、煮新米饭,招待各户家长。当晚,各户杀猪、煮新米饭聚餐。出嫁女儿或姐妹,照例回娘家过节,并可分一份肉带回。村民吃了新米饭,即可全面开镰收割。

布农人丰收节——参见"布农人收获节"条。

布农人丰收祭——参见"布农人收获节"条。

阿美人收获祭——台湾阿美人民间传统农祀节日。农历六月择日举行。临近节日,人们下河捕鱼,社首领在会所邀请神灵。节日当天,各户主人携酒、猪、糯米饭等祭品,到粟田杀猪,再将一些小米放在临时搭建的田间"小屋"的三脚架上。仪式启动,主祭者用小葫芦盛白酒,供祭神灵,敬告收获已开始,祈祷神灵保佑收割顺利。

排湾人收获祭——台湾排湾人民间传统农祀节日。农历六月择日举行,历两天。首日,行粟贮藏祭。人们到村外拿来新收割谷子,与猪肉同摆家中供台,由主祭向家神祷告,祈求保佑来年谷物丰收。次日,主家杀猪做酒,在家举行盛宴,招待全村老幼。

苗家扫寨——苗族民间宗教节日。流行于黔东南黄平、凯里市舟溪一带部分苗寨。节期、节俗因地有异，黄平于农历六月择日举行。此节旨在驱鬼除魔，祈村民平安。届时，由两名年长者和一有名望的巫师主持。俩长者一人端一盆水，一人拖一只稻草编制的小船，巫师打扮奇特，反披蓑衣，头戴草编帽，脚穿钉鞋，右手拿把芭茅草，左肩挂一支白线。端水者挨家挨户去象征性熄灭灶膛的火（每家早已灭火）。拖船者进屋去转一圈，表示屋里可以行船，没有什么火。巫师尾随念驱邪词，旋卜卦，卜得阴阳卦为吉利，否则再念咒驱鬼，再次卜卦，直到卜得阴阳卦为止。直至全村各户都转完，便把一船的"妖魔鬼怪"拖到村外河边烧掉，"扫寨"结束。舟溪一带于农历九月下旬择日举行。一般每年一次，也可二三年一次。此节旨在敬祭火神，免除村上的火灾。方法是全村集资，计户数统一摊派，买一头衰老的黄牛作为祭品。当天，在村周进寨路口插上草标，示意外村人免入；强行入内者，罚款买牲扫寨。如因抗罚而发生火灾，概由其负责。扫寨由一巫师、二副手进行，一人提一桶水，一人舀着桶里的水泼向灶膛，均象征性。各家禁留火种。此前，巫师念敬祭火神词，并在村外草坪宰杀黄牛，向火神交牲。巫师不断念着巫词，转完每家每户；回到村外祭祀地点，村民便来分取牛肉，在村外觅地煮肉。诸户主从巫师手里得到火种，拿来家中炊具，把牛肉煮熟，全家人吃净，洗净碗筷，方可带着火种进村，"扫寨"结束。所剩牛肉骨头，由宰牛和分肉者，在村外炖食，他人亦可参加，但须付出劳动或柴火。

色玛阿多——泰雅语意为"丰年祭"。台湾泰雅人民间农祀节日。农历六月择日举行，历数日。节前一两个月，人们即备过节。男子上山打猎，女人清扫院落，酿酒、腌肉、制糕。节日当天，男女老幼竞着盛装，佩戴饰物，用竹条串小块腌肉，插家宅檐下，旋举祭。傍晚，全村共祭，各户送祭品到祭主家，由祭主等三人携祭品、祭火，献供村外祭场，感谢祖先神灵保佑五谷丰登的恩德。仪毕回村，祭主模拟山猪吼叫，四方孩童闻声奔来追击，直至祭主家门。夜晚，全村在祭主家欢宴，旋狂欢庆祝，夜半方休。丰年祭结束前一天，各户派一人，上山打鸟。

泰雅人丰年祭——参见"色玛阿多"条。

入雨安居节——亦称关门节。云南德昂族民间农祀节日。农历六月择日举行，历三天。届时，僧侣集中佛寺受戒。大佛爷主持受戒仪式。俗众备钱财、幡旗、鲜花等供品，赕给佛寺，拜佛像，听诵经。入夜，敲锣打鼓，唱歌跳舞。此后三月，僧侣禁出寺门。俗众不出远门，禁起房屋、串姑娘、办婚事。

德昂族关门节——参见"入雨安居节"条。

基诺族火把节——基诺族民间传统节日。流行于云南西双版纳。农历六月间择日举行。节前，村寨卓巴、卓色分派一些人上山砍松树枝，回来在寨外面扎成并竖起一个巨大的火把。节日当天，全寨不下地生产，男女老幼皆着节日盛装，喜气洋洋过节。妇女们准备节日佳肴，亲戚朋友互相拜访。节夜，燃起大火把，等寨父卓巴拜火把，祭火神。之后，人们簇拥大火周围尽情欢歌、纵舞、畅饮。最快乐的是青年男女，他们合着锣、象脚鼓、三弦的伴奏,翩翩起舞,彻夜欢歌。

浮嫫切——基诺族民间传统宗教祭祀节日。流行于云南景洪。"浮嫫切"意译为祭寨神。农历六月择日举行,历四天。民间相传,各村寨都有守护神,通常以寨中三棵大青树作为其象征。节日当天,村社男子削制各种竹木刀枪,插在神树周围;各家将自己地中长得最好的谷子、棉花、豆子摘一些送到氏族长老家中。往后二日,太阳刚出山,长老就要头戴尖顶篾帽,到寨中心祈求神灵保佑。第四天,节日最隆重,全寨凑钱买一头大母猪,到神树下宰杀,每棵树下再各杀一只鸡,用鸡毛沾些鸡血涂在树上。猪肉、鸡肉煮熟,人们在树下共同举行祭祀仪式,由氏族长老主持祈祷。祭祀完毕,全体聚餐。吃剩的供品,让人们再带回家中祭神。

基诺族祭寨神——参见"浮嫫切"条。

纳西族谷畜节——亦称祭谷畜神。纳西族民间宗教节日。流行于云南丽江一带。农历六月由相邻村寨公议择日举行。祭场设在几个村寨共同放牧的山坡。届时,男女老少赶来用石头垒起一个祭台,上铺一层松树枝。众人将携来的大麦、青稞、玉米、酒、肉、茶和饭菜等,摆上祭台。巫师主持祭祀,众人面对祭台肃立,巫师边念经,边祈祷谷畜之神保佑各村寨五谷丰登、六畜兴旺。祭毕,各村寨群众在山坡上或聚餐,或唱调子,或跳舞,或交际,直至日暮才回家。据考,节日源自纳西族原始社会自然崇拜,认为万物有灵。此节已式微。

祭谷畜神——参见"纳西族谷畜节"条。

彝族斗牛节——民间传统娱乐节日。流行于云南部分彝族地区。农历六月初择日举行。相传,某年六月初一,人们发现一白一黑两头牛在激烈角斗,十分威武。这时,来了一位骑马仙人,高喊:"白牛上天,黑牛入地。"俩牛立即消逝。当年荞子大获丰收,人们便认为与神牛斗架有关。从此,每年六月初一,人们都要上山举行斗牛,以祈丰收。斗牛作为节日的主要活动,先由群牛竞斗,后选出强者,再争冠军。获冠的牛非常荣耀,通常由败方主人给它披红挂彩,以示祝贺。节间,男女青年则趁机举行歌舞活动,在三弦伴奏下,尽情欢歌纵舞。

剪羊毛节——亦称赶羊会。凉山彝族畜牛、畜羊人家传统节日。农历六月中旬择日举行。相传,很久以前,彝族祖居地大小凉山,丛林蓊郁,水草丰茂。人们常常赶着千百头牛羊,下山换取布匹、盐巴。不久,山外来了个凶神抵乌拉依,强迫人们献出牛羊、毛皮、木材和山珍。凶神的嘴巴比凉山的山谷还深。彝家人无论怎样都难填满它的肚皮。后来,彝族出了个英雄赤鲁皆,从小放牧,武艺超群,聪颖过人。一天,他约凶神比赛摔跤,输了愿受三倍处罚,赢了就叫其永远别来捣乱。比赛中,凶神屡被摔倒,最后在挣扎中滚下深不可测的波脑都山。数月后,凶神的白骨旁,满是害虫、毒蛇。赤鲁皆告诉大家,这都是抵乌拉依恶魂所变,定会常来伤害彝家牛羊、庄稼和森林。于是,大家在赤鲁皆率领下,点起火把驱赶害虫、毒蛇;同时,赶起羊群向背风朝阳的草地云集,查看病畜,喜剪羊毛。年深日久,演变成节。届时,彝家纷纷赶着畜群,云集黄茅埂,喜剪羊毛,并举行野餐及一些娱乐活动。

赶羊会——参见"剪羊毛节"条。

壮族莫那节——壮语"莫那"意为护田。壮族民间传统节日。流行于桂西南部地区部分壮乡。农历六月底择日（亦说六月六）举行。当地多丘陵石山。人们认为，六月底乃水稻灌浆的关键时期，不能让山灵来平峒祸害禾苗，故届时过此节，祭祀神灵。节日当天，人们备好香烛酒肉，先到神农庙祭神农，燃香烧纸，祈保护禾苗免遭侵害。之后，人们还要去山麓林边，用祭品祭祀森林之神。按壮族神话，姻六甲之后，有四兄弟分管宇宙，雷公管天堂，布洛陀管人间，蛟龙管水域，老虎则管森林，称"森林之王"。人们到山边祭虎神，求它管束山灵、森林的鬼，切莫下田间祸害禾苗。在大新县下雷屯，迷信认为，管森林的是森林之鬼庇射。为求其保护田禾，全屯需杀一头猪，每人出酒半斤、米半斤、其他菜十五到二十五斤，以及香烛纸钱若干，去神农庙中拜祭。仪式过后，各家留一人聚餐，并分一份供品回家，以示纳福。

壮族护田节——参见"壮族莫那节"条。

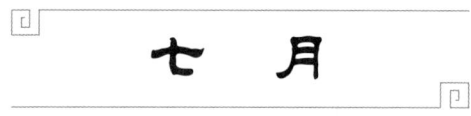

七 月

初 一

七月节——汉族民间传统祭祀节日。流行于湖北部分地区。农历七月初一举行，历半月。届时，人们到景佑真君庙前敲小钲、击大鼓、吹螺号，巡游街市，称"放兵"。兵即鬼。七月十五重复一次，称"收兵"。明末贡生、清初鸿博顾景星诗曰："礼魂本楚俗，设食哦灵篇。花灯散川陆，唱欢盟诸天。吹螺高乌乌，击鼓声渊渊。何以名收兵，此名绝句怜。鬼中有国殇，闻螺来独先。死时鼓角急，魂听犹辛酸。幽冥莫能拔，薄海无戈铤。苦酒消狱虫，况乃王化恬。"其间，家家设供品，焚香明烛，祭奠亡灵，祈祖先保佑平安。此节已泯。

壮族七月节——族谓"劳布牙"，意为祭祖宗。壮族民间传统节日。农历七月初一至十五举行。初一"接祖"，家长抱一只大红公鸡，点三支香，在门口把列祖列宗喊一遍，请回家来过节。喊毕，走进堂屋，专设一供桌，有几个祖宗，就供几双筷、几个碗、几个酒杯。然后用糯米面加水揉成鸡蛋大团子，内放肉或糖，外裹染红糯米，蒸熟装两个盘内，一并供桌上。而后，再供上新鲜梨子两堆。有的人家，节前还把稻谷装两个碗内，加水育苗，待碗中稻秧长高一尺许，用红纸箍于秧苗，放供桌祭献。祖宗接进家后，天天点灯燃香，早晚祭献用酒、肉、饭、菜，中午则用汤圆、卷粉，至七月十五日晚"送祖"以后方止。"送祖"时先以酒肉祭献，后点一大把香，从门口开始，每走两三步插一炷香，直至把香插完为止。然后拆去供桌、祭品，分吃水果。到此，祭祖完毕。有的人家，送祖时折叠很多纸包，内包纸钱，包外写上祖宗姓名，有几个祖宗，就烧几堆纸钱，给祖宗在阴间受用。

劳布牙——参见"壮族七月节"条。

开鬼门——台湾汉族民间传统宗教性节日。农历七月初一举行。相传，每年此日，地藏王要打开所管地狱之门，谓"开鬼门"。为防饿鬼出来作恶，须用丰盛饭菜款待。故，各户皆于这天下午，在门口挂灯笼，上写"超生""普度"等字样，并摆供品，点香烛，让饿鬼饱餐一顿，免其惹是生非。另，人们还须将晾室外衣物收进屋里，免遭玷污。

尼苏孟兰节——彝族尼苏支系民间传统节日。流行于云南建水一带。农历七月初一至十五举行，最长延续至七月廿一日。相传，早年由汉族地区传入。当地彝族十分重视此节，届时，每家每户都要象征性地迎接死去的家人回家过节。主要内容是"跳鬼"，全村男女老幼均可参加，人人蒙起脸，化装成各种鬼神模样。各家还要举行各种祭祖活动。

中元报本节——亦称烧包节、孟兰节。云南白族民间传统节日。农历七月初一至十四日举行，燃烧衣包后结束；一些白族地区，还须请和尚念经，至十六日。初一晚，家家焚香设宴，意为接祖先灵魂回家来，同时焚化纸钱，泼洒浆水饭菜，以免孤魂野鬼混入作祟。十四日晚，烧衣包送祖先回去。其间，每天要在祖先牌位前点灯、烧香、献饭菜。新丧之家，亲戚朋友还要赠送衣包。冥衣是用各色纸张印刷花纹，剪成各种男女服式，下挂各式纸鞋。衣包要写明受领人的称呼，送衣人姓名。纸包是买来的印好的裱纸，但也要写上钱数，然后装入金银纸、元宝，封成方形小纸盒。冥衣要挂于墙上，纸包则堆在祖先牌位前。十四日晚，要一包一包地念清楚，然后投火烧化，再将供奉的茶酒倒上，用树叶包起来，第二天丢到河里，宣告此节结束。

白族烧包节——参见"中元报本节"条。

白族孟兰节——参见"中元报本节"条。

阿昌族烧包会——亦称烧包节。阿昌族民间祭祖节日。流行于云南梁河、潞西一带。农历七月初一举行。据说，每年这天，值鬼王打开鬼门关，让所有鬼魂各自回家之日。各家各户照例举行隆重的祭仪，在祖先灵位前供上各种酒肉菜蔬，燃香明烛，跪拜祖先，祈求保佑全家安康幸福。拜毕，还要焚烧一包事先准备好的金银纸钱等，以安抚祖先灵魂，让其回城隍庙后有吃喝，有钱花。有的地方，同姓家族一起举祭，非常隆重。此日，人们自己也吃好喝好，热热闹闹。

阿昌族烧包节——参见"阿昌族烧包会"条。

土家族年——亦称重过正月节。土家族民间传统节日。流行渝、湘、鄂交界地酉阳、龙山、来凤等县。农历七月初一举行。节日起源素来存在两种说法：其一，土家族一位祖先，被土司强遣戍边，多年不得归，一次捎信说，正月初一回家过年。家人望眼欲穿，一直等到七月初一才到家。家人邀亲朋族友团聚欢庆，便定此日为"族年"，代代沿袭至今。其二，土家族一位祖先在七月一日，把地主家一头猪赶来，杀给穷人们吃，度过饥荒。地主让官兵来追查，村民布置了一个假哭丧，把官兵"吓"跑了。后人们为纪念祖先的机智勇敢，定此日过"族年"。届时，家家户户杀猪宰羊，磨豆腐，打糍粑，邀请亲友们来过节。青年们则聚集，打锣敲鼓，欢跳土家摆手舞，甚为隆重。近年，族年活动日益丰富，有的山寨还邀请电影队和文艺团体来演出。

重过正月节——参见"土家族年"条。

祭祖新米节——亦称尝新节、吃新节。侗族民间传统节日。节期纷繁：多于农历七月初一举行；另有六月十二日，七月上旬择日（初二、四、七、十四日），以至八月初一，等等。节俗亦略异。北部侗区：节前妇女们到河边洗净竹筒、水桶、粽粑叶、干蕨菜、糯米、高粱等物，回家将蕨菜、糯米、高粱与盐巴拌匀腌入坛中备用，并从井里担来"新水"泡糯米酿甜酒。节日当天，菜肴以鱼为主，吃免盐的玉米和瓜菜，称"忆苦饭"。饭前，由最年长者烧香化纸，祭祖先英灵，品尝各种饭菜，再按各房长次顺序入席，吃祭供的新食，以共祭祖宗。南部侗区：节间，筷子皆以山上刚砍来的实心竹所制，并以未出穗禾苞或用笋壳叶包成的糯米饭，以示"新米饭"祭祖先。宅门皆敞开，以让祖灵同来吃新。"敞门待祖"，乃古时节后幻觉心理所产生的"祖公门现象"遗风。节日黎明前，走廊香烛、灯火通明，举家晨宴祭祖。宴罢，男人去宰牛，备待客荤菜。节夜，举行打火把、背行李离家、模仿爬山水仪式，以缅祖先迁徙之心酸。

侗族尝新节——参见"祭祖新米节"条。
侗族吃新节——参见"祭祖新米节"条。

红原赛马会——藏族民间传统节日。流行于四川阿坝红原县，故名。农历七月初一举行。届时，红原及附近各地藏胞，竟着盛装，骑马或赶车赶到赛马场，展开多种形式的赛马。传统赛项有集体赛速度、分队接力赛、赛马上技巧、表演跑马射箭等等，精彩独特，热闹异常。赛马毕，人们互相交换土特产品。

祭盘古郎节——自称"瑙格劳"（白裤瑶）的瑶族民间传统节日。流行于广西南丹县大瑶寨一带。农历七月初一（另说六月三十日）举行。此节旨在祈求盘古郎保佑人丁兴旺、五谷丰登。传说，盘古郎是开天辟地的盘古其妹所招夫婿，功劳巨大，首创开田种地，调节雨水，保护禾苗，管理天下耕作农事。瑶人因立庙敬奉，并定每年六七月间供祭。祭祀分大祭和小祭。大祭之年甚隆重，要杀牛、宰猪和鸡作供品，牛还要分水牛和黄牛，闰年供黄牛，非闰年供水牛。祭事由庙老掌管，费用集体筹集。届时，每户派一人参加，由魔公请神念经。祭毕，从供品中抽出四五斤肉及牛肠、米之类酬谢魔公，其余供品一分为二，一半作为参加祭祀的人们庙中聚餐的食物，另一半均分各户带回家作为节日晚餐。此祭有规矩，祭供后，如出现风雨不调、人畜不安，祭众可向盘古郎问罪，由庙老将其石像倒置庙内，待来年风调雨顺了，再扶正。

月半祭祖节——亦称七月半。云南普米族民间传统节日。农历七月初一至十五举行。此节旨在祭奠祖宗，缅怀先人，祈求护佑。届时，以家族为单位，各自焚香燃烛，虔诚拜祭。

普米族七月半——参见"月半祭祖节"条。

拉卜楞寺七月说法大会——佛教宗

教节日。主要内容为该寺喇嘛辩经学习，说法劝诫，皈依佛教。农历七月初一至十五日举行。每日会次，略同祈祷会。会期负责人是一位大法台，由其寻觅施主，供给酥油、斋饭。每日午后，有俩喇嘛当众辩论。大会为初八、初九两天午时，会场在经堂外广场，主要表演节目，展示米拉日巴劝法的情节。

初 二

纳西族祭谷神——纳西族民间传统节日。流行于云南丽江一带。农历七月初二举行，历两天。当地四季气候变化大，每逢农历七月，常受暴风雨和冰雹袭击，让各种农作物大量减产。为祈求谷神保佑庄稼丰收，每年此时都要举行此祭。届时，先到田里挖来一些干的土块，在上插些竹枝、黄栗树枝、里香树枝和一片写满东巴文字的木牌。之后，村寨中男女老少聚集一起，向谷神献上那些土块，巫师念经祷告，众人求谷神保佑庄稼长势良好。祭毕，将这些土块或放到稻田的四角，或放山上。

初 三

初 四

侗族杀龙节——亦称闹江杀龙。贵州黎平一带侗族民间祭祀节日。流行于贵州黎平一带。农历七月初四举行。此节旨在求天王爷和海龙王降雨，以滋润干枯禾苗。相传，古代东海有条小龙，性情粗暴、凶猛，经常兴风作浪，祸害百姓，人们恨之入骨。东海龙王为取信于民，将其发配到小小的南江河。小龙无法兴风作浪造水患，便给本来风调雨顺的南江河两岸造旱灾，致使连年良田干裂，粮食颗粒无收。当地侗家十分气愤，于七月初四共同杀死了这条恶龙。节间，全寨男女老少，模拟杀龙时的情形，拿着铁叉，抬着渔网，手持长矛，挑着油枯，连过路行人都加入杀龙行列。由寨老带领，来到河边。寨老一声令下，几十担油枯倒进河里，清澈的河水，顿时变成黄色。人们纷纷跳入河，刺杀恶龙，捕捉鱼虾，追逐戏水，整个河面充满了笑语欢声。夜间，人们与参加杀龙节的来客一道，共进晚餐。宾主频频举杯，欢度节日。

闹江杀龙——参见"侗族杀龙节"条。

初 五

坦勒贵节——瑶族民间传统纪念节日。流行于湖南隆回一带。"坦勒贵"意为大家一起来。农历七月初五举行，历三天。相传，节日源自当地瑶民与封建统治阶级的长期斗争。一名叫奉姐的瑶族妇女，智勇双全，武艺过人，因不忍残酷压迫和剥削，率众于农历七月初五在小沙江镇揭竿起义。义民奋勇战斗，消灭守兵，杀死了将军，焚烧了官衙。朝廷大惊，便调兵遣将，把瑶山围个水泄不通。义民拼死抵抗，终因寡不敌众，惨遭失败，奉姐也壮烈牺牲。为纪念遇难兄弟姐妹，人们于农历七月初五在小沙江镇集会，一连三天。从此，年年举会，形成此节。届时，人们竞着节日盛装，扶老携幼，带着山货、农副产品，从各个村寨涌向小沙江镇，唱歌跳舞过节。新中国成立后，节日增添了物资交流、观看电影和文艺演出等新内容。

初 六

初 七

七夕——亦名七夕节、乞巧节、女儿节、女节、少女节、小儿节、重七、香日、星期、巧夕、兰夜、穿针节,另还有"双七"(两广一带)等称。农历七月初七夜举行,故名。全国性汉族民间传统节日。主要参与者是少女,内容以乞巧为主。此节最具浪漫主义色彩,姑娘们历来最为重视。节日起源有天文、吉时、数字、情结诸崇拜等多种说法,以"天文"说为最。牛郎、织女本星名,民间遂产生牛郎、织女七夕鹊桥会的神话传说,以及"七夕乞巧祈双星"等俗。《诗经·小雅·大东》:"维天有汉,监亦有光。跂彼织女,终日七襄。虽则七襄,不成报章。睆彼牵牛,不以服箱。"西汉刘安《淮南子》、东汉应劭《风俗通》,演进了乌鹊填桥、牛女相会的神话,流传至今。另,上古"吉时"说亦甚。明代罗颀《物源》云"楚怀王初置七夕"。七夕乞巧源于汉代。最早见载东晋葛洪《西京杂记》,曰:"汉彩女常以七月七日穿七孔针于开襟楼,人俱习之。"《艺文类聚》卷四载《竹林七贤论》:"旧俗,七月七日,法当晒衣。"汉魏以来已行穿针乞巧、晒衣曝物之俗。后世围绕织女(或七星娘、七娘妈、七姐),因时因地形成丰富多彩的节俗。南朝梁宗懔《荆楚岁时记》载:"是夕,人家妇女结彩缕,穿七孔针,或以金银鍮石为针,陈瓜果于庭中以乞巧。有喜子(蜘蛛)网于瓜上,则以为符应。"唐、宋尤盛乞巧。至宋,七夕已成民间大节。宋孟元老《东京梦华录》卷八、南宋词人周密笔记小说《武林旧事》卷三、南宋吴自牧《梦粱录》卷四,均有详载。宋代民间以绿豆、小豆、小麦于瓷器中,以水浸之,生芽数寸,束以红蓝彩缕。昔北京一带于此日置碗水曝日下,投针以卜巧拙,曰"丢针儿"。江南一带民间将五彩绳扔上屋顶,以让喜鹊衔上天去搭桥。两广称七夕作"双七",贮双七水洗浴,以祛病。山东民间则在葡萄架下听牛女"谈情"。台湾民间有"七夕祭""乞巧会"等俗。是夜,妇女们穿针乞巧,向能织"云锦天衣"的织女乞求智巧,还用七根线、七枚绣花针在月下比赛穿针。祈祷福禄寿活动,礼拜七姐,仪式虔诚而隆重,陈列花果、女红,各式家具、用具都精美小巧,惹人喜爱。另有"听天语"之俗,夜深人静,妇女们三五相邀,躲葡萄架、葫芦棚下,偷听牛郎织女私语。2006年5月20日,七夕节与其他五个节日,一同被国务院列入第一批国家级非物质文化遗产名录。今有人呼吁定其为"中国情人节",颇多相左意见,待酌。

七夕节——参见"七夕"条。

七夕祭——参见"七夕"条。

乞巧节——参见"七夕"条。

乞巧会——参见"七夕"条。

女儿节——参见"七夕"条。

女节——参见"七夕"条。

少女节——参见"七夕"条。

小儿节——参见"七夕"条。

重七——参见"七夕"条。

香日——参见"七夕"条。

星期——参见"七夕"条。

巧夕——参见"七夕"条。

兰夜——参见"七夕"条。

穿针节——参见"七夕"条。

双七——参见"七夕"条。

福建七夕——亦称结缘。福建汉族民间传统节日。农历七月初七举行。届时,各户在庭院放一桌,上摆蚕豆、苹果、藕菱、黄皮果。其中,蚕豆有二:蚕豆和沙,猛火炒,称"炒蚕豆";以水和五香煮,称"五香豆"。入夜,星光灿烂时,供奉牛郎、织女二星。供毕,供品分孩童们。孩童旋互相馈赠,称"结缘"。据说,此举可免日后兄弟阋墙,故名。

福建结缘——参见"福建七夕"条。

宜昌七夕——汉族民间传统节日。流行于湖北宜昌一带,故名。农历七月初七夜举行。相传,当年秦国大将白起,奉秦昭襄王命,率兵伐楚,此日打到夷陵(今宜昌)。白起拟火烧宜昌,因见城中灯火,迫消此念,城民因免此难。后来,人们便于此日庆贺宜昌幸存,久而成节。届时,人们用荷叶插上香蒲,灌入灯油,做成"荷灯",高悬自家门前;同时还聚集欢娱,且歌且舞。夜空明星闪闪,地上万家灯火,荷灯齐放,画意盎然。《西陵竹枝词》曰:"荷灯四面接秋河,犹似秦兵驱绿萝。更说元宵风景好,竹枝歌续采茶歌。"可见一斑。

嘉县香桥会——汉族民间传统节日。流行于浙江嘉县塘汇一带。农历七月初七,于当地"香桥"举行。当地两庙,人称"一担庙",由一小桥"香桥"相连,状若一副挑担。每年此日,附近村民纷纷入庙祭拜。庙主持提前用裹头香,搭一座长四十五厘米、宽五十厘米的三星桥,特意方便牛郎织女相会。桥杆用较粗官香,桥亭用檀香,桥面铺金黄元宝纸,做工极精巧。入夜,群星闪烁,香桥辉映烛光,耀眼夺目。人们观赏毕,即点燃香桥,待燃毕,方各自散去。

灌阳香日——汉、壮民间传统节日。流行于广西灌阳一带。农历七月初七举行。相传,此日晚织女将会牛郎,织女白天即坐梳妆镜前,精心打扮,所用胭脂香粉纷纷落下,熏得满天飘香。人们因称这天为"香日"。届时,妇女们纷纷晾晒衣服和箱子,并"晒香水",即把几根青草放入盛满清水的脸盆,放晒太阳下。据说,洗此"香水",穿此"香日"晒过的衣服,可避灾驱病,并可使夫妻像牛郎、织女般恩爱和美。

拜床母——台湾汉族民间传统祭祀节日。农历七月初七举行。床母,即婴儿神,据传能保护十五岁以内的孩子。是日傍晚,家家大人们皆帮助孩子在床上供奉酒肉,并烧化金纸,祭祀床,祈求佑护。当地传说,古有书生名郭华,赴京赶考途中,与一卖扇姑娘生情。后郭华得急病而死,姑娘将其埋葬自己床下。十个月后姑娘生下一子。她常在床上烧香祭拜,安抚郭华的亡灵。她对乡亲们说,此为祭床母,保护孩子安康。人们纷纷仿效,久而成节。

七娘妈生日——台湾汉族民间传统节日。于传为七娘妈生日之农历七月初七举行。相传,七娘妈系儿童保护神,可使无嗣女子怀孕,且能医治生病的孩子。届时,凡子女满十六岁人家,要祭拜许愿,许多地方还要请戏以娱七娘妈。民间祭拜七娘妈的人十分虔诚,祈求子女安康、人丁兴旺。据考,当地这天"七夕祭""乞巧会"等俗,或多或少映现七娘妈身影。

宁波洗头节——汉族民间传统美发节日。流行于浙江宁波一带,故名。农历七月初七举行。相传,此日,天庭织女在织机旁,用槿叶汁洗头,头发黑亮绝伦。牛郎顿生爱慕,立即仿效洗发,梳好发髻前往求婚。民间效法成俗。届时,妇女尤其姑娘们,一早便往井边打水,采来槿叶搓成碎片,用清水调成胶糊状,清洗头发,以求满头青丝。

连山戏水节——亦名七月香、女儿节、长久节。壮族民间传统节日。流行于粤北连山福堂、小三江、上帅等地，故名。农历七月初七，在戏水场举行。相传，每年此日，天上七仙女姐妹沐浴、嬉戏银河，手捧圣水，倾倒吉水河中，使之与人间溪河水汇流，溪水蓦然变得格外清凉、干净。她们不时将圣水泼在戏水人身上，就带给其吉祥。人间溪水蓦然变得格外清凉、干净。饮用，利于养生、益寿；沐浴，则除毒、驱邪、消灾、润肤、丽体。届时，首先举行祭水仪式，焚香燃烛，叩拜天神。旋即岸上鸣礼炮，水上抢绣球，表演歌舞、对歌，男子进行打水仗（相互泼水）、游泳、潜水等比赛。无论老少，尤其女性，纷纷聚集溪河，洗头、沐浴、耍水、嬉戏，趋吉辟邪。千百年来，盛传不辍。另有学者认为，此节系牛郎织女传说演变而来，可资参考。

连山七月香——参见"连山戏水节"条。

连山女儿节——参见"连山戏水节"条。

连山长久节——参见"连山戏水节"条。

瑶族开唱节——亦称七月七节。瑶族民间古老情人节。流行于粤北连南瑶乡。于传为始祖盘古皇诞辰日农历七月初七开唱，至翌年三月（另说正月）初三，利用农闲，尽情唱歌连情，绵延不辍。开唱节长半年余。此间，未婚男孩可自由去未婚女孩窗外，邀唱、对唱情歌，借以谈情说爱。其余时间，则禁唱。

瑶族七月七节——参见"瑶族开唱节"条。

七仙温泉戏水节——亦称祭水、嬉水。黎族、苗族民间传统节日。流行于海南保亭一带。农历七月初七举行。节日起源存两说：相传，古时保亭遍布温泉，人们劳作之余用橘叶泡温泉，消除疲劳，医治百病，更能美容。王母娘娘派七仙女下凡，一探虚实。海上风神亦前来占领，每次都带来狂风暴雨，损毁大片田园。仙女们护卫田园，便于七月初七，化作高耸山岭御风，留下今之七仙岭。每逢此日，人们便来温泉祭祀跪拜，嬉戏游玩，久而成节。另说是，黎族自古敬畏水，谚云"碰风不死，碰水死"。他们自古信奉祖先，把祖先和死者均称为"鬼"。可见与水、"鬼"渊源难解，因有七月初七"祭水"。这一天，男女老少早起迎接从温泉取来的"圣水"，洒在身上祈吉，杀猪宰羊，聚集饮酒，唱祭鬼歌，跳祭鬼舞（黎语称"骏乘"，后发展为简易欢快的"竹竿舞"）。至午，到河边抛下祭品，跳下河游戏"识鬼"，与鬼同乐；没下水者，于岸上互相洒水。两说演变成今之黎、苗族戏水娱乐狂欢节，除"祭水"外，则是"寻选仙女"、歌舞演出、焰火晚会、旅游观光等活动。

保亭祭水——参见"七仙温泉戏水节"条。

保亭嬉水——参见"七仙温泉戏水节"条。

贺牛生日——汉族民间传统节日。流行于山东一带。农历七月初七举行。相传，牛郎、织女联姻，全凭老黄牛相助。人们感念黄牛恩德，便将牛郎、织女相会此日，定为"牛生日"，并致贺。届时，各户皆喂牛精草好料，让牛竟日休息；牧童们则采来各色山野鲜花，插饰牛角，纷纷表达对牛的感激之情。

土族七月七——青海土族民间传统节日。农历七月初七举行。届时，人们用麦麸、艾叶、甘草、芫荽、花椒等掺和捣碎，拌清泉水，捏成圆团状暴晒，称"做糟子"，用以发面、酿酒。据传，此日所做"糟子"，发酵好，不易霉烂。入夜，家家在院中搭床，全家人躺床上，仰望星空迢迢银河。成人给孩子讲天上人间故事。女人端来一盆清水，岁首揪来几片艾叶，投向水面，用灯照亮，评说投影形状，或说像星星，或说像月亮，以此取乐。睡前，姑娘和孩童们，将凤仙花掺和白矾捣碎，涂于指甲，包裹停当，翌晨即染成红色。

羌族七月七——四川阿坝羌族民间传统节日。农历七月初七举行。届时，未婚妇女照例邀约邻近村寨的姐妹们，聚会一堂，唱歌跳舞，尽情欢乐，做"巧牙会"，俨然欢度"姐妹节"。

羌族巧牙会——参见"羌族七月七"条。

黑话人贺牛神——亦称拉麻节。彝族支系黑话人民间传统祭祀节日。流行于云南鹤庆、剑川一带。农历七月初七举行。据考，节日起源于民间牛神崇拜。在鹤庆、剑川两县间之西山，有个牦牛洞。相传，洞口上方形如牛头的石壁，乃牛神的化身。节晨，人们即从四面八方赶来祭拜。他们带着食品和白栗叶，拜供牛神，旋将白栗叶堆放洞内点燃，围着火堆歌舞娱神。祭毕，人们还要在洞外草坪上，表演贺牛神节目，即由一人戴牛头面具，身披棕衣扮演牛王，围绕草坪中央火堆，表演牛的各种动作。另，有人拿着绳套准备拴牛，还有人拿着竹筒象征性地钻到牛腹下挤奶，还有人向"牛王"抛撒粮食，等等。随之载歌载舞，围观者击掌助威，祝愿拴牛者套住牛王。牛王则东躲西闪，毫不驯服。这时，复有一执牧鞭牛倌上场，尾随一群姑娘手舞花束长环，围着牛王翩翩起舞，颂牛神。待牛王驯服了，姑娘们便把花环、花串挂在牛王身上，以寄托希望和祝福。牦牛洞祭祀娱神活动结束后，人们还要用青松搭成轿子，抬着牛王巡游村寨，以示给人们送去幸福和吉祥。入夜，各寨群众在村中心平坎上燃起七堆篝火，吹起牛角号，敲起牛皮大鼓，表演反映耕种、收割的各种舞蹈，欢度节日。节间，各家各户还在家中举行祭仪。仪毕，合家在牛栏外席地就餐，并将糯米糍粑等节日食品喂给牛吃，以示敬牛。

黑话人拉麻节——参见"黑话人贺牛神"条。

祭三皇节——彝族支系撒梅人农事祭祀节日。流行于云南昆明附近撒梅村寨。于传为三皇生日农历七月初七举行。撒梅民间有三皇庙，供奉三皇牌位。传说，三皇乃五谷神先辈，要想天下万物生长繁茂，必须祈三皇保佑。祭祀仪式通常以村为单位进行。届时，人们纷纷到三皇庙祭拜，奉献猪、羊、鸡等牲畜，由身披毡衫、背神签筒的呗耄，口念《报恩科》《经文科》等经文主持祭祀。

尝新节——俗称吃新节。苗、壮、布依、白等族传统农事节日。流行于湘、黔、桂等省区。农历六七月间新谷登场时，各自村寨择日（多在七月初七）举行。节前，主妇们下田摘新谷，舂出喷香白米。节晨，她们蒸好新米饭，煮好鲜鱼，即邀年老客人，带着儿童来到田间，祭祀祖先，然后全家聚餐，以此预祝五谷丰登。节间，照例放土炮、鞭炮扫寨，演傩戏，唱山歌，耍武术，开展各种土俗娱乐。寨老则用筛盛鸡、肉、酒,将拴有红辣椒和青蒜的竹竿插在田间地头,以示送祖。仡佬人还要举行放生活动,主要是野生动物及鱼类。

吃新节——参见"尝新节"条。

彝族新米节——云南彝族民间传统农事节日。农历七月首个戌日或辰日举行。临近节期,青年们收回早熟稻谷,连夜在大铁锅炒干,放碓里舂成米,煮出饭来香味扑鼻。节日当天,男女老少竟着盛装。再穷的人家,亦用苞谷或高粱烤几斤小灶酒。青年男女会集场坝打歌、跳左脚舞。晚饭时刻,各家在堂屋里举行"供饭"仪式。先舀碗新米饭,攥几块腊肉盖饭上,置屋中央供桌,再配酒、茶、桃、梨等供品,供前。先"叫粮魂"。到田里割回一把优质谷穗,挂堂屋横梁,作为来年稻种,剩下稻秆扎成洗锅帚洗锅。挂谷穗时口念吉祥颂词,大意是今年风调雨顺,粮食丰收,祷求来年也五谷丰登,六畜兴旺,像长流水一样不断源头。然后全家虔诚跪拜。有的人家还专门请来毕摩(祭司),演唱彝族创世史诗《梅葛》。仪毕,以新米饭喂狗,感谢狗当初从天上带来了谷种及其看家护院的辛苦和忠心,隐约透露农耕文明对狩猎、游牧时代的遥远记忆。

哈尼族新谷节——云南哈尼族民间传统农事节日。农历七月首个戌(另说属龙或牛)日举行。相传,很久以前,哈尼人居住一条大河边。一年突发洪水,毁坏所有田地和村寨,卷走了五谷种子。人们无法再种庄稼,陷入绝望。这时,一条大黑狗,游过波涛汹涌的大河,给人们衔来了一束谷种。哈尼人得以再种庄稼,生存下来。为不忘狗的恩情,人们特意在属狗之日,过"新谷节"。

瑶族敬祖节——亦称送公老。自称"拉珈"瑶族民间传统祭祀节日。流行于广西金秀。农历七月初七至十四日举行。如系甫逝新祖,三年之内则提前于七月初一供奉。据考,"拉珈"祖先,最迟于明初迁入大瑶山(今金秀境内)。其时,瑶山沟深林密,猛兽成群,毒蛇遍地,荒凉而神秘。瑶人祖先战胜毒蛇猛兽,历经千辛万苦,开垦一片片良田,建立一个个村寨,定居下来。前辈极度辛劳,后辈无限崇敬。"拉珈"见山外汉、壮人七月祭祖(中元节),亦定于七月初七至十四日敬祖,以铭祖恩。届时,每户于厅堂设一供桌,上摆香炉和茶杯。供桌靠墙一面,高挂画有人物图像和祖先名字的祖图(亦称"目连榜")。初七晨,杀鸡宰鸭,买来猪肉及香纸蜡烛,迎祖先回家供奉。之后,日日三餐烧香上茶祭祀。十四日,送祖先。白天主要活动有二:一是各派一人自带工具参加修路,二是全家共进米粉午餐(米粉配料全是鸭血、鸭胗、鸭肠等鸭下水)。晚餐乃送祖主餐,菜肴甚丰,以鸭肉为主。饭前,家主主持祭事,先于厅堂燃烧彩色纸衣和冥钱纸币,依次念及从古至今祖先的名字,并告知给了某某祖先多少钱及衣物。厅堂里,还摆着几副担子,筐里装着甜藤糍粑和煎饼之类,请祖先受领挑走。入夜九时许,各户点香燃烛送祖先,沿巷插香烛,直送村外。

拉珈送公老——参见"瑶族敬祖节"条。

仫佬族祭祖节——亦称祖先节。仫佬族民间传统祭祀节日。流行于广西罗城一带。农历七月初七举行,历八天。民间认为,祖先每年此日皆回来视察子孙,故举行迎祖、敬祖、送祖等仪式,积以成节。初七接祖,各家杀鸡宰鸭,焚香烧纸。

此后五天敬祖,三餐均先以饭菜敬祖先,后再吃饭,已经出嫁的女子亦须回娘家参与。十四送祖,各家摆一桌宴席,上供鸡、鸭、鱼、猪肉及粽子、酒等,祭拜祖先牌位,后全家再宴饮,宴毕把香灰、纸灰包起来扔河中,寓送祖宗"下船",宣告祭祖结束。

仫佬族祖先节——参见"仫佬族祭祖节"条。

蒙古族祭天——内蒙古东部蒙古族民间传统祭祀节日。古时多在农历四、八、十二月举行,后改为七月初七或初八举行,历三天。《元史》载:"元兴朔漠,代有拜天之礼。"《蒙古秘史》关于祭祀仪式这样记载,人们将洁净之肉挂杆上,旋酒马乳、谷物等,对天祈祷所求之事。萨满教盛行后,祭仪由萨满主持。祭天分白祭、红祭。白祭用奶制品作为供品,红祭则用羊血。祭天程序是在宅院按方位插九色旗或五色旗,中央置供桌,上放满装粮食之升,升里插一面蓝旗。一些牧区,则在宅院摆一辆勒勒车,车辕朝西南方,车放两供桌,桌上放升,桌前点一堆牛粪火。萨满全身披挂,手持单鼓,领头跪拜。供羊须用蒙古式掏心法宰杀,心放锅内,直接上供祭天。主祭人边用剑在羊体上点着,边祈祷呼叫,并把羊身上的每个部位都数叨一遍,把不同层次的天也叫个遍。供羊煮熟后,置供桌,萨满领唱神歌,众人随和。唱毕,众人分享供品。昔时,此祭乃蒙古族最重要的祭典。此节今已式微。

壮族女儿节——壮族民间传统节日。流行于广西及粤北壮村寨。农历七月初七举行。传说,古时这天,九天银河水越过堤岸,汨汨流到人间。姑娘们见了天河水,十分高兴,纷纷用它沐浴,顿感浑身温馨无比,十分爽快,一个个立即变得身材健美、面如桃花,十分俊秀。不仅如此,还一下变得心灵手巧,聪明伶俐。从此,把这天喜称"乞巧节""女儿节"。届时,出嫁女儿均离开丈夫回娘家,带回一些礼品,祭祀祖先,感谢先人开创基业,养育一代代壮家好姑娘的恩德。中午,姑娘们有的挑着水桶,有的背着一两米高的毛竹汲水筒,赶往河边、潭边或山泉处挑水,用来洗身,或索性跳到河里游泳,尽情嬉戏。人们还多汲些七月七这天的江水,蓄于瓦坛陶罐,以备今后用来染布。据说,七月七的水染布最漂亮,最纯正,最不易脱色。另,还用节日的水来做醋,最香最醇,称"七月香"。有染疾之家,多存些水,用来熬汤药,药性最好。

壮族乞巧节——参见"壮族女儿节"条。

壮族蓄水节——壮族民间传统节日。流行于广西靖西、德保县一带。农历七月初七举行。届时,各户纷纷将蓄水的缸罐洗净,到泉边、溪边或江边挑回清水,将其灌满。人们称这天挑回的水为"仙水",此水最宜给老人熬制长寿酒,给小孩煮长寿粥,以及浸腌各种酸菜、水果,还可用于治病、染布、酿酒、制醋。用此仙水所制之醋,誉称"七月香"。另,姑娘争先入河沐浴。据传,当日天上银河的仙水会流到人间,洗后身心更健美。

满族乞巧节——亦称七夕、女红节、女儿节、双七节等。满族民间传统节日。流行于东北等地满族聚居区。农历七月七日举行。节俗略同汉族。满族信奉汉族所传,是夜牛郎和织女相会天河。牛郎、织女皆星名,源于上古先民天体崇拜的神话。《诗·小雅·大东》云:"维天有汉,监亦有光。跂彼织女,终日七襄。虽则七襄,不成报章。睆彼牵牛,不以服箱。"此为神话雏形,至西汉发展为乌鸦填河成桥而渡织女的传说,广流民间。南北朝时期,渐成较完整的故事。梁任昉《述异记》载:"天河之东有织女,天帝之子也。年年机杼劳役,织成云锦天衣,容貌不暇整。帝怜其独处,许嫁河西牵牛郎,嫁后遂废织纴。天帝怒,责令归河东,但使一年一度相会。"此间,民间已出现向织女乞巧之俗。南朝梁宗懔《荆楚岁时记》载:"是夕,人家妇女结彩缕,穿七孔针,或以金银鍮石为针,陈瓜果于庭中以乞巧。有喜子(蜘蛛)网于瓜上,则以为符应。"满族崇拜勤劳善良、心灵手巧的织女星,能织云绵、巧绣天花,为凡间民女不可比。故此,满族妇女节日停止纳鞋、绣花、纺纱、织布等针线活,但要曝晒衣物。若这天下雨,则视为牛郎、织女的相思泪。当夜,妇女们三五成群,对着织女星,用彩线穿七孔针,意为向织女乞巧。

满族七夕——参见"满族乞巧节"条。

满族女红节——参见"满族乞巧节"条。

满族女儿节——参见"满族乞巧节"条。

满族双七节——参见"满族乞巧节"条。

西江长桌宴——亦称千人长桌宴。苗族民间传统宴饮节。流行于贵州雷山县西江镇,故名。农历七月初七举行。届时,来自周边以至全国各地的与宴者,成千上万,齐集西江开觉苗寨,围坐长长宴桌,聚餐豪饮;青年则借机寻觅意中人,友情、乡情、爱情交织生辉,异常浓烈感人。

千人长桌宴——参见"西江长桌宴"条。

苗族月半节——苗族民间传统祭祀节日。流行于重庆彭水县阿依河等地。农历七月初七举行。当地很重视拜山神、树神、雨神和火神等自然神。谁家小孩生病了,就要拜石头神。"月半"是当地最大的祭祀节日,主要活动是祭祖,即以纸钱封包,写已故长者名讳,焚于户外,并大声呼唤其收钱。其时,倘近似蝗虫等青色虫子入户,是可伤害,传为亲人在眷顾。待七月十五过后,那种虫子便不会再来。届时,各家还照例接回已嫁姑娘,团聚一日,有"正(月)不接,七(月)不送"之说。

高二山头庙会——汉族民间宗教节日。流行于浙江磐安县盘山区一带。农历七月初七举行。届时,高二山附近百姓抬着高二娘娘神像,到各村巡游,举行"迎大旗"活动。周边各地妇女,纷纷结伴前来,入庙焚香明烛,叩首跪拜,祈求神灵保佑。相传,当年高二娘在高二山修行,靠吃野菜度日而成仙,并与陈十四天仙龙母结拜姐妹。农历七月初七这天,某靛青生意商人发现高二山顶有女人脚印,即跪拜许愿,果真生意兴隆、财源茂盛。商人为报神恩,建庙还愿,自此香火不绝,渐成庙会。

白族祭虫节——白族民间传统农事节日。流行于云南昆明市西山区沙浪一带。农历七月初七举行。当地传说,世间有一虫王,专管害虫,若有人对它不尊,它就让害虫来吃庄稼。故此,人们届时便在本村祭祀台祭祀虫王,献上许多供品。一些遭受虫灾的村寨,供品则更丰盛。

古丈穿洞节——苗族民间传统节日。流行于湘西古丈县河篷一带。农历七月七举行。历三天。"穿洞"乃古丈八景之一，高十余米，宽数十米，长半里许，洞形呈S状，内有涓涓细流，亦有阴森的深潭，壮观又奇特。当地传说，古时天上有七仙女，看到当地苗家饮水很困难，特意下凡，用天凿凿成此洞，让苗民去洞里汲水。为不忘七仙女的恩德，人们便在七月七这天，从各地会集洞里搭台唱戏，舞狮子，击鼓起舞，男女对歌等各种娱乐活动，表示对七仙女的深深怀念和感激。年复一年，固定成节，俗谓"走穿洞"。

古丈走穿洞——参见"古丈穿洞节"条。

道德腊——道教节日。农历七月初七，在诸道观举行。"道德腊"与"天腊""地腊""民岁腊""侯王腊"合称道教"五腊日"。道教类书《云笈七签》卷三七云："正月一日名天腊，五月五日名地腊，七月七日名道德腊，十月一日名民岁腊，十二月八日名侯王腊。此五腊日并宜修斋并祭祀先祖。"道教认为，此日五帝会于西方七炁素天，乃"五帝校定生人骨体枯盛"之日。道教认为，与其余腊日，皆宜修斋、祭祀先祖。

南平蛇王节——汉族民间古老节日。流行于福建南平市等地。农历七月初七举行。届时，该市延平区樟湖坂的人们过古老的"蛇王节"，重演真蛇乘轿出巡迎赛活蛇的古俗。活动以镇中蛇王庙为中心。庙内三尊蛇神像，乃蛇王三兄弟，俗称"连公爷"。他们身穿红袍、双脚踩着怪兽，双眼各为仰视、俯视、平视，意寓洞察人间、驱祟造福。相传，蛇王姓连，本一大蟒，经修炼得道于古田再见岭，荫庇一方。某年樟湖地区发生大霍乱。乡民病死甚众，派人祈求蛇王保佑。翌日，一条大蟒蛇忽现樟湖天空，口吐焰火，驱除了瘟疫。乡民得救，立庙奉为菩萨。从此香火不断，并于每年七月七，定时拜祭。

初　八

阿坝跳神——藏族民间宗教节日。流行于四川阿坝州北部。农历七月初八，在诸寺举行。届时，由三位喇嘛化装成猴，青、灰、白各一，首先出场，跳毕而退。两高大猎人继之而出，反穿皮袄，下体遮以树叶、草绳，传为扮演西藏宁索地方两原始人，皆佩弓箭、猎刀。有两孩童为之背口袋，一袋装生牛肉，一袋装糌粑和铁锅。后随两猎犬，势若出猎。两孩童扮鹿出场。猎人及犬追之，鹿逃至岩下，见岩上一红衣喇嘛静坐念经："人要行善，不可伤生！"鹿索性坐下听经，犬亦忘逐鹿，悉心听经。猎人狂怒，开弓欲射。经两童劝阻，遂坐下听经。四人听后大悟，抛弓弃箭，从此改狩猎为畜牧。而今，该地仍禁止打鹿。

初　九

布依族祭祖节　布依族民间传统节日。流行于贵州都匀市江州区。农历七月初九举行，历六天。节俗有四：一是为祖宗送行并赠钱物。从九日起，各家便"叫饭"，即请祖宗灵魂回来吃饭。十三日黄昏，各家举行"霜保亚"，即为祖宗灵魂饯行，送他们回去。饯行供品有公鸡、猪头、熟菜、酒、米饭等。入夜，还要焚化写有亡者姓名及阳间某某收的"封包"，让祖先灵魂带走，以便去阴间"买田吃饭，买塘养鱼"。接着，还要在门前地坎插上香烛，插得越多，越表对祖宗尊敬。二是"招魂魄"。民间认为，十二三岁孩子，魂魄易游动，被鬼怪摄去而闹病乃至夭折。如若在此节为孩子招魂,可得祖先保佑。招魂由母亲或祖母实施。夜晚,将一碗米置大门口,用一枚鸡蛋代表一个小娃,家有几个小孩子则用几个。招魂人点几炷香后,面对大门外之瞑瞑旷野,按孩子年龄顺序,逐一喊孩子之名,喊一个就置一个鸡蛋于米中。鸡蛋放置形状各异,以免魂魄依附人身时互相搞错。三是"打香瓜仗"。烧"封包"仪式一结束,寨里青少年们便将嫩南瓜插在竹竿上,并把成捆的细香插在嫩南瓜上,旋扛着南瓜,与邻村青少年互相碰击南瓜,边碰边说"粗话"。南瓜碰掉后,就抱腰摔跤,斗得不可开交。随后,双方退出适当距离,以自己的弓箭对射,或互掷泥团、石块。据说,他们打闹对骂越凶,神灵就越高兴。待双方都精疲力竭,才以胜利者的姿态,高唱各种山歌散场。四是"施舍野鬼"。"野鬼"指那些不得善终,死在外乡,以及死后无儿无女奉祀的先人。人们出于怜悯,也为求得"野鬼"不闯进家门捣乱,便在七月十四夜烧纸钱,并插上少许香烛,作为所赠零花钱。但各户只在地头进行,绝不可在家焚纸祭奠,以免把野鬼招进家门。此仪式一完,整个节日便告结束。

初　十

十　一

跳桃源洞——全称"七月半跳桃源洞"。侗族民间传统节日。流行于黔东南州剑河南明一带。农历七月十一日举行,历五天。届时,家家吃过祭祖饭后,人人换上节日服装,邀请客人,一道过节。活动内容多是烧香敬神,唱歌跳舞,通常挑选在爱情上遭受挫折的姑娘任主角。她们先用帕子蒙着脸,两手伏膝,默默沉思,端端正正地坐在椅子上。老歌师焚香烧纸,口喷净水,嘴念咒语,将姑娘送上去桃源洞之路。上路不久,姑娘由缓到急地跳起舞,歌师则用歌引诱,让姑娘回答。姑娘以歌作答,内容多为抒发爱情上的挫折和不幸。歌声凄凉悲愤,催人泪下。有关节日起源的传说有二:很久以前,侗家有俩后生与姑娘燕梅、妹仙相亲相爱,感情十分真挚。寨中有个狠心财主,垂涎燕梅、妹仙美貌,一心欲霸占为妾,想方设法在桃源洞杀死了她们的情人。燕梅、妹仙得知心上人被害,悲痛欲绝。她们于农历七月十五日晚走出家门,跳进深山老林。不久,两个姑娘神经癫狂,胡言乱语,灵魂飞到桃源洞,与情人相会。俩姑娘失踪后,其家人四处找寻,在桃源洞找到时,她们跳唱不停。当要拉她们回家时,突然歌止身倒。为纪念两位不幸姑娘的忠贞爱情,人们将农历七月十五日定为"跳桃源洞"的日期。届时,远近侗家男女结队而来,日久天长,相沿成节。

七月半跳桃源洞——参见"跳桃源洞"条。

客家山歌醮——汉族客家人民间传统节日。流行于广东梅县、五华一带。农历七月十一日举行,历六天。届时,人们为传说中的火神五显帝君做寿诞。此节起初蕴含以歌娱神,驱灾避难的意思,后发展为民间歌会。通常由一民间女歌手,登上五华县古塔顶,与八方歌手对唱应答,通宵达旦,观者如潮。

十　二

纳顿节——亦称纳顿、纳顿会、七月会、庄稼人会、庆丰收会、玩儿节、游玩节。土、藏两族民间社交游乐佳节。流行于青海民和一带。农历七月十二至九月十五日（另说七月廿日，或七至九月择日）举行。此节誉称"土族史活文献""世界上最长的狂欢节"。"纳顿"，土语意为玩。"秋报"，乃春祈秋报，报谢土地神保佑之恩。节日起源有多种说法。学界认为，元末明初，土族自游牧步入农耕之际，为协调生产矛盾、人际关系，形成名为"纳顿"的集体庙会。民间存在两种说法：一说从前有一艺高的土族木匠，应召去修建皇宫。宫殿建成，皇帝竟下令斩他。木匠逃回家乡，聚众起义。皇帝派大军前往镇压。木匠立即让乡亲们敲锣打鼓，扛着战旗，挥舞已涂染料的兵器，走向村庄庙宇，声言"我们正庆今年丰收，跳纳顿答谢上天恩赐呢"。大军只好撤回。此后为缅怀机智的木匠，年年如是，久而成节。另说，从前，民和县三川等地遭灾，颗粒难收，请法师插牌子、做峨堡、筑雷台，祈求免灾无果。之后，自四川请来木雕二郎神，跪拜祈福，灵验丰收。从此，每年此刻用八抬大轿，高抬二郎神巡游各村，敲锣打鼓，载歌载舞，沿途伏地跪拜，奉鸡献羊，奉茶供酒，遂成此节。节日仪式为跳会手、傩戏表演、跳法拉（巫），井然有序。"纳顿"之意和蒙古族的"那达慕"含义一样。传统举办纳顿节很特别：按民和县三川地区各地庄稼收割季节之先后排列，自农历七月十二日宋家"纳顿"开始，一村接一村，一直延续至九月十五之朱家"纳顿"，方告结束，历时六十三天。节间，青年男女照例借机择偶。

民和纳顿——参见"纳顿节"条。

民和纳顿会——参见"纳顿节"条。

土族七月会——参见"纳顿节"条。

庄稼人会——参见"纳顿节"条。

土族庆丰收会——参见"纳顿节"条。

土族玩儿节——参见"纳顿节"条。

土族游玩节——参见"纳顿节"条。

土家族女儿会——亦称月半节。土家族青年男女相会情恋节。流行于鄂西恩施长阳一带。农历七月十二日，多于街场上举行。当地俗信巫鬼。相传，此时阎王爷将打开地狱大门，放鬼魂四出，享人间血食。谚云："年小月半大，神鬼也放三天假。"故一些地方亦于七月十五举行此节，称"鬼节"。届时，家家接嫁女回娘家，省亲扫墓，祭祀先人，以纸包封，谓"包袱"，烧以上飨。另，青年男女则通过贸易方式择偶、定情。赶会妹子穿上最好的衣服，一件套一件穿，从里向外一件稍长过一件，袖、襟、领皆逐层露出一线边边，五颜六色，灿若多道彩虹。背上背篓内装土产、山货。她们将东西摆地，倒扣背篓当凳子坐着，一边动手绣花、绣垫肩等，一边等着小伙来搭腔。赶会小伙亦穿着整齐，斜背空背篓，状似来买东西，一旦看中哪个妹子，即上去搭讪，问："妹子的花鞋绣得好呀？"妹子可答："养女不织花，不如莫养她。"谈话渐转买卖东西上。开始，妹子讨价很高，小伙必还价："什么好货，漫天要价？"接着，便一一数说货物议价，以探其肚才、口才。妹子若觉不满意，便不断把价抬高，让小伙失望走开；否则，一步步降价，直趋市价，初步示意相爱，旋往树林或阴坡，高唱山歌；小伙随后，用山歌作答。双方有对有和，越唱越了解、越亲热，探得有缘，即定终身。

土家族月半节——参见"土家族女儿会"条。

土家族鬼节——参见"土家族女儿会"条。

十 三

布依族七月半——贵州布依族民间祭奠亡灵节日。农历七月十三（另说十四)举行,历三天。一些村寨,还伴以祭山神。届时,人们纷纷杀鸡、杀猪或杀牛,敬祭祖先。有的村寨,则用各种鲜果拜祭。首日做"搭联粑"供祖。次日夜,去河边放冥船,任其随水漂流。末日,青年、孩童聚集大榕树下,荡秋千,打陀螺,或去游泳。有些村寨,集中于古桥堡对歌,跳粑棒舞和铜鼓舞,同时进行唢呐比赛。

瑶族老君节——亦称老君会。广东瑶族民间传统节日。流行于连南县八排一带。农历七月十三日举行。开初,本一些师公供奉太上老君之日,师公门徒往师父家拜老君,并师徒聚餐。后来,演变成族人们为某某事合作聚餐之节。如水利老君会,众人合力兴修水利,受益之家交纳钱、谷,于此日聚餐。一些妇女合力垦荒,收获庄稼后,亦凑集钱粮,于是日吃喝一顿。

瑶族老君会——参见"瑶族老君节"条。

拉祜族祭祖节——云南拉祜族民间传统节日。农历七月十三(一些地方二月初八)举行,历三天。届时,各户在室内神桌旁摆一竹箦桌,上按祖宗牌位,置芭蕉、菠萝、桃子、石榴等祭品若干份,杀鸡献饭,焚香烧纸,拜祭跪请列祖列宗返家过节。家长主祭,祈求祖灵保佑全家平安。十五日夜,各户再次隆重举祭。祭毕,将祭品移寨外僻静处倒掉。节日告毕。

纳西族烧包节——族称"三美波敬"。云南纳西族民间传统"接祖"节。农历七月十三日举行,历两天。节前,各家准备好"包"。"包"是个内装方形草纸和一叠叠金银纸的白纸袋,袋上除有经符图案外,正面书有一对男女祖先名讳及祭者落款,背面写祭祖日期。每一对祖先一个"包"。节第一天为迎祖日。全家老小端着盘,盘内按顺序放着祖先"包",带酒、茶等物到院中,点香叩头,依次喊各个祖先的名讳,此为"迎祖"。随后将盛"包"盘捧回堂屋,放上供桌,旁边供水果、食物和花,再次焚香叩拜。次日傍晚,举"送祖"仪式。家人将所有纸包和彩纸扎成的衣物、家具,在村寨附近河边烧毁,灰烬和其他供品一起扔入河中,以"送祖"。有些寨子,还有在河中放河灯之俗,盏盏彩灯漂在水面,顺流而下,以驱散妖魔。

三美波敬——参见"纳西族烧包节"条。

壮族躲鬼节——广西壮族民间传统俗信节日。农历七月十三日举行,历三天。俗信认为,七月七后,各种厉鬼纷纷出笼。为免其害,人们皆躲家中。多数人家还在家隆重祭祀祖先和鬼神,祈求祖灵降服鬼怪,保佑家人平安。

铁岭麻谷日——汉族民间传统祭祀性节日。流行于辽宁铁岭一带。农历七月十三日举行,历三天。凡家人去世不足三年者,其亲友须在此日向丧人家主送香纸果品,以表吊慰。丧人家亦自备祭品拜亡灵。时值新麻谷即将登场,此举表明不忘故去亲人。十四日晚,人们用纸制成彩灯、彩船,放路边或抛河中。僧道亦诵经念佛,超度亡灵。十五日,人们祭祖扫墓,以馒头、包子为节令佳食。

大势至菩萨圣诞——佛教节日。农历七月十三日,在诸佛寺举行。大势至菩萨乃阿弥陀佛右胁侍者,亦称"大精进菩萨",简称"势至",与阿弥陀佛、观世音菩萨（阿弥陀佛的左胁侍）合称"西方三圣"。据《观无量寿经》载，大势至菩萨以独特智慧之光普照世间众生，使众生解脱血光刀兵之灾，得无上之力，被认为光明智慧第一，所到之处天地震动，保护众生，免受邪魔所害。届时，诸佛寺香火鼎盛，僧众纷纷虔诚跪拜，祈求势至菩萨赐福。

十四

惠州中元节——汉族民间传统节日。流行于广东惠州一带。农历七月十四日举行。当地居民多从粤北南雄等地迁来。相传，当年元朝大军将抵南雄，其居民便提前一天过中元节，行祭礼，拜祖先。十五日南逃惠州一带。此事沿袭成节。家家户户于七月十四日挂纸钱、"吊田钱"祭祖。妇女要"请仙姐"，施以钗钿。仙姐由当地盲人之妻扮装。男子们则结坛度水，受白牒黄诰。

黎族鬼节——黎族民间传统祭祀节日。流行于海南保亭、陵水、三亚等地。农历七月十四日或十五日举行。此日乃我国南方部分少数民族盛行的传统鬼节，人们纷纷在这天纪念、祭祀祖先。届时，家家买肉宰鸡，老人们用各色彩纸剪成纸衣，把煮熟的食品和糯米饭放供桌上，先拜土地公与家神（祖先鬼），后把纸衣、纸钱烧化以祭家神。入夜，各家孩子们点上一支支香，开始插路香，从自家门前庭院插起，一户连一户，插成一条弯弯曲曲的香火路，一直连到村寨门口，甚至村外。据说，插香路是祭祀那些无人供奉的孤魂野鬼，给他们送香火、衣物和元宝。插完香火，全村男女老少集中一起，做"降身"游戏，即由一人闭双眼，两手各拿一支点燃的香，分别用手掌按住两耳，头低下，香火朝上，蹲地。另一人拿一束点燃的香火，在前一人脸部下面，边熏边念"降身"咒词，内容为请远方亲友的亡魂与阴间各种神灵"降身"于此人身上，通过其嘴来与大家讲话。此节已式微。

壮家祭祖节——亦称中元节、鬼节。壮族民间祭祖节。流行于广西靖西等地。农历七月十四日举行，历三天。部分地方于初七开始设坛，陆续祭祖。隆重程度仅次于春节。节日起源于汉族的"盂兰盆会"。相传，释迦牟尼十大弟子之一目连，其母受饿鬼伤害，他为解救母亲，遂请众僧为其母举行盂兰盆会，念《盂兰盆经》，并代母受难，以使母脱离饿鬼道。壮族此节，除了祭祖，还祭野鬼。传说死去的人犯了罪，在阴间坐牢，每年七月十四到十六，被放出来玩。野鬼们无衣无食，到处碰撞，跟人作祟。人们要做许多纸衣、纸鞋和纸钱，在门口焚化，送走它们。节间，每天早上蒸发糕、包米粽、舂糍粑，杀猪、杀鸡、宰鸭，祭奠祖先。有的地方，初七即用鲜笋水迎祭祖先，每天享受供品。十四日开始大祭，供桌摆满猪肉、整鸡、整鸭、米粉、发糕、糍粑、糯米饭、小粽子，一直摆到十六日。每次用膳前，得先将供品热一下，祭过祖，才能进餐。供桌下，摺着一个很大的纸包袱，里面塞满蓝、白、紫色纸剪成的鬼衣和纸钱，每祭均烧一些。之后，用芭蕉叶、海芋或荷叶包好灰烬，待十六日最后一次烧完，一起包成两大包，由一位老人头戴竹帽，用竹棍挑往河边，放在水面任其沉浮。有的人家，还烧纸船、纸马和纸屋，让祖先满载而归。祭野鬼的肉只能凉吃，不再回锅。七月十六日送祖，傍晚孩子不到山上玩，以免碰到回归的鬼魂。节日期间，人们也走亲访友，共叙别情。尤其出嫁女儿们，必须带些祭品回娘家,供祭先人。

壮家中元节——参见"壮家祭祖节"条。

壮家鬼节——参见"壮家祭祖节"条。

秋禊——中原汉族民间古节。与"春禊"对应,亦临水祓除不祥。农历七月十四日举行。《艺文类聚》卷六十一引三国魏刘桢《鲁都赋》载:"及其素秋二七,天汉指隅,民胥被禊,国于水游。"(胥即皆之意;国,此指都城,尤指城里之人)可见东汉末年"秋禊"之盛。此节今已泯。(参见"春禊"条。)

东莞田了节——汉族民间传统庆丰收节日。流行广东东莞一带。农历七月十四日举行。届时,人们在水边搭台唱戏,夜放烟花,围观者众。童孩们蹦蹦跳跳,争吹芦管,当地称"吹田了",热闹非常。清屈大均《广东新语》载:"芦管吹田了,中含祝岁辞,初秋几望日,早稻始收时。"

毛南族中元节——亦称毛南七月十四。广西毛南族民间传统祭祀节日。农历七月十四日举行,历两天。节日源自汉族。毛南族此节主要旨在祭祖。据传,此日祖先们要回家,后人们要设供摆席,迎、送亡灵。节日晨,各家包粽子、舂糍粑,杀鸡置酒。走亲戚者所带礼品,亦是鸡鸭酒肉。祭祖时,桌上摆着各位祖先的牌位,其前供奉整只鸡、糍粑、糯米饭、粽子等,桌下摆着各种色彩的纸钱。主持人逐一按牌位念祖先名讳,逐一烧一叠纸钱,并将其生前衣物拿在火上晃一下,意寓让其带走。烧纸钱的灰,用芭蕉叶包好,次日拿到村口,压在石头下面。据说,十五日祖先的灵魂要回去带走纸钱。节间如杀了猪,认为也是给祖先带去饲养。哪家有老人新故,须到田里插一根竹子,上有竹叶,以示此田是分给死者种的。毛南族成人皆祭祖,孩子们则祭李大将军。传说李大将军乃毛南地区的屯神,须在此日为之招魂。

毛南族七月十四——参见"毛南族中元节"条。

彝族摸奶节——亦称摸乳节、鬼节。彝族民间男女社交古节。曾流行于云南楚雄双柏县鄂嘉镇一带。农历七月十四日举行,历三天。当时,适龄男女社交中,作为调情方式之一,男方以摸到女方乳房示爱祈吉。女方若有意,则以被摸为吉祥;女方无意,亦予理解,走开即可。相传,隋朝年间,连年征战,许多少年未接触女人即战死沙场。冤魂四处游荡,得不到祭祀,其怨气就会降灾彝家。亡魂们最强的意念,是物色女子去阴间做老婆。普通祭祀无法满足。而亡魂们却很挑剔,凡被人摸过奶的女子,他们都不会要。被多个男子摸过的,更无鬼问津。姑娘们要想不去阴间当鬼婆,只能去赶鬼街,任由人摸。

彝族摸乳节——参见"彝族摸奶节"条。

彝族鬼节——参见"彝族摸奶节"条。

布依族七月半——族称"鲜果节",另称"赶秋坡"。贵州布依族民间传统节日,旨在祭祖、庆丰收。流行于贵州三都一带大部分布依族聚居区。农历七月十四(另说十三)日举行,历三天。隆重程度相当于过小年。相传,此节已历两百余年。节日期间,贞丰一带老年人要采集各种野果,祭祀祖先、山神。岩鱼地区则时兴上祭桥,主妇带着糯米饭、猪肉、鸡蛋等,领着孩子到桥祭桥,以祈孩子健康成长。红水河沿岸,要做"搭联粑",还要杀鸡鸭、宰猪牛,祭祀祖先。惠水县过节更别致,村寨要进行唢呐比赛,输者将唢呐和一瓶酒交给赢方,夜间在小路插香祭天。长顺县猛秋一带,万人"玩山",称"赶秋坡"。另外,有的地方还有诸如游泳、打格螺、荡秋千等文体娱乐活动,有的还要对唱山歌,以歌压鬼邪。节夜更加热闹。老人手拿一把一把点燃的香,从自家大门前一直插到各条路口,意为迎接即将成熟的稻谷魂回家,请桥鬼、路鬼们高抬贵手,放其通行,同时也送祖宗灵魂上路。孩子们则要玩"香火"闹寨,把香点燃后插在板凳上,拿着它走家串巷,做游戏。不论闹到谁家门口,主人都要为他们添香。据说,这样能安抚村寨中的孤魂野鬼。

布依族鲜果节——参见"布依族七月半"条。

布依族赶秋坡——参见"布依族七月半"条。

吹簕古笛节——汉族民间驱妖邪、迎丰收传统节日。流行于广东化州北部山区。农历七月十四日举行。此乃当地最热闹的一天。簕古笛,用丹屋竹制成,竹篾编成喇叭口,为当地喜爱的独特乐器。人们平时即酷爱吹奏,是日更达高潮。孩童起早即吹。许多人习惯村头、村尾往返吹,还摆擂比赛,比谁笛声响亮、悠长。笛声竟日不绝,直至深夜。据说,吹笛可避邪气。这天吹笛子越盛,越热闹欢腾,即兆丰年。另,男女定情亦多择此日,姑娘们偷偷听着小伙的笛音,默默挑选意中人。

祭峒主——俗称祭谭仙公。瑶族支系蓝田人传统祭祀节日。流行于广东龙门县。农历七月十四日举行。每年平祭,十年举行大祭。峒主,当地称"谭仙公"。其传有二:其一,谭仙公即瑶族领袖谭观福。他带领瑶胞反抗明王朝压迫,屡建奇功。其二,谭仙公乃当地最早拓荒者,蓝田瑶始祖。故此,蓝田瑶有个总的峒主爷庙,各村有小的峒主爷庙,受总庙管辖。庙内供奉峒主爷,以及佛教菩萨、道教神仙,祈其保佑村寨平安、兴旺。另外,村中婚丧、灾祸,乃至民事纠纷,皆往庙中求峒主爷神助、神判。

祭谭仙公——参见"祭峒主"条。

俫人尝新节——待识族别之俫人俗传农祀节日。流行于滇、黔、桂交界地区。农历七月十四日举行,历两天。届时,各户皆在神台摆新鲜瓜果、糯米饭,点燃一把香,从自家门口起,走一步插一根,直插到大路边,意为迎接远方祖先回家尝新。当夜,各家采回三根白艾草、三串稻穗、三片树叶、三根芭芒,全插神台供品上。据传,白艾草给祖先取火用,稻穗给祖先尝新后返回途中喂马,树叶给祖先归途吹乐驱赶寂寞,芭芒给祖先做马鞭。正式尝新在农历七月十五日,全家与请归的祖先一起,吃光神台祭品,称"送祖餐",后烧纸钱,放鞭炮送祖。

十 五

中元节——与清明、寒衣节并列我国民间三大"鬼节"。农历七月十五日举行。其起源关涉佛教、道教。其名源于道教"三官大帝"(上元赐福天官紫微大帝、中元赦罪地官清虚大帝、下元解厄水官洞阴大帝)地官诞辰日。佛教称为盂兰盆节、盂兰盆会,源自目连救母。相传,释迦牟尼十大弟子之一目连母死,堕地狱饿鬼道中,食物入口即化为火。目连求救于佛。

佛为之说《盂兰盆经》，嘱七月十五日作盂兰盆（意为救倒悬——解救在地狱受苦之鬼魂），置百味五果，供养众佛僧，仰众佛僧恩光以解脱饿鬼倒悬之苦。另考，目连救母的故事意蕴孝敬双亲，而始于南朝梁武帝萧衍时的盂兰盆会本意为供佛及僧，经仿行相沿，发展至宋代，方"荐亡度鬼"，与民间"七月是鬼月，七月鬼门开"合流成"鬼节"之俗。因道、佛两教皆举行宗教活动，超度亡魂，追荐死者，一般人家亦祭祀祖先。故此节混称盂兰盆节、鬼节、七月半节、目连节等等。此节实为古代"孝亲节"，内涵有异于清明。昔时多为商办官助，节事颇盛。20世纪20年代至40年代，北京中元节有超过清明、七夕之盛。60年代中叶，北海公园最末一次中元节，琼海遍布茄子做成的河灯，非常壮观。因涉"鬼"犯"左"，此节早式微。节日正值麦收即将开始，亦含庆丰收之意。

佛教盂兰盆节——参见"中元节"条。
佛教盂兰盆会——参见"中元节"条。
鬼节——参见"中元节"条。
七月半节——参见"中元节"条。
目连节——参见"中元节"条。
孝亲节——参见"中元节"条。

盂兰盆节——亦称盂兰盆会、目连节等，时与中元节混称。汉族民间最大的鬼神祭祀节之一，实为古代"孝亲节"，与清明节似而有异。农历七月十五日举行。节日源自佛教典籍，乃佛教汉化后的产物，或始见梁武帝时，宋代定型成熟。"盂兰盆"梵语意为救倒悬，讲目连在阴间见母受饿鬼纠缠，难以进食，遂求救佛祖。释迦牟尼叫其于农历七月十五日，备百味饮食，供养十方僧众，以解救母亲。佛感其孝，授《盂兰盆经》，允其每年此日设素宴飨母。佛教徒因兴"盂兰盆会"，传而为节。流传中，被道教袭用，成三官（天、地、水官）节中之"地官节"。据传，地官执掌地狱。是日"官"休假，地狱弛门，阴间鬼魂纷纷沿银河亮光返回人间。人间家家放河灯，"接续"银河之路，迎先人英灵。故多兼道教中元节、汉族祭祖及庆丰收等多种含义，如祭祖，祭五代以内先人；灯会，孩提举"莲花灯"游街；送羊，供奉面粉制"羊"。相传沉香劈山救母，追杀舅舅。二郎神无奈，遂允其中元节赠羊两只（沉香及其舅舅之母均姓"杨"），逐渐成俗。地方性节俗亦多。如老北京吃"七色菜"，即七色或七种食物（古以"七"为生命之数）；举办大型法会，于北海公园天王殿，请教中超度亡灵，送逝者衣服、纸钱上大法船烧赠。

盂兰盆会——参见"盂兰盆节"条。
孝亲目连节——参见"盂兰盆节"条。
地官节——参见"盂兰盆节"条。

道教中元节——道教节日。农历七月十五日，在诸道观举行。古人于此日放河灯，道士建醮祈祷，乃是中国传统民俗。佛教与道教对此节意义解释有异，道教强调孝道，佛教着重普度从阴间放出的无主孤魂。据考，中元节的源头应与中国古代流行的土地祭祖有关。相传，天官生日在正月十五，称"上元节"，其主要职责是为人间赐福；地官生日在七月十五，称"中元节"，其主要职责是为人间赦罪；水官生日在十月十五，称"下元节"，其主要职责是为人间解厄。道教此节，部分旁涉上述节旨。

荣成中元节——汉族民间传统节日。流行于山东荣成一带。农历七月十五日举行。届时，城里举行城隍出巡仪式。人们到城隍庙焚香求福，将城隍像放花轿上,青年人高抬巡街游市。锣鼓开道,伞盖簇拥,沿途鞭炮齐鸣,围观者无数。据说,城隍出巡,要打开鬼门关,放鬼出狱。巡行至北门外,便返庙。这时已入夜,四处灯火通明,映衬城隍红光满面。俗说城隍已喝醉酒。此日,各家并设祭拜祖。祭品必备西瓜山,把西瓜切成齿状。另有果品、菜肴。祭毕,举家分享祭品。其间,城里还要请名角儿唱戏助兴。此节渐泯。

满族中元节——亦称鬼节,满族民间传统祭祀节日。流行于东北满族地区。农历七月十五日举行。节日源自佛教传说。相传,释迦弟子目连的母亲堕入饿鬼道中,食物一进口便化成一股烈火。目连向佛求救,佛为其念《盂兰盆经》,并嘱在七月十五那天做盂兰盆,即可救母。后世人便将此日称"鬼节"。节前的农历七月十三日,人们纷纷去坟地扫墓,俗称"麻谷",意是时交初秋,新麻新谷即将收获,这是祖宗保佑的结果,不能忘掉祖宗的恩德。七月十四日晚,慈善人家举办盂兰会,用纸张扎成各式各样的灯具和船只,置于路边或河里,为超度枉死鬼升天。节日当天,家家携香烛、纸钱,带果食供品,到坟地扫墓。有的在道旁燃烧纸钱,或在坟茔烧香焚纸,整日路上行人不断,香烟缭绕。此日,人们须全天吃馒头或包子。此节渐泯。

满族鬼节——参见"满族中元节"条。
满族麻谷——参见"满族中元节"条。

畲族中元节——俗称七月半、鬼节。福建畲族民间宗教性节日。农历七月十五日举行。届时,畲族村寨开启祖牌、祖谱、祖图,以全猪、全羊供奉祠堂、众厅,或祖厝,燃烛焚香,顶礼膜拜。祭祖毕,共吃"太公饭"。其余习俗略同周边汉族。

畲族七月半——参见"畲族中元节"条。

畲族鬼节——参见"畲族中元节"条。

阿昌族中元节——云南阿昌族民间宗教性节日。农历七月十五日举行。节俗与周边汉区"中元节"大同小异。

京族中元节——亦称七月半。京族民间宗教性节日。流行于广西东兴沥尾、巫头、山心三岛。农历七月十五日举行。节晨,各家煮糯米饭与糯米糖粥,供奉祖先,之后再进餐饮酒。民间认为,孤魂野鬼缺衣食,会袭扰村寨。人们习惯请法师于此日"施幽",即在哈亭空坪竖"招魂榜",侧铺两行芭蕉叶,上放炒玉米、饭团、饼子、冥衣、冥币、纸宝等。数人戴面具扮鬼,法师于锣鼓声中,持法刀登场,喝令四方饿鬼集合"榜"前,叫饿鬼们均分,莫扰村寨。旋卜以杯珓,得胜珓,则表饿鬼们已受食。后放一芭蕉船入海。芭蕉船用芭蕉杆做成,长两米,宽一米,上插红三角纸旗,装几把米,以及一些冥币、冥纸、纸宝。入海时,鸣放鞭炮,焚"招魂榜"及冥币、冥纸等,将鬼送走。

京族七月半——参见"京族中元节"条。

冀东麻姑节——汉族民间传统纪念性节日。流行于冀东一带。农历七月十五日举行。届时,各户煮肉、蒸馍。相传,麻姑乃秦始皇之女,满脸麻子,但心地善良。始皇为加快筑长城进度,派大批士兵监工,还用棍子支住太阳。民工们不得休息,三天才吃上一顿饭。不少人还被打得皮开肉绽。始皇还嫌进度慢,就命麻姑往工地催逼民工。麻姑同情民工,苦苦哀求父王,放他们回家与亲人团聚,至少要放松看管他们。始皇大怒,认定麻姑大逆不道,下令杀之。这天正是七月十五。民工及百姓们闻讯悲痛万分,纷纷祭奠,每年如是,久而成节。

杭州祀孤魂——汉族民间传统宗教节日,旨在免除鬼怪打扰人间。流行于浙江杭州一带。农历七月十五日夜,由道士主持举行。届时,村口设香案,搭孤魂台,供牌位,盛十六碗新鲜蔬菜,碗碗插鲜花,分放两桌,另摆瓜果及牛、羊、猪等祭品。道士主持祭仪,念咒作法,至凌晨三四点钟,用瓢盛上米粉羹,倒在路边,再插炷香,烧纸马和鬼革鞋。祭毕,道士和祭拜组织者分食祭品。是夜,孩童"玩香球",举一个小南瓜,上插香火,满街玩耍,为节日助威。

长寿敬孤节——汉族民间传统节日,中元节之地域俗称,旨在敬护孤寡老人。流行于重庆长寿洪泽湖地区。农历七月十五日举行。届时,各家各户除烧纸祭祀已故老人外,还争着把村中孤寡老人,请到自己家中盛情款待,向他们致以节日敬意。据考,当地此节,或受道教中元节强调孝道的影响。

宁波鬼节——汉族民间传统宗教节日。流行于浙江宁波一带。农历七月十五日举行。据传,此日乃阴曹地府放鬼之日。届时,人们请来巫师、僧道祀鬼,沿街摆上门板或米筛,用蓝釉饭碗盛十二碗饭菜,放在其上。城内店铺门口纷纷挂蜈蚣旗,焚烧纸马、纸船、纸衣、纸钱。农户则用草绳编制小船,上置灯火,放在江面,任其顺水而逝。有的地方,还要燃放焰火。这一切,皆为趋吉辟邪。

河池躲鬼节——壮族民间传统节日。流行于广西河池地区。农历七月十五日举行。壮族祖先把每年此日定为鬼节、鬼日。传说,这天各种厉鬼皆出来活动,山、河、田、路都有鬼。为免遭鬼害,家家不出门,路绝行人,更不能背小孩出远门,免招野鬼。据老人讲,躲在家里可避魔鬼,因称"躲鬼节"。有的人还在家中进行祭祀,祈求神灵和祖先降服鬼魅,保佑子孙平安。此节已泯。

壮族鬼节——参见"河池躲鬼节"条。

壮族鬼日——参见"河池躲鬼节"条。

普度会——福建汉族民间传统宗教节日。农历七月十五日举行。举行普度仪式时,须搭极大的彩台,上摆列许多桌子,桌上陈列许多古董、珍奇,件件极富价值。台旁坐着神道,长爷、矮爷坐下面。僧尼诵经不已。钟鼓丝竹齐鸣,震耳欲聋。另,还有一种名"狼丈"的独特乐器,乐音悲似狼嗥。远近群众前来观赏,人数众多。此会旨在娱神,避祸免灾,费用由众情愿捐助。当地谚话云:"普度不出钱,瘟病在眼前;普度不出力,矮爷要来接。"

瑶族七月半——亦称目连节、月半节、中元节。各地瑶族民间祭祖节日。据考,此节源自汉族,节俗略同。农历七月十五前后(另说初十至十五)举行,节期长短不一。届时,人们杀鸡备肉,做粑粑,酿好酒,以各种祭仪缅怀祖先。金秀茶山瑶、花瑶、坳瑶等,于七月初七举行祭仪迎祖宗回家,十四祭毕,送祖公出门,竟日不干活。花篮瑶祭日禁开玩笑。坳瑶祭拜时,焚烧纸衣,恭送祖先享用。纸衣数量,只能是三、五、七、九,多者送甫逝父母,余按祖公辈分,越远越少。烧时,逐个念出祖先名讳。

瑶族目连节——参见"瑶族七月半"条。

瑶族月半节——参见"瑶族七月半"条。

瑶族中元节——参见"瑶族七月半"条。

赫哲族七月十五——亦称中元节。赫哲族民间祭祀节日。流行于黑龙江饶河四排村一带。农历七月十五日举行。据考,节日源自周围汉族,肇于唐道家祭祀地官清虚大帝的宗教活动。岭南一带称"鬼节"。宋末起,节期改为农历七月十四。节俗类似清明。赫哲人是日不去扫墓,不给去世先人送冥钱、冥衣等,而是扎糊灯笼,放于江河之中,祈求河神保佑渔业兴旺、家人平安。

赫哲族中元节——参见"赫哲族七月十五"条。

布朗族祭祖先——布朗族民间宗教节日。流行于云南双江、镇康、墨江、景东等县。农历七月十五日,以家庭为单位,于祖先住过的房间举行。祭品有一头小猪、一碗米、一升谷子、一杯茶和一杯酒。祭前,砍一棵栗树削成叉形,插在祖先房内一角。祭时,巫师将祭品摆在栗树棍前,念咒语,家人随之一起磕头拜祖先,然后巫师用栗树尖将小猪杀死,割下猪头煮熟。祭完,不能吃猪头肉,须将猪头肉送给外姓人,还要将完整的猪头骨拴在房间的那根栗树棍上,谁也不能触动,待来年再祭祀时方可移去。巫师可拿走除小猪外的所有祭品,作为主持的报酬。

百众日——亦名百中日、中之晶。朝鲜族民间传统节日。农历七月十五日举行。夏收之后,五谷丰登,瓜果飘香。过节旨在庆贺收成,稍事休息,迎接秋忙。届时,家家高高兴兴地准备节日食品。酒宴之后,全村欢聚,进行文体娱乐活动。古时,此日乃佛教徒拜师之日,具有明显的宗教色彩。新中国成立后,此节逐渐变成农事民俗节庆。

百中日——参见"百众日"条。

中之晶——参见"百众日"条。

贡山转经节——族称"崩巴"。藏族民间宗教节日。主要流行于云南贡山一带藏族村寨。农历七月十五日举行。届时,男女老少纷纷前往普化寺。寺庙按白旗、彩旗、伞旗、海螺和背经分队。每队约十人,白旗、彩旗、伞旗和海螺等队,由男青年组成;背经队限女青年组成,人数可达三四十人。他们扛上伞旗,背上经书,在"左白"指挥下,敲锣打鼓,从普化寺出发,沿山村小路,到各村寨巡游。各村寨头人则组织村众在村头寨尾迎候。整个队伍,依次绕各村寨诵经,黄昏方回普化寺,放下伞旗和经书,回家中夜餐。当地传说,经书法力无边。上述活动能灭虫消灾,获得丰收。

藏族崩巴——参见"贡山转经节"条。

拜瓦哈山——纳西族民间祭祀性节日。流行于云南宁蒗县永宁、拖支一带。农历七月十五日,在附近瓦哈山上举行。节日清晨,附近各寨纳西人身着节日盛装,云集山上。他们有的带着祭祀用饭菜和祭品,有的带着各种乐器。他们先点香叩拜瓦哈山神,求神保佑降福,使人畜平安、风调雨顺。之后,众人在山上聚餐、饮酒,青年男女则在一起跳舞唱歌,直至日落方散。瓦哈山乃当地崇拜男性的象征。纳西族传说,雄伟高大的瓦哈山,乃一座男性神山。山上有一落水洞,人们争相光顾,充满神秘感。

挂五色纸——俗称鬼节、面塑节。汉族农村纪念性节日,中元节之地域称谓。流行于三晋大地。农历七月十五日举行。届时,忻县(今忻州市)农民在田埂上挂五色纸,以趋吉避邪。永和县读书人祭魁星。长子县牧羊人家屠羊赛神,祈羊群兴旺;赠肉给亲戚,家贫无羊者,蒸面羊代之。阳城县农家以麦屑猫、虎及五谷之形于田间祭祀,称"行田"。原平市节前几天,家庭主妇即张罗捏面人,特别是那些家有小孩的人家,或者是小孩的姥姥家、奶奶家,更是要预先蒸好面人,送给外甥、孙儿女。马邑县以麦面做儿童状"面人",互赠亲戚家小孩。晋北不少地方,受沉香劈山救母的传说影响,由外祖父家给外甥蒸面羊,并由舅舅相送。

三晋鬼节——参见"挂五色纸"条。

三晋面塑节——参见"挂五色纸"条。

打火箭节——布依族民间传统节日。农历七月十五夜举行。流行于贵州兴仁县大新一带。据传,此节源自纪念祖先用火打退敌人围剿的活动。节前月许,青少年们即上山,砍青枫树枝或蒿子秆,留主茎二尺半许,砸绒一端做剪杆。节前夜,用白沙泥包于箭杆绒端根部。打时,点燃绒端,手握箭杆用力甩向空中,称"试火箭",男女老少齐上阵,从擦黑至次凌晨。打火箭毕,至鸡叫头遍前,举行祭官厅仪式。官厅乃九平方米的小亭,中央有洞,洞盖石板。此洞传为神库,每年逢节打开一次。亭前梁上有一香袋,亭中央摆一香案,案放一升米、插三炷香。米升左侧放碗刀头肉,正面放三个酒杯,杯下压一匹纸马,杯上担一炷香。将一条狗牵至寨边三岔路口宰掉,煮熟供上,称"领生回熟"。于亭左侧杀两只红公鸡、一只杂色公鸭,就地架锅煮熟供上。之后,主祭人着干净衣服,左手持竹挂,右手执师刀,敬请东西南北中各帝,祈求祖宗神灵保佑吉祥。各户派一男性代表,往香袋里插一炷香,祈祖灵保佑全家安康。祭祀完毕,供品须当场吃掉。吃时,若见外人经过,或闻鸡鸣,则须将未吃完部分倒进神库。见外人、闻鸡鸣,象征残敌尚存,不得再食,须警敌情。之后,打扫寨子,宣告节毕。

鹤庆斗灯——白族民间传统赛灯娱乐节。农历七月十五日举行。流行于云南鹤庆一带。主要举行彩灯比赛,故名。白族酷爱耍灯,一年中有许多节日关涉耍灯,平时要制作很多彩灯。斗灯这天,四乡白族各带精心制作的形形色色的彩灯,云集鹤庆斗灯。五颜六色的彩灯把斗灯场照得五彩缤纷。昆虫鸟兽灯栩栩如生,花木灯含苞欲放,争奇斗艳,还有传统的龙、凤、鹤、鸟、虫、狮、虎、猴、鹭、莲花、荷花、花篮灯等等,目不暇接。赛时,人们将彩灯放入河中,任其随波飘荡,谁的灯最美丽,漂得最远,灯芯点燃的时间最长,谁就能得到赞赏。

赫哲族河灯节——黑龙江赫哲族渔民传统节日。农历七月十五日举行。此节旨在放河灯祭河神,祈祷、祝福族人平安、捕鱼丰收。夜幕下,人们在岸边点燃篝火,把用红纸、蜡烛、木板等材料制作的河灯,放入乌苏里江中。江面点点灯光游动,岸上堆堆篝火通明,处处都洋溢着节日的喜庆。人们围着篝火,跳起了民族舞蹈"温基尼",尽情抒发心中的美好祝愿。

白族海灯会——云南白族民间传统节日。农历七月十五日,在洱海之滨青索村举行。主要内容为浮送海灯、民间赛歌对调。"海灯"亦称"河灯"。届时，人们从四面八方聚集青索桥周围、弥苴河两岸。桥上悬挂五彩祭祀用品，老人在此诵经、焚香，祈祷人寿年丰，缅怀先辈，超度亡灵。傍晚，进入节日高潮，一对对少男少女，满怀虔诚，许下心愿，点燃一盏盏精美海灯，放入弥苴河中，任其顺流而下。千灯齐放，映红了天，映红了水，映红了一张张满怀希望的笑脸。节始于何时，乏考，就其形式内容看，与汉区中元节异曲同工，堪称大理白族民俗之一绝！它能在青索村原生态传承，毫无人为演练，更显弥足珍贵。

白族河灯会——参见"海灯会"条。

放花灯节——贵州布依族俗信节日，旨在少女预测自己未来幸福。农历七月十五夜举行。届时，少女们人人准备一只碗，内盛菜油，再放一根灯芯，即奔往清溪急流处，把点燃的碗放入河中，任水漂流。她们各紧盯自己漂放的灯漂流方向。谁的花灯顺利漂去，谁就在年内及未来得到幸福快乐；反之，谁的花灯不向前漂，乃至被漩涡湮灭，则主不吉，须请七姐妹祈求鬼神保佑。每到此夜，布依村寨旁的河溪，宛若一条条流动的五彩星河。此节已淡化。

赶肖冲桥——布依族民间传统歌会。流行于贵州长顺。农历七月十五日举行，历三天。相传，很久以前，有个正直、善良的布依族后生，自幼失去父母，独自打鱼为生。他善良的秉性，受到村民称赞和敬重。一天，他正打鱼，突听呼救声，循声而去，跳入水中，奋力将落水者救起。原来，被救者是一位漂亮姑娘。姑娘感激后生搭救，后生痴情于姑娘，俩人便常常约会，相爱相亲。然而，姑娘父母贪财，不顾姑娘反对，将其许配给财主。这对情人被迫双双跳河殉情。这一天值七月十五日。为缅怀这对追求爱情而献身的青年男女，邻寨几位寨老出面，发动众人捐资，在其殉情处，修建肖冲桥，决定每到他们殉情之日，在桥上举行三天歌会。从此，年年此时，方圆数十里的布依青年都云集肖冲桥上，自由对歌，诉说衷肠。不少人情投意合，进而结成终身伴侣。

十六

壮族斗牛节——壮族民间传统节日。流行于云南广南旧莫乡板茂村。农历七月十六日举行，历三天。节前半年，几十个壮族村寨即选择高大、健壮、勇猛、双角粗壮的牯牛，喂以精饲料，并用快刀削尖牛角，用香油涂抹，使之锋利又美观。节日费用，各村摊派。届时，主人给牛吃饱喝足，在牛脖子系上红布，吆喝着奔向板茂。中午，板茂到处是披红挂绿的牛群。斗牛开始，到处有牛相斗，灰尘滚滚，构成一幅幅紧张激烈的画面。胜负难分者，最引人注目。两牛以头相抵，以角相击，或僵持不休，或你退我进、你进我退，斗倒又爬起，爬起来再斗，浑身流血，还舍命相抗。有的甚至连续斗五六个小时，仍胜负未分，场面十分精彩激烈。斗牛吸引大部分人，其余的人便在一旁唱情歌、古歌、酒歌和生产歌，连续三天，村内村外人山人海。

旁海芦笙会——苗族民间传统节日。流行于贵州凯里市旁海地区。农历七月第二或三个卯日（七月十六日左右）举行。节日起源传说纷纭：一说，为祈风调雨顺、太平盛世而举行芦笙会，逐渐变成固定节日。另说,过去黄平加巴、谷陇、黄飘、重安江、苗陇与凯里湾水、旁海、大溪等地的苗族,无婚姻往来,只在族内成亲。日久,矛盾和问题丛生。加巴苗族便决定,禁止族内开亲。如此,又导致加巴姑娘、小伙子成了多年不婚的单身。于是,苗陇的老人们主动到黄平谷陇和旁海等地,找寨老们商量,举办芦笙会,让各地男女青年都来参加,有机会交往、联姻。他们商量决定旁海芦笙会在七月举行,苗陇和黄飘芦笙会在三月举行,谷陇在九月秋收以后举行。旁海芦笙会尤为热闹,黄平、施秉、凯里等地苗家纷纷前往,人数达三四万,甚至五六万。参会男女青年,特别是姑娘,特意穿上用多年时间刺绣的衣裙,戴上母亲为她们准备多年的银饰,全身银光闪烁。一寨或两寨姑娘围成一圈,后生们在圈里吹芦笙,姑娘们则按芦笙节拍翩翩而舞,舞圈多达一二十个。其芦笙皆巨型排芦笙,五六只芦笙为一排,十八九排芦笙同声轰鸣,如雷贯耳。会间另有斗牛、赛马,尤以斗牛引人入胜。

十七
十八

王母圣诞——道教节日。农历七月十八日,在诸道观举行。一般认为,农历三月初三蟠桃会,乃王母娘娘生日。曾有道长论说,七月十八乃王母圣诞,而三月三乃其出道日。这位传说中的女神,亦称金母、瑶池金母、西王母,本是掌管灾疫和刑罚的怪神,后于流传过程中逐渐女性化、温和化,而成为年老慈祥之女神。相传,王母住昆仑山瑶池,园里种蟠桃,食之可长生不老。

金母圣诞——参见"王母圣诞"条。

瑶池金母圣诞——参见"王母圣诞"条。

西王母圣诞——参见"王母圣诞"条。

娅汪节——亦作娅拜节。壮族民间传统节日。农历七月十八日举行。"娅汪",壮语意为祖母王。流行于广西大明山一带,波及古骆越境其他地方,如西林、田林、田阳及云南富宁县等,亦有此节。此节旨在纪念传说中的偶像娅汪,另说纪念为保护鸟兽而殉身之女神。关于节日起源,学界历存歧义。

娅拜节——参见"娅汪节"条。
祖母王节——参见"娅汪节"条。

十九
二十

大王节——学称"壮乡复活节"。壮族纪念创世祖先的传统节日。农历七月廿日举行。流行于广西马山、南宁、武鸣等地。大王节被称为壮族鸟图腾崇拜文化和稻作文化的"活化石"。相传,古骆越人发明水稻种植技术的娅王,乃鸟王转世之女王,于农历七月十八逝世,三天后复活。故此,广西壮区不少地方于七月廿日举行祭祀活动,久而成节。如今,此节大都淡出生活,仅部分地区仍届时举祭。2014年农历是日,马山、南宁、武鸣等地民众,聚集骆越长寿之乡马山县永州镇,隆重祭祀娅王,传承珍贵的节日文化遗产。

壮乡复活节——参见"大王节"条。
娅王节——参见"大王节"条。

达旺节——壮族民间传统节日。流行于广西红水河沿岸马山、都安、平果一带。农历七月廿日举行。相传,达旺是个聪明美丽的壮族姑娘,心灵手巧,所绣鲜花逼真,引来蝴蝶飞舞;所绣麻雀竟变活,能飞离花巾。土司爷对她垂涎三尺,欲娶为妾。达旺死活不从。土司爷怀恨在心。一年大旱,壮乡祭雷王,土司爷强迫达旺去当陪祭童女。祭神前,要斋戒,在祭神期间,不得吃喝。为求甘霖,滋润大地,达旺强忍痛苦。但是,夜里鸟兽却跑到祭坛上抢吃祭品。达旺可怜这些小生命,把所有的祭品都分给它们吃了。土司爷诬赖达旺偷吃祭品,将其剖腹验查。在达旺肚腹,并未找到一丁点祭品。土司爷惨无人道,触怒上苍,顿时风雨大作,飞沙走石,雷霆击毙土司爷。雨过天晴,鸟群把达旺尸体抬到月亮上,为她举行隆重的葬礼。壮家为纪念这位勇敢善良的姑娘,定七月廿日为"达旺节"。届时,壮乡家家杀鸡宰鸭,献上佳肴美酒,祭奠达旺亡灵。祭毕,全家进餐。杀鸡鸭时,特意把鸡腿鸭腿砍下留着,等月亮升起时,分给孩子们吃。孩童手拿鸡腿鸭腿,向月亮抬手,向达旺致意,告慰达旺,我们今天已过上幸福美好的新生活。

高坝歌会——亦称歌场、赶歌场、赶歌会。侗族民间传统歌会。歌场设两地交界之高坝,故名。流行于湘、黔、桂交界处罗蒙山区。农历七月廿日举行。届时,方圆上百里的侗、苗、瑶、布依、汉各族男女青年,身着民族服装,带上糯米饭、米酒等食品,前往歌场。歌场上,歌声阵阵,此起彼伏。男女青年对唱山歌,增进相互了解,建立感情,倾吐爱慕择偶。另,还有斗画眉、斗鸡、斗鹌鹑和物资交流等活动。听歌、看热闹的人布满山梁。歌会来源传说颇多:一说,贵州剑河三星台地方,有位美丽善歌姑娘叫肖玉娘,与后生吴承祖相爱,于一年农历七月廿日,俩人山盟海誓,永远相爱。不久,吴承祖参加姜映芳领导的农民起义,在战斗中不幸牺牲。肖玉娘十分痛心,经常怀念情人,每年此日都要到海誓山盟之地唱歌,歌声悲愤、壮烈。附近男女青年闻声感动,也纷纷前来,与之同声歌唱。叙事歌、礼俗歌、情歌,多种多样。歌调流畅优美,曲调委婉激昂。不少人触景生情,即兴编歌,特别是在芦笙、牛腿琴等乐器伴奏下,更娓娓动听,引人入胜。活动久而相沿,形成歌会。

侗族歌场——参见"高坝歌会"条。
高坝赶歌场——参见"高坝歌会"条。
赶歌会——参见"高坝歌会"条。

同龄饭节——自称"坳标"(坳瑶)瑶族同龄人节日。流行于广西金秀大樟乡一带。农历七月廿日举行。相传,此节为缅怀当地历史人物甘应。甘应幼时家贫,每日与一伙同龄穷孩为地主放牛荒山。大伙饥饿难忍,而每次都由他出计,弄到地主家的饭菜,填饱了肚子。一次,他竟用计杀了地主的一头牛,让大家煮了,吃个痛快。此事暴露,地主告到衙门,衙门派兵丁捉拿他,竟都扑空。甘应长大后,适逢朝廷招兵卫国。他应征从军,并立下赫赫战功。皇帝给他加官晋爵,他一概拒绝,只求皇帝免除家乡百姓粮税,皇帝应许。甘应死后,朝廷为他建庙,封"阴侯王",百姓尊称"甘王",并于其生日农历七月廿八日,为其做生,以示纪念。正巧,首次同桌用餐者,皆同龄人,由此形成吃"同龄饭"之节。节前,由大家选定同龄头人筹款,买好一条黄狗。节日当天,同村同龄青年男女(今已打破同龄界限)结伴来到河边溪旁,选择满意的地方安灶架锅,杀狗野餐。大伙开怀痛饮,边吃边聊,交流思想,交流生产经验,直至深更半夜才依依不舍回村归家。

二十一
二十二

土族祭财神——土族民间传统节日。流行于青海乐都一带。于传为财神赵公元帅诞辰日农历七月廿二举行。土族节谚有"七月二十二,羊肉烧(糊)茄儿"。土族既信仰藏传佛教,又崇拜诸神,家家供家神、灶神、门神和财神。届时,各家不但煮手扒肉,打酥油茶,油炸"包适左"、盘馓、馓子,做"查呼日"(一种灶内闷熟的馍),还要吃羊肉、烧茄子。制作方法是先煮一锅羊肉,待即将煮熟,将削了皮的茄子和切好的萝卜坨坨放入锅里,煮好后,盛于碗盘,作为供品。然后燃灯敬香,全家人向财神爷赵公元帅跪拜,求其祛灾降福,家人平安,多进财源。祭毕,合家团聚,先蘸蒜泥、醋汁等调料吃茄子、萝卜,再吃手扒羊肉。最后,用羊肉煮面条吃,俗称"羊汤面"。

大新下雨节——壮族民间传统宗教节日。流行于广西大新一带。农历七月廿二日举行。在壮族神话里,雷神是天上的主宰,管人间风霜雨雪、善良邪恶。它派儿子蛙神到人间作为天使,为其禀报人间雨情和善恶。七月,值水稻灌浆季节。人间唯恐旱涝,故祈雷神赐给雨水,以润田禾。节日当天,有雷神庙的去庙拜祭,否则露天摆供。供品有香烛酒肉,尤不可少糯玉米糍粑。糯玉米是玉米中的特殊品种,通常为白色颗粒,富有黏性。将米粒洗净,加水磨成糊状,即可做成糍粑,外加切碎的红糖末。这种食品松软香甜,十分可口。俗语言"吃人家的嘴软",人们用此黏、软、香、甜的食品去"堵"雷神的嘴,便于其答应给人间雨水。

二十三

茈碧湖龙王会——亦称海灯会、耍海会,简称"灯会"。白族民间传统节日。流行于云南洱源县。农历七月廿三(另说廿)日,在县城东北四公里处黑谷山下茈碧湖上举行,历四天。此会充满白族兄弟"千年赶一会"的虔诚和对神灵的敬畏。相传,唐天宝年间,洱海边一岩洞巨蟒伤人事,奏报朝廷。朝廷张榜招募除蟒人。鹤庆铁匠段赤城应招,与五个儿子打造九十九(亦说十二)把钢刀,前往除害。不料,段赤城被蟒吸进肚内。五子杀死巨蟒,破开其腹,段赤城已身亡。天庭玉帝得知段赤城的事迹后,便于农历此日,赐封他为滇西地区的"龙王",五子则任滇西各处"本主",小女儿嫁给江尾漏邑村的小龙王。人们收集蟒骨,在洱海边建造一座蛇骨塔,至今犹存。为缅怀英烈,人们特建一座龙王庙,每年此日举办龙王会。因段氏女儿路远,赶回拜祭天色已晚,人们就在湖上漂放莲花灯、荷花灯,为之照明。此会因而亦称"海灯会"。节间,时值茈碧花期,茈碧湖上弥漫茈碧花清香。四乡白族男女老幼都手提各种花灯,纷至沓来。主要内容为祭祀、放生、漂海灯、民歌对唱,以及进行霸王鞭、白族调、扇子舞等表演。扣人心弦者,当推龙船赛。各村寨将龙船涂成黄、青、黑、赤等各种颜色,船头、船尾挂上用彩绸扎成的数条大绣球花,船中央立一松树或柳树,树上挂一面铓锣和一串响铃,船四周均拉花线,每股花线挂数十面彩旗。择日将龙船聚集海面,进行比赛,龙船在鼓乐声中朝海心标记划去,最先抵岸,获冠军。与此同时,人们还用彩布、绸和纸花装饰的花船,乘着花船游览洱海风光。会场四周,遍布风味小吃及土特产摊点,热闹非常。

茈碧湖海灯会——参见"茈碧湖龙王会"条。

茈碧湖耍海会——参见"茈碧湖龙王会"条。

茈碧湖灯会——参见"茈碧湖龙王会"条。

二十四

白云诞——亦名郑仙诞。汉族民间传统节日。流行于广东广州一带。农历七月廿四日举行。相传,秦朝名医郑仙,在广州白云山一带悬壶济世,深孚口碑。一次,郑在白云山蒲涧危岩边发现一种名贵的药材。秦始皇得知,强令其采以进贡。郑不从命,被迫于农历七月二十四跳崖自尽。刚跳下崖头,一只仙鹤翩然飞来,驮其飞天成仙,所以此节又名"郑仙诞"。每年此日,当地百姓相约前往白云山祭拜,有的借机到蒲涧洗浴,以除病痛。

郑仙诞——参见"白云诞"条。

龙树菩萨圣诞——佛教节日。农历七月廿四日,在诸佛寺举行。"龙树菩萨"亦称"龙猛",公元3世纪著名大阿阇梨,出生于南印度案达罗王朝之婆罗门家庭。青少时,龙树深悟"欲为苦本"之理,发心出家修行。出家后,广习三藏而无餍足,后来以大乘法义摧破外道邪说。大龙菩萨,引其入龙宫,授以无量大乘秘密教授。龙树终于体悟教理,后入如来正果。在世弘法,广造《中论》《大智度论》《十二门论》《回诤论》《七十空性论》《十住毗婆沙论》《菩提资粮论》等诸大论著,誉称"千部论主"。在南印度,龙树菩萨曾使南憍萨罗国王皈依佛教,又使无数外道皈依佛教,引起了小乘行者及诸外道嫉妒,自行入寂。因深孚佛门众望,其圣诞香火盛繁。

龙猛圣诞——参见"龙树菩萨圣诞"条。

二十五

蒙古族祭海——昔时蒙古族祭祀节日。流行于环青海湖蒙古族二十九旗聚居区。农历七月廿五日,在日月山西北、青海湖东南的察罕托海举行,祭祀海神,并举行会盟议事。相传,节日起源于唐天宝十年(751),当时皇帝册封青海湖神为广阔公,并遣使臣礼祭。元宪宗曾于宪宗四年(1254),召集蒙古族王公,在青海湖东日月山会盟祭海、祭天。这是帝王亲身参加祭海的肇始。清雍正元年(1723),封青海湖神"青海灵显大渎之尊神",以汉、蒙、藏三种文字立碑致祭。此后成为定制,朝中设"钦差办理青海蒙古、番子事务大臣"。从清道光三年(1823)起,环青海湖的藏族千户,亦参加祭祀和会盟活动,由朝廷遣钦差大臣(民国时期,由国民党政府派大员)主祭。各族王公、扎萨克、千户陪祭,以三牲(整牛、羊、猪肉)、香、烛、帛为供。上香,读祝祭文,行三跪九叩大礼。礼毕,各族王公扎萨克、千户争相抢割献祭的三牲肉,以先得、多得为吉,谓之"抢宴"。祭海完毕,前往湟源扎藏寺协谈会盟之事。后改在湟源东科寺会盟。届时,环青海湖的蒙古、藏和其他民族的群众,纷纷前往观祭。主要祭祀仪式有奏乐、鸣炮、三鞠躬、诵读祭文等。祭毕,还要举行跑马打靶、歌舞等文体活动,内以跑马打靶最精彩。

纳西族女神节——亦称祭干母女神、狮子山女神会、干木女神会、转山节、转山会、朝山节。纳西族民间祭"干母女神"节日。流行于云南宁蒗泸沽湖一带。于传为摩梭人祖先诞辰日农历七月廿五,在狮子山麓女神庙前举行。狮子山,亦名干木、干母山,位于泸沽湖畔,海拔近四千米,形似卧狮。届时,身穿节日盛装的纳西族群众,或骑马,或步行,携带美酒佳肴,从四面八方聚集狮子山麓女神庙前。几家或十几家一群,用松枝点起一堆堆篝火,争相往火中撒糌粑、酒、菜、酥油、蜂蜜、牛奶和鲜花等祭品,叩头朝拜干木女神。祭毕,举行跑罐子比赛,赛前择一平坦场地,远处置一罐美酒,骑马先到者可得那罐美酒。另外,众人在狮子山下或唱歌,或跳舞,或野餐。青年男女则结伴绕狮子山或泸沽湖游玩。当地传说,狮子山乃干木女神化身,容颜俏丽,常骑一匹白马。她掌管远近一带人口、农事和牲畜,以及决定妇女婚姻、生育,还管辖着周围的一群男山神,自己过着"阿注"婚姻生活。纳西祭祀干木,旨在求她保佑人畜平安、五谷丰登,久而成节。学界有云,此节或与"纳西族朝山节"互为分支变体。

祭干母女神——参见"纳西族女神节"条。

狮子山女神会——参见"纳西族女神节"条。

干木女神会——参见"纳西族女神节"条。

纳西族转山节——参见"纳西族女神节"条。

纳西族转山会——参见"纳西族女神节"条。

摩梭人朝山节——参见"纳西族女神节"条。

纳西族朝山节——亦称朝山会、摩梭朝山转海节。云南纳西族支系摩梭人民间传统节日。农历七月廿五日举行。此节远溯唐代泸沽湖人的自然崇拜。中唐以降,此地曾为吐蕃所踞。随着佛教的传入,此节带上浓郁的宗教色彩。此节当处暑、白露两节气之间。节晨,摩梭男女老少盛装带上美味佳肴,骑马或步行云集格姆山(狮子山)下,烧香祈祷,求格姆神保佑人畜平安、五谷丰登。祭毕,全体野餐,跳狮子舞、凤凰舞、牛头马面舞,对山歌。青年男女借机连情择偶。主要活动是成群结队绕泸沽湖环行,以带来健康、吉祥。环湖祈福这一举动,在节日外每月初一、初五、十五、廿五,皆成群结队举行。学界有云,此节或与"纳西族女神节"互为分支变体。

纳西族朝山会——参见"纳西族朝山节"条。

摩梭朝山转海节——参见"纳西族朝山节"条。

二十六

二十七

石宝山歌会——亦称石宝山歌节。云南剑川白族民间传统节日。农历七月廿七(另说廿六)日至八月初一,于北部沙溪石宝山举行白族对歌大会。相传,唐代石宝山有一口金钟。后来,闯来一条口吐烈焰的妖龙,将其烧成了石钟石。金钟再也不能报时,灾难随之而来,白族民众生活非常痛苦。石宝山下一对情侣阿石波和阿桂妞,在神灵指点下,号召各村寨歌手云集石宝山,唱歌对调,用歌声赶走了恶龙。而情侣因劳累过度,累死在石宝山。为纪念他们,人们每年农历七月廿七至八月初一,都奔赴石宝山对歌,相沿至今。届时,剑川及其附近鹤庆、洱源大理丽江等地的白族群众,带着干粮和行李,会聚石宝山。他们露宿山林,昼夜弹唱白族调子。歌会期间,男女青年借机谈情说爱,弹弦对调即为相互了解的巧妙方式。对歌既唱情,也赛智,一问一答,要求合韵合调,即兴创作。每年歌会,都会涌现一些几天几夜不收调的高明歌手,直唱到尽兴为止。歌会一般只准未婚青年参加。婚后不育妇女,可到石钟寺最后一个雕刻有女性生殖器的地方焚香祷告,以祈怀孕生育。另外,一些已有身孕的妇女,也来此祈祷,以求将来分娩顺利,母子平安。

石宝山歌节——参见"石宝山歌会"条。

二十八

二十九

三十

放河灯——汉族民间传统节日。流行于山东济南、江苏北部等地。农历七月三十日举行。相传,地藏王菩萨曾于此日立地成佛,发誓普度众生。这天即成人们超度亡灵之日。届时,人们插线烧香,放河灯,即把自制的灯笼点着放到河面上,让其随波逐流。孩童们沿河堤奔跑嬉笑叫喊。据说,如此可超度河里的鬼魂。此节源自佛教。而济南大明湖北岸北极庙里的道士,也行超度。道士们穿上法衣,把彩纸船放入湖里,于船前焚烧"疏头"后,烧纸船。观者数以千计。道士们亦可得可观收入。此节已泯。

九华山庙会——汉族民间传统节日。流行于安徽凤阳一带。农历七月三十日举行。据凤阳地方县志记载,唐永徽四年(654),年仅二十四岁的新罗僧人金乔觉来到安徽青阳县,在此辟地藏王道场,修行长达七十五年。其在九十九岁那年农历七月三十坐化。人们见其貌似佛经中所说的地藏王,称之为"金地藏"。因其曾在凤阳九华山修行,人们便在此为其建庙塑像,每年此日举办庙会。届时,香客日潮,香火极盛。清咸丰时,庙宇毁于兵燹乱,人们只好对天而拜。庙会今已演变成盛大物资交流会,香火渐淡。

渠县郊天——汉族民间传统农祀节日。流行于四川渠县一带。农历七月三十夜举行。届时,人们皆在村南野外设香案,摆各种供品,焚香明烛,对天叩首祈祷,求上天保佑人寿年丰。祭毕,细心观察天象,据当夜星空色彩和图案变化,预测来年收成。

大圣寺庙会——汉族民间传统节日。流行于江苏溧阳竹箦一带。农历七月三十日举行。届时,各村百姓分工扮演会中不同角色,翰里宋人扮五福堂,东下梅人扮灵宫堂、本堂、七生堂,牛郎庙人扮三殿堂,前后村人扮蛮家堂。各村出会队伍皆配备大小锣鼓、长柄喇叭。各队会集后,锣鼓大作,万众欢腾。20世纪50年代停办。

南京拜香会——汉族民间传统节日。流行于江苏南京等地。于传为地藏菩萨诞辰日农历七月三十(另云该月择日)举行。当地百姓于此日烧香许愿。相传,地藏菩萨在释迦圆寂、弥勒未生之前自誓必尽度六道众生,拯救诸苦,因而跻身佛教大乘菩萨。患病的人让他的子女、妻子到寺庙里进奉祭礼,虔诚叩拜。若病人痊愈,则要在七月斋戒沐浴,还愿、许愿祭拜。患者若系女性,此月则须解散发辫,禁梳理。痊愈者,着"罪衣"或"罪裙",各执小木凳,凳端插支燃香,于家中起拜,直拜到寺院。许十年愿者,十步一拜;许五年愿者,五步一拜。拜多拜少,以许愿多少定。此节渐泯。

地藏菩萨生日——佛教节日。农历七月三十日,在诸佛寺举行。地藏菩萨因"安忍不动,犹如大地,静虑深密,犹如秘藏"得名,是佛教中愿力深厚的一位菩萨。佛典载,地藏菩萨在过去世中,曾几度救出自己在地狱受苦之母,并在久远劫以来即不断发愿要救度一切罪苦众生,尤其是地狱众生,因以大孝和大愿的德业被佛教广为弘传,普遍尊称"大愿地藏王菩萨",成为汉传佛教四大菩萨之一。唐朝来华求法之地藏比丘,被认为是其化身。这位出身新罗王族的僧人所在的安徽九华山被视为地藏菩萨的应化道场,跻身中国佛教四大名山,千百年来香火鼎盛。

地藏节——宗教节日。农历七月三十日举行。流行于长江下游一带。地藏是在释迦既灭、弥勒佛出生前,世间众生赖以救苦的一尊菩萨。地藏王曾发誓,要在普度众生以后始愿成佛,故常现身于人、天、地狱之中,救助苦难。有的佛书云,地藏王乃阎罗王化身,是以慈祥面目出现之阴司主宰。昔时,各地均设庙供奉,按时举行地藏节。南京清凉山,传为其修炼之所,自月初至廿五香客络绎不绝,月底过了方停香火,曰"盖山门"。常州于东郊三官堂举会,拜香者众。农家则届时将田具及木制品陈列路边,任人购买。皋县、泰县家家都于晚间,用各色纸剪成荷花瓣形状,粘碗口一周,碗置只酒杯,燃以灯芯,放在门前,称"地藏灯"或"碗儿灯"。在苏州,家家当晚于庭院四角、几重门及围墙下地面,遍插棒香,同时点燃,称"烧地头香"或"烧狗矢香"。相传,元末张士诚治苏时,较得民心,死后当地借此形式,寄托缅思,名"烧九四香"(张士诚乳名"九四")。日久,"烧九四香"便讹作"烧狗矢香"。

烧狗屎香节——汉族民间传统纪念性节日。流行于浙江湖州一带。农历七月三十日举行。相传,为纪念元末张士诚。张与朱元璋曾在湖州打仗,兵败被杀。当地百姓因挺张,朱称帝后,遭加重盘剥。百姓益愈怀念张。张小名"九四",与狗屎谐音。故此,七月三十夜,家家在门前烧一堆狗屎模样的纸火,以寄托缅张之情。学界有云,此节或为"地藏节"分支变体。

本月约当日

武进青苗节——汉族民间传统农祀节日。流行于江苏武进区青龙一带。农历七月上旬,以宗祠或村庄为单位,择日举行。届时,民众纷纷集资出钱,购买猪、羊、牛、肉、鱼、菜等供品,以村或宗族为单位,祭拜神灵,虔诚祈求神灵祖先保佑人寿年丰。祭毕,饱餐一顿,再议农事,备秋收,称"瓦青苗"。其间,还用所征"青苗钱",请来戏班献艺助兴。

壮族祭青苗——广西壮族民间传统农祀节日。农历七月间按当时庄稼长势,以村为单位择日举行。壮家以农为本,农事以稻为主。每年六月中、下旬插完秧,半个月后，青苗可长成。为求粮食丰收，农历七月择日祭青苗。节前，人们准备一头猪，酿好米酒。节晨，把猪宰杀煮熟，各户携带猪肉、米酒等祭品，到村外田边摆供，请禾苗神享用，并祈保佑风调雨顺、青苗茁壮。此时，实行路禁，不让行人穿行田间，免惊稻神。祭毕，全村男女老幼聚集欢宴，边饮酒边唱节令歌，诸如《农事季节歌》《时令农活歌》《节气歌》等等，表达人们美好祝愿和人际亲切的感情。酒宴直至尽头方散。

祭塞们——云南阿昌族民间传统纪念性节日。农历七月马日举行。阿昌族村寨一般都有一座类似汉族庙宇祠堂供全寨举行祭祀用的建筑物，族语称"塞"。塞内除供奉土主、山神、土地爷、孤寡仙人等外，还供着一尊人神"塞们"。相传，"塞们"乃古代阿昌族一位英勇善战的士兵头领，一次恶战壮烈牺牲，变成保佑阿昌族的战神。相传，塞们战死那天，值农历七月马日。人们缅怀他，每逢这天举行祭祀，久而成节。届时，人们集体在塞里祈拜塞们，供上美酒佳肴和整猪等牺牲品，来慰藉塞们神灵，祈求保佑塞民平安、五谷丰登、牲畜兴旺。

那曲牧羊节——藏族宗孔马部落民间"献羊"祭神节，旨在祈福禳灾。流行于西藏那曲地区。农历七月择日举行。藏族生活多以羊为伴、为美、为善，甚至视其为神灵，加以膜拜。《新唐书·吐蕃传》载："其欲重鬼右巫，事养蠓甄大神。"本教认为，藏族第一头羊（神羊鲁拉哇泊钦），是根据什巴叶曼杰波的意愿造出的。藏族聚居区因而有向守护神"献羊"的仪式，即选肥壮的公羊，清水洗净，诵经祭献。主要节俗除诵经祭神外，还集体饱餐一顿，当然少不了交谈、连情、商贸等。

哈尼族祭天——哈尼族民间宗教节日。流行于云南红河一带。农历七月虎日举行。届时，在村外近处固定地方，铺松枝设坛，摆三桌祭品。各桌皆摆饭、水、酒、茶各九碗，以及火钳等。祭天时，禁止女性参加，参祭男子循年龄大小排列，依次向每一祭桌叩头三次，口念"上天保佑"。之后，众人就地分食祭品。此日，全寨停止劳作，严禁外人进寨，违者全寨一齐谴责。

德昂族祭天——德昂族民间宗教节日。流行于云南西双版纳等地。农历七月择日举行。德昂族传说，远古，只有天王地母存在，深感形单影只。某年七月，一阵巨风吹落了一百片树叶。看到这树叶，天王自语："若这些树叶能变成人，该多好。"刹那间，这些树叶真的变成了五十个男人、五十个女人。据说，这些人就是德昂族的祖先。后来，德昂人为了表达感激之情，每年七月都祭天，一直流传至今。届时，村寨中以家庭为单位，到自己田地里进行祭祀。家长拿着一只鸡、一壶酒作为祭品，让鸡头冲着天，杀时让鸡血向天空喷，以飨天神。祭毕，拿鸡回家烹煮，全家分而食之。

粑糕节——族称"依粑高"，亦称吃糟节、过七月半。吴姓苗族传统祭祖节。流行于贵州凯里市舟溪一带。农历七月初四或十六（第一或第二个卯日）举行，因过节要用新谷粒（穗粒）祭祖，又称"吃新米饭"。相传，吴姓苗族祖先迁到此地时，田地已被先来的居民占有。祖先只在无人要的一条河里养鱼。后来天大旱，先到的居民要汲取河水灌田。祖先说："你们有稻田，七月得新米过节。我们只靠这条河养鱼，七月用河鱼过节。如让你们汲水，会干死我们河里的鱼。你们要汲水，就分稻田给我们。"这样，他们得到了稻田，长期定居下来。后代为缅怀祖先，兴起了"吃糟节"作为祭祀，兼庆祝丰收之意。节前，人们上山挑选一些木科植物烧成灰，滤出灰水，把蒸好的糯米饭放入缸中，加上灰水，将十二条晒干的河鱼放入缸中浸泡，再用十二张葫芦叶盖上，压上十二颗细河石。祭祖时，用十二个小碗盛上灰糟，放在堂屋神龛前的桌面上，再放上浸泡在糟缸里的干河鱼，饭碗里还放上从田里扯来的稻穗穗粒，盛上十二碗饭，插上筷子，斟上酒。另将一根一米多长的茅草放到神龛上，由巫师或有威望的族长念祭词，请祖先享用美酒佳肴，保佑全家老少康健、子孙富贵荣华，保佑五谷丰登、六畜兴旺。祭词念毕，祭品可以食用。亲友带着礼物来参加过节，主人热情款待。翌日，在舟溪河沙坝举行斗牛，近万人助兴。不过节的村寨，也把牯牛牵来，当双方牯牛力量相当，难分胜负时，将牯牛放出来斗架。双方斗得难分难解，便把两斗牯牛拉开，再斗第二次。观众不时地发出"呕呕"的喝彩声、欢呼声。斗牛有胜有败，胜方主人荣耀。第三天客人返回时，主人送给礼物，其中灰糟必不可少，用来做菜，做时不放油，只放上灰糟，其味可口。

侬粑高——参见"粑糕节"条。

吃糟节——参见"粑糕节"条。

过七月半——参见"粑糕节"条。

苗家吃新米饭——参见"粑糕节"条。

旁海芦笙会——亦称七月芦笙会。苗族民间传统节日。流行于贵州凯里市旁海一带，故名。农历七月第二个卯日举行。节日起源说法有三：其一，祈求龙王保佑风调雨顺。其二，黄平与凯里一些地方，为丛山所阻及"族内婚"所害，异地寨老商议决定"办会"，为青年提供四个社交场合，即正月在湾水，三月在苗陇、黄飘，七月在旁海，九月在谷陇。其三，时近"吃新节"，或可认作"吃新"一分支。"吃新"次日在土银村办芦笙会，第三日转移枫香村，最后至旁海。内容既有吹芦笙、跳芦笙舞，还有男女对歌、斗牛、赛马等。芦笙会规模宏大，与会者达三四万，芦笙舞多达十余大圈。

七月芦笙会——参见"旁海芦笙会"条。

卡奴抽孔——族谓"吃新谷节"。哈尼族民间传统节日。流行于云南红河一带。农历七月龙日举行。节晨，人们下田，先选一穗长粒大的谷穗，搓下九粒谷子，用树叶包好，挂在田里，意寓田里谷子结得多。之后，再采一把谷穗带回家，倒挂堂屋右后墙之篾笆边上，意寓求得家神保护庄稼。午后，搓一些谷粒，有的炸成谷花，有的放酒瓶泡酒。夜晚，举家共餐一席丰盛酒菜，照例先吃炸谷花，后喝新谷酒。

哈尼族吃新谷节——参见"卡奴抽孔"条。

畲族秋社——亦称秋猎。福建畲族民间传统节日。农历七月半前或后择日举行。届时，人们纷纷结伴上山行猎，既获猎物，更祈人寿年丰。

畲族秋猎——参见"畲族秋社"条。

布朗族新米节——族称"宋初"，亦称"尝新节"。布朗族民间传统节日。流行于云南西双版纳及临沧、思茅等地。多在农历七月蛇日举行。时值田里稻谷将熟，村寨男女老幼到田里摘黄灿灿熟稻子，带回家的路上，边走边招呼"谷魂"。据称，此举可保佑粮食不丢失。经加工去壳的新米,一部分献给佛寺和家神"代袜那",同时要烧香磕头。祭毕,方可煮新米饭,全家共享。双江县的布朗族,将摘回稻穗首先供在家中火塘前祭台上,并杀两只鸡祭祀谷神。祭毕,家人将鸡肉煮熟分食。到收割时,请亲朋好友及邻居上门,尝新米饭。下饭的菜有一只鸡、一块腊肠等等。开餐前,要先用一碗饭喂牛和狗,以示对它们的尊重。席间,还饮酒唱调子,气氛活跃。这顿饭,每人尽量多吃多喝。相传,新米饭吃得多,才会有余粮。永德县的布朗族,收获时,须在举行祭谷魂仪式之后,方能采摘稻穗。届时,众人持一对蜡条到田中祭谷魂,巫师主持仪式,诵念叙述鼠王送谷到人间的《鲁弄》经书。祭毕,各户到田里摘谷穗,后用一块白布裹上。回家路上,边走边叫"谷魂回来,谷魂回来"。到家后,先用稻谷祭家神,之后将稻谷炒熟碾成面,加鸡蛋和鸡肉,拌入糯米饭,让家中女性成员品尝新谷。凡男性免尝。

布朗族宋初节——参见"布朗族新米节"条。

布朗族尝新节——参见"布朗族新米节"条。

彝族新米节——彝族民间庆丰收节日。流行于云南峨山县及巍山龙街一带。农历七月属狗天或属龙天举行,另说秋收后(约当农历十月)。届时,人们竟着节日盛装,再穷人家亦用苞谷或高粱烤几斤小灶酒。小伙、姑娘会聚场坝打歌、跳左脚舞。村寨安排人宰一头猪或摔下山难再犁田伤牛,肉分各户,持新米"打牙祭"。晚餐前,各户在堂屋做"供饭"仪式,先将事先割回优质谷穗挂横梁,盛一碗新米饭,盖几块腊肉,置供桌,配以酒、茶、梨、桃等供品,"叫粮魂"祈人寿年丰。有的人家,请祭司唱彝族创世史诗《梅葛》,忆述远古祖先造物伟绩。后举行"喂狗饭"仪式,将新米饭先喂狗,酬谢其看家护院,更犒赏其当初从天上衔来谷种,让彝家得以耕作之功,隐约透射农耕文明对采集、狩猎、游牧时代的遥远回忆。有的地方,还将新米饭染上颜色,做成各种花样,馈送亲友和村里老人。

四川彝族火把节——彝族民间传统节日。流行于四川凉山一带。农历七月择日举行,历三天。首日,各寨杀牛,先用木棒或斧头将牛击昏,再用刀杀,因称"打牛"。旋煮食"坨坨肉",夜晚人人举火把,结队漫游村头、寨边、山上。后两日乃节日高潮。人们竟着节日盛装,于寨中广场,唱歌、跳舞、摔跤、斗牛。相传,古时某七月,天上骄横的大力士斯热阿比,与凡间勇士阿提八拉比赛摔跤,以输告终。他向天王搬弄是非。天王大怒,遂派害虫下凡吃人间庄稼。人们只好点燃火把,巡游田野,烧死害虫,保护庄稼,相沿日久成节。

苗家吃戊节——苗族民间传统节日,意为在戊日过节。流行于贵州台江县交包(仓)一带。农历七月第二个戊日举行,历四天。相传,很早以前,交仓一带苗族稀少,都是同一家族,视为兄弟姊妹,不能开亲。周围亦无可以开亲的苗家。男婚女嫁,须到遥远的榕江地方。姑娘出嫁时,父母嘱咐,到吃卯节时要回来同家人团聚。从榕江到台江,几天路程,山高坡陡,羊肠小道,等姑娘回到家时,已是戊日,卯日的卯节已过。父母感到对不起姑娘,便决定在姑娘赶到家的戊日,再过一次节,年复一年,戊日过节取代了卯日过节,代代沿袭成俗。活动内容主要有跳芦笙舞。姑娘们展示自己美丽的银饰花衣和刺绣技艺,小伙子们则借机挑选终身伴侣。舞场围观者里外三层。斗牛，亦节日重要内容。参斗牯牛，颈大腰圆，肥得背上起槽。两牛拼命相抵，势均力敌时，人们便套住每头牛后脚，使劲把它们拉开，酷似有趣的拔河。围观者密密麻麻，人人笑逐颜开。中老年人喜欢养画眉，一个个画眉笼挂满坡脚树上，一串串婉转动听的画眉叫声，吸引无数听众。有的将两个笼子，门对着门相挨，让两只画眉拍打翅膀，互相啄斗，人们看得津津有味，乐在其中。不参加这些活动的男女青年，三三两两，散布树林溪边，悠然对唱情歌，各抒情怀。节日里，苗家山寨家家有客，酒味扑鼻，一派笑语欢声。

埃阿的——俗称"做奇（七）姑娘"。苗族民间宗教性娱乐节日。流行于黔东南凯里市舟溪与麻江白午一带。"埃阿的"苗语意为做背着腰篓的姑娘。七月半吃新节后，一周内选一至三夜，举行一两次。届时，在寨坪上，一至两个男青年扮"阿的"，扎稻穗于头上，烧香化纸后，用头巾蒙眼，被人抱着躺地，两人拿大簸箕使劲扇风。半小时许，阿的不断哼着挣扎蹦跳。人们围圆圈，由两个最会唱歌、生活经验丰富的中年男人"引路"，与阿的对话。引路者扮姑娘身份，称阿的为后生哥，每句话先交代"稻子作老人，稻子来引路，一步一里远，紧跟稻子走"，以引阿的上天堂。每走一地，复以当地姑娘身份出现，与阿的对唱情歌。达丹寨南皋乡果树林和冒泉井时，青年观众把衣服、头帕堆放一起，说这是休息的地方。引路者让阿的识别这些衣物的主人，说他们要跟阿的走。黑灯瞎火，阿的每拿一件衣物，便能准确叫出主人名字。引路者指点阿的攀天梯上天堂，去主管人间一切的天神"戛月戛对"那里，乞求解答问题，串游熙熙攘攘集市，观看芦笙舞、铜鼓舞表演。最后，引路者指点阿的原路线返回人间家乡，双手一拍，揭开蒙眼头帕而结束。"埃阿的"亦可由姑娘扮，区别是把稻穗放腰篓里。不论男的做、女的做，全村老少静静围观，聆听一切，气氛庄重，严禁胡言乱语。另，女青年还单独做"阿丢"（帚子姑娘）活动。一群姑娘到茅坑边烧香烧纸，用帚子扫三下，把饭勺拴帚子把头，用细绳拴住帚把中部，两人静静拉着。姑娘们反复唱："太阳已从东山升起，月亮已从西方雾霭中退去，起来吧，帚子姑娘，我们算一算命。"姑娘们将一脸盆扣着放，和中年妇女旋开始算命，如家里有多少人，可已结婚，有无子嗣等等。帚子摇动，饭勺敲盆底，敲五下表示家有五人，一般的询问敲三下表回答正确。不需再算命时，则把帚子带到茅坑边，众人唱"太阳已落山，月亮已西沉，转回去吧，帚子姑娘"！旋把拴在帚把头饭勺解开，"埃阿的"即告结束。相传，过去有位姑娘，反抗父母包办婚姻，死于茅坑。人们怀念她。她亦怀念姑娘们，遂以英灵解答姑娘们提问。此节已泯。

做奇姑娘——参见"埃阿的"条。
做七姑娘——参见"埃阿的"条。

丹寨爬坡节——族称"纪波"。苗族民间传统节日，亦青年男女连情择偶盛会。流行于贵州丹寨县兴仁镇等地。农历七月初八（亦说鼠场天）举行。主要节俗是爬山、唱山歌比赛等。届时，周边县市苗胞纷至沓来，欢聚一堂，以集群爬山、个人及团队对唱山歌、风趣斗鸟赛等形式，欢度传统狂欢节。

苗族纪波——参见"丹寨爬坡节"条。

高山族祖灵祭——台湾泰雅人民间传统祭祀节日。农历七月下旬，在祖灵地举行,历四天。一些村寨,每月或播种祭、收获祭时,亦举行;倘突发事故,则偶用酒肉祭祖灵祈禳。通常于庄稼收获后,向祖宗祝祷,感谢祖灵保佑。举行祭祀者分三种:一是纯亲族团体氏族,如阿美人的"拉鲁马安";二是亲族、地域得兼,如赛夏人的"加西雅朗";三是亲族,如泰雅族以"格格"为单位举祭。各社祭仪略异。届时,各家杀猪酿酒,准备糯米饭糕、槟榔等祭品,由族中未婚少年任主祭。祭祀开场,全体少年进行赛跑,从部落首领家出发,沿一定路线,跑到村外祖灵地折回。快到终点时,全村男女老幼都竞相观看,为少年们呐喊助威,以酒和糕等食物慰问。赛跑毕,少年们要去河边洗发缠草,然后到祖灵地用枪刺灵,同时高唱祭歌。这天,男子公共会所锣鼓喧天,一片欢腾。第四天人们盛装聚集首领家,尽情饮酒、唱歌跳舞。

南丹七月会——汉族、壮族民间婚恋节。流行于广西南丹等地。农历七月择日举行。届时,当地汉、壮族未婚青年男女集聚州主大厅堂屋,分立两边,各成一排。堂内铺大地毯,女穿青布花大长袖衣裙,青绢盖头,手拿小青盖;男穿戴皂衣帽,挽发髻。主持人从男女两队各择一人,将俩人推倒在地毯,让其拥抱,嘴里嘘气。若两人嘘声相合,即可成伉俪;否则再另找他人相配,俗称"听气"。当地古俗,结婚须经"听气"方被公众承认,否则视为私自成婚,以通奸罪论处。此节已泯。

鹤庆骡马会——亦称松桂骡马会。白族盛大交易会。流行于云南大理鹤庆一带。农历七月下旬,于鹤庆松桂古镇择日举行。古镇,以老松桂街为中心向四周辐射,由一条南北长街串系,南北尽头,各有一道寨门雄踞。大街铺面等建筑物,多显白族民居风格,高低错落有致,古香古色。从明洪武十六年(1383)建镇,已历六百余年,乃西南茶马古道必经重镇。古道必备之骡马会,与国公庙、古驿站、松桂古民居、佛光寨古战场遗址构成独特的民俗风情,更增添古镇文化内涵。会间,八方客商在此进行骡马交易,热闹异常,购销两旺。同时,照例举办民族民间文艺活动。

松桂骡马会——参见"鹤庆骡马会"条。

宁蒗海波会——纳西族民间传统节日。流行于云南宁蒗永宁一带。每年农历七月择日举行。届时,邻近泸沽湖地区各村寨青年男女身着节日盛装,携带着食物和乐器等,或骑马,或走路,从四面八方赶到泸沽湖畔。他们或绕湖边游玩,或在山上野餐。青年们借机互相结识,还要举行各种文娱活动:男青年在平地赛马,比比谁的马技更精湛;女青年则唱起调子,看看谁的嗓音更悦耳。大家在小三弦的伴奏下,一起跳起锅庄舞。直到日薄西山,青年们才尽兴回家。

跳米花场——简称"跳米花";亦称跳米花节。苗族支系青苗人民间农祀节日。流行于贵州贵阳、安顺,及黔南州等地。农历七月择日举行,历一至三天。时值稻子扬花吐穗,谚云"青苗不跳花,谷子不扬花"。人们认为,若不吹芦笙,不跳舞,就妨碍稻子开花、吐穗。有的地方把这段时间称为"跳花月",夜里举行歌舞活动。届时,甲地男女青年,可把乙地异性青年接到村里,集中到房屋宽敞的住户,一起摆谈和对歌。房主认为,这是他家的荣幸,便置办酒肉,杀鸡杀鸭招待。晚饭后,男女青年个个打扮,衣着一新,姑娘须穿传统民族服装,平时不绾髻,此夜例外。月亮冉冉升起,他们集中到称"跳月场"的跳芦笙场地,男吹芦笙,女围圈跳芦笙舞,直到月儿西沉,鸡鸣三遍,才依依惜别。有情人互赠礼物,作为纪念。男方往往送女方毛巾、衣料,女方往往送男方精心绣制及表现自己手巧的鞋垫、袜垫或花带等。

跳米花——参见"跳米花场"条。

跳米花节——参见"跳米花场"条。

兰包日果——亦称"七月望果节"。藏族民间传统节日。流行于云南香格里拉一带。农历七月临收青稞时择日举行。旨在庆丰收、祈吉祥。俗谓跳"巴塘弦子,中甸锅庄"。届时,青年男女穿红戴绿,成群结队周游各寨跳"巴塘弦子,中甸锅庄"。无需伴奏、化装,人数多寡不论,院子里、大门前、广场上、草坪间,以及室内火塘边,说跳就跳。跳时,通常分甲乙两队,自然排列成行,弯腰搭臂,围成圆圈,跟随领舞自左而右,载歌载舞。次序是:开始唱跳"相会锅庄",中间是"问答锅庄",最后是"告别锅庄"。一队队相比相赛,村村轮回,无比热闹。

七月望果节——参见"兰包日果"条。

跳巴塘弦子——参见"兰包日果"条。

跳中甸锅庄——参见"兰包日果"条。

八 月

初 一

白龙庙会——汉族民间传统节日。流行于江苏武进横山桥一带。农历八月初一举行,历数日。届时,佛教信众无论男女老少,皆到白龙庙虔诚进香,叩拜白龙神,念佛诵经,祈神赐恩降福,持续至翌日。首日香会鼎盛,河滨堵满香客乘船,河滨口因称"烧香浜"。另,附近艺人纷纷前来献艺,大戏三天,比武、杂耍精彩引人。商贩、江湖郎中,亦来招揽生意。当地人设筵待客,更是普遍。现今,庙会宗教色彩淡出,已成物资交流集市。

大清明节——汉族客家人民间传统祭节。流行于广东梅州等地。农历八月初一举行。旨在促进各家族成员关系和睦,调解同宗纠纷,缅怀祖先。届时,召集本家族成员前往祖先墓地祭拜。人们杀牲献供,设香案,明香烛,施祭礼,跪拜祖墓。祭毕,家族成员共享佳肴。

双城压脾日——汉族民间传统疗腹节日。流行于黑龙江双城一带。农历八月初一举行。民间传,每年此日治疗腹部病患儿童最有效。届时,患童父母将灶内灰渣掏出,铺洒在村内十字路口;脱去病童衣服,放于灰土上,旋让病童俯卧良久,以除病。"压脾日"故名。

天祝赛马会——亦称草原盛会。藏族民间传统节日。流行于甘肃天祝藏族自治县。农历八月初一(另说六七月间择日)举行,历两三天。天祝县位于河西走廊东端,县内牧场辽阔,水草丰茂,是岔口驿马、白牦牛及甘肃著名细毛羊等优畜产地。节间,藏族群众骑马赶车,穿红戴绿,携各种土特产品涌向赛马场;附近土、回、汉等族群众亦前往加盟助兴。赛场锣鼓喧天,彩旗飘扬,周围帐篷林立,马嘶人叫,热闹非常。比赛开始,先由喇嘛诵经祝福,赛手鱼贯入场。他们精神抖擞,牵着备雕鞍、系铜铃、驾银镫的骏马,伫立赛场,接受检验。验毕,裁判大喊"上马",他们即飞身跨鞍,一手勒缰绳,一手握长鞭,凝视前方,循着"嚯"的一声急促哨音,便抖动缰绳,策马扬蹄,像一支支离弦箭般飞驰而去。锣鼓声、欢呼声、喝彩声、鼓掌声交织,响彻云霄。他们冲过终点线时,人们欢声雷动,纷纷上前敬酒致贺。赛马毕,各族群众聚集,在锣鼓、唢呐等乐器伴奏下,唱歌跳舞,尽情欢乐。有的男女青年,借机对唱山歌择偶。老人与骑手开怀畅饮,谈古论今,交流牧、养、训、赛马经验。商贸摊点星罗棋布,进行物资交流。源说有二:其一,古有英勇善战十三兄弟,最小的弟弟,更是智勇无比。战斗中,他们英勇冲杀,流尽最后一滴血。后人缅其勇武,每年举行赛马,特意褒奖前十三名;对第十三名马,特加一条哈达。其二,藏王松赞干布迎娶文成公主,在拉萨举行盛大婚礼,内有赛马一项,世传成节。

天祝草原盛会——参见"天祝赛马会"条。

邵人丰年节——族谓"莫娜努玛达给丹"。台湾少数民族支系邵人祭祀节日。流行于台湾日月潭一带。农历八月初一举行,历十天许。节前,男人成群上山打猎,妇女聚集巫师门前广场酿酒、跳舞。每家门两旁各挂一束祭草。节天,家家蒸糕煮饭,将饭盛祭篮,集中放巫师家门前。由五位女巫主持祭祖仪式。第三天,为十岁许孩童举行凿齿礼。礼毕,家长们饮酒祝贺,小伙、姑娘们在广场燃起篝火,围圈高歌纵舞。

莫娜努玛达给丹——参见"邵人丰年节"条。

临朐天医节——汉族民间传统节日。流行于山东临朐一带。农历八月初一举行。节晨,人们纷纷前往豆田,细心收集豆叶上的一颗颗露珠。据传,此日露珠乃龙王所洒汗水,用以做饭可治百病。另,节间盛行做"桃叶膏"之俗。日出前,用一块洁净布收集豆地露水,与桃叶水一起放锅中,以破布鞋底为燃料,熬桃叶汁,滤渣,再煮成稠糊状桃叶膏,治腹中郁积症,化解胸膈满闷,效果甚佳。

占里盟誓节——侗族民间传统节日。流行于贵州省从江县高增乡占里侗寨。农历八月(或二月)初一举行。相传,已历六百余年。旨在同饮血酒,对石盟誓,重温、传承祖训。届时,由寨老率领,举寨男女老少聚集鼓楼下"起款":杀猪焚香,共饮血酒,对石盟誓。"誓款"乃继代相传,主要有:禁超生育,以一男一女为佳;禁偷盗,违者罚银五十二两;禁乱砍滥伐,违者罚银五十二两,并杀其耕牛,供全寨分享;禁火灾,不慎失火者,杀其耕牛,逐其出寨三年,归寨罚银五十二两,且只能住寨边;禁寨老受礼,否则取消寨老资格,并抄没其家产,分全寨;禁吸毒、赌博,屡教不改者,杀其耕牛分全寨,抄没财产,驱逐出寨门。世代"起款"盟誓,维护了良好乡风,该寨常年刑事案件零发生。

初 二

灶君诞——汉族民间传统灶神祭日。灶君,亦称司命灶君、司命真君、灶君公、护宅天尊,俗名"灶王爷"。节期传为其诞辰,因地有异,多于农历八月初二或腊月初九。据传,灶君乃玉皇大帝属下,负责监督凡人行为是否端正,主管凡人平安,年底,均上报玉皇。故每逢灶君诞辰,人们皆供祭品,烧纸钱,放鞭炮,细心祭拜。台湾民间传说灶王爷颇为好色,为取悦灶君,让其"上天言好事",有的地区流行妇女倚灶洗澡之俗。

司命灶君诞——参见"灶君诞"条。

司命真君诞——参见"灶君诞"条。

灶君公诞——参见"灶君诞"条。

护宅天尊诞——参见"灶君诞"条。

灶王爷诞——参见"灶君诞"条。

土家族厨师节——土家族民间传统节日。流行于湖北长阳榔坪、高家堰一带。农历八月初二举行。土家称厨师为"咀长",此节亦称"咀长节"。据传,此节为纪念一位詹咀长。他做的菜,香、辣、甜、酸、麻、脆各具特色。国王闻之,召其进宫当咀长,果然名不虚传,国王连声赞许。一天,国王见詹去盐池挑盐水,问何故。詹答:"您吃的菜哪样都少不了盐。"国王发怒说:"世人都吃得完半斤糖,却吃不下一两盐,明明是糖好吃,你敢欺君?"说罢,将其杀害。接着,又召詹的两个徒弟张、梅来当咀长。两人为师傅之死而悲伤,故意顺着国王的意思,一律用糖来做菜,每餐白糖加蜂糖,蜂糖加砂糖。国王起初还觉得好吃,过几天就难以下咽。张、梅二人改用盐来调味,国王长吃不厌,才明白还是用盐调味好。于是,国王在詹师傅被害的八月初二,亲自祭之。从此,人们争相仿效,久而成节。届时,各家均备香纸、摆酒席,祭祀詹咀长。此节今已泯。

咀长节——参见"土家厨师节"条。

众神诞日——亦称众神诞节。广西壮族民间传统祭祀节日。农历八月初二举行。壮族史上有"春秋大祭"之俗,祭祀所有神祇。据考,"众神诞日"乃自"秋祭"演变而来。届时,人们焚香燃烛,先在家中祭祀历代祖先,让其优先享用牲礼。先亲后疏,先内后外,祭祖后便到庙里供祭,每个庙宇都不能漏掉。有的,则在露天设祭,各路神祇都可前来享用一份,让众神无一例外地给壮人降福。武鸣县清江乡、上思县思阳乡的壮人,则要杀猪,去土地公庙拜祭,规模大,气氛热烈。人们请道公、师公来念经,像二月初二那样庄重热烈。法事完毕,全屯在庙前聚餐。

众神诞节——参见"众神诞日"条。

初 三

初 四

初 五

千秋节——古节。于唐玄宗生日之农历八月初五,短暂见行,后无流布。《旧唐书·玄宗纪》载:开元十七年(729),"八月癸亥,上以降诞日,谯百僚于花萼楼下。百僚表请以每年八月五日,为千秋节"。天宝七年(749),"秋八月己亥朔,改千秋节为天长节"。唐王维诗有《奉和圣制天长节赐宰臣歌应制》之篇。

天长节——参见"千秋节"条。

初 六

初 七

初 八

松潘跳神节——四川松潘藏族宗教节日。农历八月初八举行。内容主要是跳各种规模盛大的、宗教色彩浓郁的舞蹈。固定程式:先由两名着花衣、花裙,戴白发面具者,伴乐声揭开序幕。随三遍海螺号声,两大喇嘛持神器出场,两戴白发面具者随后。众随钟鼓声,跪拜喇嘛、诵经。喇嘛绕场一周,登坛端坐。两白发面具者旋风而舞。乐、经毕,两着紫衣、戴鹿头面具者,自人群中舞至坛前,跪祷喇嘛。喇嘛起而答诵,执小鼓摇晃数下,两着鹿头面具者悠然分坐其两旁。俄顷,两着红衣、戴狼头面具者直奔出场,双腿曲跃,双手交叠伸出,显出轻佻与奸狡,舞至坛前跪祷。喇嘛喃喃答诵后,两"狼"加坐"鹿"两旁。须臾,两白发老人执鞭、握箭,引两儿童,轻步出场,状若结伴行猎。当欲搭箭时,喇嘛叫住,并教诲"杀生有罪";猎者认罪求恕。鹿、狼扮演者与猎者共舞。喇嘛引领其共登仙界。观众起立尾随,和声诵经,跟随喇嘛至殿前,象征到达理想仙界。"跳神"即告结束。

彝族护新节——族称"麻垒窝"。彝族民间传统节日。流行于广西那坡县达腊、念毕等彝族村寨。农历八月初八举行。时值玉米结棒、稻谷抽穗,为防各种鸟兽糟蹋庄稼,保护粮食丰收,由村寨中长老委派一些人去各处村头路口,在大树上挂一些用竹篾编成的竹猫、竹狗。是日,各家各户都要加些好菜,杀鸡买肉,合家欢聚。

麻垒窝——参见"彝族护新节"条。

沙浪祭白龙——白族民间传统节日。流行于云南昆明西山区沙浪一带。农历八月初八举行。当地传说天上龙王掌管着雨雪冰雹,一旦不悦,即用冰雹惩罚人间。人们遂定期向龙王敬表崇拜、取悦,祈及时兴云播雨,风调雨顺,农事顺利,丰衣足食。每年这天,各村老少到村外山坡上,杀一头肥大白羊做供品,恭敬祭祀龙王。

长阳牛王节——亦称牛王会,俗称牛王菩萨过生节。土家族民间传统节日。流行于湖北长阳一带。据传牛王菩萨生辰为农历八月初八(另说十三、十八日),清同治朝《长阳县志》则谓八月十五日。另,民间亦传四月十八日。节俗甚殊,《湖北通志》谓此为"他邑所未有也"。土家以农事为生,极其爱护耕牛,每逢清明、立夏,农事再忙也要让牛休息过节,打生鸡蛋、切腊肉饲牛。谚云:"人是吃的牛的饭。"民谣称:"清明耕田牛脱节,立夏耕田牛屙血,八月初八牛王会,诵经鸣锣驱鬼邪。"节天,养牛之家必为耕牛加料,停耕一日;另,还要请道士做法事,在卯刻诵经,上《牛王表》歌颂牛的功德,祈牛平安康泰。之后,人们向牛王神像叩头跪拜,焚香纸、鸣爆竹、献三牲、奠水酒;有的人家还在牛角上搭红布,给牛洗刷毛蹄。祭祀牛王,既意蕴感恩,还诚祈牛王保佑。结束时,众乡邻宴饮。此节已式微。

长阳牛王会——参见"长阳牛王节"条。

牛王菩萨过生节——参见"长阳牛王节"条。

下关耍海节——亦称耍海会、捞尸会。白族民间传统节日。流行于云南大理下关一带。节期因地有异：农历八月初八，或六月廿四日，或七月廿三日，均历三五天。届时，白族老少着盛装聚集风光旖旎的洱海游玩。人们吹起唢呐，唱着《大本曲》，对着调子，舞着霸王鞭，跳起仙鹤舞，尽情欢乐。其中，一年一度赛龙舟尤为引人注目。附近彝、回、汉各族同胞纷纷加盟。人们登上漂亮的游船，饱赏湖景。小伙姑娘放歌、对歌，乐此不疲。相传，此节源自唐代。当时，大理蒙嶲、越析、浪穹、邆赕、施浪、蒙舍六诏割据，互相争夺。蒙舍首领皮罗阁伴祭六诏祖先，将余五诏王邀约树枝所搭楼阁饮酒，后令人纵火烧楼，诸王竟亡。蒙舍一统六诏，建南诏政权。聪慧的邆赕夫人白节，凭自己戴在丈夫腕上的金镯认回其遗体，率兵奋力反抗皮罗阁吞并。终因寡不敌众失守，不忍目睹百姓横遭杀戮，于八月初八投洱海自尽。人们纷纷驾船打捞其尸体。后来，人们缅怀白节夫人，每年皆于其投海之日举行"捞尸"活动，经久演变成节。

下关耍海会——参见"下关耍海节"条。

下关捞尸会——参见"下关耍海节"条。

初 九

八月九节——亦称瑶族八九节、八月初九节。瑶族排房姓家族祭祖节日。流行于广东连南南岗。农历八月初九举行。相传，南岗排房姓家族的始祖，原名"铁鬼子"，因渡海落水而溺改称"海公"。他生前为家族繁荣昌盛费尽心血，房姓后裔不忘祖恩，于其忌日举族拜祭，久而成节。届时，族人以丰盛菜肴和醇香米酒拜敬海公，各户还热情宴请前来过节的亲友。按习惯，每隔27年，举行一次大祭，耍歌堂，抬海公偶像巡游，宴请远近亲友。因耗资甚巨，后从简。

瑶族八九节——参见"八月九节"条。

八月初九节——参见"八月九节"条。

拜海公节——参见"八月九节"条。

初 十

十 一

十 二

盘古皇诞——汉族民间传统节日。流行于广东花都区一带。据传为盘古皇诞辰之农历八月十二日，在北狮岭区盘古皇山麓之盘古神坛举行。神坛建于清嘉庆年间，内塑盘古皇像，坛前有华表、石狮各一对；山腰之山亭左侧，有两块巨石，相距尺许，内夹一石，状如香炉，镌"盘古石"三字，传为盘古皇栖息之所；右侧一巨石，上镌"龙口泉"三字，石下淙淙流泉，称"圣水"，传说能治百病。届时，前往祭祀者达数万。庙内张灯结彩，焚香明烛，置供设祭。人们祭拜盘古皇，以祈赐福。祭毕，纷纷用所带器具盛满"圣水"而归。

阿昌族会街节——云南阿昌族民间传统节日。农历八月十二（另说八九月间择日）举行。旨在迎佛祖返回人间。据传，"个打马"（释迦牟尼）为母上天念经三日（约地上三月）返回人间，佛光普照，青龙、白象呈祥。阿昌视青龙、白象为吉祥、幸福象征。节天，朝霞初露，小伙们便身背户撒长刀、挎象脚鼓，姑娘们着娇艳民族服装，在鼓乐、鞭炮声中，簇拥披红挂绿的青龙、白象进入会街节广场。主持节日的长者宣布节日开始，顿时，鼓声、铓锣声、钹声交织成一片。青龙、白象交相翻舞：青龙摇头、摆尾，张嘴欢笑；白象甩动长长鼻子，滑步、下跪、后仰、前倾，笨拙憨态引起人们一阵阵哄笑。姑娘、小伙们紧围龙、象翩翩起舞。会街场鼓乐齐鸣，人欢、龙舞、象跃，一片欢腾。

吴江夫人会——汉族民间古节。流行于江苏吴江一带。农历八月十二夜至十六日举行；另说八月十三日开始，历十天。通常自八月十三起，各村即敲响锣鼓。十四、十五出会，金锣开道，高抬监察神像、安乐神像、广佑王神像。浩大仪仗拥数百信徒，手持塔香，虔诚行进。内拥各种打扮者，有穿红披绿者，有穿囚服戴枷锁者，有许重愿而自罚者，在肉里插铁钩吊香炉，以示虔诚。队伍末，两人提重十几斤的大锣，边走边敲，敲十三下。至十六日夜出会，"主持"出会的是众人推选的神夫人。队伍途经谁家，谁家则献上纸花，夫人女仆便将花插在神夫人头上，次日再把花归还原主，以此避邪。会间，日夜唱大戏，各户挂彩灯，非常热闹。

十 三

胡公生日——汉族民间传统纪念性节日。流行于浙江金华一带。农历八月十三日举行。传，胡公本名"则"，永康人氏，宋仁宗时任兵部侍郎，为官廉洁爱民，曾免除婺州一带人丁税，百姓尊其为"人丁保护神"。胡殁，人们在其家乡永康云岩建庙塑像供奉。胡公生于农历八月十三，民众于此日云集永康云岩，头戴鲜花，身携黄色香袋，川流不息，摩肩接踵，称"云岩客"。另外，唱戏、斗牛等文娱活动也吸引着无数看客。

孟连佤族新米节——佤族民间传统农祀节日。流行于云南孟连一带。昔时，"节"分为二：七月，早稻临熟，过首次，族称"朋奥"或"波奥"；八月，稻谷遍熟，过第二次，族称"朋挺"或"奥瓦"。1992年，孟连傣族拉祜族佤族自治县九届二次人代会厘定农历八月十三至十五日全县统一放假三天。节天，主人早起准备好过节鸡、猪、牛肉，旋背背篓下稻田采新谷。途中，注意聆听动物叫声，如中途听到麂子或角布落（鸟）叫声，即兆不吉利，须马上返家，后推过节日子；若无异常，继续前行。采回的谷物，献神台前，用手将谷穗搓出谷粒，铁锅炒干，舂出新米，撒些盐巴，献在神台片刻；后煮成饭，舀出来放入鸡、猪、牛肉，撒上盐巴，供献神台上，请魔巴念咒语，报请祖宗亡灵回来吃新，保佑家人平安。若无魔巴在场，主人便对着神台"啪"地咂一下嘴，亦表示祖宗回来吃过饭了。敬过神的新米饭，须让魔巴和家中老人先吃，这是家祭定制。家祭之时须闭门，严禁外人入内。通常让孩童在门外"放哨"，如遇外人来访，婉言拒绝入内。祭仪结束后，主人打开门，公开自家过"新米节"的消息，盛邀邻里前来做"节客"。客人带着礼物前来道贺，越络绎不绝，越显吉祥。

孟连朋奥——参见"孟连佤族新米节"条。

孟连波奥——参见"孟连佤族新米节"条。

孟连朋挺——参见"孟连佤族新米节"条。

孟连奥瓦——参见"孟连佤族新米节"条。

十四

湖北八月节——汉族民间传统节日。流行于湖北部分汉区。农历八月十四日举行。传,这天戴上绵绸缝制的眼明囊,可免眼病。届时,亲朋好友互赠此物,以祈吉祥。另,还要在孩童额头点小红点,俗称"天灸",以除妖避瘟。

十五

中秋节——亦称仲秋、仲秋节、秋节、秋夕、月夕、做月夕、八月节、八月会、八月半、八月十五节、月亮节、吃月饼、月饼节、祭月、赏月、走月、走月亮、仲秋唱月、中秋歌节、追月节、玩月节、拜月节、拜月神娘娘、拜太阴星君、挂彩灯、饮桂花酒、吃团圆饭、团圆节、供兔儿爷、兔儿爷节、女儿节、赶坪节等等。汉族等全国性多民族节日。农历八月十五日隆重举行。古以七、八、九三月为秋季,八月十五居其中,故名。据考,节源于先秦帝王因"天事"之祭月;唐代民间兴起拜月、赏月;宋以降,始以中秋为节。"一年明月今宵多",人们以为此夜月亮最圆最明,乃举家团圆赏月佳节。宋孟元老《东京梦华录》卷八载宋都汴京此节盛况:"中秋夜,贵家结饰台榭,民间争占酒楼玩月,丝篁鼎沸。近内庭居民,夜深遥闻笙竽之声,宛若云外。闾里儿童,连宵嬉戏。夜市骈阗,至于通晓。"各地民间举行隆重庆祝活动,祭月、赏月最为突出。常言"月到中秋分外明""一年明月今宵多""非到中秋不赏月,每逢佳节倍思亲"。月亮东升,清辉满地,人们在露天摆上桌凳,以月饼、石榴、枣子、梨、苹果等圆形食品及水果欢快祭月。然后,举家围桌而坐,共赏明月。离乡游子亦尽量返乡,阖家团聚。中秋节因称"团圆节"。中秋所以象征团圆,一因古代战火连绵,人们渴望阖家团聚;二因古人对自然现象缺乏认识,常蕴悲欢离合于月亮圆缺。人们向往美好生活,憧憬征服自然,还编出"嫦娥奔月""玉兔捣药"等神话故事。"吃月饼"之俗,可谓中秋之魂。月饼形取月圆,味取馅美。相传,元末民众反抗暴政,为秘密联络,泰州张士诚把写有"八月十五杀敌起义"传单藏月饼中,群众从而一呼百应。现今月饼背面贴小方块纸,即由此而来。月饼乃中秋民间必食美点,品种甚多,尤以广式、京式、苏式和宁式最著名。千百年来,此节盛传不衰,各地、各族俗项繁盛,异彩纷呈。许多地区盛行走月亮、唱月饼、拜兔儿爷等俗。苏州妇女是夜三五成群,盛装出游。山东等地各家把自制月饼放到麦秸圆垫上,让孩子们边唱边吃,并比赛各家月饼孰优。陕西等地男子白天爬山、划船,女子则在夜晚吃西瓜。北京是夜拜兔儿爷,习俗尤浓。中秋值大秋粮食入仓,人们所以普遍欢度佳节,亦在表达欢庆丰收。

仲秋——参见"中秋节"条。

仲秋节——参见"中秋节"条。

秋节——参见"中秋节"条。

秋夕——参见"中秋节"条。

月夕——参见"中秋节"条。

做月夕——参见"中秋节"条。

八月节——参见"中秋节"条。

八月会——参见"中秋节"条。

八月半——参见"中秋节"条。

八月十五节——参见"中秋节"条。

月亮节——参见"中秋节"条。

吃月饼——参见"中秋节"条。

月饼节——参见"中秋节"条。

祭月——参见"中秋节"条。

赏月——参见"中秋节"条。

走月——参见"中秋节"条。

走月亮——参见"中秋节"条。
仲秋唱月——参见"中秋节"条。
中秋歌节——参见"中秋节"条。
追月节——参见"中秋节"条。
玩月节——参见"中秋节"条。
拜月节——参见"中秋节"条。
拜月神娘娘——参见"中秋节"条。
拜太阴星君——参见"中秋节"条。
挂彩灯——参见"中秋节"条。
饮桂花酒——参见"中秋节"条。
吃团圆饭——参见"中秋节"条。
团圆节——参见"中秋节"条。
供兔儿爷——参见"中秋节"条。
兔儿爷节——参见"中秋节"条。
女儿节——参见"中秋节"条。
赶坪节——参见"中秋节"条。

山东中秋节——山东汉族民间传统节日。农历八月十五日举行。届时，家家自做月饼，由糕点铺代备饼馅。月饼形制因地有异。如济南等地大小成套，摞起来呈宝塔形；临清等地，月饼直径达两尺。馅类繁多，计有白糖、红糖、冰糖、红豆、枣泥、玫瑰等等。从初一至十四，人们纷纷携带月饼、水果、鸡、酒等，走亲访友。节夜，在庭院对月设香案，上挂太阳星君，称"月光码儿"，形如嫦娥奔月人物；摆兔面人身"兔儿爷"泥像，或站立，或骑虎；并摆月饼、西瓜、果品，在兔儿爷前放一捆青豆。遵方俗"男不拜月，女不祭灶"，拜月者皆女性。老妪叩头祈祷："八月十五月正圆，西瓜月饼敬老天。敬得老天心喜欢，一年四季保平安。"姑娘则各自设月光码儿拜月。举家食月饼赏月。潍坊等地，成人、孩童分别拜月：成人在庭院香案前；孩童在大门前或小凳上，不时唱"圆月了，圆月了，一斗麦子一个了"。一些地方，乡民聚集共饮，通宵达旦。诸城、临沂、即墨等地，上坟祭祖。庆云一带，农家祭土谷。青城一带农家"辞先稼"。即墨一带吃"麦箭"，即摊白面煎饼，加肉馅或素馅，用秋秸卷成筒状蒸熟，吃加佐料。

西华中秋节——汉族民间传统节日。流行于河南西华一带，故名。节分三阶段：首先，"状元会"。农历八月上旬，诸店铺办月饼会，以"夺状元票、攀柱子香"等名目揽客，得头彩者为状元，获奖。其次，"馈节"。节前二日，各家备月饼、石榴、栗子等，馈赠亲友，称"广团圆"，外出者须赶回过节。最后，"赏月"。节月当空，各户设案燃香，供月饼、瓜果，称"礼月"。古称"月"为"阴"，俗谓"男不拜月，女不祭灶"，故此举仅限女性参与，禁男性。其时，男女老少争先前往高处"望月"，当地称"看太阳朝元"。此夜妇女走亲访友，称"走月"。

六合中秋节——汉族民间传统节日。流行于江苏六合一带，故名。农历八月十五日举行。届时，各家以菱藕、麦粉、糖等做成鸥形糖饼，馈赠亲友。节夜，妇女们在香案摆糖饼，以"斗香"祭月神。此香形呈宝塔，周长尺余，高五至八层不等，用纸制"纸斗"穿在塔香最顶层，其两侧各插一小旗。三更许，妇女往他人菜园"偷"瓜果，为生子之兆，称"摸秋"。孩童们用瓦片垒宝塔，塔内燃灯，旋鸣锣击鼓，绕塔嬉戏歌舞。此节已式微。

台湾中秋节——台湾汉族民间传统节日。农历八月十五日举行。妇女有"听香"节俗。此俗北宋时称"听响卜"，即借无意间听到响声，判定吉凶祸福。节夜，她们在家中供奉之神像前，上香祷告，言欲问之事，询出门后前行方向，遂拈香出门。路上听到所有谈话、歌唱,皆可用来卜问欲知之事。方法是:就地燃香行礼,请出家中所供神灵,询问适才所听之"响"可否做答案。可,则转回;否,则继续前行。未婚姑娘有趁夜"偷菜"之俗。无论"偷"得何种菜,皆表明她将觅得好郎君。

彝族中秋节——各地彝族岁时性新节。因与汉族长期相处而形成。农历八月十五日举行。届时,云南巍山彝族五印区白乃、新民一带彝族村寨,每户人家自动出一个壮劳力,一起到村子外,修整道路,架设桥梁,疏通沟渠,以做好事过节,无吃月饼之俗。

壮族中秋节——大部分壮族地区民间节日。农历八月十五日举行。节源汉族。届时,人们做糯米粑、米粉,买月饼,做鱼生,杀鸡鸭过节。晚饭前,先供奉祖先和月亮,在自家供桌上摆上佳肴、月饼,烧香拜祭。有的地方,壮人联合设坛祭月,在一块较平坦高地用木板搭起祭坛。月亮升起,各家各户把自家的祭品端出来摆上祭坛,众多月饼叠放起来,祭坛上月饼林立。这时,人们互相攀比,看谁家祭品最多最好。祭毕,月饼分给自家成员,在月下吃掉。孩子们用柚子皮做成鬼脸,扮高公和矮婆,可随便到各家门口供桌拿月饼;男女青年可以"偷青",以为明目。在马山、上村一带,有水上赏月之俗。节前,人们在离河岸或塘边一丈远的水中搭起排房,用竹子架桥到岸上。中秋之夜,人们便在排房里赏月。在清西一带,人们要请月姑,在屋前摆一桌果品,插一根"朝天香",表示月姑从此下凡。演月姑的姑娘席地而坐,闭上眼睛不断旋转;小伙子围坐四周,唱一种叫《请月姑》的民间曲艺。靖西荣劳一带举行灯会,孩子们提着用彩纸扎成的各种动物灯,成群结队从各家赏月的八仙桌前经过,街头巷尾,一片灯火。有的用半个柚子皮做成"船",内插蜡烛,放到池塘里,任其漂流,火光满塘,十分壮丽。西林驮娘江一带,还有"骂中秋"之俗,小伙子到各家恶作剧,挨主人一顿骂,挨骂越多越吉利。

德禄中秋节——初名"闹囊孩",后称"闹哥孩"。广西德禄县壮族民间节日,故名。农历八月十五日举行。"闹囊孩"意为"请月亮仙女下凡与民同乐"。组织、参与者乃女性,而所闹对象是男性,故易称"闹哥孩"。届时,男女老少村民皆往围观。闹台摆一碗米,上插树根燃香,两边各摆一碗月饼。台两边各竖一根柴担:一顶端插一柚果,果插若干香条、蜡烛;另一顶部挂一双鞋、一双袜、一块面巾。妇女们围台落座,唱歌请月亮上仙大哥下凡同乐。约历时许,数女子起而东跑西串,被认作仙大哥已下凡。她们跑一阵,即坐闹台前,身子左右摇摆,口内嘟囔含糊不清的话。其他女子纷纷走近,向其卜问未来祸福;"仙大哥"们一一作答。从此,"仙大哥"们即成公认巫婆。卜毕,闹台妇女开始对歌,内容多涉社会历史,不及情爱。对歌常持续数夜。

闹囊孩——参见"德禄中秋节"条。

闹哥孩——参见"德禄中秋节"条。

布依族中秋节——布依族民间节日。农历八月十五夜举行,俗项略异汉族。富有特色的是,届时,一些地方盛行"偷"老瓜煮糯米饭之俗。他们将"偷"来的老瓜,用红布包好,一路鸣放爆竹,送到未有子嗣之家。主人则要请送瓜者吃酒。此夜,孩子们则到地里"偷"葵花、花生,拿到无子女人家去炒着吃。当地俗信认为,这样会给这家人带去子女。有趣的是,被偷的人家,并不责怪偷吃者,反而认为被偷的瓜蔓、葵花会结出更大更好的瓜和葵花,花生也因被偷而更加粒大饱满。据当地人讲,中秋是人间团圆佳节,无子女之家会因为有人送瓜而得团圆吉兆,送花生、葵花则是祝福早生贵子。

嘉俳节——族称"秋夕节""仲秋节"。朝鲜族民间传统节日。流行于东北朝鲜族聚居区。农历八月十五日举行。届时,人们宰牛杀鸡,烹煮佳肴,用新谷制作打糕和松饼等节食。松饼的做法:把米面蒸熟后打成黏团,再擀为小片,或把米面和好擀成片,用小豆、豌豆、芝麻、苏子、栗子、糖等做馅儿,包成弯月形菱角状,入锅蒸熟即可。大小若花生,味道似元宵汤圆,别有风味。节期,各村间一连数日举行摔跤、荡秋千、跳跳板和球类比赛。其规模大小与时间长短,视年景好坏、农活忙闲而定。如今,延边朝鲜族自治州已将比赛改在公历9月3日州庆或10月1日国庆举行。仲秋夜,风轻云淡,月朗星稀,家家户户在院中设香案,对月祈祷,吃瓜果,品月饼,赏明月,尽享丰收、团圆之乐。朝鲜族祭月活动,历史悠久。据考,古新罗(公元初至公元十世纪)儒理执政时,让其二女将木部女子分成两队,在大都庭院中比赛织麻,从七月十五,一直赛到八月十五结束。败队置办酒席,款待胜队,并作歌舞百戏。后渐演化为嘉俳节。"俳"即杂戏、滑稽戏。"嘉俳"并非朝鲜语音译,乃汉语。朝鲜族拼音文字始创十五世纪,此前使用汉文。

朝鲜族秋夕节——参见"嘉俳节"条。
朝鲜族仲秋节——参见"嘉俳节"条。

满族八月节——族称"扎宫比亚叶能叶",亦称"中秋节"。全国各地满族传统岁时节日。农历八月十五日举行。节源汉族习俗,始见周代。《周礼·春官·籥章》载:"中春,昼击土鼓,龡豳,以逆迎暑,中秋夜迎寒,亦如之。"当时,每年中秋节夜,人们都要举行迎寒和祭月活动。此俗在汉代已具雏形,但时在立秋之日。晋代始有赏月活动,但仍未成俗。直至宋代,才统一将八月十五定为"中秋节"。八月十五恰逢三秋之半,故名"中秋"。节夜,月亮圆、亮,人们合家团聚,赏月度节,寓意圆满。南宋吴自牧《梦粱录·中秋》载:"八月十五日秋节,……王孙公子,富家巨室,莫不登危楼,临轩玩月……至如铺席之家,也登小小月台,安排家宴,团圆子女,以酬佳节。虽陋巷贫窭之人,解衣市酒,勉强迎欢,不肯虚度。此夜天街卖买,直至五鼓,玩月游人,婆娑于市,至晓不绝。"可见,当时民间中秋节俗之盛。节食佳品是月饼。苏东坡诗云:"小饼如嚼月,中有酥和怡(饴)。"此后,相沿不衰。至清代,各地又现拜月、烧斗香、走月亮、放天灯、树中秋、点塔灯、舞火龙、曳石等活动。满族先民有祭日月星辰之俗。满汉长期杂居,尤其满族入关后,两族文化习俗彼此渗透,满"祭月"渐渗汉"赏月",遂成"八月节"。东北有些满人过中秋,不叫"赏月",而称"供月",显乃祭月遗风。节夜,明月升空,家家在院里摆一桌子,放上月饼、苹果、桃、梨、葡萄等水果和食品,点三炷香,全家大小对着月亮叩头(有的地方只烧香),拜后,围坐桌边,共尝月饼和果品。今供月习俗废,而吃月饼、赏月之风,依然盛行。

扎宫比亚叶能叶——参见"满族八月节"条。

满族中秋节——参见"满族八月节"条。

满族供月——参见"满族八月节"条。

侗族中秋节——侗族民间节日。农历八月十五日夜举行。节夜,除赏月、吃月饼和水果外,有的侗寨男女青年还聚集村寨广场,唱歌跳舞、吹芦笙。特别是湖南芷江一带,是夜还兴"偷瓜"。偷瓜时不怕骂,当地人认为越是挨骂越会走好运。尤其是年轻人,心目中爱上了哪家姑娘,就会特意偷她家菜园里的瓜果。有些地方,还兴"偷瓜送子"。后生们将自己偷到的瓜果,送到新婚或久婚不孕妇女的床头,意为瓜果内有籽,得此瓜者必得子。得瓜妇女十分高兴,会加倍奖赏送瓜者。

白族中秋节——云南白族民间节日。农历八月十五日举行。届时,家家备果品、糕点。皓月东升,遂置席祭天地,拜月神。旋邀亲朋到家吃月饼、赏月。当晚,盛行馈饷亲友之俗,礼物有新鲜果品、苞谷、黄豆角等,意寓五谷丰登。月饼多为家庭主妇自做。大理、喜洲、凤羽、乔后等地,多以做月饼的优劣审视主妇烹调技艺的高低。昆明附近白族,节夜吃饵馔面条。鹤庆白族,节夜举行漂河灯活动:特制各形纸灯,内点蜡烛或油灯,沿河漂放,以漂远、不灭为佳。另,亦将各种彩灯置河岸,耍龙灯、狮灯、白鹤灯。青年男女喜划龙船、对歌及跳舞,以借机连情。

傣族中秋节——傣族民间节日。流行于云南新平、景谷及德宏等地。农历八月十五日举行。届时,人们披着月光,登屋顶平台,放一小篾桌,摆上糯米粑粑等供品,由家长主持祭月,祈祷人寿年丰;然后,对空鸣放火枪;最后,举家围坐小桌,品尝节食,谈笑赏月。

土家族中秋节——土家族民间传统节日。流行于湖北长阳。农历八月十五日举行。俗项有拜月、赏月两大项,前者已泯。今存:一,家人围坐,设月饼、点心、瓜果,阖家赏月;二,赠亲友月饼、点心,意蕴和合完美;三,"摸秋",即夜"盗"村邻南瓜,插一条彩红、一个红辣椒(象征男孩生殖器),取"南男同音,谓易得男",送无子之家,助其得子;四,以夜月天象,占年成、气象,乡谚云:"云遮中秋月,雨打上元灯","八月十五云遮月,正月十五雪打灯"。

宾川土家族尝新节——土家族民间节日。流行于云南宾川县。于农历八月十五日前后,各村据庄稼成熟情况择日举行。节晨,主妇们下田捋已成熟的稻谷,男子在家杀鸡宰羊。捋来的新谷子经焙干后舂成米,煮新饭。煮前,由年长者拿一碗旧米搀入新米,同时煮,表示年年有余,新、旧米接着吃。饭熟,第一碗饭要喂狗吃。据传,玉皇大帝本是将稻谷赏给狗的,而狗让给人来栽种。此举意在不忘狗的恩德。喜庆日子,土家多借机举办订婚仪式。男女青年也相邀出玩,老年人则在家中对亲家。若双方同意,便喝下互敬的米酒,定下儿女终身大事。

海南八月会——亦称调声节。汉族民间传统节日。流行于海南儋州一带。农历八月十五日举行。青年男女欢聚县镇,互赠月饼、花巾等礼品。入夜,他们涌进村边赛歌场,进行"调声对歌"。各方由"调声头"(歌头)主唱,队友帮腔,内容有情歌、盘歌、生产歌等。赛间,此唱彼答,一唱众和,热烈异常。盛大赛歌往往通宵达旦。

调声节——参见"海南八月会"条。

黎族中秋节——黎族民间节日。农历八月十五日举行。流行于海南五指山等地。据考，这些黎族乃海南最早黎胞分支之一，已历数千年。起初，黎族不过中秋节，经与周边他族交往，开始过节，俗称八月会、调声节。届时，各集镇、村庄纷纷举行歌舞聚会，每村由一"调声头"率领男女青年参加，互赠月饼、香糕、甜粑、彩扇、织锦、服饰等。入夜，则聚集篝火旁，烤食野味，饮酒、赏月、唱歌。未婚青年则借机挑选伴侣，互送信物。

黎族八月会——参见"黎族中秋节"条。

黎族调声节——参见"黎族中秋节"条。

傈僳族团圆节——亦称祭月亮、供月亮。傈僳族民间节日。流行于云南丽江地区。农历八月十五日举行，与汉族中秋不无渊源，强调阖家团聚。届时，家家先洒扫庭院，把房前屋后收拾干净，在外谋生、出门的人，要尽可能赶回家与亲人团聚。节夜，祭月、赏月、吃月饼。祭月在月亮东升后进行，祈全家平安。为了表示吉利，村民还要在一圆形器皿上放置月饼、毛豆枝和炒栗子等供品。民间认为，月亮属阴，拜月因由妇女先拜，男子后拜或免拜。拜月后，合家围聚，共吃月饼，喝团圆酒。吃月饼时，第一块要给家中年长者，以示敬老。

傈僳族祭月亮——参见"傈僳族团圆节"条。

傈僳族供月亮——参见"傈僳族团圆节"条。

畲族中秋节——福建畲家民间岁时节日。农历八月十五日举行。本畲家祖公秋祭日。昔时过节，人们纷纷蒸千层米糕，拜祭畲家祖公。伴随社会变迁，它已从祭祖扩展为庆秋收开镰"尝新米"喜庆活动，还被人们视为走亲访友佳节。常见节俗即在家陪客唱歌，还常集中县城去对歌。对歌时，男女各站一边，女性还特别喜欢挤在一起。不参加唱歌的妇女亦照例和歌者挤在一起，以壮声势。

哈巴节——拉祜族中秋节。译意"月亮节"，亦称"月圆节"。云南拉祜族民间传统农祀节日。农历八月十五日举行。拉祜认为，月亮神主宰着每年时令节气。人们要按时节举行祭祀月亮神仪式，敬献谷子瓜果，借以庆丰收。届时，一轮明月升起，人们便带着收获的菠萝、芭蕉、黄瓜、南瓜、白薯、谷穗等食物，怀着收获的喜悦，来到寨子后面祭地祭祀月亮神。人们把祭品放上竹篾祭桌，男子靠祭桌而立，女子站在后边，由族内一位德高望重的老者虔诚地向月亮神祈祷，感谢月亮神赐予收获与幸福。祭毕，人们回到寨子中广场，燃起熊熊篝火，围着火堆吹起芦笙，载歌载舞，庆祝米粮满仓。在一些深受佛教影响的村寨，人们则前往寨中供奉菩萨偶像的寺庙。寺庙系长宽尺余的矮小茅草建筑物，内挂一幅上绘月亮的大白布，下面设供桌、香炉、蜡台。傍晚时分，人们带来刚采摘的黄瓜、菠萝、石榴、芭蕉等，摆好供品，点燃香蜡，烧纸钱，后由佛爷念经，祈祷保佑万物众生，五谷丰登。祭毕，人们聚集寨中歌场，唱歌跳舞，并举赛歌会，获胜者可得"戛木可"（歌手）称号。青年男女则借机谈情说爱，互诉心曲。

拉祜族月亮节——参见"哈巴节"条。

拉祜族月圆节——参见"哈巴节"条。

纳西族中秋节——纳西族民间节日。农历八月十五日举行。流行于云南丽江等地纳西村寨。届时，人们以本地本族独有的方式进行中秋赏月活动。主要程序是"供月亮"。月亮还没冒头，人们即开始准备，家人不得缺席。供品除月饼外，还须有煮熟带秆带壳的青黄豆、核桃、板栗及水果等。月饼系亲手所做，香脆不腻，朴素贵雅，族称"班涛"，主要用面粉、苦荞粉、红糖水与油脂和成面团，包上桃仁、火腿、玫瑰糖、细沙馅，表撒芝麻，压印图案，经烘烤而成。按节俗，节前须做完月饼，且在亲朋中互赠。哪家月饼做得好吃，将获得一致的好口碑。

土族八月十五节——亦称"八月十五打月亮"。土族民间传统节日。流行于青海同仁、互助、民和、乐都等地土族村寨。农历八月十五日举行。节俗因地有异。通常，是夜，在庭院放桌凳，摆上馍、鲜果、月饼，龙碗里斟满香喷喷的奶茶，品茶赏月，谈论丰收。有的人家不赏月，也不品茶，而在院里放一盆清水，让月亮倒影显现在清水盆中，不停用小石子打盆中月亮，谓"打月亮"。有的家庭做一个直径尺许的蒸饼，谓之"大月饼"，内放红曲粉、绿香豆粉、姜黄粉等有色香料，蒸熟时，绽开好多缝隙，宛似绽开的花朵。又，将特做的大月饼和瓜、果等摆桌上，点上油灯，煨桑磕头，迎接明月。明月升起，全家男女老少围坐一起，吃大月饼、瓜果等节食，吃得越多，预示越吉祥平安。其时，有些孩童还跑到别人家中"偷食"祭月供品，主人看见亦若无其事，是为俗。

八月十五打月亮——参见"土族八月十五节"条。

达斡尔族中秋节——达斡尔族民间节日。农历八月十五日举行。旨在庆祝五谷丰登，六畜兴旺。节前，各户屠宰牲畜，准备佳肴。明月东升，男女老少叩拜月神，用月饼、西瓜上供。之后，全家聚餐，照例先敬老人，请安。无论家境如何，过中秋皆要吃酥饼、饺子。

仫佬族中秋节——俗称"后生节"。仫佬族民间节日。流行于广西罗城等地仫佬山乡。农历八月十五日举行。人们认为中秋乃小伙、姑娘们开展"走坡"社交，连情择偶的佳节。届时，花前月下，到处是后生们的世界。节间，人们非常喜欢吃"干切粉"，称"特色节食"。该县凤梧村所产，饮誉遐迩。

仫佬族后生节——参见"仫佬族中秋节"条。

毛南族中秋节——亦称"射月亮"。毛南族民间节日。流行于广西环江一带。农历八月十五日举行。毛南族过中秋也吃月饼，全家团圆。与汉族不同处是有"射月亮"之俗。届时，每家都用新糯米加工成米粉和糍粑，加上当地菜牛肉炒成菜，恭恭敬敬地祭祖先。夜晚，圆月升空，各家在门前摆上桌子，上放酒、菜、果品等食物，全家围坐桌旁，边赏月边吃晚饭。同时，在桌旁绑一根竹竿，约一二丈长，上插一个柚子，柚子上再插上三根点燃的香，以供祭月亮，称"射月亮"。大家欢欢喜喜，赏月之余，青年男女到山坡上月光下对歌，老人们说古道今，孩子们在月色中追逐游戏，直至深夜。

毛南族射月亮——参见"毛南族中秋节"条。

阿昌族中秋节——云南阿昌族民间节日。农历八月十五日举行。独具特色：这天，人们对狗特别敬重，家家户户皆用新收获粮食，让狗饱餐一顿。"中秋敬狗"

源一古老传说:从前,稻谷满山遍野,高大如芭蕉,且自生自长,不需人们栽种。而人们并未珍惜上天赐予的幸福,不但好吃懒做,还大肆糟蹋粮食。观音娘娘一气之下,挥手刮起一阵狂风,卷走所有稻谷。人们很快便饿得筋疲力尽、皮包骨头,狗也饿得嗷嗷直叫。观音娘娘听到狗叫,念狗无辜,便朝狗叫之处撒下许多谷子。人们见此情景,便上前与狗争食。此时,一位长老走来劝阻人们,并把一些谷子捡起来,播撒在河边田地里。从此,人们学会了种植,懂得了勤劳节俭。为汲取此教训,也为报狗恩德,阿昌人就选择秋收后月亮最圆、最亮之日,一早即用新收粮食敬献狗。当然,这天人们也高高兴兴地祭祖宗,访亲友,欢聚娱乐,共祝美好收成。

鄂温克族八月十五——亦称中秋节、仲秋节。黑龙江、内蒙古鄂温克族与汉族共同的传统节日。农历八月十五日举行,故名。俗源汉族,清代大批汉人迁往关外,与当地鄂温克等族长期杂居,久而各族节日相互融合。节以合家欢聚、供月为主要内容,寓"圆满"之意。同时,节间习惯探亲访友,互相宴请。是夜,有的地区,在月亮东升后,男女青年聚集于篝火旁,欢歌纵舞,直至深夜。

鄂温克族中秋——参见"鄂温克族八月十五"条。

鄂温克族仲秋节——参见"鄂温克族八月十五"条。

京族中秋节——京族民间节日。农历八月十五日举行。流行于广西防城京族村寨。京族过中秋也赏月、吃月饼,全家吃团圆饭、欢庆渔业丰收等。另,青年人谈情说爱。最有特色是"对花屐"。节夜,明月升空,姑娘、小伙分别成群结队来到山坡草坪,对唱情歌,唱到情投意合时,即悄悄拿出花屐,与对方应答,如果两人花屐正好合成一对时,就表"天作之合"了。事实上,早有爱慕之情的男女双方,平时已偷偷记下对方脚的大小尺寸,此时自然会拿出一样的花屐来。他们的花屐对上以后,即高兴地互相祝贺。歌舞声中,他们对打花屐,打出各种快慢、长短的节奏来。中秋之夜此举,实际成为男女青年定亲的准备。

鄂伦春族中秋节——鄂伦春族民间节日。农历八月十五日举行。突出节俗是"打月亮"。旨在祭拜月神。届时,在露天空地,放一盆清水,让月亮倒影映入盆中;旁摆祭品,然后跪在盆前,向月叩拜。拜毕,人们不停地用小石子投打盆中月亮,祈月神保佑人畜平安,并以月光形影变化卜吉凶祸福。俗称"打月亮"。

鄂伦春族打月亮——参见"鄂伦春族中秋节"条。

仡佬族八月节——亦称迎新谷、迎新谷节、吃新节、尝新节、献新节、吃新祭祖。仡佬族民间传统节日。流行于黔、桂、湘三省区交界仡佬族山区。节期多历两三天,起讫因地有异,多于农历八月十五日,一些地方于七月初七,或新谷将登场之七八月间择日。贵州普定在农历七月初七(少数在七月首个辰或戌日);安顺、平坝等地,在七月首个辰或戌日;披袍在农历七月首个龙场天,闰年则在八月首个蛇场天。少数仡佬村寨在新谷登场时。传说,盘古教会仡佬先祖开荒辟草,挖田种谷,且发起"吃新"。后人缅怀盘古恩德,并为纪念金角龙王供水、沙达捕鼠之功,年年过节。届时,家家杀鸡杀鸭,购酒买肉,煮牛肉,祭祀祖先。旧时,各村寨还以家族为单位,由家族长率领,全家族抬着小猪,提着公鸡、大鸭作三牲祭品到菩萨树前,上香燃纸,鸣枪放炮,向天地跪拜,祭祀祖宗,祈五谷丰收,并示全家族团结。节夜,妇女精心打扮,着短上衣、长筒裙,佩首饰,男子着对襟衣,头包长帕,欢聚皎洁月光下,纵情歌舞。翌日,家家户户到自己地里采回一些谷物、蔬菜、瓜果等,以做家宴,合家聚餐。饭后,老人们走村串寨,访亲问友;妇女们背着小孩,带着节日礼品,回娘家,与亲友团聚;小伙、姑娘们继续前往广场歌舞,玩别具一格的"打篾鸡蛋"(竹篾条编织的球),有固定范围的"对打"和不固定范围的"追打"。节后,村村寨寨积极准备秋收、秋播。

仡佬族迎新谷——参见"仡佬族八月节"条。

仡佬族迎新谷节——参见"仡佬族八月节"条。

仡佬族吃新节——参见"仡佬族八月节"条。

仡佬族尝新节——参见"仡佬族八月节"条。

仡佬族献新节——参见"仡佬族八月节"条。

仡佬族吃新祭祖——参见"仡佬族八月节"条。

畲族中秋歌节——畲族民间歌节。流行福建福安、宁德两县。农历八月十五日举行。畲族视此日为走亲访友吉日,陪客唱歌是其独特习俗。此外,还要集中县城对歌。届时,人们结伴来到县城,白天访亲探友,晚上欢聚对歌。对歌时男女各站一边,不参加唱歌的妇女也要和歌者挤在一起,以壮声势。高明歌手,可以随便转换曲调。除对唱外,最爱唱的是一种双音,称"双条落",属于二重唱性质,独具浓厚畲乡特色。

梅州客家山歌节——汉族客家人传统节日。流行于广东梅州。农历八月十五日举行。梅州乃广东民间传说中刘三妹的故乡,百姓酷喜唱山歌。届时,人们照例集会,联唱山歌,或打擂唱歌。1984年,梅州市人民政府将此日定为当地"山歌节"。从此,梅州此节更加汇集四方歌手,男女老少人人引吭高歌。山歌联唱、山歌打擂台、山歌剧表演,形式更丰富,场面更浩大,使整个梅州沉浸在欢快的歌声之中。

宜山水年——水族民间传统年节。流行广西宜山一带。农历八月十五日举行,历两三天。节前,家家杀肥猪、宰鸡鸭、推豆腐、舂粑粑、炸油果、贴对联,忙个不停。是日,外出家人和已嫁姑娘,须尽力赶回与家人团圆。年宴夜,摆满丰盛菜肴和水酒,举家高高兴兴吃年饭。时值中秋佳节,饭后,长者把月饼切成与人数相等的份数,每人各发一份。当晚用过的炊具、餐具,须用灰水洗净,不得粘油。已嫁姑娘,年节之夜皆禁住娘家,或由兄弟姐妹送回夫家,或在本村非水族人家借住一宿。大年初一,全天吃素不粘荤。据说,水族祖先当年生活艰辛,缺吃少穿,大年初一没有粘荤。此俗旨在缅怀祖先,传至今日。节间,男女老幼着民族服装,纷纷提着礼品走村串寨,访亲问友贺年;主人则宰活鱼招待客人。席间,每人面前摆一大碗,酒过三巡,便开始喝"团团酒"。每人面前碗中斟满酒,双手胸前交叉,右手端起自己酒碗,让左边人喝,左手则接饮右边同席递过来的酒碗。在座主客,联成一圆圈。众人齐声喊:"秀!秀!"众一饮而尽,意寓齐心团结,亲密无间。男女青年则单独欢聚,在铜鼓、芦笙伴奏下跳铜鼓舞、斗角舞等,欢庆丰收。

邓川渔潭会——亦称嫁妆会、八月十五会。白族民间传统节日。流行于云南大理州邓川一带。农历八月十五日举行。历五至七天。于邓川罗峙江入洱海处之渔潭坡举行,故名。邓川渔潭会是滇西仅次于三月街的大型物资交流会,以经营农产品、畜牧、渔具,尤其嫁妆为主。相传,元世祖忽必烈攻打大理国时,渡金沙江,达渔潭坡,立马南望,苍山洱海全被云雾遮住,无法前进。其军师耶律楚材说:"大理是佛国,佛施法力,用云雾把大理掩护起来,使我们不能进兵。倘号令士兵进大理时,爱护百姓,不许妄杀无辜,自会云消雾散了。"忽必烈纳谏,如是号令全军将士,果然天空豁然开朗,兵马顺利进入大理。忽必烈驻军渔潭坡一带。他告示百姓照常安居乐业,尽量卖食物给军队,渔潭坡慢慢地形成了一个街了。此后,当地人每年中秋节前后照例赶街,逐渐演变为节。届时,白族群众竞着节日盛装,从四面八方来此赶集。青年人则利用赶集歌舞娱乐,姑娘们多在会间选购衣物以作嫁妆。

白族嫁妆会——参见"邓川渔潭会"条。

八月十五会——参见"邓川渔潭会"条。

阿昌族佳舍节——亦作佳舍甲、阿昌尝新节。阿昌族民间纪念性宗教节日。流行于云南梁河、陇川等县阿昌族村寨。农历八月十五日举行。节源传说:从前有一干农活能手老寡妇,指点村邻干活,连年丰收,被誉"老姑太"。她年老眼盲,仍由孙女牵扶,拄拐杖去各家传授生产经验。某日,她独自摸到玉米地,昏了过去后被儿子唤醒。她弥留遗言:"我死后,每年八月十五,在我拐棍上捆一捆新苞谷,靠立堂屋。你们就有吃穿了。"此后,阿昌人年年八月十五都祭祀她。节间,家家把宅内外打扫干净,下地找来一蓬莲籽多的大芽头、一棵结双穗的苞谷,捆在一根半米长杆子上,将杆立堂屋左或右角,煮新米饭,杀鸡,连同栗子、梨,一并供上。然后,举家站立堂屋举祭。主祭者唱祭词,请老姑太共享丰收果实,感谢她保佑阿昌。

阿昌族佳舍甲——参见"阿昌族佳舍节"条。

阿昌族尝新节——参见"阿昌族佳舍节"条。

丰年祭——亦称丰收节、丰收祭、收获节。台湾少数民族各支系民间传统隆重农祀节日。台湾少数民族昔称"九族",即阿美、泰雅、排湾、布农、鲁凯、卑南、邹(曹)、赛夏、达悟(雅美),今复区分出邵、噶玛兰、太鲁阁、赛德克等新支系。诸支系庆丰收过节历一周许,集中于农历七、八月间举行,以八月十五著称;于收割、尝新、入仓等收获诸环节开始或结束。共同节俗:举行相应祭仪,祈求祖先神灵保佑庄稼顺利收获,预祝来年五谷丰收、人畜两旺。祭毕,举行聚餐、歌舞、游戏及篝火晚会等。论场面,以花莲台东与台中阿里山等地尤盛。

丰收节——参见"丰年祭"条。
丰收祭——参见"丰年祭"条。
收获节——参见"丰年祭"条。

曹人年祭——昔谓"人头祭"。台湾曹人古老祭祀节日。流行于台湾省阿里山一带。农历八月十五日举行。原始遗风"砍头祭谷",此节已泯。

原始人头祭——参见"曹人年祭"条。

背篓会——台湾少数民族民间传统情爱节日。农历八月十五日举行。人们以歌舞交往为媒,选择意中人。届时,主持人先把村里少男少女召集槟榔树下,对其高声祝福:"姑娘美丽,小伙英俊,月光柔和。在这美好夜色里,年轻人要唱歌跳舞,勇敢地追求各自的意中人!"然后,小伙们开始攀登槟榔树。攀时,只能用手和脚,肚皮不能贴着树干,充分显示各自的力量和技巧。爬上树后,要采下五十个象征生活幸福美满的槟榔,同时偷窥好自己的意中人,再迅速滑下树干。这时,主持人向姑娘夸奖一番。姑娘们身背背篓,随着一片欢笑声,四处跑开。小伙们在后面追逐,往背篓中丢槟榔。姑娘在奔跑中回头张望,若发现小伙并非自己意中人,就把篓中槟榔倒出来;否则,就双双跑到主持人面前:姑娘跪地,小伙子半跪,接受祝福,随后,双双跑进茂密树林中幽会。背篓会从日落月升开始,一直进行到月落日升,彻夜歌舞不停。对于那些尚未找到对象的少男少女,主持人会给以安慰,鼓励他们明年再来。现今此节,增添了其他一些娱乐活动。

拉祜族新谷节——亦称接新谷节、尝新米节、尝新节。云南拉祜族民间传统农事节日。农历八月十五日举行,一些地方于七月底至八月初择日。谁家谷子先熟,即先过节。节源传说:远古,拉祜人不知种谷,仅靠采集、狩猎清苦度日。天神厄莎教会他们种田。为谢天神,每当谷子成熟,人们便烘干谷子,舂米,煮新米饭,敬献天神,并辅以各种歌舞娱神,久而成节。节天,主家挂谷穗于正门,远近亲友携礼品前来道贺,主家备宴款待,临时在堂屋摆神桌,上置谷穗、点香火,以鸡肉、米饭、瓜豆等供祭祖先。旁另摆一桌,宴来客及村中老人。新米、老米一同煮,意寓"新米接老米,永远吃不完"。饭前,照例由家主先给狗盛一大碗米饭;再给客人们倒酒,并推举一老人祝酒致辞。主客互祝人寿年丰。饭后,全村老少聚集,男女青年吹奏芦笙,敲击象脚鼓、铓锣,欢跳象征农事活动及各种传统舞蹈,并借机暗觅意中人。老人们聚集某家竹楼,喝酒,咂烟,叙家常。入夜,全寨尤其青年们,于打谷场围篝火高歌纵舞,通宵达旦。

拉祜族接新谷节——参见"拉祜族新谷节"条。

拉祜族尝新米节——参见"拉祜族新谷节"条。

拉祜族尝新节——参见"拉祜族新米节"条。

八月尝新节——族称"切戏作璞"。彝族民间传统庆丰收节日。农历八月十五日举行。节天,各家定要舂出新米,开怀一尝。倘遇阴雨,亦须用炕焙干,杵臼舂出新米,确保节日吃上新米饭。饭前,先要舀一大碗,喂饱家犬,然后人们才能尝新。相传,远古洪水滔天,生灵涂炭,万物绝种。彝族始祖阿笃兄妹带着自家小狗和一只公鸡,躲入葫芦里漂流,历尽艰辛,漂泊到波罗海滨柳树湾。待洪水消退,兄妹藏身的葫芦挂在了柳树上。五更破晓,从天边飞来一只神鹰,啄穿葫芦,兄妹得以生还,人世得以延续。脱险后,兄妹惊喜地发现,狗尾绒毛上粘着几粒谷子,狗的腿下夹着两粒扁豆。原来,这是洪水前狗爬上五谷堆嬉戏打闹时粘上的。彝家感激狗的奇功,视狗为福禄化身,平日悉心喂养,出门牧耕形影相伴,且忌食狗肉。每逢年节或大喜，皆"先狗后人"用餐；对打鸣报晓的公鸡，亦甚珍爱，但凡喜庆节日或上山狩猎，都要看鸡卦，卜吉凶。他们深信鸡知晨懂时，先知先觉，天生能预测吉凶。另，彝家视葫芦、鹰爪杨柳为饱具法力的吉物，倍加敬崇。节俗是，接回出嫁姑娘，请来族内长老，亲朋好友邀聚，杀鸡宰羊，庆丰收，尝新米。节夜，男女老少在皎洁的月光下，吹葫芦笙、笛噜，弹大三弦，围着篝火狂欢纵舞。未婚男女则相约成对，吹着柳叶，唱着情歌，携手在村旁幽静竹林幽会。

切戏作璞——参见"八月尝新节"条。

鹿鸣尝新节——彝族民间传统节日。流行于云南大理祥云县鹿鸣一带，故名。农历八月十五日举行。时值开镰收割，家家户户邀请亲朋好友前来分享丰收快乐。人们杀猪宰羊，准备丰盛节食。节日晚餐最讲究，既有美酒佳肴，更有一锅香喷喷的新米饭。饭前，各家先用新米饭及鸡、羊、猪肉祭神敬祖，表示不忘神和祖宗恩惠，祈求保佑来年五谷丰收。晚饭开席，宾主共尝新米饭，后一边饮酒，一边叙谈，欢声笑语，庆祝丰收。

将军洞庙会——云南白族民间传统节日。农历八月十五日，在大理市下关举行。将军，此指与南诏国军队鏖战于关外古战场的唐朝大将李密，已被当地白族供奉为"本主"，象征地方保护神。"洞"，古时当地部族习称，其酋长称"洞主"；"将军洞"指为李密将军所建之庙。值得关注的是，白族乡民将敌方败将塑作"本主"，殊为例外！这体现了特殊历史背景下特殊政治意味，堪谓中华民族关系史上的生动佳话。每年节间，远近白族乡民纷至沓来，抬着"本主"的牌位到此朝拜李密将军。拜祭之余，人们照例唱乡戏、民歌，举行上刀杆等活动，热闹异常。

荻港摸秋——汉族民间传统节日。流行于安徽繁昌荻港镇一带。农历八月十五夜举行。届时，村里孩童们结伙下田间，趁黑"摸"摘瓜豆，称"摸秋"。他们将"摸"得的南瓜、扁豆、红辣椒等集中起来，用南瓜作人身，用扁豆作眉、眼、耳、鼻、嘴等，用红辣椒作男性生殖器，敲锣打鼓送往村中新婚夫妇家中，祝其早生贵子。主家照例热情款待。

锡伯族祭月——锡伯族民间传统祭祀节日。农历八月十五夜举行。届时，人们在门外置一供桌，上置切开的瓜及苹果。然后，全家人跪下向月叩头，拜请月宫神仙下凡，品尝人间瓜果，保佑人间平安。

祭月神——亦称祭太阴娘娘、祭太阴星君。汉族民间宗教节日。流行于浙江、云南等地。于传为月亮菩萨生日之农历八月十五夜举行。旨在祈月神赐福。民间有传：孩童营养不良、多病，向太阴星君祈福，甚灵验。届时，皓月当空，人们或往寺进香，或在门前、宅院虔诚排设香案，点一对红烛，供四色鲜果，焚香膜拜。富裕之家则搭高台、摆灯具、奉香斗，祭仪更盛。此外，还有赏月会。一家人团圆，或筵款亲朋，在皓月笼罩下共度良宵，其间有博状元饼、听香等习俗。

祭太阴娘娘——参见"祭月神"条。
祭太阴星君——参见"祭月神"条。

侗族南瓜节——侗族民间传统娱乐节日。流行于广西三江程阳及湘南侗乡。农历八月十五日举行。届时，男女青年聚集村寨广场,开展唱歌跳舞、吹芦笙等活动。湖南芷江侗寨,晚上还兴"偷瓜"。偷瓜不怕骂,越是挨骂越会走好运。尤其小伙,爱上哪家姑娘,就特意偷她家菜园里的瓜果。有些地方,则兴偷瓜送子。后生们将偷到的瓜果送到新婚或久婚不孕妇女的床头,意寓"瓜果内有籽",得此瓜者必得子。得瓜的妇女十分高兴,会加倍奖赏送瓜者。节间,男孩们敲锣打鼓,说说唱唱,抬着插有彩旗、小花的南瓜,前往煮油茶的村寨,人们闻声,竞相观赏,以摸到南瓜为吉利。红日西沉、月亮露脸,油茶队的女孩将煮好的油茶端出,与男孩一起喝,喝完油茶,便吃煮熟的南瓜。其时,分成男女两队,用南瓜块打仗,你追我赶,嬉笑打闹,沉浸在节日欢乐之中。此节或与"偷月亮菜"互为地域性分支变体。

偷月亮菜——侗族山乡民间传统节日。流行于湖南新晃一带。农历八月十五夜举行。届时,明月高悬,姑娘们收拾得干净利索,手持一把布伞,遮住身体,便可到村寨中任何一家菜园里采摘瓜果蔬菜。菜园主人非但不生气,反而十分高兴。当地传说,此日夜晚是月宫仙女下凡、把甘露洒遍人间的时刻。沐浴过仙女甘露的瓜果蔬菜,任何人都可摘来享用。但,按当地习俗,这天晚上"偷"摘瓜果蔬菜,须有讲究:姑娘们摘完瓜果蔬菜,要高声叫嚷,以示知菜园主人,并请主人家小伙子到姑娘家做客。当晚,新婚年轻媳妇也"偷青",却另有目的。她们一心想摘到一个最大的瓜和一把鲜嫩的毛豆,象征不久自己生一个身体胖胖、头发黑黑的小宝宝。有的村寨,小伙亦"偷青",希望吃了仙女甘露沐浴过的瓜果蔬菜,能找到一个称心伴侣。此节或与"侗族南瓜节"互为地域性分支变体。

侗族赶坪节——亦称赶歌坪。侗族民间歌唱盛会。流行于贵州黎平等地。会期以甲子计算,分单、双年,单年农历八月十五日举行,历一天;双年八月十五、十六日举行,历两天。节晨,主办村寨以鼓楼为单位,姑娘们盛装打扮,由能歌善唱的老婆婆率领,来到指定地点。方圆数十里的侗、瑶、苗、汉各族民众,成群结队前往参加。先是各村寨芦笙队登场,各队以自己独特的旋律,竞相吹奏,进行比赛,最后决出优胜者。接着是唱歌,先唱侗族传统大歌,主要内容是规劝年轻人孝顺父母、尊敬公婆、为人正直等。然后,小伙子以棕叶包脸,泥巴涂身,穿上各种戏服,扮"叫花子"模样,邀外寨来的姑娘对歌。据说,是为了不让姑娘认出自己是谁,分不清贫富;又说,姑娘们喜欢小伙子像"叫花子"模样,它象征健康无病,能吃苦耐劳。对歌结束,小伙子下河洗澡,换上新衣。回到歌场与姑娘对歌、聊天。若双方有意,姑娘则主动邀小伙到其村寨做客,小伙则向姑娘馈赠小礼品。晚上,小伙子们应约前往,姑娘们又陪伴这些小伙子在歌堂中对唱情歌,或窃窃私语,直至深夜。

侗族赶歌坪——参见"侗族赶坪节"条。

黎平赛芦笙——亦称"芦笙会"。侗族民间歌舞娱乐节日。流行于贵州黎平一带。农历八月十五日(另说六月初六)举行。届时,以该县古邦寨为中心,方圆三四十里侗家村寨,皆派芦笙队参赛,观众上万。客队达主寨寨门,吹笙示意"报到";早已等候的主队,回报三曲以欢迎。各队到齐,便聚集宽阔河坝举赛。赛始,各队自行吹奏,各寨寨老组成之裁判组在较远地方倾听,以吹奏洪亮、乐声整齐为胜。主寨为优胜队挂红、鸣炮,表示祝贺。赛间,姑娘们习惯展赛花裙,小伙们则借机追觅意中人。赛毕,主寨姑娘、小伙们挑来一担担甜酒和米饭摆在路旁,犒劳参赛选手。待酒足饭饱,主客谦谢而散。

黎平芦笙会——参见"黎平赛芦笙"条。

博峪祭山节——藏族民间信仰节日。流行于甘肃南部文县博峪,故名。农历八月十五日举行。届时,各户聚粮钱酒食,由嘎巴(经师、巫师)用面做高两尺、长牛角的"斜角多玛神",神着纸文,其四角供众多纸剪羊和鸡。嘎巴念经毕,由一穿羊皮背心者捧着多玛和纸剪鸡羊,绕屋三匝,后颂咒于前,众人助吼于后,将多玛恭送神山中,并在山前杀牛祭祀,继而全寨分食牛肉,祈福。

嬉香龙——亦称舞香龙、舞草龙。汉族农民娱乐节日。流行于安徽黄山一带。农历八月十五夜举行。节俗因地有异。休宁称舞香龙,龙用稻草扎成,长短依舞龙人数而定,每隔七八尺支木棍一根,龙身插满点燃的篾香。香龙循街道行进舞动,后随各式花灯、锣鼓、鞭炮相伴。屯溪则在龙头悬挂一盏红灯,龙身插以"篾香",舞龙者多为村中孩童。舞到人家门口例唱一段吉祥言辞。黟县称"舞草龙",用稻草扎龙头,又以稻草捆成一束一束,连成龙身,再以一段由粗到细的稻草束做龙尾,每段之间用绳系着,每人手擎一段,配以锣鼓,上下滚动,欢度中秋。徽州地区欢度中秋的习俗除了各地常见的吃月饼、赏月、"摸秋"等习俗外,最具特色的就是舞草龙了。这一习俗流传于祁门、黟县、绩溪、歙县、休宁等地。

舞香龙——参见"嬉香龙"条。

舞草龙——参见"嬉香龙"条。

芋艿节——汉族民间纪念性节日。农历八月十五日举行。流行于东南沿海汉族聚居区。相传,明朝年间,倭寇侵我国东南沿海,百姓深受其苦。戚继光受命抗倭,取得很大胜利。中秋,戚家军在营地欢度佳节,半夜遭倭寇偷袭,被围困山上,粮草断绝。士兵们挖野菜时,挖到不少野芋艿,煮后很好吃,但不知其名。"芋艿"音谐"遇难"。戚继光说,为纪念遇难士兵,就叫它"遇难"吧。一夜,戚家军饱餐"遇难"后,奋勇突围,全歼倭寇于睡梦中。此后,东南沿海过中秋节,人们都要吃糖烧芋艿,以志不忘抗倭民族英雄功绩。年深日久,变为了"芋艿节"。

吃芋艿——参见"芋艿节"条。

亮子会——汉族民间宗教节日。流行于湖北武汉一带。农历八月十五日举行。届时,人们要远足木兰山朝拜真武帝君。因步行前往,路途遥远,须先祈脚力。善男信女们请道士设坛打醮,求神赐给脚力,能顺抵木兰山。之后,人们高举亮子神像,身背"朝山进香"黄布袋,浩浩荡荡进发。途中,领头人喊"匍匐叩首"时,老幼一律叩拜。长辈人讲,朝拜须谨言慎行,否则必招真武君降罪。进香者表情严肃、虔诚。此节已泯。

求禾花节——瑶族支系坳瑶民间传统农祀节日。流行于广西金秀县罗运乡。农历八月十五日举行。届时,各村乡民分成几组,自备酒肉等供品,前往各神庙祭神祈福。时值稻谷开花、抽穗、灌浆,因称此举为"求禾花"。祭毕,各户留一人,在庙聚餐,称"吃众"。

舞火狗节——瑶族民间传统驱邪祈福节日。流行于广东龙门兰田一带。农历八月十五日举行。节源火神崇拜,旨在驱祟避邪。白天，各村未婚青年男女上山采集藤条和黄姜，并由各户备好香火。晚上，全村姑娘在腰、手臂和腿上用藤条缠满姜叶，头戴斗笠。年长妇女在其身体缠藤部位点上香火，列队活动。先叩拜村中峒主爷和祖先。拜毕，穿街走巷，到每一户家中向灶王行礼。如队伍经过菜园，还得绕园一周。最后来到河边，将身上的藤条、姜叶和香火扔进河里。尔后，大家洗手洗脚，尽情地戏水作乐。青年男子在一旁燃放鞭炮助兴。待姑娘们玩够后，男女才开始对唱情歌，场面非常热烈。青年男女借机谈情说爱。按当地习俗，姑娘务必参加三次以上舞火狗节活动，方有资格结婚。

延年祀——汉族民间传统信仰性健身节日。流行于浙江丽水、龙泉、云和、青田、温州等地。农历八月十五夜举行。此日，值江潮达清溪门。各户女子着淡妆素衣，蜂拥至清溪门洗手，刻意徘徊于洒满月光之江畔，以避祸消灾。各户用微火调制姜糖，摆香案，祭祖宗；后，再全家共享，以延年益寿。节故名。

仫佬族走坡节——亦称后生节。仫佬族民间青年男女社交节日。流行于广西罗城一带。初无定期，多择农闲；后定农历八月十五日举行。走坡，即去山坡对歌游玩。今多到集市进行节日活动。届时，小伙、姑娘们打着花伞，带上粽粑等食品，相伴而行，来到野外或集市"走坡"对歌。花源洞是罗城仫佬有名的"走坡"场地之一。那里群山环抱，奇石林立，流水淙淙，苍松翠竹，四面八方的仫佬青年身穿节日盛装，几十、几百人，乃至几千人，汇集到这里。小伙选择好地方之后，三五人一伙，掏出手帕来做准备；几个姑娘从路上走来，小伙摇摇手中手帕，姑娘们就停下来对歌。先是集体对唱，择友后即成双对歌。不乏即兴自编，随意创作山歌，或取材于神话、传说的歌谣《古条》，或取材于讽刺、嘲笑、戏弄人的歌谣《烂口风》，等等。唱腔形式很多，有四句腔和六句腔，歌声时而激昂，时而婉转。唱到傍晚，若双方有意，便约定下次相会日期，彼此还赠送特制的鞋子、月饼等礼物，以示爱慕。近数十年来，走坡节已不限于青年人，成为男女老幼的大聚会，对唱山歌的场面更为热闹。

仫佬族后生节——参见"仫佬族走坡节"条。

情哥送饼日——侗族青年情恋节。流行于黔东南南明、大广一带。农历八月十五日举行。届时，青年男女身着艳丽民族服装，分别相邀前往事先约定之地。姑娘大都早到，三三两两躲在附近草丛或灌木林中，偷听小伙子对自己的议论。若小伙子评价高，姑娘十分高兴；若小伙子粗心失口，轻者遭姑娘讥笑讽刺，重者导致双方情断谊裂。待男女青年相见，互相问候。后一对对各选僻静地方，小伙摘树叶铺地，恭请姑娘坐下，并将自己随身带来的芝麻月饼摆在地上，双方共同享用。他们边吃月饼，边谈情说爱，直到夕阳西斜，才依依不舍地离去。

月光菩萨圣诞——佛教节日。农历八月十五日，在诸佛寺举行。在汉传佛教中，月光菩萨亦称月净菩萨、月光遍照菩萨，俗称月神、月光娘娘、太阴星主、太阴星君、月姑等，与日光菩萨同为药师如来之胁侍。中国民间流传最广的神仙之一。月神崇拜，源于原始信仰中的天体崇拜，在中国由来已久，世界各国亦甚普遍。届时,僧俗广众,尽皆虔诚拜祭。

月净菩萨圣诞——参见"月光菩萨圣诞"条。

月光遍照菩萨圣诞——参见"月光菩萨圣诞"条。

月神圣诞——参见"月光菩萨圣诞"条。

月光娘娘圣诞——参见"月光菩萨圣诞"条。

太阴星主圣诞——参见"月光菩萨圣诞"条。

太阴星君圣诞——参见"月光菩萨圣诞"条。

月姑圣诞——参见"月光菩萨圣诞"条。

十 六

宁波中秋节——汉族民间传统节日。流行于浙江宁波一带,故名。农历八月十六日举行。届时,人们设案供香,祭拜祖先,对月饮酒,披月泛舟,并以月饼馈赠亲友。晚一天过节,传说不一:其一,元末将领方国珍抗元,占据浙江一带时,下令推迟一日,与其生日同过。后沿袭成俗。其二,奉化一带,明代有官名赵文华,本浙江慈溪人,回乡过中秋,路途遥远,没按时赶到,奉化人便推迟一天过节,沿袭至今。其三,南宋孝宗时,右丞相兼太师史浩,原宁波人,每年中秋节都从京都临安(今杭州)赶回乡,与百姓同赏明月,深得宁波百姓尊敬。一年,他返乡途中不幸落马摔伤,次日方到明州(今宁波)。家乡父老一直等他归来,推迟十六日一同过节。民间效之,久而成节。

鹤庆果子节——白族民间传统节日。流行于云南鹤庆县辛屯镇地区。农历八月十六日举行。相传,某年农历八月十六日,天上百花仙子下凡,来到辛屯,见辛屯白族无果木,就教给栽种培植果木的方法。大家照办,吃上了各种各样水果。为感谢百花仙子,人们把每年八月十六定为百花仙子纪念日,称"果子节",沿袭至今。届时,家家户户设宴招待客人。午夜以后,全村人汇集在一起,端上中秋月饼和刚采摘的新鲜水果,吹着唢呐,唱着山歌,来到果园里,祭祀百花仙子。祭毕,青年人留在果园唱歌跳舞,尽情欢乐。

侗家赶歌坪——侗族民间传统对歌节。流行于贵州黎平县。农历八月十六日举行。节晨,主办寨以鼓楼房族为单位,姑娘们竞着盛装,由善歌老妇带领,进入指定地点,在铁炮、鸟枪、鞭炮声中,坐定四方阵形,开始唱歌,照例唱"侗族大歌",规劝人们孝父母、敬公婆、忠爱情、讲良善。邻寨男女青年蜂拥前来观赏。主村小伙们扮成"叫花子"向外村姑娘们"讨歌",一旦回应,立即换上新装,遂正式"对歌"。歌毕,小伙们纷纷赠以姑娘们小礼品;姑娘们则邀请小伙们到自己寨做客。是夜,小伙应邀前往,在其歌堂对歌,并趁机连情择偶,直至深夜。

十 七

游石湖——亦称"石湖串月"。汉族民间传统节日。流行于江苏苏州等地。农历八月十七、十八日,于苏州城西南郊上方山东麓之石湖举行。旧有上方山"借阴债、解钱粮"之俗。上方山东麓,广阔达廿五里。湖上有桥,名杏春桥。每当中秋月圆,银光洒湖面,桥九环洞每洞影中都可见一轮明月,九月成串,足称奇观。届时,人们纷纷结伴前往游湖。月夜,湖面船只星罗棋布,船灯高悬,笙乐不绝。武术、杂技等精彩表演,亦引来远近无数游客。众人赏景观月,其乐融融。

石湖串月——参见"游石湖"条。

十 八

雷堰斋水龙——汉族民间传统消防节日。流行于江苏武进雷堰乡一带。农历八月十八日举行。节日旨在确保秋后不遭火灾。届时,青年们聚餐一顿,商议天干物燥秋后防火事宜,调整、增补消防人员。届时,既祭拜"水龙",又检查、修补救火工具和部位,做抽水喷射试验等防火训练。

观潮节——亦称杭州湾观潮。汉族民间传统节日。流行于浙江杭州湾沿海地带。于传为潮神诞辰之农历八月十八日(或其前后)举行。杭州湾喇叭口地形特殊,届时,杭州钱塘江必起大潮,巨浪排空,潮声如雷。民众纷纷前往观赏钱塘潮。节源南宋。据传,旨在缅怀伍子胥。伍乃先秦吴国忠臣,吴王夫差贪迷酒色,伍子胥进谏,反被逼自尽,尸沉钱塘江。后人尊伍为"潮神",年年观潮纪念。南宋时,百姓倾城往江边观潮,看水军操练;一些青年披发文身争相弄潮。宋吴自牧《梦粱录》卷四载,杭人"伺潮出海,百十为群,执旗泅水上,为迓子胥弄潮之戏,或有手脚执五小旗浮潮头而戏弄"。宋周密《武林旧事》载,适时"江干上下十余里间,珠翠罗绮溢目,车马塞途,饮食百物皆倍穹常时,而僦赁看幕,虽席地而不容间也"。清初,江流改道,观潮从原临安城外(现杭州郊)移至海宁盐官。今观潮盛况仍不减当年。

杭州湾观潮——参见"观潮节"条。

泥人节——族称"多玛",意为打泥巴仗。侗族民间传统节日。流行于贵州肇兴一带。农历八月十八日举行。意寓"崇拜土地,欢庆丰收"。已历数百年。节源传说:古时,此地乃深山老林,虎豹成群。一天,两兄弟上山开垦荒田,被一群饿虎团团围住,十分危急。哥急中生智,往弟身上打泥巴,并发出怪叫声。弟明白哥的用意,亦用泥巴往哥身上乱打。兄弟俩瞬间变成了泥人。老虎不知是何怪物,吓得四处逃窜。人们听说此事,万分感慨:泥土生万物养育人,还能抵邪恶救人命,便举办"泥人节"以拜谢土地。节天,全寨老幼竟着盛装,准备最好的酒菜,吹芦笙,纵歌舞,喜迎八方来客,整个村寨一片欢乐祥和。突出的节俗是,人们将稻田的鲤鱼放入塘中,旋下塘放水捕捉。随着水位降低,快结束时,水塘已成泥浆。人们相互争抢,亦相互打泥巴仗,嬉戏取乐,到最后都成了泥人。

多玛——参见"泥人节"条。

仫佬族秋社——仫佬族民间传统节日。流行于广西柳城县古砦等仫佬族村寨。农历八月十八日举行。节旨在践行、促进"和睦相居,有福同享"。届时,以村寨为单位,例行"吃百家饭,享百家福"之俗。由每年轮流的领头人主持,杀一头大猪,分百家肉,所剩猪头、猪脚、猪肝、猪肺等,煮熟,按全村户数分配,共享"百家肉"。另外,用大锅煮百家米,同样分全村人,共享"百家粥"。另有一种特色节食:将猪大小肠洗净,将米饭和着猪血、猪油、配料搅拌,一并灌进肠子里,整根煮熟,称"狼棒"。此食最招孩童喜欢。

十 九

二 十

二十一

二十二

燃灯佛圣诞——佛教节日。农历八月廿二日，在诸佛寺举行。据"劫世"理论，燃灯生于过去世庄严劫，他预言九十一劫后，释迦牟尼接班成佛。释迦牟尼"成佛"于公元前5世纪，距今两千余年。燃灯是九十一劫前作授记（预言），按佛经最保守推算方法（一劫为四十三亿二千万年），师生俩那次谈话，至少当在三千九百亿年前。因燃灯佛曾是释迦佛因地时之老师，故为"过去佛"。许多供奉"竖三世"佛的庙宇，常于正殿大雄宝殿左、中、右，循序供奉燃灯佛、释迦牟尼佛、弥勒佛，代表过去、现在、未来三世。每年此日，佛寺皆庄严肃穆焚香明烛，僧俗纷纷虔诚跪拜。

宋飞仙庙会——亦称宋昭神侯会。汉族民间祭祀福主菩萨宋飞仙的传统节日。流行于湖北黄梅县。农历八月廿二日举行。届时，从考田至濯港二十余村乡民，聚集举会。内以大河村最盛。祭毕，人们高抬宋飞仙神像，至临时搭起的戏台前，请菩萨"看戏"。戏台搭得精细，披红戴绿。为娱神，人们特邀亲戚朋友一同观戏。各村都请菩萨"看戏"，而菩萨仅一，争夺时有发生。此会已式微。

宋昭神侯会——参见"宋飞仙庙会"条。

二十三

太平军生日——汉族民间传统纪念性节日。流行于浙江海宁市横头一带。于当年太平军攻下横头之农历八月廿三日举行。据传，清咸丰十年（1860）此日，太平军攻占硖石横头，而当地人不明真相，纷躲山中，仅一家在床产妇及婴儿未逃。太平军热情照顾产妇及婴儿，为其煮鸡蛋，熬大米红糖粥。太平军贴出告示辟谣，劝百姓返乡，并做菜送到山下路口，让逃进山的百姓取用。后来，横头乡民遂将这天定为"太平军生日"。届时，家家户户熬红糖新米粥，以缅怀太平军。

田都元帅祭——亦称三田都元帅节、三田都元帅祭。中原汉族民间艺人及闽东畲族民间传统祭祀节日。于田公生日之农历八月廿三日举行。相传，田都元帅为唐朝人，是天神投胎凡间，自幼擅音乐。唐玄宗时，为宫廷乐工，统领梨园。扮演元帅一戏时溘殁。安史之乱后，田三次显灵，于玄宗逃难中救驾，并在空中竖"田都元帅"大旗。田被后世尊为音乐祖师爷。每年此日，民间艺人皆上供祭祀，祈其保佑技艺超群。在畲族村寨，还盛行举家饮"元帅酒"驱邪。

三田都元帅节——参见"田都元帅祭"条。

三田都元帅祭——参见"田都元帅祭"条。

二十四

二十五

二十六

二十七

先师诞——史称"祭孔"。旧时帝王规格谓"国之大典",民间则谓"尊师节"。孔子生于周灵王二十一年八月廿七日(前551年9月28日)。在其逝世次年、周敬王四十二年(前478)之至圣先师孔子诞辰,首举祭孔。从此,民间祭孔不辍,除纷纷到文庙拜先师外,学校、私塾皆设牌位,摆祭品,师生共拜,祈求先师保佑教学相长。官家则于孔子故里曲阜和太学举尊孔盛典,可谓中国最早之教师节。自东汉光武帝至清末,封建帝王或亲临或派特使赴曲阜和太学主祭。唐玄宗谥孔子为"文宣王"后,祭孔更渐升格,由宋而明,达帝王规格;清代更至巅峰。新中国成立后,祭孔久辍。至2004年9月28日,孔子诞辰两千五百五十五周年之际,重开祭典,规模恢宏。众祭拜同时,有孔子第77代嫡孙孔德班率孔裔在大成殿举家祭;海内外孟子、颜子、曾子后裔,及来自美、日等二十余个国家和地区的祭孔参观团,亦鱼贯拜祭。孔子诞辰时值公元前551年9月28日,故联合国教科文组织曾定此日为"世界教师节";1971年,美国参众两院立法确定其为美国的"教师节";中国台湾、中国香港,以及新加坡、马来西亚、印度尼西亚等,均定公历是日为"教师节"或"庆祝日"。几年来,全国"两会"内外一再呼吁国家定公历9月28日为中国教师节,认为既定之9月10日教师节缺乏文化根据和应有内涵,当改。

祭孔——参见"先师诞"条。

尊师节——参见"先师诞"条。

世界教师节——参见"先师诞"条。

二十八

蒙古族秋祭——蒙古族古代祭祀节日。农历八月廿八日举行。旨在祈求天神保佑,消灾祛祸,来年平安,人畜两旺。蒙古族曾以农历八月廿八日为年终,逾此后进入新年首月,因以祈神求福。农历八月,草原上牧草丰茂,草质最佳,各类牲畜膘肥体壮,牛奶、马奶最白,乳汁最浓,奶酪最香,故称八月为"奶酪月",蒙古语叫"查干撒拉"(白月)。届时,各地农牧民都要打扫房屋,宰杀牛羊,购买香烛、纸钱,摆上供品,燃灯敬香,朝天跪拜,祈祷诸神保佑。有的地方还大摆酒宴,请喇嘛念经,祛邪降福,同时举行盛大赛马比赛。附近各族农牧民纷纷赶来参加,热闹非凡。

奶酪月秋祭——参见"蒙古族秋祭"条。

白月秋祭——参见"蒙古族秋祭"条。

二十九

三 十

本月约当日

欧拉拉——哈尼族民间传统农祀节日。流行于云南勐海西定山一带。农历八月上旬举行,历两天。时值稻谷扬花,人们举祭祈祖先保佑丰收。节俗因支系略异。哈尼族支系鸠为人用各种祭器盛祭品,自行举祭祷告祖先;坐地支人则由巫师主祭,于寨外剽牛,届时要诵剽牛词。诵词大意为:"这牛敬献祖先,请祖先收下。我们稻谷正扬花,请保佑稻谷顺利结实。"此农祀,祷告时至少上溯七代祖宗。

乃尧节——苗族民间婚恋娱乐节。流行于贵州三都普安一带。农历八月上中旬择日举行。届时,村里姑娘们聚集在村坪,月亮升起,便挑选一位歌唱得最好,舞也跳得最好的姑娘做"乃尧"。姑娘们将其打扮得花枝招展,用手帕蒙其脸,头插两根谷穗。姑娘们与她对歌,外村小伙们到来后,专一与"乃尧"对歌,询问自己婚姻大事。通过对唱,"乃尧"知其诚意与否,有诚意者,"乃尧"即用歌鼓励他去找自己的知心人。得到鼓励的小伙,旋与其他姑娘对唱起来。有的已婚小伙,为开心作乐,佯装单身汉与"乃尧"对歌。"乃尧"用歌层层盘问,步步进攻,得知对方故意凑趣,便严厉批评,甚至责骂。挨骂者自讨没趣,快快而去。更深夜静,活动方告结束。

纳西族尝新会——亦称吃新米节。云南纳西族传统农事节日。纳西语"鼠"音近"富库",故多于农历八月的鼠日举行。届时,庄稼收割在即,各家妇女去田里挑选一些颗粒饱满的稻穗,脱粒去壳,煮出香喷喷的新米饭。先用米饭团喂家中的狗。据纳西传说,是狗的尾巴从山中给纳西带来谷种,此举乃犒劳狗的功绩。然后,在桌子上摆各种酒菜,一家人和应邀而至的亲朋好友同坐,品尝用汗水换来的劳动果实,议论当年收成,拉家常。酒足饭饱,主人要亲自出门送客人回家。据说,这是个吉日,尝过新米,来年就可粮食丰收。

纳西族吃新米节——参见"纳西族尝新会"条。

石头饭节——亦称天赦健康节。侗族民间传统俗信节日。流行于湖南通道坪坦乡半坡村等地。农历八月下旬择日举行。旨在纪念两百年前一救死扶伤的民间女神医婄欧。主要节俗有祭祖、祭天赦石、文娱活动等。届时,各户挑上糯米饭、腌鱼、腌肉等祭品,来到古寨小溪"龙滩"边巨石"天赦石",拜祭女药神。乡俗:草医师煮草药,免费供应村民。村民们喝草药、吃"岩饭",祈求除病强身。节已跻身该县首批"非遗"名录。

天赦健康节——参见"石头饭节"条。

哈尼族新米节——族称"车实扎",意含"增添、多起来"。哈尼族民间传统农祀节日。农历八月第一或第二个龙日举行,历三天。头天背回新谷,杀鸡买肉,以自种瓜豆蔬菜尝新。另做一碗鲜竹笋,象征粮产像新竹节节冒尖。第三日晨,做糯米粑粑祭天,祈日月永照山寨。民间传说,哈尼族始祖塔婆及其儿子欧罗,为人类寻找五谷种子及各种财富。节间,村民照例举祭。

车实扎——参见"哈尼新米节"条。

如东土地会——汉族民间传统节日。流行于江苏如东一带。农历八月十五日前后择日举行。旨在祈土地爷保佑五谷丰登。会中成员轮值东道主,主会事。每会通常由八户要好友邻组成。届时,会主之家设宴摆酒,邀聚会员,备香、烛、酒、菜,供奉上地神前,犒谢神灵保佑五谷丰登。后,众聚餐痛饮,至深夜。

仡佬族虎日节——仡佬族民间古老节日。流行于广西隆林等地。农历八月十五前之虎日举行,故名。届时,以村寨为单位,各家各户凑集一些钱,合伙买一二头公牛。是日宰杀后,取出牛心,按户分成若干份,每户一份。牛肉,也按户平分。牛心供各家八月十五日夜祭祖之用。祭祀时,在祖先灵位前设案,摆好牛心和其他供品,长者燃灯烧纸,口念祝词,祈求祖先保佑全家大小安康、秋粮丰收。然后,各家筹办宴席,合家欢聚共用午餐;有的人家宴请亲戚朋友，共同祝贺节日。饭后，男女青年身穿民族服装，汇集村头寨尾唱歌跳舞，尽情欢乐。

阿哲祭中柱——亦称祭中柱节。彝族支系阿哲人民间宗教节日。流行于云南弥勒一带。农历八月中旬，由各家各户自行择日举行。当地阿哲人认为，家中堂屋左侧的中柱被有神灵依附其上，神圣不可侵犯，既严禁在柱上挂任何物品，也忌讳抚摸和碰撞。节日，家家户户都要杀一只白色公鸡，在堂屋祭祀中柱，将青冈栗树枝插在柱上，粘上一些白鸡毛，并请毕摩至家中念诵《中柱经》，祈求神灵保佑全家幸福平安。

祭中柱节——参见"阿哲祭中柱"条。

数谷穗节——族谓"茵谷顶""茵果顶"，亦称"尝新节"。云南白族民间农祀节日。因气候差异，各地于农历八月中下旬陆续择日举行；另说谁家稻先熟，谁家先过。明《滇略·风俗》云："夏秋之交，稻向未熟，先取其稚穗，扁而晾之，致馈于亲厚，谓之尝新。"节前两天，姑娘和媳妇们身着盛装，戴麦秸草帽，背竹编背篓，下稻田，先点燃红线香，插田埂上祈福，旋摘早熟、丰盈稻穗，带回晒干，用水碓舂打去壳。老年妇女则在田埂上焚香，祈祷田公地母神，感谢他们给了个好收成，祈求收割顺利。节天，家庭主妇在家煮新米饭，做"八大碗"。老少则在村内大青树下，观赏"唱大本曲""打霸王鞭"表演。青年男女往湖边、田坝，用龙头三弦伴奏，对唱调子。日暮，人们手捧"筵席"，点燃香火，先下田坝祭田公田母、五谷神王，旋回家祭灶王府君、列祖列宗。后，举家围坐，共进丰盛"尝新米饭"晚餐。主要菜肴有白木瓜鸡、油煎乳扇、泥鳅钻豆腐、排骨炖荷包豆等。

茵谷顶——参见"数谷穗节"条。
茵果顶——参见"数谷穗节"条。
白族尝新节——参见"数谷穗节"条。

宁波八月节——汉族民间传统节日。流行于浙江宁波等地。农历八月择日举行。届时，各地百姓聚祠庙前，供奉丰厚祭礼，祭祀神灵，祈人寿年丰。祭毕，众至河边，由青年举行激烈龙舟竞渡。江里你追我赶，岸上锣鼓喧天。观众、赛者互动，人人尽兴而归。

盘坡草原盛会——藏、蒙古、土、回、汉诸族民间赛马会。流行于青海门源一带。农历八月间膘肥马壮时举行。盘坡位于门源县与苏吉滩、多隆、皇城、峨堡四乡交界处，牧场辽阔，水草丰茂，以产形体匀称、机警灵敏、耐力甚强之"门源马"著称。节晨，赛场锣鼓喧天，彩旗飘扬。赛手高跨骏马，只等一声炮响，便闪电般飞驰而奔，全场报以雷鸣般掌声和欢呼。其后进行"走马"比赛，竞展高超骑艺和精彩表演。入夜，围着一堆堆篝火，和着一阵阵歌乐，各族男女青年翩翩起舞，老人们则举杯共饮，一片民族团结、欢乐祥和的景象。

爱尼人祭祖节——哈尼族支系爱尼人民间宗教节日。流行于云南西双版纳。农历八月择日举行。祭七至十代祖先。届时，男性家长捉一只大红公鸡，先拔一撮毛，分别放前后门口及屋中，念祭词；由女性家长将鸡煮熟；男性家长捧上家中祭祖台，并于进家途中向路上、水塘抛撒各种食物，以飨往返路上的祖宗。祭间，还需同时供奉三个竹盛水筒、三个酒杯、一个饭碗、一张竹桌、一把小葫芦瓢，以备祖先不时之用。

柳城泼饭节——汉、壮等族民间传统节日。流行于广西柳城古砦一带。农历八月择日举行，历三天。节前，寺庙提前向村民筹集款、物。届时，各庙皆插旗挂灯，请巫师闹庙堂。香客不断。入夜，寺院殿堂内外锣鼓大作，灯火通明，众人叩拜天地神明；旋举"泼饭"仪式。庙会主管及各村头领，抬出十余筐蒸熟米饭；巫师念咒作法，口喷灵水；庙头们则将米饭泼地，请鬼神食用；后，人们再争相抢吃地上之饭，以保身体安康，日子红火。有些人还拿布袋装些饭带回，让全家品尝"圣饭"，甚至留些喂给畜禽。此节已式微。

出雨安居节——亦称开门节。云南德昂族民间宗教节日。农历八月择日举行。届时，人们前往寺院布施、听经、参拜佛像。青年男女纷纷敲铓锣、象脚鼓，祈求神灵保佑。之后，僧侣即可自由出入寺院，不受约束。人们亦可出远门、盖房屋、串姑娘、办婚礼等等。与六月"入雨安居"之"关门节"对应，寓此后随意"开门"活动，亦可"安居"。

德昂族开门节——参见"出雨安居节"条。

雕船竣工礼——台湾少数民族支系雅美人民间节日。农历八月前后择日举行，历两天。此祭乃渔民新建渔船下水礼。首日，人们头戴银质大礼帽，身挂银饰，先把水芋堆在新船内外，旋在船周围放上水果，如香蕉、甘蔗等。晚饭后，一些渔人手持刀枪，守卫新船，以阻止"鬼灵"上船，其余青年人则在海边点燃篝火，载歌载舞，通宵达旦。翌日，各家杀猪宰羊。后，青年们去到海边，每人持刀，让刀沾上罐中水和粟，瞪目尖呼地从四方渐渐包围新船。接着，人们合力把船扛在肩上，欢呼着走向大海，把船放到大海里，竣工礼就此结束。

马奶节——蒙古族牧民盛大节日。流行于内蒙古锡林郭勒盟部分地区。农历八月末择日举行，历一天。时值草原黄金季节，到处是牛羊欢叫，骏马嘶鸣。牧民们为祝愿健康、幸福和吉祥，以洁白马奶命名节日。节前一二天，即派人到各个牧民点通知，并忙着宰杀牛羊，准备奶酪、奶干、奶豆腐、奶油和油炸果子，煮好手扒肉，拿出马奶酒，以便款待各族来客。节晨，各牧民点男女老少穿上艳丽民族服装，或骑马，或坐勒勒车，或搭汽车，前往露天会场，按划定地段就座。活动开始，主持人向客人、蒙医敬献醇香的马奶酒和礼品，为大家贺节。接着，在人们轻声唱出的歌声中，歌手们朗诵马奶节的献诗，琴师们托起扎有彩绸的马头琴，歌手们纵情歌唱节日献歌，然后举行主要项目——赛马。参赛的全是两岁小马，象征草原兴旺发达。骑手们头缠彩巾，身扎腰带，脚蹬马靴，只听"叭"的一声枪响，各自飞身上鞍，策马扬鞭，你追我赶。霎时间，赛马场上号角齐鸣，欢呼声、加油声响彻草原上空。赛马结束，人们就地围成圆圈，开展各种文体活动：摔跤，拔河，打"布鲁"（即投掷，赛投远、投准两种。投远，类似投掷标枪；投准，投中设置目标）。有的在马头琴伴奏下唱歌跳舞，尽情欢乐；有的触景生情，即兴作诗。

九 月

初 一

初 二

屠城羹饭——汉族民间传统纪念、祭祀节日。流行于浙江舟山、定海一带。农历九月初二举行。据传,清顺治八年(1651)此日,清军攻下定海城,定海军民死伤无数。后人为志此难,遂于每年定时举祭。届时,城里钟声长鸣,驱除鬼怪。另,临街设祭,请僧人念经,燃放鞭炮烟花;各家门户供上羹饭,祭祀当年被屠亡灵。此节已泯。

初 三

初 四

初 五

初 六

初 七

官亭庙会——土族民间宗教节日。流行于青海民和官亭一带,故名。农历九月初七举行,历三天。首日午,人们高抬八抬大轿,扛十面大旗,敲锣打鼓,恭请土族最崇信之二郎神。轿至村口,全村跪两旁相迎。人们还牵来曾许愿之羊、鸡,往其头上倒酒。若羊、鸡摆动头,表明祭物已被神灵悦纳;否则,须即更换。之后,抬出村庙其他神像,以示相迎。最后,将二郎神像抬入庙外业已搭好的帐篷。次日,请二郎神进庙,安放上位左侧;原庙神像下位作陪。鞭炮声、锣鼓声,顿时大作。人们应声给二郎神磕三个头,旋烧香、点烛、烧黄裱。各家将十二个鲜供(馒头)供桌前。有的妇女还将绸布、荷包等挂二郎神像上。嘛呢会老人念嘛呢。献牺牲者宰杀鸡羊,将煮熟的羊蹄、肝、肺分作两盘,加一盘黄裱、香烛,倒些肉汤在供桌前,一并敬献神像。所剩之肉,分全村各户。傍晚,抬神像就庙中正位。第三天,再次抬神像入帐篷,旋被相邻村庙请走。

初 八

初 九

重阳节——简称"重阳",亦名重九、九日、登高节、茱萸节等。古以"九"为阳数,月、日叠"九",故名。农历九月初九举行。古时是日,人们皆登高、赏菊、饮酒、佩戴茱萸,避邪去恶。宋陈元靓《岁时广记》卷三十四引《续齐谐记》传云:"汝南桓景,随费长房(东汉方士)游学累年。长房因谓景曰:'九月九日汝家当有灾厄,宜急去,令家人各作绛囊盛茱萸以系臂,登高饮菊酒,祸乃可消。'景如其言,举家登山。夕还,见鸡犬牛羊一时暴死。长房闻叹之曰:'此可代之矣。'今世人九日登高饮酒,妇人戴茱萸囊,因此也。"节源传说,久而成俗,且增长寿、敬老等理念,盛传不衰。人们借此秋高气爽季节,扶老携幼,登高望远,饮酒赏菊,吃重阳糕,放风筝,赛爬山。诗人则别发诗兴,畅吟重阳。唐孟浩然诗"待到重阳日,还来就菊花",王维诗"独在异乡为异客,每逢佳节倍思亲。遥知兄弟登高处,遍插茱萸少一人",等等,皆吟出了"重阳节"之魂。

重阳——参见"重阳节"条。

重九——参见"重阳节"条。

九日——参见"重阳节"条。

登高节——参见"重阳节"条。

茱萸节——参见"重阳节"条。

老人节——参见"重阳节"条。

中国老人节——全国性敬老新节。农历九月初九"重阳日"举行。我国新《老年人权益保障法》规定,每年农历九月初九(重阳节)为老人节,即全民敬老新节。

藤县重阳节——汉族民间传统节日。流行于山东滕县(今藤州市),故名。农历九月初九举行。俗项颇异。节日黎明,人们采桑叶为茶,饮之祛瘟辟邪。更盛者,人们必吃特色节食"花糕"。此糕早见汉代,意寓"尝新谷"。沿袭至宋,意取"吉祥如意,万事皆高"。此糕种类繁多:或双层夹枣栗,或单层置枣栗于表面,或糕上插彩旗之"花旗糕",或糕两面塑羊之"重阳(羊)花糕",等等。昔时因天气渐凉,妇女有缠脚之俗,如谚云"九月九,小脚裹成黄瓜纽",今俗已泯。另谚"九月九,九重阳,菊花做酒满缸香",则谓各户重阳酿酒之俗。

彭山寿星节——汉族民间纪念上古寿星彭祖之敬老节。流行于彭祖之乡四川彭州市。昔无定期。1991年起,厘定农历九月初九举行。历五至七天。彭祖,道教尊神,更是民间长寿象征。其画像至迟明朝已见。彭祖形象:浓眉细眼,秃头黑须,手持一根象征长寿的鸟头长拐,表情沉静无为,但重养身。眉山市彭祖山(亦称"仙女山")史称养生术创始人商贤大夫彭祖修炼、陵寝之地,誉为"中华养生文化第一山"。彭祖养生秘诀,被概括为房中术、膳食术和气功导引术;彭祖养生十三法图解,誉称"集古代养生之大成"。主要节俗:登高祭祖,孝廉祭礼,寿孝表彰,长寿健身推介,老年拳剑操展演,彭祖长寿膳食交流,乡土文娱体育活动,乡土商贸交易,等等。

壮族九月九——壮族民间健身祈寿节日。农历九月初九举行。流行于广西上思县思阳镇。届时,家家杀鸡杀鸭、蒸煮糯米饭,邀约往野外、高坡拜祭神仙,就地野餐。传说,古时一妇女,在神仙指点下于此日炒鹿肉、羊肉,敬送两位在山上下棋的神仙。神仙以救生还阳法术救活了她已死数日的儿子,并改孩童九岁命数为九十。此事传开,人们便于每年九月九日,往郊外祭祀神仙,祈祷神灵保佑儿孙兴旺长寿。

壮族百灵节——广西壮族民间传统节日。农历九月初九举行。流行于广西天等县一带壮族村寨。旨在纪念传为杀死恶龙、保境安民的青年勇士百灵。届时,青年男女欢聚百灵泉边,点香燃烛,祭祀百灵;后行歌互达,尽兴娱乐。

壮家祝寿节——广西壮族民间传统敬老节日。农历九月初九举行。壮族民间视九月九为吉日，家家给老人准备寿米。凡当年满六十岁者，其子孙均在此节日为之安排一个放粮的"寿米缸"。缸高两尺，口小腰圆，缸盖下压着红纸或红布，平时里面总有几斤米，不能断，表延年益寿。此后每年此日，皆给缸添新粮，装满为止。寿米缸放老人床腿边或神龛里。节天，晚辈们都要来看望老人，选最好的白米倒入缸中。已嫁女要带一些新米回娘家，添入缸"添寿"，叫"养缸"。此"缸"平时不能动，仅做寿时才能掏出一些，煮干饭敬老人。节间，家家杀鸡宰鸭，儿女给老人敬酒，祝愿健康长寿。老人亦从缸里拿些米出来，连同糯米，做成粽子和糍粑，飨子孙和亲友们，以示与众共享福寿。

朝鲜族重九节——东北地区朝鲜族民间节日。农历九月初九举行。据传，始于朝鲜新罗时代，至李朝更盛，遂成全民性节日。节俗略同汉族，讲究登高、赏菊、饮菊花酒和吃菊饼。节期，妇女们要到山上或野外采菊、赏菊、做菊花游戏或红叶游戏。男子则到野外饮酒，赋诗，会餐。唐欧阳询主编《艺文类聚》引《续晋阳秋》说："老人每至九月九日，登山饮菊花酒。"朝鲜族菊花酒有两种：一是用当年节前所采新开放菊花及少许嫩枝叶浸泡于酒中制成；另一种是用前一年重九节时所采菊花掺于制酒米中酿造。人们认为喝了这种酒可延年益寿。

朝鲜族老人节——朝鲜族民间敬老传统节日。源李氏朝鲜时期（1392—1910），农历年九月初九"老人安慰日"。彼时，朝廷设"耆老宴"，邀请六十岁以上老人和正三品以上官吏赴宴，祝福老人们健康长寿。在吉林朝鲜族民间，敬老相沿成俗。青少年对长辈必须使用敬语尊称，当着老人面不许吸烟、喝酒。非喝不可场合，亦须背席而饮。尤其不许向老人借火或对火点烟。在老人面前不准说粗话。吃饭时须先给老人和长辈盛饭上菜，并给老人和宾客单设席桌，美食要摆到老人跟前，老人未动筷子，晚辈不得先吃。与熟识老人出门同路时，年轻人不得走到老人前面，因急赶路，须恭恭敬敬地向老人说明原因，再超前。路遇长者，要致礼问安让路。家家都很重视老人花甲寿辰，隆重操办花甲宴席。寿星老人身穿新衣，坐于上席正中，两旁有邻里老人作陪。祝寿开始，从长子夫妇起，到孙子，依次斟酒向老人跪拜祝福，感谢老人操劳及养育之恩。此节传入我东北地区，在朝鲜族不同聚居区，继代沿袭。节俗略同，而节期略有异。黑龙江多在六月廿或廿四；吉林延边自1984年起定于农历八月十五。节间，村村敲锣打鼓，喜气洋洋，人人身着盛装，载歌载舞。各地还要举祝寿大会，请六十岁以上老人坐台上，佩戴大红花，接受全村晚辈祝福。诗人和作曲家还专门为老人节谱写《妈妈，祝您长寿》等歌曲。此外，还有传统的体育文艺活动，老少一起边歌边舞，尽兴欢乐，共享天伦。

老人安慰日——参见"朝鲜族老人节"条。

满族重九节——满族岁时节日。亦称重阳节、九月九、登高节等。此节沿袭汉族，而为满、汉共俗，流传全国各地。一般认为，始于先秦；至汉代，重九佩戴茱萸、食蓬饵、饮菊花酒已成习俗。重九登高之源众说不一，但普遍认为出自"桓景避难"传说。桓景因听费长房说九月九日有难的话，便于此日携全家登山避灾，晚归家中鸡、犬、牛、羊都死完了。桓景一家躲过一场大难。从此,人们每到此日都出门登高、野宴、佩戴茱萸、饮菊花酒,以免祸呈祥。世代相传成节。岁月流逝,满族沿袭汉俗,民间渐渐淡出,而文人学士仍甚重视,留下不少重阳登高宴饮诗赋。如,晚清文人多隆阿《九日游孤峰寺》:"秋山寒愈翠,有客贯登临。客去山仍寂,萧萧落叶深。……我性不耽酒,何须送酒来。秋寒澄涧水,松老郁禅台。"

满族重阳节——参见"满族重九节"条。

满族九月九——参见"满族重九节"条。

满族登高节——参见"满族重九节"条。

送重阳粑——侗族民间社交联谊节日。流行于黔东南剑河等地。农历九月初九举行。节日前夕,侗寨家家泡糯米,蒸糯米饭,舂粑粑,杀鸡捕鱼,准备节食。节晨,姑娘们很早起床,梳洗打扮,身穿大襟无领上衣,下着短裙,佩戴项圈、项链、手镯、戒指、耳环等银质首饰,手提细篾花边竹篮,内装糯米粑、鱼肉等食品,上盖绣有各种花纹图案的丝绣罗帕,相互邀约,三五成群,纷纷前往僻静密林、山涧或芦草坪,等待践约后生。后生们一到,他们按性别分坐两排,开始对歌活动。由思路敏捷、歌喉甜润的领唱,男女双方你问我答,我问你答,一唱一和。其时,后生和姑娘都在细心观察,选择自己中意的情侣。直到尽兴,姑娘们才选择一块平坦草地,取出自己随身带来的精心制作的食品,成双成对摆在地上,唱着优美动听的情歌,邀请后生与自己共同品尝。之后,男女青年继续对唱山歌,一唱一和,一问一答,直唱到夕阳西斜,才依依不舍离去。告别时,姑娘们将没有吃完的糯米粑粑等食品交由后生们带回家,分送自己的知心朋友品尝。

白族重阳节——白族民间传统节日。流行于云南鹤庆等地。农历九月初九举行。俗项略异汉族。白族民谣"九月九,栗子、核桃和烧酒",概括了白族重阳节的习俗特征。届时,人们通常要准备栗子、核桃和烧酒三样东西,以示重视。有的人家此日要杀一只肥羊,炖全羊汤,合家共享。有的家庭则以羊头、羊蹄做菜下酒。鹤庆坝子还有登螺峰山之俗。人们带着各种果品登山娱乐,唱歌跳舞。下山时,往往要敲取一块"阴晴石"带回家。民间传说,螺峰山山顶那块方圆百丈的阴晴石,可卜天气阴晴。

土家族重九——土家族民间传统节日。农历九月初九举行。流行于鄂西、湘西等地土家族村寨。节俗略同汉族,主要有五:一,登高。秋高气爽、景色宜人,游历既可陶冶情趣,又有益健康。二,插茱萸。可驱秋蚊灭虫害。三,饮酒赏菊。时值菊花盛开,赏万般秋菊,喝几盅菊酒,其乐难得。四,食重阳糕。人们把粮食制成白嫩可口米糕,"糕"与"高"谐音,食蕴步步高升。五,敬老。古今不衰。另,民间视之为"黄道吉日",常以此作婚期。

畲族重阳节——亦称九月九。闽、浙畲族民间传统节日。农历九月初九举行。福建畲族传说,九月九是民间猎神九帅爷生日。届时,人们必备三牲(鱼、肉、鸡)、纸钱香烛,请巫师到九帅庙做"清醮",祈求田园茂盛、五谷丰收。另,节日必举行盛大歌会。青年男女着畲族服装,聚集福安、霞浦两地交界的松罗山、樟家山和目连山,纵情盘歌。他们用清脆、嘹亮的歌喉,唱"招徕歌、访问歌"。盘歌有整套内容,从路遇、初会、赞美、试探、调情、求情、苦情、交情、定情、成双,一直唱到送别。若白天盘不完,夜里还要到亲友家,燃起篝火,继续"盘",直到尽兴而散。盘歌多为即兴之作,比喻生动、形象,幽默、诙谐穿插其间,妙趣横生。青年男女常以歌为媒,寻找情侣。围观者则从中取乐,流连忘返。

畲族九月九——参见"畲族重阳节"条。

土族重阳节——亦称重九。土族民间传统节日。流行于青海互助、民和、大通等地。农历九月初九举行。届时,人们早早起床,男女老少竞着节日民族服装,三五成群,相互邀约,带着酒肉、柴薪、乐器等到野外登山。人们从山脚向上攀登,互相关照、鼓励,坚持到达山巅,全家或亲朋好友欢聚一起,点燃篝火,尽情欢呼跳跃,并来去跃过火头,谓之"跳帽火"。此时,男女青年还将印有各种动物图案的纸片,分撒到焰烟上面,利用焰烟的热气流,使它们腾升天空,飘洒各地,以预祝来年风调雨顺、五谷丰收、时运亨通。然后,大家围着篝火,席地而坐,摆上带来的美酒佳肴,吃喝、说唱、吹笛、弹琴、猜拳,尽情欢乐,直到日落山头,才尽兴而归。

土族重九——参见"土族重阳节"条。

毛南族重阳节——亦称南瓜节。毛南族民间传统节日。流行于广西环江县一带。农历九月初九举行。届时,毛南族要给老人过节补寿。毛南人善种南瓜。他们选用个大粒满的南瓜子作种子,第二年结的南瓜就个儿大。九月九时值南瓜收获结束,人们特地进行赛南瓜活动:每家把自己收获的南瓜摆满住房的二层栏杆,年轻人组织起来,进行评比,哪个瓜最好,就选为"南瓜王"。评定后,大家汇集南瓜王家中,由一年轻人举刀劈瓜。劈开后,瓜肉拿去和小米一起煨煮,瓜子则掏出来分给大家,作为明年的种子。南瓜饭煮熟,主人先舀一碗供在屋前,敬祭南瓜神,旋请参加评比的年轻人会餐,共同预祝明年南瓜大丰收。

环江南瓜节——参见"毛南族重阳节"条。

民和谢神会——亦称请神法会。土族山乡民间宗教盛会。流行于青海民和赵木川一带。农历九月初九举行。赵木川是民和县"三川"(上川、中川、赵木川)之一,位黄河北岸,土地平坦、肥沃,耕地成片,气候温和,适于农作物生长和园艺作物栽培。届时,人们要请法师迎神,庆五谷丰收,感谢神佛保佑。男女老少成群结队,在法师带领下,抬着本村寨的神像,吹吹打打,围绕村寨巡游。人们走一会,停一会。停走时,法师踩着锣鼓点手舞足蹈,唱经娱神。如此重复数次,绕村寨一周,以示请回神佛。接着,宰羊一只,与馒头、冬果、水果、鲜花等一起,供奉于神像之前,以谢神佛保佑村寨粮食丰收、六畜兴旺。

请神法会——参见"民和谢神会"条。

土族九月九庙会——土族民间宗教盛会。流行于青海部分土族山乡。农历九月初九举行,历三天。首日,请法师和阴阳,剪幡立杆。法师穿戴法衣时,二人伴唱《打扮曲》,从头到脚,赞美有加。装束毕,法师拈香祈祷作法,边舞边唱《莲花曲》,唱青、红、皂、白、黄五段以"请神"。旋唱《灵神曲》,表对神灵崇敬、感恩。次日,踏七星。在地上画北斗七星图,于七星位置点七盏灯,并由孩童用手将"灯"护定。后,法师提一只小鸡,逐一绕七星,"踏"三遍。其间,数人抬神轿随后,在场人等唱《六十甲子》《二十八宿》《二十四节气歌》。末日,放倒幡杆,焚化宝盖,烧钱粮,法师唱《送神曲》,祈村寨太平、吉祥。

磐安九月九庙会——汉族民间宗教节日。流行于浙江磐安县盘山区一带。农历九月初九举行。据传,古有一位军七相公,神力非凡,能呼风唤雨,屡为百姓降及时雨,除旱灾。相公后于农历九月初九,在高二乡八堡鸡笼岩跳崖成佛。众感激涕零,遂在每年此日举行庙会,焚香明烛,舞狮子,踩高跷,叠罗汉,娱神祈福,热闹非凡。

布依族九月九——贵州布依族民间传统节日。农历九月初九举行,历三天。届时,各个村寨皆举行扫寨活动,持续三天,驱除恶怪,庆贺丰收,回报大地养育之情。扫寨要杀猪宰牛,并将肉供献于灶前。祭毕可分食。扫寨甚庄严,仅村里年长男性和巫师可参加,他人均须外出躲避,结束方可回村。后两天,村民不能拿水、火等物外出。扫寨前有人出外,也只能等节日结束后方能回寨,否则会冲乱扫寨,使祭祀失灵。其间,更不准外村人进寨,违者罚其出付买猪等祭品费用。为提醒外村人,往往在路口设一拦路标记,用草绳扎两把木刀和一些冥纸。三天后,一切恢复正常。

柳城真武帝节——汉、壮、仫佬等族民间传统节日。流行于广西柳城古寨一带。农历九月初九,在当地真武帝观举行。真武帝,古代神话中北方之神,本道教信奉守护神。亦称"玄武君",系我国古代皇官名。宋真宗皇帝因避其所尊圣祖赵玄郎讳,改"玄武"为"真武"。民间对其传说甚多。仫佬族传:商纣王施政暴虐,百姓怨声载道,真武大帝腾云驾雾,为民除害,扫除天上凶妖和人间贪官污吏,解救黎民苦难。人们感念其恩德,建"真武帝观"祭拜。庙中神像头披赤鬓,脚踏龟蛇,黑衣仗剑,令邪恶胆寒避退。节前,主持人到各村筹款,置办祭品。节天,人们先杀猪宰鸭,煮熟后摆上庙里供台,焚香燃烛举祭。祭毕,主持人把熟肉切成块,均分各家各户,众邀亲朋好友,共吃"节气饭"。

送火神节——广西壮族民间宗教节日。农历九月初九举行。届时,人们在野外用稻草造一小屋作"火堂",供献鸡、酒,祭拜火神,旋放火烧掉小屋,意寓火神不会再去"火堂"举火烧民舍。当地壮家虔诚敬火,严禁向灶火、灶石及火塘吐痰、擤鼻涕。有违,则咒其日后口舌生毒疮。

扫火灾星——布依族民间宗教节日。流行于贵州都匀一带布依族山乡。农历九月初九,以寨为单位举行。节前夜,由有威望的寨老出面,召集每户家长(男女皆可)开会,安排次日活动,并按户均摊所需钱款。会上还议定下年度各项寨规,并形成条文,尤以防火灾为最,另还有禁偷盗、禁赌博及整修水井、道路和排牛班等。初九上午,寨老和鬼师带领由各家代表组成的队伍,挨门逐户"扫火灾星":鬼师在前,后随三人,分别提一只鸡、鸭和一桶清水。他们每到一户,皆先进灶房。鬼师口中念念有词,并手执扫帚刷锅一周,而后舀起一瓢带来的清水洒向灶门,以示用水灭火。接着,队伍走到火塘边,举行隆重的仪式：鬼师恭请"雅各冬"（管火女神）、"雅各迪"（管水女神）出来"上座"。拿鸡鸭者立时要象征性地把鸡鸭奉献给火、水二神。这时，鬼师致辞，告诫警惕火星，提醒主人家，有几朵火就打多少水来消，等等。全场庄严肃穆，恭听鬼师致辞。随后，鬼师面向众人喝问："打你火灾星，出不出？"众齐声答："出！"最后，由提水桶者舀水淋火塘一周，仪式告结束。他们逐户重复此仪式，后到寨外河边，将事先备好的一堆茅草点燃，大声叫喊："火烧寨子了，快来扑火呀！"众人闻声一齐动手，用水将火浇灭，高喊"扑灭灾星啦"。至此，节告结束。

那荡雷公节——壮族民间传统节日。流行于广西上思县那荡乡一带。农历九月初九，在当地土地庙举行。当地传说，雷公平时住在人间，掌管人间祸福、善恶。九月初九，雷公却要返回天庭。雷公得罪不得，此日得给他"钱行"，因以成节。届时，人们照例备好香烛酒肉，必须蒸糯米饭，以飨雷公；要特意多烧纸钱，让其带够盘缠，顺利登天。

天等祭百灵——壮族民间传统节日。流行于广西天等县一带。农历九月初九举行。节源传说：很久以前，天等境内有座高耸大山，山旁有口深潭，潭内藏条恶龙。恶龙年年要吃掉歌坛一名漂亮歌手。壮家后生百灵，立志为民除害，历尽艰辛从天边找来"开天剑"，用自己鲜血淬剑，砍倒高山，将恶龙镇在潭底。人们缅怀英雄百灵，将此镇恶之地，取名"百灵山"；将山涧流出的泉，取名"百灵泉"。他们还于英雄生日之九月初九，到泉边引吭高歌。年年如是，久而成节。届时，人们从四面八方纷至沓来对歌，以热诚、优美的歌声祭奠英雄百灵。

赫哲族鹿神节——黑龙江赫哲族民间传统节日。农历九月初九举行。节源部落虎神崇拜，感谢神灵保佑狩猎丰腴。据传，古时三江口有一老猎人之妻，独自在家时曾为一只老虎拔掉爪上的木刺。后，老虎常给她家衔来些狍子、野鹿。猎人们视虎为"虎神"，认为有其保佑，狩猎方能顺利，遂于吉日九月初九，请萨满着神服、敲神鼓，引领全寨人踩着鼓点跳"鹿神舞"，扮以食物祭供。年年如是，久而成节。

戚武毅公祠祭典——汉族民间纪念性节日。流行于浙江台州地区太平县一带。农历九月初九举行。据传，明代名将戚继光抗倭时，九月初九进驻新河，且长驻此地。当地因建武毅公祠，后代年年举祭。届时，为缅民族英雄，远近数以万计民众，进祠焚香明烛，虔诚拜祭。祠内外张灯披彩，街巷到处可见花鸟虫鱼诸形彩灯。另，还举行舞狮、踩高跷、跑旱船等活动。

彝族拜祖节——彝族传统节日。流行于云南巍山县天空山一带。农历九月初九举行。节前，人们把出嫁女儿和被别家招为女婿的儿子，接回家来和家人团聚。节晨，各家各自祭祖。早饭后，以家族为单位，到村边祖公树下举行祭祖仪式。各村寨都有祖公树。相传，从前战乱时候，当地多雨村、麻秸房的村民几乎全被杀尽，仅两男两女躲在村头一棵空心大树里幸存。后来，为感谢大树救命之恩，人们奉之为神树，年年祭祀，久而成节。祖公树下的祭礼，比家祭复杂。人们带着各种供品，赶着集体凑钱购买的猪、羊前来，先由主持者"阿闭"念经，后将作为牺牲的猪、羊、鸡等全部宰杀,将鸡血抹在树上,祭祖公树。待肉煮熟后,人们还要摆上八大碗肉食和其他供品,焚香跪拜祖先。宗族长者念颂祷词,请祖公保佑后辈人财两旺、幸福快乐。祭毕,人们聚餐饮酒,开展各种娱乐活动。

桐乡宗阳会——汉族民间传统纪念性节日。流行于浙江桐乡市运河一带。农历九月初九,在当地宗阳庙举行。据传,明代倭寇包围此地,大将军宗礼率军前去解围,被倭寇阻击于桐乡以北,伤亡惨重。宗重整旗鼓,于农历九月初九赶赴桐乡。他不知路有多远,遂问一渔民,答曰"七八里",宗误作"七百里",心急投河而死。人们遂建庙纪念,"宗礼"讹传"宗阳",今因称"宗阳庙"。每年此日,渔民皆罢渔,将船摇到庙前河中,跪船上焚香而拜。入夜,则请来戏班名角大唱古戏,娱神祈福。

目莲山歌会——亦名九月九歌会。畲族歌节。流行于福建霞浦、马洋、溪南等地。农历九月初九,于马洋附近之目莲山举行(实从初八夜开始,初九天黑结束)。届时,人们纷至沓来,歌唱娱乐。小伙、姑娘们借机连情择偶。无论本地歌手、外地来客,歌会所唱调子,仅限山间流行之"福宁调"(亦称"平讲调")。会间,歌声不能中断,否则"听歌的野鬼"会出来捣乱。20世纪20年代,溪南的葛云山亦有歌会。后来,目莲山做了一次功德,大量歌手被吸引参与,葛云山歌会遂告衰落。

九月九歌会——参见"目莲山歌会"条。

柿子会——亦称柿生日、柿子大集。汉族民间传统节日。流行于山东、河南一带。于传为柿子生日之农历九月初九举行。齐鲁谚云:"七月核桃八月梨,九月柿子赶大集。"民间此日吃柿子之俗,可旁考一些典籍。《诗经》有"枣栗榛柿"之载。清王贤仪《辙环杂录》云:"济南城南玉函山中出产各种各样的柿子,十月柿子成熟后乡民到城中发卖,又做成柿饼,成为乡中唯一的出产品。"长清武家乡有柿树近二百万株,素有"绿色武庄,齐鲁柿乡"美誉,已连续多年举办柿子节。泰山、千佛山等地传统庙会上,无数柿摊组成长龙阵,人们尽情选购不同品种柿子。场面蔚为壮观。

柿生日——参见"柿子会"条。

柿子大集——参见"柿子会"条。

白族菊花会——白族传统节日。流行于云南大理剑川县等地。农历九月初九举行。主要内容为人们各自展示菊花盆景艺术,同时举行诗、书、画等比赛,陶冶性情。

初 十

阿昌族会街——族称"敖露节""阿露西陀"。阿昌族庆丰收宗教性节日。流行于云南德宏一带。农历九月初十举行,历五天,每天赶一个街子。节源故事:佛祖台哥德玛诞生刚七天,圣母西里密表亚罕即去世,他被姨母收养。十三岁开始去禅房学经诵典,廿三岁还俗当了皇帝,不久又离家上仙山修行成佛。因苦心修炼,其神通广大,法力无边,看到世间邪恶作祟、妖魔伤人、大地一片死寂,便决心除害,普度众生。农历六月初十至十五日,他在冥冥中受圣母指点,大施法术,除尽邪魔,使大地重获新生,百花齐放,百鸟争鸣,大象在林中漫步,青龙在水中遨游,园林硕果累累,地里庄稼丰收，人们欢天喜地。可不几天，台哥德玛不见了，人们万分担心，其弟子安慰人们："佛祖远行，拜见圣母去了，三个月后回来。你们准备好礼物，在九月初十到十五迎接他吧！"人们用五色彩纸制作象征吉祥的青龙和背载凉亭的白象，及五彩花束，于此时隆重举行迎佛仪式，年年如是，积久成节。内容由祭神，扩展到喜庆丰收、群众娱乐、物资交流等。节间，青年男女彻夜不眠，收斋米、煮斋饭，备各方来客食用。赶街者们举行耍象、舞青龙等娱乐活动；小伙、姑娘跳象脚舞、窝乐舞、对歌。

敖露节——参见"阿昌族会街"条。

阿露西陀——参见"阿昌族会街"条。

彝族米粑节——族称"麻摊窝"。彝族民间传统节日。流行于广西那坡县达腊、念毕、者祥等地。农历九月初十举行。秋收在即，人们既兴奋又紧张。家家都要先做一顿米粑，请亲戚朋友来尝新、喝酒、唱歌娱乐，感谢天地祖先，并祈当年粮食大丰收。

麻摊窝——参见"彝族米粑节"条。

十一

十二

成吉思汗陵禁奶祭——亦称斯日格大典、禁奶大典。蒙古族民间传统祭祀节日。农历九月十二日，于成吉思汗陵"四时大典"之秋季大祭时举行。按俗，从这天开始，人们不再挤马的奶，盘收练绳，将马驹从练绳上解放出来，使其随意吃母马的奶。对马驹言，实为"开奶节"。《十福经典白史》载："秋末戌月十二，因将马驹的笼嘴盘收起来而笼头斯日格典礼于那天举行。"祭仪，首先祭洒九十九匹白母马鲜奶，摘掉马驹嘴上禁奶叉和头上的笼头，把它们从练绳解放出来，盘收练绳。然后举行圣主祭祀活动。

斯日格大典——参见"成吉思汗陵禁奶祭"条。

禁奶大典——参见"成吉思汗陵禁奶祭"条。

十三

九月节——亦称酬神节。汉族民间传统节日。流行于福建、台湾等。农历九月十三日举行。相传，闽南龙海市石码镇有一姓连的老人，膝下七子，个个武艺高强。九月十二夜，窜来一只猛虎，老七将虎打死。乡民赞其勇武，亦谢神灵暗中保佑，便于第二天建一座虎礁，并演戏、上供，焚香叩拜酬神。此后，每逢此日，家家请客，燃香点烛，久而成节。后随着闽南人迁往台湾，节亦随之流行台湾。

闽台酬神节——参见"九月节"条。

十四

包公祭——汉、高山等族传统宗教祭祀节日。流行于台湾丰原一带。农历九月十四日举行。明末清初，包公神像随大陆移民带到台湾。当地居民非常敬仰"包青天"，既供包公神像，还集资建包公庙。后不断扩建、维修，形成颇具规模的"丰原文兴"。届时，祭拜者如潮，香火很盛。

丰原文兴——参见"包公祭"条。

十五

关太祖祭典——亦称阿立祖祭、小林夜祭、小林平铺祭。台湾少数民族族支系平埔人民间传统祭祀节。农历九月十五日（另说十六）举行。台湾高雄市甲仙区小林里平埔少数民族社群祭典。旨在通过祭祀守护神（阿立祖、阿立母、关太祖），强化沿袭社群早期"雨耕作、旱狩猎"之"三月十六开向、九月十五禁向"（不可为）古制，协调生产、生活、娱乐。届时，族人虔诚跪拜守护神。祭仪虽较简，亦堪谓该市文化盛会。

阿立祖祭——参见"关太祖祭典"条。
小林夜祭——参见"关太祖祭典"条。
小林平埔祭——参见"关太祖祭典"条。

十六

十七

苗族砍火星节——苗族地域性姓氏家族纪念性节日。节期多在农历八九月，因姓氏及地域多异：古氏，农历八月廿七日；王氏、杨氏、陶氏，农历八月廿八日；熊氏、马氏，农历九月十七日；张氏，农历九月廿日；李氏，农历九月廿七日；杨氏，农历九月廿八日；等等。通常规模较小，以家族为单位举行，按氏族人户值年。头领或族长用米、鸡蛋、酒、鸡及小树作祭品，祭拜祖先、神灵，祛邪消灾。其间，商讨乡规族约等要事。值年之家须备酒、杀鸡，请族人共饮特制乡土"合心（欢）酒"，消除邻里隔阂，增进族人团结，祝福人寿年丰。其余，照例举行唱歌、表演说唱、跳芦笙舞，等等。较大规模祭仪，则由巫师（或称鬼师、苗老师）主持，具较浓巫术色彩，在天微亮时举行，仪式烦琐。重要环节是"撒豆驱除火魔"，巫师跳神作法，边跳边唱："盘古开天地，造天造地造人烟。有了牲畜，有肉吃，有水喝。大家安居，驱除邪魔，保障苗民不受侵害！"

十八

白保芦笙节——亦称白保芦笙会。苗族民间传统娱乐节日。流行于贵州黄平县黄飘一带。农历九月十八日，在黄飘乡白保坡举行，历三天。节源传说：过去白保有位姑娘，反抗县官逼婚，流浪他乡，后嫁一位韩姓艺人。其子长大后，学得超人的本领，作战立大功，被封大将军。后，大将军到母亲家乡巡察，惩治作恶县官。他去看望舅舅时，人们从四面八方赶来庆贺。因舅家宅小，容纳不下，他便请客人到白保坡聚会，与众庆贺三天。此后，白保一带风调雨顺，五谷丰登。白保坡聚会，值农历九月十八。后来每到这天，人们皆到这里聚会，举办吹芦笙、跳芦笙舞、赛马、斗鸟等活动，久而成节。届时，人们从各地涌来，姑娘梳妆打扮，满身银饰非常漂亮。白保坡到处欢歌笑语，顿成欢乐的海洋。

白保芦笙会——参见"白保芦笙节"条。

十九

南陵观音会——汉族民间传统节日。流行于安徽南陵县一带。于传观音生日之农历九月十九日举行。与会者皆已婚妇女，风俗谢绝男性参与。前一日开始"暖寿"。正日，尼姑撞钟擂鼓，信众在观音堂念经祭拜，虔诚祈祷，望早日得子，添福赐寿。后，如得子，则还愿，报谢观音。

二十

蚱蜢将军生日——汉族民间传统农祀节日。流行于浙江余姚一带。农历九月廿日举行。旨在祛虫灾，保丰收。届时，人们迎大旗、踩高跷、跑龙灯、唱莘戏、杀鸡宰羊。据传，蚱蜢但见大旗，便知"蚱蜢将军"驾到，赶紧望风而逃，谷物得保。

塔尔寺九月大庙会——藏传佛教塔尔寺宗教节日。旨在纪念释迦牟尼"三转法轮"（讲三次经）。农历九月廿日举行，历五天。规模较小，布置、供养、法事均较其余"大庙会"简单。廿二日，开放展示所有佛殿及宝贵物品。廿三日，跳"坚桑舞"。

多索节——苗族民间传统俗信节日。苗语"多索"，意为"断雷"。流行于广西隆林一带。农历九月廿日举行，由各家之主参加，每年换一地，利各地交往。1956年，参加者来自黔、川、滇、桂四地，凡十八县，远至东南亚的苗族。据考，节乃古代楚人傩祭遗存，系驱邪恶、求昌盛宗教驱鬼日。节天，人们先在多索场举行仪式，由自荐、众评之辈分高长者"指索"主持。他唱着动听的歌，把想象的妖魔引到多索场，旋用金竹弓箭，穿上辣椒射杀之。"魔鬼"或被射"死"，或被驱跑，村寨获得安宁。而后，便歌颂为人类造福的各种善神，表达人们追求幸福的愿望。平坝中央，竖立主办人提前砍来的高约两丈的鸭脚树，顶缚民间视为驱邪宝剑的芭茅，上挂用碎布条等编成的一条长长布辫。点燃布辫，人们围在木杆下。烟雾缭绕，指索一手拿内装豆粟一类粮谷的竹簸箕，一手抓着彩线团，顺着人圈，跳驱邪舞，唱引诱妖魔歌。跳九圈后，即以异常愤怒、咬牙切齿之势，将排列人圈外的几枝黄泡刺砍断；继而且跳且唱祈祷之歌，舞蹈由急促转变为舒缓；又跳九圈后，再跳粗犷散乱、情绪激昂的舞蹈。这时，众人各自用事先备好的金竹弓箭，穿上辣椒，射向天空，直到所有人把箭射完为止。

苗族断雷节——参见"多索节"条。

二十一

二十二

二十三

二十四

二十五

翼城搬神节——汉族民间宗教节日。流行于山西翼城县一带。农历九月廿五日，于县城西郊汤王庙举行，历三天。旨在祭拜汤王神，祈人寿年丰。附近八村轮流主办。首日举行"搬神"仪式。从汤王庙请出汤王爷神像，迎到承办村。神像出庙时，神像端坐神龛内。两旁簇拥十余人，各穿长袍短褂，手举凉伞，伞里悬吊各色绣花荷包，荷包上系翡翠、玛瑙、珊瑚、美玉等珍奇。另外，迎神队伍还有十数人，一手托炉香，一手持扇扇动，香烟飘渺。若干人等举"肃静、回避"牌，鸣金开道，辅以排列成行之金瓜月斧、朝天灯、飞虎蓝旗、日月星和宫灯等。其后，是笙、箫、笛、唢呐乐队。再后，是供桌，上置果品献点。此后，则是汤王爷神龛，后拥万人伞、遮光罩，及抬阁、高跷、狮虎、竹马等游艺。锣鼓喧天，观众如潮。搬神毕，众人朝神像三拜九叩，焚香行祭。各地艺人纷至沓来，大戏连唱三天。信众及观者成千上万。此节已泯。

二十六
二十七

谷陇芦笙会——亦称芦笙节、九月芦笙节。苗族民间传统节日。流行于贵州黄平县谷陇镇、凯里市舟溪镇等地。农历九月廿七日举行,历三天。黄平有三个区举行此节,以谷陇大寨规模称最,人数多达五六万,其中不少来自施秉、镇远、凯里邻近等市县。节源传说:昔日有一条恶龙,吞食往保老人的独子。往保杀死恶龙,顿时天昏地暗,五谷不长。之后,恶龙在阴间托梦给往保,叫他在人间吹芦笙给它听,以解阴间寂寞烦闷,它即助人间获得光明和雨水,使人寿年丰。往保照办,兴起此会,沿袭至今。此会既庆丰收,亦乃苗家力量、技艺竞赛盛会。芦笙堂设平坦山湾。届时,各寨姑娘着精心刺绣的银衣裳,头戴银角,胸佩"亚领",走路银铃哗哗作响,银光闪耀。她们以村寨为单位围圈,按芦笙节拍,跳各种芦笙舞。吹奏芦笙,须循序。昔时,二十支芦笙为一排,最大母芦笙长数丈,粗而大,其余逐渐缩小比例,大小高低得当。最多时,七十排芦笙齐奏,轰鸣撼天动地。今,排芦笙由五六支组成一排,比昔时少些。会间,还有斗牛、赛马、斗画眉鸟、对歌等活动。1981年,会上有三百多匹马参赛,参斗牯牛四十六头,参与排芦笙四十一排、画眉八十五笼。昔时,远道而来排芦笙队伍,常达五六十人,无处投宿时,便在芦笙堂或走近某寨,吹奏"山没有树,寨没有客,不知何处去投宿"的芦笙曲子。主寨闻声,即派人接去寨里,出资买一头牛,牵出绕寨三周,客人紧随,把芦笙吹得更响。接着,村民宰牛待客,分肉给接待客人的各家各户。下次,客人家乡举会,则反客为主,以礼相还。现今,芦笙会规模有所缩小,另增篮球赛、拔河赛、挑花刺绣展、书画展等,内容更显多样化。

谷陇芦笙节——参见"谷陇芦笙会"条。

九月芦笙节——参见"谷陇芦笙会"条。

瑶家平安节——瑶族民间传统节日。流行于贵州黎平县一带。农历九月廿七日举行。节旨在庆丰收、促和顺。届时,家家杀鸡宰鸭,放田捉鱼,舂米打粑,盛邀亲友聚宴。小伙、姑娘们竞着盛装,前往传为公正法神邓子巴的坛前,纵跳芦笙舞。入夜,旋集中某宽敞人家,对歌唱曲。大榕新寨卜姓瑶族,则于廿八日过节。据传,卜氏古时贫穷,过节笼内无鸡,便上山挖竹鼠。回家天色已晚,只好改此日过节。

二十八

百刚菩萨祭——汉族民间传统节日。流行于江西高安市一带。农历九月廿八日举行。据传,古时吴百刚任当地县令,曾布告示,严禁任意宰杀耕牛。百姓受益匪浅。吴死后,百姓在沙石岗上建"百刚庙"缅怀。每逢九月廿八吴去世之日,家家杀鸡、杀鸭、做团子、煮面,入庙中祭拜,以祈六畜兴旺。后来,百刚庙被日寇烧毁。人们仍一如既往,前往庙址,虔诚拜祭。至今仍传民谣:"九月二十八,杀鸡杀鸭,带份香纸,去朝百刚菩萨。"

瑶家过香节——亦称"跳香",译为"送鬼"。瑶族民间宗教性节日。流行于湖南保靖县一带。多于农历九月廿八日举行,有地方在九月廿七或廿九日。届时，全村请师公还愿，人们将神纸放屋中燃烧，由师公围着跳神。

瑶家跳香节——参见"瑶家过香节"条。

瑶家送鬼节——参见"瑶家过香节"条。

二十九

三十

羌族日区节——亦称除农害节、请天神吴野物节。羌族民间宗教节日。流行于四川汶川龙溪乡一带。农历九月三十日举行。旨在除农害，保丰收。届时，以村寨为单位，请端公来寨边固定场地做法事。他一面念唱，一面将手中月亮馍、太阳馍，各三个先分成三半，再分成四块，后愈分愈小，走到高处被认为最洁之地撒下去，表示赏给野禽野兽。撒毕，他高声问道："看见大树了吗？"众答："看见了。"复问："看见有人烟的地方没有？"众答："看见了。"这段法事，表示野兽得到赏赐之后，不再为害，将使林木茂盛、人丁兴旺、庄稼丰收。接着，端公大声喊："庄稼丰收了，丰收了！""粮食多了好煮酒，冬天的酒好喝！"白天法事告结束。夜晚，端公将荞面加水和成面团后，捏成野猪、野牛、狼、虎、乌鸦、鹰等各种禽兽形状。然后，他呼叫到某种禽、兽名字时，就用刀相应"杀"之，直至念完杀完。端公又问众人："野禽野兽消灭了没有？"众答："消灭了。"再问："杀了没有？"回答："杀了！"然后，端公用扫帚将禽、兽面泥细末扫成一堆，再渗适量的水，捏成一团，丢进事先挖好的洞内，洞口放一只荞面做的小狗，看守洞门。最后，他再用泥土将洞口封住，整个法事结束。

除农害节——参见"羌族日区节"条。

请天神吴野物节——参见"羌族日区节"条。

本月约当日

青海藏族赛马会——藏族民间文化娱乐盛会。流行于青海海北州门源县与祁连县苏吉滩、多隆、皇城、峨堡交界处的盘坡一带。农历八九月间，择日举行。盘坡地区牧场辽阔，水草丰茂，盛产门源马（亦称"青海骢""大通马"），以体型匀称、身长肚小、机警善奔、耐力强而驰名中外。诗人杜甫赞曰："此马临阵久无敌，与人一心成大功。……腕促蹄高如踏铁，交河几蹴曾冰裂。五花散作云满身，万里方看汗流血。长安壮儿不敢骑，走过掣电倾城知。"届时，当地藏、回、蒙古、土、汉等族人民竞着民族盛装、骑马赶车，带着农副土特产品前来与会。会场锣鼓喧天，彩旗飘扬，参赛健儿一个个威风凛凛，伫立马旁，只等裁判一声枪响，便争先上马，闪电般从人们面前一掠而过。临近终点，场上一阵阵雷鸣般掌声、欢呼声，响彻云霄，更是激动人心。赛马毕，举行各种文体比赛、演出，买卖马匹和农副土特产品。入夜，盘坡草原燃起一堆堆篝火，各族群众围着熊熊篝火，尽情歌舞，乐此不疲。

巴塘央勒节——亦称央乃节。藏族民间盛大艺术节日。流行于四川巴塘一带。农历九月初择日举行，至秋收结束。历三五天或十余天。开节晨，各户举家盛装出动，以毛驴驮上帐篷、条单、浆桶、炊具、酒菜，聚集城西巴楚河畔，垒起三石灶，开怀野餐，尤其是吃"团圆包子"。入夜，迎着明月，点燃篝火，纵情表演弦子、锅庄，唱藏戏，通宵达旦。节日内容不断丰富，1986年，被定为"巴塘艺术节"。时值巴塘秋高气爽，牛羊膘肥，秋新粮入仓。藏民怀着丰收喜悦，竞着鲜艳民族服装，带着帐篷、炊具、青稞酒、酥油茶、糌粑、牛羊肉等食品，或全家出动，或邀约亲友，骑马赶车，从四村八寨来到约定地方，举行盛大节庆活动。宁静草地上一时帐篷林立，炊烟缕缕，马嘶人叫。大家高兴欢聚，相互道贺，表演藏戏、弦子、锅庄，开展摔跤、拔河、唱歌等文体活动。小伙、姑娘们对唱山歌，广泛社交、择偶。夜间，点燃一堆堆篝火，老人们围着篝火，互敬青稞酒，祝福、畅谈。青年男女拉手、搭肩，唱歌、跳舞，往往通宵达旦。

巴塘央乃节——参见"巴塘央勒节"条。

巴塘艺术节——参见"巴塘央勒节"条。

红瑶粑节——瑶族支系红瑶民间传统节日。流行于广西融水县一带。农历九月择日举行。日期因姓氏各异：蓝姓在初七；杨姓在初九；凤、戴、宛、邓等姓在廿七日。届时，各户用新收糯米舂成大糯米粑粑，配以多种菜肴，美餐过节。九月九日，青年聚集大良乡大新村红邓屯，于寨子周围烧鱼野炊。至第三日，众再次聚集寨中一小巷。小伙、姑娘盛装穿巷而过；中老年人排列巷子两侧，品评谁长得美、穿得艳。其间，笑语欢声不绝于耳。

三都斗牛节——苗族民间传统节日。流行于贵州三都县高硐、拉揽、盖赖等地。农历九月初择日举行。届时，远近亲友欢聚一堂，观斗牛，庆丰收。男女青年吹笙跳月、对歌、谈情说爱。据传，三国时期，蜀军出征贵州，占领黔东，苗民常常举义，使蜀难以施治。蜀相诸葛亮"以乐忘攻"，支持苗家吹笙跳月，跳铜鼓舞，并喂养牯牛"斗牛"；还规定每年"吃新节"后，每隔十三天逢亥日"斗牛"一次。古籍《唐土训蒙图汇》有斗牛图，清康熙年间《贵州通志》《苗疆闻见录》也有苗族"斗牛"之载。苗族对牛挑选甚严，头、角、鼻、眼、嘴、脸、胸、肩、背，乃至睾丸、尾巴，皆有标准。如此牯牛，方乃"碰牛"，称"牛王"。斗牛形式有二：其一，将斗牛体型大小、角宽窄量好，编排成对，循序轮流相斗。开斗，牛主双方将牛牵到相距两丈远，解开鼻索，拽着牛鼻圈，到五尺远时放开，再让两牛相斗。芦笙队吹起斗牛调，观众呼叫"好哟好哟"助兴。倘两牛不斗，主家则各拍牛屁股，怂恿之。两牛相抵，难解难分时，由两组人数相等的拉腿队，各拿一条粗大棕绳，套住牛一条后腿，同时把牛拉开。拉腿者抓一把牛踩松的泥土，撒牛主头上、衣上，以祈吉祥。其二，"碰牛"斗法：用事先扎好的厚厚的稻草垫，绑上牛的脑门，待对方来碰。碰牯披挂彩绸或红布，旁边吹奏芦笙和放鞭炮，鼓动两牛相碰。两牛拼命顶抵，犹决一死战，约一刻钟左右，拉腿组方拉开两牛。若一方被打翻在地或逃之夭夭，则为败。斗牛前夕，须"贺牛"。鼓脏头带着芦笙队，挨家挨户祝贺，在斗牛厩边又吹又跳。主人敬献贺者每人一牛角酒、几块肉。斗牛之夜，村坪上篝火熊熊，男女青年围着篝火，吹芦笙，跳芦笙舞，通宵达旦，尽情欢乐。

吃九月粑节——部分苗族民间传统节日。流行于贵州麻江县下司镇白午村及凯里市万潮、舟溪一带。农历九月首个卯日，或初九举行。族称"侬局啥玖"或"侬局夏笼"。"侬"为吃，"局"为粑，"啥玖"为九月，"夏笼"为稻草，意为"过九月粑节"或"过稻草粑节"。秋收完成，有暇打糯米粑，过节以庆丰收和祭祖。节天，家家蒸糯米打糯米粑，煮肉煮鱼，在堂屋祭祖。酒肉鱼饭摆桌上，供奉祖宗，望祖宗保佑来年丰收、老少安康。凯里市石猛一带，王、杨二姓同住一条山冲，过去仅王家过节，称"吃稻草粑"，今杨家亦随着过节。节间，亲友走访，共同欢乐，来客以糯米和鸡送礼。第一、二天主方父老兄弟请酒，客人去每家。第二天斗牛，俗称"放牛打架"。第三天早或午饭后，客人方尽兴返回，主人送给糯米粑，不可让客人空手离去。

侬局啥玖——参见"吃九月粑节"条。

侬局戛笼——参见"吃九月粑节"条。

过九月粑节——参见"吃九月粑节"条。

过稻草粑节——参见"吃九月粑节"条。

吃稻草粑——参见"吃九月粑节"条。

九月半会——汉族民间传统节日。流行于浙江宁波地区。农历九月中旬择日举行。届时，群众自发结成队伍巡游。其中有人自戴镣铐，有人披头散发，有人五花大绑。穿红衣者称"红犯"，穿青衣者称"青犯"。此举为示虔诚向神忏悔，祈神宽大恕罪，赐福降恩，保家人安康。此节已泯。

拉卜楞寺九月禳灾节——甘肃夏河县拉卜楞寺宗教节日。农历九月择日，于该寺金刚院（多吉扎仓）举行。以跳禳灾舞为主，舞分仪仗、法王舞、"财神"圆圈舞、架吹号、"黑帽子"护法等五幕。舞时，舞者与奏乐者均念《阎王铁成大威德经》，最后焚烧道具、鸣枪，表示诸灾已被禳除。

阿美人观月祭——台湾少数民族支系阿美人民间传统节日。农历九月中旬择日举行。俗传，古代花莲市郊有一座小山，叫美仑山，上住三个小仙人，与阿美人和睦相处，保佑当地风调雨顺。后来，三个小仙人常常恶作剧，伤害农作物，让阿美人无法生活下去。阿美部落几个首领忍无可忍，要把他们赶下海里。小仙人闻讯提出：只要阿美人每年六月十五举行捕鱼祭，八月初三举行狩猎祭，九月举行观月祭，则保佑这一带年年丰收、岁岁平安。阿美人逐一答应，三个小仙人即跳进大海。此后，"观月祭"即沿袭下来。节前，各社十八至五十岁男子，共买一头水牛，宰杀后置于树林中。节夜，男子结伴先到达树林，围绕着牛尽情唱歌跳舞，旋将牛肉割成小块，按年龄大小依次分配。身着节日盛装的妇女，随后来到树林，与男子一同食肉赏月。在竹笛、鼻箫、弓琴伴奏声中，众人载歌载舞，尽兴方散。

苗族罢谷节——意为"庆丰收节"。苗族民间传统庆丰收节日。流行于湖南湘西州和城步县一带。农历秋收后之九月择日举行。节期因姓氏而异，如杨姓苗族在九月霜降以前未日，银姓苗族则在九月卯日过节。节旨在庆丰收和祭祖。苗家认为，无祖灵保佑，什么事都是做不好的。在生产上，祖灵不保佑，风调雨顺也不能丰收。节日祭祖因此很隆重。通常是杀猪、打糯米粑、蒸酒。有鸡有鱼的人家还要杀鸡煮鱼，以丰富祭品酬谢祖先。届时，家家把祭品拿到规定的祭坪供奉，祭者口念祷词，酹酒掐食给祖灵"食用"。祭毕，各家收拾祭品，带回家中，全家围桌进餐，举杯畅饮。节间，出嫁的姊妹、亲戚朋友都来参加过节，送来糯米或糯米饭及鸡或鸭。亲友返回时，要送给糯米粑，不能让其空手而回。过节时，没有杀猪之家，则到集市买些猪肉，还磨豆腐、杀鸡米鸭、捞鱼等。节间少不了唱歌跳舞等娱乐活动。

苗族庆丰收节——参见"苗族罢谷节"条。

龙街土皇节——彝族民间传统祭神节日。流行于云南巍山县龙街一带。一般于农历九月中、下旬，择某日夜间，各家各户举行。节源于土地神崇拜。届时，各家先在庭院内用灶灰画一大圆圈，插上若干根三杈削皮松枝和椎梨树枝，标出东、南、西、北和中央五个方位，再点上香火，摆好清茶、米酒、盐巴等供品，祭祀土皇。其时，家人怀抱公鸡，手敲犁头，念诵经辞："东方甲乙木，西方庚辛金，南方丙丁火，北方壬癸水，中央戊己土，我家在九月某日敬献土皇。"念毕即杀鸡敬神。待鸡煮熟，须再祭祀一次，家人再次虔诚地念"送土皇，保安康，保田地，保地基"的祝祷词。祭毕，把所有的树枝、香烛转送到房后路边，再回来全家聚餐过节。

九皇会——道教节日。农历九月择日（另说九月初九），在诸道观举行。九皇，乃道教神名。黄老道主要经典《太平经》载："天有三皇，地有三皇，人有三皇。"总称"九皇"。《道藏·九皇图》则对天、地、人三皇，各以初、中、后命名，亦谓"九皇"。清潘荣陛《帝京岁时纪胜》载："九月各道院立坛礼斗，名曰九皇会。自八月晦日斋戒，至重阳，为斗母诞辰，献供演戏，燃灯祭拜者甚胜。"届时，各路戏班应邀前来唱戏；信众则焚香明烛，叩首祭拜，求娘娘赐福降恩。

卡耶阿培楼——族谓"驱鬼"。哈尼族民间宗教节日。流行于云南勐海县西定山一带。农历九月择日举行。届时，各家制作禾刀，刀上绘制花纹。待巫师宣布"驱鬼"开始，全寨男女老幼一齐挥舞禾刀，作砍杀状，口念："饿鬼，男鬼，女鬼，一切鬼，别在我家住了，也别住村里，要住到山上去，到坝子里住！"人们先将家宅搜寻一遍，再从家冲出，随巫师一直杀往寨门外。"驱鬼"结束，寨人严禁出寨，妇女不宜出家门；外人亦不能进寨，免再带入被驱之鬼。

哈尼族驱鬼节——参见"卡耶阿培楼"条。

南京大王会——汉族渔民传统宗教节日。流行于江苏南京一带。农历九月择吉日举行。主要操办者，乃水西门与旱西门外渔民。旨在祈求黄河福主和金龙四大王，保佑渔民一年之内行船平安，渔业丰收。届时，渔民们高抬黄河福主、金龙四大王神像，在各村巡游。游者敲锣打鼓，燃放鞭炮，观者如潮，盈街塞巷。仪式热闹异常。此节已泯。

乌梁海拜火神——待识别乌梁海人等多族群民间宗教性节日。流行于新疆阿尔泰乌梁海一带。农历九月择日举行。节源对火的自然崇拜。时值秋高雨少、草木枯黄，易发灾难性火灾。旨在祭火神，祈平安。届时，人们以一头黄山羊或黄头白身其他牲畜作供品，用牲油点火，烧柏香，复往火中扔各种祭品，行跪拜大礼，口念祷辞，祈求火神慈悲免灾。反复三次，方告祭毕。

黎族敬祖节——黎族民间传统节日。流行于海南乐东、琼中、白沙一带。农历九月秋收后择日举行。旨在敬献祖先，并祈求保佑。节天，全寨男女老少汇聚，杀猪宰牛,举敬祖仪式。仪毕,跳敬祖舞。由巫师领头,青年男女分别组成舞队。男头扎红布,上插雉翎以示威风,吓退一切厉鬼;女着节日盛装。舞时,每人手持一支椰树或槟榔树的嫩枝,象征丰收的庄稼。首先,由巫师三伯公出场,口念祷词,请历代父系祖先到场。念毕,向祖先精灵敬烟。接着,在乐队锣鼓声中,男女舞队分成两排,摇着手上的树枝,登场做行进舞蹈动作;同时向祖先精灵献牲、敬酒,以酬谢祖先精灵保佑庄稼丰收、人畜平安,祈求祖先今后年年保佑。此节已式微。

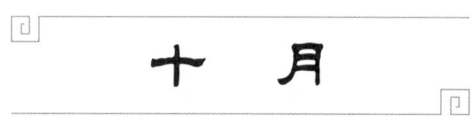

十月

初 一

哈尼族十月年——云南哈尼族最隆重岁时节日,亦称哈尼大年。族谓"扎勒特""美首扎勒特""年收扎勒特",意为新年开始,"捏制糯米团子"。哈尼布孔支系称"米索扎"。农历十月初一或首个龙日举行。历五六天,乃至十三天。哈尼族曾以农历十月首个辰龙日为岁首,因有此节。据传,很久以前,有一阿妈生三子,分别变成豹、凤、龙。老大、老二不想赡养老人,只有老三孝顺,某日他送给阿妈三包东西,分别变成稻谷、家畜和三对夫妻,使老阿妈得以安度晚年。感于老三孝心,老阿妈定这天为"龙日",过年志庆,久而成节。节首日清晨,各寨打扫得干干净净,装饰一新。各户在门外天井中杀一只大红公鸡,就地煮熟,全家共食,不得拿进屋内,族称"当欧奇"。然后,杀猪宰牛,舂糯米粑,做汤圆,煮黄米饭,酿"闷锅酒"。节间,早、晚饭前,须先用团子和酒到村口献祭天地祖宗,首日还要敬送同宗辈分最高的老人,表示尊长、缅宗。有的还要宴请其他民族亲友。白天,男女老少竟着崭新盛装,赶场聚会,走亲访友。有男孩之家,多在节间请媒说亲。已嫁姑娘要带酒、肉、粑粑回娘家,献祖过年。她们返回时,必得一条猪腿、一个大粑粑和煮熟的鸭蛋。姑妈、娘娘和姐夫、妹夫,是节日上宾。节间,各村寨举行街头酒宴,聚餐联欢,称"资八夺"(轮流喝酒)。轮流做东人家要备好酒菜,于指定街或村头,摆壮观群宴。由寨老主宴,全村老少自动组席,开怀畅饮,少不了边狂饮、边舞蹈。很多地方,在村中广场架起高大磨秋(即秋千),由"莫叭"主持,举行荡秋千仪式,男女老少争显身手,以消灾免难。另外,小伙们还赛摔跤,与姑娘们对歌。入夜,村村寨寨的草坪篝火熊熊,"莫叭"唱叙本民族神话故事,青年男女们围篝火载歌载舞,尽兴方散。

哈尼大年——参见"哈尼族十月年"条。

扎勒特——参见"哈尼族十月年"条。

美首扎勒特——参见"哈尼族十月年"条。

年收扎勒特——参见"哈尼族十月年"条。

米索扎——参见"哈尼族十月年"条。

文山壮年——壮族民间传统年节。流行于云南文山州广南县、富宁县一带。农历十月初一，即壮年初一举行。当地壮家本以此日为一年之始，正月初一春节是后来引进汉族年节。贵州从江壮年，则于腊月初一过年。云南壮族过壮年，头一桩事，是备齐过年食品，杀猪宰鸭，做驼背粽子、糍粑，磨汤圆，做豆腐。妇女们既做食品，又要给大人小孩添置过年新衣。购置香烛，则是男人们的事。米酒事先熬好，放坛子里以备敬神。节晨，人们即燃放烟花爆竹，以辟邪纳福。神龛插大把的香，点粗根的烛，神案下方桌上摆满猪肉、鸭肉、鸡肉、粽子、酒、汤圆等祭品。节间，人们交往频繁，走亲访友，共度佳节。已嫁女儿要和女婿（含孩子）回娘家，各带一些礼品，馈赠父母。当地壮家酷爱壮戏。年节未到，业余戏班便搭起戏台，各村抢着去请戏班，傍晚开台，人们如醉如痴欣赏动人表演。

威宁彝年——彝族民间查年节。流行于贵州威宁一带彝族山寨。农历十月初一举行。历三天。届时，各户将家中神龛打扫干净，备足丰盛食物，竞着节日盛装。多年无子嗣夫妇，节前即于寨旁竖秋千架，供青年男女轮流享用，享用者纷纷祝福老夫妇"生九子十女"。最主要节俗乃请、祭、送菩萨。节前夜，各户在打扫干净神龛内摆一象征性小篾篓，周围饰以松枝，放以酒、饭、纸钱等，示请菩萨回家。俗传，所请菩萨，乃家族中死后做过道场且有后之祖先。祭菩萨时，在龛旁点燃香烛，放一碗饭、一盘肉、一双筷子、一只杯子，杯盛满酒，并点一盏油灯，免菩萨摸黑就餐。祭始，家族成员均须跪龛前向菩萨磕头、祷告，祈祖灵保佑家族兴旺、平安。贺节亲友亦同时跪拜。祭仪三天后，送菩萨上山。此晨，先将供奉饭菜重新蒸热，摆龛前，请菩萨早餐。之后，由家族年高望重者手捧篾篓，率家人一起，上山择一较好平地，放下篾篓，此后不再捡回。送菩萨毕，家族成员聚集长房家，叙述伦常，谈天说地，喝转转酒，唱敬酒歌。聚饮毕，结束年节。

羌年——族谓"日美吉"（吉祥欢乐的日子），亦称羌历年，习称小年（有别汉族春节大年），汶川一带称过小年。四川阿坝羌族民间传统年节。史有两个"羌年"：一是羌历年。羌历以农历冬至为年首，整年三百六十五天，分十个月，每月三十六天，余五天为节日。传说，远古伏羲氏从羊角图腾柱在地上投影得启示，仰观天象，构建最早天文历法。学界认为，伏羲氏部落正属古氏羌族系。另一"羌年"，乃清乾隆年间始定之农历羌年。溯古制，古羌日月星辰计数，逢十进一，万物起一，古"十月初一"最吉利，过年。历三天，或五至十天。实际上，长期以来节期因地而异：汶川绵虒一带，在八月初一；北川在农历冬至；其他地方多择农历十月初一。20世纪50年代至70年代末，年节活动中断；80年代恢复，将农历十月初一定为羌族统一法定节日。而年俗仍因地略异。节间，人们停止劳动，足不出户，在家蒸食莜面做的三叉形"达瓦"（大蒸饺），馅为肉颗和豆腐；或用面粉做成牛、羊、鸡、马等各形祭品，祭祀祖先与天神。各寨均举行"还愿会"（坐愿会）和"祭山会"，由祭司释比诵经，跳"羊皮鼓舞"；而后民众则自娱跳"萨朗"（汉意"唱起来，跳起来"）。还愿结束，各户领取所分羊肉回家。夜晚，各户围坐火塘，喝羊肉汤，烤火聊天。茂汶一带有族规：当年本寨无成年人死亡，方过此节，在墙上画深白色"卐"字格，表示庆祝人畜兴旺、庄稼丰收；否则，只过春节大年。茂汶三齐乡十月初一在房顶"勒克西"前焚柏枝敬神，合家吃肉食。次日，亲戚邻里互请咂酒，唱酒歌，倾诉"离别"之情。昔日，本地青壮男女生活无着，被迫外出打水井、砌河堤，次年春才回家过节。老人留守羌寨，孤苦凄凉。如今，人们不再为生活四处奔走，年节格外愉快。维城、雅都两乡，羌年与庆丰收并举。青壮男子穿花衣裳，系彩腰带，腰插一两尺长油竹竿，内插三根野鸡翎子。老人们亦着整洁衣装。节日活动队伍载歌载舞，老年领唱，中青年伴和，逐户祝贺。他们还欢跳沙朗舞，畅饮咂酒。茂汶太平乡中尾巴等寨，年节挂生牛皮制的盔甲，欢跳盔甲舞，以庆丰收。"小年"还别具宗教色彩：除杀鸡宰羊敬神外，小猪用棒打死，连毛在火上烧烤，毛烧光后剥开献祭。有的地方，请端公献祭，将羊血洒祭坛前敬神，羊肉按户数均分。

日美吉——参见"羌年"条。
羌族小年——参见"羌年"条。
羌族过小年——参见"羌年"条。
羌历年——参见"羌年"条。
十月初一——参见"羌年"条。

十月寒衣节——亦称送寒衣、十月朝、祭祖节、冥阴节、秋祭、鬼头日等等。与清明、中元节并称三大"鬼节"。部分汉族地区民间纪念性节日。农历十月初一举行。源说不一：其一，源自民间鬼信仰，生者联想到死者，是时已进孟冬，鬼亦需添衣御寒，故"送"以寒衣；其二，源自道教，史孝进、刘仲宇主编《道教风俗谈》即载，上海白云观"十月朝前后最忙，前来做道场的人，比过年、清明、中元都要多"；其三，源自孟姜女寻夫掌故。古俗"十月初一烧寒衣"，亦即向阴间送寒衣。

送寒衣——参见"十月寒衣节"条。
十月朝——参见"十月寒衣节"条。
十月祭祖节——参见"十月寒衣节"条。
冥阴节——参见"十月寒衣节"条。
秋祭——参见"十月寒衣节"条。
鬼头日——参见"十月寒衣节"条。

土族送寒衣——土族山乡民间传统祭祀节日。流行于青海互助县东沟镇大庄一带。农历十月初一举行。届时，家家户户男子带着香烛、纸钱，以及纸做各种新衣和供品，上坟祭祖。他们把祖坟前后清扫干净，摆上供品，上香燃烛，在坟前跪拜祖宗，旋将纸做各种新衣服焚烧，谓给先人"送寒衣"。相传，土族先民认为，隆冬十月，亡灵在阴间同样受冻，需增加衣服，后人要给祖先送衣取暖。上坟归来，每家都要吃一顿名为"老鼠儿"的水饺。食前，须先盛一碗供于神位，以示敬献祖宗，然后，全家围坐进餐。

纳西族送寒衣——纳西族民间祭祀节日。流行于云南丽江一带。农历十月初一至十五间，择日举行。届时，各户带上祭品，前往祖坟，先在坟前供一碗饭、四至六碗菜，旋焚化纸质"寒衣"，以便祖灵安度寒冬。当地非常看重此节。倘有人届时"不送"，则定被公众齐声谴责"忘祖"。

锡伯族十月节——族称"专拜依车"，亦称下元节。锡伯族民间传统节日。农历十月初一举行。旨在缅怀祖先。除在家祭拜外，还要上坟，焚化用纸叠成的衣、裤，称为祖灵"送寒衣"。

专拜依车——参见"锡伯族十月

节"条。

锡伯族下元节——参见"锡伯族十月节"条。

磐安十月招——亦作十月朝;另称迎百子灯。汉族民间传统求子节。流行于浙江磐安一带。农历十月初一举行。节源于"迎百子灯"之俗。当地认为,百子灯象征吉祥,更意蕴子多福多。届时,人们用红、绿彩纸裱糊成百子灯,用针在上刺凿加工,形态各异。入夜,子灯棚到处可见。人们在门口竹竿上,高悬各自的花灯。每竿一串灯,称"一棚灯"。一时,万家灯盏齐明,火树银花,宛如群星璀璨。人人喜笑观赏灯盏,祝愿人寿年丰。

磐安十月朝——参见"磐安十月招"条。

迎百子灯——参见"磐安十月招"条。

武进十月朝——汉族民间宗教节日。流行于江苏武进区三河口一带。农历十月初一举行。届时,人们高抬城隍神像出巡,仪仗开路,锣鼓相随,最后到孤坟坛会祭。节源传说:明太祖朱元璋未登基之时,率军打伏。其父母皆死于战火,无处寻尸。朱称帝后,怀念双亲,感念父母不能在阴间接纳香火朝供,即颁令举国于农历十月初一抬城隍菩萨,在各自境内举孤坟祭礼,让先考先妣也得供奉。此事沿袭成节,曾行当地城隍神祭坛。此节已泯。

十月旦——汉族民间传统节日。农历十月初一举行。流行于广西部分汉族聚居区。源当地此日邻里互赠扇子、吃馄饨之俗。谚云:"踏梯摘茄子,把扇吃馄饨。"届时,家家包馄饨,吃馄饨。馄饨刚捞出,热气腾腾,人们用扇子扇,冷却后再吃。邻里亲朋互赠蒲扇、纸扇,亦因成时尚。文人则在扇面题写关于吃馄饨的诗句,情趣别添。

大盘十月节——汉族民间宗教节日。流行于浙江磐安县大盘乡一带,故名。农历十月初一举行。旨在祛邪免灾,祈求平安。届时,各户在门前挂一面大旗,入夜进行"踩火"活动,称"太平火"。在田野上,用五六十箩炭生火,待火燃旺,请山人向炭火四面喷三口净水。然后,山人带头赤脚先由北向南踩火,旋由西向东踩。他人紧随其后。踩火,严禁病患者参加。

中原暖炉会——汉族民间冬季进补传统节日。流行于中原一带汉区。农历十月初一举行。时天气渐寒,为强身御寒,人们增加滋补之食,久而成俗。届时,民间开始点炉取暖。一家人围坐炉火,边喝酒,边烤肉吃,尽享天伦之乐。据考,自宋代起,暖炉会即在民间流行。清代京师颇为盛行。杨静亭在其竹枝词《都门杂咏·烤牛肉》中云:"严冬烤肉味甚饕,大酒缸前围一遭。火炙最宜生嗜嫩,雪天争得醉烧刀。"学界认为:十月北京,天气渐寒,素有冬季进补之俗。此节或自此演化而来。

江南炉节——汉族民间传统节日。流行于江南一带。或曰"暖炉会"之地域性变体。农历十月初一举行。时值天气转凉,已不宜冷食。民间纷纷在此日开炉做烧饼,将头一炉烧饼供奉祖先,后各家互赠自家烧饼。各家品尝,哪家烧饼最佳,便前往讨教烧饼技术。久而成节。

苗家跳香会——苗族民间娱神庆丰收节日。流行于湘西吉首、古丈、泸溪、沅陵等县市。农历十月初一至十五日,在各村寨轮流举行，一村一天。旨在酬谢五谷神。相传，五谷神是位斋神，只吃素，供品不能沾荤，仅蒸酒磨豆腐。节俗主要是"跳香舞"。此乃庆贺、预祝丰收之传统祭祀舞蹈。舞时，领舞者身着红袍，头戴五佛冠，右手拿绺巾，左手持牛角师刀。其后，四位小伙着白上衣、蓝色短裤脚裤子，脚穿布草鞋，手拿竹棍，随之翩翩起舞。舞时，多用大锣大鼓伴奏。舞步自由，变化多端，盖有"关公推车""美女梳头""懒婆娘挑水""怀中抱月""雪花盖顶"等，风趣盎然。跳香队伍所到村寨，主家皆以酒肉盛情招待。

苗族舂粑节——亦称糊牛角节、接姑娘节。苗族民间传统节日。流行于云南华宁县通红甸一带。农历十月初一举行。时秋粮入仓，家家收拾好农具，高高兴兴买酒买肉、杀鸡宰鸭，舂糍粑，接已嫁姑娘回家，阖家过节。节间，各户欢聚自家牛厩门前，先将洗刷得干干净净的耕牛牵出牛厩，抬来糯米糍粑，将牛角糊得严严实实，插上鲜花，挂上一串红辣椒，把整个牛头打扮得花枝招展。接着，端来一大盆清水，让耕牛喝水时当镜子自照。相传，耕牛喝水时，照见自己模样，闻到糯米香味，能领会这是主人对它一年辛苦的犒劳，来年将更好地为主人出力。中午，各家把耕牛牵到竞赛场上，看谁家耕牛喂得最肥，长得最壮，牛毛旋和犄角、蹄、眼长得最端正。男女老少指手画脚，对牛评头品足。牛主人则纷纷夸耀自己的牛品质好，打扮得漂亮。比赛完毕，各家才和接回来的姑娘、家人一起，合计来年的生产和生活，愉快地过糊牛角节。

糊牛角节——参见"苗族舂粑节"条。
接姑娘节——参见"苗族舂粑节"条。

牛王神生日——汉族民间传统节日。流行四川等地。于传为牛王神生日之农历十月初一举行。届时，村村举会，演戏欢庆。乡民把糯米做成糍粑粘在牛角尖上，让牛歇息一天，喂以精草细料。入夜，各家纷纷牵牛到水田边，让其在水田倒影中自赏角上糍粑。据传，这会使牛高兴。若牛角上不贴糍粑，牛会悲伤，甚至落泪。

仡佬族敬牛节——亦称牛王节、牛神节、祭牛王、祭牛节、敬牛王菩萨。仡佬族民间传统农事节日。流行于贵州遵义、仁怀一带。农历十月初一举行。届时，人们纷纷杀鸡宰鸭，买酒购肉，备红糖，舂粑粑，点香燃烛，烧纸钱，于牛厩门前敬牛王菩萨，给牛"做寿"，酬谢耕牛终岁辛劳，让牛休息一天，用最好的饲料犒赏牛。把牛厩收拾得干干净净，垫上厚厚的软草，并在牛角上挂上糍粑，然后将牛牵到池塘、水田或溪边，让牛从清澈碧绿的水中见到自己的影子，再从牛角取下糍粑喂牛。若附近无水田、池塘或小溪，主人就用较大的木盆盛满清水放在家门口，让牛照影子、吃糍粑。有些地区，还要给耕牛披红挂彩，放鞭炮，以示祝贺。没有养牛人家，也要备办酒、肉、香、烛、纸钱，到自家水田或地边，祭祀牛王菩萨，祈祷牛王菩萨保佑自己早日买上耕牛，或租借别人耕牛使用时顺顺当当。节源传说：很久以前，某山寨仡佬民众不堪忍受封建统治者压迫和剥削，奋起反抗，遭到残酷镇压，眼看就要寨破人亡，突然，一头老牛衔着寨老的衣裳，把他引到通往山后的一山洞。于是，寨老即率全寨男女老少，从洞中撤到后山，免遭涂炭。事后，仡佬族把耕牛视为恩人，养成"不打牛、不食牛肉"之俗。迄今，有些仡佬山寨还流传"仡家一头牛，性命在里头"的民谚。

仡佬族牛王节——参见"仡佬族敬牛节"条。

仡佬族牛神节——参见"仡佬族敬牛节"条。

仡佬族祭牛王——参见"仡佬族敬牛节"条。

仡佬族祭牛节——参见"仡佬族敬牛节"条。

仡佬族敬牛王菩萨——参见"仡佬族敬牛节"条。

韶关牛年——汉族民间传统节日。流行于广东韶关等地。农历十月初一举行。旨在酬牛辛劳,并庆丰收。节天,农家聚会畅饮,互赠米糍粑;将大块米糍粑粘在牛角上;竟日不穿牛鼻绳,让牛歇息"放闲",意寓让牛"过年"。相传,此日牛若从水反照见其影,会自感愉悦。此节已式微。

中原祭祖节——中原汉族民间传统祭祀节日。农历十月初一举行。据传,东汉时,蔡伦造出纸张,物美价廉,很受欢迎。其嫂慧娘见造纸有利可图,嘱夫蔡莫向弟学造纸。蔡莫略学造纸技术,便自开作坊造纸,纸质粗糙难卖。慧娘突发奇招:自己躺棺材里装死,让夫蔡莫在棺前烧所造之纸。邻里前来吊唁,突听棺内大喊:"快让我出去!让我出去!"众急忙开棺,只见慧娘躺着,大睁双眼,慢慢说道:"阳间烧纸,阴间即变成钱。夫君送给我好多钱,我得还阳,活百年!"从此,新丧人家便纷纷于此日抢购蔡莫之纸,劣质纸畅销一空。慧娘还阳于农历十月初一,人称"还阳吉日"。人们纷纷于此日到祖坟,烧纸钱等纸质冥物,上供,祭奠祖先。久而成节。

还阳吉日——参见"中原祭祖节"条。

民岁腊——道教"五腊"之一。农历十月初一,在诸道观举行。道教"五腊":正月初一天腊、五月初五地腊、七月初七道德腊、十月初一民岁腊、十二月初八王侯腊。据考,早在周朝,即举"腊祭日"祭典。《礼记·月令》载录:以猎物为祭品,天子于社坛祭祀日月星辰众神,于门闾内祭祀五代祖先,同时慰劳农人,颁布新的作息制度。以岁时论,此日标志寒冬来临。俗传,阎王爷此日特给鬼魂们放假,以便其领取阳间家人所送钱物。故此,人们届时烧五色纸,以象征送寒衣,让祖灵过冬御寒。

祀靴节——中原汉族卖靴人传统行业节日。于传为"靴"诞辰之农历十月初一举行。昔时,汉族靴商每逢此日必筹集资金,设香案,奉供品,参拜靴神,求生意兴隆、财源滚滚。并据此日天气晴阴,预卜冬季气候。明沈榜《宛署杂记》载:"卖靴人以是日为靴生日,预集钱供具祭之,以其阴晴卜一冬寒暖,多验者。"此节已式微。

初 二

鸟松博鸟松咬会——白族民间祭祀节日。流行于云南昆明西山区沙浪一带。农历十月初二举行。当地白族认为,鸟松博、鸟松咬是天地人三界十方万灵的主宰神,负责守护庄稼,每年从栽秧到收获季节,一直守护稻田,使之不受灾害,秋天得到丰收。时至收获的十月,人们要欢迎鸟松博、鸟松咬回家来住,感谢其劳苦功高。每年此日,全村举行祭祀活动,迎接两个主宰神。祭始,须当全村人的面,在祀台拴一串用红、黄、绿等纸制成的神位,上书"天地人三界十方灵主者圣会",并在祀台上杀鸡宰猪，贴上鸡毛。紧接，全体吹喇叭，打鼓敲锣，游行到田间，呼唤两个主宰神的名讳，恭迎两神回村。之后，各家各户还须带着酒、肉、饭菜到自家田地里，呼唤两位主宰神，引领他们回家，在祖先的灵堂供祭。

瑶族啪嘎节——亦称丰收节。瑶族民间传统农事节日。流行于湖南洞口县那溪一带。农历十月初二举行。旨在预祝风调雨顺、五谷丰登。节前，全村集资宰杀一头肥猪，购买若干鲜鱼（每户一条），并将鲜鱼染成红色，作供品用。另外，各户还自行杀鸡杀鸭，做糍粑，酿米酒等。节天，全村男女老幼着民族服装，聚集祭祖。祭毕，主持人分给每户一条染红的鲜鱼和一块猪肉。节间，人们走村串寨，探亲访友。青年男女则借机交际，对歌娱乐，喜气洋洋。

瑶族丰收节——参见"瑶族啪嘎节"条。

洗小铁节——壮族民间传统节日。流行于广西下雷一带。农历十月初二举行。秋收后，准备挂镰歇锄、收藏农具以待明年再用，照例举行祭祀，称"洗小铁"。届时，各户请来村里道公举行赶鬼仪式，旋将铁制犁耙、锄头、镰刀等所有劳动工具精心洗净、晾干，放进仓里保管，以示农闲来到，辛苦一年的农具可以休息一冬。保护好农具，以利来年耕作，寄托了重视和期望农业收成之情。其间，各户照例饱餐豪饮，享乐一天。

吃由粑节——龙姓苗族民间传统节日。流行于贵州凯里市青曼乡一带。龙姓，苗语称"由"或"代由"，苗族一支系。节期因地有异：青杠林和岩寨于农历十月初二（首个丑日），曼洞于十月十四（第二个丑日）。倘首个丑日逢初三、初四，青杠林苗族则推延至第二个卯日（十月十六）。节日前夕，各家备好甜酒、白酒和鱼肉，打好充足的糯米粑，称"由粑"，小者大碗般大，大者小簸箕般大，含自食与送礼用。亲友带着鸡鸭，包好糯米饭或糯米，纷纷参与到节日仪式中。节晨，主要在堂屋，面对祖宗神龛摆设酒肉供品祭祖，烧香烧纸，口念"节日，家人以美酒佳肴供奉祖宗，请祖魂食用，保护子孙后代，下地生产能丰收，上山能猎获野物，人人身体健康，日益富有"等等。念毕，掐鱼肉于桌上，酹酒于桌上，表示祖魂业已食用。祭祖毕。主客聚餐，频频举杯畅饮。下午或翌日，主人房族叔伯兄弟宴客。酒酣，主客互相猜拳，不会猜拳者罚酒。妇女们则互相对唱酒歌，每唱一巡，便"哦呀哦，哦呀哦"地高声呼唤，阵阵呼声飞向远方。小伙们微醉时，即各操两把板凳，"啪啪啪啪，啪啪啪啪"地敲打，跳板凳舞，楼板踩得咚咚直响。客人随着主人喝了一家又一家。翌日中午斗牛。斗牛场喜气洋洋，欢呼声一阵接一阵。客人返回时，主人须送给"由粑"，客人或挑或提，满载而归。

初　三

成吉思汗陵皮条祭——蒙古族民间传统祭祀节日。成陵四大祭之一。农历十月初三举行。是日，称蒙古族自豪节或自豪日。旨在祭祀成吉思汗出生后的脐带，意寓圣主出生给蒙古族带来了辉煌。

蒙古族自豪节——参见"成吉思汗陵皮条祭"条。

蒙古族自豪日——参见"成吉思汗陵皮条祭"条。

朝鲜族开天节——朝鲜族民间宗教

节日。流行于吉林延边一带。农历十月初三举行。节源自朝鲜檀君教的一派大宗教，无特别仪式，仅朝夕在檀君牌位前摆换供品香火。大宗教信奉桓因、桓雄、桓俭三神一体之天神，桓因主宰万物，桓雄开天教化，桓俭治理天地。宗教传说：在4400多年前的十月初三，桓俭来到松花江流域，用神道感化民众。此后，当地的朝鲜族即以此日为开天节，取意"开天辟地，摆脱混沌"。桓俭在松花江流域治理天地二百多年，后于三月十五日升天，人们遂以三月十五日为御天节。桓俭是朝鲜族人民治理天地、向往安定幸福生活的理想化身，对其崇拜反映了对安居乐业的追求。

朝鲜族御天节——参见"朝鲜族开天节"条。

初 四

弥勒祭山神——亦称"彝族祭山神"。彝族支系阿哲人民间宗教节日。流行于云南弥勒县一带。农历十月初四举行。届时，村寨彝家相约前往村寨密枝山举行祭神仪式：宰杀一头黄牛和两只公鸡作为供奉品，焚烧香烛，叩拜山神，祈祷神灵保佑族人幸福、平安。祭毕，主祭人将牛肉、鸡肉等祭品，分给参祭人家。

彝族祭山神——参见"弥勒祭山神"条。

初 五

达摩祖师圣诞——佛教节日。农历十月初五，在诸佛寺举行。达摩，天竺人，禅宗二十八代佛祖，将禅学带入中土第一人。他为弘扬佛法东渡中土，历尽艰辛，后终在少林寺后山，面壁九年，得悟大道与高深武艺。他行医济世，遍施爱心，在下层百姓中广结善缘。其经历充满传奇性、戏剧性。每逢祖师圣诞，僧俗信众皆焚香明烛，虔诚拜祭。

初 六

初 七

初 八

别雅贵节——亦作"别雅蜗节"，译名"祭青蛙扳腰赛"。布依族民间祭祀体育节。流行于贵州三都县三江一带。农历十月（另说腊月）初八举行，历四天。旨在祝愿来年庄稼无灾，收成丰稔。届时，各赛选一宽敞楼房，铺稻草作"扳腰堂"；用木板钉一尺许长棺材，称"梅借"。然后，人们争先下田找青蛙。谁最先捉到，众便一拥而上，碰他的头，将其所捉青蛙装进"梅借"，由一群孩童抬棺走村串寨，唱着歌，逐户讨米。歌意是：雅蜗今天来向你们要点米，你们要可怜可怜，送一点米给它，它会保佑你的庄稼收成好。每家皆乐意送一二筒米。讨毕，抬回扳腰堂安放。众焚香化纸供祭。首日午，开始扳腰比赛。多为青壮男子参赛，老、妇、幼旁观助兴。众多赛项，以两人用竹杠抬一人，与另组来回碰撞，落地者为输。此赛持续三昼夜。十一日，人们将"梅借"抬至指定地点埋葬，用所讨黏米熬粥，大家共享；将糯米打成粑粑，将一大块犒劳首捉青蛙者，余分若干小块，散发给赠米人家。此节或为"俗雅蜗"之流布性变体。

别雅蜗节——参见"别雅贵节"条。

祭青蛙扳腰赛——参见"别雅贵节"条。

初 九

初 十

金华迎佛节——亦称麻糍节。汉族民间宗教节日。流行于浙江金华一带。农历十月初十举行。届时,人们按村结社,按社组建迎佛队伍,出迎信奉神佛。仪式为:先将佛像安置轿中,前由铜锣开道,吹打乐队紧随,后是大纱灯、黄龙旗、黄罗伞等,再后是佛像轿。六支佛铳,边走边放,队伍浩浩荡荡。善男信女沿途顶礼膜拜,观者如潮,场面十分隆重,甚为壮观。节间,民众多食麻糍,故亦名"麻糍节"。

麻糍节——参见"金华迎佛节"条。

自贡提灯会——汉族民间传统盛大灯节。流行于四川自贡市。农历十月初十举行。自贡灯会誉称"天下第一灯"。此灯会可远溯唐宋新年赏灯,明清发展为各种会节,清中叶已见狮灯场市、灯杆节等灯会活动。进入20世纪初,盛行"提灯会",每人手提红灯一盏,上街游玩。一个"提"字,有别春节之挂宫灯、舞狮灯等,突出个体自在游玩特色。

自贡灯会——参见"自贡提灯会"条。
狮灯场市——参见"自贡提灯会"条。
自贡灯杆节——参见"自贡提灯会"条。

洗禾剪节——瑶族民间传统农祀节日。流行于广西上思县十万大山一带。农历十月初十举行。洗禾剪,意为将剪糯谷用的剪刀洗干净放好。当地笃信:洗了禾剪,来年稻谷方可丰收。节间,稻谷已收割完毕,各户照例做糯米粑吃,以庆丰收。

金平糊牛角——苗族民间传统节日。流行于云南金平县一带,故名。农历十月初十举行。届时,各户烘烤出香喷喷、黏糊糊的糯米粑,领孩童抬着,来到牛圈,犒劳辛苦一年的耕牛。他们牵牛出圈,洗净牛角污秽,糊上糯米粑,再插上两个精选大红辣椒,称"糊牛角"。然后,牵牛到寨子中供众围观,并从牛角长势评判牛的优劣。"糊牛角"旨在让牛喝水时,看到红辣椒,兼闻糯米香,悟察主人没有忘记它。是日,各家置备丰盛酒菜,接出阁闺女回娘家团聚。

四达罗节——即庆丰节。彝族民间传统节日。流行于广西那坡达腊等地。农历十月初十举行。秋粮归仓,浇开了人们心中的喜悦。届时,人们把春天封存的铜鼓重新敲响起来,寨中拉么(老主人)、萨喃(开腔人)、麻公巴(领舞人)和仰巴(吹五笙者)等过节的领头人,竞着节日盛装。人们欢聚村寨舞坪,吹响迷人的五笙,欢唱动听的民歌,齐跳热烈的民间舞,一片喜气洋洋。此节既是庆丰收佳节,也是农闲季节的开始,各种娱乐、喜庆酒事由此重新活跃起来。

彝族庆丰节——参见"四达罗节"条。

京族食新米节——京族民间传统农事节日。流行于广西京族三岛。农历十月初十举行。是日下午,各户煮新米,供拜"田头公"和祖先,之后举家共吃新米饭。特别的是必须关门食新米,不能让外人看见。

水仙尊王祭——汉族民间传统祭祀节日。流行于台湾地区。农历十月初十,于各地水仙宫举行。当地民众奉流芳百世的大禹、伍员、屈原、王勃、李白等五人为"水仙尊王",俗称"水神"。其传说皆涉水:大禹治水,建立功勋;伍员、屈原感伤国事,伍员浮于鸱夷,屈原自投汨罗江;王勃溺于南海;李白捞月于水中。当地俗传,在海上遇险者,向"水仙尊王"祈祷,即可化险为夷。节间,人们纷纷到水仙宫进香叩拜,祈仙人保佑出海平安、遇风暴能化险为夷。

水神祭——参见"水仙尊王祭"条。

十 一

白族祭牛王——白族民间传统宗教节日。流行于云南昆明市西山区沙浪乡一带。农历十月十一日举行。时值秋收完毕。白族认为,丰收多靠耕牛帮忙,因此而祭牛王。届时,人们在牛圈门上插青绿松枝和白花为饰,还要给牛王供奉,取悦牛王。每家都在这天特意给耕牛添上好饲料,让其吃好,以示犒劳。

沙浪五谷会——白族民间农祀节日。流行于云南昆明市西山区沙浪乡一带。农历十月十一日举行。秋收以后,人们祭祀五谷太子,认为五谷能够得到丰收,仰仗五谷太子保佑。届时,村民要汇集五谷庙里,杀猪祭祀五谷太子,还要带上鸡蛋,到田里祭祀五谷神,将其请回谷仓,保护仓内谷子不被虫吃、不发霉。

十 二

侗族石家节——亦称冻鱼节。石姓侗族民间传统节日。流行于贵州从江县庆云乡等地。农历十月十二日举行。节前,石姓侗家从田里捉回鲤鱼,煮熟,加盐、味精等佐料,连汤搁置至冷却凝冻,状如果冻,称"冻鱼",节因此得名。节天,老中青少盛装聚集大街,由寨老领头迎"萨"(萨玛,族神);然后进行侗戏展演、侗族大歌比赛。入夜,还有行歌坐月、琵琶对唱等民族文娱活动。游客可走进热情好客的百姓家,品尝糯饭、冻鱼、米酒等风味美食。

从江冻鱼节——参见"侗族石家节"条。

十 三

颁金节——满族民间传统节日。流行于东北、北京、新疆等地满族聚居地。农历十月十三日举行。颁金,满语意为"满族命名之日"。明崇祯八年(1635)农历十月十三,后金汗王努尔哈赤之子爱新觉罗皇太极,废除女真旧称,定族名为"满洲",满族人遂于此日隆重庆祝,相沿成节。届时,人们穿起旗袍等民族服装,开展民族民间歌舞等各种庆祝活动,还准备奶茶、萨其玛、打糕、金丝糕等族食供大家品尝。1989年,北京等地满族同胞,进一步明确农历十月十三为"满族诞辰",固定习称今节名。

满洲诞辰——参见"颁金节"条。
满族诞辰——参见"颁金节"条。

嘉绒藏年——四川阿坝嘉绒藏族传统年节。"嘉绒"乃藏族支系,分布于大小金川流域,自称因地有异,如嘉绒哇、德布利、垄巴、垄巴布、喜卡布等。年节日期亦异:党坝藏族于农历十月十三日过年,敬"阿美日格"神,敬奉饽饽、酒面等,在神像前跪祈人寿年丰。后吃猪膘、馍馍,咂酒,连续四天不出门,不请客。宅垄、汗牛、丹巴等小金藏族则在从前一位神勇英雄剪除恶鬼、为民造福之冬月十三日过年。前夕,除打扫卫生、备年货外,必按家人数目,以面做羊头供于厨房,以面印日月星辰置酒内,等年日破晓,即在房顶熏烟、念经,祭祀那位英雄。嘉绒聚居之土司区,两节通称"过糌粑年",盛行风俗:晨吃糌粑茶、肉,休息一天;次日,吃荞麦面糌粑肉包;第三日,吃糌粑(平时不吃),熬茶(多无酥油),吃冷烧麦面饼;第四、五日,送羊,熏烟祭坛。

嘉绒哇藏年——参见"嘉绒藏年"条。
德布利藏年——参见"嘉绒藏年"条。
垄巴藏年——参见"嘉绒藏年"条。
垄巴布藏年——参见"嘉绒藏年"条。
喜卡布藏年——参见"嘉绒藏年"条。
过糌粑年——参见"嘉绒藏年"条。

十 四

壮族十月节——各地壮族普遍盛行的岁时节日。广东连山壮族于农历十月十四或十六日举行,称"更那了",意为"田活已尽,五谷归仓,可以欢庆新谷登场了"。多数地方日期不定,由各村寨选定收割完毕后的一天举行。旨在庆贺一年最后的劳动结束,将要度过冬闲,准备春节。日子择定之后,全村各户便捐钱,买香烛纸钱和一头猪。节天,人们把祭品抬到社庙,点香供祭,还要请来一班师公或道公打斋诵经。斯时钟鼓齐鸣,铙钹高奏,师公画符念经,道公列队起舞。如是连续祭祀三天,诵经三天。富有的村寨,则要多杀几头猪,诵经七天。三或七天之后,人们认为功课完满,方能聚餐。

更那了——参见"壮族十月节"条。

十 五

下元节——道教"水官解厄"之节;某些地区汉族民间亦以为节。农历十月十五日举行。道教"水官解厄",其下元水官全称"五气三品解厄水官",总管九江四渎、三河五海、十二溪直圣神君,掌管死魂鬼神之籍,记录众生功过之条。每年是日,水官考籍,按众生善恶功过,随福受报、随孽转形。道观则设斋建醮,禳解厄难,超度死者。(参见"三元节"条)届时,信众杀鸡宰鸭,备好美味佳肴,果品醇酒,前往三官庙,祭祀水神和先祖。在福建莆田等地,是日傍晚,每家都在田头虔诚拜祭水神,祈求水神开恩、祖先降福,保佑庄稼无灾、家人平安过冬。

水官解厄——参见"下元节"条。

镇江下元节——汉族民间"为苍蝇饯行"节日。流行于江苏镇江等地。于当地传为苍蝇返乡时(入冬首日)之农历十月十五日举行。当地有此日吃"红豆饭"之俗。届时,家家户户用红豆和糯米混在一块儿,一部分自家吃,其余分送亲戚邻里。吃红豆饭有讲究:饭前,在厨房案桌为苍蝇准备一杯水、一碗红豆饭,让其吃喝之后离开,别再相扰。吃过红豆饭,人们便到城隍庙,看城隍出巡。游神队伍高抬城隍神像走街串巷,沿途百姓双手合十,默默祷告,求城隍爷保佑。此节已泯。

荣场庙会——亦称迎大旗。汉族民间传统节日。流行于浙江磐安县玉山区荣场一带,故名。农历十月十五日举行。节源传说:古时这里常有野兽出没,践田伤人,为害甚烈。人们聚在一起,挑起竹竿围裙,呐喊驱赶猛兽,由此渐渐演变为"迎大旗"活动。每年此日烧香拜佛后,便"迎大旗"。旗用六十方丈布缝制,上绣游龙戏凤;旗杆分两截,上截是极长毛竹,下截是笔直杉木,杆长七丈许。届时,由四十名精壮大汉竖旗,在锣鼓声中,拉索的拉索、捧杆的捧杆。大旗竖直，众人高呼，欢腾雀跃；同时鼓乐齐鸣，震耳欲聋，场面甚是壮观。

荣场迎大旗——参见"荣场庙会"条。

赎魂节——壮、汉、瑶、仫佬等族民间求神健身节日。流行广西忻城一带。农历十月十五日举行。人们，尤其青年，认为做人终日辛苦，勤奋一生，最终会累掉魂灵，遂于每年上元日举行"赎魂"仪式：各户由年高望重长者亲手蒸做糯米饭、舂馍，供拜神灵，为子孙赎魂，祈求保佑后生们身强体壮，平安无疾。据考，早在宋代，或许更早，即有此节。当地认为，人的肉体和灵魂不能分离，魂不守舍，则患病。因此，壮家自古就有赎魂之俗。古代，壮人外出若干日子，要约定归期。那天，家人特请巫师来念经赎魂。巫师须手提竹篮，内放一套干净衣服，赶到二三十里外去相迎。巫师叫其换上干净衣服，脱下脏衣服放篮子里，念经赎魂后，在前边导引他回家，意为"把远行出窍的灵魂收回，他和家人才能平安"。这个习俗演化下来，便成了专门的节日。节天，一般人家要在户外设祭，请师公念经收魂。祭品不多，一般仅一只鸡或斤把猪肉，两小杯米酒。念完经，烧纸，拿家人一些旧衣服在火烟上晃一下，即算是收了魂。倘有家人欠安，则事先要请巫觋卜卦，查看魂走何方，为何不归。赎魂时，不仅要向鬼求情或驱赶，还要选择灵魂出走的方向作法，才有效。此节已泯。

畲族五谷节——畲族民间传统农祀节日。流行于广东潮安县碗窑一带。农历十月十五日，新粮入仓在即举行。届时，人们打开自家粮仓，搬出所有装粮的器具摆放于仓门口，用稻穗及三牲作祭品，点上香火，进行祭拜，感谢它们贮存之功。

澜沧葫芦节——族谓"阿朋阿龙（亦作'隆'）尼"。云南澜沧县拉祜族新节。农历十月十五日举行，历三天。1992年开节，自此每年延续。届时，各寨举行歌舞狂欢，男子吹奏葫芦笙领舞；男女共跳"嘎克"舞，女子敲打象脚鼓跳摆舞；男女青年进行民歌对唱及体育、游戏表演，如荡秋千、背水、打陀螺、射弩比赛等等。老人们相约火塘边，边饮酒边颂唱创世史诗《牡帕密帕》。突出特征是，在歌舞场地中央放置一对葫芦，象征拉祜族祖先，让全族人对它表示恭敬，永远铭记祖先恩情。

阿朋阿龙尼——参见"澜沧葫芦节"条。

阿朋阿隆尼——参见"澜沧葫芦节"条。

十六

瑶族盘王节——亦称跳盘王、做盘王、祭盘古、还盘王愿等。瑶族图腾崇拜纪庆节日。流行于桂、湘、粤、滇等广大瑶族地区。昔日，多在秋后冬闲择日举行。日期多异。1984年8月，各地瑶族代表汇集广西南宁，一致主张以瑶族祭祀节日"跳盘王"（或称"做盘王"）为基础，发展为"盘王节"，厘定每年农历十月十六（盘王诞日）举行。翌年农历是日，全国各地瑶族代表和民间艺人云集南宁，欢度首个"盘王节"，以缅怀瑶族始祖盘王（盘瓠）。"跳盘王"源说：相传，古时有个平王，养有一只身披二十四道斑纹的龙犬，名"盘瓠"。一年，邻国高王举兵进犯平王国土。平王张榜招贤抗敌保疆。文武官员无人应招，盘瓠挺身揭下黄榜，自告奋勇杀敌卫国。盘瓠机勇双全,直奔军中大帐,咬死高王,拯救了国家。平王派他驻南京十宝店,封"盘王",并按榜文条件许配三公主。婚后,生下六男六女,平王逐一赐姓,是为瑶族十二姓之源。盘王淡泊富贵,进驻、开发山林,教孩子们打猎、耕织,磨炼谋生本领。一天,盘王带领儿子们上山打猎,遇一群山羊。盘王在追赶一只受伤大公羊时,不料公羊反扑过来,盘王与之搏斗,不幸与山羊一起跌下悬崖丧命,尸首挂半崖德芎树丫上。儿女们将盘王遗体背回家里,母亲恨死山羊,令儿女们剥下山羊皮,蒙上德芎树筒,制成长鼓,狠狠敲击,以解心头之恨。儿女们遵命,以边击鼓边舞方式,追悼盘王。"跳盘王"从此兴起,世传成俗。昔时"跳盘王",或独户进行,或数户、全村共举;三五年一次,每次三至七昼夜。其间,照例宰猪杀鸡,诵经作法,祭祀神灵,跳盘王舞,唱盘王歌,大宴宾客。

跳盘王——参见"瑶族盘王节"条。

做盘王——参见"瑶族盘王节"条。

祭盘古——参见"瑶族盘王节"条。

还盘王愿——参见"瑶族盘王节"条。

倒稿节——族谓"收割节"。瑶族民间传统农事节日。流行于湖南江华一带。农历十月十六日举行。节含小秋收、斗牛、对歌三内容。按固俗,十月十六日前,地里苞谷、粟米,田里稻子、芋头等作物,谁种谁收。自十月十六起,任何人都可前往捡收,主人不得干涉,谓"小秋收"。斗牛、对歌于节日夜举行。节晨,各户吃一餐丰盛"倒稿饭",以示庆祝;旋在村外干田或草坪"斗牛",此指人与牛相斗。是时,村上选一头肥壮牡牛上场,斗士们手持棍棒,与牛相斗,以此取乐。斗士们一直把牛斗得筋疲力尽,自动退下阵去才停止。入夜,男女青年聚集,对唱"倒稿歌"和情歌:一为庆丰收,二是通过对歌寻找意中人。对歌方式有二:一是约定一坪场为歌堂,大家围着场中篝火对唱;二是小伙子在姑娘的大门口唱"引歌",姑娘在屋内唱"迎歌",迎小伙进屋,以酒菜招待,边吃边唱,通宵达旦。

瑶族收割节——参见"倒稿节"条。

寒婆婆打柴日——土家族民间传统气象占验节日。流行于湖北长阳一带。农历十月十六日举行。节源传说:神人寒婆婆,每年此日出门打柴,倘起风,她过不了河,打不来柴,冬天就会冷,而凡人恰巧能过暖冬;反之亦然。人们纷纷据此天风雨阴晴,观析、占验入冬气象:或多晴暖,或多雨雪。久而成节。土家人习惯据物候、气候相互占验。如谚云:"二月初二晴,果木吃不成;二月初二落,果木结成索。"

祭陈姑娘——台湾地区汉族民间宗教性节日。农历十月十六日举行。传说,古时有一王姓人家收养了一陈姓姑娘,姑娘成人后出落得非常秀丽,黑心养父要将其卖到妓院。她闻讯出逃,被一条大河挡住去路。追赶人马逼近,姑娘万般无奈,含恨跳河自尽。从这天起,河水变得混浊不清。百姓同情姑娘遭遇,赞扬其清白与刚烈,捐资修庙,每年皆于姑娘跳河忌日前往祭祀,沿袭成节。

十七

十八

十九

二十

戚宝寺庙会——汉族民间传统节日。流行于江苏溧阳市竹箦镇一带。农历十月廿日举行，历三日。当地戚宝寺里，供奉着唐肃宗平定安史之乱时，坚守南睢阳，人称"圣皇大帝"的张巡。节间，人们蜂拥赴会。七八匹报马披红挂绿，充作前导。乡民们扮装蛮家堂、五生堂、七生堂、天官堂等各路神祇，伴随大小锣鼓十余套，由身披红绿彩绸的七八匹报马开道，沿北关、南关、墅塘、中梅、西徐、南庄等路线巡游。鼓乐喧天，观者如潮。入夜，从附近赶来的各路艺人登台献艺，连演三天。该寺惜焚毁于20世纪50年代。庙会业已演变成物资交流集会。

二十一

二十二

二十三

锡伯族抢千烛——锡伯族民间传统宗教性节日。农历十月廿三日举行。节前，各家各户开始准备做烛。烛是用面和清油做成的，做好后送到指定庙内，数量不限，由喇嘛逐一排好。庙里做一支特大的烛，放在中间象征月亮，周围是各家所送小烛，象征群星。有时，小烛多达千余支。节晨，喇嘛事先点烛祭祀，这时，人们已赶到庙里。等到一声令下宣布，抢烛开始，大家便不怕烛火烫手，上前激烈争抢，把抢得的面烛带回家去，再做成烤面饼，当天早晨食用。他们认为，节日抢得面烛，家中无子者会得子；有子者今后人丁会更兴旺。

二十四

九月大会——亦称十月大会。裕固族民间宗教节日。流行于甘肃肃南一带。农历十月廿四举行，历三天。旨在纪念藏传佛教格鲁派创始人宗喀巴逝世。宗喀巴本名罗桑扎巴（善慧称吉祥），宗喀巴乃其受沙弥戒时名讳，青海湟中县人，元顺帝至正十七年（1357）生于宗喀一佛教家庭。节前，寺院墙壁及门窗皆刷成白灰色。节间，寺内正中挂宗喀巴像。赶会时，人们汇集寺院，上香叩头，喇嘛、僧人诵经，并由专人吹唢呐、敲锣鼓，以示迎祭。寺院还以手抓羊肉、油炸果子等，招待赶会者。

十月大会——参见"九月大会"条。

二十五

祭宗喀巴——藏传佛教节日。农历十月廿五日举行。宗喀巴，藏传佛教格鲁派（黄教）创立者、佛教理论家。在西藏、青海、内蒙古、甘肃、北京等地喇嘛寺院，皆供宗喀巴塑像，或泥塑涂金，或铜质鎏金。节间，佛门弟子及信众，纷纷入寺拜祭。

蒙古族灯节——亦称祭宗喀巴。蒙古族民间宗教节日。流行于青海、内蒙古等省区蒙古族聚居地。农历（另说藏历）十月廿五日隆重举行。旨在纪念藏传佛教格鲁派（黄教）创始人宗喀巴。届时，各家在蒙古包内佛龛前献净水，点酥油灯，煨桑（干枯柏叶，混以酥油、糌粑或青稞、麦粒，放火上焚烧，敬神方式），念佛，叩头礼拜。另外，还在蒙古包前镜台，涂成白包，台高约一点五米，台上燃点一百零八盏酥油灯，或用麦粉做成一盏大灯，内插一百零八根灯芯，置于三叉木架上代替。后，煨桑、洒净水、吹螺号、击皮鼓等。男女老少叩首礼拜，赞颂佛祖，祈祷安宁。入夜，草原上一簇簇灯光，如群星闪烁，显得庄严肃穆。节天，人们素食。翌日，请邻友做客，并以精致糕点、素饭款待。

蒙古族祭宗喀巴——参见"蒙古族灯节"条。

达斡尔族千灯节——达斡尔族民间俗信节日。流行于内蒙古海拉尔一带。农历十月（另说腊月）廿五日举行。届时，人们纷纷制作各式各样灯盏，带去寺庙点燃。人们认为，此时点的灯越多越吉利。

图瓦人点灯节——自称邹录节，亦称入冬节。待识族别图瓦人民间宗教节日。流行于新疆阿尔泰一带。农历十月廿五日举行。图瓦人信仰佛教，生活于阿尔泰的哈巴河、库木河、喀纳斯湖畔，聚居喀纳斯、禾木、白哈巴等山村，现仅两千六百人。另还有春节、敖包节。此乃其一年主要节日。届时，各家按人口点灯，每人一盏，另特为家犬点一盏。人们来到村中喇嘛庙，庙门口点酥油灯；庙内供台更依次点灯，摆经书。在喇嘛默默诵经时，人们按老、中、青、少前来磕头祈祷，接受喇嘛祝福。后三五成群，四处串门，互祝生命长久；年长者直接回家，等待村民拜访、问候。相传，这天乃当地黑夜最长日，星星出时，值黄教创始人宗喀巴圆寂之际。此节，乃其两个弟子班禅、达赖共同发起，以缅怀师父。另传，宗喀巴圆寂时正好一百零八岁，点灯乃为其贺寿。村民亦认为，生命如灯，须每年点燃一次，才可旺盛。故借节互祝益寿延年。

邹录节——参见"图瓦人点灯节"条。

图瓦人入冬节——参见"图瓦人点灯节"条。

乌梁海人烛蜡节——待识族别乌梁海人民间宗教节日。流行于新疆阿尔泰一带。农历十月廿五日举行。乌梁海人一部分操图瓦语，一部分操蒙古语。仅后者过此节。届时，人们点黄油灯或羊油灯，用芨芨草做燃芯；燃灯盏数同家中人口数。灯摆放屋中央和房门口。家长领全家向灯火叩拜三次祈福。之后，各户互相登门祝贺，来客先在主家门口对灯行礼，再进屋道贺。主客围坐，稍进饮食，又往下一家。来客少，则意味人缘差。互拜毕，小伙、姑娘聚会，欢歌达旦。是夜，各家灯火通宵不灭。

蒙古族祖鲁节——蒙古族民间传统节日。流行于新疆巴音郭楞、博尔塔拉两州。农历十月廿五日举行。源说纷繁。历史上，蒙古族很早掌握时节学，能计算出日历和星星分布，日食、月食时间，形成本族历法（简称"蒙历"）。蒙历与农历相差一个月，农历二月一日，值蒙历正月初一。按此推算，蒙历十月廿五日恰值冬至。蒙古族称冬至为"太阳回来日"，十分重视，乃至将这天作为计算年龄的标准。故此，此节亦称"满岁节"。大人、小孩不论何时出生，只要一到此节，即增加一周岁。而农历此日又值藏传佛教创始人宗喀巴圆寂日，两节相重，所以，巴音郭楞州的土尔扈特、和硕特蒙古族又称此节为"点灯节"。届时，各家各户首先打扫房屋和畜圈，接着燃灯、烧香，互请邻舍喝祖鲁茶，祝长寿百岁。然后，每家按人口用面做黄油灯（灯形酷似酒杯，内盛黄油及灯芯），按人的岁数用棉花卷出约一米长灯芯子。夜晚，点燃所有灯，全家磕头，祈菩萨保佑，合家团聚、长寿。仪毕，回到室内,共吃祖鲁饭。其间,妇女们将黄油灯的面做成环形烤饼,作为节礼馈赠亲友。

太阳回来日——参见"蒙古族祖鲁节"条。

蒙古族满岁节——参见"蒙古族祖鲁节"条。

感天上帝诞——汉族民间宗教节日。农历十月廿五日举行。传说,"感天上帝"本名许逊,字敬之,号真君,南昌人氏。一次他打猎时,射伤一头小鹿,母鹿临危舐拭伤鹿,许逊深受感动,便潜心读书,研究仙道。后来,又投师吴猛,习秘诀。四十二岁时,官至旌阴县令,廉政爱民,深孚民望,身后俾民在各地建庙供奉。许弃官,寻得道真谌母,被任命为"天下仙人总监",四处降妖捉怪,为民除害。相传他128岁时的八月,玉帝降旨,任其为"九州都仙太使",他带数徒与鸡犬一道升天而去。另,民间还传,许曾治愈晋朝一得宠皇后之疾,龙颜大悦,封其为"真人";死后,谥号"感天上帝"。节天,人们入庙供奉祭品,燃香烧纸行祭,祈求保佑。此节已式微。

二十六

侗族花炮节——亦称抢花炮。侗族民间传统隆重节日。流行于湘、黔、桂毗邻地区侗族村寨。多在农闲举行。节期因地有异:广西三江县程阳为正月初三,梅林为二月初二,富禄为三月初三,林溪为十月廿六日。另有一些地方为二月十五日、三月初五。已历数百年。它既是民族特色传统文体活动,又是物资交流、民族交往、团结的盟会。节间,方圆数十里的壮、苗、瑶、汉等各族群众,亦纷纷翻山越岭,前往围观、助兴。节前,先由工匠制作花炮,用直径四至六厘米铁筒,内装火药,再用铁丝绕成铁环,外用各色丝线包扎好,放于炮口。花炮象征幸福,周围披红挂绿,彩带飘扬。节天,人们抬着花炮,在芦笙队簇拥下,穿街或绕村寨游行。达预定地点,将花炮置一米余高花炮台,台书吉祥如意、风调雨顺、五谷丰登之类条幅。然后,由身穿黑衣,下着白色长裤,腿扎绑腿的小伙们组成仪仗队,举行隆重仪式。仪毕,在河滩或空旷地点火放炮。裁判员一声令下,一位壮小伙即点燃引线,"呼"的一声巨响,铁环被冲向天空。铁环坠落时,抢花炮的健儿们如离弦之箭,冲向铁环坠落地方,争夺铁环,谓"抢花炮"。捷足者刚刚拾到铁环,后来人会立即向他扑去。霎时间,人们聚成一团,时东时西,你争我夺,时间不限,可做抢、挤、钻、护、传、拦及各种假动作等,但禁打人、踢人、禁带利器,违规者当即被开除出场。直至有人将铁环送到指挥台,全场沸腾欢呼,宣告抢花炮结束。夺得铁环者,接受大家祝贺,将铁环带回家中。按俗,来年再制作新的花炮时,于节天将铁环送到现场。参与抢花炮者,例分甲、乙两队,各十至三十人,多是从附近侗寨精挑的身强力壮的小伙。花炮分头、二、三炮。抢完头炮,再往下续。各炮优胜者,皆获不同奖励。抢完花炮,唱侗戏、演彩调、赛芦笙、打球、斗鸟。入夜,青年男女在广场围圈跳"哆耶",手拉手,或手搭肩,以走步或甩手为拍,边走边唱。节间,人们还端出香喷喷的油茶,招待他寨来客。客是侗妹,寨里小伙则来作陪;是小伙,寨里侗妹便邀数人来对歌。节源传说纷纭。桂北侗区传:很久以前,一姑娘在河边,见一条水蛇追捕一条小花鱼,她眼疾手快,打死水蛇,小花鱼得救。翌年三月初三,姑娘来到河边洗,突见一美貌少女站于水面,向天空撒花。岸上的人争先恐后接飘落的鲜花。

少女亲切地对姑娘说:"我是龙王女儿,去年今天蒙姐姐搭救,今天特来谢恩。"从此,龙女常来人间玩耍,把龙宫里奇花异宝送与侗家姑娘。龙王得悉,责怪龙女违犯宫规,禁其与侗族姑娘往来。侗家遂在河滩架起铁炮,连燃隆隆数炮,震撼龙宫。龙王只得让龙女复出。后人为缅怀龙女,纷纷来到江边集会,开展散花活动,日久天长,演变而成花炮节。

侗族抢花炮——参见"侗族花炮节"条。

鄂温克族米特尔节——鄂温克族民间传统节日。流行于内蒙古陈巴尔虎旗莫尔格河流域。农历十月廿六日举行。鄂温克世居大兴安岭,主要从事畜牧、狩猎。此地气候严寒,每年入冬前,家家皆做越冬准备。诸如:为牲畜贮存过冬饲料;做好羊群越冬保护工作;储备人们过冬所需食物;等等。节日这天,人们视为转冷起点,纷纷将种羊归入羊群;拟出售的牲畜,亦须在这天商定,以便进行处理。同时,还忙于宰牛杀羊,贮存冻肉,准备越冬度春的食粮。节俗略同相邻鄂伦春同名节日。

侗族红薯节——侗族民间传统节日。流行于广西三江县林溪乡高秀村一带。农历十月廿六日举行。届时,以百家宴、红薯油茶、红薯擂台赛、"月也"等多彩民俗活动,吸引湘、桂等上万游人前往观赏、体验。芦笙表演、红薯油茶食品,尤受青睐。

二十七

二十八

二十九

三十

本月约当日

侗族新婚节——侗族民间传统婚嫁节日。流行贵州剑河县小广、化敖等地。农历十月之首个卯日举行。届时,常有十数,乃至数十对青年男女在这一天成亲,约现今"集体婚礼"。侗婚待贵客,通常要拿出最好的苦酒和腌制多年的酸鱼、酸肉及各种酸菜热情款待,谓"苦酒酸茶待贵客"。民间用鸡、鸭待客时,要先把鸡头、鸭头或鸡爪、鸭蹼敬献客人。客人须双手接过,或转敬给席中长者,以示主客互敬,以诚相待。

绕家人过冬年——待识别民族绕家人民间祭祖节日。流行于贵州都匀市绕河村与麻江县河坝村一带。农历十月首个寅日举行。绕家人谚云:"绕家过冬祭高祖,灭冬就要灭族人。"足见节旨在祈求祖先赐福。节前,人们即忙于打糍粑、杀猪、杀鸡、宰鸭、捉鱼、打豆腐。节前夕,在祖公牌位前举行"叫冬"仪式,显示"年以过冬为大,过冬以叫冬为先"。照例摆几个碗,内放一片菜叶,叶上放祭品。家中男性长者,自新故一辈起算,上溯七辈祖先,须逐一"叫"齐,来与子孙共度佳节。每念一辈,打竹挂一次,筷子蘸酒洒地一次。七次毕,方可享用祭品。当然,须留下鱼头和小块糍粑,意为请祖灵带回。"叫冬"不设香火,因香火化烟飘去,祖先难以享用。祭品限鱼、果脯、酒、粑粑四种。忌用现成的筷子,须现从山上砍茅草制作。节间,人们要互相拜年,踩芦笙、跳花、跳板凳舞、唱歌游玩,不时举行斗牛、斗鸟、赛马等。

苗年——亦称苗年节。部分苗区称"侬仰闹""侬仰卯"。苗族祭祖先、庆丰收传统节日。古苗认为，一年仅冷、热两季。明清前，多数苗族聚居区择两季交替时过年，即"岁首以冬三月，各尚其首"（以十月为岁首）。隆重类比汉族春节。节期因地有异：剑河一带在十月，松桃、湘西在十或十一月，丹寨在腊月辰日，贵阳、大定、遵义和云南部分地区在六月，都匀在四月。今多数地区已过春节；仅黔东南州部分地区过苗年，节期多在农历十月至冬月（一说九、十月）之间卯或丑日。另，雷公山区，苗年过三次：九月过"初年"（小年），仅打糯米粑祭祖；十月过"大年"，最盛，行所有年俗及体育竞技，如以猪头、猪心、猪肾、鸡、鱼、酒、糯米粑等祭祖，接已嫁女回家过节，展示服饰、银饰、工艺美术等，唱歌、闹酒、跳芦笙、打铜鼓；翌年正月过"尾年"（时当汉元宵，仅象征性活动）。苗年时值秋粮入仓，秋作已毕，家家备足柴草、酒肉过节，以祭祖先和庆丰收。苗年分三阶段：第一阶段，"忌年"，苗称"勤仰"。如十月初五辰日过年，则从初五至初七，禁挑水劈柴、扫地割草、往外倒水、互相串门。第四天早饭后，房族中一男孩便去叔伯家玩"踩年"，苗称"腾仰"。须送一碗糯米饭，一条鱼或一只鸡腿，从此才互相串门。过节三天午日（十月初七），天一亮，男人们争先到井边烧香烧纸，挑誉称"金水银水"的泉水回家做饭。祭祖后，恢复正常挑水、泼水和扫地。传，午日之晨积肥，肥效最好，男人们去村旁拾存猪粪、狗粪。有的地区十月午日为嫁娶吉日，纷纷举行婚礼。第二阶段，十月初八至初十的未、申、酉三日为"游年"，苗称"游仰"。一种形式是大芦笙队着开胸对扣青布衣服，头包青色包头帕，去客村吹奏。宾主赛芦笙。十月初十的酉日，主人为大芦笙队客人饯行，送一腿猪肉或一定数量牛肉带回。今年做主，明年做客。另一形式，青年三三两两去别村找姑娘们对歌连情。有的地区，苗年三天后，各村寨各举芦笙舞会，甲寨三天，乙寨三天，丙寨、丁寨相继。次日最热闹，末天是尾声。第三阶段，"刹年"，苗称"刹仰"，即十月十一至十三的戌、亥、子三日，是一些地区苗年的高潮。一大寨或相连几个小寨，青、中、老年聚集芦笙场，跳芦笙舞，铜鼓悬挂场中央，姑娘们着盛装，踩鼓点翩翩起舞，芦笙场变成铜鼓场，芦笙曲只作鼓点伴奏。跳芦笙舞末日，客方小伙们对姑娘们吹讨花带的芦笙曲。参与跳舞的姑娘均须备好花带回赠，否则会被指责或耻笑。花带寓深情。有的小伙得到不少花带，对人们报以欢呼声。傍晚，人们纷纷散场，争相招呼客人到自己家里。谁争到谁高兴，否则快快离去。人们如兴致更高，芦笙舞不按常规结束，可增加一天，苗称"加仰"。刹年，人们各择吉日，清晨带锄头挖地，插一把巴茅草下地，培上土，堆上午日晨所拾猪狗粪，旋回家在堂屋摆上桌子和食品，烧香烧纸祭祖，求祖魂保佑新一年五谷丰登，叫"开秧门"或"起工"。有的苗乡不过苗年，和汉区同过春节，俗项略同苗年，而"开秧门"放正月初三后，任选一天。从初四起，各寨轮流举行铜鼓舞、芦笙舞集会。较中心苗区，还举行斗牛、赛马、篮球赛等，最迟此月廿日结束年节活动。

苗年节——参见"苗年"条。

侬仰闹——参见"苗年"条。

侬仰卯——参见"苗年"条。

湘苗接龙——湘西苗族盛大传统节日。通常在大丰收、大兴土木或添子添孙时，多以家族为单位，于农历十月或二月择日，按设龙座、祭雷神、祭祖、祭龙神、引龙、安龙位等程序举行,历三昼夜。设龙座是在堂屋安排"龙装龙饰"及一应供品。黎明前祭雷神。龙师念咒语,提前打死黑猪,用猪五脏献祭。祭祖、祭龙神:火塘边摆酒、肉、饭各三碗,三双筷子,一龙师朗诵苗族史诗、宗族支系和近代祖公祖婆名讳,另一龙师手摇铜铃,诵祭龙古辞,语涉东方青龙、南方赤龙、西方白龙、北方黑龙、中央黄龙。引龙是接龙高潮,最精彩。先选龙公、龙母及配齐乐队。龙母三至七人,一由主妇扮演,余由嫡亲妇女扮演。一群男女青少年和儿童,执五彩纸旗,尾随助兴。队伍顺龙座从左至右,绕场三周,众跳接龙舞。龙头插堂屋后壁,引龙队伍卸装,户主向观者抛赠圆形糍粑、大小糍粑,让众开心争抢。最后"献龙猪",龙师念祝词,宰猪,发五脏献家龙。下午,户主宴请参加接龙者。夜晚举行歌会,称"唱龙歌"。深夜"安龙":在堂屋正中挖一土坑,将龙公龙母从井里所汲清水倒入磁花碗,加适量烧酒,放少许银子和朱砂,覆瓷碗,埋坑中,加盖石板。龙师抱白公鸡在石板前默念祝词,祝主家大吉、幸福安康;乐队围石板,奏乐、放炮,绕场三周。户主连续鸣乐三个早晚,结束"接龙"。

庆鼓堂——苗族民间传统祭祀节日。流行于湖南城步苗族自治县毛坪一带。农历十月首个亥日举行。节旨:祭谢祖先、社公、城隍等。届时,人们将甜酒、糯米粑及各户凑钱所买大肥猪抬进庙中,杀猪上供举行"庆鼓堂"祭仪。先由着古朴衣饰者开唱《圣堂歌》,迷魂师、打鼓师、长鼓师、庙师等,旋接着演唱《怜社公》《踩田歌》《怜城隍歌》《摇皇板歌》等,皆各伴以长鼓、芦笙、锣、舞蹈,以谢各路大神保佑庄稼丰收。仪毕,众人在庙中享用甜酒、粑粑、煮熟的猪血和猪杂。出钱买猪者,皆得一份猪肉。祭仪之外,人们竟日乐舞欢娱。

木佬年——亦称仫佬族年。部分仫佬族民间传统年节。流行于贵州麻江、凯里、福泉等地。农历十月首个卯日(兔场天)举行。据考,今仫佬族,史上曾有木老、木佬、姆佬、狄猪、木僚、狄獠、狄寮、狄猪苗、木娄苗等称谓。1992年2月,贵州省人民政府统一厘定今名。分布黔东南麻江、黄平、福泉、都匀、凯里、瓮安、福泉,以及黔西水城、大方等地"木佬",实乃仫佬族之支系。"木佬"素来敬仰兔子纯洁,祖先曾以兔子作定亲佳礼,人们因于兔日举节。节天,各户备佳肴美酒祭祖,全家团聚吃年饭。木佬聚居之麻江县基东村、复兴村,凯里市下寨村、白腊村等地,皆有数千人集会,开展唱歌、跳舞、斗牛、拔河、篮球等文体比赛和表演。不少青年男女,刻意选此日巧结良缘。

仫佬族年——参见"木佬年"条。

纳西族祭祖节——亦称祭锅庄。纳西族民间传统节日。流行于云南宁蒗一带。农历十月间择日举行。纳西各户房宅正厅火塘上方立着代表祖先的"托鲁",即"锅庄石",以敬仰祖先。宁蒗县永宁坪乡一带,祭祖方式有二:家族各户轮流祭祖;集体祭祖。前者当天院中置三张小供桌,上摆酒、茶、鸡、肉、粑粑、柑橘、梨、核桃和瓜子等物;桌上方插三排青杆树,凡十二棵,树旁均放一颗石子,青杆树前另插一棵一米高剥皮白杨树枝,分别代表天、地、山神和祖先。节天,家庭成员及亲族,环坐供桌周围。巫师主持祭仪,两名男子当助手。巫师先杀猪,猪血涂抹青杆树、石子和白杨枝上,并放少量生猪油,进行初祭。猪洗净开膛后,巫师念祖经,每念及一位祖先名讳,助手即放一小块猪肉于盘中；念完一代祖先名讳时，则放一大块肋骨肉。祭毕，将白杨树枝、三棵青杆树和十二块小石子均抛院墙外，部分祭品扔荒野，让鹰、鸦啄食。其余九棵青杆树，则用石块压在正房屋顶中央，树梢朝北，表示永远纪念来自北方的祖先。最后，参祭者分食祭品等食。家族集体祭祖各地略异。一种是祭祖当天，各户先把猪抬到固定某家院子或别的地方。全家族人齐聚后，巫师逐个念各代祖先名讳，旋将每头猪耳朵割下一只，剪掉猪毛，献祭祖先。随后，当场杀猪，破膛洗净。巫师再割下每头猪脖子肉一块，在火上烤熟，祭祖。然后，众人分食。末了，巫师将所有猪肝炒熟，三祭祖先。祭毕，分而食之。另一种是祭天清晨，各户自行杀猪，各带一些猪肉、血、脑和自家酿制的米酒"苏里玛"一碗及十三个饭团，聚集家族辈分中最高者家中，供品摆供桌，由巫师主祭，念诵祖先名讳。祭毕，煮肉会餐。

祭锅庄——参见"纳西族祭祖节"条。

纳西族驱鬼节——纳西族民间宗教节日。流行于云南丽江一带。农历十月，由各寨巫师东巴择日，以村寨为单位举行。届时，人们抬猪、鸡、羊各一只，以及酒、糌粑、茶叶等物，到村外既定土坑旁。巫师及徒弟将抬去所制十三块木板鬼牌。当地传说，带来厄运的恶鬼有十三个。驱鬼仪式：首先，众人杀猪、羊和鸡，烤熟分而食之，以表达对厉鬼们的憎恶；然后，巫师和其徒弟站立土坑旁，由巫师逐个念恶鬼名字，徒弟按顺序将相应鬼牌逐个砍断，扔进土坑，埋上土，以杜绝鬼魂作祟人间。此节渐泯。

北海滑冰会——北京满族、昔时皇室娱乐节日。农历十月择日举行。满族素喜滑冰，最初用兽骨绑脚下滑，后演变为用一根直铁条嵌在鞋底滑。清太祖努尔哈赤冬季出征时，常令八旗士兵拴上带脚齿木屐在雪地滑行，称"跑冰鞋"。入关后，清皇帝每年农历十月，择日在京城北海冰上检阅八旗子弟滑冰技术，称"北海滑冰会"。乾隆帝曾在《冰嬉赋序》称滑冰为"国俗"，将其与骑射并列，入八旗士兵军练项目。节日，皇帝乘冰床（爬犁）率文武官员检阅表演，并奖表演优胜者。每次检阅，由八旗各选出二百名精兵，分两队，一穿红马褂、黄背心，另着黄马褂、黄背心。背上分别按旗籍插相应颜色小旗，膝裹皮护膝，脚穿带冰刀卡巴靴。冰场竖三座门。检阅时，两队各列二路纵队，穿梭通过三个门洞，绕成一螺旋形大圆圈。先速度滑冰，旋花样滑冰、冰上足球赛，再行冰上杂技表演。花样滑项目有探海、大蝎子、金鸡独立、双人舞等，杂技项目有缘杆、耍刀、舞剑、弄幡、叠罗汉、射箭等。这些项目，多由军事训练演变而来。此节已泯。

还愿酬神——羌族民间宗教节日。流行于四川阿坝州茂汶一带。农历十月择日举行，历一两天。届时，会首出头，各户集资，备办羊、酒等供品，在山工庙祭拜，请端公（阿爸许）跳神。他头戴"休匹儿"（金丝猴皮帽），敲击羊皮鼓，边跳边念祝词。有的地区，前夜即在庙前烧火守夜。酬神时，各户带一只鸡敬神。酬神毕，众在会首家聚餐，吃羊肉、饮酒。整个活动，禁止外人及女性参加。

五谷神祭——族称"液索茂枯埂来切佰汉耤"，意为"请在天的老祖宗回来帮我们守谷堆"。彝族民间农祀节日。流行云南昆明附近。于农历十月中旬属马或属鼠日举行。节源远古原始宗教"叫谷魂仪式"。节天，全村人到祭台杀猪举祭，各家用长约一米的竹竿,扎上两面分别为红、黄颜色的三角小旗,代表天神和祖先。人们举小旗绕祭台和两棵神树转三圈,口中不停大声呼叫。然后,各自回到家里的谷堆,用一个鸡蛋、一碗饭和酒、肉若干,烧香供祭谷堆,并把小旗插在谷堆上,以示请天神和祖宗回家帮助看守谷子。

液索茂枯埂来切佰汉粗——参见"五谷神祭"条。

嘎透透——亦称哈尼过冬。云南哈尼族民间传统节日。各支系称谓有异:金平县五丫果寨格邹人称"戛透透",元阳县阿楼支人称"会衣布",楼比人、楼美人称"嘎透透"。农历十月,以家庭为单位择日举行。旨在迎接冬季来临。各户家长提前选好吉日,届时全家人早早起来,家长杀鸡,主妇舂饼。元阳哈尼族每家须用糯米做汤圆,由家长主持,祭祀祖先和家神,祈保佑全家冬季安全、不要冻病。祭毕,全家快快乐乐饱餐一顿,晚上煮汤圆吃。

哈尼族过冬——参见"嘎透透"条。
戛透透——参见"嘎透透"条。
会衣布——参见"嘎透透"条。

开垦祭——台湾少数民族支系泰雅人、赛夏人、阿美人、布农人传统祭祀节日。各支系祭期、仪式略异。泰雅人和赛夏人在阳历一月,阿美人、布农人在农历十月左右择日举行。台湾少数民族多居住山坡地,土表易被水冲刷,故田地种植三年后,地力贫衰,须每年另垦新地。垦新地时须举行祭仪,梦占卜:验夜间新梦之凶吉,如梦吉则就地开垦。家长在这块土地先做象征性采伐,将大树留下,再取一根竹或树枝砍去旁枝蔓叶,立于空地。然后,依照家中人口砍一些小形杈桠,悬于树枝或竹竿上。翌日,即可正式开垦。赛夏人于节晨向预定开垦地出发,由鸟占卜其凶吉。如吉,则在该地行祭,由家长带领到地边止步,先祈祷祖灵,后入场内用镰刀进行初次伐采。回到家,夜圆梦,吉则第二天去正式开垦。阿美人在节前夜举行梦占卜,第二天在田里用树干架设一间模型式小屋,后在小屋四周从里到外分别种上大蒜和玉米。次日正式开垦。布农人定十一月为开垦月,此前做一切开垦准备,并举行祭仪。节历四天:第一天酿酒;第二天各家派人到准备开垦山坡除一小块草,并在家中制作、修补农具;第三天派人去迎母族亲戚;第四天小孩及双亲均着盛装,等候母族亲戚来贺。节间,凡前一年有生子之家,选本月中任何一日举行孩子首次过年礼。祭仪毕,便进行开垦。台湾少数民族各支系开垦祭日,均禁忌吃咸的东西。

卑南人猴祭——族称"玛昂亚昂邀"。台湾少数民族支系卑南人传统祭祀节日。农历十月秋收后(另说冬月)择日举行,历十天。杀猴祭祀,旨在培养少年勇敢精神。节首天,进入少年的男子,要打扫公共会所和杀猴祭场的通道,并从家中取些稻米来供神。夜晚,少年们用芭蕉叶裹身,脸上涂黑灰,在部落四处奔跑呼叫,以驱逐邪魔。之后,回到公共会所,围着火炉行走,接受青年们用竹鞭打臀部。第三天,举行祭猴仪式。早晨,少年们把事先捕捉到的猴子关在一个笼子里,抬到祭场上,长老和司祭等即持枪向猴刺杀,少年们也跟着效仿,以此来培养其勇猛尚武精神。猴子被刺死后,人们开始唱祭歌和跳舞,并抬着猴尸回到公共会所。其余几天,青少年们继续欢乐歌舞,通宵达旦。猴祭后,收割结束,进行两天狩猎活动,以提高青少年狩猎本领。狩猎首日,青年出猎，少年可随行。猎队中禁忌有获凶梦者。出发前，先齐集司祭家，由巫师念咒，其左手持料珠，右手提巫用酒瓢，祭天神与祖灵后念咒。咒毕，将料珠封入瓢中。祭毕，猎队出发，经过河边时要把路旁两根茅草梢部打结，交叉在路上，猎队依次从草上跨过。入山后，大家选择一地搭猎屋。屋前建一祭台，出猎有所获，即在祭台前放猎物肉作祭。然后，一人去作鸟占卜，若鸟叫声吉利，猎队成员便鸣枪告捷，返回村庄。这时，长老要为青年更换腰裙。次日，新入猎队的少年要举行赛跑，全村男女沿途观看、助威，气氛活跃。大狩猎期间，还有慰问村社中丧家的活动内容。

玛昂亚昂邀——参见"卑南人猴祭"条。

哈尼族十月年——族称"美首扎勒特"或"米索扎"。农历十月首个属龙日至属猴日间举行，历五六天。哈尼习以十月为岁首，此节类似汉族春节，是哈尼历时最长、内容最丰佳节。节源传说：远古某年十月，满山樱桃花开，山间出了个大妖魔，践庄稼，吞人畜。一天，它踏倒一家篱笆，入宅抢食，突见墙边一树樱桃花喷焰吐火，吓得魂飞而逃。又闯入另一人家，主人急中生智，抓起铜盆甩去，"叮当"响声将其吓跑。入夜，它又摸进另户人家。主人察觉，即点亮火把，明晃晃亮光又将其吓跑。妖魔不敢滞留，从此消失于哈尼山。妖魔吓跑这天，正好属龙，哈尼族即定其为岁首，过十月年，世代沿袭。届时，哈尼山寨被打扫得干干净净，人们着崭新民族盛装，各户杀猪杀鸡、舂糯米粑等。节间每天早、晚饭前，家家都用小簸箕抬着一盅酒、三个团籽，送村口倒掉，以祭献祖宗。然后，送些食物到同宗辈数最大人家，以示不忘血缘祖根。已嫁姑娘须回娘家贺节，外甥向舅讨压岁钱，娘家同宗亲属好酒好肉款待，送些粑粑和熟鸭蛋。各家广邀相邻民族前来做客；对陌生路人亦热情款待，送给一些粑粑、腊肉带走。有的地方举行"资乌都"，即欢乐"通街宴"：各户将自家各种美味佳肴，用小簸箕端到街心，按顺序摆上长长蔑垫，全寨人同饮共食，宴会长达百十米，极为壮观。另外，还在寨子广场比赛荡秋千、打陀螺、摔跤等。入夜，草坪燃起熊熊篝火，人们围火而坐。老人们欢唱哈尼民歌《哈巴卡》《根古调》，小伙们敲响铓锣大鼓，姑娘们跳欢乐的"扭股舞"，男女老少载歌载舞，通宵达旦。

美首扎勒特——参见"哈尼族十月年"条。

米索扎——参见"哈尼族十月年"条。

昂玛吐——亦称昂玛吐扎、阿奇吐、佑寨山神祭祀日。哈尼族支系稠定人等传统祭寨神、山神日。流行于云南绿春一带。哈尼视"昂玛"（或称"阿奇"）为人类和各寨地方保护神。农历十月年之后举行。稠定人多在十月或十一月择龙日或虎、牛日祭祀。多历一天，有的历三五天。实乃哈尼"祭龙"之一种地方形式。稠定人建村立寨，必在村头选一棵繁茂大树作为"昂玛阿波"（山神树），对其敬畏有加，此树及邻树均禁砍伐。每年定期举行祭祀。临节，家家舂糯米粑粑；全寨集资购一头猪和两只鸡，并备一个鸡蛋和九块糯米粑粑。节间，各户派一人到神树前杀鸡宰猪，祭供山神。妇女禁往。祭仪由村寨德高望重长者"莫罢"主持。祭毕，参祭者聚餐，剩余肉食由莫罢均分各户。最后，再将鸡蛋和一碗米埋神树下，以示全寨人皆祈山神保佑。祭期，全寨不事生产。青年们带着糯米饭等熟食串山游玩，对歌跳舞，寻找伴侣。

昂玛吐扎——参见"昂玛吐"条。

阿奇吐——参见"昂玛吐"条。

佑寨山神祭祀日——参见"昂玛吐"条。

布朗族赕耶——布朗族民间宗教节日。流行于云南西双版纳。布朗语意为"送袈裟"。布朗信仰小乘佛教已两百余年。节期多由寺院佛爷和召曼（头人）共同决定，抑或于农历十月择日。届时，村寨各户买黄布四至八米长，统一交到召曼处，由召曼据各寺院佛爷、和尚多寡，分别将袈裟送至各寺院。节间，全村寨停止生产一天，忙着杀猪宰牛，准备各种菜肴，合家人会餐。另有人携带钱、物、菜等，去佛寺赕佛、烧香磕头，求佛爷保佑家人平安。男女青年则在夜晚唱歌跳舞，以示庆贺。

布朗族送袈裟——参见"布朗族赕耶"条。

冬 月

初 一

羌族牛王会——亦称羌族牛王节。羌族民间祭祀节日。流行四川阿坝部分地区。农历冬月初一举行。届时，照例让牛休息一天，特别喂以面馍和麦草以示犒劳。有的地方，牛主人要做日、月形馍馍，挂在牛角上，然后放出牛圈，让其自由活动。主人还要到牛王庙焚香、燃蜡、烧纸钱，宰一只羊、杀一只鸡，祈牛王保佑。

羌族牛王节——参见"羌族牛王会"条。

洗神节——亦称土家族洗神。鄂西土家族民间宗教节日。农历冬月初一举行。土家民间信仰白虎神，自古以虎为图腾，视虎为本民族保护神。歌谣世代传唱："三蔓白虎当堂坐，当堂坐的是家神。"把虎当作人世间福寿、吉祥、和平的象征，平日即将白虎神和大神、二神、三神画成神像，供于神龛，并以冬月初一为"洗神节"。届时，人们身着节日盛装，杀猪宰羊，举行洗神仪式。祭仪由俗称"土老师""老师子"的男巫主持，先置三牲祭祀，后焚香明烛。巫师手持司刀和会牌，口吹牛角号招神，戴假面具跳傩舞驱邪。然后，从地里取出一个土罐，打开盖子，向四外扬洒，俗称"放兵"，以祈人畜平安、五谷丰登。之后，一群青年男女耍火棍，众人载歌载舞，通宵达旦。

土家族洗神——参见"洗神节"条。

朝鲜族亚岁——俗称冬至。朝鲜族传统节日。农历冬月初一举行。届时，各户吃小豆粥，另将小红豆放置宅角，驱赶阴鬼。

朝鲜族传统冬至——参见"朝鲜族亚岁"条。

布依族更健节——亦称过帝、过小年。布依族村寨最隆重传统年节。流行于贵州荔波县甲良镇和三都县周覃镇一带。节期不定：农历冬月或腊月初一至十五日，择日举行。节源传说纷纭：一说吴山贵不堪官府压迫，率弟兄去砸官府。乡亲们为让其过完年再出征，便将春节提前两月。另说，一名叫"帝"的小伙，孝敬父母和村中长辈，不幸被官府征兵强抓，亲人们依依不舍，只好提前过年，为帝送行。后来，帝当了将军，为家乡办了许多好事。人们纪念他，将过年称"过帝"。《荔波县志》载："十二月节，……名曰'过帝'。"当地不过春节，甚重"更健节"。三十夜，各户都做最丰盛晚餐，祭祖和敬祀天地神灵，家家通夜明灯。鸡叫三遍，后生们起来燃放爆竹，姑娘们去井边抢先舀"金银水"。挑水回家途中，禁回头张望，亦不能让水溅洒。初一晨，家家用"金银水"煮糯米汤粑，舀出第一碗敬祖先。此后每顿正餐，皆备好饭菜敬祖，并点香放炮，持续至十五日。初一早饭后，姑娘和年轻媳妇集聚寨中平地，踢毽子，儿童在院里打陀螺，小伙成群结队爬山游玩、唱歌取乐。初二至初五，节达高潮，大伙走亲访友，尽情娱乐。初六至十四，人们开始干零碎活儿，仍继续"玩年"。十五为"年"末天，各寨家家设宴祭祀祖先，极隆重。

布依族过帝——参见"布依族更健节"条。

布依族小年——参见"布依族更健节"条。

初 二
初 三

海宁常王汛——汉族民间宗教性节日。流行于浙江海宁市许村镇一带。农历冬月初三举行。传说，清初有两个押粮官，专管送粮进京，一姓常，一姓缓。某年此地大灾，饥民无数，二人不忍百姓受苦，擅将官粮分给饥民，自知罪不可恕，投河自尽。百姓感念二人恩德，建庙供奉二人塑像，尊其为"常王"（明王），每年于其忌日拜祭。届时，香客云集庙前，叩首祈祷。商贩们则在庙前摆摊设点，各路艺人登台献艺，鼓锣声中，舞龙灯、踩高跷等，甚是热闹。

初 四
初 五

土家族冬月节——土家族民间纪念性节日。流行于湘西龙山县洛乡塔一带。农历冬月初五举行。旨在缅怀先人业绩。相传，土家首领吴著死于龙山县洛塔，此日是其忌日。届时，人们到吴著像前，焚香明烛，置供献牲，跪拜叩首，行祭祀礼，以表怀念之情。

初 六
初 七
初 八
初 九
初 十
十 一

敬阿美日各神——藏族民间宗教节日。流行于四川阿坝州壤塘县部分藏族山寨。农历冬月十一（另说十三）日举行，历四天。据传,阿美日各神乃一男一女,主管人畜和庄稼。节前夕,各户即做长饽饽。家有几男,便做几个,饽饽上捏出两角。节首日晨,主人用连麸面,在厨壁头画上阿美日各神像,把带角饽饽盛盘中,并摆酒、面,生一盆火,架上柏树枝,枝上放馍,撒一点面粉和猪膘,由家长跪拜神像前祈祷全家平安、六畜兴旺、五谷丰登。之后,举家吃喝数天,不出门,亦无来客串门。

十 二

纳西族小年——亦称牛马年。纳西族民间传统节日。流行于云南宁蒗县永宁一带。农历冬月十二(另说腊月十一)日举行。旨在酬谢牧童一年辛劳放牛放马。节前,家中老人给牧童缝制新衣裳。节晨,父母赠以新衣裤,并送给一只猪前蹄、两根猪肋骨及鸡蛋、水果、面饼、糌粑、酥油、粮等食物。替人放牧的孩童亦可得寄宿户一份相同食品。然后,牧童们以村寨为单位,集中上山栽松树,举行祭祀山神仪式。祭神由"巴达"主持,焚香磕拜后,众人祷告,求神灵降福,佑纳西地区风调雨顺、牛肥马壮、五谷丰收。祭毕,举行赛马,当地称"跑罐子"。角逐中,最先达终点者,可喝到头罐美酒,后依次类推。凡参赛者,均可获一份奖品。另外,还组织歌舞表演,为节日增添喜庆,让孩童们多一份欢乐。

纳西族牛马年——参见"纳西族小年"条。

十 三

唤山节——自称木尼洛,藏族民间山神崇拜盛大节日。流行于四川石棉县,以松林河为界之猛总、木耳、俄足、足富、移基塔、改池、共和等山寨村落。他们世居丛山,习传山神崇拜。过节以村为单位,偶有诸村联合者。节仪于农历冬月十三日开始,由祭司"贡白"主持,分寨祭、家祭两阶段。始由祭司引领,在寨中最古老房舍设临时祭坛,锅庄上方挂唐卡,点木香,案前供一座"山"(用糌粑、荞麦面捏塑,以象征山神,称"布极")。入夜,贡白熏烟净身,吹号击鼓,执手抄藏族经作贡品陈列,诵世传《口诵经》,为全寨禳灾祈福。翌日,贡白继续诵经,各户备祭山贡品。第三日,贡白请出大型布画佛像(称"董白"),放炮三响,由众抬至寨后空地张挂,案供山神,献祭糌粑、牛羊牺牲和猎刀。然后,复三声炮响,寨中忽奔出一红黑脸"厉鬼",惊慌逃窜。祭司执剑边舞边追,最终一剑劈下,将其降伏、驱走。众雀跃欢呼"哦撮"。贡白复至案前,诵《祭山经》,颂山神威德,逐一迎请喜马拉雅、惹尔母(贡嘎山)、麦撒母(大雪山)、伦吉母(九虎山),直至猛总、木耳所在地的克德由览山、石尔母山等周围54座大小山神,前来领受供奉,宽恕人们一年不恭行为,保佑人寿年丰。贡白向众抛撒供神糌粑,众相互抛撒,分享神赐吉祥。所祭牛羊,各家领回,再祭祖先,转入"家祭"。各户择吉日,延请贡白,在本家固定祭山灵台,祭山神。祭仪略异"寨祭"。仍不外贡白念经,家族举祭的主要内容:垒石作祭台、熏烟除秽邪、杀鸡作牺牲、纸幡挂竹树等,以祭山、祈山、唤山。历一两日。

鄂伦春族米特尔节——鄂伦春族民间传统节日。流行于内蒙古陈巴尔虎旗莫尔格河流域。农历冬月十三日举行。鄂伦春人主要生产活动是狩猎,辅以捕鱼和采集。狩猎所获是衣食主要来源。冬天猎物缺少，严寒到来前就要贮存过冬肉食。鄂伦春人认为，冬月十三是气候变冷之始，有羊群的人家要将种羊赶回羊群，食用的牛、羊要宰杀贮存，以备过冬度春食用。需要出售的牲畜，亦须在这天确定下来，以便适当处理。节俗略同相邻鄂温克族同名节日。

十四

十五

哈尼族老人节——亦称祭母节、东坝祭母。哈尼族支系卡多人敬老节。流行于云南新平县卡多山区。农历冬月十五日举行。另一些山寨于农历二月首个属牛日"祭母"。据传，节源自哈尼族悠久的"贤母教子"故事。节晨，全村小伙上山砍来青松或栽种青松，或指定某树作"母亲树"，以为"祭场"。妇女在家中备办佳肴。夕阳下山，寨中固定娱乐场栽满了青松，全寨男女穿戴整齐，欢聚一堂，敬贺老人。主持人宣布节日活动开始，一声铓锣敲响，青年男女端着香喷喷糯米饭、鸡蛋等食物，逐一敬献坐在青松下的老人们。接着，小伙们弹起小三弦，姑娘们唱起动听的歌，老人和着琴声歌声跳起"阳猛仑"舞。舞毕，主持人请老人们轮流讲述一年来子女们对其孝敬情况，并当场表扬尊老的晚辈，批评教育不孝者。

哈尼族祭母节——参见"哈尼族老人节"条。

东坝祭母——参见"哈尼族老人节"条。

十六

石柱报功者——土家族民间古节。流行于四川石柱县一带。农历冬月十六日举行。清乾隆年间，石柱县府厘定，二月五日为"农民节"，冬月十六为"报功者"。后合并于立春日举行，称打春节、鞭春节、三坛节。参见相应各条。

十七

仡佬族小年——亦称小年节。仡佬族传统年节。流行于黔、桂两省区部分仡佬族村寨。节期各地略异：于农历冬月十七日，或首个猴场天，或虎日，或于腊月廿七日。另外，还过"大年"，节期同汉族春节。据传，仡佬祖先到人间安住，膝下九子，各子一姓，即大披袍、小披袍、打牙、打铁、金毛、红格、镯青等。某年冬，外族来犯，他们手足连心，共抗来犯者，提前团聚过年，沿袭成俗。小年残留仡佬历史痕迹。猴场天，各家上山挖山药、找金丝茅草等。相传，这些东西，仡佬祖先初到人间时曾食用。鸡场天，大家相约游玩，户户蒸糯米饭，做九个粑粑，以缅祖先的九个支系，留到猴场天供祖先。家家还用山药煮肉，炒、炸各种菜肴。夜晚，用一个小簸箕装上九个糯米粑粑，上插三叶金丝茅草，用以判断来年庄稼好坏，草蔫则好，否则不吉。每个粑粑周围放三个肉丸子，摆好供品，关门熄灯。主持人旋用斗笠将炉火亮光遮一下，数分钟后，口念咒语，意为请祖先用餐，并用马匙盛菜撒于地上。然后，全家欢聚吃年饭。节间，孩童们开展打磨秋、滚龙秋、斗鸡等文体活动；老人们走亲访友，畅叙家常；青年男女大多上山对唱山歌，倾爱择偶。

仡佬族小年节——参见"仡佬族小年"条。

阿弥陀佛圣诞——佛教节日。农历

冬月十七日，在诸佛寺举行。阿弥陀佛，佛名，"阿弥陀"为梵文音译，意"无量"。鸠摩罗什法师译《佛说阿弥陀经》载："彼佛光明无量，照十方国，无所障碍，是故号为阿弥陀。"我国民间素传"家家阿弥陀，户户观世音"。在佛教中，阿弥陀佛地位殊高。节天，僧俗人等纷纷在寺院，虔诚、隆重祭拜。

十 八

嘎汤帕节——云南哈尼族民间传统节日。农历冬月十八日举行，历三天。"嘎汤"，或曰哈尼族年号，或意译"新年开始，万物复苏"。1987年7月，云南西双版纳州据该族心愿，正式厘定其为哈尼族年节。据传，古时此节历半月，多行祭祖、宴饮。因豪饮过甚，耗费太奢，至第十四代族祖时，节期减为四天。节俗大体赓续至今。届时，人们煮米酒，舂糍粑，杀猪宰鸡，备办米饭、糍粑、米酒、肉食、茶叶，供奉于祖先阿培波罗灵位前。各户宴请亲朋好友，同斟共饮，畅叙友情。各寨开展打秋千、打陀螺等活动。青年男女盛装邀约，上山摘野果、采野花、对歌，尽情娱乐。男子们喜欢串山打鸟、撵山围猎。

哈尼族年节——参见"嘎汤帕节"条。

十 九

侗族年——侗族民间年节。流行于贵州榕江县乐里及锦屏县等地。农历冬月十九至廿二日间之辰、戌日举行：辰日在先，过辰日；反之亦然。另说冬月卅日开始，或冬月十九至廿二间之辰日或戌日。均历三天。节俗主要有祭祖、吃团圆饭、宴客访友、踩歌堂、吹芦笙、斗牛，以及请客、访友等。首日晨，各户做九个糯米粑分三堆置神龛，并摆鸡、酒、香火等供物，以缅祖先。吃团圆饭，先由家中辈高年长男子举杯敬祖，呼祖先名讳，请来享用年饭，祈求保佑家族吉祥、槽头兴旺、五谷丰登。各家炒、炖、蒸、炸，故意做出许多菜肴，饭亦比平时煮得多，象征"吃剩有余"。此饭讲究全家团聚，已婚未落夫家儿媳，须在婆家过年；而且忌外人到访。饭后数日，尽可走亲访友。姑娘、小伙蜂拥踩歌堂，赛芦笙、斗牛等，村寨一片欢腾。

彝族太阳会——亦称"太阳菩萨祭"。彝族民间宗教节日。流行于云南昆明西山区大、小勒姐村。农历冬月十九（另说廿九）日举行。据考，节源对太阳的原始崇拜。届时，村寨彝家纷纷聚集村外山神庙，集体祭祀民间崇信的日神，俗称"太阳菩萨"。人们献上水果、糕点等供品，供品上雕象征太阳的莲花图案，再用五色纸旗书"太阳菩萨"几字，以示迎请日神。祭者念诵七遍《太阳经》经文。参祭村人均向太阳菩萨神位敬香膜拜，虔诚祈祷太阳神保佑风调雨顺、五谷丰登。

太阳菩萨祭——参见"彝族太阳会"条。

沙浪太阳祭——白族民间宗教节日。流行于云南昆明西山区沙浪一带。于白族《太阳经》所传太阳诞辰之农历冬月十九日，在当地龙潭乡玉皇阁举行。届时，沙浪白族纷纷从四面八方赶到玉皇阁，举行"太阳祭"。他们把供品放在供桌上，向太阳顶礼膜拜，赞美太阳给他们带来了好时光，赞美太阳为人间增添了温暖，感谢太阳使大地上的作物苗壮成长。

日光菩萨圣诞——佛教节日。农历

冬月十九日，在诸佛寺举行。日光菩萨亦称日曜菩萨、日光普照菩萨，与右胁侍月光菩萨在东方净琉璃世界，并居药师佛之两大胁侍，亦药师佛国中无量菩萨众之上首菩萨。其名号，意取"日放千光，遍照天下，普破冥暗"。菩萨持其慈悲本愿，普施三昧，以照法界俗尘，摧破生死暗冥，犹如日光普照世界。故名。

日曜菩萨圣诞——参见"日光菩萨圣诞"条。

日光普照菩萨圣诞——参见"日光菩萨圣诞"条。

二十

二十一

二十二

八思巴圆寂纪念日——藏传佛教节日。农历冬月廿二日举行。八思巴（1235—1280），亦作发思八、帕思巴、发合思巴、八合思巴、拔思发、怕克斯巴。西藏萨迦高僧，萨迦派第五代祖师。十五岁时为元世祖忽必烈受戒，世祖即位尊其为国师，旋领总制院事。他返藏，荐释迦桑波为本钦，创本钦由帝师举荐、皇帝任命之制；后，再赴京，献新字，颁全国，是为"八思巴文"。世祖赐以蒙古新字所写僧人诏书，进封"大宝法王"，更赐玉印，至是统领西藏十三万户。1276年，离京返萨迦寺，自任萨迦法王，本钦释迦桑波管理政事，开创西藏政教合一。1280年冬月廿二日，示寂萨迦南寺。世祖赐号"皇天之下一人之上（开教）宣文辅治大圣至德普觉真智佑国如意大宝法王西天佛子大元帝师"。著述卅余种，以《加萨五祖集》传世，汉文

大藏经存三种著述。

发思八圆寂纪念日——参见"八思巴圆寂纪念日"条。

帕思巴圆寂纪念日——参见"八思巴圆寂纪念日"条。

发合思巴圆寂纪念日——参见"八思巴圆寂纪念日"条。

八合思巴圆寂纪念日——参见"八思巴圆寂纪念日"条。

拔思发圆寂纪念日——参见"八思巴圆寂纪念日"条。

怕克斯巴圆寂纪念日——参见"八思巴圆寂纪念日"条。

二十三

二十四

冼夫人诞——亦称冼太夫人诞。汉族民间纪念性节日。流行于广东茂名和平等地。丁传为冼夫人诞辰之农历冬月廿四日举行。冼夫人一生经历梁、陈、隋三朝，系岭南地区数民族女首领，当地首领世家，统管十余万户百姓。她自幼聪颖绝顶，学习兵书战策，善用兵，多谋略。后嫁梁高凉太守冯宝。冯死，她助陈统一南岭，被封"石龙夫人"。隋开皇九年（589），她平定王仲宣叛乱，隋文帝封其为"谯国夫人"，誉尊"岭南圣母"。自隋至明清，历代王朝敕（谥）封"谯国夫人"等。当地民众怀念其功德，于其诞辰之日搭台唱戏，日久成节。节日前后几天，各地即演戏、进香、祭奠。当地以及海南岛，远至东南亚各国共有冼太夫人庙两千五百余座，处处香火鼎盛。

冼太夫人诞——参见"冼夫人诞"条。

尼遮西——亦称丰收节。彝族民间

节日。流行于大西南部分彝族地区。农历冬月廿四日举行。届时，人们杀猪、吃新米。歌手们照例欢聚一堂，纵情对歌，庆丰收，并祝来年五谷丰登、六畜兴旺。

彝族丰收节——参见"尼遮西"条。

二十五

二十六

融水斗马节——苗族民间传统节日。流行于广西融水县一带。农历冬月廿六（另说正月十六）日，在安太、洞头、四荣、香粉、安陲等乡举行。届时，各村男女着节日盛装，汇聚斗马场。马均雄性，每次斗一对，胜者复与另一匹马交锋，以获胜场次多少定优胜。斗马中，马主各为其马呐喊助威，旁观者亦喝彩呐喊。获胜马匹，由主人披红挂彩，绕场一周，向全场致意，体面非常；观众不时抛赠礼物。倘得胜马主系未婚小伙，有意姑娘则以苗家特有方式向其求爱。

二十七

二十八

二十九

迪庆阶冬节——藏族民间宗教节日。流行于云南迪庆州一带。农历冬月廿九日举行，历一两天。阶冬，藏语意为"九样食物烩煮聚餐"。届时，各寨藏民每家每户皆用九种食物煮成烩饭，后全寨聚餐；各寺院喇嘛则举行隆重的跳神舞会，驱除邪恶，祈来年丰收。据传，四世达赖喇嘛罗丹嘉措，一次夜里梦见阶冬神率天兵天将大战妖魔。醒来，遂嘱艺僧喇嘛按其梦中所见诸神、妖魔形象制成面具，戴上并按梦中战斗情节，跳跃表演。此后每年此日，重复表演，以驱邪趋吉。世代沿袭成节。昔时，凡欠寺庙贷粮、贷款百姓，均须于此日还清。如今除宗教仪式外，节间还举办盛大物资交流会。

三十

青瑶小年——自称"青瑶"。瑶族民间岁时节日。流行于贵州荔波县瑶麓乡一带。农历冬月三十日举行。"小年"称谓，对应大年春节，说法不一：或说秋粮时已入仓，大家辛劳一年，当休息庆贺一番；或说，瑶、水两族毗邻，同烧一山柴、饮一井水、种一坝田，过从甚密，因与水族同过"小年"。届时，以家庭为单位，各备节日食品，如鸡、鸭、猪肉、酒之类，全家改善生活，同享团聚之乐。这天晚餐，首先祭供祖先、土地神和山神，然后才能进餐。祭祖先和神灵，旨在祈求保佑人丁兴旺、五谷丰登。

本月约当日

密枝节——亦称祭密枝。彝族支系撒尼人及弥勒西山等地阿细人祭祀节日。流行于云南路南县及大理等地。节期因地略异：路南县圭山等地在农历冬月中旬鼠日至马日，历七天；大理巍山县地区在农历腊月三十日，另说腊月初十前后。俗传：古时祖先居住深山密林，过着狩猎和放牧生活，一天突降冰雹，所有的羊几乎都被打死。唯聪明牧人密枝斯玛，赶羊群进了树林，避过此灾。现在，人们放牧的羊皆由其羊群繁殖而来。彝家缅怀密枝斯玛，年年欢度此节。届时，以村、寨为单位举行。各村寨都有一片繁茂密枝林,各种祭仪由以吹耄为先导的"密枝头"若干人主持。祭前一天,要派人去密枝林驱除野鬼,净化祭物。举祭当天,每户派一男子参加,带着绵羊去密枝林宰杀,供奉"密枝神"。祭仪毕,在林中聚餐宴饮。不过,羊肉不能吃完,须留一部分,等天黑带回家祭神,之后再与家人共享。人们进村时,由一人带领呼喊"哈够!哈够!"以此告诫不守村规和道德风尚者。祭神次日,全村上山赶雀、打猎,青年男女借机择偶连情。节间,村内还互相请客,歌舞娱乐。此节或为"巍山密枝节"之地域性变体。

祭密枝——参见"密枝节"条。

凉山彝族年——族称"库施"。彝族传统祭祀兼庆贺性佳节。流行于大小凉山广大彝族聚居区。农历冬月首个龙日或兔日举行。节源于彝族十月太阳历。节俗充满浓厚"祖先至上"色彩。旨在庆贺人丁兴旺,家族吉祥。节历三天。首日"库斯",黎明鸡鸣,全寨即循年长、德高之序,宰年猪,以猪胆、胰、尿包外观与色泽,卜主家来年吉凶。次日"朵博",意为"月首",一早即煮食猪心肺、豆芽、竹笋三鲜汤。上午妇女们组织孩童祭果树,举"社日"仪式,后成群结队拜年,唱贺年歌。青年们跳舞、摔跤,通宵达旦。末日"阿普机",意为"送走祖灵",下午煮食猪肠、青菜,妇女出门拜年,男人在家接待拜年来客。过年之余,还要背上猪肉膀子、酒、糖、千层饼、炒面、鸡蛋等,到岳父母家拜年。2011年5月23日,此节荣跻第三批国家级非物质文化遗产名录。

库施——参见"凉山彝族年"条。

思鱼扎勒特——译作"冬月捏制糯米面团子"。哈尼族民间俗信祈福节日。流行于云南红河一带。农历冬月首个辰龙日举行。届时,村寨严禁杀生、请客,亦禁下地干活。各户要依俗捏三个糯米团子,大小不一,重约三至五两。其中,最大者称"纠",表人丁;次大称"卡",标志五谷;最小称"遮",代表家畜家禽。然后,将其放进开水锅里煮,察看哪个团子先浮起来:若"纠"先浮起,则此年全家老幼无病无灾;倘"卡"先浮起来,则此年丰收在望;如"遮"先浮起来,则会六畜兴旺。哈尼认为,"纠、卡、遮"乃构成人类社会三大要素,缺一不可。

昂玛拖——习称祭寨神节。云南哈尼族民间宗教性节日。农历冬月首个辰日或丑日举行,历一两天。"昂玛"传为哈尼村寨最高保护神。节为驱吉辟邪,或为"昂玛吐"节之地域变体。

祭寨神节——参见"昂玛拖"条。

土族冬至——俗称冬节。土族民间传统节日。流行于青海互助等地。农历冬至日举行。届时,各地青年男女着艳丽民族服装,欢聚一堂,开展唱歌、跳舞、骑马和角力等文体活动。"角力"也称"蹬根",颇有民族特色。首先由某寨小伙子提议,于某地举行,他寨小伙子积极支持,并纷纷赶来参加。赛时,两人一组,相对就地而坐,双手同握一根木棍,两腿伸直并拢,脚掌相抵,用臂、腰、脚力量,通过木棍拉对方。拉蹬时,双膝不能弯曲,凡臀部被拉离地面者败。采取循环淘汰,最后取胜者称"巴图尔"(英雄)。节食有别平常,除常用酥油茶、糌粑、手扒肉外,早餐各家吃一块油饼和"旗子"(用薄面饼切成菱形花纹,每片菱形花纹称一旗),中、晚吃烩菜和熬饭。

土族冬节——参见"土族冬至"条。

景洪嘎汤节——亦称戛汤节、戛唐帕节,意即"新年"。哈尼族支系爱尼人盛大农祀节日。流行于云南西双版纳。节期因地略异:多于农历冬月择日举行;有的地方腊月初七举行,历三天;有的地方在元旦;有的在春节,历三至五天。其时,粮已归仓,一年农事结束,旨在欢庆丰收、祈来年好运。届时,打扫村寨,换水,换盛水的竹筒,寓"弃旧迎新"。随后,由掌管祭祀地方神和水神的老开,宰杀一头小猪作祭品,祭祀龙树。各家也接着宰猪杀鸡,舂米粑粑,祭家神,祭祖先,置办酒席合家吃团圆饭,已嫁女儿也赶回家参加。之后,邻里朋友互相拜年,送糯米粑粑。最后一天,各家还要煮鸡蛋、鸭蛋,祭献祖先。节间,人们尽情娱乐,青年男女着漂亮新衣,邀约游山,采野花,摘野果。男子无论大小都要做一个陀螺,普遍开展打陀螺娱乐活动,还有荡秋千、射弩、踩高跷、赛歌对歌、吹口弦、跳竹筒舞、跳"的拔撮"、篾帽舞及芦笙舞等。勐海爱尼人还开展赛马,气氛热烈欢快。过罢节日,春耕开始。

戛汤节——参见"景洪嘎汤节"条。

戛唐帕节——参见"景洪嘎汤节"条。

爱尼人新年——参见"景洪嘎汤节"条。

景颇族鬼年——景颇族民间传统祭祀节日。流行于云南德宏一带。农历冬月择日举行。旨在专祭"好(善)鬼"。景颇人认为,天鬼和祖先鬼,皆属好鬼。天鬼赐予大地风雨、空气和阳光,使人类和万物生灵得以生存繁衍;祖先鬼则教给后人各种生产生活知识技能,还为后代子孙看家。为犒劳他们的辛苦,年年都要祭祀。届时,人们将沟塘里捉来的鱼,与鸡蛋一起,用绳子或麦秆串成串,与新酿水酒、糯米粑粑一起,供在名"南高"的鬼架上(鬼架有二:堂屋正中之架,专用祭祖;屋外正门之架,专祭天神)。然后,请祭师"董萨"念诵祷文咒语,内容主要是感激"好鬼"带给厚泽洪恩,表达对其崇敬和虔诚。仪式结束,祭师即取下祭物,众分而食之。此节已泯。

祭踏乌都图——台湾少数民族支系雅美人祭祀其信奉最高神祇之节日。农历冬月择日举行。据传,"踏乌都图"是雅美人的最高神祇,对违反天意者,有处以死刑之权力。人们对其敬畏非常,年年举行祭奉。届时,各家以黍团子、水芋头、肉等做祭品,由家族头人主持祭仪。

雅美人播种祭——亦称粟播种祭。台湾少数民族支系雅美人传统祭祀节日。于传统"新年祭"后七日(约当农历冬月)举行。节日前夕,各户从谷仓中取出粟穗,脱壳取种,投入椰子壳水缸中。节晨,煮好水芋、羊肉及槟榔等,由男子携粟种,到长老家共食。然后,相率赴社外山坡翻地,整出祭田;旋伐林焚耕,准备次日播种。另外,还穿插于海滨和家里行祭,祭品不外猪肉、羊肉、水芋、槟榔等,祈求天神保佑五谷丰登。

粟播种祭——参见"雅美人播种祭"条。

卑南人大猎祭——台湾少数民族支系卑南人传统祭祀节日。农历冬月择日举行。节源传说:族中少年以捕猎野猴,代替出草,作为成人仪式,久而成节。节天,少年们用自制弓箭刺杀草猴,丢弃部落之外,象征不好的东西都随草猴丢弃,自己借此博得勇武之名。20世纪上半叶,人们以为杀真猴太过血腥,遂以草编猴代替。祭猴少年则需接受另一考验:夜半,独自去坟地取回指定信物。未通过考验者,受罚。

还娘娘愿——亦称娘娘招兵,意为"娘娘招回兵马,保护人丁兴旺"。湖南江华县瑶族民间传统节日。农历冬月择日举行。届时,请师公到场做法事,杀猪,焚香拜祭娘娘神。

娘娘招兵——参见"还娘娘愿"条。

密巴路斯——族谓"祈年祭"。台湾少数民族支系雅美人祭祀节日。农历冬月择日举行。届时,各户舂粟、杀猪,煮熟后,由着礼服、戴银盔家长带往海边祭天神,祈祷人寿年丰。此日,各户还要在家中举行祭祖仪式,祈祖灵保佑后世子孙。

雅美人祈年祭——参见"密巴路斯"条。

腊　月

初　一

贵州壮年——壮族民间传统年节。流行于贵州从江县。农历腊月初一举行。实为刻意提前一月过春节。节源传说:壮家祖先居广西,后 男子往贵州从江谋生,成为贵州壮族祖公。他临行时,广西祖公送别说:"骨肉远离,今后每逢春节和七月半,都要回乡来看看。"后随人口增长,贵州祖公觉得每年回广西探亲,天遥路远,很难周全,遂定提前一月过春节,便于分散两地亲人团聚,因此成节。节前日晨,集体宰猪,将各户轮流喂养值社猪,抬往村外特定"社棚",宰杀。节天祭社王。祭毕,猪肉分若干份,用竹子穿上,各户分得一份,加上自家所备其他祭品,祭祖。最后,举家聚餐。

融水苗年——族称"大年"。广西融水苗族传统年节。农历腊月初一至十五日举行。届时,各户包粽子、染红蛋、爆炒米花、打油茶。杀猪后,用糯米饭、五香粉调猪血,灌猪肉香肠。吃年饭时,将香肠、猪肝、粉肠、猪颈肉一并放酒杯内,按辈分轮流吃喝,称"吃开节酒"。新年须将水缸旧水倒尽,换上家妇于节晨从水井打来的新水。去井边打水时,须焚烧一把香纸,将一块拇指大小白石头放井内,意为"买水",后方可取水。早饭后,赛芦笙、斗牛、斗鸟、赛鸟枪射击、唱歌、对歌。小伙走村串寨,行歌坐月,谈情说爱。苗家视此节为大节,习称"大年";而春节仅为小节、后节,吃苗年所剩腊肉,且无文娱活动。

融水大年——参见"融水苗年"条。

吃老鼠粑粑——亦称"灭鼠节"。苗族民间传统节日。流行于贵州镇远县涌溪乡龙姓苗族村寨。农历腊月初一举行。时值冬闲,家家户户自觉灭鼠,或去野外安装夹板,或在田边地角破鼠洞。所捉硕鼠,要剥皮、开腔、去肠,洗净挂火炕烘干,备过节享用。通常各户须备两只鼠;未捕得鼠,则用糯米做成老鼠粑粑。外嫁姑娘及外出谋生者,均须赶回家过节。节晨,先用鼠肉祭祖,后举家摆鼠肉宴,庆灭鼠有成,祝来年丰收。节源传说:古时,龙姓苗族迁来此地安家，遇旱歉收，至年底，祖公家仅剩五升糯米，放米桶内，留待过年。孰料，米被老鼠偷光。人们迅觅鼠洞，用火熏、铲挖、水灌，捉住大鼠，找回散失的米，蒸成糯米饭，将鼠剥皮、开膛，煮熟当菜，以解心头之恨。为缅怀祖先，及警示鼠辈，后人定下此节。

苗族灭鼠节——参见"吃老鼠粑粑"条。

初 二

初 三

初 四

初 五

吃五豆节——汉族民间传统节日。流行于河南南阳一带。农历腊月初五举行。据传，节始于北宋。因欧阳修曾吃五谷，百姓世代效仿，遂演变成节。届时，家家户户将绿豆、黄豆、红豆、蚕豆、豌豆一起入锅，蒸煮食用，故名。

初 六

普米族过小年——普米族民间年节。流行于云南宁蒗县一带。而云南兰坪、丽江、永胜及四川木里、盐源等地普米族，则称"大年节"。于传为普米祖先诞辰之腊月初六举行。节期三五天、十来天不等。主要节俗：祭祖。届时，人们清扫庭院，洗涤衣物，意寓除旧布新。然后，清扫架设于大门上之神龛。龛内供着高五六寸木雕弥勒佛，佛前摆香炉、茶炉、酒器等，宅中靠墙处，象征家神所在，须为之填换新土。祭祖开始，先点燃一炷香，举家跪拜。祭品有酒、茶、米饭、猪肉、豆腐等。祭毕，将剩余祭品扔大门外，喂孤魂野鬼，称"泼水饭"。祭仪早晚各一次。祭祖之外，还举行驱逐病魔等宗教活动。上述活动之余，人们纷纷投亲、访友、宴客，相互拜年。

普米族大年节——参见"普米族过小年"条。

阔时节——云南部分傈僳族最隆重之传统年节。"阔时"意为"年新"。农历腊月上旬择日（多择初六）举行。奇异节俗为"沙滩埋情人"：男女嬉戏求偶，各在同伴帮助下，挖沙坑，"埋葬"情人，旋伴装啼哭，唱丧歌、跳丧舞，后再将情人拉出。此举既表示恋人间感情真挚、深厚，又旨在埋掉附于情人身上之"死神"。2011年1月9日（农历腊月初六），在北京的傈僳族同胞欢聚一堂，纵情歌舞，欢度佳节。

初 七

木里俄喜节——藏族民间古老节日。流行于四川木里县一带。于传为当地藏民来此定居之农历腊月初七举行。据传，很久前，从西藏、云南先后迁来阿哲、让甲、草坡、八尔等藏族支系，分住木里的宁朗、车子、白硼、桃巴等地。定居之夜，正当初七明月东升，他们在"七姐妹星"辉映下，欢歌纵舞。世代相沿，久而成节。主要节俗：盛装歌舞、宴饮、赛马、射箭，到预定地点"转山"。节日余波，可绵绵持续至除夕前夜。节天，各户备足鸡、鸭、鱼肉和美酒等，全家围坐，举杯畅饮，叙述家常，预祝丰收。各户还给猫、狗准备饭、肉美餐。若它们先吃肉后吃饭，则兆来年风调雨顺；反之则兆不吉。饭后，男女青年着艳丽民族盛装，打扮得漂漂亮亮，带着青稞酒、酥油茶和手扒肉等，相互邀约，聚集村头寨尾广场或宽敞草地,点燃一堆堆篝火,围圈对唱山歌,跳锅庄舞,并以青稞酒助兴。舞时,以胡琴等乐器伴奏。有的村寨还举行赛马、射箭和歌舞比赛,演出传统文娱节目。附近彝、汉等族亦纷至沓来,异常热闹。

普米族过大年——族谓"吾时高"。云南普米族年节。节期因地有异:兰坪、维西等地以正月为春节,历三至十五天;宁蒗一带以腊月初七为岁首,历十余天。据传,腊月廿日,既是普米族"皇帝"诞辰,又是接祖先亡灵之日,须并举祭皇帝、接祖先仪礼。此夜,男家长主祭"门神",敬"锅庄",后举家围火塘吃团圆饭,并以三个饭团喂狗。大年初一,鸡叫头遍,男女青年纷纷去井边、沟边打水,称"买金水",以先取得净水为吉祥。此日满十三岁孩童,举"成丁礼",即算成人,开始正式参加生产劳动、参与社交,成为家族正式成员。节间,各寨举行打靶、赛跑、赛马、打秋千、捉飞鸟、跳锅庄舞等活动。有的地方,节期末日,举行"吃虫头"仪式:小伙、姑娘将炒熟的苞谷米、青稞、大麦、麻籽、小米等放入竹编大簸箕,与自己手镯相混,以谷花当"小虫",手镯当"大虫"。众人围坐,有说有笑,以吃谷花表示捉"小虫"。谁的手镯先暴露,大家便用手指弹其手背一下,待全部手镯露出,表示"大虫"已被消灭,此年庄稼不会再生灾害了。此夜,全寨还要聚饮一堂,谈论新年里如何防治各种灾害。

吾时高——参见"普米族过大年"条。

初 八

腊八——亦称腊八节、成道节。汉族民间进入腊月之首个涉"年"节日,乃年节前奏。于农历腊月初八举行。腊八,古称"腊日"。初,日期模糊,至南北朝才定今日期。节源、节俗纷繁。一源佛教"成道节",即释迦牟尼成佛日。释迦牟尼成佛前出家修道,过度劳累饥饿昏倒。一好心牧女相救,喂以杂粮、野果粥。释迦牟尼得救,精神振奋,苦思于菩提树下,终于腊月初八得道成佛。从此,佛寺即于此日诵经,并效牧女用香谷、果实等煮粥敬佛,名"腊八粥"。二源击鼓驱疫"腊祭"之俗。三源古人冬天将尽时,用猎物祭祀祖先神灵之"腊祭"。四源民间故事,说腊八本一个人,因腊月初八出生得名。父母老来得子,娇生惯养。腊八好吃懒做,娶懒媳妇。父母去世后,小两口没几年即把粮食糟蹋一光。腊八过生日,只好扫囤底,扒仓角,八样粮才扫出一小把,勉煮一碗稀粥。当晚,他俩冻饿而死。民间因于此日喝腊八粥,劝诫人们勤俭持家。江苏省溧阳市竹箦乡一带相传,宋抗金名将岳飞此日在风波亭遇害,人们煮粥加大豆、芋头、红枣、蚕豆、花生米、油豆腐等,喝腊八粥纪念。山东临沂一带认为,每年此日施舍饭食,可积善成德,故纷纷施舍饭食,有病人、新丧、无后之家更然。通常用一升米加红枣蒸干饭,抬村头路口施舍。邻里好友纷纷讨饭成全。饭舍出越快越吉祥。

腊八节——参见"腊八"条。
成道节——参见"腊八"条。
腊日——参见"腊八"条。

布依族腊月八——贵州布依族民间农祀节日。农历腊月初八举行。旨在祭土地神。布依认为,土地神掌管农业丰歉,须在此日隆重祭祀,以祈农事丰稔。祭祀事务由各房族主人轮流,主祭人由寨中最古老居民家族之长者担任。祭祀费用由参加者共同负担。祭品以猪头或鸡为主。祭时,由主祭人和参祭者向土地神如实讲述、默忆当年农事景况,旋行祭拜大礼,祈土地神保佑来年丰收。此节现已式微,仅个别老人参加。

满族腊八节——亦称八腊节。满族民间宗教性节日。流行于各地满族聚居区。农历腊月初八举行。据考,此节源佛教,传说不一。一说,释迦牟尼修行劳饥过度,昏倒在地。牧女发现后,取香谷、果品等熬"乳糜粥"飨之。吃完,他下河洗澡,后在菩提树下静坐沉思,腊月初八得道成佛。为缅此事,佛教徒们于届时煮腊八粥供佛。努尔哈赤建都赫图阿拉后,每年此日借粥诵经,百姓亦乘机欢歌乐舞,世代相传成俗。二说,古时满族有个首领,以势欺人,坑害百姓,常年挨家逐户要吃要喝,人们敢怒不敢言。某年腊月初八,有一老农民想出个主意:用糯米、红糖和十多种干果熬成粥,献给那首领吃。首领一看便呵斥:"这叫什么饭,稀拉巴几、黏黏糊糊、乱七八糟的!"老农灵机一动,想到这天正是腊月初八,顺口答:"这叫'腊八粥'啊,俺家祖传下来的,好吃,您尝尝。"首领一听这名称就觉逆耳,气得连话都不说,拂袖而去。从此,他再也不挨家逐户白吃老百姓的东西。人们缅怀老农,每逢腊月初八,都熬腊八粥喝,年深日久,积而成俗。届时,家家都用黏高粱米、小豆、红枣、粟米、莲子、核桃仁、杏仁、花生米等八样五谷杂粮,熬成腊八粥,奉供祖宗神灵,馈送亲友,然后自家吃用。在乡下,有的还用腊八粥奉供果树:在树干上割开一个口,抹上腊八粥,祈祷果树多结果实。

八腊节——参见"满族腊八节"条。

土族腊八节——土族民间传统节日。流行于青海互助。于传为释迦牟尼成佛日之农历腊月初八举行。谣云:"孩子孩子你别哭,过了腊八就杀猪;孩子孩子你别馋,过了腊八就是年。"此地独具奇俗:节晨,人们纷纷前往河边池旁,敲取冰块,背回家,分放大门、屋檐、柜子、粪堆上和庄稼地,意寓人畜平安、五谷丰收。后来,用五谷、红枣等煮粥,配上辣椒、酸菜、蒜等佐料进餐。饭前,先舀上一碗,用手蘸粥,在院内各房门上画个"十"字,祷告十方,求吉免灾。

达斡尔族腊八节——达斡尔族民间节日。农历腊月初八举行。届时,人们停止劳作,用"尼基"(脱皮壳的荞麦粒)熬成黏粥,再加牛奶或奶油或酸奶,搅拌食用。这与西北一些地区用羊肉汤做粥或吃"腊八面"(用八种菜肴做浇汁吃面条)相似。入夜,举歌舞娱乐活动,兴尽方休。相传,达斡尔此节沿袭悠远,或可溯周代。其时夏历十二月,猎禽兽以祭祖先,称"腊"。自秦起,农历十二月称"腊月",初八即称"腊八"。古时春节,从腊八算起,"腊八"亦因称"过小年"。

达斡尔族过小年——参见"达斡尔族腊八节"条。

年喜花节——满族民间传统古节。流行于吉林延边州敦化市官地镇岗子等满族山村。农历腊月初八举行。节源传说:唐朝,渤海国建立者大祚荣被唐军追赶,紧急中,隐遁年喜花谷脱险。后人缅怀祖先其事、其时、其地,久而成节。届时,人们冒着严寒,脚踏白雪,成群结队上山,采回一种树枝,插入自家水瓶、花盆,精心培育,直至天气回暖开花。这种花,俗称"年喜花";此举称"采年喜",旨在祈福求财,如民谣"红花开,粉花开,花香飘到敬神台。财神来,喜神来,又赐福又送财"。满族民间所称"年喜花",实即"杜鹃花"。因种种原由,此节中断良久,近年方得复兴,且平添新意:人们纷纷向年高德劭老者、英雄模范人物,敬献孕育着喜庆、吉祥的"年喜花",同时放鞭炮、扭秧歌,殊为热闹。

初 九

初 十

十 一

十 二

蚕花生日——汉族蚕农传统节日。流行于江苏、浙江等省。于传为蚕花娘娘生日之农历腊月十二日举行。节旨为祈祷蚕花丰收。届时,蚕妇们用红、青、白三色米粉团,做成马头娘、龙蚕、丝束、元宝、公鸡等模样,置酒菜,立"蚕花马圣"五张,燃香点烛,虔诚祭拜。其间,还须拜经,行"蚕花忏";请和尚或道士用五色纸花施送、化缘,称"送蚕花""蚕花缘"。长兴行"请蚕花"之俗:晚饭前,将两个鸡蛋、一碗猪肉、四个团子放蒸笼里,备酒盅、筷子及一匹蚕花娘娘纸马、一副排锭等,摆放户外,香烛上供,并烧掉纸马、排锭。四邻孩童照例一拥而上,抢吃供品,吃得越快,越预示蚕花丰收。

十 三

十 四

大十五节——普米族民间传统节日。流行于云南宁蒗县一带。农历腊月十四日举行,历两天。主要俗项是上山露营娱乐。首日,男女老少早起,着节日盛装,携酒和各种食物,登山露营,饮酒会餐,畅谈庄稼收成及寨内外见闻。当天,人们还要用饭菜等祭品祭天地神灵,祈祷来年风调雨顺,平安吉祥。入夜,举行篝火晚会,老、中、青、少一起唱调子,围火堆跳舞,直至火堆熄灭才到自家搭好的铺上露宿。次日,各寨青年男女们走家串户,结新朋友,觅意中人。

十 五

烧太平香——汉族民间祭祀祈福节日。流行于辽宁大连一带。农历腊月十五日举行。昔时民间缺医少药,不谙科学,生病染疾皆求助神仙、巫术。届时,家家设坛祭拜,摆出祖先谱牒,焚香明烛,虔诚祈祷,求神灵保佑无病,有病迅速康复。总之,烧香保太平,故名。此节已泯。

十 六

白族星回节——白族民间传统节日。流行于云南大理一带。节期本农历六月廿五日,后因白族以"农历腊月十六至三十"为大,遂改腊月十六日举行。据考,南诏时大理已盛行此节。史载,汉武帝元封年间(前110—前103),汉将郭世忠兵进大理,杀当地酋长,并欲强娶其妻阿南。阿南不从,佯称倘允三条件即嫁:其一,设灵堂,祭奠亡夫;其二,烧掉亡夫衣服,以便换新;其三,向国人通报此改嫁。郭竟应允。届时,阿南趁烧衣服之机,抽刀自刎,顺势扑入火中。此日正值六月廿五。后人于此日点火把缅怀阿南,定为"星回节"。节期所以变易为腊月十六,另有史证:南诏骠信(皇帝)《星回节》诗,有"不觉岁云暮,感激星回节"之句。清人董正官诗《星回节咏阿南慈善各一首》,亦云"人间漫说星斗落,慨古反增寒食烟","天开不夜星辰回,千古南中有蛮妇"。节间,例行"互市"之俗。交易前,商家先拜福神土地供,祈生意兴隆;后款待客人、店佣,称"互祭"。

十 七

门头沟祭窑神——汉族矿工、窑工传统祭窑神日。流行于北京门头沟一带矿区。农历腊月十七日举行。旨在祈祭保佑做工安全。届时,窑工们在窑口摆两张大八仙桌,供奉整鸡、整猪;猪背特意留一撮鬃毛,编成小辫儿,戴红纸小花。点燃第一炷香,由大作头磕头敬上;旋由窑主拜上,进二炷香;再由窑工进三炷香。后燃放鞭炮,搭台唱戏,以娱窑神。其间,如有乞丐讨饭,或巧逢路人,亦同样招待饭菜。窑工们把酒痛饮,互相祝福,一敞情怀。

十 八

十 九

二 十

鲁班公诞——中原汉族民间传统节日。于传为古代著名工匠鲁班诞辰之农历腊月廿日举行。鲁班技艺超群,被工匠信奉为"神"。届时,各地木匠虔诚举祭,祈鲁班爷保佑自己技艺日进。台湾等一些地区,此日木匠们则照例休息一日,燃香供祭,跪拜鲁班公。一些大木材行主,则款宴木匠,甚至请戏班演戏举庆。

完满福——畲族民间祭神祈福节日。流行于浙江南部畲族村寨。农历腊月廿日举行。祭仪由各房按年轮流。旨在感谢各位神灵保佑,一年完满结束。届时,各家备办祭品,到固定的福址,行祭祀礼,祈求来年全家老少四季平安、无病无灾。祭毕,参加者同煮祭品,聚餐共享,预祝来年人寿年丰。

德昂族祭蛇神——族谓"宪摄母"。德昂族民间传统祭祀节日。流行于云南西双版纳德昂山寨。农历腊月廿日举行。德昂住地多蛇,笃信存在"蛇神",便在各寨周围选一棵大树作为蛇神象征,称"蛇神树"。树四周砌以围墙,平时禁人接近。祭时,参加者须衣衫整洁,当天禁荤食,免触犯蛇神。祭祀以村寨为单位。众人带着粉条、豆类、青菜等素食作祭品,来到蛇神树前,在树上挂一副牛笼头和一把长刀。佛爷(寨老)主持仪式,念经祷告;众人跪拜,祈求蛇神勿伤寨人和牲畜。此节已式微。

宪摄母——参见"德昂族祭蛇神"条。

东兴年晚福——京族民间传统祭祀节日。春节前"还福"活动。流行于广西东兴市江平镇一带。旨在辞旧迎新祈福。农历腊月廿日举行。历十一天。以自然村或家族为单位,各自举行。村寨集体"还福"节期有三:腊月十六、十八、二十,以后者最隆重。届时,既有以本村翁古、陪祭员等六七十名代表集中哈亭,举行祭仪,又有村民自动往村中镇海大王庙、海公庙、海婆庙、本境庙(土地庙)、六位婆婆庙(三婆庙)、高山大王庙、水口大王庙(龙王庙)等举祭,也有的还去海边"还福"。另外,京族祭祖不在清明,而于春节前与"还福"并行,以家庭或家族为单位。上述各祭,不外燃香明烛、上供跪拜等。祭祀之外,照例聚集哈亭,以辈分、年龄等依序落座,隆重会餐。此节或与"海神祭"互为地域性异文变体。

二十一

贡山赶鬼节——族谓"巴恰木"。藏传佛教普化寺最隆重宗教节日。流行于云南贡山地方。农历腊月廿一至廿九日间择日举行,历五至七天。届时,全寺喇嘛身披袈裟、手执经书与法器,每天聚寺内打鼓念经,点灯供佛,接受信众贡献。在中心广场,用数十斗糌粑或炒面做成一根大柱子,周围涂一层酥油。信众绕柱跳舞,至第三日点燃面柱。人们持刀绕柱,大吼大叫,以示驱鬼;内以持刀砍杀,则示杀鬼。如是历久不疲,至面柱焚烧殆尽,倒柱方止。其间,寺庙喇嘛则扮演各种动物,跳宗教舞。

巴恰木——参见"贡山赶鬼节"条。

二十二

塔尔寺年终祈祷法会——藏传佛教塔尔寺宗教节日。农历腊月廿三日举行,历五天。塔尔寺每年四大法会外之两小法会之一。届时,例行全寺喇嘛念经五天,辞旧岁、迎新年,祝福来年万事吉祥如意。

二十三

祭灶——汉族民间传统年节。亦称小年、谢灶、祀灶、祭灶节、灶王节、送神日等。通常在腊月廿三日举行。当夜称小年夜、小节夜。节源传说、节期、节俗,皆因地略异。"柴米油盐酱醋茶"乃生活基本必需。"柴"居首而及"灶",故家家供奉"灶王爷"。传说,玉帝派灶神来凡间监察善恶,灶君则于此日按例升天,向玉皇报告凡家善恶,让玉皇赏罚。农历此日(抑或翌日,廿四),玉皇照例奖惩凡人。人们因此十分虔诚对待灶神。宋代盛行"媚灶",用各类甜食、糖果供奉灶王爷堵嘴,让其"好话传上天,坏话丢一边"。宋范成大《祭祀词》曰:"古传腊月二十四,灶君上天欲言事。云车风马小留连,家有杯盘丰典祀。猪头烂熟双鱼鲜,豆沙甘松粉饵圆。男儿酌献女儿避,酹酒烧钱灶君喜。婢子争斗君莫闻,猫犬触秽君莫嗔。送君醉饱登天门,杓长杓短勿复云。乞取利市归来分。"各地多有"事神不如祀灶"之俗。古时小年,有"官三民四船五"传统,亦作"官辞三,民辞四,邓家(疍家、船家)辞五"。官家过腊月廿三(南宋前,北方受官家影响,亦过是日);远离政治中心之民间过廿四;江南水乡,如鄱阳湖船家及居民,则过廿五;山东一些地方,过廿二。各地皆"辞五不辞六",均不稽延至廿六。节期异,而节愿同,均乃"辞旧迎新",视此日为过年开端。人们祭灶时,常将糖果(如关东糖、麻糖)融化,涂堵其嘴,让其"上天言好事,下地报平安(降吉祥)"。四川等地因称是日"麻糖敬(进)灶",民俗有"男不拜月,女不祭灶"。男子祭灶,多揭下灶台之灶君像,连同稻草扎成之草马,一起烧掉,意为送其策马升天;新年另买新灶君像供上神位。灶王爷是谁?历说纷纭:曰黄帝;曰炎帝;唐人李贤曰"禅子郭";清人定名"张单",另曰"穷蝉",即"蟑螂"(方言"灶鸡子")。其形暧昧,"状如美女,著赤衣",有发髻,初曰男性,经学家曰女性,后演为男女各一。每位灶神下,各画一捧罐小人,两罐各装好、坏事。灶神凭此上天奏报。灶神被认作"户主",其上天之日,住户大可随意吃喝、胡为(法律、伦理内),使小年格外轻松。时过境迁,今多无灶台,此祭则代以逛庙会、看花市、吃饺子、赏民俗。

小年——参见"祭灶"条。

小年夜——参见"祭灶"条。

小节夜——参见"祭灶"条。

谢灶——参见"祭灶"条。

祀灶——参见"祭灶"条。

祭灶节——参见"祭灶"条。

灶王节——参见"祭灶"条。

送神日——参见"祭灶"条。

辽宁祭灶——地域性"小年"。汉族民间传统"祭灶"节日。流行于辽宁辽阳一带,故名。农历腊月廿三日举行。届时,各户购买皂糖(麦芽糖)若干,备祭灶王用。午时,人们从屋内墙壁揭下灶王像,置院中暴晒,使其干燥易燃。晚餐后,孩童将细秫秸剪扎成马、狗模样,充作灶王夫妇升天之坐骑。入夜,人们置一杯水、一杯草料,将"马""狗"置杯边,作饮水、食料状;旋将灶王像供杯前,燃香行礼。繁星满天,香燃殆尽,由一人在庭院放爆竹,一人将灶王像及"马""狗"一并焚烧,再取少许皂糖粘于锅灶口,称"糊灶王口",以使灶王"上天言好事",不谈凡间坏话。

辽阳小年——参见"辽宁祭灶"条。

广西祭灶——地域性"小年"。各族民间传统岁时节日。流行于南宁等地。农历腊月廿三日举行。届时,各家备三牲、酒和糍粑供奉,还为灶神供一匹纸马,书"上天言好事,下地保平安"。

南宁小年——参见"广西祭灶"条。

泌阳小年——地域性"小年"。汉族民间传统"祭灶"节日。流行于河南泌阳等地,故名。农历腊月廿三日举行。届时,各家晚上摆香进供,参拜灶王。事先备足祭品:五根香、三张黄表纸、一对小蜡烛、两个烧饼、一块牙糖、一只雄鸡、少量干草节、五种粮食、一盆清水。然后,剪一张灶神像,贴灶火前,称"给灶王穿新衣";剪两匹小纸马,一贴灶王爷额头,供其回宫骑用,于正月初一烧掉,另一在祭拜时焚化,给灶王升天专用。一家之长送灶神行礼,后跟一小男童抱只雄鸡。家长拜毕,孩童即用一只手抓住鸡脖子,将鸡头朝早已备好的草节中推三次,另一只手向鸡头淋水。若鸡惊起,即表明灶王爷已收下诸祭品。祭毕,人们摆宴聚餐,豆腐汤、灶火烧必不可少。

蒙古族小年——亦称祭灶、祭火。农历腊月廿三日举行。小年、大年乃蒙古族一年中的两个要节。小年,针对大年春节言,家家要在灶前烧一堆火,并焚香、敬贡。供品多以奶为原料,加涂白糖、果汁等调料制成"白食",还有羊背子、手扒羊肉、烤羊肉、炖羊肉、爆羊肉等"红食"。祭祀开始,全家人都到庭院中、火塘前或灶旁,向火神爷跪拜、磕头;由长者念请火神爷庇护等祷词,并将五色丝线和棉花装饰的羊脯子扔进火堆,祈求火神爷上天多言好事;忌用灶具在锅台上拍打、用脚蹬踏锅灶,或在火上烤脚等。祭毕,合家吃团圆饭。席间,菜肴丰盛,晚辈频频向长者敬酒。过小年后,各家把蒙古包里里外外打扫得干干净净,还要添置新的袍、靴、衣物一类东西,准备过大年春节。

蒙古族祭灶——参见"蒙古族小年"条。

蒙古族祭火——参见"蒙古族小

年"条。

送灶节——壮族民间传统岁时节日。流行于广西等地。农历腊月廿三日举行。据传,壮族灶王乃男婚祖布洛陀之子,名"甘歌"。布洛陀派萤火虫去取火,回来后因为没有管好,遭了火灾,把甘歌烧死。他死后做了壮族的灶王,管火,管祸福,腊月廿三要上天禀报。人们认为,他上天禀报如何,对未来一年关系重大,故要过节欢送。届时,壮人要虔诚祭祀灶王,求其上天汇报一家人一年行为时多讲好话。为其"饯行"礼品中,要杀一只公鸡,给灶王当马骑,让它舒舒服服、稳稳当当升上九重;又要做糯米汤圆,供它吃饱吃好,到天上不说坏话。从此日至除夕,灶王上天述职,人间无神管束,人们的行动就自由了。灶是灶王栖息之所,平常即便塌了一角也不能重修。返回人间前,可以把灶挖掉,重新砌石、垒砖、糊泥,给灶王新造一个窝。等灶王爷年三十回到人间,见自己的府邸焕然一新,非但不怪罪,反而十分高兴,明年更说好话。房子有破有漏的,这期间亦可修整,不犯忌,正好可迎春节。

满族小年——亦称"祭灶神"。满族民间年节。流行于东北满族聚居区。农历腊月廿三日举行。《周礼》载:"颛顼氏有子曰黎,为祝融,祀为灶神。"晋葛洪《抱朴子·微旨》云:"月晦之夜,灶神亦上天白人罪状。大者夺纪,纪者三百日也;小者夺算,算者三日也。"人们认为,灶神掌管各家祸福、监视人们行为,不可得罪,要祈其禳灾赐福、保佑人寿年丰。满族受汉族影响,沿袭此俗成节。届时,家家户户清扫庭院,在门窗和祖宗板上贴挂笺、福字、窗花和对联;在灶头立灶爷牌(后演变为画像),燃香、上供、放鞭炮,奉供灶神,俗称"送灶王爷上天"。祭拜常用祝词是"上天言好事,下地保平安"。另外,在院里竖起一根数米高灯笼杆,杆顶扎一把松树枝,或插一面红色小会旗。入夜,杆上挂灯笼,通宵不熄,灯熄兆不吉。家家红灯高照,灿若天上繁星,直至正月十六以后才熄灭灯火。此俗现仅残存于一些僻乡。

满族祭灶神——参见"满族小年"条。

羌族灶神节——四川阿坝羌族民间传统祭祀节日。农历腊月廿三日举行。节俗略同汉族"祭灶神",特别讲究的习俗是,为让灶神此日"上天言好事",特意将火塘及住宅上上下下的烟尘彻底清扫干净。

鄂温克族祭火节——亦称祭火主、祭火神、祭火日。内蒙古鄂温克族牧民宗教节日。农历腊月廿三傍晚举行。传说,火神从天上下凡,掌管人间火事,且每年此日要回天宫一趟。届时,人们照例以美食敬奉、欢送,让其高高兴兴归天,快快乐乐返地,以求免遭灾难,平安地度过这一年。另传,火神乃头发散乱老妇,故祭祀者仅限妇女。节日傍晚,她们在火架(图拉)中间,搭一六七层木筐,内放一些布条和一个涂了一层羊油的羊胸骨,在其周围摆放面供盅。火架四周挂五色布条,正面置一张矮脚桌子,上摆羊肉、酒、乳制品等供物,东、南、西侧铺以褥垫。举祭时,她们围坐垫子上,主祭人点燃木筐,并将供品放入火中,口里不断祷告:"呼日那,呼日那……"众随之向火神叩头祭拜,祈火主保佑平安。自此夜起,三天内禁用铁器、木棍等拨火,忌掏炉灰和打扫房屋。此节,与蒙古族"祭火"、鄂伦春族"送火神"、汉族"祭灶神"等,颇多渊源,大同小异。

鄂温克族祭火主——参见"鄂温克族祭火节"条。

鄂温克族祭火神——参见"鄂温克族祭火节"条。

鄂温克族祭火日——参见"鄂温克族祭火节"条。

鄂伦春族送火神——族称"透欧博如坎",亦称"祭火"。鄂伦春族民间宗教节日。流行于大小兴安岭一带。于传为火神上天之农历腊月廿三日,逐户单独举行。传说,这天乃火神上天之日。家家皆用两种米煮成半稀半干的饭,将其捣碎,和上酥油,俗称"老考太",以奉供火神,欢送其上天,以保全家安然无恙。祭时,先给火神烧香,供上一碗"老考太",并往篝火里扔一块肉,倒进一杯酒,再向篝火叩头祭拜,祈祷火神赐福除灾。之后,举家共食"老考太"过节。鄂伦春十分崇敬火神,忌讳往火里倒水、吐痰,或用刀子、木棍等器物在火中乱捣,免惹怒火神,自找不吉。喜庆或逢年过节,皆祭祀火神。客人来访,进门即先向火神叩头敬拜,再向主人问安。平时进餐前先往篝火里扔一些食品,以示崇敬火神。总之,时刻不忘对它的供奉。此俗已式微。

透欧博如坎——参见"鄂伦春族送火神"条。

鄂伦春族祭火——参见"鄂伦春族送火神"条。

达斡尔族小年——东北地区达斡尔族年节。于农历腊月廿三日举行,历数日。学界有云,达斡尔此节源于清朝官制。自此日起,各户停干大活儿,"腊月二十三,干干净净迎新年",清扫持续数日,开启大年狂欢序幕,传统从未间断。当晚,家家祭灶王,供酒肉点心,嘴上粘麻糖,求其"上天言好事";然后烧化其偶像。俗项略同汉族。

赫哲族小年——黑龙江赫哲族民间送灶神上天宗教节日。农历腊月廿三日举行。节俗意旨,略同汉族:送灶神上天,祈他"上天言好事,下界保平安"。届时,人们往灶神画像的嘴上抹"拉拉"(一种黏粥饭);有的把"拉拉"抹到灶门上,旨在把灶神的牙粘住,别到玉帝面前乱讲。赫哲族对火非常爱护和崇拜,认为有火神爷爷"佛架玛玛",并供奉使用火的"都热马林"神。谁家有人新故,还参加捕鱼,便到江边架起篝火,让烟火熏掉晦气。赫哲人视灶神、火神为同一神。除夕夜,全家人要向供在锅灶后面墙上的火神磕头。从正月初一至初五,每晨皆给火神磕头,老人跪前,女人、孩子跪后,老人代表全家求火神保佑年景丰收、孩子平安等。

二十四

中原小年——中原汉族古节。古曾以腊月廿四日为"小年",当夜称"小年夜""小节夜"。古人认为:小年标志着旧岁新年更易,乃"交年",遂有祭送灶神(灶君)上天言事之俗。唐罗隐《送灶》诗云:"一盏清茶一缕烟,灶君皇帝上青天。"宋代"小年"较隆重。宋孟元老《东京梦华录》卷十曰:"二十四日交年,都人至夜请僧道看经,备果酒送神,烧合家替代钱纸。贴灶马于灶上,以酒糟涂抹灶门,谓之'醉司命'。夜于床底点灯,谓之'照虚耗'。"需要注意的是,有的古书所说"小年夜"祭祖先,此"夜"非指廿四日夜,而指除夕之前一天晚上。不可混淆。沿袭至今,民间所说"小年夜",实已习指"除夕夜"。

中原小年夜——参见"中原小年"条。

中原小节夜——参见"中原小年"条。

江苏祭灶——"小年"之别称。江苏各地汉族民间传统岁时节日。流行于江苏各地,故名。农历腊月廿四日举行。届时,人们互赠麦芽糖,并削竹筷做成一顶神轿,取寸许芦柴或稻草作为蒿秫,送门外烧掉,祈灶王上天美言。

江苏小年——参见"江苏祭灶"条。

土家族小年——族称"过小年"。土家族民间传统年节。流行于湖北长阳一带。于农历腊月廿四日举行。或源自中原"小年"古节。节俗主要是祭灶神、门神,让其提前过年。同时,打扬尘、洗厨具、做豆腐等,准备过大年。

土家族过小年——参见"土家族小年"条。

海神祭——亦称京族海神祭、做年晚福。京族民间传统节日。流行于广西防城京族渔乡。农历腊月廿四日举行,历五天。京族以从事沿海渔业为主,自古信奉海神。京族三岛各家各户皆供有海神牌位;每个村子和路口,皆有海神庙,供渔民出海前和捕鱼归后入庙祭祈。渔业丰歉关系生计,人们格外重视海神祭,以祈海神保佑渔业丰收。届时,家家早起杀鸡买肉,准备祭品,摆进海神庙。庙设在海滩内小树丛里,搭一个木屋,内立一个石碑作海神牌位。村中年长者主祭,众人把鸡肉、猪肉、糯米饭团、几碗糖粥、酒、香火、红烛摆在方形木盘中,还有用竹子编成的龙、凤、海船,外面用五色彩纸糊好,挂在庙内。祭仪开始,点香燃烛,长者念祝词,最后把事先备好的一叠叠纸钱及龙、凤、海船等纸模一并烧掉,祈海神保佑来年出海捕鱼平安、满载而归。仪毕,将祭品平分各家,带回家中再祭祖先。此后数日,各家探亲访友,请客观宴。此节或与"东兴年晚福"互为地域性变体。

京族海神祭——参见"海神祭"条。
京族做年晚福——参见"海神祭"条。

畲族祭灶——畲族民间传统祭祀节日。农历腊月廿四日举行。"祭灶"即祭祀灶神,旨在祈祷全家平安。届时,家家清扫庭院,将灶台、案几、锅碗瓢盆收拾干净,旋向灶神献上灶糖、灶饼、甘蔗、糖瓜、红酒等,点燃香烛,送灶神上天。祭时,邻里亦来参加,小孩围着灶台唱:"糖甜、蔗甜,灶公灶婆上天","上天讲好话、下界保平安"。唱毕,家长分发灶神剩下的食物给小孩吃,曰"送灶"。翌年初一五更时分,再举行一次简单祭礼,表示迎接灶神回来,曰"接灶"。

畲族送灶——参见"畲族祭灶"条。
畲族接灶——参见"畲族祭灶"条。

土族送灶神——土族民间祭祀节日。流行青海互助、民和、大通、同仁等地。据传,土族原本腊月廿三晚送灶神,某年一位先人外出,未按时回家,稽延一天,后改为廿四日夜。节源略同汉族。届时,各家用黄泥抹于厨房墙壁,点上白点,象征灶神;搭起案头,摆油、馍等祭品,由每家主妇主祭。其时,尚用麦草扎一匹马、草驮,点燃油灯,在灶口前将马、草驮等烧掉,以示欢送灶神,并祈求灶神上天多讲好事、多降福音吉祥。各家晚餐要吃灶饼,灶神前亦供奉一些。翌日,除姑娘外,举家一同吃掉这些灶饼,以图吉利。时至大年除夕夜,还要迎接灶神,仍用白面在灶上涂些白点,摆上供品,敬香燃灯,以迎灶神回到家中。某些地方,有的人家于送、迎灶神之夜,在灶神面前为自家姑娘举行"戴天头"仪礼。

打扬尘——四川等地汉族民间传统节日。流行于川北南充一带。农历腊月廿四日举行。谚云："腊月二十四，打扬尘正当时。"届时，各户用长竹竿捆绑成"破布掸子"，清扫房梁、椽子、天花板、灶房等上上下下、里里外外烟灰、土尘、蜘蛛网等所有不洁，勿使遗漏，以免"旧年不洁"导致"新年不吉"。

传统扫房日——汉族民间传统节日。流行于黄河两岸、大江南北。农历腊月廿四日举行。节俗略同川北"打扬尘"。

普米族莫瓜节——云南普米族民间传统节日。农历腊月廿四日举行。莫瓜，普米族民间舞蹈，众人头戴纸糊牦牛头，身披牦牛皮，手舞牦牛尾，模仿牦牛做各种动作。节晨，村寨男女老少着新装，带上食物、乐器，进山中游玩、聚餐。此日，人们还要给牦牛披红挂彩，放去草地吃草，感谢其一年辛劳。入夜，点燃熊熊篝火，众人随着三弦的乐声，围着篝火跳锅庄舞。以各家族为单位的男人们，则一起跳"莫瓜"，边舞边唱叙述普米族由来的古歌《创世歌》，通宵达旦。

二十五

南京辞年——汉族民间传统节日。流行于江苏南京一带。农历腊月廿五日举行。届时，家家户户挂神像：用大红纸，画上楼阁亭榭、云腾雾罩图案，中央画神像，有玉皇大帝、天王、关帝、如来佛、财神等，俗称"纸马"。辞年先祭拜神灵、祖先，后将诸神像"纸马"挂供厅堂，大礼行拜，祈佑全家平安、事事如意。

鄱阳祭灶节——江南鄱阳湖等水乡传统年俗。农历腊月廿五日举行。节俗略同他地祭灶、小年。

蒙古族千灯节——族称"明安珠勤节""祖鲁节"，亦称千佛灯节。新疆卫拉特蒙古族牧民文体娱乐节日。农历腊月廿五日举行。届时，人们聚集指定地点，围坐一起，吃烤羊肉，饮奶茶，旋举行摔跤、赛马、射箭、歌舞等娱乐活动。是夜掌灯后，举家老少围坐一堂，用芨芨草、荞麦面和酥油，细心做珠勤佛灯，先在家正门放七盏，后放每个房间、窗台，乃至羊舍，凡三十三，以示日子红火兴旺。燃灯毕，用做灯余面，烙饼或擀面条。饼寓全家团圆，面条寓家人长寿、人丁兴旺。其间，远近牧民纷纷聚集古刹大堂，接受佛爷摸顶赐福；人们相互祝福。

明安珠勤节——参见"蒙古族千灯节"条。

卫拉特祖鲁节——参见"蒙古族千灯节"条。

千佛灯节——参见"蒙古族千灯节"条。

吃豆腐渣节——汉族民间传统节日。流行于浙江湖州一带。农历腊月廿五日举行。当地此日吃豆腐渣，忌荤。传说，灶王爷上天后，向玉帝汇报人间生活清苦，玉帝犯疑，派天神下凡再次察看。天神返天宫，上奏玉帝：百姓的确家家吃豆腐渣，锅里碗里无一丝腥荤。玉帝便赐人间五谷丰登。当地民间因以此俗，表达祈求丰收、渴望幸福之心愿。

富裕祭星节——亦称柯尔克孜祭星。柯尔克孜族民间祭天节日。流行于黑龙江富裕县。农历腊月廿五夜举行。公元

18世纪中叶,柯尔克孜人被清廷强迫迁至黑龙江富裕县,受居住环境影响,信奉当地盛行之萨满教;同时仍保留自然崇拜的宗教意识,信奉"金星"神及"北斗星"神等,产生了一些宗教性节日。祭星节祭北斗星,实则"祭天"。是日夜,各家各户要用荞麦面做一千盏佛灯,注入油点燃;一家人朝北斗星方向,顶礼膜拜,祈求星神保佑。

柯尔克孜族祭星——参见"富裕祭星节"条。

永康年头祭——亦称年头禁。汉族民间传统节日。流行于浙江永康一带蚕农之乡。农历腊月廿五日举行。届时,每户严禁出财,否则来年必破财败落,故名。人们要喝用米和红豆煮成的"蚕花粥",举行祭仪,祈来年养蚕丰收。

永康年头禁——参见"永康年头祭"条。

二十六

二十七

彝族祭密士——族谓"密士咕"。云南彝族民间宗教节日。农历腊月廿七或廿八日举行。节源传说:"密士"乃古代一牧人,死后成神,专司畜牧业和匪警,人们因以举节祭祀,祈祷六畜兴旺、免遭匪盗。节天,主家于正房门外设祭,特邀邻里牧人参加,焚香明烛,行跪拜之礼。祭毕,煮鸡肉稀饭,主宾会餐。

密士咕——参见"彝族祭密士"条。

锡伯族祭星——亦称祭七星神。锡伯族传统祭祀节日。农历腊月廿七日举行。届时,各家在院中放一张桌,选一只肥公羊,用水擦洗干净,宰后,置桌前;再于院靠西屋墙角放一小炕桌,上摆七根蜡烛,呈北斗七星图样,之后点燃。家主率全家点七根香,虔诚跪拜。另外,在院西北墙上按北斗七星位置,钉好事先削好的七根木桩,每桩上点燃一根蜡烛。之后,将当晚煮好的羊腿,供上一夜,祈祷七星神佑福。其间,穿插聚众"抢千烛"、点烛拜月、向星月求子等俗。

祭七星神——参见"锡伯族祭星"条。

二十八

过赶年——族称"起老嘎卡"。土家族民间最隆重岁时节日。流行于鄂西、湘西、黔东等土家村寨。农历腊月廿八日(小月)或廿九日(大月)举行。过赶年,意即"提前一天过年",旨在缅怀祖先。据考,"过赶年"已历五六百年。源说纷纭,皆涉战争。湘西土家传:其先祖巴人,系从外地迁徙来湖南,后与秦国作战,常受敌侵犯,难以欢度除夕,只得提前一天过年。次日,乘敌不备,将其打败。从此,沿袭提前"过赶年"之俗。鄂、黔土家传:明嘉靖年间,土家参与湖广土兵部队征讨倭寇,成为抗倭名将戚继光部下劲旅。时值腊月底出征,为防敌趁节日偷袭,而提前过年,因称"过赶年"。开初,土家过赶年心情极度紧张,沿袭成俗仍留遗风。是夜,须静悄悄,禁点灯,怕被人发现。杀年猪后,须藏门后、覆蓑衣,免被人看见。女人备年饭时,男人要手执刀矛上山追赶一番。吃的肉,要砍成大坨坨。过年时,不准请客。团年席上只坐三方,空出背对大门一方,以便向外瞭望,一切再现昔时戒备状态。过年祭祖,要在两堆糍粑上分别插上松树枝,中间挂一笼帐子,象征临时所搭帐篷,后从香火上取下封好的袱纸焚之,再盛各种吃食集于一碗,用纸钱盖住碗口，端屋外，化香纸，将碗中食物撒地，称"泼粮浆"；另外，用稻谷、苞谷、麦子、黄豆等粮食泡水发芽，撒屋外，称"发马料"，寓出征打胜仗。此俗寓给阴间兵马送粮饷和马料，祈求祖先保佑得胜归来。祭毕，关好门，全家围坐吃年饭。年饭禁用汤泡，一忌行军下雨不利索，二忌"泡汤"犯讳吃败仗。食毕，"出征的"土家青年背上蓑衣、戴好斗笠、插上刀叉、挂上弓弩，轻哼悲壮《点兵歌》，与家人话别"出征"。此时，禁放鞭炮和发出任何声响。黎明前，赶年即匆忙过完。翌日，仍须"严阵以待"，"守卫"在家，禁外出，处处使人联想战斗岁月。

起老嘎卡——参见"过赶年"条。

土家族年——实为"过赶年"之地域性分支。湘、鄂、川交界处土家族民间传统年节。俗传源纪念出征抗倭故事。近年研究指出，此传说或有误；另传，为避名为"年"的猛兽害人，而提前一天过年。明清时期土家方志，如乾隆《永顺府志》、嘉庆《龙山县志》、道光《古丈坪厅志》、同治《保靖县志》等，均载"土人庆岁，月大以二十九为岁，月小则以二十八日"。一般比春节早一日之腊月末日举行。实非尽然。据20世纪50年代实地考察，《湖南龙山县土家族有关情况的调查报告》称："过年，土家人民一般二十三日（或二十五日）过小年，小月二十八日，大月二十九日过大年，则是一致。不过，有些地区，在当年死去了长辈的人家，却提前一天过年。"《湘西土家族的风俗习惯和生活特点》载："土家族过年一般是在腊月二十八日、二十九日、三十日这三天，但不同的姓有不同的过年时间，如：田姓是二十四、二十九、三十日这三天，向姓是二十八、二十九、三十日这三天，而彭姓人则是二十三、二十九、三十日这三天。"《关于土家情况的调查报告》则载："土家过年，除十二月二十三日（有的是二十四日）过小年（送灶君上天）与当地客家相同外，一般是提前一天过年，即大月在二十九日，小月在二十八日就过年，过两天，有的还过三天。"这些调查，均未见"过赶年"之载。无论何处，土家过年均以吃团圆饭、跳摆手舞为突出内容。

土家族过赶年——参见"土家族年"条。

二十九、三十

除夕——亦称除夜、岁除、大节夜、大年夜、年三十、大年三十、年关。农历末月末日或末夜举行。中原民间传统年节。"除"，除旧布新，表旧岁至此夕而除，新岁从翌日开始。宋吴自牧《梦粱录》卷六载："十二月尽，俗云'月穷岁之日'，谓之'除夜'。士庶家不论大小家，俱洒扫门间，去尘秽，净庭户，换门神，挂钟馗，钉桃符，贴春牌，祭祀祖宗。遇夜则备迎神香花供物，以祈新岁之安。"古人（尤其是孩童）除夜不眠，以待天明，称"守岁"，"守冬爷长命，守岁娘长命"。宋孟元老《东京梦华录》卷十"除夕"条云："是夜禁中爆竹山呼，声闻于外。士庶之家，围炉团坐，达旦不寐，谓之守岁。"民间极重视此节。届时，家家十分忙碌，妇女下厨备年饭，男人贴春联、挂年画，谓"赶忙三十夜，清闲初一朝"。除夜重要节俗：吃年饭，谓团圆饭，举团圆聚餐，饭菜丰盛。饭前燃放鞭炮；饭后，长辈给晚辈分发压岁钱，贺其长大一岁。因除夕"一夜连双岁，五更分二年"，人们"守岁、熬年"，认为睡得越晚越有福气，来年精力越充沛。家人围炉而坐，猜谜语，讲故事，叙旧话新，互相祝福，常常通宵达旦。此日,民间忌讳打骂孩子、说话不吉利。各地除夕俗项,大同小异。

除夜——参见"除夕"条。

岁除——参见"除夕"条。

大节夜——参见"除夕"条。

大年夜——参见"除夕"条。

年三十——参见"除夕"条。

大年三十——参见"除夕"条。

年关——参见"除夕"条。

杭州除夕——汉族民间岁时节日。农历腊月末日举行。流行于浙江杭州一带。届时,家家祭祖焚香,挂上祖先遗像。若祖先太多,则制列成表挂堂上。列牌位,供祭品。祭品皆有讲头:猪肠意味顺顺利利;肉圆象征团团圆圆;鲞头煮肉意味想头;红枣、藕、荸荠、黄菱肉煮食代表富有。祭过祖先,围坐吃"合家欢"。如有人逝去或外出,亦空留席位,表合家不缺不离。另,还要给猫狗喂佳肴,称"猫狗分岁"。此外,接灶王必不可少,要封门、封井,在井栏和门上贴大红纸条儿:封门用两支红皮甘蔗包上绿纸,插上柏枝;封井用果品、蔬菜、烛台、香炉供地上,倒一杯清茶,焚一对"元宝"。井、门封上,次日方可启开,否则不吉利。

台湾除夕——台湾地区汉族民间岁时节日。农历腊月之末举行。俗项略异中原,讲究"围炉"过节。除夕夜,全家人围坐圆桌,摆丰盛菜肴。每菜必有讲究:鱼圆、肉圆意味合家团圆;萝卜当地称"菜头",意取"好彩头";整只熟鸡意取"全鸡起家",土话"鸡"音谐"家",取"食鸡起家";食蚶寓意"发财发福"。吃菜时,不可咬断菜根,须从头到尾全吞入口,表示向父母祝寿。有外出未归者,亦给空留席位,意取"一起过年"。桌上菜无论多少,人人每样必尝。妇女亦须喝些酒,以图吉利。寺庙演吉利戏、避债戏。此夜,若谁到戏台前追讨欠债,会引起公愤,遭人痛打。因此,避债戏上演处,是欠债人之庇护地,颇得穷人好感。

舟山谢年——亦称"送年"。汉族岁时节日。流行于浙江舟山一带。农历腊月初一(另说腊月末、正月初一)开始,竟月举行。届时,家家置备年货,祭祖拜神。人们邀请邻居老者,就年夜羹饭,叙说旧事,谈及将来。饭毕,主人把所剩食物喂家畜家禽,以求平安。谢年后,每家据自家情况,再祀专门神祇:农家祀田头伴、黄老相公等神;酒坊祀杜康;铁匠祀尉迟恭;木匠祀鲁班。另,各家还要在床下祭拜鼠神,粮仓祭拜青龙神。皆为祈福免灾。

舟山送年——参见"舟山谢年"条。

牟定羊年——彝族民间岁时节日。流行于云南牟定县一带。农历除夕至正月初一举行。该地区家家养羊。羊在彝家日常生活中具有特殊地位,故名。除夕夜,人们在羊圈贴春联,给羊吃年饭。此饭由荞麦、小米、大麦、苞谷等掺和制作饲料。长者给后生唱古歌,叙述羊的来历。翌晨,各户带食品、放爆竹,到圈羊处,与羊共餐,喂羊特别喜欢的树叶。节毕,羊倌择属狗或龙之日,赶羊上山放牧。

苗族除夕——苗族岁时节日。腊月末日举行。流行于湘西、海南苗族聚居区。届时,家家上山砍来榄篱笆树,每根相距一寸削皮,顶端破开,夹一片水菖蒲和三片乌泡叶,在宅周,每隔五尺插一根,称"保年树(杆)"。吃年夜饭时,长者面东,孩童面西,中年南北向坐。忌讳他人来串门,免踩着"年饭"不吉。饭后,全家人洗脚,从孩童洗起。谚云:"大年三十洗好脚,出门处处有着落。"放鞭炮,须三炮一组并放。凌晨两时许,打开大门"喊年":家人在门边向外喊话,憧憬来年生活更好,则喊:"白银流来如水,黄金涌来如潮,成渠流来我家,成河流进我屋。"指望得到耕牛,则喊:"黄牛肥如油,水牛壮如兕;动角山动,踢腿山崩,走来我家,进到我圈。"希冀儿子娶得好妻,则喊:"美女面孔茅根白,眉毛弯弯细如月,走到我家,进到我屋。"喊时,须郑重其事,严禁嬉笑言语。当晚,子时观天象,从星周云雾及星闪情况,预卜新年旱涝。有的地方,听鸟叫声卜丰歉。民间认为,麻雀先叫稻谷好,山雀先叫小米好,斑鸠先叫玉米好,喜鹊先叫棉花好,等等。在海南,各家杀鸡备肉,用糯米粉掺糖和猪肉包粽子。深夜,家人团聚吃粽子。出嫁女携婿,节前即回娘家欢聚,正月初九返婆家。除夕夜公鸡打鸣时,以粽子祭家神,旋忌食一天;初一日暮,再次举祭。此后,全家才能吃饭。初二各家走亲访友,互相拜年。

苗族客家年——族人指称农历春节。苗族岁时节日。农历除夕起举行。除夕夜,举家团聚,半掩宅门放鞭炮,示意谢绝来人入内。初一晨,继续放鞭炮,敬祖祛邪。人们用两手,做拦、赶牛羊状,呼"赶牛!赶羊……"意寓六畜兴旺。然后吃年饭。初二开始,着节日盛装,走乡串户拜年。主家皆好客,敬酒三杯。姑娘、小伙聚集寨旁草坪,吹芦笙,弹月琴,尽情歌舞;有些地方,还举行"踩花山"、斗牛等活动。

满族除夕——俗称年三十。满族民间岁时节日。流行于各满族聚居区。腊月末日举行。届时,家家清扫庭院,去尘秽,净门户,贴福字、挂笺(亦称挂旗)、窗花、对联,赠荷包,门上挂弓矢,院中立灯笼杆,鸣放鞭炮,辞旧迎新。另有辞岁、守岁等规矩。清昭梿《啸亭杂录》载,昔时除夕"御建福宫,开笔书福字笺,以迎新禧,凡内廷王公大臣,皆遍赐之"。民间旗人得不到御笔福笺,便上市购买,以贴家室。贴法讲究:福字倒贴,意取"到福";两个福字连贴,意取"多福"。挂笺、窗花,乃满族节日吉祥装饰物。家家在西墙祖宗板下面贴挂笺,在窗户贴窗花,在门楣贴对联,以象征辞旧迎新、吉祥如意。挂笺,用彩纸剪成的影画,长尺咫,中间剪"寿"字或"福"字,或松鹤、鲤鱼,其下端剪成穗形。有的地区,挂笺颜色同自家所属旗籍:属白旗者,贴白色挂笺;属红旗者,贴红色挂笺。赠荷包(亦称"腰搭"),由来已久。是夜,妻给夫、妹给兄,赠烟荷包或钱荷包,内装钱,寓新年发财、吉祥如意。院中立灯笼杆,高数丈,顶悬灯笼,插红色三角令旗,彻宵通明。守岁时包饺子,忌包光边,免日子过秃,一穷到头。饺子须放进几个硬币,谁吃到谁会交好运。摆放饺子要横竖成行,象征财路四通八达、左右逢源。忌讳将饺子码成圆圈,以避新年中走进死门子。通常于子时煮饺子。饺子漂起来时,家长吆喝:"小日子起来了吗?"众答:"起来了!"此外,还常爬上柜子蹦三下,预示新年"蹦个高"。

满族年三十——参见"满族除夕"条。

侗族大年——亦称守岁。侗族岁时节日。农历腊月末日举行。白天,备香纸供品,燃香点烛祭祖先。有的人家用"年饭"犒飨狗、牛。夜,炉火长燃,灯明通宵;子时酌茶、放炮,迎新祭祖。各户吃异常丰盛"年夜饭",长幼依序落座。家主宣布开饭,晚辈向长辈敬酒,长辈亦回敬;谈天说地,猜拳行令。例行"坐三十夜":全家至少"守岁"至新旧年交替,以至通宵;宅中央燃一大堆火,老少围坐,畅叙家常。尤富特色是"煮糖豆子":用黄豆、豇豆、蚕豆等,经数小时煮烂,放糖,既守岁享用,亦留待年间飨客。湘西侗寨于新旧年之瞬放鞭炮"抢年",户户准时,炮声震山。

侗族守岁——参见"侗族大年"条。

坐三十夜——参见"侗族大年"条。

白族辞年——云南白族民间年节。农历腊月末夜举行。白族甚为看重辞旧迎新之日,各家皆贴春联,在门庭堂屋铺青松毛。据传,此日灶君要从天上下凡,晚餐须尽量丰盛。日落西山,即把菜、饭、茶、酒,用托盘端上,由大人带着孩童,依序祭灶君、门神、祖先。祭时,鸣放鞭炮,将晚宴摆上供桌,燃香烧纸,作揖跪拜。祭毕,全家同在堂屋吃饭,称"全家福";饭毕,由家长率子孙在堂屋再拜祖先,行磕头礼。之后,由长儿、女向在世祖父母和父母,依次拜辞岁礼。管家长辈,要给晚辈发一些压岁钱。全家守岁,至亥时,喝过寓意光景如花似蜜的米花糖茶后,各自回房休息。

白族抢头水节——白族民间岁时节日。农历除夕夜举行。入夜,姑娘、小伙着盛装,手提一串串鞭炮,各挑一担空桶,笑逐颜开前往水井边。午夜零时,他们齐放鞭炮,争先恐后抢"头水",急急忙忙挑回家,用其赶做汤圆、面条等节食;煮熟装碗或碟中,恭恭敬敬、挨家挨户送到老年人手里,祝贺老人新年快乐、健康长寿。老人们收下礼物,照例各放几分钱于碗、碟,以示"压岁",祝年轻一代健康成长,前途无量。

畲族做大年——福建畲族除夕节。农历除夕举行。届时,居家及外出各行各业人等,一律回家吃团圆饭,喝自酿米酒,围坐守岁,畅叙家常。新旧年交替之瞬,各户选出一人,洗净手脸,争先放"头炮"(称"开正")、开"头门"、点"头香"、汲"新水(称'龙头水')",抢着首先"接年"。家庭主妇一早即扒开灶膛之"隔年火种",堆上透干柴草,不吹不煽,让其自燃,俗称"做热年"。另外,各户家长例行给孩童发压岁钱;一些外出返乡人员,则为老人们发贺岁红包。

畲族做热年——参见"畲族做族大年"条。

达斡尔族除夕——亦称年三十;族称"布通""布图",译意"封闭、完成、封岁"。达斡尔族岁时节日。农历腊月底举行。届时,各户男人在门外正前方村路中间,用干燥牛、马粪垒起两大垛"烟火堆"。黄昏,由主事男人点燃。人们穿盛装,带上丰盛饭、菜、酒等,聚集烟火堆旁,由长老向火堆焚香敬酒,将肉食、饽饽、饺子等美味佳肴抛向火堆,既恭敬祖先亡灵,又祈祷新年人畜安康、五谷丰登。据考,作为契丹后裔,此俗承袭千百年前契丹"除夕癸火,向火礼拜"的岁除仪古俗。"癸火"之后,举家进过年第一餐团年饭。长辈坐正位,先吃第一口;儿孙居两边,随后开吃。入夜,家家悬挂各式灯笼,向天神、北斗七星等诸神及祖神,供奉点心、奶皮、酒等,焚香并点燃"出库其"(面做的灯)叩拜;旋到正房西侧雪地,朝西南方向,叩拜民族祖先契丹。祭仪持续至初五。除夕夜,长辈赐晚辈压岁礼"希若",晚辈向长辈拜年、祝福,礼仪略同汉族。

布通——参见"达斡尔族除夕"条。

布图——参见"达斡尔族除夕"条。

达斡尔族封岁——参见"达斡尔族除夕"条。

达斡尔族年三十——参见"达斡尔族除夕"条。

鄂伦春族除夕——鄂伦春族岁时节日。流行于内蒙古、黑龙江鄂伦春族村寨。农历腊月末日举行。节前一两月，人们即开始办年货，或留下最好的野兽肉、鱼类，或将猎物驮去兄弟民族村寨换取米面、烟酒、糖果、鞭炮等过节用品；妇女忙着为家人缝制新装。临近除夕，家家打扫庭院，清洗器皿。上山打猎和外出者陆续赶回家，准备过年。节天，人们忙着煮手扒肉、包饺子（族称"谢纳温"）和烹制各种美味佳肴。日暮，各家在门前燃起一堆篝火，寓除旧迎新、驱邪招福，祈求新年日子红如篝火。饭前，由长辈将各神龛打开，全家老少给神灵烧香上供，拜祈神灵赐福。其间，须烧七炷香奉供北斗星，并去十字路口或村口为已逝前辈烧纸叩头。祭毕，全家围坐，吃团圆饭。人人均须吃得饱饱的，连牲畜亦须喂饱，以免新的一年愁吃愁喝。席间，小辈给长辈斟酒，叩头请安。除夕夜忌互相串门，各自在家守夜，认为此夜不睡，可保一年精神焕发、吉祥。老人聚集喝酒聊天，青年在一起玩木头将版或围棋，孩童兴高采烈进进出出，不时围着篝火燃放鞭炮。午夜，人们捧着桦树皮盆或铁盆，嘴里念"木合木合"模仿马叫，沿马圈绕几圈，祈祝六畜兴旺、免疫免灾。除夕夜忌讳吵架、哭闹，不管出多大事，皆心平气和，互相商量，或留待过年后处理，定要和和睦睦、高高兴兴度除夕夜，通宵达旦。

佛额什克斯——亦称旧历年、大年除夕。赫哲族岁时节日。农历除夕举行。节天，各户纷纷磨面、钓鱼、贴窗花、糊纸灯笼。人们竟着"兽皮服装"：帽耳、衣领、袖口、裤腿、鞋面等处，绣以美丽花纹、几何图案、花鸟虫鱼等。入夜，各户在灰堆旁，焚化内装金箔锞子、打上铜钱痕的黄表纸冥物搭子，俗称"烧包袱"。后，祭酒饭汤，以示给冥间死者送钱、送饭。翌晨五更，各户包饺子供祭"别布玛发"（三世祖先）、"五码子"（诸神画像），以祈神灵保佑。初一晨，先叩拜长辈，旋成群结队逐户拜年。节间，一般人家要做"吐火宴"，或用野生果"稠李子"制成饼子，以为节令食品。款待宾客，多用剎生鱼、鱼刨花，或烤熟的鱼肉。各种娱乐活动，穿插伴随节日始终。

赫哲族旧历年——参见"佛额什克斯"条。

赫哲族大年除夕——参见"佛额什克斯"条。

姑婆节——亦称姑婆年、小年。侗族岁时节日。流行于湘、桂、黔毗邻地区侗乡。农历腊月末日举行。侗家妇女尤其重视此节。届时，家家杀鸡宰鸭、蒸糯米饭、舂粑粑、酿甜酒，制作各种美味佳肴，邀请姑婆姑母之灵回来，与家人团聚，并以糯米粑粑夹酸鱼、酸肉，敬奉姑婆姑母，以示"飨年"。姑婆姑母不饮烧酒，故用甜酒祭奠，祈求祖先神灵保佑全年平安、五谷丰登、人畜两旺。之后，合家欢聚进餐。侗家笃信，此节十分重要，只有敬奉好姑婆姑母，才能愉快、安心地过年。

姑婆年——参见"姑婆节"条。

侗族小年——参见"姑婆节"条。

腊月廿九节——汉族传统商贸行业节日。流行于浙江宁波城镇。农历腊月廿九（实即腊月底）举行。届时，城里城外,大小商号,无一例外置桌供祭,焚香叩拜,祭财神和"南朝一切众神",祈佑生意兴隆、财源茂盛。祭拜供桌要横摆,意取"大发横财"。祭毕,将神像、纸马一起焚化,称"送神上天"。另,店老板还要请好友和店佣,同吃"年夜酒",或于次日同吃"分岁酒"。人人喝油菜汁水、年糕汤,意取来年油水大、赚钱多。有的老板,则广贴财神像,吊"纸元宝""一本万利""宝藏兴焉"等吉祥物。

花瑶犬王节——瑶族支系花瑶民间图腾祭祀节日。流行于广西龙胜同列屯等地。农历腊月廿九(实即除夕)举行。节天,各户子夜便起床,准备酒、肉、鸡粥;黎明,家人先吃饱鸡粥,旋由家长率全家老少,依次从餐桌底下钻过,方才进餐。人们认为,钻桌底,旨在缅怀传说中之图腾"犬王"。

仡佬族过年——农历除夕举行。仡佬族最盛大、最隆重传统节日。农历除夕开始,至翌年正月十五日举行。除夕称"过小年":贴春联、门神、年画等,上坟祭祖,子夜零时开大门"烧开香"(放鞭炮)、到井边"抢金银水"等,其余年饭、禁忌等俗,略同汉族。正月十四日称"过大年":年夜饭与除夕同样丰盛,饭前举行年节间最后一次祭祖;饭后男性老人携孩童"喂树";孩童们玩"爆蛇蚤""打耗子"游戏,别具特色。谚云:"三十夜的火,十四夜的灯。"道路、房舍、庭院、畜圈、仓库等,无不张灯点烛,彻夜通明,昭示新年日子红火明亮。

仡佬族过小年——参见"仡佬族过年"条。

仡佬族过大年——参见"仡佬族过年"条。

仡佬族毛龙节——仡佬族民间传统俗信节日。流行于贵州石阡县龙井、汤山等乡镇仡佬村寨。农历除夕至正月十五、十六日举行。据考,节源古代仡佬"竹王"崇拜、生殖崇拜。主要节俗:讲龙故事、敬龙神仪式及诵词等"龙"信仰,图腾、竹王、盘瓠、佛道等崇拜,竹篾、彩纸等扎艺,二龙抢宝、懒龙翻身、单龙戏珠、犀牛望月、螺丝旋顶等玩技,开光、请水、烧龙等仪式,开财门、敬财神等表演诵唱。2006年,此节荣跻首批国家级非物质文化遗产名录。

巍山密枝节——彝族民间宗教节日。流行于云南巍山一带。农历腊月三十日举行。据传,古一牧人叫"密枝",某年腊月除夕,主人给他一升米、一只鸡、一斤肉,让其回家过年。然而,他无家可归。翌晨,人们发现他在屋檐下,抱着鸡冻饿而死,异常怜悯,惊愕间担心其幽灵作祟,遂每年是日,皆杀鸡供奉;有牛马牲畜之家,则祈祷密枝保佑六畜兴旺。

祭谷神节——族称"汝为"。习称怒族祭谷神。怒族腊乌齐、拉家约两大氏族宗教节日。流行于云南福贡县匹河一带。农历腊月廿九(实为除夕)举行。此祭仅成年男子参加,禁妇、孺。届时,寨中男人们抬着一头猪、一锅荞米白酒、大米,到事先选定的场地。巫师主持祭仪,叫人砍一枝金竹、一根芦苇和一枝青枫栎插在场上。祭时,巫师先喝一碗酒,然后将酒倒入一竹筒中,用一根十字形小木棍使劲搅拌,一边念念有词地祷告谷神保佑来年寨子庄稼丰收。祭毕,众人生火烧饭,并将猪肉煮熟,剁碎,和着米饭,分而食之。次日,举行向雨神求雨之"夸日"祭祀。怒语"夸日"意为"敲犁头"。祭仪先由祭司敲犁头，众旋轮流敲打，虔诚祈祷。

汝为——参见"祭谷神节"条。

怒族祭谷神——参见"祭谷神节"条。

普米族祭山神——云南普米族民间宗教节日。农历腊月廿九（实为除夕）举行。普米人认为，山神掌管山上一切有生命、无生命的万物。祭山神可以保证众人进山安全无事和庄稼丰收。节前，各寨群众准备好香和酥油等祭品。届时，全寨所有人都要上山，并要带一只羊。祭时，由巫师念经祷告，羊的角要抹上酥油，向各处撒黏粑，并牵着羊叩拜东西南北四方。之后举行献牲仪式：将水洒在羊身上，羊发抖，说明山神已收到祭品。接着，巫师把羊杀了，用羊的肝脏在香火堆上烤熟。村里每人都要尝一点。据说，尝过敬山神的东西，以后少得病。祭毕，把一只羊脚用石头压住，留在山上敬山神。

祭雨神节——怒族民间传统俗信节日。流行于云南福贡县一带。农历腊月末日（除夕）举行。届时，突出祭仪是"夸白"，意为"敲犁头"，旨在向雨神求雨、保平安。之外，各户要请家族和寨中长者吃饭。是夜吃饭，乃至初一，一日三餐，均不能泡汤。凌晨鸡未打鸣，人人争先恐后，前往井或溪边打第一桶水，俗称"打祖先水"，以祈吉祥。

桂东社公节——壮族民间宗教节日。流行于桂东桂平、贵港、横县等地。农历腊月末日（除夕）举行。当地认为，一年四季国泰民安、风调雨顺、人寿年丰、六畜兴旺，均靠"社公"神灵保佑。各村头立一石碑，象征本村保护神"社公"。届时，既供奉祖先，还拜祭土地神，请社公吃年饭，感谢其一年来的恩典。此祭称"还愿"，因年初祈求社公保佑时，人们皆许下若干诺言，至年尾，理当兑现许愿。祭品甚丰：杀年猪人家要奉上猪头，一般人家则用猪肉代祭，另有整鸡、整鱼（合称"三牲"，代表六畜），有的人家还献上果品、饼干等。傍晚，家家端着祭品及香烛纸钱，来到社公碑前，先为其挂上一块红布，或贴一张红纸，富裕者则买一对小宫灯等装饰品，把社公装扮一番，旋摆上供品。先到先祭。有时几家同来，则合祭。人们在社公前十指合一，念念有词，语出大吉大利。祭毕，把供品端回家，在天井或屋外设供桌祭天地，在自家神位前供奉祖先。有的人家还让巫婆来请各路神仙和列祖列宗，回来吃供饭。"祭社公"在年内还有多次，农历二月初二（称"春社"）和八月初二（称"秋社"）各祭一次；平时家里办喜事、生孩子、杀猪等，皆祭社公。

羌族大年——亦称春节。四川阿坝羌族年节。农历腊月末日至翌年正月中，历近半月。腊月中下旬即准备，十六或廿二日扫扬尘、杀年猪。杀猪时敬白石神，邀亲友来家吃酒，并将猪肚、肝等分送。夜，将猪肠置三角架上，敬祀祖先。腊月末，须结清账目，出门者赶回家团年。除夕夜敬灶神，吃团圆饭。饭后关闭大门，焚香三次，禁外人入宅，烧猪头敬神，吃猪头肉，守岁熬夜。初一起三日内，忌出外背水。除夕夜烧一个大柴疙瘩，三天不熄火、不吹火，免新年刮大风。过大年忌泼水，免新年下暴雨冲坏庄稼。除夕夜须备充足熟食，因初一起三天不动刀切菜，只能热熟食吃。过年不做针线，免雀鸟糟蹋庄稼。初一闭门，不外出，亦禁外人入内。昔时，穷人（多是流落羌区汉人）来门口说吉利话，主人赠以猪嘴，意送"口嘴"（吵架）出门。初二开始拜年，先拜祖宗，次拜老人,后出门拜邻居亲友。初三晨,全家上屋顶上敬神,后进庙祭祀。初四背水,先在水边插一炷香。初五至初八,村众聚饮咂酒、唱歌、跳舞。男女青年更借机欢聚娱乐。在芦花县(今黑水县),同辈同年正月间出生的人,进行"打老庚"。每人一生一次,男女并行。届时,在野外备酒肉。同龄者各取出鞋带,混杂一起。众轮流抽鞋带,抽到同一双鞋带者,即互为"老庚",抽完即喝酒,擎举刀枪,唱歌跳舞。同龄"打老庚"后,大小事情,均互相帮助,如种庄稼、办婚丧、盖房子等,有时还合伙开荒。

羌族春节——参见"羌族大年"条。

哈尼族觉扎扎——云南哈尼族宗教节日。哈尼语"觉扎扎"意为"冷季尽头的节日"。农历腊月底之羊日或马日举行,历三天。主要节俗:祭祀天神、祖灵、火神及亡于他乡的亲人。届时,家家春糯米面,做汤圆祭天,以祈天降大雪,冻死田里害虫,使新年五谷丰登。还要祭祀客死外乡的亲人,供奉猪肉、米饭、酒以及一碗姜汤和清水,姜汤为亡灵去寒,清水给亡灵洗脸洗手。同时,预示人们洗去一年尘埃。节期,每次饭前都给祖先和天神上供。第三天一早,人们便送走祖先和神灵。有趣的节俗是,凡男子邀约亲友吃肉时,妇女们却不在场,而是背上糯米粑粑和猪肉,去看望在本年内出嫁的闺女,以显示娘家对闺女的厚爱,以提高其在婆家地位。

台州谢年——亦称滩祭。汉族渔民船工宗教节日。流行于浙江台州一带。农历腊月除夕前后,于海滩岙口举行。旨在祈求海神保佑家人平安,出海顺利。届时,人们准备好猪好羊、大鱼大肉、佳肴美酒,放于海滩岙口,郑重祭拜。海滩香烟缭绕,锣鼓喧天,鞭炮齐鸣。祭毕,又将供品搬到三官庙、天后庙,再次祭拜。后,船工渔民共享祭品,尽兴而归。

台州滩祭——参见"台州谢年"条。

土家族打糍粑节——土家族民间传统岁时节日。农历腊月末日举行。流行于湖北长阳一带。土家人喜吃由糯米打烂做成的饼子,称"糍粑"。每年年末休田事,就集体做糍粑,先敬献祖先,后留着过节吃。节夜,家家在火炉里烧树疙瘩,一家人围炉烤火,说说唱唱。村里小伙子在主人家里围着石粑糟或木粑糟,相对而立,手拿木槌,使劲舂着糟里蒸熟的糯米,要一气打成。打糍粑流的汗越多,则表示来年雨水多,农事好。糯米粑打好后,由女主人捏成圆形"糍粑"。男主人则把一些糍粑和一碗肉、菜和筷子摆在桌上,烧香纸,放爆竹,行敬神礼。礼毕,主人把最大的一个糍粑,送给打糍粑的小伙子吃。之后,小伙子们又上另一家去帮忙。据说,帮得越多,越有福气。

长阳打糍粑节——参见"土家打糍粑节"条。

洱海过年节——白族民间祭祖节日。流行于云南洱海西山一带。农历腊月末夜至翌年正月十五日举行。届时,各户砍来一株枝茂叶盛的青松,奉为祖先,栽院场中间,并将院场铺上松毛。翌晨,家人用一个筛子盛上大米、苞谷饭各半,上面放猪肝、猪肉、猪血、猪腰子少许,面向东方祭祖。祭毕,将祭品倒给狗吃,从此至正月十五,每日三餐如是行祭,意寓将祖先接回家中一同过年。十五日,将松树送出,并杀鸡行祭,祭曰:"请你送给我死去的祖父、祖母以粑粑,请你送给我死去的父亲、母亲以粑粑。一年十二月,一月三十天,一年一度你要替我们送一次;我们愿一年一度祭你一次。"祭毕,将松树送往林中,告节结束。

除夕祭祖——锡伯族三大祭祖节之一(其余为鱼清明、瓜清明)。于农历除夜举行。祭祀祖神"喜利妈妈",译"子孙妈妈"。届时,各户彻夜灯火通明。人们燃香烛,放鞭炮,在西屋供奉"喜利妈妈"处,摆馒头、水果等供品,虔诚叩拜,祈求祖神保佑家族平安、人丁兴旺。祭祖毕,人们照例包饺子,此夜后至正月十五,不可动刀,须备足自家及来客食用。有趣的是,须在饺子中特选三个,分别包入煤疙瘩、棉线、铜钱。此后,吃到煤疙瘩者,意味心黑;吃到棉线者,意味善良;吃到铜钱者,意味要发财。

白节——蒙古族年节。农历腊月末日开始举行,持续半月至整月。古时,蒙古族称农历正月为"查干萨日","春节"为"白节"。他们日常饮用洁白奶食,以"白"为吉祥,因含恭贺新春、吉祥如意。据考,节源元朝初年,元世祖忽必烈在位,即甚重此节,《马可波罗游记》有详载。节前,要做件新蒙古袍,备羊肉和各种奶制品、几坛上好美酒,然后开始"调马"。除夕夜,合家席地坐蒙古包中央,午夜开始饮酒进餐,特意多吃多喝一些;纷纷向长辈人敬"辞岁酒",围坐吃饺子(俗称"黄馍馍"或"扁食"),耍"嘎拉卡"(下棋),听艺人说书,通宵达旦,沉醉欢乐之中。正月初一清晨,家族亲友开始互相拜年,至十五或月底结束。此外,身着各色服装的男女,一早即纷纷跨上业已调好的骏马,三五成群奔向"浩特"(村镇),挨个串蒙古包。串包中,先向长辈叩头祝愿,主人家的女婿旋为串包来客敬酒,习惯上每敬必喝,还常边歌边舞;串包者以"浩特"之间距离为赛距,借机赛马,青年男女尤其各不相让。

密且人栽松树节——彝族支系密且人民间传统节日。流行于云南富民、武定等县。农历除夕清晨举行。旨在祈求一家人丁兴旺。节晨,各户均在庭院栽松树,并贴红符于树干,上书"松柏常青春不老"字样;并捆扎好一把松毛放树上,每日早晚插三炷香于松毛。所栽松树甚讲究:松枝须三至五层,各层枝丫四至五条;选定后即禁伤害其任何部位,须由两人扶稳,一人刨开根部,用山土细心包好,后栽定,早晚浇水呵护,确保其一直苗壮繁茂。否则,会不吉祥。

纳西族祭东鲁——族谓"祭门神"。云南纳西族民间宗教节日。农历除夕举行。纳西人传说,门神有二:居左是米利东阿普,居右是勒琪瑟阿仔。他们协助纳西先祖崇忍利恩战胜洪水,挽救了人类,后又助其与天女衬红褒白成婚,传授生活、生产本领,使纳西从此不断兴旺。后人感激他们功德,家家门边各立一块石头,象征二位门神,随时祈祷祭拜。另一传说是,二神因兄妹成婚,遭贬罚,帮人们守大门。节天,各家将门神用清水冲洗干净,在其下铺些松毛和杜鹃叶,摆上饭、酒、菜等祭品,拜祭、祈求门神拦住妖魔鬼怪,使家人平安。有的村寨,杀完猪后,用猪血冲洗门神,还撒上面粉,边祭拜,边求门神保佑人畜平安。另外,纳西还有挂门神画像之俗。遇到较大祭礼,每家皆请巫师将左右门神画像描于两块木牌,一左一右,钉在大门两边。据说,这样可镇魔,使宅消灾。

纳西族祭门神——参见"纳西族祭东鲁"条。

彝族老年节——彝族民间传统节日。流行于云南巍山县山塔、龙街一带。农历除夕举行。节前，家家杀猪宰鸡、做糯米面、磨豆腐、捞面条、酿白酒等，忙备节食。节天，家家张灯结彩，贴门神、春联，并在院中心栽"天地棚"（一棵枝叶茂盛、高三四米、有三盘树枝的松树），在树干扎一把松毛，插上香；树下置供桌，置一碗清水，燃灯作天地神灵位，再摆上腊猪头、熟全鸡等祭品，祭献天地神灵。另外，在房屋后墙外，亦栽一松，称"米上树"，代表厩神。祭之以求佑六畜兴旺。祭毕天地神灵和厩神，再祭自家祖先。黄昏后，各家"封门"：用两条四指宽、一尺二寸长红纸，上书"九天日月文昌开运桂院仙府"和"十二月三十日封"字样，大门关严后，呈"×"形贴门里。待正月初二，别家童男前来"踩门"时，方可开门。龙街过老年节，还要在堂屋内外铺上青松毛。山塔一带在节前要将嫁出女儿接回家团圆；已生育者，在正月初二过后，即返婆家，未生育则继续留下，住到正月十六。入夜，全家聚宴，由家长、晚辈讲家史和故事，通宵达旦，俗称"守岁"。五六岁孩童，则站在门槛上比身高，这样比才能长得快。彝族支系密且人节俗略异：清晨，在庭院栽松树，树干贴红符，上书"松柏常青春不老"，在松树上放一把捆扎好的松毛，每日早晚，上插三炷香。早晚浇水，保证其茁壮茂盛。

密且人封工具节——彝族支系密且人民间农祀节日。流行于云南富民、武定等县。除夕之夜举行。旨在犒劳辛苦一年的各种家用工具。除夕至春节，人们停止劳作，理当让工具亦得休息。届时，各户给锄头、镰刀、犁耙、砍刀贴上红符，磨、箱、柜、仓、囤、箩、簸、斗、秤等也要贴，直至初五，人们开始劳作，方才启封。

佯僙人火把节——待识族别佯僙人民间传统节日。流行于贵州平塘县卡蒲、河中一带。农历除夕夜举行。届时，男女老少纷纷各持火把，在锣鼓声中成群结队，挨门挨户贺年；主家则开门放鞭炮相迎，并送一份含粑粑、酒肉的夜宵。贺毕，留少数人在寨里办夜宵，大多数人举火把爬山，攀登本寨环山制高点。后，领头者"大骂"对面山上邻居，众随声附和。"骂"累了下山，还难休止。其间，各派能人潜入对方，抓一"俘虏"回来，让其酒足肉饱方休。他们认为，"骂"得越凶越吉利，可让难听的话，随旧年消逝，双方趁新年重建友谊。节源传说：佯僙人世居此地，曾有一伙不速之客妄想进占。人们得悉除夜可能来犯，便于山坡遍插火把，并敲锣打鼓、吹牛角号，很快吓跑对方。当年退敌之日，遂演变成此节。

佤族新水节——族谓"娥绒克绕"。云南佤族民间传统爱水节。农历腊月末日至正月初二举行。节前，人们集体修理水井，清除井中不洁之物，用竹篱笆护围，免遭兽畜践踏。佤寨井泉多在山上，人们用竹制水槽，引水至寨里专用水塘。除夕夜，人们守岁，待鸡叫头遍，便争先恐后往水塘抢第一桶水。谁抢得，全村人要带礼物向其讨一口喝，以"讨吉利"。之后，青年们就地吹起葫芦笙，弹起三弦琴，载歌载舞。主家则宴请所有客人。阿佤人认为，人间之水，全由天上龙王所赐。有水，才有人烟。举办"新水节"，旨在感谢龙王赐水之恩。

娥绒克绕——参见"佤族新水节"条。

瑶族欢降堂——亦称喜花贵。瑶族民间传统连情节。流行于广东连南一带。自农历除夕至正月初三举行。届时,男女无论婚否,皆可各寻所欢。田峒间,树林里,山坡头,整日欢聚歌舞。未婚男女,尤其乐此不疲。许多人趁机定下终身。

瑶族喜花贵——参见"瑶族欢降堂"条。

景颇族春节——景颇族年节。流行于云南陇川一带。农历除夕开始,历六天。节前,家家提早备年货,除杀鸡、宰猪,制作糍粑、饵丝、凉粉、米线外,还要备足最重要饮料——酒。景颇人认为,无醉人的美酒,就不算过上好年。有些家庭,赶在除夕前把当年新谷全部舂成米。据说,过了这天舂米,易生虫。除夕,各家男女老少围坐火塘边,高兴地共享丰盛年夜饭。席间,老人向晚辈们叙述一年得失,并布置新年生产、生活。饭后,小伙们要在寨里鸣枪放炮,增添节日喜庆。大年初一,鸡叫头遍,青年男子便争相到泉边、井边挑新水。据传,新年第一挑新水最吉祥,喝了可消灾免病,还可用它来预测来年雨水的多少:舀出新水一碗,与头天所备一碗比较,若新水重,则兆新年雨水比旧年多;反之则少。老人阅历丰富,习惯站门口观望旭日照射之地,若被照树、草、山峦等呈白色,则当年应多种白颜色谷物;呈红色,则应多种红色谷物。初一,禁出寨活动。上午,各家互相拜年。客人们进屋时,常在门口放一两个炮仗,以示祝贺。落座后,主人端出酒筒给每位客人倒酒,摆上热乎乎的饵丝、糍粑等食品。青年们则举行"坦丁"(亦称"汤跌",意射击)比赛。姑娘们往往勇当裁判,将靶包用马尾高挂树杈或竹竿上,让小伙们比赛箭法。谁能射断系靶包之马尾,靶包即归谁。姑娘们在靶包里放各种东西,或象征吉祥,或表示爱情,或捉弄取笑小伙,多数包着硬币。初二,人们出寨活动,开始一年一度的郊游,深夜方归。是日,本、外寨青年男女带着水酒、干鱼、米饭等食物,上山相聚,说笑玩耍,唱歌跳舞。情侣们找偏僻处倾诉衷肠。初三起,人们各带水酒、糍粑、肉食等物,开始拜亲访友贺年;女婿家要携礼去亲家拜年,至初五后结束。

怒族春节——族谓"吉佳姆",亦称"盍司节"。怒族传统过新年节日。流行于云南碧江、福贡、贡山、兰坪、维西等县。自除夕前后举行,历半月。节前,各户已忙着杀猪、舂籼米粑和糯玉米粑、酿"咕嘟"酒(玉米面发酵制成)。家家洒扫庭院,清除脏物。除夕夜,吃年饭前,将玉米花、饭菜等放置堂屋火塘三脚铁架中,三脚架的三只脚上方要摆上三杯酒和三片肉。家中男女老幼举行"那作莫"仪式,祈祷新年五谷丰登、六畜兴旺。初一至十五,寨中举行各种文娱活动。"打粑粑"尤受小伙们喜欢,比赛弩艺高下:一方将粑粑和肉挂村外树上,另一方用弩弓射,粑粑或肉归射中者。姑娘们喜赛"打秋千"。长辈们则喜欢聚集,边饮酒边唱民歌,说唱本民族历史及传说中英雄,活动持续几天几夜。青年男女各带琵琶、口弦,聚集广场,点起篝火,共跳琵琶舞、打猪舞、洗衣舞,模仿动物的乌鸦喝水舞、猴子掰苞谷舞等。老人们聚会,边饮酒,边唱调子,忆述家史、村史、英雄传说故事等,一唱即三天三夜,乐此不疲。

吉佳姆节——参见"怒族春节"条。
盍司节——参见"怒族春节"条。
怒族过新年——参见"怒族春节"条。

本月约当日

还年福——亦称祝福、作冬福。浙江汉族民间宗教节日。农历腊月廿四日至除夕之间择日举行。节俗因地略异。绍兴通常定在除夕。节前每家打扫庭院,收拾屋堂;杀鸡宰鹅,备鱼买肉;包粽子,置好酒,"做冬福"祀诸神祇,其一乃南朝圣宗,俗称"祝福菩萨""大菩萨"。届时,人们早起,摆八仙桌供各种祭品。供桌木纹须横对屋檐;每个红漆盘中祭礼上插若干筷子;另,摆一把厨刀、一碗熟牲血、一盘豆腐、一小碟盐、几块年糕、一串粽子、三盅茶、六盅酒、一条活鲤鱼悬于龙门架。祭品均蒙上红纸。男人面向屋外叩拜,放鞭炮,烧元宝。然后,将祭品端开,挪动方桌,让其木纹直对屋檐,再摆祭品。五牲福礼一律头朝屋内,拔掉插在上面的筷子。男人们转朝室内行祭礼,拜祖先。最后,用煮过福礼的汤汁,煮面条、年糕,举家食用,称"回盘羹饭"。其他一些地方,人们将鸡、鱼、猪头作三牲礼,煮半熟,贴红喜字,放上松柏树枝,以图吉利。一家之长祭拜神灵时,妇女、儿童须回避。家长拜前要沐浴熏香,再手持香火,依次拜天、地、门、灶、五谷、栏神,然后拜列祖列宗。每拜一神,烧一匹纸马。家拜毕,还要去拜庙神。祭拜毕,全家方可围坐一处,吃年糕、喝酒用菜,称"散福"。

祝福——参见"还年福"条。

作冬福——参见"还年福"条。

吾昔——云南普米族新年节。通常于农历腊月初六至初八择一日为岁首,自此日前夜为除夕,开始"过年"。持续数日。节俗主要有四:其一,冬季息农事祭祖,缅怀祖先;其二,阖家团聚,拜年赐礼;其三,集体团拜,亲朋互访;其四,开展传统歌舞、体育竞赛。

普米族新年节——参见"吾昔"条。

射草狗——元代蒙古贵族祭祀节日。农历腊月下旬择日举行。节前,选一平地,清扫干净,以作祭场,竖人形、狗形草靶各一于场中。届时,帝后、太子、嫔妃,以及少许入选达官世家子弟,各携弓箭参加。先由达官世家子弟排列一行,交叉射靶,直至射烂。然后,众以羊、酒等举行祭祀。祭毕,帝后及太子、嫔妃相继射靶,并解服衣,由蒙古巫觋祝赞,以除魔祈吉。此节已泯。

金秀祭甘王——瑶族民间纪念性节日。流行于广西金秀一带。节期因族系各异:花蓝瑶在农历腊月底;坳瑶在五、八两月择日,于甘王庙举行。节源传说:甘王姓罗,壮族人,生于南朝当地鼓车村,自幼失怙。因亲手打死生母,激怒天神,便急忙陈母尸于阴阳先生指点可出阴王之墓穴。他遂变成谙通法术之神人,令天神奈何不得。他曾以"撒豆成兵"法术,助南朝皇帝击退敌军,被封侯立庙;明朝加封为王,博各族民众供奉。节天,祭师主持法事,宰猪杀鸡贡献。祭毕,参与各户均分肉食,或就地聚餐,或带回家中。节间,人们停止劳作,照例"游神":抬出甘王神像巡游。

广州逛花市——俗称行花街。广州民间辞岁迎年节日。农历腊月底(另说春节前三日)举行,除夕夜达高潮。相传,源于19世纪60年代。史上丝绸之路开通后,异邦奇花异草率先移入广州,使其草香花韵百代罕有匹敌,逐渐形成绝无仅有之"行花街"之俗,为"花城"广州别添浓墨重彩。届时,人山人海,纷纷选购桃花、水仙、小柑橘等,意寓大吉大利、大展宏图。花市助推民众赏花、宅周种花、厅堂摆花、开业送花篮、新娘坐花车,乃至探亲访友纷送鲜花,等等,大大增加"花城"俗蕴。此节业已跻身广东省非物质文化遗产名录。

广州行花街——参见"广州逛花市"条。

满族立杆大祭——族名"阿布卡恩都哩"。意为"祭天",亦称"祭索罗杆子"或"杆子祭"。东北满族地区传统祭祀节日。农历腊月祭祖之次日,或秋季择日举行。此祭历史悠久,《后汉书》载,三韩"诸国邑各以一人主祭天神,号为'天君'。又立苏涂,建大木以悬铃鼓,事鬼神"。古代"三韩"乃萨满教流行区域,已行竖杆祭神之宗教仪式,至辽金遂成"立杆祭天"之俗。努尔哈赤时代,曾建"堂子"立杆祭,用兵或遇大事举此祭。至18世纪末,满族仍盛行"祭天"和"祭祖"。宫廷中"堂子"立杆祭天,乃清朝国家大典,即"公祭"。出兵打仗、凯旋,皆行隆重祭典。皇族以外官员、庶民,禁入堂子致祭,只能在自家院子东南角设一祭天神杆,自行祭天还愿。所祭神祇众说纷纭,多谓"祭乌鸦"。民间传,明兵追杀汗王,汗王躲进芦苇。明兵纵火烧芦苇,汗王被烧昏。一只黄狗跑来,扑灭其身边大火,最后累死汗王身旁。明兵前来搜索时,一群乌鸦飞来覆盖汗王身上,使之幸免于难。从此,人们为报乌鸦救王之恩,便在宅院竖一根两米多高杆,满语称"索罗杆子",上挂锡斗,放入猪尾、猪内脏和小米等食,以飨乌鸦。世袭成俗。祭前一天,家家将索罗杆放倒洗净,清扫庭院,准备祭器。有的地区用一条绳索将索罗杆和室内祖宗板相连。祭时,主祭人率全家族老少按辈分次序跪地,萨满诵念祭词,众叩首祭拜。拜毕,司俎者引一头全身无伤、纯黑毛公猪入场,请神领牲后宰杀,血涂索罗杆顶端。剥下猪皮,将猪脖一节骨头挂杆顶,放内脏于锡斗。然后,萨满把杆子竖起,让乌鸦来吃。三天之内,杆上东西被吃完,则主大吉。另外,猪肉分成大、小两类,小肉入锅煮至七八成熟,加入小米,搅拌煮熟,谓"小米肉粥"或"小米肉饭",摆上供案;大肉直接煮熟,亦供于案上。祭毕,供物由全家族老少共享,路人亦可随意享用。吃供物须在屋外,且以当天(最长三天内)吃完为佳。否则,须埋索罗杆底。俗式微,而"小米肉粥"仍为满族青睐。

阿布卡恩都哩——参见"满族立杆大祭"条。

满族祭天——参见"满族立杆大祭"条。

祭索罗杆子——参见"满族立杆大祭"条。

杆子祭——参见"满族立杆大祭"条。

过腊月——汉族农民传统岁时节日。流行于浙江部分地区。农历腊月间,择日举行。届时,乡下村民以朱墨涂面,上街市跳舞,行古傩礼,祭祀神祇,祛除瘟鬼。

烧平安纸——汉族民间传统祭祀祈福节日。流行于天津北仓一带。农历腊月,择日举行。旨在祈求天神、地神保佑一家来年平安,万事如意。节前,各家即杀猪宰羊,买鱼买肉,买果品、纸、香蜡、爆竹,应有俱全。届时,黎明起床,摆香案,焚香烛,叩首祈祷,虔诚之至。此节已泯。

撒拉族孜克日节——撒拉族宗教节日。流行于青海循化及其附近撒拉村寨。农历腊月择吉日举行。撒拉族信奉伊斯兰教。相传,古代圣人孜克日与异教徒发生纠葛,被追赶到荒野一棵大树下,无路可走,只好祈求真主相助。真主念其平时虔诚,助人为乐,便将大树从中劈开,让其进去,又将大树合拢。异教徒赶到,虽未见人,却见衣角还露树外,便拿来斧、锯,又砍又锯。眼看斧、锯快伤到脖子,孜克日只好再祈真主相助。真主再次搭救。从此,每年这天,撒拉村寨家家都要做手扒肉,架油锅,炸油香、馓子、果子等,煮麦仁饭,合家欢聚,之后,带着这些食品去清真寺礼拜、舍散。据传,所诵经文,即当时圣人孜克日求助真主时念过的,既谢真主搭救圣人孜克日,亦祈真主保佑自己。

满族祭马——亦称祭他合马。满族民间传统祭神马节日。通常于农历腊月择日举行。"他合马",满族传说中神马。届时,人们举行大祭,为"神马"披红戴花,引入堂中,马头朝祖宗板儿。主人或萨满手举一盅酒、一碟香,绕"神马"三圈,再次举酒盅敬马。马饮毕,萨满抬手自马头、马颈、马背至马尾,抚摸三遍,于马背拍三掌,旋引马出堂,祭仪告毕。此节已式微。

祭他合马——参见"满族祭马"条。

台州浸水糕——汉族民间传统节日。流行于浙江台州地区。农历腊月底举行。传,宋朝方腊起义,拟攻台州,正值年底。义军粮草用尽。方腊念百姓之苦,不向百姓征集,而令将士停止攻城,驻扎城外,自己也吃糠咽菜。事实上,城中百姓早已备下年糕,等待义军,却多日不见义军入城。人们怕年糕变坏,即将其浸入水中保存。人们怀念方腊义军,年深日久,此举相沿成俗。

阿昌族烧白柴节——族称"孔通"。云南阿昌族民间宗教节日。腊月择日(十四或尾日)夜举行。所谓"白柴",指无皮、表白树木。节源传说:某日,佛祖弟子生病,浑身发冷。一位老人心生恻隐,拾来一些白柴燃烧,让其烤火取暖。后来,释迦牟尼得悉,认定是一善举,便规定冬去春来之际,都要烧白柴。节自此来。节前,人们上山砍回白柴,按"井"字形架村寨附近。届时,各家老少宰猪杀鸡,吃米线,并准备酒菜聚餐。入夜,人们进佛寺,将佛像"请"到白柴堆旁,点燃柴堆,伴佛像围火堆而坐。寺中僧侣亦前来参与,为大家施经布道,祈祷佛保佑阿昌吉祥昌盛。柴堆烧尽,人们才将佛像抬回寺庙,各自散去。翌日,佛寺将柴灰置于土罐,供于神坛,寓意给佛取暖。

孔通——参见"阿昌烧白柴节"条。

跨月、不定期

正月后跨

壮族过小年——壮族支系布土人民间传统年节。流行于云南文山一带。农历正月三十日至二月三日举行。据传,某年临近年关,交趾(今越南一带)人又来扰乱。男人们持刀枪抗击敌人。妇女们领孩童在家忙着杀猪、舂粑粑、做新衣。腊月廿八、廿九两天，村东边大树下，老老少少家人走了一群又来一群，眼睛望穿，还不见亲人回来。年三十夜，只有阿米（妈妈）们领着一家老小过年。阿米吃肉不香，勒少（姑娘）穿新衣不笑，平时玩得不归家的孩童，坐在门墩上，望着村口黄土路，盼着阿波（爸爸）回家过年。从初一盼到十五，直至正月快完，三十日晨，孩童们还在贪睡，村里忽然闹腾，原来是阿波得胜归来！为庆祝抵抗交趾入侵胜利，也为给出征者重新过个年，当晚家家杀鸡煎鱼，专门慰劳凯旋亲人，称"过小年"。此后年复一年，久而成节。节间，人们停止劳动，吃肉喝酒，十分热闹。

彝族米孙叭——族称"鲁止"，译意"祭龙"。彝族民间宗教节日。农历正月至四月间，择日举行。彝家传，天下水皆龙口喷出，表现为行云下雨。彝寨大多择丰水之塘池，奉若"龙潭"，在彼固定祭龙。近潭厘定一棵巨树，作"龙树"。届时，各寨由有威望的"阿普"（老人）牵头，带上香蜡茶酒等，及各户轮流供献之猪、鸡，参与者还各持一碗米、一小块盐巴，前往焚香明烛，杀牲献祭，祈祷龙神恩赐风调雨顺、五谷丰登。倘旱，则在四月十八日举祭，由主祭人将水源外一条红尾鱼，放入本寨水塘，寓"接龙回寨"。云南石屏彝乡传说，此祭源于纪念英雄阿罗。因为他将身躯化作森林、庄稼、禽畜，让彝族有了家园。而景东一带则传：某年洪水泛滥，有人主张"祭龙"消灾，果然灵验。龙居当地一石洞，执掌旱涝。一年大旱，龙提出吞食一孩童，即可消灾。某小伙自告奋勇，腰藏夹刀、手执利剑，前往作祭品。他被龙吞下后，在龙腹翻滚乱刺，与其同归于尽。后祭龙改用猪、鸡灯作祭品，自此而来。

鲁止——参见"彝族米孙叭"条。

彝族祭龙——参见"彝族米孙叭"条。

三令节——中原古节。唐中叶前，春天节日仅正月初九、三十（晦）及三月"上巳"。唯二月无节。唐德宗李适于贞元五年（789），准李泌上书，废正月晦，增中和节二月朔（初一），与"上巳"并而为一，称"三令节"。

正月初九——参见"三令节"条。

正月三十——参见"三令节"条。

中和古节——参见"三令节"条。

祭吉雅奇——族谓"祭牲畜神"。鄂温克族民间传统祭祀节日。农历正月十五日，或六月之牲畜膘肥时举行。鄂温克人深信，牲畜乃"吉雅奇"所赐。届时，人们以稷子米、大米，熬粥作供品，盛入一口袋，置方形毡子上；另用各氏族种马之鬃尾绣制一男一女人形，置口袋左右。然后，虔诚举祭。祭毕，供品先由未嫁姑娘品尝，众随之分享。

祭牲畜神——参见"祭吉雅奇"条。

祭罕点格尔——裕固族民间传统祭祀节日。流行于甘肃肃南一带。农历正月和（或）立秋后，择日举行。"罕点格尔"乃神位，象征可汗与皇天，供奉帐篷内右侧上方。制作方法：一根细毛绳，上缠各种牲畜毛和各色布条，下端系一小白布袋，内装五谷杂粮。祭旨：祈祷消灾免难，诸事吉祥。届时，请自称天神附体之男性"也赫哲"主祭。地铺一块红毡，上摆九小堆粮食及九盏上缠绿、白、蓝布条的酥油灯，毡上端置一方桌，上供一扎芨芨草墩子、中间插缠红布条的柳枝。祭始，先点燃酥油灯、柏树枝,散发香味;主持将一只绵羊刺腹掏心、割头,放盘中敬供。然后,用开水烫羊拔毛,将一些毛塞进草墩。他手执一把装酥油、奶子的勺,念念有词,绕地毯、方桌、供品转圈,众尾随。旋将灯扒倒,细察灯花形状以卜吉凶,告诫主家须留意什么。仪毕,主家以羊心、羊头酬谢主祭;将羊一劈两半,留家食用及奉送来客。次晨,主家将草墩送固定地点,一周后取出其布条和柳枝,包好带回,供帐篷神龛上方。上述祭礼期间,忌持枪、牧鞭进帐篷,忌着红衣、骑红马者近帐篷。正月,各家可单独举祭,立秋后可数家或牧点共祭。搬迁牧点时,须用干净毯子将罕点格尔包好,到达新家,先请罕点格尔入帐篷,再搬其余家具。

普米族祭龙潭——亦称祭灵泉。普米族民间宗教节日。流行于云南兰坪、丽江、宁蒗等县。节期因地有异:兰坪在农历正、二月举行,宁蒗在农历三、七月。具体日期不定,有的村寨,则固定于二月初八。节源传说纷纭。一说:普米称源源不断造福人类的山泉为龙潭、灵泉,虔诚崇拜。二说:古时普米人避兵灾外逃,将难以带走的家当一一收藏。灾后返家,所藏东西损失殆尽,仅藏于水井中饭碗完好无损。他们认定此因龙潭神保护,遂年年祭龙潭。当地各家均拥有龙潭,多位于深山、密林、峡谷。届时,全家老少往龙潭旁住三天举祭:用木棍、木板搭成高台,称"龙塔"或"龙宫"。塔前竖百尺标杆,上挂七个用鸡毛麻线拴成的七角斗架,象征龙神住处,称"尼塔"。以牛奶、清酒、酥油、乳饼、鸡蛋、茶叶等,供龙塔上。请巫师登祭坛念经祷告,祈求龙神保佑人寿年丰。祭毕,将五十个涂着酥油的面偶,投入龙潭。有的家庭,到水井边燃香明烛祭祀。

各户祭毕,全村集体隆重举祭。祭日,禁吃肉,只吃素,以示对神灵的敬重和虔诚。

普米族祭灵泉——参见"普米族祭龙潭"条。

羌族塔子会——亦称碉碉会、祭山会。羌族民间祈丰收节日。流行于四川茂汶一带。鉴于各地物候差别、部落沿袭不同、端公轮流应聘等故,会期因地有异:分别是农历二、三、四、五、六月之某天,以寨为单位,每年举行一次或两三次。茂汶曲谷分河东村,则于六月廿三日举行,村后老君山顶峰有个七尺高塔,塔周有人工平整的小场坝,环绕一片"神林",长着茂盛的松柏和青冈林。届时,全寨男子和姑娘(未婚女子)着整洁衣服,带上馍馍、咂酒和锣鼓赴会。全寨各户轮流充当会首,准备羊或牛及一坛咂酒。祭时,烧柏树枝,杀羊或牛,端公边敲羊皮鼓,边唱祝词和羌族史诗,做法事祈丰收,并重温全寨乡规民约。祭毕,将羊角放塔顶,顶插一根挂有五彩纸条的木杆。之后,将煮好的羊(牛)肉均分各户一份。人们敲锣打鼓,吃肉饮酒,唱酒歌,跳"沙朗",促膝叙谈。成人还要送馍馍给初次参会的男孩,贺其长大,见"天"了。

羌族碉碉会——参见"羌族塔子会"条。

羌族祭山会——参见"羌族塔子会"条。

苗族踩秧堂——族谓"播种前吹笙跳舞"。苗族民间传统节日。流行于贵州从江县加鸠、加勉一带苗乡。播种前之农历正月或二月甲申日举行,历三至五天。节前夜,举行播种仪式。由寨中主管农事的活路头主持宰鸭,备酒、茶、饭等供品,摆火炕边敬祖先;然后,带谷种、肥料、锄头、火把,于黎明前往专门祭田,略挖几锄,撒下谷种,盖上肥料,插上芭茅草扎成的三个草枪,宣告谷种已播,春耕开始。天亮,其余人纷纷在自家田中效法。中午,男女老幼竞着新衣,聚集村中空地,跳芦笙舞、踩鼓舞。此后,禁吹芦笙、烧砖瓦、烧死人遗骨,免影响生产和谷物生长。

二月后跨

陇端节——亦称陇端会、陇端街、窝端节、风流街。族谓"到宽阔平地去、下田坎赶街"。壮族民间传统节日。流行于云南富宁一带。农历二、三月,择日举行,历三至五天。具体节期,经寨老或者么公厘定,如二月二、三月三等等。据考,节已历七百余年。赶节地点多在宽大田坝中间。届时,人们着新衣,打花伞,唱着跳着,从各村寨赶来,对唱情歌,演壮剧,调换大牲畜,交换农副产品,极为热闹。节源四说:其一,有个土司选美女,跑遍诸村未果,遂从外地请来戏班,在田坝中演戏,通令所有男女青年来赶"陇端街",趁机挑选美女,抢回府街。其二,侬智高反宋兵败,随其造反者,或被残杀,或被遣送各村寨、深山老林。他们为便再度举义,商定每年二、三月聚会一次,并称赶"陇端街"。其三,古时壮家有南北两部落,分别有三个公主、三个公子。三个公子向三个公主求婚,公主提出:在田坝中搭一歌台,互唱情歌。若三个公子皆唱赢,就嫁给他们。此后,为纪念他们自找对象及其纯真爱情,人们便于每年此间聚会,唱歌演戏。其四,壮家青年喜欢唱歌跳舞择偶,但因居住散,农活忙,就邀约每年此间欢聚田坝,久而成节。届时,必演壮剧,少则两个戏班,多则七八个,搭台演戏越多,节越热闹。通常昼演文戏,夜演武戏。剧目有《侬智高》《打刀救母》《二下南唐》《过关斩将》等。谚云:"陇端必有戏,无戏不陇端","陇端节上不看戏,忘记祖宗成叛孽"。另一节景是男女青年对唱情歌。姑娘们头顶花巾,颈系银项链,手戴银镯,身穿新衣,手抬花伞,一群群站着,专候小伙来对歌。小伙们穿梭人群,选中心爱姑娘,即主动开唱情歌。或一男一女互唱,或一群对唱一群。曲调极多,悠扬动听。唱合心了,即互赠信物,旋请媒说亲、定亲。节间,家家杀鸡杀鸭,做五彩糯米饭,煮甜米酒;富家还宰猪宰牛。昼赶节,夜喝酒吃肉。

陇端会——参见"陇端节"条。
陇端街——参见"陇端节"条。
窝端节——参见"陇端节"条。
陇端风流街——参见"陇端节"条。

阿乌人请雨水——彝族支系阿乌人民间宗教节日。流行于云南弥勒一带。农历二三月间,择子、巳、午日之次日举行,历三天。届时,人们集资购买一只山羊,当众宰杀,共祭雨山,祈祷风调雨顺、五谷丰登。次日,再杀绵羊一只,祭白龙神,祈求神佑。第三天,宰猪一头,祭各路神,祈祷村寨安宁。节间,禁止下田劳作,男子亦只能上山狩猎。

俄罗斯族春耕节——新疆俄罗斯族民间农事节日。农历二月底或三月初举行。届时,村民们用黑麦烤制巨型面包,举行隆重仪式,庆祝春耕到来。春耕首日,人们着干净衣装,带面包、盐、鸡蛋等下地。耕牛犁出三条垄沟时,主人取出面包和盐,自食一部分,其余喂牛,后将鸡蛋埋入土中,意寓祭地神,祈祷风调雨顺、五谷丰登。因俄罗斯族人口少、居住散,此节受邻近他族影响,具体节仪颇多变异。

宝瑞瑞——亦称祭龙节。云南哈尼族民间传统祭祀节日。农历二、三月间择日举行。当地哈尼人视"龙"为保护神,村寨均认定有"龙林"或"龙树"。据传,古时哈尼祖先来到哀牢山,有一山魔天天骚扰村寨,强令每年二月送他一个姑娘。一名叫碑娘的寡妇,将两个儿子乔装成姑娘,给山魔送去。两个小伙同时拔刀除害,最终杀死山魔,自己亦力竭身亡。人们祭奠英雄,久而成节。节天,全寨杀牲,选两个小伙扮姑娘,簇拥着巡游寨子一周。另外,青年们纷纷"骑磨秋":两根圆木连接成"丁"字形,横木可旋转,竖木深埋土中,高出地面七八十厘米,玩者分坐两端游戏。赛歌、跳舞,更不在话下。

哈尼族祭龙节——参见"宝瑞瑞"条。

苗族讨树苗节——苗族民间传统节日。流行于黔东南镇远县涌溪乡的涌溪寨、大石板寨。农历二、三月间择日举行。届时,涌溪寨老妈妈领着本寨姑娘和小伙子,到大石板寨作客,向对方讨果树苗来栽。大石板寨男女老少盛情接待,并以桃李树苗相送。次日,涌溪寨客人带着果树苗回村栽种。好客的主人又向他们赠送彩蛋、五彩糯米饭和毛巾、手绢等物,送了一程又一程。次年同一时间,大石板寨的男女青年,又在本寨老妈妈或大嫂子率领下,前往涌溪寨作客,看看他们所赠果树苗长势如何,并探望头年结交的朋友。涌溪寨的男女老少,以礼回答,热情招待。客人返回时,回赠果树苗、五彩糯米饭、毛巾和手绢等物,同样送客一程又一程。常年你来我往,周而复始,通过双方互送果树苗,千万棵果树苗在涌溪寨和大石板寨的土地上生根发芽。两寨经常互赠树苗,双方许多有情人也结成了眷属。

太昊陵庙会——亦称人祖庙会。汉族民间传统宗教节日。流行于河南淮县一带。农历二月二至三月三举行。"太昊"俗称"人祖",即传说中之伏羲氏。相传,其死后葬此,后世建庙祭祀,相沿成会。另传,伏羲"制嫁娶之礼",一改氏族内近亲婚配之俗,鼓励男女仲春择日去族外择偶。《周礼·媒氏》载:"仲春之月,令会男女,于是时也,奔者不禁。"有专家说,该庙会源此。另据考,淮阳太昊陵,乃历朝历代太昊伏羲专祀地,香火绵延数千年。届时,全国各地朝祖者,蜂拥还愿祭祖,至陵庙午朝门而入,穿道仪门,过先天门、太极门,至统天殿,再到香火鼎盛之伏羲陵墓前,鸣锣磕头,燃放鞭炮,一路点燃写有心愿之黄纸,直至统天殿。殿内太昊像身高五米,披黄兽皮,头有二角,赤足而坐,手托八卦。朝祖者反复唱"南无,天皇,地皇,人皇,伏皇",焚香、献祭品、三叩首,兼以锣鼓、鸣炮。年老女性二十人许一组,挑起自制花篮,边跳边唱乡俗小曲。娱神舞蹈步伐复杂,颇具象征意义。尤引人注目者,乃原始遗俗巫舞"担经挑"(亦称"担花篮"),舞者多为五十至八十岁老斋公(当地年长妇女尊称)。朝拜毕,通常要去游览蓍草园、显仁殿。据传,以蓍草占卜,极灵验;手触摸显仁殿墙上之"子孙孔",可得子嗣。举拴娃娃、争购泥泥狗(陵狗,纪念伏羲、女娲"抟土造人",誉称"活化石")等活动,祈人寿年丰。另外,民间游艺、物资交流,亦为庙会助势添彩。2006 年,"太昊伏羲祭典"和"淮阳二月古庙会"跻首批国家非物质文化遗产名录。2008 年,该庙会以日参会八十二万人次,荣登世界吉尼斯纪录之"全球单日参会人数最多的古庙会"。

人祖庙会——参见"太昊陵庙会"条。

西湖香市——汉族民间旧节。流行于浙江杭州一带。农历二月初二开始，持续三月余，五月初五结束。内以二月十九观音诞辰之"天竺香市"最盛。是日，人们成群结队，驾香船至城外之天竺、灵隐、净慈、昭庆、圣因及城内吴山等寺，进香朝拜。朝天竺寺，须由锣鼓簇拥，两人共抬一支数十斤重大蜡烛进庙。此外，"三山香市"亦负盛名。举市期间，大小商点云集，商品琳琅满目，热闹非凡。此节今已泯。

天竺香市——参见"西湖香市"条。

三山香市——参见"西湖香市"条。

三月后跨

杞人过牛日——黎族支系杞人民间传统节日。流行于海南通什、毛阳一带。农历三、七、十月逢牛日举行。人们认为，牛在生产、生活中极为重要，须臾难离；又，地支中之"丑"日，乃最吉祥一天。故年中须一再举祭招魂，牛"魂"在则福乐在。届时，人们聚集一堂，跳"招魂舞"，先舞"亩头"，后舞"亩合"，通宵达旦，纵跳不疲。

哈尼族立寨门祭——族谓"勒坑度"。哈尼族民间宗教节日。流行于云南勐海西定山一带。农历三月或四月，择日举行。当地村寨多设正、侧、后三道寨门，以为拒邪保安屏障，笃信"门"越多越安全。寨子历史愈长，寨门愈多。立寨门甚讲究，所有工序均由祭司亲历或拍板。竣工时，须于两侧各插一雕花木桩，先立供日常出入之前门，旋立抬丧用之后门，再立临时他用之侧门。节天，各户出一壮劳力，上山砍伐木料。寨内突发不测之祸，则变更立门时间，并举行祭祀。相传，专司寨门职守者，乃一美丽女神，寨门从"立"至"祭"，皆旨在祈求其佑福。

勒坑度——参见"哈尼族立寨门祭"条。

乌梁海人祭水神——待识族别乌梁海人民间宗教节日。流行新疆阿勒泰一带。农历三、四月间，择吉日在水源处举行。人们信仰原始宗教。此节属"自然崇拜"活动。人们认为，"水神"居住在水的源头。届时，人们不约而同选一只象征青色的山羊，牵至水源地，让其前脚踩水、后脚在岸，意寓兼得水、土。旋将其洗净，宰杀烹熟，与其余祭品一起，供奉水边。祭品中，禁酒类。众人跪拜再三，口念吉语。祭毕，将各种祭品抛水中。

俄罗斯族谢肉节——亦称狂欢节、送冬节。新疆俄罗斯族民间传统节日。节期不定，多于农历三月廿二日后，或四月廿五日前之一周举行，历七天。节间，每家大摆酒宴，因节后之斋戒期内，不能吃荤、喝酒。节间每天都有新内容：周一是迎春日，周二是娱乐日，周三是美食日，周四是醉酒日，周五是新姑爷回门日（丈母娘宴请新婿），周六是姑娘相新嫂子日（未婚妻拜访未婚夫的姐妹们），周日是送冬日和宽恕日（人们互相串门拜访，平时有隙，请求对方宽恕，取得和好）。故此，人们认为此节乃安宁、温饱、欢乐之节。现已改旧祭仪式，代之以雪地游戏，或乘坐马拉雪橇游玩，或参加化装游行、时装比赛和歌舞等活动。

俄罗斯族狂欢节——参见"俄罗斯族谢肉节"条。

俄罗斯族送冬节——参见"俄罗斯族谢肉节"条。

傈僳族修坟——俗称"上坟"。云南傈僳族民间传统节日。农历三、四月间择日举行。择日定制：一择不与墓主属相冲突之日，二择当年下葬之日。新坟培土，旧坟祭祀，意寓给亡灵盖房修宅。届时，除家人外，常有亲友加盟。修整毕，在坟前宰杀猪、羊乃至牛，煮饭、做米饼，献祭死者。死者是男性，抓九把米，女性则抓七把；献祭米饼亦各九、七。祭中，家中一男性持木棍，领众绕墓跳舞，唱丧、悼调，默念"房子已修好，安心住吧！"祭毕，领祭人砍断木棍，表示与墓主分道而行，免亡灵缠身。后在墓旁煮肉待客。主人将三牲心、肝以外内脏带回家，次日煮吃，免生者之魂被死者带走。

傈僳族上坟——参见"傈僳族修坟"条。

土族祭祖节——土族民间传统节日。流行青海互助、乐都、民和等县。农历三月底四月初择日举行。届时，人们以村寨、家族或家庭为单位，纷纷带着酒肉、奶茶、馒头、果品、香烛、纸钱等，上坟祭奠。将祖坟前后清扫干净，摆好供品，焚香点烛，烧黄表纸，跪拜行礼，祭祀祖先。祭毕，大家分头捡来羊粪、柴草，燃起篝火，热好酒菜，共进野餐。人口众多的家族，由德高望重的长者将各家带来的馒头集中起来，拿到老祖母坟上，让馒头一个个从坟堆上滚下来，众人则跪在坟下接馒头，谁接到的馒头多，兆其多子多福。之后，人们在坟前放各种风筝。回家前，须将风筝焚毁，切忌带回家中。有的地区，上坟后还要宰猪。据说，猪肉是土族祖先最爱吃的食品。宰猪前，喂些粮食，如果猪吃了，说明祖先悦纳这头猪；如果不吃，必须更换别的猪。有的人家或家族，限于经济条件，无法更换，则须向祖先祷告，说明实在拮据，望祖先保佑今年丰收、生活富裕，明年定预备更好的猪、酒菜来祭奠祖先。祭祖前，由两个身强力壮青年，抬一口大铁锅，安置在坟前，宰杀肥猪，剖洗干净，放锅里煮熟。祭时，由长者点燃香烛、烧黄表，众人跪拜坟，祭祀祖宗。祭毕，大家围坐草地，将带来的酒菜和煮熟的猪肉摆好，一边吃喝，一边听老人讲述先辈事迹。

土族青苗会——土族民间传统节日。流行青海互助县龙王山一带。农历三月至六月，请巫师择日举行。旨在保护农业生产。据传，此节源于明洪武年间，龙王显灵庇佑土族牧民之说。节晨，人们先到广福寺点灯焚香，顶礼膜拜，请出龙神轿杆、护法神箭，旋组成肃穆仪仗队前行。队伍排单行，击鼓鸣金，吹海螺牛角。众人各持柳条随行，直至大东岭休息、野餐、漫花儿，之后登山踏青、巡察田禾。其间，借用神的名义，约束乡民，禁在田地里放牧牲畜，禁滥伐树木、践踏青苗。

四月后跨

白族栽秧会——亦称"秧会"。白族民间传统农事节日。流行于云南洱海北部，包括大理古城以北地区及洱源、剑川等地。农历四、五月间栽插季节举行。时值关键农时，"早插三天成谷，晚插三天成草"，故既是集劳动、娱乐为一体的节俗，又是临时性劳动互帮组织。届时，几十户或整村劳动力，自愿组合，以换工方式进行集体栽插。各会推举一名既是生产能手、又擅幽默风趣，极富感召力的"秧官"，指挥生产一应事宜。各会均有一杆三丈余高威武"秧旗"，上书"风调雨顺、国泰民安"等吉语，旗顶除饰彩球彩带、野鸡翎、大铜铃外，必插彩绸扎制升斗，象征五谷丰登。栽秧首日，俗称"开秧门"，即高插"秧旗"，插秧队伍随其不断转战田头。整个栽插，均在唢呐鼓乐及妇女们高亢的白族调声中进行。午餐由主家送田间，少不了栽秧肉、酸辣鱼；收工则分食"洗脚豆"（炒豆）。

白族秧会——参见"白族栽秧会"条。

白族开秧门——参见"白族栽秧会"条。

德昂族谷魂节——亦称祭谷魂、祭谷娘。德昂族宗教祭祀节日。流行于云南西双版纳等地。农历四、五月之种谷至打谷间，择日举行。所以持续甚久，乃因人们认为谷种牢附"谷魂"，贯种谷始终。临节，男人们犁完全寨谷地，妇女随之整地完毕。然后，举寨老少竞着盛装，敲锣打鼓，去各家地里撒谷种，并念经。妇女们高声呼叫"谷魂"来看守旱地庄稼。祭毕，在地头野炊聚餐：客人送一碗米或蔬菜给主家；主家则倾力款待。至薅草时日，全寨举仪祭谷魂。各户携带炊具、米粮、蔬菜、糯米粑粑及芭蕉等供品，前往旱谷地。德昂人认为，谷魂有十四个子女。举祭时，和尚或家长念经，须点念其名字：先子后女，不漏其一，表示将他们请回，供于老人床头竹箩内，旋插几面各色幡旗，以示请谷魂分享。时至打谷时，妇女还要持酒肉、饭菜等供品，下地请谷神起床、洗脸，享用鱼肉、蜂蜜、芭蕉和糖等等。祭毕，将谷草抛谷场，拿三粒新谷装入竹箩，上置一篾编"小房子"以装谷魂，背其回家，途中不停呼喊"谷魂归来"。路遇熟人，亦禁搭话，免吓跑谷魂。老人专候竹楼前，见其回寨，齐喊"谷魂归来，这是你的家！"旋接过竹箩，置囤箩上，早晚用餐时祭祀。

德昂族祭谷魂——参见"德昂族谷魂节"条。

德昂族祭谷娘——参见"德昂族谷魂节"条。

鄂温克族敖包会——鄂温克族民间传统祭祀节日。流行于黑龙江、内蒙古鄂温克村寨。农历四至六月择日举行。"敖包"乃设于草原山头上，用石、土块堆成之圆锥形祭坛，上面挂各色彩布或彩纸。相传，从前某夏夜，有个女人乘辆套骡子轿车到村子里，招来一场暴风雨，使全村人遭灾。是年冬，人们凿冰洞取水时，洞内出现一个披头散发的女人头。此时，突然刮起大风、下起大雪。一时人心惶惶，忙请来九位喇嘛念经驱妖，将女妖捉住，压石块和土堆下面。人们唯恐日后她再出来作祟，但凡过此，皆自动添上一块石头，以增重压。如是，人们仍不放心，还定期向其行祭，祈求别再兴妖作怪，保佑村寨平安。四至六月间，前往添加石块的人最多，日久岁深，积而成节。昔时，敖包分氏族、毛洪、索木、旗、盟等不同规模类型，各在不同范围祭祀，祭物、费用由相应范围筹集。当年剩余祭物，主要是牲畜，指定专人放养，来年再用。祭时，人们从四面八方云集附近敖包，先赛马，旋摆供物，由喇嘛念经领祭。参祭者们照例往敖包上添加石块。祭毕，举行摔跤、唱歌、跳舞等文体活动。

满族耍青——满族民间传统节日。流行于东北诸省满族聚居区。农历四、五月间择日举行。意近中原"踏青"。时值青草初生，春光明媚。人们牵羊携酒，觅幽美林间野餐、游玩。清代业已盛行。时黑龙江方志《龙江述略》载："齐齐哈尔西土城外，……略似江乡风景。岁以四月八起，二十日止，赛会演剧，居人市贾，各就草地桌帐布席,集知交于此,饮食嬉游,谓之耍青。外城亦间有驱车来者,百货骈集,时于此中交易,是为一丰盛会。"

撒拉族青苗节——撒拉族民间传统节日。流行于青海循化、甘肃临夏积石山等地。农历四、五月间择吉日举行。临节,各户捐献清真寺三斤粮食、一盘馒头;富足者则宰杀羊、鸡捐献。时间既定,家家即准备炸油香、馓子、馄锅馍、油搅团、手扒肉、蒸糖包、肉包;有条件的人家还宰鸡宰羊,或向清真寺捐献些粮食和食品。节天,老年人身着长衫,腰系布带或绸带;青年男子穿白色汗褂,外套坎肩,腰系红布带;妇女戴盖头,穿黑色或花格服装,纷纷前往清真寺礼拜,并聆听阿訇念青苗经,保护青苗。之后,大家共食麦仁饭。饭后,有的走亲访友,有的游玩。男女青年大都欢聚唱歌跳舞。歌曲主要有撒拉曲、宴席曲、花儿等。歌词内容生动活泼,曲调旋律优美,节奏明快,情调独特,十分悦耳。

彝族祭白龙——族谓"咪诺底",直译"祭田龙"。彝族支系密且人民间传统农祀节日。流行于云南富民、武定两县。农历四、五月间,择日于近寨山坡举行。旨在祈求白龙保佑当年风调雨顺、五谷丰登。届时,遴选一棵杉树作"龙树";树下搭三道木板门,称"龙宫";三门六根门柱上画红色神像,称"守门将军"。其后立一金竹,顶端系一木片;其前铺松毛作祭坛,插一根三杈松枝,上三炷香,供三碗米、一杯茶、一只活羊。祭拜时,跪"龙宫"前,先摇动金竹顶木片,旋祷告、卜卦,一人将松枝劈成两半,抛地上,劈口面部皆朝上或朝下为顺卦,一上一下为反卦。遇后者,须再卜,直至出现顺卦时,即宰羊、烧纸、奠酒,挂羊角于龙树。煮熟羊肉,如上再祭一次。然后,将羊肉均分各户。

咪诺底——参见"彝族祭白龙"条。

彝族祭田龙——参见"彝族祭白龙"条。

广南花街节——壮、苗、瑶等族民间传统节日。流行滇东南之滇、桂、黔交界处之广南县等地。农历四、五月间举行,持续月许。该地乃古籍所载"九族联盟"句町古国治所,因古老铜鼓文化和出土铜鼓殊多,被誉为"中国铜鼓之乡"。有"世外桃源"坝美村、旧莫乡、"天下第一奇村"峰岩洞及八宝等著名景区。特产有"每岁贡百担"之八宝米、姑娘茶、高峰牛等。节间,除举行民族歌舞表演外,还展演句町礼乐、"接皇姑"仪式,以及斗牛等活动。

五月后跨

敖瓦——亦称泰凯乐干,俗谓祈雨节。待识别民族乌梁海人支系图瓦人民间宗教节日。流行于新疆阿勒泰一带。农历五月下旬或六月初举行。具体节期,由喇嘛测定。旨在祈求上苍降雨,保佑水草丰茂、人畜兴旺。方式有三:其一,各户独自举行,宰羊,请喇嘛念经,跪拜苍天。其二,以部落为单位,规模较大,仪式同前。其三,几个部落合办,喇嘛念经后,众人各向自家祖祖辈辈生息方向跪拜叩首,祈苍天赐福。

泰凯乐干——参见"敖瓦"条。

图瓦人祈雨节——参见"敖瓦"条。

达斡尔族药泉会——达斡尔族民间传统节日。流行于黑龙江德都县一带。农历五月初五开始,于该县药泉山下举行,历月余。届时,远近农牧民备足酒肉,扶老携幼,赶着勒勒车,云集药泉山下,支车搭篷,作为"家舍"。每日先饮药泉水,再登药泉山,下山时捡块石头抛向远处,表示扔掉疾病。节间,兴吃粽子、鸡蛋、饺子。节源传说:很久以前的五月初四,牧民卡拉桑白音因反抗牧主遭毒打。半夜女奴阿美其格盗一匹快马救其一起出逃。牧主听见狗叫,备马追赶,用毒箭射伤阿美其格的腿。他们躲进丛林脱险,但阿美其格箭毒发作,昏迷落马。翌日晨,卡拉桑白音被朝露冻醒,口渴难忍。正不知何处找水时,忽见一受伤小鹿一瘸一拐地走,到一处停步,先喝水,旋跳进水坑洗澡。俄顷,小鹿从水中跃出,欢蹦着跑了。卡拉桑白音遂爬到水边,水坑不大,原来是一眼清泉!他喝口泉水,觉得凉沁心肺,精神顿爽,伤痛大减。他忙把阿美其格抱到泉边,拔下毒箭,掬水喂她,使之很快苏醒。两人又入泉洗浴,伤口速愈,光洁如初。为记住这神奇之地,他们在泉边垒石为堆。这就是现今德都县药泉山下的南饮泉。自那以后,农牧民纷纷在端午这天来这里喝药泉水治病,久而成节。

布朗族堆沙节——云南布朗族宗教节日。农历五、六月间择日举行。主要内容为"赕佛",祈求佛祖保佑年内人畜平安、五谷丰收。节晨,村寨男女老少尽皆沐浴,旋着节日盛装,赶到寺院,向佛爷献上钱、衣等物,点香磕头。众人还在寺院中堆起三四尺高的沙塔三座,塔尖上插几根缠着彩纸条的竹枝。造塔的过程是:大人小孩从河岸边运来河沙,用竹篾围成直径约两米的圆圈,将沙装进竹篾圈中,越堆越高,遂成沙塔。造塔完毕,众人围塔而坐,佛爷当场宣讲经书或传说故事。直到日暮,人们才散去。入夜,青年男女在寨中广场相聚,唱歌跳舞,通宵达旦。

乌梁海人祭鄂博——待识别族乌梁海人民间宗教节日。流行于新疆阿勒泰一带。农历五月下旬至六月中旬,由喇嘛据经书择日举行。节期因地有异。鄂博,宗教活动场所,石块垒成之一米余高圆台,地势高耸,周边洁净。路人过此须下马,或捡一块石头垒上,或剪一些马鬃挂上,以表敬畏。节天,人们将各种珍贵食品敬呈鄂博,向上洒酒,拜祭,祈求苍天赐福。祭毕,共吃随身携带肉食,不时进行体育比赛。此日,人们争做好事,力避不愉快的事发生。男女可游玩、逗趣,但禁止谈情说爱。

达斡尔族求雨祭——族谓"多布抬克"。达斡尔族民间传统宗教节日。农历五或八月,据旱情择日举行。各家妇女各带一碗米、一只鸡,聚集河边大柳树下,萨满助手"巴格其"主祭,念诵求雨祷词。旋由男子协助宰鸡设祭,将带毛鸡皮挂三角木架上;妇女们围数口吊锅,将鸡肉与米合熬成粥。粥熟,"巴格其"再致祷词,妇女们焚香叩拜河神。之后,众围树席地而坐,共食鸡粥。食毕,妇女们各以盆、瓢、桦皮桶等反复提取河水,互相追逐泼洒,至尽皆遍体淋湿,享降雨之乐。对此,《辽史》有载:"若旱,择吉日行瑟瑟仪以祈雨……又翼日,植柳天棚之东南,巫以酒醴、黍稷荐,植柳祝之……既三日雨,则赐敌烈麻都马四匹、衣四袭,否则以水沃之";"夏五月庚午,以旱,命左右以水相沃,顷之,果雨"。

多布抬克——参见"达斡尔求雨祭"条。

保安族浪山节——保安族民间传统节日。农历五月下旬至六月初择日举行。另说定于六月初六。届时,人们带上面、油、肉、锅、帐篷等,去河边、山坡或草坡郊游,过一天痛痛快快的野外生活。参见"保安六月六"条。

粟贮藏祭——台湾少数民族部分支系民间传统农祀节日。每年收割祭后之农历五、六月间择日举行。届时,布农支系各户按普通粟、种粟、祭粟次序,将新粟入仓,旋杀猪,用双手提猪耳,绕粟仓一周,将血涂仓柱上,祈祷谷物免遭虫害、霉烂。排湾支系祭仪历两日,由祭司往各家举祭,主家杀猪备酒,设家宴款待全村。邻里轮番交宴,热闹异常。

乌梁海人献牲节——待识族别乌梁海人民间宗教节日。流行于新疆阿勒泰一带。农历五、六月之交,节期由喇嘛择日厘定。旨在献牲祈安。乌梁海人信奉原始宗教,亦受近邻蒙古族影响,与喇嘛颇多交往。节天,各户选一只黄色山羊,羊身扎彩带,牵至蜡火旁,让其叩拜蜡火,旋将其放掉;再牵一只青色山羊,扎彩带拉往水边,让其向喝水叩头,亦即放掉。放走之羊,再也不管,任其自然死亡。有些地方,以马代羊,程序相同。这些献牲之畜,称"厄得克",译意"献给火神、水神的祭品"。

六月后跨

蚕神祭——汉族蚕农传统节日。流行于山东掖县(今莱州市)一带。农历六、七月间卧蚕季节择日举行。届时,蚕农们纷纷杀鸡宰牲,置备酒菜,焚香明烛,拜祈蚕神保佑蚕茧丰收。核心仪礼是割鸡设酒念祭词:"维某年月日,割鸡设酒,以祷于先蚕之神,曰:惟蚕之精,天驷有星,惟蚕之神,伊昔著名。气钟于此,孕卵而生。既桑而育,既眠而兴。神之福我,有箔皆盈。尚冀终惠,用彰厥灵。簇老献瑞,茧盈效成。敬获吉卜,愿契心盟。神以享之,祈祀惟馨。"念毕,禁出入蚕室,以避染瘟病,减蚕茧收成。

俄罗斯族成年节——新疆俄罗斯族民间宗教性节日。农历六月底或七月初择日举行。历四天。俄罗斯族多信东正教,子女成人,须行成年洗礼。届时,家长送年满十八岁子女到教堂,行"坚信礼",过"成年节"。举行仪式时,女孩皆穿一身白纱衣裙,因亦谐称此节为上帝安排的"新娘庙会"。

新娘庙会——参见"俄罗斯族成年节"条。

毛洛提节——亦称吃五谷。撒拉族民间传统节日。流行于青海循化一带。农历六、七月间,择日举行。"毛洛提",撒拉语义含"吃谷尝新"。撒拉族聚居青海东部黄河岸边,当地山峦起伏,沟渠纵横,农耕颇旺,素有此俗。届时,人们准备油香、馓子、油搅团和手扒羊肉等食,打扮得异常整沽。男了戴黑、白色平顶圆帽或八牙帽,穿白色汗褂,外套黑色坎肩;妇女头戴盖头,着鲜艳或红色大襟花衣、长裤,外套黑色坎肩,佩戒指、手镯和串珠,欢乐前往清真寺礼拜,听阿訇诵经祈祷。礼毕,大家动手挑水、洗菜、摆桌凳,用当年新收青稞、小麦、荞麦、豌豆混煮五谷饭,聚餐叙谈,感谢真主保佑人寿年丰。饭后,男女青年相邀歌舞。歌声高亢,舞姿优美动人。

撒拉族吃五谷——参见"毛洛提节"条。

肇庆跳禾楼——汉族民间传统农祀

节日。流行于广东肇庆一带。农历六、七月间择日举行。相传很久前,此地种稻总歉,禾苗再壮亦然。村民束手无策。某年,人们搭起五彩牌楼,唱起优美粤调,祈上天赐雨。一连三天三夜,唱叙民愿,感动天上"禾花仙子"。她用乳汁浇禾,俾禾成长;乳尽而流血,便用血哺苗。终俾水稻大丰收。村民发现,仙子乳汁哺育出了白米,鲜血哺育出了红米。从此,百姓每逢禾苗抽穗扬花时节,便搭彩色牌楼(禾楼),大唱民歌(禾楼歌),举行"跳禾楼"。由两个演员主跳,台上男扮女装称"楼娘",台下男角称"宿佬",对唱对舞,称"驳歌仔"。倘其一方对答不上,旁边乐队及观众即催促或奚落其无能。此外,还特邀附近歌手前来对歌献艺。一时高手云集,热闹非凡。年年如是,经久成俗。

侗族吃新节——亦称尝新节、新米节。侗族山乡民间传统节日。流行于桂、湘、黔三省区交界地带。节期因地理、物候有异,多在稻谷将熟之农历六、七月间择日举行。届时,人们杀鸡宰鸭,打酒买肉,并到田间摘新禾拿回家,烘干、过舂,煮新米饭,连同鸡、鸭、鱼、肉等,供奉祖先。然后,全家聚餐,喜迎丰收在即。贵州榕江县乐里镇一带,一年过两次"吃新节":一次栽秧后,即农历六月初四或初五;二是七月初四或初五。节晨,各家把煮好的猪肉、鲤鱼、鸡、鸭、糯米饭及五个掛满糯米酒的小酒杯、五根禾苞,置火炉边。全家围坐,家长上香烧纸,口念侗家吃新节祝词。大意是:"这一年五谷丰登、六畜兴旺、百事如意。"除在火炉边摆五根谷穗外,余同首次"吃新"。家长念完祝词,每人喝一口酒,吃一点肉、鱼、糯米饭和禾苞(第二次"吃新节"吃谷穗)。仪毕,全家正式进早餐。饭毕,各村寨男女老幼着自织自染侗服。姑娘们特意身着自绣各种雀鸟、龙凤等图案的新装,头戴银花,颈佩银圈、项链。小伙们牵着水牯,欢快汇集"牛打坪",观斗牛(俗称"牛打架")。斗牛前,寨老们商讨有关事宜。而后,五至七对水牯,按商定程序进入"牛打坪"角逐。优胜者,众人报以拍手欢呼,为水牯放鞭炮、挂彩庆贺。旋集体会餐。席间,老年人一边称赞斗牛威风,一边猜拳行令。小伙、姑娘们则高唱酒歌。大家频频举杯,敬酒畅饮,直至深夜。

侗族尝新节——参见"侗族吃新节"条。

侗族新米节——参见"侗族吃新节"条。

黎平吃新节——亦称尝新节、新米节。侗族民间传统古节。流行于贵州黎平县永从镇顿洞等侗寨。农历六、七月间,择卯、酉日举行。时值早稻成熟,人们着节日盛装,摘新谷,煮新米饭,加以鸡、鸭、鱼等祭祖,旋举家尝新米。举寨跳芦笙舞,唱侗族大歌,演侗戏,尽情娱乐。节源传说有三:其一,缅怀开发雷公山的先祖;其二,趁农事大忙间歇,休闲娱乐,调剂生活;其三,预祝丰收,祈祷天公赐福。

黎平尝新节——参见"黎平吃新节"条。

黎平新米节——参见"黎平吃新节"条。

楚雄山街节——亦称赶秋街。彝族民间传统节日。流行于云南楚雄一带。农历六月初一至七月立秋前后择日举行。届时,主要进行物资交流大集,出售各种日用百货、土特产品、风味食品,任人任意选购;同时,举行各种传统文化娱乐活动。青年男女或打秋千,或围圈跳"跌脚舞",

热烈异常。

彝族赶秋街——参见"楚雄山街节"条。

侗族芦笙节——亦称芦笙会、赛芦笙。侗族山乡民间传统节日。流行于黔、湘、桂三省区交界地带。节期因地异。多于农历六至九月举行。历一至三天不等。届时,男子着对襟短衣和长裤,头缠青布巾,腰系大带,手持芦笙、唢呐、铜鼓等涌向会场;姑娘们着绣花衣裙,头缠青帕,腰束花彩带,佩戴闪亮银质首饰,边说边笑跟随而来。节日会场彩旗飘扬。众伴随芦笙起舞,称"芦笙舞",又叫"踩芦笙"。分两种:一种是舞者围圆圈,至少两人吹笙领舞,他人手拉手相随;抑或分男女两队,男边吹芦笙边舞,女与之对舞。另一种是群众围圆圈,以顿足在旁助兴,两芦笙队轮流作集体或个人表演。边吹芦笙,边做快速旋转、矮步、跳跃等动作。开始,仅中小芦笙参加,随后一两丈长大芦笙加入,最后达一二百支芦笙,圈数加多,参加者成千上万。另外,还打"芦笙拳"。运动员在芦笙伴奏下,或摆手跳跃,或跨步挥拳,或单舞,或对练。动作动静分明,刚柔相济,造型优美,巧糅芦笙舞和武术拳。有时,还举芦笙比赛,各队自行吹奏。各寨长老集体裁判,离现场远听,以吹奏洪亮、整齐者为胜。主持为得胜者挂红鸣炮祝贺。赛毕,主寨姑娘、小伙们挑来一担担酒汤和米饭,慰问所有参赛芦笙手。酒足饭饱,人们各自散去。不少姑娘、小伙则借机谈情说爱。

侗族芦笙会——参见"侗族芦笙节"条。

侗族赛芦笙——参见"侗族芦笙节"条。

七月后跨

壮族稻魂节——亦称祭稻魂。广西壮族民间传统庆丰收农事节。农历七、八月间择日举行。壮族稻作历史悠久,基于"万物有灵"原始观念,壮族人认为稻种自发芽出苗、抽穗扬花到结实,乃生灵之生长还原过程,"稻魂"起决定作用,而虔诚信奉。故祭祀一贯全程,其中"祭稻魂"尤盛。此节时值稻禾抽穗七、八月间,人们备糯米饭或糍粑至田头,随之拔几根禾青回家,挂神龛,寓迎"稻魂"回家供祭,以求丰收。若遇旱、涝、虫诸灾,或禾苗羸弱,认定殃怪作祟,致稻魂逃散,则延请布麽做法事,诵《赎稻魂经》,赎其"魂"归,祈年景好转。

壮族祭稻魂——参见"壮族稻魂节"条。

那达慕大会——族谓"那雅尔",意为"娱乐、游戏、欢聚"。常与"敖包"并举,亦称"敖包那雅尔"。蒙、甘、青、新等地蒙古族民间盛大传统节日。如今,北京、沈阳、长春、哈尔滨等城市蒙古族亦常举办此会。会期农历七、八月间,亦说农历六月初四开始,历一至七天不等。此会古老而神圣。据考,昔有大规模祭祀,喇嘛焚香点灯,念经诵佛祈祥。始见公元1225年用畏兀儿蒙古文(古蒙古文)铭刻石崖之《成吉思汗》,云:成吉思汗为庆征服花剌子模胜利,在布哈苏齐海举行了一次盛大那达慕。会上举行射箭比赛,其侄儿在距335度(音妥 tuǒ,成人两臂平伸长度,五尺许)处中靶。另外,《蒙古秘史》也屡提及射箭比赛。后来,凡牧马较多部落,举会皆赛马。蒙古族史诗《江格尔传》《格斯尔传》等,不无赛马描写,摔跤则更常见。元、明两代,射箭、摔跤、赛马形成那达慕男子固定三赛,如大会祝颂词云:"得心应手的马头琴声,悠扬动听;洁白无瑕的哈达,闪闪发光;传统的三项那达慕,接连不断;蒙古族的大力士,整队上场。"据 14 世纪末文献记载:那达慕大会擀毡子,行婚礼或射箭、赛马、摔跤等。起初,长者举盛满鲜奶的银碗和哈达,朗读祝颂词。至清,那达慕渐成定期游艺活动,规模、形式和内容均有发展:蒙古族王公,以苏木(约当乡)、旗、盟为单位,半年、一年或三年举行一次。获胜者分等级受奖赏和称号。那达慕分大、中、小三种规模:大型,参加摔跤赛者为五百一十二人,马三百匹左右,会期七至十天;中型,摔跤手二百五十六人,马一百至一百五十匹,会期五至七天;小型,摔跤手一百二十八名或六十四名,马三十至五十匹,会期三至五天。届时,方圆一二百里,蒙古、鄂温克、达斡尔等族,竞着节日盛装,扶老携幼,带着蒙古包、农副土特产品和各种食物,乘车骑马,纷至沓来。草原上,蒙古包和各色帐篷星罗棋布,彩旗飘扬。商业、饮食、书店等摆摊设点。各地举会项目普遍为摔跤、赛马、射箭、赛布鲁、套马、下蒙古棋等传统项目,武术、马球、骑马射箭、乘马斩劈、马竞走、乘马技巧等运动,田径、拔河、排球、篮球及摩托车等精彩表演。参加"马竞走"的马须经特殊训练,四脚禁同时离地,只能走,不能跑。最精彩的是摔跤。选手着传统摔跤服,坎肩用皮革或多层帆布做成,上缀闪亮银泡或铜泡,下着白色肥裤和绣吉祥图案的套裤,脚蹬蒙古靴,胸佩红绿布条。他们跳传统摔跤舞,唱着摔跤歌,从两边跳跃着出场,展舞双臂,高抬两腿,矫健如雄鹰展翅。按规定,膝盖以上任何部位着地,即告失败。比赛一般三四对同时激烈进行。全族以上夺冠选手,誉称"纳饮"(即雄鹰),倍受崇敬。"赛马"亦甚动人:骑手们身着蒙古袍,脚蹬马靴,头扎彩巾,腰缠艳丽色带,骑着高头大马,循令催马扬鞭,奋勇争先。数十匹骏马迅如旋风,席卷草原。优胜者,获崇高赞誉。节夜,人们在无垠草原燃起一堆堆篝火,围着熊熊火堆,尽情歌舞。

那雅尔——参见"那达慕大会"条。

敖包那雅尔——参见"那达慕大会"条。

八月后跨

藏族峨堡会——亦称盘坡赛马会、盘坡草原盛会。藏族民间传统娱乐盛会。流行于青海海北州门源县及祁连县一带。农历八、九月间择日举行,当地蒙古、土、回、汉等族纷纷参加。届时,各族群众骑着膘肥体壮的大马,带着各种土特产,纷至沓来盘坡草原。既比赛跑马、走马,又举宗教活动,祈人畜两旺。另外,进行马匹、土特产交易。文艺团体加盟演出。入夜,篝火熊熊,歌声震天,各族儿女纵情欢舞,乃至通宵达旦。

盘坡赛马会——参见"藏族峨堡会"条。

盘坡草原盛会——参见"藏族峨堡会"条。

关岭火星节——族称"若琐"。苗族民间传统节日。流行于贵州关岭一带。旨在庆丰收、消灾难。通常在农历八、九月间,以家族为单位,择日举行。形式为家庭唱歌、跳芦笙舞、说唱表演。头领或族长用米、鸡蛋、酒、鸡和小树做祭物,消灾辟邪。内有喝特制合欢酒仪式,旨在消除邻里隔阂,增进族人团结,祈全家族吉祥如意。一年一度,按氏族中人户轮流值年,负责召集商讨乡规等要事,备酒杀鸡。

众饮"合欢酒"时,把鸡头敬给下一届值年。

若琐——参见"关岭火星节"条。

阿昌族赶摆——亦称做摆。阿昌族民间宗教性节日。我国西南地区德昂族等其他信奉小乘佛教诸民族亦过此节。"阿昌赶摆"日子不固定,多在农历八、九月间,历三天。未必年年过,各寨子亦可轮流做摆。阿昌认为,赶摆积德,可使五谷丰登、人丁兴旺、村寨安宁。每次做摆,人们要准备大量食物和供奉菩萨的各种祭品,以备各方赶摆的来客食用。节首日,人们敲锣打鼓到寺院迎佛,佛像一到,即献上各种祭品,然后狂欢。翌日晨,赶摆人们烧香拜佛,听佛爷诵经,早饭后游行一天,跟随队伍前的几尊佛像穿街走巷,队伍里不时鞭炮、锣鼓鸣响,沿路撒满米花。入夜,人们一起狂欢。第三天,外地来客陆续离去,本寨人在广场高竖一根旗杆,上系旗幡。据说,旗杆可指引众生找到天堂位置。是晚,大家欢聚美餐,赶摆结束。

阿昌族做摆——参见"阿昌族赶摆"条。

德昂族赶摆——亦称做摆。德昂族民间宗教性节日。我国西南地区阿昌族等其他信奉小乘佛教诸民族亦过此节。"德昂赶摆"日子不固定,有在农历八、九月间,亦有其他月份择日的;耗资甚巨,通常每年一次,拮据亦可三四年一次。多历三天。旨在祈祷五谷丰登,六畜兴旺。节前,轮值准备大量米、肉、油、纸张、香烛及数尊菩萨像等,并负责热情接待远近来客。节首日,人们敲锣打鼓进佛寺迎佛,并张罗狂欢晚会。次晨,举拜佛仪式,聆听佛爷讲经。早餐后,众绕佛寺巡游,沿途撒米花、放鞭炮、敲锣打鼓,持续至午后;晚餐后,主客例行欢聚、叙谈。末日,客人离寨。村众将供品、佛像竟献佛寺;最终在广场竖一高杆,上系旗幡,旋以欢宴告"赶摆"结束。

德昂族做摆——参见"德昂族赶摆"条。

泉港太爷庙会——汉族民间宗教节日。流行于江西丰城市泉港镇。农历八月十五日至十月中旬举行,历两月。起会,人们高抬太爷神轿,从泉港出发,经小港、潭埠垅、溟塘、东坑、板桥、周家山到于家村;十月初六,从高埠出发,经徐家、白富、上裕山、下渭山、唐郎垅到小幕鄢家、刘家村、周家村;十月十三日,从小鹿坑出发,经尧家冈、清溪、柴狗窟到双古下村。神轿所到之地,均须扮一架台子戏,即数人抬一个彩台,上有一至三个未婚男女扮成《天女散花》《小放牛》《二进宫》等古剧人物,以此迎神。

壮族尝新节——壮族民间传统节日。流行于桂、滇等地壮乡。节期因地有异,多在农历八至十月择日举行。如广西龙胜、龙酱在九月初九,武鸣在十月初一,大新在十月初一;云南文山在八月初五或十五日。皆旨在庆贺新谷登场,亦折射古老"全图腾"观念。源说:壮族祖先原无稻种,天山仙人有种子却不给壮家。人们无奈,派九尾狗去偷。狗到天上仙人晒谷场,滚了一身谷种,往回飞跑。仙人从后紧追,一连砍去狗的八条尾巴。九尾狗鲜血淋漓,成了单尾狗,急忙钻入密林脱逃。下凡才发现,身上谷种已被草根树枝刮掉,仅在单尾上残留几粒。人们靠这点种子,培育出了稻米。狗尾所剩谷种长出谷穗像狗尾巴。人们每年过尝新节,以谢狗的奇功。届时,家家下田摘回成熟谷穗,春出新米,煮一锅新米饭;还用新糯米做糍粑。家家杀鸡宰鸭,备祭品,祭祖先和谷神。文山一带,还从田里摘回三片绿色谷叶,从树上摘三斤梨子,一并供神龛;另从野外割很多绿叶铺堂屋中,以示敬贺。祭祖时,得舀出一碗新米饭,上面夹些菜,先喂狗吃。做多少个菜饭,即夹多少种,各夹一些,不可少。喂狗时,念说:"狗呀,不是你找来谷种,我们哪有米饭吃呀!尝新米了,你就饱饱地吃一顿吧!"等狗吃完,人们才能入席聚餐。在大新一些地方,过节要杀一头猪,请道公在土地庙念经,下午进屯里赶鬼,祈祷新谷登场,老少安康。

九月后跨

兰坪登天牛——白族民间原始祭祀节日。流行于云南兰坪县一带。农历九至十月间择日举行。届时,村民聚集村旁一棵被尊崇为"天牛树"的树下,以黄牛作牺牲,虔诚举祭。此树神圣禁犯,不可砍伐或在其下大小便。

傈僳族新米节——亦称傈僳尝新节。云南傈僳族民间传统节日。农历九月至十月间择日举行。时值稻谷、玉米收获在即,人们背背篓、提篾筐,到田里拔回些金黄饱满谷穗,拿回家用饭碗刮落谷粒;将新谷炒脆后,再舂米,煮新米饭,与熟肉、肉汤搅拌,全家共餐。饭前,要先喂狗一碗。据传,远古黄谷遍野,粮食充裕,天王知悉顿生嫉意,把谷物全部收回去。通人性的狗,追到天边,抢回三粒种子,人们才生存下来。遂有吃新米饭前先喂狗之俗。禄劝县翠华区,喂狗同时喂牛,义寓犒劳。节夜,全家人喜气洋洋围坐火塘旁,边弹琴歌唱,边喝米酒;之后,全寨男女老少到一块平地上,手拉手,脚合脚,尽情跳戛,通宵达旦。

傈僳族尝新节——参见"傈僳族新米节"条。

傈僳族收获节——傈僳族民间传统农事节日。流行于云南怒江一带。按傈僳自然历法,时值农历九、十月,称"收获月",故名。此间择日过节。届时,新谷、玉米开始收获,家家户户煮新米饭,做新米酒,宰羊杀鸡,庆贺丰收。入夜,村寨广场篝火熊熊,男女老幼带着米酒、新米饭,欢聚一堂。老人弹琵琶、月琴,边唱边跳,讲述远古故事和民族传统。青年男女则围成圆圈跳集体舞,边跳边饮水酒,歌舞达旦。最有趣者,是饮称"伴多"的"合饮杯酒":众人酒兴正酣时,两人共捧一碗酒,互相仰脖、同饮,以示联谊同心,故亦称"同心酒"。

傈僳族收获月——参见"傈僳族收获节"条。

阿昌族换黄单——阿昌族民间传统赕佛节日。流行于云南德宏一带。农历九、十月间,由各寺院僧人择日,在寺院举行。节前,佛寺辖区信众及早准备香蜡、纸钱、食物等供品,尤其是佛像所穿黄单、佛寺悬挂布单。届时,寺院所在地信众,抬上香、烛、纸、食物供品,即将给佛像换上的新黄布单和要挂寺院的其他布单,送到佛寺供祭。朝供香客齐集寺内,先由僧人为香客诵经;众香客取下旧黄单,换上新的,旋上供、焚香跪拜。场面灯火辉煌、香气缭绕,极为虔诚肃穆。

德昂族换黄单——德昂族民间传统赕佛节日。流行于云南西双版纳等地。农历九、十月间,择日举行。届时,佛寺周围德昂村寨,男女老少着新装,携带香烛、纸钱、食物,以及准备让佛像穿的黄布单、供佛寺悬挂的五颜六色布单,进佛寺烧香敬佛。首先,众人向佛祖献上祭品,行叩拜礼。寺院僧侣为众诵经、讲经释义。然后,僧俗们一起参加换黄单仪式,僧人摘下佛像身上的旧黄单,换上崭新黄布单,表明对佛的敬仰和崇敬。换毕,大家便在寺院开展娱乐活动。

景颇族采草节——云南景颇族民间传统节日。农历九、十月间择日举行。采草,指采集酿制酒药之草药。据传,很久前,有个名叫戛安图空的景颇姑娘,种一块旱谷地。旱谷成熟,豪猪常来偷吃。聪明的姑娘想出妙法,用自己的腰箍(景颇妇女将编制之细藤篾系腰间作装饰)做个扣子,套住豪猪,要求其赔偿被偷吃的旱谷。豪猪无奈,告诉姑娘:山里有苦草、甜草、辣草、酸草四种草,采摘回来晒干,舂细,加上糯米粉揿起来发酵,便可制成酒药。景颇人从此学会酿造美酒,平添热情、奔放豪兴,使美酒成了不可或缺之食。故此,每年九、十月间,山上四种草成熟之时,便举行采草仪式,以谢戛安图空姑娘肇酒之恩。届时,山寨老人要挑选一对全寨出类拔萃的青年男女,由董萨及寨内德高望重老人率领,携带米酒、糯米饭、鸡蛋等物上山,选择一空地。他们面对老人围坐,聆听董萨吟唱酒药的传说。唱毕,人们便开始四处采集草药。他们认为:采草仪式越隆重,所酿酒药质量越好。

都安祭雷庙——瑶族民间传统节日。流行于广西都安一带。农历九月至十月间择日举行。所谓"雷庙",实为当地各寨民众各自崇奉的一种奇异大树,严禁破伤,亦禁妇女穿行其下。祭仪由管"庙"人筹办。村众按户均担所需费用。节天,人们云集"庙"旁,杀猪宰羊,虔诚献祭。祭毕,老人们煮吃祭肉,称吃"雷庙肉"。青壮男女禁吃,否则难生孩子,生亦畸形。

好希早节——亦作喝希卓,意为吃新米、新米节。基诺族民间传统节日。流行于云南西双版纳。多在农历九、十月间苞谷趋熟时,择一属虎日举行。节源"古时狗衔来苞谷种子,助基诺人学会种旱谷"的传说。旨在庆丰收、祭祖先。节前日,各户家长聚集寨父、寨母家中,商议节务。昔时,多由寨父、寨母家先吃新米,后再及全寨各家。个别村寨,则先由庄稼长得最好之家先尝,借以给全寨带来同样丰收。节天,各户背着两只鸡到田间摘回些新谷穗,舂米煮饭;背去祭神之鸡,亦杀掉煮食。另外,再杀两只鸡,在家祭祖先和鬼灵。煮新米饭时,人们十分注重甑子冒出之热气,常以何方先冒气、气飘向何方来占卜吉凶。节天,照例请亲友尝新,互祝丰收。因路远或有事,当天爽约者,主家须于次日补一份送去。吃新米饭席间,人们还要反复呼叫寨神"周米遂巴"、先考"阿普培拉"、先妣"阿牟培勒"的魂灵。青年们则借佳节,尽情欢乐。邻寨男女青年们,隔山对歌,情意相投者边唱边靠拢,会合后一对对散开,互诉衷情。

喝希卓节——参见"好希早节"条。
基诺族吃新米——参见"好希早节"条。
基诺族新米节——参见"好希早节"条。

十月后跨

苗族椎牛——族称"吃牛"。苗族最隆重传统祭祖盛典。流行于湘西州及贵州松桃等地。多于十月、冬月间择日举行。历三至五天不等。相传,始祖尤公

（蚩尤）战败，隐山洞，脾气暴烈，动辄杀人。故，每次众将聚会议事，为避杀戮，遂杀猪宰牛欢宴。年深日久，演变而成椎牛祭祖之节。节俗甚繁，因地略异。湘西求人丁兴旺、祛祸得福。用黄牯或水牯献祭，分双、单牛祭。在松桃，为表虔诚，祭主得出卖一点土地，如祭词云："我们出卖秋收谷物，去买祭祖水牯。钱不够呀，我们忍痛卖掉田地，才买得牯牛祭祖。"各地过节，多以家庭、家族为单位。请巫师举行简单仪式后，请亲朋好友来吃"牛酒"，来客吹吹打打，带上节礼。舅家客人在来客中居特别地位：主家须焚香化纸，三揖九叩相迎。舅家、主家共同实施"祭牛"，旋"椎牛"（杀牛），待牛倒地，歌手即跳进场内，率众高唱古歌，姑娘们翩翩起舞，"椎牛"仪式达高潮。上述活动，持续两天。第三日凌晨，祭司在堂屋念祭词，讲述苗族十二宗氏迁徙情况，请牛神及各支族列祖列宗神灵振奋子孙精神。之后，众分享祭牛。祭仪结束。主家全族人欢送来客返家，一路对歌几里、十几里，依依惜别。此节，不忌讳他民族参加，汉商纷纷到场设摊卖货。

苗族吃牛——参见"苗族椎牛"条。

冬月后跨

腊月后跨

冬防节——江苏汉族农村防火节。农历腊月初一开始，至翌年正月十五日结束。历四十五天。届时，各村轮流派人击梆子，绕村高喊："寒冬腊月，火烛小心，水缸挑满，灶窝扫尽！"警醒人们"冬防"，避免火灾，以保安度新春佳节。

防火节——参见"冬防节"条。

布依族嫩信节——族谓"正月的节日"，亦称年节、丰收节。布依族民间传统盛大节日。"嫩信"直译为"情人相会"。农历腊月廿五至新年正月三十举行。腊月廿五日后，村寨新婚夫妇依例要淘洗水井，整修自村至井边道路，在井旁种柳、柏树各一，象征男女情爱如柳树多情、柏树长青，故俗称多娅树、夫妻树、保寨树。除夕夜，家家在堂屋摆八仙桌，置各种菜肴和一些供品，旋敲起铜鼓，举隆重祭祖祀神仪式。谁家无铜鼓，则请寨老敲击村寨公用铜鼓。翌晨，姑娘媳妇们早早去井边，争挑首担"金银水"。挑得者，享全寨祝贺，被寨中姐妹用五彩花线拴上发辫、手腕、水桶；主人则请贺者喝"金银水"，祝大家更加勤劳、聪明和美丽。正月初一至三十，寨中举行打格螺、敲铜鼓、对歌、丢花包、爆蛇蚤等文娱活动。节源传说：很久前，布依族有位叫"布吉"的先王，本穷苦孤儿，后娶龙王三公主，男耕女织，日子十分美满。在他俩带动下，布依地方富饶一新，人人丰衣足食、安居乐业。大家推举布吉为王，执掌部落大事。因三公主乃正月初一凌晨鸡叫头遍时，带着龙王陪嫁宝物"铜鼓"首次来到凡间，后人为缅怀他俩美好爱情和给人间带来的幸福，便举行祭祀和庆典，久而成节。

正月的节日——参见"布依族嫩信节"条。

布依族年节——参见"布依族嫩信节"条。

布依族丰收节——参见"布依族嫩信节"条。

情人相会节——参见"布依族嫩信节"条。

苗族过年——亦称玩年。苗族岁时节日。流行于贵州松桃和湘西等地。农历腊月末日至正月十五日举行。年前杀猪、磨豆腐、酿酒、舂米粑。除夕,先祭祖,在碗柜底用两块砖头架一小木板,上扣三个土花碗摆设祭品,于碗柜前烧香烧纸,祈来年风调雨顺、家人平安。夜,将硬木柴或干树蔸,放火塘燃烧,称"烧年蔸",燃得旺,意味来年生活红火。午夜(约十一点)一到,点燃鞭炮,称"抢年"。鸡开鸣,妇女争着上井边挑"金银水"。正月初一始,村头寨尾纷纷摆设花鼓,由男女青年看守,路人亦参加打花鼓和对唱山歌活动,互贺新年大吉大利。客方如不会打花鼓,便以鼓槌敲敲脑袋,以自罚。上刀梯、舞龙和打鸡羽毽是节日重要活动。刀梯场地设在宽敞草坪,立一根高约五丈圆形木柱,上刻五颜六色龙腾云雾图案,横插刀口向上的三十六把锋利长刀,顶端插两面四方形杏黄旗。木柱旁安放一至两丈高木架,并竖插三十六把锋刃向上尖刀,皆用麻布缠裹。在"三连铳"、鞭炮、唢呐、牛角齐鸣声中,上刀梯的苗师傅舒臂踢腿,合掌指天,耍舞一阵后便揭开刀刃上缠裹的麻布,赤脚踩着刀刃步步上蹬。到顶取出腰间牛角,呜呜吹奏,场上火枪、锣鼓顿时震响。他们下了刀梯又上木架,赤脚踩刀尖旋转一周,场上响起雷鸣般掌声。随后,练过上刀梯功的男女青年,相继争上刀梯,炫耀功力。舞龙,分长达百余节的白日龙和节数只能单数的夜晚龙。舞白日龙时,一武士手执柄长五尺许、随风转动的红宝,龙围绕红宝呈直、曲、弧线等上下翻腾。夜晚,龙身红布包裹、金纸配鳞。出龙时,前有牌方灯一对,二人肩扛蛇灯忽来忽往,各戴乌龟图案花帽,背负筲箕,上画八卦,手拿以油点亮的木瓢,腰背盛松香末口袋,不时撒松香末于瓢中,烟火闪烁,眩人耳目。后随无数纸灯。龙灯在后,舞龙者上身赤裸,随红宝盘旋跳跃,动作有二龙抢宝、金龙抢柱、黄龙缠腰、龙游沧海等。最后,人们用三尺长楠竹筒所制烧花筒、火花,喷射龙身,被烧者呼号,观者欢声雷动,满天银花灿烂,极为壮观。打鸡羽毽,男女各执木板一块,分单、双、多人打。一方将羽毽打出,另方接毽,未接住,可用身体挡住,用脚踢起。踢法有"磕",用膝盖弹羽毽;"蹦",用脚尖踢;"拐",用脚外侧反踢;"盘",用脚内侧交踢;等等。

苗族玩年——参见"苗族过年"条。

海南苗族新年——苗族岁时节日。流行于海南苗家山寨。节期:腊月下旬至正月初七。特别婚俗:除夕前日结婚者,新人双双回岳家过节,正月初七返婆家。除夕,各户杀鸡备肉,包糯米粉掺糖猪肉粽子,举家午夜享用。初一五更,以粽子祭家神,举家竟日忌食。夕暮,再次祭家神。祭毕,方吃团圆年饭。初二开始,互相拜年。新年期间,照例举行各种文娱活动。同时,须谨守诸多禁忌:初一禁上山砍伐树木,免犯伐棺材、寻死之忌;初一至初七,禁扫地,免将好运、财宝扫地出门。

耍社火——简称社火。中原地区汉族民间迎春自娱节日。流行于中原广大地区。自腊月开始,持续至正月结束。正月十一至十六日,达鼎盛。源古老的土与火崇拜。届时,举行耍社火、演社戏等活动。河南灵宝市阳平镇称"骂社火"。社火巡游队伍顺序为:队首报马三个带"令箭",为开路先行官,宣告社火出动;后随手脸乌黑、反穿皮袄的"炮轰队"齐放三眼铳,响声震天;再后,是吹号、鸣锣、打灯笼、打花鼓、打彩旗的漫长人流。突出特色是"骂":数十个反穿皮袄、面涂杂色的"骂手",自作骂不择言的"畜生",竭力高声痛骂"贪赃枉法、横行霸道、欺良压善、吃喝嫖赌、坑蒙拐骗、偷盗抢劫、奸情淫秽……"一切社会丑恶,围观者暴发阵阵欢呼。

中原社火——参见"耍社火"条。

骂社火——参见"耍社火"条。

锡伯族春节——锡伯族民间传统年节。农历腊月廿三日至翌年正月初二,自小年而大年。历十天。腊月廿三日祭灶神,称"小年"。是日上午,各家打扫庭院;下午,将发面饼、油饼供奉灶神爷位前;夜晚,举家跪灶火前,由老年主妇取下灶神像,用糖水抹上灶神爷及两侧童男、童女像之嘴,让灶神上天言好事,孩童别插嘴,旋投头像入火,全家叩头送灶神上天。之后数日,陆续备年货。年三十,各户杀猪宰羊,赶做年菜、年饼、油炸果子,张贴门神、灶神、春联,打扫祖坟积雪,祭喜利妈妈及祖先。除夕夜,各户通宵守岁,子女给长辈拜年;家长率全家到族长家拜年;午夜,全家包饺子。初一黎明前,全家吃饺子,后去亲友家拜年。初二晨,吃二汤面,称"长寿面",后继续拜年。饭后,青年们聚集,举行各种游艺活动。

锡伯族小年——参见"锡伯族春节"条。

布依族春节——亦称大年,布依族民间盛大岁时年节。农历腊月末至翌年正月十五日。据方志载,布依族本以"十一月为岁首",后受汉族文化影响,布依族亦过春节。农历腊月,家家户户都忙着做甜酒、烤酒、杀猪、打粑粑、炒米花等,妇女们还要为全家老少缝制新衣。除夕饭前先要到神龛上祭祀祖先,燃放鞭炮,迎请老祖公,然后合家吃年饭。年饭异常丰富,且须有整棵白菜拌猪肉制成的"长寿菜"。晚饭后,年轻人拿着肉和斧子去"喂果树",挥斧在果树上砍一小口,在刀口上放一块肉,为果树祈福免灾。子夜后,家家依例将家中枢子、囤笸、水车、犁耙、碓磨、织机等用具贴上封条,不让财气跑掉,辛苦一年的人们愉快过年。随后,全家围坐炉边守岁。天刚放白,寨上姑娘们争先恐后去井边挑"新年水"(或叫"聪明水""金银水""取勤水")。据说,哪家姑娘先抢到头水,这家人在新年就会吉祥平安,姑娘也会因此而聪明过人,幸福无边。节间半月,举行"玩年"活动:老年人彼此拜年,共饮春酒,相互祝贺;青年男女走亲访友,或举行唱歌、对歌和"浪哨""赶表"等谈情说爱活动。有的村寨,每晚耍龙灯、舞狮子闹夜。据说,龙灯、狮子所到之处,妖魔鬼怪皆躲避逃走。狮子、龙灯到谁家,谁家皆以红纸封钱酬谢。婚后不孕妇女,更要多送红封,请龙珠送子。那些久病孩童,则由其母抱着穿过龙身,以驱赶病魔。正月十五过后,春节结束,家家揭去农具封条,开始生产劳动。镇宁扁担山一带布依族村寨,要在正月廿八到三十日过"了月节",紫云布依族在正月三十日过"了年节",之后才开始生产劳动。

布依族大年——参见"布依族春节"条。

了月节——参见"布依春节"条。

了年节——参见"布依春节"条。

麒麟舞会——纳西族民间传统节日。流行于云南丽江一带。农历除夕至正月十六日举行。做麒麟舞道具,用竹子编骨架,棉纸糊裱,做成各种动物造型。以麒麟和凤凰道具最庞大、醒目。表演者举着动物造型翩翩起舞,场面宏大壮观。演出多由数村合办,时间多在夜晚。届时,舞场人山人海,四周各式、各色彩灯通明。

鞭炮、锣鼓齐鸣声中,表演者举着动物造型,鱼贯入场起舞。"舞"分五场:其一,阿普寿星开场,祝人寿年丰;其二,花马奔腾,恭贺新年大吉;其三,鹿鹤同春,祈山寨安宁;其四,麟凤呈祥,兆五谷丰登;其五,夫妇牧牛,寓六畜兴旺。此表演,照例巡回各寨,至十六夜扫尾,举"送麒麟"仪式,将所有造型及道具扔入火中焚烧,称"送麒麟、凤凰回天国",会散。

洱源秋千会——白族民间体育健身节。流行于云南大理洱源凤羽坝一带。农历腊月末日至新年正月初七举行。当地谚云:"打一回秋千,平安一整年。"会前数日,各寨即忙于搭秋千架。节天,举行试秋千仪式:把扎好的一个草人,绑秋千绳上甩荡一阵,以示平安。正式开千,一位德高望重老人,在爆竹、唢呐声中,由几位壮汉扶上秋千,轻轻荡动,唢呐高奏《一杯酒》《龙上天》等乐曲;老人家属向众敬酒致谢。之后,在场所有老人依次被扶上秋千,象征性荡一荡,寓祝健康长寿。然后,年轻人登场,进行单人、双人、三人等项目。其中,技艺高超者,在空中做老鹰捕鸡、燕子凌空、蜻蜓点水之类惊险动作,博满场喝彩。数日秋千会,精彩纷呈。

毛南族放鸟飞——亦称放鸟飞节。毛南族民间传统节日。农历旧年除夕至正月十五日举行。届时,各家纷纷出门采集菖蒲叶,编织山鸡、鹧鸪、春燕、鹭鸶等飞禽。除夕清晨,各家主妇将香糯米(有的还在米中拌以豆、芝麻等)灌入"百鸟"腹中蒸。蒸熟后,先给家中孩童每人一只,其余用麻绳等距离系在一根甘蔗上。傍晚,将甘蔗横挂香火堂前,称"槽鸟",以示冰封大地,百鸟封巢。然后,在香火堂前摆两碗红米饭,以及广柑、橙子等果品,意寓瓜果累累、五谷丰登。十五日,吹熄清油灯,搬下香粽塔,重蒸糯米饭,砍断甘蔗,再煮"百鸟群",宣告节日结束。

放鸟飞节——参见"毛南族放鸟飞"条。

灵活变通

古代父亲节——我国古代无社会性父亲节,仅家族变通厘定相关时日,让"父亲"饱享节庆欢愉。主要有四类:①父亲生日。儿女们举家宴,且以"声乐"助兴,为父制作"水引"(汤饼)和"寿面"。《红楼梦》有贾珍为父贾敬祝节之载:"先将上等可吃的东西,稀奇些的果品,装了十六大捧盒",还请来戏班,大举娱乐。②父母"天伦日"。古时父母婚日作"天伦日"。父乃家长,成年子女须向父亲行"九拜"大礼。③父亲"科甲日"。父金榜题名日,儿女们皆举庆,给父贺节。北宋苏轼贬谪岭南,长子苏迈曾自京城,千里迢迢往贺"科甲日"。④女儿生日。女须出嫁,但在哪儿皆"不忘本"。每年生日,皆特回娘家,拜父母;后在父亲安排下,拜祖、拜庙、拜墓;最后再自己过生日。其间,父亲一直主事,居"节日"之主。

壮族祭龙节——壮族民间传统节日。流行于云南文山州广南、富宁、丘北、砚山、文山、麻栗坡、马关等市县壮族之侬、沙、土、天保、龙安、龙音、龙江、东兰等廿五个支系,人口凡七十六万余。农历二月或三月首个龙日举行,历三天。相传,古时一龙姓之家,老阿米带着龙虎、龙彪、龙辰美满度日,孰料连旱三年,颗粒无收。一天,龙王公主上岸对阿米说,其父王忙于做寿,布雨旗压枕下,无暇降雨。阿米派龙虎去求情。龙王责其冲了寿诞,将他杀死。阿米又派龙彪杀入龙宫抢旗，寡不敌众，又被杀。阿米气昏在地，龙公主托梦给她：找个龙年龙月龙日龙时生的人，变成龙子潜入龙宫，方能偷得布雨旗。然而，无论谁偷到手，都将变成一棵树。阿米醒来想，只有龙辰乃龙时生，为救全寨，只好忍心让他一搏。龙辰入龙宫变成龙子，偷到布雨旗。出龙宫不断挥舞，顿时雷鸣电闪，大雨倾盆，众生得救。他回村边，果然变成一棵大树。人们为缅龙氏三兄弟舍身救众，便以祭龙为节。节按村寨举行。节前，由寨中耆老主持集资，购香烛纸钱和生猪活鸡。节天，村众云集传统龙树下，宰猪杀鸡。龙树多为榕树、麻栗树、黑皮树和榄椰树，高大挺拔，枝繁叶茂。人们在树下焚香点蜡，设供品。主持念颂词，求上苍普降甘霖，保佑五谷丰登，人畜平安。摆祭时，外寨人、骑马者、戴雨帽者，谢绝穿行寨中。旁观者禁讲话、打闹。日暮祭毕，全村一户留一人聚餐，剩余吃食按户平分带走；有的村，祭完即平分带走。祭龙三天，不下地，不舂碓、不推磨。祭分大、小：小祭杀猪宰鸡，大祭宰牛。有的寨还舞龙，各家准备清水，"龙"过门前，便泼洒，俗以为龙身湿才风调雨顺。也有的地方，在潭边祭龙。《马关县志》载："三月辰日，官绅士民共往大龙潭祭龙，为祷雨祈年也。……是日虽不大雨，亦必稍见飞洒以显感应。"

侗族萨玛节——亦称侗族祭萨。春耕前农历二月，或秋收后之九、十月农闲，择吉日举行。作为母系氏族社会遗风，流布于贵州榕江、黎平、从江等县及其周边，以榕江车江为盛。萨玛，直译"大祖母"，侗族民间至高无上的女神。据传，为母系氏族时期一百战百胜女首领，拯救族人危难，被奉若神灵，世代供奉。洞区村寨，普遍建有"萨玛"圣母祠，设名为"登萨"女性看管香火。宋陆游《老学庵笔记》载：侗人"至一二百人为曹，手相握而歌"，"多耶"祭萨。节日规模最盛者，推榕江县车江大坝三宝侗寨。祭坛由村中一德高老妇管理，祭仪仅允中老年妇女和年长男性参加。所有女性着盛装，参加祭祀、游乐，家务皆由男性承担。祭萨时，先由"登萨"给萨玛敬香献茶，女众排队祭祀，各喝一口祖母茶、摘一根常青树枝插发髻，后以村为单位，跟随手持半开雨伞的老妇"踩路"（似化装游行），沿田间绕寨一周，从江边古道走向鼓楼广场。芦笙芒筒队相伴，吹奏古曲。几十路客寨萨玛队，聚集固定耶坪（广场），手拉手围圈起舞，齐唱赞颂萨玛的"耶歌"，意为与萨同乐。如是载歌载舞，称"多耶"。入夜，在村街大摆"长龙宴"。宴毕，众于萨玛祠前鼓楼坪，唱琵琶歌、多耶歌，跳舞，尽情欢娱，并祈人寿年丰。2006年，此节荣跻国家首批"非遗"名录。

侗族祭萨——参见"侗族萨玛节"条。

侗族姓氏节——侗族民间传统节日。流行于广西三江、龙胜及黔东南州等地。侗族各个姓氏皆有自己的节日，且节期不一。如，石、罗两姓过"未节"，即农历立秋后首个未日；有的石姓还在农历十月十二日过"祭祖节"；吴、胡两姓农历七、八月逢甲戌过"甲戌节"；有的地区吴姓，在农历二、八月择日过"社节"；伍姓在农历六月初六过"双鸭节"，或八月过"社节"；陈姓在农历七月十四日过"中元节"；杨姓在农历冬月初一、初六或初九过"杨节"或"冬节"；等等。届时，家家杀鸡宰鸭，打酒买肉，准备丰盛美酒佳肴，既敬奉祖宗，又宴请外姓亲朋好友。宾主频频举杯，共度佳节。

东家人祭祖节——待识别东家人宗教节日。流行于黔东南麻江、隆昌一带。农历十月或冬月之十二日举行,历四天。一年小祭、三年中祭、十三年大祭。东家人以"祖鼓"为祖先象征,鼓内设祖先灵位,鼓身披丈二彩红,诸房族皆虔诚供奉,或供神龛上方,或供专门鼓房,或伴以芦笙、牛头而高悬中梁之上。存放祖鼓之家多禁忌:禁乱叫乱喊,禁坐门槛,禁中断香火,等等。小祭,请祭祖师、芦笙师、族老举祭,供一猪、一鸡,司仪吹芦笙、念祭词,置一席饭菜于地,众围坐,司仪再吹芦笙、念祭词,请祖灵受领。俄顷,众大喊"祖先赶快离去"。司仪迅即将鼓、笙放归原处,告祭毕。中祭,略同小祭,仅所杀之猪更大更肥。大祭,以甲子轮推,族支不同分龙年祭、羊年祭。规模甚大,耗资惊人:祭品为犄角端正且毛旋美观的黄牛、水牛各一头,外加两头猪,另选定"顶鼓女"。祭前夜,司仪在供鼓之家念祭鼓词,祭日芦笙师给鼓披红,唱请鼓词,旋将鼓抬、挂跳月场,芦笙队簇拥吹奏,"顶鼓女"紧随,再后是盛装妇女队绕鼓跳舞。末日,由一人率众至房族家堂屋,唱送祖词,并"清家",后回祭祖场,边听歌师唱送祖词,边陪祖灵享用酒菜。最后,大喊"祖先快跑,有人割猪尾巴了!"抬鼓的人们忙将祖鼓放回指定地点收藏,告节毕。

彝族开井节——彝族民间宗教性节日。流行于云南大姚县彝族山区。每年择吉日,在龙女庙举行祭祀活动。旨在纪念为彝人找到盐井的放羊媒(姑娘)"洞庭龙女",以感其恩德。庙供龙女身着彝家麻布裙。相传,她乃洞庭湖龙王小女儿,长得如花似玉,后被洱海龙王抓去,威逼成亲。龙女宁死不从,被洱海龙王赶到深山放羊。龙女赶着羊群,翻山越岭,来到彝山。洱海龙王仍不死心,暗中作怪,让彝山天旱地干。彝民心急如焚。龙女历尽千辛万苦,在深山找到被洱海龙王锁住的泉水,解除彝乡旱情。当她得悉彝家无盐巴食用时,又赶着羊群上山寻找,最终找到出产盐巴之井,而自己却献出了生命,其身边白羊亦化作了石羊。彝民感激涕零,在石羊井边盖起龙女庙,择日祭祀,久而成节。

祭丢瓦拉哈滚——族谓"祭家族神"。云南傣族民间祭祀节日。节期不定,遇大事即举祭。"家族神"供奉在族长家里,由族长举祭。按古制,同一村社之不同家族,须杀不同颜色的鸡作祭品。每个家庭,又各有家神,供于家长睡觉处上方,或火塘上方竹架上。家庭成员若生病或离家,皆须用腊条等物举祭。婚嫁时,须将两块蘸过酒的糯米饭团捏在一起,置三脚架上祭祀。均旨在祈求家族神保佑。

傣族祭家族神——参见"祭丢瓦拉哈滚"条。

波宰曼——意译"竖寨心"。云南傣族民间传统祭祀节日。每年择吉日,举行一次。"宰曼"即寨心,象征村寨心脏、灵魂,起"保护神"作用。其象征物,通常是围成堆状的木桩、巨石、大树、竹排之类,位于村寨中央。寨四方,各设一寨门。竖、埋、更换"宰曼"时,均择吉日,由寨主组织全村,举行隆重祭典。届时,修葺寨门,从寨门沿村寨四周,围以草绳,象征寨墙,以为村界,表示此乃以"宰曼"为中心组成之村民共同体。平时,婚嫁、迁离、迁入,均须首先祭祀"宰曼",以求许可。"宰曼"既竖,禁触摸,禁在附近丢污物、拴牲畜。

傣族竖寨心——参见"波宰曼"条。

布朗族祭苦拉——云南布朗族民间

传统节日。节期不定,择吉日。历一天。"苦拉",布朗神话传说中管水之神,人头蛇身,总出现于下大雨、发大水或山洪暴发时。雨水冲毁庄稼、房宅,危害极大。为减少水害,人们每年都要举节祭祀。届时,各家拿一些生活用品,如伞、土锅、碗筷等,集中送村外河岸边,请巫师念经祷告,旋将其扔入水中,以示献给水神,祈它在这一年不再为患。此节已式微。

布朗族祭寨神——云南布朗族民间传统节日。农历一月或六月,择吉日举行,历三天。各地各寨寨神标志不尽同:或于寨子中央竖一木桩,四周垒石头;或竖五根木桩,中间削尖那根为标志。旨在祈求寨神保佑全寨风调雨顺,人畜平安。

仡佬族小年——仡佬族民间年节。择吉日,或农历冬月十七日,或虎日;或腊月廿七日,无定规。节源传说:冬月十七,乃仡佬先祖开荒辟草之日;虎日,则是盘古开天辟地成功之日。腊月二十七,乃古时族人出征既定之日,距大年仅三天。为让出征者节庆团圆,便提前三天过年。故小年远比大年隆重。祭祖供品,须为先祖自天上来到地上时曾食用的。如未阉过的牙猪肉竖切成巴掌大,用四根青杠条穿起;山药亦切成四片,用四根米草芯或花角藤穿起。此外,还用粑粑捏一个祖先模像及八对圆粑,代表仡佬各支系。这些粑粑禁食用,连来客亦"准吃不准拿"。入夜,祭祖"献饭"。除上述供品外,还捏九团饭,上插三叶金丝茅草,以卜来年丰歉:草茑则丰,否则歉。供品上毕,即关门吹灯,用马勺装山药和炒牙猪肉,逐一唤请祖灵来享用,并将马勺所装食物撒些在地。此因当年不穿裤子,有灯火不便前来。节间穿插举行娱乐活动。孩童打磨秋、滚龙秋、斗鸡棒……小伙、姑娘们上山对歌,借机连情择偶。

独龙族祭山神——云南独龙族民间宗教祭祀节日。无固定日期,多在逢年过节期间择日举行。昔时,独龙族崇拜自然神,认为一切天灾人祸皆超自然神力所致。为免灾害,祈福康年,他们便祭祀神鬼。他们认为,山神(拉)是使人畜兴旺、粮食丰收的神灵,每逢年节时,全寨人都举行集体祭祀。祭前,每家用熟荞面捏成粑粑人(寓意可得子)和牲畜(寓求来年猎获更多野兽)。祭时,人们聚集寨外山坡,献上苞谷、米酒、肉食及用熟荞面制成的祭品。依照习俗,男人靠近祭品而立,妇女站在后面。独龙人认为,"拉"神最讲卫生,女子勿靠近。祈祷山神,大意是:村寨男女老少要靠你保佑,我们今天送给你最好的东西吃,愿你永远保佑我们人畜兴旺、五谷丰收。祭毕,大家围着火堆纵情歌舞。

个人招渔祭——台湾少数民族支系雅美人民间传统渔祀节日。农历二、三月开始打鱼季节,择日举行。旨在祝愿家庭渔业丰收。祭晨,渔民盛装赴海岸,登小船而坐。俄顷,起立脱去银质大礼帽,两手捧之,望海作"招渔"之势,咒唱道:"我招所有各社渔场的众鱼,来我港口,如同缠络树木的蔓叶!"仪毕,回家取来预备耀约鱼用之若干支纶装置及一小型网袋,分放小船底和钓船上,并将放船左舷五块石头纳入网袋中,挂在颈上带回家。走至家中前庭,将石头置于鱼架根基,之后,吃渔妇所煮三根硕大水芋。食毕,渔妇在其右手结一料珠腕饰,祝其打渔丰收。日暮,再赴小船,从放鱼槽中取出十块石头纳于小型网袋中,结缚于船尾。

小船初渔祭——台湾少数民族支系雅美人民间传统渔祀节日。旨在祝愿家庭渔业丰收。在"个人招渔祭"次日举行。此乃以家庭为单位之首次出海捕鱼。祭日，渔家于日间乘小船出海垂钓。在海上首次获鱼后，即行祭仪：将带有鸡毛和涂血的小竹管，在鱼身上象征性涂血，并念咒语。所获之鱼纳于网袋，以颈背负。船归时，取出前日系于船尾网袋的五块小石头，盛入网袋。回到家，将鱼及小石头放洗鱼槽内。个人渔猎所获之鱼，必至日落方可烹食，且须在住屋后室炉上烹煮；烹鱼所用海水，亦必由渔人自己汲来。此时，渔人着盛装，头戴银质大礼帽。当全家食用初渔所获之鱼时，要向鱼唱祝："夏鱼啊，我们祝福您！愿我们长享一生！"

成人仪礼——亦称少年节。台湾少数民族支系鲁凯人、曹人、阿美人民间传统节日。农历三月或其他月择日举行。鲁凯人称十一至十六岁为少年期；十七至廿二岁为青年期。从童年进入少年，接受男性种种户外生活训练，如穿腰裙、束腹带、带番刀、参加狩猎和捕鱼等集体活动。从少年进入青年，进驻公共会所，举行正式"成人仪礼"。是日，由应届入会青年们集体出猪一头，送至会所，由会所武士首长主持杀猪，旋武士聚宴，青年则进行歌舞庆祝活动。曹人少年男子，从十二岁起集训五年，才算进入成年。开始、结束，均举行隆重庆典。受训少年节，农历三月择日举行。当天男人们全副武装，手持长矛，将一广场围住；妇女们着节日盛装，簇拥广场四周。先将一大肥猪赶进广场中央，男人们边呼喊、边持长矛刺猪，直至刺死。人们在矛尖涂上猪血，插广场四周，后将猪肉当场煮熟，和米糕一起，均分给在场男子。得食物者，奔往受训少年寄宿地，唱歌、聚餐，尽兴方散。此后，少年离家，接受训练。五年后，结束训练前考试，合格方能毕业。阿美人凡年满十八，要求以成人标准为人处事。仪前一月，即锻炼身体，习歌舞。仪式前两天，捕野鸟，备粟酒，孝敬长老。粟收获祭后之月圆日，成年礼正式举行：青年们聚集村落首领家，听长老训导，被宣布业已成人，凡事以成人律己。之后，他们裸奔海边，全部抵达终点，即跳海滨歌舞。下午，全体青年着盛装，并戴羽冠、插耳轴，去公共会所，围成圆圈，继续舞蹈。其间，再次聆听村落首领训话，后纵情歌舞、欢宴，通宵不眠。

少年节——参见"成人礼仪"条。

青年节——台湾少数民族民间传统节日。节期不定。多以村落为单位，由十八至廿岁青年，每年商定一天过节。届时，他们一早即着猎装，带猎枪、猎犬，去野外狩猎。这天，必须猎到一头野兽，才能回村。他们欢快地抬猎物归寨，盛装等待的姑娘们蜂拥上前，和他们手拉手，往林间空地跳舞唱歌。在质朴交往中，各觅意中人。

刻道节——亦称刻木节。苗族民间传统歌节。流行于黔东南州施秉、黄平、镇远、凯里等高坡苗支系。节期灵活不定。主要见于婚礼、年节等喜庆场合。"刻道"乃苗族古老、神秘歌棒，呈圆或方形，三面刻符纹，各九格，凡二十七格，每格以横、竖、叉简略符号，组成苗歌主要内容；现场持棒而唱所刻之"刻道"（汉译"苗族开亲歌"）。此乃苗族古歌中，历史最长、流传最广、唱诵规模最大之酒歌。2012年3月11至14日，第三届节庆在施秉县柳塘镇与苗族巴梭芦笙节同步举行。除周边县市逾万人赴节外，还邀请黔西南州贞丰县苗族同胞参加。节间，举行了芦笙舞、板凳舞、唱苗歌、赛马等活动。2006年，"刻道"以"民间文学"项目，跻身首批国家非物质文化遗产名录。

刻木节——参见"刻道节"条。

二十四节气

立 春

立春节——全国性汉族农事节日。农历立春之日举行。据考,远在周朝,即有"以土牛庆立春"之俗。至明清为盛,各州府须提前制作泥塑芒神、春牛。届时,官府领迎春队伍,至事先备好之芒神亭、春牛台。人们吹牛角号,唱"青阳曲",舞羽毛仪仗,跳"云翘舞",隆重举行迎春仪式。在京师,皇帝则亲率大臣,往京西皇田扶犁鞭牛,以祈年丰。"鞭打春牛"具象征意义,讲究鞭者站立方位:立春在春节前,站牛前;反之站牛后;恰逢春节,则取中而立。如是意在提示人们,及早备耕。"打春牛"之俗,至今尚流行于华北农村。吃春饼、春卷等俗较普遍,各地大同小异。

苗族迎春节——湘西苗族民间传统岁时节日。农历立春前一天举行。按十二个月,扎制十二台春戏,逢闰月多扎一台,内须一台猴子、一台寿牛及龙灯、狮子等。节前夕,照例在县城预演,称"演春",征询各方意见,修正完善,并选美貌少年作"看娃",巧作打扮,推着游转。"演春"现场锣鼓喧天,彩旗飘扬,场面极为壮观。至正式"迎春",通常数村合办。场地择适中坪坝,内容有春戏、猴儿舞、狮子舞、龙灯舞等。届时,人们精心打扮,着五彩缤纷盛装,扶老携幼,从四面八方涌向"看春"场,人数多达万余。活动曾盛极一时。

鹤庆插柳节——云南鹤庆县白族民间传统植柳节日。流行云南鹤庆一带。农历立春前之蛇日,由各村分别举行。节前,人们备好待栽插柳枝条。届时,由村中两名年长者带领,人们聚集村子附近河沟边栽柳条。据说,这天插柳条最易成活。插柳时,各自手拿柳枝条,边唱歌,边跳舞,每走十二步,即插下一根柳条。人们插完最后一根柳枝条,节日便告结束。

满族庆丰收——满族石氏家族农祀仪式。流行于吉林九台市。农历立春前三天举行。由深孚家族及周边村落众望之石姓老者主持。满族锡特克里家族,隶满洲正黄旗,汉姓石,有两大支系:一在九台莽卡东哈村,一在胡家乡小韩屯。其支系繁多,自始祖已历近四百年,始终保持萨满祭祀传统。每年小祭,逢龙、虎年大祭。旨在庆丰收、娱神。祭仪含祭祖坟、亮家谱、震米(淘米做糕点供品)、请神(祖神、自然神)、祭佛托妈妈(家族生命神)、跳祭舞(请何神跳何舞),内容丰富多彩,程序细致纷繁。

荆州迎傩神——汉族民间宗教节日。流行于湖北荆州一带。农历立春前一日举行,春分后结束,历一月半。"傩神"乃传统傩文化之"神"化象征,迎、祭傩神旨在驱鬼逐疫,除灾呈祥;内涵则是通过各种仪式活动,达阴阳调和、人寿年丰,乃至国富民强、天下太平。立春傩俗源周代大傩出土牛,紧涉农事。荆州一带"迎傩神"仪式略同中原他地,不外于"傩庙"焚香燃烛,叩首祈祷,以至抬神像巡游。信众虔诚执着,程序简约而不厌其复。

仫佬族春耕节——仫佬族民间传统农祀节日。流行于广西罗城一带。农历立春前一日举行,历两天。春耕开始前,举行破土仪式,祈先人保佑丰收。昔时,人们于节首日,一早即敲锣打鼓,载歌载舞,前往县城东郊春牛亭。由县太爷(县长)主"开土迎春"仪式:手持一炷燃香,首拜神仙,二拜土地,三拜公民。拜毕脱鞋挽裤脚下水田,一手扶犁,一手执牛鞭向众高呼:"立春已到,农夫下田!"旋扬鞭打牛三下:首鞭说"风调雨顺";二鞭说"物阜民安";三鞭说"天下太平"。后在田中象征性犁三下。村长随后,将谷种撒入田中,以示春耕开始。节次日,将剩下种子分各户。各户将谷种和酒肉作祭品,放香火台上祭祖先。祭毕,各将牛牵田中照样犁三下,抛撒谷种。其后,村长到各户检查春耕情况,谁家马虎从事,一旦当年歉收,则归咎谁家。仪毕,本村从事他业成员,亦须回村投入春耕。

土家族打春节——亦称鞭春节、三坛节。土家族民间传统节日。流行于重庆石柱一带。农历立春之日举行。源自清乾隆年间石柱县府所定二月初五之"农夫节"与冬月十六之"报功者"两节。旨在提醒人们抓紧备耕,并预祝全年消灾除邪、五谷丰登。届时,演出土戏、土地戏灯、川戏、道琴、清唱等等。最盛者,是各种彩队游行。三声炮响,鞭炮锣鼓齐鸣,三匹披红挂绿彩马开道,紧接二十八人手执各种兽类模型,后面是纸扎彩色"春牛"、人扮"春官";再依次是舞板凳龙、耍龙灯、舞狮灯、跑采莲船、蚌壳花灯队伍;最后是神龙乘坐的八抬大轿,轿上插满春花,轿前有捧"天印"的童男童女,另有两名歌手演唱,轿后十一名春花姑娘伴唱相随,唱农家谚语、山歌、历史典故等等。队伍到达彩亭,设香案,向神三鞠躬,开始扮耕。有人给"春牛"套上犁,模拟犁田,众人争撒五谷种子,然后"春官"高诵:"一打春牛头,寨泰民安;二打春牛腰,风调雨顺;三打春牛尾,五谷丰登。"诵毕,刻意把"春牛"打坏,人们争先撕扯纸扎春牛,抢到一片者乃吉兆。

土家族鞭春节——参见"土家族打春节"条。

三坛节——参见"土家族打春节"条。

石柱农夫节——参见"土家族打春节"条。

石柱报功者——参见"土家族打春节"条。

打春牛——亦称打春、鞭春、鞭春牛。汉、满民间传统节日。流行于东北汉、满两族地区。农历立春之日举行。唐卢肇《谪连州书春牛榜子》云:"不得职田饥欲死,儿侬何事打春牛。"可见,此俗唐朝业已风行。清富察敦崇《燕京岁时记》曰:"立春日,礼部呈进春山宝座,顺天府呈进春牛图。礼毕回署,引春牛而击之,曰打春牛。"立春之日,知县门前摆放泥塑春牛和芒神。黎明,官员们将供品奉献在春牛和芒神前,举祭仪。先由知县用柳枝或柳棒,俗称春鞭、春棒,击鼓三声,鞭打春牛三下,后将春鞭或春棒传给其他官员和民众,轮流鞭打,直至将土春牛打碎,称"鞭春牛"。相传,春牛碎土可禳灾祛病,得到它,兆五谷丰登、六畜兴旺、蚕业丰收。围观人们争先抢扒"春牛"碎块。其后，东北满族乡村演变为用秫秸、彩纸扎制春牛。立春拂晓，妇女头戴绸缎花，小孩手举各种风筝，成年男子抬着春牛，成群结队下田间，太阳升起后由一长者执春鞭，鞭打春牛，边打边说："一打风调雨顺，二打地肥土暄，三打三阳开泰，四打四季平安，五打五谷丰登，六打六合同春。"鞭毕，由几个男子抬着春牛沿田垄慢慢前移，走一段，将春牛放地上停一下，一汉子用镐头朝正南方，向"农祥星"方位使劲刨几下土，以示春耕开始。最后，人们将春牛焚化，结队回村。

打春——参见"打春牛"条。

鞭春——参见"打春牛"条。

鞭春牛——参见"打春牛"条。

衡尾——亦称迎牛。待识别伤僙人民间节日。流行于贵州平塘一带。农历立春之日举行。俗仪略同他族打春牛、闹春牛。

伤僙人迎牛——参见"衡尾"条。

仡佬族立春节——仡佬族民间传统节日。流行于贵州遵义地区务川一带。农历立春之日举行。届时，合家欢聚，宴亲朋好友，走访游玩；禁洗衣服、被褥、鞋袜。尤富特色是"抢春水"：限未婚青年男女，家中多个，则选最体壮、最敏捷者；无有，可向别家"借"一个，节前夜即请来家吃住。为抢到立春水，及早备好水桶、瓢、碗和鞭炮。是日，雄鸡啼鸣，便行动，手脚要轻，到塘旁井边，亦轻轻舀水，免惊动春水。平年舀十二瓢（碗），闰年舀十三瓢（碗）。舀完连呼："抢春水啦！抢春水啦！"并燃放鞭炮，挑水回家，边走边喊"春水到家啰！到家啰！"立即点火烧水。待全家人起床，梳洗完毕，每人喝一杯春水、一杯香茶和一杯蜂蜜米花茶，再用春水煮汤圆吃。之后，外出游玩，唱歌跳舞，竟日狂欢。

舟山敬牛倌——汉族民间传统农事节日。流行于浙江舟山地区。农历立春之日举行。届时，各户家门贴上春牛图，图样年年变换，各寓含义：牛倌握竹鞭赶春牛，兆节期紧张，耕牛甚忙；牛倌手拎绳子牵春牛，兆节期迟缓，耕牛可轻松；牛倌悠然吹竹笛骑牛背，兆风调雨顺，五谷丰登。春牛图样寄予了农户希望，选择张贴春牛图，遂成此节之魂。

侗族闹春牛——亦称舞春牛。侗族民间传统节日。流行于广西龙胜一带。农历立春之日举行。人们认为，耕牛一年很辛苦，此日特地修缮牛棚，给牛喂糯米粑粑、豆子、青草等精料，让牛休息一天。同时，上山砍竹，破篾，做"闹春牛"道具。按传统，各村寨推举几个有威信男子，共掌节日事务。其中，两人为活路头，主管农事活动。上午，两人将一捆发青芽嫩草放指定地方，各寨男女老少着民族盛装，列队前往，吹吹打打聚集。等三声铁炮响，活路头赶着耕牛，表演犁田耕地等农活。随后，栽几蔸青草，象征禾苗茁壮、五谷丰收。仪毕，男女老少就地围成圆圈，由芦笙、二胡等乐器伴奏，跳芦笙舞，尽情欢乐。下午，各家清理锄头、钉耙、犁头、镰刀等农具，并在自家菜园种几蔸茅草，迎农忙季节到来。晚饭后，人们排着长队，在锣鼓声中来到广场。两人提两个圆形大红灯笼，上书"立春"两个醒目大字。其后，由两"罗汉"（后生）扮演耕牛，紧接一群扮耕耘、播种、锄草、施肥、收获的农夫和农妇，载歌载舞，边走边唱，代表全寨送"春牛"到各家各户，领舞人逐一向主人略说吉语,如"春牛登门,风调雨顺""春牛游村,五谷丰登""主人吉祥,人畜兴旺"等。主人喜笑颜开,向舞春牛者鸣放爆竹,献红糖、糯米粑粑、油茶和红包等,以示祝"春牛"健壮平安。"春牛"送达各家,队伍遂涌向打谷场,将其当作农田,围成圆圈,在二胡、芦笙、牛腿琴、琵琶、锣、鼓、铃等伴奏下,表演耕田、种地、锄草、施肥等各种舞蹈动作,内容诙谐,颇富民族特色。观众为"春牛"鼓掌喝彩,不时以歌提问一些农事知识,"春牛"必须以歌作答,舞春牛转入热烈的对歌活动,你问我答,我唱你和,歌唱农事、节气知识。

侗族舞春牛——参见"侗族闹春牛"条。

沂蒙缝春鸡——亦称缝布鸡。汉族民间传统节日。流行于山东沂蒙山区。农历立春之日举行。"春鸡",用花布、红布、棉絮、碎布条、黑线等缝制而成;再用线穿连水泡黄豆,悬于"鸡"嘴。婴儿来人间首个春天,必戴春鸡。男、女孩,分戴左、右臂袄袖或帽上。最长续戴数年,通常戴至正月十六,于生母回娘家路上,扔河中,随流水漂走,借祈孩子长命百岁。此俗,表达人们祛病消灾的夙愿。鸡吃豆,而"豆"音谐"痘"。戴"春鸡",可让"鸡"吃掉孩子身上之"痘",一生不长痘疮。

沂蒙缝布鸡——参见"沂蒙缝春鸡"条。

瑶族浪希结——亦称"浪希结节"。族谓"合拢种爱地",意译"同种爱情地"。自称"布努"瑶族民间传统情爱节。流行于广西巴马一带。农历立春之日举行。节前,小伙、姑娘聚集,互派代表商订"浪希结"盟约,内容:一,有诚意,禁中途退出;二,昼劳动,夜对歌,亲属不得干涉;三,禁唱伤害双方感情的歌、说伤感情的话;四,节间,有人患病或受伤,大家集资医治。盟约商定,由男方出钱购两只鸡、五斤猪肉以及一些糯米酒、烟叶等,作为礼品,三五人作代表,与女方举行"签字"生效仪式。节天,男女双方着节日盛装,女方手提糯米饭,肩扛锄头,腰挎绣花篓;男方手执镰刀及果子狸肉、烧鸡等,一同上山挖地下种。之后,举行对唱情歌、做游戏、说笑话等娱乐活动。通过这一"播种爱情"佳节,许多人觅得终身佳偶。

浪希结节——参见"瑶族浪希结"条。

合拢种爱地——参见"瑶族浪希结"条。

同种爱情地——参见"瑶族浪希结"条。

傣族烧白柴——傣族民间宗教节日。流行云南德宏一带。通常于农历立春举行。参加者多为村寨老者。据传,百年前,佛祖一弟子病,危在旦夕。一位老人得见,心生怜悯,去别处取来干柴,给病僧烧火取暖,俾速痊愈。后来,佛知悉此事,认定老人行为乃善举,遂将冬去春来之日子定为"燃白柴节"。节前几天,老人们便陆续将自家所砍表皮呈白色之木柴堆到塚房(寺庙)门前。节天,家家杀猪宰鸡,吃米线。入夜,人们进佛寺请佛像到寺门前,点燃柴堆,以示为佛取暖,另亦预示天气将由冷渐暖,祈祷人畜吉祥。僧人念经时,众人分男、女两行,跪僧人身后,至柴堆烧尽方散去。

傣族燃白柴节——参见"傣族烧白柴"条。

春社节——简称"春社"。中原古老祭地神、祈丰收节日。多于农历立春后第五个戊日（约当春分前后）举行。宋陈元靓《岁时广记·社日》引《统天万年历》曰："立春后五戊为春社，立秋后五戊为秋社。"汉前仅有春社；汉以降，方添秋社。南朝梁宗懔《荆楚岁时记》载："社日，四邻并结综会社，牲醪，为屋于树下，先祭神，然后飨其胙。"可知，节兼祭神和乡邻聚会宴饮。史上曾盛多年。唐王驾《社日》诗云："桑柘影斜春社散，家家扶得醉人归。"此节已式微。（参见"秋社节"条）

春社——参见"春社节"条。

苗族春社节——亦称过社、社节。苗族民间传统节日。流行于湘西及贵州镇远、三穗等地。农历立春后第五个戊日举行。节前，姑娘们邀约，手拿小薅锄上山挖来野葱等，做香糯米饭：先将野葱洗净剁细，把腊肉和白豆腐切成丁，加油炸花生、炸黄豆、蒜苗和糯米，一起蒸成香糯米饭，即"社饭"。另外，还酿制"社酒"。节日，亲朋好友纷纷应邀作客，送来活母鸡、活母鸭、糯米饭、酒和糖等礼物。主客欢聚一堂，叙谈生产生活，举杯畅饮。酒酣情浓，女客便唱酒歌，赞颂主人美酒佳肴；主妇谦虚地答："养鸡不生蛋，酒壶无美酒，碗里没好菜，愧对了贵客。"男人们猜拳畅饮，热气腾腾。客人返回时，主人将糍粑串起，或用活鸡活鸭，敬来客。回敬的"活礼"捆在一起，套在客人脖子或系其腰上，边走边交谈，依依惜别。此节初乃祭神，祈丰收，现多融亲友欢聚内容。

苗族过社——参见"苗族春社节"条。

苗族社节——参见"苗族春社节"条。

睢水春社踩桥——汉族民间传统节日。流行于四川安州区等地。每年春社（农历立春后第五个戊日），在安州区睢水镇太平桥举行。据考，此桥为避睢水河泛滥，始建于清嘉庆年间，竣工之日恰逢春社日。此节旨在消灾免难，历二百余年。节源"踩桥镇兽"传说。主要节仪：踩桥驱邪，祈福礼佛，另尚有踏青游乐、拜干爹、民俗表演等。

雨　水
惊　蛰

惊蛰节——汉族民间岁时节日。农历二月初六左右之惊蛰日举行。届时，人们设案进香，烧纸叩拜，祭祀雷公，祈风调雨顺、人畜平安。山西大同、朔州一带，农民讲究惊蛰吃梨，以趋吉辟邪。

苗家吃仓饭——苗族民间传统节日。流行于黔东南州从江县加勉一带。农历惊蛰春雷响前某个卯或亥日举行。当地气候、土壤宜种糯稻，稻粒不易掉落。每年秋收，人们用摘刀剪下稻穗，捆成把，每把重十余斤，称"禾把"，禾把架于横梁上，抑或存放仓里。每年将刻意留下的"大禾把"，舂成白米做饭，称"仓饭"。据说，食之会五谷丰登，不食则损失无法补救。春雷响后，做"仓饭"所剩大禾把，只能用来酿酒。吃仓饭禁就蔬菜，只能就肉下饭，且须在深夜吃，吃过则禁出门，上床入睡最佳。吃剩余仓饭，亦只能于次日深夜吃，和头天一样。吃仓饭的范围，仅限于没有分居之家庭成员。已分居者，无论父母或兄弟、妯娌，均忌同吃。于客人，更然。

土家族射虫日——鄂西土家族民间传统节日。农历惊蛰前一日举行。土家人认为，每年惊蛰来临，冬天蛰伏的各种害虫就要复活，将危害庄稼。故在惊蛰前夕，即抢先用炭灰在地上画出弓箭形状，意为"射尽害虫"，免遭虫灾，以求丰收。

春 分

春分节——春分表示"昼夜平分"，南北两半球昼夜长度相等。北半球春季开始，我国多数地区越冬作物进入生长阶段。节俗颇多。一是竖蛋。在桌上轻轻竖立刚下三五天新鲜鸡蛋，失败者多，而兴致益浓，"春分到，蛋儿俏"。二是吃春菜。春菜指野苋菜，俗谓"春碧蒿"，与鱼片滚汤，赞曰"春汤灌脏，洗涤肝肠。阖家老少，平安健康"。三是送春牛。能言善唱者自诩"春官"，挨家"送春牛图"，即兴"说春"送吉。四是粘雀子嘴。各户吃汤圆，并将十几个空心汤圆，用细竹叉扦着置于田间，用来粘雀子嘴，防雀来糟蹋庄稼。五是春祭。扫墓祭祖，家族或全村纷纷出动，最迟清明前扫毕。相传，清明后墓门即关闭。六是拜神。春分前后，陆续拜祭多神；春分此日，尤广为泛拜。七是祭日。《礼记》谓"祭日于坛"。唐孔颖达疏"谓春分也"。清潘荣陛《帝京岁时纪胜》曰："春分祭日，秋分祭月，乃国之大典，士民不得擅祀。"明清皇帝春分于日坛祭"大明神"（太阳）。日坛亦称"朝日坛"，坐落京师朝阳门外东南。朝日定春分卯刻，逢甲、丙、戊、庚、壬年份，帝亲祭，余年岁官员代祭。八是犒劳耕牛、祭百鸟。以糯米饭喂牛，以示犒赏；祭鸟，既谢其鸣叫提醒农时，亦望其别啄食庄稼。

祭日大典——旧皇帝日坛祭日仪典。农历春分之日，在北京日坛举行。据载，明、清两代皇帝每年是日举祭。中断一百六十余年后，2012年3月20日壬辰年春分，按清代文献记载，由演员们再现祭典卤簿仪仗、乐舞、祭坛礼仪等盛况，昔时服装、道具、乐器等一应复原，气氛古朴、肃穆。

荆州迎傩神——汉族民间宗教古节。流行于湖北荆州一带。起始时间无考。农历春分之日举行，历半月许。节前夕，人们从专用柜中取出"傩神"，逐一摆上神架（三至八个不等）。届时，人们循老少次序跪拜，祈福消灾。宅外旷地，则数十人聚队出巡，边歌边舞，歌词自定，曲调凄婉。内有二人端彩盘，引来一头彩狮。甲问："彩狮何来？"乙答："凉州来。"二人旋西望，面目悲泣，唱"恋乡歌"。歌舞毕，众叩拜，节达高潮。至明崇祯年间，节已式微。明末贡生顾景星《乡傩诗》有载。

春分打醮——汉族民间祭神节日。流行于河北邢台东部农村。农历春分之日举行。民间"花花好"信仰（掺和好，啥都有）与"立夏祭冰神"对应，跻居二十四节气中两大祭祀节日。届时，中老年妇女自发组织，因亦称"善男信女好""老妈妈好"。常见活动：念经、行好、做功（制作敬神用剪纸）等。除燃香、明烛、叩拜外，突出制作、焚烧神像剪纸，沟通人与神灵，祭神祈福。

白族赛会——白族民间农事节日。流行于云南鹤庆一带。农历春分之日举行。届时，人们照例将头年贮存之上乘农作物，如稻子、玉米、小麦、蚕豆、干果等，肩负在身，带上螺峰山展示，刻意让人参观，以显示自己劳动汗水没白流，竞比谁是种庄稼能手，以相互鼓励来年更加勤劳，取得更大丰收。其间，还互相交换良种。

畲族猎神节——畲族民间传统节日。

农历春分日举行。流行于闽东、闽西畲族山寨。信奉"猎神",乃畲族自古融入生产、生活主要信仰之一,举节甚为悠久。闽东、闽西畲族节俗略异。闽东"猎神"主要指"车山公",亦说"且山公""陈六公"。畲宅内左侧,供奉戴元帅帽、着鳞甲衣,左右手各执印、杵,旁随一猎犬的神像。其下侧,设狗将军灵位。人们出猎前,通常供香火,祈祷狩猎顺利;猎获后,供奉猎物头颅内脏,供毕煮熟,众品尝,尝者越多越好,称"赶汤"。节天,则例行拜祭。族长率男丁,备三牲供品,前往猎神坛前,燃香明烛,献供品,念祭文。

社日节——汉族及部分兄弟民族民间传统节日。农历春分前后五日内举行。"社日"本远古婚配节日。春分前后,男女常通宵达旦集体狂欢,于陌上桑间择偶连情。因违封建礼教,此俗被改造成祭土地和谷神之节。历代皇帝设社稷坛祭之。明清社稷坛今存北京中山公园内。昔时,民间社日活动颇为兴盛,人们在大树下搭起席棚,先祭社神,再欢乐聚餐。杜甫诗云:"田翁逼社日,邀我尝春酒。"汉族地区此节已式微;一些少数民族地区余波尚显。

土族天社——青海土族民间传统节日。农历春分前后之午日举行。主要节俗为祭祖祈福。届时,同姓房族宰杀一猪或羊,抬往祖坟献供。有条件者,还做一盘鸡碗:将一大公鸡用针刺杀,去毛煮熟,盖以纸剪花衣,嘴衔一撮棉花,置木盘,盘周摆豆芽、鸡蛋、腊肉、葱等做成之五碗凉拌菜。供毕,焚化纸钱香表,男女长幼循序跪拜。拜毕,将肉全部煮熟,按辈分席地列坐,饮酒、吃肉、讲家谱;无子嗣者爬祖坟前痛哭,祈先人显灵,麒麟送子。

俄罗斯族上坟节——新疆俄罗斯族宗教节日。农历春分月圆后首个周日之巴斯克节后举行。届时,人们带上食品、酒、乐器等,祭祀必备品,在祖坟前拜祭。奇特的是,他们还要欢乐奏乐,以娱祖灵。节俗略叠俄罗斯族复活节。

荣成清明节——汉族民间传统岁时节日。流行于山东荣成一带。农历春分后择日举行。主要节俗有二:一是"炀清"。各户用面粉制作若干小燕。孩童拿面燕、香楮、熟鸡蛋,前往本村土地庙供奉土地神。二是"抢清"。一些孩童藏匿庙后,待有人前来拜神,遂一拥而上,抢夺其手中供品。两活动持续竟日,直至午夜。

清　明

寒食节——全国性汉族民间传统古节。简称"寒食",亦名"禁烟节""冷节";偶称"一百五"(唐温庭筠《寒食节日寄楚望》诗有"时当一百五"句,故名)。汉时定于清明前三天;至唐、宋改清明前一天;其后,常与清明,乃至上巳二节,交混举行,或与"清明节"合为一节。南朝梁宗懔《荆楚岁时记》载,冬至后第一百零五天即寒食;亦谓冬至后一百零六天者,如唐元稹《连昌宫词》即云"初过寒食一百六,店舍无烟宫树绿"。初历一月,至汉改为三天。古自此日起,禁火三天。至清明重新起火,称"新火"。寒食折柳条插门楣、屋檐,称"明眼";男女成年行冠礼、笄礼。节俗主要为"吃冷食":不少地方吃"子推饼"(枣糕)、饧大麦粥(浇以糖稀之麦糕)及徹子等。另,还插"子推燕",用面粉、枣泥做成燕形饼,以柳条挂之,悬于门口。有些地方,还上坟祭祖。节源多说并存:晋、宋文献谓,源春秋介子推辅佐重尔,被焚绵山,宁死不仕之典;或源《周礼·秋官·司烜氏》之"仲春以木铎修火禁于国中"之载;或源《后汉书·周举传》李贤注"惧火之盛,故为之禁火"(古人迷信,认为春天见于东方之苍龙七宿属木,而季春三月黄昏时"大火"星自东方升起,惧火而禁之)。据研究,寒食祭祀承袭古制,最初多在宗庙、宗祠举行。受佛教祭扫佛塔、祖师塔与民间祖先祭拜影响,发展为突出扫墓之俗。

寒食——参见"寒食节"条。

禁烟节——参见"寒食节"条。

冷节——参见"寒食节"条。

一百五——参见"寒食节"条。

温州寒食节——亦名光饼节、戚公饼节。汉族民间纪念性节日。流行于浙江温州一带,故名。农历清明前一日举行。"光饼",即"戚公饼",用粗粮及微盐烤制而成,碗口大小,中有小孔,可穿绳。相传,当年戚继光于浙江一带抗倭,军中将士即将其系于腰间,行军、作战时充作干粮。当地百姓缅怀英雄,以其作"寒食"节品,世代相沿成节。

光饼节——参见"温州寒食节"条。

戚公饼节——参见"温州寒食节"条。

鲁北寒食节——汉族民间传统节日。流行于山东北部一带。农历清明日,将清明、寒食两节合一举行。节前,家长将煮熟的鸡蛋分给孩童。节天,孩童们在街上寻觅同龄伙伴,双方随即持鸡蛋,以蛋尖相抵,蛋破者为输;两蛋皆破,算平手。据考,此俗肇于南北朝,宋始走向式微,断断续续历千余年。

清明节——已与古上巳节、寒食节合一,亦称思亲节、踏青节。全国性多民族祭祀节日。农历三月太阳黄经等于十五度之日为清明。融节气与节日、悲思与欢娱为一体,凝聚两大主题:一是认祖归宗,怀念亲人;一是亲和大自然。具体表现为:以扫墓祭祖、问祖寻根、感恩思源、缅怀先贤等敦亲睦族之精神洗礼,兼及郊游、植树、插柳、蹴鞠、踏青、放风筝等娱乐活动。谚云:"清明不戴柳,红颜成皓首。"人们戴折柳枝扎成的圈帽,还插柳枝于屋檐、门窗,以驱邪祈福。节期因地有异。以北京为例:节期甚长,有"十日前八日后"及"十日前十日后"两说。节俗古有戴柳、射柳、打秋千等,已失传;近代尚行四大游艺民俗:放风筝、踢石球、抖空竹、踢毽子。节间,各地食俗有异:四川成都等地,吃"欢喜团"(用炒米作团,以线穿之,染色点染);苏沪一带吃"青团"(以雀麦草汁和入糯米粉,豆沙作馅儿)。据传,吃特色节食,可解忧。农历清明之日举行。2008年起,此节成为国家法定节假日。

思亲节——参见"清明节"条。

踏青节——参见"清明节"条。

真清明——传统古节。昔时流行于长江流域,安徽芜湖一带尤盛。丙辰清明适逢民间传为"除难消灾"之"三月初三",百年少有,故名。节期盛行"求子":无子之家,提前备一大南瓜,是晨全瓜入锅煮烂;午时取出,置案上,夫妻并肩落座,同时举筷食之。因"男娃"同"南瓜"谐音,据传如是易得子。其时,南瓜售价陡涨。此节已泯。

壮族清明节——壮族民间扫墓祭祖节日。流行于若干壮族聚居区。农历清明之日或其后某日举行。节源汉族清明节。壮族清明扫墓分集体、各自两类:前者多是宗族,以祠堂田产、公共山林、水塘等财产作为基金,购置节日用品;后者多为无固定财产宗族,在节前由头人逐户按人丁收费。届时,由族长召集全族成年男丁,分几路,带上丰盛祭品,到各处祖宗墓地献祭。墓地近,祭毕则带回祭品,参加扫墓者会餐过节。墓地远,则带餐具上山,或就近找村里熟人借餐具煮吃,并宴其老者、耆宿,谢其对墓地的保护。各家自扫,一般献祭近几代祖先。由家长领孩童,带猪头、鸡、香烛、炮、纸等,逐处拜祭,在祖墓前撒上纸钱,换新坟顶,还插上纸幡,以为墓主后裔昌盛象征。倘墓周野草丛生,则绝嗣之象。扫墓黑色糯米饭及部分熟食,可在山上吃掉。扫墓时,附近孩童来贺喜,须让其分享食物,祖宗亦将佑其发财。过世未满三年者,未能归宗,则按新坟单独祭奠。壮区流行"二次葬":所择坟山风水不好,请先生另择墓地,多在清明一天(少数另选吉日)移葬。

侗族清明节——侗族民间祭祖节日。多于农历清明之日举行;亦可另择他日:按廿四节气推算,清明若在二月,则清明后第三天举祭;若在三月,则清明前三天上坟,俗称"挂亲"。节俗保留古风:上山采艾蒿,洗净切细,与糯米、腊肉、蒜苗、五香、盐巴混合煮成"清明粑",既作供品,又作节食。祭祖,除亲祖父辈或父母外,多由房族"补拉"集体安排,含实践选定、筹措经费、购置物品、举祭仪式等。祭仪照例统一放鞭炮,宣告开始,整个"补拉"数十人,不分长幼次序,皆围坟墓按"U"字形排开,由"补拉"长者喊口令,先后行三个站拜礼、三个跪拜礼,始终恪守庄严肃穆。

侗家挂亲——参见"侗族清明节"条。

黎族清明节——海南黎族民间祭祖节日。农历清明之日(或之前择日)举行。"扫墓"节俗较淡漠,气氛少哀伤;扫墓亦不拘泥清明当日。据认为,或与族人沿袭"合亩制"葬俗相关。较通常情况是,以家族为单位,集体扫墓。节前一月,已择定扫墓祭祖日期并准备好供品等。鸡、鸭、鹅必备,有条件者还备一头乳猪。还要准备香蜡、纸钱、米酒、槟榔、糯米饭、包子、饼干等,送墓主人的纸币、元宝、纸衣、纸帽、纸鞋等。届时,家族成员及外地亲友,在商定之某户家聚集,老少各带供品,成群前往墓园。按长幼辈分,循序排列墓前,焚香、明烛、化纸、烧冥物、拜三拜。扫墓毕,带所剩供品离开,返聚集处,吃团圆饭。老者照例唱祝酒歌,众和之跳舞,在欢乐气氛中结束节日。

白族清明节——白族民间祭祖节日。节源受汉族影响。清明前后十天许,各家选择一天,备办香、纸、酒、肉,邀集亲友,到坟山祭祖扫墓,用猪头、雄鸡、米、肉等,先向山神献牲,然后煮熟献祭。新婚夫妇均须上坟扫墓,而供品须更丰厚。祭毕,就地共进野餐。各家具体情况不同,酒席丰简各异,请客有多有少,但家家皆插柳枝,老人还在腰间自插些柳枝。年长者借机对晚辈讲述祖先辈数、名字、年代及其业绩,勉励后人继承祖先遗志,牢记前辈创业艰辛。有的家族,除各家祭扫直系亲属外,还要全族集资杀猪备牲礼,合族公祭开基祖。祭毕,照户数平分肉菜,在各自坟地聚餐,借以"敬宗睦族"。

纳西族清明节——纳西族祭祖节。流行于云南丽江、中甸一带。农历清明之日举行。祭仪各地略异。丽江、中甸在自家院内天井,插三棵白栗树,树前放三块石头,代表所祭曾祖父母、祖父母和父母。祭前,摆肉、酒、饭等祭品,烧香;巫师念经,呼唤祖先灵魂归来,每叫一祖先名讳,众人逐一磕头跪拜,敬上祭品。祭祀分生食祭、熟食祭。在丽江大研镇,节晨即为已故祖先扫墓,旋献素祭品,叩拜后,在坟前点一堆火,烤糯米粑粑,分而享之。节间,纳西各村寨都有在家宅前插杨柳枝、大人带孩童到空旷地放风筝等俗。

土家族清明节——土家族民间传统祭祖节日。流行于湖北长阳土家族村寨。农历清明之日举行。俗项紧系祭祖与农事。届时,盛行上坟祭祖。一般人家都要饮酒、吃猪头肉,谓"清明酒醉,猪脑壳有味"。

土族清明节——土族民间传统祭祖节日。流行于青海互助县一带。农历清明之日举行。届时,以家族为单位,将共同备制的一头猪、五至十二道菜及一口大锅,带往墓地。墓前宰杀供猪,煮熟;旋点香烛,烧黄裱,跪拜祭祖。祭毕,在墓地聚餐。相传,猪肉乃最佳祭祖供品。宰杀前,喂给一些粮食,猪吃,则表明祖灵悦纳此猪;否则,更换别猪。家境拮据,无力更换,则跪墓祷告:"后人生活困难,敬望祖上保佑今年变富,来年定备一头祖上满意的猪,更可口的菜!"之后,烧纸钱、奠酒。

瑶族清明节——瑶族各支系民间祭祖节日。农历清明之日举行。节源汉族。各个族系,对清明的称呼、节仪略异。广东连南"藻敏"(八排瑶)称清明节为"挂号节"。届时,本宗族集中祖墓祭拜,每人将一根串五张纸钱的竹枝插坟头,称"挂号",以示拜墓同宗后人众多、家族人丁兴旺。同村各家族,皆以纸钱串多者为荣。各家族祭品和会餐所需酒肉,由各户轮流准备,每户一年,周而复始。节天,参加者自备米饭。祭毕,众聚坟地会餐,以示家族和睦、兴旺。广西金秀"拉珈"(茶山瑶),农历三月初三,各户自行扫墓供祭,称"做清明"。多以鸡、鸭、猪肉、酒、煎糍粑等为供品,另带香、纸、烛和鞭炮。扫墓人修整坟墓,在坟头插一根串纸钱若干片的杨柳枝条,旋在墓前摆供品,烧香烛,放鞭炮,主祭人念说一些吉语。祭毕,参加者在墓前会餐,意与祖宗共享,以示敬仰。散居各地自称"勉"的瑶族,昔时迁徙频繁,祖坟分散各地,只能扫近处祖坟,以鸡、猪肉、山味和粑粑为主要供品。扫墓后,在家中供祭,全家会餐。

瑶族挂号节——参见"瑶族清明节"条。

做清明——参见"瑶族清明节"条。

拉祜族清明节——云南拉祜族民间扫墓祭祖节日。农历清明之日举行。届时,家家户户准备酒饭,到本家族墓地扫墓,或在此日解决立碑、迁坟等事宜。扫墓时,先平整坟包,添土加固,清理乱草杂物;旋拿出所带酒肉饭菜,献上坟前,以示追念,祈求逝者保佑生者祥泰平安。之后,宰杀牲畜,祭祀亡魂。仪毕,参加扫墓者围坐野餐,分享祭品。有的人家,若在这天接受他人帮助(如迁坟等事),则须设宴致谢。

阿昌族清明节——阿昌族民间祭祖节日。流行于云南德宏一带。农历清明之日举行。节前,家家进行大扫除。节天,户户给家里祖宗供台点香燃烛,敬供品,旋去墓地给家族亲人扫墓。当地认为,人死有三个鬼魂:一在家供着,春节、清明节、烧包节和中秋节要大祭;一在坟上,只能清明节去坟地表敬;还有一个在城隍庙,由鬼王管着,每年烧包节(参见

"烧包节"条）供奉。清明，一些乡民还有请"莫陶"（佛爷）念经之俗，既表达对先辈和祖宗们的尊敬和怀念，也为防止鬼魂作祟。阿昌人认为，祖先鬼魂一般情况都会保佑其后代子孙，但在某种情况下亦祸害家人。如它想吃肉时，偶尔会在"康袍麻翁"与"康米麻翁"两恶鬼唆使下，咬吃家人。故此，在梁河地区还有"家鬼不成器，招到外鬼来"之谚。清明节间，除扫自家祖坟外，还要集体祭拜本民族的英雄和共同敬仰的先辈亡灵。

普米族清明节——普米族民间扫墓祭祖节日。流行于云南兰坪、维西一带。农历二月二十日或清明之日举行。届时，各户清扫家宅、院落，大门插柳枝，并带上一应供品去墓地，清理坟头及周边杂草，后上供，跪拜祖先。祭毕，参加者共同野餐。节天，尚有宴邀亲友之俗。

达斡尔族清明节——达斡尔族民间祭祖节日。农历清明之日举行。达斡尔清明扫墓之修坟、上供、跪拜等仪，略同汉族。所异者，昔时不烧纸钱，认为风大易致山火，或引发冰雹天灾，有违祖愿。另外，人们总要借机在墓地徜徉流连，多陪陪祖灵；归途经敖包树，总要捡拾一块石头，垒上堆子，以祈福消灾。节天午后，人们纷纷下地干活，或踏青迎春。晚餐，吃混合面所做清明豆糕及野生清明菜。餐前，长辈照例讲述祖先品质、恩德，激励后代。早年，有达斡尔族诗人赋诗曰："时来忽暖是清明，人涌天寒燕剪风。祭拜无声山色重，怀思有意柳烟轻。"略见达斡尔清明一斑。

俄罗斯族清明节——俄罗斯族民间祭祖节日。于汉族农历清明节前两天举行。节天，男子着民族服装，带着染色鸡蛋、甜米饭、大饼等食品去祖坟，先扫墓，旋进行祈祷祭礼，再围绕墓地转三圈，边转边念《圣经》。之后，人们集中在一起，先将带来食品往墓上撒一些，然后自己聚餐。

朝鲜族清明祭——朝鲜族民间祭祖节日。农历清明之日举行。含上坟、禁火、出游、体育活动四大俗项，上坟分踩圈（绕坟走一圈，查坟土是否坍塌、破损）、培土（加土）、土祭（墓前祭）、敬食（摆祭品）、引服（和亡者同吃祭品）。禁火源古时官府于冬至后 105（另作 108）天，值清明前夕，分赐百姓新火、百姓熄灭旧火之俗。出游类似汉族之郊游。体育活动含踢足球、荡秋千、踏跳板、踢毽子、放风筝、赛跑、摔跤等，内以前两者尤盛。

仫佬族清明祭——仫佬族民间祭祖节。流行于广西罗城等地。农历清明举行，历三天。受汉族影响，"清明"成为仫佬祭祖大节。昔时此节，凡同一祖宗后代，无论住地远近，皆赶回出生地，与族人共祭老祖坟，表示流走四方亦不忘祖先恩德，祈求祖先保佑本家族代代相继、昌盛繁荣。节次日，家族全体成员上山祭扫祖墓。祭仪是：杀猪一头，备齐香蜡、纸钱、酒菜。祭毕，均分猪肉，各家欢宴。祭毕，族长将肉等祭品分给各户。入夜，各户自行宴饮。第三天，再次去祖坟祭拜，归来聚餐。扫墓所用经费，由家族拥有的少量山头、峒田等公产提供。节间天气回暖，人们照例抓紧穿插安排农事，以不辍祖先勤劳传统。

九天天主祭——亦称朝天祭祖。仫佬族民间祭祖节。流行于仫佬族发祥地贵州务川一带。农历清明前后,择日在当地仡佬族母亲河洪渡河畔九天母石前举行。千百年间,仡佬先民在此采掘丹砂,形成独特"仡佬丹砂文化"。相传,九天母石寨,乃九天天主诞生地。其子受封濮王(亦称"蛮王"),在此繁衍生息,即谓仡佬先祖。每逢清明时节,人们即在此祭天朝祖。主祭师率众多祭师跳娱神舞。主祭师跪诵:"我祖神明,永裙子孙,诚心奉祖,安康永年"。旋竟燃天灯,自山谷次第升起,错落而上,飘然蓝天。仪式分礼祭、文祭、乐祭三章,循序举行。"仡佬朝天祭祖",已跻身"国家优秀民族节庆"。

仡佬族朝天祭祖——参见"九天天主祭"条。

都江堰放水节——亦称"清明放水节"。民国时称"开水大典"。誉称"天府第一盛会"。四川都江堰市及毗邻地区汉族民间传统水神祭祀节日。农历清明之日在都江堰堰坝举行。战国秦昭王时,蜀郡守李冰父子承前人治水经验,因地制宜创建高智商灌、航水利工程,名"都安堰";宋、元以降,改今名。据考,民众纪念李冰始于东汉;以降,更建庙、树碑,奉之为"二郎"神明。每逢清明,官、民各祭,并祈五谷丰登。礼成,即往杨泗庙江边举祭,鸣炮,举行独特、精彩"放水"仪式。传统祭仪繁多,诸如奏乐、授花、迎神、还神、进席、献帛、进食、献食;官祭还有进爵、献爵;民祭则有"争抢水头鸭"等俗项。近年恢复仿古祭祀表演,增加面具舞等演出、李冰灯会等。

清明放水节——参见"都江堰放水节"条。

开水大典——参见"都江堰放水节"条。

清明坟会——汉族民间传统节日。流行黄河中游沿岸。农历清明之日举行,地方特色浓厚。临节,各户碾米、磨面、发豆芽,备各种供品。各姓氏宗族,按人集资,筹办节日用品。届时,长辈领路,晚辈抬祭祖供品前往坟地,吹吹打打,浩浩荡荡。坟会祭仪,分辈祭、户祭,及求子祈福之许愿、还愿等。祭间,给祖坟添土、上供、奠酒,插五颜六色彩旗于坟头,象征鲜花盛开,祈祷后裔兴旺。祭毕,主会长辈训话,讲述本宗族历史,召唤族人继承本宗族优良传统;另主会者,报告本会收支账目。最后,向参与者分配供品。其中,新媳妇、新生子及考中中专、大学的新生,授双份,示祝贺,称"喜份份"。倘有外人路过,无论男女老少,皆邀其"吃坟会",以示与族外人友好、同乐。

哈尼族上坟——云南红河哈尼族民间传统祭祖活动。每年一次,多在农历三、四月清明节前后举行。节俗受汉族影响。届时,以家族为单位,每户出钱、出米、买鸡,至少派一人参与,一起提着上山,以猪、鸡、鸭等为祭品,先献山神,再献祖坟。家畜家禽都在坟旁宰杀、煮熟供献,然后背回家再吃。节天,整个家族都要上山去拔草。在山上,禁说儿女婚事。

白马人山寨歌会——藏族支系白马人歌节。流行于四川平武、南坪等县及甘肃文县一带白马人村寨。1982年,于农历清明之日举办首届,从此年年应时举行。届时,人们带着民族乐器、道具,汇聚承办乡大坝子,围大圈,高唱传统酒歌、劳动歌、爱情歌,欢跳古老圆圆舞、猫猫舞、曹盖舞,表演新编歌舞,还举行摔跤、拔河、荡秋千等体育活动。

保靖挑葱会——苗族民间男女青年传统社交节日。流行于湘西保靖一带。农历清明之日（另说公历4月4日），在当地翁排坡举行。相传，古时，鼻子寨土司女儿阿达惹爱上夺沙寨放牛郎岩诺。土司大怒："凤凰怎能与叮叮雀共个窝？"把阿达惹锁在吊脚楼。岩诺父亲亦劝岩诺作罢，说："金银花与地巴菜同不了一个心。"可岩诺仍往鼻子寨跑，在吊脚楼下呼唤阿达惹。阿达惹从楼上向他唱道："翠鸟关在竹笼笼哩，牵挂山上花蓬蓬哩，鸟盼花，花盼鸟，清明采葱才相会哩！"岩诺明白，苗家姑娘清明日上山挑葫葱，是讨取山神保护，父母不能干涉。清明之日，两人早早出门，在葫葱长得密密麻麻的翁排坡上相会，说不完深情话，唱不完相思歌，感动葫葱仙姑，促成他俩美好姻缘。从此，每年清明节，周围数十里苗族青年，女着银饰衣服，身背细篾花背笼，带着"清明粑"，手执铁嘴木把挑葱刀，男亦穿戴一新，手执小巧长把沙刀和长尺余梭镖，相会翁排坡，以歌传情，互吐爱慕。世代相沿成节。

苗族赶清明——亦称看清明、清明歌会、湘苗歌节。湘西苗族特有大型歌节。农历清明之日举行。据传，苗族多散居偏僻崇山峻岭，日常用品须远足赶场交换，常受骗上当，便约定以清明这天作自己场期，交换物资，会见亲友。年久形成此会，且均有传统中心会场。吉首市东部，中心会场在丹青的清明场上。届时，苗族男女歌手一见如故，简单问好，即以手托腮，引吭高歌，你唱我和，喜气洋洋。兴浓者，悬牌挑战，执意傲决雌雄。有的唱到夜幕降临，乃至通宵达旦。除唱歌外，还有打猴鼓、出喇叭，以及演古装戏等。

苗族看清明——参见"苗族赶清明"条。

苗族清明歌会——参见"苗族赶清明"条。

湘苗歌节——参见"苗族赶清明"条。

惠水射花节——亦称"三月节"。苗族民间男女青年社交节日。流行于贵州惠水一带。农历三月，择日举行。情侣在彼此深爱、双方家长同意前提下参加。据传统，举节须有两对以上情侣。姑娘备二十块以上绣花布，钉于一幅大花布上，布沿镶若干花布条，成为整块华丽绣花布。节前，其父母蒸好约三十斤（一斗米）糯米饭，染得五彩缤纷，装进精制背篓，盖上一丈新蓝布和一块新毛巾，下午送往男方家。由姑娘的好姊妹按约定路径送到半路，男方由自己的好姊妹迎接。女方将礼品当面点交给男方姊妹，便各自返回。节天，男女双方来到射花场，男方将女方送来的绣花布系两根竹竿上，竖射花场中央，请女方过目。参与者吹芦笙、跳芦笙舞、致贺。射花开始，男青年手执弓箭，距花布十米许，先对空和左右各射一箭，然后射花。第一箭射中，姑娘们纷纷夸赞，芦笙队奏乐祝贺，场上一片欢腾。如首箭不中，可反复射，围观青年们唱起鼓励歌，芦笙队不断高奏乐曲。往下，射花小伙要射哪块"花"，须由姑娘指定，不得自我做主。射花结束，集体对歌，直至傍晚。当晚，射花小伙要热情招待女方所有来客。主客男女双方通宵对歌，苗寨沉浸欢乐之中。翌晨早饭后，小伙子结队送姑娘们上路，以歌告别。男方赠给女方两丈青布，并将姑娘所绣花布逐一点清，交给姑娘带回。姑娘唱歌接"花"。小伙射中那块花布，姑娘单独用花手帕当小伙的面包好，作为珍藏和纪念品。

惠水三月节——参见"惠水射花节"条。

毛南族赶阴圩——亦称"赶祖先圩"。广西毛南族民间传统节日。农历清明之日举行。毛南人认为，人去世后，清明那天还要回来赶圩；阳间人则呼应其赶阴圩，否则祖先灵魂难得安宁，甚至会回家作祟，闹得人畜不安。"阴圩"设某个坟地边。清明天亮前，全家要去赶阴圩，货摊上有蜡烛、香、纸钱、沙纸、猪肉、糖等等。边上还要放一盆清水，交易时，先把一些钱放入盆中，如钱浮在水面不沉，则示祖先已来赶圩买东西，便不能做交易。天一亮，阴圩即散场。人们回家后，还要去祭祀祖坟。这一天，已出嫁女儿，要带猪肉、鸡和祭品回娘家，祭扫祖坟。此节已泯。

赶祖先圩——参见"毛南族赶阴圩"条。

蒙古族打马印——蒙古族民间传统牧事节日。农历清明或端午前后举行。据考，此俗始于公元12世纪。据传，成吉思汗为适应实战，在马身打印记，代表各部。久而成节。节日，人们在指定草场，燃起篝火，推选一名善骑术、谙马性、烙技高超、德高望重的老人，庄严执印。参加套马骑手，排成列，逐接受献哈达、祝福。印模在火中烧红，即高呼打印开始。众骑手策马挥杆，团团围住马群。顿时，人呼马嘶，蹄声雷动，骑手每套住一匹烈马，执印者即上前打一印记。印记种类繁多，形状各异，多位于马左胯骨中心部位。其间，人们蜂拥观赛。姑娘、小伙借机联情择偶。而今，半农半牧区，已改草原套马为畜圈内徒步套马。

浙江祛蚕祟——汉族蚕农农祀节日。流行于浙江杭州、湖州一带。农历清明之日举行。相传，旧时当地有白虎星等恶煞威胁蚕虫，须于此日祛祟，称"赶白虎"。祛法不一：①于白虎星神像前，供奉酒肉，让其饱餐，以免作祟；②贴门神，或门前挂弓箭图形，让白虎星不敢接近；③吃螺蛳，并将其壳撒屋顶。俗传病蚕名"青娘"，灵魂躲于螺蛳壳内。吃螺蛳可使其无处藏身，远走高飞，以保蚕茧丰收。此节已式微。

浙江赶白虎——参见"浙江祛蚕祟"条。

桐乡龙蚕会——汉族民间祭祀节日。流行于浙江桐乡市一带。农历清明节前后举行，历三至五天。源于祭祀蚕神。宋高宗时，曾封"马鸣王"为蚕神，传谕各地建庙供奉。桐乡所建庙，称"龙蚕庙"，每年清明举办龙蚕会。届时，江中两船连为一体。人们将蚕神像从庙中抬至船上，供以素食果品。四方蚕农摇舟涌来，向蚕神焚香叩拜，祈神佑蚕花丰收。礼毕，抬神像归庙，旋开始江上表演。龙灯船布满彩灯；名阁船高搭彩台，孩童欢舞表演；竿船竖数丈高粗竿，艺人表演惊险动作；打拳船比武，拳脚交加……船只往来，万众竟日围观。其间，人们争购蚕花，女插鬓边，男插帽沿，祈求蚕神保佑。

嘉兴踏白船——汉族蚕农传统节日。流行于浙江嘉兴一带。农历清明日前后，以村为单位举行。据考，节始祭蚕神。明宋雷《西吴里语》云："擢小舟于溪上为竞渡，谓宜田蚕。始于寒食，至清明日而止，谓之水嬉。"届时，选强壮艄手，比赛划船。各船着一色服装，插同色龙凤旗；今穿普通服装，仅于船头插各色小旗，以示区别。赛船两橹、五桨，十至十六人不等。赛前，先入蚕神庙供鱼、肉、笋、菜，祭拜蚕神；旋集体埋锅造饭，豪吃一餐后开赛。同时，船上还有比武、杂耍、唱戏，热闹非凡。现已变成一般娱乐性节日。赛毕,参赛者聚餐痛饮,尽兴方归。

嘉兴水嬉——参见"嘉兴踏白船"条。

轧蚕花节——汉族民间传统节日。流行于浙江湖州一带。农历清明日前后在含山举行。相传,蚕花娘娘曾于清明此日扮成村姑,在含山一带游玩,留下蚕花喜气。届时,人们纷纷乘擂台船、踏排船、标杆船等前往含山,途中你追我赶,尽情取乐。蚕家妇女纷纷用彩纸扎花,戴于头上,绕山而行,争讨喜气。含山脚下,商贩云集叫卖,更添节日气氛。

浙江拜香会——汉族民间宗教节日。流行于浙江湖州一带。农历清明日前后,在当地觉海寺举行。历十天。届时,各地信众纷至沓来,云集寺内,进香叩拜,祈神赐福;还愿者则吊香炉绕街巡游,以示诚意。寺周,既有香客,更有江湖郎中行医,杂耍、武术、气功艺人表演,及大小商贩练摊,一片人海,热闹非凡。

南通送百虫——汉族民间传统节日。流行于江苏南通一带。农历清明日前后举行。届时,各家各户于墙上斜贴齐眉高红字条,赫然书写当地农谚:"清明送百虫,一去永无踪。"同时,纷纷下田,放野火,灭害虫。

丽江傈僳族清明节——傈僳族民间传统节日。流行于滇西丽江一带。农历三四月择日举行,须避开死者忌日。主要活动:上坟,祭亡灵。新坟,须培土加固,称"修坟",较上坟隆重。傈僳认为,修坟是给死者盖宅,或于下葬当日,或于死者安葬周年,择吉日进行。修坟时,家属、亲友均参加。人们把预备石板堆砌到墓穴上,墓形头高脚低。然后,在坟前宰猪、羊或牛,并煮饭、做米饼,祭供死者。煮祭饭有讲究:死者是男性,抓九把米;是女性,抓七把,并要正抓反放。祭献米饼,亦男性九块、女性七块。祭时,家族中一男丁持木棍领众人绕墓跳舞,唱哀调,悼慰死者:"房子修好了,你就安心居住吧",并请求死者保佑家族平安幸福、人寿年丰。祭毕,领祭人将手中木棍砍断,以示与死者分道而行,免亡魂缠身。之后,在墓旁煮肉,款待参与修墓者。主人把牛或猪的内脏(不含心、肝)和头带回家,次日煮吃,如此可免生者之魂被死者带走。坟修毕,每年清明前后择吉日祭扫,俗称"上坟"。有的地区,年节在家祭祀,清明不再扫墓。过清明"扫坟",仅丽江傈僳族,其他傈僳地区未见行此俗。

民勒橐羊会——汉族民间传统节日。流行于甘肃民勒一带。农历清明节举行。相传,汉苏武牧羊时,曾饮该县东南苏武山下之蒙泉水。人们为缅怀苏武,每年清明皆赶着驼群、羊群,到此集会,人畜共饮此泉,并登山游春。

蒙古族兴畜节——族谓"玛勒新努伦讷"。蒙古族民间牧事节日。流行于内蒙古赤峰巴林左旗。农历清明日前后择吉日举行。届时,男女老少着艳丽民族服装,扶老携幼,纷纷前往野外,将畜群团团围住,逐头查看膘情,选出最肥壮种公畜,给它披红挂彩。同时,人们焚香烧纸,诵经,向老天祈祷,祈求神灵保佑风调雨顺、牧草丰茂、牲畜膘肥体壮。之后,开展赛马、摔跤等文体活动。一声枪响,骑手纷纷飞身上鞍,扬鞭策马,奔驰终点。肤色黝黑、身体魁梧的"布赫钦"(蒙古语"摔跤手"),上穿镶嵌银泡或铜泡"召格德"(摔跤服），下着白色肥大长裤和绣吉祥图案套裤，脚穿蒙古靴，胸佩红绿布条，双双出场，挥舞双臂。连胜群雄的强者，受到人们崇敬。男女青年则在马头琴伴奏下，翩翩起舞，尽情歌舞。草原上到处一派节日欢乐的气氛。

玛勒新努伦讷——参见"蒙古族兴畜节"条。

潍坊风筝节——亦称"风筝会"。汉族民间传统节日。农历清明日前后，于中国风筝发祥地之山东潍坊举行。据考，清乾、嘉年间，达鼎盛。曾任七年潍坊知县的郑板桥，吟《怀潍县》诗云："纸花如雪满天飞，娇女秋千打四围。五色罗裙风摆动，好将蝴蝶斗春归。"潍坊风筝画工精致、扎制精巧、造型优美、起飞高稳、形象逼真、色彩鲜明、乡土气息浓郁，与京、津风筝形成三大派系。其风筝重者达数百公斤，轻不足一两；长者达二百五十余米，短仅二十五厘米。届时，放飞场地欢声震耳，风筝竞飘，老少观者如潮。1984年始创"国际风筝节"，节期改在公历4月择日，多历五天。参阅"潍坊国际风筝节"。旧节已式微。

潍坊风筝会——参见"潍坊风筝节"条。

祭天朝祖大典——仡佬族民间传统祭祀节日。流行于黔、桂、渝等仡佬族聚居区。农历清明前后举行。据传，九天天主派其子下凡，封"蛮王"（亦称"濮王"），披荆斩棘，开荒种田，繁衍出仡佬族。贵州务川县之九天母石寨，即其发祥之地，亦即仡佬正宗祭天中心。祭仪开始前，头饰百合的童男童女、手捧果馔的少男少女、身着传统盛装的老年男女等，在祭师带领下，鱼贯进入祭场。祭师敲响大磬九声，上告天庭，祭仪开始。领祭用竹竿点燃承天柱香烛，诸祭师各执油鞭点燃九个锅烛，齐鸣鼓号。相继进行：礼祭，依序向先祖敬献茶、酒、五谷、果品、布帛、大礼（牛头），众叩拜；文祭，主祭宣读祭文（诸如"仡佬繁盛，矗立华堂。欣逢盛世，同亲聚兹。族裔荣繁，祖恩彰显。虔诚众心，祭奠于今"）；乐祭，过山号、牛角号齐鸣，祭师们跳娱神舞，参祭者跳傩面舞，祈福欢声，送吉祥天灯升空。

布依族赶干洞——布依族民间传统节日。流行于贵州晴隆县一带。农历清明节之次日，在县城东之干洞举行，故名。干洞原名"清泉洞"，位于晴隆县学农西南深山峡谷。据传，洞中常年泉水清澈见底。古时附近两寨中一对布依青年阿花和阿韦倾心相爱，常在洞边约会，互诉衷肠，暗定终身。两家老人对此并无阻挡。但按乡俗，男婚女嫁应由族长做主，且须杀猪宰羊。谁家儿女私下订婚，被认作藐视族长。故此，阿花母亲给她找了个"查胃"（丈夫），阿韦母亲亦托媒给他说了个媳妇"查灵"。他们按规矩发了"八字"，送了"日子"，并宰猪杀鸭请族长吃了"订婚酒"，一切就绪，大喜之日定在当年"清明节"。阿韦、阿花为此非常伤心，却无可奈何，只好在清明之夜双双来到清泉洞边，以山洞为媒，叩拜天地，举行婚礼。这更激怒了族长，次日（清明后第二天）族长率人前来问罪，阿韦和阿花逃到清泉洞，跳入泉中殉情。二人的忠贞打动了洞神，洞神便放甘泉水，让他们变成一对金画眉飞走。从此，清泉洞变干洞了。后人遂将清泉洞改为"干洞"，于每年二人殉情那天聚会干洞周围，深切缅怀，久而成节。节天，男女青年聚此谈情说爱，寻求称心情侣，并进行歌舞等娱乐活动。如今，此节已成集娱乐、商贸于一体的盛会。

布朗族厚南节——俗称迎太阳节。云南布朗族盛大年节。农历三月清明节后七日，另说傣历六月中旬择日举行。历三天。主要节仪：按布朗古朴传统仪礼，相互泼水，迎接太阳。

布朗族迎太阳节——参见"布朗族厚南节"条。

布朗族插花节——亦称泼水节。云南布朗族民间传统节日。农历清明节后第十天举行，历五至七日。节前，各家杀猪、炸"烤蚌"。节晨饭后，全寨青年男女穿戴一新，敲着蜂桶鼓、象脚鼓，排队至江边。姑娘们以碗盛沙，堆放佛寺前空场上，插上鲜花。全村老幼围着沙堆，跟随象脚鼓、蜂桶鼓队后面跳舞。几圈后，由鼓队引导，跳舞巡游全村各通道。节间，另有"洗佛"活动。

插花泼水节——参见"布朗族插花节"条。

布朗族过赛——亦称桑刊节、山康节、宋坎节、过新年，族谓"堆沙节"。布朗族民间宗教节日。流行于云南临沧一带。农历清明后十日左右（另说傣历六月中旬）举行，历三天。有时与"厚南节"同步。节前，人们到河边挖沙，用沙在寺院中建起一米多高沙塔，上方插一挂着长条佛幡的竿子，因称"佛塔"。寨中妇幼还要上山采金石斛花，备过节之用。首日，各村皆举行盛大赕佛仪式和歌舞比赛，泼水狂欢。三声马蹄炮响，宣布接新水，各寨选出五至七人去山箐，接回新水，煮成中药水洗佛像。众人抢洗过之水回家，给老幼洗脸祈吉。亦谓布朗"临沧泼水节"。节间，人们拿着花、带着米花、糯米糕、芭蕉、花枕、玻璃镜等赕佛供品，前往佛寺。先将一束花插上佛塔，后将供品献给佛爷，烧香拜佛。各家最晚辈须将最好的饭菜送到老人跟前，跪请老人享用，祝节日快乐、健康长寿；并伸出双手，掌心向上，接受老人祝福。老人们喜欢在佛堂中听佛爷讲经布道，年轻人则另聚唱情歌、玩丢包。入夜，人们聚集寨中场地举行"走阵势"队列表演，全寨老少都来围观，十分热烈。次日晨，青壮年背猎枪上山打猎，妇女在家中准备各种食品。傍晚，打猎者回来，将猎物去膛拔毛，洗净煮熟，举家喝酒，品野味。入夜，成双成对的男女青年歌唱跳舞，旋约村边林中互诉衷情。

桑刊节——参见"布朗族过赛"条。
山康节——参见"布朗族过赛"条。
宋坎节——参见"布朗族过赛"条。
堆沙节——参见"布朗族过赛"条。
布朗族过新年——参见"布朗族过赛"条。
临沧泼水节——参见"布朗族过赛"条。

阿昌族泼水节——族谓桑建节、浇花水节。阿昌族民间传统节日。流行于云南德宏一带。农历清明节后第七天举行，历四至七天。节首日，青年男子着节日盛装，一起进山采鲜花，主要采椎栗花。据传，椎栗树神桑建为民除害，消灭了恶魔，给阿昌带来了幸福和安宁，于是人们每年如期进山采椎栗花来祝福。进山时，走在队伍最前边的男子挥舞阿昌"户撒刀"开路，其他人则边走边放枪；到达采花点还要放鞭炮。他们在山中采花、歌唱，又敲着象脚鼓、跳着象脚鼓舞，满载而归。此日，妇女们则聚在家中做苏子粑粑，一俟采花队伍回到村口，她们便带上做好的粑粑前往献上，小伙向她们献上鲜花。然后,男欢女乐、载歌载舞一起进村。村中老人早已在宽阔广场上立好竹竿迎接。大家把采回的鲜花一圈一圈地扎在竹竿上,形成花塔、花轿。第二、三天"浇花水",男子敲响象脚鼓、锣、铓、镲,扛着四色彩旗开路,姑娘们随后排成长长队伍,到河里挑来清水,浇泼花塔、花轿,并把清水倒入竹龙喷洒花轿,给供在里边的佛像沐浴。第四天,人们相互泼水祝福,达节日高潮。人们先请半百以上妇女按年龄依次排成一排,姑娘们将清水泼洒其衣袖、汗巾上,以示消灾除难、祝福长寿。随后,青年男女互相泼洒。泼水时得先用歌声邀对方同意,获允后,男主动泼,女再泼还礼,互道敬语,道"阿弥陀佛"。泼完水,相邀到山坡上对歌。最有趣的是,当某小伙相中某姑娘,当晚便邀上十来个青年同伴前去"串姑娘";姑娘亦找上自己的亲密伙伴作陪。姑娘、小伙子们席地围坐,各发一双筷子和两只碗,一碗盛满米酒,一碗盛着一只鸡头。然后,小伙、姑娘轮流猜答席间共有多少鸡头,猜中正式入席;猜错,罚站立喝干碗中酒,免入席。实际上,罕有猜中者,因为游戏开始前,小伙、姑娘皆已各自暗藏若干鸡头。游戏字旨,并非赛智力,而在欢笑中借机连情择偶。

桑建节——参见"阿昌族泼水节"条。

浇花水节——参见"阿昌族泼水节"条。

德昂族泼水节——族称"尚根",意"为祖先泼水";亦称浇花节。德昂族民间将佛陀诞生、成道、涅槃三合一传统节日。流行云南德宏一带。农历清明节后第七天(另说农历四月、傣历六月中旬择日)举行,历三日。近似傣族"泼水节",活动多异,既欢度新年,又连情择偶。2008年6月7日,荣跻国家首批"非遗"名录。源说有三:一,某逆子清明后第七天上山干活,见雏鸟反哺情景,顿悟,遂决心孝母。其时,母正迎面走来,为其送饭,失足跌倒。子赶来相扶。母却疑其前来打她,一头撞树而亡。子痛悔莫及,砍树雕成一尊母亲雕像,每年清明后此日,皆把雕像浸入洒着花瓣的温水中清洗。人们感之,相沿成俗。二,古时,天庭七个仙女下凡,在湖中沐浴,被德昂人发现,即返天庭,临飞时,告诉德昂人:若是思念她们,可塑雕像,每年替她们泼水沐浴。三,释迦牟尼关怀凡间疾苦,见老天久旱不雨,便告德昂人:每年于堆沙节,各信徒提一桶水,泼于佛身,天即降甘露。佛飞回天庭时,留下经书,要求德昂百姓每年举行堆沙节,给佛泼水,佛便会佑其清洁、平安、五谷丰登。节前,各户忙于制新衣、做米粑,准备水桶、水盆等泼水工具。节间首日,众聚寺院听佛爷诵经。翌日,为佛像沐浴。第三日晨,晚辈准备一盆热水端至堂屋中央,请家中长辈坐堂上,口头请求其原谅一年来不孝之处,长辈亦检讨为晚辈树榜样不足。然后,晚辈为长辈洗手、洗脚,并互祝新年吉祥。午后,开始相互泼水。在象脚鼓乐和歌声中,年轻人将水筒高举过头,将水滴洒在老年人手上,祝生活快乐、健康长寿。老人们伸出双手,将水捧在手中,口念祝词,为年轻人道喜、祝福。随后,以象脚鼓为前导,人们排成长队,拥向泉边、河畔,唱歌、跳舞,互相追逐、泼水。无论泼水者、被泼者,都高兴异常,笑声朗朗。男女青年则借机择偶连情:节前,小伙悄悄编织几个漂亮竹篮,乘夜深人静"串姑娘"时,分别送给自己中意的姑娘。最漂亮那只,当然送给最喜爱的她,以此表达爱意,并试探对方反应。因此,节天姑娘们人人背上一个精致美观的竹篮,小伙们睁圆双眼,仔细辨认。待对上号,两情人便互相尽情泼水、嬉戏,进一步表达爱意。

尚根——参见"德昂族泼水节"条。

德昂族浇花节——参见"德昂族泼水节"条。

德昂族采花节——德昂族民间传统娱乐节。流行于云南芒市三台山一带。农历清明节当天(另说清明日后第七天)举行,历三天。届时,山上已开满红的、粉的花朵,五彩缤纷。一大早,各寨老少着节日盛装,提着花篮,挎着筒包,上山采花,边采边说笑玩闹。休息时,男女青年敲起象脚鼓,唱歌跳舞。下山时,大家的篮里、筒包中,装着满满的鲜花。回寨,各家忙着用鲜花装点房舍,屋里屋外香气袭人。从远处一看,整个村庄宛如一片花海。节天,还有用鲜花互访互赠亲友之俗,象征友谊和祝福。情人间赠鲜花,则表示互相爱慕。

德昂族洗手脚节——亦称洗手脚日。德昂族民间传统节日。流行于云南芒市等地。农历清明节后第七天举行。届时,家中晚辈为长辈洗手洗脚:先端上一盆温水,向长者合掌叩头,口中喃喃自述一年来违背长者教诲和对长者失敬之处,请长辈原谅和指教。长辈亦反省自己,望今后和气相处,阖家幸福。然后,幼辈为长者洗手、洗脚。若父母已故,兄长、嫂嫂、姐姐则犹如父母,照例接受弟妹们此礼。已嫁女儿、妹妹或入赘儿子,均偕同其配偶一同回家,为长者行洗手脚礼。若路途遥远,难以同来,可由一方为代表,向长者解释原因,还要献上一小包茶叶和几块粑粑。

德昂族洗手脚日——参见"德昂族洗手脚节"条。

谷 雨

黎平谷雨节——族称"渐苟嫩堕拉",汉意"吃乌米、播稻种"。侗族农时、婚恋狂欢节。流行于贵州黎平县肇兴侗寨。"谷雨"日、夜举行。届时,除"吃乌米、播稻种"仪礼外,突出地域婚俗。最有趣味的是,已订婚男方,担许多乌米饭去女方家,以作定亲礼物;女方则将其分送亲友。曾与该女行歌坐月之其他男子,照例将盛饭用卣卣扔进女孩家,待女孩装满乌米饭,再低头进入去取,以此表达对其成婚之祝福。夜晚灯光昏暗,女孩趁机以锅底黑灰抹他脸上。出门后,看谁脸上沾黑,即知是谁眷恋、祝福自己。而今,只要谁家有女孩,无论订婚与否,人们都会前往扔卣卣,讨要乌米饭。去的人越多,女孩家越觉得光彩,有面子。

渐苟嫩堕拉——参见"黎平谷雨节"条。

吃乌米节——参见"黎平谷雨节"条。

播稻种节——参见"黎平谷雨节"条。

侗族土皇节——亦称土王节。侗族民间青年男女社交节日。流行于广西三江一带。农历谷雨前两天,在土王坡定点举行。时值春暖花开,满山油茶林结着一串串压枝茶泡,到处盛开一簇簇月月红花。男女青年着盛装,到离村寨不远的土王坡,吃茶泡,度佳节。节天,有斗鸡、赛臂力、打拳、摔跤、唱歌、跳舞等活动。"吃茶泡"尤富特色:有的小伙把成熟茶泡用藤条串起,套在姑娘脖子上;有的将茶耳丢进姑娘背的瓢篓;有的摘一尚未脱皮的茶泡,飞快塞进姑娘嘴里,姑娘不顾未脱衣茶泡的苦涩味,咽进肚里,以回应甜蜜爱情。有的村寨还开展拍"哆毽"(毽子)活动。侗家哆毽分青草毽、稻草毽、芦苇毽和鸡毛毽四种。玩时，不用脚踢，而用手拍，以拍得高远、接得最稳、落地最少为胜。"哆毽"能手可一气连拍六七百次。拍法多变，伴以许多艺术造型，如"凤凰展翅""海底捞月""深山鸣泉""狡兔迅奔"等。有时，毽子直冲蓝天，拍毽者注视飞毽，做各种生产和吹芦笙动作，最终将毽子稳稳接住。"哆毽"在男女青年中富有爱情色彩。每当节日，他们总是邀请情侣在山坡上拍"哆毽"，称"飞花传情"。对唱山歌亦循传统：留发脚的姑娘，表示已有情人，小伙只能跟她对唱木叶歌、笛子歌和猜谜歌等，禁唱情歌；无发脚者，表示尚无情人，小伙尽可邀唱情歌。坡前歌声此起彼伏，直到傍晚。节源传说：侗家古有十八对男女青年，因受"同姓不通婚，养女还舅门"束缚，难结良缘，遂在谷雨前两天，双双殉情。为缅怀死者，侗家每年此日纷纷来土王坡唱歌跳舞。此后，打破通婚藩篱，男女自由社交，演变而为民族节日。

侗族土王节——参见"侗族土皇节"条。

山东祭海——汉族渔民渔祀节日。流行于山东文登、乳山、荣城等沿海地区。传于"百鱼靠岸"之农历谷雨日举行。参与者仅限男性。届时，男丁带上香、蜡、纸、酒、猪等前往海岸，宰杀全猪，用猪血抹红遍体，面向大海，焚香叩拜龙王，祈求出海平安、满舱而归。祭毕，聚餐狂饮，一醉方休。

谷雨青节——湖南汉族农民"插秧"节日。农历谷雨日举行。主要节俗：犒劳耕牛，给其放假，用药水洗浴，喂以甜酒、鸡蛋，并祭祀牛菩萨。随后"开秧门"，秧苗满垅，人们来田间敲锣打鼓，放鞭炮，推举种田高手下田扯头把秧苗，各户随之。再后即"加餐"，吃大块肉，喝大碗酒，佐以鱼虾、盐蛋。省内大部分地区喜吃"白切肉"，湘东喜吃"糊自肉"（粉蒸肉），常德喜吃"胙肥肉"（此肉年前即以炒糯米、红曲米、五香粉、盐等腌制，专待插秧时开封食用）。

谷雨茶节——湖南汉族茶乡传统节日。流行于盛产君山银针、古丈毛尖等茶的湖南茶乡。谷雨前夕所采茶叶，尤为清香，故名。农历谷雨举行。节间，各地茶俗竞相媲美：长沙一带，习用蟹眼沸开花冲沏青茶，品尝纯正清香；或喜饮放置茉莉、白菊等花茶。湘西、湘南等地，喜油炒茶叶熬汤，冲泡油炸的花生、苞谷等，称"油茶"。湘东一带，喜放炒香芝麻、黄豆放于茶中，称"芝麻豆子茶"。高寒地区，人们喜在茶中放些老姜、胡椒和盐，以温胃散寒。常德、益阳一带，喜作"擂茶"，将白米、芝麻、花生、生姜与茶浸泡，再置陶制擂钵，用特制山楂木擂杵捣成茶浆，入碗冲泡而饮。

牡丹花会——汉族民间传统节日。流行于河南洛阳。农历谷雨前后开始，花谢方止。洛阳牡丹之盛，始于隋、盛于唐、昌于宋，世代名扬天下。届时，各种花会、花市、花舞，联袂而行。无论贫富贵贱，皆被其深深吸引。宋欧阳修《洛阳牡丹记》载盛况云："花开时，士庶竞为遨游，往往于古寺、废宅有池台处为市，并张幄帘，笙歌之声相闻，最盛于月陂堤、张家园、棠棣场、长寿寺东街与郭令宅，至花落乃罢。"洛阳牡丹品种，今已达一百八十余种，斗艳竞奇、云蒸霞蔚，更吸引众多海内外游客。诗人聚会吟哦、画家泼墨点丹，盛大商品交流，亦为花会平添丰采。

联合国中文日——国际性语言文字节日。农历"谷雨"节,在纽约联合国总部及国举行。旨在加强六种官方语言在联合国之平等使用,联合国于2010年首行"中文语言日"。鉴于中文肇始轩辕黄帝史官仓颉造字,感动上苍降"谷子雨",农历因有"谷雨"节气。"中文日"遂定此天。届时,纽约联合国总部开展书画展、茶艺表演、歌曲演唱及中文书法讲座等活动。国内同时举行纪念、宣传活动。节源可追溯更早:1945年6月25日,五十个国家的代表,在美国旧金山制定《联合国宪章》;翌日,各国正式代表逐一在中、英、俄、法、西五种文本上签字。按四个发起国英文字母顺序,中国首席代表顾维钧,把汉字永远留在《联合国宪章》签署区首行!中文从此堂皇跻身世界大雅。20世纪70年代,中文被确定为联合国工作语言,更向国际化挺进。1998年11月13日,联合国网站中文版正式上线,成为该网站继英、法、西、俄、阿拉伯文后,最后一个推出之官方语言。2014年农历"谷雨",联合国庆祝第五个"中文日",把全球性"中文热"推向更高潮。2014年4月17日《中国文化发展报告(2013)蓝皮书》显示,截至2013年底,全球已有一百二十个国家(地区),建立四百四十所孔子学院及六百四十六个孔子课堂,成为汉语教学推广和中国文化传播之全球品牌和平台。

立 夏

大雾梁歌会——亦作"大戊梁歌会"。侗族民间传统娱乐节日。流行于湖南通道县一带。本始每年初之六个"戊日"中之"戊寅"日举行;后改节期为立夏前十八天,在湘、桂、黔三省交界处之"大雾梁"举行,故名。大雾梁,地名,侗语称"梁蒙",绿水青山,风景秀丽。届时,桂、黔交界处侗、苗、壮、瑶、汉等族,成千上万人前往参加,热闹异常。男女青年或坐而盘歌,或立而对歌,对歌代言、传情,内容广泛,歌声悠扬。山上对歌,山下赶场。沿街货摊、商店摆满各种物资,琳琅满目。各族互通有无,竞相选购。日暮,人们带着节日喜悦和选购物品,渐渐散去。小伙、姑娘难舍难分,回寨继续行歌坐夜,共抒恋情。会源传说:很久前,古州(今贵州榕江)有个后生名闷龙,与通伍(今湖南通道牙屯堡)一姑娘肖女相爱,经常幽会于"梁蒙",并秘密定情。不久,肖父察知,欲拆散二人。二人遂约私奔,抵牙屯堡河时,闷龙背着肖女涉水,因浪急石滑,失足落水,双双被洪水卷走。死后,两人化作一尊巨石,立于殉难不远的河中。从古至今,无论河水怎样暴涨,总未曾淹没石顶。侗家人怀念他们,便在当年两人相约之地聚会、唱歌,代代相传,久而成节。

大戊梁歌会——参见"大雾梁歌会"条。

丽江臭水节——亦称臭水会。傈僳族民间传统沐浴节日。流行于云南丽江一带。农历立夏(另说夏至)节前三日举行,历六天。当地有一股常年汹涌而出的泉水,每年此间会突然浑浊不堪,俗称"臭水"。然而,民间传说:用其煮饭,特别香甜可口;用其服用,能治肠胃疾病;用其沐浴,治风湿病"水"到病除。傈僳及附近各族,对其青睐有加。节间,人们在泉水旁挖一土坑,用泉水浸湿石头,捡来铺底,用柴火将石头烧烫,再垫以木条、树叶、毯子,浇上泉水。在滚滚升腾的水雾中,人们脱去衣裤,躺在毯子上,直至大汗淋漓,旋用毛巾擦拭干净,结束"臭水浴"。大约六天,浊水变清,节告结束。

丽江臭水会——参见"丽江臭水节"条。

立夏节——亦名吃新节、尝鲜节。汉族民间传统节日。流行于江苏苏州、常熟、南通，安徽徽州，浙江开花、三墩、临平等地。农历立夏之日举行，节俗特别。乡谚："立夏三朝遍地锄。""立夏见三新（樱桃、青梅、来麦）。""立夏食猪脚，登山不歇脚。""烧吃露天饭，热天不疰夏。""立夏吃了蛋，热天不疰夏。"江苏武进立夏"尝三鲜"：吃地上三鲜，苋菜、蚕豆、杏仁；树上三鲜，樱桃、梅子、香椿芽；河中三鲜，海丝、鲥鱼、咸鸭蛋。浙江水修家家蒸米粉肉，做"立夏粑"，自食且馈赠亲朋；乐平市杀公鸡，给男少年加餐以"撑力"；新昌一带家家煮食新笋，据说可以健脚耐远行；杭州名家喜烹茶，配以各种细果，邻里互赠，称饮"七家茶"。江浙一带农村喜饮白酒；儿童午餐加鸡蛋，餐毕即称体重，据传越称越长且抗夏暑。四川节俗淡些，通常以雨否卜天气，云"立夏不下（雨），犁锄高挂（旱）"。

吃新节——参见"立夏节"条。

尝鲜节——参见"立夏节"条。

苏州立夏节——汉族民间传统节日。流行于江苏苏州一带。农历立夏日举行。当地以入夏易染疾，称立夏曰"注夏"。昔时，缺医少药，人们多祈求神灵保佑。同时，每逢此日严禁任何人坐自家门槛。且习以隔年撑门炭煮茶饮服；向邻居索饮，称饮"七家茶"，效果尤佳。另外，还习惯给孩童吃猫、狗所剩之食，称吃"猫狗饭"，可免病痛。

苏州注夏节——参见"苏州立夏节"条。

立夏祭冰神——汉族民间"花花好"信仰（掺和好，啥都有了）祭神节日。流行于河北邢台东部等地农村。立夏之日，在村社专门搭建之祭祀神棚举行。棚内有香伞、神楼、通天旗、通天宝、宝号等。祭与"春分打醮"对应，居二十四节气相关之两大祭祀节日之一，主祭以一百零八位龙王为主之诸神，祈神灵免除冰雹灾害。本为中老年妇女自发组织，因亦称"善男信女好""老妈妈好"。较之"春分打醮"，"花花好"妇女可入棚参祭。除通常燃香叩拜等外，特色俗项有念经、行好、做功（制作敬神用的剪纸）等。其中，主要制作并焚烧神像剪纸，沟通人与神灵，祭神祈福。邢台后张范村专为此节成立"龙神会"，已历两百余年，延续本土文化信仰和对自然的敬畏。

白族立夏节——白族民间传统节日。流行于云南大理、剑川、洱源等地。农历立夏之日举行。届时，村民在自家门前和宅周插上杨柳，还在房子墙脚下撒上灶灰，以驱赶毒虫，免入夏遭毒虫叮咬，且消灾避祸。昆明西山区沙浪一带白族，此日要到龙王庙和水塘处祭祀龙王，旨在不让司水龙在栽秧需水时作祟。祭祀时，须全村集体杀猪，各家杀鸡。祭毕方可开渠浇田、栽秧。

朝天坡歌节——亦称朝山坡歌节。苗族民间传统歌节。流行于贵州松桃县牛郎镇革佬溪两岸。农历立夏之日举行。朝天坡亦名"朝山坡"，牛郎镇最高之山，直插云天，坡度陡峭，坡顶平坦。届时，男女老少竞着节日盛装，兴高采烈地从远近聚此，人数多达一两万，还有远自湘、黔接壤之地而来的苗胞。人们带上一整天吃的食品。老人们难爬坡顶，半坡打转，也算爬了朝天坡，心满意足。青、中年爬上坡顶,开展对歌活动。未婚男女,三五为群,用唱歌谈情说爱。另还有吹唢呐、敲锣打鼓、跳猴儿鼓舞等文娱活动及商品买卖,热闹非常。节源传说:从前苗族迁徙,有两兄弟的先祖走散了,其一来到牛郎镇一带定居,垦荒开地,但想念自己兄弟,每当立夏之日,便登上朝天坡,朝徙来方向极目远眺,一心一意想看到失散兄弟,但年年不见踪影。后转念认为,现既已安居乐业,老是牵挂惆怅无济于事,应高高兴兴,便定每年立夏这天,亲人纷纷从不同地点汇集朝天坡,开展娱乐活动,久而成节。

朝山坡歌节——参见"朝天坡歌节"条。

纳西族泼灰节——亦称立夏节。云南纳西族民间传统节日。农历立夏之日举行。纳西传说:远古,人与龙是同父异母的兄弟。分家时,天父地母将陆地分给人类,将水域分给龙。陆地生命水源被龙控制。龙管水,人类每年祭龙,才能风调雨顺、庄稼丰收。一次,一位山主向一条蛇撒灶灰和吐唾沫,不料这条蛇正是龙所变。这下,龙被激怒,让人间雨水时少时多,非旱即涝。此后,纳西人发觉蛇怕灶灰,便在每年立夏之时,往屋内撒上灶灰,既免龙作祟,亦防蛇虫伤人,积久成节。节晨,家家早起,在房前屋后撒上从灶里铲来的灰,以祈平安。此日,各家还要会餐;青壮年摆酒畅饮;老年人则不约而聚,畅叙寨内外大事和当年收成。

纳西族立夏节——参见"纳西族泼灰节"条。

云龙春水节——亦称福水节。白族民间传统节日。流行于云南云龙县一带。农历立夏之日举行。该县包罗乡,有个名为"春水塘"的水池。据传,塘中心水能治病,喝了用其泡制的糖梅水,可增强体质,免肠胃疾病。当地因称塘中心水为"春水"或"福水"。每年立夏这天,附近村民便纷纷带着青梅和红糖来到塘边,用其配制糖梅水。配成后,大家就地开怀痛饮,并互相祝福,以图吉祥。同时,人们还在塘边进行各种娱乐活动,尽兴方归。

云龙福水节——参见"云龙春水节"条。

侗族洗澡节——侗族民间传统健身节日。流行于湖南锦屏县平秋镇等地。农历立夏之日举行。侗谚云:"立夏不洗澡,全身毒疮咬。"节晨,老人携孩童,身背篓筐上山采草药,所采主要有九里光、三角枫、金银花、兰花、接骨草、枇杷叶等廿余种。将其洗净,下锅熬煮,舀出再配以米酒、盐巴,用以洗浴,称"洗药水澡"。洗毕,美餐痛饮。

侗族洗药水澡——参见"侗族洗澡节"条。

侗族秧节——俗称播种节。侗族民间传统节日。流行于黔东南从江县宰门寨一带。农历立夏前后之辛日举行。节日前夕,家家挑选谷种并泡好,平整秧田。节晨,人们开田放水,旋将浸泡好的谷种撒上。撒毕,大多数男女青年聚集村寨广场,开展唱歌跳舞、吹芦笙等文体活动。节天,各家各户只能吃鱼,禁吃其他菜。主食是黑糯米饭。其做法是将一捆捆稻草烧成灰,掺在糯米中搅拌成黑色,再用簸箕把草灰扬去,放进木瓶里蒸熟。相传,这天吃了此饭身体健壮,一年无病。

侗族播种节——参见"侗族秧节"条。

瑶族分龙节——亦称祭龙节。瑶族自称"勉"支系民间传统节日。流行于广西金秀大瑶山和湖南南部。农历立夏后之辰日举行。若立夏之月有三个辰日，只过前两个。过节敬天龙皇，旨在祈求天龙皇消旱保苗。相传，古时天龙皇分管布雨。一次，他贪酒多饮，连醉三天不醒。其子将分给地界的水，塞封起来洗澡，致人间滴雨不降，湖干地裂、庄稼枯死。人们危殆，请法师起坛念经，求天龙皇给凡间布雨。法师用牛角法器，吹奏一天一夜，终于吹醒天龙皇。天龙皇俯视凡间赤地千里，自知失职，顺便将儿子洗澡水泼下凡间，却顷刻又成洪灾。法师急忙再次念经作法，让天龙皇均匀布雨。天龙皇怕法师向最高天皇告他的状，便令儿子腾云驾雾下凡界，巡游察访，平抑旱涝，确保农作物收成。天龙皇儿子照办，凡间恢复正常。人们感谢他，将其首次下凡巡游之日定为"分龙节"。瑶族此节禁忌殊多：节前夜，寨佬即鸣锣喊话，宣布节规，诸如不准挑粪尿出门，免臭气熏天龙皇，惹其生气；不准挖地、锄草、砍柴，免惊天动地吓跑天龙皇；不准捉虾钓鱼，鱼虾乃天龙皇兵将，免捕捉犯忌，使粮食歉收；等等。人们照例谨守，还准备各种供品。节天，寨头巷尾，门庭大院，打扫得干干净净，大门旁还插上一枝青木叶。妇女竞着节日盛装，三五成群在竹楼上刺绣挑花，不时仰望天空，以示迎接天龙皇出游降雨。男子杀鸡杀鸭，设席供奉天龙皇。此外，人们还互相串门，下棋打牌，对唱山歌，愉快玩乐。过节时，谁家但凡有来客，皆尽量挽留，盛情款待。

瑶族祭龙节——参见"瑶族分龙节"条。

祭太阳神节——拉祜族民间宗教节日。流行于云南澜沧县一带。于拉祜人认为一年中太阳赐光最多之农历立夏日举行。太阳神庙建在背东面西山坡，仅头顶右侧留智慧之辫，祭司可进庙，其他任何人禁入。节日凌晨，妇女们手挽竹箩，内装爆米花，围寨心桩，边跳边撒，敬献神灵，祈祷年丰。跳毕，男子们敲锣鼓、持长刀，列队挺进山坡，先往神庙下方之祖庙烧香、磕头祭祖；旋上神庙，列队庙旁，举行祭仪。祭司念咒，众人边唱歌边撒米花。时至太阳偏西，阳光直射神庙，金色阳光、雪白米花，映衬一张张肃穆脸庞。祭司念完咒语，人们撒完米花，送太阳落坡，祭仪方告结束。

侗族赶坳——亦称玩山。侗族民间婚俗节日。流行于黔东、湘西交界地区。节期因地有异：有些村寨在农历立夏、端午、中秋或重阳之日；有些村寨则在侗历"四大土黄戊"（不宜动土之大戊日）。侗俗："大戊之日不劳作。"如此闲暇良辰，青年男女恰好领情择偶、谈婚论嫁。届时，他们纷纷盛装聚会，择平坦山坳，于泉边、溪旁、花丛、树下，相见对歌。若相中，则约下次幽会时间、地点。别时，女方常赠一块丝帕或手巾给男方。节源传说：从前，侗乡貌美心灵姑娘那艳与勤劳英俊小伙那万相爱，常以歌传情，并以丝帕订终身。曾向姑娘求婚失败的一富家子弟，从小伙手中骗得丝帕，并将其推下悬崖。他宣称得到了姑娘的爱情。姑娘悲痛欲绝，到小伙罹难处殉情。侗家男女闻声赶来，用歌声向这对情侣致哀。年年此日如是，久而成节。

侗族玩山——参见"侗族赶坳"条。

小　满

林家亭子庙会——汉族民间宗教节日。流行于浙江海宁市斜桥镇一带。农历小满前择日举行，历三天。"林家亭子"

乃斜桥镇云林庵俗称,内奉张六相公神像。节晨,迎神队伍从此出发,迭经王家场、五路经、祝场、路仲、郭店、黄梅庵等地,最终返回。队伍浩荡,堂锣开道,神轿紧随,后有高跷、龙灯、彩狮、荡湖船、彩蚌等,再后是仿真纸扎神马,身披囚衣信徒。队伍逢庙歇息,供祭菩萨。沿途观众如潮,万人空巷。权势富家,于厅堂或大门摆祭坛,陈列各种传家至宝,俗称"显宝",以此显耀门庭。迎神活动持续两天,余为信众拜神。

柯尔克孜族马奶节——新疆柯尔克孜族民间传统节日。农历小满次日举行,历两三天。昔曾观天象厘定节期:入夏双子星首现之次日。时值牧草大面积返青,母马开始产驹,牧民遂纷纷挤马奶、食用马奶。节晨,人们竞着盛装,聚集拴马处举仪。先由长者抓住马鬃,进行祈祷,祈风调雨顺、人畜兴旺。女性长者旋开始挤奶,将头碗奶喂家中最小孩子。然后,宰羊煮肉,连同发酵马奶、各种乳制品,一并摆出,招待来客。午后,牧民们跨马相互贺节,品尝入夏首碗马奶,伴以羊肉等美食。边吃喝,边弹琴、唱歌,祈求牧业丰收。此外,少不了赛马、叼羊等娱乐。

芒 种

芒种节——汉族民间传统农事节日。农历芒种之日举行。谚云:"芒种忙忙栽,夏至谷怀胎。"时值百花凋零,农事渐繁,民间昔有祭"花神"之俗:人们惋惜花朵凋谢,送"花神姑娘"退位归闲。清曹雪芹《红楼梦》有载:人们祭祀花神时,以花瓣、柳枝编制车马轿顶,或用绸缎、五彩丝线系于树枝、花朵之间,设各种供品,焚香叩拜。此节已式微。

白族栽秧会——白族民间传统农事节日。流行于云南大理等地。芒种至夏至间择日举行,历数日。当地谚云:"早栽三天成谷,晚栽三天成草。"每逢栽秧时节,人们便自愿组合成互助生产组织"栽秧会",公推劳动能手任"秧官",负责协调指挥,以换工方式,轮流给各户集体插秧,直至栽完,自动解散。栽秧会的标志"秧旗",呈三角形,镶白或黄、黑色牙边装饰,天旱旗面用蓝色,以祈雨水;雨水绵绵,则用红色,意祈天晴。旗杆为三丈余长龙竹,缠以彩布条。旗杆扎上彩球飘带,顶尖挂象征丰收吉祥木斗,上书"风调雨顺""五谷丰登"等吉语。首日开秧门,人们高举秧旗,敲锣打鼓,唢呐高奏吹吹腔、栽秧调,到本主庙敬香,供奉三牲,然后打平伙(聚餐)。吃完,逐户插秧,把秧旗插田头,在唢呐、锣、鼓、钹等伴奏下,紧张栽插。秧官推手提铜锣,频频催促,插秧者均按锣声节奏栽插。秧官锣声暂停,栽秧者歇息片刻。这时,男女老幼均可对唱情歌。据传,栽秧时情歌唱得越多越热闹,谷子会长得越好。故,栽秧会最欢迎"调子客"(歌手)参加。节间,午餐照例由田家主人招待。人们围坐栽秧旗下,大块吃粉蒸肉,大碗饮栽秧酒。一户栽完秧,田主人要在田埂上烧香敬饭,敬献谷神祈求丰收,并给大家发"洗脚豆"(炒好的蚕豆),防湿避寒,并表谢意。

夏 至

夏至节——简称夏节。广大汉族地区民间传统农事节日。于一年中白昼最长之农历夏至日举行。早在周时,已见此日祭神之俗,历代袭之;至清,仍大祀方泽,位列国家大典。各地、历代节俗略异。隋杜台卿《玉烛宝典》云:古时此日有吃粽子、赛龙舟等俗。清潘荣陛《帝京岁时纪胜》曰："是日，家家俱食冷汤面，即俗说过水面是也。……谚云'冬至馄饨夏至面'。"江南村民有吃伏茶、祭田公田婆、拜秧田等俗，流行烙薄饼，夹青菜、豆腐、腊肉，祭祖或赠亲友。未成年外甥、甥女到娘舅家吃饭，娘舅则赐苋菜、葫芦各一碗，让其吃苋菜不生病，吃葫芦腿有力。还习惯用大秤称人体重，论肥瘦宜否。江苏过节重农时。农谚"头莳勿抢，二莳勿让，三莳请人帮"，谓栽秧不可违时。一些地方，农民有夏至不理发及削茄棵之俗。陕西一带过节，则吃粽子。

夏节——参见"夏至节"条。

夏至荔枝狗肉节——广西玉林民间古老节日。农历夏至之日举行。节源待确考。当地土著喜吃狗肉，长年不断，夏至更达高峰。餐馆则炫"脆皮狗、味中极"等招徕食客。近年，此俗引发他乡爱犬人士颇多微词，甚至申讨。有人建议，为社会和谐，宜淡化此节。而当地群众不以为然，俗信不减。

永康祭田婆——汉族民间宗教节日。流行于浙江永康一带。农历夏至之日举行。当地人认为，田婆乃土谷之神，四季辛劳，当酬谢，遂举祭礼：各户农家备酒肉、果品、糕点等，至田头，插上束捆草标，在其前焚香叩拜，祈田婆保佑五谷丰登、人寿年丰。

畲族分龙节——俗称分龙日，亦称封龙节、分雨水日、水龙会。福建畲族民间传统农祀节日。于农历夏至后（另说农历四月）之首个辰（龙）日举行。霞浦县则定五月廿四日过节。据传，畲族山区龙很多，各自居功，争享供品，闹得面红耳赤。玉皇大帝召各路龙公上天，颁旨划界，分司龙职，各自及时行雨。每年"分龙日"，各路龙公上天领旨，调拨雨量。玉帝分司龙职值"夏至"节气后逢辰之日，是为"分龙节"。届时，畲族人上山不带铁器、出门不担粪，谚云"龙惊铁、虎惊叉"。男女老少休息一天。有人携山货进城赶集，或相约逛寺庙。玩耍之余，男女云集城郊、寺庙旁盘歌，交流、增进友谊，渐渐发展成为畲族歌节。1986年6月29日，福建省在福安县城首次举办畲族歌会，邀请浙、粤、赣诸省畲族歌手参加，历三天，盛况空前。除祭祀外，一些畲、汉杂居区，民间聚"水龙"作消防演习，称"水龙会"。

畲族分龙日——参见"畲族分龙节"条。

畲族封龙节——参见"畲族分龙节"条。

畲族分雨水日——参见"畲族分龙节"条。

畲族水龙会——参见"畲族分龙节"条。

毛南族分龙节——广西毛南族最具本族特色之农祀节日。农历夏至后首个辰（龙）日举行，历两三天。旨在祭拜、祈求龙神均匀降雨，确保丰收。节前，椎杀一头公牛，以其头、尾、脚、内脏献供。届时，法师喃经、跳神。牛肉部分均分各户，剩余出售，用作祭龙经费。集体祭毕，各户自拜祖先、三界仙、灶王、地主娘娘等，祈祷五谷丰登。另外，以糯米饭、粉蒸肉犒赏耕牛，并给其放假一天。已嫁女携子女、礼物回娘家过节。亲友相互登门道贺。小伙、姑娘们聚会唱歌，连情择偶。而今，扬弃迷信色彩，新增文体竞赛、科普活动。

毛南族庙节——广西毛南族"分龙节"前后之宗族聚会。会期因地有异：上南、中南诸村取农历夏至后之亥（猪）日，下南乡取辰（龙）日。均椎白色水牯牛祀神，在庙堂内外举行，此称"庙祭"；之后另举"家祭"。共历三天。参阅"毛南族分龙节"条。

伏日——中原三伏祭祀古节。农历夏至后第三个庚日起入头伏，第四个庚日起入中伏，立秋后第一个庚日起入末伏，总称"三伏"。时间约农历七月中旬至八月下旬，正值酷暑。"伏"者，隐伏以避盛暑也。古人在伏中举祭之日，谓"伏日"。汉杨恽《报孙会宗书》载："田家作苦，岁时伏腊，烹羊炰羔，斗酒自劳。"此"伏"即指伏日祭祀。祭日何时，待考，或谓在初伏间。此节已泯。

灵宝天尊圣诞——道教节日。农历夏至日举行。"灵宝天尊"全称"上清灵宝天尊"，道教"三清"尊神之一。据传，其由"赤混太无元"（宇宙形成前混沌状态三元气之一）所化生，居天界"上清"仙境，即"三天"之"禹余天"。与元始天尊、道德天尊并为三洞教主。夏至传为其化生日。届时，道观例行拜祭，教外信众纷至沓来。

上清灵宝天尊圣诞——参见"灵宝天尊圣诞"条。

小 暑

苗族封斋节——湘西苗族民间传统节日。自农历小暑节前辰日至小暑后巳日举行。节间俗禁甚严，忌吃鱼、虾、鸡、鸭、蟹等，只能吃猪、牛、羊肉；禁猎飞禽走兽，提及名称亦犯忌。违即遭灾。民间认为，鸦溪大王即于此时遇难。斋期家中有人去世，须杀猪酬祭神灵，以祈赦罪。结束日即谓"开斋节"，人们再次集资杀猪，祭神祈福。猪肉及内脏，均分各户。女婿到岳家聚餐，共乐开斋。

苗族开斋节——参见"苗族封斋节"条。

侗族六月节——亦称祭祖节。侗族民间祭祀节日。流行于黔东南苗族侗族自治州北部。农历小暑节后首个卯日举行，历三至七天。节前十二天"进河"祭祖：同宗主妇按长、次房排队，携竹筒、水桶、粽粑叶、干蕨菜、糯米、高粱等，聚集寨中，前往指定河边清洗，洗毕排队返家，将上述各物淹上。节前三四天，酿造糯米甜酒，置办祭祀食品。祭品严禁拿食，免遭祸端。节天，用净水淘米，将黄毛、彪杆、蛇花几种鱼，按规定数，置米上同蒸；另煮一锅免盐烂菜。后，顺火坑摆一方桌，置上述供品；桌旁另置长条桌，上放云南叶，每房族一张叶，叶上皆放糯米饭、鱼、菜、甜酒、干蕨菜等。各户祭前，由最长者化三叠纸钱，念祈辞，求祖先保佑后人。祭毕，长者先尝祭品，他人随之品尝。家有病患，则多尝一些。全宗族祭毕，家家自行杀鸡宰鸭，款待族中长者及亲友。特殊禁忌：酒、筷子、糯米饭、鱼等皆呼代称，不可直呼其名，以免不吉。节间，青年男女穿插唱歌娱乐。

侗族祭祖节——参见"侗族六月节"条。

侗族古老吃新节——侗族民间古老农事节日。节期因地多异：贵州天柱、锦屏、三穗等县侗族聚居区，于农历小暑后首个卯日；有些村寨于七月首个寅日或卯日；南部侗区，则在六月十二，或七月初二、四、七及十四，或八月初一，等等。均历数日。节前充分准备节食。节日佳肴,以鱼为主,另有免盐玉米、瓜菜,戏称"忆苦饭"。进餐时,房门敞开,以请祖先前来共同"吃新"。一些村寨,还举行对唱大歌、斗牛、游神、演戏活动。

大 暑

大王庙会——汉族民间传统节日。流行于浙江丽水一带。农历大暑节前后择日举行。届时,人们高抬大王神像结队,沿街或沿田边出巡,表示请大王检查稻禾,保佑丰收,俗谓"望田水""望丰收"。出巡声势浩大,前由锣鼓开道,执事、旗幡分列两行,后有众人手举红灯、红三角布旗紧跟;中央是大王轿,大王神像端坐其中。出巡至每一个村前,该村便设坛摆案,迎神拜神。巡游竟日,入夜方送神归座,众人再次顶礼拜别。翌日,搭台唱戏,以娱大王。

立 秋

立秋节——中原汉族民间传统节日。农历立秋之日举行。各地节俗略异。届时,华东江浙一带往往以白天或夜晚"立秋",预测天气凉热:"朝立秋,冷飕飕;夜立秋,热到头。"为迎新秋到来,人们纷纷戴上楸叶,一些妇女还鬓插用石楠红叶剪刻的花瓣。为避邪降暑,免除秋后疟疾,另还用井水吞食七粒小红豆。明田汝成《西湖游览志余》有载。此节已式微。

镇雄立秋节——汉族民间避邪求安传统节日。流行于云南镇雄县一带,故名。农历立秋之日举行。据传,此日用一布袋装上红豆,系绳后,抛入井中,须臾提出;家人取几粒红豆,再喝一杯生水,即免生痢疾。届时,当地汉人照此而做。另外,妇女还用各色布头剪成大小不同方块,拼接成屁裙一般,给孩童戴在身后,俗称"补秋屁股"。据说,此举可避邪消灾。

苗族赶秋节——亦称交秋节、秋社节。苗族民间传统娱乐节日。流行于湘西、贵州松桃,及其相邻之四川边境。农历立秋之日举行。据传,从前一个名叫"巴贵达惹"的小伙,正直善良,英武善射,欲觅美丽、贤惠姑娘为妻。九十九寨姑娘无一中他意。一天,他上山打猎,一只山鹰口衔一只花鞋飞来。他搭箭射去,花鞋落到跟前。他见花鞋精美异常,心想绣鞋姑娘亦当格外美丽,便决意寻觅。他制作了八人座风车型秋千,于立秋邀约邻寨男女青年荡秋千玩乐,终于找到那位叫七琅的姑娘,最终结成良缘。此举,演变而成赶秋盛会。届时,一男一女身着古苗装,扮秋公秋婆,在人们的欢呼声中,一人执一棒壮实玉米,一人捧一把籽粒饱满谷穗,缓缓走近秋千架,领众高唱《交秋歌》《赶秋歌》,述节日来历和赞美秋千,祝秋公秋婆福寿,喜庆丰收,歌颂纯洁爱情。男女青年旋登秋千荡玩。秋千架高十余米,呈风车状,相互错开八对或十二对,车辐上每对皆系一架秋千,每架可坐八至十二人。登秋千者,须会唱苗歌,谚云:"不会走路莫爬坡,不会划船莫下河,若是不会把歌唱,劝你莫往秋千坐。"旋转之中,秋千架戛然停止,谁停最上面,谁就须唱歌。秋千坪上,人群川流不息,花带、刺绣、首饰、项链等摊点,摆成长龙阵,商品琳琅满目。节间,还表演象征吉祥的接龙舞,搭歌台赛歌,等等。

苗族交秋节——参见"苗族赶秋节"条。
苗族秋社节——参见"苗族赶秋节"条。

秀山赶秋节——四川秀山苗族民间传统节日。湘、黔边界苗族纷纷前往参加。农历立秋之日举行,风雨不改。主要活动是打秋千放歌、迎祝丰收、青年择侣。

苗族赶秋坡——亦称踩秋。苗族民间传统节日。流行于贵州长顺、安顺、紫云、惠水、青岩等地。农历立秋之日举行。节源传说:他们祖先迁徙时,由一条神犬带路到此,只见山高坡陡,树林阴森,便停住脚。带路神犬一反常态,离开人群,跑了出去,滚一身黑泥回来。人们明白,这是神犬向他们示意,要引大家去土地肥沃的地方。于是,人们按神犬滚黑泥方向,继续寻找,最终定居在今天的杨雀寨、羊吊崖、沙坑、猛秋等地。大家商定每年立秋日,各支系到长顺县摆塘乡扎营坡相聚,久而成节。节天,四乡八寨苗家,尤其青年男女,竞着节日盛装,汇聚扎营坡,寻伴对歌,吹唢呐,弹月琴,结交朋友,谈情说爱。中老年人进行贸易活动,选购中意商品。过去,节庆仅限苗族参加;而今,附近布依、汉等各族男女青年,亦纷至沓来。

苗族踩秋——参见"苗族赶秋坡"条。

立秋杨梅节——彝族民间传统节日。流行于云南姚安、祥云、宾川、大姚等县交界地带。农历立秋之日举行。节源传说:从前有个善良姑娘爱上一个诚实小伙,小伙家贫,姑娘父母极力反对,逼迫其嫁给有钱有势人家。姑娘坚贞不屈,立秋时节逃往山上,幽会情侣,以杨梅树为媒,结成夫妻。后来,人们为缅怀这对情侣,每年立秋过"杨梅节"。节天,各地彝族群众成群结队,来到廿四丫口末端之石堆山梁子下丫口,隆重过节:人们对唱《梅葛》,"跳脚"娱乐,开展民间物资交流。近年,当地政府出面组织,古老民族聚会盛况空前。

彝族赶秋节——彝族民间传统节日。流行于云南大姚一带。多在农历立秋之日举行。彝家人相传:每年立秋,天上都会降下一种形似毒蛇的"秋索",捆扎各种农作物的叶子,在叶片上留下其勒痕。秋索乃降灾凶兆。故此,民间忌讳立秋这天下地,改作其他劳务或娱乐,长期相沿成节。各寨节俗略异:在凉桥、白鹤等地,人们狩猎过节。村里青壮男子纷纷上山围猎,妇女亦上山驱赶鸟雀。人们围猎赶雀,并不计较有无猎获,旨在"赶秋",驱赶"秋索",化凶为吉。有的村寨,年轻人汇集山上,对唱《梅葛》,互送吃食,谈情说爱。

秋坡节——亦称赶秋坡。布依族民间传统节日。流行于贵州长顺县安乐乡团坡村等地。农历立秋之日举行。素于该县安乐乡团坡村之"秋坡"举行;因规模日渐扩大,已迁下山,扩至团坡、麦平、山荞寨等地。节源传说:三百余年前,布依青年秋妹和阿坡,自幼青梅竹马,真心相爱。他俩私订终身,亦博双方父母首肯。筹办婚事时,土司仗势将秋妹阿妈迫害致死,抓走秋妹。阿坡闻讯愤怒至极,放火焚毁土司家库房,救出秋妹。他俩跑到山坡时,阿坡被躲在大树后的土司杀死。秋妹见状,悲不欲生,便一头撞树而亡。乡亲们将两人合葬于此山坡,每年立秋来此凭吊祭祀,对歌怀念,久而成节。立秋前,人们须做好一切准备。上述各寨寨老,组织村民平整场地。姑娘们在家杀鸡宰鸭,煮酒备菜,等待心上人到来。小伙则外出远迎相恋姑娘。节天,附近各布依村寨倾寨出动,男女老少几乎全部参加。长顺、安顺、望谟、罗甸、惠水、紫云等市县,成千上万布依青年亦远道而来。大家唱歌对歌,跳舞演戏,赛球下棋,尽情娱乐。夜晚,附近村寨家家户户住满了客人,歌声、笑声通宵达旦。

布依族赶秋坡——参见"布依族秋坡节"条。

侗族祖公节——亦称甲戌节、平安节。侗族吴姓最隆重祭祀节日。流行于黔东南黎平一带。农历立秋日后首个甲戌日举行。相传,这天乃侗家吴姓家族祖先逃难离开老家到达黎平之日。为纪念先民、缅怀祖宗,每逢此日,侗族吴姓皆穿戴整齐、华丽,带上供品,由长者率领,到古代女英雄杏妮坟前,摆好供品,举行祭仪:吹奏落地芦笙曲,绕坟转三圈,恭请太祖母到民间与众同乐;其间,持续燃放铁炮、鞭炮。祭毕,各家族前往广场聚集,姑娘们则回家担甜酒凉水,返广场,大碗盛满米酒,循序敬长者、同辈、晚辈及围观来客。然后,各家族开展芦笙舞比赛。赛毕,人们跟随芦笙队欢歌跳舞,尽情娱乐。日暮,家家带着祭品到湖边河旁举祭,并把一片芭蕉叶放水中,以示恭送祖灵返回。祭毕,各自回家,共进晚餐。饭后,男女青年再次汇集广场,自愿组对,开展芦笙舞等比赛,直至深宵。

侗族甲戌节——参见"侗族祖公节"条。

侗族平安节——参见"侗族祖公节"条。

秋社节——简称秋社。中原古老祭地神、祈丰收节日。通常于立秋后第五个戊日(约秋分前后)举行。宋陈元靓《岁时广记·社日》载:"《统天万年历》曰:立春后五戊为春社,立秋后五戊为秋社。"汉前仅有春社,汉以降方添秋社。南朝梁宗懔《荆楚岁时记》载:"社日,四邻并结综会社牲醪,为屋于树下,先祭神,然后飨其胙。"可知,节兼祭神和乡邻聚会宴饮。宋吴自牧《梦梁录》卷四载:"秋社日,朝廷及州县差官祭社稷于坛,盖春祈而秋报也。"史上,此节曾盛多年,后式微。(参见"春社节"条)

秋社——参见"秋社节"条。

处 暑

白 露

丽水求梦——汉族民间传统节日。流行于浙江丽水一带。农历白露前三日,于该县北郊丽阳庙举行,历七天。届时,人们纷纷赶到丽水北郊丽阳庙,烧香拜神。庙内,供奉北山神丽阳神、土地神白塔王、北沼灵巨潭王。善男信女们求功名、祈财运,纷纷顶礼膜拜,问卜吉凶。所奇者,拜毕就地卧庙,求神灵托梦。梦中所示,即神灵预示。此节已泯。

秋 分

哈尼族托资——云南哈尼族民间传统农祀节日。农历秋分之日举行。择此昼夜长短平均之际,祭神、祭祖,旨在消灭害虫,保护庄稼,合理安排各种生产活动。届时,家家休歇在家,不干农活。趁着清晨露水未干,虫蛾飞不动时,男主人去野外捉几只害虫回来,放进碓窝,口念"白霜降,害虫死;害虫死,人种活;害虫死,牛马壮;害虫死,庄稼旺"。每念一句,女主人即踏一下木碓。如此反复数次,以示田里害虫尽被消灭,庄稼、树木和人畜皆可免受虫灾。之后,杀鸡宰鸭,供祭祖宗,祈祖先保佑丰收、吉祥。再后,老人们向男丁布置秋后农活。

畲族食新节——畲族民间传统农事

节日。农历秋分前后举行。畲族世居山区,水田少,旱地多,以番薯为主粮,视大米为宝。节值中稻已开镰,遂将新收稻米献神、祭祖,报谢大恩,庆祝丰产。家家将新稻谷舂成米,煮白米饭,匀分三碗,点上茗香,放进米筛,摆晾台上祭天地;旋再装三碗,各点三支茗香,分别摆厅堂左右神堂和灶头,供祭地方神、祖公神和灶神;剩下的白米饭,则由全家老少共餐。开饭时,须让本家长辈先尝,以示尊敬。食新饭时,有的还备米酒和鱼肉佳肴,邀亲朋举杯助兴。席间,相互品评稻子品种,交流耕作经验,既是农家乐,又是生产交流会。

寒 露
霜 降

壮族霜降节——壮族民间传统节日。流行于广西大新县下雷、宝圩、雷平一带,以及天等、靖西、德保等地。农历霜降之日举行,历三天。节源传说纷纭,一说:明代,广东出了一只身长数丈、祸害人畜的牙鹰,被人追赶,逃到下雷,被壮族小伙许文英、姑娘岑玉音分别射中右、左眼。两人遇缘,结为夫妇。不久,外敌入侵,攻州破府,毁灭壮家村寨。玉音义愤填膺,在丈夫帮助下,手执绣鸾刀,腰挎神弓,骑一头大青牛,率一万壮家良兵前往边界迎敌。当敌人狂饮祝捷时,玉音兵马猝然而至,将敌打得大败而逃。敌酋逃命中被岑玉音一箭射中落马,死于绣鸾刀下。壮兵凯旋,时值霜降日,人们大庆三天,定为节日。另说,岑玉音乃靖西湖润土司岑怀永之女,嫁土官许光祖长子许文英。明中叶,倭寇犯境。夫妻奉命出征,与敌厮杀,佯装败退。敌倭中计,死伤枕藉,狼狈而逃。那天,正值霜降,壮人遂定之为"抗倭纪念"霜降。许被命名为"绿州知府",复迁北海郡王。玉英封抚夷将军,解甲归田,死后葬下雷霞村欧岭半山腰。后人为之立庙,塑金身,刻碑文。1683年,康熙追封"霜降神",立照壁记其功,建八角楼供其像,命百姓年年祭祀瞻仰。是为节源。节前日称"降前日",附近数县壮家汇集下雷,远近汉、瑶、满兄弟亦来参加,人数往往逾万。他们借宿下雷各家,尽得热情款待。下雷街巷人声鼎沸,大小商摊满布街头巷尾,入夜灯火通明。节日当天称"正降日"。凌晨,人们即带着糍粑、年糕、酒肉、香烛汇集庙宇供祭,各自祝祷,求风调雨顺,求老幼泰安,求赐子降福。今虽淡化供祭,却依然汇集演壮戏,唱壮歌,以志纪念。青年男女在街头对歌连情,"下雷歌海"直荡漾到第三天"降后日",仍意犹未尽。

壮族降前日——参见"壮族霜降节"条。

壮族正降日——参见"壮族霜降节"条。

白族上冬坟——云南白族民间传统祭祖节日。农历霜降至立冬之间,择日举行。白族素有祭祖之俗,代代相传祖先的辈数、名讳、年代、业绩,勖勉后人继承先辈艰苦奋斗精神。每逢节间,各家男女老少皆端上最丰富供品,到祖先坟地,祭祀祖先和山神、土地神,祈众神灵保佑在阴间的祖先;同时,还要焚化寒衣,让逝去祖先和山神、土地神,在严冬到来时不缺寒衣御寒。祭毕,人们就地聚餐。

立 冬

乌程立冬节——汉族民间传统清洁健身节日。流行于浙江乌程一带,故名。

农历立冬之日举行。立冬日后，天气转寒，人们难像夏日常常沐浴，故择立冬日"扫疥"：用金银花、野菊花、茄根、干姜等煮汤，掺和入盆沐浴。据传，此日"扫疥"可免皮肤病。

湛江腊祭——汉族民间传统祭祀性节日。流行于广东湛江地区。农历立冬日后之己酉日举行。节源传说：汉武帝元鼎六年（前111），西汉伏波将军（路博德）与杨仆，奉武帝命，率军平定南越叛乱，辟九郡之区。战乱中，徐闻县一带土著于立冬（另说冬至）后己酉日，惨遭杀害。湛江地区汉族民众，每年是日纷纷祭奠，久而成节。届时，各户杀鸡宰牲，燃香、明烛、化纸，祭祀祖先。此外，照例盛邀亲友聚餐，叙旧畅谈。

黑话人颂牛节——彝族支系黑话人民间农祀节日。流行于滇西北山区。于传为"天牛"下凡效劳人间之农历立冬日举行。旨在感谢一年来耕牛勤劳耕作。届时，人们用洋芋和萝卜分别制作黄牛、水牛模型，以玉米穗做尾，荞麦粒或玉米粒做眼，用麦穗尖做角，以荞麦秸或玉米秆做腿，旋将牛模型放入一大簸箕内，置于牛神崖前草坪正中。草坪周围竖十二根松木，上挂缀着荞子、燕麦、玉米的红绸。由一老歌手带领，人们牵来挂有红绸的耕牛，绕着簸箕踏歌而舞，歌颂耕牛的辛劳，赞美精心养牛和获得丰收的农家。最后，将牛模型和以燕麦炒面、玉米糕，与切成段的燕麦秸混合成的精饲料，赠送上述爱牛、勤劳人家，以资奖励。获奖牛主，当场将所得饲料喂牛，用彩线编成"牛轿"，载着牛模型，载歌载舞过寨。回家后，将牛模型供于堂屋，作为传家宝物珍藏，充分显示对耕牛的重视。

畲族圆冬节——亦称加冬节。福建畲族民间传统节日。农历立冬之日举行。各户杀鸡宰羊，加滋补草药烹食，还舂糯谷，舂米做糍粑，举家饱食进补，俗称"补冬"。此时田园种植大计料理完成，此举因亦称"理园埕"。某些家庭，因故此日未及做糍，亦须于冬至弥补，或舂米糍，或做汤圆供祖。祭毕，举家吃汤圆，祈来年"圆"个丰收。

畲族加冬节——参见"畲族圆冬节"条。

小雪 大雪 冬至

冬至节——亦称冬节、交冬、冬至过大年、亚岁，简称"冬至"。汉族民间传统要节。早在两千七百多年前春秋时代，我国已用土圭观测太阳，测定出冬至，成为民间廿四节气中最早定出的一个。此日，阳光几乎直射南回归线，北半球白昼最短，其后渐长。古云"冬至一阳生"，是谓节气之起点；此日后阳气上升，大吉大利，应庆贺。其节，始于汉，盛于唐，俗称"交九""数九"，即自此九天为一"九"，数九轮八十一天，春即到来。《史记·律书》云："气始于冬至，周而复始。"节因其大，古称"亚岁"。冬至前日称"小至"，小至之夜称"冬除""二除夜"。庆俗仿除夕，隆重超余节气。先秦以冬至为岁首，君王不问国政，百姓在家听音乐五天。至汉，官场举行节仪，并放假；民间向父母、尊长拜节。东汉崔寔《四民月令》载："冬至之日荐黍糕，先荐玄冥，以及祖祢，共进酒肴及谒贺君师耆老，如正日。"宋孟元老《东京梦华录》卷十载："十一月冬至，京师最重此节。虽至贫者,一年之间积累假借,至此日更易新衣,备办饮食,享祀先祖。官放关扑,庆贺往来,一如年节。"历代帝王为禳灾祈福,照例祭天,古谓"郊祀"礼。皇帝亦受百官朝贺,礼仪甚隆,俗称"排冬仗"。南方沿海"门贴圆仔"。闽南、潮汕一带,则既贴两大"圆仔"于门环,还吃汤圆,寓团圆、吉利。台湾有蒸九层糕及用糯米做鸡、鸭、牛、羊等祀拜祖宗之俗。江南多地做糯米粑子。苏州一带全家团聚,吃冬至夜饭,出嫁女不能留娘家,如过大年。南京谚云:"冬至大如年,先生不放不给钱;冬至大似节,东家不放不肯歇。"扬州谚云:"大冬大似年,家埃吃汤圆;先生不放学,学生不把钱。"更多地方笃信"冬至吃肉健身",吃馄饨、水饺、红豆粥、圆仔汤等,谚云:"冬至饺子锅,不会冻耳朵。"另外,民间尚以此日预卜未来天气:"冬至在月头,必冷在年底;冬至在月尾,必冷在正月;冬至在月中,无雪也没霜。"另云:"冬至黑,过年疏;冬至疏,过年黑(黑,阴、雨;疏,晴)。"

冬至——参见"冬至节"条。

冬节——参见"冬至节"条。

交冬——参见"冬至节"条。

交九——参见"冬至节"条。

数九——参见"冬至节"条。

亚岁——参见"冬至节"条。

小至——参见"冬至节"条。

冬除——参见"冬至节"条。

二除夜——参见"冬至节"条。

桐城冬至节——汉族民间祀神祭祖节日。流行于安徽桐城一带,故名。农历冬至之日举行。源鬼节习俗遗风。届时,百姓纷纷上祖坟,烧纸钱祭祖,或修坟整墓;对已故未葬死者,择此日举行仪式安葬。

福建冬至节——福建汉族民间祀神祭祖节日。农历冬至之日举行。据传,古有一樵夫,上山砍柴不幸失足,落入深深涧底。他疾呼救命,因人迹罕至,无果。樵夫在深涧靠吃黄精姜幸免饿死,在涧偷生十余年,遍体生毛,身轻如燕,终于腾飞出涧脱险。他返家后,众人与他交谈,他一概不应,只吃形似黄精姜的食物。人们为其特用糯米粉和水制成丸子吃。很久,他才恢复人形,正常度日。因他落涧那天是冬至日,当地汉族群众每逢这天必制作小粉丸子,清晨即煮熟祀神祭祖,后全家分吃。

拉卜楞寺冬至节——甘肃夏河拉卜楞寺宗教节日。节前,僧人们先念三天救主友散经,以迎冬至来临。是日,各经堂、活佛公馆、寺主公馆,皆送压药叉的三棱,供于河岸焚烧。扈从壮丁在时轮院及寺主公馆鸣枪助威。藏族群众认为,太阳本向南,此日北转,唯恐易旧迎新时被恶鬼乘虚而入,故须用供物压上送走。此时,高竿上的经幡、寺南、寺东、护法殿、露天讲经场、天王爷府等,均焕然一新。壮丁鸣枪驱鬼,并向各大人物讨香钱。

元始天尊圣诞——道教节日。农历冬至之日举行。道教最高之神乃"三清":玉清元始天尊、上清灵宝天尊、太清道德天尊。元始天尊生于宇宙混沌之先,居玉清圣境清微天。届时,道教各大宫观,均举办大型道场,恭贺元始天尊圣诞。

冬街节——彝、苗、白等族民间传统歌舞盛会。流行于云南大理、丽江、楚雄三地交界之铁锁街一带。农历冬至之日举行。旨在庆丰收、访亲友。届时,家家用糯米舂成糍粑,迎接来客。人们竟着本族鲜艳服装,带着土特产品,汇集铁锁街上,会聚亲朋好友。主人们将糍粑烤得又脆又香,蘸着蜂蜜,请客人品尝。据传,从前人们谈论一年的辛苦,评比谁贡献最大时,有个放牛郎说:"牛最辛苦,它走前。"大家觉得很有道理。从此,每年此节,人们都把最好食品首先献给牛吃,以犒其辛劳。节夜,人们围着熊熊篝火,吹起唢呐、芦笙,欢歌起舞,通宵达旦。

壮族冬至节——亦称吃冬节。壮族民间传统节日。流行于广西思阳一带。农历冬至日举行。意味"冬天的开始",过节旨在安排入冬农活,俾人畜安全过冬。节间,人们宰猪、杀鸡、做糍粑,祭祖,并宴请亲友。壮族习俗,冬至祭祖必有糍粑。在连山等地,节前要酿冬至酒,虽低度,但香醇耐久;还要打开蜂箱采蜜,冬至日蜂蜜最佳,称"冬至糖"。杀猪,要将肉拉成条状,每条两斤许,挂火灶上方熏烤成腊肉;另将瘦肉剁碎,灌制腊肠,亦用烟火熏烤。人们认为,冬至日制作这些食品,味道最好,足称待客佳肴。连山南部小三江、加田,尤重此节,称"冬大过年",节食甚丰富,敬神甚隆。腊狗肉是上乘待客佳肴。

壮族吃冬节——参见"壮族冬至节"条。

冬大过年——参见"壮族冬至节"条。

朝鲜族冬至——朝鲜族民间传统节日。流行于东三省朝鲜族聚居区。农历冬至日举行。朝鲜族沿袭汉俗,过冬至吃小豆粥,称"奥古郎粥",用小豆、大米、糯米团子做成。团子像小鸟蛋,故亦称"赛儿心粥",即"小鸟蛋粥"。有的人家,还在糯米团里包进一枚小硬币,谁咬着了谁有福,在新的一年中能逢凶化吉。

满族冬节——亦称冬节、冬至节、东北冬至节。满族传统岁时节日。流行全国各满族聚居区。农历冬至日举行。冬节乃我国众多民族的共同节日,历史悠久。周代已流行冬至日祭祀神灵,禳灾祛病。《周礼·春官·神仕》载:"以冬日至,致天神人鬼。"汉代起列为令节,始兴贺节之俗。之后,朝代更迭,而俗传不衰。至清代,仍为要节。潘荣陛《帝京岁时纪胜》载:冬至节"长至南郊大祀,次旦百官进表朝贺,为国大典。绅耆庶士,奔走往来,家置一簿,题名满幅。……预日为冬夜,祀祖羹饭之外,以细肉馏包角儿(馄饨)奉献。谚所谓'冬至馄饨夏至面'之遗意也"。节天,家家用白面裹肉馅,蒸成肉馅馒头,或包饺子。全家围坐同吃饺子、肉馒头,俗称"蒸冬"。旧时,当地商户官宦多将九个九笔画的字排成行,每字笔画中间都虚空,每天填上一笔,从冬至日开始,刚好到数九结束为止。民间称这一行字为"消寒图"。

满族冬至节——参见"满族冬节"条。
东北冬至节——参见"满族冬节"条。
满族蒸冬——参见"满族冬节"条。

侗族过冬节——侗族民间传统节日。农历冬至之日举行。侗族聚居区有称"过侗年"者,隆重约当汉族春节。届时,人们举行赛芦笙、多耶、侗戏、对歌等多彩娱乐活动。广西南宁侗胞未能回乡过侗年,多于此日聚会,补个冬至节,欢乐歌舞,开怀畅饮。

过侗年——参见"侗族过冬节"条。

黎族冬至节——亦称冬节、冬至日。海南黎族民间节日。农历冬至之日举行。仅城镇黎胞因受汉族影响,小规模过此节。主要内容:邀集亲友同乐,杀鸡宰鸭,宴饮畅谈，辅以小型民族歌舞。

黎族冬节——参见"黎族冬至节"条。

黎族冬至日——参见"黎族冬至节"条。

畲族冬节——福建畲族民间传统节日。于传为"天赦日"之农历冬至之日举行。时值秋收结束，人们感谢保佑他们获得丰收的神灵、农具和牲畜，定此冬节。届时，家家将糯米碾成细粉，做成汤圆，煮熟，粘于家具柄上、牛的身上，以及当年未曾结果之果树上，祈求来年庄稼丰收、果实丰硕。

畲族天赦日——参见"畲族冬节"条。

土族冬至节——土族民间传统节日。流行于青海互助一带。农历冬至之日举行。节晨，各户皆吃油饼与"旗子"。旗子，和面做饼，切成菱形花纹，烘熟，每切一菱花为一旗。午、晚吃烩菜、熬饭。节间，小伙、姑娘赛马、角力。角力亦称"蹬棍"，先由某村小伙们发起，余各村小伙加盟，赛时，对手相向，席地而坐，双腿并合伸直，脚掌相抵，以脚、腰、臂力量争取将对方拉起，臀部被拉离地面者，为输。拉蹬时，双膝不可弯曲。赛行循环淘汰制。最终胜者，誉称"巴图尔"（英雄）。

冬至祭神节——汉族民间传统节日。流行于湖南沅水流域。农历冬至日之拂晓举行。旨在祈神赐福。届时，以土埠作祭坛，摆供桌，桌置香蜡牲礼。巫师沐浴更衣，登坛焚香，行祭拜礼，祭日月、星辰、云雨、风雷等神祇；俄顷，送神，化纸符。祭毕，若干男女粉墨登场，扮僧尼及戏剧人物，作舞、表演以娱神。少年、儿童随之打闹嬉戏。

祭牛大王——汉族民间传统节日。流行于浙江云和县等地。农历冬至之日，在牛大王庙举行。届时，各户备猪、牛、羊三牲福礼，进庙举祭，祈求牛神保佑。民间相传，牛大王能助牧童看管耕牛，免牛丢失、糟蹋庄稼。此节已式微。

鹤庆祭鸟节——白族民间传统节日。流行于云南大理州鹤庆西山一带。农历冬至之日举行。节源传说。古时此地民众不谙农事安排。林音山神的廿四个儿子变成廿四只候鸟，帮助人们掌握一年农时，使庄稼连年丰收。白族民间因传爱鸟、喂鸟之俗，每年冬至候鸟南迁时，总要拿出好食物犒赏，称"送鸟"，沿袭至今。届时，人们成群结队，吹唢呐，唱山歌，汇集黄郁坪，由一老人带领，边走边唱，并将炒好的荞粒、燕麦粒等，抛撒屋前房后和树枝草丛中，让鸟啄食，以祭鸟魂。与之对应，待来年春暖，鸟雀回返，人们还于清明时节，撒食相迎。

鹤庆送鸟——参见"鹤庆祭鸟节"条。

古腊祭——古代岁终祭众神节日。"腊"古代祭祀之名。《左传·僖公五年》有"虞不腊矣"，晋杜预注："腊，岁终祭众神之名。"举祭是日，称"腊日"。汉许慎《说文解字》云："冬至后三戌腊祭百神。"可见汉代"腊日"乃冬至后之第三个戌日。然，南朝梁宗懔《荆楚岁时记》则云"十二月八日为腊日"，并说村民在此日击细腰鼓，作金刚力士以驱疫。今亦有书云，腊日即"腊八"（腊月初八）。或欠确。其实，古人将两者区分甚清。宋孟元老《东京梦华录》即然。"腊八"之所以成为民间节日，源自佛教传说。佛祖释迦牟尼此日成道，故佛寺每逢此日皆诵经、浴佛，并效佛成道前牧女献乳糜故事，用香谷及果实等煮粥供佛,此即"腊八粥"之民俗由来。今"腊八节"尤盛,而"腊祭"仅残存广东湛江等极少地域。相传,公元前111年,西汉伏波将军奉汉武帝之命,与杨仆率军平定南越叛乱,不少土著于冬至(另说立冬)之日被戮。当地后人纷纷在冬至祭奠亡灵,久而形成"腊祭"之俗。届时,当地各户人家杀鸡宰猪,备香烛纸锭,祭祀祖先,叩拜亡灵;并设宴摆酒,款待亲朋好友。

古腊日——参见"古腊祭"条。

小 寒

大 寒

一年两次以上

两 次

刚目纳顿——青海土族民间宗教节日。农历正月初八、十五,两度举行,旨在驱魔鬼、赶瘟疫。届时,佛堂前,煨桑、点灯、上香、叩头致祭,后由若干青年戴凶恶煞面具、古装神衣或翻穿皮袄,跳神舞酬祭。

佑宁寺观经会——青海土族民间传统节日。农历正月十四、六月初八至初九,两度举行。均为纪念释迦牟尼祖师和宗喀巴大师,祈祷风调雨顺、国泰民安、众生健康平安;内容、仪式略同。届时,远近信众纷至沓来,围聚寺内大经堂。全寺高奏法号、法锣、金唢呐,数百名僧众汇聚,集体诵经,内容有释迦牟尼和宗喀巴大师经文及《祈祷经》《普光女儿经》《普贤行愿经》《上师贡》等。僧人们着护法神衣,为信众"跳欠"(跳金刚舞),祈祷他们平安喜乐、福禄双全。会间,寺院还照例为信众举办供斋、供灯活动。

围子镇大庙会——汉族民间传统宗教节日。流行于山东昌邑县围子镇。农历正月十六日和六月初六,在该镇延镇观,两度举行。镇子广场西侧雪花玉石碑,镌刻该观建于元朝至元年间。观门三座,中高侧低。左侧一魁星楼,右侧一钟楼,正中的三清殿供奉着老子。东西两廊有左协天、右三官金面塑像,院子松柏古柳参天匝地。广场东侧有井泉,水带咸味,相传可通渤海,饮可明目清肝、益寿延年。庙观和广场即大庙会所在。会间,人们进观焚香膜拜,祈祷平安,争相取饮井泉。各路艺人前来献艺,商贩借机营业,热闹异常。

傣族赶花节——亦称花街节,被誉为"东方情人节"。傣族支系花腰傣民间传统情恋节。流行于云南玉溪市新平县漠沙、腰街、嘎洒、元江等地。每年举行两次:小花街于正月十三日;大花街于五月初六至初七。花腰傣由傣雅、傣洒、傣卡三个小支系组成。其独特地域文化成为研究中国傣族起源、迁徙,以及与南亚泰、老、掸、岱等社会传统文化习俗对比研究中不可或缺的重要一环。节间最富情调的是,两情相悦的傣家少女(小卜少)和少男(小卜冒)吃"秧萝饭"。饭由小卜少准备,秧萝内装糯米饭、干黄鳝、腌鸭蛋等。吃时,由小卜少一口口喂给小卜冒,情意绵绵,其乐无穷。而今,节已从青年人谈情说爱扩展成开发民族风情、展示民族风采、弘扬民族文化,以及举行经贸洽谈的重大盛会。

傣族花街节——参见"傣族赶花节"条。

傣族东方情人节——参见"傣族赶花节"条。

延安赛畜会——亦称骡马大会、古会。汉族民间传统节日。流行于陕西延安一带。春耕前、秋收后各举行一次:"春会"节期长,近一个月;"秋会"数日而已。旨在交易牲畜,附带购销土特产、生产工具、生活用品等。主要节俗有二:一为赛戏,当地民办、官办剧团,皆行演出,为大会助兴。主要观众为妇孺、老人。二为赛马,旨在促成牲口交易。哪匹马能跑,其要价则高。

延安骡马大会——参见"延安赛畜会"条。

赛畜古会——参见"延安赛畜会"条。

台湾做牙——俗称吃犒劳。台湾汉族民间,尤其商号,祭土地公节日。每年两度:一在农历二月初二,称"头牙";一在腊月十六,称"尾牙"。据考,"牙"乃"牙祭"之略,事涉古代互市:交易前,商家先拜福神土地供,既祈生意兴隆,又飨客人、店佣,称"互祭"。唐以降,"互"字写作"牙",沿袭至今。昔时,每逢"做牙",商贾及相关农家、普通人家,要给福神财神土地公上供,燃香祭拜,先祈生意兴隆、发财,后招待客人、犒劳店佣,称"互祭"。由此饱餐一顿之"祭",因而链接上"牙祭"一词。白天,商人们纷纷为土地神举行盛大祭典;夜晚,用供奉之鸡鸭鱼肉,招待伙计、房东及老客户。

吃犒劳——参见"台湾做牙"条。

台湾头牙——参见"台湾做牙"条。

台湾尾牙——参见"台湾做牙"条。

布朗族祭灶神——布朗族民间宗教节日。流行于云南墨江一带。每年两度举行:农历除夕夜和二三月间择日。旨在祈求灶神保佑全家平安、六畜兴旺。除夕夜,用三个米粉(或高粱面)团、一块肥肉、一杯酒,摆放灶头,虔诚祭拜。祭毕,举家吃年夜饭。二三月举祭,供鸡一只,茶、饭、酒各一碗,家主杀鸡,拔鸡毛沾鸡血,贴于灶上,旋率全家祭拜。

麦德尔节——亦称麦德尔经会。蒙古族民间宗教节日。流行于内蒙古、青海、新疆等省、区。农历正月初四、六月初十,两度举行,均历六天。具体日期各寺庙略异。麦德尔,佛教菩萨名讳。其经会是蒙古族地区喇嘛庙重要宗教活动。届时,喇嘛们既在神像前焚香燃灯、诵经祈祷,还举行盛大跳神活动,以禳除不祥、祈求平安。跳神时,由喇嘛扮鬼神,或戴面具扮阎王、滑稽神,或扮"好和麦"(白骨神),或不戴面具扮"喀喇沁汗(多子女神),等等。他们手持各种法器,手舞足蹈,以示捉妖驱鬼。各地农牧民扶老携幼,从四面八方赶来赴会。有的倾其所有布施献供,以求麦德尔神保佑、赐福。随着时代发展,烧香敬神业已淡化,而代之以农牧民欢聚,唱歌跳舞,彼此互祝身体健康、万事如意。

麦德尔经会——参见"麦德尔节"条。

苗族闹冲节——简称"闹冲"。族谓"育穹碧咋"(去"丁耙坡"地方玩),亦称闹春节、玩坪地。苗族民间传统节日。流行于贵州凯里市舟溪镇和麻江县白午一带。农历二月逢午日和子日,即二月初七和十三日,两度举行。届时,方圆数十里的男女青年,竞着新衣,汇集舟溪、白午之间的"穹碧咋"(丁耙坡)。他们以村为单位,散布茶树丛中,无论是否相识,皆小伙主动找姑娘唱歌,姑娘则有求必应。你唱我对,所唱多描写春回大地、万物复苏景象,亦有触景生情,唱表达孤单苦恼的《二月之歌》(苗语"霞仰芮")。如,男唱:"正月已经过去,二月也已到来;枝头鸟儿鸣叫,枯草已经绿了,姑娘有伴无恼,后生孤身潦倒。"姑娘答:"二月回来了,枯草绿了梢。一对黄鹂鸟,在枝头鸣叫,嗓音多美好。阿哥有伴心不焦,阿妹无伴多苦恼。"如故友重逢,直唱至散场,道别或相约下次再会。第二次,男女青年继续轮番对歌,并增加斗牛活动。主人放开牛绳,牯牛拼命冲向对方,用头猛撞,"咚"的一声巨响,观众发出"呕"的喝彩声。两牛顽抵之后,双方主人各领十余名壮汉,用粗大棕绳,各拴牯牛一后腿,同时使劲把两牛拉开。钩鼻手则拿着长长钩杆,准确地把牛鼻圈钩住,拉走两牛。一对对牯牛如是相斗,直至参斗牛斗完,决出胜负。此乃青年播爱择偶之节,亦是春耕大忙前之娱乐盛会。日暮,人们才依依惜别。

苗族闹冲——参见"苗族闹冲节"条。

育穹碧咋——参见"苗族闹冲节"条。

苗族闹春节——参见"苗族闹冲节"条。

苗族玩坪地——参见"苗族闹冲节"条。

苗族翻鼓节——族称"侬略"(把收藏的鼓翻出来用)。苗族民间传统节日。流行于贵州丹寨、凯里、麻江部分地区。农历二、九月头个丑日或亥日(即二月初二或十二,九月初二或十二),两度举行。旨在农忙前、后,欢乐一番。两次内容略同。大多只杀鸡或捕鱼,酿酒煮肉,邀亲友欢聚,不举行仪式。丹寨县南皋乡清江寨、凯里市青曼乡晴郎寨有个别例外:村民过二月十二首个亥日翻鼓节时,须举行隆重仪式。是日中午,"鼓头"穿大花绸长衫,戴骨架斗笠,领一些青年人到珍藏木鼓的岩洞,敬上鲤鱼、肉、豆腐等,旋"翻"出木鼓,架鼓场上。姑娘们头戴银角,身穿缀满银饰的盛装,在鼓场起舞,小伙们纷纷伴之。一些老人则乘着酒兴,在鼓场高唱木鼓大歌。丹寨另些村寨,过第二个翻鼓节(九月十二日)时,家家先搞卫生,男人下田捞鱼,女人在家做豆腐、烤酒、备美酒佳肴迎客。翌晨,在堂屋摆酒肉和糯米饭,请族中长老来祭祖。念完祷词,酹酒于地。祭毕,家族的娃儿们你拥我挤,进屋讨"鼓饭",各得一团糯米饭、一条鱼后,高兴地离开。主人房族兄弟请客吃喝,围桌畅饮,谈笑风生。当客人吃喝至最后一家时,客人如尚未醉,主人即灌酒。吃喝中,无论宾主,家家有请必到,中途不可退场,否则将受众责。翌日早饭,养牯人家先将牛打扮一番,旋牵往斗牛场。男女老少早已盛装聚集场周,等看斗牛。寨中头面人物主持斗牛活动。一头头牯牛,顽强猛力相撞,观众不时发出阵阵欢呼。入夜,后生们拿出芦笙尽情吹奏。男女青年挤满宽敞寨坪,鼓手敲起铜鼓,翩翩欢舞。第三天下午,客人纷纷离去。

侬略——参见"苗族翻鼓节"条。

赶苗场——苗族男女青年社交活动节日。流行于四川古蔺、叙永一带。农历二月十三日和七月初三,两度举行。节源传说:古时苗族一次举义失败,官府禁止他们集会、往来。人们便以去场坝吹芦笙娱乐为名,秘密联系,积年累月,久而成节。届时,男女青年竞着新衣,聚集固定宽敞场坝。小伙排一字形长队,吹奏芦笙;姑娘踏着芦笙舞曲,姗姗随后,穿过场坝,后各自散去。他们以歌舞谈情说爱,直至日暮。人们所着节装,习惯套上一件麻布衣。相传,此乃对古代祖宗举义年代粗麻生活的深情缅忆。

五印朝山会——亦称恋爱会。彝族民间青年男女情恋节日。流行于云南巍山五印一带。农历正月十四日、九月初九,两度举行。届时,小伙、姑娘竞着节日盛装;小伙必带芦笙和木笛,成群结队前往风景优美打歌场。他们先进寺庙敬香火,后聚集歌舞,连情择偶。双方有意,则悄然退出歌场,往林中轻声对唱情歌。若有意则互赠信物:男送女一丈二尺六寸洁白包头布,让其缠头上,寓爱情高于一切;姑娘则回赠一双亲手制作的"千层鞋"和一个三层绣花钱包,寓女方绣进自己的心,恋人走遍天下也走不出。活动中,不少情侣定下终身。

五印恋爱会——参见"五印朝山会"条。

布依族蚂螂节——亦称蚂螂会、打蚂螂。蚂螂即"蝗虫"。布依族民间传统节日。流行于贵州盛宁县红岩一带。农历正月初一至初三及正月十五日,两度举行。节期三四天。节源传说:布依族从前本住湖广荆州等地,拥有稻田万顷。一年遭蝗灾。人们开始以石击之,稻谷亦被打坏。后改用稻草扎成草球,站立稻田两端,用草球对打,轻易赶走蝗虫,夺得丰收。明洪武年间,布依祖先随壮甲兵远征贵州,在盛宁一带定居,随之带来"打蚂螂",进而将其演变成娱乐节俗。届时,姑娘们竞着节日盛装,手执鲜艳蚂螂球,至赛场寻觅对手。按习俗,同辈或表兄妹方可对打。老、中年人开场示范,旋由青年男女列两排,迎面对打,或两男、两女交叉对,或数女对一男。霎时间,彩球飞舞,欢声震天。欢愉中,他们借机连情择偶。

布依族蚂螂会——参见"布依族蚂螂节"条。

布依族打蚂螂——参见"布依族蚂螂节"条。

黎族年仔节——亦称过年仔。海南黎族聚居区民间传统节日。每年举行两次:首次在除夕后第十二天,第二次在首次后第十二天。当地人认为,时值过年末尾,只能算"过小年",故称"年仔"。首次年仔节,各家杀鸡、包糯米粽子、做年糕,在喧闹鞭炮声中祭祀祖先,祈求保佑人寿年丰。竟日停止农作。男子集体上山打猎,妇女下河捕鱼、捞虾,以供晚上聚餐之用。入夜,人们欢声笑语,灯火通明,娱乐玩耍达旦。第二次年仔节,各家亦包粽子吃,所异者,业已开始劳动生产。

黎族过年仔——参见"黎族年仔节"条。

仡佬族坡会——亦称走坡。仡佬族民间传统节日。流行于黔西普定等县。农历正月初一、八月十五日,两度举行。届时,男子着对襟上衣,头扎毛巾;女子着鲜艳花边上衣和无褶长筒裙,三五成群,沿山乡小道,从四面八方汇集"坡场"。男人比赛爬竿、斗雀等;妇女在二胡、横箭、唢呐、锣、鼓等乐器伴奏下,唱歌跳舞。其间,还开展"打磨秋"。磨秋类似跷跷板,可上升、下降，且能水平转动。制作简单：在坡场上栽一根直径约十五厘米、高约一米坚硬木柱，柱端削得小些，当轴心，后用一根同木柱等粗，长约六米木杆作横梁，正中间凿一圆洞，以套住轴心，安于木柱之顶。活动时，横杆两端人数相同，或坐其上，或匍匐其端，男女均可。启动像推磨一样，转跑若干步，让横杆旋转起来，一上一下，两端的人交替蹬地，此升彼落，旋转不止。蹬地者可施展技艺，或像雄鹰展翅，或如蜻蜓点水，或手不扶杆，做出卷身、翻滚或骑杆回环等动作。人们鼓掌喝彩，赞叹不绝。

仡佬族走坡——参见"仡佬族坡会"条。

侗族打牛架——亦称斗牛节。侗族民间娱乐节日。通常一年两次：于农历二、八两月，传为最公正之亥日，两度举行。侗族斗牛场地固定，称"塘"，按款、洞行政管理区划分。以区开设之斗牛场称"大场"，其下所设，称"小场"。只要时间与"大场"不冲突，"小场"大可单独活动。二、八月间，"斗牛"连续不断。参"斗"者，均为善斗之"水牛王"，于各寨鼓楼坪专人精养多以蜂蜜、猪油、烧酒喂之。节前，各寨互约对手，称"送约"。提早三天，于"牛王宫"前敲锣打鼓，放鞭炮，大摆筵席，谓替牛"养心"。节晨，铁炮三响，鼓声震天，男女青年簇拥本寨牛王赴斗牛场，牛背竖旗座，上插红、黄、绿三色令旗。各寨牛王齐集，即隆重"踩场"（入场式），仪式队持牛王名称开道，手持月斧仪式队相随，最后是锣鼓队、彩旗队。入场毕，各寨"邀约队"吹芦笙，相互邀约，即开始斗牛。铁炮一响，两牛自两端入场，向前猛冲，观众齐声喝彩。两牛在限定时间内，相抵不分胜负，双方各自向后拉开套在牛腿之绳索，算平局。后再赛。一旦分晓胜负，得胜牛王即披红挂彩，饱饮赞誉；胜方姑娘则抢夺负方彩旗。数日后，姑娘们去负方寨送彩旗，负方热情迎接、款待，并奉送赎旗礼。斗牛毕，照例举行各种文体活动。

侗族斗牛节——参见"侗族打牛架"条。

社日——亦称祭土神节。汉族农家传统祭祀节日。分"春社"和"秋社"，于立春、立秋后第五个戊日，两度举行。宋陈元靓《岁时广记·社日》引《统天万年历》云："立春后五戊为春社，立秋后五戊为秋社。"南朝梁宗懔《荆楚岁时记》载当时节况：农家各村以宗族为单位，结成会社，杀牛、猪、羊为太宰，在树下摆开供桌，焚香祭神；并做好饼子，佐以生菜、韭菜、豚食为食。席间，推杯把盏，不醉不归。如唐王驾《社日》诗云："鹅湖山下稻粱肥，豚栅鸡埘半掩扉。桑柘影斜春社散，家家扶得醉人归。"

祭土神节——参见"社日"条。
春社——参见"社日"条。
秋社——参见"社日"条。

侗族赶社——亦称过社、社日、社节或吃社饭。侗族民间传统节日。流行于贵州黎平、湖南新晃、广西龙胜等地。分春社和秋社。农历立春后第五个戊日为"春社"，立秋后第五个戊日为"秋社"。两度举行，各谓赶春社、赶秋社。黎平、新晃等地主要过春社；广西龙胜等地主要过秋社。源说纷纭。黎平春社说：古代侗族后生木阿点龙，给皇帝当厨师，为皇帝精心制作五十大寿美味佳肴。席间，皇帝问他："什么最好吃？"他想了想答："盐！"皇帝暴怒，将其斩杀。后人哀之，奉为社神，立春社纪念。故此，当地过节吃社饭前，先要喝点盐水，并竟日禁止用刀，只许用剪。秋社祭供社神，还要画大马，作为社神木阿点龙的乘骑，以便其返乡。侗家赶社、吃社饭十分隆重，仅次于春节。节前夕，杀猪宰牛，备酒买菜，准备丰盛食物。节天，男女盛装，从四乡八寨赶赴社场，敬香烧纸，祭祀社神，祈消灾免难、五谷丰登、六畜兴旺。随后，宴请宾客。节间，还开展物资交流和歌舞等文娱活动。男女青年身穿侗装，三五成群，对唱山歌。姑娘们手提内装糯米饭、酸鱼、酸肉的刺绣荷包，在社场上请小伙子共进午餐；小伙们则买糖果答谢。他们初次相识，则对唱情歌；早交往者，则叙旧情，并约下次相会地点、时间。是夜，小伙们要请姑娘们到本寨做客。饭后，到歌堂对歌，往往通宵达旦。

侗族过社——参见"侗族赶社"条。
侗族社日——参见"侗族赶社"条。
侗族社节——参见"侗族赶社"条。
侗族吃社饭——参见"侗族赶社"条。
侗族赶春社——参见"侗族赶社"条。
侗族赶秋社——参见"侗族赶社"条。
侗族春社——参见"侗族赶社"条。
侗族秋社——参见"侗族赶社"条。

瑶族吃社节——瑶族民间祭祀社王节日。流行于广西金秀自称"拉珈"瑶族村寨。农历二月和八月中之社日举行，俗称二月社、八月社。节源传说：社王名李社，因出生即会笑，被视为怪物，弃荒野，被一头白牛吞食。后来，野白牛偷吃瑶人粟米，被箭射死。人们剖开牛腹时，发现内有一块会说话的人形石头。正巧一阵狂风吹来，将石头吹到玉皇大帝面前。玉帝封其为社王，派下凡间教百姓种植五谷，为民造福。瑶民十分崇敬他，村村立庙安坛，塑神像祭祀。社名因地有异，如金秀村寨即有上辛恩社、下辛恩社、歌放社等。每村之社，设一社佬，主持全村祭祀和农事。社佬以扑笤的神选方式确定，被视为"社王意志代表者"。每年社日，必杀社猪供祭。社猪由村民各户轮流喂养，猪肉一部分均分各户，余用作祭社。祭仪毕，参祭者（每户派一成年男丁参加）于社庙处，集体会餐，谓"吃社"。众人边吃肉喝酒，边聆听社佬"料话"（讲演），宣布生产戒律和乡规，要求各家谨守。"二月社"宣布春耕生产规定，"八月社"宣布秋收季节乡规，但有违者，由社佬查处。

瑶族二月社——参见"瑶族吃社节"条。
瑶族八月社——参见"瑶族吃社节"条。
拉珈吃社节——参见"瑶族吃社节"条。

纳西族祭天——族称"猛本""每毕"。纳西族民间宗教节日。流行于云南丽江、中甸一带。每年两度：农历正月大祭（春祭），初三至十五，三至十余天；七月小祭（秋祭），七月中旬。均当月十五日前祭毕。元李京《云南志略》载："末些蛮（古纳西族）在大理北，……不事神佛，惟正月十五日，登山祭天，极严洁。"据民间传说及东巴经载，纳西始祖崇忍利忍和天女衬红葆白咪久婚不育，派蝙蝠和灰狗为使者，前往天国，在天神子劳阿普、子劳阿祖（即衬红葆白咪父母）处偷听得其中奥秘，遂举行盛大祭天仪式，生下三个儿子。然而，他们三岁仍不会说话。蝙蝠、灰狗再往天国求助。在子劳阿祖指点下，再次祭天，三子方说出藏、纳西、白三族语言，并成为三族祖先。祭天，或以各家为单位，更多则以同家族多户组成"祭天群"，于专用"祭天场"集体举行。场用石块围砌，周植高大常青树,央设祭台,平时严禁擅入。无专用"祭天场"之家族,则轮流在各家院落设祭。具体祭仪,因地有异。有的地方,大祭杀百余斤大猪两头,小祭杀三十斤小猪一头。祭祀分初祭、复祭,以初祭隆重,复祭较简;两祭又分生祭(供生猪)、熟祭(供熟猪肉)。有些地方,禁妇女参祭。举祭前夕,各户出人布置祭场,并举行量米仪式,将祭米送祭天场,循序放好。祭日,先于祭坛供猪、鸡、饵块、米糕等祭品,旋由东巴念《崇搬飒》等经,忆述民族历史,祈天神、祖先赐福。祭毕,除酒、菜、汤共享外,生、熟肉皆按户均分。最后,众人头插树叶,列队返回,沿途祝福、欢呼,山鸣谷应。

猛本——参见"纳西族祭天"条。

每毕——参见"纳西族祭天"条。

丽江三朵节——亦称北岳庙会。纳西族民间祭祀节日。流行于云南丽江一带。每年两次,分别于农历二月和八月之首个羊日举行。旨在祈求本族最高保护神三朵赐福。节源传说,清《乾隆丽江府志略》下卷有载:"麦琮(宋末纳西族首领)常游猎雪山中,见一獐,色为雪,以为奇,逐之变为石,重不可举,献猎人所携石祝之,又举,其轻如纸,负至今庙处(府城北三十里北岳庙处),小憩遂重不可移,因设像立祠祀之。元世祖忽必烈征大理,由丽江路敕封雪石北岳安邦景帝。时土府木氏与吐蕃战,神屡现,白袍将跨白马助阵。万历间重拓殿宇,铸大鼎大钟以记其事,至今每岁二月八日,土人祭祀祈祷多验。"届时,人们纷纷进三朵庙,摆上整猪、全羊、鸡、鱼等供品,隆重举祭。祭毕,举行各种游玩、娱乐活动。今,丽江县政府厘定农历二月初八举办此节。

丽江北岳庙会——参见"丽江三朵节"条。

丽江骡马会——亦称七月会、七月骡马会、丽江七月会、三月会。纳西族盛大骡马交易会。流行于云南丽江一带。会期、会址多变迁。本一年两度:"三月会"与"七月会"。前者原为"黑龙潭会",乃清代以来,于三月中旬之祭龙王、祈丰收活动,于三月中旬在黑龙潭边广场举行,历三至五天。"七月会"始于1912年,以大牲畜交易为主,农历七月中下旬举行,会期十天左右。20世纪70年代初,两会会址改在大研镇东北郊红星会场。1998年初,为加强丽江古城卫生管理,骡马会场迁至拉市乡恩宗。农历七月中旬,于丽江城郊狮子山后旷野择日举行,历一两周。每次上市骡马近万头,并有铜器、木器应市。白、彝、汉等族纷纷参加;陕西、河南、安徽、西藏等地也有人来交易;远至尼泊尔等地客商,亦纷至沓来。会间,还有赛马、唱滇戏、对山歌等文体活动。随着时代变迁,近年骡马交易额逐年下降。

丽江七月会——参见"丽江骡马会"条。

七月骡马会——参见"丽江骡马会"条。

丽江三月会——参见"丽江骡马会"条。

丽江黑龙潭会——参见"丽江骡马会"条。

土族打施食——土族民间宗教性节日。流行于青海互助、民和、大通、乐都等地。农历正月十四日及腊月廿九,两度在当地寺院举行,内以佑宁寺规模尤大。"打施食"意为"尽除损人害命恶事"。腊月廿五,各家便开始用炒面精心摆成一个两尺余高的"施食",供奉起来,点上酥油灯。再捏一寸余长炒面人,名"扎廓",象征作恶者,置于盘中,送至佑宁寺大经堂外。至腊月廿九,每天由经法好的"多则布"喇嘛,领十余喇嘛在大经堂内举法事,念经四五次。喇嘛们还戴面具,在大经堂前跳神舞。舞毕,"多则布"喇嘛将炒面人"扎廓"切成几段,放入护法神殿面前一土坑中,上覆柴草。另外,寺院还组织盛大游行:由"多则布"喇嘛带领,喇嘛们排成长队,有廿四人各打一杆旗子,按敲锣打鼓,吹海螺、喇叭、抬"扎廓";再后,由八人抬"施食",到放"扎廓"之地。"多则布"用"施食"当武器,向"扎廓"打去,后将柴草点燃,以示将其烧死,除清做恶事者,人们可得安宁。至此,仪式结束。正月"打施食",初十开始念经,十四达高潮,俗项基本相同,仅多打八杆旗子。

土族官经会——土族民间传统宗教盛会。流行于青海互助一带。一年两度:农历正月初二至十五日,在佑宁寺举行,称"佑宁寺官(观)经会",亦称"佑宁寺观经会";三月十四在却藏寺举行,称"却藏寺官(观)经会"。届时,土族及附近藏、蒙古、汉等族群众,竞着整洁衣装,纷纷从四乡八寨,沿着乡村小道,汇聚威远镇佑宁寺观会。善男信女焚香烧纸、点酥油灯、磕长头、供饭、布施。同时,寺院亦组织大规模念经、跳神活动。昼夜油灯闪烁,香烟缭绕,喇嘛们的念经声此起彼伏。按惯例,寺院从喇嘛中挑选数人或一二十人,经一定训练举行跳神会。他们头戴面具,在锣、鼓、大钹、长号、海螺、唢呐等伴奏下,边念经,边手舞足蹈。盛会期间,还有盛大物资交流活动,各族互通有无,十分热闹。

佑宁寺官经会——参见"土族官经会"条。

佑宁寺观经会——参见"土族官经会"条。

却藏寺官经会——参见"土族官经会"条。

却藏寺观经会——参见"土族官经会"条。

布朗族祭寨神——云南布朗族民间宗教节日。农历一月和六月,两度择日举行,均历三天。布朗各寨神标志不尽相同:或在寨中央竖一木桩,周围垒石头,即象征寨神;或立五根木桩,以中间削尖桩为标志。据称,祭寨神可保全寨风调雨顺、人畜平安。届时,祭祀由"达曼"(头人)主持,全寨成员参加,先杀一只鸡,到村寨四周行首次祭仪,后到寨子中间作尾祭。其间,寨门外须高悬木刻、篾盘等物,以禁外人入内;若外寨人违禁,罚猪一头。本寨人在此三天之内禁磨刀、背水、出寨、吵闹,三日后方可下地劳动。平常结婚、办丧事、建屋,均须把两对蜡烛交给"达曼",由他向寨神献祭。新入寨成员,亦须交蜡条到"达曼"处,由他献祭,方博寨神保佑。

敖包沃贝——意即敖包祭。达斡尔族传统祭祀节日。通常春、秋两季各择吉日举行一次,均一天。节期因地有异。黑龙江齐齐哈尔一带,于农历八月十八日举行。敖包,亦作"脑包""鄂博",本蒙古语音译,意为"堆子",始见于清代,亦称"封堆",遍布内蒙古、青海、西藏等地。敖包多以石块(或沙土)堆积而成,或以柳条围筑,中填沙土,多呈圆包状或方基圆顶。有些敖包,内埋有铜佛像及箭镞,敖包上插有木幡杆,杆上挂彩色布条,有的上书经文。达斡尔语称"敖包"为"尚德",奉若氏族保护神或山神,凡曾有人活动之地,都有敖包。节间，人们身穿礼服，抬着供品，聚集敖包周围。先给敖包插上带青枝绿叶的柳树或桦树枝，象征五谷丰登、六畜兴旺。供品是煮熟的牛、羊、猪肉等，并向敖包祭洒白酒，扔奶酪，张挂彩色布条、小旗，象征经幡，在敖包周围焚香。巴格其（萨满助手）主祭，诵读祭文。萨满围绕敖包唱求神歌，跳吉祥舞。参祭者一齐叩拜敖包，祈风调雨顺、人畜平安。祭毕，众共食祭品，并举赛马、射箭、打"贝阔"（曲棍球）及歌舞等文体活动。

达斡尔族敖包祭——参见"敖包沃贝"条。

鄂伦春族祭月亮——鄂伦春族传统祭祀节日。流行于内蒙古呼伦贝尔市及黑龙江鄂伦春聚居区。农历正月十五日、八月十五日，两度举行。鄂伦春人自古狩猎深山老林、游牧大草原，习惯以天象判断所在方位，尤其以月亮提供准确时间与方位。夜间还可凭借月光，避开猛兽袭击。人们因此将月亮神化，顶礼膜拜，祈月神赐恩禳祸。日久世袭，遂成传统佳节。节夜，人们将画有月亮的神像（族称"别亚"），对着天上月亮，悬挂"马路"中心，然后宰杀供兽，剔去皮、爪。据说，用带爪、皮兽肉上供，会触犯神灵，遭受兽爪抓挠，以至大病。供兽摆放供台下面，头朝神像。众向神像磕头敬拜，祈祷月神保佑老幼平安，打猎顺利。然后，用野兽心脏之血涂神像嘴，以示神灵吃了供品，领了敬意。祭毕，将兽肉煮熟，大家共餐。若节前几天，总打不到野兽，猎民便在"仙人柱"（鄂伦春帐篷）外边，放一洁净盆子，后站盆子旁边，向月亮磕头，祈月神赐给猎物。祭毕，盆子原封不动，次日晨再去察看。发现盆内有兽毛之类东西，就意味出猎将顺利；盆内有何毛，即可捕到何兽。

仡佬族拜树节——仡佬族民间祭祀性节日。流行于广西隆林一带。农历正月十四日及八月十五日，两度举行。旨在祭"祖树"青杠树。节源传说有二：其一，仡佬祖先自贵州安顺迁此时，受到土著热情欢迎与接济。按例，不同族群须各奉祖宗灵位。仡佬遂于青杠树干开一洞，安放祖公祖母灵位，因此视此树为"祖树"。其二，仡佬祖先到此开荒种地时，惧怕毒蛇、猛兽，遂夜宿青杠树上，故拜其为"祖树"。每次"祭树"所需的一头黄牡牛，每年轮流由三户人家集资购买或共同饲养。节天，人们集中祖树所在地，宰杀牡牛，邀邻寨同胞前来聚餐。餐时，仅吃牛下水及其他酒菜。祭仪，由家族大房主持，扭断公鸡脖子，扯下鸡翅、鸡爪，加牛心，共作祭品。祖公树，献鸡头、左翅、左腿；祖母树，献鸡头、右翅、右腿。供物均用红纸包裹，分置树洞，树洞用纸钱封好。主祭人向树祷告、敬酒、鸣炮。祭毕，牛心分本族各户，寓同心协力、同甘共苦。

敬奉点格尔汗——亦称祭罕点格尔。裕固族民间祭祀节日。流行于甘肃肃南等地。农历正月初和立秋后，两度择日举行。节期长短各地有异。点格尔汗，裕固语意为"天神"，当地藏族群众称"霍尔泰"，意为"裕固族的神"。神像用一根细毛线，上缠各种牲畜的毛和各色布条，下端是一小白布袋，内装带皮、脱皮的五谷杂粮，供奉帐篷内上方左侧。据说，如是则保一年四季避邪免灾，太平吉祥。敬奉仪式，由"也赫哲"（汉语称"师公子"，约当巫师）实施，多为男性。每年两祭：正月初敬奉，家家都请，一家一天，直轮至二月初；立秋后敬奉，无须每家都请。正月敬奉尤盛。仪式是：地铺一条干净地毯，上摆九堆粮食，每堆放一盏酥油灯，灯上缠绿、白、蓝三色布条；地毯上方摆一小方桌，上供一茇茇草扎成之草墩子，中间插缠布条柳枝，点燃酥油灯。备毕，也赫哲一刀刺入羊腹，伸手掏羊心、割羊头，连同跳动的羊心，置盘中，旋用开水烫羊拔毛，将一些羊毛塞进茇茇草墩。之后，也赫哲手拿一把内装酥油、奶子的勺子，念念有词，绕着地毯、小方桌上供品转圈子，众人紧随。经文念完，即推倒酥油灯，细察灯花，预卜该家一年凶吉祸福。此祭甚庄严，禁穿红衣、骑红马者，持枪、拿牧鞭者，进入帐篷，免冲吉利。

祭罕点格尔——参见"敬奉点格尔汗"条。

裕固族祭天神——参见"敬奉点格尔汗"条。

傣族拜山神——族谓"紧刁巴拉"，亦称拜山神节。傣族民间传统祭祀节日。流行于云南勐腊县一带。农历二月初二及三月初七，两度举行。平年小祭，隔三年大祭，均严禁女性参加。二月二祭，值选庙主之日。届时，全寨长幼男性，各带一只鸡，往寨外小庙。先择"庙主"：年长者拿出一鸡蛋，让每人将其竖立，每人三次，胜者做"庙主"，主持祭仪。此人去世，用同样方法选新庙主；倘难选出，则由前庙主之子继任。开祭：先点香，摆祭品，由庙主念祷辞祈福，众齐拜。三月七祭，较隆重。先于寨外神树旁，搭南、北两草棚，南称"寨神房"，北称"山神房"。搭就，不可拆，任其破损不堪，才能修葺。祭时，人们带鸡或猪肉及各种食具，将神房布置一新，摆祭品。两主持主祭。寨神房主祭，多世袭；山房神主祭，可轮换。两主祭先念祷辞，旋各执一只鸡，割破鸡颈，洒血于地，鸡扔地上，卜算鸡卦，以卜当否出猎。然后，宰鸡杀猪，众再次拜祭。最后聚餐，宣告节毕。

紧刁巴拉——参见"傣族拜山神"条。

拜山神节——参见"傣族拜山神"条。

灵披曼——亦作宁批曼，汉译祭村寨神。云南傣族民间祭祀节日。通常一年两次：一在插秧前，一在秋收后。披曼亦称"丢拉曼"，傣语意为"村寨神"，多指本寨建寨者或首领之灵魂，以大树为象征，供奉村边林中。祭祀活动，由寨老组织村寨成员参加。届时，宰牛杀猪，封闭寨门，断绝与村外往来。每家皆以鸡、酒、米饭、芭蕉、蜡条等供奉村寨神。人们认为，"披曼"有灵性，新迁入或将迁出之村寨成员，皆须以米酒、鸡等祭祀，以求其恩准。

宁批曼——参见"灵披曼"条。

祭丢拉曼——参见"灵披曼"条。

傣族祭村寨神——参见"灵披曼"条。

壮族社节——亦称社王节、社祭节、社公节、社公神节、保阳春节。广西壮族民间宗教节日。农历二月和八月之社日，两度举行，规模仅次于春节、中元节。此节旨在缅怀敢说真话之"社王"。节源传说：古有一国王大宴宾客，炫耀地问众宾："何菜最好吃？"群臣谨小慎言，默不作声。社王出答："盐！"国王嗔其有意作对，怒斩之。社王弟弟欲为兄申冤，改行庖厨，潜心学艺，被召进宫作御厨。一次国宴，他故意一切菜免盐。国王不解发问。他答："家兄说盐好吃，遭杀身之祸。草民不敢造次。"国王顿悟错斩好人，下旨每年二、八两月社日，悼念社王，久而成节。壮族村寨遍建简朴、神秘的社王庙：平房，砖（或石）墙，瓦顶，通常一溜三间，不隔断；内正中立一长条石，代表社王，石前为石板祭台，一米见方，或长方形。俗信认为，社公神管一村一寨地面吉凶祸福，须年年过社节,求其保佑。节前几天,人们杀猪宰鸭,包粽子,舂糍粑,购置香烛。逐户出资请师公班子到庙设坛诵经。节日,人们先在家里祭祀祖先。师公仗剑作法,到全寨各家逐一赶鬼捉魔,一家不漏。柳江等地还要封村,禁止外乡人越界。多数地方相反,欢迎亲友来共度节日。中午,各家自带一张小桌和祭品,从庙门中间分两行向外排列祭品。两行供案相隔数米,仅留给师公往来作法。程式为:供案摆齐,师公在庙中诵经,后出庙,在两行供案中间穿行作法,为主家祝祷。主家送些祭品(半只鸡或一斤、半斤猪肉等)以作酬谢。祭毕,各家焚烧纸钱,火烟缭绕,敬祀达高潮。旋撤去供案,各自回家,与来访亲友入席痛饮,预祝春雷鸣动,人寿年丰。有些地方,则请道公打醮,举行抢花炮、舞狮子、唱大戏、表演武术等文体活动。

壮族社王节——参见"壮族社节"条。

壮族社祭节——参见"壮族社节"条。

壮族社公节——参见"壮族社节"条。

壮族社公神节——参见"壮族社节"条。

保阳春节——参见"壮族社节"条。

梓潼庙会——亦称梓潼大庙庙会、七曲山大庙庙会、文昌节会。四川梓潼县民间传统宗教节日。农历二、八两月之初一至十五日,在当地七曲山,两度举行。"北有孔子,南有文昌",庙会肇始明清,堪称古蜀道梓潼"文昌文化"之综合大陈列。庙内有宏伟古建、苍古柏林、文昌铁塑、五丁开山传说、娘娘殿前习俗、海灯法师练功处、张献忠认家庙风云纪事等等。"文昌出巡"活动,最为引人注目。祭祀音乐、舞蹈、古籍木板年画、壁画及文昌洞经古乐等,均具极高艺术价值。会间,川西北及陕、甘近邻数万之众,纷至沓来,拜祭文昌帝君,参观游览。

梓潼大庙庙会——参见"梓潼庙会"条。

七曲山大庙庙会——参见"梓潼庙会"条。

文昌节会——参见"梓潼庙会"条。

闯王庙会——汉族民间纪念性节日。流行于湖南洪江市一带。于传为李闯王生、卒日之农历二月初二、十月初二,两度在闯王庙举行。节源传说:当年此庙竣工时,闯王部属焚香拜祭,只见闯王双目感伤,泪流满面,遂曰:"大王,您死而不能复生,江山可失而复得!何憾?"顷刻,王泪顿止。人们感其显灵,年年举祭,久而成节。届时,人们竞着新衣,涌向罗公山上闯王庙内,在闯王神像前烧香点烛,叩拜祭祀。庙旁,傩戏、阳戏、傀儡戏班及杂耍艺人,竞相献艺;卖油发灯盏粑、篾编、纸泥面具的小贩,摆摊叫卖,热闹非凡。据《黔阳文化志》载,庙会保留闯王当年"有饭大家吃,有酒大家喝"遗风,过往行人皆被邀入座,看戏、饮酒、吃饭。

侗族摔跤节——侗族民间传统体育竞技节。流行于贵州黎平一带。农历二、三月的十五日,分别在坑洞、四寨等地,两度举行。据传,节源纪念一位斗虎英雄,已历数百年,围观助兴者成千上万。节晨,凡参加摔跤比赛的青壮年皆聚集祖母坛边,聆听长者追述摔跤来历,明训摔跤戒律。早饭后,芦笙队高奏入场曲,各寨摔跤队排成一条长龙,由长者率领,步入摔跤场,举行"劳堂"(一种入场式),并绕场三圈。随后,按村寨各归一处,树起一面三角旗帜。摔跤手更衣扎带,做赛前准备。三声铁炮巨响,摔跤手们步入场中,相互拱手施礼,旋将布带缠于对方腋下,使劲扳扭。侗族摔跤有拉摔、提摔、绊摔等技法。拉摔,摔跤者使劲扯对方,趁对方脚未站稳,将对方摔倒。提摔,摔跤者使劲提起对方,齐于腰部一侧,两脚离地,迅速摔倒。拌摔,双方拉扯时,极其迅捷绊住对方一只腿,使之重心失衡而被摔倒。比赛大都三局二胜,连胜二三十人不败之夺魁者,树旗"挂榜"称雄。挂榜者高举腰带,向观众频频致意。场上观众报以最热烈掌声道贺,摔跤会组织者向其隆重颁奖。

苗族摔跤节——苗族民间传统节日。流行于贵州惠水县九龙一带。农历三月三和六月六,两度举行。届时,方圆数十里,苗家男女前来参加,周围布依、汉等族亦纷至沓来,人数多达三四万。远客投宿亲友家,按礼仪,喝主人一碗进门酒,方可进屋。节俗有摔跤、芦笙舞、粑棒舞、吹唢呐、吹大号、男女对歌、中老年人斗鸟等。摔跤系主项,在日暮时举行。跤场上,一对对摔跤手喜笑颜开,各抓住对手腰带,待裁判令一响,便竭力拼搏。谁先倒地,观众便发出震耳欢笑声,倒地者爬起再摔。连赢两次算胜。摔倒所有对手者,则荣称"盖场"摔跤王,驰名一方。节源传说:古时,九龙马门寨有一苗族壮汉叫杨首辈,应试官家武举,将气势汹汹官家名将黑煞神轻松摔倒。然而,他榜上无名,反遭迫害下狱。出狱,他难忍不白之冤,便率苗家对抗官府,活捉黑煞神。苗家无牢房,将黑煞神关进猪圈。官府命杨放人,杨据理力争:准你"官府设考场",也该准"苗家设花场"。官府只好答应。苗家人高兴得唱歌跳舞,举行摔跤比赛,尽情欢乐。此日值农历三月初三;天长日久,又增加六月六,一再"摔跤"过节。

德清总管庙会——汉族民间宗教节日。流行于浙江德清一带。总管,俗称"金大老爷",当年曾任金兀术粮草总管。相传,一次他押粮草至中原,不忍目睹百姓饥饿惨死,便以粮草接济,自知军纪难容,便自刎而死。人们为之建庙,每年两度庙会举祭:一是其运粮起程之农历二月十七日;一是其自殉之七月廿五日。届时,主会者率先顶礼膜拜总管大人,由锣鼓开道,青壮汉抢抬神轿,按南北轴飞奔数次,即宣告庙会开始,众人即进香叩拜。入夜,舞龙、舞狮、唱戏、武术,以及商贩叫卖、农副产推销,等等,使庙会盛大异常。

金大老爷庙会——参见"德清总管庙会"条。

仫佬族祭社王——族称"分肉串节",简称社节、祭社。仫佬族民间祭祀节日。流行于广西罗城一带。通称"社节",每年两祭:农历二月社日"春祈"祭社;八月社日"秋报"祭社。旨在祭祀社王,祈求社王保佑一年风调雨顺、五谷丰登。通常以村为单位举行。各户出资置办香烛、牺牲。届时,在社王庙上香烛,杀猪上供。按全村户数将猪肉分成相应份数,备祭毕分给各户。肉串用竹子串起来,挂竹竿上,放于庙两旁,将煮熟的猪头、脚、尾和内脏置祭台上。祭毕,众饱食一餐,带所分的"社肉"回家,再祭祖先,最后全家过节。节间,同一年生男孩的人家,须集资置办鸡、肉等祭品,于社日前夜祭社王,向其报告家中添丁。

分肉串节——参见"仫佬族祭社王"条。

仫佬族社节——参见"仫佬族祭社王"条。

仫佬族祭社——参见"仫佬族祭社王"条。

仫佬族春祈——参见"仫佬族祭社王"条。

仫佬族秋报——参见"仫佬族祭社王"条。

阿昌族祭招先——亦称祭寨神。阿昌族民间祭寨神节日。流行于云南德宏户撒、腊撒地区。每年举行两次：一在春耕时，祈寨神"招先"保佑春耕生产；一在秋收时，祈保佑五谷丰登。阿昌信奉"招先"乃诸神化身，如山神、地神、水神等均附其体。"招先"神祇各村寨一个，通常位于村寨附近树木高大茂密之地。样式有三：较普遍者，是在村寨旁立一根四方石柱，柱顶安一块较石柱稍宽石板盖顶；另一是在寨旁用土夯成一座高约两米土垒，顶上整齐盖以瓦片；再者乃临时在地上立一座小庙式土堆、石堆。届时，人们聚集"招先"前，烧香跪拜，供上各式祭品。

阿昌祭寨神——参见"阿昌祭招先"条。

妈祖祭典——汉族传统盛大祭祀节日。亦称湄洲妈祖祖庙祭典。与陕西黄陵县黄帝陵祭典、山东曲阜市祭孔大典习称"中华三大祭典"。于妈祖诞辰农历三月廿三日、羽化升天之农历九月初九，在福建湄洲、天津、台湾北港三大妈祖祖庙，闽、港、澳、台等东南沿海祖庙，及其所在广大地区（尤其渔乡），两度举行。全程四十五分钟，而余波则续一两天。另外，由此衍生"妈祖诞""妈祖羽化升天日"等若干"妈祖文化节"。台湾各地普建宫庙，仅登记者即达数千所。海外华侨聚居之大小埠头，几乎皆有"天后宫"。祭典尤其盛。妈祖，原名林默娘，福建莆田人，南北朝人，自幼秉性特异，屡在海上救助渔民、商船，遂被尊海上保护女神、至高无上海神，以及天妃、天后、天上圣母等。自南宋以来，历代帝王频频褒封，且颁谕祭。元曾遣钦差往湄洲致祭。明永乐帝，在南京天妃宫举行御祭。清康熙统一台湾后，屡遣朝臣诣湄洲致祭；雍正复诏普天下行三跪九叩礼，影响广泛。但凡奉祀妈祖之宫庙，祭祀妈祖之内容、方式略同。内以湄洲祖庙最典型，祭仪有五：大醮、清醮、出游、回娘家、分神。近年间，祭典乐舞复有艺术加工，俾宗教祭礼与艺术观赏，更臻完美统一。祭典业已跻身首批国家级非物质文化遗产名录。

湄洲妈祖祖庙祭典——参见"妈祖祭典"条。

妈祖诞——参见"妈祖祭典"条。

妈祖羽化升天日——参见"妈祖祭典"条。

妈祖文化节——参见"妈祖祭典"条。

浔江鱼花节——壮族民间传统节日。流行于广西东部浔江两岸。其他相邻民族渔家，亦过此节。农历三、七两月廿日，两度举行。浔江乃珠江主流西江之上游，江面宽阔，水流平缓。从黔江、府江、郁江汇流而来的江水，带来了桂西、北、南各种水中生物，营养丰富，甚利鱼花（鱼苗）理想繁殖，成为广西主要鱼花产地。三月首个汛期将临，人们过鱼花节，祈祝年内多产鱼花、大鱼，船船满载。七月鱼汛结束，再过鱼花节，庆丰年，祝来年更丰收。节天，人们所备"鱼花宴"，刻意以大鱼为主，将肥美鲜鱼做成各种佳肴，有鱼生、烘鱼、溜鱼片、炸鱼、清炖鱼、鱼丸、鱼汤等，招待亲友，共话鱼肥，推杯换盏，热闹非凡。入夜，渔村灯火齐明，人们进行各种文娱活动，锣鼓之声不绝于野。男女青年趁机唱歌连情，如鱼得水。首节一过，人们即下河捕捞大鱼和鱼苗。鱼苗放鱼筐里，加多半筐水。竹筐甚密实，里外皆涂防水油层，不漏水、不透气。人们赶快挑奔各地，卖给挖有池塘的人家。一路走，还要不断晃动担子，免鱼苗死去。

祭炎帝陵——亦称炎帝陵祭典。湖南株洲炎陵县民间传统祭祀节日。农历清明、重阳两节，两度在该县炎帝陵举行。国家（朝廷）祭典，最晚始于宋代；民间规模祭典，罕见有辍。通常零星民间祭祀，不限两节，逢春节等传统大节，或家族红白要务，皆纷纷赴陵祭祀，并在陵中杀鸡，带回家过节或宴客，以祈远祖赐福。

炎帝陵祭典——参见"祭炎帝陵"条。

壮族扫墓祭祖节——壮族民间扫墓节日。流行于广西武鸣双桥一带。农历三月清明、十月初十，两度举行。两次俗项略同：人们带上五色饭、酒肉、香烛和纸幡，去坟前供祭。儿孙们趁机将坟头及四周荒草拔净，崩塌处重新垒石头，给坟头加培新土。之后，行礼，放鞭炮。带去的纸幡，用竹竿挑好，插于坟头。祭扫的坟头分两种：一是较近的先人，多由各家自行扫墓；另是同宗族较早祖先，由族长召集各宗支子孙，集资或用田产，共同祭奠。祭毕，大家亲热聚餐，表示子孙繁衍和团结。

傣族塔摆——傣族民间传统节日。流行于云南近缅边界。每年春、秋，各择日举行，各称"摆广姆""摆少三"。"塔摆"乃为救世主举行之祭礼，堪称傣族最大宗教节日。塔，传按释迦牟尼旨意建成，珍藏佛和有德行出家人舍利所在，意约尊"坟"。各县皆有塔，各拥来历，模样大同小异，其上雕刻、泥塑多以动物形为主。陇川县景罕金塔，藏救人出苦海玉兔之遗骨，既誉冠德宏，且名扬印、泰、缅等佛国，誉称"佛光宝地"。春行"摆广姆"时，僧尼、信众数以万计，抬着供品，涌向景罕金塔。在摆期，老人们念经拜佛，"晃汉"（撞大铜种）祈吉；"路几"（收功德钱者）不停敲响"姐借"（祭器），人们闻声前往"望路"（捐功德）。人们除赕佛外，还纵歌舞、赛武术、唱傣剧、放礼花，尽情欢乐，乃至通宵达旦。

傣族摆广姆——参见"傣族塔摆"条。
傣族摆少三——参见"傣族塔摆"条。

双忠庙会——汉族民间纪念唐朝名将张巡、许远专题庙会。流行于浙江海宁一带。每年两次：农历三月初三和九月初九，于该县双忠庙举行。旨在缅怀唐名将、开元进士张巡，及唐将领睢阳太守许远。据传，唐尚书左仆射兼三镇节度使安禄山兴兵反唐，张巡当即起兵讨伐，连连获胜。后来，他与睢阳太守许远合兵一处，共守睢阳（今河南商丘）。安部将尹子奇率兵十万攻城，二人终因寡不敌众，绝粮被俘，拒降被害。许乃浙江海宁人。故里乡众建双忠庙，供奉张、许二公，每年两度张灯举会，进香祭拜二英雄。此节渐泯。

千佛山庙会——亦称柿子会。汉族民间传统节日。流行于山东济南一带。每年三月三、九月九，两度举行。后者尤盛。初旨：进香祈福，登高赏菊。当地盛产柿子，"品柿"乃一景。届时，赶会者满眼皆柿子摊，除进香、赏景（菊）外，即饱品柿子。雅兴浓者，身插茱萸，领略野菊花。如古诗人朱照《重阳节同人挈酒历山登高诗》云："闲招三两友，把酒醉南山。静喜高松下，香偎野菊间。石棱秋有骨，苔点雨留斑。蹬道归来晚，空叠挈月还。"庙会期间,商摊山货云集,有用山楂串成项链者,最博青年青睐。节已式微。

千佛山柿子会——参见"千佛山庙会"条。

苗族祭山神——族称"兹省"。苗族民间祭祀性节日。流行于云南华宁县一带。农历三月三和九月九,两度举行。苗语"兹"为"祭";"省",石板所搭一尺见方土地庙,内供一人形石头作"山神"偶像。每年由村户轮流主持祭祀,主持者称"火头户"。祭祀用一猪头或公鸡。主祭者烧香化纸,跪拜祷告,祈求山神保佑人畜兴旺、狩猎顺利、庄稼丰收。之后,将公鸡或猪头煮熟。火头户将其摆好,再次烧香化纸,跪拜祷告,念祷告辞。祭毕,众就地聚餐。此节已式微。

苗族兹省——参见"苗族祭山神"条。

曲阜林门会——汉族民间传统节日。流行于山东曲阜一带。清明和农历十月初一,于孔林门前,两度举行,均历三天。据传,会源孔氏家族上坟祭祖:昔时,众多孔氏家族后裔清明及十月一,皆往孔林上坟祭祖。孔林门前,渐渐出现香、蜡、纸、锞等祭品,以及土特产、日用百货摊点,后扩大到农具、食品、工艺品等销售。游人、香客纷至沓来,民间艺人蜂拥献艺,范围广及省内外,遂成一大特色集会。届时,从城北门鼓楼至孔林大门前,绵延数里之神路两旁,在青松翠柏掩映之下,与会游人、香客常常数以万计,盛况非凡。

西岳庙会——陕西华阴民间传统庙会。农历三月初八、八月初八,于城北下庙乡两度举行,俗传,"水"象征财源涌流,百业兴旺。节前日,人们纷纷往华山脚下玉泉院取水,敲锣打鼓,非常隆重。节天,除常例进香拜神外,更是百货云集,物资交流。

中岳庙会——汉族民间传统庙会。流行于河南登封一带。农历三月初十、十月初十,于嵩山中岳庙两度举行,均历十天。因唐武则天登中岳(嵩山)封禅,故名"登封"。历代帝王祭五岳,多在春秋,相沿而成两度庙会,内以春会为盛,嵩山以北香客居多;秋会,嵩山南香客居多。会间,除香客、游人外,商贩、民间艺人更蜂拥而至,使之成为旅游观光、物资交流盛会。

祭日月神——汉族民间宗教节日。流行于浙江杭州一带。于传为太阳、月亮菩萨生日之农历三月廿九日、八月十五日,两度举行。祭日神之晨,各家在门前插上三炷香,后再往光华寺,进香拜祭。祭月神之日,街头各家店铺皆供斗香。富家还在院中搭高台,供斗香,摆灯具。明月东升,行祭拜之礼。两祭均祈神灵保佑平安吉祥。

彝族太阴会——彝族老年妇女拜祭月亮神节日。流行于云南昆明西山区大小勒姐村。农历三月十三日及八月十五日,两度举行,俗项略同。节源原始宗教之月亮崇拜。节夜,太阴(月光)放明,老年妇女聚集山神庙,供献豆腐片、土豆片、油炸荞丝、米饭、糕点及各种新鲜水果,并呈上一张黄纸,上书"太阴菩萨"四字,恭请月亮神享用。之后,她们逐一奉上香火,叩头拜祭,共念七遍《太阴经》、三遍《太阳经》,祈求神灵保佑。

湖州祭神庙会——汉族民间纪念性节日。流行于浙江湖州一带。每年两次,分别于蒙恬生日、卜香莲忌日之农历三月十六日，与卜香莲生日、蒙恬忌日之九月十六日举行，均历三天。秦大将蒙恬乃湖笔制作祖师，卜香莲乃笔祖娘娘。据传，当年蒙恬路经湖州，救起轻生投水之卜香莲，见百姓生计维艰，便得卜助，用羊毫创制毛笔，并艺传众人，使众平添谋生手段。后，人们建祠，世代供奉，每年两度举会。届时，人们自蒙公祠抬出神像，沿街巡游，至卜娘家地方，后周游方圆十余里。祠前游人、商贩云集，唱戏、杂耍热闹非常。

满族背灯祭——满族民间传统祭祀节日。流行于东北满族聚居区。每年春、秋两季，两度择日举行。所祭神祇乃"万历妈妈"，亦称歪里妈妈、完里妈妈、完立妈妈，或佛头妈妈、佛陀妈妈、佛托妈妈、赫托妈妈、赫托里妈妈等，均同音异译。据传，明万历年间，东北出了个脚踏七星的龙子。明帝得悉，下旨辽东总兵李成梁缉拿。时总兵兵营养马童小罕子，正好脚长七个红痦子，被李总兵认作钦缉龙子，准备抓捕。总兵爱妾喜兰得悉，于深夜打开花园后门，私放小罕子骑马潜逃。总兵发现，将喜兰活活打死。后来，小罕子为王，敕封喜兰为"万历妈妈"，每年举祭。为念她救驾有功，家家均在西墙祖宗牌位北侧设其灵位，每年行祭，久而成节。喜兰被害时乃赤身裸体，故祭仪皆在深夜时灭灯举行"背灯祭"，以便其灵魂出来飨供。祭祀时，在院内设供案，案腿绑一柳枝，将挂五色彩线的子孙绳，从灵位拉至案桌，拴于柳枝。供案上烧香、点烛、摆供品。案前地铺拜垫，主祭人率全家族，循序辈分，分南北两排跪下，司俎者将活猪抬入祭堂，萨满诵念祝词，左手擒猪耳，右手往里灌酒。猪耳摇动，萨满即高喊："神领牲了！"全家族叩拜神位，谢神领子孙敬意。杀猪后，煮熟猪头，缠上一根血肠，插上一把刀，置供案。童萨满着彩裙、执抓鼓，站神案两侧。萨满击鼓，全家族复入祭堂跪地。萨满诵祝词，念毕起舞，众向神位叩拜。此时，萨满手持柳枝蘸水，摇洒孩童头上，旋捧香碟让他们各熏一下，以驱邪免祸。事毕，堂内仅留女萨满、童萨满，其余退堂。女萨满熄灯，掩黑色帷幕，匍匐叩拜；后从猪头取下刀子，置供案，敬请万历妈妈神灵出来飨食。俄顷，女萨满大呼"掌灯！"人们回祭堂，点灯，拉开帷幕，领取供肉。吃肉时，禁放炕桌，意为桌已归神灵专用。祭毕，取下子孙绳彩线，分别套于孩童手腕、脚脖或脖子，三天后取下，放存子孙袋，俗称"换锁"。

祭万历妈妈——参见"满族背灯祭"条。

祭歪里妈妈——参见"满族背灯祭"条。

祭完里妈妈——参见"满族背灯祭"条。

祭完立妈妈——参见"满族背灯祭"条。

祭佛头妈妈——参见"满族背灯祭"条。

祭佛陀妈妈——参见"满族背灯祭"条。

祭佛托妈妈——参见"满族背灯祭"条。

祭赫托妈妈——参见"满族背灯祭"条。

祭赫托里妈妈——参见"满族背灯祭"条。

定亲庙会——汉族民间婚俗节日。流行于陕西延安一带。每年两次，分别于农历四月初八、七月廿三日举行。据传，大夏王征战此地，爱女病死，遂为其在黄河边建一佛塔。某日，一小伙见云中一仙女,含笑向他招手,顿觉脚下生云,随其飘然而去。民间认定,此乃择配佳偶吉地,遂举办定亲庙会。两庙会,后者尤盛。届时,人们纷至沓来黄河边白浮图寺。小伙赶毛驴,带礼品,姑娘梳妆打扮。媒人先向相亲双方介绍情况,双方基本同意,再上庙会见面,围坐边拉家常,边共享双方带来的食物。相亲男女悄然互相窥探。双方认可,再邀媒出面操持婚约、婚礼等项。事成,媒人被酬一套衣装、鞋;生变,则照例退还。

天津出鬼会——天津汉族民间宗教旧节。农历四月初八、十月初一,两度举行。节旨:替冤屈死者报仇,祭慰冤灵。届时,人们高抬城隍轿,迎城隍至西郊"赦孤"。迎神队伍有人扮各种厉鬼和罪犯;还有人伸直胳膊,挂上成串灯笼,以此许愿,祈父母或自身病愈、免疾。迎神队伍抬着城隍轿直至掩骨会的乱葬岗,一边高叫"有冤报冤,有仇报仇",一边执钢叉乱抡乱舞。活动持续至午夜。此节已泯。

撒拉族花儿会——撒拉族民间传统节日。流行于青海循化、甘肃临夏等地。农历四、六两月,两度择日举行,均历三至五天。撒拉人口较少,且与回、东乡、保安、土、藏等族杂居,花儿会多与各族一道举行。届时,男着短衣,腰系红布带和丝带,头戴白或黑色圆顶帽;女着艳丽民族服装,外套黑坎肩,戴耳环、手镯、戒指等饰品,邀约、结伴赴会。"花儿"乃用汉语所唱一种山歌,声调清亮,自由奔放,因受藏族民歌影响,撒拉花儿多带颤音,极为婉转动听。歌词多为四句,有独唱、对唱和联唱等形式;内容广泛,生活、爱情、生产,从历史至现实,应有尽有。演唱者多能触景生情,即兴编词。

保安族花儿会——保安族民间传统歌节。流行于甘肃积石山县等地。农历四、六两月,于县境西高寺、五山寺、乩藏寺及附近炳灵寺、松鸣岩、莲花山一带,两度择日举行,均历三五天。保安族人口较少,长期大杂居、小聚居,花儿盛会多与回、藏、土、东乡、撒拉、汉等族一道举行。届时,保安族男子着白衫、长裤、外套青布背心,头戴白或黑色、棕色无沿圆帽,腰系保安刀;妇女着紫红色或墨绿色的大襟上衣,蓝或黑色长裤。相互邀约,有说有唱,从四面八方,沿山间小径,云集花儿会场。会场锣鼓喧天,彩旗飘扬,各族儿女来来往往,独唱、对唱、合唱,从日出唱到日落,山上山下歌声荡漾,歌声或清脆婉转,或激昂奔放。保安花儿的句式结构、衬词结构、语音平仄、演唱方式等基本特征,属临夏型花儿(亦称河州花儿、河湟花儿),优美悦耳,十分迷人。歌节期间,还开展盛大物资交流和文体活动,非常热闹。

阿坝哑巴会——藏族民间传统节日。流行于四川阿坝州。大金等地,于四月中旬及六月初四,两度举行;嘉绒县会期多在农历四月十三至十六日,而其松岗、四土等地,每月举行一次。临近节日,家家打扫庭院,准备青稞酒、糌粑、酥油等食品。节首日夜,刻意饱餐,翌晨,饮少许水、禁食;近午,食酥油糌粑,此后再禁食。十五更严,仅能用水漱口,连唾沫亦禁咽。另外,特别严禁交谈,纵有要事,亦只打手势。皆磕长头,进寺默默转经,跪拜菩萨,祈祷佛祖保佑,驱魔消灾,风调雨顺,人寿年丰;未转经者,罚一斤茶叶或酥油,或献一斗青稞酿酒充公。节末日,恢复进食,男女青年着艳丽民族服装,聚集唱歌跳舞,纵情欢乐。有的地方,还举行骑马、射箭、摔跤等比赛。附近羌、汉等族纷纷前往参加助兴。

拖舍歹——苗语意谓"祭石堆"。苗族民间祭祖节日。流行于黔东南从江县加勉乡一带。农历四月和九月之寅日，两度举行。俗传：千余年前，其祖先从他乡迁来加勉地区定居。祖坟年久失修，祖魂四处游荡，无家可归。须砌好称为"舍歹"的石堆，让祖魂有栖身之所，保佑子孙丰衣足食、人丁兴旺。故此，一年两次祭祖。四月上供一头产过一次仔的母猪。猪须淹死，用火烧掉猪毛，同时并用五条鱼作祭。九月则用鱼祭，摆五碗酒、一碗茶，茶泡糯米饭，另有五篮糯米饭。据传，所祭祖先中，最高辈分为一女性。祖先吃饭是用手抓，祭时不摆筷子。另外，祭品还有五只项圈、五把砍牛刀、一顶铁帽。祭时，每家无论男女老少，须出一人参与。祭师席地而坐，依次叫祖先名讳，恭请他们进村，享用祭品，并列举各种需祖先帮忙之事，祈祖先保佑成全。祭毕，祭品平分参祭者。

苗族祭石堆——参见"拖舍歹"条。

阿昌族祭色曼——习称色猛，亦称祭色猛。云南阿昌族民间俗信祭祀节日。流行于云南梁河县、芒市一带。每年两次：农历五月、七月，择亥或丑日，在色曼庙举行。色曼，阿昌信仰之地方神，类似汉族土地爷，掌管一方山水田地，能保一方五谷丰登、人畜兴旺。庙有三种：一，于寨旁立一根石柱或木柱，柱顶置一块石板或木板；二，用土夯就宽四五尺、高六尺"庙墙"，上梁盖瓦；三，举祭前，临时搭一小庙。三庙皆可代表"色曼"，亦即人们所信奉山、水、地诸神之化身。举祭，旨在祈求神灵保佑寨子平安。

阿昌族色猛——参见"阿昌族祭色曼"条。

祭色猛——参见"阿昌祭色曼"条。

苏北都天会——汉族民间纪念性节日。流行江苏苏北一带。农历五、十两月之十八日，两度举行。节源传说：唐安禄山叛军打至睢阳县，太守张巡抗敌被困，内无粮草，外无救兵，城池危殆。他毅然杀妻妾食（读 sì，给吃）军，大振士气，方阻叛军。百姓缅怀，建都天庙，兴此会。届时，苏北民众，纷纷前往焚香祭祀，出会游行，舞狮子、耍龙灯。

黎平芦笙会——亦称赛芦笙。侗族民间歌舞娱乐节日。流行于贵州黎平，故名。农历六月初六和八月十五日，两度举行。届时，以该县古邦寨为中心，方圆三四十里侗家村寨，皆派芦笙队献艺、比赛，观众上万。客队达主寨寨门，吹笙示意"报到"；早已等候的主队，回报三曲相迎。各队到齐，便聚集宽阔河坝，一较高下。赛始，各队自行吹奏，各寨寨老组成裁判组，在较远地方静心倾听，以吹奏洪亮、乐声整齐为胜。主寨为优胜队挂红、鸣炮，表示祝贺。赛毕，主寨姑娘、小伙们挑来一担担甜酒和米饭，摆在路旁，犒劳参赛选手。待酒足饭饱，主、客谦谢而散。赛间，姑娘们习惯展赛花裙子，小伙们则借机追觅意中人。

黎平赛芦笙——参见"黎平芦笙会"条。

玛尼经会——蒙古族民间宗教节日。一年两次：农历四月廿三至廿六日、七月廿六日至八月初一，两度举行。内容略同"麦德尔经会"。参见"麦德尔节"条。

德昂族供家堂——德昂族宗教祭祀节日。流行于云南西双版纳等地。通常每年两次,时间不定,择吉日举行;当年若修房盖屋,则须一次大祭。祭品有:七碗大米、七碗熟饭,每碗放三枚铜钱;七堆烟草、七堆茶叶、七小块铁;一套衣服,一碗水;十四面纸旗、十四朵鲜花(插在用芭蕉叶卷起的筒里)。届时,由寨中专司祭祀之"达干"(巫师)主祭,全家人叩拜家堂神,"达干"在旁诵经祈祷,求神保佑主家人畜平安、五谷丰登。祭毕,"达干"端一盆水在屋内院中洒泼,象征吉祥。之后,主人将部分供品谢赠参祭邻里。

土族少年会——亦称土族花儿会。青海土族民间传统歌节。流行于青海互助等地。农历六月十三日、廿九日,在松番寺、吐浑村,两度举行,均历三四天。花儿亦称"少年",旧称"野曲子""山歌子"。甘、宁、青、新等地流行之一种男女对唱山歌,男方称女为"花儿",女方称男为"少年",故名。形式有独唱、对唱、联唱三种。内容多涉仙女下凡,歌唱劳动与爱情。据考,举会已历二三百年。会间,人们数以万计聚集,场面盛大异常,主唱花儿,并举行赛马、摔跤、武术等传统娱乐活动,还进行物资交流。

土族花儿会——参见"土族少年会"条。

纳西族洗牛脚会——亦称敬牛节。纳西族民间酬谢耕牛节日。流行于云南丽江一带。农历六月二十至三十日,九月初十至三十日,两度择日举行,均历一天。届时,村寨所有耕牛休耕一天。各家派专人把牛牵到河边,为之洗澡、刷毛;旋以十二个面饼,加一堆嫩草,犒赏其美餐一顿。按习俗,还要在牛角挂上一串小饼,让其美美歇息一天,以便恢复体力,利于再投繁重劳动。

纳西族敬牛节——参见"纳西族洗牛脚会"条。

普米族尝新节——云南普米族民间传统农事节日。大、小春收割季节,两度择日举行,旨在祭祖、祭灶神,共享丰收之乐。届时,人们用新粮酿"苏里玛酒",煮新米饭,先祭"宗巴拉神"(灶神),再祭祖先。最后,宰鸡杀羊,煮猪膘肉,宴请亲友,举家聚餐。其间,照例给狗喂饭团,以谢其当初给普米衔来谷种之恩。

彝族芝固——亦称祈丰年。彝族民间传统农祀节日。流行于川、滇大小凉山一带。春耕及秋收时节各择日,两度举行。届时,照例请毕摩(巫师)念经作法,请山神、祖神、"齐罗尼荷"神(五谷丰登神)降临。他们用稻草扎制"齐罗尼荷"神及若干饿鬼。接着,杀鸡宰羊,上供,用鸡血淋草人,用煮熟羊内脏祭祖神,用生牛肉祭山神与"齐罗尼荷",用羊肉汤洒向四方敬鬼魂。之后,毕摩再行念经,将一鬼状木刻抛往门外,以驱鬼。而后再念"招魂经",招亡灵享祭。最后,将一束树枝送至门外坝上,预示丰收。

彝族祈丰年——参见"彝族芝固"条。

勒苏花街——亦称赶花街。彝族支系勒苏人民间情爱娱乐节日。流行于云南峨山、新平、双柏三县交界地。农历六月廿四、七月十五日,两度在绿汁江畔大西山顶草坪举行。方圆数十里,各族群众照例纷至沓来。主要内容是跳舞娱乐。届时,人们竞着盛装,高歌纵舞,青年男女更借机连情择偶。此外,还有激烈斗牛赛。赛场兼作贸易集市,老年人在斗牛场边买卖水牛、黄牛,另有小贩摆卖百货、水果及羊肉汤、荞糕米线等风味小吃,乡土气息极浓。节源传说:从前,山下一汉族姑娘和一勒苏小伙倾心相爱,但因民族不同而遭恶势力迫害,他们相约在大西山顶殉情。后来,勒苏青年为缅怀这对忠贞情侣,便定期在山顶唱歌舞蹈,参加者越来越多,久而发展成为传统佳节。

彝族赶花街——参见"勒苏花街"条。

武进斋青苗——汉族民间传统农祀节日。流行于江苏武进一带农村。农历立秋日之前,择日举行;深秋水稻成熟前,再祭祀一次,称"斋猛将"。节源传说:古代有位刘猛将军,十分体恤民间疾苦,怜惜农民遭灾受难,亲自驱赶蝗虫,不幸被蝗虫咬死。人们感其恩德,在立秋前择日祭奠,久而成节。届时,人们来到田头,焚香叩拜;后在田间插上各色小旗,上书"令"字,人们认为,借助"猛将"神灵之令,可驱走蝗虫,佑五谷丰登。

武进斋猛将——参见"武进斋青苗"条。

塔勒贵节——亦称讨寮皈节。"塔勒贵"意译"大家一起来"。瑶族民间传统纪念性节日。流行于湖南隆回瑶山。每年举行两次:农历七月初二至初四在茅坳乡;七月初八至初十在小砂(杀)江。传说,茅坳瑶族祖先居住江西吉安府田卢时,遭当局镇压,四处奔逃,老幼妇孺纷纷匿藏黄白瓜丛,幸免于难。为纪念瓜地逃生,当地瑶家于七月初二过节,节前即禁吃黄瓜、白瓜。小砂江过节传说:清代,麻峒一带瑶族被汉族豪绅廖元翁勾结官军欺压,故奋起反抗,寡不敌众惨败。人们缅怀战亡族人,曾改地名为大杀江、小杀江,并年年集会,久而成节。

讨寮皈节——参见"塔勒贵节"条。

侗族茶歌节——侗族民间传统娱乐社交节日。流行于桂、湘、黔三省区毗邻地区。农历七月十七黄豆成熟之时,八月十五糯稻成熟之时,两度举行。当地山峦重叠,杉木葱茏,桐茶遍岭,江水奔腾。节间,小伙三三两两到姑娘家大塘边唱歌取乐,姑娘须亲手制作油茶。一般以茶油炒茶叶、糯米,俟糯米焦煳后,加适量清水煎熬,煮沸滤出茶叶。饮用时,将糯米蒸熟晒干后焙成的米花、炒熟的黄豆、花生米、核桃仁及蒜叶、肉末等,配在碗中,冲入滤好滚开茶水即成。按人所好,款待客人。其味可甜可咸,香鲜可口。后,小伙、姑娘依依相别。节源传说:很久前,侗家三对恋人夜夜相会,男方每夜空腹远路而回,女方过意不去,便从家里带去油茶飨情人,但遭父母反对。三姑娘商议开荒,种植黄豆、糯米、玉米等,自作油茶,款待情人。后来相沿成俗:全寨姑娘一同开荒、种植打油茶作物,专用于此节日食用。

基诺族祭龙——基诺族民间宗教节日。流行于云南西双版纳一带。于农历七月间择日,相继举行,历数日。两次间隔十三天。祭旨:祈祷风调雨顺、五谷丰登。祭仪皆由寨老卓巴主持,节分祭大龙、祭小龙。祭大龙,须剽牛,停耕作三天,禁村民出寨。寨老带一只鸡、一瓶酒、一升米,去莫羊寨祭宝刀。传说,此刀能主宰天气晴雨,旱祭刀祈雨,涝祭刀祈晴。祭刀时,杀鸡,在鸡头插三根草,旋在火上烧燎,察鸡腿骨纹路,以辨吉凶。祭小龙,仪式略同,持续六天,停耕种,男人上山狩猎,女人留守做家务。

基诺族祭大龙——参见"基诺族祭龙"条。

基诺族祭小龙——参见"基诺族祭龙"条。

三穗送迎灶神——侗族民间传统祭祀节日。流行于黔东南三穗县等地。农历腊月廿三夜、除夕夜，分送灶神升天、迎灶神返地，两度举行。侗族崇拜自然物，信仰鬼神，家家供奉灶神。传说，是夜，灶神要上天向玉皇大帝汇报人间事务。故，各家都要摆设案头送灶神，上香烧纸，供奉糯米粑粑、糖、酒等供品。据说，灶王爷喝了酒，神志不清，可忘掉户主言行；吃了糖、糯米粑粑，能黏住嘴，可少说或不说话。有的人家，为让灶王爷在玉帝前少说话，蓄意拖延时间，到夜深人静才送其上天。灶神晚到，只好藏在后面，不讲话，主人即可得福音，少遭灾难。灶神在天宫只住七天，腊月三十夜必须返回人间。于是，腊月三十各家各户得将晚饭提前。饭后，把餐具、炊具和厨房收拾得整整齐齐、干干净净，迎接灶神归家，将幸福带到家中。

密且祭山神——族谓"白兴诺"。彝族支系密且人民间宗教节日。流行于云南富民、武定一带。除农历除夕夜举祭外，还不定期另择吉日再祭。密且人认为，神祇众多，唯山神最亲近、最重要。举祭旨在祈求山神保佑庄稼、狩猎丰收、人丁兴旺。除夕夜，以户为单位，前往本寨山神庙前，杀鸡祭祀，祈祷山神赐福，许愿、还愿。倘寨中蒙灾，则随时择吉日，全村举祭：杀猪宰羊，祈神免灾。

白兴诺——参见"密且祭山神"条。

景颇族祭能尚——云南景颇族民间宗教节日。每年春、秋各择吉日，两度举行（另说每年两至四次，抑或七八年一次）。旨在祭祀天地万物诸般神灵。"能尚"亦称"官庙"，乃景颇为日、月、天、地、山、林和水等自然鬼魂修筑之四面无壁草棚，多建村寨旁，周围竖满祭鬼时奉献牺牲所用"鬼桩"。景颇人认为，"鬼桩"既是祭奠之地，也是精灵们临时休息和享受供奉之所。故，经常在鬼桩悬挂牛头骨、猪头等物。首祭，在农历三、四月间播种季节，仪式简单。先由"董萨"（巫师）打卦决定选何种祭品，多为鸡、鱼干和老鼠等，旋念诵佑禾苗、驱灾害等语。之后举行播种仪式：选"能尚"旁一公共谷地，由本寨两对公认最出众青年男女，或有福之人，或专司祭祀土地者，进行"破土"。女子手持竹制小锄，一手挖坑，一手下种；男子随后用一竹制扫帚，扫土覆种。仪毕，二至四日内忌下地干活，以示尊重地鬼。之后，全寨各户才自行春耕、播种。第二次举祭，在秋收前，旨在感谢诸鬼魂一年悉心保佑，并迎庆丰收。仪式较隆重，一般要宰杀牛、猪等大牲畜数头。景颇认为，祭"能尚"关系全寨祸福，男女老幼均须参加。新迁入寨人家，亦须祭过"能尚"，方算本寨成员，享受寨中关照。另，寨中若遇病灾虫害、寨民欠和、野兽侵扰等异常，则由"董萨"随时率众，祭献"能尚"，祈求平安。

景颇族祭官庙——参见"景颇族祭能尚"条。

平埔收获祭——台湾少数民族支系平埔人民间传统农祀节日。农历七月粟作收获、农历九月稻作收获，两度分别择日举行。平埔人以种粟为主，种稻为辅。据《番社采风图考》载："番稻七月成熟，集通社，定日期，以次轮获，及期，各家皆自制牲酒以祭神，遂率男女同往，以手摘取，不用镰刀，归则相劳以酒，盹陶熏熏，庆丰收焉。"其间，举行收获、入仓、开仓、丰年等祭仪。粟熟，全社厘定祭期后，即由一青年于高处传呼，约期会饮。届时，全社男女老幼着盛装，披彩巾，裹包腿，以五色鸟羽为冠首，错落如梅梢、高数尺。另还准备各种酒、菜、鱼、兽肉。众人席地而坐，相互对饮，酒足饭饱，旋唱歌，拉手跳跃，每唱一曲前，一齐欢呼，伴奏有大鼓、龟板等。农历九月间收获水稻后，再举行祭仪。据古籍记载："台邑草猴，罗汉门、新港等社民，男女耕种水稻，至十月间收获。"古籍云："稻米登场，即以为酒，男女籍草饮歌舞，昼夜不辍，不尽不止。"从收获祭至翌年农闲时期，平埔人还要集体狩猎、捣糕、酿酒，以向祖灵酬谢农事的顺利结束。

三　次

壮族铜鼓节——壮族民间传统节日。流行于广西东兰县隘洞、长乐镇一带。农历正月初一、十五日、三十日，分三次举行。铜鼓，壮族古老乐器、法器、军鼓和重器，笼罩一种神秘气氛，珍贵异常。壮族神话传为布洛陀指挥人们所造，鼓声一响，魔鬼皆退避三舍，躲避不及则肝胆俱裂。鼓声因而被视为保护壮家之神力。另说，铜鼓夜间变英俊小伙，为壮家巡山守寨，粉碎妖魔来犯。它甚至可下水，对决水妖，致波高浪涌，旋卷不息；制服水怪，即风平浪静。节天，除祭祀外，主要赛铜鼓。各村在本寨敲打一阵，用鼓声驱邪。后，青年人合伙带上鼓及干粮，到指定村赛铜鼓、赛歌。村际间赛，共选一山丘，丘顶搭竹棚。公鼓对公鼓（大鼓）、母鼓对母鼓（小鼓），各鼓三鼓手，定时辰对敲。敲鼓按曲牌、有节奏，乱鼓谱即犯规，退出比赛。赛中，三鼓手接力，鼓声中断，被判输。有时对手相当，两昼夜不分胜负。其时，哪方鼓哑或裂，算输。哑鼓可在鼓上洒些酒，过些时才能重新敲响。此时，从坡顶到山下，观众密密麻麻，喝彩声时起时伏。鼓声传遍峒场，动人心魄，声势令妖魔鬼怪胆裂。鼓声越响，人心越振，越感安详。山野四周，各村男女青年一簇簇聚集，来来往往，在林中寻找对歌意中人。中老年则在鼓点中，将美酒、干粮摆蕉叶上，围坐对饮，共祝安康。

傣族赕塔节——简称"赕塔"，亦称敬塔节。信仰小乘佛教之傣族民间宗教节日。流行于云南西双版纳。农历一至三月，每逢十五日，三度举行。均在开门节前。节前夕，人们清除佛塔四周杂草、荆棘，修补塔基、塔身；在塔旁搭棚，供信众歇息，及商贩摆摊。节天，人们纷至沓来，拜塔、滴水、念经，祈求人寿年丰。

赕塔——参见"傣族赕塔节"条。

傣族敬塔节——参见"傣族赕塔节"条。

瑶族盘王墟——"墟"亦作"圩"。瑶族民间传统节日。流行于广西恭城、阳朔、平乐等地。农历二月初二、六月廿三日、腊月廿八日，三度举行。届时，人们纷纷聚集习惯场所，主要举行舞龙、舞狮等娱神、祈福活动；另趁机交易土特产品及应时农具。

瑶族盘王圩——参见"瑶族盘王墟"条。

雷公山苗年——苗族民间传统岁时、祭祀性节日。流行于黔东南雷公山一带。当地苗家残留周代纪年法，"以十月为岁首"：一年仅分冷、热两季，于十月交替，为新年之始。年节分三次欢度：九月过"初年"，较平常；十月过"大年"，最隆重；次年正月十五过"尾巴年"，俗称"和汉族一起吃豆腐"。昔时，十月大年，由寨老或鼓社首领厘定，各寨节期有异。通常初一晨杀猪；翌晨杀鸡宰鸭；午后开始斗牛、赛马、斗鸟、跳芦笙、踩鼓、上山捕鸟等传统娱乐,以及赛球、田径等现代体育比赛。各项活动,无不展示苗族服饰、银饰、工艺美术等有形文化事项。年节持续三五天,乃至十二天。其间,穿插祭田、酬牛等仪式。大年前夕,已嫁姑娘被接回娘家过节。家家酿米酒、打年粑、磨豆腐、杀年猪、备新衣。苗年首日,各户皆以猪头、猪心、腰子、鸡、鱼、酒、糯米粑,祭祀祖先、神灵。其中,鱼断不可缺,表示不忘祖先东来海滨故土。

苗族初年——参见"雷公山苗年"条。

苗族大年——参见"雷公山苗年"条。

苗族尾巴年——参见"雷公山苗年"条。

苗族跳场——亦称跳花、跳花场、跳花坡、踩花山、花山节、踩山。黔、川、滇交界地苗族民间传统节日。一年举行三次:农历正月初六至初八,跳年场;二月十四至十六日,跳桃花场;七月十六至十八日,跳米花场。节源传说:从前,一年轻猎人杀死一只虎,救下一姑娘。两人一见钟情,姑娘不知小伙名字,央求父母召集周围小伙前来玩耍,终于觅得那小伙,问清姓名,拉其腰带拜见父母,终结良缘。人们深受感动,举"跳场"纪念,久而成节。"跳场"场主公推产生。场设寨外固定坪子,场主负责于场中央竖一花杆,上挂一块红布,齐人胸处挂一大马刀。主要活动:吹芦笙、对歌、跳芦笙舞。届时,新旧场主齐奏开场芦笙,率一队乐手吹笙杆三圈,宣告跳舞开始。节俗古今略异。清《贵州通志·土民志》载:"苗人,每年正月十一、十二、十三日,男女装束一新,觅高埠敞地,植冬青其上,曰'花树'。女子持布一端,互相牵引。两少年吹笙其前,作凤鸾和鸣之声,左右舞蹈为节。女则随其缓步作半圆绕之,曰'跳花'。十三日跳完,鸣爆竹,倒花树。女子各择所爱者,亦名老表,尾其后牵而绅者。"如今,俗项易作"牵羊":女牵男身上带子或毛巾,跟随其后;男若中意,即拉女直至活动结束。

跳花——参见"苗族跳场"条。

跳花场——参见"苗族跳场"条。

跳花坡——参见"苗族跳场"条。

踩花山——参见"苗族跳场"条。

花山节——参见"苗族跳场"条。

踩山——参见"苗族跳场"条。

跳年场——参见"苗族跳场"条。

跳桃花场——参见"苗族跳场"条。

跳米花场——参见"苗族跳场"条。

野鸡坪歌节——彝族民间传统歌节。流行于贵州水城县一带。农历春节、正月十五日、五月端午,三度举行。以端午尤盛。"野鸡坪"亦称"五里坪",位于水城玉舍区社嘎、坪寨、箐马、鹅脚等乡交界处,多野鸡出没,故名。届时,参与者多达数千。人们着节日盛装,喜气洋洋,竞盼能在歌场一显身手。节日主要活动为对歌,形式有集体对唱、一男一女对唱、一与众对唱。不同对歌,曲调不同,内容丰富多彩,有叙述历史故事、交流生产经验、抒发离情别绪、谈情说爱等等。歌场活动,还有"打鸡毛""拉顺风耳"。前者是当地传统体育,类打羽毛球。"鸡毛球"用玉米叶做圆垫,插四根鸡毛而成,用手对打,人数不定,形式、动作多样。后者,乃趣味游戏,两人各执一节小竹管,管一端蒙蛇皮或塑料纸,中穿小孔,以棉线相连。游戏时,两人分开,慢慢将线拉直,至一定距离,互相对着竹管说话,让对方听见。民间因称"打土电话",内容多为互相玩笑,幽默取乐。近年,参与群众增多,许多商贩前来摆摊,开展民族贸易,经营各种风味小吃、日用百货。

五里坪歌节——参见"野鸡坪歌节"条。

台州走八寺——汉族民间老妇朝庙焚香节日。流行于浙江台州地区之天台、临海、黄岩、仙居、温岭等地。农历正月初八、十八、廿八日,赴八寺,三度举行。故名。内以"初八"为盛。旨在祈福消灾,许愿还愿。

宁波拜仙姑——汉族民间祭祀性节日。流行于浙江宁波一带。农历正月初八、十八、廿八日,三度举行。旨在祈祷人寿年丰。届时,信众以桃木、稻草扎人形,称"仙姑"。安放就位,即在其神位前,焚香化纸,虔诚跪拜,卜问当年棉花长势、风潮、水旱、虫瘟诸项,不时许愿还愿。

阿昌族地母祭——亦称地鬼祭、祭土主。阿昌族民间宗教节日。流行于云南梁河一带。农历二月首个马日、五月廿八日、六月廿五日,三度举行。旨在祭祀阿昌传说中开天辟地的祖先遮帕麻和遮米玛。传说,他俩乃创造人间天地之天公和地母。天公遮帕麻从混沌中用五彩石织出了天,并用雨水拌金沙做出金闪闪的太阳,用雨水拌银沙做了银闪闪的月亮,宇宙方有明暗、阴阳。他还用自己的乳房造了太阳山和太阴山,此后男人才没了乳房。地母遮米玛则用自己脸上的毛,编织成大地及其万物,女人便没有了胡须。她还用自己的经血汇成江河湖海。最后,天公与地母结合,创造了人类,并教会人们狩猎、种植、用火、建房,以及用占卜和咒语预测未来,驱除疾病、灾难。故此,人们每年三次举祭,虔诚表示纪念和崇拜。首祭,祈先祖保佑子民平安;次祭,祈先祖保佑五畜兴旺;三祭,祈先祖保佑五谷丰登。祭祀之日停工,禁动土、舂米、外人进寨。祭毕,全寨男女老少皆下田地里洒鸡血、插鸡毛,以祈先祖保佑平安、丰收。

阿昌族地鬼祭——参见"阿昌族地母祭"条。

阿昌族祭土主——参见"阿昌族地母祭"条。

观音会——亦称观音、观世音菩萨圣诞。中原汉族民间宗教节日。农历二月十九日、六月十九日、九月十九日,皆观音菩萨香期,三度举行。仪式各地略同。清史载:昔时,北京正阳门城内香烟缭绕;城外白衣庵、观音院、大悲坛、紫竹林等众多庙宇,皆聚会诵经。善男信女拜祈平安、得子。妇女们自二月朔日至十九,一直食斋。诞辰前后多有风雨,俗称"观音报"。浙江平阳一带,妇女们于观音诞辰之日二更至观音庙,跪拜神像,以香头自烧手臂,烧点越多越示虔诚。绍兴一带,人们在会稽山香炉峰之南天望庙,举办香市,早早入庙静坐念佛。届时,香客摩肩接踵,小贩摊点、酒铺、茶摊无数,河面船只点点,热闹非凡。

拜观音——参见"观音会"条。

观世音菩萨圣诞——参见"观音会"条。

普陀香期——汉族民间宗教节日。流行于浙江舟山一带。农历二月十九日、六月十九日、九月十九日,三度举行。首次尤盛。届时,香客、游人不计其数。年迈难行者,指派儿孙前往进香。寺庙僧众念经作法,中午"敬佛",僧俗共进素斋,亦称"全体传拱";夜间,继续佛事。

遂宁香会节——汉族民间宗教节日。流行于四川遂宁,故名。农历二月十九观音诞辰、六月十九观音得道日、九月十九观音坐莲台日，三度举行。二月香会历两月，规模最盛；余两次各历一月。据考，节已历千载。届时，省内及渝、滇、黔、鄂、陕、甘、青，乃至浙、闽、粤，十余省市之数十上百万信众、游人，纷至沓来，结队簇拥举彩旗，扛圣驾，抬九品大蜡，端盐茶五谷、香花、糖果及燃着檀香的香盘，腰系黄色围裙，口念"南无阿弥陀佛"，敲锣打鼓，吹箫弄笛，舞狮耍龙，燃放鞭炮，前往灵泉、广德等寺，进香或游览。俗云："烧香不到灵泉，枉费银钱；不到广德，啥都莫得。"入夜，人们坐、卧留宿庙内，或露宿山门。全国香会、香市盛况，鲜见出其右者。

观音香市——亦称拜观音。汉族民间宗教节日。流行于浙江、江苏等省。农历二月十九日、六月十九日、九月十九日，三度举行，各历一天。首度值观音正诞，最隆重。节俗因地略异。浙江平阳一带，妇女们于观音正诞二更夜，入观音庙跪拜神像，用香火烧灼手臂数处，最示虔诚，祈菩萨保佑免遭大难。绍兴一带，人们于观音正诞前夕，即早早来到会稽山香炉峰之南天望庙前，在神像前静坐，通宵念佛。节间，香客、游人蜂拥如潮，山下茶摊、酒肆星罗棋布；河中船只穿梭往来，络绎不绝。上述香市，渐式微。

江浙拜观音——参见"观音香市"条。

羌族观音会——羌族民间宗教节日。流行于四川阿坝茂汶、理县一带。农历二月十九日、六月十九日、九月十九日，三度举行，各历一天。羌族居住区昔有观音庙，用石泥合砌，或在岩壁凿石龛而成，内供观世音菩萨像，旁有诸神陪侍。会间，周围羌民纷纷会聚庙中，摆供设祭，烧香磕头，祈观音保佑羌寨丰衣足食、六畜兴旺；妇女们则祈观音菩萨赐子，保佑孩童平安。会间，观音庙周围人山人海，香烟缭绕，热闹非凡。

仡佬族香会——仡佬族民间拜观音节日。流行于贵州道真县一带。农历二、六、九三月，每逢十九日举行，凡三次。道真仡佬族信神崇佛较普遍，该地曾有大小寺庙六七十座。据考，誉称中国第一苑"大白菜"的道真县忠信镇石笋，濡染崇敬观音的美丽传说，由此而举"香会"，已历数百年。会期，人们成群结队前往寺庙，进香燃蜡拜观音，打醮求神赐福。

鄞江三会头——汉族民间宗教节日。流行于浙江省鄞江县一带。农历三月初三、六月初六、十月初十，三度举行。以时值农闲之后者尤盛。届时，各地信众、游人、商贾纷至沓来，拜神祈福，游览赶会。会间，除进香拜神外，杂技表演、比武练拳、搭台唱大戏更盛。如今，现代物资交流气息与日俱增。

三巡会——昔时汉族民间传统城隍会。农历清明日、七月十五日、十月初一，三度举行。主要内容为三抬城隍神像巡游，故名。文字训诂学家胡朴安《中华全国风俗志》载："清明、七月望日、十月朔，举城隍神像，导以旗仗，至后坛而还，谓之城隍出巡。"届时，人们隆重高抬城隍神像坐轿出巡，十番八乐仪仗队紧随其后。其中，脐贴狗皮膏药的"刽子手"，手执鬼头刀，紧护神轿左右；曾许重愿者扮犯人，着囚服，手臂皮肉穿钩子、吊香炉或铜锣。最后，是"八仙"等踩高跷队列。此节渐泯。

南京老郎会——昔时民间妓女集会。

流行于江苏南京一带。农历正月、六月、冬月之十一日,三度举行。源说有二:其一,为祭春秋时管仲,传他曾下令设立"女闾三百";其二,为祭唐玄宗,他曾倡兴梨园戏。会间,妓女们妖冶绝艳打扮,要求常顾嫖客设宴张乐,称"做面子"。妓女名声越大,设宴规模越大、次数越多。其中,以六月十一为最。届时,秦淮河一带,灯红酒绿,丝竹悠扬,画舫灯舟穿梭往来。富商、阔少挥金如土,一日花销可抵中等收入人家全部家当。

南京老脸会——参见"南京老郎会"条。

湘西看龙场——苗族民间传统节日。流行于湘西吉首市、古丈县部分地区。农历三月谷雨后之辰日,按子、丑、寅、卯十二日轮转,每逢辰日便"看龙场",首个辰日称"看头龙",余称"看二龙""看三龙"。并非到固定场地观舞龙,而指当天禁做农活,休息、娱乐,否则破坏龙场,犯忌,会遭旱、虫灾。即便干活,仅限砍柴、割草,严禁动土。龙场日,亦是敬龙神日。人们去河水边焚香烧纸,虔诚敬祭。节俗除在河溪边燃香、化纸,拜祭龙神外,另有斗画眉、吹唢呐、男女对歌等娱乐活动。此节已式微。

湘西看头龙——参见"湘西看龙场"条。

湘西看二龙——参见"湘西看龙场"条。

湘西看三龙——参见"湘西看龙场"条。

湘西敬龙神日——参见"湘西看龙场"条。

三月爬坡节——亦称三月坡节。苗族民间传统节日。流行于贵州雷山县望丰乡五岔路、黄平县白堡、镇远县金堡镇等地。望丰乡五岔路,在农历三月第一、二、三个午日举行,均历三天。以第二个(亦说第三个)尤盛。节源传说:很久以前,五岔附近有一对品貌出众的青年,男名往金,女名梅福,青梅竹马,深深相爱。梅福表哥耶里,恃财威逼梅福"还娘头"(即嫁给表哥),梅福宁死不从。某年,三月头个午日,梅福和往金在五岔路口游方,耶里带一群打手将往金活活打死,抢走梅福。半夜,梅福一把火烧了耶里家,跑上山,自刎在心上人身旁。人们为之感动,将两人合葬。为缅怀这对情侣,也为争取婚姻自由,人们每年逢三月午日,皆聚集五岔路口,举行隆重纪念活动,经久成节。届时,姑娘们梳妆打扮,着盛装,从各地汇集五岔路坡,人山人海,男女对唱情歌及飞歌,以至汉族山歌。他们借机寻觅意中人。赛马道上,骏马飞奔,中年男子尤其活跃,以赛马显示勤劳和富裕。树荫下,斗雀老者,拈须静听画眉歌唱,清闲自得。运动场上,球赛、拔河火热进行,喝彩声、笑声不绝于耳。黄平白堡过节,活动略同,而参与甚众,不下三万。镇远金堡镇高跃过节,别具一格。笙歌踩鼓最热闹时,姑娘们不时将自制花手帕向心爱后生投去;后生接到,迅即将糖果或丝线、零花钱,包进花手帕回掷,打在姑娘脸上、发髻上,激起一阵阵欢快笑声。

三月坡节——参见"三月爬坡节"条。

宜昌起汕——汉族渔民传统节日。流行于湖北宜昌等地,自三游洞以下至十二碚以上,尤盛。农历三月初八、十八日、廿八日,三度举行。届时,渔民聚集船上,自黄昏至拂晓,边高歌,边以桨或篙拍击江面,歌声古朴苍凉、慷慨,与水声环环相应。据传,如是方可丰渔。清诗人王士飞

《西陵竹枝词》曰："峡江三月橹声齐,扣拍哀歌高复低。十二碚边初起汕,日斜还过下牢溪。金钗系接髻了枋,了系年年聚此乡。江上西阳归去晚,白苹花花卖鲟鳇。"当年起汕风光,跃然纸上。

彝族吉觉——彝族季节性宗教祈福节。流行于四川大凉山。吉觉,意为"夏季转咒";另有"春季返咒",称"西俄布";"秋季续魂",称"也枯"。其意指返咒回自然界或他人施行之鬼怪邪祟,以消灾祛祸,确保家人安康。通常以家为单位,在上述三季择日,从住宅到近野,由毕摩(巫师)主导举行。三度均历一天。

西俄布——参见"彝族吉觉"条。
也枯——参见"彝族吉觉"条。

航西——译意"祭祖坟"。锡伯族民间祭祀节日。每年三度举行:农历三月初择日,称三月航西、鱼清明;另有七月航西(瓜清明)、十月航西(送寒衣、下元节)。一年三次祭祖,首次尤盛。届时,整个"哈拉"(姓、家族)邀集,各带祭品,到氏族茔地共祭祖先:焚香烧纸钱,供献祭品。祭品必有鱼肉(开河鱼)。若当年非闰年,则须给祖坟添土,仪式极隆重,既召开哈拉会议,还例行打鱼、鱼宴、赛马、射箭、摔跤、抓嘎拉哈、音乐、歌舞等传统娱乐活动。七月航西,于七月择日,祖坟祭品中,须有西瓜、甜瓜等水果。十月航西,于十月初一,到墓地祭祖、烧香、纸钱。如有新丧者要火化和入葬(移入墓地),须在十月航西以后之一个月内进行。

锡伯族祭祖坟——参见"航西"条。
三月航西——参见"航西"条。
鱼清明——参见"航西"条。
七月航西——参见"航西"条。
瓜清明——参见"航西"条。
十月航西——参见"航西"条。
锡伯族送寒衣——参见"航西"条。
锡伯族下元节——参见"航西"条。

台江千虫节——苗族民间传统农祀节日。流行于黔东南台江县稿午一带。农历六七月间,过完吃卯节后第十天举行,陆续三次,每次皆择子日。届时,家家买肉杀鸡,摆酒肉。老人掐肉酹酒于桌,表示美食先敬祖先,后家人进餐,欢庆丰收。节旨在祈雨,免除全年旱灾、虫灾,获农业丰收。故,有些人家,还以酒祭祀龙王。乡谣谓:"恨这年成不好,老天雨水少,干了满田稻,后生们急坏了!父母们办法凶,过各节去千虫,后生们挨家去筹酒,拿到河边去敬龙。"

养荣坡节——苗族男女青年连情、娱乐节。流行于贵州丹寨县卡乌、凯里市舟溪镇荣林等地。农历七月半(吃新节)后,于七月十九日、廿五日及月末日,分三次举行。养荣岭岗全长十余公里,像一条卧龙,头枕丹寨县卡乌,尾扬凯里市舟溪荣林(虎场坡),海拔七百米许。届时,以此坡为轴心,方圆数十里苗寨,成千上万男女青年,均去"爬坡",苗语称"季养荣"。以前两次尤盛。他们竞着新装,姑娘们打着青布伞或透亮纸伞、各种花色折叠伞,小伙们头戴特制透亮斗笠。人们爬至宛如宽敞脊背之坡顶,开展活动。小伙们按村排成长队,姑娘们则缓缓从后生们面前走过,分别被各村小伙邀请唱歌。被邀时,则停步,亮开嗓门,滔滔不绝地对唱。先唱《爬坡歌》,以"呢噢"开头,语音拖得很长。对唱一阵,姑娘道别:"谢谢你们的歌。"热恋男女,则三五为群,在一边对唱《相思歌》《盟誓歌》《成婚歌》。临暮,人们纷纷下坡,边走边唱边摆谈,或互赠食品。通过爬坡，许多人觅得情偶，乃至喜结良缘。

水族田神祭——亦称米魂祭。贵州水族民间传统农祀节日。每年三祭：插秧前、插秧后及农历十月初十。旨在祈求田神保佑苗齐苗壮。首祭，在田边举行，上供竹笋、鸡蛋、米饭，祈祷起根发苗顺利。第二祭，上供猪肉、米饭，并于小木条上捆几根鸡毛、一张白纸，插田中，祈祷五谷丰登。第三祭，酬谢田神保佑庄稼之恩，请鬼师收米魂：上供猪肉、鸡、鸭等，用红纸条捆一束谷穗，插一碗糯米饭内，置盛满谷米之箩筐，三日后撤掉。

水族米魂祭——参见"水族田神祭"条。

九月粑节——亦称稻草粑节。苗族民间传统节日。意为秋收毕，稻草堆放好了，该做粑、吃粑了。流行于贵州麻江县与凯里市交界地。分三次举行：农历九月间，首个卯日在初九前，则在此卯日；在初九后，则在初九。节天，各户打粑粑，煮鱼，举行祭祖仪式。最后，全家聚餐。另两个卯日，小过节，仅随便吃点粑粑。

稻草粑节——参见"九月粑节"条。

定日赛马节——藏族传统农事祈祷节日。流行于后藏地区定日县，故名。据考，已历千余年。每年春播之前、之后及秋收后，三度择日举行。均以乡或村为单位，单纯赛马，分别称加央、乌央、实央。规模以后者为盛。节仪：一年老喇嘛盘腿而坐，敲击法器，念念有词，祈祷丰收；骑手们围绕身旁，低沉随声附和。俄顷，盛装姑娘提大铜壶、执银碗，前来向骑手们敬"赛前酒""壮胆酒"。出赛，则以户为单位，敬酒者多为家人。优胜者预示自己家庭将获丰收，亦为村寨赢得好兆头。

定日加央——参见"定日赛马节"条。
定日乌央——参见"定日赛马节"条。
定日实央——参见"定日赛马节"条。

萨依勒节——维吾尔族民间传统娱乐节日。流行于新疆南部农区。"萨依勒"译为"游玩节"。每年举行三次，皆涉农事、社交和爱情。农历五月春耕后，举办"玫瑰花萨依勒节"。青年男女着节日盛装，聚集玫瑰花盛开的花园，载歌载舞，广交朋友。小伙看中哪位姑娘，即采一束玫瑰花相送；姑娘将玫瑰花插上头发，即示接受求爱，否则，把花奉还。心细小伙，送花时还送插着一根麦秆的信，寓思念姑娘枯瘦如麦秆。六七月间，举办"果园萨依勒节"，内容多、最隆重。人们皆着艳丽民族服装，以家庭为单位，乘马车，或骑毛驴，带着苹果、葡萄、哈密瓜，还有用大米、羊肉、葡萄干做成的普罗，用面粉、羊肉、洋葱做成的包子及手抓羊肉等传统食品，边弹拨热瓦甫，边高唱传统民歌，去风光秀丽处聚会。各自铺开毡毯，摆上食品，边吃喝，边唱歌跳舞，热闹非凡。节夜，大家围着篝火，演奏各种乐器，跳起民间集体舞麦西莱甫，表达丰收后的喜悦，彻夜沉浸节日欢乐。八月夏收结束，哈密瓜、西瓜成熟后，举办"甜瓜萨依勒节"。举家竟着新衣：小伙着白色或方格花布衬衣，系宽大腰带；姑娘着艳丽连衣裙、青色镶花边小坎肩，仔细描眉；老人、孩童皆各有打扮。全家乘一辆马车，或分骑几匹毛驴，带着馕、苹果、葡萄、哈密瓜，怀抱热瓦甫，忽隆忽隆弹拨着、歌唱着，来到风景优美的场所，参加聚会。在树荫下，歇牲口，铺毡毯，边吃边相邀歌舞。入夜，围着篝火，共跳欢腾的麦西莱甫，倾吐夏收后的喜悦。

玫瑰花萨依勒节——参见"萨依勒节"条。

果园萨依勒节——参见"萨依勒节"条。

甜瓜萨依勒节——参见"萨依勒节"条。

曹人收获祭——内蕴尝新祭、收藏祭、丰年祭。台湾少数民族支系曹人民间传统农事节日。粟米收割时节起,三度举行。祭仪以尝新祭、收藏祭、丰年祭为序。尝新祭,临收割时给神灵尝新。节天,各家男人盛装赴粟田,沿途采些茅草,至田边投掷作咒,以禳祓死灵。然后,到田里用小刀割些粟穗,束起,祝词道:"我令你离开田地,成我谷仓中之物,请安静留在仓中!"说完,复对死灵作咒:"田中粟穗我已算清,不要偷我田中的粟,待收获完,当分一些给您!"归家,将新粟与去年旧粟混合炊煮,去长老家送粟饭,与其他成员共食,并掷一些祭死灵,说:"请去尝新粟!以后我再去社郊时,不再有新粟赐您。"随后,举行收藏祭:所割粟穗均运回长老家作房,按品种及大、小、良等分类,分配给参加劳作成员。当日,各家炊粟煮芋,宰猪屠羊,携至长老家,共分食生肉。各取分配之粟回家,藏谷仓或贮器。再后(约当农历八月),举行丰年祭,历五天。届时,各家成员携杵和新粟到长老家,以长老为首,依年龄绕臼行,再面臼围圈。长老先向粟灵祈祝,保佑年年丰收,众随唱丰年祭歌,旋依次捣臼中之粟。每天做相同仪式,至捣完大家携来新粟为止。末天,长老宰猪一头,猪肉分给每个成员,并将成员所带水芋,均分各家。每日所捣脱壳新粟,亦如是分配。

曹人尝新祭——参见"曹人收获祭"条。

曹人收藏祭——参见"曹人收获祭"条。

曹人丰年祭——参见"曹人收获祭"条。

多 次

下九节——简称"下九"。中国古老节日。农历每月十九日举行。据元伊世珍《嫏嬛记》引宋无名氏《采兰杂志》载:"古人以二十九日为上九,初九日为中九,十九日为下九。下九日,农家置酒为妇女之欢,女子是夜作藏钩诸戏,以待月明,甚有亡寐而达旦者。"下九乃妇女欢聚之日,置酒游戏,以待月明,至有忘寐而达曙者。古诗《孔雀东南飞》所云"初七及下九,嬉戏莫相忘",其"初七"指"七夕",而"下九"即谓"下九节",今古曾颇盛行。此节已泯。

下九——参见"下九节"条。

永登雷祖祭——汉族民间宗教节日。流行于甘肃永登县城关镇一带。农历五月初一开始,历月余,每日早晚两次,于该镇雷祖庙(亦称"全神庙")举行。相传,雷祖神通广大,能镇妖降魔,保人寿年丰。每次皆燃香烧纸,肃然叩拜。其中以六月十四,最为隆重。届时,全村未外出男人皆入庙举祭(女人禁入庙),既燃香烧纸,还供奉全羊一只。此节已式微。

壮族歌圩——亦称歌圩节。广西壮族民间传统歌节。圩期因地有异,多于春秋两季:春圩多在正月初四或初七,二月十九日,三月初三或十六日;秋圩多在八月十五日,九月初九,十月初十。定期歌圩通常一年三次,参与人数成千上万;不定期歌圩,一二十次、三五十次不等。

壮族歌圩节——参见"壮族歌圩"条。

祭成吉思汗陵宫——简称"祭成陵"。蒙古族民间祭祀成吉思汗节日。昔时,成吉思汗陵宫各种祭典,各地每年多达三十余次,后渐集中于农历三月廿日、五月十五日、九月十二日和十月初三等四次。祭日,各地农牧民着节日盛装,从四面八方云集陵园,在被称为成吉思汗亲兵卫队的达尔扈特人引导下,举祭奠仪式。参祭者先到墙外正南金柱处绕三圈,旋绕柱旁拴系的大马及小马驹,绕进,用小木勺舀奶扬之。绕毕,由守陵人将奶盛饭碗中,扣于马背,马受惊蹦跳,碗落下时扣着,则须重来。仪毕献酒。献酒人跪殿外,守陵人从献酒壶中倒出两盅酒,由献酒人用长方盘捧入陵殿。献酒毕,献哈达、蜡烛、香支和整羊。祭毕,大多举行赛马、射箭、摔跤和歌舞活动。

祭成陵——参见"祭成吉思汗陵宫"条。

九曲黄河灯——亦称九曲黄河阵、平安灯会;俗称"灯场子"。汉族民间传统节日。流行于山西平鲁一带。每年四次:农历正月十五、廿、廿五日及二月初二,以村为单位举行。各历三至五天。肇说纷纭,以源于商末战事及"祭拜道家鼻祖老子"为盛。届时,方圆数十里村民扶老携幼,赶会观赏。昼唱戏,夜转九曲。"灯阵"按《周易》九宫八卦方位,以"富贵不断头"传统图案"九曲"组成。阵内有乾、坎、艮、震、巽、离、坤、兑八宫和中宫,共九宫,象征中华九州。场内灯火万点,横竖成行,灿若繁星。人们从进口入,通过连环阵,从出口返回,意味一年顺顺当当、平平安安。吉时,"灯官"入场,鸣炮三声,场内灯齐明,场外燃"旺火",踢鼓子秧歌队等表演,将场面推向高潮。内"封公子"扮演者唱道:"一刹锣鼓用目观,四海龙王正面站,我队敬香把神参,保民四季得平安。"

九曲黄河阵——参见"九曲黄河灯"条。

平安灯会——参见"九曲黄河灯"条。

灯场子——参见"九曲黄河灯"条。

蒙古族祭火节——亦称祭社、拜火节。蒙古族民间宗教节日。分年祭、月祭两种:月祭在农历每月初一、初二;年祭在腊月廿三日。节源蒙古族先民之火崇拜习俗。届时,各户将牛肉、羊肉、奶酒、黄油等,放火中,或供灶火旁,举行祷告、祝赞,或请喇嘛诵经。年祭值迎火神之火日。祭前,举家聚庭院中、火塘前或灶旁,由长者上供品、焚香,取一捆柴草点燃,将五彩丝线、棉花装饰之羊脯子,放入火堆,旋率全家向火堆磕头,念祷词祈求火神爷庇佑。月祭较简单:念祭火经,在火盆烧些树条,向火中洒酒与奶油,献奶酪等白食,念祷告词。节中,忌用脚蹬踏锅灶,或于火上烤脚。

蒙古族祭社——参见"蒙古族祭火节"条。

蒙古族拜火节——参见"蒙古族祭火节"条。

毛兰木钦布节——亦称观经会。藏语"毛兰木钦布",意为"观经"。藏族民间宗教节日。流行甘肃天祝一带。农历正月、二月、七月、九月,各寺庙皆择日举行,内以天堂寺正月十五观经会最隆重。届时,藏族信众和游客带着香烛、纸钱、供品,骑马或赶车,从四面八方涌向寺庙,参加宗教仪式,然后观看跳神舞。在锣鼓、钹、唢呐、长号等伴奏下,喇嘛们踏着鼓点,手舞足蹈,跳来跳去,风趣横生。晚间,人们相互邀约,三三两两,再次前往寺庙,观赏艺僧们精心制作的酥油花展览,大饱眼福。

观经会——参见"毛兰木钦布节"条。

苗家吃丑节——苗族民间传统农祀节日。流行于贵州台江一带。自入春后十天之丑日起,每逢丑日,便吃喝娱乐一天,连续六个丑日,至新谷成熟方止,内以第二个丑日最隆重。

拉卜楞寺大法会——拉卜楞寺,称"扎西奇寺",位于甘肃夏河县城西一公里处。南临曼达拉山,北依龙山,大夏河流经两山间,冲刷泥沙,成一盆地。藏族群众称"聚宝盆"。清康熙四十八年(1709)在此建寺,是藏传佛教格鲁派(黄教)六大寺之一。规模宏伟,占地约一千三百余亩,原有六大扎仓(学院)、十八囊欠(活佛公署)、十八拉康(佛寺),以及金塔、辩经坛、藏经楼、印经院、经轮房等建筑,寺西有嘉木样活佛的别墅和花园,皆遍布山腰以上。重楼广宇,金瓦朱甍,墙垣均红、黄色,寺顶四隅立铜质镏金宝瓶,飞檐描金错彩,华丽非凡,乃甘、青、川比邻地区藏传佛教中心。每年举办七次规模较大法会:农历正月初三开始的毛兰姆法会、十四跳神节、十五日酥油花供灯会,四月初八浴佛节,七月敦白日扎法会,十月廿五日宗喀巴圆寂日、历世嘉木样活佛圆寂日,内以正月毛兰姆法会和敦白日扎法会规模最大、最隆重。每逢法会期间,甘、青、川、滇、藏、蒙等地善男信女和香客纷至沓来,举行念经祈祷活动,殿堂香烟缭绕,油灯闪烁,诵经声不断,有时锣鼓、大钹、长号、唢呐齐鸣,响彻山间。同时,还开展各种法事活动和演出传统藏戏节目。法会丰富多彩的内容,吸引着数万藏、土、汉等族群众。

毛兰姆法会——参见"拉卜楞寺大法会"条。

正月十四跳神节——参见"拉卜楞寺大法会"条。

酥油花供灯会——参见"拉卜楞寺大法会"条。

四月八浴佛节——参见"拉卜楞寺大法会"条。

敦白日扎法会——参见"拉卜楞寺大法会"条。

宗喀巴圆寂日——参见"拉卜楞寺大法会"条。

历世嘉木样活佛圆寂日——参见"拉卜楞寺大法会"条。

拉卜楞寺斋会——藏传佛教节日。该寺每年有六次斋会。以农历四月十五日斋会,纪念佛投胎、成佛、圆寂,尤盛。第一、二日"作苦",禁食。首日午,一切持斋者聚公会堂,饱餐大米及长寿果,此后不食、不言,只能念"玛尼经"。次日寺院开放,日前持斋者禁食,盛装排队念"玛尼经",转"古拉"。第三天晨开斋,进茶汤。其余五次斋会为:正月前半月,纪念佛与外道辩论,其中初七至十五日,纪念佛诞辰;三月十五日,纪念佛第一天说密咒;六月初四,纪念佛初转法轮;九月廿二日,纪念佛自天上下凡。

若尔盖本教纪念节——四川若尔盖本教流行地寺庙纪念节。分诸寺各自、共同举祭,多度举行:各寺于藏历正月、四月、七月之初一至十五,十二月十五至三十;若尔盖各地共同举祭,于十二月廿八、廿九日。"本教"乃"雍仲本教"的简称,辛饶弥沃如来佛祖所传教法,亦被称"古象雄佛法"。所谓"象雄",常用作古代整个西部代称。"古象雄文明"乃西藏文明源头，已跻身世界文化遗产保护范围。此节拥有众多信众，宗教仪礼别富特色，别具厚重文化价值。

四川土地会——俗称"做牙"（牙，音谐"迓"，迎接）。汉族民间宗教节日。流行于四川等许多地区。旨在借祭祀土地而迎接福祉。农历每月初二及十六日，于当地土地祠庙举行。二月初二牙礼称"头牙"，腊月十六日牙礼称"尾牙"。土地公乃古代"社神"，既被奉作土地守护神，亦被尊为财神，博广泛崇拜。

做牙——参见"四川土地会"条。

头牙——参见"四川土地会"条。

尾牙——参见"四川土地会"条。

昌邑祭杂灾——汉族农村女性祭祀信仰节日。流行于山东昌邑市柳疃镇一带。农历每月初一、十五日举行。届时，中老年妇女照例集资，筹办香蜡纸钱，聚集村头路口，画圈席地而坐，焚香、燃烛、烧纸，拜祭各路神灵，祈祷祛祸辟邪，人寿年丰。

土族崩康——亦称十万佛爷祭。土族民间传统祭祀节日。流行于青海互助、民和、乐都等地。农历每月初一、十五日举行。崩康，一四方形小亭子，通常用土木料建于大路旁、山坡上或村寨中央，四周有若干圆柱，中间用土坯砌成一个无门窗的土屋，内供约一千尊名"沙沙"的泥塑神像，每尊寸许。土族认为，这些泥塑佛爷神通广大，能挡住风雪冰雹等自然灾害，又能保佑地方四季平安。昔时，每月朔望，各家各户，特别有不顺之事的人家，皆带着香烛、纸钱等供品，前往"崩康"祭祀。围住"崩康"转圈，口中不断念诵"唵嘛呢叭咪吽"六字真言，以求佛爷保佑，消灾赐福。

十万佛爷祭——参见"土族崩康"条。

欧玛楼——族谓"祭谷王"。哈尼族民间农祀节日。流行于云南勐海县定西山一带。谷子成熟至收割完毕期间，择日举行五次：其一，谷子基本成熟时，择吉日摘三穗稻谷，悬家中祭台，由家长诵祭词，谢祖灵、谷王庇佑之恩。其二，收割前，择一株分叉两穗稻谷，作"谷王"，由家长在其前杀一只鸡，在地边煮熟，面向谷王，双手举鸡至顶三次，旋将谷王割回家，供祭台上。其三，收割后，见谷堆歪斜、倒塌，则表示得罪了谷王，家长须肃立谷堆前，敲死一只小鸡，丢些鸡毛在谷堆四周，再抛些新米饭在谷堆上，让谷王安居。其四，家长用青叶包三包祭品，送收割时留下的谷魂塘前，将部分祭品分别扎谷苗上、下部，放一鸡蛋在谷苗下。祭者束扎一捆谷魂塘谷子，一刀割下，将谷穗装包内，同时收回鸡蛋。谷穗带回，挂谷仓内梁上。其五，稻谷入仓前，家长先在仓内放好祭品，在用箩装些新谷，盖上衣服，背着进出家门三次。每进一次，皆抓一把新谷撒仓内。做完，新谷开始入仓。

哈尼族祭谷王——参见"欧玛楼"条。

卑南人收获祭——亦称粟收割祭、稻收割祭。台湾少数民族支系卑南人民间传统农祀节日。粟、稻成熟时（约当农历七月）起，数度繁复举行，旨祈粟顺利收、贮。由收割祭、入仓祭、农神的尝新节等组成。首日，司祭举行祈梦与驱邪。翌日凌晨，由前夜获吉梦妇女一人，赴祭田，将含料珠三粒的槟榔供田上，用小刀割新粟两三穗，盖于其上，再割粟穗一束，带回家悬于三米余长竹竿一端,竖于前庭。此日起,全面收割粟穗。收毕,举行粟入仓祭,祈神保佑粟入仓不受虫鼠等害。其时,全村社人在司祭家之祭屋,举行谷种尝新及入仓祭仪。然后,各家收拾住屋,以便堆放新粟。此祭后数日,举行农神尝新节,祭海,历两天。据传,卑南人本无粟,后由祖先从东海某岛取回粟种,故每年到海边祭祖感恩。在海滨已建简陋小舍,设供台,供新粟饭。祭司执祭,众参加者各用右手握生粟粒走入海中,向海掷粟三次,至祭台新粟饭随海水漂走为止。次日,举行祭猪。北部卑南人,则祭山。祭司在祭屋举入仓祭后,率代表数人,祭新粟饭。祭司取饭向都峦山掷去,以祭田神、山神。众参加者亦用右手握住生粟粒,向都峦山掷祭三次。每年年终举行稻收获祭。祭日,将初割稻放满祭用竹笼,由司祭携返祭屋。当晚,获吉梦者将新稻供祭台,配以酒和糍粑,以祭稻神。稻入仓祭之首日,司祭与各家用新米捣糍供祭台,并举行掷祭,旋将所收稻穗收藏仓中,并大量酿酒,备刺猴祭时饮宴。次日,未成年男子均出社郊修路除草。第三天,司祭向各家征集新米做糍粑,成年男子各握新米少许,聚司祭家,祭农神。随后,司祭领众去郊外,掷新米以祭田神、山神。当晚,少年及小孩采芭蕉叶缠身,以锅灰涂面与身,到各家乞讨香烟,意寓逐邪驱魔。返公共会所后,所长在每人头发里塞一粒槟榔子,让众相搏,打落对方槟榔子,鼓舞士气,预选"刺猴冠军"。末天,由少年着盛装,持长竹枪,一人负囚猴竹笼,众赴祭猴场。将猴笼置场中央,令冠军躲藏于竹框两方。所长向天射三箭而唱祝词,冠军拔起竹框边的祭枪,先刺猴一枪,众随之纷纷刺猴,然后赛跑回会所,再折返祭场,从笼中提出死猴,缚一根棒上抬起。所长向山上射三箭,众抬猴回会所,沿途高唱刺猴祭歌。回会所,吊猴尸于木梯口,众继续唱歌。

卑南人粟收割祭——参见"卑南人收获祭"条。

卑南人稻收割祭——参见"卑南人收获祭"条。

泰雅人收获祭——台湾少数民族支系泰雅人民间传统农祀节日。族称"色玛阿多",译意"丰年祭"。自新谷收割时节(约当农历六月)起,数度繁复举行。祭仪含丰年祭、收割祭、祖灵祭、新谷入仓祭等系列,历半月许。丰年祭,祭祖先,祈求保佑五谷丰登。节前一两月开始准备,男上山打猎,女清扫庭院、酿酒、腌肉、制糕。祭日,男女老幼竞着盛装,佩饰物,在各自家中举行祭仪。仪前,须用竹条将腌肉穿成小串,插屋檐下。傍晚,村中集体祭祀。各家把祭品送司祭家中,由司祭及长老等三人携祭品、祭火,去村外祭场献供,感谢祖灵保佑五谷丰收。仪毕,回村路上,司祭模仿山猪吼叫,孩童们闻声赶来追击,直追至司祭家门口。夜晚,人们竞着鲜艳民族盛装,在祭司家聚宴、狂欢,半夜方散。《台湾民族图说》载:"吉事皆更艳服,头簪野花,缠舍丝藤,数十成群,挽手合围而歌。"节末天,各家派一人上山打鸟。收割祭,在祭猎归来次日举行,由两人轮任本年收割司祭。人们带镰刀,赴最近之田,报告天灵、祖灵、稻灵,祈今年丰收。祈毕,由坡上向下随手割取四穗,将祭餐置收割处,酒泼其地。返家,将祭酒祭餐,分给各户。各家早餐毕,行祖灵祭。各户派人在黎明时采竹数根,削去枝叶、梢头,用来系悬祭品。他们各持一根竹以及酒、肉等祭品,赴社外道路两旁之祭场。作祭时,社众列队道旁,背路而立,各执手中之竹杵地,用麻系祭品于其上,呼唤祖灵祭之。多由年长男性先呼祖灵,众随之,呼时手按竹,祈祷:"祖宗们,子孙来此献祭,不要使我们生病!"祝毕,速回社,忌回头张望。返社后,举行盛大社宴。农历冬月,择日举行新谷入仓祭。田里稻谷随熟随割,置地上晒干。割完,运回首批晒干新谷,举入仓祭。届时,各家长将新谷悬于谷仓下,向稻灵祈祝:"把你们缚在此,以后来取稻谷,永远不要减少!"仪毕,方大批收藏新谷。

色玛阿多——参见"泰雅人收获祭"条。

泰雅人丰年祭——参见"泰雅人收获祭"条。

百事禁忌日——汉族民间俗信古节。流行于长江下游两岸。农历正月十三日,忌做活,忌出行,故名。旧俗迷信自此日始,之后每月提前两天为"百事禁忌日",称"杨公忌日""杨公十三忌"。世传,此节乃唐代风水宗师杨筠松所厘定。十三个"忌日":正月十三、二月十一、三月初九、四月初七、五月初五、六月初三、七月初一、七月廿九、八月廿七、九月廿五、十月廿三、冬月廿一、腊月十九。杨筠松(834—906),名益,字筠松,号救贫,赣州人,中国四大堪舆名师之一。因以堪舆之术为无数贫人造葬作福,饮誉"杨救贫"。不为政客、恶人点吉地,一生曾十三次被害,因其福德深厚,每次有惊无险。杨公三千弟子,遂将十三次"受害日"定为杨公忌日,届时不为人造葬作福,在家为师做忌。此节已泯。

杨公忌日——参见"百事禁忌日"条。

杨公十三忌——参见"百事禁忌日"条。

隔年或多年一次

十年以下

参太子灯——汉族民间宗教节日。流行于江西丰城市泉港镇一带。每隔一年之农历正月十二日举行,旨在祈神保佑人寿年丰、诸事亨通。届时,"参灯"人们自唐郎出发,经白富、徐家港,到北坑村;不参灯之年,则原路返回"还灯"。"参灯"之日,民间艺人纷纷一展身手,耍狮子、赛拳术、玩板凳、弄三节棍、打团排、使流星、滚钗、武大刀,让人眼花缭乱。沿途,遍布饮食、土特产摊点,人潮涌动,热烈非凡。

水族回量——水族昔时民间祭祀节日。流行于黔南三都县等地。每隔一年,于农历插秧后选择吉日举行。回量,水语意含"祭土地和谷神"。祭仪多以村寨为单位,推举一位德高望重长者负责主持、集资等。筹资买两头肥猪作祭品,各家亦须凑些糯米饭、酒、肉等。届时,先宰杀肥猪,置寨中敬奉诸神。然后,男子将肥猪和各户送来的酒肉、糯米饭等,一起抬到村外荒野的一块祭石(水语称"尼量")前,置供案上;再杀另一头肥猪,按规定顺序,呈于案前。接着，鬼师敬香、燃灯、烧纸、占卜念经，祈祷山神、谷神保佑村寨平安，禾苗健壮，秋后五谷丰收。祭毕，大家就地架锅做饭，聚餐。饭后，平分剩余祭品，各家再拿到自己田边地埂，祭祀山神、谷神，祈求丰收。祭祀之日，严禁外人进寨，免惊扰山神、谷神。此节已式微。

祭土地和谷神——参见"水族回量"条。

中国秧歌节——全国性民间歌舞展演新节。节期为公历5月23日。中国舞蹈家协会2008年推出，每两年举办一次。一、二、三届均在山东胶州举行。第三届大有创新和提升，首次亮相中国秧歌节主题曲，推出全国优秀秧歌、中老年健身秧歌展演，踩街表演，全国民间工艺博览，中国秧歌艺术继承发展高峰论坛，"魅力家园中国秧歌之乡"评选，等等。

三峡民间艺术节——重庆万州地域性艺术新节。两年一次。公历1991年9月15日首启。于当地西山公园举行。融川剧、京剧、歌舞、竹琴、梁山灯戏于一炉。主要活动项目有三峡民间对歌会、三峡灯会、三峡传奇。

乐山四季节——四川乐山市文化新节。节分大渡河之春、乐山之夏、小西湖之秋、峨眉山之冬，故名。其"大渡河之春"为郭沫若故里沙湾区文化节，逢公历双数年4月中、下旬，择日举行。首届于1986年4月14日至17日开启。

吴桥国际杂技艺术节——河北吴桥杂技艺术新节。创办于1987年，两年一届，公历10月择日举行，历五天。吴桥乃杂技之乡。早在汉代，杂技已盛行当地男女老幼社群；今更誉扬国际，实至名归。节间，各国杂技团、国内大杂技团、省内杂技团及县内专业、业余杂技高手，云集竞艺，精彩异常。经比赛、交流，切磋技艺，对优秀者授奖。其间，尚国内外客商、游客云集。

矮灵祭——亦称二年祭、达爱祭。台湾少数民族支系赛夏人民间古老节日。农历十月十一（另说十三）举行，历六七天，两年一次。主要内容：拜祭故人亡灵。源古神话：远古，台湾达爱人身材不及三尺，肤黑如墨，俗称"小黑人"，性情刚强，擅变换术，箭术超群，行动迅捷，来去飘忽。达爱人与赛夏人友好，传授其农耕、歌舞与巫术等，保佑风调雨顺、五谷丰登。后来，因达爱人调戏赛夏妻女。赛夏人不堪凌辱，却慑于其凶顽，难以力胜，遂设计智取：暗中砍断达爱人必经枇杷桥桥桩，并予巧妙伪装。是日黄昏，达爱人聚会险桥，遂落江溺死。其中，一对夫妇幸免，向朱姓赛夏人教授达爱歌舞，旋远遁浊水溪。临行，嘱赛夏人每两年祭祀蒙难达爱亡灵一次，祭祀从谨，恪守禁忌。后来，谷物歉收，瘟疫横行，赛夏人为之震慑，遂遵嘱举祭灵大典，缅怀昔日友善，以禳邪纳吉，相沿成习。节间，通常由南、北祭团长老"约绳纪日"举行，由朱姓主祭。祭前，采茅草编环做结，悬房前屋后、农具家具及人之身躯等，以为禳祓，并遣人往达爱人山洞遗址鸣镐，延请其亡灵，与祖灵赴祭。娱灵场火把通明，人们高唱"矮灵祭歌"，挽手围圈，与达爱亡灵欢歌共舞，通宵达旦。第三天凌晨，吟歌送灵，共捣粟做糕，上山采竹，为亡灵回归备干粮、手杖。第五天，人们歌舞逐灵，抛矛掷石，恫吓呐喊，最终以毁榛斩木，告诫亡灵远遁。

二年祭——参见"矮灵祭"条。

达爱祭——参见"矮灵祭"条。

灵披勐——族谓"祭勐神"。云南傣族民间祭祀地方神节日。披勐,傣语亦称"丢瓦拉勐",译意"地方神"或"部落神"。传为"勐"最早建立者,或英雄人物之灵魂。昔时,一般每年一祭,抑或一年几祭,或三四年一祭。每祭二三天,有时长达一两月。祭祀活动由当地最老傣勐等级负责筹办,祭师摩勐主祭。事先,人们用竹竿、竹片在勐中搭建祭台,用树枝、竹排等封锁各个路口,以防祭日非勐人进入和本勐人外出。祭仪隆重繁缛。参祭者须成年男子,且统一着装;祭用牺牲通常择纯白或纯黑色公水牛。开祭时,将祭牛牵到祭台,头东尾西,拴祭神桩上。祭师着红衣,头包花巾,腰间佩刀,偕助手登祭场,先以鸡血洒祭天地,向天祈祷赐福;后用树枝反复在牛背来回甩动,大喊"杀牛!杀牛!"俄顷,助手们将手中削尖的竹竿,向牛肋部猛刺,几个回合,牛倒地而死。祭师视牛倒地方向和姿势,判断吉凶。随后,象征性地将烹调牛肉、牛皮,旋分给在场祭师、官员和百姓,照例分给土司一条腿。最后,祭师、土司等再做祈祷,保佑平安。此节已式微。

傣族祭勐神——参见"灵披勐"条。

祭丢瓦拉勐——参见"灵披勐"条。

排瑶耍歌堂节——简称"耍歌堂";亦称耍歌节、耍望节、歌堂节。广东连南县自称"藻敏"(排瑶)的瑶族及联山瑶区民间传统节日。于传为盘古王婆(盘王)生日之农历十月十六(或十六前后)举行。时值秋粮收割归仓,因亦称"秋割节"。节分大、小两种:大歌堂三至五年一次,均历七天;小歌堂一两年一次,每次一两天。排瑶除春节外最大节日。节前,各户邀请远近亲友前来过节,筹足鸡、鸭、猪肉、豆腐、糍粑、酒等必要节食;富裕者宰牛待客。节间,每户出十至二十斤米酒,置公共场所,任人取饮。节循固定程序:首祭祖先神灵,由先生公(巫师)在庙中念诵瑶经,祭拜盘古王和众神。然后,抬盘古王夫妇等神像巡游。参游者竟着节日盛装,按长鼓队、牛角队、铜锣队、老人队、妇女队、儿童队顺序行进,有唢呐、五月箫等乐器演奏,沿途燃放土铳炮,热烈而壮观。之后,人们聚歌堂、坪场唱歌跳舞。此时仅男子歌舞,妇女旁观。小伙们借机施展才艺,以博姑娘欢心。姑娘们旁观,暗觅意中人。男女白天中意,晚上便在月光下燃起篝火,唱歌诉情。"歌堂"末项,是追"黑面人"。黑面人代表邪恶势力,选两善奔者扮演,各酬劳三四斤猪肉。扮演者以墨水或木炭将脸涂黑,扛着猪肉四处狂奔;其后,人们肩扛犁耙或手握刀枪,紧追不舍,将其赶往野外,以示赶走一切邪恶,预祝自己交好运、得安全。追毕,将神像抬回庙宇。

排瑶耍歌堂——参见"排瑶耍歌堂节"条。

排瑶耍歌节——参见"排瑶耍歌堂节"条。

排瑶耍望节——参见"排瑶耍歌堂节"条。

排瑶歌堂节——参见"排瑶耍歌堂节"条。

排瑶秋割节——参见"排瑶耍歌堂节"条。

克木人秋收节——族谓"玛格勒尔""玛所玛乖",意为吃芋头、吃红薯。克木人民间宗教节日。流行云南西双版纳一带。节期因支系有异:达迈老支于秋收后(约当冬月末)举行,历三天,两年一小祭、三年一大祭；达迈仂支节期不定，择吉日，仅祭家神，无集会。

玛格勒尔——参见"克木人秋收节"条。

玛所玛乖——参见"克木人秋收节"条。

黔东南牯脏节——"牯脏节"亦作"牯藏节"。苗族民间传统节日。流行于黔东南剑河县高丘及从江县雍里一带。每五年举行一次，有时五年两次：于农历十月末或冬月初之庚寅日或辛卯日。高丘，含大小高丘十二房族：大高丘以姜、王、杨三姓，选一人当大牯脏头，两人当小牯脏头；小高丘姜、刘两姓，各选两家作固定牯脏尾。大牯脏头每五年改选，新当选者，其房族给上届大牯脏头盖两间房，鼓存放房中，由上届大牯脏头看守。夜里新当选大小牯脏头，前去"偷鼓"。翌日拂晓，原大牯脏头故作惊慌失措，大叫鼓被"偷"走。从此，他便没事，得偿所盖两间房。"节鼓"分公母，均长六市尺，公鼓直径一尺三寸、母鼓一尺八寸。鼓架梨木做，鼓槌用"斗杴乎"木做，与鼓一起，存放前届大牯脏头两间房中之一间，并杀一头猪祭鼓。将每条一斤余重鲤鱼，抹上盐放入醃桶，在鼓架旁存放。鱼分三次吃：买得祭祖牯牛时；到小高丘扛来青杠木，做杀牛木桩用时；牯脏节结束时。每次吃一条。新选大小牯脏头满一年，即买牯脏牛：买犄角张得大的"大龙门角"，身无杂毛，四腿四旋；买时不还价。买回，由小牯脏头编四个鼓形竹筐，送大牯脏头处，方请客杀牛。杀前，竟日进行牛角活动。杀后，皮划成四块，分别封存鼓形竹筐，称"封鼓"。鸡叫时，大牯脏头发话，才动手剥牛皮。肉照例留给客人，余按十二个牯脏头房族分成十二份。当天请客，吹芦笙、跳芦笙舞及鼓舞。夜晚，主客交谈到天明，不能入睡。翌日，客人返回，不须辞行，否则兆"断绳"。吃牯脏时，家家来客，各村寨各房族，另各自杀牛招待。高丘此节源说：古时，人间五谷不成熟，吃稗子。牧童放牛，爬上树玩，见天上在过节，跳芦笙舞、斗牛，全吃白米。人们遂学天上过节，斗牛、跳芦笙舞，久而成节。《牯脏歌》唱："吃牯脏希望得丰收，棉桃大像牛心，谷穗有牛尾长，不发虫灾旱灾，人丁昌盛。"雍里节间首日，牯脏头（村举五位已婚男）挑选七名德高望重老者，组成十二人祭祀队伍主持，砍木竹编织坐榻，让六名青年入座，三十余人抬之，长老开道，吹祭祖芦笙、跳祭祖舞蹈，高抬祭祖饭，向祭祖堂缓行，抵达即杀牛、猪，祭奠。其间俗项有：破蛋定鼓、祭奠祖先、唱祭祖歌、跳芦笙等。

黔东南牯藏节——参见"黔东南牯脏节"条。

新民牯脏节——苗族民间传统节日。流行于贵州剑河县新民村一带。通常七年间吃两次牯脏。节期为农历十月初七，历三天。节源传说：古代"妹榜妹留"（即"蝴蝶妈妈"）生下十二个蛋，孵出雷公、龙、"拥耶"（男人）、"妮耶"（女人）、老虎、蛇、豺狼、猴子等。第十个蛋壳太厚，孵三年未成，被暴风吹下岩坎，碰破蛋壳，钻出一头牯牛崽，对兄妹们说："你们有娘生，我没有，我娘是岩坎。"水牯长大不认娘，把娘气死了。"拥耶"和"妮耶"兄妹用水牯去犁田耕地，稻不抽穗，棉不开花。巫师说："水牯不认娘，只有杀掉它祭老人，才有吃有穿。"兄妹照办，翌年果然谷、棉丰收，吃穿不愁。人们仿效杀牛祭祖，久而成节。逢节，由正副牯脏头主持。正牯脏头世袭，由多子多孙德高望重男子担任;副牿脏头于临节七月初二斗牛时公选,最好斗牛主人即副牿脏头。二月初二,牿脏头召集各房族代表,商议吃牿脏事宜,由各房族派人外出买牿牛,小房族买一头,大房族买数头。买牛须按传统标准,精挑细选:牛头平,牛身黑,嘴全白或全黑,牙齿齐,忌门牙有缝,脖子、屁股、腰部、眼睛下部忌有旋,四脚、脖子有白毛,角忌泛白或泛红,角轮圆满均匀。买回后,本房族人须到寨边鸣炮迎接,给买牛者敬酒,献鸡鸭挂上牛角。牛关新厩后,举行祭厩仪式:祭品酒、肉、公鸡摆厩门,巫师烧香化纸,念吉祥辞。牿牛关厩,由本房族轮流喂养,不使役;早灌一竹筒泡糟酒,中午喂青草,下午喂一次米饭和细糠。屠牛手喂十五天,可得一腿牛肉。喂养时,青草由喂养者负责,米饭、细糠、泡酒各户均担。节当年,举行四次"斗牛",分别在农历二月、七月、九月的初二及十月午日或子日举行。客人多提前一两天到,送两只鸭、一罐酒、一挂鞭炮。首日,白天斗牛,晚上房族商议杀牛事宜。翌晨,家家门挂孳茅草所编一对"牛角"以驱邪,堂屋摆好酒肉。牿牛被牵到杀牛场,牛鼻绳捆八尺长撬杆,三人掌杆,牛头朝东高抬,屠手口含"三百棒"药水,喷洒砍牛刀、牛身。牛刀须避牛视线,趁其不备,向咽喉猛砍,迅即回家喝酒,壮胆压邪。牛如未死,由别人继续。先宰牿脏头家牛,再宰其他人家牛。宰后先不剥皮,盖以杉树枝,早饭后再剐皮肉,抬回放牿脏牛厩中,按各户出资多少分肉。晚餐,各家宴客,先祭祖,再举杯畅饮。第三天,各户继续宴客,陆续送客,回赠以牛肉、糯米饭、糯米粑等。

德昂族做大贡——亦称赶摆。德昂族民间宗教节日。流行于云南西双版纳一带德昂山寨。大多数年一次,日期不固定,通常在农历二三月农闲时择日,历三天。以村寨为单位举行。节需钱、粮,由村民募集,缺额由富者或几家填补。节前,先备足钱、粮及黄牛、肉等,以提供邻寨来客食宿。节首日,迎佛;次日,拜佛,听佛爷讲经,经书最多可达四十余卷;末日,客人离寨,主人聚集唱歌跳舞,狂欢相送。据传,此举能驱鬼邪,保村寨清洁平安,免遭灾祸。此节或与"德昂做摆"互为地域性变体。

德昂族赶摆——参见"德昂族做大贡"条。

德昂族做摆——德昂族贱佛宗教节日。流行于云南西双版纳等地。通常一年一次,因消耗较大,经济拮据时,则三五年一次,均历三至五天。旨在祈祷村寨、家人平安吉祥,消灾免难。节期不定。各历数日。分单独、集体两种形式,全寨或个户均可主持。家族"做摆",公推承头人,由其筹集经费、操办相关事宜。届时,人们由承头人带领,进寺院敬献供品,焚香化纸,请佛爷念《长拉尼亚经》。此节或与"德昂做大贡"互为地域性变体。

阿昌族做摆——亦名赶摆,云南阿昌族宗教节日。原则上每年一次,亦常间隔三四年,于农历八九月间择日举行,历三天。阿昌族信仰小乘佛教,"做摆"旨在祈祷村寨安宁、人寿年丰,以及"修来世"。其内容、形式,略同其他信仰小乘佛教民族。多以村为单位进行,耗资惊人。节前,备大量猪肉、米、油、纸张、香烛及七尊菩萨。临节,主办寨热情接待大量来客。首日,人们敲锣打鼓,往寺庙迎佛。到达做摆场,即献供品,祭拜。入夜,狂欢。翌晨,拜佛主,听佛爷讲经。早餐后,循鞭炮声,绕佛寺巡游:数姑娘抬供品引领;紧接七尊佛像,多人相随撒米花、放鞭炮;再后是锣鼓队。街衢人涌如潮。巡游持续至下午。入夜,狂欢。末天,外客纷纷离寨。本寨于广场竖一高杆,上系旗幡,意在指引人们找得天堂所在。最后,众就地聚餐。

阿昌族赶摆——参见"阿昌族做摆"条。

排湾人竹竿节——排湾语称"玛勒乌克";亦称竹竿祭、迎神祭、五年祭。台湾少数民族支系排湾人民间传统节日。农历十月廿五日(另说九月择日)举行。据传,排湾人祖灵,每五年前来探访子孙一次。故,五年一祭,感谢、缅怀祖先。节前,男子刻画神牌,制长矛;女子酿酒,制神衣。节天,人们竞着民族盛装,去祭场参加"送神"。祭毕,集体饮酒歌舞。最后,各家还要送神牌、长矛等到部落首领家中。祭司作祭后,选精美祭品,丢弃村外,以示送神。节间两大活动:其一,刺球赛和祭神,再现祖先刺杀敌人英姿,祈求诸神赐福。此祭亦兼成年礼之末项,甚隆重:由女巫师、男司祭,率了裔在祖灵屋前献供,祭拜天地男女神、创造宇宙神、自然神、精灵,以及妖怪和山、水、风、火、谷等神。仪式庄严肃穆而虔诚。其二,自娱自乐歌舞。全村社男女盛装,踩古老舞步、歌声、鼓乐,绕成长蛇形队伍,一圈复圈回转,象征排湾人祖先图腾"百步蛇"再现,气势磅礴、壮观。

玛勒乌克——参见"排湾人竹竿节"条。

排湾人竹竿祭——参见"排湾人竹竿节"条。

排湾人迎神祭——参见"排湾人竹竿节"条。

排湾人五年祭——参见"排湾人竹竿节"条。

畲族招兵节——广东畲族民间传统祭祀节日。两年或五年一次。农历腊月择日或正月初一至初五举行。据传,畲族祖先盘瓠在茅山学法后,得以统兵,扶正压邪。后人为祝愿平安、子孙昌盛,以"招兵节"祭之。节日活动以家族为单位,各户捐资,由法师主持。届时,在祠堂前搭一高台,摆设神坛,以米斗为香炉,上插青、白、赤、黑、黄五色旗,代表东西南北中五营兵马旗。法师作法,口念咒语,吹响牛角,将两个蚶钱抛案点上,若一阴一阳,则表兵马已到,台下群众即挑选几位男子,各领一令旗,去公厅拜祖。两三天后,举行结束仪式,称"推龙",每户备鸡、鸭各一只,以及金银首饰,到村口再祭,送别法师。法师一般只收鸡鸭作为报酬,不收金银。此节已泯。

斡米南——达斡尔族宗教节日。流行于东北地区达斡尔族聚居村寨。每隔三年,于农历三四月间择日举行,历三天。斡米南,达斡尔语意为"萨满的盛典",旨在向诸神献礼,为族人祈福消灾。节前,先用木制大轮"勒勒车"搭支大篷("谢林格"),篷内竖两根带青枝绿叶的桦树枝,作"室内神树"("格力托若"),距其二十米南侧,竖棵"室外神树"("博迪托若");之后,在三棵树上挂铜制神灵面具。参加者带祭品和礼物。仪式开始,陪祭萨满敲鼓念咒,请诸神降临,旋引导主祭萨满围神树跳迎神舞。神灵"附体"后,主祭萨满仰卧于地打滚,并与神灵对话,请赐恩典。神灵离去时,主、陪祭萨满共跳送神舞。仪毕,众共餐祭食。次日继续跳神。末天,举行"库热"仪式。主、陪祭萨满各执牛皮绳两端,绳以整张牛皮旋割而成,很长,无结。他们以此长绳围圈所有参祭者,且用力拉紧三次,倘一次比一次用绳长度增加,则兆民族人丁兴旺。入夜,在黑暗中举行"吃血"仪式:吃白天宰杀的三四岁小牛的肺、血,及牛奶、奶酒调制品。萨满跳请神舞,众击鼓、伴唱,声势威烈。当主祭萨满模仿布谷鸟叫时,说明神灵已变作布谷鸟来"吃血"。萨满边舞边叫,边把牛血涂上神树面具。涂抹毕,节仪结束。此节或与"依尔登"互为地域性变体,今已式微。

萨满的盛典——参见"斡米南"条。

依尔登——族谓"萨满的祭祀"。达斡尔族宗教节日。流行于东北地区达斡尔村寨。每年或隔年,农历三月择一吉日举行。祭仪在萨满家举行。达斡尔各氏族都有自己的萨满("斡卓尔·雅达干")和萨满助手("巴尔西""巴格其")。参祭者要带酒、香、哈达和布匹等祭品或礼物。祭祀开始前,先在屋里竖一根带绿叶的柳树枝,称"神树"("托若"),树枝上挂各位神灵的铜制面具。仪式开始,先由萨满助手敲鼓念咒,请神降临,然后引导主祭萨满围绕神树跳迎神舞。跳神分四段:一,请萨满教本神("温果子")降临;二,请主祭神降临;三,请所有的神降临;四,送诸神回归。当晚,举行"吃血"仪式。杀一只三岁羊,取其血,拌上羊奶和酒,再加香和羊肺各九小块,盛于木碗内,吹灭灯火,即开始"吃血"。萨满与其助手共跳求神舞,参加仪式者伴唱助兴。主祭萨满一边跳神,一边往神树上神灵面具涂羊血,寓诸神亦吃了血。祭毕,将神树上神灵面具取下,神树挪出院埋葬。最后,众共餐祭品。此节或与"斡米南"互为地域性变体。

萨满的祭祀——参见"依尔登"条。

密卡道敖斯——亦称圣贝祭。台湾少数民族支系沙鲁阿曹人民间祭祀节日。每两年举行一次,于收获以后,约农历八月,择日举行,历六天。圣贝祭,即以贝壳占卜,祈祖灵赐福,曹语称"密卡道敖斯"。节前,男子上山打猎,女子在家舂粟酿酒。节首日,清扫、修整道路;次日,举行迎灵祭仪,先汇集司祭家中,取出"圣贝"。曹人深信祖灵依附祖传贝壳上。每到娱神,要取出贝壳,浸在酒中。若发现"圣贝"颜色呈红色,即兆太祖显灵。全体社员在司祭主持下,面对"圣贝"低声祈祷,后集体歌舞以娱祖灵,祈祖灵保佑子孙平安、谷物丰收。

圣贝祭——参见"密卡道敖斯"条。

祝著节——昔称达努节。1986 年改今名。亦名瑶年、盘古节、二九节、完九节、祖娘节等,族谓"不要忘记"。广西都安、巴马、大化、马山、隆安、平果、凌云、东兰、凤山、河池等县市瑶族布努、东努、努努、布诺等支系传统年节。两三年或三五年举行一次。于传为布努瑶始母"密洛陀"诞辰之农历五月二十九日举行,历三至五天。节源传说:古时,女神密洛陀创世以后,让自己三个儿子都去独立生活。出走那天,老大起得早,扛着犁耙去平原种田了;老二稍迟,扛锄头、刮子去岭坡开垦荒山地了;老三年轻贪睡起得晚,家里仅剩一把砍刀和一斗小米。老三披荆斩棘,刀耕火种,种下小米却遭到野兽飞禽糟蹋。他找到密洛陀哭诉,密洛陀给他一面铜鼓,让铜鼓助他驱赶野兽,增添快乐。老三烦闷时,敲起铜鼓作乐;野兽来糟蹋作物,敲铜鼓吓跑野兽。老三有了铜鼓,小米长得很好,秋天得到丰收。他把小米酿成酒,敲起铜鼓庆丰收。密洛陀越来越老,便把三个儿子叫回来,交代他们:每年五月廿九日是其生日，要他们都回来给她祝寿。只要每年这一天，他们都来祝寿，她就可以像南山一样活在人间，永远关怀人间。还特别交代：老三要提前三天（于五月廿六日）带着铜鼓回来闹场，并带一缸小米酒，让兄弟姐妹尝新，共饮一杯团圆酒。生日那天，全家团聚，几代同堂，轮流向老寿星敬酒；儿孙们敲起铜鼓，跳铜鼓舞，唱起山歌，热热闹闹。从此，五月廿九便成为这部分瑶族的隆重节日，延续至今。届时，家家户户打扫卫生，杀鸡宰鸭，酿米酒，做糯米糍粑等。在坝场上，举行歌舞、武术、赛鸟、赛球等各种文体活动。

达努节——参见"祝著节"条。

瑶年——参见"祝著节"条。

瑶族盘古节——参见"祝著节"条。

瑶族二九节——参见"祝著节"条。

瑶族完九节——参见"祝著节"条。

瑶族祖娘节——参见"祝著节"条。

不要忘记——参见"祝著节"条。

金秀游神——亦称刘大娘出游。广西金秀瑶族民间祭祀节日。节期因支系有异：坳瑶隔一年在农历八月；茶山瑶三年一次；山子瑶三至五年一次，节期在六月初六；花篮瑶则在冬季，游甘王时搭便举行。节源传说：宋人刘大娘，修行得道，保佑五谷免遭虫害。凡抬其神像巡游处，皆万民安居、百业兴旺。坳瑶游神须三天两夜，由师公择日。届时，人们将庙中刘大娘、二娘、三妹、刘猛将军、大娘父母、两个将军，凡八个神像，抬进临时搭建棚子，经师公作法、祭祷，旋抬往田垌巡游，游遍既定路线，原路回村。当夜，师公跳神，至午夜。翌日，宰猪、杀鸡举祭，入夜再跳神。第三日午前，送诸神归庙，法师毕。最后，全村聚餐。茶山瑶村寨，神像入村领祭时，两妇女唱山歌娱神。山子瑶游神当天，各户盛邀远近亲朋，前来聚饮、祭祖。

刘大娘出游——参见"金秀游神"条。

祭丢木拉嘎——亦作祭丢木拉戛。族谓"祭街神"。云南景洪市傣族民间祭祀节日。每三年大祭一次，择日举行。当地市镇集市贸易，素较发达，五天一街。民间传，各个街子均有街神，傣称"丢木拉嘎"，乃集市繁荣的保护神，备受百姓崇奉。人们赶街交换产品，买进卖出，十分热闹。每到祭年，主持人便提前三个街期，在街口设卡收税，筹集祭祀费用。商贾村民皆乐于交纳。祭仪在街口举行，人们宰杀鸡、狗等动物做牺牲，供奉"丢木拉嘎"，祈求保佑。

祭丢木拉戛——参见"祭丢木拉嘎"条。

祭街神——参见"祭丢木拉嘎"条。

土族祭家神——土族民间传统祭祀节日。流行于青海互助、民和、大通、乐都等地。农历十月初一举行；另有逢初一、十五和年节祭家神，三年一大祭之俗。土族民众除信奉藏传佛教（喇嘛教）外，昔时还保留多神崇拜。每家既供财神、灶神、门神、菩萨，还供有家神。家神名称很多，称谓各异，如白马天将、祖师、喇嘛神等。做"大祭"甚隆重。主人要酿酒、杀鸡宰猪，请喇嘛念经跳神，敬香烧纸。祭时，主人可向家神卜问凶吉祸福，由喇嘛代家神回答。民和一带大祭家神，很有特色：清晨，主人就给神敬香燃灯，烧纸供饭；然后，喇嘛念经跳跃，迎请家神；旋由三个妇女跳。三人中须有一人是主人家的人，余二是外家人。跳到狂热时，要做出一些奇特姿态，以取悦家神。据说，如此可使家神高兴，保佑主人吉祥安康、人畜兴旺。

祭毕,主家照例酬谢法师一些"马西"(粮食)。

畲族迎祖节——畲族民间传统节日。流行于福建宁德地区。每隔三年之农历正月十四日举行。届时,凡宁德地方出生畲族子孙,皆返家乡,参与迎回祖牌。迎祖队伍规模盛大:前导是畲家"唱班"或"吹班"及一面高达丈许三角拆路旗,后续龙旗、虎旗、红旗及高灯、忠勇王龙牌、高辛帝敕书(即秘谱)。接着是香亭,亭前香担(内安放祭礼、香烛);亭后擎举一至三顶三层黄龙伞;亭上安放镶有龙头的盘瓠王祖牌、一个大香炉。香亭由族内长者扶杆。最后是畲族族长高举图腾信仰主要标志"龙头杖"殿后。昔时,队伍经县衙或乡村,皆鸣放三声神铳,吹班吹吹打打,知县、乡绅尽皆出迎。祖牌接到祠堂,即大祭、大庆,家家做米粥、裹粽。妇女着绣有各种花鸟、几何纹样的衣裳和围裙,扎起染花腰带,打起青布绑腿、绣鞋等。节天,竟日鼓乐喧天,彩旗飞扬,男女青年盘对畲歌,通宵达旦。

乌日贡——意为"文艺体育大会"。黑龙江赫哲族全民性文体新节。自1985年起,每三年一次。农历五月十五日,于赫哲族民族乡或村举行,历两三天。节间,有庆祝会及文体竞赛:白天有游泳、划船、撒网、拔河、叉草球、射草靶、射箭等体育竞技;夜晚在江边燃起篝火,举办群众性歌舞晚会,或搭专门舞台,请来各地演出团体献艺。老艺人唱"伊玛坎",青年演出民间歌舞,电影、电视等新的艺项加盟,为节日大增色彩。亲朋则纷纷借机互访。

赫哲族文艺体育大会——参见"乌日贡"条。

仫佬族依饭节——仫佬族最隆重民间传统节日。流行于广西罗城。"依饭"意为"祭祖保平安"。旨在感恩还愿,庆祝丰收,驱灾祈福。三或五年一次,于农历十月或立冬后,择吉日举行,历三五天。除祭祀外,传统项目有草龙舞、抢粽粑、竹秋、台阁顶马、猫狮表演、赛山歌,新项目有演新戏、唱新歌、体育比赛及经贸活动等。2006年,荣列首批国家非物质文化遗产名录。届时,各户同时杀鸡鸭、宰猪、包粽子,用彩带将最长谷穗悬挂祭场墙上。堂屋桌上摆满用芋头、红薯所做大小水牛、黄牛模型,用猪牙插成牛角,用香根、麻线做成牛尾巴;桌上还摆五色糯米团、甜酒、芝麻、黄豆、花生、胡椒、砂姜、八角等十二种香料及猪心、蹄、肝、鸡、鸭、鱼、蛋等十二种祭品,象征五谷丰登、六畜兴旺。备毕,请两位师公,一位身着红法衣,头戴面具,脚蹬草鞋,手持刀枪等道具,扮演各种"文神"和"武神";另一位穿便服,专唱经书,请三十六位神,每唱一位,换一种唱词。师公唱一句,周围父老便帮一句腔"呵——呼",直唱到翌晨。其余人等须在这几天里伴随锣鼓节奏,唱歌跳舞、舞狮、耍龙、唱彩调戏等。有的村寨还表演"放牛歌",传播生产知识,表演牛倌赶牛、耕种等情节,很富生活气息。节间,青年男女借机到野外走坡、对山歌、社交、择偶;倘情投意合,则成眷属。

送大菩萨庙会——汉族民间传统宗教节日。流行于安徽繁昌县荻港镇一带。逢闰年农历五月十三日举行,历六天。据传,从前,距此三里之缸窑村谦益油坊老板,自九江购货乘船归来,同舟另五人,只携一黄布包。登岸时,他们向老板借一盏灯笼,朝天都庙走去。翌晨,老板找到那庙,仅见香案放着灯笼、黄布包,包内有本经书,上写逢闰年五月十八,荻港镇民均须洗浴吃斋,送五尊大神;否则必遭瘟疫。人们不敢怠慢,于闰年五月十三起,举办庙会六天。庙会主持实于四月十五即往各庙,召集工匠,用竹篾、彩纸扎制五尊青面獠牙、狰狞可怖神像,再制廿四宿、太乙真人、闻太师等。五月十三,大菩萨登座;十四日,举行贺神仪式,道士诵经,香客叩拜。人们还往烧红之铁链泼烧酒,铜绿,使蓝光四射。有人藏菩萨身后舞扇,菩萨袍袖飘然,仙气顿生。人们尖叫,故作恐惧状。十五至十七日,出会,民间艺人争相献艺娱神、乐众。十八日,送神:以扎制龙虎船为先导,太乙真人立船首,廿四宿列两侧;男丁高举五大菩萨,自天都庙飞奔江边,按东西南北中位置,供奉船上;最后,道士念经作法,焚船于江心。会间,人们禁杀生,皆吃素。此节已泯。

礼拜会——汉族民间宗教节日。流行于浙江鄞州区姜山一带。每逢闰年,择吉日举行,多历三天。会期,人们自发组成迎神队伍,从东、南、西、北四路向邻近庙宇汇集,迎接神灵,祈求神灵保佑事事如意。入夜,各迎神队伍在姜山神庙前,敲锣打鼓,张灯结彩,唱戏放鞭炮,热闹非凡。

眉山东坡文化节——亦称纪苏节。四川眉山新节。纪念苏东坡诞辰九百五十周年之首届文化节,于1987年9月16日,在"三苏"故里举行。历五天,每五年一届。又,2007年11月18至25日,为纪念苏东坡诞辰九百七十周年,举办首届"中国·眉山东坡国际文化节"。节日内容主要有祭拜"三苏"、苏坟山扫墓、东坡文化主题论坛与讲座等等。其中,在三苏祠诵《祭三苏文》,在苏坟山诵《江城子·乙卯正月二十日夜记梦》,尤富东坡文化精髓。

纪苏节——参见"眉山东坡文化节"条。

临安大猪会——汉族民间饲俗节日。流行于浙江临安昌北一带。每逢闰年,择日举行。当地认为,向菩萨供奉肥猪,越大越有福,越能获吉得利。故此,人们每逢闰年,择日向菩萨供奉"大猪会"。曾向菩萨许愿者,纷纷将家中最肥大猪抬至神像前,十几、几十头不等。时过正午,司祭喊"杀",屠夫们一齐动手,杀死肥猪。猪身由许愿者抬回家,猪头则供奉神像前,祈求菩萨保佑。节虽式微,养肥猪之俗尚存。

送阿夷丹嘛大会——藏传佛教寺院青海塔尔寺趋吉辟邪宗教节日。"送阿夷丹嘛"意为"送瘟疫"。三年一小送,六年一大送,均于农历正月十五举行。临会前两月,先塑一尊阿夷丹嘛酥油大像;另做一顶绸缎装饰大轿,轿内四周分层叠置纸钱、火炮,塑像供奉其中。同时,在某地找一乞丐,允"阿夷丹嘛"娘家人,甚受喇嘛优待;另备两峰骆驼、二三匹马、十余只鸡、十石青稞(混杂少许酥油,置潮湿处,使发酵)。喇嘛诵经月余,将"礼物"分装二十辆马车,将"娘家人"灌得酩酊大醉,由数名喇嘛,浩浩荡荡送走。三年内,"娘家人"不得入寺。后点燃轿子,迎烈焰诵经,观众呐喊、鼓掌,气氛顿时沸腾,轿子烧毕方止,宣告"送仪"完结。

送瘟疫大会——参见"送阿夷丹嘛大会"条。

桂林舟会——汉族民间传统竞渡旧节。曾流行于广西桂林等地。每十年一大会,五年一小会,择日举行。竞渡之舟,长十余丈,载百余人。赛手常扮古今名将,手持利刃,旁置弓弩。启赛,各舟奋力争先,不时还相互击打。优胜者欢歌纵舞。岸上观者如云,不停呐喊助兴。此节已泯。

土家族调年会——族谓"社巴""舍巴巴""舍巴月",亦称摆手舞。土家族民间传统祭祖祈福盛大歌舞节。流行于鄂西、湘西一带。农历正月十五日,于调年坪和摆手堂举行。大调年会,数年一次,开始、结束日期,皆取奇数,历七天。一般调年会称"小摆手",仅历三天,只跳摆手舞,无别表演。大调年内容有三:祭祖先,祈丰收,会歌舞。届时,举祭焚香敬酒。祭毕,鸣放火枪、三眼铳,吹奏乐器,表演龙灯、狮子、彩船、蚌壳灯及本民族的历史歌舞,如闯驾进堂、纪念八部、兄妹成婚、迁徙定居等。最富特色是跳"茅谷斯":舞者身披稻草衣,头部全用稻草包紧,只露眼睛,边走边跳,古色古香。入夜,巫师戴凤冠、穿罗裙,手舞铜铃宝刀,登台念咒。念毕,篝火点燃,摆手舞会开始,身着盛装的男女青年,围着篝火,在"薅草锣鼓"打击乐声中表演大摆手、小摆手、单摆、双摆、回旋摆等舞段,同时模拟各种农事动作。节后几天,青年男女广泛社交,小伙向中意姑娘讨婚期,并送给一条带尾巴的猪腿,意寓"好事不可断,须留尾巴"。

社巴——参见"土家族调年会"条。
舍巴巴——参见"土家族调年会"条。
舍巴月——参见"土家族调年会"条。
摆手舞节——参见"土家族调年会"条。
土家族小摆手——参见"土家族调年会"条。

祭三容神——侗族民间宗教节日。流行于湖南通道。每逢鼠年、马年八月十五日举行。据传,三容神乃当地侗家供奉的男性祖先。祭祀旨在祈祷人丁兴旺,村寨繁荣。届时,款首召全款(款,旧时侗族社会基层组织形式,由相邻数寨组成。生活习惯略同。款,分大、小款。大款由十二个小款组成)人员议事,并开展淹牛等文体活动。集款议事,多在款坪举行,主要是修改补充《款约》(习惯法),集思广益。然后,举行祭仪:先由鬼师念祭牛款词,念完,众将所买那头大水牯,赶进深水潭淹死,再拖上岸,割下其生殖器,供奉三容神前。接着,按村寨分割牛肉。待款商定完毕,各寨寨头各领一份牛肉返回,分发给各户,并将新款约公布于众,以示全款赞同。此节已式微。

曹人少年节——台湾少数民族支系曹人民间传统节日。每隔五年,于农历三月间,择日举行。旨在欢送满十二岁男童接受为期五年的特训。特训通过"考试合格"结束,复举行"欢迎"仪式,两者经常同步。届时,男人全副武装,手持长矛,围住广场。女人竞着节日盛装,簇拥广场四周。专人将一头大肥猪赶进广场,男人们呼喊着,各持长矛向猪猛烈刺去。所有矛尖涂上猪血,插广场四周。最后,当场煮熟猪肉,加以米糕,犒赏在场所有男人。受赏男人奔往受训少年住地,唱歌、聚餐。

阿美人成年礼——台湾阿美人民间传统节日。主要流行于南势阿美地区。每隔七年举行一次,多于粟收获祭后月圆之夜(约当农历八月中旬)举行。年届十八者,提前苦练歌舞、跑步,进山捉野鸡,备粟酒敬长老。节天,他们聚集部落首领家,聆听长老宣告"已成人",训导如何做人;然后,皆脱衣跑往海边既定终点,纵情歌舞。午后,竞着盛装,戴羽冠,插耳轴,进会所继续聆听长老训话;旋再进行歌舞活动;最后宴饮,直至通宵。

土家族祭风神——俗称祭土神和苗神。土家族民间传统祭祀节日。流行于贵州印江县一带。分小、大祭:小祭三年一次(六千余人),大祭十二年一次(上万人),均于农历六月上或中旬,择日举行。据考,祭肇元朝元贞二年(1296),历七百余载。祭旨:除旱涝,祈风调雨顺、五谷丰登。该县板溪镇上下二峒,古时非旱即涝,三年两不收。时有任姓土家族人家,欲与山下杨姓联姻,杨姓孙女不嫁,嫌其地太穷。其外公将祖传红黑两面宝旗相送,说:"欲旱涝保收,旱时挥黑旗三下,天即雨;涝时挥红旗三下,即日出。"自杨姓女子带来宝旗,上下二峒年年风调雨顺、五谷丰登。某年,后代戏玩宝旗,不慎烧毁,该地复连年遭灾,只好向杨家求教。杨姓法师说:"别无他法,须设坛祭风神。"旋兴此祭。节前,几寨头人商议,筹备一头大白牛、扎一个茅人和七十二牲做供品;若七十二牲不齐,则代以鸡鸭,并精选两根高竹做旗杆。祭坛设该村风神堡一"神树"旁白山寺内,坛供有雷公、电母、风伯、雨师四个牌位,牌前陈供品。祭仪有三:其一"拙神"。首先,法师披发仗剑入寺厨,在灶前起神,灶前一人手执锅铲铲锅,一人打擂钵,以铲锅、擂钵的共鸣声,表示雷雨将至。法师起神毕,边跳边回坛前作法。祭前,两旁各立十二人陪法师祭神,各戴粽粑叶所做夹斗笠,双手合十胸前。两队列前一人,分别打鼓、打锣指挥。锣鼓同击三次,两列队伍合手弯腰向左边举手三次;再打三锤,向右边合手弯腰举手三次。如此边舞边唱,左右来回表演,庄重严肃,动作禁错,观者禁笑,以尊敬神灵。这种跳神表演称"拙神"。其二"竖旗":将两根旗杆排放坛前,顶端绑旗,法师作法,两旁的人旋各抬一根旗杆,不触地,不停步,抬到风神堡上竖立。哪边先到达且没有犯规,奖给水酒一坛。旗竖后,待天下雨才倒旗。其三"杀牲":几个头人祭前抓阄,谁抓着提前三天磨刀,于大祭时杀牛、宰茅人。祭始,先用酒将牛灌醉,牛角、牛尾挂火炮。祭毕,点燃火炮,让牛围着神树乱跑。杀手着短衣、执大刀,躲在一边,等牛过来,一刀砍倒;旋砍倒茅人,迅即抛去刀子,跳下河躲避,称"掩杀"。随即杀七十二牲。法师作法,将牛肉和七十二牲,合煮稀饭,由各寨头人领回分各家享用。人们认为:多吃,年年能吃上饱饭;吃少了,要饿饭。今祭已泯,仅存"遇天旱,即煮稀饭吃"之俗。

祭土神和苗神——参见"土家祭风神"条。

十数年

藏族祭山大典——藏族民间重大宗教节日。流行于四川西南部木里、盐源、稻城等地,自称纳木依、柏木依族群寨堡。每隔十年举行一次。多在农历十或冬月,择日举行,历八九天,甚隆重。由各寨堡集资共办,祭司厘定日期。届时,人们汇集建有碉楼的山上。碉楼就地取材,垒石砌成,多边形,三五层至十余层,顶层供祭司念经,其余各层存放粮食、军械和重要物资。祭时,祭司登台焚香、燃灯、念经,连续五天。念经毕,抬着所宰猪羊,拿着香烛、纸钱、油灯,到一山头,堆上白石,点燃白香,由"甲俄"(保管祭山法器者)全身挂白,从岩洞取出神箭、神刀、牛角等法器,绕碉楼慢转九圈,将诸法器供碉楼祭台,旋举祭叩拜。据传,神箭乃古代藏王传下,法力无边,大典祭过神箭,更为锋利,能斩杀妖魔,确保丰收。大典毕,送神箭回岩洞,待下次祭礼再用。此节已式微。

义乌斗牛节——汉族民间传统节日。流行于浙江义乌一带。每十年一次,秋季择吉日,于当地神庙举行。节旨:为神庙十年一次开光酬神。自龙或虎日开始,称"开角"斗牛,历十天;"节"持续一年:斗牛从秋季开始,称"兴案",至次年秋结束,称"出案"。斗牛所用牛,须是未阉黄牯牛,膀阔颈短、峰高尾小,凶猛无比。斗牛场设几亩水田上,比赛双方设龙门,上扎红布,牛从龙门出入。角斗开始前,为牛换上萱麻软鼻,灌些老酒,牛眼搽些菜油。斗牛结束,获胜牛可出售,身价倍增。卖斗牛时,主人照例设宴款待买主。买卖两家以"牛亲家"互称,卖家叮咛买主悉心照料,要求以大麦、豆浆、嫩草饲之,有时还要喂以鸡蛋、红糖。

满族修谱书——亦称修家谱。满族民间传统节日。每逢龙、虎年,择吉日举行。明万历皇帝赐努尔哈赤"龙虎将军"桂冠,因此满族修谱书择龙虎之年。初期,修谱书须宰牲,隆重举祭;后仪式从简,免宰牲、祭祀,而仅于节期,聚集家族老人,于谱单上添名标志,即妥。如今,部分满族地区,已出现村史、家史取代昔日谱书之趋势。

满族修家谱——参见"满族修谱书"条。

海舟竞渡——广东汉族民间传统节日。每十年,择日举行一次。届时,观者潮涌,盛况惊人。竞渡用船非同一般,长五丈、宽三丈,可载百余水手。前龙头,后龙尾,均涂金粉,光彩耀眼。船身分层装饰童男、童女、神、仙、佛、鬼,以及历代英雄造像,凡数十尊,能旋转动作,栩栩如生。船以鼓、铙等器物,作为竞渡号令。号令一发,水手们迅即奋力划桨,协调一致,船冲碧水,如飞箭离弦。霎时,船上铙鼓喧天,岸边呐喊动地,场面极为壮观。此节已式微。

迎大纸马——汉族民间宗教节日。流行于浙江磐安县墨林乡一带。每隔十年,于农历八月十三日举行。节旨:祈风调雨顺,人畜兴旺,五谷丰登。"大纸马"用木、纸、竹等裱糊而成,气势雄伟。高四丈许,四肢用树干制成,耳五尺余长,尾用四十斤竹丝制作,马脚木轮直径两尺五寸,大马骨架用毛竹上千斤,马身糊以白纸和彩纸,马鞍亦逼真、讲究。"大纸马"制作之宏之绝,鲜见罕闻。节天,信众请来众多道士,念咒作法,旋鸣锣敲金,鞭炮齐鸣,声音震耳欲聋。待给纸马"开眼"后,成千上万香客即焚香明烛,供奉祭品,顶礼膜拜,各祈心愿,场面甚为浩大。此节已式微。

还清兵愿——意为"清除兵祸"还愿。广西恭城瑶族民间传统节日。每隔十二年,农历子年择吉日举行。旨在祈盘王保佑瑶家人丁兴旺、万事吉祥,历三天。节俗分三步骤:第一步,请愿。由家族师公前往祠堂祷告,恭请各路神明,并以猪、牛供品许之。第二部,催愿。值房长老与师公,再入祠堂,正式报告神明及祖先,并做好向各户搜集钱财等一应准备。第三步,还愿。愿期一到,举寨沸腾。人们整装肃穆,虔诚设香案上祭。每一程式,皆盘歌娱神。仪毕,参与者们聚餐,开怀畅饮。

彝族作斋——彝族民间祭祖节日。

流行于川、滇、黔等部分彝家山寨。每隔十二年,择日举行。分小、大斋:农历腊月丑、寅、午、申日中之一日举行,称"小斋";隔若干年人口繁衍,宗支别出,举行大规模斋仪,称"大斋"。届时,焚香明烛,宰牲献祭,跪拜祖先。毕摩(巫师)念《作斋经》超度先魂,祈先辈与始祖在天之灵祥和、平安。毕摩摇头晃脑,振振有词,诵曰:"巍巍乌蒙山,滔滔金沙江。祖先多辉煌,后裔共缅怀。祭献祖先灵,保佑子孙长兴旺!"

彝族小斋——参见"彝族作斋"条。

彝族大斋——参见"彝族作斋"条。

哈尼族祭楼都——哈尼族民间祭水神节日。流行于云南金平县一带。每隔十二载之龙年,择日举行。"楼都"位村寨中心,形似圆形石井,上覆石板,严禁踩踏。祭旨:祈祷水神保佑泉清井洁,人畜兴旺,庄稼年年丰收。届时,村寨集体杀猪、宰牛,肃穆献供。祭毕,分食供品。最后,照例将吃剩骨头抛丢井中。

斗牛关场节——亦称吃把朗节。苗族民间传统节日。流行于贵州龙里县畓家山寨。酷似"吃牯牛"之部分程式。每十三年一次,时日有异,各支系以甲子属相厘定。节源洪水泛滥,伏羲兄妹幸存婚配,繁衍人类之远古神话。伏羲杀牛祭祖,遂行此节。节仪系统、独特。据传,斗牛场乃该县摆省乡谷孟村潘绍龙、潘绍虎兄弟开拓,后相继出现较多斗牛场。"场"分正场、草坝场。固定牛场由场主管理,处理牛场纠纷,如甲牛被乙牛断角、断腿,则兆不吉,须将其当场宰杀"祭场",遍祭开辟四十八个牛场场主,肉犒众人,剩余归牛主处理。此节程式有四:其一,购牛。按传统标准,选购参斗牯牛;"一头牯牛一面锣",买一头牛须伴买一面锣。买牛返回,本村及途经同支系村寨,锣鼓喧天、鞭炮齐鸣,人列队相迎。其二,挂彩。斗牛场主鸣锣,牛主牵牯牛进场,女婿或至亲者以床单、被面、红布或红绸,披挂牛背,红绸拴牛角两边。村众前呼后拥,尾随牯牛绕场一周。然后,让其他亲朋再行挂彩一次。其三,"样角"。把牯牛牵牛场,与场主牯牛比试一下角。牛主方一位老者进场作揖,祝众吉祥。牛主牵牛出场,让其他牛主轮流牵牛去样角。随后,经简单"劝斗"程式,双方同察牛角张度宽窄、体力是否相当,同意,场主即鸣锣宣斗。所购祭祖牯牛,须与其他牯牛相斗,并以斗输为吉。同宗族牯牛忌相斗。其四,踩场。场面最烈。由各牛主牵自家牯牛,随场主沿上届场主管辖地界绕行三周,以示关闭此场,交给下届场主管理。踩场时,由舅家用丝线精绣背牌(呈一尺二寸方形,边框绣花边栏杆、中间绣"龙凤呈祥、皇帝掌印"等写意图案,花费五年绣成),以八牌拼成一大块,披牛背。再以舅家侄女、儿媳自织花腰带,一人一条搭牛背,另拿一条牵鼻"花绳",由一或六位着红袍老人牵牛,撑青布伞开道,着百褶裙妇女随后,一同绕场三圈,告交场与关场。其四,"抢亲"。主要由来贺关场节的亲友,将牛和牛主抢到自己家去住一天,再由其他亲友接到自己家住一天。

吃把朗节——参见"斗牛关场节"条。

苗族祭鼓节——亦称鼓藏节、吃牯脏、鼓社节、刺牛;族称"依略""依略豪闹"。苗族民间以血缘宗族为单位之同一鼓社村落盛大传统祭祀节日。流行于黔东南雷山县等地。节期因地有异,且分小牯、大牯:小牯每年一次,节期多在初春或秋后农闲。"吃牯"村寨宰牛邀亲友聚会,举斗牛、吹芦笙等活动。大牯每祭历十年或十二年（苗家习惯两头数，故有"十三年过节"之说）；另有三年一祭，或逢三、五、七、九年一祭；多数地区十一年或十三年一祭。耗资巨大，须间隔较长时间。有的村寨间隔近三十年。《苗族古歌》载，早在夏王朝之古三苗国，已行此节。俗传，源苗族先祖姜央公（亦称伏羲公）为救其母"妹榜妹留"（蝴蝶妈妈）之说：始祖"妹榜妹留"出生枫木，枫木是其老家，人死魂归老家方能安息。苗族因视生命始祖枫树和蝴蝶妈妈为最高祖先神。故，最早用枫木做鼓。古歌《佳》（贾）说：苗族先民经迁徙定居，开山造田，粮食富足，牲畜成群，遂举祭祖。人们认定："鼓"乃祖宗灵魂住所及其象征，"祭鼓"即"祭祖"，遂以血统宗族组成"鼓社"，几家族、宗族或一寨、数寨，以"鼓"为核心，联合祭祖。"鼓"自木鼓演进为铜鼓，固定下来。每"节"历三四年，须举全套鼓藏仪式——醒鼓、立鼓、祭鼓、送（藏）鼓。首年，同一氏族村寨，通常于农历二月二选出鼓主，称"鼓藏头"。鼓主要选德高望重，两代或三代同堂老人。鼓主选定，于农历八月择吉日，到藏鼓岩洞，将上届所用之鼓抬回村，安放鼓楼或鼓场，称"醒鼓"；十月子日子时，砍大楠木凿空造新鼓。鼓主组织、筹备祭鼓用物祭牛。祭牛须四膀回旋，犄角张得大，角轮整齐均匀，胸部有一白毛带，称"戴项圈"，肚脐眼下无旋。牛买来，禁使役，须专人喂上等饲料，或分户定期饲养。祭鼓宰牛前，还要举行"斗牛"。次年（丑年），十月首个丑或卯日，抬新鼓进藏鼓岩洞启用，摒弃旧鼓。卯日第二天，举迎祖魂移居新鼓仪式，人们衣着、步伐及念词等，皆庄严肃穆。新鼓，古时用山羊皮，后用黄牛或水牛皮作鼓面。第三年（寅年），杀牛祭鼓。牛犄角连着额骨，先送鼓楼。祭师致辞，祭后方拿回家安放。十三天后，祭鼓送至藏岩洞封存。祭仪非常繁缛：由选举产生鼓社"鼓藏头"主持。首年农历二月申日，族众聚集迎龙场枫香神树脚，在五彩宝辇下，首先举行"招龙"仪式：摆一头肥猪、十二碗酒，及十二碗鸡、鸭、鱼等祭品；祭师念"招龙"词、诵家族史，旋用麻线穿一只绿头公鸭之鼻子，沿山之"龙脉"下至山寨；挑一些壮汉紧随，沿途边举五彩三角小纸旗、小纸人，边吹奏"招龙"芦笙曲，连呼"快醒快醒地龙神，鼓藏节日已来临，起来与祖神共欢庆！"众人则满山植树造林，最后聚迎龙场踩鼓跳笙。昔时，祭鼓宰杀大量耕牛，参加人越多，祖宗越光彩。今观念已变，不再大规模宰杀耕牛，而另造浓烈气氛。

鼓藏节——参见"苗族祭鼓节"条。
鼓脏节——参见"苗族祭鼓节"条。
吃牯脏——参见"苗族祭鼓节"条。
吃鼓脏——参见"苗族祭鼓节"条。
鼓社节——参见"苗族祭鼓节"条。
苗族刺牛——参见"苗族祭鼓节"条。
依略——参见"苗族祭鼓节"条。
侬略豪闹——参见"苗族祭鼓节"条。

苗族踩鼓节——黔东南苗乡等部分地区传统节日。农历正月或二月首个亥日举行，历三天。踩鼓，即按鼓点节拍踏步舞蹈。俗传十二年一次，节源仪式繁缛的鼓藏节，旨在祈求丰年盛世、休息娱乐和广泛社交。当地视木鼓为祖神，踩鼓旨在祈祖先赐福。节晨，各家用鱼祭祀祖先，取代了昔时氏族、家庭的牛祭。然后，藏鼓人家把木鼓或铜鼓背上踩鼓场。村民旋烧香烧纸，酹酒于地，并把酒淋到鼓上，以祈大吉大利。鼓声一响，穿着讲究的村民，迅即蜂拥而至。姑娘们手牵手，按着鼓点，围鼓翩翩起舞，围观者里外三层。有的地方，中、老年男女也参加踩鼓。踩鼓场一般不吹芦笙，有的地方小伙子仅围鼓吹芦笙助兴。木鼓舞的鼓点比较急促，舞蹈动作较大，舞步、速度较自由。有的鼓主把酒带到鼓场，不时地向鼓手及参加鼓舞的老年人敬酒，还把酒淋到鼓上，向鼓敬酒。第三天将结束时，有的姑娘把花带、手帕绑到鼓身上，以酬谢鼓主。

苗族拉鼓节——苗族民间传统节日。流行于广西融水与三江同乐一带。每隔十三年，于农历十月，择日举行。节源传说：鼓本在天上，天仙、凡人可自由来往。天上过拉鼓节，勇朋夫妻应舅家邀请，上天观节，并讨来了鼓。鼓声一响，豺狼虎豹逃跑，蚊虫远飞，人们遂得十三年丰收和宁静。另说：雷公与英打仗，烧光世间树木，山岭光秃。豪良为找到树种，长途跋涉，最终找回杉树种，使苗山满布葱绿杉林，而他却变成花牛树。人们感其造福，便砍一节花牛树制成鼓，拉进寨里，意寓请豪良回村，同村众同乐，久而形成此节。三江同乐过节，于当年农历二月，提前推选主事，砍一根粗大花牛树（另说六七丈长人空筒树），取一节凿空树心，制成木鼓，再用粗大山藤穿过鼓心，缚于鼓上，藤尾留许多藤权。另外，在拉鼓的山上种一株楠木树。十月吉日破晓，每户一人上拉鼓山，将带去口袋挂楠木树上，巫师念完咒词，便抢摘楠树叶，装入袋中。据说，摘叶子越多越吉。拉鼓时，吹芦笙者引路，青年们拉鼓下山坡，多人护送。两旁站满观众及抬酒肉的人，亲友来客紧紧抓藤不放，不时将藤尾拴沿途树上，制造麻烦，故意阻碍拉鼓。组织者向他们敬酒敬肉，乞求放行。如此反复五六次，方拉回鼓，停寨边。妇女们皆在自家门口，端酒端肉相迎。每家照例盛待来客。最后，巫师把十三年来各户亡人名字和年庚、逝世年月写纸上，放鼓中，最后再将鼓放入山洞，安置祖宗告毕。入夜，人们聚集吹奏芦笙，尽情歌舞。融水节天，成千上万男女老少汇集宽阔草坡，后生们从树林抬出一节又长又大的空筒树，用牛皮封住两头，做成奇特大鼓，用粗藤绑住鼓身，旋抓住粗藤"呜啊（好哟）呜啊（好哟）"地使劲"拉"起鼓来。四周人们不迭喝彩、吹芦笙，尽情跳舞欢乐，直至夜月西斜。哪一队人能拉走大鼓，即赢得吉利和兴旺。

苗族招龙节——苗寨民间传统节日。流行于贵州雷山县西江龙塘。每十三年一次，农历二月十四日举行，历半月。主要内容：已嫁女竞着盛装，携鸡鸭鱼肉、糖果、礼炮、爆竹等，风光回娘寨大聚会。届时，寨中舅妈等出迎寨口，摆下多道霸气"拦门酒"（多为十三道）。领头姑娘率先喝下第一道酒，其余逐一续饮。姑娘们逐一喝下，旋进寨，入芦笙堂，围圈跳"招龙舞"。然后，舅爷们摆长桌宴（长达千步），狂饮、纵歌。年轻舅爷们敬礼酒、划拳，痛饮"斗牛酒"，领头吹芦笙、敲铜鼓、对歌、放烟花……直至深夜。如是每天接迎、欢宴、娱乐，半月不疲。

西江鼓社节——苗族民间隆重、盛大传统祭祖及娱乐节。流行于贵州雷山千户苗寨。每十三年举行一次，多于农历九月廿二日举行。此谓"西江"，乃羊排、也东、南贵、也好、欧解、卡扬、东引、也通、平寨等九寨之总称。程序纷繁：节前两年，过苗年跳芦笙，头年（鼠年）跳三天，第二年（牛年）跳五天，过节为年则跳七至九天。表述特殊：杀猪时，将"拿刀来"说成"拿叶来"，"杀猪"说成"亲吻大官"，"开猪脑"说成"开仓门"，"吃饭"说成"扒虫虫","吃饱饭"说成"仓满",等等。吃肉忌蘸辣子。过节(卯日)前日,舅舅或舅妈送一竹篮糯米饭、一只鸭、一串鲜鲤鱼(单数)、一缸糯米酒及一万响进门时鸣放的鞭炮。当晚,主客共餐送来食品。卯日凌晨,主人杀猪,取猪胸部肉一块煮熟,切成一两许肉坨,称"社肉",上供。请客吃饭有敬酒、劝酒、交杯酒、牛角酒、咬手酒等等。敬酒仅向老人或尊者;劝酒在一般主客间;交杯酒是宾主围桌子互敬;牛角酒乃用水牛角盛酒,献最有威望老人和上宾。跳芦笙和跳铜鼓也有规定,多由寨主主事。跳芦笙,由寨主领本房族后生和姑娘,吹着芦笙到笙场跳三圈;然后,非本房族人才进入吹、跳;结束时,亦由寨主房族男女最后跳三圈。1986年鼓社节,定跳芦笙和跳铜鼓为七天,方圆百里,聚集三四万人。

阿美人船祭——亦称海祭。台湾阿美人民间传统节日。节期不定,初为十四年举行一次,后改每隔七年举行,历十日。节源传说:女始祖里漏之子基波托,邂逅海神萨依宁,与之结为好友。萨依宁经常教基波托游水、驾船,并共同建造一只船。后来,他们出海遇风暴,船被推至今阿美人住地,遂定居下来。其后裔阿美人缅怀先祖奇遇与惊险,举行"船祭"过节。届时,人们提前于海滩搭建大、小茅棚各一座,分别于内设祭坛、三只古老独木舟。祭主主持祭仪,禁女性参与。小伙们分批举行"试船"祭礼,模拟当年祖先登陆过程,纪念、颂扬祖先开创基业之大无畏精神。

阿美人海祭——参见"阿美人船祭"条。

茶山瑶功德节——亦称做功德、吃功德。瑶族支系拉伽人(茶山瑶)民间祭神盛大节日。流行于广西金秀一带。相隔十二年、十八年或二十年一次,于秋后卜卦择节期,一村或数村联合举行,历三天三夜,程序繁复。节旨有三:其一,通过集体祭神,祈求人畜安宁、谷物丰收;其二,通过活动,密切同族交往,加强族内团结;其三,重建村寨主要通道"功德桥",以利交通。节期厘定,做年余准备:共修功德桥,各户分养"功德猪",筹集粮食酒菜等食品,制作过节盛装,向各村预告"吃功德"日期、事宜,等等。祭仪在功德桥旁举行,道公、师公主持法事。祭坛设临时搭盖棚内,坛上悬挂各种神像。棚外竖立黄、红、黑三色祭幡。祭间,各户邀请远近亲友来"吃功德"(过节),参观祭典等。各户宰猪置酒,盛待亲朋,一日三餐豪吃狂饮。节间待客切忌吝啬,免被神灵见怪,不利村宁。祭坛内,昼夜烛光通明,香烟弥漫,法器敲击声和诵经声不断。祭坛外,白天人们熙来攘往,酷似赶集,热闹非凡;入夜,人们聚集村头巷尾,对歌、吹木叶,尽情玩乐。不少青年男女,连情功德节,进而喜结良缘。

茶山瑶做功德——参见"茶山瑶功德节"条。

茶山瑶吃功德——参见"茶山瑶功德节"条。

瑶族打道箓——亦作打道箓。瑶族民间宗教性节日。流行于广东连南等地。每隔十八年举行一次,分正月十五、三月三、六月六、七月七、立秋后和十月等诸阶段进行。是年正月十五日,巫师即书《申疏》,祭禀祖先,后于三月三、六月六、七月七向祖先起愿,祈祖先赐福。立秋后,择吉日木雕前次打道箓以来新故祖先偶像,并将此前祖先偶像油漆一新;做"竹笼担子",专备过节挑纸。十月正式过节:首日,巫师在大庙念经,用红纸书祖先名讳,"接"回设祭坛之屋。翌日,未曾过节者,随巫师往村中广场,领受"会兵""过九州"宗教洗礼,以便身后立神位、上神龛,受供奉。巫师还向他们授法名、竹拔,预留插坟头用。第三日,烧"竹笼担子",解愿,送祖先牌位归庙。

瑶族打道篆——参见"瑶族打道篆"条。

廿年以上

古丈跳马节——苗族民间祭祀马神节日。流行于湘西古丈县部分苗寨。每隔二三十年,正月初一(另说上旬马日)至十八日之间,联村择日举行,历一至三天。节旨:多在应急祈求马身,禳除突发人畜瘟疫、旱涝虫灾。届时,由数寨集资,联片举祭。倘当年拮据,则需待丰年,候十数年、二三十年。节前,主方向各方亲友发邀请。参祭客人,送粑粑、糖果及钱,鸣放鞭炮,住亲戚家。节前,先用竹子编扎五、七或八匹竹马,分别用黑、白、黄纸糊好,马腰留两圈孔,便于人身穿入孔内,似人在骑马状。祭场,即跳马场,设宽敞草坪,中摆一桌子作神坛,四周插五彩纸旗,猎猎飘动。祭仪开始,燃烛烧香,巫师念祭词,杀一头大肥猪上供,先交生,后交熟。祭毕,以各种活动继续"娱马神":主要是蹦跳、奔跑"跳马";循主方、客方,先后跳奔,最后宾主比赛。身强力壮青年争相参加,以姿态优美及跳奔速度快者取胜。另外,还有舞狮子、舞龙灯、拳棍刀铜表演和鼓舞等。霎时,乐鼓齐鸣,欢声鼎沸,惊天动地,热闹异常。跳马毕,主客欢聚晚宴,酒兴浓时,互相对歌。男女歌手各自分开,一唱十和;旁听者,热烈赞美、助兴。此外,还吹唢呐、长号,击鼓欢舞,皆欢乐不疲。

麻地沟刀山会——土族民间传统宗教性节日。流行于青海民和县一带。每隔二三十年之正月十六后,择一吉日,于该县东沟乡麻地沟村恩仁寺举行。民谚戏吟:"麻地沟的刀山,三十年的谣言。"谓间隔时间甚长。据考,此节明代已见盛行。刀山,指平地耸竖之木梯,高达三、六丈,两面横缚马刀、铡刀,皆刀口朝上,搭一百零八级梯阶。梯上端,称"天桥";梯底首阶,称"门槛"。参与"上刀山"者,自愿报名,获该寺会主首肯,于冬至天进寺,沐浴斋戒,食核桃、红枣,用牛奶洗脚,静坐禅房,不得回家。会启,他们在"阴阳"驱赶下,手攀绳索,正面上梯,赤脚踩踏刀刃,一步步攀跨"天桥",再从背面,照样步步踩刃下梯。自始至终,场面极为惊险。节间,观众如潮,吆喝声震天,莫不赞叹参与者胆识齐天。

冕宁牛王会——藏族支系纳木依人本教节日。流行于四川冕宁县拉乌堡一带。农历八月十五日举行,历十数日至月余。每隔十年或数十年,择吉日举行。参加者常逾千人。近邻木里、盐源等地纳木依人,亦纷纷前往。届时,请黑叭(巫师)念经,吹牦牛角,宰杀数十头牦牛或上百只羊。狂欢滥饮,纵欢不疲。高潮乃"杀猴祭碉":众人浩浩荡荡,依次绕村中小碉楼旋转。转毕,于碉楼前宰杀猴子,以作祭碉之牺牲。此节耗资甚巨。近百年来,庙顶地区亦见小规模五年过节一次者。节日源于族人视牛为神,牛乃祭神最佳牺牲。参与者强调血缘,故亦含"祖先崇拜"意蕴。

三都敬霞节——亦称敬霞神节、拜霞节、敬水节。全国唯一水族自治县贵州三都水族民间四大传统节日之一。与端节、卯节、苏宁喜节齐名。盛行三都县九阡镇扬拱社区及其毗邻地区。相隔二、六、十二、六十年举行。具体节期，由水书先生据《水书》推算。族称"水神"作"霞"，即"霞神"，传为水族迁徙及从事稻作之"见证神"。节间，族人推举之代表，高抬"霞"之神像，分别挑上熟猪肉、糯米饭、米酒等各一百二十斤，扛着祭旗，伴着高亢铜鼓、长号声，欢跳芦笙舞，鸣放鞭炮，浩浩荡荡上霞山，设案摆祭品。所祭"霞神"，乃尺许石头，祭前矗立地上。由寨老率领，围供桌，虔诚祭拜，举行霞山祈雨、霞塘戏猪、祭霞田、水歌对唱等系列特色活动，祈求"霞神"保佑人畜安康、风调雨顺。其间，人们纷纷用酒浇"霞神"，从头到脚，直至石头湿透、泥土松软，让"霞神"醉倒为止。最后，人们欢乐聚餐。各地把"霞神"当作至宝珍藏。昔时，水族地区普遍"敬霞"，规模亦大。辛亥革命后，逐渐式微。三都九阡地区，于当地解放前夕过了一次敬霞节，乃迄今最后一次。

三都敬霞神节——参见"三都敬霞节"条。

三都拜霞节——参见"三都敬霞节"条。

三都敬水节——参见"三都敬霞节"条。

茶山瑶做洪门——亦称打香火醮。瑶族民间盛大祭祀活动。流行于广西金秀大瑶山自称"拉珈"（茶山瑶）的村寨。隔一二十年，乃至近百年，血缘较近同族联合举行。节期多于秋收后由师公问卦厘定，历三昼夜。祭旨：消除兽害，祈求人畜平安，五谷丰登。"拉珈"瑶《历史故事歌》唱道："山猪马鹿伤禾苗，那时无枪也无炮。木棍竹矛组成队，立洪门把野兽撵跑。一二十年做一次，为保平安打香火醮。"祭典由师公主持，全程设神坛念经作法。神坛设户内，分三个营盘，各插刀剑及近二百面彩色纸旗，旗书日、月、星宿和龙兵、虎兵等名称。旗按神坛方位，摆插成阵式，分东、南、西、北、中五门，相互连通。另，各门再以十二面小旗插成一殿，即十二簇，每一簇代表一种动物。祭祀之夜，祭场中央燃起一堆熊熊干柴火，把祭场照个通明。每户派一人参祭，围着火堆观师公念经作法。师公着法衣，戴彩画神像面具，持剑刀，穿行于五门；每穿一门，模仿某种鸟兽动作而舞、而叫。老虎乃百兽之王，称兽害、凶鬼代表。师公穿行老虎一簇小旗时，特意高举铜剑作法，剑落虎死；旋将所有彩旗拔掉烧尽，以示兽害尽除、恶鬼尽逐。节间，各户杀猪备酒，宴请远近亲朋。锣鼓喧天，祭歌高亢，热闹非凡。师公们穿插女游舞、六郎舞、恋船舞、鸡公舞、催财马舞和杀吊猪舞等细腻表演，尤博人们青睐，别添欢乐气氛。此节已式微。

茶山瑶打香火醮——参见"茶山瑶做洪门"条。

中编　非农历节期

公 历

公历，世界各国普遍通用历法。俗称"阳历"，另称"格列历"。一年十二月，三百六十五天：大月三十一天，小月三十天，二月平年二十八天、闰年二十九天。

1 月

怒族年节——云南怒族新启年节。从前，怒族隔三年过年一次。受汉族影响，不少村寨今已改为过公历元旦。其支系柔若人，则过汉族春节。

夏尔巴人年节——夏尔巴人岁时节日。流行于西藏樟木口岸、定日县等地。昔时循尼泊尔历；现改用公历，于元旦举行，历十天许。节前，各户杀羊宰牛，酿米酒、白酒、青稞酒，备节食及节装。宅内外粉刷一新，房顶插各色小旗。节天，家家携肉、酒、米、面，聚集约定地点野炊，互相敬酒、贺年，唱歌跳舞，常通宵达旦，连日不疲。第三四日起，陆续走亲访友，携礼拜访长辈、老人。年前所生婴儿，则抱去请老人摸顶赐福。节间，村中各户家长，照例聚餐畅饮，商谈本村要事。

爱尼人嘎汤帕节——哈尼族支系爱尼人最隆重传统年节。流行于云南西双版纳爱尼人村寨。"嘎汤"爱尼话意为"万千"，"帕"意为"换、更新"，节译"换万千节"。爱尼人看重年首，遂定公历1月2至4日，为"年节"。2011年元旦，爱尼群众在景洪至勐海公路边之哈尼文化园，举行开园一周年暨"嘎汤帕节"活动。园内搜集、陈列上百件劳动、生活用具；小广场上，格朗哈尼民族乡群众表演自编节目。3日，景洪市中心泼水广场，举办2011年景洪市"嘎汤帕"节庆大会，使此节首登州府广场。两大节俗：一，由寨长召集全寨人，结清旧年"刻木记事"账目，如爱尼迁徙长诗《雅尼雅嘎赞嘎》云"洗去了身上的尘土哟，清了记账的木刻，雅尼雅过嘎汤帕节"。二，节前夕，妇女去寨边泉水槽"抢新水"作"圣水"，以祈吉祥。该州世代杂居的傣、彝、基诺等十三个民族，无不登台歌舞，共庆佳节。会场，爱尼老人展示纺织、舂碓、编竹篓等传统农活；青年打陀螺、荡秋千兴致盎然。哈尼族跨境而居。其先民沿澜沧江、湄公河远徙泰、老挝、缅甸、越南等国，族称阿卡、高或哈尼。每逢此节，邻国阿卡等族，皆盛装纷至沓来，歌舞助兴。

换万千节——参见"爱尼人嘎汤帕节"条。

俄罗斯族十三大节日——新疆俄罗斯族传统宗教节日。我国俄罗斯族节日多涉其信奉之东正教，一年中有十三大节日，充满浓厚民族宗教色彩，颇具群众性。它们是：1月7日的"圣诞节"（亦称"主降生日"）；1月19日"主领洗"（亦称"冰上洗礼祭"）；2月15日"主进堂"（节历七周,谓"四旬大斋",其间教徒忌荤吃素,但不限奶食);4月7日"圣母领报";4月19日"主进圣城";4月26日"耶稣复活节"(即"巴斯克节");6月4日"主升天";7月1日"圣神降临";8月19日"主易圣容";8月28日"圣母安息";9月21日"圣母圣诞日";9月27日"举荣圣架";11月4日"圣母进堂"。20世纪50年代开始,上述宗教活动逐年减少,或例行淡薄;特别因俄侨回国,神父、牧师亦随之西迁或去别国,多已停止。如今,仅圣诞节、耶稣复活节年年例行,其他节庆纵恢复,亦乏规模。

俄罗斯族圣诞节——新疆俄罗斯族东正教教民宗教节日。节期特殊,不在世界各国之12月25日,而在次年之公历1月7日。节期三天。俄罗斯族最盛大节日,被视为新年之始,约当汉族春节。节前夕,人们吃圣诞鹅。孩童们乔装牛、羊、熊等动物,结伴而行,挨家挨户唱圣诞歌曲,祝福每家幸福快乐。人们在家里圣诞树旁进圣诞晚餐。圣诞树多选塔形杉、柏之类常青树,其上挂满五颜六色小礼品、玩具、小圆球和闪烁的小彩灯,树顶置一颗明亮六角星。据传,耶稣在夜里出生,四周发出动听的音乐,天空升起一颗明亮六角星。圣诞树下,放满父母给孩童们的圣诞礼物,礼物均用漂亮彩纸包装,上书孩子名字。晚餐前,孩子们打开礼物,相互祝贺。大家围丰盛餐桌,先背诵圣经祈祷,后进餐;餐毕,围圣诞树唱歌、跳舞做游戏。新年钟声敲响,终止娱乐,互祝新年。节间,家家吃圣诞蛋糕,喝香槟酒。人们聚集唱歌、跳舞、占卜等,互赠圣诞卡,祝新年快乐,到处充满快乐气氛。

俄罗斯族洗礼节——新疆俄罗斯族传统宗教节日。公历1月19日举行。"洗礼"本基督教入教仪式。在教堂祈祷时,主礼者口诵经文,给受洗人头上、额上注水,或受洗人全身浸入水中,称"洗礼"。是日,除进教堂祈祷外,还到野外江河破冰取"圣水"。有的人不畏严寒,毅然跳进冰窟窿"洗一洗"。昔时,俄罗斯族群众兴节前夜占卜。女童们用多种方法预卜自己终身大事。占卜方法多样:其一,与知心女友聚一间黑屋(男性、生人禁入),桌上放一镜子,镜两边点蜡烛,放一个装有水的盘子,盘中间燃一根蜡烛,让烛油滴水中,据烛油凝固的不同形状,卜姑娘婚事。其二,深夜,姑娘一人坐两边点蜡烛的镜子前,聚精会神看镜子,若镜中看到身后出现男人形影,此人便是她命中注定的未婚夫。其三,用扑克牌推算命运、前途。现今自由恋爱,占卜节俗已式微。

鹰猎文化节——满族村民传承驯鹰新节。流行于吉林松花江畔"鹰屯"(努尔哈赤命名"打渔楼")满族村一带。2011年1月8日,首次举行,历两天。驯养猎鹰,始于满族先民女真驯"海东青"(自大海东飞来的青色鹰)之俗。清顺治十四年(1657),清廷在此设打牲乌拉总管衙门,使其成为清"狩猎八旗"兵丁世居地。"猎鹰进贡"遂成该村满族男子光耀门庭之使命。"驯鹰"世传不辍。21世纪初,该村有鹰把式五十余人。内赵明哲被称"关东鹰王",被认定中国民间文化"海东青驯养"杰出传承人。首届开节,赵明哲举隆重收徒仪式,经拜师、上礼、师承、回礼等程序,从三十余候选者中,严选两人。萨满"祭鹰神"充满神秘的宗教气息。观赏鱼灯、鹰灯,用雪堆"鹰图腾",跳满族大秧歌等,把节庆推向高潮。今后此节如何延续,专家学者与该村居民尚在精心策划。

卡秋哇节——"卡秋哇",本意为"开始讲的几句话"。亦作"卡雀哇节",俗称"过年"。云南独龙族民间传统年节。昔时,节期灵活,于农历十月中下旬,由族长据占卜或征族人意见而定,多历三天。1991年,贡山独龙族怒族自治县人大常委会据该族意愿,定公历1月10日为"卡秋哇节"。节前夕,寨中一些人家杀猪宰牛,将肉分送各家,各家均向四方亲友发送木刻、结绳(记事或传达信息,类《请柬》),邀亲友一起过节。节天,亲友们携食物应邀,主家热烈相迎。进寨门,客、主共饮一筒水酒,对歌祝福。然后,众踩铓锣节奏围成圆圈,歌舞庆贺,预祝来年人寿年丰。有的人家,将妇女编织五色棉麻布拴在竹竿上,悬房顶,添喜庆。入夜,男人们围坐火塘饮酒、祝词,将酒碗抛入火塘上空悬挂的竹架,以碗口朝天为吉,连抛三次,呼天唤地,让神灵知悉其祈祷夙愿。有些村寨,节次日举行狩猎庆典。人们一早便上预定祭坛山坡,供熟荞面所捏形态各异的飞禽走兽等祭品,点燃祭坛前松明青松毛。主祭巫师"那木萨"向各路神灵高声祈祷。祈毕,青壮年箭手对着"飞禽走兽"拉弓放箭,射中时,人们发出欢呼。传说,此日射中什么,新年将猎获什么。最后,众团团围聚,伴着欢乐歌舞,分享"神赐"祭品。节日最高潮,为隆重的"剽牛祭天"。

卡雀哇节——参见"卡秋哇节"条。
独龙族过年——参见"卡秋哇节"条。

十世班禅圆寂纪念日——藏传佛教节日。公历1月28日举行。十世班禅大师1938年1月3日出生于青海循化县,1941年被认定为九世班禅大师转世,同年8月于塔尔寺举行坐床典礼;1952年正式回扎什伦布寺,举行大型坐床典礼;1954年之藏历3月15日,始向十万信众施时轮金刚灌顶,同年9月,出席首届全国人大一次会议,当选全国人大常委、政协副主席;1956年应尼泊尔政府之邀,出席佛陀圆寂2500年纪念会,同年在印度波罗奈斯大学获博士学位;1958年学完显密课程,在扎什伦布寺获噶钦学位;1959年当选全国人大常委会副委员长;1961年起,在当时社会环境影响下被冤戴黑帽;1968至1977年10月,蒙冤入狱十年,自学汉语,完成一部藏译汉字典;1980年复副委员长职,亲事藏区社会调查;1985年在后藏大势宫殿德庆格桑里,进行大威德金刚灌顶;1986年,经中央批准恢复拉萨大昭寺祈福大法会,向无数信众讲经说法;1987年在北京建"北京藏语系高级佛学院",同年成立援藏基金会;1989年1月28日,大师圆寂。大师一生心血,竟投利益众生、振兴佛门、爱国爱教大业。其佛光,至今普照雪域子民。其圆寂之日,人们皆深切缅怀,顶礼膜拜。

2 月

特懋克节——旧称打铁节。云南景洪市基诺山(旧称"攸乐",乃古时"六大茶山"之首)基诺族年节。过年此日,开炉打铁(钢刀、铁锄),故名。此节源远流长,融祭太阳鼓、祭铁、备耕于一体,意含"迎接新年"。太阳鼓,族人图腾,被视为"通天神器"。昔时,节期由村寨长老于春天备耕前,据物候测定,多于农历腊月廿三,以村寨为单位举行,历三天。1988年1月28日,西双版纳州人大决定:每年公历2月6日开节,亦历三天。届时,族人分拨"抢鼓"祈吉,宰牛祭鼓乃主要节俗活动。此外,还举行祭铁房、备耕、祭天、祭茶等仪式及荡秋千、打陀螺、丢包、踩高等文体活

动。(参见"特毛且"条)

旧打铁节——参见"特懋克节"条。

主进堂——东正教节日。流行新疆俄罗斯族信徒中。公历2月15至4月26举行。东正教的圣母进堂节,即天主教的圣母献堂瞻礼,均属两教大节,内容、形式略同。

苗族芒篙节——广西融水苗族民间传统节日。昔时,节期灵活。2011年2月19日,融水县安陲乡苗族举节,盛况空前。芒篙,即山魈。据传,苗族祖先用古树刻成面具,用芒篙藤制成蓑衣,扮演"芒篙",成功抵御盗贼、山匪侵扰。"芒篙"遂成苗族崇拜之神。人们年年迎请"芒篙",跳芒篙舞。在流行、繁衍过程中,增加赛芦笙、斗马、斗牛等活动。

3 月

中国青年志愿者服务日——亦称学习雷锋日。节期:公历3月5日。1963年3月5日,毛泽东主席题词,号召"向雷锋同志学习"。多年来,各地围绕各年度诸多社会关注指向,展开多个主题、多种形式志愿服务活动,事实上早已形成"学雷锋活动日"。共青团中央、中国青年志愿者协会联合发出通知,从2000年开始,将每年3月5日,厘定为"中国青年志愿者服务日",号召届时组织广大青年集中开展内容丰富、形式多样的志愿服务活动。实施数年来,活动颇见成效。

学习雷锋日——参见"中国青年志愿者服务日"条。

植树节——全称"中国植树节"。我国全民植树日,属旧节翻新。节期为3月12日。植树造林乃我国优良传统,谚曰:"要得富,广植树。"春秋齐国宰相管仲云:"为人君而不能谨守其山林菹泽草荣,不可以为天下王。"1929年,国民政府曾定孙中山逝世日为"植树节"。然而,且行且辍。1979年,新中国重新规定此日为"植树节",从此年年过节,开展声势浩大的全国性植树造林活动。

中国植树节——参见"植树节"条。

维吾尔族跳火节——新疆维吾尔族民间古老节日。公历3月中旬,择一吉祥夜举行。据考,此节乃早期萨满教遗风,旨在趋吉避邪。届时,人们用柴火、黍杆,于村路堆成一道道障碍,点燃后,由青壮年们竞跑跨越,竞赛越激烈,越兆吉祥。

中国国医节——简称"中医节"。中国行业性节日。节期:公历3月17日。肇始于1929年3月17日,全国十七省市、二百四十二团体、二百八十一名代表汇沪,举行全国医药团体代表大会,定此日为"中国国医节"。中医药屡历存废之争:1912年北洋政府借口中西医"致难兼采",排斥中医药于医学教育系统之外;1922年颁《管理医士暂行规则》,力遏中医医师执业;1933年国民党提出废除中医中药;1950年全国卫生工作会议,有人提出《改造旧医实施步骤》草案,声称"改造中医";后,某大学教授张某发表《告别中医中药》,要"让中医退出国家医疗体制,回归到民间",发起取消中医网络签名。2008年《政府工作报告》发表国家态度:"要大力扶持中医药和民族医药的发展,充分发挥祖国传统医药在防病治病中的重要作用。"旋即启动"中国节2008"系列活动,破例将"国医节"列入积极推动和庆祝之九大传统节日。2009年"两会"期间,全国政协委员米烈汉建议,尽快恢复"中国国医节"。此节饱历漫长而坎坷的正名之路。

中医节——参见"中国国医节"条。

全国科技人才活动日——节期:公历3月18日。全国首届科技人才技术交流洽谈会,于1993年3月8日在中国国际展览厅开幕。组委会倡议:将3月18日定为"科技人才活动日",博得著名科学家及社会各界、人大代表积极响应,并以新闻形式见诸报端。自此,全国科技界增加一大佳节。

阿露窝罗节——云南阿昌族民间传统节日。梁河地区"窝罗节"与户撒地区"会街"(敖露、阿露)两节之合称。昔于农历九月初十过节;现今,于公历3月20日,以村寨为单位举行。节源祭祀天公遮帕麻、地母遮米玛古老宗教仪礼。昔无固定节期。1993年5月20日,德宏州人大法定合并两节,做今名、今期。节旨:庆贺民族团结,祝福美好生活,欢庆新丰收。届时,人们竟着艳丽盛装,和着象脚鼓、铓锣节奏,高歌纵舞,于鞭炮声中,舞青龙、舞白象,尤引人注目。节间,热情款待远道来客,亦乃一道特色风景。

梁河窝罗节——参见"阿露窝罗节"条。

户撒会街节——参见"阿露窝罗节"条。

户撒敖露节——参见"阿露窝罗节"条。

户撒阿露节——参见"阿露窝罗节"条。

新疆诺鲁孜节——另译"那吾鲁孜节""诺茹孜节"。源波斯语,意"新的一天";一说源伊朗语,意"春雨日"。新疆地区维吾尔、哈萨克、柯尔克孜、乌孜别克、塔塔尔等族民间辞旧迎新节日。公历3月21日前后(约当农历春分)举行。此节乃流行于中亚、西亚、高加索、巴尔干等地之跨境古节,历三千余年。源说纷纭,一般认为:源两千五百年前之古波斯帝国首个王朝——阿契美尼德王朝时期。据传,皇帝大流士一世为庆祝此节,专令修建波斯波利斯王宫。伊朗、阿富汗两国,将其定为全国性新年,另有十五个国家定其为国家节日,全球有三亿余众过此节。2009年第六十四届联大,伊朗、阿富汗、塔吉克斯坦、哈萨克斯坦、吉尔吉斯斯坦、土库曼斯坦、阿塞拜疆、土耳其等国,提议将3月21日定为"国际诺鲁孜节"。"诺鲁孜"旋被联合国教科文组织列入人类非物质文化遗产名录。2010年2月23日,联大正式决议,将3月21日命名为"国际诺鲁孜节",并将此日定名"世界和平文化节"。节俗因族略异。维吾尔族节俗:节日黎明,男女老少竟着民族盛装,举各种节日活动。各家家长首先起床,在宅正中燃烧起一堆松柏树枝,将冒烟树枝在每人头上转一圈,预祝新年平安快乐;然后,家长将冒烟松枝带到畜圈门口,让畜群在烟上通过,祈求新年牲畜膘肥体壮、迅速繁殖。日出,家家做"诺鲁孜饭",用剩余粮食和食物,加多种佐料(含野生调味佐料)煮成稠粥,称"克缺"或"冲克缺"(丰盛粥)。做这种饭时,忌宰牲畜。从午时起,成群结队相互拜年。日落,每户请客吃饭,男女老少分别跳舞、唱歌,尽兴表达迎春之乐。节后,准备春耕生产。

那吾鲁孜节——参见"新疆诺鲁孜节"条。

诺茹孜节——参见"新疆诺鲁孜节"条。

国际诺鲁孜节——参见"新疆诺鲁孜

节"条。

世界和平文化节——参见"新疆诺鲁孜节"条。

百万农奴解放纪念日——西藏藏族新节。节期:公历3月28日。2009年,西藏自治区九届人大二次会议,于西藏废除农奴制度,实行民主改革50周年之际,投票决定设立此节,提示人们永远牢记历史、勇创光辉未来。节日活动历数日。

4 月

俄罗斯族愚人节——亦称万愚节、幽默节。新疆俄罗斯族民间宗教节日。公历4月1日举行。源说纷纭:或说为纪念耶稣殉难;或说法国查理九世时,将4月1日改为岁首,并定其为嘲弄旧官僚顽固派之日;普遍认为:古印度"诠俚节",在节期末天,即3月31日,人们可互相开玩笑、骗人。后来,此俗传到西方,渐变愚人节。在印欧语系各族中,信仰基督教各派的民族皆盛行此节,我国俄罗斯族因过此节。节天,人们互开玩笑,骗人骗得越真、越像,越能给节日带来笑语欢声。

俄罗斯族万愚节——参见"俄罗斯族愚人节"条。

俄罗斯族幽默节——参见"俄罗斯族愚人节"条。

鄂温克族汉西节——东北鄂温克族清明节。汉西,译意"清明"。公历4月4日举行。届时,家家备酒、菜、奶、肉等节食,前往祖坟祭奠,燃烧金银箔纸制作的元宝、日月,意寓给冥间祖魂献送金钱、光明。

鄂温克族清明——参见"鄂温克族汉西节"条。

俄罗斯族圣母领报日——新疆俄罗斯族民间宗教节日。公历4月6日(另说7日)举行。为纪念圣母玛利亚领受天使传报上帝旨意,告知她将由"圣灵"感孕而生耶稣,故名。届时,信众纷纷进教堂举行教仪。

鄂温克族帕斯克节——亦称复活节。信仰东正教之部分鄂温克族宗教节日。流行于内蒙古陈巴尔虎旗莫尔格河流域。公历4月13日举行。帕斯克,俄语音译,意为"复活节"。鄂温克本信仰萨满教,牧区还信仰喇嘛教,当初无此节日,后东正教传入,部分鄂温克开始信仰东正教,"帕斯克节"逐渐行开来。节前,人们忙着准备酒肉等各种佳肴,自4月7日起,陆续到当地东正教堂进行礼拜。同时,开始在家摆设酒宴,款待亲友。节天,人们把整只鸡或鸡蛋染成红色,拿到教堂奉供万能神,向神祷告,祈求神主赐福禳灾、保佑平安。

鄂温克复活节——参见"鄂温克帕斯克节"条。

俄罗斯族柳条节——俄罗斯族民间传统节日。流行于新疆额尔古纳河流域。帕斯克节前一个周日(约当公历3月下旬)举行。届时,人们将发芽的柳树枝插在自家门前祈福。故名。

俄罗斯族复活节——另译"帕斯克节""帕斯喀节""巴斯克节"。新疆信奉东正教俄罗斯族宗教节日。纪念耶稣死后复活,故亦称"耶稣复活日"。节期不定,多于农历春分后首次月圆起算之后第一个星期日举行,通常不早于公历4月4日、不晚于5月10日;亦有于4月4日举行者。《圣经》记载,基督教创始人耶稣被罗马总督彼拉多钉死于十字架,三日后复活,最后这一天称"复活日"。节前四十天,人们停止一切娱乐活动,并斋戒。家家洒扫庭院,粉刷房屋,缝制新衣,筹办过节。节晨,老少竞着节日服装,齐聚教堂门前。教堂门敞开,神甫大喊"耶稣复活了",众随声齐呼,互相拥抱、亲吻、交换彩蛋。宗教仪式毕,人们在手风琴伴奏下,欢快跳舞,十分热烈。节间,家家摆出丰盛食品,亲邻互访祝贺。食品中,除各种自制"比切尼"(糕点)外,还必备煮熟红、黄、蓝、白、橙、绿、紫彩色鸡蛋,摆放大盘,犹如五彩缤纷的花坛,象征着生命、繁荣。来客进屋,主人首先呈一彩蛋祝贺。拜访中,主客双方还玩"碰鸡蛋"游戏,趣论输赢,故节亦称"鸡蛋节"。客人入席,主人飨以丰盛食品,特别是类似大蛋糕的塔式圆面包"古力察"。据传,吃了可得幸福。

帕斯克节——参见"俄罗斯族复活节"。

帕斯喀节——参见"俄罗斯族复活节"。

巴斯克节——参见"俄罗斯族复活节"。

俄罗斯族耶稣复活日——参见"俄罗斯族复活节"条。

俄罗斯族鸡蛋节——参见"俄罗斯族复活节"条。

德昂族浇花节——亦称泼水节。云南德昂族民间重要传统节日。公历4月14至16日举行,历三天,是将佛陀诞生、成道、涅槃三个日期合并纪念之节。同时,亦乃德昂欢度新年典礼,还是青年连情择偶佳节。节源传说有三:其一,忤逆子清明后第七天上山干活,见雏鸟反哺,觉悟改而行孝。母前来送饭,失足滑倒。子赶来挽扶,母以为要打她,一头撞死树上。子痛悔莫及,砍树雕成一尊母像,每年是日将雕像浸入撒花瓣温水清洗,久而成俗。其二,古时,天庭七个仙女下凡,沐浴湖中,被德昂人发现,即飞返天庭,临飞告诉德昂人:若思念她们,可塑雕像,每年替她们泼水沐浴。其三,释迦牟尼关怀苍生疾苦,久旱不雨时,告诉德昂:每年堆沙节,众信徒各提一桶水,泼于佛身,天即下雨;另说佛返天庭时,留经书,要求德昂每年举办堆沙节,给佛泼水,能得佛赐福。节首日,人们入寺听佛爷诵经。次日,为佛像沐浴。三日晨,各家晚辈端一盆热水至堂屋,请长辈端坐,叩头敬请原谅晚辈一年来不孝之处;长辈则谦责自己未能做好榜样;晚辈旋为长辈洗手洗脚。午后才能互相泼水。

德昂族泼水节——参见"德昂族浇花节"。

主进圣城节——主进圣城日、棕枝主日。东正教节日。流行新疆俄罗斯族东正教信徒中。公历4月19日(另曰"复活节前一周之星期日")举行。旨在纪念耶稣受难前不久,骑驴最后一次进耶路撒冷城。其时,人们手执棕枝,踊跃欢迎耶稣。节天,教堂多以棕枝为装饰,教徒们亦持棕枝绕堂一周。

主进圣城日——参见"主进圣城节"。

棕枝主日——参见"主进圣城节"。

全国企业家活动日——公历4月21日举行。1984年3月24日,福建省五十五位厂长、经理,为冲破旧的管理体制束缚,争取企业经营自主权,联合向省委、省政府发出"松绑"放权呼吁。1993年12月20日,闽、沪、鲁、苏、皖、浙、赣、京、津、粤、辽、滇、川、冀、陕、桂等十六个省、市、自治区的企业家协会联名向中国企业管理协会、中国企业家协会申请，热切希望每年举办一次全国"企业家活动日"。1994年2月21日，中国企业管理协会、中国企业家协会决定：自1994年起，每年举行全国"企业家活动日"。届时，照例举行各种相关联谊、研讨、参观等活动。

中国航天日——公历4月24日举行。1970年4月24日，中国第一颗人造地球卫星"东方红一号"成功发射，开创中国航天事业奠基性成就，树立中国航天事业首个里程碑，使中国成为第五个独立自主研发人造卫星的国家。经国务院批准，自2016年起，将每年此日设立为"中国航天日"。其意义至少有四：利于传承航天精神；利于凝聚中国力量；利于培植创新文化；利于促进开放共享，加强国际同行合作。每年此日，皆以"中国梦航天梦"为主题，开展系列宣传、科普活动。

全国预防接种宣传日——亦称"全国儿童预防接种日"。节期：公历4月25日。旨在宣传预防接种相关知识与计划免疫重要性，带动给孩子进行相关疫苗接种，让孩子得到最全面保护。我国以疫苗接种预防传染病，可远溯至公元10世纪"人痘防天花"。中华人民共和国成立后，预防接种得到全面建立和发展。1978年启动"儿童计划免疫"。1986年，国务院批准成立全国计划免疫工作协调小组，正式厘定"宣传日"。

全国儿童预防接种日——参见"全国预防接种宣传日"条。

潍坊国际风筝节——山东潍坊市风筝古俗翻新节日。旧节期，于清明前后；新节1984年始创，公历4月择日举行，多历五天。潍坊风筝制作已历两千余年，饮誉古今中外。届时，开展中外选手比赛和表演放风筝，众多造型特异、色彩缤纷的风筝竞相追逐蓝天，频频博得成千上万观众喝彩。此节，还以风筝为媒，融文化、体育、经济、旅游为一体，穿插众多戏曲、曲艺、歌舞表演，促进了当地文化、经济和旅游发展。（参见"潍坊风筝节"）

5 月

阿佤摸你黑——云南佤族民间狂欢节。公历5月1日举行。阿佤尚黑，以黑为美。节源：阿佤民间用锅底灰、牛血、泥土，抹于额头，以驱邪祈福古俗。译意：珍惜仅有一次的人生，快乐生存下去。阿佤老人口头禅："我生因为我存在，我存在因为我快乐。"今节，用纯天然药物配置涂料，参与者相互涂抹、祝福。他们认为：抹老人则健康长寿，抹青年则爱情美满，抹孩童则茁壮成长。抹黑一脸，快乐一年；抹黑一身，幸福终生。

墨江双胞胎节——哈尼族民间节日。流行于云南墨江一带。公历5月1日举行，历三天。除本县哈尼族及其他民族参与外，更有兄弟省、市、自治区的双胞胎踊跃加盟，亚、美、欧等多国双胞胎名人、明星，亦纷至沓来。主要活动有：千对双胞胎大巡游、双胞胎联谊、幸运双星大抽奖、世界双胞胎绝活展示及才艺大比拼，朝觐双胞井、重返双胞林、共结同心锁等系列仪礼，神奇双胞评选、双胞胎文化展、北回归线"蜜境婚礼"、哈尼长街紫宴，以及乡土原生态歌舞展演，等等。此节现已举办十一届。

哈尼族太阳节——哈尼族民间盛大传统节日。公历5月1日，于"太阳转身的地方"云南墨江举行。"太阳崇拜"乃哈尼最大自然崇拜，全族以"太阳"为图腾，曾使用本族"太阳历"。每年夏至日，太阳直射北回归线，此地出现"立竿不见影"等多种天文奇观。此地所建"北回归线标志园"，由回归之门、太阳之路、夸父追日、巨石阵（石环）、古日晷、超越、日月交辉（春夏秋冬）等组合，乃世界规模最大北回归线纪念性建筑群，直观展示人类对自然、生命、阳光的向往与认知。节间，举行隆重祭祀、庆祝仪礼。突出节俗"抹黑脸"，尤引人注目。还有篝火晚会、酒歌划拳大赛、水上竞赛等。此节常与"双胞胎节"联袂同步。参与者逾万，共度两节。

喀尔夏托依节——新疆柯尔克孜族民间传统节日。公历5月1日举行。"喀尔夏托依"译意"乌鸦宴"。节源传说：古时，柯尔克孜突遭外来侵略，妇女们以歌声和舞蹈吸引敌人，掩护男人们先转移牲畜，再全力抗敌，保全了家园。后来，人们每年此日纪念这一胜利，久而成节。届时，妇女们着新装聚集，由德高望重女性主持，每人先喝一碗奶子，以示忠诚、洁白、勤劳；旋唱歌、跳舞、讲故事。男人们则为她们宰羊，准备节食，酬谢当初女性发挥智慧，为抗敌立功。

乌鸦宴节——参见"喀尔夏托依节"条。

中国青年节——节期：公历5月4日。1919年5月4日，北京青年学生举行爱国游行示威，天津、上海等地纷纷响应，最终发展成震惊中外的"五四"反帝反封建革命运动，成为我国旧民主主义革命终点、新民主主义革命起点。为使我国青年保持和发扬这一光荣革命传统，1950年4月，共青团中央决定以公历5月4日作为青年团成立之日，亦即"中国青年节"。

青年团成立日——参见"中国青年节"条。

全国减灾防灾日——国家法定新节。节期：公历5月12日。2009年四川汶川大地震周年，国家厘定此日为每年纪念日。渊源：1989年，联合国经济及社会理事会将每年10月的第二个星期三确定为"国际减灾日"，日、韩、泰、马来西亚、巴基斯坦等许多国家相继设立本国防灾减灾主题日。2008年5月12日，我四川汶川发生8.0级特大地震，损失之大，举世震惊。翌年，国家减灾委于5月12日这个难忘灾日，主持实施首个"防灾减灾日"，在全国开展四项活动：一，中小学防灾减灾专题活动；二，各类防灾减灾教育活动；三，形式多样的防灾减灾演练；四，竟日集中宣传，追思灾害损失，昭示中华民族共御天灾的坚定决心。

库木勒玛日拜——族谓"采柳蒿芽"，简称"库木勒"。达斡尔族民间传统节日。公历5月中旬或第三个星期日（约当农历四月中、下旬之交）举行，历三至五天。柳蒿芽，多年生草本野菜，多生于水边及沙土地，可拌凉菜或做汤，带点药味，清爽可口。届时，男女老少，以女性为主，头裹白毛巾，腰系花围裙，成群结队，欢聚辽阔草原，边放声歌唱，边采集柳蒿芽。所采，除当日食用外，余晒干储备过冬。其中最鲜嫩者，照例寄赠远方亲朋。

采柳蒿芽——参见"库木勒玛日拜"条。

库木勒——参见"库木勒玛日拜"条。

中国旅游日——国家法定新节。节期：公历5月19日。国家旅游局于2011

年4月12日,发布新闻称:国务院正式批复确定,自本年起,每年此日为"中国旅游日"。国家旅游局倡议:全国各主要景区,届时对游人推出免门票或打折优惠。节日回顾:1983年,中国成为世界旅游组织成员;1985年,中国确定每年定一个省、市、自治区为世界旅游日活动主会场,酝酿本国自己的旅游日。1987年《旅游天地》发文呼吁设立此节;1999年再次有人倡议;2001年5月19日,浙江宁海徐霞客旅游俱乐部倡议,把《徐霞客游记》首篇《游天台山日记》开篇之日(5月19日),定为"中国旅游日"。2009年12月1日,国务院下发《关于加快发展旅游业的意见》,正式提出设立"中国旅游日"。2009年12月4日,国家旅游局启动设立此节相关工作。2009年12月,国家旅游局"中国旅游日征集策划专项工作委员会"授权新浪网就"中国旅游日"设立日期展开专题调查。2011年4月,国家旅游局新闻发布:据《国务院关于同意设立"中国旅游日"的批复》(国函〔2011〕42号),自2011年起,每年5月19日为"中国旅游日";并称,它是全民参与、全民受益的宣传日、推广日和发展日,非法定节假日。

全国助残日——国家法定新节。《中华人民共和国残疾人保障法》第四十八条规定:"每年五月第三个星期日,为全国助残日。"《保障法》从1991年5月15日起生效,相关活动自当年起施行。每年"全国助残日"主题,均据当年重点工作确立,分别围绕"宣传残疾人保障法""一助一送温暖""走进每一个残疾人家庭""志愿者助残"等开展,为残疾人提供各种具体服务与帮助,活动规模、声势逐渐扩大,影响日益深入人心。实践证明,"全国助残日"是培育全社会扶残助残风尚、提高全民助残意识重要举措,亦是精神文明创建活动重要形式。每年"全国助残日",动员上下数以亿计人群参加,有力推动了残疾人事业的发展,意义广泛而深远。

五卅运动纪念日——节期:公历5月30日。1925年5月30日,五卅运动在上海爆发,迅即席卷全国,震惊中外。中国共产党领导下的这一群众性反帝爱国运动,标志大革命高潮的到来,严重打击了帝国主义,大大提高了中国人民的觉悟,让中国人民变得更加团结、坚强。中华人民共和国成立后,每年5月30日例行各种纪念活动。

6 月

主升天日——东正教节日。流行新疆俄罗斯族东正教信徒中。节期:公历6月4日。

全国爱眼日——节期:公历6月6日。1992年9月25日,天津医科大学眼科教授王延华与流行病学教授耿贯一,首次向全国倡议,在国内设立爱眼日,并在天津召开全国爱眼日首次研讨会。此举博得眼科学界热烈响应,决定每年5月5日为全国爱眼日。1993年5月5日,天津首次举办爱眼日宣传活动。受其影响,自1994年起,北京、上海、广州等城市相继在此日举办义诊咨询活动,宣传爱眼日的意义。1996年,国家卫生部、国家教育部、团中央、中国残联等12个部委联合发出通知,将爱眼日活动列为国家节日之一,并重新厘定每年6月6日为全国爱眼日。

中国文化遗产日——节期:公历6月第二个星期六。2005年12月22日,《国务院关于加强文化遗产保护工作的通知》决定：从2006年起，每年6月第二个星期六为中国的"文化遗产日"。文化遗产含物质和非物质两类："物遗"是具有历史、艺术和科学价值的文物，含古遗址、古墓葬、古建筑、石窟寺、石刻、壁画、近代和现代重要史迹及代表性建筑等不可移动文物，各时代的重要实物、艺术品、文献、手稿、图书资料等可移动文物，以及在建筑式样、分布均匀或与环境景色结合方面具突出普遍价值的历史文化名城（街区、村镇）。"非遗"是指各种以非物质形态存在的、世代相承的传统文化表现形式，含口头传统、传统表演艺术、民俗活动和礼仪与节庆、有关自然界和宇宙的民间传统知识和实践、传统手工艺技能等，以及与上述表现形式相关的文化空间。文化遗产是不可再生的珍贵资源。我国丰富的文化遗产蕴含中华民族特有精神价值、思维方式、想象力，体现中华民族生命力和创造力，是各民族智慧的结晶，也是全人类文明的瑰宝。对其保护、传承，是联结民族情感纽带、增进民族团结和维护国家统一及社会稳定的重要文化基础，也是维护世界文化多样性、创造性，促进人类共同发展的前提。

阿坝扎崇节——藏族民间传统陶器贸易节。流行于四川阿坝县。节期：公历6月15至17日。"扎"汉译"陶器"；"崇"汉译"市场"。节期曾为农历五月廿六日。1985年2月，县人民政府与各界群众代表协商，于当年起，将节日改今节期举行。此节肇源宗教活动。19世纪初，当地农历五月廿日传统诵念"真经"之日，渐渐扩展为民俗节日，除诵经外，还举办村际间文体活动，如赛马、摔跤、跳锅庄等。后来，因省内外商人纷至沓来交易陶器，陶器进而成为节间主要商品，故乡民又改称之为"扎崇"，变成了贸易节。当年陶器交易旧址，如今已建成一座草原新城。

中国农民艺术节——中国民间文艺新节，农业部、文化部、中国文联联合主办。循环节期待详。首届农民艺术节于公历2010年6月16日，在北京全国农业展览馆举行，来自二十二个省、自治区、直辖市十余个民族的五十个农民演出队致贺，另有六场农村艺术表演专场，陆续上演近百个节目。节间，启幕全国农村文化艺术"一村一品"展、农业非物质文化遗产展演、农民画展、剪纸精品展、农民工主题摄影展、传统工艺与礼品展、"搏艺宋庄——北京画家村落集群艺术展"等。其中，摄影展展出一百一十八幅作品，再现新生代农民工审美情趣和艺术追求；村落集群艺展含宋庄画家村、七百九十八艺术机构、草场地艺术机构等近两百位艺家之油画、国画、书法、雕塑等佳作。

鄂温克族瑟宾节——鄂温克族猎户传统节日。公历6月18日举行。"瑟宾"意为"欢乐祥和"。本乃以图腾为特征的古老节日。16世纪，萨满教传入，此节逐渐隐退。1993年8月10日，内蒙古鄂温克研究会二届三次常务理事会，根据鄂温克民众意愿，决定恢复这一欢乐祥和古节。节期特选1957年恢复、统一鄂温克族称之6月份，厘定18日，并暂定"彩虹"为节日集体歌舞。节天，村寨男女老少聚集一堂，由部落首领主持，择落叶松间隙处，点燃篝火，煮熊脖、熊头，围篝火唱歌、跳舞，祭巴伊安奈神。祭毕，举行盛大晚餐，吃熊肉，喝熊汤。餐毕，人们成群结队寻觅理想中意树，将熊颅骨挂上树枝，表示崇敬。其间，除跳"彩虹"、天鹅舞外，还进行赛马、摔跤、颈力、腕力、拉棍、拔河、跳棋、象棋等比赛。

鄂伦春族篝火节——全称"鄂伦春民族篝火节"。鄂伦春族民间传统盛节,实则该族春节。公历6月18日举行。1991年,鄂伦春自治旗人大常委会据民众意愿决定:是日,于古老鲜卑旧墟石室嘎仙洞前,首启此节。鄂伦春长期狩猎,与火密切相处,敬火为神,处处崇奉火神,禁忌甚严。进餐时忌向篝火扔食物;点燃篝火时,树枝、木棒须铺排平整,忌乱放;禁用可能发出声响木柴,免爆伤火神眼睛;住地搬迁时,严禁以水灭火,须保留火种,带往新住地……节天,人们竞着节日盛装,来到依山傍水的篝火广场,分三部分欢度佳节:开幕式、传统体育比赛、篝火娱乐晚会。比赛有赛马、射箭、摔跤、拉钩扳腕、颈力绳赛、划桦皮船、采集等。

哈尼族取火日——云南哈尼族民间传统节日。公历6月21或22日(时当农历夏至)举行。哈尼乃追太阳、崇拜火、祭火神的民族。每年夏至此日正午时分,哈尼摩批、长老带领"护法卫士",唢呐、铓、鼓乐手一路吹打,前往"太阳转身的地方"之取火台,向神位摆上供品,叩拜天神、太阳神、火神,举行"取火"仪礼:念念有词,虔诚祈祷"三神"赐予哈尼光和热,让哈尼人寿年丰。节间,各地、各支系民众,各有一些俗项。比如,墨江北标园圣火传递、篝火狂欢;卡多、阿木凳支系举"春粑粑比赛",将优胜粑粑送取火台,供奉火神;等等。

俄罗斯族夏节——亦称桦树节。新疆俄罗斯族民间传统节日。公历6月24日,与东正教圣三主日(圣灵降临节)同时举行。民间相传,桦树、蕨菜、金莓草、黄色铃铛花乃鬼魂精灵藏身之地。节夜,女神们和美人鱼要到林中集会,蕨菜、金莓草、黄色铃铛花,即其走过之地生长出来的神奇植物,有特殊魔力。蕨菜开花,说明地下有宝物;金莓草、铃铛花乃治病良药。节天,一些年老女教徒手执桦树枝、鲜花做礼拜,祈求圣王、圣子、圣灵保佑夏季农作物喜获丰收。更多的人则到桦树林和湖边寻觅蕨菜、金莓草、黄色铃铛花等,采下晾干,放置枕下避邪。少女们一大早头戴花冠,手拿桦树枝,在事先装饰好的桦树周围唱歌、跳舞。人们竟着节日盛装,带着祭品到桦树旁,观看少女们歌舞,欣赏大自然美景。傍晚,少女们摘下头上花冠,在冠上点起蜡烛,放入水中让其漂流。他们认为,谁的蜡烛燃得越久,谁就能长寿和得到最大幸福。人们把卷曲的桦树枝剪下,连同祭品一块投入湖中及麦田里,祈求主宰植物生长的女神、水神及祖灵,保佑庄稼像桦树一样迅速、茂盛生长。

俄罗斯族桦树节——参见"俄罗斯族夏节"条。

东正教圣三主日　参见"俄罗斯族夏节"条。

圣灵降临节——参见"俄罗斯族夏节"条。

全国土地日——节期:公历6月25日。1986年6月25日,第六届全国人大常委会第十六次会议通过并颁布第一部《中华人民共和国土地管理法》。1991年5月24日,国务院第八十三次常务会议决定,从1991年起,把每年6月25日确定为"全国土地日"。中国因此成为世界上首个为保护土地而设立专门纪念日的国家。

全国科普日——中国科普新节。节期：公历6月29日。2002年6月29日，我国颁行首部关于科普的法律《科普法》。自翌年起，每逢此日，均在全国范围举行科普活动，既纪念《科普法》颁行，亦引领、组织大型群众性科普活动。

7 月

建党节——中国共产党成立纪念日。节期：公历7月1日。在俄国十月革命影响和共产国际帮助下，中国共产党第一次代表大会，于1921年7月，在上海及浙江嘉兴南湖一船上召开，李达、李维汉、张国焘、刘仁静、董必武、陈潭秋、毛泽东、何叔衡、王尽美、邓恩铭、陈公博、包惠僧、周佛海十三人代表全国五十七名党员出席，另有共产国际代表马林、赤色职工国际代表尼柯尔斯基到会。大会通过了《党章》，选陈独秀为总书记，宣告中国共产党成立。鉴于战争环境艰难，难以查确"一大"召开日期，党中央于1941年决定将其召开之月首，即7月1日，作为党的生日和纪念日。

香港回归日——节期：公历7月1日。1997年7月1日，中华人民共和国主席江泽民，在香港向全世界郑重宣告：中华人民共和国"香港特别行政区"政府成立。故此，这一天即成为香港回归纪念日。

俄罗斯族彼得节——新疆俄罗斯族旧节。公历7月1日举行。据传，欧洲东部古多森林、草原，夏季多雨潮湿，割草易腐烂；自此日起，即可割草。此俗舶来，落地成节。届时，男人们竞着节日盛装，排成一排，进行割草竞赛；女人们则为割草的人做饭。此节已式微。

廪君文化节——土家族民间俗信节日。流行于湖北长阳一带。公历7月17日举行。据传，中国巴人先祖廪君诞生于湖北长阳之武落钟离山。2010年7月17日，当地民众首次隆重举行祭祀大典，进行廪君雕像、廪君陵揭幕仪式，"缅怀巴人先祖、弘扬巴土文化"座谈会及香炉石文化遗址游等特色活动。湘、鄂、川、黔、渝百余专家学者及各界代表与当地民众参加了此次盛会。

8 月

八一建军节——简称"建军节"。中国人民解放军建立纪念日。节期：公历8月1日。第二次国内革命战争因蒋介石、汪精卫叛变而失败。中国共产党从挫折中吸取教训，决定建立革命武装，遂依靠在党影响下坚持革命的部分国民革命军，于1927年8月1日，在江西南昌武装起义。领导者有周恩来、朱德、贺龙、叶挺、刘伯承等，三万余人参加。是日凌晨两点，革命军向国民党打响第一枪，经五个多小时激战，歼南昌守敌万余。当天成立以中国共产党为核心、吸收国民党左派人士的"中国国民党革命委员会"，公布革命纲领，整编起义队伍，宣布队伍归中国共产党领导。后，在敌人围攻下，朱德、陈毅率部分军队上井冈山，与毛泽东领导的工农革命军会师，成立中国工农红军第四军。1933年7月1日，中华工农民主共和国中央政府决议：8月1日为中国工农红军纪念日。1949年6月15日，中央军委发布命令，正式规定以"八一"字样作为中国人民解放军军旗和军徽主要标志，最终确定建军节。

建军节——参见"八一建军节"条。

以利亚节——曾名"雷神节"。新疆俄罗斯族民间传统宗教节日。公历8月1日举行。俄罗斯族接受基督教前,鉴于8月份雷雨多,将此日作为雷神节,祭祀太阳神兼雷神比伦。据传,比伦在天空驾战车飞驰,马蹄轰响如雷,在石头上打出闪电般火花。俄罗斯族接受基督教后,该教会曾欲取消此节,未成,找一位名"以利亚"的门徒代替比伦职务,因称"以利亚节"。时值秋天开始,每年是日,姑娘竟着节日服装去摘苹果,而8月1日以前禁忌摘苹果。小伙子们不能动手摘,只能在旁边助兴。

俄罗斯族雷神节——参见"以利亚节"条。

古伦木沓节——东北鄂温克族民间古节。于公历8月6日举行(昔时曾于春季择日,或与年节、吉日伴行),历多日。"古伦木沓"汉译"祭火神",源自古老游牧、狩猎生活之祭祀火神仪式。因历史缘由,此节中断多年。2006年5月20日,国务院批准列入首批国家级非物质文化遗产名录,并于同年恢复。届时,家家门前燃起篝火,家人焚香跪拜,祈求火神保佑平安。饭前,照例向火塘洒酒、抛肉,以示供奉。同时,人们还带上帐篷,并携美酒、好肉,前往预定地点聚集。白天,赛马、射箭、摔跤、歌舞、讲故事、玩木牌、下棋等;夜晚,拢上篝火,请萨满跳神,祭神、祭祖。

鄂伦春族祭火神节——参见"古伦木沓节"条。

现代父亲节——有启而乏续之"爸爸节"。1945年8月8日,上海各界文化名流,联名上书市府转呈南京中央政府,请求厘定八月八日为"父亲节"。所据是,"八八"既谐音"爸爸",两"八"重叠、变形,亦呈"父"字。霎时,市民蜂起响应,热烈举庆。惜缺乏推行,未延续至今。

爸爸节——参见"现代父亲节"条。

延边老人节——朝鲜族民间敬老节。流行于吉林延边等朝鲜族聚居区。公历8月15日举行。朝鲜族特别看重六十岁花甲,寿礼中尤重"花甲礼"。节间,花甲以上老人佩戴大红花,接受人们祝福。身着五彩缤纷,缀有飘带的绸缎短上衣、长褶裙的朝鲜族妇女及身穿浅上衣、深色坎肩、肥大长裤的朝鲜族男子,纷纷依偎老人身旁,与老人共享天伦之乐。人们纵情歌舞、踩跳板、荡秋千、打球、摔跤,竭力让老人们享受节日欢乐。有老之家,备制"麻克烈"(一种米酒)、打糕、冷面、狗肉等食品,尽其享用,感谢老人养育之恩。20世纪中叶,东盛涌镇据此成立"老年人协会",摆花甲宴,敬祝寿酒,首开我国自发组织"老人社团"先河;进而于8月15日,定时为老人们"过节"。1984年,延边州委认可,并于州内推广;2010年,通过立法,正式定此日为"延边朝鲜族自治州老人节"。

9 月

广元女儿节——汉族民间传统节日。流行于四川广元一带。昔称"游河湾",节期为正月廿三日;1988年,改今名,今节期,公历9月1日举行。源古老"正月廿三游河湾"之俗。传说,唐女皇武则天之母在广元游河湾时,遇黑龙感孕,正月廿三生下武则天。民间因以此日举会,成群结队前往皇泽寺、则天坝及嘉陵江畔游玩。其中,妇女们尤为突出,刻意穿戴一新,畅游河湾,以祈吉祥。20世纪中叶,"游河湾"曾一度中断。1988年,广元市政府决定恢复此节,定名"女儿节",定期公历9月1日。

广元游河湾——参见"广元女儿节"条。

朝鲜族语言文字日——吉林延边朝鲜族自治州新节。公历9月2日举行。2014年3月25日,延边朝鲜族自治州第十四届人大常委九次会议,据1988年颁布的《延边朝鲜族自治州朝鲜语言文字工作条例》,审议通过《延边朝鲜族自治州人民政府关于设立"朝鲜语言文字日"的议案》,确定此节。旨在更好地满足朝鲜族群众工作、生活需要,促进延边民族团结进步、事业健康发展。

延边"九·三"纪念日——吉林延边朝鲜族自治州州庆日。公历9月3日举行。届时,法定放假一日。人们竞着节日盛装,举家或邀约亲朋,带上吃食、鼓乐、音响等来到公园或郊外风景区,吃饱喝足,高歌纵舞,美美地欢度节假。

中国人民抗日战争胜利纪念日——亦称中国抗日战争胜利纪念日,简称"九三纪念日"。节期:公历9月3日。1945年8月14日,日本政府照会中、美、英、苏四国政府,接受《波茨坦公告》,无条件投降。9月2日,日本签署投降书。当时的国民政府于翌日下令举国庆祝三天,并从1946年把9月3日作为抗战胜利纪念日。1949年底,中华人民共和国政务院曾将纪念日定于8月15日。1951年8月13日,政务院发布《通告》规定9月3日为纪念日。2014年2月25日,十二届全国人大常委会七次会议以立法形式,最终确定"9月3日"为中国人民抗日战争胜利纪念日。

中国抗日战争胜利纪念日——参见"中国人民抗日战争胜利纪念日"条。

九三纪念日——参见"中国人民抗日战争胜利纪念日"条。

杜康节——河南洛阳市新创盛大酒节。公历9月8日举行,历五天。1987年秋,洛阳市人民政府主持创立此节,节日融文化、经贸为一体,自此每年一届。三千余年前,我国酿酒鼻祖杜康,用洛阳优质泉水酿酒,献周王室,被嘉封"酒仙",洛阳因此称"酒乡"。魏武帝曹操《短歌行》吟"慨当以慷,幽思难忘。何以解忧,惟有杜康"。周恩来总理曾指示"复兴杜康,为国争光"。台胞誉之"思乡酒"。洛阳市不断发掘杜康造酒遗址,拨款修葺杜康泉、杜康祠、杜康墓,使人文景观与酿酒工艺相映生辉。节间,举行饮酒赋诗、品酒作画、斟酒行书、酒文化研讨等活动及民间艺术表演,更有经贸洽谈、物资交流、产品订货、旅游观光等,"以酒为媒,广交朋友",影响甚大。美国《大百科全书》誉其为"世界一大酒节"。

教师节——节期古今多变。古乃皇帝祭孔之日。1931年5月,南京中央大学教授邰爽秋联络教育家程其保等沪宁教育工作者二百余人,倡议政府定6月6日为"教师节",并于当年是日在该校致知堂首次集会。尽管政府未予采纳,此后几年仍有不少学校(含一些苏区学校)届时过节。1939年5月,国民政府教育部向国民党中央建言,主张将所谓孔子诞辰之公历8月26日,定作"尊师节","既以表彰圣德,亦以振奋群伦"。因孔子诞辰究竟值公历何日,争辩不休,旋作罢。1943年,国民政府教育部重新颁文认可,惜有名而无实,各地仍多认6月6日。中华人民共和国成立后,教育部、教育工会决定废除"六六",将教师节并入"五一"国际劳动节。1952年,台湾定孔子诞辰9月28日为教师节,在彼推行。1984年12月,教育部、全国教育工会两党组《关于建立教师节日的报告》送中央书记处并报国务院,建议9月10日为教师节。1985年1月,国务院总理向全国人大常委会提此议案,于21日获准。当年9月10日,正式成为我国首个教师节。2010年秋,在第三届世界儒学大会上,北京大学等校四名学者,认定公历9月28日为孔子诞辰,倡议改定此日为"尊师日"。有学者旋在报上撰文,谓孔子"确实诞辰"仍待考,更谓"把孔子诞辰设为尊师日","让孔子蒙羞"。教师节之争,歧义惊人。

尊师节——参见"教师节"条。

康巴艺术节——康巴藏区民间艺术新节。流行于四川阿坝州、青海玉树州、云南迪庆州及西藏昌都地区"三州一地"。节期待统一厘定,迭见公历9月12日及8月28日等。第六届康巴艺术节在迪庆州府香格里拉与"民族团结节"——迪庆州民族团结进步日,同步举行。据藏族地理文化概念,藏区分卫藏、安多、康巴三大区域。康巴地区含鲁共拉山以东、大渡河以西、巴颜喀拉山以南、高黎贡山以北之广袤地区,是我国第二大藏族聚居区。该节展示其独具魅力的自然风光、人文景观、民族风情,增进比邻地区友谊与合作,促进共同繁荣发展。近年,该节更见成熟,坚持把经济和文化、专业和业余、赛事和传承、宣传和营销、主办和协办,进一步整合,突出康巴地区整体资源优势,统筹安排,合力打造更具影响力的康巴艺术节。

迪庆州民族团结进步日——节期:公历9月12日。《云南民族团结进步条例》于2010年7月1日颁布实施,规定每年公历9月12日,为迪庆州民族团结进步日。届时,各族民众相聚州府香格里拉,载歌载舞,欢庆民族团结节。

长白山"九一五"纪念日——吉林长白山朝鲜族自治县县庆日。公历9月15日举行。1958年5月29日,经国务院批准,撤销长白县,设长白朝鲜族自治县,以原长白县行政区域为自治县行政区域;9月15日,设立长白朝鲜族自治县,仍隶属吉林省通化专员公署。因有此节。

内江大千节——亦称大千文化经贸节。四川内江民间纪念画家张大千的节日。首届于公历1991年9月20日,在张大千故里举行,历五天。张大千(1899年5月10日—1983年4月2日),中国卓越泼墨画家、书法家,祖籍广东番禺,出生四川内江城郊安良里一书香门第。20世纪50年代,游历世界,饱饮盛赞,被西方誉称"东方之笔"。书、画并立齐白石,称"南张北齐";与画家黄君璧、溥心畬并称"渡海三家"。弱冠之年,即蓄大把长须,呈终生特有标志。当地倚其赫赫声名,届时举节,并举办各种文化、经贸活动,招徕省内外、乃至海外众多游客、商家。

大千文化经贸节——参见"内江大千节"条。

泸州老窖99名酒节——四川泸州盛大酒节。公历9月9日举行。1986年,泸州市人民政府决定:每年公历9月20日,举行"泸州名酒节"。首届旋于1987年启动;1992年起,改名"中国泸州国际名酒节";2014年,改今名、今节期。泸州老窖作为白酒行业领军企业,以专属网络,充分结合互联网,首次在白酒行业"尝试触电",触发"九月九,抢名酒"热潮,饱收非凡"双效"。

泸州名酒节——参见"泸州老窖99名酒节"条。

中国泸州国际名酒节——参见"泸州老窖99名酒节"条。

全国爱牙日——节期:公历9月20日。在全国牙病防治指导组和顾问组专家们共同努力下,国家卫生部、爱卫会、教委、文化部、广电部、全国总工会、全国妇联、共青团中央、全国老龄委九个部委机关,于1989年联合签署确定:每年9月20日为"全国爱牙日"。宗旨:动员社会各界力量参与、支持口腔预防保健工作,广泛开展群众性口腔卫生知识普及教育,增强自我口腔保健意识和能力,提高全国人民口腔健康水平。

三自爱国运动纪念日——基督教节日。公历9月23日举行。1949年中华人民共和国成立,因特殊原因,中国基督教逐渐断绝与外国传教团体的宗教事务及经济联系,开始独立发展,形成大规模"三自"(自养、自治、自传)爱国运动。1950年,中国基督教青年会全国协会代表等一批知名人士发表《宣言》,号召广大教徒断绝与帝国主义的联系,实行中国教会"三自"。朝鲜战争爆发,美国政府冻结中国在美财产,使原来依靠美国教会津贴的中国教会陷入困境。在中国政府支持下,全国各教会组织和团体,制订教会自立计划,迅速实现"三自"。1950年夏,《中国基督教在新中国建设中努力的途径》(简称《三自宣言》),获教内广泛签名认同,于同年9月23日见载《人民日报》头版,成为"三自"史上里程碑式文献。此日,因此被定为"三自纪念日"。1951年,基督教各教派联合成立委员会,使"三自"爱国运动更达高潮。1954年,"中国基督教三自爱国运动委员会"在京成立,"三自"走上崭新发展阶段。

国际少林武术节——全称"中国郑州国际少林武术节"。河南省人民政府主办、郑州市人民政府承办。1991年起,于9月择日举行,历六天。少林寺始建于公元四百九十五年,位于河南登封少石山北麓五乳峰下,乃佛教禅宗发源地。唐以降,僧徒尚武,创少林派拳术。影片《少林寺》等上映后,该寺及其附近中岳庙、迎仙阁等名胜顿成世界性旅游热点,少林武术亦成海内外华人及欧美人青睐的运动项目。该节遂以"以武会友,共同进步"昭示天下,安排五大类活动:开幕式及大型文体表演;国际性武术比赛(含拳术及刀、枪、剑、棍等套路项目,散手、推手、长兵、短兵等对抗项目);文化艺术观赏(含戏曲、歌舞、社火、游园);旅游观光(以该寺为轴心,遍游省内诸名胜);经贸洽谈及商业文化展示。

中国郑州国际少林武术节——参见"国际少林武术节"条。

泰山国际登山节——山东省人民政府于1987年9月25日创办。后改9月中旬择日举行,每年一届。五岳之首泰山,以拔地通天之雄、人文景观之圣,名列联合国"世界自然遗产"。该节内容:盛大登山比赛;在东岳神府——岱庙,举行宋真宗皇帝封禅泰山仪式;民间舞蹈、秧歌、武术、抬芯子、手舞龙等民间艺术表演;泰山特色盆景、根雕、书画、摄影展览;大型经贸洽谈、科技、人才交流会,以泰安名、优、特、新工农业产品、旅游产品展销为主。该节兼容登山旅游、文化交流和经贸、技术协作等,堪称新型文化佳节。

国际孔子文化节——辐射海内外之中华传统文化纪念节。山东省人民政府与联合国教科文组织,于1989年9月26日创办,每年一届,历半月。旨在纪念中国古代杰出思想家、政治家、教育家孔子,以弘扬民族文化、倡导文化旅游、开展中外经济技术协作。要目有:大成殿大型仿古祭孔表演,再现当年祭孔壮观场面;大型古典《萧韶》乐舞;先哲孔子生平和业绩展览;孔府珍贵文物展览;世界延时最久家族基地孔林展览;孔子及儒家思想学术报告会;以孔子"六艺(礼、乐、射、御、书、数)"为主的孔乡修学旅游、古典婚俗旅游、仿古射箭旅游等;大型中外经济、技术洽谈会;名、优、特、新产品,文化旅游产品及工艺品展销;等等。

烈士纪念日——公历9月30日。2014年8月,第十二届全国人大常委会第十次会议决定,将9月30日设立为"烈士纪念日"。同年9月30日——首个"纪念日",中共中央、全国人大常委、国务院、全国政协、中央军委、各民主党派、全国工商联和无党派爱国人士、各人民团体,各界群众、老战士、老同志、烈士亲属,中国少年先锋队,向北京人民英雄纪念碑敬献花篮,深切缅怀先烈。习近平等党和国家领导人出席了活动。

侗族多耶节——侗族民间传统节日。公历9月30日至10月6日(有时于12月下旬)举行。流行于桂、湘、黔交界侗族村寨。多耶,译意"踏歌而舞",乃寨子间集体走访之歌舞活动。歌中带衬词"耶",故名。届时,参与者手拉手围圈,跟着领唱的节奏,边唱边舞。唱歌顺序:女方先唱三支歌,男方旋步其歌意唱三支;每三支为一套,对唱一二十套后,唱结尾歌。所唱歌目,有祖母耶歌、父母耶歌、星宿耶歌、争取平等耶歌、猜谜问答耶歌等等。在各侗区"多耶节"中,"中国(柳州·三江)侗族多耶节"最具代表性、最具影响力,誉称"侗族地区经济持续快速增长助推器,旅游推介'金字招牌'"。

10 月

国庆节——中华人民共和国成立纪念日。节期:公历10月1日。1949年9月21日,中国人民政治协商会议第一次全体会议在北平隆重开幕。会议选举中华人民共和国中央人民政府委员会毛泽东为国家主席,朱德、宋庆龄、张澜、高岗、李济深、刘少奇为副主席;制定了国旗(五星红旗)、国徽(谷穗、齿轮环绕五星照耀下的天安门)、国歌(《义勇军进行曲》);决定北平改名北京,为首都。10月1日,中央人民政府委员会首次会议,任命林伯渠为中央人民政府秘书长、周恩来为中央人民政府政务院总理兼外交部部长;决定宣告中华人民共和国中央人民政府成立,以《中国人民政治协商会议共同纲领》为中央人民政府施政方针。下午3时,开国大典在天安门广场隆重举行。军乐声中,五十四门礼炮齐鸣二十八响。毛泽东主席在城楼向全世界庄严宣告:"中华人民共和国成立了!""中国人民从此站起来了!"并亲按电钮,升起第一面五星红旗,标志新中国诞生。12月,中央人民政府第四次会议决定,将10月1日定为中华人民共和国国庆节。

竹乡之秋——全称"竹乡之秋经贸文化艺术节"。四川青神县节日。源于当地中秋节和经贸交流会。始于20世纪80年代末,每年公历 9 月 30 日举行,历三至五天。

竹乡之秋经贸文化艺术节——参见"竹乡之秋"条。

侗族扁米节——亦称十洞款会。贵州黎平"十洞"侗胞民间古老节日。十洞款会已历数百年,旨在展示、传承侗族"款文化"。2014 年 10 月 3 日,古节隆重复苏、新生。当地侗胞身着节日盛装,进行寨门迎宾、寨老议事、祭萨、侗寨大歌展演、侗族长桌宴、制扁米等款会仪式。"款",侗族古代社会民间自治和自卫组织;"十洞",指黎平"十洞"地区的十三个侗族村寨。另传,此节亦侗家"情人节"。此寨少女们共同约定,去彼寨摘取某位小伙家糯禾,制作成香甜可口的扁米。节天,她们开展摘禾比赛,摘下新禾若干。入夜,男女青年汇集歌堂,一起制作扁米,边品尝、边对歌,诉说爱情和友谊;兴浓时,通宵达旦。

十洞款会——参见"侗族扁米节"条。
侗家情人节——参见"侗族扁米节"条。

耍白象——云南阿昌族民间狂欢节。昔时节期灵活;今厘定公历 10 月 1 日举行,历三天。源于盛大宗教集会,现已变为民间娱乐、体育盛会。"耍白象"乃云南阿昌族传统"会街"之主要内容,不时用作其代称,本旨在信奉小乘佛教阿昌族迎接最信奉的"个打马"菩萨灵魂返回人间。"白象"用木料制作,若真象大小,纸糊身,布做鼻。其腹藏一人,双手来回拉动带滑轮、连象鼻摆动之绳索,让白象栩栩如生。届时,四人藏象腹底,暗抬举大象。众人绕白象跳象脚鼓舞,尽情欢度佳节。

全国高血压日——节期:公历 10 月 8 日。高血压乃最常见心血管疾病,会导致心、脑、肾等脏器并发症,严重危害人类健康。提高对高血压的认识,对早期预防、及时治疗,极其重要。卫生部决定自 1998 年起,将每年 10 月 8 日,定为"全国高血压日",以提高民众对高血压的认识,增强各级政府、各个部门、社会各界对高血压防治工作的重视。

追走月祭仪——亦称作田月祭仪,为古老采薪仪礼。台湾少数民族支系布农人传统祭祀节日。公历 10 月上旬择日举行,历四天。时值收获季节,人们上山采薪,备取暖、煮炊之用,故有此举。届时,全家上山采伐木材,以栎、柯等木材为佳。首日,禁食薯;第二、三日及第四天上午,由山里运薪回家,堆积前庭;第四日下午,再搬至薪谷里收存。四天均禁忌妇女织布。另外,村社众人分为数个组,每日在郊野象征性地驱逐土地的恶精灵。

作田月祭仪——参见"追走月祭仪"条。

俄罗斯族丰收节——新疆俄罗斯族民间农祀节日,公历 10 月之第二个星期日举行。人们收割小麦结束时,特意在地里留下一束小麦,除尽其周围杂草,再摆上面包、盐和奶酪等供品,静默拜谢大地母亲恩赐,祈求来年更大丰收。

全国扶贫日——节期:公历 10 月 17 日。2014 年 8 月 1 日,国务院关于同意设立"扶贫日"的批复明确指出,从该年起,国家将每年的 10 月 17 日设立为"扶贫日"。此日,亦联合国 1992 年设立的"国际扶贫日"。我国响应此举,旨在引导社会各界关注贫困问题,关爱贫困人口,关心扶贫工作,学习身边榜样,宣传凡人善举,动员广泛参与,培育良好风尚。方式有:召开电话会议、扶贫座谈会,举办"10·17"减贫论坛等。改革开放以来,我国六亿多人口脱贫,对人类减贫事业贡献巨大。但因多种因素制约,贫困状况仍甚严峻。按世界通行标准,我国农村贫困人口仍逾两亿,更显"扶贫日"意义重大。

中国男性健康日——节期:公历10月28日。2000年8月16—18日,国家计生委在大连召开男性生殖健康项目研讨会,并确定当年10月28日为全国首个"关注男性生殖健康日"。其渊源关涉计划生育工作。1994年,中国政府向世界承诺,在计生系统中全面开展健康服务。其重要一环,即让男性关心并参与计划生育,关心男性自身期待解决的实际问题与困难,唤起男性参与计生的主动性和责任感。

11 月

全国消防日——节期:公历11月9日。公安部从1992年起,设定此日,依据有三:其一,国际电报电话咨询委员会据国际标准化管理要求,建议世界各国火警电话采用"119"号码,以避免火警电话用"0"号开头,利于具有突发特点的火灾报警通讯畅通无阻,而将其并入"11"号开头特别服务。其二,火灾报警电话"119",与"消防日"11月9日这三个阿拉伯数字相协调,易为人们接受。其三,"1"字古读"幺",音谐"要";"9"音谐"救":"119"连读,即"要要救"。

联合国糖尿病日——节期:公历11月14日。世界卫生组织和国际糖尿病联盟,于1991年共同发起。2006年底,联合国通过决议:从2007年起,将每年11月14日"世界糖尿病日",定名为"联合国糖尿病日"。其宗旨:引起全球对糖尿病的警觉和醒悟,使世界所有国家加强对糖尿病的宣传教育、防治和监测,提高对糖尿病的认识,更加关心糖尿病患者的工作与生活,加强对糖尿病预防措施、治疗手段的研究,更好地为人类健康服务。

宁蒗彝年——节期:公历11月16日,历三天。在宁蒗彝族聚居区举行。昔时,彝年节期因地有异。1988年,宁蒗县人民政府根据民众意愿,厘定每年此时为彝族过年日。届时,人们纷纷穿上传统民族盛装,聚集村寨广场,高歌纵舞。各户杀猪宰羊,以羊肉为上品;必备自酿土酒,节茶博中年以上男女青睐,习惯以荞粑、炒面为佐食;自种"兰花烟",则为信奉"吸烟不能断代"的吸烟者节日首选。

12 月

全国法制宣传日——节期:公历12月4日。2001年,中共中央、国务院转发《中央宣传部、司法部关于在公民中开展法制宣传教育的第四个五年计划》,明确规定将我国现行《宪法》实施日(1982年)12月4日,作为每年一次的"全国法制宣传日",旨在提高全民法律素质和全社会法制化管理水平。

国家宪法日——节期:公历12月4日。2014年10月28日,全国十二届人大常委会第十一次会议,表决通过将我国现行《宪法》实施日(1982年)12月4日,设立为"国家宪法日"。《宪法》溯源:1931年,全国第一次工农兵苏维埃代表大会,宣告"中华苏维埃共和国"成立,并颁《中华苏维埃共和国宪法大纲》，成为中国历史上首部正式人民宪法性文件。1946年，陕甘宁边区第三届参议会通过《陕甘宁边区宪法原则》。1949年，中国人民政治协商第一届全体会议，审议通过《中国人民政治协商会议共同纲领》，是为"临时宪法"。1953年，《宪法》起草委员会启动起草工作。次年3月，毛泽东向起草委员会提交中共中央拟定之"宪法草案初稿"；1954年，第一届全国人大一次会议表决通过《中华人民共和国宪法》，宣告我国历史上首部社会主义宪法诞生。1973年8月，党中央决定重新筹备召开四届人大，修改《宪法》，选举和决定国家领导人员。四届人大旋审议并通过1975年《宪法》。五届人大一次会议通过1978年《宪法》，由大会主席团公布施行。1980年五届人大三次会议接受党中央《关于修改宪法和成立宪法修改委员会的建议》，委员会成立并主持修宪。1982年，五届人大五次会议表决通过1982年《宪法》，同年12月4日，现行《宪法》开始实施。从此，我国修宪方式由"全面修改"，转为"以修正案形式修改"。

南京大屠杀死难者国家公祭日——节期：公历12月13日。2014年2月27日，十二届全国人大常委会第七次会议决定，将每年12月13日设立为南京大屠杀死难者国家公祭日。从1994年起，江苏、南京已于每年此日举哀，以撞和平钟、敬献花圈等仪式，祭奠南京大屠杀遇难同胞。2005年、2012年，全国两会均有代表委员，倡议将每年此日，即南京大屠杀同胞遇难日，上升为国家公祭日。据1946年2月中国南京军事法庭查证：日军在南京集体大屠杀二十八案，十九万人；零散屠杀八百五十八案，十五万人。日军在南京进行了长达六个星期的大屠杀，中国军民被枪杀和活埋者达三十余万人。2014年12月11日，"中国首个南京大屠杀死难者国家公祭日"来临之际，位于河北邢台的中国人民抗日军事政治大学陈列馆前，五百余名学生组成"12.13"字样，纪念南京大屠杀遇难同胞，并警示自身铭记历史，奋发图强。此祭世界意义在于：促使人类历史记忆长久保持唤醒状态，共同以史为鉴、开创未来，维护世界和平及正义良知，促进共同发展和时代进步。

昆明城市那达慕——云南蒙古族民间传统节日。公历2013年12月19日举行。云南省民族学会蒙古族研究委员会等机构主办。旨在增进云南蒙古族同胞交流感情，宣传蒙古族传统文化。届时，节日遵循那达慕固有"游戏、娱乐、聚会"含义，开展摔跤等竞技活动及民族歌舞表演。本市及市外的蒙古族同胞，纷至沓来参与，并促膝交流、畅谈，共同欢度佳节。

盍什节——"盍什"意为"新年"，亦译"阔时节""过年月"，族称"过年节"，习称"傈僳春节"。云南傈僳族民间最盛大、最隆重传统年节。无统一节期，昔时多于农历腊月初五至翌年正月初十之间举行。1988年，怒江傈僳族自治州厘定为法定节日，于公历12月20日举行，州内放假三天。一些地方称"拉歌节"。节俗源自传说：从前，傈僳古有两兄弟，兄贪狠，弟善良。兄结婚后把弟赶出家门。弟在山上一草屋，遭遇一群魔鬼，便从容跳夏，以高超武艺和智慧战胜群魔，并赢得金、银各一缸。弟回村，分金银给众乡亲。从此，村村寨寨每年此时便杀猪煮酒，昼夜聚会歌舞、喝酒，感念民族勇士。节前，家家打扫卫生，准备过年柴草、食物等。除夕夜，家家团圆,进年餐,守夜。虎氏族傈僳人,新年前三天禁去外村、别人家。永胜、碧江有些傈僳族,砍两棵茁壮青松,插院门两侧,宅内外地上铺以厚厚松针叶,以趋吉辟邪。福贡在除夕傍晚,各家由男家长主持祭祖求福,后杀猪宰羊。节首日,杀猪宰鸡,酿制水酒,舂灿米粑粑和蒸天雄米饼,将舂出第一臼糯米粑粑,放些在桃、李、梨、苹果等果树上,祈来年挂果累累。饭前,主人先给狗喂一碗米饭,犒劳其给人间带来种子。后,祭门、房梁和灶塘三脚架,正式祭祖,祈亡灵保佑全家平安、多福。最后,全家才开饭。新年间,男女盛装来到村里打麦场,射弩、打秋千、跳舞、弹弓、爬杆、对歌等。姑娘小伙借机择偶、定亲。入夜,男女老幼再集平坝,歌舞狂欢。老年聚集煮酒、唱调子。怒江还有"沙坑埋人"游戏,意寓"埋葬苦难";被埋者爬出沙坑,寓"脱离苦难,走向新生"。福贡一带举行竹筏竞渡。德宏、保山地区,主要是跳嘎。碧江、云龙、泸水一带举行"春浴",村民在温泉洗浴。泸水附近还要举行温泉歌会。初三起,人们走村串寨,探亲访友,互相拜年。初七是女人的节日,初九是男人的节日,各自不背水、不做饭。

傈僳族新年——参见"盍什节"条。

阔时节——参见"盍什节"条。

傈僳族过年月——参见"盍什节"条。

傈僳族过年节——参见"盍什节"条。

傈僳族拉歌节——参见"盍什节"条。

傈僳族春节——参见"盍什节"条。

俄罗斯族圣诞节——新疆信仰东正教之部分俄罗斯族民间节日。公历圣诞日(俄历1月7日)举行,历三天。当地俄罗斯族信奉东正教。东正教的宗教节日多达十余个,最主要乃圣诞、复活两节。

新年祭——台湾少数民族支系雅美人、阿美人传统祭祀节日。雅美人在公历12月前后择日举行,阿美人以收割完毕公历下个月13或14日为祭日,历五天。雅美人举祭,旨在祈求丰年。祭日前夜,社里各家捣粟煮饭。天明,宰猪煮肉,分送亲友;旋携粟饭猪肉及各种芋做祭品,家长戴银质大礼帽,着礼服,佩金质大胸饰,带银镯到海岸。全社家长齐集后,各置祭品于沙滩,祭天神,祈赐福。返家后,人们另备祭品,供奉祖先之灵,祈丰年。阿美人新年祭乃隆重集会。祭仪前日,男子未成年者在公共会所外,中老年人分别在会所与舞屋(祭后开宴之处),举行诸神的尝新祭,用新粟酿制的酒泼地作祭,祭后会饮。年轻人和未成年男子则终日跳舞。午夜前,青年男子赴海滨建小舍。在男子会所的长老们,则派人到社中向每户征收鱼干,携归公共会所食之。翌日晨,老人们去海滨,由最高辈分者发令,竞走赴海捞鱼,按辈分编组,渔毕返回,评定优胜。当夜,宿于海边营地。第三、四天,最年轻一辈着盛装,围绕营舍走三圈,后分食煮熟的鱼。由长老在公共会所讲评捞渔成绩,以酒奖赏得奖者。最后,年长者在公共会所欢宴,其他人散去,年轻人赴"舞屋"跳舞,此时女子可共舞。第五日鸡鸣时,妇女起床煮粟,天明捣成大型糍粑。近中午,一人喊"携糍前来",各户妇女把糍粑送到公共会所,分发众人,可带回家。自此,各家举办家宴。舞场上认识之青年男女,有中意者,女方开始盛装访问男家,帮男家汲水、洒扫,此为求婚。男家如看中,即留她晚餐,餐后男青年伴送其回家,以进一步表达爱慕之情。

太阳历

太阳历,古老"阳历"之全称;现今诸国通用之属,习称"公历",另称"格列历"。特征是,年的长短,依据天象,均长等于回归年;月的长短则人为规定,无涉月相盈亏。中国部分少数民族所创、所用"太阳历",略同此征;但月份划分有异,月日自难重合。

诺劳孜节——柯尔克孜族太阳历传统年节:新年。柯尔克孜太阳历元月初一(约当公历3月22日前后)举行。突出特征是吃"克缺饭"(用大麦、小麦等七种以上食品做成)。"诺劳孜节"波斯语意为"新年节"。古伊朗语意为"春雨日",近似汉族农历春分。此节,按柯尔克孜历法推算,一年用鼠、牛、虎、兔、鱼、蛇、马、羊、狐狸、鸡、狗、猪十二种动物表示,各代表一个月。每十二年一循环,每年"加勒安·库兰"(正月)月份的第十一天,即白羊星在天空正南方出现第二天,为诺劳孜节之节期。节前,家家大扫除,用象征吉祥的白粉涂刷墙壁,准备丰盛年货,宰牛羊,油炸面制品,制作节日盛装。除夕,每家门前用芨芨草生一堆火,全家人及家中牲畜都从火上跳过;同时,人们念《古兰经》,祈求新年人畜两旺。日出开始举行节日仪式,各家家长首先起床,做"诺劳孜饭"或称"冲克缺":用炒后去皮小麦和大麦,加盐、葱、植物油、牛羊肉、葡萄干和蔬菜等做成。做此饭时,不再宰牲畜,而用往年剩余牛、羊、肉、粮食和其他食品,做很多,刻意剩余,示"年年有余"。吃"诺劳孜饭",为祈求新年兴旺平安。午时,人们着节日盛装,在家摆好丰盛食品和美酒,准备招待前来拜年的亲友。人们相互登门拜年之后,聚集草原或广场,进行赛马、叼羊、荡秋千、摔跤、拔河、唱歌、跳舞等各种娱乐活动。日落,畜群从牧场上回来,每家毡房前烧起一堆火,人们先从上跳过,后让牲畜跳过,以火消灾克难,预祝新年人畜两旺。民间《诺劳孜节》歌唱道:"阿拉斯,阿拉斯!旧的一年过去了,新的一年来临了。祝愿每月都顺利!祝愿一年都平安!"

柯尔克孜族新年节——参见"诺劳孜节"条。

努鲁斯节——新疆塔塔尔、哈萨克、乌孜别克、维吾尔等族民间传统佳节。人们将阳历3月21或22日(农历春分前后),作为新年、传统春节。"努鲁斯",维吾尔语意为"新日节";哈萨克族称"那吾热孜",均含"辞旧迎新、新日节"等意。节前,人们清扫宅院、修整棚圈、准备节食等。节天,男女老少皆着节日盛装,互相拥抱拜节,共同聚餐,合唱《努鲁斯歌》,开展群众性文娱活动。

那吾热孜——参见"努鲁斯节"条。

新日节——参见"努鲁斯节"条。

撒班节——亦称犁铧节。新疆塔塔尔族宗教性节日。阳历5月下旬择日举行。塔塔尔进入农耕后,因用犁铧种田获得丰收,遂对其产生崇敬心理,形成此节。过节旨在庆祝春耕圆满结束,祈秋季丰收。届时,以村为单位在野外、田头集体欢度,由长者主持,全体村民参加。活动须待全村所有土地耕种完毕方能举行;因故难以完成耕种者,别人予以帮助。为备过节,妇女们准备烤饼、饼干等食物;少女们凑在一起边唱歌,边用麻线和棉线织手帕、围巾、刺绣衬衣,以呈交节日主持人。节天,人们着民族服装,在欢聚地唱歌、跳舞,举行摔跤、攀杆、赛跳跑等体育比赛。"赛跳跑"最受青睐:参加者口衔一匙,匙内放鸡蛋,衔匙跑时鸡蛋不能落地。主持人将妇女们准备的各种物品,奖给优胜者。节间,各家还准备"古科底诶"(大米加奶酪、杏干烤制之饼)、"伊特白里西"(南瓜加大米、肉烤制之饼)及用蜂蜜发酵制成的"克儿西麻"、用田野葡萄酿制成的"克赛勒"等饮料,招待客人。

犁铧节——参见"撒班节"条。

阿坝藏族聚居区赛马会——藏族民间重要节日。流行于四川阿坝州红原县等地。时间、内容因地有异。红原县于阳历7月1日举行。该县草原广袤,水丰草茂,畜牧较发达。1935年中国工农红军北上抗日经此,帮助藏族群众反抗黑暗统治,发展生产。中华人民共和国成立后,红原藏族群众为感谢党的恩情,决定每年7月1日举行赛马会,以志纪念。届时,藏族及羌、彝、汉等族人民,着民族服装,骑马,赶车,带上农副土特产品,从四面八方涌向赛场。赛场锣鼓喧天,彩旗飘扬,顷刻挤满各族群众。参赛骑手们,着民族服装,个个英姿飒爽,手执缰绳入场,伫立起跑线上。只听"叭"的一声枪响,他们迅即翻身上马,飞快冲到跑道,抖动缰绳,扬鞭催马,只听骏马嘶鸣,四蹄狂奔。顿时,周围各族群众的锣鼓声、欢呼声、掌声和"阿哥加油"的叫喊声响彻云霄,场面十分精彩。赛马结束,人们或前往市场出售农副土特产品,或选购日用百货、民族特需商品和节日食品。青年男女则聚集唱歌跳舞,尽情娱乐。

甘孜藏族聚居区赛马会——藏族民间文化娱乐盛会。流行于四川甘孜州理塘县一带。阳历8月1日举行赛马,故亦称"八一赛马会"。昔时,当地藏民每逢藏历六月十三,都要焚香烧纸,宰杀牛羊,祭祀山神,并开展赛马活动。1962年,经当地广大藏民协商讨论,改为阳历8月1日举行赛马会。地处金沙江上游的甘孜州,海拔四千米许,州内草原辽阔。是时,牧场上蓝天白云,牧草茵茵,野花遍地,牛马成群。会前,各地藏族农牧民及附近回、彝、汉等族,三五成群,或骑马,或赶车,或乘车,或步行,带着酒肉等节日食品,从四面八方赶到赛场周围,撑起帆布帐篷,架上锅灶。草原宛如碧波荡漾的海洋,牛羊成群,马儿肥壮。鳞次栉比的帐篷像一朵朵白云,景色十分秀丽。场上,除赛马外,还举行骑马捡哈达、跑马射箭、马术表演,以及拔河、摔跤等比赛,表演传统藏戏,放映藏语译制影片。另外,还开展"卡布重勒""格吐"等项目比赛。前者乃藏民游戏,参加者两臂支持身体悬空,用嘴去叼放在酸奶中的一颗糖,谁叼起,且脸上未沾上马奶,谁获胜。相反,稍不留心,鼻、脸就会粘上马奶,成为台上"丑角",招来观众捧腹大笑。后者是藏族群众独特的单人拔河赛,不用手拉,而将绳两端分别套于两人脖子,在裁判指挥下,各自用脖子使劲拉,三局两胜,或五局三胜,颇有民族特色。入夜,身着盛装的各族群众,不分男女老幼,挽手并肩,围着一堆堆篝火,跳起欢乐的锅庄舞、弦子舞,欢庆丰收,热闹异常。

八一赛马会——参见"甘孜藏族聚居区赛马会"条。

彝历

彝历,"十月太阳历"之一种。类似非洲古埃及历和美洲印第安人玛雅历,但计算更精确。特征:完全按地球绕太阳运行周期制定。一年分十个月,每月三十六天。过完十个月后,将五天或六天作为"过年日"。

彝年——亦称彝历年。滇、黔、桂等地彝族北部方言区民间年节。源于彝族太阳历。按彝族传统历法,一年分十个月,十月为年节,彝年因此亦称"十月年"(约当农历十月上旬),或称"过小年"。各地节期不定,通常在秋收后,由毕摩于彝历兔月(约当农历十、冬月),择吉日举行。若上年五谷丰登,此节期可沿用,否则另择节期。年节历三天:首日,称"库识",举行各种迎神祭祖仪式。次日,称"多博",活动内容最丰富,中年男子走亲访友,祝贺新年;青年男女相邀聚会,唱歌跳舞,开展赛马、荡秋千、角力等文体娱乐;孩童们则做叫"窝西那股客"的游戏。第三天,称"阿甫博基",是送神之日。贵州威宁一带彝族,多在农历十月初一过年。人们打扫卫生,准备佳肴,高高兴兴过新年,亦历三天。青年男女举行荡秋千活动。有的村寨举行隆重的请、祭、送菩萨活动。

彝历年——参见"彝年"条。

彝族十月年——参见"彝年"条。

彝族过小年——参见"彝年"条。

伊斯兰教历

伊斯兰教历,亦称"希吉来历",在我国称回历。以公元622年,伊斯兰教创始人穆罕默德由麦加迁至麦地那(该教称"希吉来",意"迁徙""出走")为纪元,以该年阿拉伯太阴年岁首(公元622年7月16日)为元年元旦。计年分太阴年(供宗教活动用）、太阳年（供农耕用）两种。前者以太阴圆缺一次为一月，一年十二个月，称"动的月"。单月三十天，双月二十九天，全年三百五十四天。无闰月，每三十年为一周，周置十一个闰年。闰年末月置一闰日。故闰年三百五十五日。后者以春分为岁首，以太阳行十二宫一周为一年，时长十二个月，称"不动的月"。平年三百六十五天，内五个月每月三十一天、四个月每月三十天、两个月每月二十九天、一个月三十二天。一百二十八年置闰三十一次。闰年于三月末加一天，年计三百六十六天。伊历太阴年三百五十四天或三百五十五天，比公历少十一天左右，即跟四季轮回总相差十来天，故斋月和斋期年不尽相同。古尔邦节有时在冬天，有时在夏天，约三十一年循环一次。伊历九月为斋戒之月；十月初一为"开斋节"；十二月为朝觐之月，当月初十为"古尔邦节"。此历正式传入中国，始自元世祖至元四年(1267)。

迄脱迄迪尔爱脱节——亦作乞脱乞迪尔爱脱节。塔吉克族新年、春节。"清除烟尘"之民间节日。于伊斯兰教历新年伊始（约当公历3月间），春草萌芽之时，择吉日举行。人们将正方平顶、木石结构、顶部开窗采光的撒拉依（住宅）清扫干净，用白粉在墙壁洒绘成美丽花纹等图案，以祈吉祥、人畜两旺。节晨，先由孩童牵一头牦牛绕主宅一圈，在牛身撒些白粉，喂牛一些饲料，望它在新年好好合作，后将其牵出，家人方能入内。然后，互相开始拜年。妇女向来客左肩撒些白粉，以祝吉祥。节间，各户用卡乌日草裹棉花、涂酥油，制成"卡乌日"火把。傍晚，举家依次呼名，各点燃一支火把，做祈祷，围火把进晚餐。入夜，各户用长杆，扎成一支大火把，插房顶，以招徕吉祥。在诸多"卡乌日"照耀下，村寨通明，男女老少欢歌纵舞，彻夜不眠。节间，人们照例穿插进行叼羊、马球及"挂波齐"等马上竞技活动。

乞脱乞迪尔爱脱节——参见"迄脱迄迪尔爱脱节"条。

塔吉克族新年——参见"迄脱迄迪尔爱脱节"条。

塔吉克族春节——参见"迄脱迄迪尔爱脱节"条。

阿术拉节——亦称阿舒拉节、阿守拉日。我国回、维吾尔、哈萨克、塔吉克、乌孜别克、柯尔克孜、塔塔尔、东乡、撒拉、保安等信仰伊斯兰教各民族共同节日。伊斯兰教历正月十日举行。阿拉伯语"阿术拉"，意为"第十"。节日活动，因族因地有异。在宁、甘、陕、滇等回族地区，节天，每家要凑集一些粮食，由清真寺熬成杂粥，供众人享用，并请阿訇诵经、赞圣。有的地区，各户用各种豆子，加上红枣、核桃仁等煮成豆粥，自食或赠亲朋、邻里。一些家庭妇女聚会，捐钱凑粮，熬一锅杂豆粥，请阿訇念经会餐。节源古今存多说：①据《回经志》《西域见闻录》等史籍载，每当此日，穆斯林纷纷前往平时所供奉之人的坟墓。礼拜、诵经举祭。②公元680年10月10日，在卡尔巴拉圣战中，穆罕默德的孙子侯赛因不幸殉难。后人为缅怀他，定此节日。③回族穆斯林认为，为缅怀"努海"挽救人类于饥饿的壮举，家家才熬、吃豆粥。④维吾尔穆斯林认为，这天乃纪念玛合木甯敏外孙依玛木哈散和依玛木乌散被贼人杀害之日。⑤这天，阿丹、努海、易卜拉欣和穆萨等先知得救，后于伊斯兰教历元年，穆罕默德把"阿术拉"定为斋戒日。⑥安拉在这天造人和火狱，是神圣之日，伊斯兰教徒须举行祈祷活动。

阿舒拉节——参见"阿术拉节"条。

阿守拉日——参见"阿术拉节"条。

肖公巴哈尔节——亦称肖贡巴哈尔节、诺鲁孜节，意译"迎春"。塔吉克族民间节日春节。伊斯兰教历每年首个新月出现时，或夏历春分（公历3月21日）举行，历三天。此节没有传说、神话，更无宗教色彩，仅有农业生产与相互激励，故独具特色。开初，它约当一些民族的诺劳孜节，以欢庆为主。节晨，各家男童牵毛驴或牛在屋里转一圈。主人给其喂块馕，往其身上撒些面粉，后牵出屋外，并将此前搬出屋外东西搬回家里。特别的是，之后，全村要推举一个高望重之人做"肖公"，带领男人们挨家拜节。肖公代表众人向主人恭喜祝福；主人致谢，拿出面粉，洒在肖公等来客肩上，表示同喜同福，旋款待来客。肖公则亲手将主人捧出的大馕掰成块状，祝福后，自己先吃一块，后众人分食。妇女不拜节，仅留家里招待客人。

肖贡巴哈尔节——参见"肖公巴哈尔节"条。

塔吉克族诺鲁孜节——参见"肖公巴哈尔节"条。

祖吾尔节——参见"肖公巴哈尔节"条。

铁合木祖瓦提斯节——参见"肖公巴哈尔节"条。

塔吉克族引水节——族称"孜瓦尔"；亦称"孜完尔""修渠引水节"。塔吉克族传统农事节日。于伊斯兰教历春月举行，历数日（春季来临，需砸冰引水灌地之公历3月22至4月22日间）。流行于塔什库尔干塔吉克族自治县。节前，破冰引水之前，全村皆做几项准备：一是砸冰工具；二是到主要河道冰面撒些黑土，促其融化；三是烤制三块大馕，一留家，其余两块带到引水工地食用。节天，众跨马带工具、食品，由穆拉甫（管水头领）带至引水点，破冰块，修水渠。引水入渠时，众欢呼雀跃，高兴聚餐，孩童们则撩水嬉闹。食毕，就地祈祷，祈风调雨顺、庄稼丰收。然后，举行赛马、叼羊等娱乐活动，庆贺引水成功。翌日，开犁播种，进入春耕大忙。塔什库尔干塔吉克族自治县位于帕米尔高原，气候寒冷，地广人稀，破冰引水单家独户难以完成，因此形成群策群力、团结互助传统。2006年5月20日，此节跻身首批国家"非遗"名录。

孜瓦尔节——参见"塔吉克族引水节"条。

孜完尔节——参见"塔吉克族引水节"条。

修渠引水节——参见"塔吉克族引水节"条。

塔吉克族播种节——族称"哈莫孜瓦斯特"。塔吉克族传统农事节日。于伊斯兰教历春月"引水节"后接踵举行。届时，全村人将耕畜、工具带到地头，祝贺春播开始。各户皆带一点麦子，放于一处，先由村中德高望重者做祈祷；旋推举最有耕作经验且子嗣众多者，率先撒种，以祈丰收。被推举者喜笑颜开，念念有词，拎着种子一把把撒向众人身上；众拽着衣襟，笑声阵阵，争相拥往种子撒落处，以呼应祝福。撒完，由一人牵一头体壮耕牛进地，象征性犁几下，撒几把麦种表示开播；给耕牛喂些形如犁铧、犁套之类面食，以示犒劳。干完地里活，大家互相拜节，整个村子充满相互合作的融洽气氛。据说，昔时贫困之家，临节需全家出动，去接种子，解燃眉。今"撒种"与"接种"仅仪式而已。另，塔吉克此节，还有向客人泼水之

"礼"。节有来客,妇女早早备好一盆清水,候在门外,待客一出门,即倾盆朝其身上泼去,以示敬意。

哈莫孜瓦斯特——参见"塔吉克播种节"条。

乌孜别克族诺鲁孜节——乌孜别克族民间年节。伊斯兰教历每年首个新月出现时举行。性质类似汉族春节。

塔塔尔族诺鲁孜节——塔塔尔族民间年节。伊斯兰教历每年首个新月出现时举行。性质类似汉族春节。

巴罗提节——亦称巴罗提灯节,译为"三月节"。塔吉克族民间传统节日。伊斯兰教历三月头两天举行。因节期在伊斯兰教历"巴罗提"月(三月份),故名。节日头天夜,各户家人竞着节日盛装,围坐成圈,中间用细沙堆成沙盘,上插用名"卡乌日"的草裹上棉花、涂以酥油做成的小火把。火把数目为家庭实有人数。开始,由家长面对油灯祈祷,旋按辈分和年龄大小,依次呼全家人名字,叫到谁,谁答"有",并点一根"卡乌日"。如这时有来客,再按人数增加沙盘油灯数。如有家人已在节前去世,也在沙盘保留其灯,表示吉祥。等油灯燃旺,全家人眼望油灯,口诵经文做祈祷。祷词大意是:真主保佑,全家得福,老小平安,牲畜兴旺。互祝美好长寿。最后,在家长带领下,人人两手在油灯上晃一下,旋合掌祷告。接着,围坐"卡乌日"四周吃晚饭。夜晚,每家将事先所做排球大小羊毛球或棉花球,蘸上酥油,扎在一个长杆上点燃,高插房顶,以召唤吉祥。全家人肃立房前,眼望屋顶灯火再次祈祷。之后,男女老少欢歌纵舞,彻夜不眠。翌日,每户家长领全家男人,拿着自制酥油灯、酥油馕、熟牛羊肉等供品,到祖坟祭祀扫墓。他们先给每坟点燃三五盏酥油灯,摆上供品,再点燃盘子盛着的、用酥油、麸皮、面粉搅拌而成的"依德"招魂灯,跪坟前叩头祈祷,大意是:"祖辈的功德我们永远铭记,在世时有功,归天后有灵,在九天之上、黄泉之下,保佑我们安宁……"最后,同来祭祖的亲友互换食品,跪坟前共餐,以示对先人的崇敬。

巴罗提灯节——参见"巴罗提节"条。

塔吉克族三月节——参见"巴罗提节"条。

圣纪节——亦称圣诞节、圣忌节、圣祭节、路德节、冒路德节。伊斯兰教三大节之一。我国回、维吾尔、哈萨克、柯尔克孜、塔吉克、乌孜别克、塔塔尔、撒拉、保安、东乡等信仰伊斯兰教各民族宗教节日。穆斯林习惯将圣纪和圣忌合起来过,俗称"圣会"。相传,穆罕默德(约570—632)诞辰和逝世都在伊斯兰教历三月十二日。穆斯林为纪念伊斯兰教圣人(创始人)穆罕默德创建伊斯兰教,在其诞辰和逝世之日举行集会,遂久而成节。届时,各地清真寺均装饰一新,各族穆斯林纷纷穿戴整齐,到清真寺沐浴、更衣、礼拜,听阿訇们念诵《古兰经》,讲述穆罕默德的历史和创建伊斯兰教的功绩,并宰牛、宰羊会餐。有的穆斯林还向清真寺贡献财物,称捐"功德"。节仪结束,游玩一天。

伊斯兰教圣诞节——参见"圣纪节"条。
圣忌节——参见"圣纪节"条。
圣祭节——参见"圣纪节"条。
路德节——参见"圣纪节"条。
冒路德节——参见"圣纪节"条。
圣会——参见"圣纪节"条。
回族圣祭节——参见"圣纪节"条。
回族圣忌节——参见"圣纪节"条。

回族圣会——参见"圣纪节"条。

维吾尔族圣纪节——参见"圣纪节"条。

维吾尔族圣忌节——参见"圣纪节"条。

维吾尔族冒路德节——参见"圣纪节"条。

哈萨克族圣纪节——参见"圣纪节"条。

柯尔克孜族圣纪节——参见"圣纪节"条。

柯尔克孜族圣忌节——参见"圣纪节"条。

柯尔克孜族冒路德节——参见"圣纪节"条。

塔吉克族圣纪节——参见"圣纪节"条。

塔吉克族圣忌节——参见"圣纪节"条。

塔吉克族冒路德节——参见"圣纪节"条。

乌孜别克族圣纪节——参见"圣纪节"条。

乌孜别克族圣忌节——参见"圣纪节"条。

乌孜别克族冒路德节——参见"圣纪节"条。

乌孜别克族圣会——参见"圣纪节"条。

撒拉族圣祭节——参见"圣纪节"条。
撒拉族圣纪节——参见"圣纪节"条。
撒拉族圣忌节——参见"圣纪节"条。
保安族圣纪节——参见"圣纪节"条。
保安族冒路德节——参见"圣纪节"条。
东乡族圣纪节——参见"圣纪节"条。
东乡族路德节——参见"圣纪节"条。

塔塔尔族圣忌日——亦称圣纪节。伊斯兰教三大节日之一。塔塔尔族宗教节日。伊斯兰教历三月十二日举行。此月内，塔塔尔人从初一到三十，都在礼拜寺或家里诵经。同时，各家各户都准备油炸饼、烤包子。

塔塔尔族圣纪节——参见"塔塔尔族圣忌日"条。

法蒂玛节——亦称法蒂玛忌日、姑太节、女忌节；亦译为法图麦、法帖梅。我国回族、维吾尔族等信仰伊斯兰教各民族共同节日。于穆罕默德之女法蒂玛逝世之伊斯兰教历六月十五日举行。届时，穆斯林妇女浴身更衣，纷纷前往清真寺，聆听阿訇讲述法蒂玛的为人和品德；给清真寺捐献财物，并邀请阿訇等宗教人士到家做客，备丰盛菜肴款待。节源传说：据宗教史料载，法蒂玛是圣人穆罕默德之女，自幼聪明伶俐，成人后嫁给哈里发阿里为妻。阿里乃伊斯兰教四大正统哈里发之一，被什叶派信徒奉为第一代"伊玛目"和永远正确的"超人"。法蒂玛既是穆罕默德女儿，又是阿里贤内助，深受什叶派信徒尊崇，被奉为圣母。什叶派穆斯林妇女为缅怀法蒂玛，就在其逝世之日，开展祈祷纪念活动，世代沿袭，久而成节。

法蒂玛忌日——参见"法蒂玛节"条。
姑太节——参见"法蒂玛节"条。
女忌节——参见"法蒂玛节"条。
法图麦——参见"法蒂玛节"条。
法帖梅——参见"法蒂玛节"条。
维吾尔族法蒂玛忌日——参见"法蒂玛节"条。

如太节——参见"法蒂玛节"条。
维吾尔族女忌节——参见"法蒂玛节"条。

撒拉族发图买节——亦称法蒂玛节。甘肃撒拉族妇女宗教性节日。伊斯兰教历斋月之第十二天举行。旨在纪念穆圣之女法蒂玛。通常仅成年妇女参加，每七人凑在一起度节。

撒拉族法蒂玛节——参见"撒拉族发图买节"条。

登霄节——亦称升霄节。我国回族、维吾尔族等信仰伊斯兰教各民族共同节日。伊斯兰教历七月十七日举行。据传，伊斯兰教创立者穆罕默德，在其五十二岁时之七月十七之夜，由天使智卜里勒伴同，乘骑飞马从麦加夜行至耶路撒冷，并在彼登上九重天，进入天堂，拜会了古时的先知；黎明，又与天使一道返回麦加。从此，穆斯林即把伊斯兰教历七月十七日定为登霄节。节天，回族群众要制作手扒羊肉，炸油香、馓子等食品，合家欢聚。有的民族或家庭，还要宰鸡宰羊，迎亲送往，宴请亲朋好友，灶房炊烟不断。夜间，穆斯林小净后，礼拜念经，祈真主保佑获得丰收。

升霄节——参见"登霄节"条。

柯尔克孜族升霄节——参见"登霄节"条。

柯尔克孜族登霄节——参见"登霄节"条。

塔吉克族升霄节——参见"登霄节"条。

塔吉克族登霄节——参见"登霄节"条。

乌孜别克族升霄节——参见"登霄节"条。

乌孜别克族登霄节——参见"登霄节"条。

塔塔尔族升霄节——参见"登霄节"条。

塔塔尔族登霄节——参见"登霄节"条。

塔塔尔族登霄夜——参见"登霄节"条。

保安族登霄节——参见"登霄节"条。

保安族升霄节——参见"登霄节"条。

皮里克节——塔吉克族民间传统节日。伊斯兰教历八月十四、十五（约当农历春分前后）举行。亦称灯节、八月节。节前，各户用"卡乌热"草茎做芯，外裹棉花，羊油浸泡，做成许多"羊油烛"。节首日夜，举家竟着节日盛装，围坐土炕中心细沙盘子四周，家长按辈分、年龄，依序呼每个人名字，被叫到者即点两支羊油烛，插入沙盘中。最后，举家共同祈祷真主赐福。入夜，在自家房顶点一支大羊油烛，象征光明、幸福。次日午，家长领家中男人，携羊油烛、食品前往家族墓地扫墓，给各墓点两支羊油烛，摆祭品，皆念经祈祷。最后，就地进餐。

塔吉克族灯节——参见"皮里克节"条。

塔吉克族八月节——参见"皮里克节"条。

乌孜别克族努鲁斯节——新疆乌孜别克族民间迎春节日。伊斯兰教历八月十四日（农历春分前后）举行。届时，男女老少打扮一新，以家族或村庄为单位，到郊外平丘上登高远眺，互相致贺，尽情欢乐。大家合砌大锅灶，一起做饭、会餐、合唱《努鲁斯歌》，迎接春天的到来，盼望新春好年景。有的地方，人们还举行歌舞表演等文艺活动，尽情尽兴联欢。

拜拉特节——亦称油葫芦节。维吾

尔族等信仰伊斯兰教各民族宗教节日。于传为真主下凡视察人间善恶之"斋月"中伊斯兰教历八月十五日举行。相传，节源自伊斯兰教。阿拉伯语"拜拉特"意为"赦免"。传说，此日夜晚，安拉亲临天堂的最下层，巡视人间，决定人们一年的生死祸福。因此，穆斯林要在这一夜彻夜诵经、礼拜，祈求安拉恩赐、赦免。维吾尔人过节不举行会礼，不互拜。是日，家家举行踩油葫芦仪式：用植物油炸油饼做祭品，去墓地祭祖。夜晚，青少年点燃用旧油葫芦做成的火把，聚集高唱"拜拉提歌"，自发开展民间文体活动。头天晚上彻夜不眠，每家要在院子里树上或木桩上挂一只油葫芦灯，等灯油燃尽，主人用脚踩碎油葫芦，表示将一切灾难祸根全部根除掉，可以过平安日子了。

油葫芦节——参见"拜拉特节"条。

白拉提夜——亦称拜拉特夜、百拉提节，译意"忏悔之夜"。西北地区塔吉克族等信仰伊斯兰教各民族宗教节日。伊斯兰教历八月十五日夜举行。传说，此夜安拉要决定人们一年的祸福生死；亦说安拉要放宽进入天堂的条件。各族穆斯林竟日行斋戒、入夜举行宗教活动，请阿訇念诵白拉提经，做礼拜、布施，以博安拉好感，给予保佑与恩赐。

拜拉特夜——参见"白拉提夜"条。

百拉提节——参见"白拉提夜"条。

开斋节——亦称尔德节、肉孜节。节名源自波斯语。伊斯兰教三大节日之一，与古尔邦节比肩隆重。节源伊斯兰教，系阿拉伯语"尔德·菲图尔"意译。我国回族、维吾尔族等信仰伊斯兰教各民族盛大宗教节日。伊斯兰教历九月为"斋月"。斋戒期满之日，即"开斋节"（或云"斋月"末夜见了新月，则次日便过"开斋节"；若不见新月，则节期顺延，但一般不逾三天），通常为伊斯兰教历十月一日，节历三天。斋月期间，除老弱病残、孕妇、小孩外，凡成年男女穆斯林都入斋（"把斋"），每日拂晓到日落前，不饮不食一个月，戒抽烟，禁房事。回族穆斯林认为，守斋（闭斋）一月，乃必须履行的"五功"（念功、礼功、斋功、课功、朝功）之一，意在培养坚强意志、廉洁操行、守法精神。人们尝试饥饿滋味，利于培养宽厚仁慈、互助互爱的品德。当红日西沉，清真寺开斋钟声敲响，翌日便是开斋期。节前，家家打扫房屋，整理环境，制作节日食品。节天，穆斯林沐浴更衣，聚集附近清真寺礼拜。然后，开展节日活动，走亲访友，互赠节日礼品。各家备杏仁、杏干、油香、油炸果子、茶、瓜果等食品；有的还备奶茶、五香茶（用茶叶、枸杞、杏仁、杏干、冰糖泡的茶），招待亲友来客。男女老少成群结伴游玩。男女青年汇集，唱歌跳舞，欢庆节日。节源传说甚多：有说古代阿拉伯人为躲避异族入侵和掠夺，白天躲进山里，待日落、月升后才生火做饭，历代沿袭成节。另说，据伊斯兰教经典载，伊斯兰教创建初期，在封斋月满时，穆罕默德曾率众多穆斯林去郊外旷野举行节日礼拜，穆圣散发"菲图尔"（开斋）钱，表示赎罪，从此穆斯林便把这天当作节日，隆重庆祝。

尔德节——参见"开斋节"条。

肉孜节——参见"开斋节"条。

入斋月——伊斯兰教节日。伊斯兰教历九月初一举行。参阅"开斋节"条。

东乡族开斋节——亦称尔德节，东乡族宗教节日。按伊斯兰教规定：伊斯兰教历每年九月是斋戒月份，凡能参加斋戒的男女,每日黎明至日落不饮不食。此月开始和最后一天,均以见新月为准。斋期满的次日,即为节日。它既是民族节日,也是宗教节日。节间,东乡族与其他穆斯林一样,沐浴净身,着清洁民族盛装,入清真寺做礼拜,听教长、阿訇讲经布道。后分头上坟,悼念亡人。同时,各家各户架锅、揉面、炸油香、酥馓和油果等节食,相互馈赠,招待客人。东乡十分好客,节间除用"三炮台"盖碗酽茶待客外,有条件者还宰羊,招待"全羊"席。一般都飨以油香、"尕鸡娃"。吃"尕鸡娃"别有讲究,将整鸡按各个部位分成十三等级,聚会亲朋各按辈分吃相应等级,内以"鸡尾"最尊贵,须让最受尊重、最年长或"首席"宾客享用。

东乡族尔德节——参见"东乡族开斋节"条。

撒拉族开斋节——亦称尔得节。撒拉族宗教节日,十分隆重。届时,穆斯林沐浴后,竟着民族服装,纷纷前往清真寺欢聚,相互贺节。同时,各家还炸油香、馓子、油果,煮手扒羊肉,款待节日来客。节日传统食品,如油香、油果、馓子等多达一二十种,形如花、凤、鸟、禽等,精巧别致,五颜六色,味美可口,颇具民族特色。此节近似回族开斋节。

撒拉族尔得节——参见"撒拉族开斋节"条。

保安族开斋节——亦称尔德节。保安族宗教节日,十分隆重。伊斯兰教历九月,斋期满开斋之后的三天为节日。斋月一般以见新月始、下月再见新月为终。斋月内,凡男十二岁、女九岁以上,从拂晓到日落前,不得进食,称"闭斋"。老年人、卧床病人、孕妇、婴儿及旅途中人等,可例外。节间,保安山乡一片欢腾,家家忙着打扫庭院,炸油香、馓子等传统节食。穆斯林要到附近清真寺会礼,相互贺节。人们着民族服装,扶老携幼,带着节日礼品,走亲访友道贺,络绎不绝。

保安族尔德节——参见"保安族开斋节"条。

小开斋节——族谓"格德勒节"。撒拉族宗教节日。流行青海循化、化隆等地。伊斯兰教历斋月之九月第廿七天举行。据传,创造万物,掌握一切,无形象,无方位,无所不在的真主(安拉),这天开始进行来年"热扳歌"(即福气)的分配。为得到真主赏赐的福气,撒拉男女老少沐浴洁身,竟着民族服装,纷纷前往清真寺礼拜(含立站、赞颂、鞠躬、叩头、跪拜等),聆听阿訇念经,盼望真主多多赐福,获农牧业丰收。节天,中老年人三三两两走村串寨相访,馈赠炒熟的麦子和胡麻等节食,以示庆贺。夜,各家族举行集体敬奉仪式,再次祈求真主保佑,获得丰收。

格德勒节——参见"小开斋节"条。

牙土乐节——青海循化部分撒拉族民间纪念节日。"牙土乐"译意"纪念、敬献"。伊斯兰教历十月择吉日举行,历一两天。据传,旨在纪念伊斯兰教创始人穆罕默德之妻。届时,男着白裤,外套黑坎肩,头戴白或黑色平顶帽,腰系红布带或丝带;女喜穿鲜艳衣服,外套黑坎肩,戴耳环、手镯、戒指等首饰及盖头。他们互贺节日。各家主妇操持家务,炸油香、馓子和油果等。有的家庭还宰鸡宰羊,备干鲜果品、茶点和手扒肉、抓饭等宴请客人。抓饭是待客佳肴,习惯再三揖让,主人以杯盘不剩而感愉快。节间,穆斯林要到清真礼拜、聆听阿訇念经,并带着节日食品舍散众人、馈赠亲友、阿訇。

撒拉族敬献节——参见"牙土乐节"条。

维吾尔族肉孜节——维吾尔族开斋节。波斯文"肉孜"意为"斋戒"或"封斋"。斋月以见新月为准,封斋廿九日,新月的第二天即行开斋,即"肉孜节"。节前,要清扫、粉刷房屋,准备节日服装及食品,并拿出一些财物,施济贫困。节天,男子洁衣盛服、空腹,于清晨去清真寺举行"节日拜"。之后,人们走亲访友,互相拜节。维吾尔过肉孜节的食品种类繁多,十分丰盛。妇女们于此显示制作技能,自制各式糕点、炸馓子、烤馕,还用黄油、蜂蜜、果酱、核桃、葡萄干等待客。节间,城乡皆举行歌舞、体育活动,到处都是欢乐的"那格热"和唢呐声。节源传说纷纭:其一,古阿拉伯人为避异族统治,白天躲山里,月出后才敢做饭,历代沿袭成节。其二,伊斯兰教创立初期,封斋满月时,穆罕默德曾率穆斯林去郊外旷野举行节日礼拜,散发"菲图尔"(开斋)钱表示赎罪,穆斯林遂以此日为节。其三,古时闹灾荒,孩童们饥饿啼哭不止。母亲们无奈,只好将拳头大小卵石放进锅里煮,佯称给他们做"兄古提麻克"(维吾尔常吃的一种用玉米面做的窝头形状、带汤吃的饭),并不时用木棍戳给孩童们看,让其相信还未煮熟。良久,孩子们忍受不住,哭闹要吃。母亲们只得揭锅盖,用木棍戳,不料竟一下戳了进去。原来,卵石已变成一种叫"蔓菁"的蔬菜。人们奔走相告,欢呼神灵拯救众生,以各种娱乐活动感谢神灵恩典,相沿成节。

哈萨克族肉孜节——亦称尔德节。哈萨克族开斋节。伊斯兰教历九月封斋满月时举行,历三天。哈萨克族自9世纪信仰伊斯兰教后,年年欢度此节。哈萨克族人散居牧区,礼拜寺少,多在毡房做礼拜。节间,男人们衣着整齐,黎明即净身去清真寺做礼拜,聆听毛拉讲经。居住分散且无清真寺的牧区,则聚集草原,由毛拉主持做礼拜,同时向清真寺或毛拉捐公德款。人们做礼拜归来,骑着马,成群结队互相拜年。首日,男子外出拜年,妇女留家中待客;次日,妇女方外出拜年。晚辈要最先给长辈拜年。若家有亡人时,须为亡灵供"钱"。做四十个油饼,请毛拉做小型的"乃滋尔"(宰牲献祭吊亡人活动)。哈萨克族人惯用"包吾沙克"(油炸食品)、奶酪、马肠子、熏肉和金特(用黄米、黄油、奶酪及砂糖拌成的食品),招待拜年来客。这些食品,在斋月最后一个主麻日(星期五)开始制作。节间,穿插举行赛马、叼羊、摔跤、弹唱、对唱、猜谜、跳舞等文体活动。节夜,成年男子成群挨家挨户唱"加拉帕赞"歌,祝愿主人幸福美满,远离灾祸;颂扬伊斯兰教法定义务,据此向主人讨取施舍。主人施舍后,再次唱歌,祝福主人。最后,唱歌人平分主人施舍物品。

哈萨克族尔德节——参见"哈萨克族肉孜节"条。

柯尔克孜族肉孜节——亦称开斋节。柯尔克孜族民间宗教节日。伊斯兰教历十月初举行,历三天。斋月里,穆斯林们日出前吃过封斋饭,日出后整天完全禁食、戒烟。斋月中克制一切私欲、断绝一切邪念,以示对真主安拉的忠诚。日落后,清真寺开斋钟声敲响,人们开始饮食(拒食荤),和邻居团聚吃开斋饭,说笑。斋月最后几天,一般在第二十五日以后,晚上吃过开斋饭,穆斯林们纷纷来到清真寺宣拜楼,或在家里,做礼拜、诵经,称"坐夜"。斋月最后一天,再看新的月牙儿开斋;如看到,翌日则开斋;否则,继续封斋,一般不逾三天,即行开斋。节间,要在日落后先喝一口凉水或盐水,叫"开斋",旋正式用餐。一天吃开斋、封斋两顿饭,一直持续三十天。用餐如能请至少七个人到家,则谓积了一个大德。开斋后,长幼去各村唱"热姆赞"歌。节首日,从日出到辰时,人们到礼拜寺祈祷,后相互握手、贺节;还要给贫穷人和离乡者施舍钱财,给邻居孩童舍散节日钱。因在外等故,未做礼拜者,以掀翻四十个石头代之。

柯尔克孜族开斋节——参见"柯尔克孜族肉孜节"条。

塔吉克肉孜节——亦称圣节、开斋节。塔吉克族宗教节日。伊斯兰教历十月一日前后举行。塔吉克族属伊斯兰教伊斯玛仪派,不封斋,对肉孜节不十分重视。开斋日,穆斯林一早即去清真寺做礼拜,男人们着节日盛装,佩带香囊或涂擦香水。礼拜后,人们互相握手道贺。随后,男人们开始拜节。妇女们首日不拜节,在家中待客。节间,家家用奶茶、自制点心、黄油、奶酪等招待客人。村寨照例举行叼羊、赛马、套马、摔跤以及吹短笛、跳模拟雄鹰动作的民间舞蹈等文体活动。

塔吉克族圣节——参见"塔吉克族肉孜节"条。

塔吉克族开斋节——参见"塔吉克族肉孜节"条。

乌孜别克族肉孜节——亦称开斋节。乌孜别克族宗教节日。节前一个月(伊斯兰教历九月一日至十月一日)为斋月。这天,人们沐浴更衣,着节日盛装,去清真寺做礼拜,后登门互访,互赠礼品、祝福。有的地方,还举行文娱体育活动。

乌孜别克族开斋节——参见"乌孜别克族肉孜节"条。

塔塔尔族肉孜节——亦称开斋节。塔塔尔族宗教节日。节天,所有塔塔尔族人均须沐浴,着节日盛装,去清真寺做礼拜,后互相走访,互赠礼品,互相祝福。村寨常举行叼羊、赛马等活动。

塔塔尔族开斋节——参见"塔塔尔族肉孜节"条。

肉孜艾依提——撒拉族宗教节日。"开斋节"之撒拉语称谓。节期同他族此节。节俗大同小异。

哈其麦节——保安族宗教节日。于伊斯兰教斋月,择吉日举行。流行于甘肃临夏州西部积石山县大河家镇一带。旨在纪念穆罕默德之女哈其麦,故名。届时,各家宰鸡备鸭,做手扒羊肉、炸油香、馓子;富裕人家还宰牛宰羊,备丰盛佳肴,宴请亲友和邻舍。其间,还要带些食物去清真寺里舍散,并听阿訇念经祈祷。之后,妇女们聚集,开展文娱活动,以纪念哈其麦。节源传说颇多。其中有说,穆罕默德女儿哈其麦,十分聪明、能干,穆圣将其许配阿里为妻。当时阿里一贫如洗,除一升大麦、一床破旧棉被外,别无所有。哈其麦十分难过,向父亲哭述。穆罕默德听后,耐心开导她:人生在世,靠自己勤劳的双手,去劳动、去生产,生活就会好起来。哈其麦幡然醒悟,转忧为喜,高兴地嫁给阿里。哈其麦的美德在穆斯林中广泛流传,更在保安族人心目中留下了深刻印象。为缅怀哈其麦,人们每年开会纪念她,久而成节。

盖德尔夜——亦称大赦之夜。阿拉伯语"盖德尔"意为"平安、大赦"。我国信仰伊斯兰教各民族宗教节日。伊斯兰教历九月廿七日夜举行;有的地方在九月廿五或廿九之夜。据传,《古兰经》在此夜颁降于世,真主亦在此夜大赦其信徒,以示平安。是日,穆斯林换上洁净服装,纷纷前往清真寺,聆听阿訇念经祈祷,表示对真主大赦的庆贺。入夜,家家燃灯,沐浴礼拜。家中凡带盖物品(如箱子、盒子等)统统将盖子打开,以祈求和迎接真主降福,彻夜不眠,因称"坐夜",以沟通真主与穆斯林间的联系。有的地区(如福建泉州),回族群众还要在半夜过后炸油香、馓子等食品,翌日分送亲友和邻舍。

大赦之夜——参见"盖德尔夜"条。

维吾尔族盖德尔夜——维吾尔族宗教节日。阿拉伯语"盖德尔"意为"平安、大赦"。伊斯兰教历九月廿七日(斋日)举行,有的地区在廿五日或廿九。传说,《古兰经》在此夜颁降于世,真主这时要大赦其信徒。仰伊斯兰教信众便在这晚"坐夜"。据《古兰经》载,此夜,众多天使和"鲁哈"(灵魂)奉命降临人间,讲诵真主和穆斯林的联系。另传,该夜安拉对穆民的祈求都会恩允。故此,穆斯林信徒们认为:这一夜晚,比一千个夜晚还重要。

扫咸阳王墓——云南昆明回族民间节日。于伊斯兰教历开斋节前后举行。旨在纪念元代回族政治家咸阳王赛典赤·赡思丁。公历1276年,云南行省建立,他首任平章政事,对开发云南贡献颇丰,博各族民众敬仰。赛典赤·赡思丁病故,朝廷封其为"咸阳王"。从此,昆明各族民众,尤其回族,每年举祭,缅怀这位"西南地区开拓者"。届时,人们前往昆明松华坝咸阳王墓地及市郊衣冠冢,进行祭扫活动。

古尔邦节——另译库尔班节、忠孝节、献生节、宰牲节、牺牲节、祭祖节。回族、维吾尔族等信仰伊斯兰教各民族共同宗教节日。节名源于阿拉伯语。伊斯兰教三大节日之一。伊历十二月十日举行,历三天。伊斯兰教规定,教历十二月上旬,是穆斯林履行宗教功课,前往麦加朝觐的日期,在最后一天,即教历十二月十日,以宰牛羊共餐庆祝。这一天,值开斋节后第七十天。节源自阿拉伯民间传说:先知伊卜拉欣在某晚梦见安拉(真主),安拉命其屠宰自己的儿子伊斯玛仪献祭,以考验他对安拉的忠诚。当伊忠实执行命令时,安拉深为感动,另派天使送来一只羊,命令以宰羊代替献子。从此,在阿拉伯民族中形成了每年宰牲献祭之俗。伊斯兰教承认伊卜拉欣为"圣祖"之一,并继承这一礼仪,将其定为伊斯兰教节日。如今,全世界各国、各地穆斯林,每逢此日,皆按自己传统,宰牲献祭,举行宗教祈祷,表示对安拉的顺从。据史籍载,唐永徽二年(651),伊斯兰教传入我国。回族、维吾尔族等十个少数民族陆续信仰伊斯兰教。在长期历史发展中,"古尔邦节"逐渐演变为他们的传统节日。节名"古尔邦"为阿拉伯文译音,阿拉伯语称"尔德·古尔邦"或"尔德·艾祖哈"。"尔德"意为"节日","古尔邦"和"艾祖哈"均意含"宰牲、献生"。它与开斋节、圣纪节合称伊斯兰教三大节日。因地域、译音,各族习称颇多差异。

库尔班节——参见"古尔邦节"条。
忠孝节——参见"古尔邦节"条。
献生节——参见"古尔邦节"条。
宰牲节——参见"古尔邦节"条。
牺牲节——参见"古尔邦节"条。
穆斯林祭祖节——参见"古尔邦节"条。

回族古尔邦节——亦称库尔班节、宰牲节、献牲节、献生节、忠孝节。回族宗教节日。开斋节后七十天,即伊历十二月十日举行,历三天。节间,人们沐浴,衣冠严整,欢度节日。成年男子先到坟地祈祷,旋由"伊玛目"(教长)或阿訇率领进入礼拜堂,举行节日会礼;礼毕,返回家园。人们见面热情握手,互相贺节。食俗方面,炸油香、宰羊,有的还宰牛或骆驼。所宰牲畜肉,禁出售,仅自家食用或送清真寺及宗教职业者,剩余招待客人或赠送亲友。节间,中年妇女操持家务,迎来送往,灶房炊烟不断;少女和新媳妇着崭新衣服,给亲友拜节,或跟丈夫串亲坐娘家;孩童们一大早都拿油香等美味,送往亲友家的村头巷尾。大街小巷,人流如梭,热闹异常,一片节日景象。在多民族杂居区,汉族群众亦带着清真礼物给回族群众拜节祝贺,互叙友情。

回族库尔班节——参见"回族古尔邦节"条。

回族宰牲节——参见"回族古尔邦节"条。

回族献牲节——参见"回族古尔邦节"条。

回族献生节——参见"回族古尔邦节"条。

回族忠孝节——参见"回族古尔邦节"条。

维吾尔族古尔邦节——维吾尔族宗教节日。一般在开斋节过后七十天(即回历十二月十日)举行,历三天。维吾尔与各地各族伊斯兰教徒,共度此节。节前,家家把房舍打扫干净,自制节日糕点。节晨,人们用泉水沐浴,着节日盛装去清真寺参加会礼,互致节日问候。然后,由"伊玛目"(教长)带领,步入礼拜大殿,面西跪地,背诵赞词和"圣训"。再后,观看宰牲仪式。礼毕,富裕人家皆宰一只羊,有的还宰牛或骆驼。所宰牲畜禁出售,部分送清真寺和宗教职业者,剩余待客或赠亲友。节间,无论城乡,男女老少共举盛大"麦西来甫"歌舞集会。歌舞主要有三种:"撒那"(维吾尔男性大型集体舞)、"赛乃姆"(维吾尔女性抒情舞蹈)和"多朗赛乃姆"(大型双人舞、群舞)。

哈萨克族古尔邦节——哈萨克族宗教节日。伊斯兰教历十二月十日举行。哈萨克人散居辽阔草原,难聚清真寺,只能在家做礼拜。节日,男人们黎明即净身空腹,骑马从远处赶来聚集,在草原做礼拜。由大毛拉、伊玛目宣讲经文。礼拜回来,各家须宰牲畜,富裕者宰牛或骆驼等大畜,贫户亦尽力宰一只羊。宰牲时,先请毛拉(无毛拉处,请懂经者)念经,然后屠宰。宰羊时,不绑羊腿。传说,所宰之羊乃上天堂乘骑,绑腿无法行走登天。因此,常由几人摁羊宰之。宰完将羊皮、内脏献毛拉;毛拉则祝福主人"愿安拉保佑你"。然后,将羊肉切成大块煮,熟后放大盘内。其间,人们竞着节日盛装,走亲串邻贺节。客人登门,主人为其掀帘请入,家人站立门侧,请客上座。客坐定,女主人即敬奶茶,请客吃"包尔沙克"(油炸果子)、油饼和自制点心,以及黄油、奶酪等;旋呈上放有羊头的盘子。客人将羊头腮帮肉割一块,回敬年老主人;再削下羊头右耳,给在座最小孩童;割一片鼻前肉,放回盘内或自吃。然后,主人当场将整块羊肉削成片,飨客。席间,主人还要向客人"献肉":将肥肉和油放手上,喂客,以示友情、尊敬。吃过肉,则喝肉汤。末了,客人做巴塔(祝福),辞谢主人。节间,人们常举行摔跤、赛马、叼羊、姑娘追等较大型民族传统体育活动,以及马上角力、马背拔河、骑马抢布(族称"穆谢")、骑马拾银圆、飞马拾手绢、箭射元宝、马术技巧等马上游戏。入夜,人们聚集对唱、弹唱、跳舞。

哈萨克族库尔邦节——参见"哈萨克族古尔邦节"条。

柯尔克孜族古尔邦节——柯尔克孜族宗教节日。伊斯兰教历十二月十日举行,历三天。节前,各户将房舍打扫干净,装饰一新,清理畜圈,拆洗被褥;后沐浴,着节日盛装。男人宰牛羊,女人备节日糕点和各种食品。节晨,老年男子皆去礼拜寺做会礼。后相互登门拜访、祝节。他们聚会谈古论今,或举行库姆孜(三弦拨弹乐器)弹唱。年轻人多聚草原,举行摔跤、叼羊、赛马、角力、马技表演等文体活动。姑娘们聚集跳舞、唱歌、猜谜语、丢手帕、荡秋千等。傍晚,全体集中草地,地铺一块数十米长餐布,各户拿来自家的节食,男女老少围餐布而坐。先由本村最年长者做节日演说,贺全村人生活幸福、人畜平安。随后,全村人相互祝酒,唱祝酒歌,晚辈向长辈祝酒,长辈吻晚辈前额。会餐毕,举行库姆孜弹唱、男女对歌、月下拾物、披月赛跑、跳集体舞等各种游艺活动。

塔吉克族古尔邦节——塔吉克族宗教节日。伊斯兰教历十二月十日举行,历三天。塔吉克非常注重选择献祭牲畜,以表对安拉的虔诚。早在上年,即备献祭。产羊羔时,每户人家即挑选出黑眼睛、毛色纯白的羔羊,做上标记,精心饲养,以做节日牺牲。节临近,将其抬至屋顶屠宰,并将羊血涂于孩童额头、面颊,以祈吉祥。宰后剥羊皮、清内脏,锅煮整羊;后将煮熟整羊原封不动送交宗教活动场所。做完节日礼拜,众围餐布分食羊肉,一边回顾旧年,一边憧憬未来。食毕,须祈祷;祈祷毕,再三五成群去拜节。节间,姑娘和媳妇们不做女工。边远山区、牧场,罕有固定宗教活动场所。牧民们便聚约定地方,同做礼拜,共享用作牺牲的羊肉。节次日,每家宰牛或羊,做好饭食,带往墓地,祭奠亡灵。此外,照例举行各种文体活动。独具民族风格者,首推骑牦牛叼羊比赛。赛前,长者先为赛手祈祷,赛手旋在牦牛背上向长者祝福。获胜者将所叼之羊扔进谁家院里,谁家就"喜从天降",给牦牛披红挂彩,并发放喜钱,用此羊做成"幸福肉",请大家分食,共祝吉祥。

塔塔尔族古尔邦节——塔塔尔族宗教节日。伊斯兰教历十二月十日举行,历三天。节间,每家都要宰牲,祭奠祖先。还要到清真寺做礼拜、祷告,然后互相贺节。有的地方,还举行文娱体育活动。

东乡族古尔邦节——东乡族宗教节日。亦称尔德(节日)。伊斯兰教历十二月十日举行。东乡族民间传统盛大节日,它既是民族节日,也是宗教节日。节天,东乡族穆斯林与其他穆斯林一样,沐浴、会礼,前往附近清真寺听教长、阿訇宣喻教义。其间,村村寨寨、家家户户打扫卫生,收拾庭院,制作油香、酥馓、油果、手扒羊肉等节日食品。富裕人家还宰羊宰牛,准备佳肴。家家欢聚,庆贺节日。其间,人们照例盛装,扶老携幼,带着礼品,走亲访友,相互祝贺,热闹异常。

东乡族尔德——参见"东乡族古尔邦节"条。

撒拉族古尔邦节——亦称忠孝节、尔德(节日)或古尔巴尼节。"古尔邦"意为"宰牲",因亦名"宰牲节"。撒拉族宗教节日。伊斯兰教历十二月十日举行,历三天。届时,无论城乡穆斯林皆去附近清真寺礼拜、欢聚、庆贺节日。他们穿戴一新,骑着毛驴、自行车或乘坐汽车、拖拉机,带上贺礼,扶老携幼,走亲访友,互贺节日,格外热闹。

撒拉族忠孝节——参见"撒拉族古尔邦节"条。

撒拉族尔德——参见"撒拉族古尔邦节"条。

古尔巴尼节——参见"撒拉族古尔邦节"条。

撒拉族宰牲节——参见"撒拉族古尔邦节"条。

保安族古尔邦节——亦称忠孝节、尔德(节日),或古尔巴尼节,或宰牲节。保安族宗教节日。开斋后的第七十天,即伊斯兰教历十二月十日举行。这是穆斯林去麦加朝觐的最后一天。节间,村村寨寨,家家户户,喜气洋洋,忙着做传统节日食品。成年男子去坟地祈祷,旋去清真寺或野外举行会礼。礼毕宰牲,回家后给家族亲友拜节、问好。中年妇女操持家务,迎来送往,灶房炊烟不断;少女着新衣;新媳妇盛装给亲友拜节,或跟丈夫串亲坐娘家;孩童们一大早即拿着美味可口的食品,送往亲友家。村村寨寨、街头巷尾,人流如梭,热闹异常,一片节日景象。

保安族忠孝节——参见"保安族古尔邦节"条。

保安族尔德——参见"保安族古尔邦节"条。

保安族古尔巴尼节——参见"保安族古尔邦节"条。

保安族宰牲节——参见"保安族古尔邦节"条。

乌孜别克族古尔邦节——乌孜别克族宗教节日。伊斯兰教历十二月十日举行,历三天。节前,人们皆将房舍打扫干净,制作节日食品。节天,人人沐浴更衣。有的人家宰牲献祭,招待客人。在清真寺里,人们互相握手、祝福,会礼,并观宰牲仪式。之后,拜访亲友,或进行文娱体育活动。

哈萨克历

哈萨克历,一年三百六十五天,分十二个月,每月三十天,剩余五天,加入2月为三十五天;分四季,以推算出转场、接羔、剪毛、配种及播种谷物等适宜时间。另还使用生肖,每年以动物命名。传说,很早以前,众多动物聚会,都想知道来年收成。于是议定来场比赛,看谁先看到新年太阳。骆驼个儿大,其他动物只得翘首张望。老鼠贼精,悄悄窜上骆驼耳朵,最先看到新年开头。因此有了生肖排列:鼠、牛、虎、兔、蜗牛、蛇、马、羊、猴、鸡、狗、猪。有异汉族生肖。

哈萨克族纳吾鲁孜节——亦作那吾

鲁孜节。哈萨克族民间传统岁时节日。哈萨克历元月初一（约当农历春分日）举行。节源哈萨克历把农历正月春分（阳历三月廿二前后）作为元旦。此日昼夜相等，被看作"交岁"，因称"纳吾鲁孜"（辞旧迎新）。昔时，多在农历二月廿日过节。一般节期历十五天，亦有九、三或一天者。20世纪中叶起，节期相对固定农历春分。据考，节与旧历十二地支渊源颇深。十二地支轮十二年，每年以动物命名。传说，很久前，众多动物聚集，新年开头都想知道来年年份好坏，遂商定比赛，看谁最先看到新的一年到来。骆驼个子高大，最有希望。老鼠偷偷窜上骆驼耳朵，抢先看到新年开头。骆驼一气走了。从此，以动物看到年的开头顺序命名：老鼠排第一，其余牛、虎、兔、蜗牛、蛇、马、羊、猴、鸡、狗、猪等。哈萨克族谚云："骆驼只凭个儿大，十二属相却没它"。故，此节标志新年到来。家家节前即清扫屋内外，修整棚圈，准备节食。最具代表性者是用大米、小米、小麦、面粉、奶酪、盐、肉等做的粥状"纳吾鲁孜饭"，以及马肥肠、马脖子、马肋条灌肠、马碎肉灌肠、马盆骨包肉等储存冬肉。节天，人们着民族盛装，成群结队走家串村，互相拥抱贺年，共吃"纳吾鲁孜饭"，唱"纳吾鲁孜歌"。曲调固定，歌词兴编，内容多为祝福吉语。哈萨克族人非常敬老，过节总将羊头奉献老人，老人则口念祝词，回祝家人平安。节间，人们开展弹唱、对唱、摔跤、绕口令、猜谜语、圆梦等活动与游戏。孩童们则玩踢毽、放风筝、捉迷藏等。

哈萨克族那吾鲁孜节——参见"哈萨克族纳吾鲁孜节"条。

藏 历

藏历，系阴阳合历。纪年用十二生肖和四季。受农历影响，九世纪唐蕃会盟碑始用干支纪年和分孟、仲、季之计月法。以月球圆缺周期计月，大小月份同农历：大月三十日、小月二十九日，全年三百五十四日。每两年半至三年，加一闰月，全年三百八十四日。该历重"定望"，即"望"须在每月十五，而"朔"未必在初一。故藏、夏两历有时相差一天。藏历以"阴阳"与"木、火、土、金、水"五行相配，代替十干支；以十二生肖鼠、牛、虎等代替十二地支；再以两者相配，相当于干支。如是配成阳木鼠、阴木牛、阳火虎……从木鼠年算起，每六十年一轮回，藏称"绕迥"，即农历甲子。该历采用二十四节气，可计算五大行星运行位置和日月食。

藏历年——族谓"洛萨"（新年）、"甲布洛萨"（国王新年）。藏族及门巴、珞巴两族传统年节。流行于藏、青、甘、川、滇等省、自治区。藏历正月初一开始，历五至七天。节前，家家用木桶或大盘浸泡青稞，酿青稞酒，用酥油、白面和糖糅合，炸"喀赛"。"喀赛"种类繁多：有耳朵形"苦过"、长条形"那夏"、勺子形"宾宾斗豆"、圆盘形"不鲁"。供佛祖或来客食用。各家还用尺余长、半尺余宽木料,制作称"祝苏其玛"的五谷斗,四周绘彩色花纹图案,内装炒熟麦粒、蚕豆、糌粑面、人参果等,上插青稞、麦穗和吉祥如意令箭牌,牌缀酥油花。大多数人家,还用酥油塑一个彩色羊头,藏语称"隆过",摆桌上。同时打扫庭院,屋里铺卡垫,墙贴年画。廿九日晚饭前,在灶房正中墙上用面粉绘"八吉祥徽",大门画上象征吉祥之"卐"字符。有的往屋梁撒面粉,寓粮满仓。各种祭物均标志一年丰收,预祝新年风调雨顺、五谷丰登、人畜兴旺。夜晚,各家吃面团土粑,藏语称"古实",内包石子、辣椒、羊毛、木炭等。若吃到石子,则预示新年他的心肠硬,木炭预示心黑,羊毛预示心肠软,辣椒预示嘴利如刀。人们吃到这些,即席吐出,引发哄堂大笑,以助节兴。大年初一,每家屋顶皆燃起象征吉祥的松脂,桌摆"祝苏其玛"等食品。黎明,妇女们成群结队去河边背"吉祥水",给家中长幼洗脸洗手;后着节日盛装,按辈分顺序落座,长辈祝大家吉祥,晚辈回祝长辈长寿。旋吃手扒肉、奶饼、油煎人参果,互敬青稞酒。竟日禁扫地、互访做客、说不吉语。次日,亲朋好友串门互访,历三五天。客人进门道声"扎西德勒"(吉祥如意),主人即应"洛萨尔桑",表示欢迎。宾主一同进屋,坐崭新卡垫上,主人端来节日食品和青稞酒。客人须用右手无名指在酒碗中沾一下,弹向空中,表祝福,连弹三次、喝三口,每口连续斟满,最后须喝完;否则,主人则求在场亲友唱劝酒歌:"丰收美酒多么香甜,藏历新年多么美满;喝!勇敢智慧的朋友,美酒使你无比的钢坚。"歌声一停,客人须一饮而尽,别损欢乐场面。如贵客来访,主人则举行仪式相迎。近寺庙藏族群众,要进寺烧香拜佛,求菩萨保佑新年平顺。节间,无论城乡,农区牧区,到处可见男子身着红绸衬衫、外套藏袍、腰系彩带、头戴呢帽或金花帽、脚穿乌亮皮靴;妇女头扎鲜艳"扎秀",戴金银首饰,着无袖藏袍,腰系横条彩色氆氇,在胡琴乐器伴奏下高歌纵舞;孩童们则燃放鞭炮。有的地区还组织赛马、拔河、投掷、摔跤、打球等比赛,演出藏戏和传统民族歌舞。

洛萨——参见"藏历年"条。

甲布洛萨——参见"藏历年"条。

拉萨藏年——最具典型性的藏族传统年节。藏历正月初一举行;实自旧年十二月,即拉开序幕。各户均在盆中浸泡青稞种子;中旬备酥油、白面,炸各种形状卡赛(果子);各户往"切玛"(五谷木斗)装炒熟麦粒、蚕豆与糌粑面、人参果各半,斗插青稞穗,或以酥油塑"隆过"(彩色羊头)。廿八、九,各户搞卫生,铺新卡垫,贴年画,于大门、房梁等装饰吉祥图案。除夕夜,各家在佛像前摆整块酥油及奶茶、糖果等供品。初一,将一两寸长青稞幼苗供佛龛茶几;各家派人去河边背回新年头桶水;举家着新衣,按长幼入座,吃"吉祥饭"(人参果、酥油、糖米饭等)。饭后,长辈端来"五谷斗",先抛洒几粒敬神,后口粘一点儿,祝"扎西德勒"(吉祥如意);竟日闭门,互不走访。初二,社交走访拜年。此后数日,男女盛装欢聚空旷地,跳锅庄舞、弦子舞;孩童则燃放鞭炮。大昭寺更是热闹异常。

圆根灯节——藏传佛教节日。藏历十月廿五举行。为藏传佛教格鲁派(黄教)创始人宗喀巴大师圆寂成佛之日。届时,藏区各黄教寺庙及信徒,举行诵经、磕头、灯供等仪式,祭奠大师在天之灵,祈愿大师赐予善良的人们以吉祥幸福。节夜，人们在佛塔周围、殿堂屋顶、窗台、佛堂、佛龛、供桌等，凡能点灯之处，皆点上一盏酥油供灯，佛堂内供一碗净水，虔诚默默诵经，纪念大师。远远眺望那些依山而建的大寺，如甘孜寺、理塘寺、灵雀寺等，一盏盏供灯，排成一字形或宝塔形，宛如繁星落地，将夜空照得通明。

后藏新年——藏族传统年节。藏历旧年十二月廿九日，开始过年。历数日。届时，举行"古恰"活动。室内外打扫一新；院子燃一堆火，在门、窗、梁、壁及木斗拱上，用土碱或糌粑画上宝伞、金鱼、宝瓶、妙莲、右旋海螺、吉祥结、胜利幢、金轮等吉祥图。男人将家中东、西、北三向象征密宗事部三怙主（文殊、金刚手、观音）的嘛呢堆，用白漆、红土、烟汁涂成白、红、黑三色。然后，男人洗头祈吉（女人此日免洗）。夜晚，往一断耳陶罐放替身物"女鬼"（茶叶、酒糟、辣椒、萝卜根、烟灰、面粉做成），即举行驱邪仪式。随后，在步步烟熏中，将"替身"送出宅外。男人们点燃柏树枝、植物杆等火把，口念驱鬼咒语，将其送远，再远。送"鬼"归来，老阿妈、媳妇举行仪式相迎。仪毕，依次坐好，喝"古突"（面疙瘩汤），娱乐祈吉。岁末日，称"弥漫焦臭的最后一天"，男子去远处土坎岩边，烧焦敬献的羊头。初一鸡叫头遍，媳妇或大女儿敬酒，后继续睡觉；鸡叫三遍，带上"切玛"、糌粑出门取"四新"。从别人家牛粪取"牛新"，从夏种地取"土新"，从水源处取"水新"，从狗窝取"粪新"。取回，粘上酥油花，依次放牛棚，供男神、护法神，并放厕所。天亮，继续举行象征性趋吉辟邪活动。初二，扶老携幼祭土地神、护法神。初三，于家宅顶，献神烟祭神，插招运经幡。请客人来家，亦可去别家做客，均隆重招待三餐。过完年，尽可能广邀亲朋，举行"新年散宴"，歌舞尽兴。

安多藏年——藏族年节。流行于青、甘、川与西藏接壤之藏族聚居区。藏历正月初一举行，历数日。届时，人们很早起床，即到"拉则"煨桑祭神。率先举祭者为荣，燃起桑烟后，便向四周吹海螺号（海螺以白色为佳），有的还放鞭炮。后来者，只向煨桑堆上加松枝、柏枝、桑面（糌粑）等物。此间，远近山头陆续燃起桑烟，各家亦纷纷在院中或屋顶燃起。祭毕，各自回（在）家进早餐，按长幼依次入座，晚辈向长辈拜年，长辈亦回应道贺。之后，出门向全村最年长或辈分最高者拜年。通常初一不扫地、不背（挑）水。清晨，男人或老人一起床，即跑往牛、羊圈，观察牛、羊卧向：头朝东南西北任何一方，即以为此方向占来年吉祥，并给其头上、身上拴挂三色、五色布，再赶着朝此方向走数步，意为"迎来吉祥"。

藏族神变节——藏族民间宗教节日。藏历正月初一至十五日举行。佛教史载，两千五百年前，佛陀在此半月，示现种种神变，降服外道六师及其徒众。藏、青各地因此建佛塔纪念，塔称"降魔塔"。据传，节间承佛之慈悲力，所做种种善行，功德将增平时十亿倍。故，信众们纷纷把握"节机"，圆满各种善行，诸如受持八关斋戒、点灯供佛、护持三宝，尽量参加法林各种活动，以广积善缘。

门巴族大年——亦称门巴元月新年。门巴族民间传统年节。流行于西藏珞瑜地区墨脱、梅楚卡一带。藏历元月初一举行，历五六天。门巴族人酷喜节日饮酒。节前，家家户户酿酒。酿法：先将脱粒玉米,或鸡爪谷,或青稞,或大米,放进一长方形木箱,加入酒糟,发酵成酒酿,储存起来。饮时,用芭蕉叶包上一包,放进一根长约二尺竹筒,再倒入两瓢凉水,俄顷,拔掉底部木塞,水顺筒底小孔流出,便成米酒。这种米酒,亦称"水酒",味正清淡,芳香浓郁,十分可口。同时,打扫庭院,待天黑将垃圾倒三岔路口,以示辞旧迎新、全年吉祥。然后,用白粉在宅墙画上"吉祥徽"。深夜,去河边背"吉祥圣水"。若鸡叫头遍背到,便高声欢呼,兆全年大吉大利。随后,用"吉祥圣水"洗脸、烧茶、做饭。大年初一,全家老少着新衣,吃团圆饭,不外出做客。初二,各户开始拜年,亲友相互登门,赠送礼品,贺节。节夜,村寨周围燃起熊熊篝火,人们兴高采烈,围着火堆唱歌跳舞,饮酒欢乐。男女青年兴趣更浓,唱"萨玛"(酒歌)、"加鲁"(情歌),有合唱、对唱、领唱。有的村寨,还演出民间土剧。演员们戴面具,着不同动物服饰,在锣鼓、钹等乐器伴奏下,时而高唱,时而跳跃,直至天明。此节与"门巴洛沙",互为地域性异文变体。

门巴族元月新年——参见"门巴族大年"条。

门巴族洛沙——门巴族传统年节。洛沙,门巴语意为"新年节日"。藏历正月初一举行,历十五天。流行西藏错那县勒布等地。藏历旧年十二月廿九日,村村寨寨凡有条件人家,皆用大米、青稞、小麦、玉米、荞麦等九种粮食,熬成稀粥饱餐,以祈生活富裕,来年丰收。是夜,各户用小麦粉或青稞粉调成糊状,在墙壁、大门、宅檩上,绘各种图案,象征来年风调雨顺、全家吉祥。大年初一,主妇争相早起,到河溪旁抢水,以先背回首桶水的人最为吉利。次日,人们着节日盛装,姑娘尤然,带着酒肉、粑粑等礼物,走村串寨,访亲问友、贺年。妇女须走在前,先入主人庭院,以示吉利。节间,男女老少欢聚游玩。青年男女一起歌舞,并演唱"充木"戏曲。演唱者头戴羊皮面具,胡子用牦牛尾巴做成,身穿黑色氆氇短上衣,下着彩条裤子,肩挂彩绸,边跳边唱,交叉进行。用锣鼓、大钹伴奏。内容多为神话传说,亦有从藏戏移植节目,如《卓娃桑姆》《嘎色和朗色》等,颇富民族特色。正月十五,全村寨男女老少欢聚,各家带去最好食品,请大家品尝。席间,人们开怀畅饮,纵舞高歌。此节与"门巴大年",互为地域性异文变体。

第一世噶玛巴圆寂纪念日——藏传佛教节日。藏历正月初三举行。噶玛巴杜松虔巴(亦作"噶玛巴·都松钦巴"),于藏历金虎年(公元1110年,宋徽宗大观四年),生于哲雪(今四川甘孜州新龙县)雪山中。藏传佛教噶举派嘎玛噶举支派初祖,达波拉结弟子。公元1147年,他聚徒讲学,创立该支派。杜松虔巴圆寂前一年,冈波丹萨巨石复出嘎字母,示意弟子们新的"噶玛巴"将降世。弟子们遂将杜松虔巴财产均分各寺院。初三晨,杜松虔巴最后一次向弟子说法,旋全身端坐、凝视虚空而入禅观。

噶玛巴·杜松虔巴圆寂纪念日——参见"第一世噶玛巴圆寂纪念日"条。

噶玛巴·都松钦巴圆寂纪念日——参见"第一世噶玛巴圆寂纪念日"条。

传大召——族谓"默朗钦波"。亦称传召大会、传召大法会、大祈愿法会、祈祷大法会。"召"亦作"昭"或"招"。藏历正月初三或初四至廿五日,在拉萨大昭寺举行,历十一天。1409年,藏传佛教格鲁派创始人宗喀巴,为纪念释迦牟尼,于该年年藏历正月在拉萨大昭寺举大型祈愿法会。宗喀巴辞世,法会曾改由噶玛噶举派掌握,中断十九年,1517年恢复,年年举行。1642年,五世达赖喇嘛建政教合一政权,法会重大改革:时间由正月初一至十五,改为正月初三至廿四。会间,三大寺僧众及卫藏、安多、康巴等地信众(多达数万)聚寺,举行各种宗教活动。其中,考录拉热巴格西(一等格西,约当今博士),年录十六名。正月十五夜,拉萨八角街陈列酥油灯、酥油花,歌舞庆祝,称"灯节"。正月廿四,由甘丹赤巴主持,哲蚌寺俄华扎仓、布达拉宫朗吉祥扎仓之僧众诵鬼经,举行盛大"默朗朵甲"驱鬼仪式(古装兵护送、鸣火铳、燃"朵玛",进发拉萨河南岸)。正月廿四,法会尾声,僧俗自愿购买石料,送往拉萨河上游,加固堤坝(此乃三世达赖首创),举行隆重固堤活动。上述相沿成俗,清朝盛极一时,传承至今。鉴于此法会的影响,其他藏族聚居区的黄教寺院,亦同期举办各种形式祈祷法会。会间,历届中央政府,西藏地方政府及王公、贵族、活佛、土司等,选派人员送茶等予僧众,并布施三大寺。

传召大会——参见"传大召"条。
传召大法会——参见"传大召"条。
大祈愿法会——参见"传大召"条。
祈祷大法会——参见"传大召"条。
默朗钦波——参见"传大召"条。

莲师荟供日——藏传佛教节日。藏历正月初十举行。旨在祈祷三世诸佛总集莲花生大师。据传,莲花生为西藏打开密法宝藏,乃合阿弥陀佛之身、观音之口、释迦佛及一切佛之心而成,为诸佛菩萨身、口、意之三密金刚应化身。另云,阿弥陀佛是法身佛;观音菩萨是报身佛;莲师是应化身佛,藏人尊称"咕噜仁波切"(珍贵上师)。修莲师荟供,能熄灭一切地、水、火、风、空所生诸灾,摧灭妖魔,令一切鬼神无不恭敬听命。届时,佛门弟子行持荟供、放生、顶礼、斋戒、念经、打坐参禅,修出离、菩提心、空性智慧等善法,增福、增寿、增智慧,消灾、消厄、消烦恼痛苦,顺缘利乐增上,违缘障碍不生。

米拉日巴圆寂纪念日——藏传佛教节日。藏历正月十四日举念。"米拉日巴"另译"密勒日巴",本名"米拉日巴·脱巴嘎",法名"协巴",1052—1135年在世,噶举派上师,西藏最著名密教修行者。他注重实际修持,以苦修著称,八十五岁圆寂,一生弘扬佛教教义,遍游西藏各地,收徒传法,扩大噶举派影响,广博信众尊崇。

米勒日巴圆寂纪念日——参见"米拉日巴圆寂纪念日"条。

玛尔巴圆寂纪念日——藏传佛教节日。藏历正月十五日举念。"玛尔巴"本名"却吉罗追",藏传佛教噶举派创始人,藏传佛教史上著名译经大师。他初从卓弥学梵文,后三赴天竺,四赴尼泊尔,参访班钦那诺巴、麦哲巴、吉译智藏、大成就寂贤等大善知识一百零八人,尽学《密集》《胜乐》《喜金刚》《摩诃摩耶》《四座》等大瑜伽父续母续之讲解、教授、实修等,悉数翻译流布,依弥勒巴生起大手印得彻底证悟。他按印度密宗习惯,着白色僧裙修法,白色僧裙遂成噶举派世传袈裟式样,噶举派因此俗称"白教"。塔布噶举支派建立后,尊其为初祖。

佛陀神变日——藏传佛教节日。藏历正月十五日举行。佛门纪念释迦牟尼以神通降服外道师之日。佛教史载,释迦牟尼佛曾于多天内，每天示现一种神变，令专门到此比试挑战的外道师，最终俯首认输而皈依正法。据藏传佛教云，藏历正月中所造任何善业与恶业，皆自辗转增盛为十万倍之业缘。故，应于此月励力断一切恶缘，行一切善业。

极喜金刚诞辰——藏传佛教节日。藏历正月十五日举行庆祝。极喜金刚（嘎饶多杰），是将大圆满最早弘扬人间之祖师，称如来显现为大圆满人间初祖之应化身。传说，他出世七天即与五百智者同时辩论，并获全胜。成人后在深山修禅定三十二年，于金刚萨埵前听受教言，背诵、精通六百四十万大圆满颂词，在将其所掌握的诀窍传授弟子蒋华西宁（文殊友）后，前往单斗河边，其身成即无漏光蕴而消于法界。当时，蒋悲伤哀绝。金刚复现身空中光蕴，将金制宝箧《大圆满三大要语》付蒋。如今，此法仍为诸有缘弟子所常修。

藏族摆花节——亦称"花灯节"。藏族民间传统节日。流行于西藏拉萨等地。藏历正月十五日举行。据传，节源自明永乐七年（1409），佛教格鲁派祖师喀巴洛桑扎巴，于此日在拉萨创办传昭法会，陈列各种供品，隆重纪念"佛陀神变日"。从此，人们沿袭此举，久而成节。节夜，拉萨八角街四周摆满五彩酥油塑成的花卉、图案、人物、鸟兽等，城乡百姓争往游玩。另外，各寺僧人、民间艺人等纷纷用本地产酥油制作精美的酥油花盘、供奉天女，置精细灯架，剔透玲珑。人们在"塑花"映衬下，高歌纵舞，彻夜不眠。

藏族花灯节——参见"藏族摆花节"条。

塔尔寺灯节——亦称塔儿寺灯节、塔儿寺正月灯节、塔尔（儿）寺酥油花、酥油花灯节。藏传佛教寺院青海塔尔寺传统节日。藏历正月十五日举行。塔尔寺，另译"塔儿寺"，藏语称"衮本"，意为"十万佛身"。青藏高原藏传佛教格鲁派著名六大寺庙（拉萨的哲蚌寺、色拉寺、甘丹寺，日喀则的扎什伦布寺，甘肃夏河县的拉卜楞寺和青海塔尔寺）之一，坐落湟中县鲁沙尔镇，离古城西宁三十公里。据藏汉史籍载，此乃格鲁派创始人宗喀巴诞生地。公元1419年宗喀巴圆寂后，其僧徒为纪念这位杰出的宗教领袖，于1560年始建，历四百余年扩建，今已成拥殿宇、经堂、佛塔、僧舍等三十余处、占地六百余亩之古建筑群。寺院屹立于林木苍翠山坡，依山就势，高低错落，独显高超藏汉建筑艺术相结合。主体建筑大金瓦寺，大殿建筑面积四百五十平方米，屋顶全是锚金铜瓦，殿脊有金轮、金鹿等珍贵饰物。大殿矗立一座高十二米五、上裹无数哈达的大银塔，供奉丈余高、纯金铸造宗喀巴神座。该寺酥油花誉称藏传佛教"三绝"（酥油花、绘画和堆绣）之一，闻名中外。寺设制作酥油花专门机构"花院"，分上花院、下花院，有专职艺僧。制作前，由"噶尔克"会试研讨，上、下两院艺高资深喇嘛精心构思，设计各种题材的故事情节草图，后令艺僧们于当年农历十月开工。先用麦草绑扎成故事人物和其他形象模型，以特制长钉固定一块高大长方木板，再用从上年酥油花上剥落的旧酥油，合以草灰、石粉揉成酥油泥，涂模型上，成各种形象雏形，最后用当年新酥油配各种彩色颜料，精细点缀装修，于翌年藏历正月十五晚八时，在大经堂南侧分别开展，供人膜拜。灯节期间，青、藏、川、滇、甘及内蒙古等地藏、蒙、回、土、汉等各族群众，成千上万纷至沓来，饱览艺宝酥油花。这些艺宝，用支架支撑，一排排、一行行陈列讲经院、殿堂。在花架音乐伴奏下，更显绚丽多姿，大放异彩。似画非画、似塑非塑的酥油花，从西藏传到塔尔寺，已历二三百年，得到很大发展，更加丰富多彩。如，象征各族友好往来的《文成公主进藏》《各民族大团结》，百层千瓣的《百菊图》，绚丽多彩的牡丹，果实累累的石榴、苹果盆景，《释迦牟尼生平事迹故事图》及各种佛像，等等。观众围在酥油花前赞不绝口，流连忘返。前人有诗云："元宵盛法会，冷月正黄昏。屏上升灯熠，堂前万佛尊。妙同鬼斧设，巧夺天工魂。"

塔尔寺酥油花——参见"塔尔寺灯节"条。

塔尔寺酥油花灯节——参见"塔尔寺灯节"条。

塔儿寺灯节——参见"塔尔寺灯节"条。

塔儿寺正月灯节——参见"塔尔寺灯节"条。

塔儿寺酥油花——参见"塔尔寺灯节"条。

塔儿寺酥油花灯节——参见"塔尔寺灯节"条。

酥油灯节——亦称酥油花灯节、酥油花灯会；族称"坚阿曲巴"，意为"元宵供品"。拉萨藏族僧众盛大、绚丽宗教节日。藏历正月十五日，在拉萨八角（廓）街举行。"酥油花"是藏族灿烂艺术之花，用白色酥油配以彩色颜料，塑成的各种彩像。旨在纪念格鲁派创始人宗喀巴，纪念释迦牟尼示现鬼变降伏邪魔。白天，人们到各寺朝佛祈祷；夜晚，八廓街皆举办酥油花灯展。满街搭各种花架，陈五颜六色各种神仙、人物、鸟兽、花木形象，宛若群星降落，一片辉煌。间或伴以木偶、藏戏、民族歌舞表演。当年，达赖喇嘛及主要官员照例出巡赏灯，城乡僧众纷至沓来观赏，载歌载舞，欢乐、热闹非凡，通宵达旦，乃至延续数天。灯节源说颇多：其一，唐长庆二年（822），唐、蕃王朝会盟拉萨，本应按西藏苯教歃血方式，而吐蕃会盟主持人钵阐布乃僧人，不能杀生，只好命人用洁白酥油捏塑一批猪羊等牲畜供品代之。其二，尼泊尔王尺尊公主嫁松赞干布，带来一尊释迦牟尼八岁等身不动金刚佛像，供于大昭寺。文成公主嫁松赞干布，亦带去一尊释迦牟尼十二岁觉卧佛进藏，供于小昭寺。后来，宗喀巴进藏学佛成功，用彩色酥油给佛像头上塑制莲花形"法牌"（佛冠），以示尊重。其三，藏传佛教格鲁派创造人宗喀巴，1409年在拉萨举行传召法会，用酥油塑造许多供品，以纪念释迦牟尼示现神降伏邪魔。其四，1409年藏历正月，宗喀巴在拉萨与其他教派辩论经典，经八天舌战，终胜其他教派。一夜，宗喀巴梦见释迦牟尼高大的形象，在百花簇拥下出现于霞光万道的云朵中。为纪念梦中奇遇，他请人在一块亮长木板上，用酥油塑出那一壮丽景象，并捏出其他酥油供品，供奉甘丹寺内。世代相传，格鲁派（黄教）各大寺院藏历正月十五，照例举办酥油花灯会。

拉萨酥油花灯节——参见"酥油灯节"条。

拉萨酥油花灯会——参见"酥油灯节"条。

坚阿曲巴——参见"酥油灯节"条。

迎强巴——意为"迎弥勒"。西藏等地藏族民间宗教节日。藏历正月十六日，在寺院举行。届时，在乐器伴奏下，人们抬着弥勒佛从大经堂开始，绕弥勒殿一周。众佛中，弥勒佛代表未来。信众纷纷争相绕寺转"廓拉",祈祷未来幸福。

迎弥勒——参见"迎强巴"条。

蒋扬钦哲旺波圆寂纪念日——藏传佛教节日。藏历正月廿一日举行。萨迦派宗萨寺第一世"蒋扬钦哲旺波"(1820—1892),亦名"贝玛和些多鸦宁巴",乃大圆满传承祖师贝玛那密渣与藏王赤松德真两者的化身,西藏王子德敦刚巴第十世转世。一生广学,持西藏八个主要教派一切密法,被宁玛派誉尊第五位岩传导王。年届七十三岁是夜,蒋扬抛献花朵,念毕圆满吉祥颂,于定中圆寂,其意融汉地五台山贝玛那密渣尊者之意法界中。依授记云:蒋扬根本化身即在五台山,以五种殊胜化身一同示现,以造弘法利生事业。

贝玛和些多鸦宁巴圆寂纪念日——参见"蒋扬钦哲旺波圆寂纪念日"条。

鲁鼓呷哲节——藏族民间宗教节日。藏历正月廿二日举行。鲁鼓,拉萨地名;呷哲,译意"扎营"。旨在为两天后之"送鬼"做准备。届时,政府官员下令,从大小庄园征"兵",并让其着所向无敌之蒙古兵古装,由四名四品官扮相之正、副"牙索"(元帅)率领,在鲁鼓安营扎寨,待廿四日,为"送鬼"助威。

多加节——亦称施食送鬼节。西藏拉萨等地藏民宗教节日。藏历正月廿四日举行。届时,多以布达拉宫朗结扎仓、哲蚌阿巴扎仓为主,主持藏传佛教密宗驱鬼仪式。正、副"牙索"率古装兵丁助威。甘丹寺参与,二扎仓的罗木(轨范师)作法事驱鬼,于鲁鼓广场施食送鬼。燃油灯,放火炮、大炮,呐喊、呼哨声齐鸣,响彻云霄,震慑鬼魔。

施食送鬼节——参见"多加节"条。

默朗道嘉——译意"驱鬼节"。藏传佛教节日,僧侣专有节日。藏历元月廿四日举行,历三天。一般在传大召结束后。参阅"多加节"。

驱鬼节——参见"默朗道嘉"条。

射天节——族谓"朗达节"。西藏拉萨藏族民间宗教节日。藏历正月廿七日,为庆祝拉萨祈祷大法会完结,在拉鲁广场举行。昔时,由西藏地方政府官员进行射箭比赛,优胜者获得奖励。城郊及远道朝佛者,以羊肚盛青稞酒,携牛羊肉、红糖、奶茶、糌粑、"玛善"等丰美食品,云集广场及次松唐草原,围观跑马射箭。

朗达节——参见"射天节"条。

甘丹绣唐节——甘丹寺藏绣画展节。藏历正月择日,于西藏甘丹寺举行,历廿天许。甘丹寺位于西藏达孜县拉萨河南岸旺古尔山坳,明永乐七年(1409),西藏藏传佛教格鲁派(黄教)创始人宗喀巴兴建,为格鲁派首座寺庙,与哲蚌寺、色拉寺并称"拉萨三大寺"。该寺群楼重叠,外观巍峨,金碧辉煌,内藏廿四幅丝织品绣画,绣十六罗汉、四人天王等佛像。据传,这些绣画乃永乐皇帝所赠,大慈法王释迦也夫于明永乐初从南京带回西藏。节间,举行庄严肃穆法会,寺内香烟缭绕,锣鼓、大钹、海螺、长号齐鸣,喇嘛念经祈祷,僧侣云集,观瞻绣画的人摩肩接踵,十分热闹。

神变月——藏族宗教信仰节。神变月,即藏历一月。据传,释迦牟尼于该月初一至十五之半月内,演示十五种神变术,胜过富兰那迦叶、末伽梨拘赊梨子、删阁夜毗罗胝子、阿耆多翅舍钦婆罗、迦罗鸠驮旃延、尼犍陀若提子等六名外道祖师,并利用佛法,使他们改信佛教。故有此"月"俗。

隆洛德节——自称"崩尼""崩如"的珞巴族民众迎春节日。流行于西藏自治区珞隅拉窝地区。藏历一、二月间择日举行。隆洛德，族意"迎春"。节前夕，凡有条件之家，皆杀猪宰牛。家家备好猪、牛及各种野兽肉类，做成干肉条，并舂粑粑、酿制米酒等。节间，不得杀牲见血，免激怒"乌佑"（珞巴对精灵、神灵、鬼魂、妖魔等统称），危及生命财产。家家欢聚，尽情吃喝。如有来人，无论认识与否，皆备丰盛美酒佳肴，热情款待，并留宿。各村寨普遍开展文体活动：男子开展射箭、跳高、抢石头等比赛；妇女大都汇集，唱歌跳舞。到处一派欢乐景象。节后，人们即忙于春耕、春播。

珞巴族迎春节——参见"隆洛德节"条。

藏族春播节——亦称播种节、试种节。聚居农区的藏族群众农祀节日。按藏历厘定吉日举行。本意为"给学耕地小牛套上轭木，试耕"。届时，举行迎接仪式。破晓，由此年属相妇女与几位老农赶在全村人起床前，盛装带上早备好之茶、酒、经幡、香炉及几头装饰一番的牲畜，到当年破土下犁的那块地，祭土地神，祈祷庄稼丰收。祭毕，他们回村与全村盛装人群一道，将大小牲畜打扮一番，一齐来到春耕开犁之处，喝茶饮酒。之后，由几个男人朝开耕方向，烧香祭祀，竖经幡，唱颂词，祭祀神灵。各家主妇向天敬酒三次，往自家耕牛脑门抹三道酥油，以示吉祥。该年属相妇女为每对耕牛轭木插上经幡，并撒出吉祥福气种子；其余耕牛成对随后，开始"春耕"。仪毕，男人举行赛跑、角力等民族体育活动，妇女则歌舞相和。次日起，犁手们一连欢宴五六天。

藏族播种节——参见"藏族春播节"条。

藏族试种节——参见"藏族春播节"条。

送魔节——藏族聚居区民间最广泛趋吉辟邪节日。藏历二月初七举行。节仪主要是：雇一贫者扮魔鬼，身着半黑半白翻毛皮（西藏为黑、白各一人扮），脸涂半黑半白，头插羽毛。于大经堂各类宗教仪式后，由大昂和鬼旦劳苍佛殿的僧众念经，送"多尔钦"，并将扮鬼者赶至大夏河对岸，七天内不得返寺内。

亮宝节——亦称亮宝会、赛宝会、供宝会，藏语称措却色陈、错曲色蚌。藏、青、甘、川等地藏传佛教宗教节日。藏历二月择日举行。具体日期各寺有异，多择初八、三十日。藏传佛教节日。节仪较简：节晨，于仓拉（寺库旁集市）晒绘有嘉木祥源流的大佛像，佛前陈列供奉。上千僧人衣着整齐，各持象牙、犀角、羚羊角、珊瑚、玛瑙、各种化石及著名佛僧衣帽、用具、法器等，随仪仗队，伴随化装狮子、野牛、大象、老虎，从弥勒殿前出发，到仓拉佛前，由僧众念经、沐浴，后绕寺一周，返经院，最后在小僧侣舞蹈中宣告结束。会间，各地寺庙将平时所藏宝器珍玩，逐一陈设展出。寺近旁甚至方圆上百里各族群众，身穿节日盛装，纷纷赶来瞻仰、观赏。拉萨的供宝会，实为一次供佛祭神活动。届时，哲蚌、噶丹、色拉三大寺成千上万僧人，手持各种宝物、法器和古代乐器，簇拥装扮一新的"大象"，从大昭寺列队出发，沿事先划定路标，绕八角街到布达拉宫。行进中，喇嘛们边走边跳边诵经。沿途香火不断，法号齐鸣。到布达拉宫前，表演古代舞蹈，敲大鼓，踩高跷等；随后，再到小昭寺前重复一次。各种仪毕，人们到陈设处观赏宝物珍玩。甘肃夏河拉卜楞寺的供宝会，节俗基本相同。

亮宝会——参见"亮宝节"条。
赛宝会——参见"亮宝节"条。
供宝会——参见"亮宝节"条。
措却色陈——参见"亮宝节"条。
错曲色蚌——参见"亮宝节"条。

四世班禅圆寂纪念日——藏传佛教节日。藏历二月十三日举行。四世班禅善慧法幢大师（罗桑曲结坚赞），藏传佛教格鲁派中宗喀巴大师的大弟子克主杰（1385—1438）转生之第四世。他任扎什伦布寺住持，大兴该寺，力施弘法，传修《菩提心教授》等多种教法。此后，历代班禅皆成该寺住持。克主杰的转世系统以"班禅"为名，亦自他始。"班禅额尔德尼"称号，则始自第五世善慧智时，由清康熙皇帝册封。四世班禅大师于清康熙元年（1662）之藏历二月十三，示寂于扎什伦布寺。

传小召——亦称传小招、传召（招）小会、会供法会、小法会；藏语叫"磋却"，意为"奉献会"，另称"措曲节"。西藏藏族民间宗教节日。藏历二月廿五日在拉萨小昭寺举行，多历半月。届时，西藏三大寺僧人聚集拉萨，举行大法会，藏语谓"措曲"。据传，节始于 1682 年，指第巴桑结嘉措为巩固自己地位和稳定西藏地区，于五世达赖喇嘛圆寂后，秘不发丧，直至周年才举行年祭。初为五天，后每一达赖圆寂加一天。达赖喇嘛亦要自布达拉宫红山下来，在大昭寺祈祷，当日返布达拉宫。哲蚌寺、甘丹寺、色拉寺和拉萨附近其他寺庙，喇嘛们云集小昭寺，由哲蚌寺"协教"（俗称"铁棒喇嘛"）主持法会。会间，每天念经，祈祷，求佛祖、神灵保佑等佛事。并开展辩经活动，对获"磋让巴格西"（即二等格西）的僧人进行复试。三大寺喇嘛自由发问，应试者能答，便是"磋让巴格西"。法会规模次于祈祷大法会，因谓"传小召"。

传小招——参见"传小召"条。
传召小会——参见"传小召"条。
会供法会——参见"传小召"条。
小法会——参见"传小召"条。
磋却——参见"传小召"条。
措曲节——参见"传小召"条。

驱旅贡——汉译意为"将人装扮的鬼，送往拉萨界外，以驱邪灭灾"。西藏藏族民间宗教节日。藏历二月廿九日举行。民主改革前，法定由曲水宗降秋林寺与澎波宗兰伦扎寺，各出一农奴扮青面獠牙魔鬼，至拉萨大昭寺门前，当众与甘丹寺法台掷骰子，赌输赢。法台赢，则示年无魔障；"旅贡"赢，则示年中有大灾降临，须多修福念经。然而，无论"旅贡"输赢，都得象征性将其送走。其时，僧众一齐诵念经咒，击鼓鸣号；市民则大声呐喊驱赶。两"魔鬼"在恐怖阴森气氛下，被"送"往拉萨界外：一至山南桑耶地区；一至北方彭波地界。据传，如此后一年灾乱即告解除。

措却色邦节——意为"僧众会供仪仗节"。藏族民间宗教节日。藏历二月三十日举行。据传，五世达赖于 1682 年之藏历二月二十五日圆寂，停尸五日，至三十日灵魂上升净土极乐世界，诸神、菩萨、供献天女组成之仪仗队，纷纷鸣锣击鼓，齐奏仙乐，散发焚香，漫洒甘露，喜迎之。摄政王桑结嘉措记录下此情景。1694 年藏历是日，以哲蚌、甘丹、色拉三大寺为首之各寺僧众，纪念五世达赖升天十二周年，按桑结嘉措所录，由众僧装扮极乐世界诸神及菩萨，两千僧众组成仪仗队作前导，巡游拉萨成林廓路一圈，以缅怀五世达赖。相沿成节。

措却节——亦称会供节。西藏藏族民间宗教节日。藏历三月举行。据传，源自1649年，五世达赖喇嘛圆寂十二周年，摄政王桑结嘉措为其设会供七天，聚哲蚌、色拉、甘丹三大寺为首之各寺僧众，供请佛、菩萨，尊其生前愿望，进行祈祷；并建遍缀珠宝之纯金灵塔。五世达赖生前建立政教合一甘丹颇章地方政权，于藏族聚居区大建格鲁派寺庙，胜昔日宁玛、噶举、萨迦、苯教兴旺势力，创政府、贵族、寺庙三大领主传统体系。"措却节"即旨在让其尽早归回净土天堂。至1723年，七世达赖喇嘛将供奉七天增为十天，专设会供，悼念康熙皇帝逝世。1934年，为十三世达赖圆寂设会供，再增两天，此节遂历十二天。

会供节——参见"措却节"条。

旭独龙节——族谓"洞更谷乳木"。珞巴族年节。流行于西藏珞瑜一带。节期因地有异：珞瑜西部长门河及西巴霞曲一带，约在藏历二月择吉日举行；珞瑜东部雅鲁藏布江下游希蒙一带，则在藏历十二月十五日举行。节日前夕，各家族忙于打扫房屋，酿米酒、青稞酒，舂粑粑，做荞麦饼，杀鸡宰羊，准备丰盛的年节食品。富裕家族还宰猪宰牛，并将猪、牛肉连皮剁成条幅，馈赠亲友。节间，村村寨寨串门访友，相赠礼品贺节。此外，男子着羊毛织成长到腹部的坎肩，背披一块野牛皮、用皮条系肩上，挂竹管耳环，头戴熊皮帽，腰挂长刀、弓箭；妇女穿圆领窄袖短衫，围及膝花格羊毛筒裙，小腿裹布，戴耳环、手镯及五颜六色项珠，打扮得十分漂亮。他们带上青稞酒、手扒肉欢聚，由"尼扭布"（巫师）带领，挥动贴有各色羽毛的木棍，举行宗教仪式，祈祷神灵保佑，预祝丰收。之后，众围坐，开怀畅饮，交谈、问候，祝贺年节。青年男女欢聚，唱歌跳舞，高兴时发出"哦、哦、哦"叫声。

洞更谷乳木——参见"旭独龙节"条。

晒佛节——藏族民间传统宗教节日。流行于藏、青、甘、川、滇等广大藏族聚居区。多在藏历二月初、四月中旬或六月中旬举行。具体日期因地有异。届时，各地寺庙将珍藏著名巨幅布画和锦缎织绣佛像取出，展示于寺庙附近晒佛台，或山坡，或巨岩石壁之上。这些佛像，做工精致，色泽鲜艳，艺术价值甚高，有的堪称国宝，观瞻者成千上万。为方便善男信女观瞻、朝拜佛像，有的寺院，如拉萨布达拉宫、日喀则扎什伦布寺，特意修筑巨大晒佛台，台面宽阔，可同时悬挂数幅布画和佛像。其中，以布达拉宫晒佛规模最大。每年藏历四月中旬，将长三十余丈五色锦缎堆绣成的巨幅佛像，由几十位身强力壮喇嘛从寺庙藏宝室中取出，悬挂于第五层楼的楼壁南面。每年悬挂一幅或数幅。佛像多为释迦佛、三世佛等。在太阳光照射和布达拉宫金顶陪衬下，彩色佛像相映生辉。身着紫红袈裟的喇嘛，口念佛经，在佛像前顶礼膜拜。无数男女信徒，整装敬礼，观瞻佛容，场面壮观。扎什伦布寺晒佛节，于每年藏历四月十五举行。青海西宁塔尔寺晒佛节，于藏历正月十五在山前展晒狮子吼佛、释迦佛、宗喀巴和金刚萨埵佛像。寺前，临时搭大帐，用作该寺法台暂时办事。甘肃夏河拉卜楞寺晒佛节，于藏历正月十三，由该寺总法台率各昂次代表和在职僧官到河南宗王府前南山麓举行。小寺院晒佛，规模较小，多在寺内举行。如四川理塘寺，每年藏历正月十五在寺内举行，佛像高十五米许，晒佛与酥油花灯会同步，前往参观者亦成千上万。

姆洛科——珞巴族"阿帕塔尼"支系民间传统节日。流行于西藏珞瑜西巴霞曲流域。藏历二、三月择吉日举行。由部落内各村寨轮流主持。节前，主持村寨一面筹集资金，购买鸡、鸭、猪、牛等祭品，准备柴薪；一面召集村里青壮年上山砍树木，搭节日表演技艺的高杆。节间，人们欢聚一堂。各村寨以氏族为单位，由巫师主持祭仪，在临时搭建祭台上，摆好祭品，点香烧纸，跪拜基洛、基鲁等神灵，巫师诵经，祈神灵保佑全年风调雨顺、人畜平安、五谷丰收。然后，在主持节日的村寨会餐，尽情歌舞，并举行高杆技艺表演。把一条缚高杆藤索一拉，使高杆下垂，旋拉着藤索，把缚于藤索的人抛向高空，以表演最佳者为优胜。各村寨青壮年竞相参赛，围观者成百上千。高杆表演毕，人们分别到各家做客，主人照例拿出家中最好食物和米酒款待。

时轮金刚新年——藏传佛教节日。藏历三月初一举行。届时，诸信众须广大发心，依身、语、意三门，广行善业、吃素、放生、供灯、持咒、诵经等。回向、祈愿世界和平，无有灾厄，有情众生安乐吉祥。据传，是月初三，释迦牟尼佛宣讲时轮金刚续。本月做何善恶，皆成万倍增上。

时轮金刚节——藏传佛教节日，亦称"时轮金刚日"。藏历三月十五日举行。节源有两说：一，为纪念藏历首个饶迥之首日（1027年，火兔年藏历三月十五）而创

设；二，藏传佛教各寺院纪念释迦牟尼成佛，于农历三月十五，讲授时轮金刚本源之日的传统宗教活动。届时，诸寺以时轮学院为主，自月初起做彩土供，修时轮金刚曼荼罗。是日，时轮学院选十余高僧，着法衣，执法铃，冠五莲帽（即五佛冠），舞蹈诵经，以示纪念。

时轮金刚日——参见"时轮金刚节"条。

迎鸟节——亦称布谷鸟节。西藏藏族古老信仰节日。藏历三月十五日举行。据传，每年这天，乃布谷鸟自喜马拉雅山南之门达旺返回西藏腹地之日。六世达赖仓央嘉措诗曰："杜鹃发自门隅，捎来春天信息。"故此，是日凌晨，人们纷纷早起（传说，听见布谷叫若仍在床上将终年卧病），带上香草香树、茶酒点心，往附近树林，迎布谷鸟，祈求赐给财富和好运。藏医、星象师、老农则从鸟鸣，预测来年雨水、收成。节俗活动，通常是供奉酸奶、卡赛（油炸果子）、卓玛折松（人参米饭）、竹素苏切玛（装满糌粑、麦粒，插彩色青稞穗之吉祥斗）、库尤曲美（专门供奉布谷之两盏黄铜酥油供灯）。当布谷飞来时，遍燃吉祥松烟，僧俗官民跪拜、敬酒、祈福。热振寺在藏历四月十五过节，仪式略同。

布谷鸟节——参见"迎鸟节"条。

江孜达玛节——亦称江孜跑马射箭节。藏族民间传统娱乐节。流行于西藏江孜一带。藏历四月初十（亦说五、六月上旬择日），在宗山脚下举行，历十九天（亦说五至七天）。"达玛"藏语意为"跑马、射箭"。据传，节源于祭祀盛典，已历五六百年。当年，江孜王绕丹贡桑帕之祖父帕巴白桑布乃萨迦王朝内务大臣兼江孜法王，深孚众望。他去世后，其弟子每

年做祭,后辍于战乱。至藏历火鼠年(1408),绕丹贡桑帕任江孜法王,遵父遗嘱,于是年四月初十至廿七日,恢复祭祀;廿八日开始娱乐。另传,为庆祝在宗山旁修筑白居寺和八角塔,而举行跑马、射箭集会。史籍载,首次达玛节于明王朝遣钦差大臣和江孜藏族官员共同主持下举行。1447年,扎西绕丹巴统辖江孜,娱乐内容更丰富,尤其增加比赛跑马射箭。时至17世纪中叶,五世达赖加强政教合一,此节更由地方政府委僧俗官员主持,俾规模更盛,并将此赛延至三天。首日,举行宗教仪式,检验马匹,烙上印记;次日,赛跑马;第三日,赛射箭。之后,则举庆节日成功之三四天郊宴。此后世代相传成节。而今节期,人们着艳丽民族服装,欢聚宗山脚下、年楚河畔,在河滩、草地上搭起一座座帐篷,在葱茏树林挂上镶有花纹图案的帷幕,地铺卡垫,点燃炉火,煮酥油茶,摆好食品。主要节俗:展佛轴画、跳神、赛马、赛牦牛、骑马射箭、拾哈达、演出藏戏和民族歌舞,举办打球、摔跤、角力、抛石头等比赛。夜晚,老年人三三两两围坐篝火旁,边喝青稞酒,边畅叙家常。孩童们静听民间艺人讲述历史故事。商业部门前往供应节日食品、日用百货、民族特需商品,收购农副土特产品,组织物资交流。

江孜跑马射箭节——参见"江孜达玛节"条。

幼儿理发节——藏语称"悟顿"。藏族民间传统节日。流行于青海黄南州同仁县一带。藏历四月十一日举行。按当地藏俗,每家小孩出生后,长到第三年生日方能为之首次理发。届时,亲友、邻舍皆领着幼童,带上礼品,纷纷赶来庆贺。主人则备青稞酒、奶茶、手扒肉等,盛待来客。席间,宾主频频举杯,尽情交谈,祝愿小孩平安吉祥、健康成长。未给幼儿理发之家,普遍给家中骡、马剪修鬃毛,刷洗全身,把骡、马打扮得漂漂亮亮,祝愿骡、马膘肥体壮,力大,多为主人出力。当地传说:四月十一这天,藏族英雄格萨尔王第一次理发,亦首次身披盔甲、跨战马出征。人们遂将这天视为吉日,世代相沿成节。

悟顿——参见"幼儿理发节"条。

门巴族沙岗达娃节——亦作沙噶达瓦节。门巴族民间宗教节日。流行于西藏错那县勒布一带。藏历四月十五日举行。届时,人们兴高采烈,各户拿出一定数量牛羊肉、猪肉,或野兽肉及糌粑、酥油、青稞酒、米酒等,以村寨为单位,云集寺庙前,摆上祭品,敬香烧纸,请喇嘛念经祈祷,举行一系列宗教仪式,祈神灵驱除妖魔、邪恶,保佑风调雨顺、人畜两旺、五谷丰收。然后,由喇嘛将所带食物连同供品,平分给大家享用。夜间,各家在房前屋后点上酥油灯,预祝丰收。节后,各村寨积极准备生产所需,并开始春耕、春插生产。

门巴族沙噶达瓦节——参见"门巴族沙岗达娃节"条。

萨噶达瓦节——亦称佛诞节。藏、青、滇、甘等地藏族民间宗教节日。藏历四月整月过节,故该月名"佛月"。四月十五日为正日。信众们整月转经、烧香、布施、放生等,纪念佛祖。据传,藏历四月十五日乃佛祖释迦牟尼诞生、圆寂、成佛之日。唐文成公主当年巧于此日抵达拉萨。拉萨"佛月"此日达节庆高潮。人们聚会布达拉宫背后之龙潭湖,竞着盛装转经念佛,磕长头,禁屠宰牲畜,积功德,还纷纷登上湖心阁顶眺望拉萨市容,或乘牛皮船游荡湖面,或在湖畔铺卡垫、搭帐篷,摆上青稞酒、酥油茶,举家欢娱。男女青年围圈踏地顿节,欢歌而和。拉萨藏戏团等文艺团体演出助兴,气氛甚浓。其间,"转经"别具特色。一手拨动佛珠,一手转动转经筒,嘴里喃喃念着六字真言或祈祷众生平安经文,虔诚向佛祖表达夙愿。拉萨转经路共三条:环大昭寺一周称"八廓";环布达拉宫一周称"孜廓";绕拉萨老城一周,称"林廓",长约八公里,需两三小时。部分信众刻意磕等身长头,转"林廓"一次,倍示虔诚。其他地方节俗略同,但节期因教派有异。例如,安木多地区受汉族影响,其藏民于农历四月初八过节。云南迪庆在"佛月"举行盛大集会,朝拜维西县达摩山,仪式毕,唱歌跳舞,射箭摔跤,十分尽兴。本纯系宗教节日,经过长期发展、演变,渐成兼游玩和预祝丰收的群众性节日。

佛诞节——参见"萨噶达瓦节"条。

佛月——参见"萨噶达瓦节"条。

佛陀成道暨涅槃纪念日——藏传佛教节日。藏历四月十五日举行。此日,既是阿弥陀佛节日,又是佛陀成道涅槃日,堪言一年中最为殊胜之日。信众谨守行持诸善法,断除诸恶业,纷纷放生、供灯、持咒、斋戒、顶礼、禅修。据传,此日如是,功德将以亿倍增长,业障尽消,福报绵延。

祭龙节——西藏藏族民间龙神信仰传统节日。藏历四月十五日举行。当地藏族群众认为,宇宙分天、地、水三界,由赞神、年神、龙神,分掌祸福吉凶。节源多说:一,传说,拉萨古为湖泊,每年藏历此日,均扔一属虎男孩下龙王潭,祭龙王爷,久而成俗。时至果卡国王,一名布穷顿珠属虎男孩,被扔后,奇迹般返回。国王遂把公主下嫁于他,并颁法令,此后改为食物设祭。二,龙王潭曾为建布达拉宫立功,人们即在潭边修一寺庙,称"鲁康"。内供龙王像、释迦牟尼像,每年藏历此日,皆以上等食物投潭,祭祀龙王,相沿成俗。1939年前,西藏地方政府嘎伦们均到此举行祭祀,后登牛皮船游玩。众百姓亦盛装往祭,向湖内投祭品。此一龙神信仰之俗,沿袭不衰。

娘乃节——藏族宗教节日。藏历四月十五日举行,历数天。流行于拉卜楞寺及其附近藏区。藏文经典载,佛教创始人释迦牟尼投母胎、证道成佛,于此日涅槃。人们认为,此日做一件善事,或念一遍六字真言,分别相当平日三万万件、撒万万遍。节仪主要是煨桑。信众围着拉卜楞寺桑台,鱼贯将柏枝、糌粑填进桑台灶眼,面对熊熊桑火,虔诚诵经祈祷。在容纳百余人的拱顶帐篷中,酥油圣灯照映柱上佛像,台桌唐嘎全用丝线、软绸,按色彩线条、图案,剪贴、缝缀。民间艺人在佛像上下左右、前头后尾,充分展示佛祖一生经历。傍河茵坡矗立一顶巨大黑牦牛帐篷,内陈各类食品,旁列三排三十口各色大锅,生铁锅煮人参果,钢精锅煮奶茶,黄铜锅煮白米饭,炊烟缭绕,香气袭人。通常是先闭斋,后吃斋饭。其间,人们或去寺院烧香煨桑,转锅拉(绕寺转圈诵经),念嘛尼(六字真言),或聚会歌舞,或举行拔河等体育活动,或走村连情。十分尽兴。

隆德节——自称"崩如"珞巴族民间传统节日。隆德,译意"祭神祈福"。流行于西藏珞隅拉窝地区。藏历四五月间择日举行,历数日。据乡俗,进入藏历四月,家家皆备好酒肉、粑粑等节食。节首日,各家除老弱病残者外,皆带着美酒佳肴、香烛纸钱等,以村寨为单位,集体登山。

至山腰，人们纷纷砍树枝，搭一个称"雪隆勒"的篱笆，摆好酒肉等供品，焚香燃纸，举行祭山仪式。众人朝天跪拜，主持者念经祈祷，祈求山神保佑、村寨平安、人畜兴旺、家家吉祥如意。之后，共同采集各种野花，插在篱笆上，旋就地围坐，饮酒吃肉，唱歌跳舞，纵情欢乐，日暮才返村寨。其后数天，人们携粑粑等礼品走村串寨，互访贺节。

林卡节——族谓孜木林吉桑、赞林吉桑，或译欢乐日、郊宴。俗称耍林卡、逛林卡、郊耍。藏、川等地藏族民间娱乐节。节期有异，长短不一。拉萨、日喀则、昌都、江孜等地，藏历五月初十或十五日开始，历三五天，有的地方达十余天。日喀则于公历6月1日过节。藏语"林卡"意为"林园"或"别墅"。西藏城镇附近多有林卡，如日喀则的关觉林卡、新官林卡，拉萨的罗布林卡。节源传说：很久前，春暖花开，日喀则城里的男人们骑马、赶车，到郊外一个修行洞，朝莲花佛，求福音。妇孺们则带上美酒佳肴汇集近郊，迎接朝佛求福者归来，并在林卡中为他们接风。天长日久，演变为节。节天，人们或约亲邀友，或全家而出，着盛装，携青稞酒、酥油茶等美食，来到浓荫密布的林卡，地铺卡垫，燃起炉火，在帐篷内外喝青稞酒、酥油茶，玩藏棋、藏牌，打克郎球、扑克牌，甩骰子，听民间艺人讲历史故事，看文艺团体演藏戏和民族歌舞，打开收音机收听文艺节目。日暮，人们互访、敬酒，无论认识与否，概不推辞；否则，悠扬悦耳的劝酒歌会将唱个不停。节间，商贸活动非常活跃。夜幕降临，人们才收拾行装回家。

耍林卡——参见"林卡节"条。

逛林卡——参见"林卡节"条。

欢乐日——参见"林卡节"条。

孜木林吉桑——参见"林卡节"条。

赞林吉桑——参见"林卡节"条。

郊宴——参见"林卡节"条。

郊耍——参见"林卡节"条。

金马节——初名祭神节。四川色达县藏族民间宗教节日。藏历五月初四举行。旨在祭神祈福。节称传说：一，桂更塘草原上有座山，形如金马，故名；二，桂更塘草原，曾挖出一块马形金块，草原因此称"色达"，即"金马草原"。古"祭神节"，因改称"金马节"。届时，当地活佛、僧人举烟祭神灵仪轨，焚香枝煨桑（烟祭）。来自各地的牧民、信众，在各色布条印上祈福经文，旗周装饰白、红、黄、绿、蓝布条。男人给自己火枪枪架饰以经幡，上挂缎制烟祭小袋，内装糌粑、酥油、茶、黑白炒青稞、谷类、奶渣、人参果、珍宝粉等拌和而成的"烟祭锦品"。人们将其撒在焚香枝煨桑（烟祭）堆里，并大喊"该！嗦！"后，各自按意愿进行口头祈祷。

藏族祭神节——参见"金马节"条。

朗扎热甲节——亦称墨杂来果。藏族民间传统牧暇娱乐节。流行于四川阿坝藏族聚居区。藏历（或农历）五月初四举行。时值牧闲，人们纷纷以家庭、家族或村寨为单位，赶车骑马，去风景优美草原，搭帐篷，熬砖茶，做酸奶，聚餐共饮。节间，最壮观场面是赛马、赛牦牛、赛驴等。老人们谈生活，讲故事，聊家常，叙友情，憧憬丰衣足食、永远吉祥；青年男女围圆圈高歌纵舞。不少姑娘小伙，则借机觅僻静处，对唱情歌，连情择偶。人们尽情欢娱，日暮方归。

墨杂来果——参见"朗扎热甲节"条。

桑吉曼拉节——亦称游山盛会、药师佛节。甘肃天祝等部分藏族聚居区宗教节日。藏历（或农历）五月初五举行。藏语"桑吉曼拉"意为"采药、游山"。据传，每年是日，药圣都要降洒圣水灵药。甘肃华锐藏族聚居区，届时人们上山采药，久而成俗。节期，除采药外，还歌舞、游玩、串门，带上足量青稞酒、酥油茶，尽情饮酒娱乐。甘肃天祝藏族聚居区森林茂密处盛产中药材。据传，五月初五，天上药神洒下圣水，所采中草药，药力最佳。届时，藏族群众黎明即起，带上炊具与糌粑、奶渣、酥油、肉干、青稞酒等食品，背着背篓、竹筐，成群结伴，边说边唱，纷纷围绕一座座青山游转，一面观景，一面采觅中药材。篓盈筐满，他们便择一块平坦草地，点燃篝火，支上炊具，制作菜肴。旋高高兴兴围坐，边饮酒，边高歌，尽情欢乐，直到太阳西斜，才欢快下山返家。

游山盛会——参见"桑吉曼拉节"条。
药师佛节——参见"桑吉曼拉节"条。

藏族采花节——藏族民间传统节日。藏历（另说农历）五月初五举行，历两天。流行于甘肃文县与四川九寨沟县交界处之博峪一带。据考，已历数百年。节源传说：很早以前，博峪是个荒僻山沟，土著以采集、狩猎为生，以树叶、兽皮为衣。一天，山外来了个叫莲芝的姑娘，聪明美丽，品行端庄，教土著开荒种地、织布缝衣，从山上采来百花为他们治病疗伤。人们非常感激她。孰料，五月初五这天，姑娘上山采药时，被狂风卷下山崖而亡。人们缅怀莲芝姑娘，每年此日皆上山采花凭吊，久而成节。节晨，人们上山"抢泉水"洗身、饮用，以趋吉避邪，祛病健身。"抢水"毕，人们盛装聚集村口，唱《告别歌》，欢送上山采花的姑娘、小伙。采花队伍一路歌声，来到野花繁盛之地。姑娘们搭帐、支锅，小伙们插上新木刀、木斧、木箭，祭花神，祈神灵保佑风调雨顺、人畜平安。然后，他们唱着山歌，游逛山坡、林间。入夜，围篝火唱歌跳舞。翌日，他们背着鲜花筐、草药篓返回，在村口汇合欢迎人群蜂拥来到打麦场。头领摇动马铃，众人即围圈起舞，尽兴方休。

煨桑节——藏传佛教盛大节日。誉称"世界焚香日"。藏历五月十三日举行。煨桑，藏语意为"祭礼烟火"。此俗古老而普遍，始溯原始遗风。古时，男子出征、出猎归来，族人出寨外燃柏树枝和香草，并向其身上洒水，以烟、水驱污秽之气。公元7世纪后，与佛教结合，更盛行。公元8世纪，吐蕃赤松德赞时代之桑耶寺落成庆典，俾之成为盛大传统节日。是时，莲花生大师应邀来藏传播佛教，建桑耶寺，遇鬼怪作祟，工程受阻。莲花生于藏历是日，祭祀世界神祇降魔，此"祭"演变为后世"获胜赏神祭"。此种"烟祭"成为该节突出象征。届时，拉萨市民着盛装，上大昭寺及诸寺屋顶、山头、河旁、圣湖旁、地头田间，焚香枝祭神。"煨桑"既是此节之核心，亦是桑耶寺宗教活动不可或缺的仪礼。

世界焚香日——参见"煨桑节"条。
祭礼烟火——参见"煨桑节"条。
获胜赏神祭——参见"煨桑节"条。

大佛瞻仰节——藏族宗教节日。流行于著名的格鲁派寺院日喀则扎什伦布寺。藏历五月十四日举行，历三天。主要节仪，在寺后高壁展佛（挂大佛像）：首日挂麻兔则佛像，次日挂释迦牟尼佛像，末日挂弥勒佛像。每日上午10时悬挂，12时收下卷藏。展佛时，各地僧俗顶礼膜拜。之后，尽情娱乐，各地商贾借机云集营业。日喀则城沉浸在欢乐之中。

卓林吉桑节——藏传佛教盛大节日。汉译"南瞻部洲烟祭节",俗称"煨桑节"。藏历五月十五举行。与十三日称"祭礼烟火"之"煨桑节",颇多重叠交叉。据传,源于吐蕃王朝时期,已历千余年。昔时,噶厦照例在大昭寺屋顶,举行盛大焚香敬神典礼。西藏地方政府僧俗官员均着官服参与。屋顶桑烟弥漫,木鹿寺数十僧人击鼓鸣号,举各种祭神仪式;四名盛装贵族妇女,高举金杯敬神。此种"官祭"称"夏日白祭"。拉萨民间煨桑祭神,沿袭至今。无论地位高低,藏族群众举家竟着盛装,或上大昭寺屋顶,或到各寺院高处,或到神山顶上,或去拉萨河两旁乃田头地边,煨烧香草、香树枝,祭拜各路神灵。拉萨焚香祭神最盛地,一是东郊彭巴日(宝瓶山),一是城西加波日(药王山)。前者乃文成公主认定拉萨八瑞相之一,美好吉祥;后者被认作金刚手菩萨之坛城。

南瞻部洲烟祭节——参见"卓林吉桑节"条。

曲顿节——藏传佛教寺庙跳神舞节。藏历五月择日举行,历三天。流行于西藏林芝市朗县巴锐曲顿寺,故名。该寺位于雅鲁藏布江东岸,凌空而建,极为壮观。节日跳神舞,全由寺院喇嘛表演,内含庄严肃穆宗教舞、诙谐幽默生活剧。喇嘛多集体食宿,少数回家团聚,但晚上必须参演。节间,不时请来其他寺活佛,给参与者摸顶、祝福。远近群众纷至沓来参观,小商小贩趁机营业。气氛热闹非凡。

沐佛节——亦称瞻佛节。藏传佛教节日。节期不定,多于藏历五六月间,历三日。同时在拉萨哲蚌、甘丹、色拉等寺及日喀则扎什伦布寺、青海塔尔寺等佛教圣地举行。扎什伦布寺沐佛节,由宗喀巴弟子根顿珠巴于1468年首办。初始,佛像及展佛台仅高十余米。自四世班禅罗桑确吉坚赞起,历世班禅大师一再更新、扩建,成就今之恢宏。展佛台依山矗立寺右上方,高二十八米、宽三米许、长四十一米,石砌围墙护之。节间活动:传召,求雨,祈佛赐福僧众。首日,展出"过去佛",即无量光佛;次日,展出"现在佛",即释迦牟尼,再思世尊之恩;第三日,展出"未来佛",即吉尊强巴贡波,愿众生转生于强巴周围,聆佛音,得超度。活动报富神秘色彩:每日晨,喇嘛披袈裟,举行法会,法号齐鸣,灯火通明。他们将彩缎镶成巨幅佛像,在众僧诵经声中,缓缓抬至展佛台,承上天阳光沐浴,让世间信众瞻仰。

瞻佛节——参见"沐佛节"条。

西藏朝山节——藏语称珠巴泽西、丹伊得钦,亦作珠巴策希。西藏藏族佛教节日。藏历六月初四举行。亦说六月初一至七月十五日。据传,藏历六月初四,佛祖释迦牟尼转四谛法轮(四谛,佛教用语。指释迦牟尼成道后,最初讲经说法内容,即苦、集、灭、道四项),乃佛教最基本的教义日期。据认为,此日乃喇嘛专心修道时间,严禁离寺外出。民间、寺庙皆焚香燃灯,举行朝佛、诵经仪礼。哲蚌寺、色拉寺挂大佛,各地俗众盛装前往观看,举办各种活动,唱歌、演戏、翻秆子、跌打、摔跤。日久,改为释迦牟尼口授"四大真经"之四日为节,称"朝山节"。届时,西藏俗众就近入寺朝佛、诵经、点灯,宗教气氛甚浓。男女老少着民族服装,带着糌粑、酥油及其他食品,成群结队前往附近山寺烧香拜佛,念经祈祷,求神保佑全年吉祥如意。最后,左邻右舍、亲朋好友相互邀约到野外草坪，摆上食品吃喝，尽情歌舞，直到晚霞满天，才高高兴兴返回家园。

珠巴泽西节——参见"西藏朝山节"条。

珠巴策希节——参见"西藏朝山节"条。

丹伊得钦节——参见"西藏朝山节"条。

转法轮节——藏传佛教节日。藏历六月初四举行。与"朝山节"颇多交叉重叠。据载，这天乃释迦牟尼佛转法轮日。届时，藏传佛教格鲁派寺庙岗坚寺，桑烟弥漫，藏香缭绕，举行盛大展佛仪式。法号、法锣齐鸣，由寺僧引领，近十名信众肩扛待展唐卡，缓步走向佛台；在场信众面向唐卡抛掷哈达，俯首叩拜。释迦牟尼唐卡抵达展佛台时，信众们无不翘首仰望，轻捻念珠，喜迎唐卡徐徐展开，静瞻缓缓显露的祥和佛像。台下，僧人们并排而坐，念诵经文，虔诚祈祷佛日增辉。信众们旋双手合十，匍匐叩拜。仪毕，由僧人仪仗队迎请，佛像绕寺一周，入归正门，重新供奉珍藏佛殿。转法轮节时展佛，旨在让众生瞻仰，沐浴佛恩，离恶奉善，净化心灵。

莲师诞辰日——亦称智达得钦节、正达兑钦节。藏传佛教节日。藏历六月初十（另说农历五月初十），在莲花生大师当年修行之西藏山南协扎、洛扎卡曲等地举行。藏语称莲师诞辰为"智达得钦"，意含纪念、悼念，每年一小庆，十二年一大庆。节仪主要有祭祀、神舞、施舍、娱乐等，气氛隆重庄严。据传，印度僧人莲花生，8世纪被西藏僧人迎请入藏，用密咒和修习所传法术，战胜当时苯教徒，创建宁玛派（宁玛，藏语意为"古旧"，西藏最古老佛教教派，俗称"红教"）。为纪念祖师创建宁玛派之功，每逢此日，山南善男信女带着香烛、纸钱、酥油等祭品，纷纷前往洛扎卡曲，焚香燃灯，诵经祈祷，祈求祖师祛禳消灾，保佑全年风调雨顺、人畜平安。十二年大庆时，除山南藏民外，还有西藏其他地方僧俗群众，乃至锡金、不丹、拉达克等地教徒，时达一两万人。节间，施酒跳神，诵经祈祷，十分隆重。已式微。

智达得钦节——参见"莲师诞辰日"条。

正达兑钦节——参见"莲师诞辰日"条。

康定日库寺跳神节——藏传佛教节日。藏历六月十一日举行，历三天。日库寺乃康定最大寺庙，管辖康定、雅江、九龙等地二十余座萨迦派木雅寺庙。该寺偏僻，远离公路，僧俗人等甚为宽厚，相处和合。抗美援朝时期，该寺喇嘛动员四周民众为国捐赠三百余吨药材。此节旨在祈神赐福，驱魔祛邪。节间，僧俗按固定程式"跳神"。其中，扶危济困表演尤引人注目。两个喇嘛吹响长长法号"筒钦"，两个尸陀林主（藏语称"独达"或"多尔达"，意"骷髅神"），以一对男女骷髅之形出现，以阎罗伴属神之尊，肃穆登场。人们对其非常敬畏，连负责搀扶的僧人亦用僧袍掩住呼吸，以免冒犯。尸陀林主用绳索套住病魔缠身之垂危老者双手，势欲将病魔带走。另外，头戴牛头面具的"玛德"（牦牛神），表演藏族宗教仪式舞"羌姆"，动作粗犷豪放、迅捷多变，颇多原始"拟兽舞"风姿。

佛陀入胎日——藏传佛教节日。藏历（另说农历）六月十五日举行。据传，佛陀一生有六大标志时节：入胎时、出胎时、成道时、转法轮时、由天魔劝请将舍性命时、入涅槃时。在此殊胜之日，须多多行善修法，并将功德回向给一切有情众生。据传，于佛陀节日，行持念咒、放生、行善、顶礼、供养、修持慈悲心与菩提心等任一善法，所积功德皆呈十亿倍增上。

仲确节——藏族民间悠久传统节日。藏历六月十五日举行，历两三天。流行于西藏类乌齐县一带。"仲确"汉译"修行仪轨"。节源传说：1320年，噶举派高僧乌金贡布主持修建达垅噶举派主寺"查杰玛"（意为光彩夺目）大殿，1326年竣工。为酬谢大殿僧众、外来工匠及教徒，该寺定此"六月十五"为吉日，举行隆重宗教赞颂仪式，定名"仲确节"。节间，当地及来自青、滇、川等藏族聚居区成千上万群众欢聚度节。除传统的转神山、活佛讲经、喇嘛背诵经文、换新经幡等宗教活动外，还举办民间传统赛马、牦牛赛跑、藏戏表演、民族歌舞，以及物资交流等活动。赛马分碎步小跑和大步快跑两种：前者骑手皆成年人，后者乃十岁许孩童。赛手们头戴红缨知鹰羽，英姿飒爽，随裁判员发令，便扬鞭策马，飞出起跑线，像离弦利箭直驰远方。牦牛赛跑，则妙趣横生。参赛牦牛皆用鹰绒戴顶，彩织披头，颈悬红缨和铜铃，经主持人一番祝福，妇女们敬献哈达后，裁判枪响发令，牦牛便成群结队鱼贯而出，奔跑起来场面极为雄壮。四周各族观众报以热烈掌声和欢呼。节间，还逐渐兴起商贸活动。据传，商家若于此节拜佛许愿，即能财源茂盛。

雅客伦布——西藏大小寺院僧众"受夏之节"。藏历六月十五日至八月初一举行。此间，僧众须接受夏日闭门坐寺戒律，禁出寺门，以免失足踩踏生灵、杀生造孽。

受夏之节——参见"雅客伦布"条。

亚索节——藏族民间传统节日。"亚索"意为"迎夏"。藏历六月中旬，择吉日举行。流行于四川甘孜州巴塘县一带。昔时，每逢藏历六月，巴塘康宁寺僧人皆举行仪式，择定具体节期。各寺庙皆焚香念经、祈祷。届时，四乡八寨藏族群众，着民族盛装，带着香烛、纸线、油灯、供品，纷纷赶到寺庙燃灯焚香，跪拜神佛塑像，求其保佑风调雨顺、五谷丰收、人畜兴旺、全家吉祥。其间，临时搭起露天戏台，演出《扎西协哇》《降嘎冉》等传统藏戏。因时值夏收前夕农忙，且气候较热，夏粮急待收割等，节已渐淡化、趋泯。

迎夏节——参见"亚索节"条。

达穷——亦称草原盛会。西藏藏北赛马会。夏季举行，因称"亚季"。藏历六月择日举行，历五至十五天不等。节前数日，各地藏族群众盛装，带上青稞酒、酸奶子等，各色帐篷、卡垫，骑马奔向赛场。完全自愿参加，不受任何限制。届时，观众分站赛场两侧，姑娘们均以纱巾蒙面，仅露双眼。开赛，百名骑手着黄缎子薄藏装，头戴插雁翎、镶红黄面缎象征太阳和月亮的毡帽，脚穿毛线袜。女选手扬旗领队，骑手们后随助威。他们分别由父亲牵马入场，绕场一圈，再达指定起点。赛手们跨马举鞭，等发令声一响，便策马飞奔，直冲终点。如今，除赛马、马术表演外，另增加举重、拔河，文艺演出，放电影，艺人说唱《格萨尔》，以及大型物资交流会。

藏北草原盛会——参见"达穷"条。
藏北亚季——参见"达穷"条。

藏北草原赛马会——藏族牧民传统盛会。流行于西藏藏北草原。藏历七月择日举行。时值藏北草原黄金季节,风和日丽、绿草如茵、鲜花盛开、牛肥马壮。各地牧民纷纷各自举行赛马活动,规模大小不等,皆旨在欢庆丰收。届时,人们安排好生产、生活,着民族服装,骑马、骑牦牛或坐车,汇集赛马场。场周围,搭起高低错落、五颜六色帐篷,铺上卡垫,摆上青稞酒、酥油茶、牛羊肉等食品,有的还摆上收音机、录音机等。赛前,彩旗招展,歌声嘹亮。参赛骏马一匹匹膘肥体壮,马鬃、马尾皆用彩绸扎辫。骑手们着黄马褂和镶金丝条箭裤,袒露一只胳膊,英姿飒爽伫立马旁。只听"叭"的一声枪响,他们即飞身上马,奋力加鞭,你追我赶。到终点时,周围观众蜂拥而上,将其团团围住,敬献白色哈达和醇香青稞酒,高唱赞歌,连声道祝。其间,交叉开展拔河、摔跤、举重、赛跑等,还举行物资交流。日暮,群星高照,人们在帐篷外点燃篝火,老人们聚集说古道今,畅述家常;男女青年围篝火,载歌载舞,尽情欢乐,往往通宵达旦。据考,早在吐蕃王朝,此地已举行赛马、射箭,用以祭祀祈福。民间相传,此俗源自格萨尔王时赛马活动。格萨尔出身贫寒,自幼饱尝人间辛酸,不满当时西藏割据混乱局面。他千方百计利用赛马、射箭之机夺取王位,旋率军南征北战,消灭割据势力,俾民安居乐业。每次出征前,他均举行赛马、射箭活动,以壮军威;凯旋后,亦进行赛马、射箭,庆贺胜利,奖有功将士。世代沿袭,成为今之赛马会。

雪顿节——藏族民间传统艺术节。流行于藏、青等地藏区。藏语"雪顿"意为吃酸奶的日子、奶酪宴会、酸奶宴会;以演藏戏为突出特征,因此亦称"藏戏节"。据考,此节源于11世纪中叶。17世纪前,为西藏藏族纯宗教"吃酸奶子节",藏历七月初一为正日,实始于六月下半月。按藏传佛教格鲁派规定,藏历六月十五至三十日为禁期,全藏大小寺院喇嘛只能在室内念经修习,以免外出踏死小虫,有伤上天好生之德。期满,达赖喇嘛宣布解禁,喇嘛们方出山门,纷纷下山。时值高原牛羊肥壮,正好挤奶子、提酥油、做奶酪,农牧民便以奶酪、酥油施舍喇嘛。寺庙亦举办野宴,用酸奶、酥油和糖米饭款待僧徒,尽情欢乐、玩耍。这被传为雪顿节出来。至17、18世纪,五世达赖和五世班禅强化"政教合一"后,渐渐演变为盛大藏戏节。因以拉萨为盛,习称"拉萨雪顿节"。昔时,藏历六月廿九,各地藏戏团体云集拉萨,首先朝拜哲蚌寺、布达拉宫,举行"谐泼",约当今之开幕式;当晚去哲蚌寺,次日在该寺演出,履行传统"哲蚌雪顿节";再次日,乃"雪顿"正日,由拉萨、日喀则、穷吉、雅隆、堆龙德庆、尼木等地五个剧团、六个"扎西雪巴"戏班子、一个牦牛舞班子、一个"卓巴"舞(打鼓舞)班子,在罗布林卡联合演出。二至五日,再由江孜、昂仁、南木林、拉萨等四剧团,轮流各演一天广场戏。这五天,嘎厦政府放假,官员均往罗布林卡,陪达赖观戏;中午,嘎厦设宴,席间吃酸奶子。之后,在罗布林卡和拉萨各地演出传统藏戏。剧目多取材于民间故事,如《朗萨姑娘》《卓娃桑姆》《文成公主》和《诺桑王子》等。曲调高昂,伴以打击乐器和帮腔、用简单化妆和道具区别人物性格。表演程序一般分温白顿(出场仪式)、雄(正戏)和扎西(演出终了的祝愿形式和接受捐赠)三部分。正式上演五至七天。参演剧团有扎西雪巴、迥巴、降嘎尔、香巴、觉木隆、塔仲、伦珠岗、朗则娃、宾顿巴、若捏嘎、希荣仲孜、贡布卓巴,凡十二个。三百余年来,连台演出中,逐步穿插歌舞。宗教与文娱亦渐结合。范围初限寺庙,以哲蚌寺为中心,称"哲蚌雪顿节"。18世纪初,罗布林卡建成,成为达赖夏宫,演出则移至罗布林卡,并允市民入园观戏,进而形成固定节日仪式。民主改革后,节日内容更新,活动丰富多彩。群众更广泛参与,青、甘、川、滇等地藏戏团,亦前来拉萨切磋献艺。如今,已成为集传统展佛、文艺汇演、体育竞技、经贸洽谈、商品展销、旅游休闲,以及学术研讨于一体的藏民族节庆盛会。此节荣列首批国家非物质文化遗产保护名录。

藏戏节——参见"雪顿节"条。
拉萨雪顿节——参见"雪顿节"条。
哲蚌雪顿节——参见"雪顿节"条。
吃酸奶子节——参见"雪顿节"条。
吃酸奶的日子——参见"雪顿节"条。
奶酪宴会——参见"雪顿节"条。
酸奶宴会——参见"雪顿节"条。

七月金刚节——萨迦寺宗教节日。族谓"普珠节"。藏语"普珠"意为"观修供养"。《藏汉大辞典》释曰:成就修道,智度七十义之一,为究意证悟因之大乘无漏修道。观修坛场,以兴供养,谓修自生、前生和瓶生,即是供养。藏历七月初一举行。节间,主要举行宗教仪式"普珠"(降魔金刚橛)。它是莲花生继承印度佛教《金刚橛修供》神舞,由昆鲁伊旺波引渗于萨迦教派,传至阿羌阿旺贡嘎仁钦为追忆其师萨罗强白多吉,按萨迦派因果教授法,改进、丰富原莲花生创编之金刚神舞。届时,先由一百五十名舞者围场跳三圈,以名为"赛西愧宁巴"开场,其后进行多吉钦锥、多吉江锥、多吉加章班锥勤叽勒巴、内经嘎莫夹角增巴、姐吉塞博夏巴增巴、堆孜玛波加卓准巴、索吉降固布赤增巴等章。神舞威武凶猛,镇压一切妖魔,保护人间安宁,表现"羌姆"整体善美之协调统一。阿羌阿旺贡嘎仁钦重建萨迦寺、昌盛萨迦派、复兴萨迦王朝,功勋卓著,并将每年藏历七月初一定为"普珠"节。此寺此节,逐渐演变为对阿羌阿旺贡嘎仁钦一生功德之颂扬与缅怀。

普珠——参见"七月金刚节"条。
观修供养节——参见"七月金刚节"条。

沐浴节——族谓"嘎玛日吉"、"嘎玛堆巴"(洗澡)。西藏藏族民间传统节日。藏历七月初六举行(另说初秋择日),历七天。节俗已传七八百年。源说有二:其一,远古某秋,西藏遭特大瘟疫,观音遣七仙女,去玉池取来七瓶神水,倾倒高原各河中。某夜,全藏僧人同时梦见一面黄肌瘦、遍体鳞伤藏族姑娘,跳进一清澈河中。当她慢慢露出水面时,蓦地变成冰肌玉肤的美女。藏族群众们便按梦中所示,下河沐浴驱瘟。久以成节。其二,很久以前,名医宇托·云旦贡布,治愈多人疾病。他去世成了神仙,托梦给凡人:当弃山星(金星)出现时,下河洗浴,可祛百病。人们照做,果然恢复了健康,久而成节。届时,城乡农牧民无论男女老幼,纷纷骑马或赶车,带着帐篷、卡垫及糌粑、酥油茶、青稞酒等节日食品,到拉萨河、雅鲁藏布江等千溪万水,尽情嬉水、游泳,洗净身子,后又把带来衣服、卧具洗涤一新。随后,就地烧火、野餐、高歌、纵舞,直至天边弃山星露脸,才喜笑颜开返家。据考,"沐浴"祛瘟,多说并存:藏文历书载,此时河水,经弃山星照射,变成药水,神力非凡。另,佛教云:此时高原之水,一甘、二凉、三软、四轻、五清、六不臭、七饮不伤喉、八喝不伤腹,沐浴最佳。天长日久,节日渐融天体崇拜及诸多文化因素,变成集宗教、娱乐、健身、社会教化于一体之复合型社会节日。

嘎玛日吉——参见"沐浴节"条。
嘎玛堆巴——参见"沐浴节"条。
藏族洗澡节——参见"沐浴节"条。

劝法会——全称"米拉日巴劝法会"。原称"柔扎",亦称"七月说法会"。藏传佛教甘肃拉卜楞寺宗教节日。藏历七月初八为法会正日,全程多自六月底至七月中,历半月许。相传,法会由藏传佛教格鲁派始祖宗喀巴的弟子加洋却杰首创,旨在纪念护法神和法王。始于拉卜楞寺第二世嘉木样大师时期,后由第三世贡唐仓·贡去乎丹贝卓美倡行至今。米拉日巴乃充满传奇色彩的宗教大师,1040年出生于后藏,自幼横遭不幸,受尽人世悲苦。年轻时,遵母训修行本教法术,后改奉佛教,投身噶举派大师玛尔巴门下,终得大师真传,直至成为噶举派第二代祖师,誉称"圣僧"。有《米拉日巴道歌》格言诗传世。会晨,先于寺庙大经堂之后,献(晒)佛;同时,于各讲台陈列已故大活佛法衣、法器等遗物,诸信众纷纷触首讨福。至下午,寺庙住持嘉木样大师、四大色赛、八大堪布及诸贝囊活佛,齐聚前殿二楼前廊,观圣僧米拉日巴劝化猎夫贡保多杰,使之抛弃杀生职业,皈依佛门的故事演出。活动多于日落前结束。

米拉日巴劝法会——参见"劝法会"条。
柔扎——参见"劝法会"条。
七月说法会——参见"劝法会"条。

初十节——族谓"叶巴策久节"。西藏叶巴寺宗教节日。藏历七月初十举节,故名。据传,红教大师莲花生此日驾临该寺,寺内密宗诸神隆重集会跳神,跳孔雀舞、鹿舞、大头和尚舞,热烈相迎,引来众多僧俗观看。年深日久,此日此举演变而成该寺之宗教加娱乐节日。

叶巴策久节——参见"初十节"条。

玛尔巴圆寂纪念日——藏传佛教节日。藏历七月十五日举念。藏传佛教噶举派塔布噶举支派奠基人玛尔巴,原名却吉洛追,西藏洛扎人,曾屡赴印度、尼泊尔,从那饶巴、弥勒巴诸师,学密教"喜金刚法""密集""大印"等密法和经典。返藏后,定居卓窝垅,授徒译经,兼营农、商,一生未出家,世称"译师"。1077年,米拉日巴投玛尔巴门下,经六年又八月审视,玛尔巴以其"根器"可就,口传全部密法。后来,米拉日巴复传塔布拉杰,遂形成塔布噶举支派。噶举派注重师徒口耳相传,即肇始玛尔巴。玛尔巴承印度密教习惯,着白色僧裙修法,后遂成噶举派世传袈裟式样,噶举派亦因称"白教"。塔布噶举支派建立,尊玛尔巴为"初祖"。

佛欢喜日——藏传佛教节日。与汉传"盂兰盆节"交叉重叠。藏历七月十五日举行。参见汉传"盂兰盆节"条。

米拉日巴诞辰纪念日——藏传佛教节日。藏历七月廿五日举行。米拉日巴大师乃藏传佛教噶举派(俗称"白教")创始人,玛尔巴祖师嫡传弟子,西藏"实践佛法"代表人物,彻底的出世主义者。宋康定元年(1040),藏历第一饶迥阳金龙年七月廿五,出生于吐蕃贡塘地区(今日喀则市吉隆县北部),俗名"米拉日巴脱巴噶",法名"协巴多吉",世称"得道者米拉日巴"。他终身坚守佛教清规戒律,遁迹山林,潜心苦修,佛学成就殊高。

当雄赛马会——族谓"中仁从读",译意"请喇嘛念经"。藏族牧民隆重传统集会。藏历七月择日举行,历三天,常延续月余。流行西藏当雄县一带。传,系古时蒙古人传入。肇始庆丰收,农牧产品互市,文化娱乐;后渗入政治、宗教内容。程序:其一,头三天,于宗政府前之肝胆卡儿巴草场上进行赛马,赛程二十四里,分等论优,奖藏银多少不等。其间穿插赛射箭,三箭定输赢,中靶获奖银五两、哈达一条。另外,男女盛装歌舞连情。其二,为期一月政治活动和商品交换,禁歌舞、娱乐。其三,上述活动间,少不了来自拉萨、日喀则及江龙、那曲、旁多等地之商贩,交易青稞、茶叶、日用品,买卖参与达数千人。

中仁从读——参见"当雄赛马会"条。

琼久节——意为"消暑节"。西藏哲蚌寺宗教旧节。藏历七月三十日举行。届时,全寺僧人及隶属僧尼人等,云集罗布林卡的金色颇章,朝拜达赖;后在达赖亲自参与下,一齐诵祝诵经,并在大殿外辩经斗法,借以"消暑"娱神。

消暑节——参见"琼久节"条。

门巴族望果节——族谓"绕地头转圈",亦称旺果节、丰收果。门巴族民间庆丰收节日。于鸟王"大雁"南飞季节到来前之藏历七月间,择日举行,历一至三天。流行西藏门隅、墨脱等地。该地区气候温和、土壤肥沃、雨量充沛,适于农耕,誉称"西藏的江南"。届时,到处稻谷飘香,硕果累累,一派丰收景象。人们着节日盛装,成群结队,吹吹打打,沿山村小路去田间地头转圈、巡游,并汇集村头寨尾,在锣、钹、鼓等乐器伴奏下,唱歌跳舞,尤以唱"萨玛酒歌"为盛。这种民歌,曲调昂扬、明快,歌词比喻生动形象,特宜于抒情,几乎人人能随编随唱。歌舞毕,各家欢聚,饮酒高歌丰收。有的家庭或家族,还备美酒佳肴,宴请亲朋好友,共庆五谷丰登。

绕地头转圈——参见"门巴族望果节"条。

门巴族旺果节——参见"门巴族望果节"条。

门巴族丰收果——参见"门巴族望果节"条。

当姆吉仁——藏语"当姆吉仁",译意"羌塘赛马"。藏族牧民传统节日。藏历七月底、八月初举行,历三五天或六七天不等。流行西藏当雄县一带。时值当地黄金时节,方圆数百里农牧民竞着节日盛装,骑骏马,赶大车,带上帐篷和各种农副土特产品,纷纷涌向赛马场。赛场附近,满布五颜六色、大小各异帐篷。赛场彩旗招展,人欢马叫,热闹非凡。赛马全身油光闪亮,马鬃、马尾皆用彩绸扎成辫子。赛手们一个个英姿飒爽,身穿红白相间藏装,袒露一条胳膊,头戴狐皮或羊羔帽,伫立起跑线。只听裁判一声枪响,他们便催马飞奔。观众们全神贯注,直视遥远天边。赛手到达终点,等候的观众,竞相为之送茶、敬酒,整个草原一片欢乐。赛马毕,另行多项马术表演,如快马拾哈达、迅跑中拔旗、冲刺中打靶射箭、集体马背表演等。骑手们娴熟的马技、顽强的拼搏精神,博得雷鸣般掌声。赛余,农牧民进行农牧区物资交换。入夜,草地燃起一堆堆篝火,人们围成圆圈,纵情歌舞,往往通宵达旦。青年男女逢中意者,便成双成对策马扬鞭,到僻静之地互吐衷肠。

羌塘赛马节——参见"当姆吉仁"条。

圣救度母圣诞——藏传佛教节日。

藏历八月初八举庆。"圣救度母"亦称"圣救度佛母""绿度母"。众所周知，白衣观音头戴风帽，乃南海普陀山观音出家之法相；而普陀山观世音现成佛之佛母相，则乃西藏密宗圣救度佛母，亦称"绿度母"。经典载，她乃大悲观世音见众生刚强难化而慈悲垂泪，由一滴泪中所现化。故，绿度母悲心特别深切，凡有祈愿，莫不闻声救难，灵验昭著，深博信众崇仰。

圣救度佛母圣诞——参见"圣救度母圣诞"条。

绿度母圣诞——参见"圣救度母圣诞"条。

雀可节——门巴族民间农祀节日。流行西藏南部错那县、隆子县一带。藏历七八月间择日举行，历三至五天。"雀可"译意"丰收"。节间，各村寨请藏传佛教宁玛派（俗称"红教"）喇嘛念经祈祷。喇嘛手举幡杆，领全村男女老少，绕田间地头转圈，共祈老天、神灵保佑全年风调雨顺、免遭虫害、获五谷丰收。然后，人们聚集一堂，表演"呛木"（意为"跳神"），旨在表现对自然的崇拜，多模拟鸟兽形象。如"谢呛木"，意为鸟舞，由两人装扮一雄一雌雏鸡形象，雄鸡双角红冠，以簸箕为双翼，作腾飞之势，存门巴原始宗教信仰多神崇拜遗风。请喇嘛念经祈祷，各村寨要派劳力去其家干活，以作报酬。

亚勒节——另作"央勒节"。"亚勒"译意"送夏"。藏族民间盛大节日。流行于四川甘孜州巴塘县等地。藏历八月十五日前，择吉日，在县城西南一公里许的巴楚河畔龙王塘举行。此节与藏传佛教及巴塘藏戏关系密切。据传，1653年，五世达赖喇嘛阿旺·罗桑嘉措派人到巴塘主持修建康宁寺。康宁寺十五世活佛庚呷洛绒曲珠，亦自西藏请来一藏戏艺人来巴塘传授藏戏，为康宁寺大殿落成典礼，焚香燃灯，诵经祈祷，首次演出藏戏。演戏之举，世代相袭成节。巴塘素誉"高原江南""苹果之乡"。时值秋高气爽，巴塘八景之一的龙王塘风光更为迷人。节间，人们从四乡八寨纷至沓来，人欢马嘶，锣鼓、鞭炮齐鸣，寺庙的鼓、大钹、长号和唢呐声在山谷间回荡。寺庙喇嘛念经祈祷、祈求丰收、平安、吉祥。男女青年跳大弦子舞，唱祝福吉祥酒歌，向与会来宾敬献哈达、青稞酒。尤其隆重的是，临时搭建露天戏台，演出传统藏戏节目。观众四面环绕戏台，频频喝彩声，传出数里路之外。除欣赏藏戏、跳弦子舞、唱山歌外，人们还打箍卦（唱曲算卦游戏）、听藏式说书、射箭、抛卵石（体育游戏）、击牛角（将牛角插地上，参加者按规定距离，投石以击，多中为胜）、打伙屈（掷骰钱币游戏）、下藏式马甲棋等等。内容极为丰富、有趣。节间，商棚林立，食摊满座，树荫下，小溪边，游客们垫上塑料布，打着花阳伞，摆出食品、饮料，打开收录机，各自尽兴。

央勒节——参见"亚勒节"条。

巴塘送夏节——参见"亚勒节"条。

神舞节——族谓"斯目钦莫"。藏族宗教节日。流行后藏日喀则等地。藏历八月择日举行。届时，当地僧侣、官员，照例沐浴、跳神舞。舞前，举盛大宗教仪式；舞后，尽情欢娱。

斯目钦莫——参见"神舞节"条。

望果节——"望果"亦作"旺果"，直译"绕地头转圈"，意译"转庄稼地节"。藏族农区传统农事节日。主要流行于西藏农区，雅鲁藏布江中游及拉萨河两岸等地。无固定节期，多在秋收前后藏历七八月择吉日举行,历一至三天。拉孜、定日一带称"雅吉",意为"舒服的夏日";工布巴拉雪山乃半农半牧区,称"邦桑",意为"吉祥草地"。节期略同,均在庄稼黄熟,准备开镰之际;昔日在"鸟王"(大雁)南飞季节来临之际。节源传说不一,以"地藏神"赐福、老牧人奇遇三大师之说为广。地域性仪式异彩纷呈。原始此节,主要内容乃祈求土地神;之后,发展为祈祷诸神保佑。苯教统治时期,此节祭土地神祈丰收,并歌舞欢娱一天;公元8世纪后,带上宁玛教派"使符念咒"色彩;14世纪后,此节更渗入占领导地位之格鲁派色彩,举佛像游行、背经文,并增赛马、射箭、唱藏戏等内容。地域性望果节,以拉萨东80公里处之"工噶蹊卡望果节"最具特色、最为典型。"转庄稼地祈福""燃篝火跳果谐舞",皆集中反映了祈神之诚、丰收之乐。工噶谚云:"舒服的工噶望果,是秋收开镰的通知。"

旺果节——参见"望果节"条。

转庄稼地节——参见"望果节"条。

雅吉——参见"望果节"条。

邦桑——参见"望果节"条。

工噶蹊卡望果节——参见"望果节"条。

丰收节——参见"望果节"条。

摩利支天菩萨圣诞——藏传佛教节日。藏历九月初八举念。"摩利支天"亦据梵语另译为摩利支提婆、摩里支天、末利支天,意为"积光天焰"。她乃佛教中能自我隐形、为众生消灾赐益的女神,尊称"大摩里支菩萨"。她神通广大,在上掌管三十六天罡,在下掌管七十二地煞,二十八宿亦归其辖管。

摩利支提婆圣诞——参见"摩利支天菩萨圣诞"条。

摩里支天圣诞——参见"摩利支天菩萨圣诞"条。

末利支天圣诞——参见"摩利支天菩萨圣诞"条。

大摩里支菩萨圣诞——参见"摩利支天菩萨圣诞"条。

天降节——亦称天降日、神仙下凡节。族谓"古巴拉波"或"拉巴堆钦",意含"神仙下凡日子",因而俗称"拉保节"。藏、青、甘等省、区藏传佛教节日。藏历九月廿二日举行,多历四天。传说,此日乃佛祖释迦牟尼在忉利天宫,为佛母摩耶夫人、古印度拘利国耶输陀罗公主说法三十三天后,返归人间之日,因称"天降"或"神降""降神"。这天佛祖来人间明察暗访,巡视善恶。藏族群众有转山转水转佛塔之俗。是日,藏传佛教塔尔寺等诸寺,皆举办佛事,迎佛祖、弘佛法,普度众生;信众则往当地寺庙朝佛、转经、献供。节晨,塔尔寺远近信众,在颂扬、纪念释迦牟尼一生八大功德之如来八塔四周,着盛装"转塔";随后,僧俗旋在大经堂集体诵经;再后,僧人跳马首金刚护法舞(藏曰"跳欠、跳羌姆")、怖畏金刚护法舞、法王舞。其中,为信众摸顶赐福,尤为首要。此节,另传天界旺久神仙下凡,在草原奇遇"白兔舍身救神"故事,告诫人们行善积德,必有好报。

天降日——参见"天降节"条。

神降节——参见"天降节"条。

降神节——参见"天降节"条。

神仙下凡节——参见"天降节"条。

古巴拉波——参见"天降节"条。

拉巴堆钦——参见"天降节"条。

拉保节——参见"天降节"条。

工布藏年——亦称工布年。西藏东

部工布一带藏族民间纪念性年节。流行于西藏东部工布藏族聚居区林芝、米林、工布江达等市县。该地区山高水急，林木苍翠，交通素来阻塞，年节自成一体。藏历十月初一举行。节晨，各家早起，收拾、打扫宅院，旋做手扒肉、奶茶、面汤和各种油炸果子等，合家聚餐，相互敬酒、贺年。据传，很早以前，外敌入侵西藏边境，灾民向各地呼援求救，工布藏族群众立即组织队伍驰援。时临藏历新年，为让士兵们享受上述年节美食，乡民刻意将藏历年提前到十月初一。士兵们与家人欢度藏历年后，迅即奔赴前线，英勇战斗，很快将侵略者驱逐出境。为纪念英勇应征将士，工布藏族群众每年九月三十夜，皆献三牲、守夜，各户举松枝火把"赶鬼"；赶走后，即用松烟和旺波树把门挡严实，以拒"鬼"入，以利欢度新年。之后，还"请狗赴宴"，备糌粑团、牛羊肉、核桃、酥油、奶渣、人参果、青稞酒等，茶、酒装核桃壳内。他们认为，狗吃啥不吃啥，皆神的旨意，故十分注视其每个动作。倘遇狂吠乱咬，掀踢食品，主人只好将"贵客"送走。上述习俗，代代沿袭，形成工布藏年。

工布年——参见"工布藏年"条。

宗喀巴诞辰纪念日——藏传佛教节日。藏历十月初十举行。另说宗喀巴生于当年公历10月10日。宗喀巴为藏传佛教格鲁派（黄教）创立者、佛教理论家。本名"罗桑扎巴"（善慧称"吉祥"），藏语称湟中（塔尔寺所在地）为"宗喀"，故尊称"宗喀巴"。他学问修持囊括大典、网罗众家，总结大小乘、显密一切教诫理论，执择佛教各宗见地，自成一家之言。对于戒律，他勇矫旧有流弊，所创格鲁派，至今誉称藏传佛教第一大教派。一世著述其丰，拉萨版《宗喀巴全集》凡十八帙、一百六十余种。

白来旦珍节——汉译"仙女节"。藏语称"白来日珍""白来日追"，意为仙人、仙女。西藏、青海等地藏族民间传统节日。藏历十月十五日，在拉萨大昭寺举行，历一两天。节源传说纷纭：其一，藏历此日乃文成公主入藏抵达拉萨之日。其二，大昭寺守护神之女白拉姆，自我放纵，不听母劝，母咒其终生无夫，即便有亦仅年见一面。此咒应验，其情人居拉萨河南岸，每年仅在此日相逢。藏族群众即以此规劝子女孝敬父母，久而成节。其三，此日逢护法神吉祥天母外出巡游。其四，从前有两仙女，姐心狠，不孝母；妹善良、温顺，博母疼爱，但她却不愿为母捉头上虱子。母不悦，临终将二女唤床前，向神灵、佛祖祈祷：愿小女长得漂亮，生活美满，但要体长虱子；愿长女长得丑陋，生活不美，一年只能与夫相会一次。老人去世，所说皆灵验。藏族群众为姐妹俩塑制金身，因姐貌丑，平时用布遮脸，至藏历十月十五面夫，才揭遮布露脸。此俗世代相传，久而成节。届时，人们披着朝霞，纷纷前往大昭、色拉等寺，烧香、磕头、祈福，把哈达敬献"白拉姆"，求神灵、佛祖保佑，驱逐妖魔，消灭灾难，岁月平安。有的地区，人们还抬着吉祥天母塑像巡游各地，祈祷天母显灵保佑。妇女们尤此视其为自己的节日，刻意梳妆打扮，尽享节赋特权：既可向丈夫或男友索要礼物，亦可向陌生男士伸手索讨，称捐给"白拉姆"。家长须给女孩发"白拉顿羌"（意为"仙女酒钱"，实近"压岁钱"）。此节，业已变成藏族妇女欢乐节。2011年此节，从晨至晚，仅朝拜大昭寺者，即达十一万之众，足见其盛。

藏族仙女节——参见"白来旦珍节"条。

白来日珍节——参见"白来旦珍节"条。

白来日追节——参见"白来旦珍节"条。

阿底峡尊者圆寂纪念日——藏传佛教节日。藏历（另说农历）十月十八日举行。阿底峡，乃古印度高僧、藏传佛教噶当派祖师，誉称"觉沃杰"（佛尊）。公元10世纪，生于萨护罗（今孟加拉达卡），迦尔耶那师利国王次子，幼名"月藏"；成人专事游历，访师学法，出家法名"吉祥然智灯"，遍学三藏教典。北宋庆历二年（1042），尊者应邀来阿里弘扬佛法。在藏九年，门徒甚众。其中，仲敦巴等弘传其说，成就噶当派。后来，宗喀巴大师创格鲁派时，亦博采其学。尊者倡戒律，尚净行，著《菩提道灯论》《入二谛论》等五十种；另著《八分医方》，助力藏医北派形成，功不可没。尊者圆寂日，藏族聚居区信众纷纷入寺拜祭。

协曲节——西藏色拉寺宗教节日。藏历十月廿四日举行。源说纷纭：一，该寺寺主降青曲结第二次朝觐大明皇帝返藏途中，是日不幸在母卡（或曰青海、南京附近）圆寂，其他地区屠夫用牛羊油灯供奉悼念，以免杀生罪孽，此举久而成节。二，汉族民众为悼念藏传佛教格鲁派祖师宗喀巴之使者降青曲结，因无酥油，即用牛羊油点灯。拉萨藏民尊重汉俗，于是夜在房顶周围，破例用牛羊油燃灯，悼念降青曲结，久而成节。届时，该寺僧侣用牛羊油燃灯，焚香燃烛，诵经悼念降青曲结。

藏族燃灯节——亦称五供节，藏语称噶登阿曲、甘（噶）丹昂（安）曲。藏、青、川、甘等省、区藏民宗教节日。藏历十月廿五日举行，历一两天。藏区普遍流传：藏历此日，乃藏传佛教格鲁派（黄教）创始人宗喀巴祖师圆寂、成佛之日。宗喀巴（1357—1419），1409年于拉萨发起大祈愿法会，并亲自筹措、募化资金，于拉萨东北汪古日山兴建噶甘寺，自任寺主。1419年圆寂，寺内一直保存其肉身灵塔。后来，在蒙古和硕特部和清王朝扶持下，格鲁派逐渐成为西藏地方执政教派，并广泛流传蒙、藏地区，成藏传佛教最重要教派。为缅这位杰出宗教领袖，全国各佛教寺庙和藏族聚居区信徒，每年藏历此时皆举行隆重诵经、磕头、燃灯仪式。《西藏志》载："至十月廿五日夜，云系宗卡（喀）巴成圣之日，各家以及寺庙山院，皆于窗棂、墙壁间挨放灯数百不等，光明如昼，布若列星，亦一大观。"又云："系古燃灯佛诞，未知孰是。亦以灯焰，天色，占岁次之吉祥。"届时，拉萨哲蚌、甘丹、色拉三大寺僧徒，成群结队地念宗喀巴诵经，转八廓街。是夜，各寺喇嘛、信众，皆于佛塔周围、屋顶、室内窗台、桌子、佛堂等，凡能点灯之处，点酥油灯（每人三十盏以上，须单数），佛堂内供一碗净水，将佛塔、佛堂、屋子照得通明，并择时诵经、磕头，行灯供祭仪，以示悼念；亦借机超度亡灵，祈神灵赐福。节食，为藏粑面粥（糌粑面、茶叶末、少许盐巴熬成）及面疙瘩。有的寺庙、家庭，在佛像前供奉馍、糖、鲜果等五种供品；佛教密宗有涂香、供花、烧香、饭食、灯明"五供"，故称"五供节"。"火供仪轨"意在若不完全舍弃自我，就超越不了无尽的苦难；同样，不点燃熊熊烈火，就无法中断一切煎熬。据传，汉族聚居区元宵灯会或与"点灯供佛得果报"教义有关。东汉明帝曾下诏，是日在宫中、寺院点灯敬佛，士庶争相仿效，渐成元宵节。另说，印度"排灯节"、泰国"水灯节"、美国"鬼节（万圣节)",或均为变相佛教灯节,时间、节俗略异而已。

五供节——参见"藏族燃灯节"条。

噶登阿曲——参见"藏族燃灯节"条。

甘丹安曲——参见"藏族燃灯节"条。

甘丹昂曲——参见"藏族燃灯节"条。

罗让扎巴——亦称宗喀巴圆寂纪念日。藏传佛教节日。藏历十月廿五日举行。罗让扎巴,为黄教祖师宗喀巴原名。届时,人们白天请喇嘛念经,入夜家家点许多酥油灯,摆各种供佛供品,虔诚举祭。同时,各地寺院则燃灯供佛。

宗喀巴圆寂纪念日——参见"罗让扎巴"条。

罗让扎花节——藏族庆丰收宴饮节。藏历十月廿五日,深秋宰牛、上粮之际,盛行于青海藏族聚居区。多以家庭为单位,规模较小,而气氛热烈。形式不外家宴、集会、野餐。通常点酥油灯、摆供品,意为"请菩萨尝秋收果实";时而请僧人念经,祝福祈祥。

门巴小年——门巴族年节。流行西藏珞隅地区墨脱、林芝、那错、梅楚卡一带。藏历十一月(另说十二日)初一举行。时值农闲,历七八天,至半月许。节前,家家准备充足的米酒、青稞酒、玉米酒、鸡爪谷酒及猪、羊、牛肉,还要用江米面炸果子,并在薄石板上烤烙荞麦饼。食物就绪,便打扫房屋、庭院,待日暮时,把垃圾倒在三岔路口,以示送旧迎新、全年吉祥如意。除夕,打扫宅院,垃圾倾倒三岔路口,意"送旧"。整夜守岁,备年装。鸡叫头遍,去河边背"吉祥圣水",食用、洗用。然后,更新装,围坐吃年饭。初一,家人不出门,禁扫地倒土、孩子串门。门巴人认为,哪家牛要生牛犊,这天男孩童去,即会生小公牛,人家就会扫兴;女童去即会生小母牛,意味着招财进宝。初二各家各户请客,主人备丰盛酒宴。席间,宾主相互敬酒、贺节。夜晚,在村寨场燃起火堆,全村人围着篝火唱歌、跳舞,饮酒欢乐。其中,"萨玛"酒歌、"加鲁"情歌最富民族特色。数天后,还进行射箭比赛。

纠节巴洛桑节——珞巴族民间传统信仰节日。珞巴语"纠节巴洛桑",意含敬献、供奉、欢庆等。流行于西藏珞隅、墨脱、米林等地。藏历十一月初一举行。届时,家家备酥油、糌粑、荞麦粉、鸡爪谷酒、玉米酒、奶渣等食品,富裕人家还要杀鸡宰牲,作为供品,祭祀鬼神。有的人家请喇嘛念经,感谢神灵保佑,获得丰收。然后全家欢聚痛饮。他们喜欢在酒中放些酥油,温热喝;把荞麦粉和成稠浆状,放在薄石板上烙成荞麦饼吃,脆香可口;把小鱼放在火上烤熟,配上佐料,特别是辣椒佐餐。饭后,小伙着自制山羊皮、野牛皮上衣,或氆氇上袍,外罩黑色套头大坎肩,头戴熊皮压制带洞圆盔,戴竹管耳环、项链,腰挂弓箭、长刀;姑娘着麻织领窄袖短衫,下围及膝羊毛紧身筒裙,小腿扎整片裹腿,戴银或铜制耳环、手镯、松耳石、项链,腰间周围缀一串串白贝壳、银币、铜币,约集村头寨尾,唱歌跳舞,祈祷全村平安吉祥、诸事顺利。

捏巴古藏节——亦称"聚九恶节"。西藏拉萨民间宗教节日。藏历十一月六日午后至翌日午前举行。此间,僧俗人众及诸行业,均告停业。亲朋好友聚餐同乐,以喜冲邪,以乐冲哀。

聚九恶节——参见"捏巴古藏节"条。

萨迦班智达圆寂纪念日——全称"文殊怙主萨迦班智达圆寂纪念日"。藏传佛教节日。藏历十一月十四日举行。届时,各萨迦寺隆重举行萨迦上师瑜伽及荟供。在此殊胜之日,佛友们尽量持戒、点灯、供佛、吃素、诵经,尤其念诵萨迦班智达赞文,以各种行善积德方式,祈请文殊上师慈悲赐予智慧之加持。据传,此日持任何善举,均将获千万倍功德。

文殊怙主萨迦班智达圆寂纪念日——参见"萨迦班智达圆寂纪念日"条。

能海上师圆寂纪念日——藏传佛教节日。藏历十一月廿日举念。爱国高僧能海上师(1886—1967),四川绵竹人,俗姓龚,名缉熙。自幼失怙,依姊为生,颖慧异常,就塾饱读儒书。成年弃商从戎,立志报国。1924年,出家为僧。经大勇法师引领,两度入藏求学密法,凡十二年,被藏地尊为"西藏之月轮""白文殊法成就者""宗喀巴大师二十八代传人康萨仁波卿"。后来,善事将密法带回内地,一面译经,一面建立汉地黄密道场,讲经说法,显密兼弘。20世纪50年代,法师出任中国佛协副会长、全国人大代表,住锡北京广济寺。

扎巴坚赞诞辰——藏传佛教节日。藏历十一月廿一日举行。扎巴坚赞,明史作"吉喇思巴监藏巴藏布",1374—1432年在世,自幼聪颖过人,八岁即任泽当寺住持,后讲说《量释论》,阐发其中精微哲理,博得敬重。就任帕竹第五任第悉,重视生产,对促进西藏稳定,特别是在西藏复置驿站,加强卫藏地方与内地经济、文化交往方面,贡献突出,屡受明朝廷封赏。

吉喇思巴监藏巴藏布诞辰——参见"扎巴坚赞诞辰"条。

狮面空行除障日——藏传佛教节日。藏历十一月廿一日举行,历五天。"狮面空行"即"狮面空行母",藏语称"森多玛",意"化身护法",狮头人身形,故名。亦称"狮头金刚"。传为观世音菩萨示现之护法;另云为宁玛巴之殊胜本尊,亦乃莲花生大士之护法。护法可遮止一切邪魔,极具神威力。信众认为:是日,修其法,念祈咒,可免时难年荒、疾疫兵燹、天灾、水旱、饥馑诸苦,所有年月日时之恶魔不祥,悉皆摧折掌云之下。

狮面空行母除障日——参见"狮面空行除障日"条。

狮头金刚除障日——参见"狮面空行除障日"条。

八思巴圆寂纪念日——藏传佛教节日。藏历(另说农历)十一月廿二日举行。八思巴(1235—1280),亦作发思巴、帕思巴、发合思巴、八合思巴、拔思巴、怕克斯巴,藏传佛教萨迦派第五代祖师。十五岁时,为元世祖忽必烈受戒;世祖即位,封其为国师,领总制院事。三十岁返藏,荐释迦桑波为本钦,创本钦由帝师举荐、皇帝任命之制。1267年再赴京,两年后献新字,颁全国,是为八思巴文。1270年,世祖赐蒙古新字所写僧人诏书,进封大宝法王,更赐玉印,统领西藏十三万户。六年后返藏,回萨迦寺,自任萨迦法王,本钦释迦桑波管理政事,开西藏政教合一之制。四十六岁时,示寂萨迦南寺,世祖赐号"皇天之下一人之上(开教)宣文辅治大圣至德普觉真智佑国如意大宝法王西天佛子大元帝师"。一生著述三十余种,汉文大藏经收三种,以《萨迦五祖集》传世。

发思巴圆寂纪念日——参见"八思巴圆寂纪念日"条。

帕思巴圆寂纪念日——参见"八思巴

圆寂纪念日"条。

发合思巴圆寂纪念日——参见"八思巴圆寂纪念日"条。

八合思巴圆寂纪念日——参见"八思巴圆寂纪念日"条。

拔思巴圆寂纪念日——参见"八思巴圆寂纪念日"条。

怕克斯巴圆寂纪念日——参见"八思巴圆寂纪念日"条。

冬季大法会——藏传佛教萨迦寺传统大庆节日。"冬季大法会跳神节"与"历代法王坐床典礼"于藏历十一月廿三日，联袂举行之合称，历七天。双重节庆别具特色：一，三个主神巨型怒相面具，直径一米许，上身骨架超一层楼高，使羌姆神舞格外威猛。二，舞蹈规模宏大，每个均由一百零八人表演，分十二组出场，每组九人。三，参演舞蹈多姿多彩，有喇嘛表演之咒币舞、大小密宗舞（喜金刚舞），世俗群众表演之妖魔舞、神兵舞，外加萨迦密宗所行轨仪。四，宗教、商贸集市结合，穿插群众自发游艺活动，使七天跳神不时延续多天，誉称藏族宗教节日文化发展演变典范之作。

冬季大法会跳神节——参见"冬季大法会"条。

历代法王坐床典礼——参见"冬季大法会"条。

胜乐金刚佛母节——藏传佛教节日。藏历十一月廿五日举行。胜乐金刚，亦称"上乐金刚"，藏语称"登巧"，蒙古语称"德穆钦格"，乃藏密无上瑜伽部母续之本尊，三世诸佛金刚之身、语、意所依，诸佛功德总集代表，亦乃藏密无上瑜伽修法中尊奉五大本尊之一，故称"总集轮"。在无上瑜伽密法系中，格鲁派最注重胜乐、密集和大威德三尊。虔诚供奉修持胜乐金刚，清净了一切众生身、语、意之细分业障，得诸佛之功德加持和句义灌顶，堪能成就佛之功德。开显平等性智，速证佛之自性身。在无上密续中，属母续法，胜乐因被尊"母续之王"，为亿万空行总主。

上乐金刚佛母节——参见"胜乐金刚佛母节"条。

门巴族达旺大法会——门巴族宗教节日。藏历十一月廿九日，在达旺寺等地举行，历三天。门巴族既信仰原始宗教，亦信仰藏传佛教。达旺，地名，"达"意"达尊"，"旺"意"灌顶"。达旺寺建于17世纪，属大乘佛教格鲁巴教派之源，乃教徒精神生活之花，别富传奇色彩。其在门巴族社宗教生活中，占甚为重要地位。法会影响，波及西藏墨脱、错那、林芝、察隅等地众多门巴村寨。节天，人们举行跳神表演，观看传统藏戏《卓瓦桑姆》，跳牦牛舞，以及赛马、拔河、射箭等。

纠尼巴洛桑节——珞巴族民间农祀节日。流行于西藏墨脱、隆子等地。藏历十一月廿九日举行，历三五天、十余天不等。纠尼巴洛桑，译意"预祝丰收"。节前，各家备各种肉食，或邀约上山打猎、捕老鼠，或下河捕鱼，或在家筹措酥油、奶渣、玉米酒等节食。节间，家家户户在仓库内杀鸡，象征来年农业丰收，并炸油饼，做大米粉蕉叶粑粑。节首日，雄鸡第一声啼鸣，每家便摆出各种食品和炒好的鸡肉，敬奉鬼神，祈神灵保佑、赐福。然后，全家聚餐，敬酒、祝福。节间，人们穿戴一新，携带礼品走村串寨，访亲友贺节。男女青年围聚，唱歌跳舞。婚嫁喜事，亦常在此时举办。

泽当娱驴节——藏族民间传统节日。藏历十一月间，择吉日举行。流行于西藏泽当一带。泽当乃西藏农区，位于雅鲁藏布江中下游。毛驴乃人们春耕、秋收、送肥、运粮及日常交通主要畜力。毛驴吃苦耐劳，饲养简便，为感谢它一年辛劳，每年秋后，村村寨寨皆择吉日"娱驴"。届时，主人为毛驴卸下笼头和木鞍，把全身驴毛扫刷干净，在鬃毛和尾巴系上红布条，或任其悠闲自得，随意行走，或三五家将毛驴赶在一起，相互品评、攀比，看谁家毛驴护得好、长得好。节日，主人刻意为其准备精细饲料、茶叶水，任其吃喝，爱护备至。严禁任何人责打毛驴。

墨脱主巴节——门巴族民间传统节日。流行于西藏东南墨脱一带。每隔两三年，于藏历十一月至翌年一月间，由寺庙喇嘛卜问择日举行。节前，人们自愿施舍钱粮、酒肉、酥油、糌粑等（旧时，由寺庙差民提供三头巴姆牛、若干粮食和酒），并自备帐篷、食物等，到寺庙附近歇宿。节间，寺庙香烟缭绕，锣鼓、大钹、长号声不断，举行盛大法事活动，喇嘛们敬香燃灯，昼夜念经祈祷。俗众纷纷入寺上香跪拜，祈神灵保佑、赐福。喇嘛们念经后，头戴动物和女性面具，登台手舞足蹈，举行戏剧般跳神活动，不唱不说，好似哑剧，仅用锣鼓、大钹、长号等伴奏，以舞蹈动作展示剧情。有时，一个节目需表演一两天。跳神活动结束，人们自觉列队，依次让喇嘛"摸顶"，并领取一份寺庙配制的草药。夜间，人们着民族服装，汇集宽敞的广场或草地，燃起篝火，点燃松明火把，纵情歌舞，直至深夜。

遍照大日如来法会——藏传佛教节日。藏历十二月初四至十五日举行。大日如来，汉语译为摩诃毗卢遮那、毗卢遮那、遍一切处、光明遍照等，释迦牟尼的三身之一，示绝对真理之佛身。佛教密宗至高无上本尊，密宗最高佛。密宗所有佛和菩萨，皆自大日如来所出。在金刚界、胎藏界两部曼荼罗中，大日如来皆居中央地位，统率全部佛和菩萨，称佛教密宗世界"根本佛"。法会超度功德主要有：为已投胎众生超度；为中阴身（死亡至出生之间境界）众生超度；为累世冤亲债主超度；为在世之人祈福。法会旨在长养信众自身大慈悲心，消除无量劫恶业，遣除一切违缘，增长无量福德。

摩诃毗卢遮那法会——参见"遍照大日如来法会"条。

毗卢遮那法会——参见"遍照大日如来法会"条。

遍一切处法会——参见"遍照大日如来法会"条。

光明遍照法会——参见"遍照大日如来法会"条。

五殿阎罗天子诞——藏传佛教节日。藏历十二月初七举行。阎王，本古印度神话中管理阴间之天王，见载《梨俱吠陀》，佛教沿用，称管理地狱之魔王。据《问地狱经》载，阎王曾为毗沙国国王，在与维陀始生王作战中，兵力不敌而立誓为"地狱之主"。阎王随佛教传入，流行于中国。"五殿阎罗"系指宋仁宗时"龙图阁真学士"包拯，他一生清正、刚毅，因断狱英明，执法不避党亲，而名垂青史，史传"生为上柱国，殁作阎罗王"。阎罗诞辰，科仪隆重，礼数诚敬，供奉香烛、三牲、果品、清茶、红圆、寿桃、寿面等，且以传统金纸之天金、寿金、刈金、福金等，拜祭后焚之。

帝释天尊圣诞——佛教节日。藏历

十二月初八举行。帝释,佛教护法神之一,亦称天帝释、帝释天,音译"释迦提恒因陀罗",略称"释提恒因"。"释迦"意为"能",乃姓;"提恒"意为"天";"因陀罗"意为"帝",合称"天帝"。忉利天之一,居须弥山顶之善见城。

天帝释圣诞——参见"帝释天尊圣诞"条。

帝释天圣诞——参见"帝释天尊圣诞"条。

一世达赖圆寂纪念日——藏传佛教节日。藏历十二月初八举行。一世达赖喇嘛根敦朱巴(1391—1474),意为"僧成",藏传佛教格鲁派创始人宗喀巴大师大弟子之一,后藏扎什伦布寺创建者。后被追认为"第一世达赖喇嘛"。他十五岁出家,同年受沙弥戒;五年后受比丘戒;廿五岁拜宗喀巴为师,习格鲁派教法。宗喀巴圆寂后,从甘丹寺第二任法台贾杰闻习显密诸论;贾圆寂后,复从克珠杰习多种要法。后一类,得桑主则(今日喀则)宗本乃穹吉巴·班觉桑布资助,兴建扎什伦布寺,任该寺首任赤巴(法台)。他在任三十八年,在寺内建弥勒菩萨和身语意佛像、宝塔,供奉殊胜弟子,有功于藏传佛教之弘扬。藏历第八绕迥之木马年(明成化十年,即1474年),示寂该寺,时年八十四岁。

洞更谷乳木节——亦称旭独龙节。珞巴族民间信仰节日。藏历十二月十五日举行。流行于西藏珞隅东部珞巴族村寨。旨在庆贺一年平安,预祝来年丰收。节前,人们纷纷舂米,酿酒,宰杀猪、牛、羊。除夕,家家在贮藏室(仓库)内杀鸡,并备稻谷、鸡爪谷、玉米等种子,祈祷丰收。节晨,雄鸡啼鸣报晓,各家再杀一只鸡,用热油炒熟,供全家食用。据说,年节吃了这种鸡肉,合家幸福安康。饭后,人们承共享劳动果实之古俗,将节前宰杀的猪、牛,剁成一块块,分送家族或母系亲友。吃完牛肉,照例将牛头盖骨,高悬自己家中墙上,作为勤劳、富有象征,世代相传。有的地方,全村寨男女老少欢聚,唱歌跳舞,欢庆节日。

旭独龙节——参见"洞更谷乳木节"条。

龙钦巴圆寂纪念日——藏传佛教节日。藏历十二月十八日举行。"龙钦巴"尊者,亦称"龙钦冉江",译为"广通经义者",又名"吉美哦瑟",译为"无垢光尊者"。宁玛派大圆满法集大成者,极重要传承上师、全知大法王,誉尊藏传佛教继莲花生大师后之"第二佛陀";与萨迦班智达、宗喀巴大师并为文殊菩萨真实的三大应化身。他在刚日托嘎神山闭关、撰写《七宝藏》等诸多著作,神山显现许多奇异圣迹。纪念日,僧众们点燃明亮的酥油灯,纪念祖师,亦自我开启心性。

龙钦冉江圆寂纪念日——参见"龙钦巴圆寂纪念日"条。

吉美哦瑟圆寂纪念日——参见"龙钦巴圆寂纪念日"条。

普结节——亦称朝觐橛子节。西藏色拉寺宗教节日。藏历十二月廿七日举行。据传,萨迦班智达与外道措杰巴辩论法义,措杰巴败,腾空而逃。萨用橛子钉住其地面身影,措只好落地投降,改宗萨迦派。此"橛子"遂扬名西藏。后来,它滚落青巴洛卓仁青格手中。青建色拉寺结扎仓时,将其置作镇寺之宝。原西藏地方政府复将其置盖印,封存于色拉寺马头明王神像前。昔时,每年藏历是日,达赖均亲手开封,后让僧俗人等朝觐,顶礼膜拜。

朝觐概子节——参见"普结节"条。

藏族送鬼节——汉译为孜多、古多、郭多等多词,亦称左突、驱鬼节。藏传佛教盛大跳神会。流行于西藏拉萨等地。藏历十二月廿九日,在所属诸寺举行,以布达拉宫及墨茹扎仓在鲁鼓广场施食送鬼,规模最盛。届时,拉萨藏族群众及附近寺庙喇嘛在布达拉宫内仁乃贡萨殿前举行隆重跳神活动。跳神者多由喇嘛担任,着花色彩衣,戴骷髅、牛头、鹿头、魔鬼等各种面具,配以长号、鼓钵等乐音,时而高唱,时而翻滚、跳跃,以迎新年到来,驱走妖魔鬼怪等一切邪恶,祈求祖佛、神灵保佑。民间节仪:家家打扫庭院,清除旧年垃圾污垢,摆上新卡垫,贴上新年画,灶房和大门各用白粉撒上"吉祥徽",表示辞旧迎新。初夜,各户手持火把,呼叫驱鬼,将所剩面疙瘩倒大门外,以示施食,让一年鬼怪快走。之后,合家聚餐,吃"土粑"。

孜多——参见"藏族送鬼节"条。

古多——参见"藏族送鬼节"条。

郭多——参见"藏族送鬼节"条。

左突——参见"藏族送鬼节"条。

藏族驱鬼节——参见"藏族送鬼节"条。

那曲酬神节——藏族僧俗传统宗教祈祷集会。流行西藏那曲索县赞丹寺及巴青、比如等县。藏历新年前夕举行,历三天。届时,以该寺喇嘛为主,跳"神舞",全部仪式化,节奏极缓,表演者我行我素,罕与观者情感交流。每日均从凌晨一时开始,分开场、活佛舞、鹿神舞,而后才入正剧。表演中,吹镶金巨号,间以僧众诵经,几童子向老寿星抛撒青稞,十四位大神陆续登场。之后,接铁爪骷髅"天葬主人舞";再后,是沉重的"众神之舞"。诸舞将世俗与宗教、神与人、神界与凡尘融为一体,集中表示敬畏、酬谢、神灵、净土,祈祷吉祥。

布达拉宫跳神节——藏历十二月廿九日举行。拉萨僧俗普遍参与。旨同"驱鬼节"之趋吉辟邪。内容大体是,演述佛法的灵异、喇嘛的神奇及禽兽护法、鬼魅卫教诸多佛法故事。其突出一幕,据传乃十三世达赖所加,内容是他当年入京朝觐清帝,路经五台山,见一慈祥"老人"(或为菩萨化身)降虎济世,众神人围之跳舞。

跳神——藏族民间宗教节日。流行四川阿坝州北部藏族聚居区。藏历十二月底除夕(另说农历正月初八),在各寺院与法会并行。旨在祈福禳灾。喇嘛们在法会上,着古装、戴面具,扮各种神佛鬼怪,由钹、鼓、唢呐、海螺等伴奏,分批登场,自左至右,边跳边行,不断高声呐喊,祛除妖魔鬼怪。

莫朗节——自称"阿帕塔尼"珞巴族民间节日。流行于西藏珞隅西巴霞曲流域。藏历十二月或一月,择日举行。节天,村寨青少年穿戴一新,手持刀茅、铜盘等,在村头排成一行,由巫师带领,到附近各村寨巡游。沿途,巫师口中不断念经祈祷,挥动手中羽扇。经田野时,要撒大米,青少年挥舞长刀,敲打铜盘。当高举长号时,众人有节奏齐发喊声。队伍中有一年长男子相随,沿途撒大米粉。路经即将耕耘播种的土地时,那些举着竹木男性生殖器模型的青年便离开队伍,到地里跳舞。每到一个村寨广场,即欢天喜地,尽情歌舞;主家村寨即置酒肉款待,十分热情。他们逐村巡游,直至走遍部落所有村寨。

每月四吉日——藏族僧俗信仰日。藏历每月初八、初十、十五、三十为"吉日":初八乃"药师佛节",初十乃"空行聚合节",十五日乃"释迦牟尼节",三十日乃"无量光佛节"。届时,皆例行香火举祭。

药师佛节——参见"每月四吉日"条。

空行聚合节——参见"每月四吉日"条。

释迦牟尼节——参见"每月四吉日"条。

无量光佛节——参见"每月四吉日"条。

迎神节——藏谓"娘布拉苏",意为"娘布人求宝"。藏族苯教节日。藏历马年八月十日举行。流行于西藏工布地区。据传,已历六百余年。节源于林芝市动客色母小镇一则民间求宝、招神赐福之传说故事。节仪含祭神、舞蹈、牵牦牛、赛马等,意取驱魔镇邪、人寿年丰。1955年曾中断,1990年恢复。

娘布拉苏——参见"迎神节"条。

娘布人求宝——参见"迎神节"条。

帕邦唐廓节——热振格培林寺宗教节日。流行于西藏林周县唐廓乡一带。藏历羊年七月十五日举行,历数日。据传,此地荒山,原本寸草不生,藏王松赞干布在此洗头,将洗发水洒于山坡,并祈祷祝福,遂长出两万五千棵翠柏。1057年(藏历火鸡年),噶当派创始人仲敦巴,在此建其派首座寺庙"热振格培林寺"。"热振"意为"根治一切烦恼,持续到超脱轮回三世界为止"。按西藏传统,除达赖、班禅外,地位之高莫过五大"呼图克图",而"热振活佛"即其中之一。其寺地位,因此甚高。寺西侧,有享"圣道"之尊的"帕邦(巨石)唐(草坪)"。相传,藏历羊年七月十五此日,密集空行母茶吉尼、卡珠玛、桑瓦益西等十万天女下凡,在此设坛集会,超度众生。据此,每逢是日,各地善男信女,甚至不远千里,纷至沓来,云集磐石草场,念经诵咒,祈祷人寿年丰。初为纯宗教性,后扩大至娱乐、商贸。节仪中,赛马、"抢措"尤扣人心弦。中午,神女设坛"热振帕邦座"时刻,举行吟经活动;午后,举行"羌姆"(跳神),在鼓乐、舞步轰鸣中,节日结束。

傣 历

傣历,阴阳历之一种。纪元始自公元638年3月22日,顺序累计至今。每年分冷、热、雨三季。平年十二个月,三百五十四日或三百五十五日;闰年十三个月,三百八十四日。十九年置七闰,固定置闰于九月。习惯以六月为岁首,月序由六月始,顺序至五月止。单月三十日,双月二十九日。隔四至五年,再于八月廿九之后加进一天,称"八月满月"。每月分上下两个半月,分别顺序计日,并使用七曜(日、月、火、水、木、金、土)纪日之"周日法"。它将太阳进入金牛宫,即公历4月20或

21 谷雨开始之日,定为"泼水节",作为傣历新年年节。因此日乃太阳位置所决定,故它常在傣历六月六日至七月六日之间推移。其节末日为新年元旦。月份一般比农历早三个月。和农历一样,有十二生肖,采用干支纪年纪日。

布朗族赕佛节——族称"赶听"。布朗族宗教节日。流行于云南西双版纳一带。通常于傣历一月间举行,日期由佛爷及头人厘定。节期长短不一,分"赕帕"(送袈裟)、"赕坦"(大赕)、"罢完尼"三阶段。节期厘定,由召曼、借相公布,各户送一两丈布给头人;有些村寨,杀几头猪赕佛。再由头人据佛爷、和尚多寡,向各寺分别送袈裟。通常是每四户人家赕一小和尚;八户赕一大佛爷,所剩交头人享用。"赕坦"最隆重,每年举行二三次,各历三天,佛爷、头人厘定节期,寨中富户或头人承头,各户出钱、米,全寨杀猪宰牛,大佛爷念"尼崔经"。众进佛寺祈福、聆经,大吃数餐。其间,还要放焰火、爆竹、孙明灯,跳象脚鼓舞。"罢完尼"由寨中富户或有威望者承办,届时送《维桑得拉》等十三本经书,各寨老人皆前往听经;青年男女聚集,跳象脚鼓舞,放火炮。节间,皆停止劳动。

布朗族赶听——参见"布朗族赕佛节"条。

好轮瓦节——亦称赕好轮瓦。云南信奉小乘佛教的傣族民间宗教节日。傣历一月收获后,择日举行。小乘佛教佛事较多,傣语"赕",意为祭献、礼佛和施舍。"赕好轮瓦",即向佛寺布施稻谷。节时,各户水稻已收获入仓。为谢佛恩,修性积德,人们都要以户为单位,向佛寺奉献稻谷,以示虔诚。

赕好轮瓦——参见"好轮瓦节"条。

傣家赕帕节——简称"赕帕"。信奉小乘佛教傣族传统宗教节日。流行于云南西双版纳、德宏等地。傣历十二月十五日举行。有的地方在五月或一月,择日过节。"赕帕"意为"拜佛",是向佛寺僧侣布施袈裟,以夫妻为单位进行。节天,村寨里每对夫妻都准备一段可以用来做袈裟的黄布,送到佛寺,捐献给寺内的僧侣们,念经拜佛,以示虔诚,并祈吉祥如意。

傣家赕帕——参见"傣族赕帕节"条。

布朗族赕帕节——简称"赕帕"。布朗族宗教节日。流行于云南西双版纳。多数山寨于傣历正月十五日举行。"赕帕"为傣语,意为"拜佛",指世俗众生对僧侣或先祖亡灵敬献物品,佛教俗称"布施"或"化缘"。布朗族传说,他们与傣族本兄弟关系,布朗是兄,居山种山地;傣族是弟,住坝子种水田。故,布朗每次"赕佛"皆请傣族佛爷上山,傣族"赕佛"亦请布朗佛爷下山。

布朗族赕帕——参见"布朗族赕帕节"条。

傣族烧白柴——族称"几光咯"。傣族佛教节日。流行于云南芒市等地。傣历正月十五日(另说二月初三至十五)举行。节前,由信众上山砍回盐霜树,经水泡、剥皮、晒干,制作成"白柴",推至寺中备用。节夜,将白柴堆架如亭,先由各寺比丘、沙弥集中念经,后由长老点燃柴亭,同时鞭炮大作,烈焰冲天。村民们人山人海,聚集奘房边,围着熊熊燃烧的柴亭,彻夜不眠,迎接春天到来。长老则集中念经,比丘、沙弥往村外林中修行,露宿七日,再返广场,通宵念经,日出结束,方各回寺。节源见载傣文《赕佛经》：很久前，一对善良夫妇看到三位僧人冻僵树下，上前攀谈。僧答："快去找些干柴来吧！"妇人立即找来一大担，点燃熊熊烈火，驱走严寒和死神；然后煮一锅热粥布施。三僧为夫妇念经，祝愿其功德伴随他们九生九世。从此，"烧白柴"即成一种祈祷佛祖保佑的布施行为，代代相传。

几光咯——参见"傣族烧白柴"条。

赕考伦坝——傣族宗教节日。流行于云南西双版纳州等地。傣历二月初三至十五日举行。其间数日，与"烧白柴"（几光咯）同步。当地普遍信仰小乘佛教，各村都有一座或多座佛寺。节间，每家竖竹竿挂幡，傣语称"波懂"。幡分两种，一是赕给帕召的，一是赕给自家已故亲属或祖宗的。每天，信众轮流进佛寺滴水悼念帕召和祖宗。至二月十五日，各人挑新谷和新米送佛寺内，举行把新谷从高处往下倒的"考伦坝"活动，祝贺五谷丰登。最后，全部谷物布施寺内僧侣。

德昂族祭幡杆——部分德昂族民间宗教节日。流行云南思茅、澜沧一带。傣历三月十五日（农历十二月间）举行。当地德昂村寨都栽有一棵高大"神树"，其旁栽几棵小"神树"，此即"幡杆"。祭前，每家派人上山砍来一根矛状木杆，作为祭用。届时，全村停止劳动和外出，男女老少集中幡杆前空地，举行祭祀。先举"放杆"仪式，请寨中德高望重老人诵经，旋由各户家长依次跨入幡杆周围篱笆内，将上一年护卫在幡杆周围的木杆取出，换上新的矛状木杆，并用数股白线将木杆绑于幡杆上。各家携带来的糯米粑粑，被集中一处，供祭幡杆前，祈祷神树保佑全村老少平安大吉。祭毕，将糯米粑粑分给所有参祭者。当天所有进出寨子通道，均有人把守，禁外寨人及牲畜进入，免给全村带来不祥。幡杆非常神圣，即便平时，寨人亦不得随意进入幡杆界内，违者受罚。

库扎节——亦称扣扎，拉祜语意为"年节"。云南西南山区拉祜族年节。傣历三月或四月举行，历三五天。节前一天，各村寨"库比"（意"戒严"），由安占（新年吃团结饭时众举之专管寺庙祭祀、计算日历之人，会念经咒、致祝词，家庭和睦，群众关系好），派人在通向村寨的各交通要道及寨门上，设立树枝等障碍物，严禁外人入内。如有人贸然擅入，将会被扣路旁临时搭建的小房，过完年才放行。日落前，人们要接回祖先灵魂一起过年。他们认为：人死仅肉体毁灭，而灵魂永存，每逢年节都回来和亲人团聚。当晚，老年男女要到寺庙下方一幢草房中守夜，祈神灵保佑。节天，全寨男女老少着盛装，迎接回来过年的亲人。清晨，当村外传来火枪声时，大家便在铓锣及象脚鼓声中，边唱边跳，涌向寨门口。寨中德高望重的老人向携带糯米粑粑、白薯、酒肉回来的亲人们撒米、敬酒，贺年祝福。一进寨门，大家唱歌跳舞，尽情显示欢庆重逢。早饭后，各家在家长率领下，一人执画有各种图形的标杆，一人执火枪，抬着内装丰盛食物的箩筐，聚集寺庙前平坝，放好食物，举行打靶活动。男人们一个个朝峡谷放枪，顿时响声大作，硝烟弥漫。之后，由"安占"带领，各家执标杆，携食品，敲铓锣，沿村寨和寺庙绕三周，沿路撒米，呼喊"煞、煞、煞"之声。随后入寺，竖起标杆，进行滴水、献蜡条等祭祀活动。仪毕，进行娱乐活动，妇女们荡秋千，男童们打陀螺等。入夜，"安占"领一群青年到各家门前打枪、泼水。然后，众重聚广场，纵情歌舞，通宵达旦。第三天,全寨聚集"安占"家,共吃"团结饭",来人各自携带酒、肉、饭、菜,按性别分桌,男左女右。饭前,"安占"举杯向桌子四角滴酒,祭祀神灵;饭后,讨论新头人的选举等寨中公务。节日前夕,有的村寨还邀请寨外傣、哈尼、布朗等各族亲友做客,并互赠糯米粑粑和猪肉团子,以示尊重、友爱。

扣扎节——参见"库扎节"条。

拉祜族年节——参见"库扎节"条。

升和尚——傣语称"播帕"。傣族民间出家仪式。流行于云南信仰小乘佛教傣族地区。多于傣历(另说农历)四月或八月,个别或集体,择日举行。旨在将适龄出家修行男童送入佛寺,正式出家修行。昔时,傣族普遍信仰小乘佛教,各村寨普遍都有佛寺。人们视入寺为僧乃最大光荣。男童很小即被送进佛寺当预备和尚,经半年或七八个月"科勇"期学习训练,初识佛寺规矩,全村便为他们同时举行"升和尚"仪式。届时,他们由预先选定的义父为其着彩衣、戴彩帽,后由他人背着或骑马,去出家的佛寺。亲戚邻里一路护送,围观群众则向他们身上抛撒米花,通往佛寺的大路,顿时成为一条白色的米花道。孩童进入佛寺大殿,在佛像前诵经受戒,跪领佛爷教诫,旋由义父脱去彩衣彩帽,换上和尚袈裟,正式成"帕"(和尚),长住寺中。有小孩升和尚之家,此日要盛情款待前来祝贺的亲戚朋友。

播帕——参见"升和尚"条。

冈永节——布朗族民间祭祀竹鼠传统节日。流行于云南西双版纳一带。傣历四月或九月(约当农历一或六月),择日举行。据传,竹鼠把谷子献给布朗人,使布朗进入农耕社会。为感激竹鼠功劳,人们每年举办此节。届时,全寨男子共同到山林中挖回一只竹鼠,为之戴上鲜花,拴上一根木棍。由两人抬着木棍,巡游寨子一周。众人祈祷之后,将竹鼠抬至族长家,把鼠头砍下留给族长,鼠肉分成几十块,寨人每户一小块,拿回祭祀家神。

松山卡——云南傣族民间宗教节日。傣历五月十五日举行。届时,全勐佛爷聚集波苏勐(瓦拉扎滩)讲经拜佛,为当年关门节、开门节,例行宗教仪轨,以推算并厘定两节日期,旋由各寺佛爷通知各村寨,进入两节具体筹备。

景比迈节——族谓"过新年"。布朗族民间年节。流行于云南保山、施甸、昌宁、双江、勐海、墨江等市县。傣历六月举行(约当农历三月),择日举行,历三天。节间,尤其首日,全寨停止生产,家家杀猪宰牛,准备糯米粉,用芭蕉叶包之蒸熟,制成红糖糯米粑粑。走访亲友时,大家以此作佳礼互赠。有的人家要包好两份,一份献"胎嘎滚",祭祀祖先;一份献"高嘎滚"(家族长),专表敬意和祝福。其间,寨人要去佛寺赕佛、听佛爷讲经,举行滴水仪式,求佛消灾。富裕之家,则请佛爷、和尚来家中念经祈福。年轻人则聚集打竹球。夜晚,小伙们敲象脚鼓、打铓锣,和姑娘们一起唱歌跳舞,通宵达旦。墨江、双江等县布朗,初一凌晨,要到山中"抢新水"(即接山泉),祈新年好运。施甸县布朗族过节时,妇女、孩童初一须待家中,禁出门;男人集体上山打猎。初二,人们献上酒、鸡、菜等,祭祀山神和龙王,祈神保佑山寨风调雨顺、五谷丰登。初三,献祭品,拜祖先。节间,布朗山寨附近的傣、哈尼、拉祜等族群众,常登门拜访贺节,布朗照例设酒宴,盛情款待。当然,得先将其带来的礼品,祭祀寨口村社神"代袜那曼"及建寨鼻祖"相飞",而后再入宴。

布朗族过新年——参见"景比迈节"条。

克木人祭咄——待识族别克木人俗信、祭祀节日。流行于云南西双版纳。节期因支系有异:"达迈佬"多在傣历三月;"达迈仍"在傣历十二月,或不定期。克木人笃信世间万物皆由"咄"主宰,寨有"咄供",家有"咄纲",护庄稼有"咄谈",专司人间疾病有"咄哈"。须年年祭"咄";否则,它们便会作祟,让村寨、村人不得安宁。祭日,举寨停止劳作,寨子路口皆打以标志,严禁任何人出入。

傣族泼水节——傣谓"楞贺尚罕""棱贺比迈""桑罕比迈",亦称浴佛节、赕新年,意为"六月新年"或"傣历新年"。云南傣族民间重大节日。通常于傣历六月十七至十九日之间(约当农历清明节前后)举行,历三四天,或更长。因"泼水"乃特色节项,故名。此节首日为除夕,傣族称"宛多尚罕",意"送旧"。第二天,族称"宛脑",意"空日",不属旧年,亦不属新年,乃"空下来"之日,人们或在家静养,或上山狩猎。第三天为元旦,族称"宛叭宛玛",即"日子之王到来的一天"。清晨,人们盛装往寺庙拜佛,在寺内用细沙堆起三五座宝塔型沙堆,各高三四尺,塔尖插八根缠红绿布条竹枝;然后,围塔而坐,聆听诵经和历史传说,祈新年风调雨顺、人丁兴旺。中午,每位妇女各挑一担清水,为佛像洗尘,祈佛灵保佑;随后即开始相互泼水、祝福,希望用圣洁的水冲走疾病、灾难,换来幸福、吉祥。入夜,村寨鼓乐相闻,人们高歌纵舞。节间,除"泼水"外,另有放高升、划龙船、放孔明灯、放气球、丢包、斗鸡及游园联欢、物资交流等新项目。节源传说纷纭,最盛者是:从前有一恶魔,先后强占七个姑娘。七姑娘天生丽质、聪明,决心为民除害。她骗取了恶魔信任,用酒灌醉恶魔,趁机用恶魔的长发,将其勒死,并砍下其头。孰料,恶魔的头无论投到何处,都会燃起烈火,危害一方。于是,姑娘们奋不顾身,轮流抱住恶魔的头,以杜绝火灾。就这样,她们一年一换。届时,人们照例给姑娘泼水,冲掉身上血污,洗去一年疲劳。相沿成习,人们每年按时互相泼水祝福,以志纪念。

楞贺尚罕——参见"傣族泼水节"条。
棱贺比迈——参见"傣族泼水节"条。
桑罕比迈——参见"傣族泼水节"条。
傣族浴佛节——参见"傣族泼水节"条。
赕新年——参见"傣族泼水节"条。
六月新年——参见"傣族泼水节"条。
傣历新年——参见"傣族泼水节"条。

贡象节——佤族民间俗信节日。流行于云南沧源县班老乡一带。当地佤族受傣族影响,除过泼水节外,还在节后第三天(傣历六月廿日前后),到南滚河畔的巴本巴贺,举行"贡象"仪式。届时,各寨佤族将带叶的甘蔗、芭蕉及大糯米团、茶叶、公鸡等祭品,摆上篾桌,跪着祭拜。由一人领唱祝词,祈祷大象繁衍后代,保佑庄稼丰收。当地传说,从前祖先迁徙时,山洪暴发,威胁生命,幸得一大白象相救,驮着人们过了南滚河。从此,班老佤族为感谢大象恩德,每年定期举此活动。节天,人们禁止狩猎、耕作。

拉祜族献地谷——云南拉祜族民间农祀节日。在播种季节之傣历六月,择日举行。届时,各家谷种撒地里后,即在地中央支起一个木棍架子，上挂内盛蜡条、花朵小竹篓，周围摆上一圈篾笆，篾笆上置酒、米、盐巴等祭品。之后，由家长祈祷祭祀。祷文大意是："谷子啊，从今以后，你们要快快生长，像盛开的花朵一样健康兴旺；老鼠鸟雀啊，你们不要来偷吃；神啊，您要保佑我们五谷丰登！"下种后，若遇雷电将大树劈倒，或天旱致土地龟裂等天灾，则还要杀一头小猪、一只鸡，并用一瓶酒、一碗米、一桶水及一块盐巴，择吉祥的"马日"到地里祭祀"海姆特尼"（霹雷鬼）。拉祜族人认为，不这样做，谷子便不发芽、不出穗，长不结实。拉祜族支系苦聪人，在田地里祭毕后，还要返家再祭，在屋内摆放酒、米、谷子、盐巴之类祭品，并在一根竹竿上拴些茅草、鸡毛插于宅中央，后由家长祈祷丰产丰收、人畜兴旺。

罢完尼节——云南勐海布朗族宗教节日。傣历八月十五日举行。据传，这天乃佛祖帕召果达玛（释迦牟尼）逝世纪念日。罢完尼，译意"诵经书"。届时，佛寺僧侣要念《维先达腊》（《佛经》）。各村群众一大早即纷纷赶往佛寺，并由老人和村中富户向佛爷献《推桑得拉》经书十三本；另还献上供品，烧香拜佛。而后，落座听佛爷讲经布道，求佛祖保佑家人平安、大吉。

布朗族诵经书——参见"罢完尼节"条。

赕打疗——信奉小乘佛教的傣族的宗教节日。流行于云南西双版纳等地。通常于傣历九月初择日举行。打疗，即用竹片编成的稀眼篾笆。届时，各家都要编成这样的篾笆，请佛爷念诵经文，赐其神力。之后，人们将其用木棍固定插于田头地角，或用草绳系挂谷仓或竹楼四周。据传，面对其念经祈祷，可借其神力保丰衣足食、人畜平安。

赕萨拉——族谓"祭死魂"。云南傣族宗教节日。节期各地略异，多在傣历九至十二月间择日举行。届时，各户专门做一幢帕沙（冥房）及衣物、器用模型送进佛寺，并请佛爷念经、滴水，超度本家已故亲属亡灵。

傣族祭死魂——参见"赕萨拉"条。

傣族关门节——族谓"毫瓦萨"；习称"进洼节"。云南信奉小乘佛教的傣、德昂、布朗、阿昌等族民间宗教节日。傣历九月十五日（农历六月中旬）开始举行，历三个月，称"净居斋戒期"。首日凌晨，由各寨佛寺击鼓为号，通告节日到来。各寨佛寺佛爷集中波苏勐（全勐最高级佛寺）念经。寨民做斋饭，飨念经僧侣。各寨老年信徒进寺滴水、纳佛，一天两夜不回家，由家人送饭。其余信众聚集佛寺，向佛爷、佛像敬献佳肴、鲜花和银钱。从此，佛寺开始净居斋期，直至"开门节"（傣历十二月十五）。其间，僧侣在寺净居修学，禁外出巡游；俗众进寺静坐参佛，听佛爷讲经说法。每七天赕佛一次。民间停止婚庆、娱乐。俗传，节源古印度佛教雨季安居之习。傣族人传：每年傣历九月，佛皆去西天，与其母讲经，三月方能返回。一次，佛徒下乡传教，践踏了庄稼，致农家愤懑。佛深感不安，再去西天三个月，将佛徒集中寺内念经忏悔，以赎前罪，久而形成"净居斋戒期"。

傣族毫瓦萨——参见"傣族关门节"条。

傣族进洼节——参见"傣族关门节"条。

德昂族关门节——族谓"进洼节"。云南德昂族民间宗教节日。傣历九月十五日（农历六月中旬）开始举行，历三个月。进洼节，我国西南地区藏、土、回、汉等诸多民族共同节日，旨在节间"关闭爱情、婚姻之门"，禁谈情说爱、男娶女嫁；禁僧侣留宿村寨，而净居佛寺专心念经，提高德性。据传，此间系古时佛祖释迦牟尼上西天取经之时，他曾交代众教徒，不要外出扰乱百姓。以物候论，时值农忙，亦求青年男女自我约束，集中精力务农。德昂人在进洼前夕，举行浴佛仪式，由少女们挑水到佛寺，为佛像泼水。夜半正式"进洼"，听到佛寺击鼓声，老人们即带着用纸包住的花、谷子、香烛等供品，送到寺院佛座后面。十五日，村众到佛寺烧香拜佛，献上食物、钱、衣服或鲜花等供品，赕佛。节中前三天，众人皆到寺赕佛，不下地劳动，青年男女们聚集唱"别杆朵"（德昂民歌），跳集体舞。三天后，每七天众人都要用花、香、烛等小供佛一次；第八天，去佛寺祭佛，听佛爷诵经，祈佛保佑人畜平安、五谷丰登。虔诚的老人们，则住佛寺里，听佛爷讲经。

德昂族进洼节——参见"德昂族关门节"条。

阿昌族关门节——亦称"阿昌族进洼节"。阿昌族等我国西南诸多民族共同的传统宗教节日。傣历九月十五开始举行（约当农历六月），历三月。阿昌语"进洼"关门，与"出洼"开门对应。节首日，人们用清净溪水给佛像沐浴，后烧香化纸，供奉祭品。有些供品用纸张包妥，送置佛像座后，待"出洼"时再取出焚化奉供。是日，大家还要聚佛寺，听佛爷讲经说法，并祈佛保佑。进洼后，要求青年人停止欢娱、谈情、嫁娶。佛徒须常到佛寺静坐参佛，听佛爷诵经，直到傣历十二月十五（约当农历九月）"出洼节"。

阿昌族进洼节——参见"阿昌族关门节"条。

布朗族关门节——族称奥瓦沙、豪瓦萨，即关门节。部分信仰小乘佛教布朗人宗教节日，流行于云南西南和南部布朗聚居区。傣历九月十五日至十二月间（农历六月中旬至九月）举行。节首日，全寨停止生产。家族成员均给家族长者送一朵鲜花、一对蜡条，并跪地为其行洗手、洗脚礼。之后，众人向房门、楼梯、家具及什物的灵魂，奉祀两对蜡条，叩头行礼，祈人畜平安。同日，全寨老小去佛寺听经、滴水，年满四十岁男女要住佛寺里。此夜，青年男女敲着象脚鼓，唱歌跳舞。三天之后，将佛寺大门关闭三个月，僧侣们日夜潜心诵读经书，禁出寺院。节间，要求"关起爱情、婚姻之门"，严禁男女谈情说爱和结婚。节后，开始繁忙的农田生产。

布朗族奥瓦沙——参见"布朗族关门节"条。

布朗族豪瓦萨——参见"布朗族关门节"条。

晃露节——亦称晃露盛会。云南德宏等地傣族民间节日。傣历九月十五日之后，择日举行，历四五天，乃至七天。按继代惯例，节按缅寺排定"摆期"先后顺序举行，各村寨会期亦依次而定。节间，村寨举行盛大晃露游行。各寨锣鼓仪仗队汇集"摆场"，每队都有一头纸制大象，用竹篾编扎，彩画裱糊，由四至八人抬着，在鼓乐声中绕"摆场"巡游，缓缓行进。舞象者仰卧象肚下的帷幕里，操纵纸象表演。节日的"摆场"，人潮如涌，一片欢声笑语。这还是傣族地区秋季交易会，人们趁节日之机,前来买卖各种农副产品和民族工艺品,为传统节日活动平添时代气息。

晃露盛会——参见"晃露节"条。

傣族开门节——族谓"奥瓦萨""翁瓦萨"。云南信奉小乘佛教的傣、布朗、德昂族等族共同宗教节日。西双版纳、德宏等地,尤为盛行,称"出清"。傣历十二月十五日举行。据传,这天正是佛到西天讲经重返人间之日。各傣族村寨因举盛大节日聚会。人们除进佛寺赕佛,举行隆重"扛朵"(忏悔)仪式外,还着盛装,尽情欢乐,赛鼓、放高升、放花和歌舞表演,并开始走村串寨、探亲访友,姑娘小伙结交恋爱,喜结良缘。

奥瓦萨——参见"傣族开门节"。
翁瓦萨——参见"傣族开门节"。
出清——参见"傣族开门节"。

赕笋笋节——亦称赕什拉或什拉节,云南西双版纳布朗族民间祭亡灵节。傣历十月(农历一月)择日举行,历两天。旨在超度已亡父母、兄弟、子女等亲人灵魂。节间,供奉祭祀亡亲,不能下地劳动。头天,各家采来芭蕉叶,请寺院佛爷或和尚用傣文写上的一个个亲人名字;将蒸煮的猪肉分成四份,各装一小包,送到亲人坟地、寨门口、寨中央、佛寺。次日,各户派人送供品到佛寺,送供品者此夜留宿寺里,据说可在梦中与已故亲人相会。当天所送供品,主要是衣服、筒裙、裤子、包头帕、钱和米,期望亡人在另一个世界吃好穿好,不受冻挨饿。

赕什拉——参见"赕笋笋节"。
什拉——参见"赕笋笋节"。

布朗族祭竜——亦称祭龙树。布朗族宗教祭祀节日。流行于云南西双版纳傣历十月(约当农历七月)择日举行,历七天,具体日期不定。祭仪由佛爷和祭司主持。首日主祭,寨中杀猪一头、鸡一只。先用蜡条等祭寨神,后祭氏族部落长。祭时,将猪煮熟,请头人和家族长者吃,并分若干份祭肉给各家孩子。竟日严禁外寨人进入本寨,违者罚猪一头。同时亦不准本寨人出外背水、生产和高声说话,免招致害虫吃庄稼。墨江布朗祭竜,每三年一次,时间为农历二月属马日。祭时用一头牛、两只开啼的大白公鸡、一斗谷子、一升米、一把香。祭场设寨边一棵大栗树(即竜树)下,众人坐树下,禁止吹哨、拨弄乐器。祭时,将米置于谷上,米上插香,斗的四周用碎米和树叶围绕;然后点上香,主祭巫师致祷词,求竜树保佑今年本寨人口平安、六畜兴旺、风调雨顺。同时,献上牛、鸡,牛下巴系在竜树上。祭毕,众人在竜树下聚餐。此后三天内,任何人不能接近竜树,不准下地劳动,外寨人不得进寨。竜树周围的树木,被认为乃神圣之物,不准任何人砍伐;若遭砍伐,须重新祭竜。

布朗族祭龙树——参见"布朗族祭竜"。

傣历敬塔节——族谓"赕塔"。云南西双版纳等地傣族民间宗教节日。各村寨节期不一,均须在傣历十二月十五日"开门节"后才举行。西双版纳佛塔甚多,形式多样,有与佛寺合一的塔寺,也有与寺分开的单塔。佛塔乃珍藏佛骨和佛牙之地,备受注重。节前,人们除去塔周荆棘杂草,修补好损坏塔身、塔基,并在塔旁搭临时遮阳棚子,供信徒们节间歇息等。节天,人们从四面八方汇集佛塔前,进行拜塔、滴水、念经等佛教活动,祈佛保佑风调雨顺、五谷丰收。

傣历赕塔——参见"傣历敬塔节"。

布朗族开门节——族谓"奥瓦萨""考瓦洲"。云南西南和南部布朗族民间节日。傣历十二月十五日(农历九月)举行,与"关门节"衔接。从这一天后,青年男女便可谈情说爱或举行婚礼,成年人亦可外出办事、访友。届时,全村佛教信徒携带施舍财物前往佛寺济佛。老人们则住进佛寺,听佛爷念经,历时三日方回家。全村在此三天内停止耕作生产。夜晚,青年男女们唱歌跳舞,敲锣打鼓,庆祝"开门"。佛寺大门在三日之后重启,让僧侣自由进出,走村串寨。

布朗族奥瓦萨——参见"布朗族开门节"。

布朗族考瓦洲——参见"布朗族开门节"。

德昂族开门节——族称"出洼节"。德昂族民间宗教节日。流行云南西南及南部。傣历十二月十五日(农历九月)举行,历三天。时值农闲开始,被认为开启爱情婚嫁之门。头天,村寨举行宗教仪式,年轻人手举纸花,敲打铓锣、象脚鼓,在村寨中巡游,庆祝丰收。老人进佛寺烧香拜佛,将"进洼"时放佛座后的东西取出烧之,表明佛已"出洼"。次日,众未婚少女皆进佛寺烧香敬佛,感谢佛爷"开禁婚恋之门"。各村寨举行盛大佛爷"出洼"仪式。最后一日晨,青年男女们要听佛爷讲经布道。当地群众竟日赶摆(集市)和赕佛,或前往集市购买生产、生活日用品;或携带钱、衣等到佛寺拜佛,将供品献予佛爷。入夜,男女老少在寨中广场唱歌跳舞,尽情欢乐。一对对男女青年相约树林,谈情说爱。

德昂族出洼节——参见"德昂族开门节"条。

阿昌族出洼节——亦称开门节,意为"送佛出寺"。于年度之"进洼"(佛寺生活)结束之傣历十二月十五日(约当农历九月)举行,历三天。时已农闲,取消"进洼节"禁令,青年们可纵情欢乐。首日,老人穿戴整洁到佛寺烧香拜佛,并取出"进洼"时陈放于佛像座后之供品,焚化供奉,以示佛已"出洼"。未婚男子则带着各式纸花,敲着象脚鼓,在寨里游行跳舞。次日,举行"出洼"仪式,各寨男女老幼皆至佛寺拜佛祷告,向佛忏悔。第三日,寨里青年男女聚集,先听佛爷讲诵经文,旋着节日盛装,盛大集会,欢歌纵舞,互相问安道福。一年一度较长佛寺生活宣告结束,青年男女又可谈情说爱,缔结姻缘。

阿昌族开门节——参见"阿昌族出洼节"条。

德宏傣族赶摆——亦称做摆。云南德宏州傣族民间节日。规模、节期不一,或以村为单位举行,或几村联办。个人办节,通常在傣历十二月中旬"开门节"后三天举行;公众办节,也有在正月举行的。节天,人们汇集佛寺内诵经,男人们击鼓敲锣,迎请佛像。待佛像一到,身着盛装的女人们立刻献花、供果,焚香燃烛。节间,人们还唱傣戏或开展其他娱乐活动,未婚青年男女多趁此机会择偶。当日,"做摆"的主人还要请众人宴饮。按照传统习惯,自己做一次摆,在宗教上的地位就升为"坦",二次升为"帕嘎",三次升为"帕戛勒",四次升为"帕戛勒相"。地位越高,越受到村人尊敬。民间"做摆"习俗因此延续不衰。据传,早在清光绪年间,就已"赶摆"。当时,人们举行一年一度的"邦荒会",用花和布扎成像,打鼓跳舞,非常热闹。俗信认为,"赶摆"可使五谷丰登、人畜两旺、地方安宁,是积德的好事。

德宏傣族做摆——参见"德宏傣族赶摆"条。

邦荒会——参见"德宏傣族赶摆"条。

水 历

水历，古历之一种，阴阳合历。编制略同农历，年十二个月，年分四季，季分三月，农历九月为岁首之正月，族称"端月"，隐约可见两千年前"秦历"踪影。春季称"胜（圣）"，在五至七月；夏季称"鸦（权）"，在八至十月；秋季称"树（旭）"，在十一至端月；冬季称"堕（冻）"，在二至四月。用干支甲子计年月日。整年日数同农历。逢年过节，皆循水历。

过额节——族谓"吃额"，亦称"借额""额节"。水族民间祭祀节日。流行于贵州荔波一带。水历正月（农历九月）首个戌日夜至亥日晨举行。旨在祭祖，辞旧迎新，预祝丰收。节前夕，各家蒸糯米饭，舂粑粑，酿米酒，下河捕鱼捞虾，并将鱼虾等水产做成各种美味佳肴。节日只能食素，禁食猪、牛、羊、鸡、鸭等禽畜的肉和油，多食清蒸鱼包韭菜，清炖鱼块和糯米粑粑等。供奉祖先，上香烧纸，跪拜祖先灵位，祈求保佑全家平安、五谷丰登。然后，合家聚餐。亥日午饭后，各家开荤忌，设美酒佳肴，热情款待亲友，宾主共度佳节。昔时，各寨男女老少，还着节日盛装，汇集一起，开展赛马、击铜鼓、踩芦笙、坐歌堂等多种文体活动。

吃额——参见"过额节"条。

借额——参见"过额节"条。

额节——参见"过额节"条。

端节——亦称瓜节、水年，族谓"借瓜"（"借"意为"吃"）、"借端"、"吃端"、"过端"。水族盛大岁时佳节，约当汉族春节。2006年，跻身首批国家非物质文化遗产名录。流行于贵州三都、都匀、独山、荔波、榕江、雷山等县市水族村寨。节期：水历正月下旬至三月下旬某个亥日（农历九月）。另说：水历十二月下旬至二月上旬期间（约当农历八月下旬至十月上旬），每逢亥日，水族村寨轮流过端。从首批至末批，分七批过节，时间跨度达四十九天，誉称世界上历时最长、批次最多、特色殊浓之年节。旨在辞旧迎新、欢庆丰收、祭祀祖先。残留古代氏族部落庆谷熟、过新年遗风。据水族历法推算，水历十二月下旬至次年二月，每逢亥日，水族各地均按传统分批过节。如三都内外套地区，以第一个亥日为节天；水龙地区，节天为第二个亥日；恒丰、三洞地区，则为第三、第四个亥日。各地节俗纷繁，主要不外载歌载舞，相聚狂欢，展示肃穆祭祖活动、古老神秘水书、巧夺天工马尾绣及舞火龙、耍水龙、抢鸭子、赛马等传统表演。节前一天，各寨普遍响起非喜庆大事、隆重节日禁敲的清脆铜鼓声，宣告辞旧迎新。次日，家家杀鸡、鸭，宰猪、羊，并用当年秋收新谷舂新米,把活鱼煮成鲜鱼羹,等候亲友登门吃新米饭,喝鲜鱼汤。其间,人们走村串寨,访亲问友,互祝丰收。老年人挨家挨户喝新年酒,全寨儿童尾随其后,分享馔品。每到一家,主人即把糖食、果品、干鱼等食物散发给孩童们。获馔品最多者,被认为最能干,来年会健康、幸福。节间,姑娘们着蓝色大襟无领短衣、青布长裤、半青包围腰,佩戴耳环、项圈、手镯等首饰,与小伙们欢聚"端坡"周围,吹芦笙、唢呐,拉胡琴,敲铜鼓,唱歌跳舞。此外,还举行赛马、斗牛。四乡八寨及附近苗、布依、侗、壮、瑶、汉各族纷至沓来。坡头,人山人海。赛马道,斗牛场,锣鼓声、欢呼声响彻云霄。各种文艺宣传队则放映电影、演出传统民族歌舞。夜间,各家围坐火塘边,吃象征丰收的糯米团,端起窖存陈年糯米酒,共呼"秀!秀!"(干杯!干杯!)节源传说:很久前,水乡暴发特大洪水,有三弟兄漂流到三洞地区,饥寒交迫,决定各居一处,用勤劳双手,重新开荒,夺丰收。在水历正月初亥那天,他们毅然分手告别。经一年辛勤,他们重聚庆丰收。后人即将其分别之亥日作为庆丰收佳节,并按三弟兄岁数,于初亥、双亥、三亥先后顺序过节。

瓜节——参见"端节"条。
水年——参见"端节"条。
借瓜——参见"端节"条。
借端——参见"端节"条。
吃端——参见"端节"条。
过端——参见"端节"条。

宜山水年——亦称宜山端节。水族年节。水族民间传统年节。流行于广西宜山县(今宜州市),故名。当地散居彝胞,为方便互相走访,也有按地域约定时日过端节的。具体俗项详见"端节"条。

宜山端节——参见"宜山水年"条。

水族叫儿魂——族谓"借夜"。水族民间传统祭祀节日。流行于贵州黔南州荔波等县。水历二月(约当农历八月),择酉日夜间举行。旨在让使孩童魂灵附身,健康成长。最初,仪式极简,由童母在自家房门或台阶摆好燃香烧纸,口念"儿魂儿魂,快回快回!"后来,增加内容,发展成固定时间。届时,凡有孩童之家,皆把厨房收拾干净,备鱼、肉、甜酒、豆腐、南瓜等食品。之后,将其摆在家门台阶或临时桌案上,由童母或长辈妇女,上香烧纸,呼叫孩童魂灵早日返身附体,无灾无病,健康成长。此节已泯。

水族借夜——参见"水族叫儿魂"条。

苏稔喜节——亦称"苏宁喜";汉语称"娘娘节"。水历四月丑日(约当农历腊月丑日)举行。流行于贵州三都等地。据考,节源于和勇一带吴姓水族供奉生母娘娘之原始宗教活动。据传,这天乃生母娘娘赐人间子嗣之日。届时,各村寨在祭祀处,设置两席:主席供生母"尼杭",亦称"敬牙希登";副席敬供野鬼"牙却"。生母娘娘"尼杭"乃神话传说中之牙花散、牙花离、牙花隆、牙花术等四位送子赐福女仙。供品摆里屋"希登"供桌,供品多是鸡、鸭、猪肉、花糯米饭、红鸡蛋、豆腐、米酒等。家家户户剪彩色纸人,缠竹条彩纸,插祭桌墙头,并请巫师到家念祝词,祈福禳灾。整个祭典由妇女主持。节间,全寨孩童提着特制小竹篼,成群结队,挨家挨户讨要象征长寿、幸福的糯米饭、鸡蛋和肉片等食品。主家无不积极馈赠,热情祝福。

苏宁喜——参见"苏稔喜节"条。
水族娘娘节——参见"苏稔喜节"条。

祭岩神——水族民间宗教节日。流

行于贵州三都、荔波、都匀、独山、黎平等地。水历五月十五日（约当农历正月）举行。水族崇奉多神，认为荒野巨岩、怪石、枯井、古树、塘泽等皆有神灵，常搭神棚，定点祭祀。每年此日，各家杀鸡宰鸭，打酒买肉，磨豆腐，带着香烛、纸钱、"刀头肉"等祭品，前往附近岩神棚，摆好酒菜、"刀头肉"等供品，燃香烧纸，祈求岩神保佑全家平安、五谷丰收、人畜兴旺。之后，愉快返回家中，游玩、休息，或走亲访友，欢度节日。此节已式微。

卯节——族称"借卯"，意为"吃卯"。水族民间传统年节。流行于贵州三都、荔波两县。节期据水历和水书推算，虽不固定，但须在水历九、十月（农历五、六月）内之卯日，分批举行。节期长，参与者众多，规模大，隆重程度仅次端节。节日前夕，家家洒扫庭院，将阳尘撒放稻田，并杀鸡宰猪，磨豆腐，开窖酒，备鲜鱼，设丰盛酒肉席，准备祭祖。节间，各家以鱼、肉、酒、饭祭奠祖先，盛待宾客。村村寨寨敲击铜鼓、皮鼓，汇聚卯坡，开展对歌活动。对歌前，由德高望重长者讲话，之后男女青年再行对唱山歌。"卯节"实乃"歌节"，未婚男女自由社交、以歌连情之日，因此有俗语曰："不会歌别上卯坡，不会水别下河。"这天，他们见到如意对象，无不尽情放歌。若女方想走，成千小伙则联臂圈住，挽留。有些姑娘为探后生诚意、歌才，故意走开，刻意挑战对方。过卯时值盛夏，烈日当空，人们撑着青布伞、红纸伞、彩塑伞，戴着草帽、斗笠，三五成群散落如茵草地、灌木丛间。对歌时，多把对歌者围在中央，男女歌手各有几位同伴相依而坐；双方皆有同伴作歌尾衬和伴唱。夜间，家家筵席待客，笑声朗朗。在铿锵铜鼓声、浑厚皮鼓声中，人们痛饮糯米酒、共话节日欢乐。对歌常常通宵达旦，甚至两三昼夜。节源传说颇多：一说古代一支水族祖先，初到三都一带，禾苗遭严重虫灾，束手无策。这时，水书先生陆铎从天而降，叫人们扫积屋内烟尘撒于禾苗，立去虫灾。人们聚而欢歌，沿袭而成"卯节"。另说，水族祖先开发九阡、荔波一带，遭严重干旱。为获丰收，人们来此祈祷祭祀，感动龙神，长出一尊形似女性石头。人们以为神显灵，将其尊藏怒腊坡岩洞，从此连年丰稔。人们年年聚会欢歌纪念，久而成节。一般情况，过卯节的地区不过端节，过端节的地区不再过卯节。

借卯——参见"卯节"条。

吃卯——参见"卯节"条。

水族拜霞——亦称"拜石头神"。贵州水族民间传统农祀节日。水历十月，择日举行。有些地方，一年两次；有些地方，则每六年或十二年一次。霞，水族"水神"称谓，亦谓"祈雨仪式"。举仪作供，需一头母猪，故亦谓"母猪霞"。所拜"霞石"，或乃山上自己滚动的石头，或自老祖山打柴捡拾而回。其形，或人形，或猪形。"拜霞"仪式无不隆重。一年两祭的地方：首次，秘密拜"真霞"，由水书先生和各宗族分支寨老，将密藏"霞石"取出，悄悄举祭；另次，拜"假霞"，共同供奉一个"霞石"之各宗族分支，全体参加。多年一祭的地方与敬霞节、敬水节多有交叉、重叠。除规模宏大些外，基本祭仪略同。

拜石头神——参见"水族拜霞"条。

苗 历

苗历，苗族古历，属阴阳历，以太阳历为主。十二生肖计时、日、月、岁，一岁365.25，阳历平岁三百六十五日，闰岁三百六十六日。每岁分动月、偏月，及1、2、3、4、5、7、8、9、10月。其中，1、3、5、7、9月为月长日，皆三十一日；动月、偏月、2、4、6、8、10为月短日，皆三十日。以冬至为岁首、年首、节首、气首，属中国历法"子正人统"。有冬至（阳旦）、夏至（阴旦）两个年节，冬至前一日为苗历大年。四岁一闰，附加值为一日；闰在动月，亦即岁首，闰月三十一日。动月首个子、丑、寅日，为天岁节、地岁节、人岁节，因有"岁首初日不出门"之苗俗。苗历与古埃及历同属太阳历，较六千年前之古埃及历，还要早三千八百年！使用时限，可上溯万余年，下限为清光绪三十三年(1907)。与联合国"未来日历方案"异曲同工。

西家人芦笙会——苗族支系西家人民间祭祖祈福节日。流行于贵州凯里市、黄平县等地西家人山寨。古苗历马月（约当农历正月），择日在附近山洞里举行。除祭拜祖先外，还举行斗牛比赛，俗称"牛打架"。

苗族樱桃会——俗称三月街。苗族民间青年男女社交节日。流行于湘西州腊尔山区。古苗历三月（约当农历四月初六前后），樱桃盛开时节，在花垣县排料乡之芷耳坡等地举行。届时，男女青年相约聚会樱桃林中，采摘樱桃，盘歌对唱，在联欢中连情择偶。有时，穿插表演苗家绝技"吃碗""踩铧口"及舞龙、舞狮等。

苗族三月街——参见"苗族樱桃会"条。

佤 历

佤历，云南西盟佤族传统历法。一年分十二个月，依次为：格瑞月、固入安月、耐月、气艾月、阿木月、倍月、嘎扫月、格拉月、阿配月、阿代依月、高哈其月、高哈闹月。每月三十天，首天称"豪格凯"，意为一月之初或上升。第三十天称"凯勒赫"，意为月之降落或结束。闰月设在"阿代依月"和"高哈其月"。另有九天记日制，分别称斯洛木、瑞、米仰、欧、布拉克、拉、诺木、龙、高木,九天为一周循环计日,犹如七曜记日法。另外,有部分地区将一月分三个"得歪",每"得歪"十天。

拉木鼓节——简称拉木鼓或木鼓节。云南佤族民间宗教节日。佤历十月(格瑞月)至十二月(高哈闹月),择日举行,历数日。首日,头人和魔巴(祭司)乘黑夜带人赶到事先选定高大红毛树下,举行祭仪:献祭、驱鬼、念咒、祈祷。魔巴挥斧砍树几下,其余人连夜将树砍倒,捡三个石头置树桩,意作"付树鬼买树钱"。再按所需木鼓尺寸,截断树干,凿出鼓耳,系上藤条。翌晨,全寨男性老幼盛装上山拉木鼓(毛坯)。魔巴右手举树枝,领唱《拉木鼓》歌,协调众人动作。人们在所经地面泼洒水酒。拉鼓者边拉、边唱、边舞,众呐喊助威,送酒、送饭。木鼓毛坯被拉至寨门外,停放两三天,魔巴即杀鸡祭祀,再拉至木鼓房场地,交木匠制作。此日"拉鼓",男女比肩同拉,边拉边歌舞、逗趣,借机连情、择偶,久久流连,不愿离散。待木鼓做成,人们再次狂欢,合着鼓点,欢跳粗犷的木鼓舞。

阿佤拉木鼓——参见"拉木鼓节"条。
阿佤木鼓节——参见"拉木鼓节"条。

祭木鼓节——佤族民间宗教节。佤历格瑞月年节时(约当公历12月)举行。流行于云南沧源岩帅、单甲、糯良、勐来、勐角、班洪等乡镇。木鼓乃佤族祖辈相传之"神器",被视为本族繁衍源头。规模浩大的佤族木鼓舞,由拉木鼓、进木鼓房、敲木鼓、祭木鼓四部分组成。"祭木鼓"乃其末尾程式性礼仪舞,作为原始性生殖崇拜,旨在祭拜"木依吉"大神。舞蹈语汇简单、质朴,富有浓厚原始仪式气氛。传说,开天辟地之初,滔天洪水几乎吞噬所有生命,"木依吉"神用一只木槽拯救了阿佤人,使佤族得以繁衍、壮大,延续至今。自远古起,阿佤人便视木槽为民族母体,将其制作成女阴形状,给予最高崇拜。

砍牛尾巴——佤族民间宗教节日。流行云南西盟一带。佤历四月(气艾月)至六月(倍月),择日举行。旨在祈求五谷丰登,人畜兴旺。届时,以寨为单位,由自愿捐牛剽杀人家主持。先由魔巴(巫师)杀鸡卜卦,厘定日期。全寨剽牛数头,将已供旧人头骨送寨外鬼林人头桩上,魔巴举行祭祀后返寨。之后,专人将特选黄牛牵进木鼓房,魔巴尾随洒水祈祷。入房,将牛拴木桩上,由力大男子持标枪,猛刺黄牛咽喉;另一男子则持利刀,迅速砍下牛尾巴抛向空中。旁观寨民蜂拥而上,挥刀抢肉。妇孺老者在旁呐喊助威。顷刻,仅剩骨架及头骨。入夜,魔巴去捐牛人家,唱颂歌做鬼;其余寨众带上肉,到剽牛处歌舞。

崩南尼——亦作比南尼。佤语意为"春节"。云南西南各县佤族辞旧迎新年节。流行云南西南部各县佤山。昔时,此节于佤历年末高哈闹月之祭亥日举行;今陆续改为农历正月初一至初五。节日凌晨四更许,全寨头人、青壮男子即集聚寨王家,宰杀凑钱所买猪、鸡各一只;各家用小篾桌端去一盆糯米饭、一块粑粑等,给寨王拜年;同时,还祭神灵和祖先。随后,人们互赠粑粑,贺年。天亮时,祭神树,并开始打猎、捞鱼虾,以祈新年交好运。

比南尼——参见"崩南尼"条。
佤族春节——参见"崩南尼"条。

傈僳历

傈僳历，亦称"花鸟历"，自然历之一种。用周年十个季节月纪年。分干、湿两季和十个节令。干季约当公历11月到次年2月；湿季从公历3月到10月。10个月份名称及与农历对应月是：开花月（约当三月），鸟鸣月（四月），烧山月（五月），饥饿月（六月），采集月（七、八月），收获月（九、十月）、煮酒月（亦作"酒醉月"，十一月）、狩猎月（十二月）、过年月（一月）、盖房月（二月）。各月长短有异，采集、收获两月，均较长。

傈僳桃花节——白族支系勒墨人特有节日。流行于云南怒江泸水县。傈僳历三月初一（另说农历三月择亥日）举行。唐樊绰《蛮书》载："三月内作乐相庆，惟务追欢。户外必设桃茢，如岁旦然。"《周礼·夏官·戎右》曰："赞牛耳，桃茢。"郑司农疏："桃，鬼所畏也；茢，苕帚也，所以扫不祥。"届时，人们照例放下农活，以氏族为单位，携一些祭品与几枝桃花，去田边、地头、山顶、谷间，祭山神、地神、谷神，祈人寿年丰。祭毕，各户杀鸡、煮酒、舂粑粑，聚餐欢娱。时值新的一年黑弄豆挂果成熟，首茬收获，各户纷纷摘回做成节日必备菜肴。此节故亦称"黑弄节"，其意充满迎新春、庆丰收双喜。家家还刻意将燃烧的一盆炭火，置门口，展示对生活的希望。青年男女皆着崭新民族服装，聚集怒江边，借涛声伴奏，举行丰富多彩的文娱活动，相机择偶。

黑弄节——参见"傈僳桃花节"条。

独龙历

独龙历，自然历之一种。独龙族据生产过程及自然变化而创。从每年大雪封山至翌年大雪封山为周年，独龙语称"极友"。从月亮最圆至下月最圆之时段，大体算一月。各月天数有异。有的地方，将一年诸月分别称：过雪月、出草月、播种月、花开月、烧（火）山月、饥饿月、山草开花月、霜降月、收获月、降雪月、过年月。1949年后，逐渐采用汉族农历；而山乡仍不时习用本族历法。

卡雀哇——族谓"年节"。独龙族盛大祭祀古节。流行于云南独龙江孔当以上两岸。节期：独龙历过年日（约当农历十月中下旬），具体由各家卜卦吉日而定。节期长短取决于准备食物之多少，两三天、五六天不等。届时，过节家族用木刻或结绳等古老"请柬"标识日期，邀其他家族、亲友一起过年。客人备礼前往，进寨门时主客共饮一筒"同心酒"，旋欢聚一堂，对歌祝福。稍歇，姑娘、小伙即敲锣、挥刀、舞剑，轮番往各家门前，欢跳"牛锅庄舞"，逐一贺年。舞毕，本家族各户将酒肉佳肴端到舞场，欢乐聚餐。节间，各村还穿插进行"剽牛祭天"。众聚剽牛场，由一推选出的妇女往牛角挂彩色珠链，在牛背披盖麻布，以祈吉。后由一双亲健在的小伙，用长竹矛瞄准牛腋致命处，猛刺进去。牛一倒下，人们便绕场跳牛锅庄舞，并纷纷向勇猛小伙敬酒。再后，剥牛皮、分肉，与会者皆得一份，当场各自烤食牛肉，互赠其他美食，共饮美酒。有些村寨，节晨在家门前插若干竹竿，上挂麻布旗幡，幡数不少于家中人数，挂多人丁兴旺，少挂会死人。另外，少数地方用荞麦做成各种动物，抬到村前祭山。

独龙年节——参见"卡雀哇"条。

白族集圣历

集圣历，古老白族历法。阴历之一种，叠加太阳历特征。一年分十三个月，每月三十天，但非每年皆足十三个月，亦非每月皆三十天，内含虚月、虚日。年节选在末月下旬属猪或蛇之吉日，为祭祀之日。

白族年——白族民间传统年节。流行于云南碧江一带。古老白历末月下旬属猪或蛇之吉日，在祭祀中欢度。届时，白族村寨群众一大早即在德高望重老者率领下，带上糯米粑粑和自酿米酒，到寨头大树下举行集体祭仪，祈神灵保佑，预祝来年风调雨顺、五谷丰登。祭毕，人们纷纷向年长者敬送年礼，后分食新年美酒和粑粑。节间，许多人家要杀年猪庆祝。若村民商定聚餐，杀猪人家须拿出十分之一肉，合伙煮吃；若不聚餐，杀猪人家则向没杀猪之家赠一份"送亲肉"，以示全村团结友爱。另外，走亲访友亦为重要节俗。此外，年轻人照例举行唱歌跳舞等白族传统娱乐活动。

白族冬至节——俗称"祭祖节"。云南大理白族民间传统节日。白族认为，冬大年小，按白族历法一年为十三个月，十一月便是第二年岁首，故习惯择重叠岁首之农历冬至之日为节期。人们以新年之尊，隆重过节，村村杀猪宰羊，把出嫁姑娘接回家过节，邀请亲朋好友来家做客。有的村寨还举行"上刀会"等娱乐活动。在祭祖同时，还要敬祀观音老母，进庙烧香、焚纸，顶礼跪拜，祈祷来年收成更好。时值农闲，新粮刚装满仓，年轻人多选此日商订婚事。周城一带过冬至,特意盛邀亲友到家或商定场所,开怀畅谈、畅饮。

白族祭祖节——参见"白族冬至节"条。

本主节——白族民间宗教节日。流行于云南大理州白族村寨。节期:传统按白族集圣历推算,各寨各以本主诞辰、忌日或其他纪念性节日厘定。一些地方节期,择农历正月初八、十八,七月初一、初九,等等,由此发展衍化为诸多地区性节日。本主,白语称"武增",或"朵薄朵姆""劳谷劳泰",意为大爷、大妈、祖父、祖母等,核心意义为"本境之主、本家族福主",村寨保护神。据考,节肇于原始崇拜和农耕祭拜,南诏时期已见,后历经数百年。各村寨本主不尽相同,盖有苍山洱海神及其他神佛、菩萨、龙王等各类神灵,君主、王子、将军,民间传说英雄、义士、节妇、烈女,等等,不一而足。仅大理地区,主要本主即达百余。村民为本村本主神塑像立庙。据1990年调查,大理州遍布986座本主庙。主要节俗:迎本主和送本主。届时,全村村民着节日盛装。家家大门前燃起香火堆,喜迎本主。男性到本主庙里,抬着本主出庙;老人们则捧着鲜花和燃着的炉香,组成队伍,在前引路。唢呐鼓乐齐奏,鞭炮齐鸣,将本主接入早已扎好的神轿或神车内,后在村巷里巡游。游毕,将本主送入专门为其备好之行宫里列坐,连续五天享受村民敬供和颂赞。其间,老斋奶在行宫中念经;莲池会、洞经会等宗教组织,念经祈福;民间艺人表演"大本曲"等曲艺娱神。同时,还请外地大戏班,上演表现本主故事剧目。村巷场坝人潮蜂拥,遍布各种买卖、杂耍、跳舞、唱曲场所,十分热闹。五天后,村民再将本主送回本主庙。全村男性村民集中本主庙里聚餐,与本主告别。天长日久,形成了独特且盛传不衰的"本主文化"。

普米历

普米历,普米族历法。自然历之一种。远古普米先民观测日月星辰的运行,计算一年时辰季节。用黄道、赤道附近的二十八宿辰,作为"坐标",推算一年时令时和吉时,通常以观测"处紫"星宿为主。此星辰与月亮相遇之日,过"吾昔"(新年)。每月三十六天,以腊月初六、初七,为每年最吉之日。按物候安排农事。据此将一年分为花开月、烧山月、醉酒月等等。如春来,山花开放,称"花开月";砍木,开始刀耕火种,称"烧山月";收获后,酿酒狂饮,称"醉酒月"。如今,已渐与汉族同时过年,以此确定新年岁首。正月确定,其余月份按汉族历法类推。普米族祭祀性节日,多在农历三月初二,或十月初八举行。(录此历,供对比跨历节日之需。)

基诺历

基诺历，基诺族历法。自然历之一种。年分十三个月，一月为岁首。新年日期，各村无统一规定，由各村自择吉日。

特毛且——亦称特毛且节、特毛克节、特懋克节；泛译过年、新年。直译"过年、打铁，准备生产工具"。循基诺历之基诺族民间传统年节。流行云南西双版纳一带。特毛且，基诺语意为"亲族的盛大聚会"。因节日活动有请铁匠打铁的仪式，亦称"打铁节"。按基诺历法，一年分十三个月，一月为岁始，特毛克节在一月举行，具体日期不定，历一、三、五天不等。节前，村寨寨父、寨母和祭司等，击鼓聚众商议，择定过节吉日，通知各户家长到村寨公房，筹划节务，组织买牛过年的"劳巴"（筹备小组）。买回牛后，于节前牵寨外大树下宰杀，牛尾挂树上，牛肉分成若干份，以节礼送邻寨。入夜，寨父派人带酒肉，特意到铁匠家"祭铁匠神"。家家提前酿酒，备各种年食。节天，铁匠被请到寨父家中，据其前晚所作之梦，卜新年凶吉。铁匠好梦，兆丰年，旋由铁匠到铁匠房中祭祀，做打铁备耕仪式。仪毕，寨父、寨母敲响家中木鼓，宣布全寨正式过年。男女老幼纷纷出家门，欢庆新年，主要活动为跳木鼓舞。民间传说，木鼓为远古保护一对兄妹免遭洪灾的圣物。这对兄妹，即基诺祖先。人们因此无比崇拜大木鼓，过年须跳木鼓舞。首日跳木鼓舞，聚集寨父家进行，由寨父击鼓，领头先跳；两天后，聚集寨中广场，再行打鼓跳舞。此时，只能由妇女敲鼓，男人们在鼓前围成舞圈，边歌唱、边敲铓击镲，翩翩起舞。节间，寨中各家还邀请亲友前来欢聚；过年毕，客人们均被请到寨父家宴饮。主人拿出肉干巴、野兽肉、槟子等礼物，馈赠客人。现今，此节已发展为民间娱乐和土特产交流的综合性民族节日。妇女们荡秋千和玩毛毛球，小伙们掷标枪、踢球、踩高跷、翻竿比赛等。

特毛且节——参见"特毛且"条。

特毛克节——参见"特毛且"条。

特懋克节——参见"特毛且"条。

基诺族过年——参见"特毛且"条。

基诺族新年——参见"特毛且"条。

基诺族打铁节——参见"特毛且"条。

鄂伦春历

鄂伦春历，鄂伦春族历法。自然历之一种。习以太阳分辨星辰、山脉、河流走向；从月出到月圆、月落，循环十二次为一年。记日法：在一根绳子上穿三十根小木棍，从元旦起，一天拔一根，三十根为一月，重复十二次为一年。用月盈亏计月份：月落四天再现月牙，为初四，当月为大月（三十天）。月落三天即现月牙，当月为小月（二十九天）。四季据其后循环划分："额鲁开依"（冰雪融化）为春；"昭内"（长处青草）为夏；"保缘"（草木枯黄）为秋；"托"（落雪）为冬。（录此历，供对比跨历节日之需。）

下编 四季物候生产节期

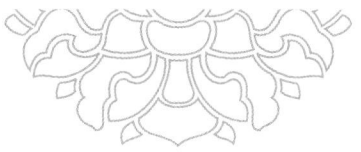

四 季

春 季

玛法里渥输尼——译意祭祖。满族传统祭祀节日。流行于东北满族聚居区。祭祖分平日祭、大祭。平日祭亦称"家祭",以户为单位,每年四五次不等,分别于春、夏、秋、冬举行。不定期,不杀牲,不请萨满跳神,仅供奉达子香和饽饽。饽饽因季节而异:春做豆面饽饽,夏做苏叶饽饽,秋、冬做新谷黏糕饽饽。俗称"蓋饽饽头祭"。祭时,清晨请下香碟,烧达子香,挂幔子,供饽饽,叩头三遍,后撤下饽饽,全家用菜汤就食。夜晚,照此仪式再祭一遍。大祭,亦称"族祭",望族富家每年一祭;亦有因病许愿或兄弟分家,另立祖像而举行大祭者。多在秋季或腊月举行。每祭三至五日,杀猪两三头,俗称"使唤猪祭"或"晕祭",《清文鉴》称"折九大祭"。大祭首日祭祖,次日祭索罗杆子,第三天祭佛陀妈妈。祭仪隆重,倾动全族。仪式各地有异,但一般祭前均造制鲁罗酒,做供糕,清扫和布置神龛,挂神幔,贴挂笺,摆供案,陈器皿,在每位神祇前置九个盘子。祭日清晨请下香碟,点燃达子香,供上饽饽,主祭人率全家族男性按辈序排列,面朝西墙神位跪地。萨满着神服、持神刀,步入祭堂致祝词。主祭人跪击神板。祝词毕,众叩头敬拜。女萨满请出佛、菩萨神牌,置南墙神龛内。主祭人传司俎者引猪进西墙祖宗板前。萨满向神灵祷告后,将酒灌入猪耳,耳抖动时,司俎者高呼:"神领牲了!"主祭人叩谢。若用羊,则在羊头、羊腰和羊尾各按三下,旋用达子香熏羊鼻子,若打喷嚏,则为神已领牲;如用鹅,则将鹅往上举三次,翅膀煽动者,为神已领牲。杀牲(禽)后入锅煮熟,选其精肉,供神案。此时主祭人再率族人跪拜。拜毕,分南北列队站立,一队手持神刀神杖,前后来回挪动;一队双手捧香碟,上下反复举动;门旁一人击鼓,多人敲板。萨满数人穿神服,戴神帽,在鼓声中步入供桌两侧,诵念祝词,旋双手击鼓盘旋起舞,如此反复多次。主祭和众人再次跪地三叩头。祭毕,全体家族人员共享供品。而今,节仪已简化。

满族祭祖——参见"玛法里渥输尼"条。

纳西族春祭——云南纳西族民间传统盛大祭天节。初春,择日在各地祭天场举行。因多择农历正月初,亦称"正月祭天"。与秋之小祭对应,称"大祭"。所祭之"天",广含人类祖先、天地自然。祭旨:祈天神、祖先赐福;警醒子孙慎终追远,永铭祖恩,借以教化、纯净世风。历史悠久,仪式繁复。"祭天"源说:纳西族始祖崇任利恩,与衬红宝百成婚后,久无生育;在天神指点下"祭天",方得三子;但均不会说话。旋再"祭天",三子方说出三种语言,变成纳西等三个民族。通常于村旁建"祭天场"：用石头堆砌方或长方形场地，内设祭台；场周栽种高大常青树；祭台左右各竖一棵栗树，代表天父、天母；中间竖一棵柏树，代表人皇；前排竖两棵小栗树，代表崇仁利恩夫妇。树均自深山高岩砍伐。难设"场"的地方，则在各家院围栅搭棚。同"场"共祭者，数十、上百人，称"祭天群"，由同村家族之几房人组成。供品要求甚严："神米"须颗粒匀整，多次洗晒；"神猪"两头，由两家轮流精心饲养；"大香"长丈余，专门碾制，燃昼夜不灭。参祭器物刻求洁净、专用，平时由专人专管，禁用。

正月祭天——参见"纳西族春祭"条。

赫哲族跳鹿神——亦称跳太平神。赫哲语称"乌恩珠耶"。黑龙江赫哲族民间宗教节日。旨在求神驱鬼，消灾赐福，保护村民人口兴旺，渔猎丰收。春、秋时节，由萨满择农历吉日开始，直至跳神的萨满走遍附近各村为止。跳鹿神前，萨满通告还愿者备祭品。届时，萨满先在宅内向神祷告，数名少年为其击鼓、摆腰铃助兴。摆铃毕，萨满全副神装，头戴鹿角神帽（鹿角叉数越多，萨满品级越高），身着兽皮神裙、鹿皮神衣，脚穿神鞋、神袜。戴五叉鹿角神帽者，可戴神手套，神鞋亦用牛皮或野猪皮做成，神袜用狍子皮或鹿皮做。萨满挂腰铃，胸前背后挂数面铜镜，手执闪闪发光神刀。在手执鸠神杆、鹰神、神偶、神刀的一些壮汉的击鼓声中，他边挥刀、边跳神、边唱鸠神歌登场，依次到事先安排好的人家屋里施"跳"，所去户数须是单数。已许愿者，均在跳鹿神时还愿。此俗在20世纪20年代盛行赫哲聚居区。后随着渔猎经济衰退，节渐式微。

跳太平神——参见"赫哲族跳鹿神"条。
乌恩珠耶——参见"赫哲族跳鹿神"条。

阿佤插种节——亦称惹岛节。云南佤族民间传统农祀节日。春耕时节，择日举行。节前，人们忙于准备谷种。节间，猎手们打到马鹿、野猪之类，人们皆往寨门唱猎歌相迎。节俗分全寨、各户两种活动形式。前者，在寨中广场剽牛一头，将肉切块，按户各一；后者，主妇去自家田里，做些象征性插种动作。傍晚，全寨男女老幼聚集通红的篝火或火塘边，开怀饮酒，唱祝福歌。领歌者，须是年长者，或德高望重老歌手。

惹岛节——参见"阿佤插种节"条。

阿佤撒谷节——云南佤族民间农事节日。初春，择日举行。届时，男女老幼竞着新衣。各户皆携牛肉、干菜、盐、辣椒、好米等，前往寨外山地种旱谷。待村民齐聚田间，尊称"达"的长者便唱一支《撒谷调》，祝愿风调雨顺、谷物丰收，宣告"撒谷开始"。姑娘、小伙觅意中人，结成对子撒谷：男在前挥舞铎铲挖坑，女随后撒谷种，铎铲铿锵作响，一派紧张繁忙。家中孩童往田间送水；老人则主管野炊，将饭菜分份，逐一用芭蕉叶包好。时至正午，各户席地而坐，欢乐共餐。

康王祭——汉族民间传统信仰节日。流行于广东高州、电白、茂名等地。入春后，择日举行。届时，人们设祭坛，建太平醮，于家门供蔗酒，纷纷拜祭康王。康王神像，由当地巫师泥塑。妇女参与拜祭，出入均须用伞遮脸，否则对神不恭。除祈福外，人们还占卜问事，求康王指点迷津。

维吾尔族水节——新疆维吾尔族民间公益性节日。春天来临前举行，无固定日期。此节乃勤劳的维吾尔族一项集体公益劳动。节天，人们着新装，在长者带领下,到水渠头、泉源地,挖泉眼,清理水渠、河道。妇女和孩子们边劳动、边玩乐,直到傍晚才回家,回家途中还要举行赛车等活动。

谒水节——维吾尔族农家传统节日。流行新疆北部。大地回春、冰消雪化之时,择日举行。届时,家家扶老携幼,带上食品,到河畔泉边观水,选择自家认为满意之地,铺开餐布,全家席地而坐,由妇女摆上美味食品,边吃、边观水、边计划农事。青壮年要喝口泉水,妇女、儿童、老人用水洗手洗脸,然后载歌载舞,祝愿当年风调雨顺、五谷丰登。

回族鸽子会——回族民间传统节日。流行于甘肃临夏、张家川等地。春季,择一吉日举行。参加者多为男人和孩童。届时,养鸽爱好者将其精心饲养的鸽子,挑选最佳的装在笼里,相互邀约,或挑或提,前往事先预定的场地汇合。无数养鸽者高兴汇集,或介绍养鸽技术,或出售鸽子,或相互交换鸽子,或在一旁即兴歌舞。他们喜唱《花儿与少年》,曲调高亢,歌声清脆悦耳,围观者不断报以欢呼声、掌声助兴。集会毕,养鸽者还要挑着鸟笼到指定地点,举行竞翔活动,俗称"放鸽"。放鸽前,主人要在自己鸽子尾羽系上竹哨。竹哨形式多样,有二联、三联、甚至四联的。主人打开鸟笼,鸽子飞向蓝天,即发出哨声,清晰、优美,十分悦耳。节源传说:伊斯兰教创始人穆罕默德,有一次战斗失利,处境甚危,被两只鸽子和许多蜘蛛搭救。从此,穆斯林开始养鸽,有的对鸽子还十分珍惜。回族信奉伊斯兰教后,有些地区承袭此俗,逐步形成鸽子会。

东乡族花儿会——东乡族民间传统盛会。流行于甘、青等省东乡族聚居地。多于夏、秋两季,择日举行。东乡人口较少,且与回、藏、土、保安、撒拉、汉等族交错杂居,花儿盛会都与他族一道举行,会期三五天不等。东乡族群众酷喜花儿,几乎人人会唱、会编,曲调婉转优美,十分悦耳。届时,男女老少着民族盛装前往参加,人数达数万至十余万不等。临夏莲花山花儿会,赛歌分四个程序进行:拦路问歌(当地人在半路上拉起绳子,由老歌手拦路问歌,来者当场答歌,方可通过)、游山歌、夜歌(夜晚围熊熊篝火对歌)、告别歌。会上,人山人海,从田间到山头,从河边到树林,悠扬动听的"花儿"此起彼伏,交织成巨大歌海。会间,还同时举行盛大物资交流。临别时,要用"花儿"互相祝福告别,约定来年再见。

维吾尔族萨拉节——亦作撒拉。维吾尔族民间传统节日。流行于新疆吐鲁番、哈密一带。春回大地、树木花草发芽出叶时择一日举行。该节旨在祈求当年风调雨顺,获得农牧业丰收。节天,人人着盛装,每家自带炊具,全家人一起到村外风景优美之地野餐,并举行各种游戏。这一天,饮食行业等小商小贩,亦前往摆摊经商。

维吾尔族撒拉——参见"维吾尔族萨拉节"条。

塔克勒根节——蒙古族民间宗教节日。流行于新疆巴音郭楞、博尔塔拉两州。春末夏初,各部落会议协商,择一吉日,在附近"鄂博"处举行。届时,人们着民族服装,敲锣打鼓,骑着马,抬上宰杀的牛羊祭品,扶老携幼,纷纷前往参加祭祀活动。主持者摆好祭品,敬香、烧纸、燃灯,口念颂词,众人跪拜,祈求神灵保佑,祛禳灾害、风调雨顺、牧草丰茂、人畜兴旺、万事吉祥顺利。祭毕,人们汇集草地,举行摔跤、赛马等比赛。夜幕降临,男女青年围着一堆堆熊熊篝火,唱歌跳舞,尽情欢乐,直至深夜。

洪皮牙冲——哈尼族民间农事祭祀节日。流行于云南西双版纳。春天开播前举行。哈尼语"洪皮牙冲",意为"地神"或"祭祀地神的小屋"。按传统族俗,哈尼每在一处清除树木杂草、开垦新地后,均在地间搭盖一间小草棚,用作祭祀地神,族称"洪皮牙冲"。遵俗,每年皆由"追玛"(巫师)家先搭,各户家长再择吉日搭盖。各户正式播种前,由家长在此棚前种三塘稻子,须留下少许谷种装入竹筒,暂存棚内,待其余田地播种完后,再取播筒内谷种。倘在老田地旁复垦新田地,播种前则须举行一次扩耕祭,族称"朋那吉"。鉴此,主人常把小棚搭设在两块田地之间,用一只小鸡献祭,口中念念有词,求祖先保佑庄稼茁壮,请地里鬼怪走开。祭者顺手抓三把老田地泥土撒新田地里,再抓三把新地泥土撒老田地里,以示新田地已得到老地神保佑,新、老田地已经融合,丰收有望。

哈尼族祭地神——参见"洪皮牙冲"条。

驱彩他阿牟——云南哈尼族民间祭祀驱疫节。流行于云南勐海县西定一带。每年旱季末,择日举行。哈尼人认为:人间病、疫,皆源于瘟疫鬼"彩他阿牟"作祟,须年年由"追玛"(祭师)主持,举祭驱赶。节前,各户先用泥捏马、牛、羊、猪等牲畜模型,送追玛家。后,将其放竹片、芭蕉叶编制小筐,筐四角插木棍,棍扎红、白布条,抬往村外。其间,人们纷纷向筐内狠啐唾沫,厉声咒骂,尽泄对疫鬼之憎恨;最终抬至村外,扔进深沟。参与者用枪、弩朝沟内任意射击,驱赶疫鬼,保人畜平安。

满族跳神礼——满族民间祭祀节日。流行于东北诸省满族聚居山乡。春、秋两季择日举行,历三天。节前半月,各户即酿米酒、磨糕粉,置办各种供品。节天,家家煎制各种供糕(饽饽),宰猪羊,杀鸡鹅。供品讲究,须始终洁净,制作、搁置皆力避污染。祭仪照例由家庭主妇主持:在西炕设一案桌,摆各种供品,上牵一条横线,线挂五色纸条或布条;祭堂旁放一大皮鼓。主祭腰系若干铁铃或铜铃,手执一纸鼓,边敲鼓、边摇摆腰部,使铃铛"叮当"作响,应和鼓声;同时,口诵祈神词,祈祷神灵保佑全家平安、人畜两旺。每天从早到晚,进行三次,俗称"跳神礼"。其间,亲朋好友,左邻右舍,相互邀约宴饮,气氛甚浓。祭期结束,所剩食物分送亲朋食用。此节渐泯。

羌族祭山节——亦称二莫都土(祭天会)、纳黑西(塔子会)、山王会、山神会。四川阿坝羌族民间宗教节日。节期因地有异,多在春、夏、秋三季中择日举行。旨在祈求山神、天神保佑人畜兴旺、五谷丰登、森林茂盛、地方太平。节间,由羌族端公演唱羌族史诗,教育后代团结友爱,共同维护本寨羌民利益,制定或重申乡规民约,强调封山育林,保护庄稼。此祭多以村寨为单位,每户男丁参加(谢绝产妇人家、丧户)。十二岁以上男童首次参加,需带刀头肉、酒、馍馍等祭品敬神。因气候、家事不同,各地各择日举行祭祀。茂汶县鲫鱼寨、水石寨,每年农历二月首个属牛日祭山;较场区在农历四月;谓门沟、三龙沟在农历五月;松坪沟、曲谷河东在农历六月；汶川和理县各羌寨，则在秋收后农历八月初一举行。届时，或还鸡愿，或还羊愿、还牛愿（隔三年一次）。祭仪由各寨会首筹备，会首每家轮值。祭仪由端公，或会首主持。内容、做法，各地略异。茂汶三龙乡，各寨近山有一高约两米石塔（"纳黑石"），塔顶有几块白石，代表山神、天神、树林神。塔周环绕青翠"神林"，多为松柏、青冈、杉木等。祭山在塔前空地举行：首先，由端公燃香点烛，用会首准备的肉、酒和馍等敬神，唱开坛解秽词（"塔特书"）。然后，端公再念还愿词（"郭喜格儿"），以示祭山开始，接着唱"抖水"词、消灾免祸经、开天辟地词、山神史迹、以羊替罪词、长寿永生词、向神求青稞种、请鸟兽吃祭祀词，为青年人举行族礼。最后，由端公唱祭山会结束歌，宣告祭祀结束。之后，举行"转山"，由端公率众人绕石塔载歌载舞，绕三周后回寨，将还愿用的法器"十卓"插于下届会首房顶石塔。

二莫都土——参见"羌族祭山节"条。
祭天会——参见"羌族祭山节"条。
纳黑西——参见"羌族祭山节"条。
塔子会——参见"羌族祭山节"条。
山王会——参见"羌族祭山节"条。
山神会——参见"羌族祭山节"条。

夏 季

藏族插箭节——族称"拉卜则"，藏语意含"祭山尖、山顶"，故亦称祭山神。滇、川、甘、青等地部分藏族民间宗教节日。夏季择日举行。旨在祈祷山神保佑全村寨人畜平安、吉祥如意。节日前夕，各村寨皆精心制作"拉卜则"：用木杆制作丛状物，杆上端削成箭镞状，缠嘛呢经幡，挂上一簇簇羊毛，下部用石块或木栅栏固定。节天，全村男女老少着民族服装，抬着"拉卜则"，带上酒肉、香烛、纸钱、酥油灯等祭品，以部落或村寨为单位，在喇嘛率领下，前往各自祭祀山神之地。首先，放好"拉卜则"，摆上供品，焚香燃灯，烧纸钱，喇嘛念经，众人朝山神跪拜；其中一老人对天敬酒，向山神献哈达，祈祷山神保佑。然后，在喇嘛带领下，众人围绕"拉卜则"转圈，高呼"格、格、格"。祭毕，举行"浪山"活动，三三两两游览山野，男女青年或对唱山歌，或就地围圈唱歌跳舞。此节或与"祭拉卜孜"互为地域性变体。

拉卜则——参见"藏族插箭节"条。

藏族祭山神——参见"藏族插箭节"条。

祭拉卜孜——亦称祭嘛呢堆。藏族民间宗教节日。流行于藏、青、滇等省区。夏季，择日举行。"拉卜孜"是用石头刻上经文，扔到山上或路旁；此后，路人见到它，便扔上几块石头，天长日久，便垒起一个乱石堆，上插写有经文的旗子及弓箭、木刀、柳条、树枝等。祭礼前，各村寨商议，是几村寨合祭，还是一村寨独祭。无论联合或单独筹款，有钱多出，无者少出或不出，用以购买香烛、纸钱、酥油、牛羊等供品，并请喇嘛念经祈祷。善男信女纷纷前往参加。祭礼由喇嘛主持，焚香燃灯，口念经文。围绕"拉卜孜"，按顺时针方向转圈，边走边念"唵嘛呢吧咪吽"六字真言。藏民认为，常念六字真言，可积累功德，俾功德完满，可脱六道轮回（佛家认为众生无不辗转生死于天、阿修罗、人、牲畜、魔鬼、地狱六道之中），入于涅槃之境。祭毕，举行酒会、赛马和歌舞会，参加者来自四乡八寨，热闹异常。此节或与"藏族插箭节"互为地域性变体。

祭嘛呢堆——参见"祭拉卜孜"条。

香妃墓会——族谓"阿帕克霍加麻扎尔"。新疆南部维吾尔族民间祭祀集会。每年夏季举行，历三个月，以农历七月份之主麻日最盛。"香妃墓"亦称"阿帕尔和卓墓"，维吾尔语称"阿帕克霍加麻扎尔"，位于喀什市东郊，是当地最大陵园。香妃乃清乾隆皇帝宠妃，名"伊帕尔汗"。据传，其祖先是15世纪南疆维吾尔族伊斯兰教白山派首领阿帕尔和卓。香妃返疆，逝世后葬此。墓会时，人们乘车辆、骑马，来墓地朝拜。除维吾尔族外，柯尔克孜、塔吉克、蒙古、回等族也来参加。人们各自着民族盛装、操不同语言、执不同乐器，纷至沓来。午前，经楼发出礼拜号令，人们便举行礼拜仪式。结束后，妇女们接近墓宇，诉说各自心事，有因伤心事哭泣的，有求家庭、夫妻和睦的，有卜问儿女婚事的，还有在墓宇外墙缝中塞小石头子"求子"的。青年男女载歌载舞，更多的人饮食畅谈。墓地近旁，摆满当地各种风味小吃、杂货食品，任人光顾。夜晚，人们在自己车篷兼行帐旁做晚餐，亲朋好友汇聚享用，同时讲述香妃墓及其祖先的传说故事。

阿帕尔和卓墓会——参见"香妃墓会"条。

阿帕克霍加麻扎尔——参见"香妃墓会"条。

阿肯弹唱会——哈萨克族民间艺人传统节日。流行于新疆、甘肃等地。阿肯，哈萨克语意为"民间歌手"。夏季择日举行，历数日。此会传说：古时，阿尔泰草原有位美如天仙、特擅唱歌的姑娘。某夏，一过路头人被其歌声吸引，威逼其成亲。天上突然飞下一匹骏马，将她驮上天空。原来，骏马乃其情人所变。姑娘向往人间，将冬不拉扔向地下。顷刻，半空出现成千上万冬不拉，像雪花飘落人们手中。人们兴起，立即聚会弹唱，久而成节。每年此时，人们照例会聚草原，搭起帐篷，放牧草地，围坐欣赏各地阿肯表演。歌手们弹起冬不拉，独唱、对唱、合唱，或唱传统名曲，或即兴编词，唱草原牛羊、畜牧知识、幸福生活。以弹唱时间长、口才流利、乐音洪亮者为优胜，被盛情赞颂。节间，还举行赛马、叼羊、姑娘追等娱乐活动。

巴人先祖廪君祭——土家族民间传统信仰节日。流行于湖北长阳。夏秋间，在传为廪君诞生地之武落钟离山及廪君陵，择日举行。鄂、湘、黔、川、渝诸地土家族，奉巴人先祖廪君为鼻祖，届时纷至沓来，虔诚祭祀。近年，廪君雕像落成，更添祭祀气氛。同时，借节举办全国性体育赛事"清江画廊横渡接力挑战赛"，游程二十公里，颇为壮观。

翻九台——汉族民间传统节日。流行于浙江瑞安、平阳等地。夏、秋之交择日举行。届时，各户自查自家稻田有否虫害。若有，即请来道士，将九张桌子叠成九层，四周用粗大竹子固定，系上黄茅。道士站立顶端念经作法，以"庐山法"制服虫害。他摇铜铃、吹法螺，只手握住一根粗竹，把桌子挑起离地尺余，向上天显示人间威力，上天即收回虫害。此节已泯。

放水灯节——汉族民间传统节日。夏末、秋初择日举行。流行于江苏吴江一带。届时，人们选一吉日，雇船数十只，入夜在河中巡游，请来和尚诵经，供上泥身佛像，以除瘟鬼。船只需披红挂绿装饰一番，彩灯高悬。其间，以五彩纸折成许多水灯，内点火烛，放入水面，任其漂流而去。直至午夜，放完最后一盏灯，人们才各自散去。过节所需费用,皆各户认捐。

秋 季

洱源百鸟会——白族民间传统节日。流行云南洱源凤羽坝子一带。秋季择日举行。据传,节源自纪念一对白族恋人。美女桂花与小伙春生相爱。土司欲霸占桂花,他俩便逃进森林,不幸被土司追兵放火烧死。百鸟得知,纷纷从各地飞来,采集繁花绿叶,掩埋了他们的遗体。后人即在百鸟哀悼春生、桂花之日,聚会纪念。秋天雾重雨绵,各种鸟雀被迫低空飞行,且易迷失方向。届时,当地群众一起登山,点燃火把,指引迷失方向的鸟雀,朝火光飞来,成百成千的鸟儿聚集山林,形成壮观奇景。人们于此时聚会过节,观看奇观,在林中溪边唱歌对曲,谈情说爱,直至夜深。

打鸟节——白族民间传统节日。流行于云南洱源罗坪山一带。秋天择某晴朗之夜,在罗坪山举行。据传,从前有只美丽的凤凰,从远方飞到罗坪坝子。此地气候适宜,山清水秀,景象绮丽。凤凰不愿再去别的地方,便住下来。凤凰死后,成千上万只鸟儿从四面八方飞来祭悼。这年秋天,人们埋葬了凤凰,群鸟飞来寻找。某晚,猎人在此烧火烤肉,群鸟见雾霭中,火光若隐若现,以为是凤羽发光,便围火盘旋,有的竟向火扑去,葬身火中。从此,每年秋天人们便择一晴朗日子,烧火捕鸟,久而成节。届时,人们在野外点燃起一堆堆篝火,各种鸟类纷纷扑向火光,人们乘机张网捕捉,当场烤食鸟肉。青年男女则借机唱"耍山调"、跳白族舞,娱乐一番。

玛纳斯演唱会——新疆柯尔克孜族民间艺人赛艺会。草肥羊壮之秋季,择日举行,历时不定。《玛纳斯》,柯尔克孜长篇民间英雄史诗,大约产生于公元9至15世纪,约八部,二十余万行。长诗描述英雄玛纳斯一家八代人,统一柯尔克孜各部落,反抗卡热马克可塔依统治者的奴役和掠夺,为维护族众利益而战的英勇业绩,表现了柯尔克孜人民争取自由、渴望幸福的理想。长诗故事跨越几个世纪,描写地域从漠北直至中亚,艺术再现柯尔克孜古代政治、经济、宗教、道德、哲学、风俗民情,是柯尔克孜族人世代集体智慧的结晶,誉称"百科全书"。其规模之大、内容之丰,可与荷马史诗《伊里亚特》媲美。它与藏族《格萨尔》、蒙古族《江格尔》并称我国民间三大史诗。演唱会间,草原上远近闻名的玛纳斯演唱艺人纷至沓来,大显身手。成千上万农牧民扶老携幼前来欣赏,草原遍布毡房,人欢马叫,非常热闹。赛艺开始,艺人们各设讲唱坛,一边说唱,且自以乐器伴奏。牧民们转游各个讲坛,谁唱得最生动,听众就最多。参赛歌手,以演唱时间长短、声音嘹亮者为优胜。牧民们为优胜者披红、敬酒,并尊称"玛纳斯大师"。主办者照例宴请所有参赛歌手。

祭海——蒙古族官民同祭青海湖旧节。流行于环青海湖四周。秋季,择吉日举行。据传,唐天宝十年(751),玄宗帝封青海湖神为"广阔公",并遣使礼祭。元宪宗四年(1254),帝召蒙古王公,于湖东日月山会盟,祭海祭天,开帝王亲历祭典先河。清雍正元年(1723),封青海湖神为"青海灵显大渎之尊神",以汉、蒙、藏三种文字立碑致祭;此后即成定制,设"钦差办理青海蒙古番子事务大臣"主祭。清光绪三十三年(1907),于湖畔察汉城建海神庙,以为固定祭海场所。祭海仪礼：奏乐、鸣炮、三鞠躬、诵祭文，随后将十余只活羊及其他祭品，一并投湖。入夜，例行娱乐活动。

纳西族秋祭——云南纳西族民间传统盛大祭天节。秋季，择日在各地祭天场举行。因多择农历七月中旬，亦称"七月祭天"。与春之大祭对应，称"小祭"。祭源、祭旨、祭仪等，均同"纳西族春祭"，兹略。

七月祭天——参见"纳西族秋祭"条。

满族祭星——族谓"莫司哈玛洼"。满族民间祭北斗七星传统节日。秋季祭天之当日午夜举行。流行于全国满族地区。节源传说纷纭：一说，汗王某日上山采掘人参，在深山老林迷路。夜幕降临，林间狼嚎虎叫，汗王心急如焚，不知所措。此时，树尖闪出七颗星星，把汗王引出了森林。另说，明李总兵追赶汗王，黑夜伸手不见五指，汗王步履维艰，眼看追兵将至，危急中，头顶突然出现七颗星星，汗王凭借星光，躲过追捕脱险。为报答北斗星救汗王之恩，人们每年设供祭祀，久而成节。届时，人们于宅外西北角设一供案，上摆七盏油灯、七个香碟、七盅烧酒、七摞黄面饽饽。全家大小按辈分排列，面向正北跪地。两童萨满手捧香碟，伴大萨满手持哈玛刀入场。萨满击单环鼓，两男童敲打扎板相和。萨满念祭词，念毕，随鼓声翩翩起舞。息鼓停舞，全家大小朝天叩首祭拜。之后，宰杀供猪，切为七块，入锅煮熟，供案前。萨满复入祭场，边舞边唱神歌。家主率全家向星神三叩首，以谢星神救王之恩，并祈星神保佑人寿年丰。

莫司哈玛洼——参见"满族祭星"条。

独龙族剽牛祭天——云南独龙族民间庆丰年祭祀活动。秋季择日举行。届时，由寨中德高望重家族长或巫师，把一头膘肥体壮的大公牛牵至村寨广场中央，拴好立定；妇女们一拥而上，纷纷把珠链等饰物挂上牛角，旋推举一位最美丽的姑娘，先披上一块艳丽的独龙毯（手工麻织物），再由她给牛披背上。待其他祭品均摆放妥当，家族长在一派肃穆中点燃广场的松明和青松毛，领众面东，叩头念祝词，将祭典礼推向高潮。接着，一位事先挑选好的、十乡八寨最勇敢的年轻猎手（按独龙风俗须父母双全者）出场。他手持锋利竹矛，对准牛的心脏部位，猛刺过去。霎时，随着大公牛轰然倒地，广场人群欢声雷动，自动围成圆圈，敲起铓锣，挥舞弓刀，跳起欢快的牛锅庄舞。最后，所有参与者皆平均分得一份牛肉，喝酒聚餐，共庆佳年，祈来年五谷丰登、人畜兴旺。

龙花会——亦名水陆会；俗称"打龙花会"。汉族民间宗教节日。流行于山西宁武，秋季择日，在当地延庆寺举行，历竟月。寺内参天古树，会间被装饰得五彩缤纷，故名。会务一应筹备，统由四十八名执事负责。经费皆自僧人化缘。寺外准备较多：在寺门前做两座"城隍殿"，供城隍像；寺门口搭三座桥，桥头均有泥塑大士把守，专供僧人、游客穿桥而过。寺中尤引人注目者，是左侧一纸扎翠花岭，上有三个飘然自在仙人，山脚有夜游神。寺右侧有座请圣庭，供诵经专用。会间，香客终日不绝，香火鼎盛。各地受戒僧人争相赶来，念经祈祷；数以千计善男信女许愿、叩拜，祈求神灵保佑事事如意。此节已式微。

水陆会——参见"龙花会"条。

打龙花会——参见"龙花会"条。

鞑祖宗——亦作挞祖宗。满族昔时传统祭祖节日。流行于吉林农安一带。秋季庄稼上场后,以家族为单位,择日举行。节前,举祭人家忙于购置鱼肉菜肴,走村串寨,请约亲友。应约者,照例给主家送钱或香。节天,先由一人手执单鼓,沿街敲击,俗称"揽香"。然后,杀牲摆供:掌坛人(即揽香者)将土地神像悬挂祖堂中,将九郎二神像挂其两侧,祖灵前设一供案。开祭,烧香燃烛,主祭人按祖先辈次诵念祝词,恭请首辈、二辈、三辈等先祖及姑、舅、姨等在天之灵,前来与子孙欢宴。之后,不断地叨念:"走道走出个亲家来,对火对出个亲家来","请来家里宴饮",等等。请神宴餐后,堂坛者头戴神帽,身着神裙,腰系铜铃,在神位前诵唱神歌,祈求祖宗神灵保佑太平,赐福子孙。来客们肃立静穆聆听。事毕,燃放鞭炮,欢送祖宗神灵回天。

挞祖宗——参见"鞑祖宗"条。

塔吉克族游旗——族谓"特克其克勒斯"。新疆塔吉克族民间宗教节日。秋季择日举行。当地塔吉克族"麻扎"(伊斯兰教圣徒陵)内,有一面旗帜,被人们尊为圣物。届时,"海力派"(神职人员)从中请出,率数名体壮信徒,高高举旗巡游。沿线教徒纷纷向旗帜膜拜,并献上各种供品。游毕,将旗帜送回"麻扎"。

特克其克勒斯——参见"塔吉克族游旗"条。

迎秋秋——族称"西西";汉译"耍坝子"。藏族民间传统节日。流行于四川甘孜州。秋季择日举行,历五至八天。时值雅砻江两岸麦穗、青稞一片金黄。人们利用开镰前间隙农闲,全家一起,或邀约亲友,骑马赶车,带上帐篷、帷幕及牛羊肉、糌粑、酥油和青稞酒等美食,云集南雅砻江畔温泉边草滩,例行"耍坝子"。其间,草滩锣鼓喧天,彩旗飘扬,歌声荡漾。各类帐篷、摊点鱼鳞栉比,人欢马嘶。人们先在温泉沐浴,后尽情歌舞。甘孜寺则借机举行"煨桑",酬谢天神赐福,迎来丰年,并演出传统藏戏节目。当地汉族群众纷纷前往观藏,每日络绎不绝。节源悠久,具体乏考。清末川滇边务大臣兼驻藏大臣赵尔丰及民国初年任川边军分统、后任蒙藏委员会调查室主任等职的刘赞廷所撰《边藏刍言》载:清代末年,此节已见盛行。刘有诗曰:"绿野浮萍水一涯,温香人去浴流霞。狂歌舞罢斜阳里,代醉归来踏落花。"

西西——参见"迎秋秋"条。

耍坝子——参见"迎秋秋"条。

卑南人猴祭——族谓"玛昂亚昂邀";俗称"刺猴祭"。台湾少数民族卑南人成年礼仪。秋后,择日举行,历十天。节前夕,新入级少年挨家挨户去驱邪。节晨,正式"猴祭":他们着传统服装,从会所出发,走至部落边界,先派两名年长之人,去该年丧家除"丧"(晦气),后往关猴之地"刺猴",少年们以山猴(今改草编猴子)为假想之敌,举刀猛刺,借以磨炼其胆识和战斗技巧。

玛昂亚昂邀——参见"卑南人猴祭"条。

刺猴祭——参见"卑南人猴祭"条。

冬 季

德朵节——藏、汉族民间传统节日。流行四川阿坝州南坪九寨沟县苯教流行区域。于易发火灾之冬季择日举行,历一两日。以村寨为单位,村人请喇嘛在专设"德朵"院内念经,每年各户轮流宰杀牛羊敬神,求神佑平安。其间,村中男女老幼纷纷参加听讲、祭神，互相督促，严防火灾。并穿插举行两项节仪：一为"守火"，于寨中搭座瞭望棚，各户派一代表驻守瞭望；子夜前，寨民们围寨转游，边转边唱，告诫人们防火。二为"驱火"，数寨联合举办，寨民们竟着漂亮新衣，竟日念经祷告，观看数十人组成的马队，摇旗呐喊，鸣枪驱火。

物候

苗族迎雷节——亦称祭雷节。苗族民间传统节日。流行于贵州都匀市坝固、羊列、明英、新场及毗邻部分地区。节期因地有异：坝固、新场在春雷响后鼠日或马日；羊列、明英在春雷响后第二、三天。均在各地固定之"迎雷坡"举行。初乃祭祀雷神活动，祈雷神赐福禳灾。人们笃信：度过此节，方可动土；否则，会招来灾祸。后来，渐而演变为男女青年娱乐、求偶节日。节天，男女青年竟着民族盛装，打扮一新，借口上山干活，外出活动。父母知隐不言。男带刀，女提菜篮，各包糯米饭或糯米粑以作午餐，约聚迎雷坡。小伙用木叶吹起动听山歌，向姑娘示爱；姑娘唱山歌回应，旋对歌。如有意交谈，便顺水推舟，唱"盘歌"，询问对方村落、家庭情况、本人和父母姓名，彼此身世；最后才唱《求婚歌》，并约再次相会时间、地点，进一步接触。双方对答如流，歌词即兴创作，多用比兴手法，文雅含蓄，既倾吐爱情，亦竞赛智慧。

苗族祭雷节——参见"苗族迎雷节"条。

水族迎春雷——水族民间传统节日。流行于黔南州三都、荔波、都匀及黔东南州黎平、榕江等地。春天第一声雷响时举行。届时，男女老幼兴高采烈，纷纷走出家门，或鸣火枪、放鞭炮，或哄赶鼠雀，或在房前屋后果树枝丫上压一块小石头，或集众高声欢呼，或着节日盛装欢聚村头寨尾敲铜鼓、吹芦笙、唱歌跳舞。水族十分重视"迎春雷"，民间歌谣唱道："打春雷，雷神起，没有羊（革）鼓敲，也要拍簸箕"。节后，人们便开始准备生产、生活资料，紧张投入春耕、春播。

从江吃仓饭——苗族民间传统节日。流行于贵州从江县加勉一带。春雷鸣响前某个卯日或亥日举行。仓饭，即用头年秋收特意留下"大禾把"舂米所煮之饭。据说，吃之能五谷丰登，否则易致饥馑。所留"大禾把"不可再吃，仅能酿酒。仓饭伴肉吃，禁佐蔬菜，吃后严禁出门。通常安排深夜吃，吃后即寝；所剩，亦留翌日深夜吃。另外，吃此饭，仅限能同居共饮家人；已分爨兄弟姐妹乃至父母，更别讲亲友，皆不可同吃。他人到场，亦另行款待。

闹秦山——汉族民间传统纪念性节日。流行于浙江海盐县秦山一带。春天兰花盛开时，择日于秦山举行。据传：秦始皇当年东游，在此地见一绝色姑娘，欲霸为妃。姑娘不从,始皇直追不舍,姑娘跳崖而亡。后人感念姑娘勇拒淫威,烈节堪嘉,每年秦山兰花盛开之际纷纷登山游览赏花,缅嘉烈女,世代相沿成节。

龙泉桃花节——初名"桃花会"。汉族民间赏花旅游新节。1987年举办首届,初名"桃花会";1994年,易名"中国成都桃花会"。流行四川成都市龙泉驿。春天桃花盛开之际,择日举行,历数日。旨在以花为媒,广交朋友,促进开发,繁荣经济。龙泉驿"四时花不断,八节佳果香",因盛产顶级水蜜桃,被国务院命名为"中国水蜜桃之乡"。其核心赏花景点"桃花故里",乃AAAA级旅游风景区。届时,景区风景如画,游客纷至沓来。此节业已融旅游、商贸及文化娱乐为一体,规模之盛,与届俱增。

龙泉桃花会——参见"龙泉桃花节"条。

中国成都桃花会——参见"龙泉桃花节"条。

怒族祭山林——亦称祭天节。怒族民间传统节日。流行于云南福贡、贡山等县。多在桃花欲开之时,择日举行。祭前,要在村寨附近核桃树旁选一空地,作为祭场。节天,寨中男性集中场上,由"禹谷苏"(巫师)主持仪式,宰杀一猪、一鸡或一羊,作祭品,祈求天神保佑全寨人寿年丰。祭毕,众人分食祭牲之肉,忌带回家,否则对神灵不敬。节过后,众人禁在祭场附近神林打猎,以免惊动天神;更禁砍伐林中树木,否则受神惩罚。此节禁妇女参加。现仅少数村寨尚存节俗。

怒族祭天节——参见"怒族祭山林"条。

除草祭——台湾少数民族支系布农人、曹人、泰雅人传统农祀节日。春天二、三月间粟开花结穗前,择日举行。节期不一:布农人十天,曹人两天,泰雅人一天。布农为祈上天保佑粟苗加快成长,在粟成长期有杂草之时去田间拔草,并举行祭祀,故亦称"拔草祭"。祭前,各家酿酒,备祭品。节第三天,各家男子转陀螺,陀螺如不转而倒,兆凶;转,可祝家族安康。第四天举行祭祀。人们盛装下田,家长弯腰拔草,祈上天保佑粟苗迅速长高;然后用一种野草轻敲几下诸人后背,以示减轻腰背酸痛。祭毕归途,人们射击用草和树皮缠成的藤球,象征杀光专吃庄稼的兽虫。归村后,各家宴饮。第五、六、七天,从生猪身上拔毛若干,带往田中除草,日暮归家休息,归途将一根茅草插于水源地汲水处。第八天,将家中于播种祭时贮积之炉灰,掷出窗外。第九天,将窗外炉灰由前庭运出,弃宅外。第十天,为"忌炉灰的休日",结束除草祭。曹人在粟结穗前,从圣粟仓捧出粟种撒祭田,意祈粟种主使粟结穗。节首日,洒扫屋内外。翌日,初次开启头年所关闭圣粟仓。黎明前,司祭先起床,右手持去年收获祭所用猪耳,在圣仓前挥动五次后开仓取出圣粟一穗、捣而煮熟,用粟饭与鱼、肉祭粟种,自食一半,留一半,祝念:"新粟当如此,常有余不缺!"食罢再寝。仪式中,忌大声、放屁、打喷嚏。少顷,全家起床,司祭再由圣粟仓取出圣粟,留二穗于仓中,余一并煮而食之。之后,凡吉梦者去祭田,割杂草后,在田间熏兽皮以禳被驱兽虫。泰雅人在播种一个月、田间稻苗一寸许时,以家为单位,举行除草祭。家长于早餐前赴田中拔草一根,置于田中石头上,或放在防止流土之横木上晒干,意为"让田中所有杂草,似此草一样枯萎"。此后,当稻草长至四五寸时,才开始真正拔草。

拔草祭——参见"除草祭"条。

宁波稻花会——汉族民间传统农祀节日。流行于浙江宁波一带。早稻开始扬花时节,择日举行。届时,村民抬出稻花神轿,神像打坐其中;彩旗、头牌、彩亭开道,仪仗簇拥两边;远近村民挥舞小旗紧随,请神到处巡视。其间,人们鸣炮放铳,锣鼓喧天,祈祝人寿年丰。

更好慕——亦名吃新节、尝新节、新米节。布依族民间农事节日。稻子刚成熟时,择日举行。流行于黔、桂布依族山寨。因地域物候不一,节期、节俗略异。贵州一些地方,农历七月稻熟时,择辰日;八月稻熟,择巳日。广西西林县及毗邻云、贵交界处,择农历七月首个蛇日。突出节俗:节间吃素食,忌荤腥,以祭祖。届时,人们舂些新米煮熟,先祭祖,再品尝,宣告秋收来临。贞丰县收完庄稼后,将最末收完之田里糯谷炕干,舂好,打粑粑,再杀一刚开叫公鸡,一并祭祖,禀今年丰收,祝来年更丰。安龙一带,尝新前先盛一碗喂狗,感激传说中"先狗"助芒耶从神洞取回谷种之恩德。云南罗平县,节前早早邀亲友及家族已嫁姑娘、姑妈,回来一同过节。节间,各地各户皆备丰盛节食,尤其先以新糯米饭祭祖,旋聚餐尝新。有的地方举行"庆丰宴":多由姑娘发起,敬请老人赴宴,在堂屋将几张桌子连成一排,老大爹、大妈各居上、下席,姑娘、小伙各坐一边。饭食刻意量大,剩余次日再吃,意寓"年年有余"。席间,青年们频频对唱庆丰收山歌,乐此不疲。

布依族吃新节——参见"更好慕"条。
布依族尝新节——参见"更好慕"条。
布依族新米节——参见"更好慕"条。

普米族宁蒗尝新节——普米族民间农事节日。流行于云南宁蒗县一带。大、小收获季节,择日举行,日期不定。届时,村寨家家户户打开用新粮酿造的一坛坛美酒,互相品尝。谁家的酒酿得最好,会为全寨脸上增光。各户煮新米做荞麦粑粑,敬供灶神和祭祖。之后,家人开始尝新米做成的饭。节间,人们还杀鸡宰羊,煮牛肉,款待来访亲友,共庆丰收。普米族群众认为是狗给他们带来谷种,过节定要给狗喂饭团。入夜,人们就着新酒,围着火塘,唱起酒歌,跳起欢快的民族舞蹈,直至翌晨。

澜沧佤族新米节——佤族民间农祀节日。流行于滇南澜沧一带。农作物成熟时,据"头人"公布时间、地点举行,历数日。届时,各家先下田采摘一把头谷拿回家中,部分放入筐箩、仓屯,部分舂成新米,煮一锅饭,盛七碗,各放一块肉;再打七碗水酒,置供台,敬天、地、山、谷神及列祖列宗;然后,点燃七根香火,由念经老人举行祭仪。聚餐前,先请最干净的"老少"品尝供桌新米饭。餐后,人们聚簇火四周,踩着木鼓的强烈鼓点,纵情歌舞。若有远客,则敬上最好的鸡肉烂饭,共度良宵。翌日,全寨青年修路搭桥,准备运谷;妇女修补箩屯、仓廪,打扫卫生。节期末日,尽情娱乐,青年们吹口弦、对歌,借机择偶。

景颇族火把节——景颇族民间传统节日。流行云南德宏一带。节无定期,通常于瓜果成熟季节,择某吉日举行。是日,寨内男人纷纷上山,砍回蒿枝、柏枝和干柴,捆扎成火把,挂饰一串串野花。女人则在家舂饵丝,备水酒,到园子里采摘新鲜熟透瓜果,以备尝鲜。晚饭后,夜幕降临，家家男女老少各自点燃火把，从床头、灶边再到园圃菜地，将房前屋后的蜘蛛网等所有不洁之物统统烧掉，以示驱邪。然后，人们从四面八方汇集，成群结队在村头、寨边、广场和山上，举着无数支火炬漫游。此时，伴着松枝"噼啪"的燃烧声，铜锣、皮鼓铿锵之声及人们此起彼伏互贺节日的欢呼声，只见一队长长火龙沿着蜿蜒山路，由远而近，聚集一处。人们把各自的火把团做一堆。霎时间，火光冲天而起。人们围在火堆周围，边品尝鲜美香甜瓜果，边在各种民族乐器伴奏下，欢快起舞歌唱，通宵达旦。节源传说：很久前，每当瓜果成熟季节，病虫害大肆侵扰。人们无奈，只得苦苦求助天神。天神念景颇人心诚，派一仙人下凡，教会景颇点燃火把驱除害虫，果然见效。景颇年年照办，久而成节。

吐鲁番葡萄节——新疆维吾尔等族民间庆丰收传统节日。葡萄成熟之初秋，择日，于拥有500余葡萄品种、誉称"世界葡萄植物园"之吐鲁番举行，历数日。节仪有：葡萄展览、葡萄品种比赛、特色小吃评比及梳小辫儿比赛等民间文体活动。

维吾尔族白雪节——新疆维吾尔族民间传统节日。节期不定，多在每年第一场雪普降后，择日举行。届时，人们纷纷串门报喜，互贺瑞雪兆丰年。报喜方式：先写好报喜信，到朋友家，故意将信藏某处，让主人去找。若主人找到，送信者则须举办晚会；否则，主人就要接待所有前来报喜送信的朋友。节天，不举行什么仪式，仅相互拜访，欢聚会餐。

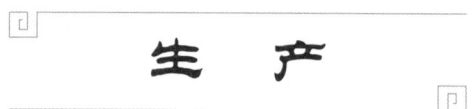

生　产

如东满载会——汉族渔民传统信仰节日。流行于江苏如东一带渔乡。春汛出港前，择一吉日举行。届时，人们高挂百脚旗，由船老大着长袍马褂，焚香拜祭龙王神。高卷左袖，右手执"法刀"，砍击左臂，若出血并点点起泡，则兆出海渔丰；血痕短小，则示收获不大；若血在臂分叉而流，则兆不吉，须"亮火"，即用两支火把，从船头到船尾照一遍；孩童们纷纷向船上边撒茶叶米，边连声高喊"满载归来，满载归来！"另外，平日近海出渔，亦不时举行"亮火"、扯旗等仪式。此节已式微。

土族祭神农——土族民间传统祭祀节日。流行于青海民和一带。春耕春播前夕，择一吉日举行。土族主事农耕，十分重视祭祀神农。届时，家家带一些麦草、香烛、纸钱等到自己家田间地头烧黄表纸，焚香燃烛，朝天跪拜、磕头，祭祀神农。富裕人家还牵牛架犁，到地里耕地。开耕前，人、牛共吃用油炸的馍馍，后在地中犁出一个圆圈，圈中再犁一个十字。然后，一人牵牛，一人扶犁，后面跟一妇女，手提筐篮，在犁过的圆圈和十字沟中均撒上种子，表示已敬过神农。接着，合家团聚共饮，预祝丰收。节后，村村寨寨积极准备，开始春耕、春播。

灵丢拉纳——傣语意为"供养田神"。傣族传统农事节日。流行于云南西双版纳。春耕栽插时节举行。俗传，每家所种田地均有自己的田头，要供奉"丢拉纳"（田头神位），才能风调雨顺、谷物丰收。"丢拉纳"由寨内老人用竹木编成，经寺庙佛爷诵经，神力便附体。节日，农家主人带上佛爷定神"丢拉纳"及草烟、茶叶、鱼、水果、小竹箩等供品，到自家田头，祭祀：摆供品，面大田，念说祝愿丰收的吉语。祭毕，将"丢拉纳"插田间，周围插些秧苗。收割时，从此处开镰。

供养田神——参见"灵丢拉纳"条。

祈年祭——亦称换年，意为"新农作年开始"。台湾少数民族支系平埔人、阿美人传统农祀节日。农历二月播种前择日举行。旨在向神祈求五谷丰收。平埔人以农事划分新年：二月播种至七月秋收，为"力田"之时，其余时间为"换年"。《台湾府志》载："其耕田，以草生为准，秋成之日，谓之一年"，故在播种前举行此祭。祭日晨，人们聚集"做节"：由长老持酒杯向天泼祭，曰："将举行祭礼，日神、月神、创造神、司命神啊！献酒给你们。今日将举行祈年祭，将沿袭古人所行而行之。诸位先贤、祖灵啊！地神啊！献酒给你们！"祭毕，行仪式性饮酒。酋长先入座，众席地围圈，各携食品篮，以鹿肉为主，还有鱼肉、蔬菜之类。食品由主人平均分给每个参加者，无论亲疏。食罢，进行歌舞。《台湾府志》称："数十人挽手而唱，歌呼蹋蹄，音颇哀怨，相聚会饮，联手顿足歌唱，以为乐。"之后，中老年长辈到部落首领家，参加酒宴。节后，分耕地给村社成员，开始播种。

换年——参见"祈年祭"条。

渔组结成祭——台湾少数民族支系雅美人传统祭祀节日。雅美人居海边，以捕鱼为生。捕捞飞鱼分二期：上期集体捞捕，下期个人捞捕，各历一个月。每年渔季来临，先要结成渔组，便于协作，以防不测，故举行此祭。祭期持续一月。节期首日晨，渔组成员赴海滨，将岸上大船推下水，装备木桨。渔组成员在家煮好芋与鱼干，带到公共会所食之，并用鱼祭祀，祈求渔猎丰收。其成员，在会所共宿一个月。会所，通常借用某成员家之后屋。

锡伯族祭地节——简称"祭地"。锡伯族民间传统祭祀节日。春耕开始前，择日举行。届时，各家在后院设祭坛。选一头肥猪，先用清水浇猪身，家长烧香在猪身晃三下，口念祝词，面向西天，行跪拜礼，祈求地神、天神保佑人畜两旺、喜获丰收。之后，宰猪，将猪血洒地上，鬃毛埋土里；再将猪头煮成半熟品，供祭桌。若节日或隔日下雨，即兆丰年；刮大风，则兆灾年，须到祈年树卜祭拜地神和天神，祈求消灾灭难。

锡伯族祭地——参见"锡伯族祭地节"条。

金华开犁——亦称开犁日。汉族民间农事节日。流行于浙江金华地区。农历春节后首次下田耕地之日举行。届时，举行"祭牛栏神"和"拜犁"仪式。前者，各地略异，或犒赏牛一只鸡、五斤猪油、数十斤马料豆，或给牛"敬"酒。后者，仅上三炷香、烧几张纸钱，拜三拜。此日，农活刻意安排轻松，意寓全年轻松爽快。

金华开犁日——参见"金华开犁"条。

塔吉克族撒班——亦称萨邦节、犁头节。族称"乌买克"（意即"团会"）。新疆塔吉克族民间农余自娱节日。全村所有农户完成春播后，择日在风景优美之地举行。主要活动有摔跤、攀高竿、对唱、跳舞、赛跑等。

塔吉克族萨邦节——参见"塔吉克族撒班"条。

塔吉克族犁头节——参见"塔吉克族撒班"条。

塔吉克族乌买克——参见"塔吉克族撒班"条。

塔吉克族团会——参见"塔吉克族撒班"条。

傣族祭水神——傣族民间传统祭祀节日。春耕前后，择日举行。傣家认为，各户田地，皆有"田头"，傣称"火纳"。届时，在田头某处栽一棵丈余高竹竿或树枝，上挂一小竹篮，内供糯米饭、蜡条、芭蕉；另挂一竹编大鱼、两串鸡蛋壳，意寓年年有余、颗粒丰满，以为水神"火纳"神位，对其虔诚举祭。犁田、栽秧、收割，皆从此处开始。收割时，先将此处第一簇谷子，作为"谷魂"送归谷仓。

哈尼族祭水神——云南哈尼族民间宗教性节日。春耕、春播前，择日同步祭"厄厚扎米厚玛阿耶""厄扎米格扎"两水神。届时，"追玛"（巫师）率各家族长，到村中水井边杀鸡，连同其余供品一并摆放井旁，虔诚举祭。祭毕，众就地共享祭品。最后，各户派代表打一筒井水，回家饮用。据认为，此祭能佑人寿年丰。

祭厄扎米格扎——参见"哈尼族祭水神"条。

祭厄厚扎米厚玛阿耶——参见"哈尼族祭水神"条。

基诺族祭大龙——族称"楼牟祭"。基诺族民间传统祭祀节日。流行于云南景洪一带。每年播种之前（另说农历七月），择日举行。节间，有的村禁寨三天，不下地劳动。祭仪由寨父卓巴和寨母卓色主持。于村寨边，临时搭一草棚，剽牛杀猪，祭祀龙神：将一节牛尾巴挂大树上，猪头骨供水塘边，由巫师敲打一支巨大"母鼓"，另一小"公鼓"配合。昔时，基诺各寨间有明确界线，耕地、狩猎等均不相越。各寨祭大龙，派人将刀、枪插边界，作为界标，以保村寨安全。当地雅奴寨传说，祖先留下一把断水神刀，保藏于摩雅寨。祭大龙时，须由长老带着酒、米和鸡，去摩雅寨祭龙刀。传说，神刀有控制天气变化之神力：旱天祭刀可求雨，涝时祭刀可祈晴。祭时，杀鸡后于鸡头插三根草，燎鸡后便可预卜来年气候、雨水和收成。祭毕，全寨男女老少欢聚宴饮，分食牛肉；当晚唱歌跳舞，尽情娱乐，通宵达旦。

楼牟祭——参见"基诺族祭大龙"条。

基诺族祭小龙——基诺族民间传统祭祀节日。流行于云南西双版纳一带。当地民间，"龙崇拜"紧系农业生产，祭龙活动极为频繁，每当农事季节交替，皆有相应活动。通常于播种前，举"祭大龙"仪式，十三天后"祭小龙"。届时，由寨父、寨母主持祭仪。同时，寨父还在此日杀鸡祭祀寨神。节天，人们不能下地劳动，免触犯龙神，影响庄稼生长，招来雹灾。不过男人们可以上山狩猎。

德昂族祭谷娘——亦称祭谷魂、谷魂节。德昂族民间宗教节日。流行于云南西双版纳一带。春播时进行祭祀，陆续延伸数月。人们认为，"谷魂"牢附谷种，将一贯种谷始终。谷物上附着谷魂（娘），春播时祭祀,稻谷才能丰收。届时,妇女们在犁地前,到田地里呼唤:"喂!喂!喂!谷娘,你在哪里?快回来,快到地上守地,不要让马鹿、鹿子践踏。丰收了,会好好地酬谢你!"整地之后,全村共选一吉日,宰杀牛、猪、鸡作供品,举行下种祭仪。届时,人们着盛装,携炊具、大米、粑粑;青年们敲着铓锣和象脚鼓,跟佛爷和长老到地里念经,祈祷谷物丰收。仪毕,各家开始播种。中耕薅草时,如上重复一遍。传说,谷娘有七兄弟、七姊妹。诵经时,先念兄弟名,再念姊妹名。祭毕,把谷捆脱粒、晒干,回家时将两三颗新谷装在谷箩中之竹编小房子里,意味"背谷魂回家"。途中,主人说"谷魂,谷魂,跟我们回家",若遇见熟人,亦不搭话。到家后,将谷神请进事先编扎好的小茅屋(即谷魂屋),每日早晚祭祀。

德昂族祭谷魂——参见"德昂族祭谷娘"条。

德昂族谷魂节——参见"德昂族祭谷娘"条。

苦聪接谷神魂——云南拉祜族支系苦聪人民间农祀节日。春播后,择吉日举行。届时,各大家族皆准备祭物,邀请十二位德高望重老人到家族跳"饭魂舞",迎谷神魂降临,并祈谷神保佑获得丰收,粮食满仓。跳时,先推举一人领舞,再确定弹三弦、吹芦笙和吹直箫的人选。其余人等,分别抱着饭甑、饭碗、升、斗、瓢等量具、容器,及酒、谷子、玉米、肉等食物,在乐器伴奏下,围着一张摆放着饭菜和酒瓮的桌子跳舞。舞蹈节奏较缓,过程冗长,要从竹楼外空地跳至堂屋,再从堂屋跳至楼上,连同堂屋内的桌子也一起抬上楼。这样,才算把谷神接至家中。

德昂族祭地——亦称祭地鬼;族称"供登满"。德昂族民间宗教节日。流行于云南西双版纳一带。春天玉米播种完后,择一吉日举行。德昂族传说,田地里都有地鬼。庄稼长势好坏由地鬼决定,每年祭地鬼,才能使庄稼丰收。祭前,全寨按户凑足一些钱,买一头猪、一只鸡。另外,每户还要准备一箩筐碎石。届时,全寨人集中一块田地里,地旁打上一根木桩。然后,各户把碎石倒于桩旁。众人杀猪、鸡,作为祭品。巫师主祭,念经祷告,祈求地鬼保佑玉米长势好,不受灾害。祭毕,众人即散。已式微。

德昂族祭地鬼——参见"德昂族祭地"条。

供登满——参见"德昂族祭地"条。

彝族栽秧祭——族称"米刀尼普",意为"开始插秧的祭供"。彝族民间传统农祀节日。流行于云南昆明附近。插秧之始,以家庭为单位,在自家田间放水口处举行。届时,在男性家长主持下,家人先在放水口处插一松树枝和一束白花,并宰杀一公一母两只鸡,将鸡毛、鸡血洒松树枝上。待鸡煮熟后,复举行"熟祭",称"回熟"。他们边做动作,边念祈词:"今天是个好日子,杀鸡煮酒把神祭。今天开始插秧了,请祖宗神明保佑,保佑我们风调雨顺、五谷丰收……"祭毕,高高兴兴下田,开始插秧。

米刀尼普——参见"彝族栽秧祭"条。

荻港开秧门——汉族民间农祀节日。流行于安徽繁昌县荻港镇一带。春季插秧首日举行。是日黎明,农家携鱼肉、菜蔬、鞭炮、香蜡,前往自家秧田进行祭祀,祈求水稻丰收;后即下田插秧。工余,将祭品饱餐一顿。如今,焚香祭祀已泯,余俗照旧。

苗族开秧门——苗族民间农事节日。流行于黔东南州从江县加鸠镇孔明乡一带。农历四月插秧前,择吉日举行。节晨,各家派一人用长谷穗的一节禾秆扎成火把,带上一颗熄灭火炭、三炷香、几张纸钱、一穗头年留下的糯谷穗。有的途中即点燃火把,有的到田里祭祀时方点燃。到自己田里后,他们便砍一根三尺长木棒,从一端对半劈开,做成有弹性的木夹子。此时,熄灭火把,将火炭、糯谷穗夹于木棒,钱纸包着香,亦夹其中;已熄灭火把捆上木棒,插自己田里,然后挖上几蔸秧,即告已开秧门。此仪式,须由运气好的成年男人进行。此人往年曾开秧门,使禾苗丰收;若连续几年开秧门,均歉收,则"运气"已变霉,须由儿子接替。开秧门当天所吃糯米饭,须是头年特意留下的糯米。节后,方能开始插秧。

布依族祭田神——贵州布依族民间农祀节日。插秧结束后,择日举行。旨在祈求田神,保佑当年五谷丰登。当天上午,以各户或几户或全寨为单位,拿鸡到田边选一块地方(多为稻田水口)设供,宰杀敬祭,设供行礼,唱《祭田水口歌》,大意是:"田水爷,田水奶,摆好吃的请你来!赐福丰年好兴旺,谷粒大来谷穗长。颗颗饱得像雀眼,密密缀满穗杆上!赐命禾苗壮又实,倒伏的叫它挺直,睡觉的把它唤起,株株长得比眉弯,今天杀鸡敬供你,明年隆重再献祭。"祭毕,在田边起火煮食供品,或拿回家烹煮。

打泥巴仗——侗族民间传统节日。流行于黔东南州黎平县等地。每年插秧季节,择日举行,历一二天。当地侗族有姑娘出嫁婚礼后返娘家"坐家"之俗。每逢节庆,由几位姑娘作陪,到夫家度几天插秧季节,夫家将水田犁好整平,并邀一伙青年前来帮忙;夫家姐妹则高高兴兴去迎新娘回夫家插秧。新娘返夫家,亦邀一伙女友陪同,并带上百个染红煮熟的鸭蛋及花色糯米饭。翌日早饭后,双方男女青年成群结队,簇拥着新郎、新娘下水田插秧,男女青年相互挑战、竞赛,比谁插得快又好。全部插完秧,后生们便借故往姑娘身上甩泥巴。刹那间,男女双方各列阵势,相互甩打烂泥。其间,若将对方抓住,便按在田里翻滚,谁身上的泥巴多,往往是对方最青睐之人。甩打烂泥后,纷纷来到溪、塘,洗去身上泥巴,再打水仗,嬉笑玩耍。当新娘及其伴娘回家时,夫家姐妹们要盛情款待,送更多花糯米饭和红鸭蛋。

白族田家乐——亦称关秧门、谢水节。白族民间农事节日。流行于云南洱源、大理、鹤庆、宾川等地。节期各地不一,多在入夏水稻栽插结束后,以"秧赕"为单位,择日举行。届时,各家皆邀请亲友,并接回已出嫁女儿,共庆佳节。晨,"秧赕"全体成员去本主庙"打平伙",杀猪宰羊,集体宴饮,以祈风调雨顺、五谷丰登。中午,人们在倒骑毛驴的秧官("秧赕"领头人)带领下,举着栽秧旗,载歌载舞,返村里场坝,表演各种传统节目。扮演渔人、樵夫、农民、书生、商人等角色的业余演员,由秧官指挥,轮流出场,演唱白族"吹吹腔",内容多是各行各业的知识和趣闻,即兴编创,轻松幽默。演唱有唢呐、鼓乐伴奏,场面非常热烈。秧官的表演最精彩,他装扮奇特,着长衫马褂,戴斗笠,架一副墨镜,做各种滑稽动作和表情,逗得观众频频捧腹大笑。人们借以嬉闹逗乐,消除连日栽秧的疲劳。

白族关秧门——参见"白族田家乐"条。

白族谢水节——参见"白族田家乐"条。

哈尼族求丰收——族称"辖唱唱扎",意为"向稻秧献鸡,求丰收"。哈尼族民间传统农祀节日。流行于云南金平县一带。暮春插秧结束后,以家庭为单位,择日举行。届时,各户家长选一竹竿,上砍九道刀口,插自家稻田水口处。之后,杀一只白公鸡,在竹竿每一道刀口上放一根白鸡毛,竹竿顶梢系一根白线,白线尾端亦拴一根鸡毛。主妇则把糯米饭染成红、黄、绿几色,拿到田头献祭,祈求田神保佑秧苗顺利成长、稻穗丰硕。祭毕,全家用祭品会餐。

辖唱唱扎——参见"哈尼族求丰收"条。

别我涅——亦称别窝捏、沙沙康。哈尼族民间农事祀节日。流行于云南西双版纳。多在暮春谷子打苞时节,择日举行,历两天。哈尼语"别我(窝)",是一种专吃谷浆的害虫名;"涅"意"捉"。祭仪由龙巴头通知全村各户,统一进行,分两个阶段。当日,祭山神、树神。人们由龙巴头带领,在一棵名"米察郎阿波"大树(山神树,即龙树)下,宰猪供祭,祈祷龙树神及地神,保护庄稼不受灾害。祭毕,全寨人倚大树分享祭品。翌日,各户分别到自家田地里,象征性举行捉害虫活动:捉几条土蚕等害虫,用细棍子穿起或夹住,插龙巴门上,祈祷龙巴门助人灭虫。人们认为,这样"别窝"就会自行死去。

别窝捏——参见"别我涅"条。

沙沙康——参见"别我涅"条。

景颇族新米节——亦称尝新节、吃新谷。云南景颇族民间传统农祀节日。谷物成熟收割之前(约当农历八九月间),择日举行。无固定日期,谁家谷子先熟,谁先过节。届时,主家请全寨老少到家做客,共尝新谷。节前日,主家即背插满鲜花的竹篓,下田摘些将熟谷子,摆家中鬼门边(景颇多在家中板壁画"门",配以装饰,用作驱邪送鬼门户),并邀各家各户节天做客。翌日早饭后,全寨来客齐集,共叙乡情。主家拿出瓜果甜食,热情款待。灵巧的女客们,帮助主家准备丰盛节日菜肴。袅袅炊烟中,主家在屋前空地置一尊祭台,上摆用新米舂成的粑粑和偏米、水酒、干鱼、干鼠等物;然后,由寨内"董萨"(寨中专司祭祀、占卜等位高宗教活动者)率众跪拜,虔诚感谢鬼神过去一年的保佑,祈求来年再赐丰年。随后,"董萨"将备好佳肴先喂狗,以谢其为景颇带来谷魂。传说,古时景颇人学会种谷,食物质量飙升,谷物既作主食,香甜可口,还可酿酒,景颇人欣喜异常。孰料,谷魂某日飘忽升天,地里谷子收成锐减,景颇人顿陷饥荒。景颇人家家养狗,昼夜朝天吠叫,定要唤回谷魂。谷魂感念其诚,重返人间。从此,景颇人重获一个个丰年。"董萨"喂完狗,还喂水牛,犒赏其终年辛劳。之后,再飨寨中老人,以赓敬老传统。最后,"董萨"把食物分众人,共进野餐"尝新谷",俾节庆达高潮。席间,大家品评美味,交流种谷经验,听取老人传授生产知识,总结旧年的得失。意兴阑珊,方慢慢散去,准备秋收。

景颇族尝新节——参见"景颇族新米节"条。

景颇族吃新谷——参见"景颇族新米节"条。

畲族新米节——畲族民间农事节日。水稻普遍开镰日(约当农历六月间)举行。届时,人们刻意用新米做饭,先用以敬神、祭祖,旋让老人品尝,之后全家吃新,米汤喂牛。稻谷未熟人家，则选摘已熟稻穗，赶在众邻过节天煮熟尝新。凡已定亲人家，则须请嫁方亲家前来尝新过节，不可悖误。

尝新苞谷节——苗族民间传统节日。流行于贵州从江县加勉一带。"新苞谷"即"新玉米"。苞谷成熟之首个亥日（约当农历六月）举行，具体日期临时商定。旨在庆丰收、敬祖，尤其是酬谢耕牛。节天，人们从山上把苞谷摘回家，将其和小米一起煮，备以酒、鱼，在屋里摆桌，敬祭祖先，以示铭记祖恩。人们认为，农事中耕牛出大力，很辛苦，理应酬劳，便把饭豆（红豆）掺和糯米，用叶子包好煮熟喂牛。节天，给牛举行解耙仪式，要解开其身上绳索，让其充分休息。仪式在傍晚举行，先把耙摆正，以粽粑和酒来供奉，用刀砍断耙绳，喷酒到耙上，粽粑给牛吃。包粽子的粽粑叶和耙，须一起高挂，不能动，待来年春耕大忙时，方启用。

傣族吃新米——亦称新米节。傣族民间古老农事隆重节日，俗称"全年吃得最丰盛的一天"。流行于云南江城县整董镇等傣族聚居区。稻谷成熟开割时（另说农历九月），择日举行。昔时，曾集体举行。少数村寨尚存传统习俗，由村寨头人"召曼"主持，整个村社同一天开割吃新米。现今，多据各家稻谷成熟先后，由各家单独举行。主要俗项有采新、献新、祭祀、吃新。节前，人们要先收"田头"稻谷回来，煮新米饭，照例先祭神、祭祖，感谢并祈祷祖先、田公地母神等保佑。祭词有：好年好月好时辰，新米煮饭亮铮铮。上供天来下供地，有望来年好收成。祭毕，下田收割稻子，采一把稻穗供自己家堂上，换下去年所供。之后，用甑子蒸混合新、旧米饭，外加一碗竹笋煮谷花鱼，祈年年有余、节节向上。当然，其间还必盛一碗米饭喂狗，以谢其当年替傣家叫回谷魂之恩。

傣族新米节——参见"傣族吃新米"条。

收获祭——台湾少数民族各个支系共同祭祀节日。农作物成熟以后，择日举行。祭仪包括收割、尝新、入仓、贮藏等程序，各个程序各成系列，内以"丰收祭"尤为隆重。节期，因各支系所居地域、种植作物不同而有异。节期多为一天，抑或七天，乃至一月。旨在向祖先神灵祷告，祈求保佑农作物顺利收获，并祝愿来年谷物丰收、人畜两旺。阿美人、排湾人、布农人、平埔人、卑南人、曹人、赛夏人、泰雅人、邵人等各支系，分别在不同时间以略异俗项举行收获祭礼。

阿美人收获祭——亦称丰收节。台湾阿美人民间传统农祀节日。分粟收割祭、初摘穗仪式、尝新穗仪式等丰收系列活动。粟收割祭，由大家族于粟熟日组织祭团会商祭期，多择下弦月缺时（廿三、廿四日）举行。节间，首日晨，每家男子上山采集山棕榈、藤，撕成条状，以备收获时捆扎粟穗用。妇女一人赴自家田中，举行初摘穗仪式，采摘粟穗一束，放进背篓，背回家。到家后，抽出新粟数穗，下粟米煮食，餐时口念："今日我初摘穗，并举行尝新穗仪式。我的粟会丰收！我的粟优良又丰富！"翌日，大家族祭团成员全体赴某一田中摘穗。第三天起，开始全面收割。全社收割完毕，大家族祭团成员到海滨拾蚧类，黎明前回来食用。祭仪中，禁忌直接、间接接触鱼类，祭仪结束时解禁。至中秋节，阿美人举行丰收节，历七天。阿美人居台湾东部纵谷一带，以务农为主，丰收节要尽情欢乐,抒发丰收快乐之情。节前,家家酿酒,杀猪宰牛。节间,村社男女老幼盛装打扮。妇女头戴各色鲜花和华丽银饰,佩戴胸饰、耳环、手镯、手铃等;男子头戴羽冠、腰挂佩铜铃;青年喜带脚铃。他们纷纷来到村社公共会所。老人们饮酒叙谈,吃家中带去的肉、黏米团;青年们按年龄编队跳"马利库拉"(拉手舞),暗择意中人。舞余,他们去各家拜访问好。姑娘们则去中意小伙家帮工。入夜,人们围绕熊熊篝火,纵情歌舞。节末天,活动达高潮,族长和全族人一起回顾一年收获,交谈明年生产。最后,全族人由族长带领,下河沐浴,下田锄地,在相互祝贺声中结束丰收节。

阿美人丰收节——参见"阿美人收获祭"条。

粟收割祭——参见"阿美人收获祭"条。

赛夏人收获祭——台湾少数民族支系赛夏人民间传统农事节日。新谷收割时节,择日举行。此祭由收割祖灵祭、收割祭、入仓祭三阶段组成。祖灵祭,是向祖灵报告收割开始,祈来年亦丰收。新谷作供品,意为"请祖灵尝新"。节前,大量酿酒。祭毕,隆重聚宴,饮酒歌唱,竟日狂欢。收割祭,属家祭,由家中前晚获吉梦者主祭。主人赴田间,面东交足而立,闭目拔稻穗两三根,即返家晒干之。俟新谷干燥,即混入当日食粮中,下锅尝新。入仓祭,是将所收割新谷放入谷仓,由前一晚获吉梦者司祭。此人掬新稻步入仓中,手高举,使谷子从掌中滑落而下,同时祝念:"充满!充满仓中!"祭告结束。

邵人收获祭——邵语称"莫娜努玛达络丹",意为"丰年节。"台湾少数民族支系邵人民间传统农祀节日。流行于台湾日月潭一带。农历八月初一收获之后择日举行,历十天许。节前,男子结队上山打猎,妇女在巫师家门前广场上酿酒,唱歌跳舞。家家户户在门上挂一束祭草。村社里一片繁忙、欢乐的气氛。节间,家家蒸糕煮饭,妇女将饭盛祭篮里,将篮放巫师家门前。由五位女巫主持,进行祭祖。至第三日,借机为十岁左右儿童举行特有"凿齿礼"。礼毕,家长们饮酒祝贺。入夜,青年到广场上围绕篝火狂歌欢舞,天天不辍,直至节日结束。

莫娜努玛达络丹——参见"邵人收获祭"条。

邵人丰年节——参见"邵人收获祭"条。

万荣走麦罢——汉族民间婚俗节日。流行于山西万荣县黄河东岸一带。麦收后,择日举行。节源俗传:汉代张骞通使西域,招西域人为婿,因婿念念思乡,便烙西域饼飨之,以断其思乡之念,久而沿袭成俗。节间,当年新女婿看望岳家,照例携带一个新面蒸成的大月形白馍,既行晚辈之礼,并祝岳丈小麦丰收。俗谚云:"丈母娘见了女婿,好像落窝的母鸡。"岳母忙个不停,刻意做凉面、煎馍、烙饼、烙旋子等面点招待女婿。安邑、解州一带,岳母引以为荣的是:专做南瓜丝和白面烙制的烙糊饼。

卑南人海祭——卑南语称"摩娜累雅湾"。台湾少数民族支系卑南人祭祀节日。粟收后,择日举行。据传,卑南住地本无粟,只因一位祖先去东海岛取来粟种,才开始种粟,获丰收。为谢祖恩,卑南人每年皆向海中祖灵祭新粟。节天,司祭要在从家里去海边途中祭天神、田神;回村后,又与全村青年携新粟,到筑起的祭台和小屋亲手掷饭作祭。之后,青年们则手握粟粒,走向海水,站在近岸的海中,一边抛粟,一边念咒,高喊:"请神尝新!"

摩娜累雅湾——参见"卑南人海祭"条。

稻公稻母祭——海南黎族民间传统祭祀节日。稻谷成熟时(约当农历九月),择日举行。黎农以种稻为主,信奉稻公稻母,每年收获之后,皆祭稻神,以祈谷物丰收。届时,由"亩头"(管田)去每块田地,捆绑四棵稻谷,旋在其旁放一饭团,供奉稻公稻母。他们认为,稻公稻母吃饱,方能保佑谷物丰收、族人平安。有的黎人聚居区,还为稻神招魂,全村男女聚集,杀一头猪,敲锣打鼓,边唱边喝酒,集体跳"招福舞",场面隆重,气氛热烈。祭毕,把稻公稻母拉回村寨,置亩头家谷仓底层,待下一年秋收后,用其酿酒,给众人宴饮。

维吾尔族庆丰收——新疆维吾尔族民间传统农事节日。谷场收割,并打场结束后,择日举行。届时,各户皆在场院摆上丰盛瓜果、油饼等吃食,特邀德高望重老人到场,和全家聚餐,畅叙丰收之乐。餐毕,将新收谷物,过秤入库。

卑南人大狩猎——台湾少数民族支系卑南人猎祭节日。猴祭结束之收割时期后十日举行。主要内容为狩猎。青年出猎,少年亦间或随往。猎队至河边,须将路旁两根茅草梢部,交叉于路上,结成"茅门"。猎队旋依次跨过。入山后,猎队择地搭一猎屋,屋前建一祭台。出猎有获,则在台前放猎物肉作祭。之后,派一人去听鸟鸣,若鸟声吉利,猎队遂鸣枪告捷,准备返回村庄。长老照例为猎手换腰裙。次日,新入猎队者举行赛跑,全村男女沿途观看、助威,非常热闹。节间,还特别安排"慰问丧家"事宜。此节已式微。

尝苏理玛节——族称"尝水酒"。普米族民间传统节日。流行于云南宁蒗一带。收获季节,择日举行,历一天。届时,各户品尝自家用新粮酿制的美酒,并请亲友品尝评议谁家酒最佳。另外,各家还煮新米饭、荞粑粑,先供灶神、祭祖先,后全家享用。为庆丰收,少不了宰猪、杀鸡、宰羊,大宴亲友。老人们聚集畅饮美酒,唱酿酒歌。出于"敬狗"古俗,照例须给狗喂新米饭团。

普米族尝水酒——参见"尝苏理玛节"条。

布朗族滥地节——云南永德布朗族民间传统农事节日。秋收时节,择一吉日举行。相邻两届,须正好间隔一年天数。旨在庆丰收。节天,布朗村寨各家各户皆去佛寺赕佛。节晨,男女老少着五颜六色节日盛装,聚集附近佛寺,点香拜佛,向佛爷捐献带来的钱、布等物,祈求佛祖保佑来年五谷丰登、人畜平安。接着,众人围坐,倾听佛爷诵经,讲解经书。夜晚,男女青年相聚唱歌跳舞,有的成双结对去村外树林里谈情,直至夜深人静,才分手回家。

纳西族喊谷神——族谓"请哦美"。纳西族民间宗教节日。流行于云南丽江、香格里拉等地。秋收时节,择一吉日举行。昔时节仪,因地有异。香格里拉市三坝纳西族乡一带,于稻收毕、准备扬场时,在晒谷场摆肉、菜等供品,众人一边抬稻捆,一边喊"哦美",迎"谷神"到家。脱粒扬场后,将谷堆成一条又高又大长龙,众围"龙头"点香祭拜。入夜,将供品分飨当天所有扬场者。据说,此举会使谷神高兴,保佑来年丰收。丽江市在扬场后,要请寨中德高望重的老人到收割人家中祭谷穗和工具,唱"哦美",并到谷仓前拜仓神,祈年年丰收。节源传说:从前,纳西人种谷子后,不必下田浇水、除草、收割,谷成熟了会自动走回主人家。某秋,成熟的谷子到一个叫姆美咪的家外敲门。姆美咪正穿新衣,漫不经心地说:"我家谷仓已经满了,没处装谷子了。"从此,谷子不再登门。人们奇怪,赶到田里,只见地里空无一株庄稼。姆美咪方知自己得罪了谷神。她跋山涉水、风餐露宿,去谷神住地向他道歉。谷神为之感动,给了她谷种,并教她如何耕种、收割。特别告诉她,回家一路上要"喊谷神",谷子才不会失掉。姆美咪照办,回村把谷神所教,转达乡亲们。因一路劳累,她旋即去世。后来,纳西依照姆美咪传授,每年秋收时都"喊谷神",久而成俗,流传至今。

请哦美——参见"纳西族喊谷神"条。

冬希曼节——新疆柯尔克孜族民间传统庆丰收娱乐节。秋收时,择日举行。届时,人们竟着民族盛装,聚集草滩平地,进行叼羊、赛马、飞马拾银、马上打靶、马上拉力、两人秋千、拔河、摔跤等文体活动。其中,以"飞马拾银"儿富特色。先用绸子包一块银圆或更贵重物品放草地上,或在草地上挖个坑,包放坑内。骑手们角逐马上功夫:谁能飞马将包拾起,包即奖结谁,常还加奖小羊羔、小牛犊、小马驹等。如今,竞赛大有发展。参赛者从五十米以外起跑,每人拾"银"三次,据其跑马速度、拾"银"技术和三次拾"银"总数,总计成绩论奖。有意跑马太慢乃至停马拾"银"者,被判犯规。姑娘们喜荡秋千。在两副近三米高三脚架间,搭三股套马缰绳,下距地面二三十厘米。活动时,两人相对而立,各于腰背部搭一股缰绳,双臂展开扶住绳子,双脚一齐踏在另一根绳上。一人先用脚蹬地,使绳子悠荡起来,另一人旋重复照做,使秋千荡得很高。地上放些手绢等物,比赛谁能拾起,还可抛打对方,互相游戏、打闹,颇具民族特色。

昂德林节——意译"丰收节"。珞巴族民间传统节日。流行于西藏隆子、米林、墨脱、察隅等地。秋收季节,择吉日举行。节前夕,各村男子携火枪、腰刀、弓箭及糌粑、酥油等食品,上山围猎。弓多用竹片弯制而成,长约一米五;弓弦用麻或野生植物纤维揉搓制作;箭亦用竹削制,箭头套以铁制簇头,呈尖形、尖锥或三角形,用以射杀不同猎物。妇女则下田采摘一些谷物拿回家做成新饭,请寨中老人品尝。节天,全寨男女老少竟着盛装。各家带些粮食、青稞酒等食品,欢天喜地聚集,将男子猎获野味、妇女采摘谷物,一并煮熟,作为供品,祭祖先、神灵,驱逐妖魔,保佑全寨吉祥。然后,众围坐聚餐,互敬青稞酒,庆丰收年,尽情玩乐。入夜,青年男女欢集村头寨尾,围着篝火歌舞,连情择偶,往往彻夜不眠。节后,即忙秋收、秋播。

珞巴族丰收节——参见"昂德林节"条。

畲族抢猪节——畲族民间传统节日。流行于浙江南部景宁、云和一带。秋收时节,择日举行,历八天。俗传,古代有位马氏娘娘,帮助人们养肥猪,人们感恩而举办此节。届时,由村寨"迎神头"(节日主持)出面,请来戏班,在马氏仙宫演戏七昼夜,全村老幼皆往观看。至第七夜,戏一结束,各养猪人家,便急忙奔回家,宰一头肥猪,去毛洗净,绑上一木架;然后,吃夜点。等宫中传出一声猪叫,各家迅即抬起猪架,奔往马氏仙宫,看谁第一个到,即抢得"首猪",摆于仙宫正门口。据说,抢得

"首猪"之家,来年定能养出大肥猪。后到各猪,依次排放,待全村猪到齐,"迎神头"即开始评猪,最大者尊誉"大猪",最小者称"昌猪"(昌盛之意)。接着,为得奖之猪披红挂彩,锣鼓鞭炮送返各家。各家将猪抬回家后,待卯时一到,主人即与亲友共享家宴,称"杀猪福"。宴毕,主人据来客所交红包款数,称等价的猪肉,返还客人带走。

景颇族祭鬼节——云南景颇族民间传统农祀节日。每年秋后打场前,择日举行。当地农俗:谷物收割后,先堆放月许,再打场脱粒。打场前,先请菩萨念经,设供、焚香、燃烛,祭祀山鬼、水鬼,以谢其保佑庄稼免遭风雨、野兽伤害。

满族荐新——亦称节令荐新。满族传统岁时祭祖节日。昔时流行于东北满族聚居区。秋收季节新谷登场,择日举行。节前,人们先到地里选些穗粗粒满谷穗,抱回家中,扫净火炕脏尘后,放上面烘烤。此间,为保持谷物洁净,严禁孩童上炕玩耍或乱翻谷穗。清乾隆钦定《满洲祭神祭天典礼》厘定:"每年春秋二季立杆大祭,则以打糕、搓条饽饽供献,正月以馓子供献。"节天,家家将新谷物碾成细面,制作各种新鲜饽饽。如用麦面加稷米面搅和,搓成长条,绕挽如绳,后用酥油炸成搓条饽饽;或用稷米蒸熟,置于石臼,用木榔头锤烂,取出制成饼或切成方块,称黏糕饽饽;等等。主妇先将饽饽摆于西墙祖宗板前供奉,再点上达子香,面向神位跪地,三叩祭拜,既谢祖宗保佑,一年辛勤劳动获得丰收,亦恭请祖灵下来尝新,并继续赐福,保佑来年粮食富足、人畜平安。祭毕,家人方可食用。此节,今仅偶见偏僻山村。节已式微。

节令荐新——参见"满族荐新"条。

景颇族叫谷魂——亦称祭谷魂、祭谷神、祭五谷鬼、献谷堆。云南景颇族民间农祀节日。节无定期,多于秋收后谷子运回家前,择日在打谷场举行。届时,先在地上铺一块用各色毛线编织成的祭祀毯,上缀精美"鬼花"(此纹专用,禁作他饰);并在毯上摆两包糯米饭,饭上搁两个熟鸡蛋。然后,由寨里祭师或这块田地主人,开始"呼谷魂",大意为:"各种谷物粮食啊,你们到哪里去了?快回到家里来吧,去把我家囤箩装满。路上要快一些啊,千万不要耽搁;路上要小心啊,千万不要走岔路!"祷告毕,方可搬运谷子回家。至家门口,祭师或主人再次祷告,以示心诚。谷子背进门之时,仪式结束。有时,谷子在地里长势不佳,或被牛吃、被盗窃、被野兽糟蹋等,也进行此"叫谷魂"。景颇人认为,年年认真祭祀,方可保年年丰产、丰收。

景颇族祭谷魂——参见"景颇族叫谷魂"条。

景颇族祭谷神——参见"景颇族叫谷魂"条。

祭五谷鬼——参见"景颇族叫谷魂"条。

献谷堆——参见"景颇族叫谷魂"条。

基诺族叫谷魂——基诺族民间传统农祀节日。流行于云南西双版纳。秋收后,择日举行。基诺十分重视"谷魂",祭仪隆重,节源悠久。俗传,某年基诺的老祖母正打扫谷仓,稻谷就飞来了,祖母对稻谷说:"谷仓还没扫好,你们不要来!"稻谷一听,即飞走,再也不返。后来,人们想了许多办法,最终用一种名叫"不埃"的红花,才将稻谷请回。从此,基诺人每年收获结束,便举办此节。届时,各户家长要背着鸡,下田地"招谷魂"。在地里烧一堆火,默默祈祷,后将田地里所栽各种作物,各摘一穗,在地头采一束红色不埃花,一起背回家,一路上不停地呼叫"谷魂"。经岔路时,在路口放置一朵花,作为路标,以免"谷魂"迷路;到家后,将所摘作物和不埃花,分成两束,一束挂谷仓里,一束挂房内神位上,作为"谷魂"的象征。杀猪宰牛供奉,祭祀。次日撤供后,祭司、寨父、寨母和男性家长在谷仓里和"谷魂"聚餐。

从江开禾仓——苗族民间农事节日。流行于贵州从江县加勉地区。秋收结束后,择卯日,首次开仓取新谷时举行。届时,将一块在大路挖取的黄土、一包草灰、三枝杨梅,放置谷仓顶上,将一个鸡蛋、半碗糯米饭放入仓中,再将三粒米放入饭内,仪式即告结束。然后,饭、蛋带回家,由主持仪式者吃掉。从此,即可随时开仓取用禾谷。

独龙族祭天神——族谓"祭格谋不朗"。云南独龙族原始宗教祭仪。多于秋季谷物收割后,择日举行。独龙人俗信,收成好乃因天神"格谋不朗"暗中保佑。收获后定要奉物(多是鸡和粑粑)祭拜天神,既谢当年庇佑之恩,并祈来年继续降福。祭仪多由伙种一块山地的几家人,共同举行。届时,各户在开镰前,即将做好的粑粑和鸡带到地里。收割完毕,将几捆庄稼放在一起,供上粑粑、鸡,旋由一或数人,同时喊叫祭词,大意是"祈求天神永远保佑"等等。喊毕,共享食物,背回庄稼,祭仪即告结束。

祭格谋不朗——参见"独龙族祭天神"条。

庆丰收舞会——满族民间传统节日。流行于东北满族聚居区。秋收后,以村落为单位,择日举行。满族人能歌善舞,节庆必歌必舞。《建州纪程图记》载:"(在元旦宴会上)酒数巡,见剌(乌拉)部落新得降将夫者太(布占泰)起舞,奴酋(努尔哈赤)便下椅子自弹琵琶,耸动其身。舞罢,优人八名,各呈其才……拍手唱曲,以助酒兴。"清杨宾撰《柳边纪略》亦云:"满州有大宴会,主家男子必更迭起舞,大率举一袖于额,反一袖于背,盘旋作势,曰莽势。中一人歌,众皆以空齐二字和之,谓之空齐。"庆丰收舞会,即古俗筵宴歌舞之延续。节天,人们以村落(屯)为单位,选一宽阔平地为舞场,四面陈列各种狩猎武器,北面搭起一溜帐篷,东西两面各支一口大锅。其中,一用以做饭,一用以煮肉。中间置一张大桌,上摆各种猎物。舞前,由长者率全村人举行祭仪,祝丰收,并祈祖灵保佑来年风调雨顺、收成好。祭毕,人们席地而坐,共享供品,并赏歌舞。舞者身着艳装,手击单鼓,观众齐声伴和。有独舞、双人舞、多人舞。舞姿优美和谐,激情洋溢,场内场外融为一体,极富浓厚乡土气息、民族特色,尽现丰收喜悦。舞会一早开始,竟日狂欢,夜燃火把继续。跳达高潮时,男女老少一齐涌入舞列,且歌且舞,场面蔚为壮观。

握碌赤——东乡族民间传统节日。流行于甘肃临夏及广河、和政等地。秋收后,择吉日举行。东乡语"握碌赤",译意"庆贺丰收"。秋收粮食入仓时,以"哲玛"(清真寺附近宗教团体或民政单位)或"家伍"(东乡农族组织)为单位,举行盛大庆祝,并由伊玛目或乡老念经,致颂词,感谢真主保佑,驱邪禳灾,祈风调雨顺获丰收。其间,宰羊宰牛,架锅炸油香、馓子等食品。之后,兴高采烈地聚餐,一边交流生产经验，一边有说有笑庆丰收。餐后，青年男女穿上民族服装，汇集广场，在乐器伴奏下，载歌载舞，尽情欢乐。

东乡族庆丰收——参见"握碌赤"条。

八姑节——苗族民间传统节日。流行于湖南湘西州和城步县等地。秋收后，择日举行。节前，家家酿米酒，备肉食，邀请亲朋好友。节天，亲朋应邀，送来大包小包礼物。主客欢聚，开怀畅饮，共庆丰收。歉收之年，节日亦照过，节旨为预祝来年丰收。节源传说：古时年成不好，兵荒马乱，人们四处逃荒，流离失所。后来，不知何来八位姑娘，到城步一带，见此地泥土黑黝、肥沃，宜种庄稼，便住下来，把谷种撒在地里。经其辛勤劳动，秋后果真丰收。苗家学习她们耕作，生活也一年年富裕起来。为谢八位开发土地的姑娘，赞美她们以辛勤换得丰收，人们每年秋收后，皆择吉日纪念，沿袭成节。

苗族斗牛节——苗族民间传统节日。流行于贵州贵定县、龙里县、福泉市一带。春耕前，或秋收后农闲时，择日举行，历一天或数日。据清爱必达《黔南识略》载：此地苗族"祀祖，择大牯牛头角端正者饲，及壮，即合寨共斗牛于野，胜即为吉，卜日杀之以祭"。此谓"祭祖"，指六十年一次之大祭；其他中祭、小祭，不杀牛。大祭在斗牛后一月举行，与祭祖间隔较久，故"斗牛"遂成相对独立之节日，深受苗家喜爱。节前两月，主持者即向附近村寨发请帖（古用刻木），让人们尽早准备。参加斗牛主家，禁让孕妇、产妇、新寡妇登门，禁接近牛圈，禁出借东西给别人，免伤或借走牛力。斗牛当天，斗牛场主介绍斗牛场来历，宣布规章。之后，百十枚铁砲轰鸣，惊天震地。踩场队伍姗姗入场，敲锣打鼓，举行开道仪式。八位男童身着民族服装，高举上画猛兽的彩旗，走在前面；后随一对大号手和四位唢呐手；之后，芦笙手登场，一群身着艳装的姑娘随后，和着芦笙翩翩而舞；再后，牛场主身披大红袍、头戴黄冠、手持拂尘，两名中年壮汉，一人执挂红牛角杯，一人怀抱封红酒坛，紧紧跟随；最后，牛主牵着参斗的牛绕场一周。场面十分壮观！斗牛开始，每两头大小、肥壮、体力、犄角相当的牯牛，被牵到斗牛场相斗。胜者给披挂彩，鸣放鞭炮，吹唢呐庆贺，牛主人分外荣耀。节日安排因地略异，或只斗牛，或一边斗牛、一边"跳月"（吹芦笙和跳芦笙舞）。

壮族斗鸟节——壮族民间娱乐竞技节日。农闲时，择日举行。届时，节日"会首"及早于各村寨、圩镇，张贴告示。参加者闻风而动，按时前往。斗鸟皆用画眉；抽签厘定参斗顺序。开斗，两个鸟笼相并、鸟门相对。旋开启笼门，两只鸟迅即激烈厮打。获胜者排名依据有二：获胜次数多少；厮打时间长短。头名称"头笼"，第二名称"二笼"，余类推，最多"五笼"。各获彩旗一面、奖金若干。胜鸟主人，满面荣光，邀亲朋好友痛饮一番，热烈庆贺。

甘南供食节——俗称"咄"。甘南藏族民间传统信仰娱乐节日。冬闲，择日举行。旨在请山神与凡人共庆佳节，预祝来年丰收。节间主要跳"尕巴舞"，内容有"夏迦群欠"（众鸟之王，或大鹏金翅鸟，均山神化身）、猎人舞、教善歌等等，不乏传统文化形态、审美意识。形式含纯舞蹈、说唱、道白、对话逗乐、闹剧、滑稽剧，以及诗、歌、舞三位一体原始综合艺术。

咄——参见"甘南供食节"条。

名 目 索 引

A

阿坝藏历年 …………………………（091）
阿坝藏族聚居区赛马会 ……………（571）
阿坝草地藏族年 ……………………（090）
阿坝赏花节 …………………………（292）
阿坝跳神 ……………………………（309）
阿坝哑巴会 …………………………（511）
阿坝扎崇节 …………………………（558）
阿包念 ………………………………（293）
阿布卡恩都哩 ………………………（434）
阿昌族尝新节 ………………………（349）
阿昌族出洼节 ………………………（627）
阿昌族春节 …………………………（016）
阿昌族地鬼祭 ………………………（518）
阿昌族地母祭 ………………………（518）
阿昌族端午节 ………………………（225）
阿昌族赶摆 …………………（449,533）
阿昌族关门节 ………………………（625）
阿昌族换黄单 ………………………（450）
阿昌族会街 …………………………（369）
阿昌族会街节 ………………………（338）
阿昌族火把节 ………………………（290）
阿昌族祭色曼 ………………………（512）
阿昌族祭土主 ………………………（518）
阿昌族祭寨神 ………………………（507）
阿昌族祭招先 ………………………（507）
阿昌族佳舍甲 ………………………（349）
阿昌族佳舍节 ………………………（349）
阿昌族进洼节 ………………………（625）
阿昌族开门节 ………………………（627）
阿昌族泼水节 ………………………（476）
阿昌族清明节 ………………………（469）
阿昌族撒种节 ………………………（164）
阿昌族色猛 …………………………（512）
阿昌族烧白柴节 ……………………（435）
阿昌族烧包会 ………………………（299）
阿昌族烧包节 ………………………（299）
阿昌族中秋节 ………………………（346）
阿昌族中元节 ………………………（317）
阿昌族做摆 …………………（449,532）
阿哒来斯 ……………………………（004）
阿底峡尊者圆寂纪念日 ……………（612）
阿肯弹唱会 …………………………（645）
阿里山忠王祭 ………………………（155）
阿立祖祭 ……………………………（371）
阿露窝罗节 …………………………（552）
阿露西陀 ……………………………（370）
阿玛施 ………………………………（138）
阿美人捕鱼祭 ………………………（246）
阿美人成年礼 ………………………（538）
阿美人船祭 …………………………（544）
阿美人观月祭 ………………………（376）
阿美人海祭 …………………………（544）
阿美人播神祭 ………………………（101）
阿美人丰收节 ………………………（659）
阿美人收获祭 ………………（295,658）
阿美人渔家祭 ………………………（246）
阿弥饭节 ……………………………（209）
阿弥陀佛圣诞 ………………………（403）
阿聂 …………………………………（015）
阿涅 …………………………………（015）
阿涅节 ………………………………（014）
阿涅业能业 …………………………（008）
阿帕尔和卓墓会 ……………………（645）
阿帕克霍加麻扎尔 …………………（645）
阿朋阿龙尼 …………………………（389）
阿朋阿隆尼 …………………………（389）

阿奇吐 …………………………（400）	安太"十三"坡会 ……………（058）
阿守拉日 ………………………（574）	安太芦笙节 ……………………（058）
阿舒拉节 ………………………（574）	安昭纳顿 ………………………（274）
阿术拉节 …………………（165,573）	安召纳顿 ………………………（274）
阿佤播种节 ……………………（168）	昂德林节 ………………………（661）
阿佤插种节 ……………………（641）	昂玛吐 …………………………（399）
阿佤贡象节 ……………………（210）	昂玛吐扎 ………………………（399）
阿佤拉木鼓 ……………………（632）	昂玛拖 …………………………（407）
阿佤摸你黑 ……………………（555）	敖包那雅尔 ……………………（448）
阿佤木鼓节 ……………………（632）	敖包沃贝 ………………………（502）
阿佤撒谷节 ……………………（641）	敖露节 …………………………（370）
阿乌人请雨水 …………………（438）	敖瓦 ……………………………（443）
阿细火把节 ……………………（285）	奥米那楞 ………………………（188）
阿细祭火节 ……………………（118）	奥米那仁 ………………………（188）
阿哲祭中柱 ……………………（360）	奥瓦萨 …………………………（626）
阿哲叫五谷魂 …………………（159）	
阿哲人送鬼神 …………………（235）	**B**
埃阿的 …………………………（332）	八姑节 …………………………（664）
埃玛傲扎 ………………………（142）	八合思巴圆寂纪念日 ………（405,615）
矮灵祭 …………………………（529）	八腊节 …………………………（412）
艾粑节 …………………………（109）	八思巴圆寂纪念日 …………（405,614）
爱尼人嘎汤帕节 ………………（548）	八仙日 …………………………（047）
爱尼人祭祖节 …………………（360）	八一建军节 ……………………（560）
爱尼人新年 ……………………（408）	八一赛马会 ……………………（572）
安陲芒哥坡会 …………………（083）	八月半 …………………………（340）
安多藏年 ………………………（588）	八月尝新节 ……………………（350）
安多插箭节 ……………………（274）	八月初九节 ……………………（338）
安国药王庙会 …………………（204）	八月会 …………………………（340）
安贺别别节 ……………………（036）	八月节 …………………………（340）
安贺别贺 ………………………（036）	八月九节 ………………………（338）
安济圣王出游 …………………（085）	八月十五打月亮 ………………（346）
安康解缴会 ……………………（212）	八月十五会 ……………………（349）
安龙祭神 ………………………（150）	八月十五节 ……………………（340）
安龙扫寨 ………………………（150）	巴罗提灯节 ……………………（575）
安铺雷神诞 ……………………（088）	巴罗提节 ………………………（575）
安顺赶坡 ………………………（100）	巴恰木 …………………………（415）
安顺欧道 ………………………（100）	巴人先祖廪君祭 ………………（645）
安顺跳花节 ……………………（099）	巴斯克节 ………………………（554）

巴塘送夏节	（609）	白云诞	（325）
巴塘央勒节	（374）	白云山歌会	（250）
巴塘央乃节	（375）	白族把志节	（126）
巴塘艺术节	（375）	白族草药会	（126）
巴乌节	（074）	白族尝新节	（360）
蚆蜡庙会	（259）	白族朝花节	（131）
粑糕节	（329）	白族春会	（131）
拔草祭	（651）	白族春节	（009）
拔思巴圆寂纪念日	（615）	白族辞年	（425）
拔思发圆寂纪念日	（405）	白族冬至节	（634）
把把儿年	（062）	白族端午节	（221）
爸爸节	（561）	白族葛根会	（042）
罢完尼节	（624）	白族姑娘节	（069）
白保芦笙会	（371）	白族关秧门	（657）
白保芦笙节	（371）	白族观音街	（168）
白节	（004，430）	白族观音节	（167）
白裤瑶中年节	（291）	白族海灯会	（320）
白拉提夜	（578）	白族河灯会	（321）
白来旦珍节	（611）	白族蝴蝶会	（203）
白来日珍节	（612）	白族花潮节	（131）
白来日追节	（612）	白族花子会	（126）
白龙庙会	（334）	白族火把节	（285，289）
白马藏年	（065）	白族祭虫节	（308）
白马人山寨歌会	（471）	白族祭海神	（024）
白马山寨火把节	（065）	白族祭牛土	（387）
白沙棒棒会	（084）	白族祭祖节	（635）
白沙当美空普	（084）	白族嫁妆会	（349）
白沙弥勒会	（085）	白族菊花会	（369）
白沙米拉会	（085）	白族开社	（043）
白沙农具会	（084）	白族开秧门	（442）
白沙农具交流会	（085）	白族梨花会	（180）
白石大会市	（164）	白族立夏节	（481）
白水台会	（126）	白族年	（634）
白水台盛会	（126）	白族娘娘会	（174）
白洗芦笙会	（139）	白族抢头水节	（425）
白兴诺	（515）	白族青苗会	（262）
白彝补年节	（127）	白族青苗节	（262）
白月秋祭	（358）	白族清明节	（468）

白族绕海会	(275)	拜日望会	(130)
白族赛花船	(289)	拜山神节	(504)
白族赛会	(465)	拜石头神	(630)
白族三月街	(167)	拜太阴星君	(341)
白族三月节	(182)	拜瓦哈山	(319)
白族三月三歌会	(152)	拜月节	(341)
白族上冬坟	(490)	拜月神娘娘	(341)
白族烧包节	(299)	颁金节	(387)
白族送龙船	(082)	半年节	(248)
白族太平会	(131)	邦荒会	(628)
白族田家乐	(245,656)	邦桑	(610)
白族谢水节	(245,657)	绑火神	(037)
白族星回节	(413)	包公祭	(370)
白族秧会	(442)	宝瑞瑞	(142,439)
白族盂兰节	(299)	宝胜佛生日	(173)
白族元宵节	(064)	保安族春节	(018)
白族栽秧会	(441,484)	保安族大年初一	(018)
白族中秋节	(344)	保安族登霄节	(577)
白族重阳节	(365)	保安族尔德	(585)
百草坪赛马节	(228)	保安族尔德节	(579)
百草生日	(132)	保安族古尔巴尼节	(585)
百刚菩萨祭	(373)	保安族古尔邦节	(585)
百花节	(132)	保安族花儿会	(511)
百花生日	(132)	保安族开斋节	(579)
百花仙子节	(111)	保安族浪山节	(444)
百拉提节	(578)	保安族六月六	(258)
百事禁忌日	(528)	保安族冒路德节	(576)
百万农奴解放纪念日	(553)	保安族升霄节	(577)
百丈怀海禅师圆寂纪念日	(082)	保安族圣纪节	(576)
百中日	(319)	保安族宰牲节	(585)
百众日	(319)	保安族忠孝节	(585)
摆手舞节	(538)	保定三月三	(147)
拜床母	(303)	保靖挑葱会	(472)
拜姑爷节	(028)	保亭祭水	(304)
拜观音	(518)	保亭嬉水	(304)
拜海公节	(338)	保阳春节	(505)
拜拉特节	(577)	报功者节	(119)
拜拉特夜	(578)	报京三月三	(145)

卑南人大狩猎 …………… （660）	伯木依祭天 …………… （021）
卑南人稻收割祭 ………… （527）	博罗朝拜会 …………… （171）
卑南人海祭 ……………… （659）	博峪祭山节 …………… （353）
卑南人猴祭 ………… （398,399,648）	㮰日望 …………… （130）
卑南人播种祭 …………… （101）	补过吃立节 …………… （090）
卑南人大猎祭 …………… （408）	补过春节 …………… （090）
卑南人粟播种祭 ………… （101）	补过晚年 …………… （090）
卑南人收获祭 …………… （526）	补天补地节 …………… （046）
卑南人粟收割祭 ………… （527）	补天穿 …………… （046）
北海滑冰会 ……………… （397）	补天地 …………… （046）
北京东岳神会 …………… （174）	补天节 …………… （046）
贝玛和些多鸦宁巴圆寂纪念日 …（593）	补天漏 …………… （046）
背篓会 …………………… （350）	不要忘记 …………… （535）
奔牛庙会 ………………… （175）	布达拉宫跳神节 …………… （618）
本主节 …………………… （635）	布谷鸟节 …………… （597）
崩南尼 …………………… （632）	布朗族奥瓦萨 …………… （627）
比南尼 …………………… （632）	布朗族奥瓦沙 …………… （625）
比由玛播种祭 …………… （101）	布朗族插花节 …………… （476）
辟蚁日 …………………… （160）	布朗族尝新节 …………… （331）
碧藓庵双蝶节 …………… （144）	布朗族唱灯 …………… （030）
避亲挑亲 ………………… （160）	布朗族春节 …………… （015）
鞭春 ……………………… （462）	布朗族端午节 …………… （224）
鞭春节 ……………… （119,462）	布朗族堆沙节 …………… （444）
遍吉菩萨圣诞 …………… （136）	布朗族赶听 …………… （620）
遍一切处法会 …………… （616）	布朗族姑娘节 …………… （282）
遍照大日如来法会 ……… （616）	布朗族关门节 …………… （625）
别窝捏 …………………… （657）	布朗族过赛 …………… （476）
别我涅 …………………… （657）	布朗族过新年 …………… （476,623）
别雅贵节 ………………… （385）	布朗族豪瓦萨 …………… （625）
别雅蛔节 ………………… （385）	布朗族厚南节 …………… （476）
宾川土家族尝新节 ……… （344）	布朗族火把节 …………… （282）
宾阳灯酒节 ……………… （055）	布朗族祭火神 …………… （176）
宾阳炮龙节 ……………… （054）	布朗族祭苦拉 …………… （457）
波宰曼 …………………… （457）	布朗族祭龙树 …………… （626）
般涅槃 …………………… （133）	布朗族祭龙潭 …………… （107）
饽纳顿 …………………… （116）	布朗族祭竜 …………… （626）
播稻种节 ………………… （478）	布朗族祭山神 …………… （042）
播帕 ……………………… （622）	布朗族祭灶神 …………… （496）

布朗族祭寨神 …………… (458,502)
布朗族祭祖先 …………………… (319)
布朗族开门节 …………………… (627)
布朗族考瓦洲 …………………… (627)
布朗族滥地节 …………………… (660)
布朗族泼水节 …………………… (137)
布朗族山抗节 …………………… (204)
布朗族宋初节 …………………… (331)
布朗族宋坎节 …………………… (202)
布朗族送袈裟 …………………… (400)
布朗族诵经书 …………………… (624)
布朗族赕佛节 …………………… (620)
布朗族赕帕 ……………………… (620)
布朗族赕帕节 …………………… (620)
布朗族赕耶 ……………………… (400)
布朗族跳会 ……………………… (120)
布朗族土神祭 …………………… (102)
布朗族洗牛脚 …………………… (227)
布朗族新米节 …………………… (330)
布朗族迎太阳节 ………………… (476)
布洛陀歌圩 ……………………… (136)
布农人打耳祭 …………………… (248)
布农人丰收祭 …………………… (295)
布农人丰收节 …………………… (295)
布农人祓除节 …………………… (143)
布农人平安祭 …………………… (189)
布农人播种祭 …………………… (101)
布农人播种月祭 ………………… (101)
布农人射耳祭 …………………… (247)
布农人射鹿耳 …………………… (248)
布农人收获节 …………………… (295)
布依过小年 ……………………… (249)
布依六月节 ……………………… (248)
布依七月节 ……………………… (249)
布乔布义都乔孙达拉格楞 ……… (165)
布通 ……………………………… (425)
布图 ……………………………… (425)
布雅衣人开定浪 ………………… (116)

布依族尝新节 …………………… (651)
布依族吃新节 …………………… (651)
布依族春节 ……………………(006,454)
布依族打豹虎 …………………… (266)
布依族打蚂螂 …………………… (498)
布依族大年 ……………………… (454)
布依族大年节 …………………… (007)
布依族地蚕会 …………………… (150)
布依族地戏节 …………………… (071)
布依族动土日 …………………… (114)
布依族端午节 …………………… (218)
布依族二月二 …………………… (108)
布依族丰收节 …………………… (452)
布依族赶干洞 …………………… (475)
布依族赶花桥 …………………… (265)
布依族赶秋坡 ……………… (315,489)
布依族告了年 …………………… (088)
布依族更健节 …………………… (400)
布依族逛场节 …………………… (130)
布依族过帝 ……………………… (401)
布依族过小年 …………………… (258)
布依族猴节 ……………………… (114)
布依族祭山神 …………………… (280)
布依族祭田神 …………………… (656)
布依族祭祖节 …………………… (309)
布依族九月九 …………………… (367)
布依族开秧节 …………………… (194)
布依族开秧门 …………………… (194)
布依族腊月八 …………………… (411)
布依族了了年 …………………… (088)
布依族了年节 …………………… (088)
布依族了月节 …………………… (088)
布依族六月场 …………………… (293)
布依族六月六 ……………… (257,265)
布依族六月桥 …………………… (265)
布依族蚂螂会 …………………… (498)
布依族蚂螂节 …………………… (498)
布依族牧童节 …………………… (194)

布依族嫩信节	（452）	曹人尝新祭	（523）
布依族年节	（452）	曹人丰年祭	（523）
布依族牛神节	（194）	曹人年祭	（349）
布依族牛王节	（194）	曹人少年节	（538）
布依族七月半	（311，314）	曹人收藏祭	（523）
布依族青年节	（258）	曹人收获祭	（523）
布依族三月三	（150）	曹人粟播种祭	（102）
布依族扫墓节	（157）	嘈契	（187）
布依族扫寨节	（150）	草地藏族节	（091）
布依族烧虫节	（287）	草地牧民节	（093）
布依族四月八	（194）	册亨社神节	（152）
布依族天王节	（265）	岑溪花灯节	（053）
布依族跳花	（023）	插花泼水节	（476）
布依族跳花会	（023）	茶山瑶插田节	（212）
布依族跳月	（130）	茶山瑶插秧节	（212）
布依族仙歌节	（150）	茶山瑶吃功德	（544）
布依族鲜果节	（315）	茶山瑶打香火醮	（546）
布依族小年	（065，401）	茶山瑶功德节	（544）
布依族校小年	（090）	茶山瑶黄牛节	（153）
布依族新米节	（651）	茶山瑶做功德	（544）
布依族中秋节	（342）	茶山瑶做洪门	（546）
		查白歌节	（279）
		查白祭日	（280）

C

采参节	（199）	查干	（020）
采参日	（200）	查干萨日	（003）
采柳蒿芽	（556）	昌江三月三	（149）
踩花山	（099，517）	昌邑祭杂灾	（526）
踩花山节	（027）	昌邑玉皇祭	（021）
踩坡	（099）	长白山"九一五"纪念日	（563）
踩青邦邦会	（191）	长海龙凤日	（086）
踩青花儿会	（191）	长年佛诞	（249）
踩山	（517）	长宁观音会	（271）
参太子灯	（528）	长宁竹文化艺术节	（271）
蚕花生日	（129，413）	长寿敬孤节	（318）
蚕神祭	（445）	长阳打糍粑节	（429）
仓颉诞	（174）	长阳牛王会	（337）
仓廪神诞	（086）	长阳牛王节	（337）
曹人播种祭	（102）	长阳土家过年	（010）

词条	页码	词条	页码
尝苏理玛节	(660)	朝鲜族元日	(007)
尝鲜节	(481)	朝鲜族仲秋节	(343)
尝新苞谷节	(658)	朝鲜族重九节	(364)
尝新节	(305)	朝鲜族重五节	(219)
常熟甩担会	(171)	朝阳吃青苗会	(283)
厂甸庙会	(043)	朝云华山	(281)
唱哈	(087)	潮州青龙节	(131)
唱哈节	(087)	潮州迎青龙	(131)
巢凤山香会	(051)	炒苞谷节	(105)
朝东岳	(174)	车实扎	(359)
朝鸡节	(024)	陈十四娘节	(061)
朝觐橄子节	(618)	陈十四娘娘祭	(074)
朝山坡歌节	(482)	闯王庙会	(505)
朝天坡歌节	(481)	成道节	(411)
朝鲜族传统冬至	(400)	成吉思汗纪念节	(170)
朝鲜族灯夕	(199)	成吉思汗陵查干苏鲁克祭	(172)
朝鲜族冬至	(493)	成吉思汗陵禁奶祭	(370)
朝鲜族端午节	(220)	成吉思汗陵淖尔祭	(238)
朝鲜族寒食节	(189)	成吉思汗陵皮条祭	(384)
朝鲜族开天节	(384)	成人仪礼	(459)
朝鲜族老人节	(364)	城步动春节	(154)
朝鲜族流头节	(275)	城步禾蔸节	(262)
朝鲜族流头日	(275)	城隍会	(240)
朝鲜族清明祭	(470)	吃把朗节	(541)
朝鲜族秋夕节	(343)	吃苞的卯节	(270)
朝鲜族燃灯会	(198)	吃炒面节	(267)
朝鲜族燃灯节	(199)	吃稻草粑	(376)
朝鲜族三巳节	(146)	吃豆腐渣节	(420)
朝鲜族上巳日	(146)	吃端	(629)
朝鲜族上元节	(072)	吃额	(628)
朝鲜族梳头节	(275)	吃枫香叶	(151)
朝鲜族望月架	(071)	吃牯脏	(542)
朝鲜族望月节	(071)	吃鼓脏	(542)
朝鲜族五谷祭	(071)	吃九月粑节	(375)
朝鲜族亚岁	(400)	吃犒劳	(496)
朝鲜族语言文字日	(562)	吃老鼠粑粑	(409)
朝鲜族浴佛日	(199)	吃冷面节	(277)
朝鲜族御天节	(385)	吃卯	(630)

吃芍节 …………………………（353）	川南苗族跳场 …………………（100）
吃七月 …………………………（270）	穿针节 …………………………（302）
吃生节 …………………………（291）	传大召 …………………………（589）
吃酸奶的日子 …………………（606）	传统扫房日 ……………………（420）
吃酸奶子节 ……………………（606）	传小招 …………………………（595）
吃团圆饭 ………………………（341）	传小召 …………………………（595）
吃乌米节 ………………………（478）	传召大法会 ……………………（590）
吃五豆节 ………………………（410）	传召大会 ………………………（590）
吃蝎子毒 ………………………（115）	传召小会 ………………………（595）
吃蝎子节 ………………………（115）	串年坡 …………………………（031）
吃新节 ……………………（306，481）	吹籰古笛节 ……………………（315）
吃秧包 …………………………（270）	春分打醮 ………………………（465）
吃由粑节 ………………………（384）	春分节 …………………………（465）
吃月饼 …………………………（340）	春福 ……………………………（112）
吃糟节 …………………………（330）	春节 ……………………………（002）
吃姊妹饭 ………………………（133）	春节大祭天 ……………………（093）
池州分龙节 ……………………（089）	春龙节 …………………………（105）
虫王节 …………………………（259）	春社 ………………………（464，499）
崇福堂庙会 ………………（084，136）	春社节 …………………………（463）
酬山会 …………………………（024）	春天的盛会 ……………………（212）
酬山节 …………………………（024）	春楔 ……………………………（146）
出清 ……………………………（626）	春游 ……………………………（114）
出雨安居节 ……………………（361）	茈碧湖灯会 ……………………（325）
初十节 …………………………（607）	茈碧湖海灯会 …………………（325）
初夜出海祭 ……………………（281）	茈碧湖龙王会 …………………（324）
初夜渔祭 ………………………（154）	茈碧湖耍海会 …………………（325）
除草祭 …………………………（650）	祠山大帝生日 …………………（121）
除农害节 ………………………（374）	辞母山香会 ……………………（051）
除夕 ……………………………（422）	慈母山香会 ……………………（051）
除夕祭祖 ………………………（430）	磁州乞巧节 ……………………（114）
除夜 ……………………………（423）	刺猴祭 …………………………（648）
楚雄开街节 ……………………（067）	从江吃仓饭 ……………………（649）
楚雄山街节 ……………………（446）	从江冻鱼节 ……………………（387）
川南苗族踩山会 ………………（100）	从江开禾仓 ……………………（663）
川南苗族踩山节 ………………（100）	丛确节 …………………………（118）
川南苗族花杆会 ………………（100）	存伏前水日 ……………………（250）
川南苗族花山会 ………………（100）	磋却 ……………………………（595）
川南苗族耍花山 ………………（100）	措莫得拉 ………………………（049）

措曲节 …………………………（595）	达斡尔族中秋节 ………………（346）
措却节 …………………………（596）	軷祖宗 …………………………（648）
措却色邦节 ……………………（595）	打粑粑敬皇帝 …………………（293）
措却色陈 ………………………（595）	打保符 …………………………（266）
错曲色蚌 ………………………（595）	打背节 …………………………（032）
	打春 ……………………………（462）

D

	打春节 …………………………（119）
达爱祭 …………………………（530）	打春牛 …………………………（461）
达摩祖师圣诞 …………………（385）	打侗年 …………………………（092）
达努节 …………………………（535）	打皇粑 …………………………（293）
达穷 ……………………………（604）	打火箭节 ………………………（320）
达旺节 …………………………（322）	打老鼠眼 ………………………（074）
达斡尔族敖包祭 ………………（503）	打龙花会 ………………………（647）
达斡尔族除夕 …………………（425）	打泥巴仗 ………………………（656）
达斡尔族春节 …………………（015）	打泥坨节 ………………………（238）
达斡尔族大年 …………………（015）	打鸟节 …………………………（646）
达斡尔族端午节 ………………（223）	打扬尘 …………………………（420）
达斡尔族二月二 ………………（109）	大宝佛生日 ……………………（173）
达斡尔族封岁 …………………（426）	大船初夜渔祭 …………………（154）
达斡尔族关帝祭 ………………（229）	大端午 …………………………（216）
达斡尔族滚冰节 ………………（080）	大端阳节 ………………………（235）
达斡尔族过小年 ………………（412）	大方跳花节 ……………………（228）
达斡尔族黑灰节 ………………（079）	大佛瞻仰节 ……………………（601）
达斡尔族黑灰日 ………………（079）	大家跳舞 ………………………（078）
达斡尔族祭天神 ………………（024）	大甲妈祖文化节 ………………（183）
达斡尔族洁身祭 ………………（096）	大节夜 …………………………（423）
达斡尔族腊八节 ………………（412）	大理祭羊魂 ……………………（282）
达斡尔族抹灰节 ………………（079）	大理三月会 ……………………（167）
达斡尔族年三十 ………………（426）	大理三月街 ……………………（182）
达斡尔族娘娘祭 ………………（206）	大理三月街民族节 ……………（182）
达斡尔族千灯节 ………………（392）	大理松花会 ……………………（052）
达斡尔族清明节 ………………（470）	大摩里支菩萨圣诞 ……………（610）
达斡尔族求雨祭 ………………（444）	大奶夫人诞 ……………………（069）
达斡尔族武神祭 ………………（229）	大年初一 ………………………（002）
达斡尔族小年 …………………（418）	大年三十 ………………………（423）
达斡尔族药泉会 ………………（443）	大年夜 …………………………（423）
达斡尔族元宵节 ………………（061）	大盘十月节 ……………………（381）
达斡尔族正月十五 ……………（061）	大坡坡会 ………………………（100）

大祈愿法会	(590)	傣族对歌节	(233)
大千文化经贸节	(563)	傣族干莫	(295)
大清明节	(334)	傣族赶花节	(495)
大赦之夜	(582)	傣族关门节	(624)
大圣寺庙会	(327)	傣族毫瓦萨	(624)
大十五节	(413)	傣族花街节	(496)
大势至菩萨圣诞	(312)	傣族祭村寨神	(504)
大填仓	(086)	傣族祭家族神	(457)
大同城隍庙会	(235)	傣族祭龙	(141,295)
大王节	(322)	傣族祭龙树	(141)
大王庙会	(487)	傣族祭陇	(141)
大戊梁歌会	(480)	傣族祭垄	(141)
大雾梁歌会	(480)	傣族祭勐神	(530)
大新插秧节	(244)	傣族祭水神	(654)
大新下雨节	(324)	傣族祭死魂	(624)
大姚服装节	(175)	傣族祭窑	(141)
大姚赛装节	(175)	傣族进洼节	(624)
大瑶山禾魂节	(200)	傣族敬塔节	(516)
傣家彩蛋节	(127)	傣族开门节	(626)
傣家赶花街	(094)	傣族泼水节	(623)
傣家赶花节	(094)	傣族燃白柴节	(463)
傣家赶新街	(094)	傣族烧白柴	(463,620)
傣家花街节	(094)	傣族烧白柴节	(073)
傣家赕帕	(620)	傣族竖寨心	(457)
傣家赕帕节	(620)	傣族塔摆	(508)
傣家粽包节	(222)	傣族赕塔节	(516)
傣仂花街节	(047)	傣族窝巴节	(163)
傣历敬塔节	(626)	傣族新米节	(658)
傣历赕塔	(626)	傣族浴佛节	(623)
傣历新年	(623)	傣族中秋节	(344)
傣雅花街节	(047,235)	带闺女节	(115)
傣族摆广姆	(508)	带活猴节	(115)
傣族摆少三	(508)	丹麻花儿会	(275)
傣族拜山神	(504)	丹麻山歌会	(276)
傣族吃新米	(658)	丹麻滩花儿会	(276)
傣族春节	(010)	丹麻戏会	(276)
傣族东方情人节	(496)	丹徒赶狗节	(190)
傣族端午节	(222)	丹徒浴佛节	(191)

丹伊得钦节 …………………… （603）	德昂族开门节 …………… （361,627）
丹寨爬坡节 …………………… （332）	德昂族孔通 …………………… （073）
单县火神会 …………………… （045）	德昂族泼水节 …………… （477,554）
当姆吉仁 ……………………… （608）	德昂族烧白柴节 ……………… （073）
当雄赛马会 …………………… （607）	德昂族洗手脚节 ……………… （478）
刀梯会 ………………………… （032）	德昂族洗手脚日 ……………… （478）
倒稿节 ………………………… （390）	德昂族做摆 ……………… （449,532）
倒五穷 ………………………… （040）	德昂族做大贡 ………………… （532）
道德腊 ………………………… （309）	德布利藏年 …………………… （388）
道德天尊圣诞 ………………… （132）	德朵节 ………………………… （648）
道教节 ………………………… （132）	德宏傣族赶摆 ………………… （627）
道教圣诞节 …………………… （132）	德宏傣族做摆 ………………… （628）
道教中元节 …………………… （316）	德江炸龙节 …………………… （070）
道信诞辰 ……………………… （159）	德禄中秋节 …………………… （342）
道主诞 ………………………… （132）	德钦射箭节 …………………… （212）
稻草粑节 ……………………… （522）	德清烧沉船 …………………… （275）
稻公稻母祭 …………………… （660）	德清总管庙会 ………………… （506）
稻神节 ………………………… （261）	德亚 …………………………… （024）
德昂族采花节 ………………… （478）	灯场子 ………………………… （524）
德昂族出洼节 ………………… （627）	灯节 …………………………… （062）
德昂族赶摆 ……………… （449,532）	灯节书会 ……………………… （056）
德昂族供家堂 ………………… （512）	灯那节 ………………………… （261）
德昂族谷魂节 …………… （442,655）	登高节 ………………………… （363）
德昂族关门节 …………… （296,625）	登霄节 ………………………… （577）
德昂族换黄单 ………………… （450）	邓川渔潭会 …………………… （349）
德昂族祭地 …………………… （655）	邓尉赏梅 ……………………… （144）
德昂族祭地鬼 ………………… （655）	邓县黄瓜会 …………………… （196）
德昂族祭幡杆 ………………… （621）	僜人祭鬼节 …………………… （024）
德昂族祭谷魂 …………… （442,655）	僜人送鬼节 …………………… （024）
德昂族祭谷娘 …………… （442,654）	狄港六龙会 …………………… （057）
德昂族祭鬼树 ………………… （209）	迪庆阶冬节 …………………… （406）
德昂族祭龙 …………………… （183）	迪庆彝族火把节 ……………… （284）
德昂族祭蛇神 ………………… （414）	迪庆州民族团结进步日 ……… （563）
德昂族祭天 …………………… （329）	荻港开秧门 …………………… （655）
德昂族祭寨神 ………………… （025）	荻港摸秋 ……………………… （351）
德昂族祭寨神树 ……………… （078）	底拉 …………………………… （260）
德昂族浇花节 …………… （478,554）	底拉祭祖节 …………………… （260）
德昂族进洼节 ………………… （625）	地藏节 ………………………… （328）

地藏菩萨生日	（328）	东乡族尔德节	（579）
地官节	（316）	东乡族古尔邦节	（584）
地腊	（216）	东乡族花儿会	（642）
帝释天圣诞	（617）	东乡族开斋节	（578）
帝释天尊圣诞	（616）	东乡族粮食节	（165）
第一世噶玛巴圆寂纪念日	（589）	东乡族路德节	（576）
点天灯	（057）	东乡族庆丰收	（664）
店宁蒙	（034）	东乡族圣纪节	（576）
雕船竣工礼	（361）	东乡族玩火把	（071）
吊狗祭山	（100）	东兴年晚福	（414）
吊天灯	（057）	东岳大帝生日	（174）
调年会	（035）	东岳大帝圣诞	（174）
调年节	（035）	东岳庙会	（174）
调声节	（344）	东正教圣三主日	（559）
定光佛圣诞	（043）	冬除	（492）
定亲庙会	（510）	冬大过年	（493）
定日加央	（522）	冬防节	（452）
定日赛马节	（522）	冬季大法会	（615）
定日实央	（522）	冬季大法会跳神节	（615）
定日乌央	（522）	冬街节	（492）
丢花包节	（161）	冬节	（492）
东巴会	（162）	冬希曼节	（661）
东坝祭母	（403）	冬至	（492）
东北冬至节	（493）	冬至祭神节	（494）
东港石战节	（234）	冬至节	（491）
东沟大庄跳神会	（114）	董朗桥歌节	（266）
东华帝君诞	（120）	侗家播种节	（153）
东皇庙会	（175）	侗家赶坳	（238）
东家人等郎会	（102）	侗家赶歌场	（157）
东家人祭祖节	（457）	侗家赶歌坪	（355）
东蒙祭星	（046）	侗家挂亲	（468）
东山庙会	（126）	侗家六月六	（257）
东莞翻身节	（115）	侗家情人节	（566）
东莞卖身节	（114）	侗家天贶节	（257）
东莞田了节	（314）	侗家玩山	（239）
东莞遇仙节	（115）	侗家粽粑节	（257）
东乡族春节	（013）	侗乡采桑节	（197）
东乡族尔德	（584）	侗族扁米节	（566）

侗族播种节	（145,482）	侗族芦笙会	（092,447）
侗族茶歌节	（514）	侗族芦笙节	（447）
侗族尝新节	（300,446）	侗族南瓜节	（351）
侗族朝龙	（033）	侗族闹春牛	（462）
侗族吃社饭	（500）	侗族年	（404）
侗族吃新节	（300,446）	侗族牛王节	（194）
侗族春节	（008）	侗族平安节	（489）
侗族春社	（500）	侗族抢花炮	（394）
侗族打牛架	（499）	侗族清明节	（468）
侗族大歌节	（109）	侗族秋社	（500）
侗族大年	（424）	侗族萨玛节	（456）
侗族斗鸟会	（117）	侗族赛芦笙	（447）
侗族斗牛节	（499）	侗族三月三	（144）
侗族多耶节	（565）	侗族三月三歌会	（152）
侗族二月二	（108）	侗族扫阳春	（075）
侗族赶坳	（483）	侗族杀龙节	（301）
侗族赶春社	（500）	侗族社节	（500）
侗族赶歌坪	（352）	侗族社日	（500）
侗族赶坪节	（352）	侗族石家节	（387）
侗族赶秋社	（500）	侗族守岁	（425）
侗族赶社	（499）	侗族摔跤节	（505）
侗族歌场	（323）	侗族四月八	（195）
侗族姑娘节	（197）	侗族讨葱节	（145）
侗族古老吃新节	（486）	侗族土皇节	（478）
侗族过冬节	（493）	侗族土王节	（479）
侗族过社	（500）	侗族玩山	（483）
侗族贺八月	（034）	侗族舞春牛	（463）
侗族贺轮	（034）	侗族洗牛节	（265）
侗族贺年	（034）	侗族洗牛身	（194,266）
侗族红薯节	（394）	侗族洗药水澡	（482）
侗族花炮节	（393）	侗族洗澡节	（482）
侗族活路节	（097）	侗族小年	（426）
侗族祭牛神	（194）	侗族新婚节	（394）
侗族祭萨	（456）	侗族新米节	（446）
侗族祭祖节	（486）	侗族姓氏节	（456）
侗族甲戌节	（489）	侗族秧节	（482）
侗族架桥节	（113）	侗族月贺	（034）
侗族六月节	（486）	侗族中秋节	（344）

侗族粽粑节 …………………… (109)	咄 …………………………… (664)
侗族祖公节 …………………… (489)	

E

洞更谷乳木 …………………… (596)	俄罗斯族报喜节 ……………… (180)
洞更谷乳木节 ………………… (617)	俄罗斯族彼得节 ……………… (560)
都安祭雷庙 …………………… (451)	俄罗斯族成年节 ……………… (445)
都江堰放水节 ………………… (471)	俄罗斯族春耕节 ……………… (438)
都柳江种棉节 ………………… (188)	俄罗斯族丰收节 ……………… (566)
都天神会 ……………………… (183)	俄罗斯族复活节 ……………… (553)
都瓦节 ………………………… (209)	俄罗斯族桦树节 ……………… (559)
都阳节 ………………………… (218)	俄罗斯族鸡蛋节 ……………… (554)
都匀赛马节 …………………… (261)	俄罗斯族狂欢节 ……………… (440)
兜锦印 ………………………… (199)	俄罗斯族雷神节 ……………… (561)
斗牛关场节 …………………… (541)	俄罗斯族柳条节 ……………… (553)
斗巧饭 ………………………… (120)	俄罗斯族泼水节 ……………… (253)
痘疹娘娘祭 …………………… (249)	俄罗斯族清明节 ……………… (470)
独龙年节 ……………………… (634)	俄罗斯族上坟节 ……………… (466)
独龙族过年 …………………… (550)	俄罗斯族圣诞节 ………… (549,569)
独龙族祭山神 ………………… (458)	俄罗斯族圣母领报日 ………… (553)
独龙族祭天神 ………………… (663)	俄罗斯族十三大节日 ………… (548)
独龙族剽牛祭天 ……………… (647)	俄罗斯族送冬节 ……………… (440)
独雄庙会 ……………………… (038)	俄罗斯族万愚节 ……………… (553)
杜康节 ………………………… (562)	俄罗斯族洗礼节 ……………… (549)
杜音拜专扎坤 ………………… (205)	俄罗斯族夏节 ………………… (559)
端节 …………………………… (628)	俄罗斯族谢肉节 ……………… (440)
端日 …………………………… (002)	俄罗斯族耶稣复活日 ………… (554)
端五 …………………………… (216)	俄罗斯族幽默节 ……………… (553)
端午节 ………………………… (215)	俄罗斯族愚人节 ……………… (553)
端午谢蚕花 …………………… (226)	俄日俄定 ……………………… (233)
端阳 …………………………… (216)	峨山开新街 …………………… (067)
端阳节 ………………………… (216)	娥绒克绕 ……………………… (432)
堆沙节 ………………………… (476)	额节 …………………………… (628)
敦白日扎法会 ………………… (525)	鄂伦春族除夕 ………………… (426)
多宝佛生日 …………………… (173)	鄂伦春族春祭 ………………… (213)
多宝如来生日 ………………… (173)	鄂伦春族春节 ………………… (019)
多布抬克 ……………………… (444)	鄂伦春族打月亮 ……………… (347)
多加节 ………………………… (593)	鄂伦春族端午节 ……………… (225)
多玛 …………………………… (356)	鄂伦春族篝火节 ………… (240,559)
多索节 ………………………… (372)	

鄂伦春族祭北斗星 …………… (026)
鄂伦春族祭火 ………………… (418)
鄂伦春族祭火神节 …………… (561)
鄂伦春族祭太阳 ……………… (026)
鄂伦春族祭月亮 ……………… (503)
鄂伦春族米特尔节 …………… (402)
鄂伦春族抹黑脸节 …………… (080)
鄂伦春族抹黑日 ……………… (080)
鄂伦春族清明节 ……………… (165)
鄂伦春族送火神 ……………… (418)
鄂伦春族元宵节 ……………… (063)
鄂伦春族正月十五 …………… (063)
鄂伦春族中秋节 ……………… (347)
鄂温克族阿涅 ………………… (018)
鄂温克族敖包会 ……………… (442)
鄂温克族八月十五 …………… (347)
鄂温克族春节 ………………… (018)
鄂温克族二月二 ……………… (109)
鄂温克族复活节 ……………… (553)
鄂温克族汉西 ………………… (189)
鄂温克族汉西节 ……………… (553)
鄂温克族祭敖包 ……………… (237)
鄂温克族祭火节 ……………… (417)
鄂温克族祭火日 ……………… (418)
鄂温克族祭火神 ……………… (418)
鄂温克族祭火主 ……………… (418)
鄂温克族龙抬头 ……………… (109)
鄂温克族米特尔节 …………… (394)
鄂温克族抹黑灰日 …………… (080)
鄂温克族帕斯克节 …………… (553)
鄂温克族清明 ………………… (553)
鄂温克族清明节 ……………… (189)
鄂温克族庆丰收 ……………… (241)
鄂温克族瑟宾节 ……………… (558)
鄂温克族四月会 ……………… (187)
鄂温克族五月初五 …………… (225)
鄂温克族中秋 ………………… (347)
鄂温克族仲秋节 ……………… (347)
鄂西侗族尝新 ………………… (268)
鄂西侗族尝新节 ……………… (268)
鄂西侗族吃新节 ……………… (268)
鄂西侗族六月六 ……………… (268)
鄂西侗族新米节 ……………… (268)
恩鲜鲜 ………………………… (095)
尔德节 ………………………… (578)
洱海过年节 …………………… (429)
洱源百鸟会 …………………… (646)
洱源秋千会 …………………… (455)
洱源三营庄稼会 ……………… (134)
洱源庄稼会 …………………… (134)
二除夜 ………………………… (492)
二郎山花儿会 ………………… (240)
二老爷庙会 …………………… (121)
二莫都土 ……………………… (644)
二年祭 ………………………… (529)
二月八年节 …………………… (123)
二月八跳摆 …………………… (124)
二月二 ………………………… (105)
二月二祭虫 …………………… (108)
二月二祭土地神 ……………… (110)
二月二龙牌会 ………………… (105)
二月二龙头节 ………………… (105)
二月二跳月 …………………… (111)
二月二修善节 ………………… (109)
二月二中和节 ………………… (105)
二月二粽子节 ………………… (110)
二月节 ………………………… (028)
二月礼拜 ……………………… (129)
二月芦笙会 …………………… (140)
二月芦笙节 …………………… (140)
二月七 ………………………… (120)
二月七节 ……………………… (120)
二月三 ………………………… (117)
二月社 ………………………… (108)

F

发合思巴圆寂纪念日 ………… (405,615)

发思八圆寂纪念日	（405）
发思巴圆寂纪念日	（614）
法蒂玛忌日	（576）
法蒂玛节	（576）
法帖梅	（576）
法图麦	（576）
翻经节	（261）
翻九台	（645）
范庄龙牌会	（106）
防火节	（452）
放河灯	（327）
放花灯节	（321）
放鸟飞节	（455）
放水灯节	（645）
飞鱼干收藏祭	（281）
费县玉皇庙会	（068）
分龙节	（089，240）
分龙日	（089，240）
分肉串节	（506）
丰都庙会	（156）
丰年祭	（349）
丰收祭	（349）
丰收节	（349，610）
丰原文兴	（370）
风光岩歌会	（152）
蜂炮节	（071）
凤凰山花儿会	（191）
凤山歌节	（033）
佛诞节	（599）
佛额什克斯	（426）
佛欢喜日	（607）
佛吉祥日	（204）
佛教盂兰盆会	（316）
佛教盂兰盆节	（316）
佛陀成道暨涅槃纪念日	（599）
佛陀入胎日	（603）
佛陀神变日	（590）
佛圆满节	（204）
佛月	（599）
伏日	（486）
孚念孚	（149）
浮嫫切	（297）
福安白年白	（029）
福安探亡日	（029）
福建冬至节	（492）
福建结缘	（303）
福建七夕	（302）
福泉看会	（251）
福州除贫	（089）
福州大帝诞	（229）
福州瘟鬼诞	（229）
富裕祭星节	（420）

G

嘎斗斗	（097）
嘎度度	（142）
嘎玛堆巴	（607）
嘎玛日吉	（607）
嘎汤帕节	（404）
嘎透透	（398）
嘎直坡会	（037）
噶登阿曲	（613）
噶玛巴·都松钦巴圆寂纪念日	（589）
噶玛巴·杜松虔巴圆寂纪念日	（589）
盖德尔夜	（581）
干巴节	（160）
干木女神会	（326）
甘丹安曲	（613）
甘丹昂曲	（613）
甘丹绣唐节	（593）
甘南供食节	（664）
甘南跑马节	（185）
甘囊香芦笙节	（081）
甘孜藏族聚居区赛马会	（571）
杆洞百鸟衣坡会	（056）
杆子祭	（434）

赶插花节	(132)	仡佬族敬牛节	(382)
赶地母会	(072)	仡佬族敬牛王菩萨	(383)
赶歌会	(323)	仡佬族敬雀节	(104)
赶花会	(132)	仡佬族立春节	(462)
赶苗场	(497)	仡佬族立灯杆	(025)
赶糯米坡	(191)	仡佬族毛龙节	(427)
赶坪节	(341)	仡佬族年	(157)
赶肖冲桥	(321)	仡佬族牛神节	(383)
赶羊会	(297)	仡佬族牛王节	(383)
赶祖先圩	(473)	仡佬族坡会	(498)
感天上帝诞	(393)	仡佬族扫寨子	(266)
冈永节	(622)	仡佬族上元节	(064)
刚目纳顿	(495)	仡佬族跳姑娘	(070)
高坝赶歌场	(323)	仡佬族献新节	(348)
高坝歌会	(323)	仡佬族香会	(519)
高二山头庙会	(308)	仡佬族小年	(403,458)
高山族播种祭	(183)	仡佬族小年节	(403)
高山族祖灵祭	(332)	仡佬族迎新谷	(348)
高唐花姑节	(087)	仡佬族迎新谷节	(348)
仡佬族八月节	(347)	仡佬族元宵节	(064)
仡佬族拜树节	(178,503)	仡佬族走坡	(499)
仡佬族尝新节	(348)	革人踩青节	(026)
仡佬族朝天祭祖	(471)	格巴祭	(140)
仡佬族吃新祭祖	(348)	格德勒节	(579)
仡佬族吃新节	(348)	葛姆	(011)
仡佬族春节	(016)	葛真君圣诞	(129)
仡佬族大年	(016)	个人渔家祭	(245)
仡佬族灯杆节	(025)	个人渔猎中止祭	(273)
仡佬族过大年	(427)	个人招渔祭	(458)
仡佬族过年	(016,158,427)	给牛吃粽子	(237)
仡佬族过小年	(427)	更好慕	(651)
仡佬族虎日节	(359)	更冒烧	(151)
仡佬族火把节	(266)	更那了	(388)
仡佬族祭牛节	(383)	更三碗	(151)
仡佬族祭牛王	(383)	更宿万	(237)
仡佬族祭山节	(036,176)	更喔坡会	(060)
仡佬族祭山神	(036,176)	羹汤日	(045)
仡佬族祭树节	(036,179)	工布藏年	(610)

工布年	(611)	古丈穿洞节	(308)
工噶蹼卡望果节	(610)	古丈赶年场	(093)
厷	(078)	古丈跳马节	(545)
供宝会	(595)	古丈走穿洞	(309)
供登满	(655)	古中和节	(137)
供天日	(050)	谷城赛烛	(065)
供兔儿爷	(341)	谷城烛会	(065)
供养田神	(653)	谷陇芦笙会	(373)
拱洞坡会	(046)	谷陇芦笙节	(373)
贡山赶鬼节	(415)	谷雨茶节	(479)
贡山祈祷法会	(059)	谷雨青节	(479)
贡山转经节	(319)	鼓藏节	(542)
贡象节	(623)	鼓社节	(542)
狗诞辰节	(136)	鼓脏节	(542)
姑姑节	(258)	瓜节	(629)
姑婆节	(426)	瓜清明	(521)
姑婆年	(426)	挂彩灯	(341)
姑太节	(576)	挂五色纸	(320)
孤山奶奶庙会	(196)	关帝圣君飞升日	(056)
古巴拉波	(610)	关岭火星节	(448)
古代父亲节	(455)	关圣帝君圣诞	(281)
古多	(618)	关太祖祭典	(370)
古尔巴尼节	(585)	观潮节	(356)
古尔邦节	(582)	观经会	(525)
古腊祭	(494)	观上览	(206)
古腊日	(495)	观世音菩萨成道日	(277)
古龙坡会	(080)	观世音菩萨圣诞	(518)
古龙头节	(137)	观修供养节	(606)
古伦木沓节	(561)	观音会	(518)
古羌妇女节	(233)	观音庙会	(135)
古羌还愿会	(287)	观音香市	(519)
古羌祭山会	(287)	官亭庙会	(362)
古羌祭天会	(287)	灌阳香日	(303)
古羌山神会	(287)	光饼节	(467)
古羌山王会	(287)	光明遍照法会	(616)
古羌塔子会	(287)	广东穷鬼日	(030)
古羌玉皇会	(287)	广东送穷日	(030)
古羌转山会	(287)	广南花街节	(443)

广胜寺庙会	(170)	过腊月	(434)
广西祭灶	(416)	过年	(002)
广元女儿节	(561)	过七月半	(330)
广元游河湾	(562)	过糌粑年	(388)
广州逛花市	(433)		
广州生菜会	(087)	**H**	
广州行花街	(434)	哈巴节	(345)
逛林卡	(600)	哈尔滨冰灯节	(098)
归西毕	(128)	哈尔滨冰雪节	(098)
鬼节	(316)	哈节	(087)
鬼头日	(380)	哈莫孜瓦斯特	(575)
贵德拉夜会	(281)	哈尼族播种祭	(177)
贵德神牛会	(283)	哈尼族播种节	(177)
贵州壮年	(409)	哈尼族吃新谷节	(330)
桂北药师节	(230)	哈尼族春节	(010)
桂北药王节	(230)	哈尼族大年	(378)
桂东社公节	(428)	哈尼族端午节	(222)
桂林舟会	(537)	哈尼族二月年	(177)
郭多	(618)	哈尼族姑娘街	(141)
国际孔子文化节	(565)	哈尼族姑娘节	(118)
国际诺鲁孜节	(552)	哈尼族郭修节	(182)
国际少林武术节	(564)	哈尼族过冬	(398)
国家宪法日	(567)	哈尼族黄饭节	(177)
国庆节	(565)	哈尼族祭地神	(643)
果迷峨索波底	(260)	哈尼族祭谷神	(177)
果园萨依勒节	(523)	哈尼族祭谷王	(526)
过半年	(248)	哈尼族祭龙	(142)
过大年	(002)	哈尼族祭龙节	(439)
过稻草粑节	(376)	哈尼族祭龙日	(106)
过地区年	(005)	哈尼族祭竜	(141)
过侗年	(493)	哈尼族祭楼都	(541)
过端	(629)	哈尼族祭母节	(403)
过额节	(628)	哈尼族祭山	(176)
过赶年	(421)	哈尼族祭水神	(654)
过国年	(005)	哈尼族祭天	(329)
过家庭年	(005)	哈尼族祭寨神	(141)
过九月粑节	(376)	哈尼族觉扎扎	(429)
过旧年	(011)	哈尼族开秧门节	(212)

哈尼族老人节	（403）	汉族泼水节	（253）
哈尼族立寨门祭	（440）	汉族青苗会	（276）
哈尼族六月节	（283）	杭州除夕	（423）
哈尼族六月年	（283）	杭州谷日	（047）
哈尼族磨秋节	（246）	杭州烧田头	（249）
哈尼族年节	（404）	杭州祀孤魂	（318）
哈尼族求丰收	（657）	杭州湾观潮	（356）
哈尼族驱鬼节	（377）	航西	（521）
哈尼族取火日	（559）	蒿草卜	（230）
哈尼族上坟	（471）	好轮瓦节	（620）
哈尼族十月年	（378，399）	好收色	（177）
哈尼族太阳节	（555）	好希早节	（451）
哈尼族托资	（489）	喝希卓节	（451）
哈尼族五月年	（246）	合拢种爱地	（463）
哈尼族新谷节	（306）	河池躲鬼节	（318）
哈尼族新米节	（359）	盍什节	（568）
哈尼族新年	（181）	盍司节	（432）
哈其麦节	（581）	荷花生日	（254）
哈萨克族尔德节	（580）	贺牛生日	（304）
哈萨克族古尔邦节	（583）	赫哲族春节	（019）
哈萨克族库尔邦节	（584）	赫哲族大年除夕	（426）
哈萨克族那吾鲁孜节	（586）	赫哲族二月二	（109）
哈萨克族纳吾鲁孜节	（585）	赫哲族河灯节	（320）
哈萨克族肉孜节	（580）	赫哲族旧历年	（426）
哈萨克族圣纪节	（576）	赫哲族鹿神节	（368）
孩儿圩	（108）	赫哲族年	（020）
海丰元夕	（065）	赫哲族七月十五	（319）
海南八月会	（344）	赫哲族青龙节	（109）
海南苗年	（004）	赫哲族跳鹿神	（641）
海南苗族新年	（453）	赫哲族文艺体育大会	（536）
海宁常王汛	（401）	赫哲族小年	（418）
海神祭	（419）	赫哲族正月十五	（073）
海西海歌会	（289）	赫哲族中元节	（319）
海舟竞渡	（540）	鹤妹娘娘会	（174）
寒婆婆打柴日	（390）	鹤庆插柳节	（460）
寒食	（467）	鹤庆斗灯	（320）
寒食节	（466）	鹤庆果子节	（355）
汉民花朝节	（132）	鹤庆祭鸟节	（494）

鹤庆骡马会	（333）	互助四月八庙会	（199）
鹤庆送鸟	（494）	户撒阿露节	（552）
鹤庆猪姑娘节	（172）	户撒敖露节	（552）
黑话人贺牛神	（305）	户撒会街节	（552）
黑话人拉麻节	（305）	护宅天尊诞	（336）
黑话人颂牛节	（491）	花朝	（132）
黑井灯会	（066）	花朝节	（131）
黑弄节	（633）	花车盛会	（123）
黑彝祭秋架	（067）	花卉生日	（132）
黑彝祭星节	（067）	花街节	（047）
黑彝祭星星	（067）	花苗祭祖节	（033）
衡尾	（462）	花婆祭	（022）
红宝放赦	（143）	花婆节	（111）
红坎村哈节	（076）	花山会	（099）
红坎哈节	（087）	花山节	（028，517）
红苗洞歌会	（022）	花神节	（132）
红石天	（141）	花神生日	（132）
红瑶粑节	（375）	花王节	（111）
红瑶半年节	（263）	花王圣母祭	（022）
红瑶春社节	（137）	花腰傣鸟头节	（090）
红瑶供田节	（263）	花腰人祭罗节	（095）
红瑶粽粑节	（237）	花腰人祭倮节	（096）
红原赛马会	（300）	花瑶犬王节	（427）
洪格嘛呢节	（185）	化隆坚乔节	（053）
洪皮牙冲	（643）	欢乐日	（600）
洪西洪米祭	（176）	欢庆松总	（201）
洪雅城隍会	（243）	还年福	（433）
洪雅城隍庙会	（243）	还娘娘愿	（409）
洪雅台会	（243）	还盘王愿	（390）
后藏新年	（588）	还清兵愿	（540）
胡公生日	（339）	还阳吉日	（383）
胡集书会	（056）	还愿酬神	（397）
湖北八月节	（340）	环江南瓜节	（366）
湖北扑蝶会	（132）	环江土主节	（022）
湖州祭神庙会	（509）	换年	（653）
湖州龙王庙会	（241）	换万千节	（548）
糊牛角节	（382）	唤山节	（402）
互助祭佛节	（185）	黄帝故里拜祖大典	（146）

黄老相公会	(189)		
黄龙寺庙会	(274)	**J**	
黄南神舞节	(031)	鸡日	(002)
黄平偷菜节	(075)	鸡足山朝山会	(024)
黄岩东岳庙会	(174)	基诺族吃新米	(451)
黄岩东岳神会	(174)	基诺族打铁节	(636)
晃露节	(625)	基诺族过年	(636)
晃露盛会	(626)	基诺族火把节	(296)
回娘家节	(258)	基诺族祭大龙	(514,654)
回族春节	(004)	基诺族祭龙	(514)
回族鸽子会	(642)	基诺族祭小龙	(514,654)
回族古尔邦节	(583)	基诺族祭寨神	(297)
回族库尔班节	(583)	基诺族叫谷魂	(662)
回族圣会	(576)	基诺族社祭节	(140)
回族圣忌节	(575)	基诺族新米节	(451)
回族圣祭节	(575)	基诺族新年	(636)
回族献生节	(583)	吉佳姆节	(432)
回族献牲节	(583)	吉喇思巴监藏巴藏布诞辰	(614)
回族元宵节	(062)	吉美哦瑟圆寂纪念日	(617)
回族宰牲节	(583)	极喜金刚诞辰	(591)
回族忠孝节	(583)	即墨海祭	(140)
会供法会	(595)	几光咯	(621)
会供节	(596)	纪苏节	(537)
会龙节	(242)	忌孔节	(239)
会龙日	(242)	忌戊	(159)
会衣布	(398)	忌针日	(040)
惠民春龙节	(106)	济南三月三	(147)
惠民龙抬头	(106)	祭阿渥尔	(178)
惠水三月节	(472)	祭敖包	(246)
惠水射花节	(472)	祭奥伦	(026)
惠州中元节	(313)	祭雹神	(185)
慧能大师圣诞	(127)	祭伯公	(252)
活舍节	(181)	祭财神	(027)
火把节	(283)	祭沧浪神	(185)
火把山街	(289)	祭厕神日	(043)
获胜赏神祭	(601)	祭陈姑娘	(390)
霍乌都如日	(079)	祭成吉思汗陵宫	(524)
霍吾都节	(079)	祭成陵	(524)

祭大祖母 …………………………（024）
祭得勒饮 …………………………（026）
祭丢拉曼 …………………………（504）
祭丢木拉嘎 ………………………（535）
祭丢木拉戛 ………………………（535）
祭丢瓦拉哈滚 ……………………（457）
祭丢瓦拉勐 ………………………（530）
祭峒主 ……………………………（315）
祭厄厚扎米厚玛阿耶 ……………（654）
祭厄扎米格扎 ……………………（654）
祭鄂博 ……………………………（247）
祭佛头妈妈 ………………………（510）
祭佛托妈妈 ………………………（510）
祭佛陀妈妈 ………………………（510）
祭干母女神 ………………………（326）
祭格谋不朗 ………………………（663）
祭谷神节 …………………………（427）
祭谷畜神 …………………………（297）
祭关帝节 …………………………（282）
祭关公庙会 ………………………（282）
祭观音街 …………………………（168）
祭锅庄 ……………………………（397）
祭海 ………………………………（646）
祭罕点格尔 ………………（436,504）
祭赫托里妈妈 ……………………（510）
祭赫托妈妈 ………………………（510）
祭黄帝 ……………………………（146）
祭吉雅奇 …………………（076,436）
祭街神 ……………………………（535）
祭孔 ………………………………（358）
祭拉卜孜 …………………………（644）
祭老把头 …………………………（169）
祭老人房 …………………（108,142）
祭雷神节 …………………………（158）
祭礼烟火 …………………………（601）
祭龙巴头 …………………………（141）
祭龙节 ……………………（117,599）
祭妈祖 ……………………………（172）
祭马王节 …………………………（282）
祭嘛呢堆 …………………………（644）
祭迷土 ……………………………（124）
祭密枝 ……………………………（407）
祭木比塔 …………………（044,287）
祭木鼓节 …………………………（632）
祭牛大王 …………………………（494）
祭牛生日 …………………………（194）
祭盘古 ……………………………（390）
祭盘古郎节 ………………………（300）
祭七星神 …………………………（421）
祭荞王天地爷 ……………………（260）
祭青蛙扳腰赛 ……………………（385）
祭日大典 …………………………（465）
祭日月神 …………………………（509）
祭塞们 ……………………………（329）
祭三朵 ……………………………（122）
祭三皇节 …………………………（305）
祭三界公 …………………………（252）
祭三容神 …………………………（538）
祭色猛 ……………………………（512）
祭神树节 …………………………（124）
祭牲畜神 …………………（076,436）
祭石猫猫 …………………………（029）
祭石神 ……………………………（137）
祭水田天地爷 ……………………（288）
祭索罗杆子 ………………………（434）
祭他合马 …………………………（435）
祭踏乌都图 ………………………（408）
祭太阳公公 ………………………（103）
祭太阳神节 ………………………（483）
祭太阴娘娘 ………………………（351）
祭太阴星君 ………………………（351）
祭谭仙公 …………………………（315）
祭腾格里巴尔肯 …………………（025）
祭天朝祖大典 ……………………（475）
祭天会 ……………………………（644）
祭土地和谷神 ……………………（529）

祭土神和苗神	(539)
祭土神节	(499)
祭歪里妈妈	(510)
祭完里妈妈	(510)
祭完立妈妈	(510)
祭万历妈妈	(510)
祭吴纠阿玛	(142)
祭五谷鬼	(662)
祭喜族利妈妈	(025)
祭娅拜	(210)
祭岩神	(629)
祭炎帝陵	(508)
祭雨神节	(428)
祭月	(340)
祭月神	(351)
祭岳飞	(134)
祭灶	(415)
祭灶节	(416)
祭寨神节	(407)
祭寨神树	(139)
祭中柱节	(360)
祭猪会	(127)
祭庄稼神	(182)
祭紫姑	(043)
祭宗喀巴	(391)
祭族树节	(288)
祭祖新米节	(300)
冀东麻姑节	(317)
冀南送羊节	(236)
夹江张爷会	(188)
嘉俳节	(343)
嘉绒藏年	(387)
嘉绒祭山节	(128)
嘉绒哇藏年	(388)
嘉县香桥会	(303)
嘉兴甩火把	(100)
嘉兴水嬉	(474)
嘉兴踏白船	(473)
戛度度	(097,143)
戛洒赶花街	(139)
戛洒花街节	(139)
戛洒情人节	(139)
戛汤节	(408)
戛唐帕节	(408)
戛透透	(398)
甲布洛萨	(587)
嫁毛虫节	(195)
尖扎嘛呢节	(225)
尖扎嘛尼节	(226)
坚阿曲巴	(592)
剪马鬃节	(210)
剪羊毛节	(297)
简阳抢童子	(160)
建党节	(560)
建德端午节	(217)
建军节	(560)
渐苟嫩堕拉	(478)
江	(011)
江南观莲节	(283)
江南炉节	(381)
江苏祭灶	(419)
江苏小年	(419)
江浙拜观音	(519)
江孜达玛节	(597)
江孜跑马射箭节	(598)
将军洞庙会	(351)
蒋扬钦哲旺波圆寂纪念日	(593)
降神节	(610)
降圣节	(132)
交冬	(492)
交九	(492)
郊耍	(600)
郊宴	(600)
浇花水节	(477)
胶东春节	(003)
叫饭魂节	(119)

教师节	(562)	京族海神祭	(419)
接财神	(039)	京族七月半	(317)
接姑娘节	(382)	京族食新米节	(386)
接路头	(039)	京族中秋节	(347)
接迷土	(124)	京族中元节	(317)
接三公主	(130)	京族做年晚福	(419)
接三姑娘	(161)	荆州迎傩神	(460,465)
节令荐新	(662)	惊蛰节	(464)
解天饷	(140)	景比迈节	(622)
借端	(629)	景东文昌诞	(113)
借额	(628)	景洪嘎汤节	(408)
借瓜	(629)	景洪哈基节	(294)
借卯	(630)	景洪陪马节	(294)
金大老爷庙会	(506)	景洪陪玛节	(294)
金华开犁	(653)	景颇族采草节	(451)
金华开犁日	(653)	景颇族采花节	(095)
金华迎佛节	(386)	景颇族尝新节	(657)
金华植树节	(083)	景颇族吃新谷	(657)
金马节	(600)	景颇族春节	(432)
金母圣诞	(322)	景颇族鬼年	(408)
金平姑娘节	(094)	景颇族火把节	(651)
金平糊牛角	(386)	景颇族吉达	(029)
金平祭水神	(142)	景颇族祭谷魂	(662)
金秀祭甘王	(433)	景颇族祭谷神	(662)
金秀游神	(535)	景颇族祭官庙	(515)
津门端午节	(216)	景颇族祭鬼节	(662)
紧刁巴拉	(504)	景颇族祭能尚	(515)
锦城踏青节	(114)	景颇族叫谷魂	(662)
锦屏林王节	(294)	景颇族能仙节	(128)
晋中社火节	(073)	景颇族宁打	(030)
禁脚节	(104)	景颇族撒种节	(164)
禁奶大典	(370)	景颇族新米节	(657)
禁烟节	(467)	净港文化祭	(048)
京比迈	(016)	敬阿美日各神	(401)
京华请顺星	(047)	敬八仙节	(047)
京华顺星节	(047)	敬白石	(036)
京族春节	(018)	敬奉点格尔汗	(503)
京族端午节	(225)	敬奉菩萨节	(130)

敬娘娘菩萨	（154）	开年动土祭	（044）
敬婆婆神	（195）	开水大典	（471）
敬土地	（112）	开斋节	（578）
敬鹰节	（104）	砍牛尾巴	（632）
纠节巴洛桑节	（613）	康巴艺术节	（563）
纠尼巴洛桑节	（615）	康定敬山神	（196）
九华山庙会	（327）	康定沐佛节	（196）
九皇会	（377）	康定跑马山会	（236）
九曲黄河灯	（524）	康定日库寺跳神节	（603）
九曲黄河阵	（524）	康定赛马会	（236）
九曲黄河阵灯会	（082）	康定转山会	（196）
九日	（363）	康王祭	（641）
九三纪念日	（562）	柯尔克孜族春节	（014）
九天天主祭	（470）	柯尔克孜族祭星	（421）
九月粑节	（522）	柯尔克孜族马奶节	（484）
九月半会	（376）	柯尔克孜族冒路德节	（576）
九月大会	（391）	柯尔克孜族圣纪节	（576）
九月节	（370）	柯尔克孜族圣忌节	（576）
九月九歌会	（369）	柯尔克孜族新年节	（570）
九月芦笙节	（373）	柯尔克族孜登霄节	（577）
旧打铁节	（551）	柯尔克族孜古尔邦节	（584）
咀长节	（336）	柯尔克族孜开斋节	（581）
聚九恶节	（613）	柯尔克族孜肉孜节	（580）
瞿昙寺花儿会	（264）	柯尔克族孜升霄节	（577）
鹃城赛歌会	（233）	克木人祭鬼	（623）
K		克木人秋收节	（530）
		刻道节	（459）
卡多人祭母	（138）	刻木节	（459）
卡奴抽孔	（330）	客家山歌醮	（310）
卡钦	（061）	客家山歌节	（084）
卡秋哇节	（550）	空行聚合节	（619）
卡雀哇	（633）	孔告	（187）
卡雀哇节	（550）	孔够	（187）
卡耶阿培楼	（377）	孔通	（435）
喀尔夏托依节	（556）	扣扎	（289）
开厂甸	（043）	扣扎节	（622）
开鬼门	（298）	苦聪卡腊节	（036）
开垦祭	（398）	苦聪年	（288）

苦聪人接谷神魂	(655)	拉祜族火把节	(286)
苦聪土主节	(140)	拉祜族祭祖节	(058,312)
苦扎扎	(246,283)	拉祜族接谷神魂	(143)
库尔班节	(582)	拉祜族接新谷节	(350)
库木勒	(556)	拉祜族苦荞节	(294)
库木勒玛日拜	(556)	拉祜族年节	(622)
库施	(407)	拉祜族清明节	(469)
库式	(014)	拉祜族献地谷	(623)
库扎节	(621)	拉祜族小年	(012)
昆明城市那达慕	(568)	拉祜族新谷节	(350)
扩节	(012)	拉祜族月亮节	(345)
扩尼哈尼	(012)	拉祜族月圆节	(345)
扩塔	(012)	拉祜族植树节	(223)
扩扎	(012)	拉珈吃社节	(500)
扩鲊节	(012)	拉珈黄牛节	(154)
括扎	(012)	拉珈送公老	(306)
阔时节	(410,569)	拉木鼓节	(632)
		拉七姑	(069)
L		拉七姐	(069)
拉巴堆钦	(610)	拉萨藏年	(587)
拉巴卡西	(143)	拉萨酥油花灯会	(592)
拉保节	(610)	拉萨酥油花灯节	(592)
拉卜楞寺大法会	(525)	拉萨雪顿节	(606)
拉卜楞寺冬至节	(492)	拉什则	(031)
拉卜楞寺二月祭会	(118)	拉也合节	(230)
拉卜楞寺九月禳灾节	(376)	喇嘛年	(004)
拉卜楞寺七月说法大会	(300)	腊八	(411)
拉卜楞寺三月舞会	(162)	腊八节	(411)
拉卜楞寺斋会	(525)	腊鲁赛歌会	(138)
拉卜楞寺展佛节	(031)	腊日	(411)
拉卜楞寺正月祈祷大会	(030)	腊月廿九节	(426)
拉卜则	(644)	俫人尝新节	(315)
拉祜族尝新节	(350)	俫人祭田节	(270)
拉祜族尝新米节	(350)	俫人祭祖节	(161)
拉祜族春节	(011)	兰包日果	(334)
拉祜族大年	(012)	兰坪登天牛	(450)
拉祜族端午节	(223)	兰夜	(302)
拉祜族二月八	(124)	蓝靛瑶三月节	(161)

蓝衣壮开圩日	(193)	黎苗三月三	(148)
蓝衣壮圩逢	(194)	黎平尝新节	(446)
澜沧葫芦节	(389)	黎平吃新节	(446)
澜沧佤族新米节	(651)	黎平谷雨节	(478)
郎加龙舞节	(279)	黎平芦笙会	(353,512)
郎木寺晒佛节	(057)	黎平赛芦笙	(352,512)
阆中瘟祖会	(237)	黎平抬官人	(033)
朗达节	(593)	黎平虾子节	(179)
朗扎热甲节	(600)	黎平新米节	(446)
浪桥接龙日	(115)	黎歧情爱节	(148)
浪山节	(254)	黎歧三月三	(148)
浪希结节	(463)	黎族八月会	(345)
劳布牙	(298)	黎族春节	(010)
老把头生日	(169)	黎族调声节	(345)
老妈妈饭	(082)	黎族冬节	(494)
老莫得纳顿沙	(035)	黎族冬至节	(493)
老人安慰日	(364)	黎族冬至日	(494)
老人节	(363)	黎族端午节	(222)
老爷山花儿会	(263)	黎族鬼节	(313)
老鹰坡歌会	(258)	黎族过年仔	(498)
乐山端午节	(216)	黎族敬祖节	(377)
乐山龙舟会	(216)	黎族年仔节	(498)
乐山四季节	(529)	黎族清明节	(468)
勒坑度	(440)	黎族小年	(065)
勒墨桃花节	(180)	黎族中秋节	(345)
勒苏花街	(513)	礼拜会	(537)
雷公山苗年	(516)	里玛主节	(211)
雷台会	(108)	历代法王坐床典礼	(615)
雷堰斋水龙	(356)	历世嘉木样活佛圆寂日	(525)
雷音寺踩青	(246)	立春节	(460)
雷音寺取活水	(246)	立勒克西	(052)
擂台会	(107)	立秋节	(487)
擂台戏	(108)	立秋杨梅节	(488)
棱贺比迈	(623)	立夏祭冰神	(481)
楞贺尚罕	(623)	立夏节	(481)
冷节	(467)	丽江北岳庙会	(501)
犁铧节	(571)	丽江臭水会	(481)
黎苗爱情节	(149)	丽江臭水节	(480)

丽江黑龙潭会 …………… （168,501）	莲花山花儿会 …………… （250）
丽江傈僳族清明节 ………… （474）	莲师诞辰日 ………………… （603）
丽江骡马会 ………………… （501）	莲师荟供日 ………………… （590）
丽江七月会 ………………… （501）	联合国糖尿病日 …………… （567）
丽江三朵节 ………………… （501）	联合国中文日 ……………… （480）
丽江三月会 ………………… （501）	廉江阿婆诞 ………………… （127）
丽江玉泉会 ………………… （169）	炼疳 ………………………… （085）
丽水炒虫米 ………………… （115）	良家潭歌会 ………………… （262）
丽水祭田土地 ……………… （048）	凉山彝族年 ………………… （407）
丽水求梦 …………………… （489）	梁河窝罗节 ………………… （552）
傈僳族尝新节 ……………… （450）	亮宝会 ……………………… （595）
傈僳族春节 ………………… （569）	亮宝节 …………………… （256,594）
傈僳族刀杆节 ……………… （125）	亮子会 ……………………… （353）
傈僳族刀竿节 ……………… （125）	辽宁祭灶 …………………… （416）
傈僳族点火把 ……………… （283）	辽宁赛团 …………………… （170）
傈僳族端午节 ……………… （222）	辽阳小年 …………………… （416）
傈僳族供月亮 ……………… （345）	燎百病 ……………………… （086）
傈僳族过年节 ……………… （569）	燎疳节 ……………………… （085）
傈僳族过年月 ……………… （569）	燎臊疳 ……………………… （086）
傈僳族火把节 ……………… （284）	了年节 ……………………… （454）
傈僳族祭山神 ……………… （251）	了月节 ……………………… （454）
傈僳族祭月亮 ……………… （345）	烈士纪念日 ………………… （565）
傈僳族拉歌节 ……………… （569）	猎归节 ……………………… （074）
傈僳族上坟 ………………… （441）	猎人祭日 …………………… （121）
傈僳族收获节 ……………… （450）	林公节 ……………………… （170）
傈僳族收获月 ……………… （450）	林家亭子庙会 ……………… （483）
傈僳族桃花节 ……………… （633）	林卡节 ……………………… （600）
傈僳族团圆节 ……………… （345）	临安大猪会 ………………… （537）
傈僳族新米节 ……………… （450）	临沧泼水节 ………………… （476）
傈僳族新年 ………………… （569）	临桂禁风节 ………………… （085）
傈僳族修坟 ………………… （441）	临朐天医节 ………………… （335）
傈僳族浴牛节 ……………… （256）	临水夫人诞 ………………… （069）
傈僳族澡塘会 ……………… （038）	临潼赶五穷 ………………… （040）
连南起愿节 ………………… （153）	临潼送穷节 ………………… （040）
连山长久节 ………………… （304）	临潼桃花节 ………………… （179）
连山女儿节 ………………… （304）	临潼填五穷 ………………… （040）
连山七月香 ………………… （304）	廪君文化节 ………………… （560）
连山戏水节 ………………… （304）	灵宝天尊圣诞 ……………… （486）

灵丢拉纳	(653)	龙头节	(103)
灵披曼	(504)	龙王庙会	(106,168)
灵披勐	(530)	龙王晒鳞日	(267)
灵应庙会	(214)	龙子庙会	(155)
刘大娘出游	(535)	隆德节	(599)
刘海蟾诞	(271)	隆林吃虫节	(253)
刘猛将军虫王爷诞	(056)	隆林跳坡节	(046)
柳城泼饭节	(361)	隆洛德节	(594)
柳城真武帝节	(367)	陇端风流街	(438)
柳条节	(253)	陇端会	(438)
六合中秋节	(341)	陇端街	(438)
六郎节	(249)	陇端节	(438)
六月搭桥节	(293)	垄巴布藏年	(388)
六月大会	(250)	垄巴藏年	(388)
六月二	(251)	楼牟祭	(654)
六月法会	(252)	炉瑟	(018)
六月六	(256)	泸州老窖99名酒节	(563)
六月六歌会	(262)	泸州名酒节	(564)
六月六节	(258)	鲁班公诞	(414)
六月六庙会	(256)	鲁班节	(276)
六月鲁热节	(278)	鲁北寒食节	(467)
六月新年	(623)	鲁鼓呷哲节	(593)
六枝过小年	(255)	鲁热节	(278)
六枝六月六	(255)	鲁止	(436)
龙花会	(647)	鹿鸣尝新节	(351)
龙街土皇节	(377)	禄丰三月花会	(166)
龙门阵·华岩大庙会	(021)	路德节	(575)
龙猛圣诞	(325)	路神生日	(039)
龙母诞辰	(235)	吕纯阳祖师诞辰	(202)
龙钦巴圆寂纪念日	(617)	吕先祖诞生祭	(202)
龙钦冉江圆寂纪念日	(617)	履端	(002)
龙泉桃花会	(650)	绿度母圣诞	(609)
龙泉桃花节	(650)	罗甸枫叶节	(151)
龙胜勉瑶歌节	(153)	罗麻乃轰节	(049)
龙树菩萨圣诞	(325)	罗平地蚕会	(151)
龙抬头节	(105)	罗平三月三	(151)
龙抬头日	(105)	罗平仙歌节	(150)
龙潭火把节	(290)	罗让扎巴	(613)

罗让扎花节	(613)	嘛呢节	(226)
洛萨	(587)	嘛呢经会	(213)
珞巴族丰收节	(661)	麦德尔节	(496)
珞巴族迎春节	(594)	麦德尔经会	(496)

M

		馒头寺花儿会	(264)
妈祖诞	(172)	满洲诞辰	(387)
妈祖诞	(507)	满族八月节	(343)
妈祖祭典	(507)	满族拜灯官	(060)
妈祖文化节	(507)	满族背灯祭	(510)
妈祖羽化升天日	(507)	满族虫王会	(259)
麻糍节	(386)	满族虫王节	(259)
麻地沟刀山会	(545)	满族除夕	(424)
麻垒窝	(337)	满族春节	(007)
麻龙火	(127)	满族诞辰	(387)
麻坡歌节	(020)	满族灯官会	(060)
麻蕊	(240)	满族灯官节	(060)
麻摊窝	(370)	满族灯会	(064)
马道祖一禅师圆寂纪念日	(104)	满族灯节	(063)
马厄	(094)	满族登高节	(365)
马街书会	(054)	满族冬节	(493)
马那克塔而样	(248)	满族冬至节	(493)
马奶节	(361)	满族端午节	(220)
马王诞日	(282)	满族放偷日	(079)
马缨花节	(123)	满族供仓节	(086)
玛昂亚昂邀	(399,648)	满族供月	(344)
玛尔巴圆寂纪念日	(590,607)	满族鬼节	(317)
玛法里渥输尼	(640)	满族鸡蛋节	(231)
玛格勒尔	(531)	满族祭马	(435)
玛勒乌克	(533)	满族祭天	(434)
玛勒新努伦讷	(475)	满族祭星	(647)
玛纳斯演唱会	(646)	满族祭灶神	(417)
蚂蚜歌会	(006)	满族祭祖	(640)
蚂蚜节	(006)	满族荐新	(662)
玛呢经会	(213)	满族九月九	(365)
玛尼经会	(512)	满族腊八节	(412)
玛所玛乖	(531)	满族立杆大祭	(434)
骂社火	(454)	满族领龙	(114)
		满族麻谷	(317)

满族庙会 …………………………（200）	毛南族分龙节 ……………（245,485）
满族墓祭 ……………………（162,209）	毛南族赶阴圩 ………………………（473）
满族年三十 …………………………（424）	毛南族龙节 …………………………（245）
满族女儿节 …………………………（308）	毛南族庙节 …………………………（486）
满族女红节 …………………………（308）	毛南族七月十四 ……………………（314）
满族七夕 ……………………………（308）	毛南族射月亮 ………………………（346）
满族乞巧节 …………………………（307）	毛南族药节 …………………………（231）
满族青苗节 …………………………（259）	毛南族找药节 ………………………（231）
满族清明节 …………………………（162）	毛南族中秋节 ………………………（346）
满族庆丰收 …………………………（460）	毛南族中元节 ………………………（314）
满族上元节 …………………（064,072）	毛南族重阳节 ………………………（366）
满族耍青 ……………………………（442）	毛杉树歌节 …………………………（178）
满族双七节 …………………………（308）	茅山会 ………………………（021,092）
满族添仓节 …………………………（086）	卯节 …………………………………（630）
满族跳神礼 …………………………（643）	昴玛突 ………………………………（097）
满族偷盗古节 ………………………（079）	冒路德节 ……………………………（575）
满族五月节 …………………（220,231）	玫瑰花萨依勒节 ……………………（523）
满族小年 ……………………………（417）	眉山东坡文化节 ……………………（537）
满族修家谱 …………………………（540）	梅葖泥人会 …………………………（068）
满族修谱书 …………………………（540）	梅州客家山歌节 ……………………（348）
满族药香节 …………………………（230）	湄洲妈祖祖庙祭典 …………………（507）
满族元宵节 …………………………（064）	媒神生日 ……………………………（159）
满族蒸冬 ……………………………（493）	每毕 …………………………………（501）
满族中秋节 …………………………（343）	每月四吉日 …………………………（619）
满族中元节 …………………………（317）	美首扎勒特 …………………（378,399）
满族重九节 …………………………（364）	门巴小年 ……………………………（613）
满族重五日 …………………………（220）	门巴族达旺大法会 …………………（615）
满族重阳节 …………………………（365）	门巴族大年 …………………………（588）
曼拉节 ………………………………（049）	门巴族丰收果 ………………………（608）
芒那节 ………………………………（261）	门巴族洛沙 …………………………（589）
芒种节 ………………………………（484）	门巴族沙噶达瓦节 …………………（598）
铓鼓节 ………………………………（097）	门巴族沙岗达娃节 …………………（598）
毛兰姆法会 …………………………（525）	门巴族旺果节 ………………………（608）
毛兰木钦布节 ………………………（524）	门巴族望果节 ………………………（608）
毛洛提节 ……………………………（445）	门巴族元月新年 ……………………（589）
毛南族春节 …………………………（016）	门头沟祭窑神 ………………………（414）
毛南族端午节 ………………………（224）	勐海祭水神 …………………………（142）
毛南族放鸟飞 ………………………（455）	猛本 …………………………………（501）

蒙古族拜火节 …………………… (524)	弥勒菩萨圣诞 …………………… (026)
蒙古族春祭 ……………………… (172)	米刀尼普 ………………………… (655)
蒙古族春节 ……………………… (003)	米阔勒节 ………………………… (241)
蒙古族打马印 …………………… (473)	米阔鲁节 ………………………… (241)
蒙古族灯节 ……………………… (391)	米拉会 …………………………… (074)
蒙古族观音会 …………………… (135)	米拉日巴诞辰纪念日 …………… (607)
蒙古族祭海 ……………………… (325)	米拉日巴劝法会 ………………… (607)
蒙古族祭火 ……………………… (416)	米拉日巴圆寂纪念日 …………… (590)
蒙古族祭火节 …………………… (524)	米勒日巴圆寂纪念日 …………… (590)
蒙古族祭雷 ……………………… (213)	米索扎 ……………………… (379,399)
蒙古族祭社 ……………………… (524)	汨罗江畔端午 …………………… (216)
蒙古族祭天 ……………………… (307)	泌阳小年 ………………………… (416)
蒙古族祭灶 ……………………… (416)	密巴路斯 ………………………… (409)
蒙古族祭宗喀巴 ………………… (392)	密卡道敖斯 ……………………… (534)
蒙古族猎日 ……………………… (232)	密库节 …………………………… (290)
蒙古族鲁班会 …………………… (186)	密且祭稻田 ……………………… (288)
蒙古族鲁班节 …………………… (186)	密且祭荞地 ……………………… (260)
蒙古族满岁节 …………………… (393)	密且祭山神 ……………………… (515)
蒙古族涅槃节 …………………… (132)	密且人封工具节 ………………… (431)
蒙古族千灯节 …………………… (420)	密且人栽松树节 ………………… (430)
蒙古族秋祭 ……………………… (358)	密士咕 …………………………… (421)
蒙古族小年 ……………………… (416)	密雅波 …………………………… (102)
蒙古族兴畜节 …………………… (474)	密枝节 …………………………… (406)
蒙古族自豪节 …………………… (384)	棉花生日 ………………………… (087)
蒙古族自豪日 …………………… (384)	冕宁藏年 ………………………… (293)
蒙古族祖鲁节 …………………… (392)	冕宁藏族火把节 ………………… (292)
蒙阳人日 ………………………… (044)	冕宁牛王会 ……………………… (545)
孟连奥瓦 ………………………… (339)	苗爱拿 …………………………… (244)
孟连波奥 ………………………… (339)	苗歌节 …………………………… (261)
孟连朋奥 ………………………… (339)	苗家吃仓饭 ……………………… (464)
孟连朋挺 ………………………… (339)	苗家吃丑节 ……………………… (525)
孟连佤族新米节 ………………… (339)	苗家吃卯 ………………………… (270)
咪诺底 …………………………… (443)	苗家吃卯节 ……………………… (270)
弥渡密祉闹花灯 ………………… (069)	苗家吃新节 ……………………… (269)
弥渡西山二月八 ………………… (121)	苗家吃新米饭 ……………… (270,330)
弥老会 …………………………… (074)	苗家吃戌节 ……………………… (331)
弥勒火把节 ……………………… (283)	苗家过六月 ……………………… (260)
弥勒祭山神 ……………………… (385)	苗家黑饭节 ……………………… (192)

苗家龙船节	（218）	苗族过端节	（218）
苗家龙舟节	（218）	苗族过年	（452）
苗家扫寨	（296）	苗族过社	（464）
苗家杀鱼节	（163）	苗族纪波	（332）
苗家跳香会	（381）	苗族祭干龙	（227）
苗家小年	（097）	苗族祭鼓节	（541）
苗年	（395）	苗族祭雷节	（649）
苗年节	（395）	苗族祭龙节	（117）
苗寨望月亮	（247）	苗族祭龙神	（169）
苗族罢谷节	（376）	苗族祭龙树	（170）
苗族拜年	（100）	苗族祭山神	（509）
苗族采菜节	（165）	苗族祭石堆	（512）
苗族踩鼓节	（542）	苗族祭田公地母	（260）
苗族踩秋	（488）	苗族祭田节	（260）
苗族踩秧堂	（437）	苗族交秋节	（487）
苗族吃丑节	（291）	苗族敬牛节	（192）
苗族吃牛	（452）	苗族敬桥节	（112）
苗族吃信节	（294）	苗族开秧门	（656）
苗族舂粑节	（382）	苗族开斋节	（486）
苗族初年	（517）	苗族砍火星节	（371）
苗族除夕	（423）	苗族看清明	（472）
苗族春节	（005）	苗族客家年	（004，424）
苗族春社节	（464）	苗族拉鼓节	（543）
苗族刺牛	（542）	苗族晾桥节	（113）
苗族打同年	（092）	苗族芒篙节	（551）
苗族大年	（517）	苗族灭鼠节	（410）
苗族稻斋节	（270）	苗族闹冲	（497）
苗族斗牛节	（664）	苗族闹冲节	（497）
苗族独木龙舟节	（242）	苗族闹春节	（497）
苗族端午节	（217）	苗族撵虫节	（139）
苗族断雷节	（372）	苗族牛王节	（192）
苗族翻鼓节	（497）	苗族爬山节	（171，212）
苗族封斋节	（486）	苗族坡会节	（192）
苗族赶清明	（472）	苗族清明歌会	（472）
苗族赶秋节	（487）	苗族庆丰收节	（377）
苗族赶秋坡	（488）	苗族秋社节	（487）
苗族高跃坡节	（180）	苗族三月街	（190，631）
苗族挂青	（263）	苗族社节	（464）

苗族摔跤节	(506)	摩里支天圣诞	(610)
苗族四月八	(191)	摩利支提婆圣诞	(610)
苗族讨树苗节	(439)	摩利支天菩萨圣诞	(610)
苗族跳场	(098,517)	摩娜累雅湾	(660)
苗族跳花	(098)	摩梭朝山转海节	(326)
苗族跳花场	(098)	摩梭人朝山节	(326)
苗族跳月	(028)	磨盘山吃花酒	(138)
苗族玩年	(453)	末端午	(216)
苗族玩坪地	(497)	末利支天圣诞	(610)
苗族尾巴年	(517)	莫埃纳	(227,244)
苗族乌饭节	(192)	莫朗节	(618)
苗族羊马节	(207)	莫娜努玛达给丹	(335)
苗族杨梅节	(229)	莫娜努玛达络丹	(659)
苗族樱桃会	(190,631)	莫司哈玛洼	(647)
苗族迎春节	(460)	莫一大王节	(252)
苗族迎雷节	(649)	墨江双胞胎节	(555)
苗族月半节	(308)	墨脱主巴节	(616)
苗族赠带节	(119)	墨杂来果	(600)
苗族招龙节	(543)	默朗道嘉	(593)
苗族种棉节	(211)	默朗钦波	(590)
苗族椎牛	(451)	牟定三月会	(173)
苗族兹省	(509)	牟定三月街	(173)
妙峰山花会	(186)	牟定羊年	(423)
妙峰山庙会	(185)	牡丹花会	(479)
妙峰山香会	(186)	姆洛科	(597)
庙顶祭山节	(163)	木把节	(135)
民和纳顿	(311)	木佬年	(396)
民和纳顿会	(311)	木里俄喜节	(410)
民和土族灯会	(063)	木杷节	(134)
民和土族灯节	(063)	目连节	(316)
民和谢神会	(366)	目莲山歌会	(369)
民勒橐羊会	(474)	目娜努比斯巴娜依	(183)
民岁腊	(383)	目脑节	(077)
闽侯拍喜	(065)	目脑纵歌	(078)
闽台酬神节	(370)	仫佬族春耕节	(461)
明安珠勤节	(420)	仫佬族春节	(015)
冥阴节	(380)	仫佬族春祈	(507)
摩诃毗卢遮那法会	(616)	仫佬族春社	(140)

仫佬族端午节 …………………… (224)	那尼节 ……………………… (244)
仫佬族后生节 …………… (346,354)	那曲酬神节 ………………… (618)
仫佬族花婆节 ……………… (157)	那曲牧羊节 ………………… (329)
仫佬族祭地主 ……………… (094)	那吾鲁孜节 ………………… (552)
仫佬族祭雷王 ……………… (231)	那吾热孜 …………………… (570)
仫佬族祭牛栏神 …………… (195)	那雅尔 ……………………… (448)
仫佬族祭社 ………………… (506)	"那"文化旅游节 …………… (192)
仫佬族祭社王 ……………… (506)	纳顿节 ………………… (274,310)
仫佬族祭土至 ……………… (094)	纳黑西 ……………………… (644)
仫佬族祭土主 ……………… (094)	纳家跳神会 ………………… (199)
仫佬族祭真武 ……………… (224)	纳卡母 ……………………… (021)
仫佬族祭祖节 ……………… (306)	纳木依祭天 ………………… (021)
仫佬族年 …………………… (396)	纳西族棒棒会 ……………… (074)
仫佬族年节 ………………… (015)	纳西族棒棒节 ……………… (073)
仫佬族牛魂节 ……………… (195)	纳西族北岳庙会 …………… (122)
仫佬族牛神节 ……………… (195)	纳西族尝新会 ……………… (359)
仫佬族牛生日节 …………… (195)	纳西族朝山会 ……………… (326)
仫佬族牛王节 ……………… (195)	纳西族朝山节 ……………… (326)
仫佬族婆王节 ……………… (157)	纳西族吃新米节 …………… (359)
仫佬族清明祭 ……………… (470)	纳西族春祭 ………………… (640)
仫佬族秋报 ………………… (507)	纳西族春节 ………………… (013)
仫佬族秋社 ………………… (356)	纳西族灯会 ………………… (044)
仫佬族三月三 ……………… (150)	纳西族端午节 ……………… (223)
仫佬族社节 ………………… (506)	纳西族端阳节 ……………… (223)
仫佬族圣母节 ……………… (157)	纳西族二月八 ……………… (121)
仫佬族依饭节 ……………… (536)	纳西族放羊节 ……………… (124)
仫佬族中秋节 ……………… (346)	纳西族谷畜节 ……………… (297)
仫佬族走坡节 ……………… (354)	纳西族喊谷神 ……………… (660)
仫佬族祖先节 ……………… (307)	纳西族黑龙潭会 …………… (182)
沐佛节 ……………………… (602)	纳西族火把节 ……………… (290)
沐浴节 ……………………… (606)	纳西族祭东鲁 ……………… (430)
穆斯林祭祖节 ……………… (582)	纳西族祭风 ………………… (181)
	纳西族祭谷神 ……………… (301)
N	纳西族祭龙节 ……………… (182)
那达慕大会 ………………… (447)	纳西族祭龙王 ……………… (175)
那荡雷公节 ………………… (368)	纳西族祭门神 ……………… (431)
那马人拜二月 ……………… (130)	纳西族祭山神 ……………… (181)
那马人祭二月 ……………… (130)	纳西族祭天 ………………… (500)

纳西族祭祖节	(396)	南通放烧火	(059)
纳西族敬牛节	(513)	南通送百虫	(474)
纳西族立夏节	(482)	南通喂百虫	(115)
纳西族龙王会	(175,182)	南通斋田头	(115)
纳西族龙王庙会	(181)	南瞻部洲烟祭节	(602)
纳西族牧童会	(124)	脑戛列	(270)
纳西族牛马年	(402)	脑戛先	(270)
纳西族女神节	(326)	闹冲	(129)
纳西族泼灰节	(482)	闹冲节	(128)
纳西族青年会	(125)	闹春节	(129)
纳西族清明节	(468)	闹哥孩	(342)
纳西族秋祭	(647)	闹江杀龙	(301)
纳西族驱鬼节	(397)	闹九教	(095)
纳西族三月会	(168,182)	闹囊孩	(342)
纳西族烧包节	(312)	闹秦山	(649)
纳西族送寒衣	(024,380)	闹土地会	(111)
纳西族洗牛脚会	(513)	闹元宵	(062)
纳西族小年	(402)	淖尔大典	(238)
纳西族中秋节	(345)	内黄祭祖节	(170)
纳西族重祭天	(093)	内江大千节	(563)
纳西族转山会	(326)	嫩西节	(010)
纳西族转山节	(326)	能邦坡会	(049)
乃尧节	(358)	能海上师圆寂纪念日	(614)
奶酪宴会	(606)	尼苏孟兰节	(299)
奶酪月秋祭	(358)	尼遮西	(405)
南丹七月会	(333)	泥洹	(132)
南京拜香会	(327)	泥人节	(356)
南京辞年	(420)	昵世嘎捏底	(104)
南京大屠杀死难者国家公祭日	(568)	年关	(423)
南京大王会	(377)	年三十	(423)
南京刀禁	(236)	年收扎勒特	(378)
南京灯节	(048)	年喜花节	(412)
南京老郎会	(519)	娘布拉苏	(619)
南京老脸会	(520)	娘布人求宝	(619)
南京善司会	(183)	娘乃节	(599)
南陵观音会	(371)	娘娘会	(173)
南宁小年	(416)	娘娘庙香会	(186)
南平蛇王节	(309)	娘娘神生日	(200)

娘娘招兵 …………………………（409）	弄遮 ……………………………（107）
鸟松博鸟松咬会 ………………（383）	努鲁斯节 ………………………（570）
捏巴古藏节 ……………………（613）	怒江澡塘会 ……………………（029）
涅槃节 …………………………（132）	怒族朝山节 ……………………（168）
宁波八月节 ……………………（360）	怒族春节 ………………………（432）
宁波拜仙姑 ……………………（518）	怒族过新年 ……………………（432）
宁波财神日 ……………………（040）	怒族祭谷神 ……………………（428）
宁波稻花会 ……………………（651）	怒族祭山林 ……………………（650）
宁波都神会 ……………………（201）	怒族祭天节 ……………………（650）
宁波鬼节 ………………………（318）	怒族年 …………………………（017）
宁波扫虫 ………………………（057）	怒族年节 ………………………（548）
宁波五路日 ……………………（040）	怒族桃花节 ……………………（126）
宁波洗头节 ……………………（303）	怒族仙女节 ……………………（168）
宁波中秋节 ……………………（355）	怒族鲜花节 ……………………（168）
宁蒗海波会 ……………………（333）	女儿节 ……………（216，302，341）
宁蒗彝年 ………………………（567）	女皇节 …………………………（046）
宁批曼 …………………………（504）	女忌节 …………………………（576）
牛纳纳 …………………………（227）	女节 ……………………………（302）
牛日破五 ………………………（040）	女王节 …………………………（046）
牛头王生日 ……………………（195）	诺劳孜节 ………………………（570）
牛王诞 …………………………（192）	诺茹孜节 ………………………（552）
牛王菩萨过生节 ………………（337）	糯庙 ……………………………（292）
牛王神生日 ……………………（382）	
牛歇气 …………………………（227）	**O**
牛歇息 …………………………（227）	欧拉拉 …………………………（358）
农民竞田歌 ……………………（232）	欧玛楼 …………………………（526）
侬粑高 …………………………（330）	
侬嘎先 …………………………（270）	**P**
侬局夏笼 ………………………（376）	爬香炉峰 ………………………（275）
侬局啥玖 ………………………（376）	爬香炉山 ………………………（275）
侬拉雄 …………………………（270）	帕邦唐廓节 ……………………（619）
侬略 ……………………………（497）	
侬略豪闹 ………………………（542）	帕思巴圆寂纪念日 ………（405，614）
侬卯 ……………………………（270）	帕斯喀节 ………………………（554）
侬仰卯 …………………………（395）	帕斯克节 ………………………（554）
侬仰闹 …………………………（395）	怕克斯巴圆寂纪念日 ……（405，615）
浓嘎良 …………………………（133）	排湾人收获祭 …………………（295）
弄处 ……………………………（107）	排湾人五年祭 …………………（533）

排湾人迎神祭 …………………… (533)	菩萨出嫁 ……………………………… (041)
排湾人竹竿祭 …………………… (533)	蒲哈枯 ………………………………… (141)
排湾人竹竿节 …………………… (533)	蒲节 …………………………………… (216)
排瑶歌堂节 ……………………… (530)	普度会 ………………………………… (318)
排瑶秋割节 ……………………… (530)	普结节 ………………………………… (617)
排瑶耍歌节 ……………………… (530)	普米族尝水酒 ………………………… (660)
排瑶耍歌堂 ……………………… (530)	普米族尝新节 ………………………… (513)
排瑶耍歌堂节 …………………… (530)	普米族车幸节 ………………………… (030)
排瑶耍望节 ……………………… (530)	普米族春节 …………………………… (017)
盘古皇诞 ………………………… (338)	普米族大公节 ………………………… (097)
盘坡草原盛会 ………… (360,448)	普米族大过年 ………………………… (017)
盘坡赛马会 ……………………… (448)	普米族大年节 ………………………… (410)
磐安九月九庙会 ………………… (367)	普米族端阳节 ………………………… (225)
磐安十月朝 ……………………… (381)	普米族过大年 ………………………… (411)
磐安十月招 ……………………… (381)	普米族过小年 ………………………… (410)
蟠桃宫庙会 ……………………… (156)	普米族火把节 ………………………… (287)
旁海芦笙会 ………………(321,330)	普米族祭房头 ………………………… (128)
沛松坡会 ………………………… (044)	普米族祭灵泉 ………………………… (437)
彭山寿星节 ……………………… (363)	普米族祭龙节 ………………………… (181)
彭祖生日 ………………………… (271)	普米族祭龙潭 ………………………… (437)
皮里克节 ………………………… (577)	普米族祭山神 ………………………… (428)
毗卢遮那法会 …………………… (616)	普米族祭水神 ………………………… (136)
平安灯会 ………………………… (524)	普米族驾牛节 ………………………… (030)
平定灯节 ………………………… (058)	普米族龙潭祭 ………………………… (181)
平湖挂灯 ………………………… (205)	普米族莫瓜节 ………………………… (420)
平卯坡会 ………………………… (041)	普米族宁蒗尝新节 …………………… (651)
平埔收获祭 ……………………… (515)	普米族诺提 …………………………… (102)
平山姑嫂节 ……………………… (179)	普米族跑马节 ………………………… (098)
平顺大赛会 ……………………… (184)	普米族七月半 ………………………… (300)
屏边踩花山 ……………………… (022)	普米族清明节 ………………………… (470)
屏边花山节 ……………………… (022)	普米族绕岩洞 ………………………… (228)
泼落勒依能厄 …………………… (226)	普米族娃娃节 ………………………… (125)
鄱阳祭灶节 ……………………… (420)	普米族新年节 ………………………… (433)
破五 ……………………………… (039)	普米族转海会 ………………………… (077)
破五儿崩穷 ……………………… (040)	普米族转念堂 ………………………… (228)
破五节 …………………………… (040)	普米族转山会 ………………………… (228)
莆田探亡日 ……………………… (027)	普米族转山节 ………………………… (227)
莆田做大岁 ……………………… (027)	普陀香期 ……………………………… (518)

普贤菩萨圣诞 …………………… （136）	迄脱迄迪尔爱脱节 ……………… （573）
普珠 ……………………………… （606）	杞人过牛日 ……………………… （440）
	杞人军坡节 ………………… （127,278）
Q	荠菜花生日 ……………………… （160）
七俱胝佛母诞 …………………… （169）	起老嘎卡 ………………………… （422）
七郎节 …………………………… （249）	恰木钦 …………………………… （059）
七老爷庙会 ……………………… （186）	千佛灯节 ………………………… （420）
七里寺花儿会 …………………… （255）	千佛山庙会 ……………………… （508）
七里湾阎王庙会 ………………… （047）	千佛山柿子会 …………………… （509）
七娘妈生日 ……………………… （303）	千秋节 …………………………… （336）
七曲山大庙庙会 ………………… （505）	千人长桌宴 ……………………… （308）
七夕 ……………………………… （302）	千三欢聚节 ……………………… （055）
七夕祭 …………………………… （302）	牵羊日 …………………………… （023）
七夕节 …………………………… （302）	黔东南牯藏节 …………………… （531）
七仙温泉戏水节 ………………… （304）	黔东南牯脏节 …………………… （531）
七月半节 ………………………… （316）	黔苗踩年坡 ……………………… （041）
七月半跳桃源洞 ………………… （310）	黔苗踩坡 ………………………… （041）
七月航西 ………………………… （521）	黔苗龙船节 ……………………… （242）
七月火把节 ……………………… （284）	黔苗龙舟节 ……………………… （241）
七月祭天 ………………………… （647）	黔苗跳坡 ………………………… （041）
七月节 …………………………… （298）	黔西火把节 ……………………… （260）
七月金刚节 ……………………… （606）	羌历年 …………………………… （380）
七月芦笙会 ……………………… （330）	羌年 ……………………………… （379）
七月骡马会 ……………………… （501）	羌塘赛马节 ……………………… （608）
七月说法会 ……………………… （607）	羌族川主会 ………………… （044,287）
七月望果节 ……………………… （334）	羌族传歌节 ……………………… （233）
戚宝寺庙会 ……………………… （391）	羌族春节 …………………… （015,429）
戚公饼节 ………………………… （467）	羌族大年 ………………………… （428）
戚武毅公祠祭典 ………………… （368）	羌族碉碉会 ……………………… （437）
齐河三月三 ……………………… （147）	羌族端午节 ……………………… （224）
其本哈尔 ………………………… （244）	羌族歌仙节 ……………………… （233）
奇拉胡西 ………………………… （010）	羌族㚖戊节 ……………………… （078）
祈祷大法会 ……………………… （590）	羌族观音会 ……………………… （519）
祈年祭 …………………………… （653）	羌族过小年 ……………………… （380）
麒麟舞会 ………………………… （454）	羌族祭龙节 ……………………… （107）
乞巧会 …………………………… （302）	羌族祭山会 ………… （201,239,437）
乞巧节 …………………………… （302）	羌族祭山节 ………………… （202,643）
乞脱乞迪尔爱脱节 ……………… （573）	羌族祭山神 ……………………… （274）

羌族祭天会	（202）	清水岩祖师诞	（043）
羌族敬山节	（202）	清源洞会	（272）
羌族领歌节	（233）	情哥送饼日	（354）
羌族牛王会	（400）	情人相会节	（452）
羌族牛王节	（400）	请簸箕姑娘	（075）
羌族女儿节	（233）	请哦美	（661）
羌族七月七	（305）	请神法会	（366）
羌族巧牙会	（305）	请天神吴野物节	（374）
羌族青苗会	（165）	请五谷神	（249）
羌族日区节	（374）	庆丰收舞会	（663）
羌族山神祭	（178）	庆鼓堂	（396）
羌族塔子会	（437）	琼久节	（608）
羌族五月五	（233）	丘长春祖师诞辰	（083）
羌族小年	（380）	秋祭	（380）
羌族灶神节	（417）	秋节	（340）
抢花炮	（088）	秋坡节	（488）
抢路头	（039）	秋社	（489，499）
抢牛馒头	（195）	秋社节	（489）
巧夕	（302）	秋夕	（340）
伽蓝菩萨圣诞	（236）	秋禊	（314）
切脱恰特尔节	（183）	求禾花节	（353）
切戏作璞	（351）	曲顿节	（602）
且迷峨索波底	（288）	曲阜林门会	（509）
亲友相会节	（122）	驱彩他阿牟	（643）
青岛糖球会	（082）	驱虫旱灾节	（293）
青姑娘节	（069）	驱鬼节	（593）
青海藏族赛马会	（374）	驱旅贡	（595）
青海放冒火	（070）	屈原故里端午	（216）
青龙节	（105）	渠县郊天	（327）
青年节	（459）	取新火节	（158）
青年团成立日	（556）	全国爱牙日	（564）
青山界歌场节	（164）	全国爱眼日	（557）
青瑶小年	（406）	全国儿童预防接种日	（555）
清除烟尘节	（183）	全国法制宣传日	（567）
清凉山庙会	（200）	全国扶贫日	（566）
清明放水节	（471）	全国高血压日	（566）
清明坟会	（471）	全国减灾防灾日	（556）
清明节	（467）	全国科技人才活动日	（552）

全国科普日	（560）
全国企业家活动日	（554）
全国土地日	（559）
全国消防日	（567）
全国预防接种宣传日	（555）
全国助残日	（557）
泉港太爷庙会	（449）
劝法会	（607）
却藏寺观经会	（502）
却藏寺官经会	（166,502）
雀可节	（609）

R

燃灯佛圣诞	（357）
绕地头转圈	（608）
绕家人过冬年	（394）
绕三林	（206）
绕三灵	（206）
绕桑林	（206）
绕山灵	（206）
惹岛节	（168,641）
热水塘花街节	（047,235）
人过年	（044）
人口生日	（045）
人日	（044）
人日节	（044）
人祖庙会	（439）
仁登阿卜	（183）
日初比	（094）
日光菩萨圣诞	（404）
日光普照菩萨圣诞	（405）
日角尔都节	（129）
日美吉	（380）
日往笾	（125）
日曜菩萨圣诞	（405）
荣场庙会	（388）
荣场迎大旗	（389）
荣成清明节	（466）
荣成中元节	（316）
融水大年	（409）
融水斗马节	（081,406）
融水芒蒿节	（093）
融水苗年	（409）
融水闹鱼节	（277）
融水热伴节	（055）
柔若火把节	（286）
柔若祭山林	（039）
柔若祭天节	（039）
柔若人春节	（018）
柔扎	（607）
肉孜艾依提	（581）
肉孜节	（578）
如东满载会	（652）
如东土地会	（359）
如太节	（576）
汝为	（428）
汝阳灯节	（059）
入雨安居节	（296）
入斋月	（578）
若尔盖本教纪念节	（525）
若琐	（449）

S

撒班节	（571）
撒拉族吃五谷	（445）
撒拉族尔得节	（579）
撒拉族尔德	（585）
撒拉族发图买节	（577）
撒拉族法蒂玛节	（577）
撒拉族古尔邦节	（584）
撒拉族花儿会	（511）
撒拉族敬献节	（580）
撒拉族开斋节	（579）
撒拉族青苗节	（443）
撒拉族清明节	（152）
撒拉族圣纪节	（576）

撒拉族圣忌节	(576)	三坛节	(461)
撒拉族圣祭节	(576)	三田都元帅祭	(357)
撒拉族宰牲节	(585)	三田都元帅节	(357)
撒拉族忠孝节	(585)	三峡民间艺术节	(529)
撒拉族孜克日节	(434)	三仙娘娘会	(159)
萨噶达瓦节	(598)	三相圩逢	(272)
萨迦班智达圆寂纪念日	(614)	三巡会	(519)
萨满的祭祀	(534)	三元	(002,061)
萨满的盛典	(534)	三元节	(061)
萨依勒节	(522)	三月疯妈祖	(183)
赛宝会	(595)	三月航西	(521)
赛夏人播种祭	(143)	三月街	(168)
赛夏人收获祭	(659)	三月街民族节	(168)
赛畜古会	(496)	三月爬坡节	(520)
三都拜霞节	(546)	三月坡节	(520)
三都吃鸭节	(254)	三月三大节	(147)
三都斗牛节	(375)	三月三对歌节	(151)
三都敬水节	(546)	三月三祭山节	(158)
三都敬霞节	(545)	三月三节	(146)
三都敬霞神节	(546)	三月真经会	(182)
三都投石节	(199)	三自爱国运动纪念日	(564)
三多节	(122)	散疳	(085)
三朵节	(122)	桑罕比迈	(623)
三朵颂	(122)	桑吉曼拉节	(600)
三江王爷会	(259)	桑建节	(477)
三江月也	(049)	桑厥节	(185)
三晋鬼节	(320)	桑刊节	(476)
三晋面塑节	(320)	桑略卓散节	(161)
三令节	(436)	扫火星节	(094)
三曼多跋陀罗圣诞	(136)	扫火灾星	(367)
三美波敬	(312)	扫田坝节	(263)
三木我	(011)	扫咸阳王墓	(582)
三山国王诞	(167)	色玛阿多	(296,528)
三山香市	(440)	瑟宾节	(247)
三巳	(146)	杀牛祭山	(239)
三巳日	(146)	沙户比节	(210)
三穗送迎灶神	(515)	沙浪祭白龙	(337)
三坛节	(119)	沙浪太阳祭	(404)

沙浪五谷会	（387）	烧狗屎香节	（328）
沙沙康	（657）	烧平安纸	（434）
晒虫节	（256）	烧太平香	（413）
晒佛节	（596）	韶关牛年	（383）
晒红绿节	（256）	少年节	（459）
山东灯节	（066）	少女节	（302）
山东赶五穷	（040）	邵人丰年节	（335，659）
山东火神祭	（070）	邵人收获祭	（659）
山东祭冰雹	（249）	绍兴白虎祭	（059）
山东祭海	（479）	绍兴黄神会	（189）
山东祭山神	（258）	绍兴元帅会	（289）
山东五马日	（040）	绍兴张神会	（162）
山东蒸面灯	（065）	畲家三月三	（149）
山东中秋节	（341）	畲家五月节	（222）
山东转八	（047）	畲乡爱牛节	（195）
山东转八日	（047）	畲乡牛歇节	（195）
山哈端午节	（223）	畲乡歇牛节	（195）
山康节	（476）	畲族保苗福	（215）
山母节	（168）	畲族春节	（011）
山神会	（644）	畲族冬节	（494）
山王会	（644）	畲族对歌节	（149）
山鸭闹春	（020）	畲族分龙节	（485）
山子瑶禾魂节	（263）	畲族分龙日	（485）
赏月	（340）	畲族分雨水日	（485）
上刀会	（033）	畲族封龙节	（485）
上刀梯	（032）	畲族鬼节	（317）
上乐金刚佛母节	（615）	畲族会亲节	（111）
上林吃灯酒	（055）	畲族祭灶	（419）
上林灯酒节	（055）	畲族祭祖节	（133）
上林闹灯酒	（055）	畲族加冬节	（491）
上清灵宝天尊圣诞	（486）	畲族接灶	（419）
上司神农诞辰节	（146）	畲族敬祖节	（234）
上巳	（145）	畲族九月九	（366）
上巳节	（145）	畲族开年驾	（042）
上元节	（061，062）	畲族猎神节	（465）
尚根	（478）	畲族六一歌会	（250）
烧八寺香	（048）	畲族奶娘节	（060）
烧八字香	（048）	畲族七月半	（317）

畲族抢猪节	(661)	社日节	(466)
畲族请祖节	(035)	射草狗	(433)
畲族秋猎	(330)	射天节	(593)
畲族秋社	(330)	涉娘苏嘎	(154)
畲族晒伏节	(267)	神保观神生日	(282)
畲族上八日	(011)	神变月	(593)
畲族上十节	(050)	神降节	(610)
畲族食新节	(489)	神舞节	(609)
畲族水龙会	(485)	神仙坡节	(229)
畲族送灶	(419)	神仙田歌会	(041)
畲族天赦日	(494)	神仙下凡节	(610)
畲族乌饭节	(149)	升和尚	(622)
畲族五谷节	(389)	升霄节	(577)
畲族五日年	(011)	胜乐金刚佛母节	(615)
畲族五月节	(215,239)	圣贝祭	(534)
畲族小端午	(215,239)	圣帝庙会	(259)
畲族孝九节	(089)	圣会	(575)
畲族孝顺节	(089)	圣纪节	(575)
畲族新米节	(657)	圣忌节	(575)
畲族迎祖节	(536)	圣祭节	(575)
畲族圆冬节	(491)	圣救度佛母圣诞	(609)
畲族招兵节	(533)	圣救度母圣诞	(608)
畲族中秋歌节	(348)	圣灵降临节	(559)
畲族中秋节	(345)	圣王祭	(134)
畲族中元节	(317)	狮灯场市	(066,386)
畲族重阳节	(365)	狮面空行除障日	(614)
畲族做大年	(425)	狮面空行母除障日	(614)
畲族做年	(011)	狮头金刚除障日	(614)
畲族做热年	(425)	狮子山女神会	(326)
蛇王生日	(201)	施食送鬼节	(593)
舍巴巴	(034,538)	十洞款会	(566)
舍巴节	(035)	十七芒哥坡会	(083)
舍巴日	(034)	十三马街会	(054)
舍巴月	(538)	十世班禅圆寂纪念日	(550)
舍娘苏戛	(154)	十万佛爷祭	(526)
社巴	(538)	十月朝	(380)
社巴节	(035)	十月初一	(380)
社日	(499)	十月大会	(391)

十月旦	(381)	耍社火	(453)
十月寒衣节	(380)	双城压脾日	(334)
十月航西	(521)	双江别节	(286)
十月祭祖节	(380)	双江火把节	(286)
十指日	(052)	双七	(302)
什邡药王会	(207)	双忠庙会	(508)
什拉	(626)	水官解厄	(388)
石宝山歌会	(326)	水陆会	(647)
石宝山歌节	(327)	水年	(629)
石不动	(053)	水神祭	(387)
石湖串月	(356)	水田彝送年节	(046)
石家庄二月庙会	(135)	水仙尊王祭	(386)
石头饭节	(359)	水族拜霞	(630)
石头生	(052)	水族春节	(012)
石头生日	(053)	水族回量	(528)
石柱报功者	(403,461)	水族祭龙潭	(177)
石柱农夫节	(461)	水族叫儿魂	(629)
时轮金刚节	(597)	水族借夜	(629)
时轮金刚日	(597)	水族米魂祭	(522)
时轮金刚新年	(597)	水族娘娘节	(629)
世界焚香日	(601)	水族三月三	(151)
世界和平文化节	(553)	水族田神祭	(522)
世界教师节	(358)	水族洗澡节	(268)
柿生日	(369)	水族迎春雷	(649)
柿子大集	(369)	顺天圣母诞	(069)
柿子会	(369)	顺懿夫人诞	(069)
释迦牟尼佛出家纪念日	(120)	司命灶君诞	(336)
释迦牟尼佛涅槃日	(132)	司命真君诞	(336)
释迦牟尼节	(619)	思亲节	(467)
收获祭	(658)	思鱼扎勒特	(407)
收获节	(349)	斯密乌斯得莫莫赫	(102)
受夏之节	(604)	斯目钦莫	(609)
赎魂节	(389)	斯日格大典	(370)
数谷穗节	(360)	四·一八节	(205)
数九	(492)	四川保保节	(080)
耍坝子	(648)	四川土地会	(526)
耍白象	(566)	四川彝族火把节	(331)
耍林卡	(600)	四达罗节	(386)

四世班禅圆寂纪念日 …… （595）	送灶节 …………………… （417）
四邑围香节 ………………… （291）	送重阳粑 ………………… （365）
四月八姑娘节 ……………… （192）	苏北都天会 ……………… （512）
四月八古会 ………………… （190）	苏北放野火 ……………… （070）
四月八农具节 ……………… （192）	苏鲁克大典 ……………… （172）
四月八浴佛节 ……………… （525）	苏宁喜 …………………… （629）
四月八转山会 ……………… （196）	苏稔喜节 ………………… （629）
四月半会 …………………… （201）	苏州灯头日 ……………… （057）
四月搭桥节 ………………… （209）	苏州点灶灯 ……………… （057）
四月大会 …………………… （202）	苏州端午 ………………… （216）
四月大庙会 ………………… （201）	苏州立夏节 ……………… （481）
四月父母节 ………………… （196）	苏州轧神仙 ……………… （202）
四月黄饭节 ………………… （212）	苏州注夏节 ……………… （481）
四月三庙会 ………………… （186）	酥油灯节 ………………… （592）
四月十八节 ………………… （205）	酥油花供灯会 …………… （525）
祀靴节 ……………………… （383）	俗雅蝈 …………………… （023）
祀灶 ………………………… （416）	肃南六月大会 …………… （271）
松番寺歌会 ………………… （291）	粟播种祭 ………………… （408）
松蕃寺山歌会 ……………… （291）	粟收割祭 ………………… （659）
松桂骡马会 ………………… （333）	粟贮藏祭 ………………… （445）
松鸣岩花儿会 ……………… （208）	酸奶宴会 ………………… （606）
松潘六月庙会 ……………… （271）	睢水踩桥会 ……………… （139）
松潘跳神节 ………………… （337）	睢水春社踩桥 …………… （464）
松山卡 ……………………… （622）	随州祭炎帝 ……………… （207）
宋飞仙庙会 ………………… （357）	岁朝 ……………………… （002）
宋坎节 ……………………… （476）	岁除 ……………………… （423）
宋昭神侯会 ………………… （357）	岁首 ……………………… （002）
送阿夷丹嘛大会 …………… （537）	遂宁香会节 ……………… （518）
送茶花 ……………………… （129）	孙娘娘会 ………………… （171）
送大菩萨庙会 ……………… （536）	孙扎拜义车孙扎 ………… （226）
送二月二 …………………… （105）	孙扎别义伊车孙扎 ……… （226）
送寒衣 ……………………… （380）	
送火神节 …………………… （367）	**T**
送魔节 ……………………… （594）	塔儿寺灯节 ……………… （592）
送穷日 ……………………… （040）	塔儿寺酥油花 …………… （592）
送穷媳妇 …………………… （040）	塔儿寺酥油花灯节 ……… （592）
送神日 ……………………… （416）	塔儿寺正月大庙会 ……… （048）
送瘟疫大会 ………………… （537）	塔儿寺正月灯节 ………… （592）

塔尔寺灯节 …………………（591）	塔塔尔族犁头节 …………（243,279）
塔尔寺九月大庙会 …………（372）	塔塔尔族诺鲁孜节 …………（575）
塔尔寺六月大庙会 …………（253）	塔塔尔族肉孜节 ……………（581）
塔尔寺年终祈祷法会 ………（415）	塔塔尔族撒班节 ……………（243）
塔尔寺酥油花 ………………（592）	塔塔尔族萨邦节 …………（244,279）
塔尔寺酥油花灯节 …………（592）	塔塔尔族升霄节 ……………（577）
塔尔寺正月大庙会 …………（048）	塔塔尔族圣纪节 ……………（576）
塔吉克族八月节 ……………（577）	塔塔尔族圣忌日 ……………（576）
塔吉克族播种节 …………（210,574）	塔塔尔族团会 ………………（243）
塔吉克族春节 ………………（573）	塔塔尔族乌买克 ……………（243）
塔吉克族春种节 ……………（210）	塔子会 ………………………（644）
塔吉克族灯节 ………………（577）	挞祖宗 ………………………（648）
塔吉克族登霄节 ……………（577）	踏青节 ……………………（113,467）
塔吉克族古尔邦节 …………（584）	台合木兹瓦司脱节 …………（210）
塔吉克族开斋节 ……………（581）	台江干虫节 …………………（293）
塔吉克族犁头节 ……………（654）	台江千虫节 …………………（521）
塔吉克族冒路德节 …………（576）	台湾拜天公 …………………（051）
塔吉克族诺鲁孜节 …………（574）	台湾除夕 ……………………（423）
塔吉克族肉孜节 ……………（581）	台湾春节 ……………………（002）
塔吉克族撒班 ………………（654）	台湾头牙 ……………………（496）
塔吉克族萨邦节 ……………（654）	台湾尾牙 ……………………（496）
塔吉克族三月节 ……………（575）	台湾中秋节 …………………（341）
塔吉克族升霄节 ……………（577）	台湾做牙 ……………………（496）
塔吉克族圣纪节 ……………（576）	台州浸水糕 …………………（435）
塔吉克族圣总节 ……………（576）	台州收邪 ……………………（083）
塔吉克族圣节 ………………（581）	台州滩祭 ……………………（429）
塔吉克族团会 ………………（654）	台州谢年 ……………………（429）
塔吉克族乌买克 ……………（654）	台州支将军节 ………………（187）
塔吉克族新年 ………………（573）	台州走八寺 …………………（518）
塔吉克族引水节 ……………（574）	太保庙会 ……………………（156）
塔吉克族游旗 ………………（648）	太昊陵庙会 …………………（439）
塔克勒恩节 …………………（247）	太平军生日 …………………（357）
塔克勒根节 …………………（642）	太阳回来日 …………………（393）
塔勒贵节 ……………………（514）	太阳菩萨祭 …………………（404）
塔塔尔族登霄节 ……………（577）	太阳祝生节 …………………（260）
塔塔尔族登霄夜 ……………（577）	太阴星君圣诞 ………………（355）
塔塔尔族古尔邦节 …………（584）	太阴星主圣诞 ………………（355）
塔塔尔族开斋节 ……………（581）	泰凯乐干 ……………………（443）

泰山国际登山节 …… （564）	天后宝诞 …… （172）
泰雅人丰年祭 …… （296,528）	天后诞 …… （172）
泰雅人播种祭 …… （101）	天饥日 …… （046）
泰雅人收获祭 …… （527）	天降节 …… （610）
昙华山插花节 …… （125）	天降日 …… （610）
坦勒贵节 …… （301）	天津出鬼会 …… （511）
探春 …… （114）	天津接太阳节 …… （277）
赕打疗 …… （624）	天贶节 …… （256）
赕好轮瓦 …… （620）	天腊 …… （026）
赕考伦坝 …… （621）	天齐会 …… （174）
赕箩箩节 …… （626）	天人丈夫观音诞 …… （169）
赕萨拉 …… （624）	天赦健康节 …… （359）
赕什拉 …… （626）	天中节 …… （216）
赕塔 …… （516）	天竺香市 …… （135,440）
赕新年 …… （623）	天祝草原盛会 …… （335）
汤泉赛歌会 …… （038）	天祝赛马会 …… （334）
傈僳人火把节 …… （431）	添仓节 …… （086）
傈僳人迎牛 …… （462）	田都元帅祭 …… （357）
逃军山节 …… （198）	田林铜鼓节 …… （034）
陶器市场节 …… （272）	甜瓜萨依勒节 …… （523）
讨寮畈节 …… （514）	填仓节 …… （086）
讨念拜节 …… （167,238）	挑菜节 …… （132）
特克其克勒斯 …… （648）	挑新水节 …… （015）
特毛克节 …… （636）	跳巴塘弦子 …… （334）
特毛且 …… （636）	跳场 …… （099）
特毛且节 …… （636）	跳峒节 …… （037）
特懋克节 …… （550,636）	跳痞儿 …… （086）
藤将军会 …… （255）	跳公节 …… （187）
藤县重阳节 …… （363）	跳花 …… （517）
剃龙头日 …… （105）	跳花场 …… （028,517）
天仓节 …… （086）	跳花坡 …… （517）
天长节 …… （336）	跳花跳月节 …… （192）
天穿节 …… （045）	跳火 …… （086）
天穿日 …… （046）	跳芦笙舞 …… （028）
天等祭百灵 …… （368）	跳路神节 …… （161）
天地诸神祭典 …… （103）	跳米花 …… （334）
天帝释圣诞 …… （617）	跳米花场 …… （333,517）
天公生 …… （050）	跳米花节 …… （334）

跳墨都	(031)	土家族摆手节	(034)
跳年场	(517)	土家族鞭春节	(461)
跳盘王	(390)	土家族尝新节	(257)
跳坡	(099)	土家族厨师节	(336)
跳坡节	(098)	土家族打春节	(461)
跳驱魔瘟神舞	(035)	土家族打糍粑节	(429)
跳神	(618)	土家族大端阳	(222)
跳太平神	(162,641)	土家族灯节	(062)
跳桃花场	(517)	土家族调年会	(538)
跳桃源洞	(310)	土家族冬月节	(401)
跳正月场	(051)	土家族端午节	(222)
跳中甸锅庄	(334)	土家族端阳节	(222)
铁合木祖瓦提斯节	(574)	土家族妇女会	(214)
铁岭麻谷日	(312)	土家族谷神节	(239)
通道侗家端午	(221)	土家族鬼节	(311)
通道侗族行年	(008)	土家族过赶年	(422)
通海祭地母	(287)	土家族过小年	(419)
同龄饭节	(323)	土家族祭风神	(539)
同仁军舞节	(276)	土家族祭祖节	(257)
同仁六月会	(278)	土家族六月六	(256)
同种爱情地	(463)	土家族末端阳	(222)
桐城冬至节	(492)	土家族年	(299,422)
桐乡龙蚕会	(473)	土家族娘娘会	(159)
桐乡宗阳会	(369)	土家族牛王节	(195,205)
铜梁龙灯会	(066)	土家族农夫节	(119)
偷月亮菜	(352)	土家族农民节	(119)
头端午	(216)	土家族女儿会	(214,311)
头牙	(526)	土家族女儿节	(214)
透欧博如坎	(418)	土家族祈禳节	(035)
图瓦人点灯节	(392)	土家族清明节	(469)
图瓦人祈雨节	(443)	土家族晒龙袍节	(267)
图瓦人入冬节	(392)	土家族社祭	(112)
屠城羹饭	(362)	土家族射虫日	(464)
土地会	(111)	土家族天中节	(222)
土地节	(112)	土家族跳马节	(091)
土地日	(112)	土家族头端阳	(222)
土地爷福	(105,112)	土家族王爷会	(257)
土观村花儿会	(272)	土家族洗神	(400)

土家族小摆手 …………………（538）	土族三月三庙会 ………………（152）
土家族小年 ……………………（419）	土族晒佛节 ……………………（076）
土家族月半节 …………………（311）	土族上元节 ……………………（063）
土家族中秋节 …………………（344）	土族少年会 ……………………（513）
土家族重九 ……………………（365）	土族送寒衣 ……………………（380）
土族八月十五节 ………………（346）	土族送灶神 ……………………（419）
土族梆梆会 ……………………（116）	土族天社 ………………………（466）
土族崩康 ………………………（526）	土族玩儿节 ……………………（311）
土族朝山会 ……………………（267）	土族新年 ………………………（014）
土族春节 ………………………（014）	土族新月 ………………………（014）
土族打施食 ……………………（501）	土族游玩节 ……………………（311）
土族灯节 ………………………（063）	土族浴佛节 ……………………（185）
土族冬节 ………………………（407）	土族元旦节 ……………………（063）
土族冬至 ………………………（407）	土族元宵节 ……………………（062）
土族冬至节 ……………………（494）	土族元夜节 ……………………（063）
土族端五 ………………………（223）	土族瞻佛节 ……………………（076）
土族端午节 ……………………（223）	土族重九 ………………………（366）
土族端阳 ………………………（223）	土族重午 ………………………（223）
土族官经会 ……………………（502）	土族重阳节 ……………………（366）
土族花儿会 ……………………（513）	吐鲁番葡萄节 …………………（652）
土族火神节 ……………………（089）	兔儿爷节 ………………………（341）
土族鸡蛋会 ………………（116,155）	团圆节 …………………………（341）
土族祭财神 ……………………（324）	推端午船 ………………………（214）
土族祭家神 ……………………（535）	推龙船节 ………………………（214）
土族祭神农 ……………………（652）	托波叶能叶 ……………………（220）
土族祭祖节 ………………（181,441）	托克托奶奶庙会 ………………（208）
土族九月九庙会 ………………（366）	拖舍歹 …………………………（512）
土族瞿昙寺花儿会 ……………（273）	陀螺节 …………………………（009）
土族腊八节 ……………………（412）	**W**
土族龙王庙会 …………………（145）	
土族蒲节 ………………………（223）	娲婆节 …………………………（046）
土族七月会 ……………………（311）	瓦尔俄足 ………………………（233）
土族七月七 ……………………（305）	瓦尔窝脚 ………………………（233）
土族青苗会 ……………………（441）	佤族播种节 ……………………（182）
土族清明节 ……………………（469）	佤族春节 …………………（011,632）
土族庆丰收会 …………………（311）	佤族新水节 ……………………（431）
土族赛马会 ……………………（116）	完满福 …………………………（414）
土族三月三 ……………………（151）	玩摆 ……………………………（035）

玩摆手	(034)
玩火把节	(071)
玩月节	(341)
万花山花会	(191)
万荣祭祖节	(027)
万荣走麦罢	(659)
万石山敬水节	(021)
亡人节	(272)
王灵官诞	(274)
王龙赶祭	(227)
王母圣诞	(322)
王天君诞	(273)
旺果节	(610)
望丛赛歌会	(232)
望果节	(609)
威宁彝年	(379)
威远镇擂台会	(108)
煨桑节	(601)
巍山朝山会	(105)
巍山二月八	(123)
巍山火把节	(279)
巍山密枝节	(427)
巍山认祖节	(029)
巍山彝年	(123)
韦驮菩萨圣诞	(253)
韦陀菩萨圣诞	(253)
韦陀天圣诞	(253)
围子镇大庙会	(495)
维吾尔族白雪节	(652)
维吾尔族播种节	(201)
维吾尔族法蒂玛忌日	(576)
维吾尔族盖德尔夜	(582)
维吾尔族古尔邦节	(583)
维吾尔族冒路德节	(576)
维吾尔族女忌节	(576)
维吾尔族祈福节	(209)
维吾尔族庆丰收	(660)
维吾尔族肉孜节	(580)

维吾尔族撒拉	(642)
维吾尔族萨拉节	(642)
维吾尔族圣纪节	(576)
维吾尔族圣忌节	(576)
维吾尔族水节	(641)
维吾尔族跳火节	(139,551)
潍坊风筝会	(475)
潍坊风筝节	(475)
潍坊国际风筝节	(555)
卫拉特祖鲁节	(420)
卫塞节	(203)
尾牙	(526)
魏宝山朝山会	(104)
温泉赛歌会	(038)
温泉诗会	(038)
温塘桃花浴	(179)
温亚帕	(159)
温州寒食节	(467)
文昌帝君诞	(113)
文昌帝君圣诞	(117)
文昌节会	(505)
文山壮年	(379)
文殊怙主萨迦班智达圆寂纪念日	(614)
文殊菩萨圣诞	(188)
翁瓦萨	(626)
翁吟河跳花场	(037)
窝端节	(438)
窝罗节	(038)
窝若吉	(166)
握碌赤	(663)
斡米南	(533)
乌程立冬节	(490)
乌冬节	(161)
乌恩珠耶	(641)
乌拉街龙王祭	(155)
乌梁海拜火神	(377)
乌梁海春节	(020)

乌梁海人祭鄂博 …………… (444)	五卅运动纪念日 …………… (557)
乌梁海人祭水神 …………… (440)	五印朝山会 ………………… (498)
乌梁海人献牲节 …………… (445)	五印恋爱会 ………………… (498)
乌梁海人烛蜡节 …………… (392)	五月端阳浪山节 …………… (225)
乌米饭节 …………………… (209)	五月庙节 …………………… (245)
乌米糕节 …………………… (209)	五月台会 …………………… (243)
乌日贡 ……………………… (536)	五庄大会 …………………… (171)
乌斯珠耶节 ………………… (162)	武昌甘蔗节 ………………… (175)
乌鸦宴节 …………………… (556)	武定白龙会 ………………… (159)
乌勇芒哥坡会 ……………… (051)	武进青苗节 ………………… (328)
乌孜别克族登霄节 ………… (577)	武进十月朝 ………………… (381)
乌孜别克族古尔邦节 ……… (585)	武进斋猛将 ………………… (514)
乌孜别克族开斋节 ………… (581)	武进斋青苗 ………………… (514)
乌孜别克族冒路德节 ……… (576)	武义消灾日 ………………… (059)
乌孜别克族努鲁斯节 ……… (577)	舞草龙 ……………………… (353)
乌孜别克族诺鲁孜节 ……… (575)	舞火狗节 …………………… (353)
乌孜别克族肉孜节 ………… (581)	舞炮龙 ……………………… (054)
乌孜别克族升霄节 ………… (577)	舞香龙 ……………………… (353)
乌孜别克族圣会 …………… (576)	悟顿 ………………………… (598)
乌孜别克族圣纪节 ………… (576)	
乌孜别克族圣忌节 ………… (576)	**X**
无良神会 …………………… (267)	西安祭孤墓 ………………… (167)
无量光佛节 ………………… (619)	西藏朝山节 ………………… (602)
吾时高 ………………… (017,411)	西俄布 ……………………… (521)
吾昔 ………………………… (433)	西湖香市 …………………… (440)
吾昔节 ……………………… (017)	西华中秋节 ………………… (341)
吴川逛花桥 ………………… (068)	西家芦笙会 ………………… (037)
吴川桥梁节 ………………… (068)	西家人芦笙会 ……………… (631)
吴凤祭 ……………………… (155)	西江长桌宴 ………………… (308)
吴江夫人会 ………………… (339)	西江鼓社节 ………………… (543)
吴桥国际杂技艺术节 ……… (529)	西宁送神节 ………………… (030)
五殿阎罗天子诞 …………… (616)	西塞神舟会 ………………… (216)
五峰山花儿会 ……………… (264)	西王母圣诞 ………………… (322)
五供节 ……………………… (613)	西西 ………………………… (648)
五谷庙节 …………………… (252)	西岳庙会 …………………… (509)
五谷神祭 …………………… (397)	牺牲节 ……………………… (582)
五里坪歌节 ………………… (518)	锡伯族春节 ………………… (454)
五忙日 ……………………… (040)	锡伯族端午节 ……………… (226)

锡伯族二月节	（117）	下元节	（061,388）
锡伯族怀亲节	（205）	夏尔巴人年节	（548）
锡伯族祭地	（653）	夏节	（485）
锡伯族祭地节	（653）	夏至节	（484）
锡伯族祭星	（421）	夏至荔枝狗肉节	（485）
锡伯族祭月	（351）	仙家妹妹庙会	（186）
锡伯族祭祖坟	（521）	先师诞	（357）
锡伯族祭祖节	（025）	鲜奶祭	（172）
锡伯族敬树神	（226）	冼夫人诞	（405）
锡伯族摸黑节	（080）	冼太夫人诞	（405）
锡伯族抹黑节	（079）	现代父亲节	（561）
锡伯族娘娘会	（205）	宪摄母	（414）
锡伯族泼水节	（226）	献谷堆	（662）
锡伯族迁徙节	（205）	献生节	（582）
锡伯族抢千烛	（391）	乡宁山灯会	（066,160）
锡伯族十月节	（380）	乡宁四月节	（185）
锡伯族送寒衣	（521）	乡宁油糕会	（190）
锡伯族天仓节	（087）	乡宁油糕节	（190）
锡伯族填仓节	（086）	香妃墓会	（645）
锡伯族五月初五	（226）	香港扒龙舟	（225）
锡伯族西迁节	（204）	香港端午	（225）
锡伯族下元节	（381,521）	香港划龙舟	（225）
锡伯族小年	（454）	香港回归日	（560）
嬉香龙	（353）	香客迎财神	（041）
洗禾剪节	（386）	香浪节	（254）
洗晒节	（256）	香炉山爬坡节	（278）
洗神节	（400）	香炉山坡节	（277）
洗小铁节	（384）	香日	（302）
喜卡布藏年	（388）	湘苗拜年	（037）
峡门花儿会	（233,294）	湘苗歌节	（472）
硖石灯会	（067）	湘苗接龙	（395）
辖唱唱扎	（657）	湘苗三月三	（149）
下丹药日	（250）	湘西敬龙神日	（520）
下关捞尸会	（338）	湘西看二龙	（520）
下关耍海会	（338）	湘西看龙场	（520）
下关耍海节	（338）	湘西看三龙	（520）
下九	（523）	湘西看头龙	（520）
下九节	（523）	响浪节	（254）

向王歌会 …………………………（257）	修渠引水节 ……………………（180,574）
向王节 ……………………………（257）	修禊 ………………………………（146）
消暑节 ……………………………（608）	秀山赶秋节 ………………………（488）
小船初渔祭 ………………………（458）	许真君诞辰 ………………………（088）
小春尝新节 ………………………（210）	旭独龙节 ……………………（596,617）
小儿节 ……………………………（302）	玄元节 ……………………………（132）
小法会 ……………………………（595）	玄奘大师圆寂纪念日 ……………（119）
小花苗校步节 ……………………（154）	学习雷锋日 ………………………（551）
小节夜 ……………………………（416）	雪顿节 ……………………………（605）
小开斋节 …………………………（579）	雪门槛游山节 ……………………（234）
小林平铺祭 ………………………（371）	熏烟烟封山节 ……………………（203）
小林夜祭 …………………………（371）	寻春 ………………………………（114）
小年 ………………………………（416）	巡山土主祭 ………………………（068）
小年夜 ……………………………（416）	巡田坝节 …………………………（058）
小填仓 ……………………………（086）	浔江鱼花节 ………………………（507）
小至 ………………………………（492）	
孝亲节 ……………………………（316）	**Y**
孝亲目连节 ………………………（316）	鸦卡皮罗 …………………………（177）
肖公巴哈尔节 ……………………（574）	牙土乐节 …………………………（579）
肖贡巴哈尔节 ……………………（574）	雅吉 ………………………………（610）
协曲节 ……………………………（612）	雅客伦布 …………………………（604）
谢蚕神 ……………………………（226）	雅美人丰渔祭 ……………………（145）
谢灶 ………………………………（416）	雅美人祈年祭 ……………………（409）
辛屯礼至节 ………………………（253）	雅美人播种祭 ……………………（408）
辛屯李子节 ………………………（253）	雅美人初食祭 ……………………（281）
辛屯耍青旗 ………………………（272）	雅美人飞鱼祭 ……………………（281）
新宾五月节 ………………………（231）	雅美人招鱼祭 ……………………（281）
新春灯会 …………………………（044）	雅美人贮藏祭 ……………………（281）
新疆诺鲁孜节 ……………………（552）	亚勒节 ……………………………（609）
新民牯脏节 ………………………（531）	亚岁 ………………………………（492）
新年 ………………………………（002）	亚索节 ……………………………（604）
新年祭 ……………………………（569）	娅拜节 ………………………（211,322）
新年节 ……………………………（006）	娅汪节 ……………………………（322）
新娘庙会 …………………………（445）	娅王节 ……………………………（322）
新日节 ……………………………（570）	烟九 ………………………………（083）
新正 ………………………………（002）	延安火把节 ………………………（110）
星期 ………………………………（302）	延安骡马大会 ……………………（496）
行年 ………………………………（009）	延安赛畜会 ………………………（496）

延安跳火	（078）	瑶年	（535）
延边"九·三"纪念日	（562）	瑶乡陀螺节	（024）
延边老人节	（561）	瑶族阿妹节	（197）
延年祀	（354）	瑶族八九节	（338）
延庆花会	（056）	瑶族八月社	（500）
炎帝陵祭典	（508）	瑶族补过年	（244）
筵九	（084）	瑶族尝新节	（269）
筵九节	（083）	瑶族吃社节	（500）
眼光娘娘诞	（205）	瑶族吃新米	（269）
眼光圣母诞	（205）	瑶族春节	（009）
宴九	（084）	瑶族打道箓	（545）
宴丘	（084）	瑶族打道籙	（544）
宴邱	（084）	瑶族二九节	（535）
燕九节	（083）	瑶族二月社	（500）
央勒节	（609）	瑶族放炮节	（084）
羊神祭	（042）	瑶族分龙节	（482）
阳高迎供	（282）	瑶族丰收节	（384）
杨府庙会	（074，237）	瑶族赶鸟节	（104）
杨公忌日	（528）	瑶族挂号节	（469）
杨公十三忌	（528）	瑶族欢降堂	（432）
杨梅街	（229）	瑶族忌鸟节	（104）
杨梅街节	（229）	瑶族祭虎日	（096）
杨梅街跳歌节	（229）	瑶族祭龙节	（483）
仰阿纳	（212）	瑶族祭祖节	（161）
仰阿纳节	（244）	瑶族家神节	（075）
养荣坡节	（521）	瑶族敬祖节	（306）
漾濞串会节	（176）	瑶族开唱节	（304）
姚马跳神会	（155）	瑶族开耕节	（153）
姚马庄跳神会	（160）	瑶族开年节	（075）
瑶池金母圣诞	（322）	瑶族浪希结	（463）
瑶家斗牛节	（198）	瑶族老君会	（312）
瑶家父母节	（196）	瑶族老君节	（312）
瑶家过香节	（373）	瑶族六月六	（258）
瑶家女儿节	（198）	瑶族卯节	（292）
瑶家平安节	（373）	瑶族目连节	（319）
瑶家送鬼节	（374）	瑶族年宵节	（075）
瑶家跳香节	（374）	瑶族啪嘎节	（384）
瑶家姊妹节	（198）	瑶族盘古节	（535）

瑶族盘王节 …………………… （389）	咿咿悟 ………………………… （042）
瑶族盘王圩 …………………… （516）	沂蒙缝布鸡 …………………… （463）
瑶族盘王墟 …………………… （516）	沂蒙缝春鸡 …………………… （463）
瑶族七月半 …………………… （318）	宜昌七夕 ……………………… （303）
瑶族七月七节 ………………… （304）	宜昌起汕 ……………………… （520）
瑶族清明歌会 ………………… （153）	宜山端节 ……………………… （629）
瑶族清明节 …………………… （469）	宜山水年 ……………… （348,629）
瑶族情人节 …………………… （085）	彝家风流节 …………………… （159）
瑶族穷节 ……………………… （258）	彝历年 ………………………… （572）
瑶族晒衣节 …………………… （267）	彝年 …………………………… （572）
瑶族收割节 …………………… （390）	彝族拜主会 …………………… （126）
瑶族送懒节 …………………… （034）	彝族拜祖节 …………………… （368）
瑶族完九节 …………………… （535）	彝族采药节 …………………… （218）
瑶族夕九节 …………………… （244）	彝族采药日 …………… （218,231）
瑶族洗澡节 …………………… （226）	彝族插花节 …………………… （123）
瑶族喜花贵 …………………… （432）	彝族朝山会 …………… （126,128）
瑶族小元宵 …………………… （042）	彝族春节 ……………………… （005）
瑶族新米节 …………………… （269）	彝族搭清节 …………………… （177）
瑶族月半节 …………………… （319）	彝族打歌节 …………………… （125）
瑶族中元节 …………………… （319）	彝族大火把节 ………………… （285）
瑶族祖娘节 …………………… （535）	彝族大斋 ……………………… （541）
咬豆儿会 ……………………… （107）	彝族斗牛节 …………… （250,297）
咬豆儿节 ……………………… （107）	彝族端阳节 …………………… （218）
药师佛节 ……………… （601,619）	彝族二月八 …………………… （122）
药王庙会 ……………………… （208）	彝族丰收节 …………………… （406）
药王菩萨圣诞 ………………… （207）	彝族风流街 …………………… （182）
耶苦扎 ………………………… （295）	彝族风流节 …………………… （182）
也枯 …………………………… （521）	彝族赶花街 …………………… （514）
野鸡坪歌节 …………………… （517）	彝族赶庙会 …………………… （126）
叶巴策久节 …………………… （607）	彝族赶秋街 …………………… （447）
液索茂枯埂来切佰汉粗 ……… （398）	彝族赶秋节 …………………… （488）
谒水节 ………………………… （642）	彝族歌圩节 …………………… （182）
一百五 ………………………… （467）	彝族姑娘街 …………… （094,182）
一世达赖圆寂纪念日 ………… （617）	彝族姑娘节 …………… （094,182）
伊斯兰教圣诞节 ……………… （575）	彝族观音会 …………………… （135）
依尔登 ………………………… （534）	彝族鬼节 ……………………… （314）
依略 …………………………… （542）	彝族过小年 …………………… （572）
依莫 …………………………… （270）	彝族虎节 ……………………… （049）

彝族护山节	（158）	彝族小斋	（541）
彝族护新节	（337）	彝族新米节	（306，331）
彝族花节	（122）	彝族星回节	（284）
彝族花脸节	（123）	彝族哑神节	（049）
彝族火把节	（284）	彝族杨梅会	（228）
彝族火草节	（285）	彝族元宵会	（079）
彝族吉觉	（521）	彝族栽秧祭	（655）
彝族祭白龙	（443）	彝族芝固	（513）
彝族祭龙	（436）	彝族中秋节	（342）
彝族祭龙节	（096）	彝族作斋	（540）
彝族祭密士	（421）	以利亚节	（560）
彝族祭山节	（028）	义点路灯	（057）
彝族祭山神	（385）	义乌斗牛节	（540）
彝族祭田龙	（443）	驿马关大会	（208）
彝族叫饭魂	（119）	翼城搬神节	（372）
彝族开街节	（068）	茵谷顶	（360）
彝族开井节	（457）	茵果顶	（360）
彝族开新节	（068）	鄞江三会头	（519）
彝族老年节	（431）	饮桂花酒	（341）
彝族猎神节	（104）	鹰猎文化节	（549）
彝族龙华会	（122）	迎百子灯	（381）
彝族米粑节	（370）	迎大纸马	（540）
彝族米孙叭	（436）	迎弥勒	（593）
彝族摸奶节	（314）	迎鸟节	（597）
彝族摸乳节	（314）	迎强巴	（592）
彝族牛魂节	（276）	迎青蛙奶奶节	（023）
彝族祈丰年	（513）	迎秋秋	（648）
彝族情人节	（182）	迎神节	（619）
彝族庆丰节	（386）	迎五路财神	（039）
彝族赛马节	（228）	迎夏节	（604）
彝族山神会	（124）	莹华山香会	（259）
彝族十月年	（572）	永登雷祖祭	（523）
彝族太阳会	（404）	永康祭田婆	（485）
彝族太阴会	（166，509）	永康年头祭	（421）
彝族跳歌节	（122）	永康年头禁	（421）
彝族跳宫节	（187）	永仁服装节	（068）
彝族娃娃节	（159）	永仁赛装节	（068）
彝族小火把节	（206）	由奔吉程	（014）

油葫芦节	(578)	元辰	(002)
游江节	(114)	元旦	(002)
游南山	(160)	元君庙会	(204)
游山盛会	(601)	元墓赏梅	(144)
游石湖	(355)	元日	(002)
幼儿理发节	(598)	元始天尊圣诞	(492)
佑宁寺法会	(253)	元朔	(002)
佑宁寺观经会	(495,502)	元夕	(062)
佑宁寺官经会	(502)	元夕节	(062)
佑寨山神祭祀日	(400)	元宵	(062)
盂兰盆会	(316)	元宵节	(061)
盂兰盆节	(316)	元宵闹夜	(064)
鱼的集会	(163)	元夜	(062)
鱼清明	(521)	原始人头祭	(350)
渔民开洋节	(172)	圆根灯节	(587)
渔民谢洋节	(173)	月半祭祖节	(300)
渔组结成祭	(653)	月饼节	(340)
渔组解散祭	(208)	月姑圣诞	(355)
渔组招鱼祭	(143)	月光遍照菩萨圣诞	(355)
雨节	(105)	月光娘娘圣诞	(355)
雨洼蒙乖节	(166)	月光菩萨圣诞	(354)
玉帝诞	(050)	月净菩萨圣诞	(355)
玉皇大帝会	(051)	月亮节	(340)
玉皇诞	(050)	月神圣诞	(355)
玉皇会	(050)	月夕	(340)
玉皇圣诞	(050)	粤东元宵节	(062)
玉皇演驾	(050)	云龙春水节	(482)
玉溪插枝节	(270)	云龙福水节	(482)
玉溪米线节	(028)	郓城人日	(045)
芋艿节	(353)		
育穹碧咋	(497)	**Z**	
裕固族春节	(018)	栽谷年	(177)
裕固族过会	(202,250,271)	栽完秧休息天	(244)
裕固族祭敖包	(116)	宰牲节	(582)
裕固族祭敖堡	(116)	咱哈咕节	(159)
裕固族祭鄂博	(115)	赞林吉桑	(600)
裕固族祭天神	(504)	藏北草原赛马会	(604)
元宝山芦笙节	(058)	藏北草原盛会	(604)

藏北亚季	(604)	藏族仙女节	(611)
藏传佛诞辰日	(190)	藏族谢水节	(163)
藏传佛诞节	(190)	藏族药佛节	(217)
藏传佛浴节	(190)	藏族扎崇节	(272)
藏传灌佛	(190)	藏族重午节	(217)
藏传浴佛节	(190)	澡堂赛歌会	(038)
藏历年	(586)	灶君诞	(336)
藏戏节	(606)	灶君公诞	(336)
藏族摆花节	(591)	灶神节	(036)
藏族崩巴	(319)	灶王节	(416)
藏族播种节	(594)	灶王爷诞	(336)
藏族采花节	(215,231)	泽当娱驴节	(616)
藏族采花节	(601)	扎巴坚赞诞辰	(614)
藏族插箭节	(644)	扎巴节	(133)
藏族春播节	(594)	扎宫比亚叶能叶	(343)
藏族调牛会	(113)	扎勒特	(378)
藏族调牛节	(113)	轧蚕花节	(474)
藏族端午节	(217)	炸麻虫	(070)
藏族端阳节	(217)	炸麻花	(070)
藏族峨堡会	(448)	蚱蜢将军生日	(371)
藏族放生节	(048)	瞻佛节	(602)
藏族观经会	(048)	占里盟誓节	(335)
藏族花灯节	(591)	湛江腊祭	(491)
藏族祭山大典	(539)	张天师诞辰	(061)
藏族祭山神	(644)	招孤魂	(090)
藏族祭神节	(600)	招游魂	(090)
藏族敬山神节	(203)	招子日	(136)
藏族看花节	(292)	照麻虫	(070)
藏族女儿节	(215)	肇庆跳禾楼	(445)
藏族蒲节	(217)	肇源雨节	(235)
藏族普度会	(048)	哲蚌雪顿节	(606)
藏族驱鬼节	(618)	浙江拜香会	(474)
藏族燃灯节	(612)	浙江蚕禁	(214)
藏族上九节	(051)	浙江赶白虎	(473)
藏族神变节	(588)	浙江祛蚕祟	(473)
藏族试种节	(594)	浙江送药节	(230)
藏族送鬼节	(618)	浙江迎厕神	(069)
藏族洗澡节	(607)	浙江迎紫姑	(069)

真谛三藏圆寂日	(054)	中国端午节	(216)
真清明	(467)	中国国医节	(551)
真武大帝圣诞	(146)	中国航天日	(555)
镇江下元节	(388)	中国抗日战争胜利纪念日	(562)
镇雄立秋节	(487)	中国老人节	(363)
镇远祭祖魂	(144)	中国泸州国际名酒节	(564)
整堆坡会	(055)	中国旅游日	(556)
整依直坡会	(053)	中国男性健康日	(567)
整英坡会	(033)	中国农民艺术节	(558)
正达兑钦节	(603)	中国青年节	(556)
正旦	(002)	中国青年志愿者服务日	(551)
正二十	(084)	中国人民抗日战争胜利纪念日	(562)
正月踩场	(028)	中国文化遗产日	(557)
正月踩花山	(028)	中国秧歌节	(529)
正月踩山	(028)	中国郑州国际少林武术节	(564)
正月初九	(436)	中国植树节	(551)
正月大会	(053)	中和古节	(436)
正月大节	(006)	中和节	(103)
正月的节日	(452)	中华第一大典	(146)
正月二十节	(084)	中秋歌节	(341)
正月祭萨	(023)	中秋节	(340)
正月祭天	(641)	中仁从读	(608)
正月节	(010)	中药材大会	(186)
正月拉歌节	(042)	中医节	(552)
正月年	(010)	中元报本节	(299)
正月三十	(436)	中元节	(061,315)
正月十二	(055)	中原祭祖节	(383)
正月十四跳神节	(525)	中原暖炉会	(381)
正月跳碉	(037)	中原社火	(454)
正月跳米花场	(028)	中原小节夜	(419)
郑成功祭	(078)	中原小年	(418)
郑仙诞	(325)	中原小年夜	(418)
支木切措	(059)	中岳庙会	(509)
植树节	(551)	中之晶	(319)
制字先师诞	(174)	忠县三月会	(146)
智达得钦节	(603)	忠孝节	(582)
中国·凉山彝族国际火把节	(285)	终食飞鱼祭	(281)
中国成都桃花会	(650)	仲秋	(340)

仲秋唱月	(341)	转九曲	(095)
仲秋节	(340)	转庄稼地节	(610)
仲确节	(604)	庄稼人会	(311)
众神诞节	(336)	壮家歌节	(148)
众神诞日	(336)	壮家歌墟节	(148)
重过正月节	(300)	壮家鬼节	(314)
重九	(363)	壮家孩儿节	(108)
重七	(302)	壮家花街节	(148)
重五	(216)	壮家祭祖节	(313)
重午	(216)	壮家敬牛节	(193)
重阳	(363)	壮家牛魂节	(193)
重阳节	(362)	壮家牛王诞节	(193)
舟山敬牛倌	(462)	壮家牛王节	(193)
舟山送年	(423)	壮家三月三	(147)
舟山谢年	(423)	壮家小孩节	(219)
舟溪芦笙节	(081)	壮家中元节	(314)
周城本主会	(207)	壮家祝寿节	(364)
朱天庙会	(206)	壮乡复活节	(322)
茱萸节	(363)	壮乡观音诞日	(135)
珠巴策希节	(603)	壮乡脱轭节	(193)
珠巴泽西节	(603)	壮乡陀螺节	(091)
竹迷日	(236)	壮族爱猴节	(219)
竹木惹	(163)	壮族百灵节	(363)
竹乡之秋	(565)	壮族拜山节	(158)
竹乡之秋经贸文化艺术节	(566)	壮族拜秧节	(198)
竹醉日	(236)	壮族插秧节	(188,198)
主进圣城节	(554)	壮族尝新节	(269,449)
主进圣城日	(554)	壮族吃冬节	(493)
主进堂	(551)	壮族吃立节	(089)
主升天日	(557)	壮族吃青节	(269)
注生娘娘诞	(171)	壮族吃新节	(269)
祝福	(433)	壮族春节	(005)
祝著节	(534)	壮族达努节	(243)
铸铜镜节	(231)	壮族稻魂节	(447)
专拜依车	(380)	壮族冬至节	(493)
颛顼古庙会	(171)	壮族斗鸟节	(664)
转法轮节	(603)	壮族斗牛节	(321)
转黄河	(082)	壮族端午节	(218)

壮族躲鬼节	(312)	壮族社节	(504)
壮族丰收节	(269)	壮族社王节	(505)
壮族歌圩	(523)	壮族十情节	(269)
壮族歌圩节	(524)	壮族十月节	(388)
壮族艮糇谋	(269)	壮族双喜节	(269)
壮族狗肉节	(234)	壮族霜降节	(490)
壮族鬼节	(318)	壮族铜鼓节	(516)
壮族鬼日	(318)	壮族蛙节	(006)
壮族过小年	(435)	壮族蛙婆节	(006)
壮族护田节	(298)	壮族蓄水节	(307)
壮族花朝节	(110)	壮族药师节	(219)
壮族鸡得节	(219)	壮族药王节	(219)
壮族祭稻魂	(447)	壮族夜歌圩	(273)
壮族祭龙节	(107,455)	壮族正降日	(490)
壮族祭青苗	(328)	壮族中秋节	(342)
壮族祭田节	(261)	追月节	(341)
壮族降前日	(490)	追走月祭仪	(566)
壮族结拜节	(236)	准提佛母诞	(169)
壮族九月九	(363)	准提菩萨圣诞	(169)
壮族开耕节	(116,188)	准胝观音诞	(169)
壮族开耙节	(188)	卓林吉桑节	(602)
壮族开秧节	(188)	捉蚂蚱节	(293)
壮族礼田节	(261)	孜多	(618)
壮族莫那节	(298)	孜木林吉桑	(600)
壮族农具节	(137)	孜瓦尔节	(574)
壮族女儿节	(307)	孜完尔节	(574)
壮族跑马节	(091)	兹离	(227)
壮族泼泥节	(197)	兹完尔节	(180)
壮族七月节	(298)	姊妹饭节	(133)
壮族乞巧节	(307)	姊妹节	(133)
壮族青蛙节	(006)	梓潼大庙庙会	(505)
壮族清明节	(467)	梓潼庙会	(505)
壮族请牛节	(021)	自贡灯杆节	(066,386)
壮族扫墓祭祖节	(508)	自贡灯竿节	(066)
壮族晒布节	(112)	自贡灯会	(066,386)
壮族社公节	(505)	自贡提灯会	(386)
壮族社公神节	(505)	宗喀巴诞辰纪念日	(611)
壮族社祭节	(505)	宗喀巴圆寂纪念日	(613)

宗喀巴圆寂日 …………………（525）	作田月祭仪 …………………（566）
棕枝主日 ……………………（554）	坐花场 ……………………（022,099）
邹录节 ………………………（392）	坐三十夜 ……………………（425）
走百病 ………………………（076）	做白年的日子 ………………（029）
走九曲 ………………………（095）	做春福 ………………………（112）
走月 …………………………（340）	做茧圆 ………………………（129）
走月亮 ………………………（341）	做盘王 ………………………（390）
祖母王节 ……………………（322）	做七姑娘 ……………………（332）
祖婆节 ………………………（221）	做奇姑娘 ……………………（332）
祖吾尔节 …………………（181,574）	做青苗会 ……………………（276）
尊师节 ……………………（358,563）	做清明 ………………………（469）
左突 …………………………（618）	做牙 …………………………（526）
作冬福 ………………………（433）	做月夕 ………………………（340）